上海抗战与世界反法西斯战争系列丛书

淞沪

淞沪抗战史料丛书续编 Ⅱ

第十一辑

上海一日① ｜ 朱作同 梅 益 主编

上海科学技术文献出版社
Shanghai Scientific and Technological Literature Press

《上海抗战与世界反法西斯战争》系列丛书总序

徐　麟

伟大的中国抗日战争，是近代中国人民反对帝国主义侵略并且取得第一次完全胜利的民族解放战争，是开展时间最早、持续时间最长的世界反法西斯战争东方主战场。在这场历经十四年之久的抗日战争中，中国各族各界人民同仇敌忾、共赴国难，经过艰苦卓绝的浴血奋战，以巨大的民族牺牲，打败了穷凶极恶的日本法西斯侵略者,取得了辉煌的胜利。正如习近平总书记所指出的,中国抗日战争“为拯救民族危亡、实现民族独立和人民解放，为争取世界和平的伟大事业，作出了彪炳史册的贡献”。中国抗日战争是在中国共产党倡导的以国共合作为基础的抗日民族统一战线旗帜下进行和取得胜利的。以爱国主义为核心的伟大民族精神是中国抗日战争胜利的决定因素，中国共产党的中流砥柱作用是中国抗日战争胜利的根本保证，全民族抗战是中国抗日战争胜利的重要法宝。

上海抗战是中国抗日战争的重要组成部分。在中国抗日战争与世界反法西斯战争中，作为中国共产党的诞生地，上海这座具有反帝反封建光荣革命传统的英雄城市，发挥了独特的重要作用，作出了重大的历史性贡献。

20世纪三四十年代，上海这座国际性的大都市，已经成为中国与世界各国通商贸易的主要港口，成为中国经济、文化中心和政治、外交副中心。同时，上海又是当时中国最大的军港和守卫长江的大门，具有重要的军事战略地位，因而始终成为日本法西斯军国主义觊觎的一个战略要地。1931年九一八事变后，日本法西斯军国主义进而在上海挑起了一·二八事变，发动了对淞沪地区的武装侵略，驻守上海的十九路军和前来增援的第五军与上海人民奋起抵抗，给予日本侵略者以沉重一击，成为中国局部抗战历史进程中承前启后的关键性一役。九一八和一·二八时期的抗日武装斗争和民众抗日救亡运动，在世界上率先举起了反法西斯的旗帜，揭开了中国抗日战争和世界反法西斯战争的序幕。1937年七七事变后仅一个月余，日本法西斯军国主义又把侵略魔爪伸向上海，遭到中国爱国军民的顽强抵抗，形成了以上海为中心的一场气壮山河、震惊中外的八一三淞沪抗战。七七卢沟桥事变和八一三淞沪会战，标志着日本法西斯军国主义全面侵华战争的开始。在中国共产党的积极倡导和推动下，抗日民族统一战线正式形成，揭开了中国全民族全面抗战的序幕，也标志着世界反法西斯的第二次世界大战在亚洲的东方战场正式形成。在八一三淞沪抗战历时一百多天的日日夜夜，中国军队和上海人民以其鲜血和生命，筑成了一座民族自卫的血肉长城，谱写了一曲民族团结、共御外敌的壮丽史诗。上海沦陷后，上海民众在全国人民和全世界爱好和平的各国人民的声援、支持下，面对极其艰辛险恶的环境，仍然以大无畏的英雄气概，坚定不移地继续投身于全民族抗战的洪流，对日伪的法西斯统治进行不屈不挠的斗争。中国共产党始终高举抗日民族统一战线的伟大旗帜，发动民众，团结上海各界人士，从人力、物力、财力等方面支持抗日民主根据地和抗战大后方的斗争，冒着腥风血雨，迎接抗日战争的最后胜利。

两次淞沪抗战及上海民众在十四年中不间断的抗日救亡运动，构成了一幅幅上海抗战英勇悲壮的画卷，也铸就了上海在中国抗日战争和世界反法西斯战争中的重要历史地位：上海不仅是中国对日作战的一个坚强的军事战略重镇，也是中国抗日救亡运动的前期中心和中国抗战文化的发源地；不仅是支援抗战大后方和抗日民主根据地的重要基地，也是世界反战反法西斯人士和中外难民的庇护所，是世界反法西斯舆论战、情报战的东方主要阵地，又是中国联系国际反法西斯阵营的纽带和桥梁。更为重要的是，上海抗日战争凸显了其重要的历史意义：它在外敌入侵、民族危亡的关键时刻，全面地、全方位地弘扬了以爱国主义为核心的民族精神，折射了中华民族有同侵略者血战到底的气概、有在自力更生的基础上光复旧物的决心，有自立于世界民族之林的能力，上海抗日战争在中国抗日战争和世界反法西斯战争历史上树立了一座永不磨灭的丰碑。

今年是中国抗日战争暨世界反法西斯战争胜利七十周年。在中共上海市委的领导和支持下，上海学术界和理论界，经过多年的努力，联合推出了《上海抗战与世界反法西斯战争》系列丛书。这套系列丛书分为三个子系列，**一是上海抗日战争史丛书，**内中包括上海抗战史通论、一·二八淞沪抗战、八一三淞沪抗战、日军在上海的罪行与统治、上海人民抗日救亡运动、上海郊县抗日武装斗争、上海人民支援新四军与抗日根据地、抗战时期的上海经济、抗战时期的上海文化、上海抗战与国际援助等；**二是淞沪**

抗战史料丛书，选辑和汇集民国时期有关上海抗战的具有代表性的通讯、纪实、回忆录及报告文学等鲜为人知的孤本、藏本影印重版。**三是上海抗战与世界反法西斯战争研究丛书**，其中包括：资料性著作：如记忆中的淞沪抗战、淞沪抗战中文报刊资料选编、淞沪抗战档案史料选编、上海抗战历史文献选编等；专题性著作：如中国共产党与上海抗战、当代学者论淞沪抗战、国外学者论淞沪抗战、一·二八淞沪抗战画史、八一三淞沪抗战画史等；工具性著作：如上海抗战与世界反法西斯战争大事年表、上海抗战与世界反法西斯战争事件人物录等；通论性著作：在上述论著的基础上完成一部通论性著作，即上海抗战与世界反法西斯战争全史。这三个子系列丛书各有千秋、各具特色，在集结出版后，更能起到互相参照、取长补短的作用。可以说，这套系列丛书是上海学术界和理论界研究上海抗日战争和世界反法西斯战争的一项重大的学术成果，是对上海抗日战争史研究的一个重要总结和一次集中展示，也是向中国抗日战争暨世界反法西斯战争胜利七十周年献上的一份厚礼！

“疑今者，察之古；不知来者，视之往”。历史是最好的教科书。《上海抗战与世界反法西斯战争》系列丛书的出版发行，更是为了向社会提供一部能够弘扬时代正能量、培育与践行社会主义核心价值观的好教材。让我们站在新的历史起点上，进一步铭记历史、缅怀先烈、珍视和平、警示未来，为实现中华民族伟大复兴而奋斗，为促进世界的和平和发展作出我们应有的贡献。

出版说明

《淞沪抗战史料》丛书续编Ⅱ主要利用国家图书馆馆藏资源，将已见或未见的关于淞沪抗战史料以影印的形式出版，内容涵盖两次淞沪抗战，即一·二八淞沪抗战和八一三淞沪抗战，力求比较全面、翔实和生动地反映淞沪抗战的全貌。

两次淞沪抗战，是中国人民伟大的抗日民族解放战争的重要组成部分，特别是八一三淞沪抗战是在中国共产党的抗日民族统一战线政策的指引下，以国共两党的合作为中心，全国各爱国党派团体、中央和地方各系抗日军队、各界爱国民众以及海内外侨胞，在抗日御海、共赴国难的基础上发动和进行的，堪称民族自卫战争史上的伟业。它体现了中国人民血洒战场、拼死抗战的决心和民族团结精神。在抗战胜利70周年之际，阅读这些史料，重温那段中华民族优秀儿女面对强敌、誓死抗争的精神，就是最好的爱国主义教育。两次淞沪抗战展示了中华民族奋起改变自己国家命运的伟大信念，爱国主义激发出全体中国人民的巨大力量，这种信念和力量，在今天仍然弥足珍贵，令人心怀激荡。两次淞沪抗战中那些大气磅礴、气壮山河的史诗故事，均在本套丛书资料中有翔实的记录和质朴的史料作为佐证。

由于各种原因，原书中存在着印刷错误，而且有些细节也与史料不符，对书中的一些观点我们也不完全赞同，为了给读者提供最原始的抗战史料，对上述问题未做任何处理，希望读者能够给予理解。另外，本丛书第一辑、第三辑因中、西式排版的不同，为方便读者的阅读习惯，采取现在的装帧方式。

编者

2017年7月

上海一日

朱作同　梅益主編

上海
美商華美出版公司發行
1939

序

——發刊本書動機——

朱作同

滴鈴鈴……鈴鈴……電話在響着，接起來一聽，短促的聲音報告着：

「朱先生！剛纔報館前面又被暴徒擲炸彈……巡捕開槍射擊……暴徒一人當場斃命……」

第一次，第二次，華美報館被暴徒投擲炸彈，我都在報館裏，親自嘗到這種滋味，身歷其境時，倒一些也不覺得什麽。第一，我們在這個環境下面來辦報，對「橫逆之來」絕非出於意外，第二，我們的門窗第一次被暴徒炸毀了，沒有修復，一方面是因爲我們支撑這個局面已經不容易（當然是爲了我們的力量薄弱）一方面是因爲這種「橫逆之來」或許不會馬上終止。祇要沒有貽累到別人，終是天君泰然。

自己不在報館裏，心緒反而緊張起來了，馬上馳車趕到報館。在路上，思潮起伏：董事長密爾士先生的辦公室就靠着門窗，不知有沒有受到損傷？電話裏沒有提及，大概沒有損傷；報館的職工有沒有人受傷？也沒有提及，大概還沒有什麽；門口的行人呢？在匆匆報告的時候，或許他們會忽略了的。如其有人受到波及，雖然不必我們負責，但我們却不能不深抱不安。

從這種緊張的情緒中，深深地感到「戰鬥孕育了文化，文化也孕育了戰鬥，」的確是眞理，是鐵則。

在這個大時代中門前被暴徒投擲幾個炸彈，眞如「滄海一粟」般的渺小，不值一提，或者人們也會不加一提。但是我們不能否認，每一個小波瀾，都是駭浪怒濤的一環，到駭浪怒濤又是匯集無數小波瀾而成功的。我們每人尊重自己在駭浪怒濤中所親歷的小波瀾，我們也同時不能不尊重別人所親歷的小波瀾。當然，這些小波瀾的值得尊重，是因爲它是駭浪怒濤中的一環。這是華美出版公司刊行上海一日的動機之一。

在這個大時代中，大家都注意於大者遠者的軍事政治問題，這當然是不錯的。但是我們更要知道，交織成功這個大時代而締造渡過這大時代的，不僅限於軍事政治部門，而有賴於其他各部門的共同協力。除此以外，大家都消磨其精力於原則問題，很容易流於空疏，有人以「抗戰八股」詆毀原則的討論，固然失之過苛，而且歪曲了眞理，但從事文化工作的人應該努力於更深入更廣泛的認識與探討，也的確是當前的急務。這是華美出版公司刊行上海一日的動機之二。

上海一日經數月之編纂校訂，現已付印，內容如何讀者自能衡量，無庸個人多贅一詞。雖上海一日的完成，爲匯集數千人之心血而成，其成績決非華美出版公司所應掠美，「采聲」亦不必來自「後台，」但個人所深以自慰者，就是上海一日的完成，和我們刊行的動機完全相符。

一九三八年十一月十五日朱作同序於上海華美報館

本書編輯經過

由於數千作者熱情的贊助，經過三四個月的時日，突破了種種意外的困難，上海一日終於跟期待已久的讀者們見面了。

上海一日也可以說上海一年，因爲每篇所描寫的固然是上海的一日，而全書所表現的却是上海的一年（一九三七年八・一三到一九三八年八・一三）。

這上海的一年，是多麼偉大、壯烈、劃時代的一年！爲了爭取祖國的自由與解放，中國人民終於用武力打擊武力；爲了維護人類的正義與和平，他們不惜用戰爭消滅戰爭！中華數千萬英勇的戰士與上海三百萬愛國的市民，不分黨派，不分職業，不分年齡，不分性別地站在一條戰線上，用沸騰的熱血寫下了自己民族抗戰史燦爛的第一章。再襯托着他們的民族敵人的殘暴，漢奸國賊的無恥，墮落青年的荒淫，『大時代的小人物』的徬徨與苦悶，形成上海社會空前未有的奇觀。爲要用集體力量把這複雜多樣的現實描成一幅有血有肉的畫卷，使全中國人民，全世界人類以及後代的子孫都由此認識『八一三』抗戰的眞面目，我們才有編印上海一日的企圖。

我們的能力時間都很有限，對於寫稿動員的成績也沒有多大的把握，這原是一種過於大膽的嘗試。跟着徵稿啓事的公布我們感覺到六大的不安，唯恐來稿湊不滿預定的字數，使我們的計劃遭受破產。直到一星期後，才漸漸放下了心，因為從那時起每天都有近百篇文章從各個意想不到的角落飛到我們的手中。到截止的一日，共收到近二千篇，約四百萬字。結果非單沒有鬧稿荒，而且因限於篇幅，在第一次審閱時就不得不割去三分之二的文章。

這一次取捨文章是一件困難的事。文字漂亮的內容大都空虛，而內容充實的，文字又太不像樣，我們終於在重內容而輕文字的原則下解決了這個難題。

因為來稿的豐富，自然難免有材料重複的現象。如描寫中國空軍轟炸出雲艦的，描寫大世界門前落下炸彈的，描寫先施公司的慘案的，描寫『七・七』『八・一三』週年紀念會的，每種至少有十餘篇，至多竟達三四十篇，有幾種篇篇都是好文章。但因篇幅關係，而且為了避免不必要的重複，我們只選取最精彩的幾篇。但從不同角度描寫同一事件的作品卻盡可能一併收入。同時也因為來稿的豐富，我們沒有實行原定剪報的計劃，只從幾種報紙雜誌上選取幾篇來稿中特別缺乏的作品。（轉載作品文末都有註明。）

分類與編次費了我們幾度的商榷。照日子前後編呢，太呆板，也太凌亂；照地區編呢，同樣呆板，凌亂，最後決定依照文章內容的性質。全書共分四部：第一部描寫前線動態及其他軍事行動，分八輯，共廿二萬字；第二部描寫死裏逃生，流離失所，饑寒交迫的難民，分五輯，共二十萬字；第三部描寫戰時戰後各種各樣的社會活動，（有神聖的工作，也有荒淫與無恥，）分九輯，共卅五萬字；第四部是各階層人們在這動亂的一年中的私生活的寫照，分十輯，共廿三萬字。這樣編法當然還有嚴重的缺陷，但沒有多大編輯經驗的我們，一時也想不出更完美的編法，只好留待讀者批評和指正。

完成了分部分輯的工作，一算字數，還是太多，又不得不把好些已經選定的文章割愛了，但結果仍比原定字數多三十萬。

最缺乏的是描寫恐怖事件的稿子。如關於轟炸報館，關於贈送手臂和注射過毒汁的水菓，關於掛在電線木桿上的人頭，都沒有一篇。這是一個缺陷。

我們收到三五篇用新文字寫的作品，結果都沒有用。原因是簡單的：篇數太少，排起來很不好看（我們原要用原文跟譯文對照排的，）只好割愛。收到十來幅插畫，也因幅數太少，而且有幾幅不大好，索性一概不用。編委會謹在這裏向幾位作者致深深的歉意。本書所附扉畫四幅，概出蔡若虹先生手筆。

為便於跟作者們通信起見，決定把所有來稿加以編號，旋因登記負責人突然離滬，未把寫有號碼的信封交代清楚，致許多文章沒有號碼，臨時添補又來不及，只好於再版時補上。

我們四人於分部工作完成後每人主編一部，（梅益負責第一部，平萬負責第二部，淡秋負責第三部，錢簋負責第四部，白曦負責一般編輯事務。）但大樣是輪流看的，使每人都有看到全書每篇文章的機會。這在我們總算用盡了心力，但疏忽錯誤之處，依然難免。又因人手缺乏，且有別項職務，我們對於事務上的工作，諸多不週到處。如許多作者中途要求改名的信扎未曾答復；選用篇名未能事前全部公布；退稿工作未能早日完成。希望親愛的作者們能夠原諒！

最後值得在這里一提的是我們改稿的工作以及在這工作中所獲得的感想和啟示。

來稿大部份都不很通順，有許多作者都是初次寫稿，他們看到徵稿啟事上編委會負責修改的諾言後才鼓起投稿的勇氣，這有他們的附信和文章本身作證。因此除極小數幾篇無須修改，一小部份用不着多大修改外，其餘稿件都經過仔細修改的。但修改別人的文章沒有自己寫作的自由，應該盡可能保持原作的作風和語氣，即使粗糙和幼稚，也是牠們的特點。這當然是相當吃力的工作，然而我們就在這吃力的工作中感到很大的激奮和快慰。因為隱藏在這些不高明的文章的背後的，是活生生的實際經驗，是火焰一般的愛國熱情。寫作技巧的幼稚固然減損了他們作品的感動力，但比起技巧高明而內容空虛的作品，也許較勝一籌。他們的生活，他們的努力，他們的熱情，保證他們將有更大的收穫，未可限量的前途展開在他們的面前。

就年齡說，作者有五六十歲的老頭子，也有十三歲的小孩子，但絕大多數都是二十左右。就職業說，有學生，教員，小職員，兵士，工人，演員，家庭婦女，舞女，女招待，妓女……差不多什麼職業都有。難民當然不在小數。

這一羣無名的作者寫作態度的嚴肅與認眞，實在值得潦草從事的成名作家學習的。他們把絞盡腦汁才絞出來的一個一個方塊字，正點正劃地寫在原稿的方格裏，甚至寫錯了一個字，也要挖掉，在原稿反面貼上一方紙，補寫一個自以為正確的字。在每篇文章的字裏行間，我們彷彿瞥見一塊一塊火熱的心血；每在一篇稿子邊沿劃上『不用』二字的時候，我們就感到一陣異樣的辛酸！

就是這種不忍丟棄別人心血的心情，使我們不自覺地把全書字數從七十萬增加到一百萬。

上海一日證明上海文藝界底層蘊藏着無限的潛力，本書的作者不過是這潛力的一部份，也許是極小一部份。發掘，鍛鍊，組織這偉大的潛力來充實文藝陣線上的崗位，打破『孤島』文壇的寂寞，這是目前上海文藝運動最迫切的任務！

編委會　一九三八，十一，三十日。

目錄

第三輯　孤軍……(一•四九—七九)

第四輯　在浦東……(一•八一—九一)

第五輯　保衛南市……(一•九三—一二四)

第六輯　武裝的民衆……（一·一三五—一六二）

第七輯　炸彈下……（一·一六三—一八八）

第五輯　收容所……（三·一三九—一六五）

第三部　風火山上……（三·二一—三〇二）

第一輯　大上海的火山爆發了

第二輯　熱血的奔流

第七輯　煉獄……（三•二四三—二七〇）

第八輯 學校動態……(三·二七一—三〇一)

第九輯 偉大的念紀……(三·三〇五—三三五)

第四部 漩渦裏……（四·二—三三七）

第一輯 在烽火中……（四·二—三三）

第二輯 血和淚……（四·二三—三九）

第三輯 婚喪喜慶……（四·四一—五三）

第七輯 苦悶·徬徨·覺醒（四·一一九——一四六）

第八輯 砲火照射着每個角落……（四·一四七——一六九）

第一部

火線下

第一輯　火線下

簞食壺漿迎國軍（廿六·八·十二·）

范樹康（十八·學生）

八一二的早晨。

季候算是過了大伏天，可是陽光還很毒烈，就是早晨八九點鐘的時候，那股熱浪亦就够人難受了。馬路上來往的人比較往日稀少得多，謠言就像瘋狗一樣，滿街亂跑。閘北的居民已成了驚弓之鳥，一到晚上，一大羣一大羣滿頭大汗的向租界上搬，到了早上，因為不放心他們關鎖着的家，又零零落落的趕回來。

可是今天情形絕然和平日兩樣，警察局門口的崗警，一桿盒子砲也出了木殼，橫靠在肩上，胸前頭掛着兩顆黃澄澄的手溜彈，有許多人擠在局子的門口：

「老鄉！怎麼樣了？要緊不要緊啊？」

那個大肚子的老王，他那胖臉一向是笑嘻嘻的，今天可繃得緊緊：

「咳！誰知道呢？媽的！」他說，望一望大家那憂鬱的臉苦笑着。

就在這一個又悶又熱的早上，突然的，一陣響亮的軍號，衝破了沉悶的空氣。當那激昂的旋律還沒有消去，街上便已現出一面白日藍地紅邊的軍旗，一隊武裝兵士從大統路迎面轉來，擦擦的步伐聲又沉重又整齊。整個馬路上的人們騷動了！每條弄堂像潮水似的吐出許許多多的民衆來，小孩子不再在街階石上滾銅板，店堂裏的伙計忘記了做生意，伏在櫃台上：「喔！我們的軍隊開來了！」一片喜出望外的呼聲，鬧翻了整條馬路。

大家忘記了頭頂的太陽。路兩旁的民衆愈擠愈多了，而忠勇的將士們的行列還是不斷。他們一律是全副武裝。鋼盔，背囊，草綠色的制服，左臂膊上一塊方布，上面寫着「88D」，隊伍分兩行在左右的人行道上走。他們是走得那末快呵，就像在競走似的。每個士兵的臉漲得血紅，汗珠兒像黃豆從額角頭上暴出。槍桿橫揹在肩上，腳裏拚命的趕着，刺刀鞘碰着水壺，是鏗鏘的聲音。儘管汗濕透了全身，他們還是直向北站開去。路上的人全都看呆了。

有一家茶館的老闆捧着只大茶缸，泡了一缸茶。

「來啊！來啊！老鄉！喝一盃吧？」

不過弟兄趕路要緊，官長儘在後面督促，沒有停一停的工夫。而且，茶又是那麼的燙。看熱鬧的民衆們腦筋一轉，咳！終想出個辦法來，大家自願走上去，把弟兄的水壺給解下來，灌足了茶，再提上隊伍去送還他。弟兄們可眞樂啦：「謝謝！謝謝謝！」那一邊更客氣，「那裏！那裏！你們是爲國爲民的哪！」一片融洽笑聲，沸騰在這裏那裏。

大家扳扳指頭算算，啊！快要四年了，整整有四年，這一塊土上，就沒有我們國軍的足跡，受了屈辱協定的限制，我們和忠勇的國軍遠別了四年，在這四年中，國恥一天天加重，敵人一步一步的踏過來，現在終有了這一天，像一個小孩得到他雙親的保護似的，我們的國軍眞的來了，而且來的這麼威風神氣，你看哪！

一批一批的步兵，後面就是炮隊，幾匹英武的駿馬，拖着一尊尊鋼炮，炮車的輪子一在石子路上轆轆地響；馬背上掛着一箱箱炮彈，炮兵拉着馬咬鐵狂奔，馬嘴裏白沫四噴；再後面又是大隊步兵和輜重。肩挑的，車推的，絡絡繹繹，半個小時光景才走完。

我戀戀不捨的，索興跟着他們往北站去，他們在沿路各十字路口，開始構築工事，警察到米店裏去征發麻袋，各里弄的民衆臨時服役，高高興興的一劃又一劃地把黃沙盛進袋裏去，一包一包的疊起來，在一位官長指導之下，一道道的沙包電網很快的完成了，這也是動員民衆所得的一點幫助啊。

到北站，已經戒嚴了。這時候，正好有一班火車到站，旅客來不及提行李，就給士兵們送走了，機關槍在車站大門口架起來，警戒線佈好。前一個小時，還是人聲喧嘩，熱熱鬧鬧的北站、現在却變得靜悄悄的。只有刺刀一亮一亮的晃着。

寶山路口的一家茶樓，臨時作了司令部，門口一個衛兵很神氣地站着，年紀看上去只十八九歲，可是英姿勃發，站在那裏，一動也不動，樣子挺威風。

黃制服的保安隊，趕着辦交代。寶山路就成了一道防線，機關槍放進沙袋的堡壘裏，伸出屋望孔，向和北四川路接界的界路瞄準。更有一批士兵，開始在他們新佈置好的戰壕裏吃飯，聽說他們自無錫開拔到眞茹，徒步到閘北，現在十點多鐘了，還不曾吃過早飯呢。

界路那邊可熱鬧的很，沿路擠着的民衆代士兵們買香煙買麵包。

「老鄉！你拿去好啦！這算是我送你吃的，別客氣！別客氣！」說着就向人堆裏一鑽不見了。那個弟兄乾瞪着眼，一絲感謝的笑容，爬上他那老實可親的面孔。

汽水啦，水菓啦，香煙啦，就在幾個人振臂一呼之下湊足了。大捆大捆的送進去，慰勞我們保國衛民的弟兄，「請大家解解渴！」

周圍的空氣是這樣熱烈，只要有一星星的火，牠馬上就會燃燒起來。我的熱血在漲，全身被汗浸濕，擠在人山人海似的難民中間向租界走去。我極力掙扎，想不被他們帶走，我還要多看一看我們的國軍，然而人潮是那樣迅急，我的脚不由自主了。

歌聲又起來了，「起來！不願做奴隸的人們」……又激昂又悲壯的歌聲配着這熱烈的情景，每個人已興奮得發狂。捕房裏的紅色警備車，今日顯得特別渺小，牠只好躺在路旁乾着氣，舉起了棍子的印度巡捕亦給嚇呆了。（1107）

閘北第一槍（廿六·八·十三）

蔡以中（第七軍機關鎗連連長）

我懷了一腔更燃燒更沸騰的熱情，重來到離別已經五年多的上海。

五年前，在廟行與敵兵刃戰時所受的創痕，還深留在我的左腿，五年來我們民族所受的恥辱與欺凌，加添了我們無限的憤怒，同時給了「」無限的鼓勵。

傍午，我們下了車在出發到上海近郊的一個小鎮去的道上，我們遠遠望見「一二八」的遺跡，那斷垣那殘壁，我們還看見了兩路管理局新建的大廈，岸然矗立在雲霄。一陣溫煦的海風撲着我們每個弟兄的黝黑的臉，我彷彿在風中聽到一種聲音，那聲音該是帶着歡喜又帶着擬懼的歡迎的呼聲吧！我不禁在心裏響了回音：「別驚懼吧！你們這次也許還要經歷過一次劫難，然而請你們放心，因爲我們每個人都帶着一顆比鋼鐵還要堅强的決心，一定要把日本帝國主義永遠逐出上海！」

× × × ×

弟兄們雖都在埋怨時間走得太慢，因爲在夜神一到來，敵人定會到我們陣地來挑釁的，到那時候，幾十年來鬱積在胸口的憤怒與苦悶是得到一個盡情發洩的機會了。

可是夜到來了，我們望着那半鈎新月徐徐升起，九時，十時，……一時，二時過去了，我們又望着那半鈎殘月在徐徐西落，弟兄們都顯得異常焦急。雖然敵兵的陣地，我們看得很清楚，可是我們始終服從着「人不犯我，我不犯人」的命令，弟兄們都在低低的咕嚕着：「東洋兵不敢作聲了吧！」

到三時多，保安隊一排在寶山路附近巡邏，我們的隊伍當時離保安隊相隔二三百米，一小隊日本兵從他們的沙袋後面跳了出來，攔住了保安隊的去路，一個日本的隊長操着不純熟的中國國語問：

「你們中國軍隊幹麼？是不是想包圍我們日本軍隊，是不是想攻擊我們？」

「中國軍隊從來不想攻擊別國軍隊的，中國軍隊只是爲保衛自己國家的領土而守衛着。你們不是沒有理由的要保安隊撤退上海嗎？這已經是辦不到了，因爲保安隊所駐守的是咱們中國的領土！」這是一個保安隊隊長的回答。

他們露出非常不愉快的臉色，走進了他們的沙袋後面去，就在保安隊開始走不上幾步路的時候，他們就向保安隊射擊了。

我們弟兄一聽到槍聲立刻衝上去，向他們回擊，可是，我們的槍聲一響，他們的槍聲却就停止了。

× × × ×

傍晚，我們在江灣路附近。

我們奉命進攻八字橋，可是青雲橋給敵兵在事先炸斷了，我們只能繞路走。

敵人在每個路口嚴密地佈置着機關鎗、坦克車，這一切向着我們行進的隊伍掃射。

我們開始找到了敵方機關槍的所在地，輕輕地和了三個弟兄，帶了一架機關槍伏在草地上慢慢爬過去，到離開敵方約六十米的地方，我們就開始向着敵方的機關槍陣地掃射過去。

不一會，他們的機關槍響了兩下，就不作聲了。我那時的快活眞是怎麼也形容不出來，我幾乎興奮得跳了起來，後面的弟兄這時也緊緊地衝了上來，雖然後來在敵兵的另一陣地裏依舊發出了密密的槍彈，雖然在我們身邊爆發了密密的炮彈，可是憑了弟兄們一聲怒吼，我們終於衝上了八字橋。

負傷之前

唐漢林（××師×連×排排長）

「奉命之日忘其親，臨敵之時忘其身。」——戚繼光

我們從××出發到達××鎭，師長召集幹部訓話，很注意地對我們講說。八月十五日深夜十二點由××登車出發，上面限四十八小時到達××，因爲時間短促，行進間且不許停車造飯，使得我們兩日夜的廠車生活，都是拿大餅饅頭來塞滿肚皮。日晒夜露，還有在別處所得不到的，就是從機車上所飛出來的煤灰，使得每個人的面部都似化裝好了的張飛！皎潔的月夜，機車的鬧聲，衝破了靜寂的原野，夾道成陰的綠楊，被車風激起了波浪。

車到××，正敵機來襲，我們即下車向兩面散開，同時用高射炮以及高射機關槍向敵機射擊，敵機雖有九隻，亦無法施行其殘酷之轟炸，約十餘分鐘始悻悻飛去。此種遭遇，我們在「一二八」之役已見慣的，故雖敵機來襲，我們還是泰然。

夜又來了，蔚藍的天空，漸漸地灰暗起來，由淡而漸深，以至黑到連地面上的物件都不大瞧得清楚。月未升，天已黯，我們已集中出發了。沿着向××去的公路前進，弟兄們都很自然地肅靜，鞋底礦着路面的石子，發出很有步調的沙沙聲，行登隴際，展視前後的行列，在星光下，顯出長長的一條黑色的、像在游行的巨蟒，將平坦的大道吞滅了進去。這一條長的行列就是我們共患難死生的戰友，這次能得有機會爲國家効死，不禁心神暢快，大有橫戟賦詩之概！可惜我不是詩人！

月升了，每個人深長的陰影伸展在路的另一面，脚的移動，身子的上下，很明顯地隨着隊伍，這是中華民族復興的靈魂，是爲求得自己的生存在前進。夜風吹來，已有很重的涼意，槍身上反射出來的寒光，愈使得周圍的景象嚴肅。這時候隆隆的砲聲和一閃閃的火光，也同時傳映入每個戰士的眼簾，使得我們精神更加興奮、熱血更加沸騰，步聲也重而加速。

××，舊地重臨的××，「一二八」在這裏流了不少先烈的血，而今碧草如茵，殘暴的敵人又在這地方重施淫威，房屋倒坍很多，被炸死的人，屍體縱橫，血肉模糊地躺在殘垣之中，還是日本獸行的遺跡。

八月十九日二十點後，我們又前進了。××方面的火光也更看得清楚，機關槍聲更加來得清脆。月已西沉，星也灰黯，燒坍了的房子，還有很大的火焰，磚燒得像通紅的火炭，冒着火焰踏着紅磚，向困守在××路底的敵人衝過去，砲也協同着向敵人射擊，槍聲之緊密，賽過辭歲的爆竹，我們的坦克車也活動起來，我們的伙伴也在開始作壯烈的犧牲，弟兄們接二連三地倒下，衝上前去的都一層層的倒下，倒下的又一個個再爬起來向前衝。

（家裏民十七年就由鄉下搬到上海，「一二八」之役，住在虬江路，因此遭到空前的浩刼，一把火把家燒得「片瓦無存」逃出來的僅是幾個人。那時我在×××師服務，參與了上海的抗戰，不能回到家裏去看一下，事後曾與母親說過幾次，又搬到××。當我們將××路××路的敵人打退，前進到××路小菜場時，我已看見自家的大門，趁機回到家裏，母親逃難去了，六十多歲的老母，在兵荒馬亂的時候，單獨逃難，想起來怎不痛斷肝腸？家裏還有一兩個看守東西的人，東西一點也未搬，聽說是日本人不准搬。我這時候還能顧得家嗎？祇好叫他們趕緊的逃走，我也即刻離開了家，帶着弟兄們向××路攻過去。這一天的火燒得頂兇，南風把火勢更加助長起來，烟霧迷漫，弟兄們都燻得涕淚橫流，好比中了毒氣，迫得沒有辦法，祇好從佔到的幾個街撤回來，再轉到×××路的時候，我的家裏已經衝出了一股股的濃烟。

我們的士氣，誰都承認是旺盛的，戰鬥力誰都說是強大的，但是血肉之軀，怎敵得砲彈的殘殺，所以可以說，我們這次的犧牲有許多時候眞是浪費了的。就以我們來說，××路的房子方才燒完了，沒有熄滅，滿地瓦礫，焦樑敗牆，敵人憑着以高臨下的姿態，用重機關槍及輕機關槍守住路口，照這樣的陣勢，照說是應該多用砲火破去他的重機關槍及高的據點，然後再以步兵佔領之；然而我們祇用步兵，就在光禿禿的柏油馬路上衝過去，你說這豈不是浪費嗎？可是話又說回來，中國因爲砲火的力量不充足，是不得不這樣作壯烈的犧牲，以喪敵人之膽的。所以我也在這種情形之下，被敵炮轟倒的牆壓傷，同時還有十幾位弟兄也被壓在牆下。我受傷已經是廿二日上午四點多；經過團長的許可，我由××路禮拜堂下火線，到綳帶所天已黑了，只見××路××路一帶的火光，炙紅了半邊天。

體育會路上的血

葉　綠（兵士）

我們這一團弟兄本來是守在×××的地方，平日裏祗在壕中聞着，祗有鬼子們的飛機常向着我們投彈，或用機槍掃射罷了。可是因爲我們已有防避的經驗，總不會使牠佔了便宜。晚上常聽着鬼子們嘈集的排砲聲和機關槍咯咯咯咯的聲音。我想炸裂的地方在荒野中吧？老劉和大胖子慣常說：

「他媽媽的，鬼子又在大鬧把戲了。」

「可是我們這裏的弟兄誰都在手癢了！」我說。

事太巧了，我們剛在談說當兒，忽的傳令兵和×連長進來了：

「奉×團長令，我們這一連的弟兄今晚調防至體育會路×面××學校後面。」

於是我們立刻一個個把武裝弄好，那時月光照着天空，碧藍的天耀着閃閃的星光，晚風拂着我們的臉，我們的精神個個都振奮。魚貫的隊伍在田野中靜悄悄地向着目的地推進，不久我們就到了××的防線。我們各人都是拿着鏟子修理着毀壞了的戰壕，使我們的陣地更加堅固了些。費了數十分鐘的修築，我們每個弟兄都是滿頭大汗，尤其是大胖子弄得滿身都是汗水，以後就各自把防線的工作分配了。那時候覺得很平靜，前面也沒有什麼動靜，我們個個都蹲在壕中守着。

大概是十點左右吧，忽然吃緊起來了。那時風急天黑，鬼子的排砲隆隆的轟，目標對準我們陣地，可是終不能打到我們的壕中來。我們緊緊的拿着步槍，默默地在壕中等着，靜悄悄中佈防得很嚴密。步哨在前面來回的踱着，轆轆的鐵甲車在野地上轉着，在我旁邊的仲達輕輕地碰着我的臂膀說：「長根：留心着敵人要來偷襲了！」話猶未了，猛然的轟隆一聲，一顆砲彈落在我們的陣地，打中了我們誓同生死的弟兄，鐵片和血肉在那砲彈炸裂的一剎那飛迸着。接連着的轟轟，東也炸裂，西也炸裂，眼見着一個個熱血弟兄葬身在鬼子們的砲火之中了。那時我在心中盤算着，還是衝出去和鬼子們拚一拚，可是衝鋒的命令老是沒聽見下來。差不多全防線的弟兄個個都等着衝鋒的命令，預備和鬼子激戰一場，殺個痛快。但我們仍然死殭殭的擎着步槍，靜靜地伏在戰壕邊上。

夜依然是溫和的，祗有那晚風吹到臉上覺得發寒。這神祕的晚風似乎跟在那死神的後面，把死亡的人們最後喘延着的生命吸收去了。到了早晨，看那些弟兄們，血已凝了，他們爲祖國犧牲了。看那傘式的流彈依然射在天空中，投擲他們殘忍的火光。熱的血在心腔中迴旋着，再也不能寧靜了。我們前面的砲彈又爆裂了，土塊和鐵片像雨似的掉下來。我覺得被打了一下，我的袖口被一塊彈片撕去了一角，我緊握拳，立刻就想衝上去肉搏，忽然「喲」的一聲在旁邊仲達口中發出來，等我看時，他的呼吸已經急促了，他叫我照顧他那五十多歲的母親。因爲我是他的同學。臨死的當兒在他臉上似乎還發出一絲悲慘的微笑，我想着，就這樣死了嗎？唉！我永遠忘不了他。大約一小時後，砲聲是停止了，在防線的四面沉寂得可怕，依稀能看見自己的步哨來回的踱着。忽的，驀地殺聲四起，鬼子們衝鋒來了，坦克車，野戰砲，機關槍在××路上對向着我們的陣地，掩護大隊的日軍來進攻我們。他們以爲這次的衝鋒總可破我們陣地，可是出乎他意料之外，那時我們的弟兄個個都靜默地伏在戰壕中，連長用帽子指示我們，等到鬼子逼近陣線五十米突的時候，我們就一聲吶喊；躍出戰壕，大刀隊骨溜溜的滿地滾着，上了刺刀的步槍刺着手溜彈像雨點般的投着。我們那時看不淸敵人的多寡和他們的行動，我們很敏捷的用着機關槍掃射，襲斷了鬼子的後路。那時滿地都是死傷的鬼子，也有一部份鬼子扔了槍械在地上跪着，只聽得撲撲地拜着求饒，可是老劉和大胖子倒不客氣的都把他們結果，也算出了剛才的氣。這次的鬼子死得很多，那時天彷彿已經亮了，砲聲也靜寂了。這是很早的早晨吧？天淸朗而灰白。七十米突的地方屍身狼藉滿地，這是侵略我們的代價，也是替已死了的弟兄報復。那時我也在模糊中，忽然一個僧人的救護員推動了我說：「老鄉！你的腿已經傷了！」於是有幾個熱心的救護員把我運到上海來。在醒來的時候已是下午了，和煦的陽光照着我的被褥，痲木地也覺不到痛苦，還見到大胖子睡在我隔壁的牀上，呼呼地酣睡着。

吳淞血戰（廿六．八．二十三．）

記者

在一家醫院裏我訪問死守吳淞的保安隊團長岳岑。

「問我受傷的經過嗎？其實，這點兒輕傷算得什麼，保衛國家，是我們軍人的天職呀！

「你聽了不會感到厭倦嗎？也好，我們不妨簡約地來談一談。不過，那怕是十分乏味的吧。」

二十日的晚上，情勢就驟然緊張起來。敵人因爲在虹口一帶軍事失利，陷入了重重的包圍，自然，突圍是他們唯一的辦法，因此在蘊藻浜張華浜一帶，他們就用大砲飛機作掩護，隊伍密結地向埈上衝上來了，這樣，我的防地，也就受到了極大的威脅。

二十一日到二十二日我所率領的弟兄，和數倍於我們的敵人會苦鬥了整整三十多個小時。三十多個小時，是多麼長的一個間呵！沒有東西吃，也沒有東西喝。我們還是支持了下來。

二十三日下午敵人因爲屢攻不逞，情勢稍見緩和。蘊藻浜的那條橋上我們的弟兄是死得很多的，幾次我們想衝過橋去想幫助他們擊退敵人，但幾次都爲敵人密集的機關槍止住了。有一次我們已幾乎快衝過橋了，但無恥的敵人，却在橋的南端放火燒了起來，眞悲壯呵！那一剎，我們的弟兄前仆後繼，竟犧牲了不少哩！

但當我進抵××時，敵人似已發覺，分了一隊兵士向我這邊迎擊過來了，我們便在××展開了劇烈的搏鬥，而我也就在這當兒掛彩啦！

我的頭，剛想抬起來，敵人的一顆子彈就洞穿了我的軍帽，那時，幸喜我的神志還十分鎮定，我知道我所蹲着的地方，已成了敵人攻擊的目標，就把身子向右移了過去，那裏是一簇蘆葦，起初我以爲蘆葦中一定還有土墩，所以沒有伏下去，可是立刻我看清了，於是就迅速的躲了進去，剛剛伏倒，一顆子彈就飛來洞穿了我這右臂。但這時我是負有重任的，我不能退，所以在忍痛之餘，依舊一聲不響的伏着。

敵人愈迫愈近了，顯然，這是肉搏的時候了，我便硬撑起身子來發了衝鋒令，這樣大地便立刻捲起了狂濤，弟兄們個個都奮勇爭先的站起衝了過去，喊殺聲響澈了雲霄，塵烟也瀰漫了四週：：：：敵人究竟都是些被軍閥迫着來作戰的呀！所以喊聲起處，他們就都踉蹌地各自逃命了。不到十分鐘，我軍就完全擊退了他們。

以後由勤務的扶助，我纔離開戰場。

到這裏來還剛是昨天下午（一日），因爲沿路敵機轟炸得很厲害，由勤務扶着走到滬太路，纔由童子軍救回來。

眞的這點傷是算不了什麼的，你瞧好啦，再過一二星期，我就可回戰場去殺敵的。

在蘊藻浜最前線（廿六·十·廿三·）

李國楨

在剛開戰的當兒，我們是預備隊，駐紮在中山路一帶「待命。」二十日清晨一點多鐘，忽然奉命赴最前線的蘊藻浜死守。我們三千健兒得到這個消息，好像怒獅一醒，大振威風，即刻出發，如潮湧般的向吳淞邁進。

這時候，夜色沉沉，行人斷絕，我們按着亮晶晶的小星的指引，向目的地走去。一陣陣的南風送來震耳的槍砲聲。其實我們離前線還有三哩路；但當我們走到某鎭上時，東方已漸漸的發白了。爲了怕敵機趁天亮來轟炸，隊伍不得不散開，我和幾個忠勇的班長，和一小部分的士兵自動離開了大部隊，集在一道走。這般戰友平時本來親切。在路上看見酒店就去買酒吃。正吃的時候，有一個老鄉說道：「咱們吃吧！今天還不是最後一次嗎？咱們是去拚命的，吃一個痛快拉倒，留着錢幹嗎？死了，也帶不走！要是命不死，將來還怕沒錢化？咱們一切的事都不要念了，只要把每個人的通信處記好，等到把鬼子殺盡以後，不死的朋友一定要替陣亡的將士們寫信安慰家長，請他們不要悲痛，說為國犧牲是很光榮的，這樣生的才對得起死的。」我們聽了，都贊成他的主張，喝着談着，弄了兩個鐘頭，到了八點鐘左右，我們也動身了。出街口不遠，果然遇着兩隊太陽飛機，沿路轟炸，一剎時，成千的兵士都變成了樹木青草，一進一止，連自己也認不出是草是人，何況在高空裏。原來這是偽裝，與防空大有關係。

我們冒着殘酷的轟炸，繼續前進，不久就到達了我們的守地吳淞鎮。鎮上的房屋毫未損壞，住民已經走光，江心裏停着幾隻敵人的兵艦，有進攻吳淞的模樣。先到的部隊正在汗滴滴的趕做防禦工事，我們這一隊人被分派在一個學校前面做掩護工事，大家一見面，笑嘻嘻的互相行禮，非常親愛。我們一面對他們說：「辛苦！辛苦！」一面急着幫忙做。吃飯是換着吃，休息却不可能。做到午後兩點鐘，大概敵人得到耳目的報告，知道我們兵力不强，工事也不十分堅固，就趁着這機會向岸上猛烈砲轟，飛機也同時出動轟炸，不一刻間，鎮上的房屋、學校都被摧毀，變成焦土，新做的防禦工事當然無一存在，這時死傷的同志雖然不少，但是我們毫不驚嚇，也不動搖，同時也不回擊，大家施行偽裝，架着槍拏着刀很沉靜的伏在破壕裏，預備敵人近了岸時才加抵抗，果然在砲火掀天黑烟漫迷中，十幾隻汽船，分路向江岸突進了，這時我們的同志聲勢一振，槍彈齊發，誓死不讓的痛擊敵人，結果他們四五次的登岸都被我們殺退了。最後一次已經是黃昏時候，敵人為了要經過一座大橋進攻，所以集中了砲火，對橋這頭亂轟，幾隻汽船滿載敵兵，在砲火的掩護下上岸了！那時我們隊上的蕭班長正領着一班人守在橋頭，在大炮亂轟下，他們犧牲重大，只剩下三個人，預備隊又不能增援。可是蕭班長自己在敵人上岸時，仍舊不動，等到敵人大胆衝到了橋頭時，蕭班長才以疾風迅雷之勢，出敵不意，拖着機關槍就掃，兩個弟兄拾起手溜彈亂投，敵人一時脚慌手亂，來不及應付，四十多人生還的只七八個。一刻敵人又來進攻，蕭班長的機關槍不能開了，單靠步槍那裏抵得住，班長腰部中彈倒在水裏，兩個弟兄一個陣亡一個逃脫了，一時五百多敵人，趁勢攻進了蘊藻浜，我們雖然退了一步，但是士氣仍舊健旺，一個反攻，殺聲震地，終把敵人衝下去。

為了地形複雜的關係，急速退到鐵路線以北的壕裏防禦，敵人也停止了攻擊。大約在八點鐘左右，槍聲斷絕，在沉寂的黑暗中，處處是「媽呀！娘呀，我不會活了，痛死我了呀……」的哭聲和喊聲，這是一般不能動的重傷同志，在那裏求救，可是終久沒有命令下來，叫我們去救他們；尤其是功高的蕭班長，哭叫了半夜方才氣絕。如此的慘狀，誰不心酸流淚痛恨强敵呢？

整個八月二十日就同惡夢般的過去了。我們知道戰事是要延長的，不與强敵同歸於盡當然不會罷休，大家仍舊精神飽滿，抱着必死的信念準備抵抗，以爭取國家的光榮。

在羅店（八・廿三）

羅一平（小學教師）

「哦！你回來了。時局很壞吧？」我才踏進家門，父親就這樣問我。

「壞，壞！吳淞昨晚打了一夜，今朝飛機又轟炸了半天。聽說蘊藻浜（註一）有些靠不住，現在楊行（註二）街上到處都是前線退下來的黑色軍隊。」（註三）

「失守了吧！」

「說不準。搬場的人家是很多的；我們的服務團（註四）也無形解散了。」說着，我脫了汗跡淋漓的襯衫，穿上木屐；然後走進厨旁間去慢慢的吃起飯來。

忽然明弟在外面急忽忽的跑進來。

「啊，三哥！東洋兵來了！」我聽了一怔。

「誰說的？」父親一把拉住他的手，面孔已變了顏色。

「都說的。」

眞的，這時外面的聲浪沸騰了。「走啊！跑啊！追上來了！」中間附和着哭聲，駡聲，野狗的吠聲！嘈雜得像一羣打翻了窠的烏鴉。

在雜亂聲中，父親的面色由灰色變成了蒼白，家裏的人也漸漸的集合成了一團。我的牙齒不由自主的打戰着，半響，吃吃的說：

「不要慌！我去看看情形再來。」這時正是午後三點鐘。

村上的人東一羣西一堆的都在外面：有的拖了小孩，有的提着包裹，隔壁和尙公公挑了一担的衣被雜物。他們都準備跑了，可是還決不定朝那面走好。

我從人叢中穿過村東，恰見前面的官道上有三個公務員模樣的人物走過，連忙趕上去問：

「你們從那兒來？」

「羅店」（註五）答着，他們都站住了。

「羅店。」我又一怔。「羅店有東洋兵嗎？」

「羅店不干事，川沙（註六）東洋兵已上岸了。」

「怎麼？川沙東洋兵上岸了，就在昨晚蘊藻浜激戰的時候？」

我迷惑了。

「是的。本來那裏有一連兵守着，但是一連兵濟得什麼事？所以當江面上槍聲一響，他們就丟槍退下來了！」比較老年的一個感慨的向我訴說着。

「啊！武的已走，文的濟得什麼事？所以你們也退下來了！」

這時遠遠裏來了一陣軍號聲。他們來不及聽完我的話，又踉踉蹌蹌的南奔去了。

我沒有一刻的猶豫，就反射底地迎聲走去。等到第二陣號聲起來時，我已立在一條大橋上眺望着了。在東邊的田野裏有一長串的軍隊在向北行進着，高的，矮的，有的只見綠蔭裏幾個黑點；蜿蜒曲折像一條活的長城。在長列的一頭忽有一面青天白日的旗幟臨風飛舞起來，我看着歡呼一聲，就一溜烟的跑了過去。

在一個小村的轉角上我碰到一個軍官。

「老鄉，羅店認識麼？」他問我。

「認識。」我肯定的說。

「領我們去行不行？」

「行！」說着，我向後面走來的弟弟說明了一下，便加入他們的隊伍前進了。

我們這一行人除了我穿不整齊的便服外，都穿着草綠色的軍裝，子彈斜裏橫裏的掛滿了周身，短短的步槍背在背上，頭上戴着鋼盔，脚下踏着草鞋。剛才的軍官靠在我的右邊。他比大家短一些，眼睛很大，嘴唇也厚，一副沉毅果斷的樣子。他的身上一無攜帶，時時拿起右手裏的一根竹竿，指揮隊伍的行止。後來才知道這便是本旅的旅長。

一路上，我向他說些羅店的形勢，地方上的習慣人情，他都扼要的記上手册。我們也友誼底談了些個人的私生活，他聽說我是小學教師，突然笑起來了。

「你是個教師嗎？眞想不到！」

「怎麼？」

「做教師的很有趣，他們不待我們軍隊到，就先偷偷地溜掉了。」

唔！我的面上感到一陣發熱，暫時說不出話。

才從一個無人的村子裏穿出來，我們忽見前面煙霧瀰漫，中間微微的透着紅光，那裏正是羅店。大家看着沒有一句話說，情緒十分緊張。這時，有楔子形的三隻飛機穿過烟霧直向我們飛來。

旅長把竹竿一揮，我們便在一陣微弱的軍號聲中横面散開，鑽進了田野。沒一會，飛機已被一層濃重的黑雲吞沒，我們又在微弱的軍號聲中站起來了。

以後，飛機時時飛到我們的頭上來，我們也時時伏下，時時站起。弟兄們可眞累了：他們的伏下往往是跌下去的，伏了下去又半天爬不起來。這時，旅長的面孔便會變得十分嚴肅，反復的說：

「前進！前進！東洋鬼子就在前面，就在前面！」

前面的火勢越發利害了，滾滾的黑烟直衝上天。我們先看見禮拜堂的塔尖，慢慢的羅店鎮的寬廣的市面完全展開在面前了。着火的地方是在東街、北街一帶。這時有力的火焰正在席捲向西；

如猛獸撲食一般。

我們就在一個村後停了下來，讓面前連一接二的坟墩遮住了隊伍。這裏離開羅店還不到二里。

旅長和我檢對了一下地圖，便和各個高級長官交換意見。才一會兒的功夫，除了一團人留駐後方外，××團××團就在他的指揮下由團長率領着向東北、西北雙方推進了。約一刻鐘後，前方槍聲響了，一聲聲的清澈可聽。槍聲愈響愈密，愈密愈遠，漸漸的聽不清楚了。旅長看一下表，朗朗地念：

「八月二十三日下午五時十六分，我軍進據羅店。」（註七）看祕書長記好後就對我說：

「我們今天還沒有吃東西。希望你立刻去把民衆組織起來替我們備飯。」「民衆都跑了，米又沒有怎麼辦呢？」我躊躇了一下說：

「好好的做去；我們做起來比你更難的。米我們出錢買。」他拍着我的背和婉地說着。

「那兒去買米啊！」我一面想着，一面帶了個軍需官、傳令兵、三人沿着大道向南市梢進發，「管他呢，鎭上米總不會少的。」

街上靜悄悄的沒有一個人，兩邊的店舖都上了門窗。除了遠遠裏傳來陣陣的槍聲外陰沉沉的和死市一般。我們緊緊地靠着走，誰也不說話。

沒有曲折的在街上走了一里多路，一條高高的石橋出現了：這是羅店鎭的中心，是一個人的心臟。橋的那邊是一條橫街，橋和橫街的兩轉角都是米店。我伏着身體跑上橋面向東西的水道看了看，便迅速下橋向右面的米店敲門；傳令兵接上來敲左面的一爿。

「開門！開門！」喊聲和打門聲恐怖地回應着。我偷偷地走上轉角朝東一望，面前是一道用砧板攔起來的防禦工事；朝西望，大約五十步路外有三個黃色武裝的兵士握着槍在探索而來。我不待思考便高聲喊：

「誰？」

「Sha!」地們猛見我，握槍大呼。我周身一震，轉身就跑！傳令兵也跑，軍需官跑在我的面前。一時槍聲砰……砰……連續不斷，子彈在我們的四圍呼嘯而過。

「今番沒命了！」我這樣想時，已把他們丟在後邊。我們穿出街道，靠左轉灣又越過了一條泥沼，才慢慢的留下步來。我向他們看看，彼此會心地笑了。

「是東洋兵嗎？」軍需官平靜地問我。

「不是東洋兵怎麼會向我們開槍呢？」我回答。

「東洋鬼子不是給我們提到北邊去了嗎？」

「不是的，我軍直線進攻，給我們驅逐了的只是敵兵的一部分。他們比我們先到，一定各處都佈防好了；實在，我們現在的地方，除了在火線也隨時有可能遇到東洋鬼子的。」傳令兵不待我的話完，就用廣州話哇哇的說。

「要是我帶了槍一定打死他們！」我警覺地對他們一望，眞的，他們沒一人帶着槍。

我們停在草地上踱了一會，剛才留駐後方的部隊也來了。在暮色蒼茫中我望着他們的後影，覺得自已萬分的渺小。

石橋一帶的敵兵不久便給我軍肅清，米店的門也終於給我們打開了；但是裏面沒有一點米，我們又退了出來。路上有三三兩兩的傷兵在我們旁邊掙扎過來，軍需官問：

「前線怎樣？」

「我們的一連快完了！」對方的語調低沉，但毫不悲傷。

我們走出市梢，轉上羅月路（註八）預備西行到汽車站看看。走不一會傳令兵喊：

「誰！」我向左右環境，不見一個人影，也不聞回答，又進了幾步，才見黑暗裏有人錯雜地走來。

「口令！」傳令兵喊着趕了上去。

「……」前面除了加速走來的脚步聲外寂寞無聲。可怕的豫感啊！我和軍需官站住了，後退了，終於回身飛跑。

「嘶…嘶…」背後槍聲響了，先是疏朗朗的，突然喊聲四起，子彈如火花般的在各處飛射起來。一時踐踏的，吶喊的，悲叫的……聲浪的洪流震撼了天地。

我不知何時失了隊伍，一人七高八低的在原野裏爬着，摸着，惶惶的如暴風雨中的小鳥。奔呀奔的，到底穿出火網，踏上了回家的大道。那時，衣服已經破爛，鞋子也丟了，身上的汗液如雨水似的淌着。

到家時，月亮已經掛在中天，飛機軋軋又起。我才坐下椅子，就被合村的男女老小團團地圍住了。

（註一）蘊藻浜是靠近吳淞的大河，通長江。

（註二）楊行是寶山境內的市鎮，在吳淞西北十二里地。

（註三）楊虎的保安隊。

（註四）爲軍隊服務的民衆團體。

（註五）羅店是寶山的重鎮，商業繁盛。約在楊行西北十二里，南離上海四十里許。

（註六）川沙是沿長江口岸的市鎮，居吳淞、瀏行的中間，南距獅子林炮台約八里。

（註七）我軍八月二十四日黎明正式克復羅店，以後遂與日軍進行激烈的拉鋸戰。

（註八）是由羅店通月浦的公路。月浦在羅店東七里地。由南方梢沿羅月路西北行約一里半路至車站。

星夜上前線（廿六・七・九）

陸詒（記者）

我們該如何欣歡慶幸，生長在這一個偉大的時代裏，親睹我們民族抗戰的砲火，在眼前閃耀！尤其值得慶幸的，是自己當一名外勤記者，時常要深入抗戰的火線，履行採訪戰訊的職責。

敵機在低空迴旋，拍拍拍……斷續的機關槍聲，響個不停，前線上颼颼的砲彈，掠耳際而過。危險縱然有，恐怖縱然也有，可是次數多了，時間久了，也就無所謂！一塊不成器的爛鐵，在融融的火燄中，也可鍛鍊成堅強不屈的純鋼。敵人的砲火炸彈，才是叫每個中國人都不怕死的最最實際的軍訓！而且在敵人瘋狂的進攻與屠殺下，連我們羣體的生存（即民族生存）都已遭逢了最大的威脅，個人的生命，實在渺小得可以，還有什麼依戀？

昨晚上，我們又利用繁星閃耀的黑夜，出動上抗戰的火線。周遭是無際無涯的黑暗，祇有星星的靜視，發出微弱的光芒。汽車爲了防空，不能開燈，黑夜摸索前進，路上又是被敵機炸得七高八低，眞是顚簸得像颶風裏航行的孤舟。深溝裏躍出的武裝同志，擎着上刺的槍桿，大聲喝問「口令！」他們冒着秋露、寒風，站立在哨崗上，精神奮發的執行職務，絕不鬆懈疲憊在前線每個中國人都熱烈愛護中國人，士兵愛護老百姓，老百姓更愛護衛國殺敵的戰士。每一次碰到哨兵，他們總親切的指示，前面有橋樑，後面有敵機炸過的炸彈穴等等，這些戰士給予我們偉大的愛，太使人感動了！

過了××，汽車沿××路向前奔馳，時間才剛滿九點，敵機已飛來夜襲了。像小月亮一樣明亮的照明彈，照得地面上的東西，全清清楚楚。那個有戰地經驗的司機，早已把汽車煞住，大家俯伏身子，躲避到路旁的河灘上。叢草做了我們臨時的長城，靜聆敵機的機關槍聲，由遠而近的打來。照明彈的光芒，祇能延長到五六分鐘，一過這個時間，我們又可照常辦事——開車前進。經××時，該處的民房，早已炸得東倒西歪。據記者的經驗，每一次經過這些地方時，總可以看到白天敵機洩憤的亂炸，眞有日新月異的進步。從××到××的途中，碰到我軍向前推進的砲隊，摩托化的砲車、汽車，人力車、小車、驢子、馬匹、所有各式各樣的新舊交通工具，應有儘有，帶上巨砲子彈，趕赴前線。那幾個洋車夫，小車夫，都是自願替軍隊效勞的，只吃飯，不拿錢。他們眞是切切實實爲國家流了光榮的汗滴，比較一般安處後方的大人先生，着實要偉大得好幾倍！

我們原先的目的地，是想過××直奔××，可是因爲××和××一帶，正開展着猛烈的戰鬥。敵艦一面以强烈的探海燈光，照耀着×××一帶，如同白晝，一面又毫不吝惜的發砲亂轟，砲彈落在我們的周圍，密似雨點。前面的哨兵，婉言勸阻。他們說：「汽軍目標太大，恰恰成了敵艦砲轟的目標，你們果然不怕犧牲，可是敵艦的砲擊還要連帶了我們受損啊。」我們就在距××三里的某村，由兩位武裝同志的帶領進謁某軍事長官。他已經匆促的趕上前線督戰，所以臨時又介紹×××的人員跟我談戰況。

「寶山城自前天下午一度危急後，我們大批生力軍星夜趕往增援，合力反攻。月浦鎮一線的我軍也遭受極重大的壓迫，我們決不能讓與淞登陸的敵軍，與羅店的殘敵取得聯繫，所以猛攻寶山，截斷敵軍的聯絡，是目前最緊迫的任務。我們先頭部隊現距寶山城牆只有三里多路，殲滅該處敵軍，即在目前。羅店方面的敵軍，已被我們重重包圍。在沿江一帶的作戰，我們當然吃虧不少，可是每個兵士，未開到上海以前，都早已下了必死的決心，所以壯烈的犧牲，不辭！砲彈炸彈的猛烈，不怕！」

與軍官談完話，他勸我速離此地，趕緊踏上歸程。歸途中又逢敵機的照明彈，以及機槍掃射。這已成爲日常功課，每一次總得下車避一下，好在河浜，草叢，田野，到處都是天然的防禦工事，並不會十分危險。

黑暗儘管籠罩在四週，但抗戰的前線上，正閃耀着民族自救的烽火！我們要堅毅的踏完這一段艱苦的歷程，從黑暗走到光明！

（1013）

夜走南翔（廿六：十，十五）

蔭庭（記者）

廿六年十月十五日，上海戰事已進入了第三個月，戰事重心在大場、顧家宅、劉行、羅店一線。日軍更積極的想渡過蘊藻浜。我們爲探知一些後方陣地的防務起見，便作一次南翔的訪問，同行的人有字林西報記者周毓蘋，中央社馮有眞和沈劍虹，申報金華亭，民報與中一，以及樊仲雲等連同七十軍上海辦事處的祕書之類，一共十三四人，在東方飯店集合，爲避免飛機轟炸，我們不得不在天黑後出發。分乘汽車三輛，迤邐而行，通過白利南路英軍防線，向黑暗的公路上摸索前進。北新涇，眞如鎮上，遺留着日機轟炸的殘跡，斷垣敗壁，狼藉路旁，南翔鎮上的巨屋也都坍倒在瓦礫中。軍運頻繁，使公路變得崎嶇不平。汽車怕日機的偵察和奸人的襲擊，只開着極微的燈光，向暗中摸索，像呆牛似的喘着氣慢慢行着。

車過南翔，約摸又向西走了半小時的行程，就突然擁了下來，四圍是一片曠野。一小時半的顛播，身體備覺累乏，下了車，伸了伸腰，胸襟舒暢，精神突然的興奮起來。

天上層雲密佈，夜色朦朧，顧我們隨着領路的人，走入田野的小路，驟然如置身一片汪洋中。這時槍聲緊密，清晰可聞，突然就在附近發出幾聲巨大的炮聲，同伴說：「這是我們的大炮。」語氣之間顯着十分自滿。

約摸走了一里多路，到了一個莊村，四周有竹林環繞，靜悄悄地。我們走過小橋，幾座矮屋出現在面前，那是一個小小的村莊，也就是我們的目的地，七十軍的司令部。

司令部裏早就派了部屬在小橋邊迎候着。導入室內，這就是統率數萬大兵，運籌帷幄的所在。是一個農民的家裏，屋椽就在頭上，房中用木板架成一張長方桌，已顯着非常侷促。桌上舖着牛皮紙，兩邊坐的是三寸闊的長條凳。桌上兩支洋燭，膠在倒置的香烟罐的底面上，桌上陳列着一排馬口鐵的茶碗，一只拙劣的茶壺，溫着一錫茶壺的開水，擱在檯角上。主人臨時又搬出幾碟西點，香蕉、蘋菓、陳皮梅、和各色糖菓等，在這樣的環境之下，我們好像置身在「天方夜談」的境界中。

裘祕書告訴我們軍長與參謀長現在前線視察，還沒回來，由他代爲招待，並說着一連串的客套。上海辦事處的陸主任便到某處去打電話給軍長。

裘祕書是中校職，中等身材，面部瘦削，戴着近光眼鏡，浙東口音，談鋒甚健，他告訴我們到上海作戰後的經過。

「本軍現在担任這裏——南翔——一線的防務，軍長日夜在陣地上監督着建築工事，已佈置得相當齊備。

「我們最初在吳淞作戰，那時因爲敵軍亟圖登陸，激戰幾晝夜，雙方都有重大的損失。先是敵艦的炮火集中在我們的陣地轟擊，同時大批飛機又在上空投彈，掩護步兵登岸，那時我們的隊伍只得深伏戰壕，沉着應付；一到黑夜，因爲敵方飛機不能出動，我們便躍出戰壕，一方面集中火力向敵軍攻擊，一方面白刃衝鋒，把敵人打回兵艦。但一到天明，敵人又來。可是進進退退，整整廝殺了一星期，因爲工事大都燬壞，結果不得不退出。我們的犧牲固然重大，而敵軍的死傷，亦是很慘重的。

「此後我們又在江灣作戰，沒有半個月，然後調防到這裏來，担任南翔一帶的防務。」

裘祕書帶着傷風的咳嗽聲，侃侃而談，我們越聽越有趣。我們又問及戰地上士兵們的生活情形。他說在作戰的時候，士兵的睡眠是很苦的，只能抽着空兒打盹，當然作戰也有休止的時候。吃飯是每天兩餐，小菜是小兵自己備的，隨身帶一些乾的鹹食。在戰事緊張的時候，或隊伍被迫移動的時候，二三天沒有吃，也是常有的事。

「在上海打仗，一切便利，眞够舒服的了。」裘祕書不待我們發問，繼續的談下去。「我們從前在甘肅的時候，行軍只得步行，每小時要走十里路，一天要走一百一二十里，往往幾十里的地面沒有水份，隨帶的一小壺水，不够吃，那眞苦呢！」

「報告參謀長到！」當差的打斷了裘祕書的話頭。接着矮小結實的參謀長從外面走了進來，一連串打着客套，並說軍長快到。

約摸再十分鐘光景，身軀魁偉的周軍長隨着衛兵跨進了門，對着我們深深地一鞠躬，連說「失迎！失迎！」

燭影搖恍的斗室裏愈顯着軍長體格的偉大，這正是我們理想中的一位軍人的模型。臉龐圓圓的，和他壯碩的體格非常配稱，皮膚受太陽的灼晒，顯着有些黑。目光銳利，語調柔和，隱藏着一股剛毅之氣。他穿着黃斜布軍裝，顯着戎馬倥偬之態。

「我們來了，妨礙軍長的公事，很抱歉！」

「不敢，難得諸位光臨，榮幸之至！」

寒喧之後，我們便詢問我們所要知道的戰事消息，和陣地佈防隊伍配備等等。

當差的勤務兵捧出一碗碗熱騰騰的鮮牛奶，一面喝，一面啖着糖菓西點。我們細聽軍長的報告，有的用鉛筆在記事冊上疾書。

最後軍長發表關於戰事的感想說：「現在我們在上海作戰的軍隊，各省都有，而且都具有堅強的意志，抗戰的決心，這更表示了中國已有堅强一致的統一戰線，而這也就是民族復興的基點。所以抗戰前途，是非常樂觀的。而敵機的慘殺我國無辜平民，並對我士兵施放毒氣等等野蠻行爲，愈增其國際地位的孤立，而失去强國的威望，不啻自取滅亡。」

這次訪問，我們足足談了兩小時，對戰地指揮長官的訪問，向來不允許有這麼久長的談話的，所以我們這次的收獲，非常滿意。

時鐘已過了十一點，我們還得回轉工作，於是大家便興辭而歸。

踏着微茫的月色，走過小橋，那裏有密密的竹林，突然從背後喊着一聲「口令」！我們驚異地停住腳步，回過頭去，見一位弟兄很敏捷地抓住了一個來歷不明的人，赤腳，穿一件軍人的棉大褂。

「你是誰？」語氣急遽而嚴厲。

「我是××師，」那人顯着非常懦怯的樣子回答着。

「有沒有符號？」

「……」

我們幫着搜他們身上，一無所得。

「你來幹什麼？」

「……」

「抓他進去！」

「走！」

我們一路談着這個行跡不明的人，又談到敵人間諜的可怕。坐了汽車到上海已經夜中十二點半了。

愛與血（廿六·廿）

沈

我幹嗎要醒來呢。這樣去了豈不痛快，爲什麼定要使我再想起那惡夢似的一場。

是夢嗎？不！

楊排長躺在我旁邊，是腿部的傷，大概要鋸。我却是輕傷，我們一連怕只剩兩個了，他是比我後掛彩的。他說：

「我佩服你這辣手，竟幹得出來！要不然準給衝過來，那不是毀了嗎？唉！我這腿可完了。你好福氣，眞不枉稱福將，一禮拜後又可幹了！」

我沒回答他。這兒眞安靜，睡也睡够了。在來去的護士間，不會有她的影兒了！從昨晚到現在，唉！我不敢想。

昨天的惡戰，第五團的弟兄們眞來得。八九次衝殺，這樣多的炸彈。他媽的鬼子炸彈也眞利害，兩三米突積土下面的混凝土全炸開，要不是有假陣地和僞裝，那工事早毀完了，可是敵人消耗也够了，那一天沒有四五百顆？

下午九點鐘，左翼有出了毛病的消息。不久，命令到，五六團舉行猛襲，作爲牽制，我們四團在九小時內準備，有重要任務，後隊也作了準備。

戰事漸漸轉緊，我方重炮非常活動，掛彩的弟兄多極了，一車車地開去。我找個任務，也附車去一趟，不過兩小時內定要回來。這回或者可以會到她，唉！誰知竟……

汽車在黑暗中亂闖，不敢開燈，使我想起在江灣的一次，和她兩人黑夜馳馬，差一點兒受傷。那時我們才認識不久，她的勇敢却早深深地印在我腦中了。

第一次給我的印象就够深刻，那時我們一團駐在蘊藻浜，前方也正緊急。她來團部報告，捉來了兩個漢奸，立刻她忽然嗚咽起來，才知道其中的一個是她的爸爸，並且十幾年前也和我們一樣打過仗，可沒打過鬼子。

這不得不使我肅然起敬，大義滅親是多光榮的一回事！當時我曾這樣安慰她。她家就在附近，當天晚上被毀了，第二天我們隊伍就退了。我鼓勵她說：

「我們現在還管父母嗎？我們現在還要家嗎？戰場就是我們的家！」

「是的！戰場將是我們的家。」

調到江灣後，閒着一星期，那時眞快活，騎馬、打靶，件件都玩，我眞不信十九歲女子有這樣能耐，全團的人誰不羨慕我第一連連長。

車到臨時醫院，完了任務，急忙着去找她，可巧是預備班，沒緊要工作。這兒的傷兵經包紮後就送別處，我的車子馬上就得回前線去，消息又緊張，不能多担擱。當她知道我晚上有特別任務的時候，她很機警地顯着害怕，竟要同我一齊去。這是我第一次樣見她害怕她會幾次冒生死地出入火線，也不會驚慌。我知道那次蘊藻浜退却時担任掩護的陳連長受傷被救回時死了那怪像正復演在她腦際。

我給解釋，這次不是掩護，我們決不會退却的，不會有危險。他們大家都稱我是福將，我從來不會掛過彩。她堅決地定要去，這我怎能答應呢？她的性子我是知道的，我後悔不該將這話對她說。

我們同車到前方，已經快一點了。到團部報告團長已等急了，五六團已經打得差不多，左翼方面犧牲太大，這兒除剩下的五六團弟兄和我們第四團之外，只有一連多人，其餘連後隊都向左翼敵人行側擊了。要支持到早晨七點生力軍才能趕到。這重大的任務，不亞於掩護退却。緊急會議後，決定第三連居左，第四連居右，第一連居中央陣地，多下的作爲後隊。

於是集合弟兄們早預備了，告知任務，補充彈藥，九架重機關巧妙地隱蔽着，足够五小時的不斷射擊。

叫她回去不肯，沒辦法，候在這兒有什麽用呢？暫時把她安頓在團部，就充臨時醫生，那兒比較安全。

兩點鐘到了，本團弟兄加入戰壕，火力大猛，敵人一定不敢衝過來。

左翼炮火眞烈，敵人實會使一點突破的。命令來叫堅守五小時。

一個多鐘頭安穩過去，惡烈的戰鬥展開了。大隊敵人猛襲，來勢很兇，坦克的炮火逼近了，雙方機槍對掃，近了擲手溜彈，再近就得肉搏了！重機關確是利害，敵人不知我們有多少人，結果仍舊退去。

接着又是惡戰，天已經微明，炮火實在密不過，第三連犧牲最大，我連趙排長陣亡了，第四連連長掛了彩，後隊的人全參加，一大半的重機關已經沒有聲息。敵機一來可遭了，團長已經急電求援，左右翼戰事都利害，萬一被突破了不是玩的！離指定時間還有一個多鐘頭。

敵人逼近了，飛機就在頭頂，大量的炸彈擲下來，犧牲太大了。弟兄們要衝，團長命令暫退團部四週有臨時的散兵工事。

退下來的不足百人，不肯退的還握着手溜彈守在破壞的壕中。團部一帶幾間屋子都預備放火的，不知怎樣我沒想起她那時也不容我思想，敵人先頭部隊已經到了！

來的有一支隊人在搜索着地雷，其實誰還來得及安地雷呢！他們大隊已佔據前面的工事了。這時我們萬不能動，鬼子不敢來追的，離開指定時間還有一小時呢！援兵不見來，眞料不到會有這一場，一定有奸細，否則敵人不會知道我們的弱點。

第二隊敵人逼近了團部，但敵前鋒住足，沒有前進的意思，大概是防中我們的計，却反而中了我們的空城計。但奇怪的屋子不兒起火：

遭透的事！他們終於進去了！團部裏還有重傷的弟兄在，全被拉出來了，或者就是沒有放火的原因吧。但鬼子們顧人道嗎？燒了倒痛快，不死不活地受他們的苦才那個呢！我們一共帶掛彩的不過八十人！彈藥不足，沒有後援，離指定時間大概還有一小時。

我們一點聲音都不能有。第三隊的敵人也進去了，外面的也進去了，剩下十來個監視哨，這是不可多得的機會！大家會意了，團長和楊排長對我望着，我舉起了手溜彈，我不知道自己怎會幹了出來。

拍！拍！拍！哨兵倒了，弟兄們擁上去，手溜彈從我手中飛去，正中團部的門口，那兒還躺着不知死活的弟兄們呢！團部着火了，本來已安好火種的，頃刻四週一齊着火了，我瘋狂地奔去，要衝進團部，兩個鬼子衝出來把我撞倒，楊排長拉起來兩下子結果了。

「殺呀！弟兄們！」我爬不起來，耳中只聽得不斷的機槍聲，後面援兵趕到了，敵人決不能再衝過來，我開始失去了知覺。

完了！她是完了。要不是她，大家還要完呢！現在呢？弟兄們完了，楊排長也完了，我還沒有完！不！不一定得完，完，吧！大家一齊完！這樣我們的國家才不會完！（543）

上面是一位勇士的日記，字跡非常草亂，日子大概在十月二十左右，作戰的地點或者是在大場方面，是我在國軍退出上海後，在難民區的舊衣攤上一件血衣中發現的。據賣衣人說：「是從死守南市的屍兵身上剝下來的。」我們除了知道他是一個連長外，誰也不能再知道更多一些了！

我就是這天成了殘廢（三十・廿）沈劍文

十月二十三，我永遠忘不了這十月二十三！——我是在這天做了殘廢的。

我不敢自稱着我是抗敵英雄，我雖然殺過相當的敵人；然而我們那師人是敗退了的。我沒有光榮可說；我只有恨着敵人。

我們一師人是守在大場陣線的，我登的那戰壕，究竟離大場有幾里，只有我們的排長知道。我們都是夜裏走，照我走步的時間估猜，大概有五華里吧？我們這排人調到這戰壕也只有兩天。

捱了一夜的大砲，我們只有磨拳擦掌的分兒，沒有開過一槍，槍開過去，能傷到敵人嗎？還不是白放。還炮能，我們是步兵，沒有大炮。只有整夜的坐在那洞裏靜聽着敵人擲過來一大把一大把的砲彈。

「轟格啦啦！……蓬蓬！——蓬蓬！……轟！嘩啦啦……！」

這種繁雜的聲音，不斷地在我們地洞附近響着，地是不斷的搖撼；那鋼板水泥做的地洞也是不斷的搖撼。

地洞上面大約有八尺多厚的土，兩面通着壕溝，洞門口做了一個機關槍窠，洞裏一共有十多個人，班長的手電亮的時候，看出各人都戴着鋼帽，胸前吊着兩隻手溜彈，手裏挺着一桿步槍，我們摸着乾糧咀嚼着，手電一亮，班長看了看手表，向我們說：

「準備着，天快要亮！怕敵人要進攻過來！」

他說着，走了出去，我摸了摸我背上的九龍帶；整了整鋼盔；其實也沒有甚麼準備，守防綫的兵，是時時準備着的。

從那地洞口看着外面，有些發白。砲聲裏面似乎夾着槍聲，班長急匆匆走進來叫道：

「全體出去站壕！」

我這時的血，熱到了最高度，拿着槍隨着同伴們像瘋狂樣地直竄出洞外。清晨的霜風，撲面吹來，都不覺冷。壕溝剛平我的頭，站在裏面，挺直身子，勉强能露出眼睛，看到前面火花，在天空中噓噓地亂飛。砲彈在附近爆炸；在微明的晨曦中可以看出泥土連帶火花朝上直冒。

「轟隆！——轟隆！……」我們後方的砲隊開砲。

「好！轟死他們這雜種，再來。好！再來一個！」

「轟隆！……轟隆！……」

「好！再來一個，轟光他們這雜種。」

李國祥高興極了，他起勁的自言自語。

「不許說話，預備放！」

班長跳着傳口令，手裏端着盒子砲；壕溝裏，突然十二分沉寂，個個早已把槍口對着前面描準。中了砲彈像蛇皮樣的地面，已能比較看得清楚。壕溝邊的泥土，有一些崩壞，隔開我五個人的王燦璧，用鋼鏟在修補。

約摸過了十分鐘，前面的槍聲，像沸水樣的格外緊張，隱約看到牯牛似的坦克車直衝過來。我們這面的小鋼砲、迫擊砲也密集着向他們直射；眼看着那黑牛越走越近，我的心更跳得利害。

「一千密達放！」

班長繼續着發口令，兩個紅眼的眼球，似乎突出眼眶以外；我們似乎失了知覺，所沒有失的知覺，就是「殺敵」兩個字。

「達達達！……卜卜卜！……」我們這邊的步槍機關槍，一時鬧忙起來。

「蓬！」——一夥砲彈在我們附近爆炸，我趕快把身子緊靠壕溝的前壁，泥濺着我們的臉，碎片在我們頭頂亂飛，只聽到「哇呀」一聲，隔着我第三個人趙定邦受傷了！班長速忙扶他躺下，把急救包打開來，叫徐隨三先行代他包紮，傷勢究竟如何，我們這一夥人誰都沒有心來理問；只有依着口令，朝着前面，看準一千密達，放！放卜沒有一個不放！「達達達！……卜卜卜！……轟！……轟！……蓬！……蓬！……」一齊都放！

敵人牯牛似的坦克車分左右衝過來了！額角上機關槍火舌直吐，軋軋，軋……飛機來了！蓬蓬蓬！……我們開起高射砲。胡，……胡，胡，鐵鳥生下蛋來。

那牯牛竟毫無顧忌的直踏過來，左、右、後面附着許多黃蟻式的敵軍，看看將要逼近我前面第一道戰壕。

「五百密達放！」班長的口令。

看看敵人的牯牛、黃蟻、已到了鐵絲網前面。肉搏！我們個個準備肉搏！刺刀上起來了！看着看着那黃蟻走來越過越少，看着看着那牯牛越走越近，踏平那鐵絲網衝過來，「殺！殺！殺殺殺……」第一道壕溝在肉搏。「撲！……撲！……撲！……」手溜彈甩過去。

「蓬！」一地雷爆炸的聲音，火星直穿向半空，左邊的鐵牯牛一翻身，底朝着天不能動彈。

「トトト！……達達達！……蓬……蓬蓬！……」敵人右邊的坦克車已衝過第一道壕溝，黃蟻已跟着過來，步槍、機關槍、追擊砲、小鋼砲兩方面都放得起勁。

「兩百密達放！」班長幾乎要叫破喉嚨。

看看敵人的坦克車越過第二道壕溝的鐵絲網！「撲撲撲！……」第二道壕溝裏向他們丟着手溜彈，把坦克車包圍起來。看着黃蟻一個個倒下去。

「殺殺殺……」第二道壕溝在肉搏；「軋軋軋」飛機儘兜圈子，不丟炸彈，也不開機關槍，因爲我軍和敵軍已扭做一團。砲聲槍聲都聽不清，儘殺儘殺，黃蟻只剩幾個影子。

敵軍沒有佔着便宜，坦克車一扭屁股，退了下去。還附帶着極少的黃蟻。「蓬蓬——蓬！」我們這邊在他後面送上幾砲，結果那翻身的牯牛，給丟在後頭了。

「前進！」班長發口令。

我們一夥人像瘋狂樣地從交通壕前進，個個人的臉，漲得紫紅。毫無顧慮的前進，假使敵人逃得慢一點，我們還可以多殺幾個，到了第二道壕溝，壕裏外死的、傷的、臥着、哼着、叫着，一幕凄慘的景象；一片淒慘的聲音，永遠印在我的腦海。

這場激戰過去，敵人終於退了！第一道壕的弟兄全部作了壯烈犧牲；第二道壕的弟兄也只剩了五個人；我們登的第三道壕，傷了兩個。我們忙着整理；修鐵絲網，補壕溝；夫役們扛着傷兵去了；死屍還躺滿一地。

「抄你媽！你也不過這樣狠。誰叫你來送死！」王雲琪提起槍，把刺刀朝着那沒死透的敵兵向他的咽喉直刺下去。

「你倒做了好事，免得他不死不活受罪。」我贊成王的舉動。

「前進」班長的口令。

我們依舊沿着不完整交通壕，跑到第一道壕溝，夫役們跟過來忙着加土，工兵也走過來補鐵絲網，這第一壕比第二壕燬得更難看，我們有五六十人一同工作，很迅速的整理。

「軋軋軋！」敵人的偵察機在我們頂上兜了個圈子去了。

「快進地洞！」我們聽了班長的話，一同跑進地洞，工作暫時停止。

「軋軋軋……」敵機又來了！轟！軋軋軋！胡！轟！敵機炸彈直丟。耳朶有些發聾，地像在震動，敵機這樣發狂地炸過一陣。

軋軋的聲音去遠了，我們走出來，那些沒抬走的死屍，又遭了一次慘刧。我們還是迅速地繼續工作。十分鐘後，第一壕也完整起來，夫役工兵退了下去，我們一共十八個人守着這壕。

這時東方的太陽已升到半空，斷續的槍砲在遠處聲響着；四圍的村莊都成了「破屋頹垣」；倒是半落掉葉子的樹，還很完整。

我們挺着槍，坐在壕溝裏摸着乾糧吃。看看蔚藍色的天空有些灰白的雲飄過，我和王潤淸攀談起來。

「敵人大早的進攻，總算利害了吧？大砲、飛機、坦克車都用着。機械化也不過這樣狠。」我說着，一指那輛被燬的坦克車。

「這一仗，赤老可沒佔着便宜，我們只犧牲二十多個人，他們要死傷七八十吧？」

「今天怕還要進攻呢？」

「他們總是要來送死的。」

「軋軋軋！」敵機來了！打斷我們的話頭，我們跑進洞裏去。飛機過去了，我們又走出來，摸着乾糧吃。

午後，約摸在兩點鐘時候，轟！——轟！——轟！——大砲先是響了一聲，繼續着兩聲三聲，漸漸地轟……轟……十分鬧忙起來。我們又鑽進洞裏去。轟！——蓬！——轟！炮彈在附近爆炸，這樣轟了三十分鐘光景，班長走進來叫着：

「出去站壕，敵人要攻過來！」

我們很迅速地出了地洞，散布在壕溝裏，把槍口對準敵人。

「達達達……卜卜卜……」敵人的槍聲接連着沸騰起來。

「轟……轟……」我們後面的大砲朝着他們轟。

「軋軋軋」……敵機來了十幾架，「蓬蓬蓬……」我們開高射炮。蓬！——蓬！——敵機丟炸彈。

「五百密達放！」班長的口令。

那牯牛似的坦克車，又衝過來。看看越走越近，一、二、三、一共是三輛。「達達達……」機關槍火舌直吐。蓬蒙！蓬蒙！卜卜卜！……達達達！我們機關槍步槍直放。

「三百密達放！」班長漲紫着臉叫。

「二百密達放……」班長叫着，坦克車兩旁的黃色敵兵，一個個倒下去。

這一陣激戰，比早上更利害，衝上來的敵軍比早上多，坦克車也已添了一輛。

看敵軍已到了前面，將近鐵絲網，我們手溜彈同時扔過去。坦克車越過鐵絲網，我們聽祗見班長說：「衝上前去！」就下意識地躍出戰壕，望前直衝。喊着「殺殺殺！……」和敵人肉搏起來，槍炮聲停了。

「抄你媽！」王振聲放倒了一個敵兵。

「奶奶雄！」我對着那衝上來的敵兵，就是一刺刀。

「哇！」一聲叫，敵兵槍扔在一旁，倒在地上。

「阿呀！」王振聲躺了下來。

「媽糕操！」伍應龍從敵兵後面刺上去，敵兵來不及回頭，刺刀已從後背通過前心。

這時我腦子裏甚麼事都沒有，只有殺敵人是我的事；看看黃制服兵已漸漸稀少，我更是殺得起勁。

三輛坦克車是護着步兵衝過來的，我們和他揪在一起，坦克車上的機關槍不好開；空中的飛機也不好丟彈。所以只好聽我們殺，步兵犧牲太多了，坦克車也只有退下去。看看坦克車扭屁股了，我們還在對殺。

叫子一聲響，敵兵退了，像是兎子樣的逃去，我們犧牲也不少，班長也不見了！我們回到戰壕裏來，只剩了四個人，第二壕裏的人也已上來。假使敵人退得慢一點，一定可以把他們完全消滅。

我們忙着整理防線，我高興着對伍應龍說：

「你殺了幾個鬼子？」

「我宰了三個！」伍應龍豎着三個手指，繼續着問我：

「你宰了幾個？」

我皺了皺眉說：

「我沒有你本領，我只通死一個人。」

正說着，「軋軋軋……」敵機來了。我們跑進洞裏去；飛機去了又出來。

晚傍時候，炮聲又響了，由疏而密，排長親自來指揮，我們依舊同上兩次一樣站在戰壕裏，蓬！一夥砲彈在附近爆炸；我肘間好像吃了一下，此後的事，我就不知道了！……

我醒過來時候，身子躺在一顛一播的裝貨車上，手臂間的傷痕，已是裹了棉花紗布。

到了×××會的第×傷兵醫院，據醫生說：手臂傷得太利害了，只有鋸去，否則毒勢就要蔓延。

果然右手臂終於鋸去了，我們軍隊退出上海；醫院由合併而停辦；我因此進了難民收容所。

我現在住着蘆蓆棚；吃着兩頓稀飯；我並不怨着我的生活太苦，也不怨着所裏的人待我太薄，我知道還是國難，僥倖我還能活着，我的左手還能執筆寫字。我極希望早點打退敵人，我好早點返回故鄉。（793）

血戰大場（廿六·十）

卓義方（排長）

二十三日中午，我們這一營從××開到××，弟兄們都悶得頓脚，怨着指揮部爲什麼把他們留在這遼遠的後方不立卽開上前線。

下午六點鐘，大家正在忙着吃晚飯的當兒，師部開拔的命令到了，在緊急集合號下，弟兄們迅速的理好了全副武裝，在斜射的秋陽光下，一排排整齊的站在廣場上。營長已先他們而來了，他首先宣佈本營這次的任務是担任×師前衛，卽晚增援大場；並說明這次戰事是歷史上從來未有的民族戰爭，我們軍人更要抱定犧牲的決心，服從政府長期抗戰，打倒我們的敵人，救國家民族於垂危，每個人都要謹愼小心，不能放鬆一點感情，未奉命令，不得擅自退縮！我們每個人的臉上，顯然因有機會殺敵而充滿了緊張、興奮、愉快的神情！

開拔令下了。

那是下午八點鐘的時分，天空是漆黑一般，幾顆疏星從樹梢的隙處閃射着。隊伍是那樣長長的一長行，每個人都肅靜地邁着步子，急促地行進，雖然因幾天不斷的行軍，大家都顯得疲勞，可是此刻每個人都抖擻精神，隨着前面的足跟一步緊一步地在棉田跑着。

行行復行行，一會兒又是一個樹林，一會兒又是一個村莊。空中忽然起了一陣「嗡嗡嗡……」的聲音，經驗立刻分別出這是敵人的偵察機來了，弟兄們都本能地迅速的臥下來，於是棉田裏、樹林裏，卽時隱藏着大批人馬。一顆照明彈在空中亮着，敵機並不惜冒險低飛，以探究竟，然而出乎敵機意料之外，我們弟兄都報之以肅靜！

午夜的時分，營部的傳令兵發來命令，叫弟兄們縱隊散開，沿田野單行前進。微弱的砲聲，隱約的從東南方傳來。

目的地到了，營長分附我們散開。

× × × ×

破曉前的夜色，反映在每個人的臉上，都好像有些發青，大家又拿出了鏟子，急急的在整理剛才築起的戰壕。

二十四日清晨，敵機便分批的飛至我們陣地上空偵察轟炸。到了下午，敵人猛烈的砲火，簡直是發狂似的，比我們的機關槍還要密。經驗告訴我們，敵人進攻的公式，先是大砲猛轟一陣，然後步兵才敢衝鋒。弟兄們都本能地離開陣地，但這並不是後退的意思，相反的是跑到陣地前面去，倒臥在棉田裏，各自找尋目標隱藏着。泥土像冰雹似的落在我們身上，濃厚的火藥味，塞住每個人的呼吸，三小時後，敵人的砲火停了，大家又爬回來。

除掉烟塵的飛揚和泥土的噴射外，什麼東西都看不見。

夕陽沉入地平線，拉開了夜的黑幕，幾聲斷斷續續的砲聲，又向我們陣地送來，這是敵人的衝鋒的試探啊！

果眞沒有出我們所料，不一會，幾百個敵兵跟着七八輛坦克車，滾過來，漸漸迫近我們正面的陣地。坦克車！這傢伙確實兇猛，碾平了棉田，碾平了砲彈窩，一部分的鐵絲網也給壓毀了。自動砲，迫擊砲密集的向敵陣送去，可是，敵人依舊頑强的在挺進，在這危急的當兒，×排長帶着十幾個弟兄，滿攜手溜彈不顧死活的向坦克車攀上去，把手溜彈往窗口丢裏，有的還把手槍伸進去打，以血肉之軀和鋼鐵搏鬥，經過一場混戰後，敵兵和坦克車都不支退去了，我們的陣地依然無恙。

敵人進攻正面的計劃失敗後，旋即集中兵力，向大場以西塔河橋宅我陣地猛烈進犯，施行他一貫的作風——中央突破戰略。幾十輛坦克車和幾千個步兵衝鋒過來，偉大的爭鬥場面展開了，眼前是一片狼烟烽火，冒着幾丈高的火光，第一線的機關槍吼叫着，許多敵人在沒有越過鐵絲網時已經倒下，另外的一部分又衝進來了，第二第三線的弟兄趕忙向第一線的灣曲處切篰去接着就跳出了戰壕。手溜彈和大刀在這種場合是最好的武器，喊殺聲響徹了雲霄，從營長到弟兄，堅決要阻止敵人的前進，數年來國難家仇，都要在這兒洗刷了！

敵人不甘示弱，反覆的衝過來，我塔河橋宅陣地相繼失守，坦克車肆無忌彈的滾過來，我們預設的地雷像一座火山似的爆發了！敵兵都在半空中成碎塊，坦克車是融融的着火，我們在這烟霧火光中，又吶喊反攻！給敵人掩耳不及的突擊，敵人潰逃了。

敵人增援部隊到達後，以更雄厚之兵力，又向我們陣地進犯，一排排的砲彈爆發在戰壕前面，震得擋彈的工事岌岌搖動，我們漸漸的後退，同時砲火儘量在阻止敵人的前進，走馬塘於是失守。

二十五日指揮部的反攻命令下來了。

「我們現在立刻要增援第一線，給敵人嚐嚐反攻的滋味，我們要在深深埋着我們祖宗骨殖的地方，擊碎我們的敵人，收復我們的失地。」營長首先躍出戰壕瘋狂的喊着，他的眼睛，因幾晝夜不息的攻擊而紅起來了。論百的弟兄，一個也沒有落後。

敵人哨崗槍聲一響，探照燈便到處在搜索；機關槍，小鋼砲像連珠般掃過來，營長身先士卒，雖受創傷，仍不後退，喊着：

「殺啊！殺啊！」「給他們以手溜彈啊！」弟兄們益爲奮發，前仆後繼，勇往直前，血流成渠，戰況之烈，驚天動地，這美妙的秋的田野，霎時變成大會戰的沙場，在血腥的壯烈的秋夜中，卒將敵人壓迫，退至塘邊。

敵人的援軍勢如潮湧，天微亮，又大舉來犯，四五十輛的坦克車喋略喋略的前進，論百架的飛機又飛臨我們的上空掃射和投彈了，槍炮的聲響代替了時間的節奏，大地顯然在砲火聲中震動了。血肉要造成新的長城，血肉要保衛祖國一尺一寸的土地！短兵相接，白刃戰又重復展開，一批一批的敵人都在刺刀和手溜彈下犧牲，而我們的弟兄，在大砲和炸彈轟炸之下，也一批一批的傷亡了！壯士們的鮮血，灑遍了荒涼的大場，這可歌可泣的戰鬥，將永遠閃耀在民族解放的史冊上！

二十六日拂曉，被敵突破大場南翔公路約一公里許，進抵陳家梅園與徐宅，敵軍復折向東行，進襲大場左側，直趨我軍陣地後路。至此，大場就危急了！

一道退出大場的命令，從師部轉到了本營，同時並命令本營担任掩護工作，扼守軍事要點，嚴密堵截敵人，大軍徐徐後移，手溜彈依舊在飛舞。我就在這一霎那，左腿感到一陣的酸痛，不知人事的昏過去了。（136）

自大場失守後

焦　雷（十九·路軍工作者）

前線退却的消息，在午夜一點鐘時傳了過來，當時空氣緊張了許多，隊長和參謀看着架子上的地圖；低聲計議。我們許多兄弟們一個也沒有睡。

大炮也響得多了，炮兵陣地也不過離這裏半里多路，昨天離開這裏還很遠的呢！天上一亮一亮地好像閃電，那是發炮時的光，一亮之後，就「轟！」的一響，或「轟！……轟！」的亂響。

「矮鬼來的時候一定要幹他一個痛快媽的！」

「誰要逃的話，他就是不要臉的王八蛋！」

別人都在竊竊私議着，只有老胡在對着窗外罵街。弟兄們有的擦槍，有的下棋，沒有一個理他，他是傻出名的。

飛機整夜的響着。天一亮，更多了——比以前多得多。「嗚……嗚……嗚！」的來來去去兜着轉。這裏的炮暫時不發了，那些鐵鳥大多在找我們的炮位。

「嗚！……轟！轟！」

這聲響差不多不斷地響着，響一點的把耳朵都震得「嗡，嗡，」地響。

副官對我們說：「大家不必驚慌，一點也沒有關係，只要大家不要在外面亂跑，結羣的在外面走，可要丟命的！……」

「喂！第×中隊嗎！……剛才×司令有命令來，說要把××橋炸斷……限兩小時，快，快！」

「是軍需處？……要兩輛卡車……」

「喂！你們第×中隊嗎？派一排人，把兩車軍火送到××××去！」

「喂！……」

隊長盡忙着打電話發令。

×副官給我四張地圖，又要我每樣畫兩張，限兩個鐘頭交上，那幾張圖畫着這裏四周的地形，很是重要。

畫圖時飛機聲在響着，時時聽到炸彈的爆發聲。剛畫好兩張，突然有一只飛近我們這裏，那聲響大極了。接着：

「嗚……嗚……轟！……嘩……」

這個炸彈就落在我們旁邊，離這裏實在太近了，耳朵一時被震得「嗡嗡，」的失了知覺；玻璃窗本來關得緊緊的，也被震開來，桌上的東西震得亂滾，墨水打翻了，桌上一塌糊塗。

老胡對我們說：「喝！以前我在××的時候，我看見一個炸彈下來，把人身上的衣服都震飛去。這個還不算厲害呢！」

今天的飛機也眞算多，東一堆西一堆的，大概有五六十，整整響了一天，到吃晚飯時才少下去，一直到聽不見牠的聲音。

下午第×中隊帶來一個敵方的兵士，也許是「逃兵」，他的臉瘦得怕人，沒有一點血色。一口黃牙不時的露出來。他躺在地上，動也不動，嘴裏還哼着，好像得了重症。大家拿上海話問他，也不響，拿廣東話問他，也不響，北方話也沒有用，他只是把那死灰色的眼睛不住的在我們身上打量，好像表示怎樣也不回答你們。有人拿手槍嚇他，老胡更拿把大刀架在他脖子上，但他也是那個樣子，我們打到沒有打他。他的飯量到也眞大，也許是餓了幾天的緣故。斫以一吃吃兩大海碗的飯，有的人驚奇的看着他。

今天情勢更加緊了點，前線離開這裏已沒多遠。我騎了自行車到司令部去領「口令，」一路上低了頭拚命的踏，一面留心聽着有沒有飛機飛近的響聲。天空的白雲緩緩動着，我抬頭看看，要沒有飛機來回的響、和轟轟的炸彈爆炸聲，眞不像附近正有惡戰呢！路上沒有一個人，我更踏得迅速，一方面因為今天情勢比昔日不同，恐怕五點半就得戒嚴；另一方面又恐怕在這寂無一人的道上，容易給敵機發覺，但我到底吃了一回驚：當在××路轉灣後，後面來了兩架飛機，我管我踏，沒有理會牠們，豈知那聲響越來越大，回頭看看竟是同我一個方向進行，雖然飛得不十分低，但我心裏也夠慌的了。一下子把車歪到路旁樹木底下，急忙跳下來向田壟旁邊的水溝裏滾了下去。當時心跳得很急，身子雖藏了起來，可是那輛車子卻躺在樹下。給敵人發覺之後，只要在這裏兜一兜我就沒有命了。那機關槍的子彈必定「噠，噠，噠」向我射來。我們閉着眼睛靜聽，沒有一分鐘功夫、「嗚……嗚……」的兩架飛機從這裏飛過去，一直的過去。我慢慢的爬起來，拍拍手，四邊望望，嘆了一口氣，又重新騎了車往前踏去。一陣陣的晚風把剛才的恐懼都吹散了。但是滿身都是泥，連頭髮上都沾着，忘掉拍去。

到了司令部，大家都知道我碰着了敵機。

「可！以！你」×副官拍拍我的肩說。

夜裏大炮又在附近「轟轟」的發威。（120）

在北新涇前線（二十六·十·二十七·）

偉（二十·商）

最近幾天來，因奉到上級的命令，爲防止敵方的便衣隊混入我們的防區暴動，我們的勤務較以前加緊得多。尤其是晚上，沒有功夫允許你暢睡，身體的疲乏，是可想而知的。昨晚又因着奉到幾個緊急的命令，把一切的槍枝及工具整裝好，準備隨着軍隊後退，又因暫時沒有奉到撤退的命令，所以各同志仍舊照常至防區戒備，因此又是一晚沒睡，我的病體亦就祗有加重了。

黎明勤務完畢，僅睡在草地上休息片刻，便即起身，盥洗後偕數同志至周家橋買份報歸隊閱讀，知我軍在昨晚已從大場閘北後撤，退守至蘇州河以南，我們得到這不幸消息，當然是懊惱的！但並不覺得怎樣失望，前線忠勇將士能以血肉與對方的精銳海空陸機械化部隊相持了七十五天，實在已非容易的了。

現在新陣地已移在蘇州河以南至北新涇一帶，所以退下來的隊伍立刻整頓好，重復加入作戰，同志們都充滿着熱忱，告訴我們在大場激戰的經過，最後大家都同聲異口的喊着願爲民族的生存，流最後一滴血！

上午八點鐘時候，忽然間，軋軋之聲滿佈天空，我們早已知道了敵機又已光臨，可是並不在意，大家仍都團聚在蔭蔽地暢談國事。因爲駐在地的地形就是敵機唯一的目標，所以每天自黎明起至傍晚止，頭上的機聲始終不斷，但是今日不比往日了，我們處境已在第一道防線，抬起頭來一望，三五成羣的有數十架之多，目標都在我們隊部的附近，無數的炸彈像雷雨般的接連擲下來，無數的機槍向我們掃射。我們冒險儘量的把附近的老百姓搶救到新近由我們掘成的防空壕內。我和別的幾位同志因壕內擁擠不堪，所以趕忙躲避在小河邊的水淋淋的蘆草中，足足有四小時直臥在草地不敢稍動。敵機飛得甚低，距離地面僅百餘尺，所以目標很顯明。直至中午十二時敵機稍少了些，大家纔回到隊部，彼此都恭喜着幸未吃炸彈，隊部亦沒有被炸中，大家已無心再吃中飯，我和別的幾位同志攜了盒子炮出外搜索方才開槍指示目標的漢奸，但是他們早已杳如黃鶴。我們再從白利南路周家橋經過中山路第二號橋作一個巡禮，唉！那光景眞是悽慘，沿途無辜同胞的屍體枕籍，有的被壓死的，有的被機槍掃死的，其餘都是被炸死的，平時最熱鬧的周家橋，今日已變爲瓦礫場。

午後三時許，慘無人道的敵機又來了。可是正在這時候，有兩架在天空中不愼互相猛力一撞，機身全都毁了，機件紛紛都掉下來，駕駛員亦從半空中挽着降落傘漸漸降下來。我們見了很興奮的前去搜捕，但是因爲其餘的敵機正在用機槍掃射着保護那降的駕駛員，所以我們也就退了回來」

夕陽已西沉了，我們還沒得到後移的命令，但是我們的隊部已由稅警團某團來駐紮，炮兵陣地，防空壕等的防禦工程，早已提築完備，中山路的第二號橋亦已被我軍炸燬。我們的隊部此刻已處在敵人的排炮的轟炸下，房屋搖搖擺擺，像要倒下來，攀立樹上向四面一望，沿蘇州河至北新涇及白利南路一帶，已成為連營案，火光冲天，如同白晝，但我們仍在戰壕內等候命令。

十時許，命令來了，令每班派三人去掉換槍枝，補充彈藥，準備在今晚十二時集一大隊同志渡河至蘇州河以北登岸作戰，我們聽到這個命令，大家都很高興。我們已由後方的勤務，改赴至最前線作戰了。但是我們當時還有一個疑問，為什麼上面命我們缺乏作戰經驗的隊伍開赴到最前線呢？可是命令是這樣的吩咐，我們的勤務是「敢死」我們唯有服從，決無理由逃避，大家都抱定必死之心，曉得死了就是「成仁」不死，就是「成功。」

十一時許命令繼續來了，大隊準備出發。大家攜了槍械，背上軍毯，先到中隊部集合，由中隊長率領，分三頭前進，在未出發前，先由中隊長訓話，大意謂「現在上面的任務已到了，命我們在深晚十二時過渡至北蘇州河參加運動戰，你們由我帶領指揮下，不可落伍，不可苟安怕死，我們死要死在一起」大家聽了都很振奮，狂喊着「出發出發！」有人更唱着「我們萬衆一心，冒着敵人的炮火，前進！前進！」的進行曲。

我們成縱隊步行至蘇州河畔豐田紗廠附近，那橋樑以南，我軍正在連夜趕築工事，浜北敵人的炮火不斷飛過來，一位八十八師的團長好像很不在意的站在沙袋上，戴上鋼盔，冒着炮火在火光下指示工兵佈置陣地。我們正預備向那位團長借幾艘木筏渡往對岸，忽然指揮部傳命兵來了，命中隊長率領隊伍回到大隊部聽候訓話，所以我們又重由蘇州河回至大隊部裏集合。因為支隊部已被炸毀，我們坐在某紗廠面前，大約等了一個半鐘頭，上面並沒派人來訓話，僅命令我們重復回上前線，在這時候我的肚子痛得很，幸虧從同志方君索得了八卦丹服下，始告稍痊。

「出發！」一聲口令，很尖銳的從耳朵裏送入，我們立刻分三路縱隊，由大隊長及中隊長率領趕赴前線，不到兩個鐘點，便已到北新涇的最前線，可是渡船事前未曾預備，所以不能渡河，只與敵隔江對峙。當時已三點多鐘，明月高照，目標極顯明，炮火與機槍密集的射過來，我們立即潛伏在戰壕內，互以機槍及手溜彈還擊。跟某師的一營同志取得連絡，沉着應戰了數十分鐘。點名報數時缺少拾數個同志，恐怕已失却連絡，或掛彩了。因為當時的陣線是散兵線，其中亦有少數同志意志薄弱，竟而攜械潛逃，放棄他們應負之任務，隊長亦無法找回他們，急派傳令兵至支隊部請求補救渡船辦法，延至天將明時，仍沒有得到指示，我們呆坐戰壕內饑寒交迫，等待着晨光到來後敵機賜下手溜彈和炸彈。我們實在等得不耐煩了，多數同志要求隊長暫時找尋蔭蔽地休息，準備明晨繼續完成任務。

我們的隊長像父母一樣，非常愛護我們。在這時候，他亦沒法可想，祗好帶領我們去找空屋作為臨時的隊部，但是行了三四十里的路程、一間空屋都沒有，因為都被附近的軍隊駐紮了。我自己背上二個皮包，戴了鋼盔攜着武器，跟隨着走，足底發出許多的水泡，大腿亦麻木了。步行百餘里，數天沒暢睡，一天沒下肚，我們上海少爺從未這樣耐苦過。然而這樣的辛苦就算了嗎？我自己想着。

燦爛的陽光快出現了。星星已經失了光芒，炮聲不斷，無數的鐵鳥在透着曙色的天空翱翔，藉着照明彈向地面掉下不少的炸彈，好像預知我們在這裏等候牠們的光臨一樣。牠們飛行得極低，偵察我軍陣地的佈置。

我們冒着了炮火，在敵機機槍掃射下，仍不斷的行進！（468）

砲聲與軍歌（廿六・一一・一三）

兪勝（十九棉業）

十一月三日，在虹橋路、霞必蘭路附近的那個村莊外，佈滿着國軍的炮兵陣地。第××中隊第二區隊，担任那一帶的特種任務一星期。這天夜裏，雨下得極大，我們奉命開抵該莊。為着避免敵機的轟炸，本區隊的人分在三處安頓，第五班即派在一所草蓋的民房內，門口佈滿了一個圓形的防空壕。這里四周都是荒蕪的田園，剛才下過雨，地下泥濘難走，我們打算在明天去參觀炮兵陣地的佈置。

隔天晨六時左右，天陰沉沉的。鄰室稅警隊的伙夫正在殺猪，我為着好奇心的驅使，趕到後宅去，四個伙夫撳住一頭猪，四面濺着猪血。他們連殺了四隻，這是送往前線的將士當菜吃的。

就在這時，傳來了一陣緊密的槍炮聲，我們小隊長分班集合訓話，大意是說我們作戰，必須鎮靜、勿慌張、要勇敢、要服從命令。正講的時候，忽然嚓——的一聲，繼而砰的一聲，接着嚓——嚓——嚓——嚓——砰，砰，砰，砰的一陣亂響，我們不曉得是什麼，都爭先要看個明白，只見眼前閃了數閃，接着又嚓——嚓——嚓——砰，砰，砰的響個不休。小隊長發急道：「同志們！快避入防空壕內，還是平射炮彈，在我們五十公呎內落地開花，快！不要害怕。」這時正下着大雨，地上一片泥濘，我們一個個滑入防空壕內。小隊長要聯絡三班任務，往別班去了。我們為着保全軍火，本班第五班正副班長，不顧危險地出壕去，把槍械手溜彈等，一件件從壕口送進來。剛要攜取另件時，炮彈接一連二地飛來，飛機也來了，不停地擲着小炸彈。正副班長不及避入防空壕內，連忙就地臥倒，再把十數條軍毯，沒頭沒腦的蓋着。結果，終於一個炮彈在房內爆炸了，頓時牆壁塌倒下來，彈片又連穿兩座牆，我們壕上落下了重量的磚灰，豁喇喇的一陣，壕內的泥土也一塊之地受震落下。我們從壕內望去，只見一片煙土，此外什麼也看不見。正副班長定然殉職了。弟兄們正在着急，幸而壕內有老練的四位同志，他說：「同志！不必害怕，此刻敵人正在渡蘇州河，雖離此很近，這裏有的是三支輕機關和許多炸彈，總可以和牠拚一下的。」說時天已近晚，我們自早晨起沒有吃過東西，他們請我們吃着山東包子。

砲火略稀了，並且已經轉了方向，這時壕口彷彿有兩個黑影爬了進來，我們詳細地辯認，乃是我們勇敢的正副班長，滿身的灰塵，連面目也分不清。他說：「不好了，我們的房屋被敵人打燬了，今晚就在這裏過夜吧！」並派了一位傳令兵到中隊部報告。

晚十二時，第五班輪擔了二小時的步哨任務，這時砲火非常緊密，在二時左右，支隊長同了大隊長中隊長來探問我們，並獎勵我們勇敢，不放棄任務。在砲火威脅之下，隊長們不得不避進防空壕內，和我們談着作戰的方法，並對我們說：「大家不用害怕，打仗不一定是會死的。」不一會，砲火又改了方向，隊長們冒着砲火回大隊部了。

四時，槍砲聲混雜地傳來，平射砲彈又轉向我們周圍轟擊，十幾位同志，都被驚吵得睡不着，我們乘機研究砲彈落地的距離，並靜聽國軍砲隊回擊的聲音。最後由副班長陳某發起大家合唱軍歌，於是在雄壯的歌聲下，一個個漸入夢境了。（389）

第二輯 領空上的戰鬥

炸出雲（廿六・八・十四）

謝東

雲淡風清，那正是一個很明朗的秋天。

大約是早上九、十點鐘光景吧，我們恰在外灘附近的一家寫字間中工作，有的「的搭的搭」的撥着算盤珠，有的一聲不響的只是記賬，有的「搭搭搭搭」的忙着打字，有的「嚕嚕嚕」的接着電話，沉悶的空氣籠罩了整個的屋子。

「轟！轟！轟！」

突然，天崩地裂的響了起來，五層樓的水泥鋼骨大廈，被震得搖搖晃動，那玻璃的窗檻，更鏘鏘地顫動得厲害。

這種迅雷樣的響聲，簡直把人們的膽嚇破了，大大小小的職員都從寫字檯上直跳起來，紛亂騷動、疑懼恐怖，好像世界的末日已經降臨，全上海的催毀，就在目前一樣。

「不要亂！鎮靜！鎮靜！」主任副理之類很打算彈壓這失魂落魄的一羣，但緊張驚嚇始終控制着這些可憐的人們，正如死神馬上就會把他們抓去似的。

膽子比較大一點的探出頭向窗外瞧瞧，有的還爬上了屋頂向高空瞭望。

「瞧；瞧！飛機！飛機！」耳明眼快的老張嚷起來。

「中國飛機，還是中國飛機呢！」老胡也看見了。

「好，中國空軍也出動了，難得！難得！」大家興奮得了不得，一致歡呼起來。

「砰！砰！砰……」

敵艦上高射炮像往年慶歷新年放鞭砲一樣的對着他們的目標轟擊着，彈子一顆顆地在幾千尺的高空爆着火花、瞧上去是黑黑的一團一團又一團。

不管那些密集的砲火，不管那些迎擊的敵機，滲着青天白日徽的飛機在高空異常的活躍，從容地逸入雲霄，悠然而逝。

後來，漸漸地寧靜下來了，消息傳來，說是中國飛機轟炸出雲旗艦。這是多麼令人興奮的偉舉呵！只是可惜瞄得欠準了，沒有命中，炸彈丟在距離該艦二丈的地方爆開來，還是使人無限掃興的一件事。

時間很快地溜去，一會兒是午後了。照寫字間的規矩，午後一二點鐘是休息的時間，於是幾個好奇的人，便出去溜躂了。

老李興緻最好，跑進外灘公園，老高的興緻也很不差，跑到外灘水上碼頭，只是手頭未帶派司，沒有踏進外灘公園罷了。

他們二個，同是懷着一顆好奇的心，打算一探剛纔空襲的究竟，可是無巧不成話，第二次的中國飛機轟炸出雲就在那時發動了。

「轟！轟！轟！」

那是中國鐵鳥下蛋爆炸的聲響，五層樓的巨廈又微微地動搖了幾下。

接着，幾十只敵艦上高射砲與高射機關槍又一齊密集亂射。

「砰砰砰……」

「砰砰砰……」

幾千百顆濃黑的煙彈，在空中天花亂墜地舞着，像萬花筒，像放焰火，而那燔如游龍，疾如鷹隼的飛機，穿雲進霧，升天入地，更是精彩好看，而這一次因爲人們已經受過一次驚嚇，所以比較鎮定，沒有先前那末亡魂喪膽了。

此次在相識的幾個人中，可嚇壞了老李和老高，這件事說起來很有趣的！

原來老李跑進了公園，便在浦灘的邊緣坐下，不防飛機一而再的飛來轟炸泊在距此不遠的日領署邊的出雲，等到炸彈把耳鼓震得發響，這才慌忙逃進來了一溜烟的又跑了回來，面孔已經變成灰白色了。

老高呢，更可發笑，他在外灘昂起了頭向天空張着，同時像他這般模樣的人也很多很多，可是倉猝間炸彈響處，連珠的高射砲聲也接着起來，大家掩耳不迭，抱頭鼠竄，老高擠在中間，一不留神，鞋被踐踏去了，他那時也顧不得許多，慌忙將地上的鞋，不管三七廿一拖了就跑進得寫字間，一瞧脚上鞋子，已換了一只破舊的，原來在匆忙中和別人調錯了，這不特使別人都笑得合不攏嘴，即他自己看了也不禁啞然失笑起來。

第三次的空襲，是在四時以後。這次，我冒着危險，在外灘展望，所以看得異常眞切，可是所吃驚嚇，也委實不小。

四時正是我們寫字間裏落班的時候，這時我就信步踱至水上碼頭，只見人的潮水，一路湧着萬頭鑽動，無異當年看迎神賽會時的盛況。

望望高空，平靜得像古井之水一樣，只有雲一片片在趕它們的前程。

驀地，一連串熟悉的高射砲與高射機關槍聲又在沈寂的空間織成一個偉大的交響。

砲彈到處，只見上面有幾只絕小絕小的飛機，在雲的罅隙裏飛行着，於是更偉大的一幕，便當場展開了。

飛機進行的方向原是由南而北，但因砲火猛烈，所以都折向東去，而內中一架特立獨行，不屈不撓地好像沒有高射砲攻擊還同事似的，還是向北飛着他那種冒險進取的精神，令人替他揑了一把冷汗，同時也使人感動得流淚。

突然，那架飛機在幾千尺的高空直瀉而下，這時、人們以爲它已中砲彈了，不覺脫口而出：

「啊呀！掉下來了！」

說時遲，那時快，在離水面僅數百尺的當兒，炸彈由機翼下丟下來，機師見任務已達，遂翻若驚鴻，一直線的直冲雲霄，那動作的敏捷，技術的高超，敎人看了，三萬六千根汗毛，眞是根根熨貼。

此時，炸彈已經着地爆炸，「轟」然的響聲，震動了宇宙，一股烏黑的濃烟在江心冒了起來，頓時瀰漫上空。

不意飛機忽又轉動朝西飛了，於是連珠之砲都密集的向西攻，此時槍彈掉落的地方正和人們逃避的方向相同，黑黑的一圍一圍，正在頭頂的上空飛舞着，因爲人敷過多，惶恐過甚，爭先恐後，驚竄亂奔的結果，倒的倒，跌的跌，前仆後仰，互相踐踏，頭破、血流，哭聲喊聲，混成一片。

一陣擁擠，我也在二馬路那邊栽倒了，後面的人，壓在我的身上。我心想：這樣壓起來，雖不死於槍彈，也得死於踐踏了，於是拚命的爬起來，以生命當之度外，不顧流彈，向空曠人稀的外灘跑去，套了一大圈才從愛多亞路上兜回來。

到了寫字間，剮理柯君還沒有走，他向我瞧了一眼，問道：

「你到什麼地方？長衫上的血那兒來的？」

「什麼？血！」

我不覺詫異起來，便脫下來看，只見後面滲透了一大塊一大塊的血漬，而且有一處，已經破掉了。

到得家裏，他們都說我胆子太大了，當他們看到我染血的破碎的長衫時，全不禁婉惜道：

「這件華絲紗長衫還是今年新做的呢！現在已經碎啦！」

「小性命還是拾得來的！一件長衫算得什麼？」我心裏暗想。

就在那天機師梁鴻雲殉難；大世界掉下炸彈，人數死掉七八百呢！（643）

英勇的鐵鳥（廿六・八・十四）

次雲

花邊白影中的閑情

一束剪秋羅在迎面微笑，每當我不甚覺到疲倦的時候，這瓶放在我牀邊的美麗的花，便映到我眼裏來。我也暫時感到疲乏了，於是這束花便成爲我安慰的對象。

對象做了一個甜蜜的夢，昨日在深不可測的高空活動，今日抛落在這離地面不過一尺來高的牀上。要是不會想起創傷的時候，我不覺失笑了。此刻，我的周圍完全是白色的；除藥物以外，從覆在我身體上的被褥到天花板，給我一眼是純潔的印象，這種環境會使人發生高雅的感覺，又清靜得使人寂寞；所謂和平，似乎就在這裏，我們想要呼吸到和平的空氣，也祇有這裏的事實可以形容和平這種理想。

學園時代的風趣渡

可是我是活動慣了的人，對於這種靜止的白色反而不安起來。雖然，天空中也是白色的，但那是流動的，奇異的透明的雲層。顯然地和我目前的情狀，意味是兩樣的。每當我的機身穿過那卷積雲的時候，分有次序的濃淡底雲層，像在剝果皮似的，被我的勇氣退在遼遠的後面，那樣，我便感到一種神祕的愉快。我之所以歡喜駕駛飛機，也就因為出於我這種性情和幻想套成功的，不妨說，正是這種關係，而決定了我現在的身分。

我的學習航空從開始到如今，年代該是和航空教育同樣長短的，這就是說，中國一有航空學校，便有了我這個學徒。但我自踏出校門後，生活並沒有多大變化，不過駕駛飛機比較設講發的機會多了，到這期間，我可以把大部分時間放在駕駛上面，除自由地稍涉及理論外，給我卻學了不少的花樣——各種特別的飛行技術運動，如基本的：Atail Spin Zoom, Side Slip dive等運動，我可以隨自己的趣味，換調的飛行。雖然，偶有時候，機上附加了各種武器，作為作戰的姿勢出現，但這只能算為一種難得的練習，而絕沒有機會，使我有增多作戰的經驗。不過我總希望能有這種時機的來到。每當時局緊張的日子，我就非常興奮的，我往往俯下去撫摩我常用的那隻飛機的駛盤，默祝它立刻昇騰起來，表現抑鬱在我胸口那種憤懣後面的能力。可是我的志願像傳染了寒熱病似的，隨着時局在昇與；想從實地作戰上得些經驗，以為學校教育不足的補助，結果仍是失望，還是一個飛行家實地的，騰雲從霧的遊歷者；也許在地面上看見我們的朋友，羨慕我有一表仙氣的逍遙，其實這正是我的苦悶！

時機到來之前一夜

終竟給我期待到了，這是兩週前的一個清朗的早晨，我將要作第二回騰空的時候，我的左足正跨到踏板上，出乎意料的接到本隊傳告的準備出戰的密令。在這一忽間，我感動得眼邊摘出淚水來了，有如困龍越出了泥沼，我像是已經昇飛了，而不知道身體離開了機身。這時，該不祇我一個人有這樣興奮，我敢承認，凡是我的伙伴都有這樣情形。

我是屬於最老的一隊，因為歷史的關係，所以被伙伴們稱為阿米巴隊。但並非全隊是資格老的，卻是在「一分隊」這三個單位中有一個是新的伙伴。但在系統上我們要算第×隊了。資格老不老原沒大關係，至少在作戰能力方面，因爲我們從未實際地「機對機」的搭擋過，即是我們長官也不便定出誰强誰弱的成見來。

於是在摧回戰爭發動的時候，便會輪到我們這阿米巴隊首先出馬了。這好像一種傳統的成規，即是不可免的表示當「以老爲先」的厚意。自然，我們對於這種厚意是一致欽受的，那怕是自不量力，不辨的事穩定會落到頭上，這都因了甘心的慫恿，似乎無暇顧及了。

領空上的處女戰爭

在我們起飛的時候，錶針正指十鐘三十五分。當我在扳發動機之前，仰望着天際一片片飛快的層雲走過時，我的同隊的一個結實的伙伴可以先我昇騰了。不覺起了競賽的心理，我深深地吸了一口氣，似很能清醒人，想是機底的那些豐潤的草原的香味；不過我稍旋動手裏的駛盤，那在遙望中的無邊的綠野便消失在我老遠的背後了。

我所用的機、是一架陸上偵察機，此次我出發的任務是偵察敵方兵艦分佈的地位，平時，聞說日本軍在這方面的射擊力是很可觀的，爲防衛萬一起見，也便帶了一顆輕炸彈。我想，即是不遇到被射擊的場合，我亦當留給他們一個禮物，無疑的這種觀念是不正確的，除非敵人疏忽了。事實果然證明我是給我的熱情所蒙蔽了，當我的機身距水面還不到七百尺的時候，就像急不過來似的由艦裏對我這邊射出八九發强烈的鋼炮。雖然這是我初回的際遇，但我心裏並不慌張，不過比較機警一點，而仍然在黃浦江上飛行。那知道泊在江中敵方的艦，全都響應起來，立刻把靜靜的江面弄都烏煙瘴氣，可是我還不就走，在目的未瞭然以前，偏要降低些，近一隻艦頂僅有五六尺，等不到他們開砲，我已經轉了方向，則來一個倒衝，再掠過一隻可以看明敵人鼻目的巡洋艦，然後我才高速的攢昇。可惜那兩隻經我訪問的戰艦所發出兩發回敬我的砲卻意外的落空了，反而在匆忙中給我投下一顆輕炸彈。當時不知道投中沒有，我已經昇到一千尺以上的天空了，這是幾百年來被屈辱的中國第一次的吼聲！我脫去那炸彈的一刻，我就覺到這是我自出母胎以來，從未有過的快感，當彈落機身減輕之際，似乎就是我的責任也減輕了許多。

這樣以後，機身便似受了我暢快的心境的感應，於是在萬重的雲間飄逸起來，非常得意。在我穿着濃雲的時候，就像小孩子和家貓戲嬉，常作急轉彎，迴避它，或作翻內圈的動作，給它一個逗笑的包圍。當我從高空投向機場的一段歷程中，突然感到一陣寒流經我的身邊，同時機身微感不安。待我進休息室的時候，從窗內看出，天空泛起了無數黑的雨雲來，而且那可親的蔚藍的天色也便被掩沒了。

真理從炮火中探求

在我還未進完午餐，就接得緊急命令，我即半席離去，我趕忙穿好航行服，登上那架給我們預備好的單發機的轟炸機，早有兩人進去。我們各別的行了一次注目禮，接着一個隱然的微笑，當我們赴戰之前，這樣，確可以團結我們的心。

這囘我們熱絡得多，同行的共有一大隊九架機，內中除和我們同樣性質的七架機，此外一架是雙發機轟炸機，一架是高速度轟炸機。我們夾雜起來，三架一列的有程序的成爲三排，我這一架的位次正在第三列第二排中，當騰空一千五百尺的時候，我們還是結隊而飛。待到將要降落之際，首先那架高速度轟炸機離隊了，接着我背後的一架和左邊的一架又離隊，當在我們橫過距防衛司令25Km的地帶，我們便受指揮的命令分散開了。當我們這架機折向東去的一刻，則可以隱約的聽到轟炸的聲音，想必這就是先我們到的高速度轟炸機的成績。自第一次轟炸響了後，接着便是連續的轟炸，這時全隊在動員了，我們在偶然間會到那架雙發機轟炸機這囘可響啦，想是投下三百公斤TNT的地雷炸彈，其爆力眞是震天動地。

我們這一架就趁這個機會接連投了兩顆彈下去，但是，敵艦對這突來的襲擊確起惶恐，亂發高射砲，不知技術不高明，還是因過分慌張，總打不中我們。有一彈本來可以擊中我們的踏棒的，那就完了，可是並沒有，却穿翼柱間過去，這不過是我們側滑一下的關係，竟給我們脫了險境。

轟炸和射擊交錯的猛鬥之中，我們又向一隻近泊岸邊的巨型兵艦投彈，這就是今天必須以强頑的鬥力解决了敵方的司令艦——出雲號。我們預備擊中它的要害，便低低地滑飛下去，再向它投落一彈，同時即用機關槍掃射。可是結果我們的機身負了傷，機翼被破壞了一部分。正在我們抽身脫險的時候，由激浪中瞥見我們另一架機受了重傷，幾乎要跌落江裏，但勇敢的伙伴還掙扎着，畢竟突破了重圍。我們這兩架同患難的單發動機，於是相偕的飛出市區以外。

這民族解放的肥料

出乎我們意料之外的，正在我避開一支襲來的空氣的大壓力，預備側滾的一刹那，忽傳來一聲沉着的呻吟，當下，我還以爲是機翼漏發出來的顫音，那知道原來是我們的伙伴因受重創過度，臨終的慘語！可惜我沒有留意到，只見他的血染滿了一身，大概是給兇暴的砲全部炸裂了。我覺察他的胸口還在跳動，爲了存心救囘這個垂死的伙伴，同時想可能的保持他的體溫，便向低飛行，放足已不能再放囘的四百五十四馬力。雖然這時我的左手也被擊傷，感到痛楚和困難，但還勉强支持，每在我用力挨那駛盤的時候，血便沿着腕臂流。要是比起那重傷的伙伴，我這點却不算什麽了。

我囑咐另一個伙伴留意他，他很傷心的告訴我，說連衣服都掩不住他淌着的血。我回頭看他的血像突泉似的在噴流，再受機身的振動，血已經濕透了他的座位，且直向大地上滴。這是我們貧弱的民族的肥料啊！他在等候他的血流完，現在面色已是慘白，眼眶也深陷了進去，可是他的眼睛却很鎮定的、不時，還對我們浮出超然的笑，這是偉大的戰士的精神。

「朋友，請忍耐，祇有三分鐘，你就可以進醫院了。」

我想不出更好的話，因一時間的感情湧上喉邊，便這樣安慰他。

「不要緊，你們顧自己的事。」

說完，他便把創傷最大的頭部埋向衣袖間，似有意遮避這引人着目的地方，不讓我們分心他。

於是我的眼邊潤濕了，正在艱苦的民族戰展開的時候，如果半途中失去我們這樣有力的戰鬥員，這損失實在太大了。我感到視覺遲鈍起來，現在前面是一團模糊。

「轟！」

又是敵人發來的高射砲，幸我發生急智連避了幾響，祇見黑煙蒙着機的邊緣。加以天陰，風又大，我們好像在黑暗中探摸。當我想到背後這可憐的伙伴時，我便勉強忘却自己受傷的手，咬緊牙齒、鼓起殘餘的潛力，找我們的歸宿地；閃爍我神彩的目光，有如餓鷹在搜索食物的光景，向無限的飄渺的空間，衝，衝，衝出我們恐怖的死境！

正是要受傷了以後

傍晚時分，我想調節筋力，向黛色的小屋後方，沿着機場邊緣散步，足踩在柔軟的草上，精神很覺舒適。那我受創的手，已經過一次藥水的消洗，且紮好了綳帶，固然不免感到痛，但我沒有報告上峯，借此機會休息。我更要振作起來，我身上的血不能白流的、即使是一滴血，也不該背着敵人流。我邊走邊感興奮，雖是血滲到綳布外面。殘陽的餘輝從雜亂的雲片後面漏下來，映到遠方的山崗，這樣的美景，對於一個勞倦後的人，確是非常安慰的。大概走了一百五十米突遠，將要轉彎，却遙見西角有個人在招我，立刻我變了快步，向那被風飄動的白色的信號奔去。

我還未踏進辦公室，知道又要出發了。隊長眼睛似乎在注意我那受傷的手，却躊躇了一會，說：

「不便？那就不必出去。」

但我已會意到，我便掩飾去這「不必」的理由，故意伸出那隻受傷的手，而且近他的面，張開不自然的手掌，活動給他看，證實我毫未失却作戰的能力。

「這不過彈片擦破一點兒皮膚，沒有關係。」

我說；表示願去出力。得隊長命令後我方知道我們一架飛機被敵方包圍襲擊，正在萬急中，於是，我便還向停在東南角的那架單座戰鬥機奔去，這時勤務已加上了油，我打開機門，一躍而上，運用非常的高上升力飛行，在狂風中，邁進，直達八千尺高度，然後再向目的地插落，一剎眼，這幅強頑的鬥爭場面，便呈現在我機前不遠的地方，見二架敵機，在追逐我們這架機，正是迫不得已間。但我並不茫然上去救護，只據我途中決定的戰略，操向它側方飛行，想在他們注意力集中於我們那一架機上的時候，出其不測而痛擊之。於是我以神速的運行，來一次翻外圈。

一段傳奇似的插話

正在這其間想是子彈已完，陡然的我們那一架機凌空升上，這是出於敵機意料的以外的；當然，敵機不肯放鬆它的，那二架敵機便同時而且同速率的斜升上去，恰好在我們那機出頭不遠的底下，敵機便作為畫一個九十度三角尖向記點描去似的，連同我們那架機互撞了。立刻遭受很大的損壞，都飄搖的跌下去。誰知道，我們那位智勇的伙伴，早已乘飛行傘安全的降到地面，以一架已不能脫險的機，陪葬兩架敵機和兩個飛行員，究竟是上算的。這是空戰的奇蹟，要不是側身於戰鬭中，決計看不到的。這種非常的戰術，是我們絕好的經驗中的教育；可惜到此刻我還沒有調查出是我們那個伙伴。

一場好詭秘的格鬥

話得說回來，看了這場惡戰已結束，當我起折回的念頭不料遇到一架自己的機，默測它似很倉忙，待不到我們接近，不知幾時來了一架敵機，盤旋於我們頂上，有似監視我們的行動。我們不約的立刻遠離，我一急轉彎，預備佔它的上風。說時慢，那時快，他已經發動了機關槍，當然我不肯相讓，就用側衝，同時扳了聯動器（Gear），立即子彈由螺旋槳旋扶圈間發出，也許我的雄心使我佔了攻勢。那知它伴逃，或對我什麼不利，我向四周警惕着。果然它向我投來一顆燒夷彈，幸我未追上去，得免機身燃燒。在我退一著後，我便緊隨着它，眼睛注視照準器（Sight）發出的子彈和我的行動一致的，結果迫得敵機走投無路。在我偶一側眼間，望見我那戰友在和另外一架敵機抵抗，兩相戰力均等。再自西北角，悄然地，飛來了兩架敵機，不一刻，卻一在我左側上方，一在我後邊下方，高高低低，一共有五架飛機會合着。既到了這情形，我便暫時放棄那被我追逐的敵機，轉向與新來的兩架周旋，因為飛行不久的關係，顯然看出它們的強烈的活動。雖然現在已被敵機重重包圍，但我要生存，決定施出我未有的戰鬥術；萬一有什麼意外，我也得予對方一個大的損失。

於是，我便展開僅有的慧力，心地很沉着而且很機敏的；突向阻擊我最力的兩架敵機間側滾出來，乘便就將正和我伙伴在鬥逐的那架給逃跑的敵機，一次迫近的掃射；恐怕它的鬥力不強已是疲倦，祇經我們一夾攻，就負創傷逸去了。但還有兩架怎麼也不輕鬆我，合力對我射擊，一時便陷於混戰狀態中。約經過五分鐘的纏戰，我的那個唯一的伙伴，因受重創飛走了。現在祇剩下我一個在應戰兩架頗强悍的敵機。已到這樣，我惟有信賴自己堅定的意志，和非常的毅力來對付險境。

生命寄在 Readsight 上

我忍着一身創傷的痛楚，目光注射那準星，即 Beadsight，或是那被風狂吹着的風標，以爲剎時分減痛楚的對象。或上或下的敵機，彈子像是暴雨似的向我打來，我以自衛起見，用盡我行駛的技能來迴避它們的襲擊。我感覺到全身已經潮濕，血腥味被寒流冲散開來。我欲暫脫這險境，我便佯作跌落；低了它們一格，向下連續的「旋飛，」但我的體力已不允許我這樣做。不到七八轉的旋飛，便不能再支持了，從高空直跌下來，我的意識也糢糊了，至於無線電信，似已隔斷失去它的性能。一切都完了！我忽發生這一轉念，「民族還未解放，責任上却不容我犧牲的！」於是腦筋像被毒針刺激一樣，立即渾身的血液沸騰起來，還在不知不覺間，機身却已攀升。其實這時機身距離黃浦江面，只有三米了，稍一差池就可以完結這架飛機和我的生命。

在暴風雨的高空，展開了我們一場毒辣的格鬥，到黃昏時候，我才結束這一天的活動。據說，我駕駛的飛機，幾時降落到機場上，不單我自己無從知道，連留在機場的人都未注意。待到發覺，還以爲我是一具屍體。

感謝當在威力圈外

意想不到的，這具屍體，此刻又已復活了；藉各方面的助力，要想感謝賜我的美意，惟有希望我的體力能早日的復原，再上戰線去！最低限度，要先把敵人絕跡自由飛行我們領空的二百餘公里底威力圈以外。

我一刻也不會忘了我的職能和宿仇；這里還有一方窗子，既可以看到高朗的天景，又可以看到敵機的行動：由此，使我對它們更深的認識，而更加的渺小。

當我擱筆時，該感謝這隻負傷的手，歷七八小時爲我記錄這段回憶，使我留下生活中最可寶貴的一頁，再是那縷縷的花香，由它減除了我病境中無限的寂寥。

鮮血吹灑在臉上（廿六·十·十四）　立報記者

細雨霏霏的一天下午，記者迎着秋風，到醫院裏探望殺敵負傷的空軍健兒靦鴻信，從前各報上登的名字是靦鴻倍，據他自己說：這是錯誤的。

他睡在病牀上，好像很無聊，見記者來，拖着鞋跳下牀來，很高興。他的精神已恢復，纏着綳帶的左臂也可以自由運用了。

他微笑的說「我的手已不痛了，現在有幾處傷口沒有全好，再過三星期可以出院……出院後自然先到南京，然後再歸隊」他一邊說一邊擺動着那隻受傷的手臂像操縱着「機桿」的樣子，臉上現出高興的神情。

起初他的傷勢很重，在昏迷狀態中，所以關於他轟炸敵軍陣地和負傷經過，始終不會講過，現在精神好了，他有系統的談着光榮的戰史：

「八月十四早晨，我們幾十架飛機，飛到上海來殺敵，這是展開上海空戰的第一天。敵人一點也沒有準備，連驅逐機也沒有飛起來，我們安然完成任務，從容的回去。

「下午二次來襲，因為霧重，我們在上海附近散開，各自前進，我們的一架是輕轟炸機，我在座前操縱，後座就是任雲閣。我們的目標是公大紗場敵飛機場，當我們找到了目標後，發現兩架敵人的驅逐機趕來，我們向目標丟下兩枚炸彈，便預備好機關槍，把機身升得比前面兩架敵機高，準備斷殺，不料在我們上面的雲中突然發出機關槍聲，我覺得左臂失去了操縱的能力，不能掉頭應戰了。不得已我將機頭向前傾，突然下降，敵機並沒有追來，大概以為我們被打落了。

「左臂的鮮血被風吹灑在面上，我知道已是受傷了。看看任雲閣，他已伏在後面，不能動彈。我檢查着機身，並沒有重傷，只有左翼中了槍彈，我用右手駕駛着飛回歸途。假使機身有了損毀，我早已決定把飛機掉回頭去連人帶機一起犧牲在敵人的軍艦上。

「飛到眞茹無線電台附近，我發覺機身向左傾斜，我知道要飛回根據地危險性甚大，所以決定在虹橋機場降落。

「飛機停在機場後，我呼喚着任雲閣，他已經失了知覺，胸部湧着血，這時我也暈倒了。」他一口氣說完了，變得很興奮。

最後從他的自述中知道他是空校三期畢業生，九一八以前在瀋陽航空教練班裏學習飛行，那時是廿歲，現在他廿六歲了。

談到他的家庭，他說「我是熱河阜新人，父親母親和弟弟還住在那裏，但已兩年不通消息了。」說到這裏，他呆住了，含着兩包眼淚，但跟着他又苦笑着安慰自己說「收復東北的時候，母親們就有消息了。」」（轉載）

黑夜空襲

人中木俞

我們從平漢路歸來，天色已經晚了，人是異常地疲乏。

正當那些前來慰勞的人們，殷勤地勸我們進食的時候，而我們整個的身心卻祈求片刻的休息。然而傳令下來是立刻再準備。

從大隊長那裏聽取了命令，我們的心又跟隨了他的紅筆在地圖上翱翔了。十分鐘之後，我們又一齊起飛。

這一次，同時出發的是一個中隊。方向是吳淞獅子林。

任務是攻擊在那邊偷圖登陸的敵人。

從機場到吳淞，我們以前不但很少練習過那樣長距離的夜間飛行，更無容說到黑夜作戰；但是我們每個人的心胸是漲滿着「保衛國土」的勇氣。

× × × ×

囘憶起在曹娥江上空的襲擊，那時候我們正在裝架起炸彈，準備飛滬，而敵機十二架已經分四隊到來。我們眼看它一分隊一分隊的過去，而最後的一分隊却在搖擺起翅膀，照呼他的同伴，說明已經被發見了目標。

我們雖然尚未接到起飛命令，然而爲了國家，爲了我們民族抗戰的武器——重價的飛機的確保，我們決不願任其轟炸。

我們匆忙地僅能起飛四架，而敵人的重磅炸彈已經擲下來了。

是一種說不出來的力量鼓動着，我們不但沒有思想到死的恐怖，倒生長了無限的民族的憤怒。

那時候，我們全身緊張着，血在裏西狂奔，把整個的注意集中在敵機。我們從容地個別的追逐，一一襲擊。我們自己想來都奇怪，平時在射靶練習時也不曾如此準確過，而這次却異常順利地攻擊下六架來。

敵人是意料不到的脆弱！

× × × ×

憑着這些微的經驗，我們的心中更有了把握。

跟隨了隊長，差不多四十分鐘的光景，我們飛近了目的地。

這裏比不得白天，在北方所見，遙望前面，白茫茫大海，是霧一樣迷濛，二十餘艘敵艦，像樹葉般飄浮着。

天是銀灰色的，而我們作戰的心是血紅的。

我們尚未飛近，高射砲的火光，像流星般飛起來了；探照燈的白光，像閃電般掃射。

在左角，敵機也起來了。相距七八百碼的遠空，敵機上的機槍已經遙擊過來，殷紅的子彈。聯珠般發出。

我們心想：這樣遠距離能發生什麼效力呢？這不是充分表現了敵人的膽怯？

當我們轟炸機正在拋下一個照明彈，而機身迅速向左旁讓開的時候，一架敵人的驅逐機同時在橫裏一個盤旋襲擊上去。這讓我們看到這一大塊明亮處，正蠕動着上陸的敵軍，我們立刻撥動了開關，對準那瞄準器前面機翼上四挺機槍就一齊射擊起來，同時我們更開放了炸彈，五十公斤的爆炸物是聯穿的，在空中劃了弧形像雨點般落在地上。讓這些甘做日帝國主義的走狗，殘害人類破壞和平的劊子手們，在身上開出血的紅花。

地上濃密的黑烟，一座一座的升起。

緊張的場面，僅是一瞬間。當我們一個圈子兜回來，敵機好像全走了。在底下，高射砲却是如蝗般密集過來，跨下的紅星如焰火中流星般飛散。

爲了比較可以避免高射砲的威脅，我們更作幾十尺的低空飛行，我們藉房屋和樹木作掩護，我們的心是出奇地冷靜。

「冷靜是力，斧頭是冷靜的。」（高爾基夏天語）

地上起火了，火焰蛇一樣蔓延開來。這使我們機身不能迫近地面，我們祇得沿着火圈飛行。

在火光與濃烟中，機關槍子彈開出花一樣的金星。

我們掃射，我們爆炸，敵人，戰馬，一排排地傾倒。這是無情的報復，這是予打擊者以嚴正的打擊。

汽油表的指針，忽然迅速地低落，這證明油箱漏了。我正有些着慌，而身後的T同學同時打亮了一次紅燈，意思是有事得告訴我。我忙回頭去一瞥，却見他安靜地微笑着，橫在那邊，而他那挺自由掃射的機槍，懶懶地掛在一旁，却把他的手無力地指那座旁的機壘。

我無暇思考其他，雖然我還不很明瞭他。我不得不從速離開戰地，我努力飛回；但是速度是迅速的慢下來，那指針拚命的向下落，我們被迫在中途降落了。

停下機後，這才發覺鮮血已經浸濕了T同學，而他右手還指着那正是用他自己的血所寫成的四個大字：

「保衛國土！」（1102）

憶我壯士閻海文（廿六·十七·八）

黃震遐

中華民國二十六年八月十七日，這天在中國空軍的戰史上，是一個不可磨滅的日子，永遠可泣可歌的紀念日子。

在八月十七日早晨，淞滬水汪汪水田地帶的上空是淡青的，沒有一絲的雲紗，沒有一隻飛鳥，整個天地都被暑威壓服了。祇有江灣北站會戰的雷鳴、在遠天擊着民族解放的軍鼓。風聲隱約中，還聽到嘶啞的喉嚨吶喊着：「前進！殺！」

在青天之上，有一隻孤獨的霍克機，被敵人的高射砲彈圍住，顯然陷入極大的危險中。

敵人的高射砲是集團使用的，無數的彈花迸裂在霍克機的四週，帶樣的黑烟攔阻着霍克機的進路，霍克機越飛越低，尾巴忽然冒出了青黑煙來，顯然中了彈，陣地上多數的敵軍逐漸從掩蔽部裏爬出來，呆呆的對着天空上望着。

在霍克機快要變成「尾旋」的瞬間，一個小黑點從機座中彈了出來——立刻變成一把美麗的天傘，渾圓，潔白，以柔和的姿勢徐徐飄墜下來。

陣地上的敵軍全發狂了，房屋裏，桑林，竹林裏，街頭橋堍，陣地上，到處都蜂擁出來，指天劃地，嘈成一團。多數人都躲開軍官的約束，飛快地溜過田地朝着保險傘降落的方向闖去。

「去看支那飛行士，支那俘虜！」

「支那空軍投降了！」

「支那飛行軍官一定跪地哀求活命……」

一邊跑，大萃粗短的「皇軍」一邊嘻笑着，亂嚷着。漸漸有幾百人向保險傘降落的地方擁着奔來。

中國的飛航員眞的在他們面前出現了。

他還是年青的小伙子，最多祇有二十二歲，飛行衣已撕破了，英武的直挺挺地站在一個大墳堆上，不肯屈服。

「皇軍」開始向他包圍，前前後後有數百人，後面還有數千人。他雖然祇有一人，但眼睛冒出火來，仍不後退，手裏握着一把左輪。

日本軍官開始用日語叫他降服。他用左輪答覆這初次重大的侮辱，朋，朋，朋，三個日本人倒了下去，粗腿亂蹬着。日本人一齊奔逃，大聲吶喊，三八式步槍響了起來，遠處的開始跑回去拿機關槍，其餘站在前列的數百人，臥倒在地上，都不敢抬頭。

「皇軍」對這「單人」所進行的第二次攻擊，又在陣亡兩人之後狼狽敗退。

現在，年青的中國飛航員只剩一顆子彈了，日本人又爬前去，軍官們一齊怪聲亂吠，勅令士兵把這「支那飛行士」活捉過來，不許殺害。他眼看着前後左右，都是敵人黃色的浪潮。抬頭是祖國的微笑的青天，低頭，是祖國芬芳的花地。年青的戰士心裏一陣辛酸，一股熱血直衝到腦門——在野獸般的日本兵逼近到五十米的距離，他英武地對着祖國的青天，立正，瞪目舉槍照準太陽穴，朋！

日本人替他造了一座墳，上書：「支那空軍勇士之墓。」

× × × ×

上面一段紀事是根據老百姓的情報和敵人的情報寫成的。

這勇士的名字是閻海文，纔二十二歲。

他又是東北人——遼寧北鎮，筧橋中央航校六期畢業生，空軍少尉。

高個子，和平的性格，不大講話。喜歡運動，研究驅逐戰術，誰都同他好。

二十六年八月七日，他們從南昌到淮陰，八月十四日來到揚州，八月十七日，他駕了驅逐機昇入祖國的青天中，就此一去不返了。

九月一日，在我方對閻烈士的消息尚在依稀測度的時間，日本大阪每日新聞上首見登出了關於我閻海文悲壯殉國的通信，作者署名是大阪每日新聞上海特派員木村毅氏（木氏過去是一知名的文藝作家）對閻烈士悲壯的殉職，非常感動敬仰，而發「中國已非昔日之支那」之嘆。原文結論有云：「我將士本擬生擒，但對此壯烈之最後，不能不深表敬意而厚加葬殮（中略）事後在彼所御的飛行帽中檢出珍重疊折之紙片，內容爲鉛筆所書秀麗之女子手蹟，署名爲南通州安東巷三號劉月蘭女士于鵬程萬里，千犯百死，深入敵陣之時，對此紙片猶能襲什珍藏，則劉月蘭芳名之爲閻之愛友，殆無疑矣，此少年空軍勇士之死，雖如苞蕾摧殘，遺香不久，然對此多情多恨，深情嚮往之心情，雖爲敵軍，亦不能不令我全軍將士一掬同情之淚也。」（676）

夜景（廿六·九·十八）

里予

黑雲在天邊飄浮，
園林裏披着輕烟。
探照燈伸着白的長臂，
嗡嗡的馬達聲在雲裏迴旋。
噴着火，機關槍彈，
高射砲散着煙圈。
紅的火星像流螢，滿天飛，
照明彈是一盞明燈，閃着眼。
微風吹到涼台，彷彿含着血腥，
「孩子，別怕這時代」
遠地一輛大卡車馳來，衝過長街，
驚動這黑的境界。（1104）

第三輯　孤軍

閘北孤軍奮鬥到底（廿六·十·廿九）立報

閘北我守衛四行倉庫的孤軍一營，至今堅守已達第四日，五百壯士還是五百：敵三日來屢次進犯，終未得逞。如此壯烈抗戰行為，已使全世界敬佩，為我國增不少光榮。昨天清晨，壯士們將市商會獻贈的大幅國旗在倉庫屋頂用旗桿掛起，使浜北一角還飄揚着一面青天白日滿地紅國旗。昭示外界，中國戰士還在閘北，與國土國旗同存。本市中外人士昨晨有數千人趕往西藏路泥城橋塊，及新閘北區中向浜北遙望，瞻仰我國旗及忠勇將士。我戰士昨竟日活躍樓頭，果敢殺敵，隔岸羣衆感動流淚，還有不少人同聲大呼：「中華民國萬歲」自朝至暮，浜南各處瞻望羣衆，約達三萬餘人。

敵人昨日仍屢次猛攻，曾數度架平射炮向倉庫西北烏鎮路處射擊，但庫牆堅厚，毫無損傷。又上午三時及七時十分下午三時三刻及五時廿分，敵曾四次由西面沿光復路至倉庫正面進襲，均遭我壯士高踞樓頭以機槍、手溜彈擊退。下午三時三刻一次，敵人有百名左右匍匐而至，結果不待仰射已受彈雨掃射，擊斃四十餘名，倉皇逃竄，遺尸由警犬銜去。下午五時廿分有敵海軍陸戰隊駕汽艇兩艘，攜機槍多挺，由蘇州河西駛，企圖在倉庫正面攻擊，駛至老垃圾橋附近，經防守該處的英軍阻止，計未得逞。同時倉庫上空有敵機二架盤旋，想掩護敵軍登岸。

倉庫內部計三開間，西部堆積皮貨，大豆，中部積小麥，東首為壯士居處，敵人如由西往東發放重炮，雖損失西部，終不能穿越牆垣，危及壯士。且內部消防設備完全，必不致失火。如敵用掘地道法進攻，也難得逞，因該倉庫地下尤多水管，且牆脚特別深厚。倉庫房屋確較固守二月餘的北站大樓為堅，可作久守堡壘。四行儲蓄會主任錢新之昨發表談話，對壯士們駐守四行倉庫，引為無上光榮，說倉庫即因此燬滅了，亦不足惜。

五百壯士在內的生活，緊張中仍很自在，早晨一部份士兵作健身體操，並不時登高瞭望散步，態度鎮靜沉毅。堆棧內黃豆小麥很多，他們可以煮豆吃。

本市抗敵後援會昨在大新公司貼出佈告募光餅糖鹽，願捐者可交愛多亞路浦東同鄉會該會轉送。職教協會及海關華員，電話局華員等團體，昨均集款購物慰勞各壯士。浦緝庭又購望遠鏡二架贈送謝晉元團附及楊瑞符營長。昨日愛文義路東段，白克路，北京路，貴州路，牯嶺路等各里弄市民絕食一天，購買水菓等食物運往。外僑亦紛紛購食物慰勞，沙利文麵包公司昨天捐助三卡車麵包餅乾。

在秋風裏（廿六·十·廿八·）

洪流

十月二十七日早晨，剛傳來大場失守的消息，午後又聽到說：我閘北駐軍總撤退了！這些原都在我們意料之中，但是這決不是像漢奸們那樣說，我們是一定打不過敵人的。我們知道我們的抗戰是消耗戰，持久戰，決不是跟敵人硬拚。所以當我們的犧牲已經取得了敵人相當代價，就是當敵人的戰鬥力消耗到够了時，暫時放棄某一些陣地是應該的。我們有了這樣的認識，所以對於我軍總撤退（陣線的撤退自第一線退至第二線，）沒有一些驚慌。抬頭遙望蘇州河北岸的半天火光，濃烟凝集不散，使太陽也失色了。

賣晚報的呼聲，尖銳地劃破了黃昏的長空。在秋風裏呼聲是悲壯的。市民們相見時，陰沉的臉龐裏都流露着堅定的眼光，無言中表示着抗戰到底，犧牲到底的決心。每個人的心情沒有恐慌，悲觀，所有的是一副預備慷慨赴義似的神彩。每一個心反照在這半天的烽火中是沸騰的。跟這半天的烽火一樣熱，一樣紅。

事情還有更偉大的一幕：當我軍照原定計劃安全撤退後，在熊熊烈焰的焦土中，却還有我們八十八師謝晉元團的八百健兒，為偉大的民族解放戰爭意義所感召，願死守閘北。火燒近了，敵人殺近了，勇敢的壯士們却屹然不動。南岸駐守新垃圾橋堍的友邦兵士，被這偉大的犧牲精神激動了，抱着人類最寶貴的同情心，派代表過去想請他們退過河來。可是堅決的回答却是：「未奉命令，雖死不退。」「我大中華軍人，決不受此恥辱！」於是他們就迅速地莊嚴地全部開入了河畔的四行儲蓄會六層樓倉庫，同時還發出悲壯的呼籲：「願同胞助我食鹽，糖各五百磅，光餅五萬塊，誓以八百弟兄血肉索取敵人最大之代價，最後也當與閘北同盡！」

這偉大的八百啊！光榮的八百啊！他代表了我們每一個不願做奴隸者的抗戰決心！是我們整個偉大的民族靈魂！

壯烈的行為立刻震動了全上海，全中國，全世界。在每個人心裏，沒有不被這八百戰士悲壯的行為所感動的。實力捐助的像潮水那樣踴躍。不少友邦人氏同情我們的紛紛慷慨捐助。小學生們立刻發動募捐運動，並節省下他們僅僅三個銅子的點心錢來買幾個光餅。黃包車夫，苦力們伸出粗大的黑掌，手掌裏是他們無數血汗換來的一毛二毛錢，臉上飛閃着勝利的紅光：

「老哥我也來一些！哼！咱們中國人有面子給鬼子顏色看！大好佬！……八百個！……」

燒餅店老板，拍拍胸膛，驕傲地喊着：

「朋友！誰會送過去我來一千個光餅。伙計！快動手……一千個……八百個……好給東洋鬼一個顏色看看！……」

無數勝利的面孔；無數興奮的心甚至是無數幾乎近於驕傲的吼聲，像怒火、像浪濤……

人——成千成萬的人——每一個堂堂正正不願做奴隸的中國人——集合在新垃圾橋烏鎮路橋南岸，仰首望着在敵旗林立中屹然矗立的四行倉庫，在它的樓頂高昇着我燦爛的國旗，是光榮的青天白日滿地紅啊！晨光顯耀了她，更現得鮮艷奪目。她已使「太陽」失色了。這旗，據說是位第四十一號女童子軍冒險過河去呈獻的。這勇敢的四十一號啊！您也將與八百健兒同受千萬人的歌頌了！

成千萬的人，對着大旗、高樓、八百健兒，這偉大的精神，心裏的欽佩感動得有的在微笑；有的在敬禮；有的在落淚。不少友邦人氏也在遙對我國旗脫帽致敬，望着我同胞在微笑，無可否認的是默認了我中華民族的偉大，是永遠不可欺侮的。

突然，成千成萬雙眼睛像閃電一樣凝集在　個目標裏，什麼聲音好像都靜止了，人的呼吸幾乎將停止了。在這千萬道銳利的視線下，十幾個綠衣敵兵沿河匐伏着蛇行向四行倉庫衝鋒了。這緊張的場面啊！像電流一樣反射到這千萬人的心裏，也是非常緊張的，但是却沒有因害怕而逃跑的。

敵人顯然是一種試探作用。漸漸逼近了。每個人的心隨着也更緊張了，突然——卜卜卜卜……這聲音像閃電一樣爆發，人們本能地騷動了一下。一個驚喜的響亮的呼聲突然在騷動中迸發：

「倒了！倒了！……鬼子倒了！三個四個……哈哈……！」

這喊聲使成千成萬的人要歡呼起來，但是更不容你少待的：四五個鬼子倒了，但該死的敵人還是向前衝。看看近了。成千萬雙眼睛盯着這巍然的高樓，但却一些也不見動靜。這緊張使每一個人的呼吸也窒息了，但是當十幾個鬼子逼近牆下時，在六樓上的窗口中突然出現了一個戰士，還來不及讓人細看，像鴿子那樣靈敏地爬出窗洞，一個翻身……

「呀！……」「轟，……」像天塌那樣一聲……成千萬雙的眼睛迷濛了，像迅雷那樣來的事情，實在不容許我們的神經稍微有些思考的餘地，但是當幾秒鐘的過去，迷濛的眼光剛清晰過來，思想馬上像閃電一般跳動起來——這窗口勇士、一個翻身、轟……

剎那間，又是一個呼喊，這個呼喊却帶着顫抖：

「我們的兵，……身上縛着手溜彈，……縛着手溜彈跳下來……完了……跟十多個鬼子一起完了……十多個鬼子……」

這呼喊像電流那樣立刻傳遍了成千萬人。

「中華民族萬歲！……」

突然一聲，悲壯的顫抖的呼喊像雷鳴般響了。每一個嚴肅的臉龐上掛上了二行激動的熱淚。

在雷鳴般的呼聲後，隱約地但是雄偉地傳來一個回響——

「中華民族萬歲！……」

這是對河倉庫裏，青天白日旗下七百九十九個戰士的回答。

在秋風裏，青天白日旗下，這悲壯的一幕，已使我們成千萬上海市民下了個澈底的抗戰到底的決心。——

「我們要保衛大上海！」

這高樓、大旗、八百健兒、第四十一號、跳窗的烈士、手溜彈、血肉……這一切將永遠地永遠地記憶在每一個中華民國國民的腦海裏；在中華民族史上，將寫上最光榮的一頁！

永久！永久！

安

經過七十五天血戰之後，我軍退出了第一道防線，十月二十七日：閘北，懸起了太陽旗！

又是大火！大部的閘北全燃燒了。在白天，烟像一座鬼怪的山嶽，每個峯巒都在可怕地滾動，濃黑之中滾動着一團團的乳白；入夜變成一片血紫——不知是多少財產生命所變成的啊！

在一片火海之中，我們却聽到了，閘北四行堆棧上，中國的機關槍仍在響着，格格格……中國，仍沒有離開我們！

這是八百多個戰士，八一三抗戰最先開到前線的一營戰士，在大軍撤退後，仍舊死守在四行堆棧上，拚着最後一滴血，爭着閘北最後一片土。

外國人的十二輛卡車，趕到蘇州河，外國人，向着堆棧上昂然站立的銅像一般的中國兵，打着手勢，比擬着：從身上解下槍彈，扔下，指着卡車招招手——請下來！指向南，保着你們脫離危險。這樣的手勢打了三遍，堆棧上的中國兵答覆了，遙遙地向着外國人：指一指自己的腦袋，指一指脚下的水門汀，伏下頭，表示倒在此地，而後，接連地搖着手——不能夠，我們寧死不走！再向着好意的外國人，行一個敬禮——謝謝吧！便迅速地轉過身去。

十二輛卡車空着回來，外國人講述着這個故事——好意的外國人，流淚了，他說：「我們從來沒有見過這樣勇敢的戰士！」

中國人啊！聽見了嗎？這樣勇敢的戰士！去吧！把這個消息傳播給每一個同胞去！讓他們享受這個中國人的光榮罷，這八百個戰士所賜予的光榮罷，這是難得的！

八百戰士中四個受傷的，爬到××橋鐵門邊，外國兵馬上用擔架護送過來，到最後的一個，日本兵察覺開槍了，外國人退下來，中國人知道了，「我們不怕！情願犧牲！」衝上去，把負傷的抬回來。

租界上公開發起了募捐黃包車夫掏出兩塊錢，娘姨送來了一塊乞丐送上十三枚銅板……輸送車走到街頭被羣衆包圍住，橘子，蘋菓，香烟，食鹽，雜着銅鈿（他們來不及想到困在堆棧裏的人沒法使用）雨點般的投到卡車上去開車的流着淚忘記了開車，及至巡捕趕到，打開一條人路時，卡車已裝滿，幾乎走不動！

有人拿着捐款到南貨店裏買大頭菜老板搬出一整簍來，買的人遞過錢去，老板怒着含淚的眼睛說：「你以為我要錢嗎？我也是中國人！」

外國兵隔着蘇州河，把麵包同磚塊包在一起，丟過去看着落在四行堆棧附近，歡笑了，再把麻袋裝一點沙土，扔到對岸河邊，護住通到堆棧裏的自來水管，防備被炮彈炸毀。

堆棧裏傳出來一束亂雜的信，戰士們給家屬的絕命書，和兩句話：「有這樣熱烈援助我們的同胞，我們是不能對不起同胞的！」

黑夜，一個女童子軍，爬過去，送給戰士兩面國旗。

早晨，迎着鮮紅的旭日，國旗在堆棧頂上升起來，在晨風之中，飄，飄，飄……

四面是鬱鬱慘慘的黑烟，以黑烟為背景，飄着一面鮮明的國旗，孤獨地，艱苦地，驕傲地飄着，飄着，飄出一句響亮的話：「這裏是屬於中國的！」

千萬隻目光投奔着她，千萬個心靈依托着她……

電車裏的人們，隨着電車的走動，在車中來回跑着。爭向着窗口，看那一面國旗。

這卓然的，氣勢磅礴的，戰抖着千險萬惡的，嘲笑着一整小醜的，無上的矜榮的，一面國旗！

你啊！永久！永久！同你的八百戰士，永久！永久！……

獻旗在八百壯士之前

楊惠敏

因大場一點的被突破，我軍自廟行江灣閘北撤至新地陣，令人淒然欲淚，雖則深知在整個民族抗戰中，戰略上暫時的後移，不過是一種小挫，與大局絕無關礙，最後的大勝利，還是會留給我們的。

十月廿七日晨七時許，北站大廈已爲敵人很隨宜地佔了去，我得知消息較早；立刻到虞洽卿路泥城橋附近，向閘北觀望瞭瞭、並向巡捕探聽消息，那時我八十八師××隊一人正在向××請求設法轉遞柴火的接濟，××憐惜萬分，便把他介紹給我，那時我才知道他是從對面蘇州河北四行倉庫中潛出，並因而得悉倉庫內還有我八十八師謝團長以下八百人誓死堅守不退，願酒他們的最後一點血於閘北；在我聽到我軍要退後的失望之餘，這真應該是一種多麼大的意外的驚喜呀！我就立刻奔到救濟會、寧波同鄉會去報告，請求他們來設法所需的物品，在那裏他們告訴我，這事要到八十八師後方辦事處去報告，最爲妥當。我便再回到恰給路泥城橋知照那××，若使八十八師再有人來，請他到××路某難民收容所來找我，當我回到收容所的半小時後，八十八師的師附張裕良先生便果真來找我了；他的來意是要叫我越過租界到閘北謝團留守的四行倉庫去獻國旗於八百個壯士，我眞想不到張裕良先生會把這樣光榮這樣重大的使命來付託給我，我該是怎樣的一個民族的寵兒呀！立刻欣然坐上他的汽車開寧波同鄉會，張先生把那面光榮燦爛的國旗鄭重地交我以後，他便獨自去了，那時快十時左右，我正在嚴肅地思慮着我將怎樣去圓滿完成這一件光榮而又偉大的使命？不一會，來了一位市政府的祕書張廷榮先生，或許他因爲看我這樣年輕的一個女孩子，好像不放心我去幹這一件大事，在我當然也不願意拂逆人家對我的好意，當時便把國旗交給張祕書帶走，請他代我交與張裕良先生。事情眞湊巧，過不多時，又來了一個八十八師的趙督察官，他是打從滬西××前線趕到此地，要叫我帶一封信交給與八百壯士堅守於四行倉庫中的謝團長，我便帶了這個很鄭重的用了種種方法越租界到閘北四行倉庫，完成了我的任務，這是我第一次到達四行倉庫的經過情形，我也不能不感謝……不少的助力。

其時市商會也派員到四行倉庫內的壯士們通話了，張廷榮先生得知此事，他便派人把這面國旗交給我，叫我設法送去，那時我滿身的血液彷彿充滿了有力的新鮮的生命素，不懼，猶得到強人的興奮劑，一點沒有畏懼，沒有疑慮，很快的再度越過租界，完成了這件比第一次更光榮而重大的工作，時在下午三時到四時左右。在閘北全部爲敵人佔領，太陽旗遍插的地域中，乃見我大中華民國之國旗高揚在八百壯士誓死留守的四行倉庫之上空，當青天白日滿地紅，色澤鮮豔，光彩奪目，租界上觀衆歡聲雷動，感激的同胞，見而高呼萬歲，興奮之狀，無以描摹，即友邦人士見之，亦頓覺敵旗之黯然無色矣。

此後余每日均爲代方與四行倉庫中之孤軍作通信連絡，及運送慰勞品之工作，直至我最高領袖，蔣委員長爲顧念友邦善意和諧租界安全計，下令將此最後留守於閘北之八百壯士撤退爲止。

八百孤軍贈給我一……

楚蘊萍

中華民國二十六年十月二十七日，上海，淞滬天的大八！

——我們的軍隊撤退了！——退出了苦守兩個半月的閘北國防

陣線，在茫茫的黑夜裏，無數的戰士惘惘地把全線移動，那肅靜依依的雙眼，巴巴地最後看看這片就要失去的國土？——在這片國土上，此刻正熟睡着千千萬萬祖國的子孫。

天明重新來到的時候，蜿蜒在大上海北面的是一條又長又粗的火蛇；從江灣、閘北、一直到北新涇，每一個角落裏都冒起了像要毀滅世界的火燄。滿天又紅又黑；紅的不是太陽，因爲太陽已經滅亡，黑的不是烏雲，烏雲不該那樣飛舞奔騰。無數同胞的理性給火燄蒙住了，大家好像踏在噩夢上看見一個猙獰的末日終於來到！

大森林似的火舌，像大洋澎湃的巨浪那樣瘋狂；那樣滾滾的，浩浩蕩蕩的，憤怒地呼嘯：爲着民族的靈魂而呼嘯，而怒吼！……每條路每條街擁滿了紅着眼睛的中國人；烈火不是從蘇州河北的地面上噴發起來的，烈火是從每個中國人的靈魂上噴發起來的！不管老老小小，男男女女，今天都變了樣子，都變了一縷一縷的火，血液都被燒得沸起來了，都像失去了家，失去了一切，除了一顆胡向蘇州河北的大火燄依戀抱着無限的熱望的心！

「啊，我們底軍隊眞的退了！」「退了，你看火！」「沒有關係，焦土抗戰！」

可是大家沒有悲哀，只有憤怒，好像滬北的大火一樣熱烈地在炎炙。

天空是慘白的，蘇州河北淪陷了，然而不是給敵人佔領的，而是給無邊的烈火佔領的。只要中國人沒有完全死亡，每一塊中國的大地都會燃起這無邊的烈火，它能掩護着悲壯無畏的戰士走向新的陣地，它能把敵人夢想爭奪的大地燒成焦土！

中午將近，慘白的太陽旗在烈火底下的幾個背河的銀行倉庫屋頂上悄悄地露了出來，一種猙獰的歡笑！可是烈火更加排山倒海地高揚了，蘇州河南擠滿了的中國人，望着那面旗子……「哼，總有……總有這樣一天！」

然而，挺立在烈火當前的蘇州河畔的四行倉庫和大陸倉庫裏，堅守着我們國魂所寄託的八百孤軍，他們準備流盡在上海一滴血，灑在祖國的大地上！——這消息是一陣暴雨，一瞬間落滿了全上海，落滿了全中國，落滿了全世界。

中午，我會到一部分有關軍的長官們，知道四行倉庫裏面的孤軍在他們的心裏跳躍着。談到在他們中的壯舉，他們微笑了，臉充滿了無限的安慰：是的，一支有生命的軍隊，在浩大的烈火中重包圍的一角基地上，從容犧牲，從容把生命交代給民族，這個將長留於大地間的壯舉，當然也是領導着我們擴大的光芒。

蘇州河南岸一帶的馬路上充塞了興奮的沸騰了的中國人，無數的眼睛都注視着一個方向，都集中着一個目標，大家都指手劃腳地互相告訴、互相傾聽，大家都像數十年前的知己，親熱地談論着、讚美着，嘆息着，擔憂着。泥城橋新閘橋一帶人頭擁擠得像初夏的蟻羣，巡捕先生們一面威脅一面勸導煞費苦心來驅散他們，可是驅散了一羣，又是一羣，眞是滾滾不盡的浪潮。結果路上的交通還是無形斷絕。四行倉庫的高廈那樣沉默地挺立着，無邊的火焰仍是不斷地噴發，不斷的蔓延，像瘋狂的巨獸張開了大嘴巴要吞噬這震蕩着的大都市；四行倉庫六層樓的屋頂完全浸在烈火縷縷的烟霧裏，隱約地有幾個戰士在蠕動。

忽然幾聲響亮的手溜彈爆炸聲劃過天空，接着一串的機關槍聲，人們的神經又更加緊張起來；北岸響起一陣殺敵的爆炸聲，南岸接着呼應起來的是激昂的歡呼聲——兩種聲音隔着一條烟霧瀰漫的蘇州河在那裏交奏……

人越來越多了，擠得使人想吊起來，誰都懷着滿腔宗教式的熱情來到平日沒有絲毫值得留戀的橋南，爲着戰士們的血是爲了每一個中國人而流的，誰說不該這樣狂熱呢？我親眼看見那面站着的人羣裏，兩個年輕的女人，對着四行倉庫感奮得哭了，女人們在許多陌生的人羣裏流淚是少有的，然而此刻她們忘記了傳統的羞慚。幾個年靑人的額上挺起了靑筋，臉上的血液在沸滾，汗珠拚命地淌下來，他們的眼光逼着岸北的火燄，逼着戰士雄踞的高樓，用力地喊出了：「中華民國萬歲！」

「中國決不會滅亡！」我背後一個六十多歲老年人自言自語，枯瘦的手撫着自己的眼睛，他說話的聲浪是如此顫抖，也像一串遙遠的吶喊。其實，千千萬萬的中國人都和他老人家一樣堅決地在說這句話。

張參謀長和我之外，一同引頸長望的還有第八十八師的張師附和第七十二軍的李處長，我們覺得看不清楚，於是我們闖進了一家銅匠店：「可以讓我們爬上三層樓望一望嗎？」「可以的，先生。」走上二層陰暗的狹隘的扶梯，在三樓的窗口大家爭着遠看，可是岸北的煙火太濃了，濛濛地彷彿遙遠的夢幻。……

看了半晌，我們驅車向泥城橋南進發，虞洽卿路上同樣洶湧着人潮，巡捕們頭上流着大汗，喘着氣在趕散人羣，幾個印度巡捕呆呆地像古羅馬的石像，在人羣裏顯得如此孤獨……人潮一陣一陣湧來湧去，不像有停止的時候。我們又闖進了虞洽卿路上的華美煙草公司發行所的鐵門，在櫃台裏幾個中年職員驚異着這一行不速之客，他們站起來準備接待我們。「對不起，讓我們在你們四樓上看一看好嗎？」「唔，這不能的……你們是那兒來的？」他們遲疑起來，漸漸意識着這羣怪客幹什麼來的。「我們看一看就下來，放心。」「你們是那兒的？」幾個人對我們上下注視。「我們……」於是張師附與李處長悄悄地走到那個年靑人旁邊，低低地說了一些。「唔……」大家變換了尊敬的態度，一個年靑人跳啊蹦啊的領導我們上去。到了四樓，我們爬上屋頂看屋頂的瓦片起了一陣掙扎。——北面一股烟，一股烟，溜過來。挺立着的高廈象徵着八百孤軍每一個堅實的勇士都挺着胸膛苦戰到底的姿態……

全世界的報紙都一致用大行驚人標題記載着英勇的中國八百孤軍，一片遙遠的，狂熱的同情的，興奮的感激的呼聲，從全世界的每一處活躍着正義的人類的地方傳播過來震蕩來……

「援助孤軍！」「支持孤軍」

當八百孤軍支撐閘北的第二天，我們後方辦事處開始了空前的活動，辦公室的電話鈴一串一串的響起來，各式各樣的人一羣一羣地擁進來，各界的慰勞品直接間接好像排山倒海的滾滾而來，我簡直會想到將要開一家規模頂大的百貨公司，你瞧，各種各樣的食品用品堆得像連綿的高山。整整的一天，張師附和我陷在慰勞品的山堆裏……

人類本來都是走向正義的。上海的外國人一部分那樣慷慨的捐輸，使我更證實這個信念。他們私人方面送來的牛奶，餅乾，啤酒，罐頭食品，麵包……數量都非常可觀，有些美國人，英國人都親自從老遠的地方送了來。美商沙利文食品公司的總經理和全體同人願意每天捐助大量的奶油餅乾，他們寫來了一封熱烈誠懇的信。還有很多外商的公司洋行都送來了大批珍貴的食品與藥品。最使感動的是一位德國的老太太，她願意全力幫助孤軍：

「只要孤軍苦守一天，我願意支持他們一天，我願負擔他們全部的糧食……」

而且她默默地禱告上帝：「但願八百孤軍得到永生！」

差不多所有的上海大小公私機關，她們的當局和同人都送來了各種慰勞品。敏體尼蔭路上的卡車，汽車，運貨車，以及各種裝貨的車輛簡直一串一串連接着，我看見每個捐送物品的人都是滿懷的感奮，當我們代表孤軍收受他們的物品的時候，在他們的臉上浮起了一種安慰的笑容，彷彿他們覺得稍稍盡了一點責任，贖取一點罪愆，然後他們如釋重負地好像帶着不知多少的安慰回去。上海市慰勞委員會，上海市地方協會，上海市商會，各組織各機關都不斷地送來代收的物品，送那些物品的，三百六十行的人都有。物品是滾滾不盡的送來，我們簡直擔心起來了，那麼多，怎麼辦呢？超過了指揮孤軍的謝團附所希望的數量大約千百倍！不到一天的工夫，就把我們辦事處的房間，走廊，扶梯，甚至於門口都被慰勞品塞滿了，後來弄到無法進出的地步。如果天天如此，這還了得？就是送到龐大的四行倉庫去，恐怕也未必堆得下罷！更何況在事實上送去是有了不得的困難。還不進去而這樣一天天堆積起來，不是太成問題了嗎？

這還不够，上海的許許多多里弄，每一條都由一個人發起簽名輸捐孤軍，家家戶戶認捐，於是以里弄為單位的慰勞品又大批大批的送來。幾個難民收容所的全體難民發起絕食一天，輸捐孤軍，許多機關的上下同人，都發起捐薪一天，接濟孤軍……

還有許多赤貧的老式店家學徒，新式商店店員們，許多可愛的兒童與小姐們，都盡自已的力量買了些東西送來，他們都是親自拿了一筐饅頭，或者一籃水菓，一包食品，興冲冲地送來，這些物品握在他們的手裏，都是染着他們手上的微溫，是的，這些微小的物品都帶着一顆崇高而聖潔的整個為了國家的心！

物品的種類也太多了。飲料有：啤酒，汽水，鮮橘水，可口可樂；食品有光餅，麵包，餅乾，饅頭，蛋糕，咖啡糖，油燜筍，什景菜，波羅蜜，水菓，雞蛋，牛奶，蔴糖……還有各種鮮菓，各種補品，除了牛肉汁和童雞汁之外，竟然還有魚肝油，白木耳等等……用品方面也有藥品，急救包，襪子，毯子……總之，各種物品從最富麗的到最簡單的，應有盡有是了。眞的，這大堆的慰勞品裏，有闊人們用了銀行存款買來的，也有工人們用了汗血錢買來的，也有商人們用了在預算中的一部分生活費買來的，也有孩子們用了他們吃糖菓錢買來的；可是不管是闊的，窮的，他們有的是一樣的心，一樣的愛戴着這些為了祖國的生命而視死如歸的壯士！

那個獻送國旗的四十一號童子軍楊惠敏姑娘眞活像一個男孩子，她穿着黃色的童子軍服裝，搖搖擺擺來了，帶着一個孩子的笑容，她和張師附談了一些關於冒險獻旗給孤軍的情形，他含笑獎勉着她；她說着滿口鎮江話；是一個江南女子却滿具北地胭脂的丰采。辦公室裏的人都注視着她，看她那比男孩子還要短的青絲，看她那壯健的身體，誰都會直覺她是一個耐苦堅實的女性。閘北最後的壘壁從此飄颺着光華燦爛的國旗，飄颺在每一個祖國的孩子心裏……

今晚，我們準備運送慰勞品到四行倉庫去。

張師附進行着許多必要的準備，關於運送上的許多困難，特別通過租界英軍防地的問題，已由張祕書與英軍司令接洽妥當。駐防在四行大陸兩個倉庫就近的中國銀行倉庫裏的英兵個個都同情着英勇的八百孤軍，他們熱烈讚美與敬重：他們看到慨慷悲歌的中國軍隊抵抗到底的決心，他們全盤感動，他們一致覺得中國軍隊的偉大，中國的將來必定勝利，必定光榮；他們更熱烈要求長官，給他們一個機會，儘可能地去幫助中國的孤軍。——這種寶貴的事實，給予我們運送不少意外的便利。

蔣委員長和宋美齡女士買了裝滿一卡車的物品，運來了，由一位林世良先生代表送來，他表示願意與我們一同到倉庫去，——我們當然歡迎。

卡車來了，我們選擇了許多最需要的物品裝運上去，於是敏體尼蔭路停滿了卡車，汽車，人潮又洶湧了，大家都指手劃脚地討論這些卡車上的食品。

「送給四行孤軍的!」

無限的安慰像殘春的花瓣散落在人們的心河裏。

八時半，我們開始出發，一共四十個人，其中兩個是辦事處的工友，四個是青年，四個是汽車駕駛員。張師附叮嚀我當心押送，於是三輛卡車，兩輛汽車，像一行不整齊的列車匆匆地往北駛去、悄悄地向黑夜裏駛去。……

車愈北行，夜黑得愈淒涼，愈悲壯。靠近北面的路上，只有幾個巡捕疎疎的影兒在微弱的燈光裏移動，高樓大廈都像郊外的野墓蜷伏在灰冷的沉靜裏。偶然一陣深秋的風，好像流浪人一樣蹌踉飄過了——那是一串悽惻的歌，難道是死亡在敵人砲火裏的同胞還在號哭哀訴嗎?……

我們活像一支開向前方的援軍。

我們的心是這樣焦灼，等待一個廝殺的展開，彷彿我們準備流血了!「流吧，讓我們流完最後的一滴熱血，爲我們心愛的祖國戰到最後的一口呼吸!」我的胸膛那麼挺起來，汽車裏我們有一個孩子忽然低唱起來:

「中國已經覺醒，前途無限光明!走上前去，……」

唱得高興起來了，「喂!別唱!……」汽車轉灣了，在天后宮橋塊停了下來，等候英軍來導引我們，果然一輛英軍長官的汽車駛來，最先馳過天后宮橋，接着我們這一行汽車也慢慢地跟着，橋中央的鐵絲網，英軍拉開了一條路，一行汽車滑過去了。

一過橋就是到了另外一個恐怖的黑暗世界，這世界裏正大光明的人類已經消滅了，現在只有吃人的魔鬼和野獸。望望前面，望望四周，只是一片黑暗，一個可怕的夢境，只有皎皎的月光吻着蘇州河的微波。

叮囑車夫們，把車輛開得最輕最慢，而且爲了避免敵人空軍的目標，把汽車卡車的前燈後燈一齊熄了，可是因爲四周實在太靜了，五輛車子碾在北岸上，儘管駕駛得怎樣輕與慢，仍舊有着一陣陣惱人的聲音，從輪子下忍不住似地溜出來。這時候空氣突然嚴肅靜穆，大家傾聽着自己的呼吸，一顆心像熔了的鉛塊忽然沉重下來……

忽然想到假使現在敵人飛機在上空發覺了我們，一定擲下炸彈，那末我們都毀滅了，假使只有我不死，我得摸索一下運送來的物品有沒有毀掉，我還要一個人儘力搬送過去；假我也死了，明天還是有人來運送的。

中國有的是無數不怕死的孩子!

汽車卡車馳到中國銀行倉庫大廈的旁邊空地上，我們匆匆下車，大家不分彼此先把車上的物品一包一包地卸下來，這裏腳夫裏:有做秘書的，有做處長的，有做科長的，有做童子軍的，有做伕役的，有做車夫的，現在大家都一樣全力搬運還滿滿的三卡車慰勞品，這時候既沒有什麼身分，也沒有什麼上下，誰都覺得應該拿出各人所有的氣力來，眞的，今晚大家都懷着一個單純的信念——一顆殉道者的心！這一大包一大包的東西，大家要先先後後從中國銀行倉庫西邊空地上搬送到泥城橋畔，再穿過馬路送進對面的大陸銀行倉庫裏，這樣一包又一包運送過來，像穿梭一樣。要鎮靜，要謹愼，要機警，要敏捷，要多用力，要耐心，是的，這算一件艱苦的工作，可是也算一件怪有趣味的工作。

搬送開始了，一大麻袋光餅壓上了我的肩頭，啊！眞像一座山掉在我的背上！可是跟着大家，還得用輕輕的步伐，沿着黑影裏走過去，活像一羣野鬼在荒原蠕動哩。背着，背着，全身發熱了，積在胸膛裏老是不用的氣力，彷彿都奔散出來了，眞奇怪，氣力好像比平日大了不知多少倍的樣子。

背到橋堍，把東西一齊放在轉角的行人道上，大家正預備穿過馬路，送進大陸倉庫去，張秘書堅決不贊成穿過馬路，他告訴我們：在泥城橋堍——就是我們安放着東西的行人道，距着垂直的五十公尺就是敵人的防禦工事，那兒有着巡邏的步哨，那兒也有不少敵兵在監視與隨時準備攻擊大陸四行兩個倉庫，我們如果穿過馬路，穿來穿去地搬送，面對着敵人的防地，怎樣會不給他們發覺呢？還有四行倉庫的旁邊——就是泥城橋北橫面的北蘇州路口，更有着敵人準備進攻與監視的陣地，隣近四行倉庫的福康福源兩個堆棧，也駐着無數敵兵，那兒也容易發覺此地的動作，這些陣地面對着我們這兒，只要我們悄悄動作，誰保證他們會不攻擊我們。總之，大陸四行兩個倉庫是陷在敵人的密密層層的重圍裏，一不小心，就會出禍殃的。所以張秘書決定派定一個人，在對面大陸倉庫，繞着一根極長的繩子，把一包一包的物品在地上從這裏拖過去，一直拖到對面，這樣一包一包地拖……這個方法，我與林先生是不贊成的，因爲這樣慢慢地拖，拖，拖，恐怕拖到天明也拖不完半卡車，況且拖的時候，大包的東西在地上磨擦會發出很響的聲音，再加上時間一長，當然更容易被敵人發覺了，可是張秘書是一個老成深算的人，他的禿頂上斑白疎散的頭髮，正告訴我們這些孩子，應該聽從有經驗人的話。

於是這個嘗試開始了，果然正如我們預算的一樣，拖的聲音大得可怕，而且又費時間，一包東西拖過馬路，活像一隻蝸牛爬行，那樣惱人又急人的聲音，在深夜裏，簡直是一陣沙漠的狂風，低徊不去。大家都覺得不耐煩了，決定改換方式。於是大家分別背了東西，穿過馬路，送進倉庫，顧不得什麼了！

當然，穿過馬路的時候，要走很輕很矮的步子，而且要蹲在暗影裏走，不要有一毫一絲的聲浪傳播出來。這方法實行以後，英兵擔心我們這樣做要被敵人的步哨發現，所以他們把橋畔的燈亮打滅了，於是橋堍的路更浸在一片黑暗裏。祇剩下了一盞昏暗的小燈光，像一個殘喘的生命在掙扎。幾個橋上的英兵步哨故意在這明滅的燈影裏踱來踱去，造成一些模模糊糊的烟幕。

我與張秘書走進倉庫去，從大陸倉庫旁邊一家店面裏爬進去，我們爬過了沙袋，堆在黑暗裏瞧見了三四個年青的兵士，他們穿的那樣單薄，腰上掛滿了手溜彈，他們强烈的眼光投射過來，彷彿幾盞明燈，他們都是二十歲光景，沉毅而且勇壯，他們有着一個永恒的生命，彷彿海闊天空的浪潮陣陣洶湧。死神的魔手雖然在他們面前亂抓，可是沒有一絲一毫的恐懼和悲哀，只要民族沒有滅亡，他們的生命永遠是燦爛的！

謝團附和楊營長在黑夜裏顯得無限鎮定。我相信這時候他們的靈魂彷彿一片初春的白雲，安靜地躺在陽光裏。沒有一點兒牽掛與惦記，他們剛毅的心是與民族同生同死！他們聽到同胞們和友邦的朋友們給予他們至高的崇敬與支持，他們更感奮了。

「戰到最後的一兵一卒，一槍一彈！」他們的决心是鐵石一樣堅實！

他們在我們底紀念冊上簽了名：——謝晉元，楊瑞符。

於是，他們就開始接受這宗連綿不斷的禮品。我們繼續搬送着物品。東西都是從大陸倉庫旁邊的小店面裏遞進去的，店門對着橋堍的轉角，密密的鐵絲佈得像蛛網，我們走過來的時候，一面要提防着附近的敵人的發覺，一面還要小心鐵絲網來抓我們，在漆黑的夜色裏，怎麼分辨得清楚呢！況且背着沉重的東西，走路是那麼歪歪斜斜，幾次鐵絲網用勁抓住我的衣服，都給我逃了，可是我的手被刺出血來了，我感受到一陣刺心地痛，放下了東西，用自己的舌尖舐了舐血跡，剛要拔脚，地上的鐵絲網又在咬住我的褲了，我恨得想哭出來！……

我們踏進四行倉庫、好像踏進莊嚴崇高的聖殿。

我們只有低頭靜默，我們只有肅然致敬。是的，這座聖殿將佔着新中國史葉上萬丈光芒的片段，這座聖殿將永遠挺立在中華民族堅實的靈魂上，這座聖地將永遠生存在世界最多數正義的人類的心坎裏。

我們把國旗與香烟授給一個年青的兵士，三四個兵士走上來看見了香烟，忽然心花怒放地叫着，身體像野孩子一樣的蹦跳起來：「好東西！咱們好幾天不抽這玩意兒了！」

他們今晚太高興了，因爲他們將嘗到最關切，最愛護着他們的人送來的禮物。

我們走出來的時候，看見一大包一大包的物品接連地在搬送，一溜烟一溜烟地，在橋堍溜過。他們送得怪快的，我笑起來了，趕上去幫忙扶一扶一個夫役肩上沉重的東西。我們又開始參加在隊伍裏搬送，那些東西樣樣都沉重得要壓死人，您想：糖呀，鹽呀，光餅呀，文旦呀，汽水呀，罐頭食品呀，……每一包都有一個孩子那末長，放在肩上走那末長長的一段路，眞累得不能喘氣。我怕他們罵我偷懶哩，於是用勁地搬，的確越搬越有勁的，我彷彿覺得自己變得長大，變得壯健了。

我悄悄地抬起頭來：世界浸在無邊的黑暗裏，深夜的天，籠着這死沉沉的焦土的天，沉默地傾聽着歷史的脚聲。低徊的冷風（曾經掠過堆積的屍體罷？）吹落幾片飄零的黃葉，打在異國的步哨脚跟前，黃浦江的波浪被壓在敵艦下低低喘息，蘇州河的微波是一個永不停息的生命，向殘酷的石岸撞啊撞啊，它要求自由的洶湧，自由的奔流罷？那是一種宇宙永恒的音樂，悄悄地在我心境裏徘徊……

橋畔的步哨的皮鞋脚又在一下一下地敲着——這聲息叮囑我們：「快點搬吧！」我悅然背起一大簍文旦……忽然一陣神奇的，遙遙的音浪在天空飄蕩，接着黃浦江迎天噴起幾十道照空燈光，於是好像不要本錢似的高射砲響起來了，響起來了……

中國的飛機又來空襲了！一串高射砲彈掉下來在蘇州河上爆裂了，我悄悄地伏在中國銀行倉庫前面。……祖國的鐵鳥從容飛回根據地去了，我心裏浮起了愉快的笑容；馬上又背起一大箱罐頭牛肉，看看還有滿滿的一卡車與地上高高的幾大堆。

「蓬！蓬！蓬！蓬！……」突然連串好像要把天空裂開的小鋼炮往四行倉庫射擊過來了。敵人發現了我們，或者發現了我們矇矓的影子！接着機關槍聲又遙遠地傳送過來，大家又伏在地上。

可是不久就安靜了，大家都很平安；重新開始更緊張的搬運。好得很，來了生力軍！八九箇中國銀行倉庫的夫役也參加搬運了。不過他們搬的不是我們運來的東西，而是這兩天有些民衆用種種方法直接送到中國銀行倉庫請求代送的，還有中國銀行和郵局同人所購買的食品，再加上英兵購買的大批食品。

夜半早過，時間大概很遲了，可是還剩半卡車沒搬完，堆在地上也很不少呢。一羣活潑的英兵竟自告奮勇幫助我們了。他們的氣力眞大得可以，那種我們要兩個人扛的東西，他們統統一個人包辦了。

那是人類純潔的互助精神！

大家都萬分需要休息了，走進了中國銀行倉庫，許多英兵笑嘻嘻地擁過來：

「Welcome, Honorable guests！」（歡迎！你們這些貴客！）

他們有的是滿腔的熱誠，是全盤純潔的同情，一致讚揚着四行倉庫裏的中國孤軍：「喚他們是世界的英雄！是中國的光榮的軍隊！我們太羨慕他們了。」他們都說得那麼慷慨那麼激昂。

天色是淡淡地矇矓了，遠處黎明正在黑暗裏邁步前來。四行倉庫的高巔沉在夢樣的晨曦裏，像一個慈愛的母親懷抱着一大羣的孩子，微微地在呼吸，在回憶着迢迢的昔日……工廠上工的汽笛聲，不再在放送了。可是在我頹倦的記憶裏，牠們仍然溫習着舊課呢，我深深懷念着牠們，大都會黎明的號角。……

曚曨的黎明，醒了的黎明。

我們歸去了，謝謝無限友誼的英兵，還駕駛兩輛機器脚踏車在前後護送我們，一串汽車卡車駛在陣陣的晨風裏，我現在也想高唱起「中國已經覺醒」的歌聲了！旁邊那個年青人摸摸我的手：「你冷嗎？」「還好……」我點着頭，想到自己手裏還拿着一個可紀念的美麗的蘋果自己的嘴眞太渴了，一口咬住那個大而紅的蘋菓，望了一望遠遠的四行倉庫，旁邊的人看看我那種傻樣子，都笑了，我自己也笑了。

（中華民國二十七年四月一日寫於漢口廟巷）

爲孤軍運糧（十・廿八）

余元生

我把那面陳舊的回憶之網張開，讓許多往事慢慢地從空隙處透露出來。

是那麼偉大的一天，——二十六年十月二十八日——在我的記憶裏永遠地刻着一個深深的印記，而牠在我的心坎裏，永遠是甜蜜的。

自大上海淪陷後，在蘇州河北岸光復路的四行倉庫裏，仍留着四百多位奮作壯烈犧牲的孤軍，他們是由楊瑞符營長謝晉元團長率領着的，不怕難，也不怕死。

當那個消息散播到上海三百萬民衆的耳鼓裏時，我敢說，沒一個不感動得流下淚來，也沒有一個不是滿腔充溢着虔敬之忱的。於是混濁的上海，立刻擾動了。每個人的心靈都在起伏地浮動，正像夏天高空懸掛的白雲的浮動那樣不能寧靜。

上海童軍戰時服務團團部，從那時起，就顯得緊張而熱烈起來。「九六五七七」這一具電話，自朝至晚，沒有停息過，一個穿黑制服佩藍領巾的女童軍，右手拿了枝鉛筆，左手握住了聽筒，嘴裏滔滔不絕的在回答愛國同胞承捐物品的來電。

不斷的接濟物，湧進了辦公室。

最先收到的一個承捐物品的電話，是一位卡車行的老闆打來的，他一口就答允捐助光餅五萬隻，慰勞閘北孤軍。他說：「只要我們的健兒，能奮死抗戰到底，就是叫我把卡車出賣了，去買物品來慰勞孤軍，也情願！」

愛文義路東段，白克路，北京路，貴州路各里弄，及牯嶺路人安里，多數市民，均自動絕食一天，以一天節省下來的費用，慰勞孤軍。

有三個在工部局當翻譯的職員，他們親自送來了一蒲包東西，還有一瓶十多年的陳酒，其中有一位職員，他大聲地高呼，（他自已已吃點了酒）他說：「我謹以這瓶陳酒，獻給死守四行倉庫的八百位忠勇的健兒願他們吃了一點酒，要更勇敢，更振奮的，與我們的敵人拚命！」他臨走時，嘴裏還不住的喊着：「……衝過去！……衝過去，」

送來的東西眞多，辦公室裏到處堆滿了愛國民衆的慰勞品，這裏有食鹽，黑棗，光餅，餅乾，白糖，麵包，大餅，饅頭，香烟，自來火，羅蔔乾，牛肉，急救包，還有一瓶十多年的陳酒。

十月的夜晚，有一種高爽的豪放的情意。朦月像吃醉了老酒似的，從北角裏跌出來，滿天佈滿着星星，雲片很閒蕩地從西面飛來，又落到南面。

青年會前，二個年僅十六七歲的男童軍，正聚精會神地把一件件東西，從青年會裏搬出來，再搬上卡車，精神顯得異常振奮。

卡車是蠕動了，像駱駝在沙漠裏行進那樣的緩慢，鎮靜。黑色卡車的前面，有二輛自備汽車做引導，後面還跟隨了一部黃式的小型的童軍汽車。此行一共八九個人，除了市政府的張秘書及八十八師張師附外，其餘大部是童軍服務團的職員。

江海關的鐘聲，剛打過十一下，馬路上很少行人，夜是靜靜的。五輛汽車，在靜寂的空氣裏，慢慢的加快，牠穿過了愛多亞路，又越過了南京路，再折入北京路去。

十五分鐘後，五輛汽車，已很整齊的停在新垃圾橋畔。

「不要響，聲音愈低愈好。」是張秘書的聲音，那話的音韻，實低弱得不怎樣使我們聽得清楚，大概他自己也覺得現在說話，應該愈低愈好。

「不要慌，大家要鎮靜！」張師附他似乎怕適才張秘書的話語我們沒聽得清楚，於是不放心地，又重說了一遍。

汽車又蠕動了，牠慢慢地偷偷地爬過了那條悠長的新垃圾橋，汽車上的燈，現在是全都熄滅了，駛機人很小心地把引擎的吼聲，壓低了些，再用他神奇的技術，在黑暗中摸索前進。此時，我們非但不敢說一句話，而且把應有的呼吸也減少了次數。

記不得是拐了多少彎，汽車又停下來了，我們知道這裏是靠近蘇州河的二個堆棧的夾弄。

「大家可以動手搬了。」張秘書輕輕地向我們說。

於是十多隻手都忙亂了起來，有掮蒲包的，有扛麻袋的，也有拿酒瓶水菓的，每個人都很機警地靠着牆壁走，腳步的聲音，是輕輕的，輕輕的。

「砰！……砰！……砰！」那是小鋼砲的聲音，因爲是在夜晚，所以回聲就特別響亮。

我們立刻就匐匍在地上，摸摸自己的腦袋，還沒有動，心裏正說不出的高興，那並不是怕死，只是覺得一件偉大的工作，還未完成，就毫無價值的犧牲了，豈不可惜。

「不要慌，大家要鎮靜！」張師附的那句清脆的話語，又散播到我們的耳鼓裏來了，我偷偷地看了他一眼，發現他肩頭現在正背有一個龐大的蔴袋，我知道那裏面裝有很多的光餅。

八九個人，從地下爬起來，又開始搬運了。

前面是一條廣闊的馬路，一片燦爛的燈光，給大地穿上了件美麗的外衣，八九個影子，都跌倒在牠的懷抱裏。風儘是打着那孤零的路燈，我們的神經也盡是一層層的緊張起來。

「前面是敵軍的陣地，右面是敵軍的步哨，大家不要貿然的越過這條馬路，因為那影子的幌搖，正好給敵人機關槍試探的目標，我們不要慌，要鎮靜！」張秘書似乎對這地方很熟悉，他一面指東點西，一面懇切的向我們述說，聲音是仍舊那麼輕輕的，輕輕的。

經過了好多時候的躊躇，才情急生智的想出了一個很好的運輸方法。

把一條蔴繩，圍成圓圈，放在那條馬路中央，一端靠着我們，一端靠着對面，這樣手續完成了。我和靜之就偷偷的爬過去，先把鐵絲網拆毀，然後再把靠馬路的一家烟紙店的牌門打開，那裏面早有二位穿草綠色軍服的弟兄，他們是奉了謝團長的命令守在這裏等待我們的。謝團長的所以知道我們來，那完全是靠着一位女童軍早上送進去的一封機密的信件的效力。

張秘書把一件件物品很細心的縛在蔴繩上，由我們輕輕的拖過來，再送進烟紙店的那個洞口裏去，上海三百萬民衆所熱烈地送給孤軍的慰勞品，都是這樣麻煩的艱苦的從我們手裏運進去的。

大概是深夜三點鐘吧，我們都很欣喜的完成了這一個嚴重的使命。此時，蘇州河裏正橫臥着一條條小船，空際斷續的波動着高射砲的聲音。夜月正掛在我們當頭。大家的心靈，是充溢着一種出乎意外的愉快。就在那種高興的情緒裏，我們離別了勇士，也離別了靜寂的悠長的新垃圾橋。

慰軍之夜（廿六・十・廿八・）

伯平

是我軍撤退移動閘北陣地的當夜，和奇君站在離四行倉庫不遠的高樓上，眺望着北岸漫延幾里長的火燄，偶然從那黑魆魆的堡壘中發出一聲手溜彈的炸聲，指示我這裏是保衛祖國的勇士，是扼守陣地的孤軍，是「抗戰到底」的鐵證，「保衛大上海」的訊號！我憤怒慚愧，恨不能一步跨向對岸加入這壯烈的陣容。

× × × ×

是次早，我們依舊站上昨夜的樓頭，望着，望着，用了望遠鏡祥細地在望着見到忙於做工事的人影，站在平台上全副武裝守衛的弟兄，奇君再不能忍耐了，紅着眼圈用懇求似的口氣對我說：「平，我們怎樣送些東西給他們呢？」我沉默着，心頭始終在作痛。最後好像很有把握似的回答說：「是的，我們得去想辦法。」

× × × ×

到了每天許多青年朋友集合的地方，大家談話的中心，都是「怎樣去遞送」的問題。電話不斷地一次一次響來，是要將餅，鹽，糖，錢，以及一切的一切送來，是懇求我們，命令我們要做到！是的，我們要做到，大家這樣肯定着，同時外面已經將慰勞品送到了，在中午時候，竟收滿了一辦公室。我們到處去探聽遞送辦法，但到這時還沒有具體結果，雖然我們有「今晚一定送去」的決心。

某團長的電話來了，說有辦法，約我們去面談，同時另一電話報告，某團在某飯店也在辦收受民衆送來的東西的工作，大家迅速地在辦理收領東西的事，我和麗君就上某團去接洽，知道了應行的辦法。由於麗君的提議，我們先上河北的東段去視察——因爲那段算「安全地帶」。

車到橋頭，只見擁擠着的民衆，個個昂起了頭向西望着，好像要向八百個壯士表示每人心裏無限的敬意似的。忽然一輛篷子軍車趕上我們的車前，耳邊就嘈雜起來了，空中飛着大小的包裹，雜以一串香蕉，幾隻蘋菓，四週是「帶去！帶去！帶進去！」的喊聲。橋的另一邊，又是民衆的橫陣，大家高舉了手，握着各色的紙幣，嚷着：「替我買些東西進去！帶給他們罷！」

我們呆住了，忖着：這裏是民衆要「抗戰到底」的決心。

「他們就在那裏。」我們給一位青年同志，好像從另一境界召喚了回來，我們才過橋北進。

× × × ×

到了一所棧房，這裏已有幾個穿制服的小兄弟在等着了。一位附近的小職員和幾個老司伕，已經弄得滿頭大汗，在包紮着預備遞送的東西。——民衆的熱心，是會火也似蔓延開來的。不一刻，已經有許多人知道這裏是他們「寄情」之處，於是繼續不斷地送了大小的包箱。因爲自己本是和幾位青年在一起工作的，所以五六個人就照了個人的注意，立刻組成一個收領物品的隊伍，敏捷地開始工作了——招待，登記，打包等，這樣不上一點鐘，已經集成了一百多麻袋的東西。在工作中我相信人們平日應有「組織和訓練」的必要，能如此，方能事到臨頭，至少可免慌亂。

× × × ×

在我們興奮的工作中，一位守門的老印捕，拉拉我的衣角，偷偷地授一張一元紙幣給我，說：「買東西給他們吃！」他那不正確的上海腔話調，使我要流下淚來，急急握緊了他的手：「我們不能收錢的。」但他苦苦地硬交給我，結果還是由他提議，請人買了一塊錢鹹蘿蔔乾，他親眼看見我們放在一隻麻袋中，他好像放心了，微笑了！

× × × ×

爲了要多些「準備」，就同龔君出外向西北角巷街中去巡視，我們希望得到意外的辦法。

回頭的途中，遇到一位在休息的英兵，他問我們做甚麼，我們就指着西頭堡壘中的英勇孤軍向他講述。他表示欽慕，用那樸素的英國鄉下語音天眞地說：「我們願意幫助他們。」

× × × ×

回到辦公處，只等着夜幕的下降。

終於在畸形的夜景中——南岸是萬家燈火，北岸是漆黑一團，過了那「靜靜的蘇州河」，在「肅殺之氣」的夜風中先潛入了一處臨時駐脚的地方。

在那裏，我們切望着工作會立卽開始！我們慣於夜襲的神勇空軍，引起了浦江中敵艦的驚慌，半空中我機的悠鳴，配上浦東我砲兵陣地的交響，俾除了斗室中期待者的寂寞和奇君出門靠着河欄跳覽，覺得是一種光榮的興奮，可惜同來的一位報人，不知怎的，已經過彼岸去了，否則，應該是一個難能可貴的報導。因爲這裏所能得到的，再不會是「隔岸觀火」的消息了！

× × × ×

夜深了，「死城」的描寫，此時此地才給人親切地領會到。我們期待的工作，終於到臨了。

幾個人立刻動手，每個人的動作，表情，交談，都不期然而然的敏捷，緊張。因爲知道敵人就在幾百碼以外，這時的實感，自然比起童子軍中野戰遊戲時要刺激得萬倍了。

當一位長者搶先走在前面親手將第一包慰勞品遞進時，龔君回來對我說：「此老是一個眞正的童子軍！」大家就跟着迅速地挺進，因爲只有這樣，才能表示我們當時對那位長者的敬意——每個人都受感動了！

奇君將黨國旗交到一位戰士的手中說：「這裏是國旗，希望明天一早高高地升起來！」「是的，爲的是這面國旗啊！……」那位戰士慷慨地補充了一句。

龔君在傳遞給另一位戰士熱烈地搖了一下手，回頭對我說：「覺得非常光榮！」是的，這樣的戰士，是我們全民族的光榮！

在傳遞中有幾個弟兄高興得還在檢視所收到的東西，我們和他們同樣的高興。但是我們催促着他們：「老鄉，快傳進去，回頭看吧！」當一位戰士接到一箱鎗油時，他感激得流下淚來了，他說：「民衆眞好，什麼都想得到。」壯士們，民衆將有更多的供獻給你們，願將全生命交托給你們，只要你們抵抗到底！

× × × ×

是子夜時份了，每個人都是汗流浹背，連附近睡在屋裏的幾個小工都來幫手了，因爲我們已聽到了報曉的雞啼，我們要趕緊完成使命，這般勞動的朋友做了我們一行的生力軍！

× × × ×

將搬完時，忽然來到一位長官似的外國朋友，走近車前說：「太多了，那吃得完？」「是啊，就只這點了就好了。」我接着和他談話。

「他們眞勇敢！」他說。

「中國的軍隊，在抗戰中都是勇敢的！」

「請他們離開，都不肯出來！」

「他們決心死在這裏。」

「太悲壯了！……」

「其實他們吃的可不用愁，你來看，那屋裏還有多着呢。」說着，我就跟着他們到一間屋裏，那裏也是應有盡有、連新鮮豬肉也有半隻。

「你看，這許多那吃得了。」他指着說。

「是呀，這裏我們應該感謝一切友情的幫助。」

「說那裏話，我們都願意幫助他們的！」

他帶着我巡視了一週，指着一隻急救藥箱說：

「這是爲他們應用的。」

「多謝你們仁意的幫助。」

屋後有一響小鋼砲作聲，將我們的一段夜話中止了。

× × × ×

迎着秋風，我們一行沿河東行了，過了一架橋樑，好像遍身肌肉鬆懈了下來，夜氣清醒了一切，感覺到有些寒涼。

× × × ×

次早一早就起身，拉着家人去看那座堡壘，在北岸的萬頭攤擠中，望見頂上飄揚着的那面青天白日滿地紅旗。

送四行勇士的回憶（廿六·十·三十一）

康尼

是去年一個星期日的下午——十月卅一日——爲着要找一個朋友，從貝勒路一直朝北向新閘路走去。到威海衛路馬霍路的交叉路口，望見一簇簇的人羣擁擠在跑馬廳的門前。人有好幾千，都逗留在行人道上和馬路中間。每個人就帶着一副嚴肅和熱情交織成的臉色，蹺起足跟向跑馬廳裏張望。在靜安寺路馬霍路的西面轉角上，停着一輛汽車，車上安置着一架「開麥拉」一個西洋人正在想法把「開麥拉」搬到沿馬路轉角的矮圍牆上去，鏡頭貼對着跑馬廳馬霍路北面的大門。我詫異着。料想又有什麼熱鬧，但是我絕對相信決不會是出喪，賽跑競走這類的事情，因爲從逗留在這裏的每一個人的臉上，找不到一點像平常觀大出喪、賽跑、競走、那樣的嘻皮笑臉的神氣。

「朋友，對不起，請問你今天跑馬廳裏有什麼？」我就向一個靠近在「開麥拉」底下的像馬夫模樣的壯年人問着。

「裏面有死守閘北四行倉庫的八百個中國兵。」他回答我。

「哦！有八百勇士那這裏做什麼？」我驚異地再問着他。

「他們是昨天晚上來的，今天二點鐘外國人要送他們回滬西中國軍隊裏去。」他回答說。

我興奮了。四行勇士們的偉大壯舉刺激着每一個中國人。就是外國人也沒有一個不對他們表示敬仰。這種爲祖國爭光榮的功績，將永□記載在歷史上，千古不朽。我前幾天總想到四行去瞻望一下我們忠勇的將士和閘北僅存的燦爛的國旗，但苦於沒有時間而終沒有去。今天可巧有這機會得一覩將士們的神姿，我怎麼不興奮呢？和其他的人們一樣，我帶着嚴肅和敬仰的臉色站住了。

「他們眞勇敢得很，我親眼看見過一個大個子的拋一個手溜彈，打死了兩個鬼子兵。」

「鬼子兵□□小得要死，不敢走近四行倉庫，祇會在老遠亂放小□砲。有時偷偷地爬過去，祇要一看見我們中國兵的影子，就沒命地向後逃」

「要不是外國人再三的請求，他們決不會退到這裏來，他們個個願意打個死」

站在我右邊的幾個人在亂談着，神氣怪高興似的。

天色比剛才黑暗了許多，像要落雨的樣子，不一刻，雨果然落下來了。

擠滿在馬路上看勇士的人們，像沒有覺得什麼一樣，仍舊站立在原位上。沒有一人想找尋一處躲雨的地方。

站在我右邊的幾個人，毫不關心地依舊繼續着他們的談話。

「外國人的請求眞不會有什麼用，他們是接到蔣委員長的命令後，才忍痛撤退的。」

「可不是嗎，昨夜臨退的時候還大打了一次，打死了好幾十鬼子兵。」

……………

……………

「歐……」突然一陣呼喊聲從南邊掀起，人們像潮水一般地向跑馬廳的大門口湧去，接着一陣鼓掌聲像雷鳴似的響着。在大門口人潮忽然向兩邊分開，讓出了一條狹隘的隙縫。就在這人潮的隙縫中吐出了一輛黑色的汽車，朝北向靜安寺路開來。「歐……」的呼喊聲被口號聲代替了：「中華民國萬歲！」「打倒日本帝國主義！」人的浪潮裏面生出了千萬隻手，不千萬隻拳頭。汽車慢慢地在人叢中蠕進着。前廂裏坐着一位紅面的外國人，後面坐着幾個——幾個看不清楚——穿草綠色制服，戴垂邊鋼盔的雄壯軍人。他們右手按在額前向兩旁歡呼的人們致敬禮。豪壯的姿態和弈弈的神采，見了叫人不由得不起景仰之心。這幾位大概就是領導八百勇士奮勇抗戰的謝晉元團長和楊瑞符營長等了。汽車到靜安寺路轉角後就向西駛去。跟隨在汽車後面的是五輛大軍用卡車，分載着爲全國和全世界人士所欽佩贊揚的八百個將士——其實是四百左右——每一輛卡車的出現，總引起了幾千人的熱烈的鼓掌聲，和興奮的呼喊聲：「打倒日本帝國主義！」「中華民國萬歲！」一個穿短夾襖褲身材矮小的小伙子，高舉起他的右手，揮舞着一條手帕，追隨在一輛汽車後面，高喊着：「中華民國萬歲！」車裏的將士們顯得要比我們這一羣偉大萬分了。他們對幾千老百姓熱烈歡送的答覆是不諱示不興奮地對我們招着手。在鐵板的臉色裏還包含着敵愾的神氣，在忿怒的胸懷裏還包含着殺敵的意志。我們這八百偉大的捍衛國土的將士就在幾千老百姓熱烈歡送中向滬西疾馳而去了。

歡送的人們還是站立在馬路中，高舉起手，揮舞着手帕，凝視着向西去的六輛汽車的影子，忘却了身上的衣服已經被雨水浸得透濕了。

閘北孤軍退出記（廿六·十·三十一）

周律

我軍自陣地移動後，獨留孤軍八百餘人，由團附謝晉元，營長楊瑞符指揮，堅守閘北光復路口四行倉庫與大陸銀行倉庫，苦撐四晝夜，始於昨晨二時許，因奉最高當局命令，全部退入安全地帶。這一幕英勇抗戰，引起中外注意，記者雖經數日調查，終以有關軍事祕密，未便輕於發表；現在我英勇將士已經退出，將在長期抗戰中與敵作更壯烈、更偉大、更有效的奮鬥！閘北孤軍的堅守雖事已過去，但他們在這一「堡壘」中的種種活動，却值得我全軍將士，全國民衆的注意，在今後英勇抗戰中實地應用起來，定於抗戰前途上有不少的效力。

因爲大場一點的突破，十餘萬大軍的陣地，作了戰略的後移。實行之初，大家還不免有些懷疑，可是事過幾天，大家都沒有什麼話說了；主要的，因爲我們的後撤不單避免了敵人包圍的犧牲，而陣地更形鞏固了，在長期抗戰總結算上沒有什麼不合算。

同樣，閘北孤軍因爲意志的齊一堅强，行動的敏捷果敢，實際已盡了殿軍的責任，使閘北數萬主力軍獲得了掩護，很安全整肅地退出了閘北。我們在一個佯攻之後，行動了一個整夜，敵人都沒有察覺，直到天亮才前進。又因爲楊營長的堅守，更根本避免了敵人的追擊；這是楊營已完成了掩護退却的責任。

敵人劈拍劈拍地一連攻擊了四晝夜，傷亡了百餘人，消耗了無量數的彈藥，而我們困守的孤軍，因爲工事的堅固，技術的高明，只有五個人殉國，帶傷的也只有三十多人。因爲孤軍的奮鬥，引起了敵人的重視，世界人士的同情，民衆熱烈的抗敵愛國情緒，這是孤軍又一任務的完成。

現在，我們全營歸來了！我們相信他們個個人的信念更加强了！殲敵經驗更多了！在敵人重重包圍中度過了幾天，敵人的紙老虎也穿破了！拿這樣的奮鬥精神，再配以優良的陣地，雄厚的兵力，適當的時機，去對付敵人，那效果比長久死守在這孤懸的有限陣地上好得多。

再這批勇士回到整個部隊以後，極自然的會將他們的實戰經驗，堅苦精神，傳到大批隊伍中去，這效果之大，决非公式的政治教育與死板的軍事訓練所可比擬。

所以最高領袖命令孤軍撤退是十分正確的；楊營將士完成了重大的任務，然後奉命而安全撤退，更沒有什麼不圓滿的地方。我們民衆的熱烈鼓勵，除希望他們多消滅幾個敵人，完成了他們任務以外，未必有人誠心地要看他們演一幕「壯烈犧牲！」而且他們這種始終「服從命令」「達成任務」的精神，只要能普遍到全軍全民，我們的抗戰部隊像一部靈活的機器般由最高領袖去適當的運用，我們的抗戰前途，决沒有失敗的道理。

記者昨天在細雨濛濛的午後，抱着滿腔的熱誠，到一個醫院慰問負實際指揮孤軍作戰受傷的楊瑞符營長，楊氏面容很消瘦，而精神則出我意料之外的興奮。

他的傷在小腿部，他讓我看時，一枝壯健的小腿，在無數層的紗布纏繞中，依他精神的良好，想在短期間可以痊愈的。

我剛剛坐下，就有極濃馥的香氣撲來，仔細看看，原來他的床邊，桌上，都擺了好幾盆鮮花，有一盆是無名女郎送來的。我正預備談話時，該院護士長湯競榮女士又送一大盆菊花來，整個病室在芬芳的範圍中。

「我這次很遺憾，殲滅的敵人不多，既未成功，又未成仁……」楊營長首先謙抑地說。

「你這次既掩護了大軍退却，又殲滅了許多敵人，現在全部安全脫險，今後在長期抗戰中，更將大建功績，還有什麼遺憾。」我很直爽地作了幾句解釋，並希望他談談他們全營苦鬥的經過。

「好，我爲你從頭說起：十月二十六日晚十一時，我奉了留守閘北的命令，即率部向四行倉庫集中。當時砲火猛烈，軍隊分散各處，不易很迅速的集中起來。我命傳令兵分途出去，先由北站防地集合了一連，開到四行倉庫，我帶第二連續去，三連與機關槍連隨後也到。

「因爲事前毫無準備，所以一直到午夜二時許才完全到達目的地。第一步先收拾炊具，找尋些必需的柴木，然後偵察地形，佈置陣地，開始構築工事；並破壞了全部電燈，以便軍隊隱蔽，並免敵人利用電線放火。到一切部署差不多時，天快亮了。

「晨六時，在蒙古路附近旱橋警戒的一排兵來報告說：『敵人前進了！』接着警戒兵一面迎頭痛擊敵人，一面逐步後退，退到本陣地時，已七時半了。那時北站大樓上，已插上太陽旗了，但是敵兵還未敢輕進，先用砲亂轟了一陣，見我軍還擊聲稀，才到處放火，實行所謂『威力搜索』。」

他談到這裏，病房內外已雜亂地站立了七八個人，都在靜靜地傾聽他的敍述。

「到下午二時許，敵人進到蘇州河邊，開始向我們進攻；警戒部隊立即應戰，庫內部隊仍趕做工事，敵來勢很兇，一面猛襲，一面放火，與我軍激戰二小時，敵傷亡達四五十名，待我警戒部隊退到四行倉庫時，敵又跟進，堵住倉庫門來襲。」

當時大家的面容，顯然受到他的感動，緊張起來，等候他說下去：

「那時我們的工事還未作好，所以我一面派兵堵門迎擊，一面派兵到房頂去投彈；投了二個迫擊砲彈，幾個手溜彈，倉庫西南牆下，就擊斃敵兵七八名，傷二三十名，其餘都跑走了。還棄槍枝四五支，直到我們撤退時，還在那裏放着，因爲我們派兵監視，敵始終未敢拿去，遺屍都是由警犬拖回的。」

他剛說得興奮了，要繼續說的時候，一個女護士送來一碗藕粉，他在大家催促之下，匆匆講下去：

「二十七日與敵激戰前後三小時後，敵人已知我軍不可輕犯，靜寂了兩天，少數敵雖屢圖偷襲，均經我軍擊退。我們大部隊專門拚命做工事。這所倉庫眞是一個『天然堡壘』，儲存了幾千萬包糧食，第一二三層樓都是小麥雜糧之類，四層與五層，是牛皮與絲繭，都是很有用處。一層至三層，我們作了三天就完全告成。將每個窗戶門口均封閉了，南牆邊的麻包，堆積了五公尺厚，北邊各門口，築有十公尺厚，都是從地板到屋頂。第四層因爲材料不夠，並爲引誘敵人多多消耗彈藥，實際我們無人住在四層樓，第五層工事昨天已完成，這層工事非常好，比敵人侵佔的交通銀行倉庫高得多，我們完全可以控制敵人，敵人對我們沒辦法。」

大家正聽得痛快的時候，忽然走進來一位十六七歲的童子軍，向楊營長深深地鞠了躬，表示敬意以後，默默地站着聽話。

「昨天我們只顧在五層樓做工事，只派少數兵應付敵人，敵雖不斷來攻，我們在裏邊根本聽不大清楚，讓他去瞎攻，消耗子彈，我們子彈寶貴得很，沒有優良目標，決不放一槍。

「到昨晚（即前晚）十一時，我們作好了第五層工事，還剩了許多麻袋，正打算放在屋頂，防敵空襲，忽然奉到撤退命令；同時敵人攻得漸漸緊了！所以我們預定五日完成的工事再未進行，否則屋頂與第四層工事今天均可作成了。」

這時，有女護士來試溫度，按脈搏，所以沉默了幾分鐘，有人還送來鮮花籃，楊營長說：「我眞是受之有愧！」

「我們除忙着做工事外，還注意到防火、照明、衛生等設備。其次，簡直沒有水喝，倉庫裏的水管都沒有水。後來在蘇州河邊一所破房子中才弄了自來水，但是恐怕敵人破壞了，所以在每層樓放一個水桶，把大家的小便都藏起來，以備防火之需。我們用棉花打成捻子，弄些煤油點起來作照明用，凌空擲下，同時還用一個棍子，綁上繩子，繫上民衆給我們贈送的大號手電筒，一人持着，將身子隱在一邊，一人向下投彈，另外還可以打信號槍。

「我們在北站與敵人戰了兩月多，敵人的一切，我們都曉得了；他們有的就是大砲飛機與戰車，可是我們已經有了對付的經驗，老兵一點不害怕；就是補充的新兵有時吃虧，他們的步兵太胆小了。

「在這裏，工事這樣堅固，戰車原本衝不進來，重砲用不着，飛機因爲這個倉庫到底目標很小，不易投中，稍稍不準，就要拋到他們自己的陣地。」

他說着，並用水筆爲我畫了一張陣形，證明敵機的無用，絕對不敢直下轟炸，就是直下，我們也有防空設備，屋頂上早有兩架高射機關槍等着。

「最怕的，是敵人在倉庫附近隱蔽的地方，挖掘地洞，用炸藥炸壞了，同時用戰車來衝洞口，那就不好應付；所以我們在晚間不斷用電筒向外面照射，如發現有敵人活動，馬上就投彈。至於敵人用平射砲亂轟，實際毫無效果，這倉庫比北站大樓堅固得多，全是紅磚紅士敏士建成的，我們打一個槍眼也得費五個鐘頭。加上我們的四晝夜的工事，外方打步槍，裏邊有些地方聽不見，眞可說「有恃無恐。」我認爲長期抗守很有把握，毫無問題。民衆在外邊爲我們着急，我們在裏邊倒『視若平常』，因爲一方面我們都有犧牲決心，一方面成功頗有希望，成仁符合我意。

「我們沒有不達觀的地方。大家關心的只是我們的工事沒有完全作好，有這樣多的麻袋供我們使用，有這樣多的粮食作我們軍糧，有這麼多英勇的兄弟……實在捨不得。我同謝團附離開這陣地時，忍不住都落淚了！」他說着，眼圈似乎有點紅，黨又要落淚的樣子，我也全身發了熱，趕快脫了大衣，又向他解釋說：「你們的撤退，並沒有什麼遺憾，我們不是要長期抗戰嗎？」

「是的，軍人以服從爲天職，我們守是奉命，退也是奉命，而且是冒死退出的。我們退出的路口，敵人佈有四架機關槍，並有照明燈，我們打壞了一架，敵又裝了一架。我們是用兩架輕機槍，一架重機槍保護退出的。我們官兵苦守了四晝夜，大家只趕着作工事，誰也沒睡覺。」

「這次堅守中出力的還有那幾位？」

「那天投彈炸死許多敵人的，是排長殷求成，幹的，他因未用棍子打雷筒被敵擊傷了右手。我們對官兵，只求能達到任務，這次堅守的都很有決心，誰派到任務，誰都可以達到，殷排長機會好，所以表現好。我們這次的決心，是中華人民個個都有的，中華民族能延續到今天，不是偶然的。日本人不認識我們民族的歷史，一定要我們永遠忍耐，到底屈服，必招慘敗。」

他說着又想了想說：「還有一位上官連長，湯醫官，因爲移防時，都在他處，直到二十八日才經過許多堅苦，視死如歸地趕來，領進了四行倉庫，與大家決心共存亡，都很可佩服的。另外有第三連陳排幾個弟兄在敵人堵門來攻時，他們在敵機槍猛射中英勇奮戰，爬在地上，弄了一臉灰，起來擦擦眼，又向敵還擊，待敵機槍掃射，又隱蔽到地上，這樣始終苦戰的精神，都很不可多得。」

「現在事過了，你們當時的兵力分配，可否對我講講？」

「兵力佈置按戰術上分重點與輕點，最要是兩翼，所以我們左翼（卽交通銀行倉庫那邊）右翼（西藏路方面）都配備重兵，中間兵力薄弱，我同謝團附住大陸銀行倉庫裏邊，我們的重武器，計輕機槍二十七架，重機槍六架，高射機槍兩架，只要我們堅守下去，定可殲敵不少。」

楊營長是河北省人，中央軍校第六期畢業生，與閻戰中陣亡的王作霖團長同期，「一二八」時在河南担任剿匪工作，初在第二師，曾參加過許多戰役，「八一三」冒了好幾次險。昨晨初次受傷，因見手上有血，始行發覺。

四行孤軍慰問記（廿七·七·八） 曾源長

七月八日上，中集訓同學慰勞四行孤軍於膠州公園，並與孤軍籃球隊比賽球，賽前予與鄭君曾同某班長作個別談話，其人似一智識階級，言辭滔滔不絕，頗有見地，予等略表慰問並致敬之意後，卽與之正式談話，茲略記之如次：

予等問：「君等在滬戰初起時作戰情形如何？」

班長答：「我們原爲第八十八師第五二四團，佈防於蘇州無錫一帶，自中日空氣緊張，遂於八月十二日趕達上海，適時日軍司令部中之敵人並不多，而我軍亦祇本團一團軍力不足，否則，出其不意，猝加包圍，敵司令部當可解決。

「其後本團曾屢次進逼北四川路，均奉長官命令而退，十三、十四、十五三日，吾國空軍來滬施威，惜乎天霧，難中目的，不然其結果亦正不可料。」

問：「當時日軍武力怎樣？」

答：「敵人之火力優於我多多，而其士氣則遠不及我，其配備每四五人卽有一挺輕機槍，然一遇我軍衝鋒，恒棄甲曳兵而走，雖機槍留下，亦無所惜。在我軍則每班一機槍，機槍一失，全班等於死亡，故戰時每班雖祇賸一人：亦必攜之而返。」

問：「君等撤退之情形，可否見告？」

答：「可！當我軍撤退之際，本團楊營担任掩護之責，乃至逗留閘北，留守四行倉庫，其後奉蔣委員長命令乃退出，退出時軍火悉數攜出，食物行李未能帶出者均加破壞，不顧以絲毫貽之敵人。……」

問：「然則君等在此地之現況可好？」

答：「很佳，因我們自居此處營房後，在謝團附領導下，有堅定之團結意志，我們不希冀個人自由，我們行動團體一致。……」

言際，鄭君插問「據說有逸出的弟兄在外募捐，確否？」

「絕對不確，」班長鄭重地聲明：「我等尊重自己，不願個人作逃逸之行為，——其實外而數十個俄國商團，一無所用，如欲逸出，遂時可行，惟我等不願有此不光明行為，且我們尊重自己國家，不願引起國際糾紛。」

問：「現在之生活如何？」

答「大致與已往相同，早晨四時起身，晚八時就寢，兩膳，平時作跑步、翻槓、跳木馬、擲籃球之運動，及修理場地之服務，在生活上尚無困難，惟精神上大感不自由。」

此時球賽已行開始，予等對於孤軍已略知大概，談話遂告中止。

賽後，全體集訓同學，請謝團附演講，大意勉勵青年此時期內，不要走向靡靡之道路；同時並分析國際現勢，判明友敵，以增強青年抗戰信念。

「現在在我們的立場，精神極度痛苦然此係反映國家地位及租界背景複雜之故，故我們均受之而甘，但將來如果特別事故發生，則予將取斷然手段以處置之。」謝團附鄭重其事以此言作最後之結束。

逗留營房四小時，使我回憶去歲鎮江集訓之樂趣及孤軍倉庫堅守之勇姿。五時許，以依依之情緒，分別此種可愛可敬之孤軍。

（998）

莫忘了膠州路一角的民族英雄（八七·）

學楚

在一個天氣晴朗而炎熱的下午，趁着某愛國團體慰勞孤軍的便，我和馬君二人一同到膠州路新嘉坡路去晉謁這為國家民族而失去自由的英雄們。新嘉坡路是一條現代化而落伍的馬路，兩旁堆積着不少的垃圾，刺人的惡臭，時時從那裏噴射出來，我着實替住在這種地方的孤軍抱不平。

一扇鋼骨碉成的小門，是孤軍營盤和外界的唯一交通路。門口有兩個雄糾糾氣昂昂全副武裝的英格蘭兵把守着，不許任何人自由出入。我們得○○君的領隊和××中學的名義，踏進了這個久已渴望着的所在。

羊腸的小路以及簡陋的茅房卽刻印入了我的眼簾。迎面瞧見幾位壯士正起勁的在做着工作，雖然汗流浹背，全是一點亦不在乎。轉了幾個彎，到了裏面一列整齊的茅房，雖然很簡單的，但是使人看了覺得愉快。

休息了一會，跟着幾位同學走進了壯士們的寢室，他們的臥榻確是簡單到無可再簡單了，是用一排木板搭成的，板上鋪着深灰色的毛毯，毛毯上面放着一塊塊所謂豆腐乾的軍毯。軍人的確還是軍人，不失他們的本色，水壺乾糧袋分掛在兩旁床邊板上，更放着他們唯一的禦彈利器——鋼帽。所可惜的，就是缺少了一根槍，否則的話，他們確是一支力敵萬人的生力軍。

承蒙一位機槍連的連附殷勤的招待我們，大家就在樹蔭下暢談起來，他更告訴我們忍痛撤退的情形，使我們聽了感到無限的同情與悲憤。他說：「……我們在四行倉庫的時候，裏面存着充分的彈藥和糧食，我們眞無憂無慮，個個都只知和日本鬼子拚一拚。他們的飛機既不足怕，而他們的槍炮更不足懼。我們早已把我們的生命拋向九霄雲外，準備着爲這可愛的國土，可愛的陣地流上最後一滴血了。可是事偏不隨人願，最後我們爲要服從最高領袖的命令，愛護租界上數十萬同胞的生靈，不得不忍痛地放棄了這最後的陣地。當時我們抱了一腔的熱誠滿望能通過租界到滬西去歸隊，仍舊與敵週旋到底，那裏知道租界當局太失人望，偏護日方，不讓我們到滬西去，而走入了這毫無自由的牢籠，這是我們感到最痛心的事。反過來講，假使我們現在要出去的話，也是一件很容易的事，看守我們的幾個外兵有什麼用。可是這種喪失自己威嚴，減少國際同情的舉動，我們實在不願意做。我們固然希望能够早日脫離這個地方，但我們更希望要光明正大的離開這兒……」這位連附講得實在太興奮了，太有力了，把全身的肌肉繃動起來。

到了四點鐘，天還是火熱，一顆顆黃豆般大的汗珠，從每個人的額上，頰上滴落下來。大家全是不以爲意。一幕預定的籃球比賽還是依時開始了，論起球藝，當然是我們高一等，可是他們使他們强健的體格，百折不撓的精神以及拚命苦幹的毅力，終以五十對二十八的巨大比數獲得勝利。

五點多鐘，這位四百壯士的領導者謝晉元將軍給我們一個短短的演說。謝團長是我們在鎭江受訓時的第一大隊長。如今一別已是一年了，謝團長的面貌並沒有改變，可是較前已瘦得多了，也黑得多了，這大概是謝團長担憂國事的緣故吧！那天他上身穿了一件白府綢的襯衫，下身着的那條黃綠色褲子，還是去年集訓時的東西。由此可知謝團長的節儉了。鼻上架着一副太陽眼鏡，把他那種凜凜然不可侵犯的英氣，格外的襯托出來。他的確是一位年少英俊的模範軍人。他用着爽利而沉着的語氣給我們如下的訓話：

「諸位同學！時間過得好快，一霎那間，大家分別，已是一個年頭了。回想我們從前在鎮江集訓相見的時候，是何等的一番現象，然而今天我們在這裏相見，又是何等現象。在諸位固然是不勝今昔之感，但在兄弟更是悲憤欲絕。記得在去年今日兄弟奉了命令到上海來偵察地形，那時是何等自由何等興奮！萬料不到今年今日却做籠中之鳥了！……我希望諸位同學要努力充實自己，準備將來爲祖國効勞，在這個烏煙瘴氣的環境中更應當趕快把你們自己的主張堅定起來，不可受外界的利誘和威脅而稍有變更。日來和平的空氣又復活了。大家要明白這是敵人的陰謀，他要離間我們的團結，他要分散我們抗戰的力量。我們的最高領袖在戰爭未發生之前，曾一再的鄭重聲明：「和平未到絕望時期，決不放棄和平，犧牲未到最後關頭，決不輕言犧牲。但抗戰既然開始，就只有抗戰到底，中途絕對沒有妥協的可能，要知道中途妥協便是亡國，便是滅種。」所以諸位要抱定主張，不顧一切地向着光明燦爛的大道前進！邁進！我們更得要認明國際的現勢：蘇俄因有德意的牽制，決不能在遠東大胆的發動戰事，我們絕不能依賴別人，只有憑藉自己的力量，整齊步伐，團結一致，抵抗到底，最後勝利終必有來到的一天……」

最後我們請求謝團長給我們一個簽字，作一個永久的紀念承謝團長毫不吝嗇的答應了我們。在他的桌上，放滿了孫吳兵法等一類的書籍，可知謝團長不僅是一位善戰的勇將，而更是一位足智多謀的戰略家。題好了字，我們向他行了最敬的禮而道別了出來。

暮色漸漸的蒼茫了。四百健兒在戶外鍛鍊他們的身手，準備將來爲他們的國家盡更大的責任。匆匆離別孤軍營，踏上了歸途，回校已是萬家燈火了。

「堅定主張，向着光明燦爛的大道邁進！」是我永不能忘懷的銘言。

「莫忘了膠州路一角的民族英雄」是我們應向孤島的士女們大聲疾呼的。(372)

慰問孤軍追記（一九三八・六・廿八：）　蕭　瑜

在一個清明的早上，爲着慰勞孤軍，我們領了一隊子——一行約二十人——向着滬西走去。路上我們每個人都在想像着那捍衞祖國的健兒們底英姿！

路是漫長的，但我們並不疲怠。突然不知是誰喊了道：「到了！」孩子們的情緒頓時緊張起來，興奮佔有了一切。在商團駐守着的圍牆口我們停留下來，每個人底心都在跳躍着。

我們向駐軍說明了來意，承他們的情，在陳團員領導下，我們整隊的跑進了那孤軍暫居的園地。醬色臉兒的健兒們，用喜悅的目光望着我們。

首先，我們向着「團部」走去，晉謁謝團長。經過了球場，健兒都在打籃球，他們對體格的鍛鍊毫不放鬆，爲的是要「爲國殺敵」雖然在目前這是不可能的。

進了團部，一個英勇堅挺的將士站在我們面前。

「這位就是謝團長」陳介紹着說。

我們全體向謝團長行了最敬禮，是一個瘦長英俊的高個子，這就是爲了保衞上海最後一塊土，領導八百健兒英勇抗戰的謝晉元將軍。他很和善的招待我們，他答應我們可到營房參觀，跟健兒一塊唱歌閒談，眞使我們萬分感謝，那天謝團長恰巧有些不適，不能多談，我們就道了謝辭出。

× × ×

營房裏床舖很有秩序地排列着，一切都井井有條。除了日用品外，什麼都沒有，這種整齊、簡潔、樸素和嚴肅正是營房的寫照，也就是健兒們整個生活的縮影。

這裏我們認識了一位姓上官的連長，他是一個富於熱情而有決斷的長官，聲音很宏亮。

「弟兄們！集合」上官向弟兄們喊道：「小兄弟們唱歌兒來慰問你們，快點集合！」

跟着，弟兄們都跑步的在場上整隊，圍成方方的隊形，留着一面排列着我們的一羣。

迅速的集合，整齊的陣容，熱情堅決的醬色的臉，使我們敬佩，激動，這是我們「民族精神」的表現，可是我們能有什麼來安慰他們，除了幾支不成腔的歌兒之外。在極度興奮的情緒下，我們終於漲紅了臉唱出了。

「可敬佩的弟兄們！」指揮歌詠的老李在致開場白：「首先我代表全體向你們忠勇抗戰的弟兄們致最大的敬禮！……你們爲了租界的安全，才到這兒來，既不是俘虜和潰敗的逃兵，……爲什麼不能再上前線去？……在西班牙英勇抗戰的弟兄們，不是也曾退到法境，解除了武裝後，再上前線去殺敵嗎？爲什麼我們不能呢？弟兄們一定都在這樣想吧！……」

全場靜默，微風掠過樹梢，沙沙響着，健兒們的眼睛射出刺人的光輝。

「弟兄們，我們先來唱支國歌，請大家一塊唱。」老李換了口氣說，跟着「三民主義，吾黨所宗……」的歌聲，雄壯地響起來。同在三民主義一個信仰下，全民像鋼鐵一般地團結起來，這一支堅強的鐵臂會粉碎敵人一切的夢幻的。

隨後全體合唱「打殺漢奸」、「救亡行進曲」……歌聲響澈了天空，牢印在每個人的心上。

再次，是二個孩子合唱的「淞花江上」，這一支悲慘動人的歌聲，激動了每個健兒。

「那年那月，才能夠回到我那可愛的故鄉？……」

「什麼時候，才能歡聚在一堂。……」那哀婉動人的旋律，緊緊地打動了每個人的心，我看見他們面上那幽怨恨絕的表情和內心裏那無限熱切的希望。

最後全體合唱了一支「義勇軍進行曲」，把悲痛的氣氛打破了。

歌聲終止後，我們在極度興奮中，要求上官連長訓話，他發紅的臉，現出熱烈而堅決的表情，宏亮地說：「小兄弟，聽了你們的歌聲，我太感動了，你們是中華民族現代的小主人……你們這樣勇敢，我們當兵的還怕死嗎？……中國決不會亡，勝利就在明天！」

「勝利就在明天！」我們都這樣堅信着！

隊伍散開了，上官連長伴了我們參觀他們的運動場，是一塊廣大平坦的場地，有着完好的跑道，顯然是下了一番功夫築成的。

「這裏原先是一塊高低不平的荒地，」上官解釋着，「經全團弟兄幾個月的努力，才作成這樣一方場子。弟兄們的卓然的精神，隨時都可表現出來。是的，集體的力量是挺偉大挺堅强的，它能排除任何的艱難，它能在荊棘中闢出一條平坦的大道，在黑暗中走向光明，這兒又給我們一個明證。」

談鋒轉到他們的生活上去。

「弟兄們天亮就起身早操，每天操練二次或是三次，還有一個鐘點的識字課，他們很喜歡看報，這兒只有三四份，不够分配，希望你們向外界捐助些來。此外，他們常打着籃球，每星期都有比賽，成績還不算差。……」上官連長不厭倦地健談着。從這兒我們更認識了弟兄們的有規律的生活，他們對時事的關心。的確，弟兄們最感缺乏是精神上的食粮，我們該負起這個小小的責任來才是。

之後，我們坐在草地上休息一下，順便跟弟兄們談些閒天，在簡短的交談中，弟兄們政治認識的淸楚，使我們驚異。他們不惟知道爲什麼而戰，而且知道應該怎樣戰。他們對內要求聯合和團結，武裝動員組織民衆參加作戰，他們主張聯合英美法蘇對日抗戰到底，此外，都懷着堅定的最後勝利的信心，這信心像火又像鐵！

臨行之前，我們還請謝團長和長官們留字，雄偉挺秀的筆力，正跟他們的性格一般。在歡聲中，在愉快融洽的空氣中，我們跟健兒們握別，走上歸途，孩子們的歌聲，配着輕鬆的步伐，我們回來了。

第四輯　在浦東

浦江封鎖綫的構築（廿六・八・十四・）

宋紹昇

八月十四日下午五時，接到總隊命令，飭令全市小火輪集中，以備軍用；並着令本人督率白蓮涇至南碼頭一帶，檢查行船。我當即率領全所弟兄出發集合小火輪十五艘送交總隊部。夜七時，擬返所，總隊忽接總局緊急命令：

「敵人有攻南市之企圖，爲保衛南市計，應在十六鋪至東昌路江面構築堅强之封鎖線，以阻敵人進攻，限十二小時內完成，違則以軍法從事！」

總隊長奉命後，即電傳各分隊各抽調長警一班至總隊集合後，由總隊長親自率領出發，分爲四隊，我領第一隊，赴董家渡南浦江中。此處停泊之船隻都是外海航風船，多數係山東人經營，當即召集各船老大——這種老大爲一船之主，多爲六七十歲的老頭兒，因飽經風浪雨雪，故額上皺紋縱橫。當我把構築封鎖線非犧牲他們船隻不可的意思說明之後，他們皆相顧失驚，面無血色，有的竟致混身顫抖，泣不成聲。我咬着牙問：

「你們究竟願意不願意犧牲？」

他們中有一個說：

「先生，這不是願意不願意的事，說起來總是國家事大，犧牲產業事小；可是我的先生，你不知道這些船都是我們從列代祖上傳下來的產業，如今一旦毁在水裏，怎麽不叫人痛心呢？先生……」說着，捶胸頓足，老淚縱橫，其餘各船老大及船夥亦皆痛哭流涕，都痛駡：「鬼子害人！鬼子害人！」於是事情便在極度的悲慘中得了結果。他們各回本船，點起香燭，燒起元寶，跪倒在「天后聖母娘娘」——他們的唯一權威者——面前禱告。我站在剛才說話的那個老大旁邊，聽他哭一聲娘娘，說一句話，他的意思是數十年來受聖母娘娘保佑，風平浪靜，永無岔事，全船夥友得以奉母養妻，今鬼子侵犯我中國國土，爲盡人民之責，不得不將和生命一樣寶重的產業犧牲在黃浦江中，以救國家的危急，因此不得不與聖母娘娘永辭……。這時各船烟霧迷漫，哭聲振耳，我覺得鼻酸，弟兄們都亂吐唾沫，駡：「他媽的鬼子眞害人！」

小火輪嗚嗚齊鳴，數十隻巨大的沙船浩浩蕩蕩地出動了，在全體官警和水手的八小時努力之後，我們的封鎖線已粗粗地完成。

在這裏我發生如下的感想：

一、這些船夫們爲國家犧牲了百數十年所創成的基業，以致將來的生活陷於困境，而政府方面對他們似乎並沒有深切關心。我想到當時對他們講的話：「不要緊的，將來政府會照原價奉還的，你們若不犧牲，那末給敵人據去了是分文沒有的，而且這樣，你們就間接幫助了敵人，再進一步講，你們就是國家的罪人。……」這些話，講起來是很有理很能感動他們的，但我相信政府決不會完全忘掉他們。抗戰正繼續着同樣的情形一定發生得很多。如仍像這件事這樣處置，對於民衆將會發生些屬於不良的印象。在抗戰的初期，一切比較紊亂，現在政治日趨健全，關於這一點應該有較好的辦法了吧。

二、這些船夫們對於所謂「天后聖母娘娘」如此虔誠地信仰，的確使我感動而奇詫，但過後想想也自有其必然的原因。他們數十年來與惡風怒浪奮鬥，全憑他們自身的人力，他們吃苦，流血，也只有他們自己知道，即使別人知道了也無用，別人對於他們似乎不相關聯，於是當他們遭遇到自身力量敵不過自然力或者目覩或聽見同伴們爲自然力所毀滅所損傷的時候，他們恐懼了，感覺到自身人力的脆弱了。別人又不幫助他們，於是他們找到了「天后聖母」讓那虛無飄渺的偉大神靈來鼓勵他們，保護他們，如果有人說他們迷信，當然不錯，如說他們迷信得可憐，則也無所謂，如說他們迷信得可笑，那就根本是閉着眼罵人，在我的心目中，對於他們這樣虔誠的迷信，只覺得可悲亦復可憫。

現在再記些關於當日的另一件事：在浦東大阪棧碼頭停泊着一隻五千餘噸的日輪嵩山丸裝滿了柴油米麵酒……黑魆魆地像吃不飽的野熊一樣，可惜太笨了，去遲了一步，被我們關在水柵裏面了。關着還不算，我們還牽它來利用它。晚八時，潘分隊長奉總隊長命令：搜查該輪有無敵軍潛伏，即率武裝隊士（我也在內）四十人前去搜查，結果敵軍果有幾個，但已化裝逃走，連水手茶房也都逃走了，當在大菜間保險箱裏抄出三八式步槍七枝，駁殼槍四枝，自動手槍五枝，子彈五千餘發，足證敵人對我國用心之惡毒，即商船亦預備如許武器。但更壞的是他們在逃走前，已將汽鍋裏的氣油放，而致不能開動，小火輪又拖不動，遂即派人到江南造船廠找來了工匠，修理好之後，駛到十六舖封鎖線邊拋錨，再找工人將米等起出，運至岸上，作我們的軍需。不消多時，船已起空，遂開始令其沉沒，堅硬的船底，却吃不住電鑿的力量，數分鐘後，已開了個碗大的窟窿，江水一點點冒上來，越冒越多，船艙裏發出很大的聲音，好像一刀插進一隻牛的脖子裏，冒着鮮血，那牛痛得發瘋般地大叫。

慢慢地，慢慢地，那個黑魆魆的身體完全不見了，只露出兩根桅桿，和小半截烟囪。

另外又鑿沉幾條商輪。

堅强的封鎖線終於在那夜完成了。

如今回想這犧牲了本國民衆千百萬財產艱辛構築的封鎖線。雖未永久將南市保衛住，但敵艦始終未敢衝破，它保衛了南市整整三個月，給敵人以很大的不便，和消耗，它已盡了相當大的責任，這使曾經參加過這構築工作的我，至今仍引以自慰的。

浦東第一戰

王贊艮

八一三開戰後的第二天，抗敵的英雄們到了浦東，這予浦東的民衆一個重大的刺激。某某師營長尹傑，是個豪爽高個子內有燕趙之風的戰士。可惜他已在劉行受傷了！他先與當地的民衆武裝領袖討論了一些時候之後，他們就到外面去實地觀察地形，以作制敵的準備。敵人的飛機，繼續不斷地在浦東上空偵察掃射，但我們的機關槍也軋軋軋地響個不停，浦東的戰爭已免不了了，我們大家很興奮地等待着。

「我們今晚就幹，大家準備着！」天剛晚，尹營長吩咐部下準備作戰。

六點半了，浦東沿浦一帶着了許多砲彈，這是初到浦東的我軍砲兵初試顏色。一顆顆的「空中炸」和「落地開花」都擊中了敵方的陣地。匯山碼頭，英商其昌棧絲毫沒有一些影響，膽大的洋人，躲在屋頂觀戰。

NYK新匯山碼頭，五層樓的棧頂上，本來架有兩枝機關槍，控制浦東大道，利害非凡，但為我軍大砲擊中，他們不得不棄械曳砲而走，再也不敢到棧頂踞高臨下的逞兇了！

新三井碼頭（即三井第二煤棧）棧中有好幾萬噸煤，幾百座煤山，為敵方「煤粮的總站」，貼鄰就是日本海軍碼頭，地位非常重要，時常泊着幾條敵艦作為保護。那晚的我們砲兵，即予他們極大的威脅。此砲彈逕擊中了敵艦，敵艦上登時非常紛亂，發出嘈雜的聲音，遂即將敵艦向前移動幾十公尺，不料纜也未曾帶牢，我們的炮又擊中了，他們又嘈雜了一會，將船向後移動，說也奇怪，我們的炮又擊中了。我們的炮不斷地轟着，他們忙於向前向後移動，他們如是地手忙脚亂了一整夜。站在其昌棧觀戰的西人，拍拍我們同胞的肩膀說：「你們的砲，打得再好沒有了！」

我們的炮兵既威脅於上，步兵也同時攻擊於下。尹營長率領了弟兄，在新三井裏面某某地帶集合。七點過後，他們配備好了，就由連長排長匍伏着向敵人搜索。不久他們回來，向營長報告，營長遂即召集外班長訓話：某班由某路進，某班由某方攻擊某點，某班接應某班。他們吩咐停當之後，即向前推進，到達預定地點，等營長發出「開火」的命令。

營長和嚮導雖是在後面不到五十公尺之處，他們身上都帶着手槍和一隻望遠鏡。

開火的命令，終於由營長發了，那晚用着分擊法，拍！拍！拍！拍！白！白！白！轟隆！轟隆！轟隆！我們的機關槍戰砲怒吼了，一前一後，一東一西，前呼後應地叫了，敵人當然慌了手脚，不知攻擊他們的人究在何處！他們兵艦上的大炮無目的地放了，密集的機關槍亂掃着。機關槍的子彈顏色有紅，白，綠三種，密集之程度難以形容，他們的掃射，由遠而近，但是並沒有傷我們一絲一毫。當他們開鎗開得發瘋的時候，我們靜待着他們開，等到他們要暫定的時候，我們又攻擊起來了，他們又慌忙應戰，在敵人方面，眞是「倉皇應戰」「疲於應付」了！

於是營長利用一個機會，發出「衝鋒」的命令，奮不顧身的鬥士，冒着紅，白綠三種密集的機關槍，向前衝了！衝到浜邊，衝到橋門，衝進煤堆，衝得敵人發抖，吱吱怪叫。再經我們賜了他們幾枚手溜彈之後，便漸漸地低了下去，屬於敵人之煤堆竟被我們佔了。是役也，我們僅僅有七個弟兄掛彩。（512）

在董家渡哨崗上（廿六・八・廿四・）洛萍（南市保衛團團員・學生）

今天天氣晴朗精神爲之一振，昨夜整夜伏於黃家碼頭邊的防禦沙包中（沙袋叠成一人高堆成一方圈，上面用木板蓋着再用沙袋堆在上面）因恐浦東方面有日本浪人借漢奸乘小船來滋擾或登陸，所以嚴於防犯。我雖然沒有好好地休息過，身體很感覺得疲乏，可是精神異常振奮。

在剛天明的時候，飛機軋軋軋地響着，又有緊密的機關槍和高射炮聲，兩個同志走出沙包，去仰望天空中的鐵鳥，另一位班長用望遠鏡看着飛機的國徽，用着沙啞的聲音喊着：「好唔呢中國人格飛機來哉！諾！三只！三只！」幾位同志一聽見「中國飛機」四個字，都拍手拍脚地歡欣鼓舞着，在沙包中的同志們也拿着步槍出來瞧飛機，趙排長立刻用嚴厲的言語警告道：「各位同志！你們應該留心着　中的船隻，和路上可疑的行人，不要大家一齊緊在一塊看飛機！」於是有的連忙竄進沙包中，有的仍立在江邊做望哨。

一輛空汽車開來了，我們就跨上汽車，開到團部。保衛團就是商團的代名詞，當保衛團員的可以說百分之百是小商人，所以完全是義務性質的。

到團部簽名，報到，當時同志們已到齊了，一聲銀角，大家排隊，隊長訓話後，即添發子彈，一個一個地輪着由後門進去，前門出來。（按此門是隊長辦公室，一半就是軍械庫）本來我們有五排子彈，今天特再發十排子彈，因時局嚴重，倘日軍進攻南市，那末南市沒有正規軍防禦，只有保衛團、警察、警察大隊和保安隊，所以必要時一律赴前線抗戰，各班長還多添發二個手溜彈掛在胸前。今晨發的十排子彈都是光亮和嶄新的，據說昨日剛由淞滬警備司令部用大卡車運來。

上午十時排長命令我站崗，我立在裏馬路十字路口，鎗上裝着雪亮的刺刀。掛在肩上踱來踱去，路上的行人都異常慌張，有的傘着皮箱和鋪蓋往北跑，（即往租界和乘輪•船往內地，）有的向南走，（也許是到南火車站去趁火車避難的。）有一個老婦驚恐地攙着孫女的手，旁邊站着一個蓬頭垢而的少婦，我想一定是她的媳婦，她顫抖着聲音怔忡地問我：「先生！不知我們南市，東洋人要不要打進來？我年紀大了，看見了兵就怕。」我回答她道：「不要害怕！東洋兵暫時不見得會進攻南市的。」

十一時許三架中國飛機在南市上空經過，北面黃浦江中的日艦，放着聯珠般的高射炮和高射機關槍，有一顆鎗彈落在我的鋼盔上，「噹！」一聲我連忙拾起來一看，原是一顆扁長的槍彈，我旁邊的一位警察，也跑來看，他很內行似地道：「同志！這是流線型式的高射機關槍彈。」

我站了三個鐘頭的崗，好容易到下午一時，一位同志揹着槍走來向我立正，我也馬上敬禮，這是交班時的規矩，當然我在晚上沒有酣睡過，白天又要放哨和站崗，疲憊得不堪，到了團部卸下武裝，向地上鋪着的蓆子，一個骨落，呼呼地入睡了。

正睡得甜蜜的時候，突然被「轟！」的一聲驚醒了：我的胸前被幾塊碎泥壓着。立刻向睡在旁邊的同志詢問：「是不是隔壁吃炸彈？」他雙手擦着惺忪的睡眼，糊裏糊塗地說着：「恐怕是的吧？」我凝視着他的腳旁，滿是沙泥，忽然隊長急冲冲地由辦公室中跑出來，說着滿口的浦東話：「喂！挪各位同志，浩掃散開，佛要登落一搨，東洋飛機要轟炸呢此地，炸來勿準炸，勒格面嘗團裏。」他雖然鼓着勇氣訓誡着隊員，可是不能掩飾他蒼白的臉色和顫抖的聲調。

既然隊長命令我們散開，大家就一班一班的到外灘去，留一班在團部裏駐防。我們一班在陸家浜巡邏着，走到董家渡，班長命我們分幾個到碼頭旁的沙袋邊守衛着；浦東各處來的船隻，在此登陸時，都一個一個挨着檢查，我們都和藹地同他們談話，可以說毫無粗暴的丘八氣概。外灘冷清清地行人很稀少，電車汽車一輛都沒有。木行、煙紙店、糖食店等緊閉着門，這種樣子好像廢歷新年的樣子。我和王同志各啣着一枝香煙，蹲在沿江的沙袋上，志同道合地談論着國際和國內的形勢。

這時轟轟！轟轟！的砲聲不斷地響着。遙望浦東東北面濃煙四起，不知是被日本飛機轟炸的呢？抑或被日艦炮轟的，實在不得而知，據說是某火油公司的油池被炸焚燬。

深夜我們五個同志伏在董家渡碼頭旁的防禦工事中，望着對江，東北角上熗紅的火燄直冲雲霄，一鈎明月懸掛在上空，照着這寂靜的大地和澎湃的江水，浦江中的浪花撞擊着碼頭的聲音，洪隆！洪隆！有節奏地響着。

王同志他枯寂得不耐煩了，激昂地道：「我們應該到閘北戰場上去痛痛快快的殺日本鬼子！我們要殺盡日軍，收復失地，七年來的血蹟一定要用我們的鮮血來洗，掉這次不爲國而死，不能算好漢！同志們！我們有死的光榮，無生的恥辱！」「好！」老孫說：「我們要實踐王同志剛才說過的話，我們勇往邁進地向前幹吧！」

時已二時許，遙遠的馬路上仍可以隱隱地聽見問「口令！」的聲音。（433）

在洋涇港（廿六・八・廿）

宋越

幾天來，白天躲飛機，夜間聽大炮，幾乎沒一刻安靜，精神確實萬分疲乏，但爲一種潛力所鼓動，竟覺尚有餘勇可賈。

天剛亮，敵機又照例開始在我們頭頂上繞一陣緊一陣，又照例過些時，就「Guny Leny」地告訴我們：「中國人的生命財產又有犧牲的了。」

大便時，瞧着螞蟻在地上照常爬來爬去，蛆蟲們在坑裏仍然愚蠢地在蠕動，毫不知它們所寄身的地球上正有着比它們「文明」千萬倍的人類在瘋狂地屠殺另一批和他們一模一樣的同類。——我羨慕它們。

弟兄們多數像已嚇破了膽，一點兒風吹草動，就跟見了鬼似的倉皇四散，事後問他們打算往那兒跑，則嗒然不能答。槍在這時候似乎成了最累贅最討厭的東西，揹在身上，又重又害怕，其實也就是害怕。

「我看這裏太古棧也不能保險了。」

「警察根本不是作戰的玩意兒。」

「一百粒子彈打完了誰接濟？」

「這裏要不來隊伍就好了，『一二八』的時候這裏多太平。」

愚昧，懦怯，我恨死他們，我也可憐死他們。（然而我又確信血的事實會一天天使他們變爲聰明和堅強，而終於成爲勇敢的戰士的。）

本地保衛團的精神可不錯，他們的工作比我們的辛苦數倍，但絕不見他們一句怨言，從他們的談話中，知道他們大多數具有犧牲決心，這真叫警察們愧死！

有這麼個人使我驚詫而失望，他是洋涇警察所的一位警長，很年青，據許多同事告訴：是個相當前進的人，後來見了面，談過話，認爲果然。今天我在吃飯時，他送了個命令來，我談起這裏弟兄太不行，他竟和「不行」的他們抱同樣見解，勸我不要跟軍隊同進退，勸我到時候往太古裏躲，氣得我只對他點點頭苦笑。

老鍾——最勇敢的一個，告訴我：有人在虹口看見幾十個日本兵，都祇十五六歲，哭着上戰車，開赴前線。又有一個日本警察，混身受傷，坐倒在路旁流着血，大駡自己政府：「害人哪！害人哪！」又對過路的我們人民說：「你們最好把我們東洋兵統統殺光！殺光！」呵！敵人的戰鬥精神是如此，看看我們的健兒呢？——

警察所一個弟兄興奮地說：「別看他們白天好像一點沒有勁，一到晚上，可個個都是生龍活虎，昨夜抹三井，（即襲擊三井煤棧）打所裏出發，一口氣，五分鐘就跑到了三井門口。一位排長會武術，左手提刀，右手向牆上一搭，就飛身跳了過去。大夥兒一個個跟進去，搜查一陣，連個鬼影都沒有，氣得弟兄們掄動刀背，把棧內傢具亂砍亂搗。」

抹三菱的是一營人，弟兄們一聽是攻擊，都手舞足跳，歡喜得要命，還沒跑到，敵艦就開大炮，他們馬上臥倒，一動不動，等到聽見機關槍聲，又馬上站起，左手提大刀，右手握手溜彈，衝上去一陣拋射，把敵人打退到艦上，有二個最勇敢的班長陣亡了。

再看看自己的弟兄，那種畏頭縮腦的討厭樣，眞想下個決心跟他們翻臉，但又給一種友誼所壓住。下午一時，軍隊防線伸到江邊碼頭，有一艘敵艦有傍靠三井碼頭的企圖，僅僅開了一排機槍，（傷我由楊樹浦渡江避難之老百姓數人）就又故態復萌，各處亂竄。結果王旭元程萃林將槍放在伙夫家，換便衣逃走了；吳中愼胡家松也都換了便衣——他們是聰明的！呵敵人上岸後，對於道地的老百姓自可刀下留情，但我現在可跟他們無情了：

「想幹就穿起制服掛上槍，不幹，留下槍滾蛋！」——我知道有許多比這些更合理更有意義的話，可以訓斥和指導他們，然而我來不及這麼做。

他倆總算好，默然穿衣，紮掛槍彈，不過，我知道，如果他倆的家不在這裏，恐怕也都已逃跑了。

我立時召集了所有的弟兄水手及夫役，我用一句簡單而沉痛的話來鼓勵他們：「有槍的有飯吃！」這句話是針對着他們的弱點而說的。其實，我心裏想說的還有許多，我覺得在這時候有膽量肯抗戰的都應該給他槍，給他飯吃；膽小如鼠，貪生怕死的，倒也不必怎樣他，等到他們可吃的東西吃完了，肚子餓了，他們仍然會回到抗戰的隊伍裏來的。因此，我對於那三位——慣會裝病的黃恩榮，棄槍逃跑的程萃林王旭元，我是在期待他們的餓肚。他們的遺缺，我就不客氣地擅自做主，叫崔南山（原爲水手）小王，張大（本地的失業船夫，都當過兵）補上了。

前幾天，警察所牛巡官說，總局要招集全市「水鬼」幹特殊工作。我一向知道這裏也是個水鬼產生地，共有二十多個。下午四時，在章忠誠——被淘汰的弟兄——家裏，遇到五六個，談到了這，都願意幹而且說得很有把握，我立時到警察所見牛巡官，那個胖傢伙真要不得，看樣子也是個想逃而不敢的糊塗蟲，聽說我眞給他辦到了，反有點害怕的表示，只含糊答應轉報總局，我悵然而返。一回兒，却又來人把我叫去，引見連長，連長粗捞捞地，多半是行伍出身，除了正式的話沒多大談頭，他對我的意見很高興，允許轉報營部，再一級級報上去，我這才欣然而返。

還沒跨進門。

「Wu——」一架深灰色的偵察機驀地在所的屋面上擦過，緊跟着「Huny」伸出在港口的三井碼頭的一角，給炸得碎片紛飛。

「壞了！」

站在門口幾個弟兄同聲喊出這麼顫抖的二字，一縮頭，望所裏直竄，有的瘋狂般往裏跑，有的攢進桌肚，蹲身不動……

這還來得及嗎？這還來得及嗎？

我壓住緊張的心，忍住笑，把他們一個個喊了出來。

「你們這是幹什麼啦？」一個熟悉的語音。

回頭一看，原來是老侯——高橋派出所的警長，——脚踏車已靠在門邊，正雄糾糾地跨進來，他興奮地告訴我他的經歷，包括着高橋分局長的無用，弟兄們的畏縮，但却又有因畏縮而跟他打架的一個弟兄。他問我應該怎麼辦？我說，把他的槍留下來，去他媽的蛋！他說那弟兄要開槍打他。我忍不住笑了，我說：「他如果有開槍打你的勇氣，他就不會畏頭縮尾的預備做亡國奴了。」他點點頭，說是馬上要到總隊報告這件事，並領伙食錢。我即將寫好的情報，兩個弟兄逃亡的報告，及應請示的幾點，託他帶去，他立即敏捷地跨上車，我囑他「一路上當心飛機。」在消失了他的背影之後，我心裏想：「老侯是勇敢的，但他還缺少一些魄力和判斷力。」

港口的划子都給我們趕到港裏面去了，浦江交通就無形斷絕，偶有幾個要錢不要命的想闖過去，「咯咯咯！」敵艦機槍響了，於是渡江的難民受傷，這情形，今天已發生了五次。

窮人望「造反」，這話不錯，這裏划船夫平時流一天汗，只够飽一天肚子，現在可不同了，幾天來誰個不弄個百兒八十的，弟兄們見了眼紅，別有用意地嘆着息：「唉！老百姓損失多少！」我認爲這一點沒什麼損失，因爲中國的法幣仍然流轉在中國人的手裏。但他們的需索也實在太狠，從前過渡，每客銅元五枚，戰事發生後幾天，即多至一元，以後逐漸少至一角，今天我親眼看見二客二牛，渡價十元，再三懇求，才減去一元，其實在這時候，我們如果抹却良心取締他們一下，發個小財，眞不算一件難事。

然而在晚上，給我發覺一件「抹卻良心」的事來了：有兩個一向很勤勞的弟兄（我不願發表他們的名字）强奪人家嗶嘰六匹現鈔十元，——雖則被强奪的人本也是個本地流氓，——我氣得頭昏腦脹飯也吃不下。經過縝密的考慮後，無奈何又召集大家訓話：

「搶刧者死，司令部已有明令，你們有餉有米，甚至有肉吃，還要搶人錢幹什麽？你們能不能搶到幾十萬馬上出洋去享福？錢再多，跑不出中國地界有什麽用？……你們不是每人有一支槍嗎？你們認爲我是你們的眼中釘，會妨害你們的發財的，你們隨時可以打死我！……以後一經查出沒二句話，送連部！……你們想一想人早晚都有個死，不死在敵人的飛機下，大砲下，而要死在本國軍法下，你們對得起自己的父母祖先嗎？……別人在前線拚命，而我們却在這裏破壞秩序，還有心肝沒有？」

有好些話要說，氣得實在說不出來。

最後的處决是：强奪來的東西暫存備送總隊，兩個弟兄罰跪在總理遺像的面前。

……

現在討厭的「嗡嗡」聲已經消失，照例又是聽砲聲的時候，我默然對着昏黃的孤燈獨坐，廻憶這一天的經歷，理想未來工作的應付，不禁戀愛地兩隻手摸了摸腰間的兩桿駁壳槍（一桿是裝病的弟兄的。）

我疲乏得支持不住了，就隨便歪身躺在舖板上。不錯，我是確實躺在板舖上，但我也確實躺在一個不可知的命運中。在距此不到二百公尺的江面上，有着四艘敵艦。今夜，誰敢說敵人一定不會在這兒登岸呢？

在浦江中觀砲戰

盛棠

玲姊：

我得告訴你一樁我所親歷的險事，這事的可怖，使我現在提筆還發抖哩。是前日上午，我忽心血來潮，堅要隨父親到浦東去，實因在家悶極了。當公司船經過陸家嘴時，我心裏不禁緊張起來。左邊是四五隻日艦沿岸停泊，那出雲旗艦泊在順泰碼頭。右邊浦東，斷垣殘壁，悽慘不堪。但在這日兵屢渡不退的所在，我極目力所覩，絲毫找不到我軍的壕溝或士兵的影跡。鐵軍的能耐，可見一斑。船再下駛，日艦是長蛇般銜接着。見到虬江碼頭，那巍大的建築物，使我感到隱痛。想：不到今年六月剛完工的數百萬元大工程，自己沒享受，却資爲敵用，可見無國防價値工程的建築在國家財力上，實是一種浪費。

在浦東廠附近遊玩着，始終未找到一個國軍。下午四時，父親散班，我們仍乘船回浦西，可怖的事就降臨了。

船剛過公和祥碼頭，我們遠瞥出雲艦收下高桿上的太陽旗，甲板上日兵忙碌非凡，一個日軍雙手亂揮紅旗，有經歷的人忙叫聲苦，說是又要砲戰了，那旗語即是關照我們停駛。這時我船前面是艘亞細亞小艇，牠機警地沒理會旗語，直朝前衝。我們這隻輪船也想效法，那膽小的外國人怕出事，堅不允許。若待後退，後面已有十餘艘小輪船堵着。那日艦上水兵亂嚷不許動，我們也唯有泊在火線內靜候殘酷命運的玩弄。這時出雲艦頭內尾外，朝陸家嘴(三隻砲艦四下排成陣勢，紛紛脫下砲衣，甲板上水兵一律白制服，齊整排列着，船欄上沙袋高高堆積。開頭第一砲，禮當讓諸出雲。祗見嘩喇喇一陣機器搖動聲，那砲口直往前伸，瞬息火光一閃，轟然巨響，浦東遠處平地冒出一縷烟，回顧那砲，又在嘩喇喇聲中縮回。那三艘砲艦馬上應和起來，一連十幾砲，震得我耳朵發聾。發砲時，出雲的船首鎖在岸上，船尾一百八十度旋轉着；其他各艦不固定的左右移動。至於砲聲，出雲是沉重而響亮，不似各艦的清脆。但出雲正中三尊大砲始終未用，否則更為可怕。我想不到真的開火了。當然日艦不會損害我們，怕只怕浦東我軍還砲，殃及池魚。砲彈是沒眼珠的，萬一和我們親善起來，不做砲灰也得成水鬼。怕死的心理沛然而起，不由得頭昏腦脹，四肢痲木，眼望着驚慌失措的老父，又增忸怩。船中不下四五十人，膽小的蜷伏在艙中，掩耳閉目，等待死神的光臨。膽大的忙出忙進慌亂着。我畢竟小孩氣重，死固是怕，放在眼前這麼好的實彈演習，豈得錯過？眼見日艦如此猖獗，心焦着我砲隊何不出來給牠個打擊。但一想到我們所處的地位，又恐怕牠出動。但不久之後，固然來而不往非禮也，浦東飛來十幾個霹靂，聲浪的洪亮不亞於出雲。牠帶給我們強烈的震動，一個個青灰着臉，牙齒捉對兒打戰着，甚至有的相對而泣。那外國火頭鬼更可憐，像無錫人團團轉，豆大汗珠雨般落。父親不住埋怨我不該隨他來，一人送命不够，再加上一個。我默不作聲，偷眼望日艦也起了擾動，日兵更形混亂，一彈飛來，便機械地往甲板上臥倒，行動齊整而迅速。我砲隊的技術不差，雖未搗中日艦，但都爆發在牠們四周，尤其是出雲的周圍。多數的彈鑽入水中衝起個大水花，遠遠的我們也灑了滿身，其餘的落在岸上冒着烏烟，日領署隱約的也中了兩三砲。日艦見浦東還禮了，砲轟得更震天價響。玲姊在這砲戰中，我窺看我砲隊幽默的創作，使我忍俊不止。每當日艦猛轟時，我砲總是陰陽怪氣還一二砲，甚或不屑理會。但一俟日砲沉寂時，浦東又猛烈地來了幾個回禮砲。膽小的倭奴焉能容忍？又是一陣瘋狂的亂轟。回顧我方，又默然無聞。這樣一砲還十砲，日軍便傲然視為這是「支那」兵的怯戰，殊不知我軍已達到消耗敵力的目的。所以這時浦東見日砲擂鼓般響，便懶洋洋還一二砲住手了。日艦單方面轟了十多分鐘，覺得也乏味，就單獨由出雲零星地打着砲。我們暗想戰事快告一結束。正快活間，陡的頭頂一個霹靂，接連又是幾個，浦東我砲又挑戰了。忽然人羣中有人似驚似喜的叫聲看！忙順着他的手指處一望，一團模糊的火光往二十一號日艦尾端切近處水中鑽下，頓時衝出水柱，該艦尾部向下一傾，似是受了傷。軍艦上日兵熱鍋裏螞蟻似的奔走。不一會，該艦拖着不均衡的船身悄悄的向下遊逸去。其他各艦睹此境況，更慌忙的亂射，我砲也不示弱，也來十餘響，形勢較前更激烈，我們的恐怖較前更增。但除却水中幾個水花，岸上一片烏煙外，倭艦並未受到任何嚴重打擊。我們小艇也僥倖未遭遇實質的損害。這樣時疏時密的砲戰，約摸支持了半個鐘點，便由出雲艦稀疏的砲聲作了尾聲。浦東是早不奉陪，倭艦也見機收場。出雲的太陽旗也在斜日西下的當兒扯起，倒是暴日將亡猶作掙扎的象徵。各艦也各返原地。在日軍的旗語下，我們這一連串受了阻礙近四五十隻小艇，飛也似的往家跑。性命是逃出了，中心的愉快，實難以形諸墨楮。玲姊！你也許爲我這可怕的遭遇擔憂，但你更得恭賀我這寶貴的眼福。武大仍在珞璣山上課嗎？你該是大二了。我也想到漢口來讀書，望你代爲留神學校。一個月後也許我倆能處在一起。再會吧，玲姊！

弟棠　九月七日（641）

第五輯

保衛南市

在南市的哨崗（廿六・八・十二）

凌　為（銀行職員）

八・一二，這正是個暴風雨的前夕。低氣壓窒息在這東方大都市的每一角，恐慌的潛流，從街頭賣報童的口角邊，襲入到每個人的心底。到處充滿了騷動與混亂，誰都像先覺者一般地預知着一個可怕的大毀滅，即將揭幕。

下午，形勢更加嚴重起來。謠言也許很快地就要成為事實。遷移的車輛與避難的人們，擁塞在各路上，紛亂得像已到了世界的末日。在這驚惶與恐慌的時間中，我們這批隸屬於上海市公民訓練警備隊的青年，却都奉到警備隊隊部所發的緊急集合命令，限即日晚七時在正修中學集合。本來自從我們被編為警備隊後，正修中學已成為我們很熟識的去處，就是昨前二晚也全都是在那沙地及水門汀走廊裏度過的。

七時——暮色蒼黃的時候，我們吃飽飯，急急地趕赴那兒集合。操場上，已集着百餘個職業青年，平時我們間非但不熟識，而且連面都未曾見過。但現在却都很快地親熱起來，變成生死的同志了。集合後，區中隊長用着莊嚴的態度，誠懇地訓話着說：「今夜的局勢很嚴重，日方限保安隊撤退出市區的時間雖已又寬限了些。但我們決不放棄一寸國土。我們必定要保持我們的主權，決不受武力的恫嚇。假如他們侵犯我們，我們一定要給他個嚴重的打擊。你們是上海的青年，希望你們能擔負起這重大的担子來，創造你們自己的光榮的前途，不負國家的希望才好。」我們都被這訓話深深地感動着，我只覺得血在身體中急迅地奔流起來。訓話一完，我們即時遣出了尖兵羣與聯絡兵，向着謹記路的公民訓練處進發。

這是嚴緊的一夜，警察們都扐着木柄手擲彈，橫着上了刺刀的鎗桿，努力執行他們的職務，使週圍嚴肅的空氣，更緊張起來。斜土路是很長的一條煤屑路，我們從東一頭走起，橫穿過這都市的一角，又走入田野間。野風輕輕地拂過枝梢，再襲到我們那被汗所濕的制服上。我們開始感到涼爽，忘掉了跋涉的疲乏。路上，誰也沒有一句話，我們開始發見遠路上的燈光，像是星粒一般，被風吹得搖搖地。那燈光的所在就是我們進發的目的地。在謹記路，穿過了別隊同志所佈的步哨線，進了那座幽靜的洋房——公民訓練處。

在濕的草地上坐着休息了一會，處長照例地又訓了一次話，我們便領得了刺刀二盒彈藥與槍械。這些槍都是一二八時所俘獲的日本三八式六五口徑來復槍，當我撫到那槍門上特有的光滑的蓋板時，突然地使我憤怒起來，它不知曾殘害了我們多少的同胞。同時我又奮興着今晚或有機會能用它來殺死他們自己的人，替我們已死難的同胞復仇。

我們在小隊長命令着裝子彈上刺刀和告知了今晚上半夜的口令——「土地」後，就被派在龍華路——從上海到龍華飛機場的通道上守衛。我們都躲在薔薇地下，用力地搜索着一切可疑的動物。

田野裏平靜得像小池的水面一樣，除了草叢裏的蟲鳴，遠村邊疏落的犬吠，與滬杭路上的車行聲外，什麼都是死寂寂地。星牠那淡淡的光芒，依然閃耀着。樹梢在黑影裏顫動，一切都寂靜。突然，從路的一端發射出二道强烈的電光；雪亮的光線，橫掃在黑暗的田野間，到處惹起觸目的反光，使我寂靜得快將靜止的腦筋驟然一驚。那輛漂亮的汽車很快地衝到面前。

「停下來！」粗暴的一聲像晴天的霹靂一般，從我前方的崗位上爆裂開來。汽車夫顯然意外地將自五十哩以上的車行速率，强減至十五哩以下。「停下來」的呼聲從田野間發出，他終於驚慌地停止了前進。在不見人影的田野中，迅速地閃出了二個橫着槍的同志，進行盤詰與搜查，我們都準備於必要時射擊。那車是屬於航空協會的，將到飛機場去。說是有公事，但既不知口令又沒有通行證，因而在我們的嚴阻之下，終於掉頭返來路去，田野間重再回復了它原來的平靜。

時間慢慢地爬到了二時，我們是被另一隊同志接替下來，各人拖着已疲乏了的身子，回到訓練處的宿營地。但方到目的地鄰近時，忽發見一輛脚踏車自黑暗中向我們迎來。先頭的班長希本能地喝起來：

「口令！」

「土！」那熟悉的喉音，一聽就知道是屆中隊長，他連接着問：

「小隊長呢？」

「有！」小隊長走了出來，在他們談了一會後，我們非但不得休息，而又調到另一面去守衛哩！我們又重復地走過斜土路，在漕溪路口的電燈底下停了下來。

「這兒的西北方是同文書院，有日軍駐守着。這路通法租界，向西是中山路，東方是公民訓練處，就是你們的司令部所在地。你們守衛着這司令部，同時向同文書院取監視態度。中山路口應佈六個哨位，漕溪路近法租界處也置六個哨位，其餘除聯絡哨外，暫在兩旁田中休息。假如前方一生變化，哨位應即撤退至此路東南面的高地上，據守開火……但你們不必驚慌，只要你們一放槍，援隊即刻能趕到，放大着胆吧！」中隊長斜倚在他的脚踏車上很嚴正地說着。我們都知道這決不是開玩笑的事，大家都很興奮，絕沒有一些憂懼。只希望我們的槍能早一刻咆哮起來。

「望你們大家留神些！」中隊長跨上了車時叮嚀着。「小隊長，你就分配吧！」他像來時一般地消失在夜色中。

「諸位，請留神自己的槍械，子彈裝得落實嗎？都檢査一下。」

「第一班在漕溪北警戒。第二班由班長率向中山路口警戒，第三班在原地集結候令。」

一條闊只三四公尺的汚濁的河流，分隔了租界及市區。我們的第一崗位，是在橋這邊的第三根電桿旁邊的蔭影裏，在斜角的溝中，配置了另一面的第一哨。再過二根電桿木，就是第二崗位。再後，在長得比人高的茂盛的玉蜀黍田中，就是我守衛着的第三崗位。再後，都是聯絡崗位。路上是寂靜地，除了輕風帶起的細沙外，絕不見有一些動靜，在木橋過去的租界上，也不見一個人影。四野間更寂靜，連田野上蹤過的蛇行，也聽得出來。人是那麼樣疲乏，眼皮只想合攏來，因爲時局的緊張，我們已有三晚集合在正修中學的操場裏，所以睡得很不安穩；日中又須照常辦公，沒有時間睡。但此刻誰都不敢閉一閉眼，重大的任務正壓在我們的肩頭。也許一閉眼便能把自己的生命丟掉，枯黃色的路燈之光，從高密的玉蜀黍桿隙中漏下，這淡薄的光芒，射到橫在我脅下的槍刺上，反射起微薄的神秘的亮光，我幻想着，在發怒之下，我竭力向前奔衝，把這刀插入了另一動物的緊張的肉體中。當返回來時，那野獸正噴着鮮紅的熱血，柔軟地倒在我的足下。

漸漸地，地平線上推出了魚肚色來，我們重再從崗位上，調返到隊部。中隊長向着我們說：「辛苦哩！昨夜因我們的軍隊沒有到，所以使你們受了出於尋常的辛苦。現在，我們的軍隊，已於昨晚全到啦！危險的上海市，已被你們所保全了。」

當我疲倦地睡倒在牀上時，光明已開始照耀着大地。

浦江夜月

越　然（廿三・洋行職員）

是一個明月團圞的中秋之夜——我深深地記着。

儻有詩意的畫面，呈顯在我們這幾個負着捍衛國土的偉大使命而守衛着浦江的武裝民衆的眼簾，那淡黃的明月，襯着蔚藍的上空，疏星閃爍，白雲蕩漾。熱氣被江面送來的清風吹散了。月光射在江面，閃着點點的金光。

爲了國家，爲了民族，我們早就把體魄鍛鍊得鐵一般，期待着敵人的來臨。素稱文弱的我，榮幸地能够在這强敵壓境的時候負起步槍，以一個保衛團班長的姿態，活躍在前線的後防——南市——的第一線上。在雄壯悲憤的歌聲中，我們保衛大上海的決心是鐵一樣的。

我們因奉令守衛浦江，纔能領略到這良宵美景，江干同志們的黑影多麼雄偉，多麼够人興奮。他們各自那斜戴的鋼盔，壓住他們的劍眉和朗目。他們有着隆起在胸前的手溜彈和閃亮在鎗頭上的刺刀，在全副武裝之下，也都有着一股奔騰的熱血。

本來城開不夜的市廛，現在已如荒墟，龐大的建築物在我們崗位的北面，黑黝黝地矗立着，死去了的外馬路，祇有四條久不行駛的，已經生銹的電車軌，靜靜地躺臥着。在月光之下，這景象是很陰森可怖的。

閘北方面的鎗聲砲聲爆炸聲，在這裏能清晰地聽到，還有浦東隱約的犬吠聲和唧唧的秋蟲聲，其他全都死寂。

「班長看！」一個團員舉起左手，指着一無船隻的浦江。

「什麽？」我問，同時我緊緊握住我那第二生命——步槍。

「就是那一段黑和白的！」

「哦！」

這時另外二位團員，也順着他手指的地方瞧去。

「咦又是這麽一段黑的！」我又發現了另外一段。

「這是什麽？」我們在月光下雖不能看得十分清楚，不過我斷定這決不是敵人偷襲的船隻。

「班長！請過去看一看那邊是什麽東西。」第四崗步哨符同志持着槍，握住了刺刀，喘息地奔了過來。

「快看去！」我拖了他就走。

月是雪一般地亮着，銀色的江面上，激起了一陣細微的浪花。一團白色的東西擱住在一柱木樁邊，隨着浪花上下浮沈着。

「啊！是個死屍！」我輕輕地驚呼着。可憐這死難的他——也許是她——模糊而又慘白的面龐映在皓月下，簡直使得我們不忍再看了，也不敢再看了。

「那麽在浦面上浮着黑白色的東西，大概都是浮屍無疑了。這些浮屍一定被那萬惡的敵人無故加害，順着漲潮從楊樹浦方面浮上來的。」我憤憤地說着。但剛一轉眼，那死屍又隨着浪頭飄去了。

過了一刻，我們英勇的飛將軍又悄悄地飛臨滬空了。敵艦上手忙脚亂的射手，又照例地瞎射一會。悅目的大套焰火又照例在三百萬人士之前表演了一番。空襲後，激起了空前的炮戰。我國炮手大發神威。隆隆不絕的聲響在我們耳朵裏直括，閃光照耀得連我們的影子都可以看見。最後敵艦上炮位易了位置，炮彈都從我們頭上飛去。落傘般的火球還是繼續流放，像無數橫掃長空的不祥的彗星。

「拍！」一個沉重的爆炸，鐵片在我們頭上掠過，同時聽見一種悶住的呼號。那種有力可怕的呼聲，散在空間，我發覺這正是符同志的聲音。於是冒着火藥的氣息，冒着猛烈的砲火，趕到第四崗位去。天啊！我那知已的符同志已臥在血泊裏了。他沒有死，他還緊握着步槍他還緊咬着牙關他還圓睜着大眼他還倒豎着劍眉。可是他隨即氣絕了。炮彈的碎片穿過了他的太陽穴，血還在蠕流着，他那聖潔的靈魂，是永生的但我們却是永別了。

半小時後，砲火停息了。明月似乎失去了牠的光輝，浦江的江水亦似乎在飲泣。誰不爲着我們這年青的烈士——符興昌這是一個不死的名字——的夭亡默然雪涕呢？（503）

挖戰壕

駱匡棟

十月十四日，跟着勞工醫院派來的卡車，到小西門的學校裏去搬運鐵床（這是醫院向校方借用的。）就是這天的下午，敵人的鐵鳥在我們頭上飛來飛的去威脅着這幾個手無寸鐵的工人好像希圖把我們這幾個人統統炸死。牠們在我們頭上足足威脅了一刻多鐘。

敵機過後我們的車又開行，柏油的馬路上，被風括得好像用肥皂洗過了那樣的乾淨。兩邊的商店門板封鎖得似監牢一般的森嚴。回來時候，我僱了一輛人力車，趕到南陽橋預備駛進租界，不料鐵門早已關閉了。當時被阻在鐵門邊的人眞是成千成萬搬場的車輛——汽車、人力車、塌車、卡車……塞斷了交通。我只得叫車夫折回到我剛剛被敵機威脅過的那所學校去，誰知走到中華路蓬萊路口，竟被警察阻住了我們的進路。

「朋友！去服務幾點鐘工役。」警察啞着嗓子很和氣的對着我說。

「服務工役，做些什麼事？」我裝做一個鎮靜的樣子問，我曉得在這一致對外高呼着軍民合作的口號下，他們決不會不講理的爲難我。

「做工事。」

「什麼工事？」

「挖戰壕。」

「挖壕溝，像我這樣矮小無力的人恐怕不能勝任吧！」我雖然是担心着自己挑不起一担爛泥，可是我並沒有把這句話說出口來，但我却希望着警察也有這樣的心理，曉得我拿不起輕挑不起重。

「走走吧！」這時警察催促着我們走。

這時候天已經黑了，我跟着警察向着高低不平的路上摸索着前進，兩隻脚是七高八低的踏在石子路上。警察把我們帶到西門分局裏面大約有一百多人都擠在一個操場上。一個說着湖南口音的警長很神氣的來整理着我們的隊伍，領導着向目的地走去。南市的途徑我本來是生疏的，在這黑暗的夜裏幾個灣一轉，我連東南西北的方向都辨別不清了。大約走了有半個鐘頭，就到了我們挖壕溝的地方。那裏早就有人在測量着，設計着，石灰做的界線在星光的照耀下，微微的有些辨認得清。不一會兒，一輛卡車裝來了不少的鋤鏟，——挖壕的工具，於是我們就開始工作。

夜景雖是像死的一樣，但我們並不感到寂寞煩悶，我知道這是在代國家做工作，雖然那些人似乎把我們當作奴隸。這夥人平常都是不相識的，所以在工作的時候也就互相攀談着：貴姓？大名？什麼職業？住在那裏？……這一類的話語，在工作中的人不但沒有半點寂寞和怨恨，相反的大家都很興奮。

這段挖壕溝的工程本來是要做到天亮才可完成的，在大衆努力之下，僅四小時就全部完工了。

「天快亮了，你們就在這行人道上休息吧。」警長指着對面的馬路邊這樣說着。於是我們都擠到行人道上，有的坐着抽烟，有的橫着身子睏在水門汀上打盹。我因爲身上穿的只有一件老布短衫褲，露宿在這淒涼的秋夜裏，眞是有點吃不消，只好默默地坐着等天亮。後來東方雖是現出了一點魚肚白色，但這時戒嚴令沒有解除，路上是不許閒人走的，因此我們只好再等着，直到天色大明，才分別尋途歸家。（335）

◆ ◆ ◆ ◆

我們守衛南市（廿六·十一·十二）

進（廿二·業進出口商）

曙光衝散了黑夜以後，兩區隊同志收拾好工作器具，整隊在工事旁的時候，程區隊長說：「這裏現在已經是前方火線內了，沿打浦路一帶的步哨已由友軍——五十五師——接替。希望大家振作精神，不要爲三夜沒睡兩天不吃而提不起精神，沒氣沒力的。今天，我們或許就有機會跟敵人拚命了！雖然這纔築成二十尺闊五尺深的工事，還沒有達到規定深度，但這是我們汗血挖掘好的陷坑，正是敵人戰車的墳墓，總不會叫它飛渡過來的。現在，我們馬上回隊部待命。」

在路口沙包旁友軍的哨兵向我們的行列敬禮，程區隊長也還了禮。沿路雖同前兩天一般的冷靜，但倒坍的木板門窗縱橫地躺在路邊，——那是昨天下午大隊部被炸後波及的。——遠處又傳來斷續的槍砲聲，還更顯着情況的緊張。

太陽在雲端裏漏了臉，陣陣晨風襲着疲乏的身子，拐灣到局門路隊部時，發覺水電已經斷絕。中隊部忙派員向冠生園老虎灶徵募餅乾和開水，這纔稍解了全隊的饑渴。在隊部裏大家透過了一口悶氣，坐在舖位上養神，我興奮地帶了班去換哨，到八點鐘時，槍炮聲加緊加重了。敵機也在空間盤旋。從斜土路一帶換了哨歸隊，楊中隊長剛剛下令全體迅速全副武裝在屋內集合，準備出發，·我雖知道昨日傍晚土山灣方面曾發現敵哨，却不料它竟進展得這麼快，現在已聯合陸海空軍來攻擊這大上海的最後一角，而我們亦找到一個報國的機會了。

情勢雖很緊張，但全隊都很鎮定。這時敵機二三十架輪流在上空轟炸，爲着隊部目標太顯著，楊中隊長使命令沿着路邊開到斜徐路公共汽車站。

我査哨到斜土路時，隊員繆阿壽被炮彈片炸傷了手臂，正流着鮮紅的血。路上有兩個老百姓被彈片穿了腦袋和胸膛，躺在地上流出腦漿和臟腑死去。我命另一個隊員仍行警戒，便領受傷隊員去臨時傷兵醫院包紮，接着返軍報告區隊長。在步哨線內不時有炮彈爆發，四週響應着重炮、迫擊炮、小鋼炮、機槍、和步槍的聲音。塵土飛揚在空間，佈成一面迷漫的烟幕。突然空間發出了一陣怪聲，附近亦連續發出猛烈的爆炸聲，魯班路那裏登時冒出很大的濃煙，敵機儘軋軋地盤旋在頭上射放機關槍，好久方才離去。過後我才知道我軍的炮位給炸燬了，友軍弟兄有好幾個都掛了彩，有一個下半身差不多完全炸去，混身是血，由兩個伙伴扶着。受傷的人都走向斜橋方面去。

大隊部已移唐家灣，這時派傳令兵命本中隊佔領局門路陣地，楊中隊長就派高區隊長率第一區隊去斜徐路魯班路一帶佈置。喻區隊長帶第二區隊在麗園路中間担任連絡。他自己同程區隊長帶了我們第三區隊進入局門路陣地，佔領了附近幾個據點和工事，又命我去撤回步哨。這時炮彈不時呼呼的從頭上向後飛去，費了很久時間，才找回了各個哨兵。

敵機仍不斷地在附近擲彈，我們很清楚地看見一個個黑點下來，下來，下來·隨着就是一股濃煙和雷震般的炸聲，門窗屋瓦和彈片高飛在半空，同塵土一齊落向地下，重炮在西邊不斷地向我陣地轟擊，耳邊祇聽到嘘嘘呼呼和沉重的爆發聲。機槍步槍也很清楚地雜在炸彈聲砲彈聲裏，織成一曲交響樂。我軍雖也還擊，但終不及它緊密，從退回的友軍那裏得到報告說：港邊四架機槍已有兩架損壞，炮位都已被炸燬。弟兄死傷也很多。楊中隊長却不管這些，仍命大家防守前線，並命我找據點任瞭望哨。

我在某高房屋頂上探視前線情況時，不幸給敵機發現，連着送下兩顆親善蛋，都在附近五十碼內爆炸，濃煙裏它又一蹶尾巴格格格的送下許多機關槍子。待它離去後，我立刻到下面向楊隊長報告情況。——我雖混身塵土，被彈片擦破了手背，但在路面上的兩個隊員腿部，却都遭到流彈。

楊大隊附這時也來幫同籌劃，配備陣地。正在嚴陣以待進犯時，却接到大隊長手令退守斜橋陣地，稍待又下令全隊集合大隊部重加分配，面授機宜。楊隊長因這方面形勢很嚴重，不顧放棄職守，就命喻區隊長率一部份隊員前去大隊部聽命，我們仍跟着楊隊長嚴守陣地。——這時第一區隊已與中隊失却連絡傳令兵幾次冒着炮火衝進煙霧到第一線遍找無着中隊長眞急得了不得程區隊長率了七八兩班在我們後面策應，我的一班同第二區隊的共約二十個抱着死守陣地的决心靜候中隊長的命令行動。

火藥味迷漫在整個昏黃的空間，時光也不知不覺的過去。這時已是傍晚時候我同壽康奉命重回局門路隊部去取大批手溜彈，臨走時向着擱在各隊員鋪位上的背包和排列得很整齊的工作器具行了個黯然的分別禮。爲了作戰便利起見，大家是不得不犧牲了公家的輜重和自己的衣物了。那時候，炮火更猛烈沿路有不少房屋已經被炸了，街上也不容易快步通過。我們便帶了軍火忽忽地返回斜橋陣地。天黑時陶總隊長率領着便衣隊來視察陣地，鼓勵我們須要抱定必死决心實踐最高領袖成功成仁的訓示。

天完全黑下來時，五十五師有大部份都稱「奉命」後撤退入租界。現在我們的任務是掩護退却，抵抗進犯。和我們在一起的警察總隊同志，也在各據點架了機槍嚴陣以待。東面不斷地傳來了猛烈的炮聲，知道沿浦一帶的弟兄也跟我們一般的死守着陣地，隆隆的炮聲中不時現出昏紅的火花。突然前面五十尺處起了劇烈的槍聲，前方斥候來報告說：「敵人的戰車藉炮火掩護已架輕便橋過日暉港現在正向斜土路前進……」但好久仍不見它的影蹤。後來才知道它折向車站路來抄襲我們的後路了。

十時以後總隊部命令集合全隊官兵在唐家灣訓話，同志們都誓死不肯去，寧願死在陣地上。可是傳令兵仍接連着來催促。到十一時楊中隊長才含淚命我帶隊去報到，他是決定盡忠職守不屈不撓的支持下去。我只得遵守命令，向楊隊長告別，心想且去聆取訓話後再決定一切。

深晚十一時半，全總隊除了不願離開陣地的官兵外，都集齊在唐家灣，陶總隊長很莊重簡單地說：「奉最高當局電令：社訓別動隊員于任務達到後退入租界。」漆大隊長跟楊大隊長這時都不在，第五中隊葉隊長訓誡隊員們說：「現在我們爲給養斷絕，沒有後援，除了在前方死守陣地的同志外，請大家都暫時退入租界，明天下午三時在大陸商場集合準備赴京入伍再行抗戰……」終於在一陣極紊亂的騷動下，好幾個隊員都仍回原來陣地去。我却身不由己的隨着大部份隊員在葉隊長命令下，整隊退入租界，忍痛除下了武裝，但是想不到在繳了槍之後，竟失掉了自由，被迫登上卡車送入杜美路廣場。在鉛絲網包圍中我們受到了俘虜的待遇。在漫漫的長夜裏，我們後悔着，聽着遠近傳來斷續的槍炮聲，熱血在各人的心頭奔騰着，我們是受到官長的欺騙了！憤恨羞愧交織在我的內心——早知如此，誰都願意死在南市的。（788）

南市撤退前後

梁士超（蘇醫）

早晨的天空，顯得異常清朗。南市老西門和平路上冠生園門口的尙未完成的防禦壕裏，有着我們這一班——警察大隊的弟兄，毫不懈怠地工作着。柏油、石頭、和泥土，已經在壕沿堆成了一座小山。偶然有一二顆炮彈，嗚嗚地破空飛過，有的擦着屋頂，瓦片給掃得嘩啦啦地響，聲音是那麼慘厲，但這已是我們習慣了的，我們仍然工作着。間或有幾個溜進冠生園，喝口開水，吃幾塊自備的大餅，歇歇勁。本來，從昨晚七時一直做到現在，也該歇歇了。於是我亦放下鐵鍬，走進去。

「陳班長，時候不早了，找幾個老百姓幫幫吧。」輕機關槍手老張，端起一碗茶，說完話，咯的一聲就嚥下肚。

「好！中隊部命令，限今天上午完成，你再幹一會，我馬上去找人。」陳班長放下茶碗，匆匆就走，我也跟了出去。

這地方，在平時是交通要道，現在雖然在早晨，但往來的民衆也還不少。

「諸位！請過來幫幫忙。」陳班長站在馬路中央，兩手一攔，懇求着說。

「啥事體？」民衆們站住了疑慮地問。

「請你們幫助我們掘壕溝。」

「可以，可以，同是替國家出力，我們應當相幫。」

「好！好！大家去！大家去！」四五十人一窩風地跑進壕溝。

「喂！老朋友，請你也過來幫幫忙。」陳班長向馬路旁的一個穿藍布衫褲的小伙子大聲喊。

「幫忙！我還要人幫忙哩。」

這眞出人意外，陳班長的臉紅了，厲聲問：

「你是什麼人？」

「××隊！」

「××隊？××隊有符號嗎？」

「符號！有沒有你問不着！」

「什麼？問不着？沒有符號就是冒充！今天一定要你去做。」陳班長的聲氣更嚴厲了。

「哼！他要是不做，先了揍他再說。」綽號衝天炮的小個子老徐，揎拳勒臂地在旁助威。

小伙子顯然撐不起勁來了，垂頭喪氣地，跟着二個弟兄走進壕溝。

沒有會兒，××隊長忽然帶着四五十個着便服執駁亮槍的隊士，來找我們的小隊長。聲勢洶洶地，質問小隊長爲什麼強拉他們的隊士做工，三言兩語，竟把小隊長和那小伙子帶走。

「這還行！趕快去召集人。」陳班長氣得雙脚亂跳。

經過傳令兵老馬的傳達，我們的一小隊馬上集合了——四十多個機關槍手老張首先把子彈裝好，提起槍就走，我們急急地跟着。我偶然囘頭看見小個子老徐一手拿着大刀一手拿着手溜彈，嘴裏亂駡着，連蹦帶跑地跟在排尾；壕裏的民衆看見形勢不對，便又一窩風地走了個光。

××隊部是在距和平路不遠，斜徐路上的西門浴室裏面，門口的衛兵看見我們老遠地就躲進裏面把鐵門關上，示威地放了幾槍。

「大家隱蔽！」老張首先臥倒在電線桿邊。「他們開槍，咱們也轟他媽的！」他邊嚷邊把槍口對準西門浴室的鐵門，大家也跟着各找隱蔽物，扳機待發。

「大家靜一靜，不要開槍。」說話的是西門分局的黃局員，跑得氣喘喘地滿頭是汗，這當然是距此很近的分局已先得到了消息，恐怕鬧出大事，派他來調解。

「都是自己人爲什麼要鬧呢？現在是什麼時候？你們千萬不要亂動，等我進去交涉。」

在威脅和勸導下，黃局員終於把我們小隊長要了囘來，但已受了毆傷。

「好了，你們的小隊長已經囘來了；你們歸隊吧。」黃局員向大家解勸地說。

「不行不行！他們爲什麼把我們小隊長打傷，好！我們也不要命了。」陳班長氣得額上的青筋直跳。

「不行！不行！還是轟他媽的」老張又把機關槍對準西門浴室的鐵門：

「咯咯咯！」槍口冒火了。

排解成了泡影。黃局員囘頭就跑。

「打敵敵打打敵敵！」突然，後面在響着緊急集合號。

「中隊長來啦，大家集合歸隊！」小隊長忍着傷痛，跑來招呼大家。我憂慮着剛才大家的過火舉動，將會受到處罰。走囘老西門的路中心，排成連橫隊，屏息住氣懷着鬼胎聽中隊長訓話。

中隊長，一個矯健的高個子青年，他具有勇敢的精神和敏捷的頭腦，他的名字叫鍾揚。這時候，他手裏牽着一匹雄壯的警犬，嚴厲地宣佈命令。大家方才明白前方敵軍已經渡過日暉港，奉到總隊部命令，趕速馳赴前方增防。

在興奮的空氣中，我們出發了。同時，剛才和我們衝突過的××隊，也奉到命令，跟在我們的後面。

街面靜悄悄地店舖早都關了門；路上偶然有一批批傷兵和難民經過，形狀很是淒涼。仰頭看天空，三三兩兩的敵機，正不斷地在偵察，間或放一兩排機關槍，掃射地面上的行人。同時另有許多架在西南方前線的上空丟着密集的炸彈，火光衝天，機關槍和手溜彈聲清晰地送到耳邊。

在製造局路上，我們看到馬路邊一個個被炸的彈穴，和倒坍的房屋，有的還在冒烟；火藥氣味一陣陣衝進鼻管。這裏距火線祇有四百公尺了，接據我軍派出的斥堠回來報告，前方已發現敵人，中隊長立即命令散開。敵軍却已向我們漸漸逼進，終於在二百公尺的距離下雙方開火了。我同老張伏在一處墳堆邊，這是一塊最宜於發揚火力和隱蔽的地帶，老張把機關槍對準前方興奮地找尋他的目標。

「打仗哈哈，我是在打仗了！」我這樣自豪地想。但我想到一剎那後或許會陣亡；又想到陣亡後，家裏的爸和媽會怎樣地哀傷，和朋友們會怎樣地悼念……

「咯咯咯！」老張的槍口冒着火，他正瞄準前方露出來的一頂鋼盔下的臉，但那臉登時不見了。

「奶奶的！這小子眞鬼。」老張得意地笑着。

「對好目標，等他露出來再打。」我注意着前方。

「嗡……！」天空裏又發現了十幾架敵機。

「隱蔽起來！鬼孫們的傢伙又來啦！」老張邊說着，就墳堆邊抓過幾把靑草蓋在身上，復又抓了幾把給我。

「咯咯咯！」敵機在我們頭上放槍了。

「轟轟轟！」炸彈像下冰雹，火藥和泥土濺了我們一身。同時，高踞在楓林橋中山醫院屋頂上的敵軍的砲隊，也因着飛機的指示，不斷地向我們轟擊。我們也像忘去了一切，機械地，迅速地，忙着應做的動作。戰鬥了三小時後，炮火才慢慢地緩和下來，敵機也飛開了。我跟老張正要檢查一下武器，突然一個使人驚顫的消息，傳進我們耳際：

「中隊長陣亡了！弟兄受傷亡了三十多！」

跟中隊長形影不離的小隊長帶着傳令兵氣急敗壞地奔來，悲切地告訴我們。這像一個焦雷，震動了我們每個人的心，有幾個班長和弟兄嗚咽地哭了起來。我腦海裏昏昏地泛起了一個矯健的高個子靑年，邁着英武的步子，冒着砲火跑來跑去地指揮作戰，而現在，……他已爲國犧牲了！……

「我們要替中隊長報仇！替我們弟兄們報仇！」陳班長瞪着大眼，厲聲嚷。

「不錯，我們要替弟兄們報仇，替中隊長報仇，替中華民族報仇！」小隊長激昂地說。接着又命令我們幾件應做的事。

突然總隊部的傳令兵急匆匆地跑到小隊長跟前，說是爲了保全實力，命令我們趕快退却。

「第三班掩護退却！」小隊長下命令了。

部隊開始往後方退，留下掩護的第三班，現在除了傷亡還剩下十二個人，我也是其中的一個。這時，我看到受了傷，丟在陣地裏的小個子老徐正在急促地呻吟着。我忙跑過去，把他的子彈帶解下，撩起衣服，發現他的兩肋下，被達姆彈洞穿了二個銅元大的傷口，皮肉已被火藥燒得焦黑，慘紅的鮮血從傷口流滿了全身。我趕緊把我身邊帶着的救急藥包打開，把止痛藥給他吞下，又把紗布給他包紮好，我看看我的雙手，已被血染得通紅。

「老梁，趕快走。」陳班長邊走邊呼喊我，一泛眼已跑得不見了。

我展眼望了望週圍，空蕩蕩的，同伴們不知在什麼時候退去了。遺留在陣地上的活人還有幾個，尚未喪失戰鬥力的，却祇剩下我一個。

「咯咯咯！」敵方的機關槍又在掃射了。我含着淚，迅速地把老徐的步槍和手溜彈取下，揹在身上，向他慘白的臉作了一次最後的注目。

「啊，永別了！」我嗚咽着。

當我蹣跚地走到南陽橋的鐵門口，看見了我們的隊伍時，天已昏黑，但鐵門那邊却電炬通紅，我看見前面的同伴，一個個把武器解下來走進租界，於是我也照樣地走了進去。

「咳，這多麼丟人！」老張慚愧地嘟噥着。我留神看了看所有的同伴，都是相仿的表情。

「老鄉，這沒有關係，你們暫時退到租界裏，保存實力，將來還可以報仇的。」一位華捕跑過來安慰。

嘆息和咀咒的聲音交成一片。我們站在鐵門裏，等待着捕房汽車來裝我們去。另有不少攜着棉被和包袱的難民，却擠在鐵門裏的鐵絲網那邊，等待着一個個進去。在饑乏交襲下，我在人叢中木立着，驀地又想起了家，家住在租界距南陽橋不遠的一個角落裏，家裏的爸和媽正不知怎樣地在掛念和憂慮着我。我又想到了以後的自由，以後的工作……想着想着，一個奇怪的念頭啟示了我，我偷眼了瞧瞧週圍，不動聲色地離開了這許多同過患難的同伴，擠入了難民羣中，偷偷地把上身制服脫下，丟在路角，用力擦了擦手上的血。正在打算怎樣混進去，忽見一位我們一同進來的老婆婆，攙着一個小孩和其他的幾個難民往鐵絲網外擠，我忙擠過去喊：

「老媽媽，我來替你抱小囡。」

「謝謝儂，伯伯做好事。」老媽媽把小孩交給了我，便這樣在巡捕們的監視下，僥倖地走過了鐵絲網。把老媽媽和小孩送到離她們的親戚家不遠的地方之後，便回到了家。

爸媽和其他的隣居們，正在陽台上向着火光衝天的南市遙望，媽一眼看到我時，禁不住呼喊出來：

「啊！××，你回來了。」

「是的，回來了。」

但我的心立時跳出一句問話：

「回來了就不再出去了嗎？」

◆ ◆ ◆ ◆

就這樣退却了（廿六・十一・十二）

黃 旭（銀行界）

——紀念鬥爭中的伙伴——

一九三七年冬，閘北給魔火燃紅了。

整個大上海在騷動着，每一個不願做奴隸的人們都握緊了拳頭，憤怒的火强烈地燃燒着；但是在緊張嚴肅的南市，燦爛的青天白日旗依舊在明朗的陽光下輕輕地飄揚着。

這天天氣十分寒冷，十一月的北風往黃浦江上吹來，使人感到有點顫慄。

明挺起了胸脯，毫不畏冷地站在沙袋邊，他是我們團裏最年青的一個，他只有十九歲，然而他很勇敢很機警，他加入團來還只有一年，但是他的打靶已經很出色了。

傍晚的陽光在那重重疊疊的沙袋上把明亮的槍刺映得非常的耀目。

突然路角轉出一個年輕的女郎，她手裏拿着一隻米袋，倉皇地望了一望，便想穿過那沙袋堆跑到對街去。

「口令！」我本能地叫了一聲，那女郎便立刻站住了脚步。

「噢，是你，人也給你嚇死了！」她微笑着對我說。

「現在是什麼時候，你還跑出來幹嗎？」我認識她是轉角矮屋裏那個老婆婆的女兒，我每天在這兒站崗，老是碰着她，所以我們便認識了。她是一個窮苦的孩子，沒有受過高等的教育，但她很知道愛國，她每天要來打聽前線的消息，但是今天形勢特別緊張，所以不得不嚴厲的警告她。

「沒有法子呀，米吃完了，媽媽又病了，吾想到對街去糴一點米。」

「到那裏去糴米？什麼店都關了！」

「那怎麼辦呢？」她着急地跺着脚。

「這只怪你們自己，我叫你們早些走，怎麼到現在還留在這兒？」

「走？走到那裏去呢？沒有錢，租界上又沒有親戚，媽媽又是任性，她說死也要死在南市，叫我有什麼辦法呢？」她顯得十分的懊喪。

「那住在這兒不是太危險了嗎？」

「那也顧不得性命了，媽媽叫我獨個兒逃，你想我怎麼捨得媽媽呢？」她痛苦地說。

對着這可憐的苦孩子，不知道怎麼對她說才好，我不覺深深地嘆了一口氣。

半晌，她忽然興奮而又帶點天眞地問道：

「現在情形究竟怎麼樣了，今夜不會有什麼事發生嗎？」

「這也難說……」

「老王跟娘兒們多嚕囌什麼，快蹲下，你瞧，東北角上不是有一大羣飛機來了嗎？」

明—突然直着嗓子嚷了起來，我連忙抬起頭來向東北望去，眞的，在那白雲深鎖的天空中有十數點黑影在蠕動着。

「快走！」吾催促她，「今天可不要再出來了，外面危險得很。」

她點了點頭，像飈燕似的轉身走了。她走了幾步，忽又回過頭來，用手攏着嘴巴喊道：

「喂！老王，你們撤退了，可別把我忘了，我要跟你們一塊兒去打東洋鬼子的。」

這時天空已充滿了軋軋的聲浪，幾隻飛機在吾們頭上打了幾個盤旋之後，似乎目標不在這兒，便向南飛去，接着轟然的爆炸聲便連珠似的響了起來，頃刻間黑烟瀰滿了天空。

明—咬着牙，恨恨地說道：

「媽的，咱們的高射砲怎麼不發威？」

「聽，那不是砲聲嗎？」我說。

「媽的，那是東洋兵艦上發出來的。」明—的聽覺特別敏銳。

飛機瘋狂地炸了幾個鐘頭，便慢慢地消失在黑雲中了，那砲聲卻愈來愈猛烈。這時黑暗已佔領了大地，砲彈、槍彈、和信號彈在天空中織成了一個大網，運輸車忙碌地穿過我們保衛團的守防線，直向那警察大隊守衛的第一線駛去。

隊長給我們的命令是：「沉着，不要亂放子彈！」但是我們這一羣守衛着的年青人的心，都緊張得要跳出胸口來了。

突然浦江中起了一陣卜卜的聲波，幾十隻汽艇在砲火掩護下飛快的駛來，於是我們的機關槍便像狼嗥似的叫起來了，射手們的槍刺上冒着烟，吶喊着，嘶叫着。

「卜卜卜……」在密如連珠般的掃射下，那些汽艇有的翻了身，有的便倉皇地向後退去。

敵方的大砲好像更加憤怒地狂吼着，在我們四周，砲彈夾着泥土飛舞着。明—瞄準槍口，放了幾鎗，把胳膊碰了我一碰說道：

「老王，打呀，這才再痛快沒有了。」

說着，便接連放了幾槍。

「老王，老王！」突然一個尖厲的女人聲音大聲地嚷着，我回過頭去，看見那老婆子的女兒急促地向我這兒奔來。我連忙向她搖手示意，但她好像沒有看見，仍舊沒命地奔來，嘴裏還大聲嚷着：

「老王，給吾一支鎗，我也要打東洋鬼子呀！」

看着她快要走近沙袋了，突然一個開花砲彈在她的身邊落了下來，砰然一聲，我連忙臥倒地上，等我抬起頭來，那滿懷着熱望的苦孩子已不知去向了，只看見一個殘缺的肢體遠遠地抛在牆角邊。我的心好像在一片一片地撕碎着，汗水和着眼淚從嘴角上淌了下來，我正想蛇行着去拖她的屍身，忽然明哎喲的一聲，回過頭去，明按着胸口倒了下去，我連忙爬過去把他抱住。

「怎麽啦？明！」

明沒有回答，他的眼睛睜得滾圓，掙扎着要坐起來，他的手顫動着，喘着氣說道：

「老……老王，你不要管我，快放鎗，打……打東洋鬼子」！

血從他的胸口汩汩地冒出來，我扶着他的頭，心裏又熱又難過，我不自主地悲聲連喊：

「明！明！……」

突然他使勁地往後一仰，嘴裏噴出一大口血，便瞪着眼睛倒下去了。

就在這時候，一片吶喊聲沸騰起來，第一線上的警察大隊像潮水一樣的退了下來，隊長嘶啞了嗓子大聲嚷着：

「打呀！不要退！」

但是這一個命令不能壓住弟兄們的慌亂。前面的警察大隊一退，後面我們團員的陣線也擾亂了。

雜在騷動的人羣中，我像一個亡命者似的狂奔，法華交界處都佈滿着鐵絲網和沙袋，於是我敲開了一家在交界處的商店，我容忍了最大的侮辱，脫去了那染着血汗和淚的軍裝，我像幽靈似的走進租界，回過頭去望南市，牠已經給戰火燃得通紅了。

這是一個多麽難忘的日子呵！九個月後的南市已成爲豺狼橫行的世界了！想起了勇敢年青的明，想起了那滿懷着熱血的貧苦的孩子，想起了那在鬥爭中英勇地死去的伙伴，我感到縱然週身長滿了嘴巴也說不完我的悲傷和惆悵。

何日再見那光明燦爛的青天白日旗飄揚在南市的天空呢？這是每一個不願做奴隸的人們深深地渴望着的。（346）

南市陷落的回憶（廿六・十一）胡堪非（廿四 無業）

——一個警備隊隊員的日記——

從十日天黑之後到十一日天亮以前，我們的任務是將舖得好好的一條新橋路，掘成一條八尺深一丈寬的濠。我們雖然在前晚（九日）跟今天一樣地在日暉港的東岸工作過八九小時，昨天更被敵方不惜工本的送來一千多枚炸彈和炮彈，鬧得人不能入睡，但我們却絲毫不覺得疲倦。

四週是一團漆黑，和死一般的沉寂，祇有百幾十把鐵鏟、鶴嘴鋤和石塊碰撞的聲音。每個人都認眞地工作着，希望在天亮以前，完成這條有軍事意義的溝。照例是每一小時換一次班，下班的將傢伙交給上班的，然後坐在街沿上，靠着人家的牌門板休息、喝茶和低聲的談笑。可是淒寒的夜氣襲着被汗水所濕透的衣服和軀體，迫得人老是打着寒噤，於是不待時間到，就搶着換班。後來索性不顧下班了，派人向第四中隊借了些工作器具來，大家一齊工作。

本來中隊長答應給我們點心吃，不然是稀飯，但米已經吃完了，就是最後的半袋糯米也做了昨天的晚餐，廚房裏祇有幾十斤山芋。好，就是山芋罷；可是老不見送來，每個人都咕嚕着說中隊長騙人。

東方的天空，從魚白色變成各種筆墨所不能形容的美麗顏色，終於一輪黃黃的冬天的太陽在爛爛的雲彩後面探出頭來。我們的溝還祇有六尺深，可是日機開始活動了，中隊長來下令停止工作。我們背着工作器具，張着紅紅的枯澀的眼睛，拖着疲憊的身軀，先回斜徐路的市房裏休息。

剛閉上眼，聽得隔壁人聲嘈雜，中隊長的罵聲，伙夫頭的求饒聲，鬧做一片。我過去一看，原來伙夫頭因爲自來水斷了，所以沒把山芋燒好送到新橋路來。中隊長就罵他沒有水爲什麼不去找井？爲什麼不來報告？讓一中隊人又餓又冷的在工作！中隊長親自動手，把他按在地上，用扁担打他十下屁股。伙夫頭就摸着屁股去找井。等了會，一大鍋熱騰騰的山芋湯送來了。我根本不想吃東西，祇想好好的睡一會；但想到今天已斷了水和米，這次山芋吃了之後，不知什麼時候才有東西吃，所以也胡亂的吃了一碗。

睡的福氣實在太差了，八點鐘大隊部來命令說：日方已開始總攻，這裏不能久駐，我們是預備隊，該移到唐家灣去聽候命令。

上午十點鐘，我們就開始移動，駐紮在唐家灣小菜場附近新永源南貨號裏面。第一小隊佔領舖面，我們是在樓上。雖是三開間的房子，但是又低又暗，再加放着許多藏海味的缸和罈，發出一陣陣令人作嘔的腥臭，但這時候也顧不了這許多。大家把槍子彈、手溜彈、鋼帽和背包放下，鬆一下身子，舖開毯子，預備好好的休息一會。特務長喜氣洋洋的進來告訴我們說：已向大隊部領到了一袋米，一袋上好的白米，而且伙夫也找到了一缸水，已在下面開始造飯，預備給我們痛吃一頓。菜也不錯，一個大白菜一個黃荳芽。我們聽了，都覺得很欣慰。

我的手錶上正指着十一時，中隊長急急地跑進來，大聲地說：「日軍的坦克車已在烟幕中渡過日暉港，你們趕快全副武裝起來，裝好子彈，在三分鐘之內，集中下面三處沙包內，聽候命令！」這小小的屋子裏，空氣頓見緊張，我們很迅速的結束停當，把子彈上壁，提着槍奔下樓梯，衝出店堂，在平濟利路鐵門對面的沙包裏架好了槍，把手溜彈安放在順手的地方，張大了眼，望着通斜橋的一條路上，預備給敵人一個重大的打擊！

這時砲火益發猛烈了，機關槍和來福槍的叫聲，也一陣緊一陣。馬路上的一切，紛亂達到極點，男的、女的、老的、小的、人力車、破舊的傢具、箱子、包裹、舖蓋，還有幾頭乳牛，像潮水一般的從斜橋方面湧過來。一片叫喚、哭泣的聲音，搖撼着每個人的心靈：「東洋兵來了！」在這種尖銳淒厲的叫喊中，一批批的貧苦同胞：（有錢的當然早已走了，留到今天才走的，不用說，都是沒有法幣，和拿不出法租界房捐收據的可憐蟲！）在我們面前通過，接着便是五十五師的砲隊退下來，在我們不遠的後面，佈置陣地，這證實了敵軍的進展。

馬路上的人走完了，只有幾個連絡兵在人行道上來去。砲彈、炸彈、手溜彈、來福槍、和機關槍，合奏着雄壯熱烈的調子，時間也在這槍砲聲的罅隙裏慢慢地溜過去。十二點鐘，一點鐘，二點鐘。二點鐘了，在早晨七點鐘，吃了碗山芋湯到現在，沒有東西進過嘴，肚子裏覺得有些不穩了。小隊長到中隊長那兒一問，原來伙夫剛要做飯，中隊長吩咐說：敵軍已渡河了，趕快移到西門京江公所去！這班跟我們一樣沒有戰事經驗的伙夫老爺們，就慌做一團，七手八脚的把水傾去，打了火熱的大鍋子，和半生的米就走。誰知到了京江公所，一滴水也沒有，於是一鍋上好的白米飯，也就無福消受了。

等了會，中隊長派人送來一堆黑棗，和一方跟黑棗一樣黑的烘焦的蛋糕。這黑棗是前幾天向大隊部領來的人家送的慰勞品，一直放在中隊部沒吃，不料竟在今天作爲我們的午餐；焦蛋糕却有些來歷不明了。小隊長坐在地上分蛋糕，並且細心地數着棗子，先分做三份，再由班長分給我們，每個人分到五個黑棗，和約摸二立方吋的蛋糕。不上一分鐘，就全部肅清了。雖不能說飽，胃裏可舒服得多啦！

五點鐘，支隊長、西門分局長、和政府代表等，出來巡視。支隊長就在我們沙包外面，說了幾句勉勵的話，還指示我們一些作戰的機宜。

槍聲、炮聲，還是不斷的怒吼着，傳令兵又來啦，說：敵人的坦克車已到達霞園路口，離開這裏不滿九百米突，第二中隊已在拚命，不久就要輪到我們了！鬆馳下去的情緒，突然又緊張起來，三月來殺敵的宏願，快要實現了，各人都抖擻精神，摩拳擦掌，準備像平時所唱「救國軍歌」中「裝好子彈，描準敵人，一槍打一個，一步一前進！」那樣地幹一下！

冬天的日子眞短，敵人的坦克車沒有來到以前，夜倒來了。法租界的路燈亮了，白天所看到陸家浜路一帶的濃煙也變了一個個通紅的烟頭，中間還有炮彈的火光，一閃一閃的亮着。又是晚飯的時候啦；可是我們的晚餐呢；祗有天曉得。法租界鐵門裏面，遠遠的站着許多同胞，疑慮地望着我們，像在擔心我們的命運。不久，果然有人買了幾元錢的麵包、橘子、大餅、和油條，教法租界的巡捕送來，我們就毫不客氣的大嚼起來。一整天沒喝水了，再吃這些吸收唾沫的東西，格外覺得口渴，幸虧我水壺裏還有一品脫光景水，就讓大家喝了個痛快。這壺水還是十一月六日裝的，那時國軍還沒有棄滬西，隊伍裏謠傳着調我們往蘇州去，所以我就裝了壺水。本來預備在征途上喝的，想不到在五天之後，還是在上海給十多個弟兄解了渴。

少年英俊的中隊附，可眞不錯，在三處沙包中來來往往，跟我們說笑，還鼓勵我們，說敵人來的時候，別慌，無論如何，我們今天好好的幹一下！中隊附本是我們的軍歌教授，平時我們只欣賞他雄壯的歌聲，但今天我又認識了他跟軍歌一樣雄壯的勇敢的性格。

時光在槍炮聲中一點一點的過去，可是我們的敵人，終始被阻在陸家浜路的南面，使我們沒有開槍的機會。法租界當局，派了幾個法國巡捕，和中國巡捕，來勸我們繳了械，退入租界，我們緊握着槍，對他們搖搖頭，笑笑，表示拒絕，又表示感謝。

中隊長來啦，說：「我們無論如何，至少得支持到天亮，準備在唐家灣小菜場的頂上，升起國旗來，讓租界裏看看我們南市孤軍的成績！我們想到四行孤軍光榮的一幕，認爲支持到天亮，是最低的要求。」

九點半，支隊部的傳令兵帶來一個命令：我們隊伍帶到西門京江公所後面候命。我們排了隊，走到目的地之後，呆呆的站着。心裏覺得莫明其妙，不知支隊長胡蘆裏賣什麼藥。後來第二、三、四、中隊的隊員，也都從前線陸續奉命退了下來，跟我們站在一起。支隊長立在馬路中間，向我們演說：「軍人有二個天職：一個是守土，一個是服從。本來，南市是我們的墳墓，我們守土有責，應該在這裏跟敵人拚命，不問有沒有後援，得死在這裏！可是，剛才委員長來了個電報，說我們孤軍保衛南市，已有兩天，如再繼續死守，一定把許多優秀的國民，白白的犧牲掉。你們都是有智識、有職業的青年，實在不忍讓你們在這裏作沒有價值的犧牲。所以命令我們將槍械繳給法租界，退入安全地帶，留着有用的身體，作將來報國的準備。最高當局已和法租界接洽妥當，南陽橋的鐵門，不久就會開放。這和我的志願，當然是相反的，而你們聽了這命令，心裏一定也很難過。可是服從是軍人的天職，不能違反。請你們體念政府憐才的厚意，不要執拗才好。」支隊長說話的聲音有些哽澀，我們聽了，緊緊地抱着槍，覺得這「寢食與共」了三個月的「軍人第二生命」沒有殺過敵人，就要送給法國人了，有些黯然，更覺得有些對不起這桿槍。小隊長撫摩着嶄新的盒子炮，低頭太息。在這淒楚的沉寂中，支隊長又加上幾句：「這時警察大隊，正在前面抵抗，掩護我們退却，這是我們應該向他們致敬的。但假若在我們沒完全退入租界以前敵人已經到了我們面前我就得請求法租界把鐵門關起來，讓我們有一個最後的機會跟敵人拚一下！」

十點半，南陽橋的鐵門開了，我們排了隊，最前面是五十五師，接着是警察大隊的一部份和便衣隊，最後才是我們警備隊。在鐵門口無可奈何的把槍、子彈、手溜彈、鋼帽、背包等繳了，才跨進所謂安全地帶的租界。白爾路上排着十多輛垃圾汽車，有幾輛已坐滿了同志有幾輛還空着，我正在遲疑的當兒，路旁瞧熱鬧的同胞，低聲的跟我說「別坐車子，趕快走啊！」我就往安納金路的暗處一躲，在巡捕視線的角度以外，叫了輛人力車回家。

這時已十一時一刻了，我一敲門，母親就在樓窗口顫巍巍地探出她鬢髮蕭疏的頭來：「堪非，是你嗎？」她的聲音含着喜悅的顫抖。

人委實疲憊極了，向母親約略講了幾句之後，就在母親對面的床上，作虹橋事件以後第一次的安睡。（707）

南市孤軍末日

歐陽碧柳

大上海自我軍向西南移撤，南市就成爲孤島上之最後一方國土，我軍事當局決本最高領袖與政府意旨，故嚴令五十五師張旅，會同警察總隊及別動隊，繼國軍之後，固守淞滬之最後一方陣地，雖剩一卒一彈，亦必抗戰到底，不使日軍輕易占領大上海。日陸海空軍乃於十一月十日起，向南市總攻，投彈百枚以上，發砲不下千發，我忠勇將士，猶死守陣地，卒因力盡糧絕，巳奮鬥至最後階段，乃於十一日晚，由軍事當局下令撤退，然仍有少數部隊願與陣地共存亡，作最壯烈之犧牲。本文即大上海最後一戰的回憶。

轟！轟！轟！日機在濃霧裏做着他們的工作，雖然是已經早上五點多了，可是天空裏飄着陰慘的細雨，一點亮光也沒有。

「轟他媽的有本領，敢飛得低一些兒，老子不打你下來，不叫老張！」一個三十五六歲的士兵張老二，昂着頭，只顧向天亂嚷。

「小李，小李，小……李」我呼着我的部下李明德，可是他臉終不掉過來，逼得我愈呼愈高。

「哦！劉班長，對不起，炸聲實在太高了，聽不淸。」李明德回過頭來，向我來了一個敬禮。

「別敬禮啦！咱們今天晚上，一準都要殉國，你留點勁兒，去給總理敬禮吧！」我一邊說笑着一邊走向小李這邊來，指着老張笑道「小李你看老張這呆子，又在向天搗鬼啦！」

「他自從家裏親媽被炸彈炸死後，每天連說話也是這樣不倫不類的上陣時，老是這樣大剌剌地的也不知避避彈片，可是幸運眞好，從沒掛過一點彩，但是今晚要……」小李的聲音，有些抖動得低微了，這不能怪他，他在我這班裏年紀最輕，又是一個新兵，這種絕援的孤軍，他還是第一次遇着！

空氣裏散着炮彈的烟霧，黯黑的天，配上那不爽快的細雨，步槍子彈飛過來噓呀噓呀的，有點像鬼叫，使我們眞够悶氣！要不是我們心裏存着那股爲國拚死的勇氣，不免終有點胆寒，我們大軍昨晚十一日就奉令撤退了，只有我們這連被圍的將士已成爲永久絕援的孤軍了！至多挨到今晚，死神就要降到每個人的身上。

我叫劉明，可是部下終是叫我劉班長，這班裏有十二個弟兄，現在除了張老二，李明德外，祇還剩了朱小牛，王阿根和那愛衝鋒的程老三了，其實我們此刻全連也不足七十個。

「劉班長，劉……」

「誰？？！誰哦……！阿根，小牛，你二個。」我掉過頭來。

「老三嚷着口渴，要開水，其實我們二個也有些口渴了。」

「哦！水嗎？水道早已斷了，你們準備着飲日軍的血吧！好在明天，不但是我們第二排，即是全連也都不再會喝渴了！」

我方才打發他們二個去，即好像有人在拍着我的肩，我急掉過來一看。「哦！王排長」我立刻立正敬禮，還是我們的軍紀，即使全軍將要覆沒的時候，也是這樣的。

「連長因爲現在弟兄已不滿七十個了，不得不把蘊家浜路以南車站路以東的全線，稍稍後退，令我們第二排，退到那座三層樓脚下的新陣地，嚴待日軍的衝鋒。」王排長命令式的對我說。

「是！」我退了下來，這是軍隊裏的紀律，下級對於上級只有這一個字；我們就同了隔壁朱班一同慢慢地移入新陣地。

這座高樓，我們來時還有門，有窗，現在可糟啦！粉白的牆壁被炮火燻得像人家的灶披間，東邊大門已倒在一邊，還有後門，添了好幾個砲洞，我就叫阿根小牛拿挺機關槍架在這二樓的炮洞口，因爲三樓上牆壁已剩了一小半，就把這二樓暫作高地吧。

「劉班長，你的盒子炮裏的子彈不是不多了嗎？我送你。」明德笑着過來。

「又不知是那個死人身上偷來的，謝謝你，這是我的第二生命。」我笑着接受他。

呼……哄呼……哄！威力的炮火，似乎把一切細小的炸聲都壓服了，炮火閃閃爍爍地在陰沉的悽雨裏狂飛，這還是十一月天氣，要是嚴冬，更怕人。

「老張，伏下去！快伏下去！」我急呼着，老張還是蹲着呆看那飛機指揮炮火向我們半淞園附近陣地猛轟。

又過了五分鐘，轟得更利害啦！那零碎的制服片，時時會飛在我們的臉上，壁脚上貼着半隻指頭，誰知道他還是手指還是脚指。

日軍的砲火漸漸抬高了，經驗告訴我們，日軍的坦克車隊，又要來一次衝鋒了。

一輛，二輛，三輛，……快衝進我們的陣地啦！可是砲火還不斷地炸裂。

一輛，二輛，三輛，……更近啦！老三這時有些耐不住了，蹲着身子，想衝出去，慌得我連忙阻住他。

又過了一分鐘，他們已在我們射程裏了，王排長這時才下攻擊令，機槍咯咯地發揮牠的威力了，步槍去溜彈一齊向那蠢動的大爬蟲，開過去擲過去！

一個多鐘點的衝鋒，敵人終於被我們擊退，日軍被我們炸燬了二輛坦克車，可是我們的損失也不少，陣亡了一個排長，三個班長，士兵的犧牲更不少，多半是犧牲在砲火炸彈下，最可憐是那受了傷的弟兄也只有白着眼等死，因爲這時莫說紅藥水，黃藥水就是白開水也沒有。

現在二點多了，我們都不想吃午飯，就是想吃也沒有。

「小劉，朱班長已陣亡了，你這一班也祇剩了五個弟兄，你可兼帶着那班吧，等一刻兒連長就要來視察了。」王排長對我說。

「是」我卽應了一聲，其實眞可憐，二班的弟兄也不滿十二個。

雨還是那般淒微，隱約傳來傷兵的慘呼，砲雖是稀了，可是沒有停止過。

「劉班長，我下次一定要衝了！」程老三對說我着，似乎怨我方才阻止他。

「對啊！我們都願衝！」他們都這樣嚷着。

「我也這樣想，雖然衝不出去，終比餓死渴死要好些，好在連長就要來視察，一定有一番重要的訓話。」我表同情的答着。

可笑那阿根，聽得連長要來視察，把肚子挺得比胸部還要出。

殼咯！殼咯！……一陣皮鞋聲，連長跟在王排長後面來了，黯黑的臉皮，眼眶更深陷了，可惜阿根小牛同另幾個弟兄都有工作，祇能側着耳朵聽連長視察了一下，卽開始向我們訓話了：

「弟兄們，我們這被圍的孤軍，在數次攻擊後，祇剩了五十多個，水道早已斷絕，煮飯也沒水，最可喜的弟兄中從沒一人生過異志，出過怨言，這就可以表現我全連的忠勇！中華民族偉大的人格！弟兄們！」連長叫得更有勁，握住每個人的心頭，不容我們回口氣：「今晚是我們孤軍的末日，傍晚我們就要全軍反攻，與其是彈盡被俘，不如衝出去，找我們的代價，日軍的陣地就是我們的坟墓！弟兄們！努力呀，努力！願你們最後一點赤血灑在大上海最後一塊陣地上！灑在淞滬最後一方國土上！」

這一番的訓話，更加强了我們的意志，下午三點半鐘了，雨還是慘凄氤氳，砲火又密集了，這時高地的機槍都已取下來伏在地上，所有文件和一些沒用的碗筷等都已燬了，只要反攻令一下，我們都得衝出去！

砲火有些稀了，我們都握緊着槍柄，等，等我們的反攻令！

衝！衝殺！……反攻令來了，王排長首先衝出去，我們也都立刻衝了出去！大砲，機關槍，手溜彈，手槍，步槍，和一切的聲音，打成一片。

衝！衝！我們衝過原有的陣地，我們好像一羣殺人不眨眼的魔王一個年輕的日兵，也沒有看清我的面目，就被我一下打倒了，老張也追上了一個中年日兵，慌得那兵士掉轉身子，把槍兒高舉，可是，沒用！給老張一刺刀郎裂開了肚子，其實，我們用不到俘虜，須要的是代價！

咯！咯！咯！日軍機槍的火舌，正向我們掃射，老練的老三賞了它二個手溜彈，才止住了它的吼聲，可是三四秒鐘裏頭，已傷了我們三個弟兄，同時小牛阿根也把機槍回敬了他們一陣，最可怕的是那第三排的馬班長，掛着腸子，還是朝着前猛衝！

「第二排！向左衝！向左衝！」連長在後面一個砲洞裏指揮着，可是以後我就不聽得他的呼聲了。

我們這二班裏的成績，還不差，就是胆小的小李，也沒一些恐懼，其實，恐懼就是那些沒有代價的寃死鬼！

機槍聲，大砲聲，炸彈聲，以及一切的聲音，都在傍晚時，漸漸地輕了，漸漸地輕，漸漸地輕，而至於靜！也許還有二三聲傷兵的慘呼聲。

十三日的早上，上海租界區域的市民，在報上可以看見這樣一段記載：「本市消息！南市陸家浜路以南車站路以東，至半淞園附近一帶，另有我守軍一部，約數百人，仍與日軍艱苦抗戰，日軍除用重砲轟擊外，並以坦克車爲掩護，數度向我衝擊，我軍咸抱與陣地共存亡之決心，皆據高樓以機槍掃射，惟日衆我寡，至昨日傍晚，已不開槍砲聲，殆已全部殉此最後陣地，而我大上海遂完全淪陷日手。」（587）

離別了南市

管克非

十一月九日，離偉大的抗戰紀念日三個月差四天的晚上。我們這一羣照例在中隊部吃了飯，回小隊部——方浜路一個皮貨局的店堂。名義上我們還是一小隊，其實連小隊長在內僅有九個人；回想到在抗戰剛爆發時參加者有四十多個；如今除了小周被調往首都受訓，老林犧牲了之外，其餘絡續逃跑，只剩得我們這生死與共的八個——老吳、黃、林、蕭、包、顧、王和我。追憶當日綺盛的狀況，眞不勝有今昔之感！

天還早得很，日間給飛機轟炸聲鬧得不能片刻安穩，如今可略安定點了。小隊長不知什麼時候出去了，王也像沒籠頭的馬似的到處奔跑；顧被派在門口站崗；我們這幾個，聚居在一間小室內，外而不時傳來轟轟轟的炮聲，和軋軋軋的機槍聲，但聽慣了，似乎並不感到怎麼樣？黃林蕭包他們四個很安靜的閑坐在一條毯子上打撲克；老吳分開了兩隻脚，仰天睡着抽烟。我呢，正在讀一份剛購來的抵抗三日刊。

突然，一陣急遽的皮鞋聲，打破了周圍的平靜。

「喂！曾隊長呢？」是中隊部的傳令兵。

「出去了。」我按住書，仰頭回答着。

「今天口令是『歸來』，特別口令是『鐵血忠魂。』」他叮嚀着說。

「唔，」我却毫不在意地的回應了一聲。

「你們是第×隊，今天晚上九時開往土山灣大隊部集中。」他將要出去；突然重記起來似的回過來說着，說完，橐橐橐的出去了。瞧他出去了，我的目光重落回書上。

「呸！真活見鬼！」包忽然停住了手中牌，吐了一口氣說：「才住得比較舒暢些，又要調動了。」

「矮脚狗（註）呢？土山灣不將是再前線麼？媽媽的！開去送死！老子不去！」黃挺了挺身，睜大了圓眼珠大聲地說。

「老黃！那不是這樣說，這可以說是我們再好沒有的機會。況且當軍人的應該服從。」我也停止了閱書，抬起頭來，對黃溫和地說。

「服從！服從他媽的命令！老子偏不去，把我槍斃好了。有本領把開小差的都抓回來槍斃！」黃漲紅着臉，大聲地和我爭執。

「唉！老黃！這三個月來我們是爲了什麼？我們不同於逃跑的是什麼？這是我們顯示與他們不同的機會，不能做功虧一簣之事……」

「好！老夫子！你一個人去好了。」他霍地立起身來，大聲着說。

我知道他氣性不好，立刻停止了對他說話；重復把目光轉到書本子上。但思想已把我從書本子上拉了出來。其實這也難怪老黃。想到小隊長，想到三個月來生活狀況，想到一切的一切，禁不住默然了。

這樣的工作是救國工作麼？這樣的生活是衛國者生活麼？每日是吃飯、拉屎、睡覺、放哨、聽中小隊長不三不四的糊塗訓話。本來是一羣有思想，有熱情，勇敢活潑的青年，三個月來，給這猪般生活，磨成了一羣不折不扣的無知大兵；物質待遇固然不好，精神上食粮也不易得到；報雜誌既難購到，況需要自已出錢。想起小隊長，眞够令人氣，不知在那裏當過幾個月兵，對國家也沒有深切的認識，只知道稍息、立正、蔣委員長、服從。像這樣的人，居然也來神氣活現的教訓我們。進出還時常要叫人護衛。我們呢？只受過三個月稍息立正的訓練，非但瞄都瞄不準，連槍都放不像樣。既不繼續受訓，根本就上不來前線。出了錢買監牢坐，直怨亦是活該。懊悔當初貿然的加入，反不如做些宣傳救護來得切實些。

「管外灘去好不好？」老吳突然坐起來，若有所思地說。

「好！」我也站了起來，整了整衣服，縛上子彈帶，背上槍。天色顯着陰暗，砲聲也比日間密集起來；仰望天際，半面被炮火燒得通紅。外灘一羣黃制服——保衛團，和黑制服——警察的武裝同志，正在作守土禦侮的工作，機槍聲不時的吐出軋軋軋的聲浪向浦江中放射。第一隊的范隊長和馬排長正在忙碌地指揮，打過了招呼，伏在沙包後瞧着。突然在滾滾的黃水翻騰中，有幾隻烏黯黯似的東西在浮動，范隊長發了一個命令，我們的機關槍連珠似的軋軋軋地叫着，我們也取下槍，毫無目的地向浦江中放了一排子彈，那幾隻東西逃了回去。

「夜涼得緊！管好回去了。」吳對我說。

「好！」向馬范等告了別，在暮色蒼茫中，默默地歸來。陣陣寒風使人感到寒戰。我們默默地一前一後的走着。

「咳，管……」吳突然嘆了一口氣。

「什麼事？」我立停了，回過頭來問他，他又默然無言，又走了幾步。

「管，矮脚狗今天恐不回來了吧？」過了一刻，他又說了。

「老吳，你該負一點責任，你是中隊附呀。」我嚴厲地說。

「老黃也不好弄得很？」他問非所答地說。

「黃嗎？沒有關係，他倒很直爽，只叫一繳就行哩！」

「矮脚狗今天不來怎樣辦？」他又詢着。

我們可不能忘了人家付與我們的使命，我們不能白吃了三個月的飯。」我昂然地說着。

「嗯！我想……等矮脚狗歸來再說吧！」他呑吐地說。

踏進了隊部，他們幾個點了支洋燭，仍在打撲克。矮脚狗還沒有來。叫蕭替顧換了崗。

時間像烟般地過去，九點也過去了，矮脚狗還沒有來。他們仍在打撲克，誰也沒有預備起身的模樣。拉了張毯子剛想睡。突然，一陣急遽的脚步聲，王拉着蕭一同進來，慌慌地說：「不！不好了！龍華失守了，徐家匯也岌岌可危。」

「啊！怎麼樣？」吳在地上直跳起來，大家全站了起來。

「中隊長也走了，我剛從中隊部來，滬西的公訓隊全退回來，他們也解散了。」他補充着說。

怎麼辦？大家面面相對着。「走！」林蕭和黃同聲地說。

「也好。」我微微點了一點頭，嘆口氣說。想到了避免無謂的犧牲，只好這樣做。況蛇無頭兒終究不行。但目光注視到槍上，我又說了：「槍，我們不能把牠白丢，趁現在到租界上也不能去，掘個潭把牠藏起來。」

「好！」大家全贊同了，但藏到那裏去呢？

「藏在你們的行中吧！」我想了想對包說。

「好。」大家也贊同了。於是七手八脚的拿了鎚，跑出隊部；「轟轟轟轟！」炮在怒吼。「軋軋軋軋！」機關槍也在狂叫，火花在天空中迸發。我們匐伏着到了包的行中，敲開了門，在棧房內看好了地位，先用鋤頭刺刀把地板撬開，再用鏟掘呀掘的，大家拚命掘着。汗從面上滾下來濕透了內衣，兩手全是泥，大家忘了疲勞，拚命地掘着。突然，轟的一聲，接着擦冷冷的玻璃碎聲。一顆炮彈落在門外街上爆發，大家全都嚇得滾入泥坑中，等了一刻，瞧瞧沒有動靜，才慢慢地爬起來再掘。又掘了一個多鐘頭，看看差不多了。「好了！好了！」我發令停止了他們的工作，一件件把槍、手溜彈、子彈全放了進去，包正想把泥推好。

「慢！」我喊住了他。瞧了瞧身上制服，慢慢地把牠脫了下來，拿在手中說：「槍是我們的至友，三個月來朝夕相共。如今被遺棄，要埋葬了，可不能不留一點紀念。譬如我自己把制服殉葬，願他們永遠相共。」說着，淚奪眶而出，我把牠覆在槍枝上。

他們全照我這樣做了。再動手把泥推好扒平，再把地板蓋了上，釘好。出來東方已現着魚肚白色，門已被震壞，炮聲也稀了些；馬路上被炸起了一個大潭，幸運得很，假使偏過來一點，那就不得了啊！回到隊部，把一些捨不得的衣服打了一個包，其他全拋棄了。候鐵門開放，我們這一羣軋在難民當中，在法捕白俄的監視下，軋進了鐵門。

「再會吧！南市。祝望你平安無恙，以舊日的姿態，再和我們見面。」我踏過了交界的鐵門，頻頻地回頭，對南市遙視着，二行熱淚滾下了我的兩頰。

（註）矮脚狗是我們給小隊長公起的綽號。

撤退楓林橋（廿五・十一・九・報告三篇）　孟　先（紅十字會）

一　日暉港在煙火中

一驚醒，砲聲緊緊地密密地奏着。一被震驚，再也無法入睡。窗外依然是一片黑暗。在帆布床上翻來覆去的我，眼巴巴等着天亮。

好久，灰色的天幕方才褪去，曙光透露了。門前麗園路上，又有大隊的人們絡續不絕地向租界上擠去。

「亭子間裏先生今早風頭不對，法租界方面又緊了！……」永興館的小開，一早已逛了馬路回來，他見到什麼似的，一到家就大驚小怪，雖則我不信任他的話一定是對的，但至少終有些感到兩樣。

公訓大隊裏的小梁也一早就趕來，他那忽忽的形色，已使我担心了。「孟兄，我軍已向後移動，我們總隊部也搬了，我被派在第四大隊服務。——日暉港一帶已開始破壞，恐怕楓林橋也有問題了！……」他輕輕地在我耳邊報告幾句，連椅子也沒有坐定，就忽忽地辭去了。

我一丟開飯碗，就向楓林橋趕去，在出門的時候，她再三叮囑我：「風頭不對，早些回來。」

我以前終是喜歡從南市走去，今天覺得有些兩樣，不敢去冒險，馬浪路南面擠足了逃難的人們，一個緊一個的挨着讓法租界巡捕檢查，那些衣服襤褸的窮人，拿着破包裹，不但不能通行，還挨着無情的鞭打。

在盧家灣西面，見到許多窮苦被難同胞，背着一二粗舊的傢具，慌亂地走着，有的在找尋走失的孩子，有的在喚自己的丈夫；哭的哭，喊的喊，慌亂的聲音鬧成一片。對面麗園路上，一帶被煙火包圍的草棚子裏，每家門口都有幾個人，如穿梭似的奔進奔出；他們捨不得那些汗血掙來的破舊的傢具，遭火焚毀或是遺留給敵人，冒着險一件件向租界上移來，走過垃圾填設的河道，穿過了鐵絲網，還要挨到法捕的鞭打，到了租界上，三三兩兩地站着，他們還沒有找到安身的地方，惆悵地悲淒地望着自己歸不得的家屋。

火頭瘋狂地竄着，遙遠地望着沿日暉港一帶的房屋，一間間投入怒火的懷裏。日暉橋已炸斷了，美亞廠，印花廠都着火了，這裏已成了戰爭的前線。「呀，戰士！」我一見就不禁欲喊出來。在巨火包圍下的橋東的沙包裏，留守着忠勇的戰士，有的在忙着加强他們的防禦工事，有的把鎗口伸出沙包外，伺候着敵人他們準備了最後的犧牲，給敵人以打擊。我興奮了勇氣十足地向楓林橋趕去。

朝西的一路上，只有窮苦的難民，忙着搶運他們的東西，路上再也看不見我們警察的崗位，一切都已異樣，心頭不禁湧起一陣酸痛；這塊大好的土地，是不應讓敵人輕易佔去的。

二　辛苦了戰士

楓林橋是我的長年任職的地方，一到橋上，就望見金光耀亮的中山醫院的屋宇，我感到格外可愛；可是今天已改了面目，除了橋上的警亭和標語以外，都一切已改樣。法捕已越過了橋面，鐵絲網已攔到橋南，許多攜帶行李包裹的難民，坐在鐵絲網的兩邊等着開放。在路上碰到熟人，一見就彼此問長道短，他們只知道緊張；不知道緊張到什麼地步。要想離開，又捨不得馬上離開，猶預不決地遙望東首的烽煙，呆呆地想不出辦法來。警察已換上了便衣，慌忙地搬着自己的東西。

到院裏，同事們都要我報告消息，我把所知道的都說了，他們聽了以後神色都緊張起來。王醫生一見我，他懷着怕事的心意，再三的叮囑我：「不要多管閒事！」初起我被他說得莫明其妙，後來才知道昨晚外交大樓（註一）到了一千多負傷的戰士，因爲那裏擠不下，才分了四百多到這裏來住，直到現在還沒有辦法遣送，他是主張不管，要總會派員來負責招料，所以才如此着急。李高先生在旁邊暗笑，又說些風涼話，他看着他們的臉色，好似得寵似的：「老兄，閒事少管爲妙。」他又像教訓似的勸我，他向來看不起傷兵，不是嫌髒，便是嫌吵；提到傷兵，開口先要駡一句——他的態度，誰都不滿意的——我始終不以爲然，再三向他們訴說，他仍舊不接受，老是揮手拒絕我的意見。

我們在談話的時候，張太太（註二）吃力地拖着一大蒲包麵包來，叫人幫忙也被拒絕了，後來她要我去幫助她，我雖答應了她，但把我所知道的消息都告訴她，並要求從速將受傷的士兵運送到比較安全的地方去，的確，她一個人太忙了，忙這忙那，簡直忙不開來。她一面打算先運一部份重傷的到四明公所去，一面又要發麵包給他們充饑。

可憐，四百多受傷的弟兄，大家躺在地上，身上還穿着血汗腥臭的制服，哄着一羣一羣的蒼蠅；他們在陣地上掛彩下來，除了自己包紮以外，沒有醫生看過，沒有人爲他們換藥；他們一天沒有吃過一些東西，從昨晚到現在沒有喝過一滴開水。除了張太太以外，更沒有第三個人來照顧他們。一見張太太發麵包，他們都不顧自己的創痛，一個個擠上來伸着手要，她被圍得不能轉身：「兄弟們，大家回到自己的舖位上去，讓我換着來發，不要使我老太婆爲難。」他們一聽得她慈祥的聲音，都安靜下來，躺在地上，等候那大麵包來充饑，發完了麵包，已有十點多了。她對我說：希望能渡過今晚，一切都有辦法。她不忍心讓這些負傷的戰士過着非人的生活，就誤了治療的時間，她要去找中德醫院的護士來爲戰士換藥。

明三有電話來報告日軍已抵達虹橋，促我趕快離開。我把這個消息報告了張太太，她要我同至外交大樓和俞醫生商量。

外交大樓裏滿地都是負傷的戰士，沒有一隙空地，一進門就見俞醫生給傷兵包圍着，要求他設法轉送到後方去，這個使他爲難了。但是戰士們都不滿意這裏，也不願意到租界上去，都下了決心，步行也是願意的。最後俞醫生才指示到青浦去的路線，幾百個戰士，一聽護到後方有路，都興奮了，他們一聲號召，幾百個負傷的戰士，踴躍地出發了，我亟力加以反對和勸阻，但絲毫沒有効力。只得含着熱情的淚水，眼望着他們跛跛蹺蹺地走上冒險的路。

敵機三三兩兩地不住在我們天空上盤旋，他們毫不顧忌，仍舊走着，一步步走着。遙望着這些偉大的壯士們，我不禁爲之下淚。

中山醫院的弟兄，一聽得他們到後方去，許多人都要趕去參加，他們沒有顧慮，只有前進，好像出征一樣，沿着滬杭路，大夥兒連成一條直線。張太太特地來和我言別，把一切都付托給我。臨走之前，她又去安慰那些苦難的戰士，我眞佩服她的精神。

十年前的同事江君，特地來給我消息，催促我早些離開此地，我告訴他，我的職務重要，「傷兵不移，我是不能走的。」他担心地問我：「到緊要的時候怎麽辦？」我又告訴他，「我的最後錦囊計是：

向租界衝去。」大家笑了一陣，都認爲法租界當局能幫助我們的。

到後方去的弟兄都退回來了，他們慌亂的走回來，臉上是辛苦和驚慌的神色，據他們報告：到龍華去的橋樑已被炸斷，炮火不斷的向龍華射擊，敵機又追隨着他們，有時向他們掃射。「辛苦了戰士，爲了我們多吃一次苦，」我一面安慰他們，一面招待他們到院裏去休息，才安定了他們的心、

（註一）外交大樓即前交涉公署現改爲紅十字會傷兵輸送站，因爲外交大樓已成爲口頭語，故仍稱外交大樓。

（註二）張太太是黃任之先生的令妹，對於救護事業非常熱心，是一位仁慈的老太太。

三 從此失去了我們的歸處

王先生來邀我同去吃飯，「這是最後一餐了，無論如何都不願放棄的。」大家都有這個心；可是第一次走到飯堂裏，只有二三個廚子，無心弄飯，一切都是生的，只得失望地回來。

戰士們起勁地在談着他們的戰績，我聽得忘却了時間，王先生又來了，「這餐飯定要吃，」二人一路笑着向飯堂走去，將走到中正樓的時候，突然聽得答答答……地一排槍聲。

「什麼？」王先生驚異起來。

「大概是機關槍吧？」二人還不停步向飯堂走去，又聽得奇奇加加的聲音，一步近一步地走來。

「這是什麼？」

「鐵甲車！」我也被震住了，二人不約而同地呆着：「到外面去看看吧！」大家向外奔着。

消息傳出去，一忽兒全院都哄動起來，大家搶着往救護車上跳去，我們起初還不主張太急，免得闖禍，到楓林路看了再講。

一出大門，只見楓林路上，民衆騷亂起來，都沒命地往楓林橋奔去，好像洪流缺口似的向前湧着。不久救護車也開出來了，前前後後上上下下都擠足了人們，誰也顧不了傷兵，只管自己逃命。

「鬼子來了！快快退吧！」幾聲號召，幾百個輕傷能走的弟兄也向救護車上擠去，大路上逃亡的人們，如怒潮似的湧着；楓林橋還不開放，馬路被人們堵塞住，救護車也無法前進。我們三輛汽車，也不顧人車，向鐵絲網衝去，我踏在鐵網上，示着紅十字救護證章，再三請求開放，無情的法捕，今天兒起來一些也不肯通融；可是我是勝利了，硬着頭皮終給我跳過來。

我一過來，就號召他們也跳過來。

今天不是人過的日子，可憐的難民、老老小小男男女女的，捨棄一切被擠掉的東西，冒着槍炳和木棍，爬過鐵網來；更有一部份難民，在河裏，身子陷在泥漿裏，一步一步地走過來。我不忍這些遭難的人們受苦，冒着拷打，幫助這些逃亡的人們。

不久，橋塊的戒備更嚴了，法租界的鐵甲車首尾接連地在橋

塊排着，只留一道僅通一個人的狹道。現在橋上終算開放了，那橋上的鐵網，開着一人可鑽的小洞，上面還橫着一根毛竹，逃難的人們必須由洞裏鑽過來，帶過來的東西都被檢查過，那些武裝軍用品等，都被織留下來，過來的士兵，都被拘留起來，如同俘虜一樣。我不忍使他們再受苦，一個個扶着他們過橋，熱心的生麒也來了，我多了一個幫手。

應醫生和王醫生也來了，他們痛心地望着，時時想到前面去，終被法捕擋住，他們等着顏院長來，他一來就有辦法了。

過來的三四百個受傷的戰士，被擱在祁齊路的一邊，十幾個持槍的越捕在看守他們，他們的態度像對待俘虜一樣，但他們毫不畏怕，倔强地應付他們不幸的遭遇。

顏院長來了，大家都好像旱天得雨一樣的喜悅，他一到就關心留在那裏的傷兵，起初要求法捕開放，被拒絕了，他再到警亭裏打電話和法租界當局交涉，不久就有十多輛裝垃圾的汽車到來，由法人領着向外交大樓開去，這時鐵網也開放了，法捕、華捕、外國記者和一般熱心的人們，都跟過去幫着抬運傷兵，一到那裏，大家如搶火似的趕着，每個人都忙得滿頭大汗，沒有片刻的停留。

我和曹君乘便溜到中山醫院去，作個最後的巡視，不料裏面還有四十多重傷的留着，他們好像在另一個世界，沒有得到一些消息，優閒地下着棋，來減除他們的痛苦。給我們一喊，他們驚醒似的都匍匐地往外爬，我沒有這些力量，一下子把他們全數都救出來，在路上找了幾位熱心的人——郵差和路人——幫助背着這些弟兄，向外交大樓奔去。

重傷的都送完了，我放不下心再到醫院裏跑一趟，痛心地和牠作最後一次的會面。

外交大樓熱鬧起來，我夢也想不到的，他們——尤其是幾個外國人——穿梭似的忙個不歇，渾身的汗水，濕透了外衣，血汗弄滿了一身，我感到慚愧，心裏說不出的感激。

「一個死兵！」華捕看見了喊起來，我上前一看，那青灰的臉色，兩隻眼睛瞪視着，很有些怕人。

「抬上去，不要留給敵人蹧蹋。」我們兩人抬着，我心裏默禱着：「同志，你成功了，英雄地為祖國就難。安眠吧，同志！我們在你的後面，走上了你未走完的道路。」

傷兵已搬完了，×兵搜查着有否遺漏的軍火，我們高興幫他搜尋，免得留給敵人利用。找到了庫房，裏面堆滿了棉背心、衣袴、棉被……等，我們見了，不約而同地拿着往垃圾車裏送，七手八脚的一忽兒把一間東西都搬空了。無情的時間，不許我們多就擱些兒，×捕領班一聲號令，大家都跳上車子，就此和楓林橋告別了。只有劉副院長和黃先生，戀戀不捨地再繞小木橋路巡視一圈，前面再也沒有第三個人，他倆蹣跚地走來，我們都為他們揑一把冷汗。

「漢奸，」我們正在徐家匯路上遣送最後一批退下來的傷兵的時候，幾個車夫突然指着對面小木橋路上罵着。向那邊一看，誰都要憤恨起來，幾個日本鬼子跟着漢奸向楓林橋走來，氣得人人都恨不得上去咬他一口。

到了四點，有兩個中華自然科學研究社（在祁齊路口）裏的日本人，穿着白大衣，送去兩面太陽旗，在楓林橋上掛起來，楓林橋正式被佔領了，我們從此失去了我們的歸處。

一切都已舒齊了，再也沒有工作可做，明天到什麼地方去呢？大家都擔心了。遙望着對面楓林橋塊的日本兵，我咬緊牙齒憤憤地記住這個仇恨，終有一天給我去取下這仇恨的旗子。

一閒下來，覺得肚子空着，想起來了，今天中飯也錯過了；王先生提起了午前的讖語，大家感到哭笑不得。

誰都不想回家，在徐家匯路上留連着，徘徊着。黑夜了，大家帶着沉痛的心，走向自家的路。

再生的回憶（廿六・十一・十六）（附）

舜（廿歲學生）

南市失陷的前後，我們雖然受了好多驚嚇，但是總算在槍林彈雨，炸彈大火和敵人的壓迫下倖存得到「再生」的機緣；下面的一篇，便是南市失陷後第二天的追憶。

前幾天由於外面戰事十分劇烈的原故，給嚇得廢寢忘餐，一家的人，都默默無言。昨天晚上，我們雖時時聞有稀疏斷續的槍聲，不敢安睡，但是每個人的兩隻無力的眼睛，實在支持不住多天的疲勞，只得不顧意外，躺下來睡了。大約在清晨時候，我爸爸忽然急急地搖醒我：「舜兒！舜兒！快起！快起！門外有敵人衝門了！」我趕快跳起，睜開惺忪的睡眼，看見媽媽也穿起來了，這時外面的衝門聲音，更來得緊迫，我們被怕得萎縮成一團。還是爸爸臨危鎮定，叫我在房裏，讓媽媽在外面，他便冒着危險出去開門，因為門總要被衝開的，不過遲早些罷了，假若不去開，敵人衝進來，反而不妙。

開門以後，一個身穿黃色軍服腳登皮鞋，腰佩刺刀，手執木棍，但是沒有槍的敵人，怒氣沖沖，嘴裏嘰哩咕嚕地就舉起那根衝門的木棍，向着爸爸迎面打來，幸虧他閃避得快，不然頭兒一準開花了。那傢伙撇開了爸爸，大踏步地走進客堂，東張西望，這時爸爸也跟着進來，怕他怒極了要傷人，就倒杯茶給他喝喝，以消他的怒氣，不料這傢伙非但不喝，還把那隻茶杯摔得粉碎，抓着爸爸的衣袖，同他要「花姑娘」，爸爸便用筆（言語不通以字達意）寫告訴他這裏沒有，他還不相信，叫爸媽站在那裏，要向我這房裏走來，我看勢頭不對，不如壯着胆子走出去再說，才跨出房門，正與他迎頭大撞，他覺到奇異，問我要「媳婦」，（他們稱老婆曰媳婦）我回他「沒有，」他憑狠狠地盯了我一眼，走進房裏翻箱倒籠，還用刺刀在牆壁上亂戳，見一無所得，走出寫了「拿五百塊錢來」六個字給我們看。天啊！我們要是有五百塊現錢，老早就搬上「租界」不受敵人絲毫的閒氣了。他這無理的要求，自然遭到「拒絕」。

那傢伙看看他的計策失敗，竟惱羞成怒，無端生有，兩隻強盜似的眼睛，不住地打量着我身上的一切，更叫我把手伸出去給他看，但是總沒有可以供他藉口的地方，而他仍不肯甘休，再跑進房內，東翻西找，却被他找出了一個小孩子玩耍的「叫子」，這傢伙毒辣透了，硬說這「叫子」是「軍隊」裏用的，於是「支那兵」的罪名，便加在我的身上，毫不容情地拔出鞘裏的刺刀，拖我到天井裏去，預備刺死我。這意外的變化，迫得我那年高的爸媽，急忙趕到天井，苦苦地哀求，反而引得敵人把手裏的刺刀，傳向爸媽作刺殺的形狀，威迫他們離開，手無寸鐵的爸媽，只好退回客堂，含着滿眶的眼淚默視着我！

在這極其短促的時間內，我的生命快要和世界永別了的時候，我想起了以前受訓時教官們常常對我們說的幾句話：「與其屈服而死，毋寧抗爭而亡，然而『抗爭』未必見得死亡，也許有復生的希望！」同時我更想起了「困獸猶鬥，何況我是個青年呢？」因此我異常地興奮，當敵人的刺刀驟然向我的心窩戳刺的時候，我抱着拚死的決心，必勝的信念，貫注全身的體力，閃躲過敵人的刀鋒，急忙伸出右手順勢緊捉着敵人的執刀的手腕，噹啷一聲，刀落在地上了，更憑全力，把殘暴的敵人，推得五六尺遠，他踉踉蹌蹌的跌倒在地上。當我握着那把從地上拾起的敵人行兇的刺刀時，我目不轉睛地望着這倒在地上的狠心人，而他也睜着兩隻眼凝視着我。

依我那時的心理，（氣憤的心理）我一定要結果他，斷不讓這野蠻的人物再存留在這世界上。可是我想到後來的種種不利，因為左右的鄰居太無知識了，難免不走漏風聲，所以我的心害怕，我的手發抖，祇是監視着他，這樣過了一個多鐘頭，這傢伙察出我沒有殺他的惡意，就用手指在地上劃出這幾個字：「不要錢，不殺你，刀還我吧！」我看了覺到無限地感奮，設若我不同你抵抗，早作了「冤鬼」了，哈哈！你還專門拿刀殺人的人，也有今天這一着麼？那傢伙慢慢地爬起，用手指指身邊的刀鞘，就把先前兩隻放肆的手背到後面，表示着服服貼貼地屈服，不再撒野了；刺刀插進他的刀鞘後，我處處防着他，幸而那傢伙倒識相，一聲不響，垂頭喪氣地走了。

爸媽看到我剛才由抵抗而獲得再生，竟抱着我狂吻，甚至歡喜得落下淚來。忽然爸媽的臉孔沉下來了，那時我覺到詫異，忙問他們道：「爸爸！媽媽！孩兒可算是從萬死中獲得再生，正應舉家慶幸，怎麼反而愁眉不展呢？」然而爸媽的回答是：「孩子！你還不知道嗎？那傢伙吃了你的苦，豈肯甘心？況且這裏已成為他們的世界，他回去了一定要糾合他的同伴，來此復仇，那麼我們不是仍舊獲不到再生嗎？」我情急智生，叫爸爸速閂起大門，捨掉家裏所有的物產，用梯子爬到鄰家，再想法避到較遠一點的親友的家裏。經過好多的困難，我們的計劃終於成功了。

至今我每想起這一段可歌可泣、驚心動魄的事實，不禁便連想到我這條命的再生，全是英勇的教官們賜與我的。（496）

第六輯

武裝的民衆

殲敵

虎生（浦東游擊隊員）

犧牲了五個弟兄；換了敵人五六十條性命，這是游擊隊的偉大成績。我把牠認爲是平生第一件快事。我牢記得這天正是「五月六日」！

浦東雖沒有羣山可以埋伏戰士，但那縱橫的河道，被游擊隊利用起來，居然也殲滅了不少的敵人！

上海縣的東南角，有個三四十戶的村落，頹垣破屋，滿眼顯露着刼後的傷痕。村西有個空無人住的三間兩廂瓦屋，屋的裏面，本是用土牆隔着成三間的，可是那土牆早已被人打穿了；物件不知是幾時被人搬走得一件亦不剩。西牆壁也不知幾時開了一個五尺高四尺寬的大洞。我們一共六十五個弟兄，把他做了臨時會議廳。外面有五個人站崗，兩個人守門。

屋裏的空氣緊張沉寂。大家都豎起耳朵，聽着大隊長發話，大家好像連呼吸都已停止。

「衆弟兄！昨天晚上我在團部裏，聽說在××村擴編了一隊人，就是沒有傢伙。」大隊長說着話，沉着黝黑的臉，高長的身材，圓大的眼睛，格外顯着威風。他嚥了一口唾沫又說：

「我們離此十五里的××鎮，不是駐着一百多個敵軍嗎？我要厥他們拿傢伙送給××村的隊部。」隊長說到這裏，腦子沉了沉，好像在想什麼。屋內更是沉寂，過了十秒鐘方繼續說：

「我現在定了個計策，希望大家努力，哼！倭鬼總要上當的吶！」

「是！我們願意拚命！」

弟兄們都異口同聲的答應着，哄然的一陣，一會兒又沉寂下來，大隊長臉上顯着微笑。

「我要在弟兄裏面選一個人，他要有會泅水的本領，又要生着土頭土腦的老實面孔，代我幹一件重要的事。」

「隊長，我去！」邱繼玉首先搶着站出，朝隊長立正。

「我會泅水的，我願意去！」陳九高幌着一身的肉，從人羣中擠出來，照樣的一個立正。

站出來的一共有五個人，他們都希望當選。大隊長用着這樣的眼睛，掠了個來回。

「還是邱繼玉幹罷！——邱繼玉，你先去拎個鄉下土老兒，等一會到我隊部裏去。」

「是！」邱繼玉應了一聲，很高興地走了出去，那四人一擧手，掉轉身回到了本位。

「劉得才！」大隊長叫。

「有！」人叢中走出來一個瘦小的矮子，見隊長也是來一個立正擧手的老套。

「你跟我到隊部裏去，我要派你一件重要工作。」

「是！」劉得才答應一聲，一行好禮，立在大隊長的左邊。

「今晚六點鐘，請弟兄們在外面大場集合，武器須要帶全。」

「是！」衆弟兄同聲答應。這時邱繼玉突然走進，穿起一件黑布做的夾袍，長過膝只有五六寸，袖子上也補着兩塊，油膩灰塵沾滿了一胸口。

散隊了，大隊長帶着邱繼玉和劉得才先自走去；弟兄們都各散開，屋裏只賸了三個人。

太陽漸漸地沉下了，暮色籠罩下來，西方天上掛着一鈎新月，放射的光也漸漸發亮。

打麥場做了我們集合地，這場就在日裏借作會議廳的前面。在黯淡的月光下，看得出人頭攢動，並且每人都背着一枝槍，手臂上都纏着一塊白袖章。

「少息！——立正！報數！……」低低的喉音來過一套之後，大隊長就訓話：

「今晚給弟兄們一個殺敵的機會，等會要請大家一齊出力。這先發給你們四隻手溜彈。今天的戰事，是要靠着手溜彈成功的，所以多給你們兩隻。彈要對準敵人扔，槍要對準敵人放，因為我們軍火補充是不容易的，絕對不能白用；節省一點軍火，將來就可以多殺一些敵人。我是用了計策，把敵人引到××橋的河套裏面，四面包圍起來殺他一個乾淨的，等到看見××橋被炸時，你們一齊總攻。臨時傳令的方法，我詳細關照你們的班長。」

點名領彈時一陣忙亂，過後空氣便重又沉寂起來。

「傳班長！」大隊長傳着口令，五位班長很迅速地排在隊長面前，我站在第四位。

「第一班帶兩枝手機關守在××橋的東側面，務必要躲藏秘密，敵人走來時不要聲張，等敵人走過一大半，××橋被炸時，你們出其不意的衝過去，把敵人的重傢伙截留下來，就把那些傢伙架起，警戒着後來的援兵。

「第二班全班埋伏在××橋西的河套裏面的麥田裏。敵人來時，不要驚動，等××橋被炸，你們把手溜彈朝準敵人扔去，把他們驚嚇得逼着逃過西橋。

「第三班分兩隊守着河套外的南北面，防敵人泅水逃走。

「第四班帶一枝水機關，守着西橋的西塊，等敵人衝過橋西，朝他們掃射。」我聽到點着我的一班，心裏禁不住砰砰亂跳。

「第五班隨着我駐在河套的西南角，接應各方面。

「你們看着，我放綠的信號彈就進攻，紅的信號就停戰，紅綠信號一齊放，就都集合在橋西，作戰時要沉着機警，現在就各人分頭去幹吧，各事當心些。」

大隊長對各班個別傳過令，喊着「散隊。」我們一齊立正舉手。

散隊了，第一第二第三領着各班的弟兄先走，我繼續着傳口令，命弟兄們接一架重機槍向目的地開拔。

鈎月漸漸地上昇，四野一切都死寂，偶爾有一兩聲口令，打破這死的空氣。

「成縱隊齊步走！」二十二隻脚，迅速地走着果然聽不出大的聲音。

二十分鐘後，我們到了西橋的西塊，我看了看地勢，就在距西橋三十密達處的麥田角落裏，做上簡單的機關槍窠。把那初秀的青麥，連根掘起來，豎在前面。槍口對準西橋。又在前面五密達處掘上壕溝，借着大路的隄岸做掩護，工事完成，我就帶着弟兄分布在壕溝裏靜待舉動。

十點鐘後，閃鑠燦爛的星星，佈滿天空，遠遠看見好像有手電亮了一亮，我斜靠着身子，用耳朵靠緊地上靜聽，脚步的聲音似乎越走越近了；在黑夜星光下，又看到敵軍幌着黑影，在過××橋了。砰！一聲響，火星向上直冒。泥土四面亂飛，——××橋被炸斷了，綠紅信號陸續地衝向天空。

「トトト……達達達……」橋東的槍聲先喧嚷起來。

「撲撲撲……」河套裏面手溜彈更來得熱鬧。

西橋上現着黑影了，看着越走越……，越來越多。

「達達達……！」我們開始用機關槍掃射。

「哇阿呀。」黑影子倒下不少。

敵人嘗着機關槍滋味，才知道這裏有人埋伏，他停止前進，一齊仆倒，朝我們開槍。我們把機槍停止，全不理睬。嘘——嘘！槍彈在頭頂亂飛，三分鐘後，橋上又發現黑影。

「達達達……」我們又一陣掃射！機關槍火網密佈，敵人始終逃不出這火網。

這樣支持了十分鐘，——××橋東和河套裏槍聲漸漸稀疏。

「撲，」一綠色信號又穿上天空了。四面喊殺的聲音，包圍着越過越近，敵兵不顧性命的想衝破機關槍火網，向西逃竄。最先衝過來兩個敵兵，距離我只有五密達。我在暗地裏正伺候着，左手一丟，手溜彈扔過去。砰！兩個敵兵倒了！

後面衝上來的敵軍，越過越多了！手機關搖着；漸漸要衝破我們的機關槍火網。恰巧我們援軍由橋下的南角落，攬腰衝殺上來，我們的精神更來得興奮。

「擲彈！」我喊着口令。我們一班人，十隻手溜彈同時扔過去，「撲撲撲……！」敵人隨着聲音倒下來。

聲音越過越稀，敵兵越過越少。

「衝鋒！」那攬腰衝上來的援軍，在發口令。接着就是「殺呀！殺呀！……」叫上一陣，一會兒又沉寂下去。

「撲，撲」紅色信號穿上天空了。四面手電閃鑠起來，同志們在搜索了，我也派了六個弟兄去搜索我們那手溜彈的成績。拾步槍；解子彈摘鋼帽扯符號；……大家更是起勁。

「撲！撲！」紅綠色信號齊放了一會兒幾十個弟兄又集合起來。

「我們向南退到××村新編隊裏去！」大隊長命令。

「是！」弟兄們一答應，就向南走了，大家都興奮着精神，滿槓着勝利品。

到了××村，大場上集合着衆弟兄，一點人數，少了五個。繳到隊部的勝利品：一共是五十六隻敵兵符號，四十八枝步槍，六挺手機關，一挺重機關，兩尊小鋼砲，四十二隻鋼帽，三十九把刺刀，四箱槍彈，兩箱砲彈，一百零三排步槍彈。

散隊後，吃着新編隊的犒軍飯，飯後，我找到邱繼玉和劉得才攀談起來。

「今晚的收穫，着實不少，你們二位要算首功了！」我說着，豎起大拇指。

「首功麼，不敢說，我幾乎把命丟掉。」躺着的邱繼玉，他說着，忽的坐起來，把雙手箍住兩膝。牆上掛着小小的煤油燈，火頭冒着黑烟，十幾個躺着的弟兄裏面，有些人在打鼾。

「我是奉了隊長命令，扮着鄉下人到××鎮敵軍隊部裏去報告的。先是由僞警把我渾身搜查一過；又細細盤問一番。然後帶我到裏面見敵人的軍官，我先磕了個頭，那軍官笑了一笑，那個小白臉的繙譯，直望着我。我說：『我們村上昨天到了游擊隊了，隊長住在我家裏，把我家裏的東西都吃光，我願意領導你們去捉……，』

「繙譯嘰哩咕嚕繙給那翹鬍子聽，翹鬍子不住的點頭搖頭。

「繙譯對着我把臉一沉說：

『你不可以胡說的，我現在派人去偵探，你且留在這裏……。』

「當時我就被兩個僞警帶到後面的小房門裏。

「夜深了，月亮已下去。他們整齊隊伍，由兩個僞警押着我走，叫我在前頭領路。

「走了十幾里，到了××橋，這橋我每天要走過好多次的。不過是六尺多寬的一張木橋，我走到橋上，照着隊長的計劃，一滑身望河裏跳。

「我下水後，把身子伏在水裏，慢慢朝南游去，耳朵裏聽到橋上卜卜開了兩槍，子彈從耳朵邊擦過。

「『砰！』橋被炸斷了，橋東橋西都幹了起來，我才把頭伸出來看着對殺。

「敵人消滅了，我在水面喊着劉得才，從水裏爬起。」

「劉大哥橋是怎樣炸的？」邱繼玉話已說完，一轉臉問着劉得才。

「我麼，說起來眞好笑，大隊長眞行，他敎我的方法。

「我們隊裏那裏來的炸彈呢？他敎我把那埋在竹園裏四顆大砲彈掘起來包在一個包袱裏，用電線聯接起來，繫在木橋底下。再拿前天刼來敵人汽車裏面的電箱，用電線和他接上，却成了很好的電雷，我帶着電箱和兩個弟兄，伏在橋北十公尺的麥田裏，敵人過橋，我暗地裏看得清楚，等前隊步兵走過，我把電鈕一撳，那橋果然炸斷，東西兩面夾攻起來，我伏着看兩下對殺，紅綠信號放了，我才來集合。」

「哼！大隊長這計策好像諸葛亮！哈哈！」邱繼玉笑起來，大家都笑。

「休息罷，時候不早了，兩位實在太辛苦。」我說。

一會兒，大家都睡着了，我在夢裏依然殺着一批敵人。

做了次「剪徑賊」

陸雄鳴（二二・軍界）

恕我記憶力太薄弱了，似乎是在今年×月的×日。

那時我正欣慰自傲，自己已由書生而做了軍人了；而且，是少年軍人，帶領了一百多個弟兄，——相當於一連，是一個中隊，在浦東的××縣。

中國軍隊已從上海撤退，浦東沿浦一帶早就踏上了侵略者的鐵蹄。那時他們不敢冒險侵入浦東的內地，只到處散佈謠言說要一步步的侵略過來，兵員們都充滿了緊張，興奮的情緒，個個擦着槍，磨着刺刀，嚷着要去拚個死活！這種高度的感情，不由的使我快活得眼睛也濕了，但我表面上仍舊鎮靜。爲了要愼重事態，便召集了區隊長，特務長等商議了個辦法，就是先派二個隊員到侵略者已到的鎭上去探聽。

半天不到的光景，二個隊員回來了，說：「侵略者已到了××鎭，（約距我們的地方有三十多里。）鎭上已有了維持會，供給他們食糧、鷄、鷄蛋、猪、女人等等。並且拉了大批的伙子，向××棧一帶運來軍火食糧等物。但目前還不敢來，原因是爲了我們。」「大批的伙子，」「××棧」他媽的先下手爲强，在這樣激烈的士氣之下，正好盡我們一點義務！我這樣想。

翻開了地圖，我發現了××橋是××鎭往來××棧的必經之路，於是便馬上召集了第一區隊和第二區隊的隊長，叫他整理隊務，帶些乾糧及手溜彈盒鎗等，往××橋開發第三區隊駐守原地。

隊伍齊齊整整的開拔了，每個隊員都高興的唱着「義勇軍進行曲」「打回老家去」歌聲是雄壯而抑揚。老百姓見了我們，非但一點也不害怕，而且笑嘻嘻的歡迎我們。

到達了××橋，隊伍純熟地散開，便召集了當地的一個農夫，知道這裏的確已經過不少的軍火食糧等，現在前一批已去了好久，第二批恐怕馬上就要來。

似乎遠遠的傳來了「邪許」聲，人數大約有十來個，我關照隊員伏在橋的四週，發槍爲號，大家一齊出來。

果然來了，都是重重的軍火五六擔，我迅速的放了一槍，隊員們一齊擁上來，挑担的人都跪了下來，哭喪着臉求我們「大爺，我們不關事，是他們叫挑的，饒饒我們吧！」

「咳！誰叫你們幹的？你們知道這東西鬼子把來做甚麼用的？」我這樣的問。

「是××的維持會長叫我們挑的，我們也沒有辦法呀！大爺！饒饒我們吧！」

我確實知道他們也是被壓迫的苦力，便給了他們五塊錢，叫他們回去以後不要再替鬼子挑東西。他們都賭咒絕子孫再去挑，他們感激我們甚至流下淚來。

聽說這是最後的一批了，我們點查我們的勝利品，發現了十箱是步槍的彈藥，五箱是餅干。

隊員們哈哈的笑了，可惜來的慢了一點，不然還可以再多獲幾批的。

這次，將成爲我有生以來最値得紀念的一天，但恨我的記憶力太薄弱了，只記住了似乎是在今年×月的×日。（704）

夜襲（二七·十一·十五·）

佚名

我們在小路上走着，一陣風吹過田野里，便發出颼颼的聲音，特別顯出秋天的肅殺。地裏的棉花，都給黑烟薰黑了，遠望是一片無涯的模糊。那些棉花順着風兒輕微的搖晃着，景象愈顯着悲慘，像是有鬼向我們進攻一樣。

穿過一道小河，便向棉花田裏走去。匍匐着，屏聲絕氣的走着。那帝國主義的賊徒，也許現在正在甜夢中，决計想不到在這樣深沉的黑夜裏，會遭我們的襲擊。

在黑暗的棉花田裏作黑夜急行軍，全隊士兵，不避艱難的向前進，我們集中力量，在大斷殺前屏息疾走。足下的落葉沙沙地響。

一座像廟宇一樣的黑影，已經呈在我們的隊伍面前，一道一道的電光，在某某車站上的敵營裏射來。他們像是在防備着鬼神一樣的游擊隊。

領隊的輕輕地發了一個記號，吩咐我們成散兵線，於是五十名游擊隊都像蛇一樣的靈敏，紛紛地爬着散開。在那廟的四週圍着電網，他們用電的威力來保護他們的生命。四面有四個哨兵，像貓一樣的戒備着，在這樣嚴重的空氣之下，我們便迅速地用全身的力，舉起手溜彈，預備向那强暴的帝國主義的賊徒進攻。雖然在敵人嚴密監視之下，一道一道的電光不時的照射，因爲我們藏身在棉花田裏，同時敵人做夢也想不到會有人這樣大胆，敢來攻擊他們，所以我們始終的沒有被他們發覺。

在快近廟宇的時候，在敵人已經發覺了，而將舉起槍來向我們射擊的時候，在這死一般的黑夜中，砰的一聲，便冲破了靜穆的空氣；那哨兵已應聲倒下去了。

那廟宇的四週，都有我們游擊隊的足跡了，隆隆的手溜彈聲接着便響起來。廟宇裏一陣叫喊與房屋塌倒的聲音，短槍與刀劍相擊的聲音，像地震一般的響亮。再經我們賜了他們幾枚手溜彈之後：聲音便漸漸地低了下去，屋角上的機關槍像是曇花一現，零碎的步槍像是秋蟬的鳴聲，終久歸於沉寂。

我們正想超越了電網，深入那廟宇，可是車站的日本兵已經聽見了手溜彈爆炸的聲音和叫喊聲、塌屋聲，砰砰的步槍聲，知道有游擊隊來襲擊他們，在電光的探照之下，便格蓬格蓬的用機關槍向我們射來。

我們明白在黑夜裏，當他們沒有明白我們人數之前，決計不敢從車站上向我們衝來的。所以我們大胆的撥出一部找到了隱避地，守候在那裏，另外的一部由隊長率領着向廟宇前進。穿過了敵人的電網，從圍牆的缺口跨了進去。

突然砰的一聲，一顆子彈在我們頭上飛過。於是我們便又俯在地下等候着。此刻，整個世界瀰漫着一股血腥和彈藥的氣息，帝國主義賊徒唯一親愛的伴侶便是死神了。幾個未死的賊徒，還想作最後的掙扎，我們因爲子彈缺少的關係不敢亂放，都伏在地上，有的便在那裏動手，去檢取死屍身上的武器和應用器具，稍微一些有用有價值的東西，便成了這些游擊隊的勝利品了。

我緊執着盒子砲伏在領隊的背後，目光注視黑點的屋裏。那其餘未死的敵人，躊躇了一會，躲在屋角裏的便伸出頭來探覷。正在這一霎的時候，砰的一聲，一顆子彈已經嵌進那賊徒的頭腦裏。

我們蛇行到屋角邊，向着裏面放了幾槍之後，聽見沒有聲息之後；才大胆地走進去，雖然事站上還在格蓬格蓬的響。

正樑已經中斷了，房屋裏堆滿了瓦礫和躺着的死屍，一大堆的鮮血已經凝結成紫血塊，未死的賊徒還在呻吟着。我們踢開了死屍，把所有能用的軍械完全的帶走了。我在那牆上取了一枝盒子砲和子彈帶掛在身上。在興奮的狀態之下，部隊歡欣快樂的凱旋。

在天上現着魚肚色的時候，雖然是寒風砭骨，可是我們還覺有些熱意，快到××的時候，還聽得格蓬格蓬的聲音，像剛才一樣的熱鬧。（599）

李百全司令之死（二六・一・四日）

克倫

——爲紀念一位殉難的友人而作——

民國二十六年一月四日，太陽照耀着我們青天白日滿地紅的國旗，隨風飄揚在浦東南匯奉賢川沙的天空中。這是敵人佔領區域內僅存的光明的一角啊，在我們李百全司令領導下的政治別動隊統治着，日軍不敢來掠奪這兒老百姓的一雞一豬，和進攻這擁有五千多人和槍枝的游擊軍。

不久之前，南橋縣政府前突然到了很多的日軍，約有百餘人之多，擕有機關槍小鋼砲等武器，天空中紅膏藥的飛機也在嘀嘀地低翔着，好像象徵着戰爭不久就要降臨。日軍來了就排好隊伍站着，隊長和衛兵等數人入內，拿名片來拜訪司令，我們就由參謀長代表出來接見。他們的目的無非是接洽招撫收編，不久就辭出。當參謀長出外時，日軍都舉槍致敬，依舊開回去。隊員有些憤怒了，質問爲什麼不下令襲擊，參謀長就答覆：「軍委會有令，儘量避免無謂犧牲，保存實力，待機響應。」隊員都恨恨散去，並說：「下一次再來，一定要他媽的好看！」

本日下午一時許，日軍又來了，人數似乎更多些，來了就把機關槍架好，對着門首。我們的隊員都荷槍出來和他們對恃了，日軍一看風頭不對，便用計了。日軍官進去和司令談了一回，參謀長又出來傳令：「命令各自歸隊，聽槍聲出外。」大家退去，那時他不怕了，就排開隊伍，包圍了縣政府，進去大事搜查，帶去司令及職員等八十五人，舉動並不野蠻，首尾都由日軍押着在街上走過了公安局，也進去搜查，但人已跑空，祇帶去了一個，隊員們因沒有聽見槍聲沒出來。這些被俘的人中，有一個幸運兒乘他們不備，向小弄中溜跑，日軍叫他回來，他不理不睬，拚命的跑，日軍也不追他。他們走了十幾里，到了公路，把衆人帶進幾間草房內。日軍在外面嘰咕議論一刻，據現在猜來，日軍怕部隊追來吃不消，再刧還這些俘虜，所以還是乘早殺完他們，跑了乾脆。就叫一個人出來作簡單的審問，姓名籍貫年齡問完，就是三刺刀，在未刺前還要行一次搜查，好東西——鈔票、錢，往自己袋裏塞。當第一個同志被慘殺時的最後呼聲——啊哎……傳入空中，衆人都知死已臨頭，但後悔已不及了；那時空中擾亂極了，呼口號、唱歌、哭笑都有。第二、三、四……………過了一小時半，中華民族優秀子孫八十五人都被刺完了，祇剩一個參謀長被帶去，（後來他安全地逃回來，據說是×大漢奸與他私交釋放的。）去了不久，我們的部隊趕到了，救也不及，還有幾個未死受了輕傷，本來再要追過去復仇，誰知日軍到預定地點乘了汽車跑了，大家祇有整理遺屍，揀出司令的屍體。我則翻着友人李堅白的屍體，一刀刺在頸項，已腫得比頭粗，二刀在胸部，已洞穿身體，血人一般，兩手抓住自己的棉袍，眼睜得似銅鈴，齒已咬破自己的唇，形狀很是可怕。地上每個死屍是如此，實在不忍看。大家痛哭一場，跟附近商會接洽，託他們埋葬。（後來建了一座「南橋八十三烈士墓」墓是圓形的，司令的衣冠墓在正中，其餘八十二墓圍繞着，各人都樹了小碑，刻着烈士的姓名履歷年齡。司令的屍體由他的弟弟帶回，同時開了一次追悼南橋八十三烈士大會，該地軍民同聲一哭。）

還有一個小同志，是司令的勤務，他說：在就刑前我和司令是最後幾個，司令坐在機上，我坐在地下，司令不時摸摸我的頭，仔細地望望窗外的就刑同志，長嘆一下，問我說「怕嗎！」我說：「不怕！」司令笑笑說：「好啊！小同志，大丈夫要視死如歸，不過今天是沒有要到代價。真可惜！」不久就叫我出去，司令拉緊我的手，淚如雨下。我出去後，一個軍官操着不通的國語問：「什麼名字的，有幾歲？」我一一答了。我說十四歲時，旁邊一個滿面鬍子的矮鬼接着說：「媽的，十四歲當兵，」一刀向頸項刺來，只刺破了皮，正向後倒下間，第二刀又向胸部刺來，眼快加速倒下，他們又朝屁股刺下，因在最後，褲袋內的皮篋未被搜去，所以沒有刺進。我既昏去，司令情形不知，也許殺得累了，總算把他饒了。我們大夥兒到了後，叫他進醫院，他不去，他向副司令要槍去報仇，問他痛嗎？他說：「不痛了，碰到鬼子一定先幹！」好！真是一個小戰士！

不久我就脫離隊伍，聽說參謀長正待報仇，被李志明漢奸刺了，以後羣龍無首，自己火併，游而不擊，不幸極了。這次我們所以吃這大虧，我想全是我們司令不行，他想投降又不敢，他又不戰，風吹牆頭草，脚踏兩板橋，優柔寡斷，結果就遭了暗算。游擊同志們堅決一些吧！

一支游擊隊的成長（二七・七・三日）

曹鐵夫

——日記中的一頁——

是一九三八年七月三日的晚夜。

正想出去買點東西，組的門房遞上來一張名片。「老張？不是說給鬼子打死了，怎麼又來了一個？」正對着那張手裏的名片發癡的時候，老張的影子已在我的身背後出現了。

「老張！人家都說你給鬼子打死了！」

「沒死，祇在腿上吃了二顆子彈就是在上次跟鬼子激戰的時候。」他順手指着右腿的傷處「明天到醫院裏去。」

從老張的口裏知道了許多久隔的鄉音，游擊的英勇和自衛會的狗子向敵人獻媚，把整個的故鄉劃成了二個不同的世界。

老張雖然腿上受了重傷，但他的精神却一點也沒有因此而萎靡不振，顯出頹喪的樣子。

「在前天，鎮上來了三個鬼子。」老張開始講一個游擊隊的傑作，面上很興奮地常透露出驕矜的微笑。「二個鬼子給我們打死啦，一個鬼子却很乖巧地逃走掉。這是定理，也是過去的經驗告訴我們：鬼子第一天吃了虧，第二天準會大舉來報復的。於是我們就連夜嚴密地佈置起來預備給鬼子們一個嚴重的教訓。明天早晨，鬼子果然來啦，一起來了五十多個。在鬼子的隊伍還沒有散開的時候，我們的伏兵就來了一個先發制人。在機關槍，步槍，自動步槍，一齊怒吼之下，鬼子就去死了二十多個。其餘的鬼子慌啦：向北逃，是一條河；向南逃，橋給我們拆去啦，又是一條死路。於是雙方展開血戰！激戰一小時之後，鬼子就在沒有後援缺少子彈之下完全給我們殺死啦！這一次激戰，的確是一個極大的勝利。我們不但增加了不少的經驗和勇氣，同時我們還奪到許多的槍械。槍，這眞是我們的寶貝啊！我們的損失呢？死了五個，傷了十七個，其餘便什麼也沒損失啦！」老張說完後，一陣哈哈的大笑，還哼着「把我們的血肉，作成我們新的長城。」

話題轉變了。老張繼續地講：

「當故鄉淪陷，國軍西撤時，許多親友都叫我逃；但都給我駁詞拒絕了：『年紀輕的人也逃，眞不怕羞？』所以我就留在家裏。我那時滿腔的熱血沸騰着，祇想馬上能殺死幾個鬼子才快心。

「政府沒有啦！地方上就不太平起來：土豪、地主盡量的向老百姓剝削，欺搾。流氓、匪盜也就乘機活動起來。我眞痛恨那些喪盡天良的狗子；但我一個人有什麼用啊！有一次，在××鎮上聽到了有一位連長和二十多個士兵想組織游擊隊的消息。於是我就懷了一個興奮而歡躍的心去訪問那位連長。那位連長姓×，東北人，中央軍校畢業生，在××師當連長，今年祇二十五歲。因爲當他在前線負傷後，在後方醫院療養院裏還沒有恢復健康的那時，國軍就西撤了。這樣，×連長就留了下來。那位連長是一個富有熱血的年青軍官，他願意組織一個游擊隊，完成他軍人以身許國的天職。當然，我是極贊成他的提議的。同時，我還答允極力幫忙他。

「回家後，我就把這事告訴了小張和小陳，他們都喜歡得瘋了似的。

「第二天，我就同小陳、小張去拜訪那位連長。

「談話的結果我們幾個先向各熟悉的關係方面去商借槍械。×連長則担任集合流散在附近各村鎮上的士兵。

「商團的團長很慷慨地允許了我們的要求，最使人興奮的就是他竟說『祇管拿去吧！我們爲的是殺鬼子呀！』

「爲了要解決組織、訓練、經費各問題，於是我們就召集了一個小小的會議。出席者：×連長、商團團長、小陳、小張和我。當場議決：

一、推定商團團長爲正隊長，×連長副之。

二、推定我爲組織股股長。

三、推定×團長、×連長、小陳和小張爲經濟委員。

四、決將後援會遺款三百元立作基本金，並向各界募捐。

五、士兵供膳食外，一律發零用費三元，×連長三十元。

「這樣，一個規模粗具的游擊隊就建立起來了。我們的組織是這樣的——」老張很迅速的劃了一個表：

組織系統表

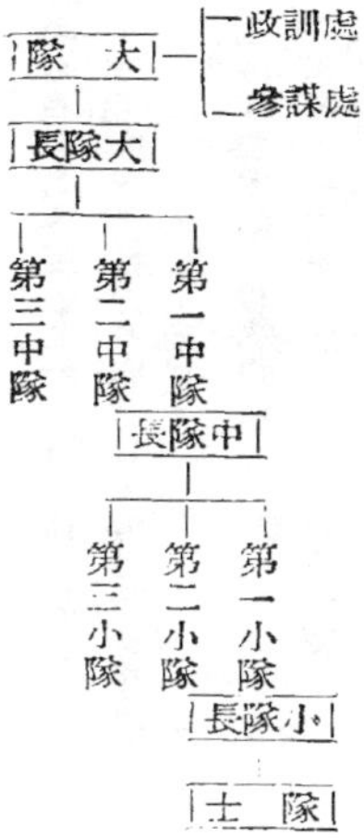

「起初，我們祇有二十多個撤退下來的士兵作爲基本鬥士；可是現在總共已有二百多人了！裏面包有着各式各樣的份子，農民、學生、工人、教員。可是我們每個鬥士都俱備有這樣的條件：

一、健全的體格；

二、有愛國思想。

除此之外，我們大都具備下列各點：

三、年齡在四十以下，十五歲以上；

四、能讀簡單的報紙；

五、無不良嗜好。

這是因爲在他們請求入伍時挑選過的。」

老張精神很興奮地滔滔的講着。偶然也做着手勢幫助言語表現的不足。

「那末你們怎樣訓練他們的呢？」我問。

「訓練可分爲二方面：技術教育和政治教育。技術教育是每個鬥士都有個人作戰的能力。政治教育是使每個鬥士的腦海中都知道愛民愛國，和願意殺鬼子的觀念。在平時我們的生活很嚴格，每星期六有一次夜行軍和夜襲演習，因爲星期日得有充分休息的關係。同時，在星期二和星期四有一次旅次行軍和對抗演習。

「初起我們祇注意技術訓練，對於政治教育是很忽略的。但我們後來就把這個錯誤漸漸的克復了。現在我們更感政治教育和技術教育來得重要些。政治教育大概告訴他們：

一、現在世界的動態，日本爲什麼侵略中國？中國爲什麼要抗戰？

二、各國對中國抗戰的關係。

三、侵略者一定是失敗的，中國必獲最後勝利。

四、思想訓練。

五、激發民族觀念。

六、怎樣幫助民衆組織民衆，爲什麼要愛護民衆。

「現在我們正在設法與各地的游擊隊聯繫起來，完成我們更重要的任務。

「總之，我們是要把敵人趕出去。」

夜深了，我們的談話也就此結束了。（911）

我們訓練自己（二六·十·二日）

齊　予（學生）

十月二日

剛吃完早飯，班長來說：「我們的隊伍在十點鐘的時候要開走，大家把東西理一下。」於是大家立刻動手，把舖在地下的「稻草被」給拉在一起，掃帚迅速地移動，地板上揚起了一陣灰。

我們大夥兒上了汽車，汽車在斜土路上奔馳，又向北灣到中山路，沿路一帶滿佈着壕溝和零星的沙壘，路橋上有戴着鋼盔的兵士在守崗。

慢慢地，汽車停了，我們下了汽車，背負着行李，跟區隊長走。我們上次住的是一家小學，這次亦是一家小學，矮矮的幾間平屋，一個小小的長着草的操場；我們進了竹籬笆搭成的門，看見操場上聚着許多準備開拔的隊伍。

我被派在門口站崗，有幾個鄉下的農婦站在外面好奇地看着，其中有一個自言自語地問道：「這些人做啥的？」另一個農婦指着我們守崗的說：「格些都是『便衣兵』。」她說到「便衣兵」三字便特別提高一點。

後來來了一個農婦，向我們訴苦說：「你們一起的人，向我們『老百姓』借了碗筷都不還。」

我向她解釋說：「我們是新開來的，剛才開到，碗是早上離開此地的隊伍借的。」

她抱怨地說：「別的東西拿去了到還勿要緊，碗要吃飯的，叫我們用甚麼來盛飯吃呢？」

「那些開走的隊伍太不愛顧民衆，那裏配做游擊隊」，我憤憤地說。

有一位同伴，向大隊部去問了一下，回來對她說：「他們的隊伍，開到離開此地不遠的××路×××別墅住着，你去問他們要吧！」

吃過飯，我同班長說：「我們要設法提高同志們的政治水準，因爲游擊工作要一半軍事一半政治合起來才成！」

班長對於我的提議，表示贊同，於是我叫高來，我們三個擬了一些班中政治工作的綱要，最後，我們決定在二點鐘的時候召開一次本班的討論會。

××× ××× ×××

我們通知了區隊長和同志們，到預定的時候來飯堂集合。

「喂！二點鐘到了！」我看看錶告訴班長，他立刻去四面找同志們，我把飯堂裏的櫈子櫈子排正，高抹去櫈子上的飯菜屑。大家都來了。

穿着黑的襯衫，說帶着廣東的上海話的區隊長走進門來，我們請他坐在旁邊指導我們開討論會；班長用着很響的聲音說：

「各位同志！現在我們開討論會了，請靜一點！」

飯堂裏靜寂下來，只有班長清脆的話聲振動着人的耳鼓。

「我覺得非常快樂，我們能够在一塊兒準備拿起武器來跟敵人幹！

「今天，我們在這裏集起來開討論會，目的是使我們相互間有進步的認識，預備將來跟敵人幹的時候，我們是最優秀的一羣隊伍！

「現在要請各位自由發表意見！越多越好，不必客氣！」

班長說完，帶着笑容，大家也興奮地笑了一笑。

我舉起手來說：

「班長！我可以向各位說幾句話嗎？」

「可以」班長點點頭。

「…………」

我說許多話，是關係一個游擊員應當注意的幾點——其中有幾點是我想到的，有幾點是在一本述說游擊戰術書上看到的。

有人提議要各人自己介紹自己，大家表示贊成，於是坐在前面的第一位同志站起來說：

「我名字叫×××，是蘇州人，以前也曾在私塾裏讀過幾年書，後來跑到上海來找生意做，由別人介紹進××紗廠做工，後來知道東洋人可惡，想到別處去做，但是又沒有機會，只好做下去，『八一三』打仗，廠停了，於是由×××介紹參加這個隊伍。」

各人都介紹過了，我們的一班人中除了三個人之外，都是做工的，現在輪到最後面的一個我，我站起來介紹自己說：

「我在沒有打仗的時候，是一個學生，忘了告訴你們，我叫××，是無錫人，打仗之後，學校停了，碰着×××，他介紹我進隊來，我非常高興，現在我跟大家過得很快樂！」

我們繼續討論了幾個具體的問題，我們散會出來，大隊部的一個衛兵來叫我們幾個身體十分强健的同志們，說是去領武器的。

晚上，我又派在門口守崗。天空沒有亮的星星，也沒有動人的月光，週圍是死一樣的沈寂，遠處的天空交織着幾條探空燈的光，偶有重炮的隆隆聲傳來，在我們的耳鼓上輕輕地震一下。

我們懷着戒懼的心，默默地向着門外一片黑暗巡視。(877)

中國人打中國人（廿六·十二月·十五）

方曙（別動隊員）

我們的隊伍，原駐在南高橋鹽倉寺裏，離奉城不到二里。上海失陷後，敵人的兵艦飛機，整天價地轟炸奉城。奉城的駐軍，是張發奎將軍的部下，因爲無險可守，爲避免過大犧牲，乃向南橋撤退。正規軍已退，咱們別動隊亦跟着退却。所謂別動隊就是民衆武裝的隊伍，在浦東別動隊全是上海的工人。

隊伍一退，新場壯丁隊要繳我們的槍械，大家衝突起來，在一個我們毫無準備的寒冷的早晨大家被迫分散了，剩下我和陶隨身跟的兩個勤務兵和我由上海帶去的一隻警犬——Gare；我們決定回上海。陶和我商定了就走，沿途把笨重的行李丟棄掉，到了南匯縣城，又臨時加入了六位伙伴，立刻僱了一只小船伊啞伊啞的向北高橋前進，不料船到泗團鎮禍根注定了，當地的壯丁隊名爲檢查，實則別有用意，他一定要我們繳出槍來，終於搜索不到一支，我們再三交涉，經了二小時間的留難，總算恢復了自由。

他們派了嚮導跟我們到祝家橋，這是監視我們的。半路上又遇見泗團鎮的壯丁，騎了脚踏車，飛也似的奔跑，神色非常驚慌，好像怕我們即刻要逃走的樣子，這是報信——通風。初時大衆都沒有注意到，我是早就懷疑的，祇不敢向同伴們說吧了。

果然當我們將近祝家橋市鎮，砰砰……，槍聲大作起來了，大衆正在莫明其妙地東張西望，其中有一個伙伴高喊了一聲「散開！臥倒！」我們十個同志，都不期然而然的服從命令，我一點也不驚慌，倒反而鎮定起來，伏臥在軌道旁邊，以小火車龍頭作掩護，眼睜着耳聽着子彈在頭上耳邊飛過，發出一種極尖銳的恐怖聲音。在那時，我心裏沒有一點害怕的在等死了。緩緩槍聲疎稀了，大衆在屈辱之下，高舉着手，表示兩手空空，沒有攜帶武器。後來他們用又粗又長的草繩把我們雙手反縛起來，牽在一起，像一串洋澄湖的大蟹，三步一崗，五步一哨，就像押解强盜一樣。

一個眼睛凸出的大胖子，滿臉殺氣，把我們衣袋裏的東西都挪去，天曉得，這些都是餉銀，但我們敢說什麼呢？只有等待發落就是。不一刻他們把我們趕進三間空空的冷屋，室內外四週佈滿了崗位，我們十個同志席地而坐，又硬又冷又餓，說不出的痛苦，身上又給搜索了一番，把僅有的東西都拿去了，剩的是穿在身上的老百姓衣服。隔了一個鐘頭，張隊長對我們講話，一臉的官話，滿肚皮的陰險；說什麼兄弟招待不週之類。正午三句鐘，十個死而復活的伙伴，乘了小火車到陸行，天昏地黑，各自拖着兩條沉重的腿子，到了北高橋。好容易我和陶還有二個勤務兵，投宿在一個又臭又小的小客棧裏，大家一天沒有吃東西，肚裏餓得實在難受。

民國廿六年十一月十五日這一天，已在我的生命史上劃上了永遠磨滅不了的一頁。(554)

在草棚裏（廿六・十月・六日）

辛勞（廿六・參加別動隊詩人）

昨夜我們隊伍開拔到這個草棚裏。

這個草棚完全是用竹笆搭起來，地位正臨着街路。不知爲什麼隊長把我們開到此地來，還是昨天一樣悶氣，不許我出門一步，不許我們響，不許我們抽烟。……

草棚是在一個工廠裏，是什麼工廠，我們不知道，只有外院山樣堆着高高的煤堆，煤堆上邊還生了幾棵蒿草。靠西有些板房緊緊地關着。院中有一個水槽已經枯涸了。此外是到處長滿了蒿子、野草、小樹，偶爾從土地檢得出一兩個小鐵環，一兩個殘破的機器螺釘，除此再無從可發現了。

草棚裏相當寬大，從籬笆的孔中透進的陽光，雖然微小、稀薄，但還是够使我看清這草棚中這暫時的行營裏面的佈置。

滿地都是稻草，並不很新，但也還留着未褪盡的黃色，還留着草的溫暖的香氣——這對於我是很寶貴的，從離開故鄉到現在已六年，天天想着故鄉農村裏新穀草的香氣，從故鄉失陷以來我就常在夢想着：什麼時候再滾在故鄉的草地上晒晒太陽，睡他一覺，這種懷念，在故鄉未失陷以前還沒有這樣深切，現在雖然依然在流亡，東北的故鄉依然在日本强盜的鐵蹄下，但我相信，目下的抗戰正是回鄉的預約，重走回兒時的故鄉之路已是望見着邊際了。——我並不迷信，却這末想，因此這夜我睡得六年來少有的好。

棚裏邊很零亂，草已給我們一夜的工夫滾平了。靠牆錯亂的堆了些士敏土的舊筒，還有些木箱。在頭上橫懸着很多竹杆，好像會經過一番計劃，牠們底距離都是一樣寬窄。

這是做什麼的呢？馬棚麼？牛棚麼？沒有人能說得出這間草房是做什麼用途的。大家猜了一會，猜不着也就不再多費心思了。

早晨起來很久還沒有正式出發的消息，我們漸漸感到無聊起來。一堆一堆地分聚着低聲地海闊天空的談。偶爾哪一堆人中間發出一聲大笑，煤黑子似的隊長馬上就來干涉：

「誰？這樣笑……」接着就用慣熟的演說姿式握緊了拳頭，解說不許笑的理由。

漸漸連談話也嫌聲低了，因爲外面的飛機正在天空盤旋，機聲把草棚都震得搖動起來。

差不多有九點鐘，天還沒有晴的意思，棚裏到處都呈着暗灰色，每個人的臉也是這樣的，黑一塊白一塊像頑皮的孩子才從水溝裏草堆裏爬起來似的。衣服上帶着草葉，手裏掀着草葉——這裏把人都變得年青。這時正有一個長着鬍子的隊員在草捆上翻着跟斛，翻起來就向大夥很天眞的笑着，這笑、這行動、與他底年歲完全不調和，但是在這充滿興奮的春氣的場合，沒有人表示着奇怪，反而回報以同樣溫和而又天眞的笑聲。接着就有幾個好動的人也參加進去，翻起來。並且有幾個人起來練着拳，對打着，或者到別人面前開玩笑，做鬼臉。——這裏把人們全溶成一個整體了，忘掉了社會的各種生活形態所形成的個性，忘掉了外面的生活的憂鬱與糾紛，誰都沒有了自我尊嚴，都恢復了赤子之心，一無聊起來，就像孩子似的胡鬧着。

我們一批一批地到外邊洗臉，這樣我們才像解放了一樣，停止了無意識的跳動，很像在牢監裏放風時候的心情。站在天空下，院中，伸懶腰，丟胳膊，扔大腿。我就在這時候開始狠狠地吸烟了。

天像一塊整的灰布，連點縫都沒有，就是說連點雜色雲都沒有，並且濃淡的度數也是勻平的。晨風很冷峭，有點深秋的意味，偶爾也飄過一陣陣的雨絲。我們悶在草棚裏一夜，現在大口地呼吸着比較自由的氣息。

一隊一隊地洗着臉，有的用水互相潑着，直到飛機又軋軋在近處響了，我們才悄悄地重回到草棚裏。

但是，回到草棚裏又有新的問題發生了。

「爲什麼這樣臭呵?」

「臭!」

「好臭!」

一個聞到叫起，大家全聞到全都叫起來。不知竹牆外還是草裏衝出來一股臭氣，大家叫着都被薰到外邊來了。

幸好隊長很體諒我們，把我們分別調到另外一個樓上，從窄小的扶梯爬上去，比草棚還黯還要黑的屋洞，我們大家分頭坐在地板上了。

屋子雖然有三面窗戶，但，怕別人看見，只好完全關緊，依着更大的信仰的支持，準備來嘗受更大的艱苦的我們，這點算什麼呢?因此我們全都忍耐着。

隊伍沒有出發的消息，連午飯也沒有信息，我無聊地漫步着，這地方聽兩句，別的地方又停一停，許多躺得疲乏了的人也起來像我一樣地走來走去，偶爾從對面碰到，就互相用親愛的眼色對視，互相招呼，誠摯地微笑。這些笑，這些眼睛，我從沒有見過，說得誇張點，我從有生以來就沒有看見過如此眞摯，如此熱情的眼睛和微笑。我底心就狂喜地飄浮着，飄到新的天空，新的大地，新的中國的日子裏邊。我感到我並不是初來的陌生客。

隊長來宣示，因爲做飯的地方太遠，午飯恐怕來不及，要請大家原諒，晚飯一定有的。

聽了這樣話，大夥的臉都立刻沉下，更加灰暗。

「這樣不成的，我們怎樣能餓一頓？」

有人起來反對，接着許多都反對。

煤黑子似的隊長窘於應付，急得乾舐厚黑的嘴唇，說不出話來，僅僅擠出一句：

「若是到火線上，也許三天二天吃不到……」

「不對！」有一個人反駁「隊長我們是在火線上麼？」

「是」有人和應着「在火線上說不了，爲國家，而是現在畢竟還是在後方呵，難道就……就……」

隊長沒辦法了，——

「好的，」他又舐了舐厚黑的嘴唇，揮揮拳頭，用演說的姿式說：「就這麼辦，每人發兩個大餅先點心一下，晚飯早點開，你們意見如何？不過你們要知道我們是來吃苦的，譬如……譬如……」

他還沒有譬如出來，就被別的人叫走。「兩個大餅」壓伏了大家的叫嚷。

這屋裏又恢復方才的無聊與低低的煩囂。走着的，談着的，低唱着的，有些知道吃飯已無望，就沉沉的睡去。但也有些人眼巴巴地望着梯口。

「大餅還沒有來？」一望的人這樣想着，可又抑止着自己，不讓人看出來，這樣大的一個人還關心着大餅怎樣，都有點難爲情的。

大餅終於來了，每個人得到兩個大餅時，從沒這樣喜歡的，把臉上的陰沉全揩掉了。

有一個人告訴我，他從來沒有感到大餅是這樣香的，說完了他還咂着嘴，感到不滿足的樣子。他是一個大個子，站起來有我一個半高，但是他底臉上還留着未經世故的稚氣的樣子。聽他底口氣，大概他從來沒有吃過大餅，特別在一個人飢餓的時候。——從他，我也感到一點喜悅，像這樣份子也能跟我們走到一道，爲民族自由而戰的火線上，這不是該喜悅的麼？

光明在我們的前面了，帶着這光明的信念和喜悅，我們倒在地板上睡着了。

入伍第一日記

辛　勞（廿六・參加過別動隊的詩人）

我現在是入伍了，說得粗一點，我現在是個大兵，雖然我還穿着自己的衣裳，同別的人不現在該說同志——在以前說這話會犯嫌疑的，現在越是同志長同志短，才越時髦。就這樣讓我也時髦一下。我底衣裳同別的許多同志一樣隨隨便便，但是我們是來當大兵，而且馬上就發衣裳發槍受訓練的。這大兵是貨眞價實，沒有人敢否認的。

一想到馬上就可以發槍手就癢起來，只要拍一下就可以打死一個敵人。想到這裏，不由得心都從腔子裏跳出來，喉管又碰又跳地想喊兩句什麼出來。但是我們底隊長，那黑得像才從烟窗爬出來，滾圓的頭像個蘋果似的，大鼻子、小眼，厚嘴脣子也是又厚又黑，像非洲的土人，他曾經警告過——

「爲着大家的安全起見，誰也不要唱，這裏漢奸頂多……」

每個人都承認自己是抗日最積極的份子，每個人都要安全，誰都自抑地制止發癢的喉管，誰也放在心裏喊，誰也放在嘴角唱。

天連連落着雨。遙遙地傳來砲聲，轟轟地響在耳邊，但是這裏的人全沒有走在馬路上那樣担心着流彈會被突然炸死。凡是來到這裏的，我們的視線都是超過了生死的門檻，爲着自由的永生，死是什麼呢？沒有自由的呼吸，生是什麼呢？

同志們在談笑，低聲地談着各種感到興趣的話題，聽厭了的就離開，感到興趣的就參加進來，一堆一夥的，有西服，有工人裝，有短衫褲……但各種服式在這裏有化成一體的趨勢，各種服式，各種面貌，各種姿態與動作，麕集在這廣大的佛殿的磚地上，蠕動着，轉移着，這是等待塡到爐子裏的烈煤塊，只等一接近了爐火就爆發了內在的熱力，閃出强大不可輕侮的火焰。——祖國的光明，民族的永生，全要靠這羣來自農村，來自工廠，來自都市與各個角落的人們的鐵手。

這間佛殿，磚地相當平坦，正中間供着地藏王的寶座，低低垂着褪了色的黃幔，從幔縫中祇露出個金臉，牠在笑着。左邊是黑虎玄壇，那到是與我們接近的，牠底臉是黑的，正同鑛工才從鑛洞出來一樣，但它很神氣，穿得也講究，終歸不是我們的同類。右邊却看不清楚。殿壁上端懸了許多橫扁，但我無暇去細看，因爲我一進來首先就碰到一件不愉快的事。——

一進門洞，門洞是深深的，很陰森，幾個門崗（便衣）的冷酷，幾乎是偵察的監視着我們。一個瘦高的負責者把我們點過來點過去，就彷彿解到一批新的囚犯一樣。費了那末多的手續與商酌，同我在路上揣想的同志間的親熱完全不相同。這使我記起幾次監獄的生活，那情緒是差不多的，但畢竟這是不同了，現在是來當兵，說得漂亮點，是爲民族而戰的勇士。編隊時候，我想既然是民衆的組織，當然意見是可以公開的，於是我就同一道來的同志商量着自己成立一隊吧。

向負責人申訴我們底意見，得到的是拒絕，我們成爲補充隊了。一隊兩個。我同一道來的被分派到一小隊去。

小隊長是個智識份子，又是同鄉，很快就談起家鄉——那失去了的東北大地上流的血痕深淺了。也很快的在我們之間建立一種熱情，是同志的。

這位隊長，高高個，白胖的臉，肉都鬆弛的，很嫩，一捏會捏出水來似的。說話完全是一口東北腔，他講着故鄉淪陷後的愁慘的情況，自己的流亡後的顚流凄苦生活。講着聲音漸漸低沉而近於欲泣的嗜啞。「爲什麼呢？」我安慰着，雖然我也被勾起思鄉的惆悵：「還就要回家去的，想想當我們打着得勝鼓大步行在故鄉的大街上……怎樣的愉快……嗯還日子近了！……」

我們談着許多隊員圍着我們，那許多眞誠無邪祇有信念的火花閃耀的眼神，使我溫暖，使我感動。但，我不能說什麼，因爲方才有人關照過我要當心，當我聽到還話苦痛地想：

「怎麼，現在還不能自由談我們應該談的麼？還得爲違心的話語苦痛着……」

吃過晚飯，飯雖粗燥，菜也淡淡無味，我却從沒這樣暢意地吃得這樣多。

隊長下了命令，隊伍要出發，預備；於是大衆立刻顯得匆忙起來了。

天是黑了，佛殿裏擠滿滿的這些等待出發的人。這時很驟然的踏着脚；低談着。

隊長又來關照；「在路上不許說話，有話的這時快說，在路上不許咳嗽、要咳嗽、要咳嗽的快快咳嗽！」

立刻就回答出來許多故意的咳嗽。惹起一陣哄笑，隊長那像煤黑子似的也笑了。

隊伍出發了。天雲中露出淡淡的月光，雨是早停了，但路上積水很多，我揹着包袱、提着一箱子書，深一脚，淺一脚，不管深坑高崗，跟着大隊走。

走着，心情是興奮的，少有的興奮。夜風夾着雨後的清爽，聽着無數的行列脚下、發出整齊的沙沙響聲，感到一種緊張與肅穆與平日在馬路上的梧桐樹下閒蕩的心情完全不同，就是夜風也變了趣緻了。心臟跟脚步合着拍子，這是夜行軍的進行曲。

走上大街；連個行人影也沒有，只有沙袋旁的荷鎗兵士鵠立着，我從沒有這樣親切看他們，我想問他們兩句：主要的我們現在是站在同一的最前線了。「我們握手吧？原諒我過去對你們輕侮的思想！」

隊伍是一條橫街，一條橫街地穿行着。

我在想像着夜行軍的情況，當我們潛伏在蒿草或者山崖後夜襲的時候；更引起一種想殺人的感情。以我這樣平常殺一個小蟲都會不安很久的人，竟有這種感情，這是值得奇怪的，爲什麼呢，難道我有喝血的渴望？

——從這我體味到在火線上兵士們的心境，以及爲正義眞理而戰，即怯弱者也將是勇猛的原由；

隊伍通過了一條條冷靜的街；街旁小店鋪的板門都上緊，僅僅從門縫中透出一絲光亮來。有幾處，從暗黑的玻璃窗上或竹笆的小房門，露出一個兩個人影，我看不見他們底眼睛。但我知道他們是在看我們，我更知道也許是在疑問地看着這是些什麽人吧？——我心裏在答着：這是爲着保衛祖國的鐵的保衛隊呀！

想着，我感到光榮的燒熱，也許紅暈第一次飛上我永遠蒼白貧血的頰邊了吧；一定是這樣的，我把胸脯凸起來了。

開拔嘉定前線（游擊隊生活一頁 二十六十月二日）

田諒

十月三日的晚上，我們奉令開拔嘉定前線了，消息傳出以後，每個人的心思立刻緊張起來，都忙着整理槍械服裝，九點半鐘左右，兩中隊二百多個來路不同的游擊隊員出發了，它裏面包括有工人，學生，農民和才出牢門而身經百戰的鬥士——紅軍，因此實力相當雄厚。

漆黑的天空籠罩着大地，秋風一陣陣地吹來，使得我們心中有說不出的興奮，似乎它知道，這是一羣爲了祖國危急存亡而踏上戰場去的熱血青年。

今天下過雨，路上非常的滑，我們每個人身上所負載的東西至少也有四十斤——步槍一支，子彈兩百發，手溜彈兩枚，自己隨身的服裝，還有共同運輸的地雷和專門從事破壞橋樑用的炸藥。這樣的夜行軍，在我還不是第一次；由於路徑不熟，走了不少寃枉路。大約是上午四點鐘，我們到達一個小鎮市，那裏的景物好像熟習，似乎到過，但我想不起是什麽地方。

經過半夜的行走，大家都非常疲乏，經隊長允許，找到三間空房，在裏面休息，有一部份伙伴爽性解下子彈袋在地下睡起來。

天亮了，我出去到水溝裏弄點水洗洗臉，四處望望，才知道這裏就是兩個月前朝夕相處的華漕鎮，小溪對面就是「中正營」鐵門緊緊地關着，裏面一個人也沒有，大門外「上海第三屆學生集中訓練總隊隊部」的牌仍然掛着。記得受訓的時候，每天總打這兒經過到田野樹林裏望去「打野外」，那時生活雖然單調點，但是的確還值得我們回味的。

當虹口形勢一天比一天嚴重的時候，軍訓才在八月五日結束，臨別時總隊長唯一的贈言：「隨時準備爲國犧牲」，這是多麼悲壯啊！大概每個受訓的同學還沒有忘記吧？我們懷着滿腔的熱望回到家裏，整天期待着抗戰的爆發。

「八一三」終於降臨了，那正是男兒報國的時候，我和幾個同學毫不留戀的離開了家庭，參加新組成的「模範大隊」，担任警戒救護工作。隨後又感覺「模範大隊」工作的空虛和不緊張，才投入軍事委員會所統率的游擊隊，因爲我們受過軍訓，都做了班長。

在入伍時每天除了隊長講演游擊戰術和那必要的演習外，其餘的時間，差不多完全支配在「自我教育」方面，我們組織了歌唱隊，識字班，時事座談會，大家生活都非常融洽。

一月後，我們開始戰鬥了，那時戰區非常狹小，假使要在羅店前線去展開游擊戰，的確是十分困難，所以我們都是被調到前線配合正規軍作陣地戰，我們這中隊和敵人交鋒過兩次，旋又調防松江，這回是第三次上火線了。

今天我又闖到「中正營」的懷抱裏，但我對它一點也不慚愧，政府訓練我們的金錢沒有白花，長官教給我們的東西也實用過了。但他那一副凄涼的模樣，的確使我心酸，我對它呆看着……

突然空中有軋軋地飛機聲，同伴們都以為是咱們自己的鐵鳥來了，但是方向有點不對，聲音也比較尖銳一點。為了謹慎計，隊長命令出房散開，各覓掩蔽物，有的躲到樹林裏，有的伏在河溝中，大家認為華漕鎮既無軍事設置，就是敵機來了，只要使他找不到目標，也不致於投彈，所以少數人仍沒有離開房子。

一會兒，敵機一架（大約是偵察機）到了鎮上天空，我們很希望它趕快飛遠去，好讓咱們準備走路，但真不巧，在這時候，十幾個鄉下人看見飛機來臨，就不要命的往外亂跑，被敵機發現了目標，立刻投下兩枚輕量炸彈，都落在田中爆發了，接着後面三架敵機也到了，先後投下六枚炸彈，其中一枚正中我們的一所休息室，有兩個地窗，和一小部份手溜彈也隨着爆炸了。

這可糟了，敵機以為鎮上有軍火庫，在空中盤旋不去，有時把機槍「砰……砰……砰……」地向下掃一陣。大概是沒有了炸彈，四架都飛回去了。

我們立刻回到屋裏救護被炸傷的幾個同伴，和許多老百姓，因為那裏沒有醫院，救護隊工作非常棘手，只好把他們抬到樹林裏暫息。

十分鐘後，敵機又來了，它毫不猶預地下了十幾只「蛋」，幾個將跑出的同伴又受傷了，飛機越飛越低，一枚炸彈就在離我約二十五碼的地方爆發，我的身體好像被震彈出一兩丈外去了，眼睛一點也看不見，耳朵在翁翁地叫，等我鎮定的看看，身上已堆滿了泥土，和我伏在一塊的一個同伴也是如此，我們看看都會心地笑了，笑的是這只炸彈為什麼不對我們投準一點？

我們既沒有高射砲，也沒有機關槍，甚至連一支自動步槍也沒有。步槍，當然不能和飛機抗衡。「一二八」時曾有步槍射落敵機的傳聞，但假使拿我們少數的步槍向天空射擊，那簡直是自己暴露目標給敵人。所以我們在不能抵抗之下，任它去轟炸，去逞兇。

敵機一點也不肯放鬆，盤旋着輪流不斷的轟炸，由一架……三……六……十二……十八……最後一次約二十一架。目標，也漸漸由鎮上而轉到那偉大的「中正營」上，三十幾座營房，就還樣的熄了，其實裏面除了許多鐵牀和破木櫈外恐怕連一個彈殼也找不着。

七點鐘光景，敵機才結束它的瘋狂轟炸行爲，驕傲地向東飛去了。此時我們才得開始正式的工作；本來我們可以很迅速的收拾前進，然而事實不容許我們這樣走，受傷的同伴和老百姓都在呻吟着。隊員們除整頓武裝外，還要包札許多同伴的創傷，送他們上剛開來的救護車。

在這次空襲中給了我們不少寶貴的教訓，我們更堅決的相信：「在廣大的戰場上炸彈是不足怕的。」經過這次敵機的威脅，我們一點也不氣餒，當送受傷的同伴們上車時，我們眼淚都乾了，使我想起前天隊長報告第××和××中隊全隊負炸彈衝唐克車爲國捐軀的消息，心頭立刻生出無數的怒火。我們要「以牙還牙，」凡是黃帝子孫都應當爲我們已死的同志們報仇，我們立誓了！……

雖然我們已有一天沒有吃一點東西，但一點也不感覺飢渴，每個人只等着出發的命令。

集合的號聲打斷了我的心思，大家都到一條一丈多寬的河堤上站好，在隊長幾句簡短沉重的訓話以後，我們前進了，這個日子我們永遠忘不掉。

悲壯的歌聲，從每個同伴們腔子吼了出來，匯合着前方傳來的輕微的砲聲，震動了那冷酷的空氣。

「我們是鐵的隊伍，我們是鐵的心……」

在歌聲中我們加緊了步伐，向目的地——嘉定前線開去。

一個公民

瞬　金（商，十九歲）

太陽照不到這一塊陰森的土地；但是，天空中佈滿着濃烟和烈焰，證明這個租界正包在火中，在那起火的地方，流過了壯士的熱血，堆積着英雄的忠骸；但現在已蹂躪在鐵蹄之下了！任侵略者肆意縱火，房屋財產，一切一切，都在烈焰中化爲灰燼。

燒！燒！數千萬火舌，迅速地蔓延開來，燒燬沒了舊的罷！瓦礫堆中會產出新生的！焦土之下能透出光明！

淒風苦雨裏，大上海淪陷已兩天了。每一個心頭都有說不出的隱痛。

我感到非常的惆悵，在左廂房徘徊，有時抬起頭望望正中懸着的莊嚴的總理遺像和那鮮豔燦爛的黨國旗，更是十二分不安；這廂房本來是會議室，滬戰爆發後，廠長懸於原料堆存南市凶多吉少，漸漸向租界搬來，把發行所塞足了，會議室也只留了三分之一的空處，用來行人及吃飯；但是正中的總理遺像依然高掛着，

門一動，走進了一個人來，我睜大眼睛細看：噴！矮矮的身段，圓

圓的面孔抖抖瑟瑟的神氣，兩粒乏神的眼珠在打轉着，這不是呂杏寶嗎？

呂杏寶是南市廠中派去公民訓練的五個工人之一，這是爲許多人所懷念着的，大家以爲他們不是葬身炮火爲國犧牲，便是入法租界捕房的囚籠中了。

『喂，杏寶，你怎樣回來的？』

『杏寶，你如何來的？』

『杏寶，這幾天你在那裏，我們想念煞了！』

『你沒有繳槍，沒給法國巡捕捉去嗎？』

幾個工人看見思念中的呂杏寶回來了，都趨近去詢問。

『我跑回來了。』他僅這樣一答，他只穿着一件夾衣，已經濕透了，滿身又有許多的泥土，十分齷齪，形狀又狼狽。

『杏寶，廠長先生喊你去有話講。』工人們立刻把杏寶回來了的消息告訴了廠長，廠長的命令也傳來了。

我踏進了辦公室，廠長端坐在中間的寫字檯，許多工人鵠立在窗欞外，聽候什麼新奇的消息，呂杏寶也進來了，他跑到寫字檯畔，數十對眼睛都注視他，他立正着，恭恭敬敬地向廠長三鞠躬；他像受過四個月的訓練，倒如此有禮貌，內外觀看的人，心坎上都有一種快感。

『你受公民訓練以後，一直到現在怎樣回來的？一切詳細情形告訴我。』廠長吸了口香烟問他。

『我自從服役以來，一心一德，始終如一，最初受公民訓練的時候，每日操練三次，上一回課堂，過着有紀律的軍隊生活；每天一早就起身，跑步，算早操的，跑步畢吃粥，粥吃好操一次軍操，操好上課堂，由隊長講軍人的知識及戰時常識，午後又操一回，晚上沒有什麼事，這樣的生活過了一個月。「八一三」的戰爭爆發了，我們就加緊訓練，而且在下午及晚上還要在馬路上幫助警察維持治安；後來日軍攻打南市了，我們被派協助軍警作戰，保衛領土。本來我們是駐紮在斜橋的，那時斜橋成了要地，又因爲我們經驗缺乏，到「京江公所」防守。到了十一日下午，隊長來了，他對我們說：「你們要死守此處！」說畢他就跑了，大概逃到租界上來了。隊長去了，槍砲聲也可聽到了，許多同志都騷動起來，他們各自商議逃走，我對他們說：「你們難道忘記了紀律嗎？隊長叫我們死守此處，我們怎麼可以違命逃走呢？我們一粒子彈也沒有放過，一個東洋兵也沒有殺死過，怎樣就逃呢？」

『那時他們非但不聽我的忠告，都笑我太傻了，我並不傻，我知道軍人的天責是保國衛民，爲國犧牲是光榮的。

『天黑了，人都逃光了，「京江公所」中只有我一人了，本來我執的是一桿舊槍，那時就換了一桿他們放棄的新槍，頸間掛了四顆手溜彈，等候東洋兵來給他們嘗一嘗滋味！』

…………杳賓深深地透了一口大氣；廠長也吸了吸半截的香煙。

『天全黑了，照我的估計大約要十點鐘了，這時就有許多的思想蝟集在我的心頭：難道我一個人能够和東洋人作戰嗎？我一個人能够死守此處嗎？豈不白白送命嗎？廠裏的人大約在等候着我罷！

『一陣一陣的寒風，吹動了我的心意，我在黑暗中脫去了軍裝，改換便衣出來了，我又想着：還許多槍械不是要被日本人拿去嗎？又同進去，知道西屋中有空棺材，就一捧一捧的搬去放在棺材裏面，蓋好蓋，我就跑出來，和難民混在一起，後來尋着了一家通到租界的門，大家蜂湧地跑入租界，租界上正在戒嚴，我在弄堂中過了一夜。第二天找發行所找不到，又睡在弄堂中，今天纔碰着王阿明，（另一工人）他指示我地址，我才來的。』他滔滔的一大片話完了。

『現在因爲當局的腐敗：（如隊長先自逃走，）使你們這班愛國的人無從效力，是很可痛心的，不過你很不錯，眞不愧三月的訓練。』廠長一壁說，額上露出靑筋，是痛心的表現。

杳賓自開始說到現在，一直是立正的，很像軍隊中的報告，在廠長未叫他走開之前，還是一動不動的立着，兩粒眸子在眼眶中打轉。

『出去吧！』廠長揮了揮手，將烟尾往痰盂一擲，頭抬起望着天花板，好像發現了什麼似的。

同時，呂杳賓走出了辦公室。（1013）

在神聖的疆場上再見

徐振新（廿一歲 綢業）

依稀還記得，是個雨絲風片，幾步外瞧不清人影的清晨，東方纔透出魚肚白色，一塊塊烏雲往來移動。我本能地在幾分鐘之內，結束停當，冒着雨大踏步跨出弄堂口的鐵門，到界路郵局前候車。

祇是那末短短的片刻，我們這一羣——職業界最後集訓的同志們，——都陸續地在同一個時間裏集齊。

在將上車前的一刹那：每一個的面部，都顯示出異樣肅穆緊張的神情，除了偶爾有輛汽車打從這裏疾馳駛過，劃破街上的寂靜而外，周圍的一切都呈現靜止的狀態。每一個人的嗅覺似乎來得特別銳敏，好像强烈的火藥味正在周圍洋溢着，在這暴風雨將臨的前夕，過往大家那種說說笑笑的心情是沒有了。

我和大家便在這緊張的氣壓的氛圍下，默默地擠上車子，在刺刺的車輪磨擦聲中前進。……

當車子纔駛過租界的時候，突然在灰色的曙光下，兩個武裝同志晃着刺刀躍出來阻住我們的去路，喝問口令。這一刹那間，大家都給怔住了。因爲事起倉卒；大隊部事前並沒有發出警戒口令最後，在無可奈何的情況下，我們在車上跳下幾個代表、請他們檢視我們的符號，證實我們是第×大隊在受訓中的隊員。好容易這纔讓車子駛過沙袋與鐵刺網構成的防禦工事。在××路上，我們的戰士們正冒着細雨在警戒着，和租界當局派出的友軍們，遙遙相對。

車子在長嘯聲中停住，——目的地到了，大家冒着雨魚貫地躍下，我凝一凝神，定睛看時，四周的一切，都與往常無甚差異，所不同的，只有那股眞的刺鼻的異常强烈的火藥味，同時，我有生以來第一次聽到隆隆大砲的轟擊聲自己感到異常的興奮，但却爲不出那一時是喜悅，還是悲憤。忽然，傳令兵通知大家，命我們全中隊在健身房集合。我知道，這是中隊長體恤我們的意思。在平時，他常說：「你們是少爺兵，不能讓你們太吃苦。」但是管束仍是很嚴厲的，我們很感謝他恩威並重的好意。於是，我們從泥濘的廣場上紛向指定地點集合，有規律地迅速地排好了行列。

我開始凝視中隊長的面部，在他烏黑發光的左顴骨上，看到那年「一二八」英勇鬥爭的遺跡，——槍疤——我知道，這或許是我們暫時的最後的集合了！他鎭靜地背着雙手，銳利的雙眼對我們這一羣掃視一下，接着就開始訓話：

『諸位：這是我們的「最後一課」了！雖則爲期僅祇短短的二個多月然而過去和諸位相處得非常融洽，現在我們沒有惜別的心情。諸位請聽，侵略者的大砲，不是正爲我們奏着有節奏的軍樂嗎？……』他那烏黑發亮的臉上呈着光輝。

『諸位須要認淸，這次敵人在這裏亦放了把野火，但意義和「一二八」是絕對不同的，這是整個的有計劃的侵略，用意無非是在牽制我們一部份的兵力，好讓他在華北爲所欲爲。但我們的最高統帥有着全盤的抗戰計劃，我們必得迎頭痛擊，予打擊者以打擊！將來戰爭會演變到若何程度，現在我們還不能加以預測，但是相信侵略者終是作法自斃的，我們更要相信，龐大的中華民族在最高統帥的指揮下，必能發揮其無盡藏的威力；將侵略者的迷夢完全粉碎！……』他粗暴地在空中晃動他的拳頭！『最後，這次侵略者迫使我和諸位分別，我唯一的贈言，便是希望諸位善以利用這僅僅二月來辛勤探討得來的技術，來保衛我們祖宗辛苦經營的燦爛的祖國，如果問什麼時候可以和諸位再見，我唯一的希望，便是和諸位在神聖的疆場上相見……完了！』大家都默然低下頭來，那幾個俏皮的同志們更似乎眼眶中含着一泡的熱淚。

大砲和大家整齊的步伐聲，融織成一片不諧和的交響曲。『……和諸位在神聖的疆場上再見……』腦海中油然的盤旋一個烏黑而頎長的影子。

一年了！整整地一年了！願上帝祝福我們的中隊長無恙！(92)

投模範大隊

朱濤

五個月以前不知道是那一天了，我奉到上海市國民軍訓會「整裝出發」的命令派我們去組織民衆。這可眞高興極了，因爲這是在抗戰中最重要的工作。

經過了好些的阻礙終於我帶了依照命令規定的東西，向着指定的地點——徐匯中學出發。

僱車公共汽車都因爲戰爭的關係停止工作了，坐人力車似乎太貴所以決定走了去，路上好像比平常清靜了一些，游藝場電影院都裝滿了一大羣一大羣的難民，舞場裏的爵士音樂也停止了。

天氣非常的熱，路也相當的遠，走了去自然有點疲乏，但被一股憤熱的血氣以及「組織」民衆的希望所衝散，所以也不覺得怎樣。一走到，首先應簽名報到，在報到處有兩位軍人打扮左臂上佩着「衛國」兩個字的大漢，公事氣十足地在「辦公」，這種樣子使我感到深深地可怕，所以連忙對他們敬了一個禮，同時他們替我寫上了名字。

登好記，就沒有事了，可以到外邊自由玩玩，祗要聽笛音集合，中飯是不供給，雖然命令規定十二時以前必須報到。所看到的面孔，都是很生疏，雖然都是同志。可是沒方法把話匣子打開，幾乎把我悶得要死，一個人在操場上蹓來蹓去，看看一批又一批地「來投」的同志，好容易算碰到了自己學校裏的幾位同學，顯得格外的親熱，於是我也談起天來了。後來又一同去買了幾塊糕來當中飯吃。

等到一點多鐘，我們集合了。亂七八糟地排了起來，實到人數約二百七八十名，其中有一部份還不曾受過軍訓，是自願投効的。受過軍訓學生的總數，統計起來，不下一萬五千人，爲什麼今天祗到了這點點，我已經覺得非常懷疑，可是事情出乎我的意料之外，大隊長以爲到的人太多了，祗要一百名就够，選擇後多餘的就請回去，但用什麼方法來選擇呢？講起來實在要使我佩服得五體投地。

「沒有受過軍訓的，請回去！我們這裏要軍訓過的」大隊長說了以後，就有三四十位同學，被逼退去，他們的臉上，都現出非常的沮喪。自然囉！渴望着好久的抗敵戰爭發動了，知識青年還是救國無門，這自然使他們的希望受到殘酷的打擊，我也深恐被淘汰出去，內心的不安，已表現到臉上，總算託庇老娘子的洪福，爲了我剛才吃過三個月的糧，所以沒有被這道命令擠出去。

二百七八十名當中，減去了幾十名，還是不合大隊長規定的數目，換句話說，還有百餘名應該擠出去，否則服務的人數不是

「太多」了嗎？

最後決定要經過考試的手續。很簡單，可是也很麻煩，就在唱名時答應的「有」的一聲中來決定及格或者請回，這種考試方法，恐怕在全個世界中是很寶貴的，因為要在這短短的一聲上明白他的努力或敷衍，勇敢或懦弱，我終認為大隊長聽覺是很高妙的。

這樣一來，竟減少二分之一的人數，而最後脫離了這隊伍的，也就輪到我，原來我和別的三四個同學在花名冊上沒寫上去，大隊長認為我們是「冒充」，後來又說我們是遲到，一定請我們滾，我雖堅決要求請報到處的兩位大漢來作證明，可是大隊長泛了幾眼走向辦公室裏面去了。在軍隊中鐵的紀律掩護之下，我們自然不便尾隨進去，否則他咬我們追逐長官，那比冒充的罪名還要重得多了。

事情沒有做，腦袋幾乎搬了家——冒充救國，如果認起眞來，捉到戒嚴司令部去，不是可以槍斃或砍頭嗎？——祇得懷着滿腔憤怒的熱血回來，突然轟隆轟隆的巨響以及爆竹似的拍拍聲音，一陣陣傳來，在前線又展開了猛烈的血戰，愛多亞路外灘矗立着的和平神還是張着翅膀，怡然自樂，看看「出雲」艦裏放出來開了花的大砲，看看無數千在日本強盜刀槍下流離的中國人民。

民族解放的抗日戰爭的序幕揭開了，我們已認識這次抗戰是全民的，我們願把抗戰的責任，放在我們每個人民的肩上，我們要求人民有參加抗戰的自由，我們要跑到前線去為祖國出力！

抗戰的一日上海學生集體訓作

在軍中（廿六・十・十七日）

何戎君（學生模範大隊隊員）

現在總算過的是道地的「士兵生活」了。

早晨六時起，我們便開始工作，因為是在戰時，「出操」這一類的基本訓練是免除了，「內務」也整得馬虎一點。初進幾天，工作沒有切實的分派好，因此很有許多空閒的時間和老百姓們談談「防空防毒」的粗淺智識以及這次神聖的全面抗戰的意義。

最先，我們的隊伍駐紮在徐家匯的徐匯中學，那是一所歷史很悠久的中學，學舍因年代太久了，顯得蒼老不堪。我們是睡在地板上的，女生隊算優待一點，另外在地面上舖一張棕棚，每人發一頂帳子。

夜裏的蚊子是意外地多，「嗡嗡」地像發下「總攻擊令」一向我們進攻，大家拍得不耐煩時，常是這樣說：「管他媽的，留些氣力打鬼子吧！」

九時正，燈光熄滅了！我和老甯偷偷地跑到屋外的一片草地上去散步，這是一所風景秀麗的園林，如水的月光照到地上，反映出一片銀白色的光輝。綠色悅目的小草給大地蓋上一張柔軟的毯子，我們仰臥下來對着那美麗的「夜的天空」原很可以悠然自得地來幾句「月夜即景」一類的七言詩，但細細觀察到浦東方面滿天的煙火，和接三連四的大砲聲早把我的詩意打得粉碎了。

隊裏發下來的槍，全是最新式的「七九」步鎗，子彈每人一百顆，鋼帽一頂，一身草綠色的軍服，我們儼然是個「保衞國土」的戰鬥員了！而且我們有了眞實的力量可以打倒我們的敵人了！同學們誰都興奮得了不得。

隊伍浩浩蕩蕩地向着大西路進發，分作兩隊。遠遠近近所有的房屋都給敵人的炮火燬壞了，破屋殘窗，灰色的牆頭，滿是一個個大而且圓的窟窿，天空間有着彌天的烟火，這情景是再悽涼也沒有的。然而正在行軍中的我們，誰的熱血都在沸騰，誰的心都集中在「血肉橫飛」的前線上。敵人的飛機高高地飛在天空旋轉，被炸死的手無寸鐵的難民同胞正在等着復仇，大家都憤恨到極點，若不是隊長阻止着我們，同學們早已舉槍描準射擊了。

「一二一」挺着胸走，有人還在低低地唱着「義勇軍進行曲」：

起來！不願做奴隸的人們！
把我們的血肉，
作成我們新的長城。……………

× × ×

到了目的地，略事休息後，即分派住處，女生隊被派在××的×××裏，男生分二處，一處在××，一起在附近的民房裏，我是被派在民房裏的，這裏的老百姓對兄弟們眞客氣，吃點心不要我們給錢，總是說：「兄弟們爲國家出力，我們怎好拿錢呢。」記得有一次，有位同學到一家剃頭店去剪髮，頭是剪好了，老闆硬不肯收錢，再三對他解釋，才算收受了下去。

我們的生活很簡單，却很嚴肅，極有意義，也極有興趣。每日只吃二頓飯，而且每次又都是吃的「青菜豆腐」的「抗日飯」，我們都不以爲苦。有一次，前方奪獲了敵人二袋米麵，模範大隊也分派了一些，隊長把米麵換了錢買來了大魚大肉給兄弟們吃得暢快一些，這次的飯是够「布爾喬亞化」了！因爲吃的是我們的「戰利品」，大家都高興得了不得。

只有打倒了我們的敵人，大家才有好的生活，過民族和個人的出路全是決之於這次「生死存亡」的一戰的。(213)

離別中正營

區尼徵（廿一歲 學）

一九三七年八月一日，上海三屆學生集訓總隊，舉行出隊典體，除分列式、閱兵式等固有的儀節外，並表演排對抗，營野習等軍事術科，以助餘興，以娛來賓。雖則如此，我們離別中正營却在八月五日。中間經過狂風暴雨的推襲，把自來水電線毀壞了，日無水，夜無光的生活渡過兩日。先後訂定的術科如旅次行軍等精采有趣的科目，也因道路的泥濘不果實現。時局的嚴重，外侮的侵凌，官長的職務繁忙，把我們集訓的時期縮短半月多，於是遂賦驪歌，八月五日我們與偉大的中正營離別了。

那天天晴，微風拂拂，送別暴風雨，迎接光明的降臨，它眞徵象中國的國運。早晨整理行裝，各同學依依不捨，狀甚親熱。爲了國難嚴重的結果，把我們相聚一處，給種種磨礪的機會，爲的什麼？——將有以所爲也。平日操作雖勞苦，現在覺得空閑還恨還種有價値有意義的苦，不能長久享受。

上午九時我們與其他屬於第三大隊的中隊，集合在大隊門前，聽候大隊附陳文的訓話。

『我們要在戰場相會，不要在影戲場相會，更不要在跳舞場相會。』這幾句說得何等有力，表現出陳大隊附的英雄氣慨。據說現在在揚州附近領導游擊隊對抗日軍的，就是當日的陳大隊附，還樣地又是何等英勇啊！當時的訓話，令我們同時想到邵斌大隊長。邵大隊長在溝盧橋事變後不久爲國效勞，先我們而出隊，屢次訓勉我們，甚至寫在紀念冊上『這滴血，培養得熱烘烘的，隨着時代，爲我們民族而流！』那離別時慷慨悲歌的情狀，一幕一幕又浮在我們的腦海裏。那天若邵大隊長仍在營裏，一定還會給我們更親切深刻的印象的。

接着總隊長王敬久將軍招集訓話，於是各大隊齊集於內操場，排成聽講隊形。

鴉雀無聲，三軍寂然，各人的面孔上，只充滿離別的情緒，抬頭仰視青天白日滿地紅國旗，獨自飄揚在秋風裏。唉！又是初秋了。王將軍很迅速地從總辦事處走出來，步上講臺，態度仍然那樣莊肅，穿的是平日那半新舊的軍服。今日他的講述更格外動人。王將軍是守土若命者，對天津北平的變色，很痛責宋哲元將軍的誤事。王將軍對敵人異常慨怒。他知道將來淞滬要發生戰事，希望同學因地方之便，共同協助，以制勝敵人。最後訓勉我們保持集訓的生活，不要混入舊生活圈裏去。王將軍不愧爲模範軍人，我們的出隊，剛滿一星期，「八一三」戰幕展開了。王將軍以「一二八」的英姿，首先與敵周旋，率領所部深入敵陣，屢建奇功，博得多少忠勇的盛譽。而王將軍薰陶下的集訓學生，也在戰事猛烈時，編成一大隊，到戰地服務，這一點，是稍慰王將軍及各官長的教導的。

「衝！衝！衝過山海關，雪我國恥在瀋陽」在聽罷王將軍的訓話後，這雄壯激昂的歌聲又從各人的唇邊上歌唱出來了。後來中隊長，區隊長也對我們勉勵一番。中午相與聚餐，藉作惜別。雖然比不上黃龍痛飲那樣痛快，而兩月半來的訓練，實在足堪紀念，可作黃龍痛飲的前奏曲呢。

下午二時，營門外汽車嗚嗚，我們肩着行李，踏上汽車，而與雄壯嶄新的中正營離別了。

如今追憶起來，興奮，憤怒，兩種不調和的情緒，同時湧上心頭。受了王將軍的薰陶，民族意識，國家觀念決不會落人後，決不會做漢奸，破壞國家，相反地都盡其心力以紓國難，我相信。據說我們受訓的中正營不幸被敵人的炮火毀滅了！敵人能毀滅我們的物質，斷不能毀滅我們的精神，不久的將來，中正營總有恢復的一天，我也相信。（7584）

憶守衛中正營（廿六·八月三日）

金　箕（十八歲學生）

上海是座四旁爆着花的火藥庫，無論何時都有爆發的可能，時局既然是這樣地嚴重，我們的營地中正營當然也要格外地留心防禦。又因為營中本來的衛兵（是軍隊而非學生）全數開拔了，駐紮在緊要的地方，以防萬一不測的禍患。所以守衛的責任自然輪到我們同學的身上。我們輪流地挨着守衛來保衛這可敬的中正營，來愛護這幾千個國家的中堅分子。

八月二日晚上，責任才輪到我們。我奉到隊長的命令；命我當個衛舍長，因為我在幼童隊中個子比較大些，氣壯些，胆大些。我和隊長商量了一下，共分二次來負責，第一次在是晚八時至十二時。那是我們「夜」和「野」生活的開始，同學中大半都是生長城市中的，從來沒有嘗試過這樣可怖的「夜」和「野」崗位，有遠至一里路外的地方去，雖然人數比以前增加了一倍，由二人一崗增添到四人，然而却都是年幼的弱者，對大自然中的一切都毫無經驗；就是風聲、草動、靜物、螢火、燐火等，大家都以為是可怕的怪物，或者竟把他誤認為敵人。總之一切的一切都使我們起了疑心，感到恐懼。但求時針加速度地運行着，俾得安渡這絕大的凶險。

十時有餘，我坐在司令部裏，祇有一個秘書伴着，沒有多大的事情，翻翻以前衛舍長的日記簿。室內除椅桌外，並無零件，牆上掛着一隻墨黑的電話，四下里都很靜肅。幾千集訓同學正在熟睡甜夢之下，室外除路燈外，一切被黑暗籠罩着。大風打着電線，發出「嗚嗚嗚」的聲音來，雖然是夏天，夜倒覺極其涼爽適人。

後來突然有一位守崗的同學回來，面孔上染着白粉似的，繼而變成鐵青色，四肢不斷地在抖動，身上所背的步槍像快要落下來似的，兩眼瞪得極大，口中納納地在顫動着。

「報告……」一個顫動的聲音，但是面色是蒼白，四肢在抖着……

「什麼？」我大聲的問着。前面出了什麼事情？敵人在襲擊嗎？

我心中還樣地想着。

「我，我……我們四號橋那邊……」說了半句又停止了，

「田野裏發現了一個動物似的，好像是……人，並且遠遠地有火光和笛聲。」說完了，面色改紅，體溫增加了許多雖然是那麼一個涼爽的晚上！

接到了這個驚異重大的消息，隊長裝上五粒子彈，並率三人一同往前去，踏着最快的步子，奮勇地去捉「賊」或「敵。」但結果一無所有，白吃了一場驚嚇。原來不過是田野間農作物被風吹動吧了。那光是螢光或磷火，聲也不過是樹木的呼呼聲。

不到半小時後，二位同學手提一盞已熄滅的火油燈，面孔上也起了異色，其中一位手指着說：

「就在這裏不遠的地方，竹林裏突然起了一陣密烈的槍聲。」

另一位接着說：

「並且還有呼呼的救命聲，很響很響的……我們的燈早已被風吹熄了，我們實在已恐怖極了，不得不跑回來請你出去看個究竟……」

隊長，我和二位同學武裝前往，祇見二個人在打架爭吵，原因是為了賭博，其中一個剃頭司務向「丘八」討賭錢，「丘八」不還反而逞兇，因此剃頭司務高呼救命……

事畢回來，時已半夜，並且下班的衛士也已前來，交換了後，就回營安睡。

清晨七時，被同學的談笑聲喚醒，窗外的風更加猛烈，暴雨也開始了，是「陣頭雨，」時停時作。洗漱，內務和餐畢，又開始我們第二次的守衛了。

司令部裏擁滿了人，有的談着晚上的奇事，那眞是很滑稽的笑話。但更多的人担心着今日的天氣；的確，天氣已有多多的轉變，簡直像寒冬一般。暴風狂雨已吹坍了用蘆葦搭成的能容五六千人的大禮堂，竹籬和球架也倒下了，玻窗破碎，水電也告斷絕。

崗亭坍倒了，並且出了一件傷人的大事！這是在大門口站崗的兩同學。給一陣突然吹來的狂風，把崗亭吹倒。其中一個恰站在亭中間，另一個却傷了脚。

在這狂風暴雨中，在打野外去的，他們的身上已濕透了，雨在身上滴下來，然而，精神却個個飽滿，這是最大的收獲啊！（321）

日記一頁（廿六・十・十）

任闓三

記得是去年十月十二日吧？我穿上了黃色的制服，褲帶上還結上一把光亮的寶子軍刀，用皮殼子套着，眞是像上海話所說的「像煞有介事」的樣子。看看自己的一副尊相，不禁失笑，但這是

正經事啊！

路上有一輛運貨的卡車走過，我快捷的搭了上去，逆風吹來，把我綠色的領巾吹起，飄掦過市，我覺得這是祖國的榮耀，也是四萬萬大衆的光榮，因爲我爲的是祖國呀！

車子把我送上了征途，沿途經過戴德國式的鋼帽的八十八師的勇士，而且手裏還拿了木殼盒子砲呢！也有戴着紅星受過訓練的公民，他們挺起步鎗，爲着祖國盡他的職守，亦還看見背着大刀的勇武的警察大隊，在維持秩序，也還看見紅十字會出生入死饒勇的救護青年，也還看見………

到了黃浦江邊，車子停了，高昌廟沿江一帶的房子都被炸成平地，只有那烟囱還直直的立在破磚瓦的中間，許多同胞還在尋找他被炸後不知在那裏的家，江邊還沉着一艘淡綠色的「永建」兵艦。聞說當時兵艦上還有二位的高射砲手，能够威脅鬼子飛機，使牠們不敢低飛，但是終因彈盡絕援被炸沉在江邊，在此謹向此二殉國勇士致敬禮。

渡過了黃浦江，我還向那「永建」兵艦呆視，噢！我淸醒了，這是東洋鬼子的賜與。

上了周家渡車站的火車，呀，火車上已有了我們的同志，他們拿着七九式的步鎗，在車廂內巡視，我招呼了一聲，閒談起來，車子就開動了。經過草綠色的大地，沒有山也沒有湖，只有小浜和養魚池，農人們用耕牛在車水，這邊是多麼安靜呵！忽然車子停了，車廂內一點呼吸聲都沒有，他們說是鬼子飛機來了，我帶着驚恐的心情，因爲這是第一次的遭遇啊！在窗洞裏張望，有三架意大利式的大型銀色機，正向我們的車頂上飛過，總算鬼子鐵鳥不搗蛋，沒掉下鳥蛋，但已飽受驚恐了。

沒多時，目的地到了。車站上也有兩位同志執武器幫同五十五師士兵査問行人，我那時的心境是多快樂啊！

接着來了幾位熟識的同志領到了團部，是在一家新造的祠堂裏，門口有兩位執鎗的同志守崗，更顯雄壯。祠堂很大，而後門剛對着火車站，那地點是很適當的。

一天的深晚，約摸一點鐘左右，緊急集合的號聲響了，我馬上荷鎗實彈，立刻到指定地點（周浦鎭區公所）去站崗，那時晚上天氣很冷，只有拿手電筒叫口令，一個子來壯膽，同時我們的救護隊也一隊一隊的趕到火車站去救護掛彩的傷兵和受流彈的同胞，路上還看見二位同志扶一位受傷了的老太太，到公立傷兵醫院去，工作緊張，多興奮。

日裏鬼子鐵鳥時常來周浦鎭放蛋，但因人民鎭定，死傷極少，而我們一接到警報，就馬上出動救護、警衛，這樣一次一次的使我們更加興奮，更加努力工作，覺得一點也不恐懼。於是有空時，就集合二三人，登在小舟上，蕩漾在水面。水面上照出我們的影子，好像更顯得榮耀。假使有鬼子鐵鳥飛過境，我們都躲在蘆葦草裏，驚嚇樂憤都集合在一起，眞有說不出的快感。

但在十一月七日的中午，師部傳下密令，叫我們立刻退到上海，因為這幾天浦東的局勢不穩。我們請求隨軍出發，師部終是不答應，說我們年紀太小，不能跟軍隊一塊兒跑。那時我們不吃午飯，即刻把鋪蓋打扎好，回到上海來。途中又渡過了黃浦江。我回頭凝視浦東。啊！浦東，再會了。

十一月十二日我懷着一顆不定的心，到徐家匯路一帶遙望，而在楓林橋那邊，發現了東洋鬼子兵。中山醫院裏掛彩的士兵都運到租界裏來，還有剛受傷的士兵也都在租界裏了。突然間裏邊忽發現了在浦東的五十五師一部分，我們買了東西給他們。那時我自己在想，我報國的願幾時可償？五十五師一部分士兵已到了上海，而我也還是在上海，志未酬，志未酬，志到幾時方可酬？

浦東服務記（廿六·十一·七日）

傅　鵬（十八歲寶文生活）

醒來，天還未亮透。

下床後，隨穿好服裝，打好綁腿；恰好顧同志也推門走進來，精神十足地招呼：

——早×隊長！

——你早呀！

——你老是起得這麼早的，昨夜你是挺遲睡的一個啊！

我不作聲，祇對伊點頭笑笑。

一會兒內務整理好，就與顧同志走出臥營，向××地方踱去，剛走進××辦公處的門口，就有幾個同志起立打招呼；一一地應承了，然後靠着寫字檯畔坐下，拉開抽屜，托出公文，靜心批閱。

外面機聲「軋軋」地接着又傳來敵機的轟炸聲，聲音響得眞可怕！於是就命令傳令請進張同志與顧同志。

——你們倆去偵查敵機轟炸那兒，速回來報告！

——是！他們倆騎了腳踏車去啦。

炸彈爆裂聲響得更多了。

半晌，時鐘報告七點鐘啦，已是進早餐的辰光，就此都踏進對過的食堂兼休息處去就餐。

早飯完了，踱進辦公室，坐定身子；張同志倆已偵查完畢回來了，氣呼呼地進來。

——報告隊長，敵機轟炸小石橋鐵地橋等地，這時轟炸得更猛烈呢！

——好！你們倆去休息吧！我點頭笑笑，接着就命令救護隊齊帶急救藥品準備出發；自已也準備好。

不一刻，幾十輛腳踏車，帶了我們向小石橋地帶進發，到達目的地，就命令散開實行救護工作。

我與兩位女同志，朝東走去。

——×隊長，你瞧！那邊正轟得利害呢，我們就到那邊去吧！李同志操着北平話。

——呵！我默然點着頭，表示同意。

於是我們又向東南方，敵機轟炸得最利害的地方走去。

「轟」突然又來一個炸彈爆裂聲，塵土頓時都被濺起，煙霧騰騰地，什麼都有不見啦，接着又是一陣「軋軋軋」機關槍聲，直把我們嚇了一大跳。等到平靜時，定睛一瞧，喲！前面的一個宅莊已化為平地，哭喊聲四起。

我們趕過去一瞧，連死帶傷共八人；兩個老人受重傷死了，其餘的稍有創傷；由我們替為包紮後，又喚伊們往醫院去求治。

如此地一幕一幕過去，大約三四小時後；敵機已停止轟炸。四顧已皆瓦礫堆矣！

我們一行三人，又巡視了一周，到烈日當頭的午時，才很快活地，騎了腳踏車回隊部。

回到隊部，剛踏進門，同隊出發的同志都已回來了，迎出招呼，滿呈快慰的容態，嘻嘻哈哈地，印象頗佳！

——噫！老傅，你怎的這麼遲方回來呢！

——你瞧！李同志和陶同志倆，和他一起回來哩！

同志們向我打趣，我祇默笑不響，也不顧；直弄得她們倆，倒有些兒不好意思，就往臥營裏一跑，舉止真天真極啦！

於是，我也向自己的臥營跑去，關緊了門，打了一盆冷水，將身上所染到的血跡，盡行洗滌乾淨，又換上了清潔的服裝；統統整理好，然後再走出來，到辦公室裏，躺在籐椅上，閉目休息了一忽兒，顧同志就來催吃午飯啦！

飯後，營部裏有信來，拆出一瞧，原是×營長的來條，有要事相商；我就帶了顧同志及周書記，馬上就走。從××路一直走到××路的盡邊，又拐了個灣，就到××師×××團×營的營部門口。

先由帶着盒子炮的兄弟，進去報告後，×營長就出來接我們進去；坐定了，經過一番寒暄之後，我就開始問：

——×營長有什麼要緊的事，就請告訴我吧！

——呵！×隊長，師部裏有公示到，命令當地所有的團體機關，稍事準備；將有變動時，隨時調遣或竟要撤退哩，你們也應得準備準備才行。

——為什麼？×營長！

——呵！你不知曉麼，因為金山衛被日軍登陸了，我們這兒將受威脅，所以就有變化呀！

——呵！那麼我們準定實行吧！

——好！好！×營長笑容可掬地。

於是我們告辭退出，回到隊部；適有×連李連長來訪，就招待伊在辦公室談談說說，甚感樂趣；談及本隊童軍服務成績，頗受李連長的讚許；談及戰事，又感到無限的興奮；最後談起了金山衛日軍登陸事，不覺深致惘悵！

李連長辭出來，馬上召集全體隊員，報告當天的戰訊，最後命令各隊員，隨時隨地準備應付必要時的行動，然後散隊休息。

五時許，派傳令往營部領口令。

夜飯過後，派趙同志等四人參加糾察巡查隊；又憑桌寫工作報告書。

八時了，我就與顧同志倆，出去看看情境；一手拿了乾電池燈，一手執着三八式小型手槍。走到外面，祇是烏黑的一片，靜得可怕！東跑西走的漫無目的，忽然走到××路和××路的十字路口，空氣有些兒緊張啦。

——口令聲音又急又速的。

——××！

——幹什麼的！

——童子軍！

走過後，空氣又鬆弛啦。

——×隊長！大概不會出什麼亂子吧！

——啊！是呀！

——老傅！我們可回去啦！

——好！好！

於是我們倆就踏上歸途！走到××衖口，遇到了李同志和陶同志，她們倆也荷槍實彈了，眞是「娘子軍」哩。

——小娟！妳們倆怎麼來的呀！我驚異地問着。

——噢！我們倆是來看看形勢的呀！李同志笑眯眯的回答。

——誰派妳們出來的！

——唷！這是我們自己的意思呀！沒有誰派過的。李同志撒謊似的說着。

——好啦！那就可以同去啦！

李同志點點頭。於是我們就一口氣地跑回隊部，門口由張同志與王同志担任警衛，執槍直立，精神很好；招呼之後，我們四人就分別各回臥營了。

進臥營後，檯上的時鐘，針頭指着八點半鐘了；坐在床上，從行軍囊裏抽出「戰時生活」來閱讀，空氣寂靜異常。

忽然窗外有白光一閃，接着「工」的一聲響，就打破了寂靜的空氣。抬頭細聽，才曉得敵艦發炮轟炸陣地，「工工工」地轟得甚猛烈，我就無心看書了，抛去了小册子，踱出門外觀炮戰。

喲！大概是出亂子了吧！

炮火祇有自北方日艦上，猛烈地發射過來，越過我們前線的的上空，飛向南面的後方去，却沒我軍還擊的炮火。日軍的炮火，發威了許多時候，仍不見我軍響應，也就不再發狂了！緊張的空氣就此也平靜啦。

回進臥營，靜思剛才的情形，百思總不得一解；正在遲疑不決時，從外面傳進一陣嘈雜的聲音，欲待查問，傳令顧同志已急匆匆地進來。

——老傅！軍隊已撤退啦！

——真的？我有些兒不信似的。

——自然囉！參加糾察隊的同志，已被撤退回來啦！

我跑到外面一看，同志們都齊集着待命，慌張得六亂三千。

——×隊長！軍隊將全部撤退完了！趙同志氣喘喘地說。

——我們應如何辦法！馬副隊長說。

——好吧！那麼我們也祇好撤退啦！我慢吞吞地說着。

於是就各自回去整理行李，雜亂無章地，忙得不亦樂乎；息了一刻，都準備好了，趕緊排隊出發。走到×××口，就遇到一隊軍士。

——老鄉！×××往那兒去！一個軍官模樣的向我詢問。

我就指點了他們，又領導着抄小道走，經過××路，就到××路的××碼頭。黃浦江邊已烏黑黑地，模糊成一片；擺渡的船隻也找不到，又想不出什麼的辦法，簡直把我們的一羣人急得像熱鍋上的螞蟻似的。

幾個同志就分別找船；忽然聽得喊聲：

——喂！來呀！這兒有船哩！

於是，我們如潮湧的奔過去，就近一瞧，是一隻裝煤炭的大船，足够我們四十來個人擺渡了。趙同志在船艙裏喚起了二個大漢。

——喂喂喂！快快！把我們帶到浦西去！

——嗅嗅嗅！一個大漢揉揉睡眼的回答。

我們都踏上船；二個搖船的大漢，也擺動了櫓；船和岸間的水，漸漸地闊了。（1124）

離開上海的一整天

疑

我曾經過了一天又一夜的軍隊生活。

是在去年我找到了一個機會：認識了某師政訓處的且處長。當時我跟他約定入伍去做宣傳工作。當時我是多麼的快愉與興奮啊！

就在七日（廿六年十月）的午後，政訓處派勤務來通知：說要開發到青浦去工作。我就把極簡單的行李叫勤務幫我帶了去。

這天本來下着微雨。入夜雨更密了。但且處長決斷地說：「今夜必須要離開此地，一點也不許遲疑！」於是在十二點半的當兒，各人的行李及一切雜具，都搬上了預先雇就的船上。隨着跟了十多個同志暨二十多個士兵們踏入了船艙。

為避免危險起見，船裏沒有一點光亮。在迷濛的風雨的夜中，船慢慢地離開了滬西。起初我們在沉靜裏很安穩的行駛着。但過了一二十里路之後，風浪突然大了起來，雨也隨着風向驟緊，而船又有漏水的毛病，舟子只能緊管着櫓枕淌進船肚裏的水就由我不斷地一桶一桶的倒出去。然而在狂風巨浪的激流中，船身東歪西斜，動盪不定，因之河水淌浸來的份量也不斷加多；河港正闊，連四個船夫也驚慌了起來，我們自然更恐慮萬分。最後由我建議：坐船同人均上岸步行，單讓船兒搖去，或可避免沉沒的危險。大家贊同後，便在風雨滂沱的黑夜中上岸，步行前進。路是鄉村小道，濘滑難行，幸虧各帶有手電筒一隻，否則那能在茫茫的一片墨黑中去找進路呢？同時也謝謝背後遠處時有敵方照明彈或探海燈的照射，因此更明亮地照耀着我們的進路。途中，且處長對我說：

「這種雨夜行軍的生活，恐怕是懷同志第一遭嘗試吧？」

不錯，我一點不否認。這時候我的夾大衣已為雨水所浸透，下身也完全給濁泥水漿打溼了。我當真感覺着許多苦痛，可是熱忱充溢着我的心腔，我總不忍讓第一遭的苦痛表現在面上。是的，我應當嘗試，我應當忍受，我也應當鍛鍊！

到青浦時已是淩晨五點鐘，船先在城門外等候，雨也早已停了。我們進城裏去打聽：知道七日晨敵機冒雨轟炸，現在到處是牆傾屋圮，所以居民差不多走完了，各地方機關也均遷往郊外，剩下的除一片遺留的炸藥氣味外，便是一種悽涼的景象。——當然城裏還駐劄着一部份軍隊，因為我們的工作不能隔離民衆，所以也不便留駐青浦，馬上在六點多鐘繼續開拔；開拔到距城十二里路的首鎮朱家角去。

不遲也不早，我們的船離開了空城二個鐘頭，將到朱家角的時候，遙見敵機來勢凶凶的，至少有三十多架，又在青浦城廟上空大施轟炸了，投的大多是燒夷彈，蓬蓬的濃煙不斷向上昇；共投炸彈二百枚左右，這回青浦城一定是完了。

到了朱家角，見情形比較好一點，但駐劄在鎮上不大適當。且處長因為知道我對於此間地形很熟，所以叫我代為選擇一個距鎮三五里路比較冷落的鄉村為駐所。再三考慮，便選定在水陸交通均便的澱山。（以一個小土墩為名的村莊。）

因為敵機也到朱家角鎮來盤旋，我們的船時停時駛的沒法迅速前進。在上午九時開船，祇須行四五里即達的澱山，直到下午二點鐘才到。我同且處長李處員先上岸找房子，其他同志暫在船中等候，經過了好些時間，才借定了澱山以西里許的幾間農家小屋。等到招呼其他同志上岸，勤務搬上行李雜件時，時間已四點過了。匆忙中我們就近買些蕃芋與雞蛋吃了頓一整天來比較安定的午餐。飯中，我們談了些怎樣開展工作及其他多方面的情形。飯後遙遙看到青浦上空還是迷漫燒夷彈的黑煙，同時敵機也來朱家角鎮上投了二枚小型炸彈。所以我曾下斷語似的說：「敵機已大轟轟炸青浦了，離城十二里的朱家角，要遭空襲，也是可能的事。但距鎮四五里的此間鄉村，決可避免敵機注意，所以我們很可安定的加緊工作。」政訓處同人也頗以爲然。

五點鐘，駐處已草草的整理好了。我因爲脚上僅有的一雙舊皮鞋，在夜雨行軍中走得更壞了。於是便決定乘着這空暇的時候，重跑到鎮上去買一雙鞋子。不料跑遍鎮市，商店均緊閉着門，據說要到晚上才偶而開一會，因此我在一個小茶肆裏等待着。但是到了九點多鐘，因敵機又幾次過境，所以商店一直沒有開門。聽了茶肆主人的誠意話，便不想單身在黑夜裏趕回駐所。

大清早買到了一雙跑鞋，跑回澱山時，政訓處的同人卻又在天未明時開拔他去了，屋中只留下我一副簡單的行李，也不見留有字條。祇在一位來此時曾接洽過的張先生處得悉了一些情形，據云：昨夜又有軍隊來此駐劄，且處長他們便恐怕與作戰軍隊同駐在一處，有遭敵機投彈的危險，所以在夜半二時左右，又匆匆開拔他去，但目的地未定，故把我的行李留下了。臨行時曾對張先生說：「空氣很緊張，此間居民也以西遷爲妙。」想不到政訓處同人竟懼怕跟作戰軍隊同駐一處，試問將如何開展工作呢？眞未免太使人傷心了！雖說政訓處大多在戰區後方工作，但到底也是軍隊中的一個隊伍，未滿一整夜的駐劄，而又忽忽開拔他去，我眞十二萬分的感到不幸！

當然，我也應該責我自己，要過軍隊的生活，絕對不許有絲毫個人的行動，事實上，這一天一夜所留給我的悵惘，是我自作自受的！（1081）

第七輯

炸彈 下

血肉橫飛

黃警頑（商務印書館交際科）

無論在何時何地，只要靜悄悄地閉起雙目回憶起往事來，它便一幕又一幕的繼續着彷彿電影似的在我眼前開映着。這些影片之中有一件使我最痛心的事。

我出世四十多年，第一次碰到對外抗戰。為照顧老母避難而沒有當眞去從戎，只在屋子裏握筆。西洋新聞學家曾說：「一枝筆亦好勝過三千枝槍。」文人無用論，實亦不足盡信。滬戰爆發，因為我服務的公司，工廠和各地的分館都在戰區，損失很大。幸而當局者處理得法，在減薪不裁員的支配下，還是照常供給後方民衆的精神食糧，而我也得以繼續努力於文化工作，眞是不幸中之大幸。「八一三」後，曾一度服務難民教育救濟傷兵編集史料略盡國民天職。

當我見到華美周刊的「上海一日」徵稿啟事，認為在這題目下大家可把過去一年來的任何一天的自身生活片斷追寫出來，所以可歌可泣或可痛可恨的故事自然很多，又因為這是全上海人的集體創作，我感覺到無限的興奮。

我在八一四那一天受到的刺激，終身不能忘懷。那天的驚嚇，至今還在腦海中縈迴着，今天再也不能不提起筆來伸訴一下敵人的暴行了。

那天雲雨方過，十時許，第一次看到我國飛機翱翔於黃浦江上，轟炸日本「出雲」兵艦，我們看了異常的欣慰。午後天氣放晴，三時去四川路青年會，領甘、青、康學生十二人（青學生李應甚被難）到大世界中央難民收容所服務。走到童子軍辦事處，將屆四時，接洽方完，領至各部參觀，覺得秩序井然。難民人數有三千多，不啻一大兵營。將出大門，而雙方飛機正在天空交戰，有許多難民正叢集馬路中央。正在此時，忽自天空中投下一重約六百磅的炸彈，頓時天崩地裂地一聲響，地上陷了一個大窟窿。死傷者五六百人，血肉橫飛，焦頭爛額，破腸裂肚，折肢斷股，頭碎筋連，種種慘象，不忍卒覩；祇要是一個不願做奴隸的人，看了無有不生憎恨心的，無有不流同情淚的。我幸未遭波及，就和童子軍等救起許多未死的難胞，把他們送上了汽車。在中西藥房那面看到被炸死的母子三口，其母全身已炸成數段，但雙手還緊抱着孩子不放，可見母愛的偉大。我鼻子嗅到血腥氣，再也不忍看下去了，眼淚不自主地奪眶而出。同時我想拿起拳頭來打這殺人的魔具，但我仔細一想，這是誰的過錯呢？牠是無知覺的礦物質，這是主使暴行的法西斯軍閥的罪惡啊！（1025）

大世界的兩顆炸彈

賓人

一年前的八月十四日，我親眼看見二顆巨大的炸彈落在大世界附近，「轟」的一驚，醒了幾十萬正在做迷夢的人們，現在想起來，還有些心悸！

這天（十四日）的飛機聲眞響徹了整個的大上海。為了要瞻仰中國空軍人員的技術，在吃中飯時特地和良弟爬上屋頂去看個淸楚。這時候許多大飯店或露台上，眞像一間間的包廂，人頭擠擠的，都專心一意向天空望着。我們看見一隊有國徽的銀白色飛機向東面飛去，就知道這是去轟炸敵艦的。那時，每個人的感情眞是熱烈到了萬分，有的拍手，有的叫好——直到喉嚨叫啞了而不知渴，手拍腫了而不知痛！

突然，一陣很急促而異樣的軋軋機聲又起於上空了，我抬頭一望，只有一架，它似乎飛得很急迫而又像不勝其重的樣子，大家都驚喊起來：

「啊！這架飛機受傷了！」

然而這飛機依舊竭力支持牠的平衡，向西面飛去，出乎意外的，飛到大世界的上空，機翼一側，兩顆灰黑色的大炸彈落了下來。

「炸彈！炸彈！」我嚇極喊了，但是話未說完，「轟」的一聲響了起來。這響聲幾乎震聾了我的耳朵；對面的牆壁上一陣陣的石灰落了下來。我拖着良弟急忙下了屋頂，那時的心眞是被嚇得糊裏糊塗。二十分鐘後，看熱鬧的人都站在愛多亞路上，弄堂門口也圍了羣人，每個人的面孔都緊張着。一輛輛的救護車飛也似的駛過去，駛回來的却裝滿了血漬淋淋的屍體，尖銳的迴聲振動了每個人的心弦。我開始記起了剛才的兩顆炸彈，啊！這巨大的響聲，是全面抗戰開始的第一次吼聲！

大世界的二顆炸彈，炸死了一千多個人，但也驚醒了幾十萬醉生夢死的人——至少也可使得他們想到，偉大的時代是已經來到了。（686）

是誰的責任（廿六·八·十四·）

佚名

記得去年上海的租界中，曾發生數件炸彈的大慘案，其中最為慘酷的，莫如八月十四日的大世界前的慘劇。那時我已加入戰時服務團，派在虞洽卿路某教堂內服務，因為該教堂是收納戰區中來渴避難的教徒；因爲人數過多，不易管理，便由我們一隊擔任警衛，並擔任調査與護送的職務。那天下午，我在外邊勤務，約莫一二點鐘的光景，天空中又起了猛烈的空戰，機槍聲密如連珠，流彈橫飛，路人飲彈的可不少。這時，大世界的上空，突然出現兩架飛機，一架在上的，速度很高，追過了下面正在搖蕩的一架；一忽兒，下面的一架掉轉機尾，向斜刺裏飛去，祇見在略一傾側的時候，自翼下墮下兩個黑點，很快的落向地面，不一會，便聽得轟的一聲，接着一陣黑烟猛向天空衝去。就在這陣黑烟之中；葬送了許多無辜的同胞，造成這幕慘絕人世的悲劇，

慘劇發生後，我們已得報告，就在隊長命令之下，馳赴出事地點協助救護人員救護；他們很熱烈的歡迎我們，他們正苦人少哩！同時我們也絕對不願坐視受傷同胞的呻吟，昧却我們的良心。在我們將近出事地點時，就遙見被難同胞東倒西斜的倒在路上，罹難的汽車正在吐着火舌，自在焚燒。偶有一陣琉黃氣從燒焦的橡皮臭味中送了過來，鑽進我的鼻孔，刺得鼻神經有些難受，但是我不顧這些，只向前衝去，執行我的職務。

我的兩足步步逼近遭炸的地方，平日不易聞到的難聞氣味，現在漸漸濃厚起來，不斷在鼻孔邊飄蕩；不知不覺中，我的兩足已踏在血和水的混合液體裏，把鞋底染紅了。在我的足邊，有一件東西，大如猪腰，注目一看，原來是一個帶血的人腦，並未破碎，上面還附着半個有髮的腦殼，嚇得我的心勃然一跳，連忙移開眼睛望向前面去，不料映在眼裏的又是一隻斷了腕的手，五指俱全的伸開着，心中又是一跳。再過去，地上躺着一具屍首，牠的頭顱已齊肩飛去，血還從頸腔中汨汨的向外流出；在牠的旁邊橫臥着一具較矮的屍首，左臂已斷，前腦袋爲彈片炸去，祇賸了後腦殼上一些髮髻，還認得出這是一個中年女子。那時我全身的神經突形緊張，心臟跳動得更爲厲害，面部發燒，兩足不覺顫動起來。幸而崇高的理智把不安的心定下來，於是膽也壯了，手足也活動起來了，很迅速的去救護傷者。

炸彈落處，便是一個面積約一方丈的大洞，深可八九尺；兩旁房屋所有的玻璃，全都震碎，牆上還嵌着許多彈痕，即此可知該彈炸力之大了。至於還有一枚炸彈，據說是落在鐘架下的泥地裏，此說是否可靠，我也不得而知。在那大洞中，積滿混着血的水，洞裏泥土，變成褐赤色。一股腥臭的氣味散佈在空氣中，令人聞之作嘔，我祇好用手巾掩住鼻孔。

有一點很奇怪的，就是這許多屍體，橫在馬路兩側的爲數較多，尤其在紅綠燈亭下，屍體堆積得像沙袋一樣高，圍成一圈。馬路中除點綴着已毀的汽車外，躺着屍體很少。這大約是在炸彈將近地面時，人們紛向兩側及紅綠燈亭下躲避的緣故；馬路中的，或許是在騷擾中不及奔避的一羣。在這許多屍體中肢體具全的很少，

多半是缺肢裂體的殘屍，形狀很是可怕。有幾具屍體，區別不出哪是四肢哪是軀體，已變成血淋淋的肉團，看來令人鼻酸！

我們救完了數十個傷重的同胞後，便等待集合令歸隊。一個年約七八歲的小孩正在路側啼哭，喚他的媽，他的衣服滿染着鮮紅的血。於是我們走上去詢問，據他說：他是同他的媽媽和弟弟一同出來，現在他們不知到那裏去了。他說畢，又放聲大哭。我們聽了這個可憐孩子的話，明知他的媽媽和弟弟是遭難了，但是不便對他直說，只得用蜜言安慰他，由我們報告巡捕，送入捕房，這是多麼悲慘的啊！

最近廣州武漢的轟炸，死傷的重大較之上海有過而無不及，看來敵機的轟炸似乎可以消滅這兩地人民的勇氣，但是經過幾番的證明，同胞非但沒有削弱他們抗戰的決心，反而目睹敵人的濫肆屠殺，更使他們切齒咬牙，大有不殺盡敵人誓死不休的氣概。回顧孤島上的同胞，終日在歌舞場，溜冰場，游泳池中……消耗寶貴的光陰，沉浸在紙醉金迷的環境裏，隨着炮聲的漸遠而泯滅他們堅定的意志，豈不令人痛心！但願孤島上的人們，趕緊追上前線的同胞，一齊走上抗戰的大道上去！

雖然大世界的慘案，後來查出炸彈是由我國飛機落下來的，責任應歸我國，可是要不是敵人蔑視公理，破壞條約，肆意侵略我國，飛機怎會因鉤彈架的擊損而撒下大禍來呢？究其根源，這次慘案，全由敵方促成，無異是敵方借刀殺人的啊！（847）

南京路慘炸目擊記

潘子農

從八月十三日展開了淞滬區的抗敵戰爭以後，在我極度興奮的情緒中，絕對沒有感覺到半點恐怖，半點畏懼。然而昨日在南京路上目擊那顆不知來歷的巨彈之爆炸，却使我心頭停留了一個不易磨滅的凄慘印象。我們願意敵人用炮火把全國民衆殲滅於抗戰的前線，但對於這種兇狠的不道德的轟炸，決不能不提出嚴重的抗議。假如說：公理是在大砲口裏的，那末我們祇有以血腥的戰鬥來回敬這些野蠻的獸類！

正午十二時五十五分，我在新雅餐室門前和兩位朋友分別後，打算走到揚子飯店去拜訪一位纔從南京來的舊友。揚子飯店是在雲南路與漢口路之間的，所以我從人行道上向西走，預備從貴州路那裏溜過去。剛走了二三十步，突然聽到空中很迫促的飛機聲，我就在貴州路口站住了，仰首矚望，看見兩架巨型的轟炸機，好像被對手方面追趕得很驚慌似的，直向黃浦江那一面逃避下去，從機身的顏色和逃遁的方向看來，其為日軍的飛機是無疑的。漸見兩機向東隱降，我也掉轉身體，溜到貴州路上去了。就在這時候，忽聞砰然一聲，身體受到劇烈的震動，而位在貴州路口的一家洋貨鋪的櫥窗玻璃，隨即震碎在我的身旁。

轟炸聲是從東首來的，我的視線自然也移向東邊去了。首先，我看見先施公司門前的玻璃棚坍下一部份來，南京路與浙江路交叉點上的羣衆，慌亂地向四處奔逃，在奔逃的人羣中，就有流着殷紅的鮮血的人，接二連三地倒下來。接着我又發覺離開我身旁十多步的貴州路轉角上，也撲倒了一位穿灰色佛蘭絨西裝的中年男子，因爲距離很近，我看出他的創傷是在靠近腰際的背部，茶杯大小的窟窿，紅得發紫的血不斷地從那裏湧出來，當他倒下的時候，他還用左手從上身口袋裏摸出一塊手帕來，反手過去掩護自己的傷口，這個動作祇做到一半，他的呼吸已經停止了。我正預代他發出求救的呼聲，另一個更慘的情狀奪取了我的視線；一個穿白衣黑褲的婦人，右臂雖被炸去，卻還亂哭亂嚷的向西奔跑，等到她聽見路旁的人說她炸斷手臂的時候，僅僅回首一顧，便不聲不響地倒了下來。這「回首一顧」的慘狀，眞使我不自覺的流下眼淚來。

街道中，汽車和人力車都在運送着鮮血滿身的男女，其中有一輛人力車，坐着一位穿黑拷綢短衫褲的老年人，雙手撫着他被炸破的頭顱，瘋狂似的叫喊着。在他的兩膝間，還僵臥着一個不滿十歲的小孩子。

帶着憤怒的心情，我迎着奔逃的羣衆向東走，一路血跡遍地，腥臭撲鼻。先施公司的人行道上橫着兩具殘缺的豔裝少女的屍體，英華街口有一個報販橫倒在一位西人的屍身上，十字路口鐵柱上的崗亭中，那位管理交通燈的印度巡捕的一條粗壯的腿，從隙口裏伸了出來。先施永安兩公司的玻璃櫥窗，沒有一塊是完整的，沈大成點心鋪的櫃台也炸成粉碎。據說這顆爆炸物是擦過先施公司三樓的陽台而落在街心爆發的，所以先施公司的職員，大半都受了傷。當我越過廣西路的時候，曾經親眼看見一個女職員扶着一位炸傷腿部的男職員向南走去。

捕房的警備車和另一輛裝滿萬國義勇隊的卡車開到了，我就這樣向西折回，從廣西路走到了揚子飯店。登樓後，在五樓臨街的陽台上，目送十多輛插着紅十字會的旗幟的救護車，裝滿了這些不幸的受難者駛到各處醫院中去。南京路上尋妻覓子的哭聲，尙隱約可聞。

關於巨彈的來源，據說當時趕到出事地點來維持秩序的萬國義勇隊中，有一位俄籍隊員拾得一方兩英吋光景的彈片，上面有强極顯明的日本文字。這一點，責任問題之誰屬，已經不問可知了。

肇事後的南京路，西至貴州路，東至福建路均已斷絕交通，我在下午六點十五分光景，曾設法到先施公司門前去巡視了一趟，其時路中血跡已全部冲洗乾淨，兩旁各商店櫥窗裏碎的玻璃屑，也由清道夫掃成一堆一堆的，正在用垃圾車運去。一位高級西捕很沉痛地對我說：「日本的炸彈，至少有一百磅重量。」

八點半我到了寶隆醫院，那裏有九十幾個受傷者，其中重傷者十餘人，據醫生說是很難得救的了。三樓的一個病房中有姓石的弟兄三人住在一起，當我和朋友在新雅進午餐的時候，他們也坐在一張圓桌上吃飯，現在是一個炸去左耳，一個炸燬右腿，另一個是整個身體都變成紫灰色了。

死不足懼！死於神聖的民族抗敵戰爭，更不足懼！然而在未死之前，我們至少要替這些無辜的受難同胞，向野蠻的獸類算清這筆血債！

南京路上的血債

谷夫

——喂先施公司的門前落了個炸彈！

我剛從一輛遣送難民的汽車裏跳下來，一個熟練的管理員——林，迎面就對我這樣說。雖然這話是很簡單，但在我的耳朵裏，正像一個强力的爆炸物，立刻在我的心的深處轟了起來。我們心飛快的跳躍着，熱血迅速奔流，漲紅了我的臉。

就在這時候，我忘記自己是站在仁濟堂（上海市慈善團體聯合救災會）門口，忘記我周圍有着許多飢餓的受傷的難民要我照顧遣送。我想起了離開先施公司不遠的家，想起了一定正在焦慮着自己的祖母，想起了時常跑到日昇樓去玩的弟妹，想起了每每站在家門口候我回去的驕，一陣陣冷水澆在我的頭頂上。

一輛救護車自愛多亞路那邊很快的駛過來，血紅的十字旗飄着，突然，牠那可怕的警笛把我震醒了。我知道這是一個機會。私慾的火燒燬我服務之心，我迅速地一面將餘下來的一些工作託付給站崗的鐵，又叫他在隊長面前代請一聲假，一面就橫到馬路中央，候這輛救護車駛近來。汽車果然開慢了，但是沒有停，我就機警的平地一跳躍上了汽車的踏板，一手抱住了白色的門板，車輪又快了起來。

馬路上所有的人好像都在對我張望，許多人似乎要把我活活吞下去，我驚懼，我羞慚，但我安慰自己說：「嗄！他們不知道我的秘密呵！」熱風尖銳的打耳邊擦過，馬路越來越冷靜了。是大難將來的氣氛。但我又私自安慰自己，先施公司離我們家還有一條馬路寬，大約家裏的人不會遭難吧？

立刻新的念頭又鑽進了我的腦袋，新的煩惱佔據了我的心，我心裏非常的亂。駛近了九江路（即二馬路）路上已戒嚴了，許多人阻塞在一堆，有人在咀咒着日本赤佬，也有人在罵着洋鬼子太可惡。衝過巡捕的防線，是萬國商團的陣地，輕機關鎗與來福鎗在他們的肩膀上上下下的動着。轉了一個灣，汽車在廣西路和南京路交叉處停了下來，一個滾在大櫥窗前的猙獰的頭顱首先撞進了我的眼簾，我的心就立刻是砰的一跳。

從幾十層樓高處飛下來的玻璃，散滿了號稱繁華之街的南京路，鮮紅的血染紅了柏油和柚木造成的路面，血塊在馬路凹處厚厚的積了起來，救火會裏的「驚普」正在努力地冲洗着；穿白色制服的人在血泊中扛着帆布床奔跑，一個個爛頭焦耳的受傷者被人從灰堆裏拖出來，呻吟之聲阻止了救護員的呼吸，淩亂的像具妨害了許多工作人員的進行，好幾十輛救護車多停留在十字街頭，卡車上也堆了不少像牛肉似的周身沒有一處完整的死屍。沒有一個人看，也沒有一個人哭，各色軍人多集中在先施公司的門首。

正義之水，頃刻熄滅了我正在焚熾着的私慾的心，我雖然又會想起過家和驕，但是悲慘的場面好像在對我說：

——可憐的孩子，你不應該這樣，你不該這樣的留戀家和愛人呵！你得就道，躺在這兒的許多許多人，他們也都有一個像你的一樣美麗的家庭，也多有愛人正在熱情地期望着他們回去。但是他們現在是爲了爭取國家民族的和平自由的戰爭，被遺落在這裏，犧牲在這裏了。那麼，你能够忍心丟棄了他們，竄到你的愛人的懷抱裏去嗎？」隨即心裏起了一陣回聲：「懦漢，不要走，盡你的天職呵！」

一瞬間，我遺忘了家，遺忘了愛人，遺忘了身外一切的一切。

平日看見別人流血要咬緊牙關閉上眼睛的我，奇怪，今天一些也不怕，血的市場反而使我的眼發了光，我沒有道謝就離開了汽車，但太多的事反而使我呆了手。

正好從對邊橫路裏衝出來七八名市商會裏的童子軍，還在那時的南京路上恐怕還是唯一的同志，我們在互相敬禮之下，就不約而同的擁進了先施公司的門，起先裏面是漆黑的，因爲沒有燈，也沒有窗，走上了二樓，是比較光亮些了，什麼都看得清楚，幾個救火員模樣的人正在割着電線，淩亂的東西使人不能行動。三樓的東南角顯然已經塌了下來，龐大的橫木擋住了我們的視線，什景貨件堆得比人要高，我們開始疑惑到裏面還積壓有遭難的人，一個着武裝的美國兵，也隨在我們後面跑上來，他好像知道我們的心事一樣，打着英國話對我們說：「快翻呀！」石灰在我們四週狂舞，口罩開始罩上了我們的嘴。

一個年約三十餘歲的中年男子，被我們在大櫃台下面發現出來，外額上在流着血，肚腸縛住了他的腰，四周的石灰已變成了紅氈，可是似乎尚還沒有死，顫動着的嘴好像管在喃喃地說：「我……我不打緊，裏面還有人哩！」我的血幾乎熱得要沸了，我立刻跑到被炸不久的窗口處，大呼下面快些扛幾隻救護床來，馬路上，許多人的頭都一齊地抬上望，我立時做了他們視力線的焦點，幾十隻鏡頭也對住了我，我嚇得退了轉來，猛回頭，我看見一個雄壯的童子軍，神威地站在一面櫥窗內的高處，他左肩上背着一枝神聖的鎗，右手拿着一幅很大的青天白日旗，我忍不住默默的喊了出來：

「中華民國萬歲！」

這是侵略者的炸彈（廿六·八·廿三·）

夢　痕（先施職員）

一清早就給嗚嗚的鐵鳥聲從夢裏催醒過來；自從戰爭開始以來，差不多每個早晨都是在這樣的情形下起身的。

天氣很熱，好像熱得比昨天更利害；太陽一早就放出强烈的光芒。青天浮起一堆堆的白雲，在慢慢地移動着。

我們公司裏的鐵門依舊只拉開了一半，沿馬路的櫥窗給釘上厚厚的木板，預防流彈的破壞。顧客少得寥寥可數，職員們閑着沒事，三三兩兩地聚在一起談天。午飯後，炎熱的天氣更熱得利害了，顧客比上午更少了，坐進櫃檯裏，和施閑談。這時，哭哭的機關鎗聲間夾着轟轟的巨砲聲，一陣陣地傳進公司裏來，震撼公司裏每個靜穆的角落，威脅每個職員的緊張的心，可是職員們似乎並不因而驚懼；因為處在這鋼骨水泥的巨廈裏無異處在一座堅固的堡壘中，誰都會感到這是比任何安全地方會來得更安全的！

壁上的時鐘好像剛打過一下，機鎗聲和砲聲，不知在什麼時候停止了，也聽不到軋軋的飛機聲，公司裏靜穆的空氣更變得肅靜了。

「轟——嘩啦啦——」

突然一陣天崩地裂的聲浪衝進我的耳鼓，激盪我的耳膜，接着好像有一陣狂風暴雨向我的身上襲來，身體給一種巨大的壓力壓了下去，神經失却了常態，模糊的意識裏浮上一個鉅大炸彈的暗影。

一會兒，我的雙脚下意識地移動起來，蛇行着爬出櫃檯，像前線戰士奉到衝鋒命令似的向一個門衝出去，沒命地飛奔，轉了一個灣，衝到送貨間。

這裏已經集滿了人，捧着頭的，托起臂的，捺住胸的，每個人盡可能用手按住自己的創傷，殷紅的血液從傷口汩汩地淌出來，滲透了單薄的夏衣，點點地滴到地面，地面變成紅紅的，好像給鋪上一層新的油漆。

呼痛，嘶喊和咒罵混合成一片，炸彈在這裏繪成一幅人間最慘痛的圖畫！

逃到這裏的人們，首先向自己底週身檢查一遍，我也向自己的全身各部察看了一下——倖運！我沒有傷，我逃過了這次浩刼！

「受傷的快到送貨車裏去!」

宏亮急噪的聲浪衝破了恐怖緊張的空氣，一位送貨處的管理員拉直了喉嚨像官長在發緊急命令，他的臉上充滿着悲憤的神色。

於是人叢騷動了，一個個受傷的同事，帶了負傷的身子向車廂裏鑽。每個人的臉上，顯出極端的憤恨，他們知道這是誰給予他們的痛苦，他們將永遠記在腦子裏，他們將向這批人類的劊子手復仇。

恐怖和緊張的空氣稍微鬆弛了些，我重新回進公司裏。公司給燬滅了!富麗的陳設給破壞了!一陣强烈的香和臭的混合氣味直衝進我的腦際；塵埃和烟霧佔據了整個的空間。貨品零亂地飛散在地上，光滑的地面，鋪上一層玻璃的碎屑，受傷同伴們的鮮血，洒滿一地。我踏着暗紅的血蹟前進，到自已工作的××部。

「吳!——吳!——你……你傷了麼?」我喊着。

「…………」

吳沒有回答，只勉强掙扎着身體，回過頭來找尋喊他的聲音。他見着我，頭微微地點了一下，無限的痛苦堆滿在他灰白的臉上。我走近了他；他慢慢地把右手按到大腿的傷處，紅的血沁透雪白的西裝褲，淌到地上。

我正要叫喊，我要設法把他抬出去，可是巧得很，救護隊扛着擔架床走過來了。兩個救護者謹慎地，緩慢地把他扶進擔架床。我跟着重又回到送貨間。

這裏橫七豎八的躺着好幾個被炸彈奪去靈魂的軀殼，眞是「血肉模糊，慘不忍睹!」當我看到毛巾部一個學生的大腿給炸彈和身體分離的時候，我的視線立即逃避這個悲痛的現象，我的心房只是别别地跳動得更利害。

「南京路上飛來巨彈。」

「先施公司被炸。」

「…………」

晚報上用頭號大字登着這消息，雖然沒有說出炸彈的來源，和造成這次慘案的主角，但是人們的嘴裏却會不約而同的說：「這是侵略者的炸彈!」(477)

飛來的橫禍(廿六・八・廿三・)

阿傑(商店職員)

大家也許沒有忘記吧?在「八一三」抗戰爆發後之第十天，八月二十三日，不是先施公司被炸嗎?而今，又是一周年了。

我回憶起，那天在暴日當空，火傘高張的正午時候，商場里顧客來往如鯽，酒樓部正是午餐旺市的辰光，突然飛來了意想不到的橫禍。

轟！那震天的鉅響，把高入雲霄建築堅固的大廈也震得動搖起來。接着是玻璃破裂聲，貨物倒塌聲，好像傾盆大雨突然來臨的樣子，把人們嚇得目瞪口呆，有的蹲在櫃台下，有的縮在角落裏發抖。

「炸彈！炸彈！」

「什麼地方？」

「不知道！」

可是人聲鼎沸了，秩序亂了，人潮由西部洶湧過來。受傷的扶住頭，掩住眼，像泥人，像血人，邊跑邊喊着：救命呀！救命呀！

什麼地方？人們問得更着急。

「東亞酒樓！」「玩物部！」知道是在公司裏，大家更加恐怖了。

過一會，救護車，救火車，警備車……都風馳電掣地馳來；童子軍，擔架隊……成羣結隊地跑到被炸的地點；老閘捕房都全體出動來維持秩序。

那時的我，可沒有驚慌，反而鎮定，憤恨的心，燃燒得像火一般熾，肌膚也緊縮起來了！古人說的「怒髮沖冠」大概就是這樣吧？

我匆匆地跑到被害的地方。

啊！這不是「東亞」是倒塌了的瓦礫場！塵埃紛飛像發霧，折斷的電線像柳條一般垂下來，有些正在燃燒着。人被掩埋了，只露出一隻脚或一隻手；有的被煨成一堆黑炭。呻吟和呼救的悲聲，從每個角落裏發出來。

那時，我不知道心痛，也沒有掉下眼淚，只用手去摸摸受傷的人們，覺得還有氣息，就叫人幫幫忙，把他們扛下去：一個，二個，三個……

這是一幕永遠印在我的腦海裏不能磨滅的慘劇。現在又是週年了，我還懷念着那些被犧牲的人們！我默祝着

「被犧牲的人們啊！你們是光榮的，是爲國犧牲的，好像戰場上的勇士一樣！我們現在雖然沒有死，但我們要爲你們報仇的呀！我們要抵抗到底，終要把敵人驅出國門，建立一個自由的新中國，那時你們定會在九泉之下含笑吧！」（476）

南站的被炸（廿六·八·廿八·）

楊恕梨（十七·學）

廿七日的報紙上就登載了，日機將大舉轟炸南市。事實或是謠言誰也說不定。似乎人人都懷着驚恐的心，從廿七日的早晨一直捱到廿八日的正午。

辣毒的太陽漲紅着臉升到中天；蔚藍的天空滿佈了灰色的雲朵，時時遮斷太陽的光線，使大地得到片刻的陰涼。

在南市一隅，十分靜寂，很少有人在街上行走。素稱繁華的十

六鋪和民國路，現在也找不出一個人來。

南市是死了。可是在滬杭甬鐵路的起點處——南站，正擁有成千成萬的難民，他(她)們的家被無情的砲火毀滅了，他(她)們的生計也被戰爭吞吃了，沒處安身，只得回到自己的家鄉去——因此他們都羣聚在這南站等火車。

但是火車還沒有到來，千萬個難民只好等待着，雖然太陽的熱炙在他們身上，可是這不能算什麼，爲了國家，爲了民族，自身受着小痛苦是無關緊要的！

難民裏有各式各種人；男的、女的、老的、小的，也有成羣結隊的，也有自己一家的，也有單身的，各人帶了些僅有的物件，忍耐的等待着。

時間是正午了，難民們什麼都沒有下肚，偶然帶了一點食物，都被小孩們吃去了，而且這還無濟於事，小孩們還不斷地在餓啼。於是大人們忍不住輕微地嘆息起來。

一點多鐘了，車子還沒有來。難民們漸漸疲乏了。酷熱與飢餓同時襲來，他們更是支持不住，於是人叢堆裏擾動起來了。

出人意料的天空突然傳來飛機的聲音，許多人底心開始顫抖着。大家抬起頭來找尋飛機，看看是否飛到他們的頭上來？

天空的雲塊一層又一層地重疊着，遮住人們的視線，太陽光又是那麼耀眼，飛機究竟在那裏，根本看不見。但是從那飛機的轟轟聲，可以推想到飛機總不在頭頂的天空中，也一定離此不遠的。

突然，飛機降到雲陣下面，距地面並沒有多少高，一共十二架，銀灰色的巨大的翅膀下閃爍着兩顆炫目的大紅點。牠們直向南站的上空飛來！

於是人聲沸騰起來。驚惶的怪叫，悲慘的痛哭，瘋狂的奔跑，手足無措的呆立不動，千萬個難民在這種情形下，除了慌亂，沒有別的好辦法。

轟！轟！轟！數不清的炸彈，吹不散的濃煙，遮沒天空，震撼屋宇，好像要把整個地球毀滅似的。於是房屋倒塌聲，機槍狂號聲，以及人類的慘叫聲混成一片，眞是驚心慘目！

有的人剛走了幾步就倒下去，血從創口像噴水泉般直射出來。也有人跌倒了，還想爬起來，然而又倒下去了，津津地冒着血。

沒有頭的人，斷了手足的人，滿眼皆是，一個個都躺在地上，橫七豎八的，那簡直說不出是什麼，根本沒有東西可以用來形容！

火車站炸毀了，完全倒塌下來，木料在熊熊的火裏燃燒着，黃煙繼續向天上沖。

約摸過了五分鐘，人們的神志才回復了原狀，哭聲更加厲害了，當沒有死的人看到自己的親人死傷，怎不感到哀痛？同時未死的人們差不多都走失了，父親喚着兒子，兒子喊着母親，含淚的叫喚，聲音又是怎樣悲切！

更有不能分離的母親死了，孩子還要母親給他哺乳，孩子死了，母親不忍拋棄孩子，還抱在懷裏痛哭。——觸目酸鼻的事情到處都是。那是多麼殘酷的啊！

沒一刻，救護隊來了。受傷的一批批上了車子，救護員們在血地上跑來跑去。因爲受傷者太多了，重傷的只有讓他死去，微傷的也只得請他們自己到醫院裏去。有一個救護隊員在尋受傷的人時，忽然在血泊中發出一絲細微的叫喚：「孩子，我的孩子……！」可是當他仔細辨別這聲音從那兒發出來，倏然聲音已經沒有了，這大概是一個垂死的人忘不了他底孩子所發出來的最後的呼喚罷？

救護車來來去去的十幾次，才把傷者完全救護去，但是不少的死者，卻依舊橫陳在地上，沒有人來收拾。霎時間蒼蠅帶來了無數的同伴，一齊來吸吮這頓侵略者所賜予的美餐了。

天漸漸地暗了下來，太陽的紅臉不見了，半空的灰雲已變黑色，似乎有些雨意。地上斑駁的血痕也緩緩地掩沒在黑暗之中了。或者偶然有人談及，至多也不過這麼講：「南站吃了一次炸彈，許多難民都被炸死了！」

夢的現實（廿六·九·十八·九）

禾　乃（十七·學）

這是我永不會忘記的去年「九一八」之夜。

天空是碧海似的蔚藍，疎疎地點綴着幾個星星，像戰後的殘兵那麼零落；只有皓月從深藍色的夜空和飛馳着的白雲中掙扎出來，用那溫柔的清光，撫着靜寂的南市。這裏是靜的鄉村，只是沒有一望無際的田野，沒有樹，也沒有河，但卻有一片喧鬧的秋蟲的鳴聲。這是一個挺可愛的秋夜，一個秋的月明之夜。

這時，只剩下祖母和我，另外還有一個中年的傭婦，守着這寬大的屋子。在「八一三」戰事發生後，爸、媽同年幼的弟妹早已避往租界，而祖母不忍離開這偌大的家屋，所以留在家裏。我也和祖母同感，而且我尤其愛南市的靜寂。在這靜寂的環境中，想像戰場上忠勇的吾軍奮勇殺敵的熱烈生動的場面時，是極其動人的。

這晚（九一八之夜）我們三人吃過了晚飯，坐在月下的走廊裏談些關於戰況的話。不，這晚是四個人，還有姊姊，她才從租界上的家回南市來。看到這靜寂的南市這可愛的秋夜，她說她不願回租界去了。

就在這秋夜的碧空，傳來了飛機的軋軋聲，不一會就聽到了連珠似的「通通」的高射砲聲，我一聽到這聲響，就確定這是吾們的空軍的夜襲。但是姊姊總不信，於是爭辯起來了。當我們還沒有完畢我們的辯論，而軋軋的機聲又再次的掠過我們的上空，一忽兒，就聽到大的爆炸聲，連廊上的窗玻璃都格格地發響；接着又是連綿不斷的鎗砲聲。我的心劇烈地跳動着，而身子也在廊上室內不住的跳躍着。我相信那巨大的爆炸聲一定中了敵軍的要害。不過當那連珠般的響聲沒有停止的時候，我的心總好似空懸在胸腔裏沒有著落。我眞替那些空軍將士擔心，不禁默默的祈禱着，祝他們平安的飛返原防但是軋軋的機聲證明了我的擔心是多餘的事。這樣我們的飛機一次又一次的飛來飛去，一次又一次的巨大的爆炸聲給與我們南市的人民無限的興奮。我還記得，這晚我沒有好好的睡覺，直到天將曉時，才熟睡着。而且還作了一個最可喜的夢夢見我空軍夜襲奏奇效，命中敵軍彈藥庫。

眞的，在第二天的清晨報販的口中大喊「中國飛機昨晚炸毀虹口彈藥庫」，而報紙上也用大號字印了和這相似的幾個字。我高興地勝利似地把報紙揚在姊姊的面前，姊姊也不能不說我的夢證實了。祖母和那中年的傭婦也是挺高興不過的，祖母的口裏竟唸起「阿彌陀佛」來。

我深深的感覺到，只有在忠勇將士的殺敵聲中，才能把年老的和年青的緊緊地聯繫起來。

自神聖的「八一三」戰事發動以來，至今將整整的一年了，而「九一八」的七週年也將到了。在月下的狹隘的晒台上默坐着，不禁又想起去年「九一八」之夜，就這樣的塗上幾個字，作爲紀念。（573）

血與火的回憶

陳子軍（救火隊員）

十月十四日中午的光景，師部裏來了一個傳令兵，要我們立刻到恒豐路，靠近蘇州河岸的一段去救火；這命令發出後，「鐺鐺鐺……，」一陣宏亮而急促的鐘聲打破了室內靜寂的空氣，於是每個人就緊張地準備起來。

我們的一隊，十四個同志和二輛舊式的救火車，不多一會，都已集合起來了。車輪不停地轉動，很迅速的駛到指定地點，只見兇猛的烈火從窗口和屋頂上冒出來，立刻白烟散漫在天空裏，並且發出一股貨物燒焦的臭味。我們敏捷地一齊跳下車，接皮帶的接皮帶，裝邦浦機的裝邦浦機，各人都熱心地幹着自己的職務，很快的把水從蘇州河裏抽到着火處。

水像一條白練從皮帶管裏衝出來的時候，一陣嗡嗡的聲音漸漸地由低而高，接着有五只灰白色的飛機在雲堆裏出現了。日光反映在機身上很清楚的把一個紅色圓形標幟送進眼簾，顯然這是我們「友邦」派來送「親善」的禮物的，可是這對我們已是家常便飯，不足爲奇，所以我們仍舊照常工作，不理睬它們。

飛機好像是在找尋轟炸的目標，在上空盤旋了幾圈，我們二輛紅色的救火車已引起它們的注意，偵察一會，便毫不思疑的投下彈來；一顆顆銀灰色無情的炸彈，急速的向下旋轉了，接着便是一聲聲强烈震耳的爆炸聲，同時一陣陣烏黑色而帶火藥味的濃烟，慢慢的向上飛散。這樣不斷地轟炸着。

忽然一顆銀白色耀目的炸彈，在頭頂上急速的下降，正在管理邦浦機的我，一看四週沒有一點掩蔽的地方，而炸彈鼓動空氣的聲音却愈來愈大，倍覺心慌！看見那邊路旁只有一根電桿木，我就飛快的奔去靠住木桿，閉上雙眼停止呼吸。就在這生死的關頭，呼的一聲，炸彈直掠到地面上，接着便是轟的一響，身體受到劇烈的震動，泥塊像噴泉一般射到身上。睜眼一望，前面密佈黑烟，幾分鐘後才看見對面約四丈的地方炸成一個直徑丈餘的大洞，洞邊四週散有大小的磚石泥土；自已覺得全身沒有一處受到彈傷，這才稍為放心一下。拍拍衣服，跑到原地，看見同志們都臥在地上，手捧住皮帶仍舊繼續的噴射，這樣相機行事，所以沒有死傷的。而剛才火場的火勢則依舊很旺盛的蔓延開來。

第二次的驚嚇又來臨了，一隻較大的炸彈發現在頭頂，但是已有過一次的經歷，心似乎也比較安定一點，索興不再躲避了，站住脚跟，眼看着那雪亮的炸彈很快的下來，可是漸漸的斜向南去，呼的一聲又着地爆炸了。那剛剛落在蘇州河對岸的麥根路附近，一輛正在行駛的無軌電車上，炸彈的黑烟把綠色的電車燻得墨黑。於是悲呼哀號的聲音震動了靜寂的天空，接着是救護車的特殊的「嗚……」的警號，同警捕的呼叱聲，路人的奔跑聲，傷者的叫喊聲，鬧成一片。但是相反的，在蘇州河北岸的我們，依然幹我們的任務，我繼續管理邦浦機的打水工作，其他同志也在遠處救火。

像以上的不知次數的慘遭轟炸，這表示「親善」的「友邦」的狂暴手段，絲毫不能動搖我們的決心，反而增加我們的怨恨，憤怒，同仇反抗。現在我可以來統計一下：這次的轟炸，計有五架輕轟炸機，投了八九枚的炸彈，但是目標顯著的二輛救火車却沒有受到一點損害，還很完整地歇在那裏，救火人員也沒有一個傷亡，祇把附近的民房與道路炸毁了少許，死傷了幾十個無辜平民而已；然而它的代價已超過我們的幾倍以上了。這樣看來，「友邦」的國民節衣縮食下來的軍費，用作膺懲「支那軍閥」的，却在這批患近視病的航空員手上，毫不在意的輕輕消耗掉，我倒有點替「友邦」人士痛惜哩！

這樣整整的下半天，便在轟炸聲中渡過去；到太陽西下，明月東升的當兒，我們的任務才告結束，踏上歸道，在夜幕籠罩住的肅靜的四週，祇有警鐘的鐺鐺聲和車中的談笑聲。（719）

險作彈下鬼

鄭獨吟（工人）

這是永遠不會忘記的一天，在這一天我親眼看到日軍的殘酷，在這一天我失去居住多年的老家。

這是滬戰爆發後二十天，浦東雖然還沒有經過激烈戰爭，可是因爲日機時常往來巡察轟炸，所以浦東沿江居民大都逃到安全區域暫住，繁盛的市鎮頓成一片荒土。我們的廠（江海關浦東堆棧附設工廠）本來也該趁早關門停工，可是靠着英國人的勢力，仍舊奄奄一息的繼續工作下去。當然，流彈危險是難免的，但是爲了求那養活一家老少的工資，只得硬着頭皮等死了。

時辰鐘又奏着固定音節的曲調，可是還沒有敲完十下，鐘聲就被突來的槍聲隱沒了。閣閣閣的機關槍聲從遠方隨風傳播過來，好像一陣大的波浪，在各人心田中掀起了激烈的震動。

「呀！機關槍聲！」我們不約而同的驚叫着，放下了工作，緊張地傾聽着。

槍聲是更激烈起來，一答一和的顯然雙方是在攻擊了。但不久，對方的槍聲漸漸地稀疏紛亂起來，好像在哀訴着自己悲慘的命運。

「好！中國兵打勝了！」恐怖像夢般的逝去，我們跳躍着高聲狂呼。

轟！轟！歡樂還留逗在各個的臉上，而驚天動地的砲聲又響起來了。忽然嘩啦一聲巨響，沿江的幾間房屋立刻被轟毀倒坍。我軍不甘示弱，也用大炮還擊。於是發了瘋似的日機，窮兇極惡地飛來狂擲炸彈了。火逐漸地燃燒，吐着血紅的火舌，殘酷地在屋頂跳躍，一間一間的蔓延着。

火舌在四週伸長，忽勒勒忽勒勒像吃東西似的很快地把房屋吞滅。我們工廠離開燃燒的房屋雖然有一丈距離，但只要大風吹來就有被焚燒的可能，在危急之中，我們只好相繼脫逃了。

碼頭旁正停着一隻海關巡船，二個英國辦事員比我們先到，已在船艙間坐着，引擎已經發動，船身漸漸地蕩開，差點兒要開駛了。我們像大海中發現了新大陸，奮不顧身的擁上了輪船。

一隻日本汽艇像餓鷹搏雞似的追上我們的輪船，威武地攔住我們的航路，船頭的二個日兵一瞬間就跳到我們的船上。

「不准動！」他們操着不很純粹的華語說道，臉上發出猙獰的微笑。「一個個走過去！」

船艙間二個英國人也已嚇得面無人色，可是爲顧全大不列顛的面子，就走出船艙硬着頭皮向日軍抗議。然而他們也無法制止日軍的暴行，那是意料中事。後來他們沒有像我們一樣被趕上日本汽艇，總算萬幸了。

全船的日軍狂笑着，看着這樣多的「俘虜」怎麼會不喜歡呢？誰說日本人無用，中國平民不是毫無抵抗地被捉住嗎？日艇在黃浦江巡察一囘，就開足馬力駛到出雲艦旁邊停泊了。

「皇軍」的本領的確不錯，在出雲艦四週，中國平民被捕的不下數百人，日艇在經旁停止後，我們很快的就被混雜在中國平民的人羣中。現在裝我們的是一隻大汽艇，但是說汽艇倒不如說刑場來得恰當，因爲在我們前面正架着機關槍，一個日本劊子手也早已在那裏等候我們，只要命令一下，我們就馬上會作彈下鬼的。

阿才哭了，他想起美麗的嬌妻，可愛的兒子，忍不住熱淚直流。老方看見阿才流淚，也觸景傷情的嗚咽起來，他悔不該今日來做工。只有小光棍阿三，因爲一無掛牽，仍舊談笑自若。我忘記了恐怖，忘記了處境危險，睜着憤怒的眼看着日軍用大炮轟擊浦東沿江的民房。

光陰艱辛地在恐怖中抖過去，大時辰鐘已遠遠地在告訴人們，是中餐的時候了，可是我們的飢餓，却被恐怖之神嚇跑了。

恰巧一點鐘，候死的我們意外地又被趕到原來的小艇上，二個日兵哭喪着臉，好像萬分不高興的樣子，另外一個日兵更用右手切着自己頭顱，對我們做着殺頭的手勢。又像來時一樣，在黃浦江四週繞了一個大圈子，然後在三馬路江海關碼頭停泊了。我們忘記有武裝日軍站在後面，忘記子彈會無情的飛來，像牢監的逃犯一樣沒命的奔上碼頭來。

走上馬路，一顆砲彈正擊中自己浦東的住屋，火舌和濃煙從屋中冒出來。但是我沒有勇氣轉回去救滅火燒的老家，我只有膽小地隨着羣衆奔進江海關。

後來我才知道，我們七人，還是稅務司極力向日本軍官交涉，才得釋放出來，不然早已變成彈下鬼了。（464）

麥根路上的彈痕

千與

我們的工廠受了「八一三」的影響，雖然地處租界——麥根路——也曾經停過工，後來又漸漸地恢復了原狀，照常日夜工作，努力生產。

我們的工廠，是棉紡織廠，原應繼續着紡紗織布；可是爲了愛國心的驅使，改織綳布，并製造藥棉，以供給衛國抗戰勇士們的應用。

在滬戰的時期，雖然是日夜時常工作，驚恐是常常免不了的：因爲我們的工廠和閘北僅一河之隔。每逢飛機臨近而發出急瀉直下的聲音時，一二千工人，沒有一個不心驚膽怕，好像出洞的老鼠，驚弓的飛鳥一般的。這種聲音，這種形況，雖說戰區的人們已是司空見慣，聽慣，但惶恐總是難免的。

有一天下午的二時以後，工人正照常地工作着。忽然轟的一聲，響遍了工廠的附近。隨着震動波及了整個廠房，窗玻璃一部份震碎了。屋壁的塵灰飛揚了。工場內管理員雖然態度鎮靜，可是工人秩序的騷擾，一時難於維持每個工人都不能自主地棄了工作，各自奔命；工場裏的花紗，狼籍滿地。工人們跌倒，啼哭，狂奔，傾軋，奇形怪狀，駭目驚心！樓上的逃往樓下；樓下的逃奔屋壁的四週。霎時間秩序肅然的生產工場，一變而成個亂雜的避難處所。直至高級職員走進工場去視察，秩序才漸漸地穩定下來。工人們三五成羣地站着，坐着，開始她們的談天了；可是膽小的仍在飲泣着。

後來才知道那炸彈就爆發在工廠側門的附近，這使安定下去的人們，又增加了一層恐慌的刺激。膽小的只想立即離廠回家，好像她們的家是個安樂窩，敵機的炸彈絕不會去光顧似的。

「一二八」的時候，廠方不幸也曾中彈，炸毀了廠房，並傷亡了工友。現在的情形，使我們意味到那慘狀又將重演了。

眞危險！廠方也認爲危險，不得不暫時放工，成羣的工友都從後門退出；當日的夜工也沒有開工。

這次的炸彈是敵機炸閘北的流彈。廠方除暫時停工外，尙少損失；工友也只有一個男工的手指被彈片炸傷。炸彈是落在工廠側門外邊的蘇州河畔。正當爆發的時候，剛有十六路無軌電車駛過，竟被炸毀。立時車焚人傷，血肉橫飛；傷亡不下二十餘人。車身七零八落，好像害蟲的一般。不一刻救護車，汽車，新聞記者，電車修理者，觀衆，都爭先恐後地聚集起來，看炸毀的車，救傷亡的人，拍「慘狀」的像片，拾炸彈的殘片，測彈洞的深淺，——不及一呎——修理毀壞的車線。……冷靜的廠角，頓時熱鬧起來。警察加忙了他們的職務；同事們也三三五五地走去看看那受驚的發源地。

人們漸漸的散了；少了。除了彈洞而外，一切外表都恢復了常態。可是電車是毀了，傷者是入醫院了！死者是收殮入棺了！死者不能言，誰能告訴是誰家人呢？尤其是血肉模糊，身首分離的屍體啊！這是誰的賜予呢？（464）

帶了恐怖悲憤的印象歸來

櫻子

記得是去年八月十八日的早晨。

天上浮着幾朶黑雲，太陽從雲堆裏射出灼熱的光芒，籠罩着這被恐怖的空氣瀰漫着的都市，砲聲在不斷的怒吼着。

「老丁，跟我們一塊兒上北新涇去吧！」在救濟會裏工作的老沈來這樣約我。

「上北新涇去幹嗎？」

「我們會裏有三卡車難民，預備遣送到北新涇上船到湖州去，你跟我們一塊兒去幫忙照料好嗎？」

「好的！」我這樣答允了。

老沈便拉着我一同到了浦東大廈門前，除了三卡車已經載滿了人外，在街頭還擁擠着無數聽候遣送的人。

卡車一齊出發了，我和老沈負責照料最後的一輛。三輛卡車插上紅十字的旗幟沿着福煦路前進，經過靜安寺、愚園路、極司非而路，梵皇渡便到了一個雜草叢生，四望無際的荒野的所在停住了。在那裏除了沿河邊的幾間破屋外，什麼也沒有的。老沈告訴我這裏便是野雞燉，到湖州去的難民船是停在離這裏約模有半里路的地方：車子是開不過去的。

於是大家下車了，男的，女的，老的、小的一齊沿着蘇州河前進，有的提着包裹，有的擀着箱子，有的背着小孩，各人的臉上都露着悲慘，忿恨！

「敵機來了！」忽然一個中年的比較最機警的男子這樣喊着，手指着從東方快要飛近的三架飛機。

「大家分散呀！」老沈指揮着。

一會兒敵機是飛近了，軋軋軋的聲音響得異樣的沉重，使人一聽便知道是重轟炸機。

這裏一百多個難民都嚇得慌了，有向河邊撲倒的，有望破屋裏鑽的，然而那兒竟沒有一叢大樹，縱使四週茁生着一堆堆的雜草，躲在草埋裏，從飛機上望下來目標仍是很清楚的。

三架貼着紅膏藥的敵機飛在當空了。

噠！噠！噠……

三顆炸彈很快的投下來了，河邊的幾間破屋立刻化成一大堆黑烟從地上噴了起來，幾顆血淋淋的人頭，和幾條炸斷了的腿，臂，夾着幾條破屋上折下來的柱樑冒着黑烟在天空中亂飛！

「喲，阿毛的爸爸恰巧逃到那間被炸的屋子裏怎好？，哎阿毛的爸爸呀……！」一個中年的婦人抱着一個孩子很悽慘的嚎叫起來。

「別作聲，敵機還在天空裏打盤旋！」一個年老的男子在旁邊這樣喝住她。

「別作……作聲！」遠遠的幾個人聲也在低喊着。

噠！……

接着又是一顆炸彈掉在河邊，冒起了一堆濃煙。一個大着肚子快要分娩的產婦被炸成血肉糜糊的一團。

哦生命危險了！我躲在草堆裏這樣自忖着。三架敵機在頭頂繼續不斷的打旋，然而有什麼辦法呢？……

太陽更强烈的射出灼熱的光芒，蔚藍的天籠罩着郊野，郊野上躺着一個個血淋淋的死屍。終於敵機慢慢的向東方飛去了，賸下的只是一片悽慘的哭聲！

「怎辦啊？」老沈從遠遠的一堆垃圾裏爬出來，望望四週都是躺滿着的死屍。

「老沈！」我聽見了老沈的聲音，也從一堆青草叢裏悽慘的站了起來。

「我們檢點人吧!」

「我們六個人中老與不見了!」照料另外一輛難民車的張這麼說。

「難民呢?」

「活着的都在眼前了!一、二、三、四、五、六、……祇剩八個人了，死了一百多人!」

「我們回到會裏去報告吧!」

於是我們又乘着原車回來，一路上每個人的眼眶裏含着悲酸的眼淚同時每個人心裏也燃燒着忿恨的情緒!……（374）

暨南被毀了（廿六・八・十八・）

夫

從早報上得了一個不幸的痛心的消息：——暨南我們的學校，已被殘酷的敵人底炸彈所毀滅了。

前些月南開的被炸我們就爲暨南的命運擔憂，然而萬料不到，這樣迅速地暨南我們的樂園也遭了敵人的毒手。

敵人的炸彈從敵機腹下，穿過空中很迅速地落下來，擊中了我們的暨南。堂皇的化學館大禮堂女生宿舍和初中宿舍都被無情的炸彈所毀滅了，並且炸死了兩位同學。這事實已經證明了敵人的殘暴，它不但炸燬了我們的暨南，它存心着燬滅我們全國所有的一切文化機關；它不但炸死了我們兩位同學，全國四萬萬五千萬同胞都是它扔炸彈的目標!

中飯後大家都聚攏在一起，談着暨南被炸的情形。

暨南這裏有幾百華僑子弟，他們愛他們的祖國，他們愛暨南。然而暨南被炸了，過去的詩意的生活，在敵人的大炮和炸彈的爆炸聲中燬滅了，今後展開在前面的是艱苦鬥爭的生活啊!

暨南雖然被炸了，但暨南的生命和祖國的新生命一樣，在血花中逃生着成長着（297）

松江車站被炸追記（二十六・九・八・）

時暉

九月八日，天氣是陰沉沉的，可是沒有下雨。早晨六時一過，全城的居民顯然又興高采烈了，因爲日機每次來松轟炸的時間，總在上午六時與午後三四時左右，所以早晨的「難時」（松人稱日機空襲的時間爲「難時」）一過，大家就可出門幹些正經事務。有閒階級的，也可看看報紙，討論討論戰局，「恭候」下午「難時」的降臨。

十二時半左右，我們全家正在吃中飯，天空裏忽然傳來細微的嗡嗡聲。我覺到這正是飛機的聲音，於是就對家人提議到防空壕逃一逃，可是全家的人都笑着對我說：「你眞會疑神疑鬼，那是對過米廠碾米的聲音呢！幾日來的空襲，大概嚇壞了你的胆了！」這句話剛說完不久，天空裏細微的嗡嗡聲已變成清晰的飛機聲；他們的笑臉也開始變成灰白色；同時，離開我家不遠的警報鐘也瘋狂地亂鳴起來。於是大家趕緊放下飯碗，一齊奔向後花園一個自備的防空壕裏去。在地壕裏，我們的面色雖已逐漸好轉，但是每人的心房却正加速地跳躍着。機聲愈來愈大，半月來的轟炸已使我們能辨別這是重轟炸機的聲音。防空壕中已擠滿了人，但是鑽進來的還是源源不絕。我爲要「鑑賞」日機的「表演」就冒了一次大險，悄悄地鑽出防空壕，藏在一處竹林的下面，等候着劊子手們的殘殺。

九架日機在城廂上空飛翔着。照例，日機一到城廂，就像示威般飛繞城牆一週，可是今天竟直掠過城廂，好像有一定的目標，向我躲着的方向飛來。我那時簡直嚇得不能動彈，但是我的頭腦却還清楚，料定牠們的目標是離我家僅數十丈的火車站。果然，九架飛機一到了我的頭頂上空，就分成三小隊，同時拍拍的機槍聲密集地響了起來；車站上駐軍還擊的機槍聲，也能清晰地聽到了。忽然，在我對面的一隊日機中的左邊一架，豎直了尾部，嗚嗚地低飛下來。經驗告訴我那是要投彈，於是我就本能地把身體伏在地上。轟隆的爆炸聲，使地面起了極度的震動，把我貼在地上的耳朵幾乎震聾了！高聳的竹枝都猛烈地搖曳了幾下，飄下無數的竹葉。等到我正想鬆一口氣，抬起頭來用手帕拭去額上的冷汗時嗚嗚聲復作，我又被嚇得把身體貼伏在地上，深恨沒地洞可鑽。「轟隆隆……！」二顆炸彈同時着了地。地上泥土碎屑的飛揚，嚇得我幾乎昏了過去。好容易才恢復了理智，而嗚嗚聲雜着密集的機槍聲又亂響起來了。我不顧一切地跑出了竹林，拚命地奔向防空壕，剛跨進壕裏，又是轟隆的一聲，把蓋在地壕上的木板掀了起來，猛烈地跳了幾下。地壕裏的家人都嚇得像泥塑的神像一般，外面飛進來的泥土亂濺在各人的臉上。等到我從地上爬了起來，他們才一個個蘇醒過來，用驚奇的目光望着我，對於我沒有被炸死在外面感到十分驚異。

天空裏飛機的聲音非但沒有遠去，並且比先前變得更厲害。拍拍的機槍聲，嗚嗚的低飛聲，以及接二連三的巨雷似的爆炸聲，鬧成一片。車站上的駐軍似乎還在奮勇抵抗着。這時地壕中的四叔倒非常鎭定，整了整衣襟，就在脚旁拿起他的「水烟筒」安閒自得地吸起烟來。他聽見我駐軍還擊的槍聲，就搖了一下頭，含恨地嘆氣着說：「不中用！不中用！機關槍能打得下飛機嗎？沒有高射砲總是不行的！」壕中的家人，因爲他的話，倒全恢復了理智，許多像木製的眼珠都流動了；接着四嬸咬牙切齒地拚出了一句：「誰發明飛機與炸彈的，眞是絕子絕孫的壞胚子！」

可是壞胚子所發明的飛機還不肯飛去，轟隆的巨響聲，還是不斷地響着。現在我們沒有像先前那樣慌張了，地壕中有時還相互地交換幾句談話。在我們防空壕的正北方發了一聲巨響之後，九架日機就向東北方飛去了。於是我跑出壕外，摸出手帕揩去面上的灰塵。家人們也一個個探頭探腦地鑽出來，但是還不敢遠離都緊候在竹林裏等待警報的解除。

解除警報的鐘聲終於發出了，時間已是一點多，空襲差不多延長了半小時。大家到了這時才吐出一口長長的氣，跑回屋裏去吃那沒吃完的午飯。我却一直跑到大街上，打聽轟炸的目標與炸壞了什麼沒有。街上已恢復原狀，許多居民都七張八嘴地哄鬧着。從一個黃包車夫口裏，知道一班從上海南站開來的難民客車在火車站上慘遭轟炸。

我踏上通火車站的馬路，馬路的一端擠滿了人，一個剛從火車上下來的本鄉人正在悲痛地講述着他的遭遇，他的衣服與臉面完全濺滿了泥漿，大概他是躲在小河邊的。走到馬路的盡頭，看見七八十具死屍凌亂地橫陳在地上，近百的受傷同胞都在呼兒喚女地號啕着，同情的淚溢滿我的眼眶了！紅十字會的人員全體出動，幫着醫治受傷的同胞；許多黃包車夫都丟棄了他們的車子，十分賣力地把受傷的一羣送到紅十字會醫院去，那種服務的精神，眞使人敬佩！火車站旁邊的情形更悽慘，車站左邊的一個池塘裏浮着十幾個死屍，據說他們走下車來一時沒處逃避，就撲到池塘裏去；可是這池塘的水的深度竟出人意料，所以他們不死槍林彈雨之下，而活活地溺死在水中。車站的四周正擠滿了人：消防隊，警察隊，駐軍隊，和許多憑吊的人們，他們的面部都流露着一種憤恨與悽楚混合的表情。中了燒夷彈的二節客車火勢還沒有緩和，黑烟衝上天空，血腥與焦炭的氣味隨風飄蕩着；幾節前面沒有被炸的客車，看來很是狼狽，像在悲傷着牠的遭遇，過一會就拖着一聲長長的慘叫，離別了牠受難的伙伴，垂頭喪氣地開走了。

車站被毀了一數份，玻璃全給震碎，路軌被炸斷一小段，天橋也危危欲墮了！車站上最觸目驚心的是被燒焦了的與被燒死了的無數的屍體。在一株冬青樹底下，匐伏着已死的母子二個，他們，據我的觀察，不是被炸彈炸死，也不是被機槍掃射死，而是被嚇死的。月台旁一株柳樹上，掛着二個殘缺的死屍，有一個手足都被炸斷，另一個只有半個身體，血水還不時滴下，眞觸目驚心！他們都是從上海逃來的難民，做夢也想不到會被炸死在異鄉！

未死的難民們，我們一致起來復仇罷！（695）

狂炸閔行的一天

華強

大約在去年「八一三」後的第五天的淸晨，我正在樓下吃早飯，突然間「動動」兩聲把我嚇了一跳！這聲音是從遠處傳來的，分辨不清是砲聲或是炸彈聲。於是我很快地跑出了大門，又走出了園門，一直走向那站崗巡警的面前。我同他打了一下招呼，就向他問道「剛才的兩響是什麼？砲聲呢？還是炸彈聲？」他好像很有把握似的回答我說：「是炸彈聲。剛才有兩架飛機，飛度極高，很快的向南面飛去，不到四五分鐘就……。」「的哈哈哈……，」崗亭裏的電話鈴響了，他進去接電話：

「喂！？什麼？閔行被炸了嗎？——噢！炸燬二間平屋嗎？死多少人？——它的目標是炸長途汽車公司嗎？哈哈！——敵機的技術太高妙了！——好——知道……。」

我站在崗亭旁邊，一面在估計着。——「閔行離此地北橋只不過十里左右的路程，報告縣長嗎？他不知躲在那一個角落裏……

…」

正當我在沉思的時候，那位巡警已擱下話筒走出崗亭來。我不等到他開口，就拔起脚往家裏跑。我把這個消息報告家裏人，他們都有些驚異了。於是一片雜亂的聲音開始在每一個房間裏騷動，但是一下子又給軋軋的飛機聲鎮靜下來了。大家都從屋子裏跑出來，很迅速地跑到園子的東南角，立刻又分成兩批人，一個個鑽進兩條二天前預掘的「L」形的壕溝裏。這壕溝的上面鋪了幾塊三四分厚的木板，木板的上面放着些稻草，再蓋上約模一尺厚薄的泥，還是一個很適當的地窖。但我還沒有躲進去。

飛機飛近了，是從北面逆風而來，它們微微地簸動，推進器隨風發出高低不和的轟鬧聲。等到它們飛近我的頭頂，我才躲進壕溝裏：還探出頭來看看：約有尺許大的三架雙翼機，掠過我們的屋頂，下翼的左右端，有兩個像膏藥大小的紅圈，這分明是三架東洋貨。一二秒鐘的時光，它們早已越過我的頭頂一直飛向閔行去了；但一剎那間後面又來了二架，很快地跟着前三架同一的方向駛去。「現在都已飛去了，是五架敵機。」我向大家報告後，立刻從壕溝裏爬出來，跑進肅靜的大客堂。這時，自鳴鐘正打了十下。我躺在沙發上，禁不住自言自語着：「眞有趣呵！」但是我立刻想起十里路外的閔行的無辜同胞，此時正遭敵機的大屠殺，又不覺怒憤火中燒了！「轟……！」這次的炸彈聲更響，客堂裏的玻璃窗激起了一陣極微的震動。啊！在這一響聲中，不知又有多少可憐的同胞失去他們的生命和財產了！

祇要人一靜下來，還可用聽到敵機的機槍聲，每隔一二分鐘在天空中卜卜卜地叫着；接着就是像雷一般的炸彈的爆發聲。登樓遠望，只見一縷縷的黑煙冲上來，瀰漫了整個閔行鎮的上空。

很安靜的吃過了午飯，已是午後二點鐘了。因爲天氣炎熱，我耐不住走出了園門，在滬閔公路右邊的樹影下，靠着樹身吹一點涼爽的微風。突然前面來了一輛人力車，車裏坐着一個面色死白的婦人，抱着一個不滿一週歲的小孩。她很溫和地向我要一點水止渴；我從家裏拿了一大杯冷開水來給她飲。她邊飲邊說：「哦！眞怕呵！炸彈眞厲害！——我親眼看見鎭上一個肉店老板的幾段身子，一塊塊地攞在地上，只是少了一隻右肩，——他的左腿會飛到人家的屋頂去！……」她飲完了水把杯子交還我，道了一聲謝又繼續說：「本來還沒有人會知道屋頂有一條腿呢！直到血從屋簷漏下來，滴在過路人的身上，這才給人發現了。！哦眞慘呵！人是這樣死的呵！」我插口問：「炸死多少人？」「這個可沒有詳細知道，沿路來只見好幾畝臘黃的麥田被炸成五六個深大的窩窿。」她急促地說完，又立刻吩咐車夫往汽車站拉去。

我給這位婦人帶來的消息引起冒險的動機。我戴上一頂大草帽，很自在地拔起脚步向前進發。可是卜卜卜的機槍聲又從遠處傳來，還夾着「轟」的一聲。敵機又在轟炸閔行了！我不怕，我仍是勇敢的跨大步子前進。看看走得近了，就穿進麥田的小路。這時，卜卜卜卜的機槍聲，像裂竹一樣的響亮，嗡嗡的轟炸聲，會震倒附近的舊磚屋；還有兩架巨形的單翼機在空中盤旋着。一架翼子傾斜成三十五度的飛機，兜了一個很大的圈子，從高空對準它的目標迅速地向下斜進，速度像流星一般的敏捷。——轟嗡……！同時在還「轟嗡」的爆炸聲中，那架敵機亦早已完成了一百八十度的航程，於是又繞着大圓圈。另一架單翼機，慢慢地側着身子，打着很小的圈子，一圈圈地從高空盤旋下來，但立刻又很快地像螺旋形般一圈圈轉將上去，那是在巡邏。卜卜卜卜，敵機的機槍，每隔一二分鐘向下面掃射一次。可是我在這時，冒險的勇氣還沒有低降。我仍是繞着泥路繼續向前走，直到不能再前進才止住足步。一忽兒，有一架巨形機，盪了一個很大的圓週，彷彿從我的頭上掠過，從它的中腹奔下一個酒瓶大小的鐵蛋，在空中劃着弧形，飛快地墜下來。一秒，二秒——但是，沒有一點聲響。

俄而有三架飛機，發現在東北角的天邊；它們緩緩地邁進，越過冷靜的北橋鎭，又漸漸地降低，朝着我這方面飛來。兩三分鐘過去了，軋軋軋的引擎聲正在我的頭頂發響。我連忙躲進茂密的麥田裏，偷眼一看，原來是三架轟炸機，炸彈像汽水瓶那麼大，一個個倒臥在機身的中部。敵機去了，可是我的心房還是跳個不停。——轟嗡……！卜卜！卜卜！轟……！此時，墨黑的煙霧籠罩着整個閔行鎭，一團團的煙雲，跟着炸彈的狂吼漸漸地上升，由濃而淡。四五架敵機瘋狂地在煙霧中繞着大圈子；又盲目地接連投下許多炸彈來。——轟轟轟……！！啊！殘暴的狂炸，不過多死幾個老百姓而已！我的脚軟了，身子乏了，我不能再支持下去，於是帶着滿腔的懊惱回來。

鮮紅的太陽，慢慢地向西方下墜，陽光和地平綫形成了三十度的銳角，公路兩旁的樹木，隨着光度映出長長的影子。這時有好多人是從閔行逃到北橋來了，有老的，壯年的，少年的，女的，也有抱在手裏的。他們大多是勞工者，個個都站在路旁皺着眉頭傷心。我看見這種情形立刻向崗警報告，但是回答的結果，却使你失望。於是我祇得設法用「民衆自動」的名義，先與幾位××小學的敎員們商議一下，決議是立刻把××小學改作臨時難民所，發起人各自盡責捐募。

我招待一羣苦難的同胞走進難民所之後，一面分配着他們的晚餐，趕辦登記手續，一面抽空向他們打聽閔行被炸的經過。有一位壯年的農夫，他很鄭重的詳細的告訴我：「在今晨八時許，突然在閔行的上空發現二架雙翼日機，其中一架很快地掠過市鎮的屋頂，機身大得可怕，街上的行人都嚇得東奔西竄，老的被衝倒，幼的被踏傷，巡警也不管了。街北被投下兩個炸彈，炸燬二間平屋和死傷十來個人。第二次日機五架來襲，是在上午九十點鐘，炸燬了十來座高樓，死傷五六十人，茂盛的麥田被炸成一丈深的六七個大窟窿；附近江邊的一艘小汽輪被炸得粉碎，擺渡船中的逃命者，還遭敵機機槍的掃射。下午的一次轟炸最厲害：先是二架巨形機，後來又從北面飛來三架，炸得閔行鎭全是瓦礫煙火，這次死的人眞不少啊！」他透了一口很長的氣，又指着一個正在流淚的靑年說：「他的父親也炸死了，唉！」我也替這靑年可憐，我走去安慰他幾句。

夜，是一個靜寂的夜，月兒冷冷地張圓着臉，天空沒有一朵雲彩。公路旁四五個巡警來去地徘徊着，雪亮的刺刀插在槍尖上，發出陣陣凜冽的寒輝。——「口令」——「智」——「勇」——然後，又是死一般的靜寂，沒有槍聲，也沒有爆炸聲。夜，是安靜的。……

……（197）

我要收取代價（廿六·十·廿五）

陳杏蓀（修車工人）

十月廿五這天——我所要寫的一日——的早晨，天還是那樣的清朗，雲還是一片片的從天空掠過，是秋天了，稍有一點寒意。可是敵機一早就出動了，在四面八方的打轉，槍砲的聲音還是那麼的密。我默禱着在戰壕裏的勇士的康健和平安。八點半的時候，團部裏命令指派我和徐陳二位同志，率領機匠和小工，到戰區裏去修理被炸壞的車輛，這工作雖然很艱辛，但是也很有趣，所以我們十七個人準備好一切應用的物件，立刻動身。我們進行的路線是先由滬西，西北新涇，通過眞北公路，可是當我們的車輛在眞北路進行的時候，已經有十多架敵機在高空偵察盤旋了。我們只輕輕的對這些向無人道的惡魔投了一眼，一面還繼續進行。車還是開足馬力，折入了眞南路，將到洛陽汽車站的時候，發現了三架敵機緊隨在我們後面，由他們的來勢，我們曉得是負了追擊我們的使命的。我馬上通知司車的停車，同時叫所有的同伴，四散向各方面逃避，自己也急促的向田堤下面横下去，因為田堤祇有半人高，所以可容半個身體躲藏，其餘的完全暴露在田堤上，成了一個「倒掛金鈎」的姿態。雖然在這極緊張的局勢下，我神智是始終清楚的，我聽見敵機上用機槍密集的向我們抛棄的車輛掃射，最後加上一個重磅的炸彈。當炸彈著地的時候，我覺得渾身像我一件千萬斤的重壓壓下來，連呼吸一時都窒息起來，耳鼓被震得快聾了，發出了嗚嗚的響聲。但是我還默祝着其餘的同伴像我一樣的平安。等到飛機漸漸遠離了，我才慢慢昂起頭來，檢查自己有沒有受傷，先從臉上一摸，滿手都是血，但是我覺得沒有什麼痛，再檢查一檢查上身，更歡喜我會這樣的幸運，連一粒子彈的進口都沒有，再看到掛在堤上的兩條腿，才發見在左脚的關節地方有了一個洞，右腿背上同小腿上受了些彈片的擦傷，同時腰部有一點隱隱作痛。我先把領巾解下來把傷處裹好，再看看左脚，也發現在皮鞋上有一塊皮豎起來，是給彈片打破的，總之一句話，我雖然受了傷，但並不重，就忙着去找同伴，進行工作。可是才從地上爬起，就又倒下去，我的左脚是受了傷了！這時我並不悲傷，我想我應當更努力才是，就忍痛爬過公路，找一個比較安全的地方，躲一躱，晚上團部裏，會來車子的，到那時候再說。因此我尋到了一個防空壕——只能容納一個人的小洞，——到洞口裏面已經有一個沒有受傷的司車同一個已經受了小傷的機匠，裏面已經飽和了，那裏還容納下我呢？但是他們不怕冒着危險，犧牲自己的安全，把我背進去，——這是我要感謝的，——我們捲伏在這個洞裏，足足有三四個鐘點。這裏差不多是在危險到不能危險的區域，因為我們的前面是我們的砲兵陣地，時常向敵人轟擊，敵人的砲隊，也認這裏做目標，時常還射，大小的砲彈，不斷像爆竹一樣在我們前後左右爆發。天也黑了，敵機也囘去，大砲的轟擊也停止了，周圍一切都很靜默下去，所遺留的，是硫磺味，和稀落的飛鳥在尋覓被敵人轟毀了的家。

經過我們的討論，認為，如其在這裏等着，還不如到公路邊上去好，一面，空氣是新鮮的多，一面可以留心來往的車輛，要求搭戲我們囘去。我就又被司車的背了出來，仰睡在地上，看見遠遠半空的照明彈，像燈般亮着。一些被砲彈打中的地方，火舌一伸一縮的進行他破壞的工作。不滿半點鐘頭，我們發現了有一輛車子在黑暗裏索摸進行着，要不是司車的像馬夫熟悉他的馬的聲音，知道這是引擎的聲音，我們是不會發現的，因為車子上的燈都完全關閉着。司車的趕快跑過去，更叫人興奮的，這是那些失散的同志所駕駛的車子，他們不單拖了一輛車子回來，而且車子上，有許多受傷的忠勇的戰士。他們把我安置在後面的車子上，我的心到那時候，更加安定了，我曉得我得救了，我更得曉得全民族在這樣一致抗戰之下得救了！

我睡在車子後面，雖然震顛得非常利害，不過我能看見敵機投下的照明彈一個一個像流星一般在天上照亮一會兒又曀了下去。我又覺得砲彈嘶嘶的在車頂掠過，和鐵路綫附近被燒燃彈引起的火災，在濃烟一陣陣後，又吐上來一個火舌，全空中染上了紅色，像現在跳舞場門口的霓虹燈光。我們的司車，更努力的照他所能記憶的路徑前進，過了鐵路綫，又遇着團部上前方去的救護車，我就要求他們趕上去找陳徐二同志，因爲這是人類互助的責任，我惟有覺得能盡我的責任是最快樂的一件事。大約午夜二點鐘左右，才到了楓林橋中山醫院。那時或者因爲流血過多了吧，精神漸漸不支，神智也不清楚起來，一切的事也模糊了，後來經注射强心劑，動幾次手術，同了蒼張胡三同志的輸血——這也是我當感謝的——才脫離了險境。

在八個月的診治中，腹部和右脚都已經痊愈了，可惜還是當時認爲不重要的左脚，還須要經過長期的療治，因爲傷的是踝骨。我祇有希望馬上恢復健康，上前線去討還這筆血債，不過我曉得血是不會流的，我將收獲的是——全民族的自由，獨立，解放和永生！全人類的信義和和平！這高貴無比的代價！

第八輯　救護與慰勞

我有右胳膊就行

駱賓基

嘡嘡!……警鐘迫切地鳴叫,衝破了深夜的沉寂。從夢中翻過了身子,健民匆促爬起來,連眼睛沒來得及揉,掛上了急救袋。

跑到院心,眼前一片黑,從二晝星的高度推測,是下半夜了。人影在蒼茫夜色中,啞靜地排起了隊伍。健民幌了幌軍用水壺,又迅速地結起鋼盔帽帶來,隨着同志們敏捷而靜悄的動作,跳上了救護車。隊長瑾吹過了一聲哨子,車就駛出防護團大門,沿伸長的土道奔馳起來。除了車輪激起的風響,一切都是肅靜的。

「隊長!我們是到……」健民向司機間閃着香煙紅光處低聲問着。

「羅店前線,……剛才得到的警報,傷兵很多。」

其實車上沒有奸細,然而嚴肅的低聲還是由障蔽嘴唇的指空隙間透出來。接着像受了秋風吹動的樹葉,隊員們互相吵鬧地竊議起來。興奮貫穿了每人的心腔,呼吸都感到了急迫。

車到三角地,會同約好的××大隊運輸車,又轉向×橋急馳着。車燈熄滅了,在漆黑夜色中,眼睛失去了本能,就是健民手裏握的電筒,也不敢讓牠輕意亮一瞬間。

「口令」北新涇的夜哨兵像霹靂樣一聲喊,震動了每人的神經。一接着從沙袋防護壘旁,閃了一下電筒的光芒。

隊長瑾以同樣聲調答了句,汽車一前一後,像追逐着,雷般駛過去了。沿路的稀樹呼哨出風響,健民感到了一種寒慄。他默望了望包紮組的微吟小聲說:「越過防線就快到×××了。」她微微地點了點頭,手正按住在劇烈跳動的胸口。

轟轟……嗚!——轟!……重砲發出的巨聲,越來越聽得清晰了,靜穆中配合着漩車輪起的風響,使健民焦灼而又興奮。

車停到了××師傷兵登記處草棚前,隊長瑾和事務員打着招呼下了車。

隊員們各自摸索着担架,紛紛跑向草棚間,在縱橫側臥的傷兵中,匆忙地工作起來。微吟在替一個為機關槍掃射而傷了左臂的中年漢子,細紮起繃帶來。

「我傷了!……」不知為了什麼,他神智不淸地喃語起來,「我傷了!……什麼地方?」

「左胳臂。」健民向他嘴裏送了片止痛錠，安慰的說：「不要緊，你別急，——到後方醫院馬上會好的，不要緊。」

「胳膊！」他突然現出驚訝而激忿的微笑「胳臂！」他又重復了一句，接下去說「左胳膊，我不是怕，……只要留着右胳膊就行，我還是會到前線去使槍打敵人的。」

「你……」健民心胸燃燒起火焰，血管擴張起來，敬慕地望向他的眼。一面傳遞着微吟在纏的綳帶。在交錯着紅紙蒙罩的電筒光的昏暗中，他們是如何緊張的在工作呀！

「我的槍呢？」這傢伙猛地坐起來：「噯！我的槍呢？」

「你安靜些吧！槍……你知道你是受傷了。」健民制伏下絕大的衝動，兩手扶持着他那爲槍彈擦傷的胸部。

「他的神經准糢糊了，……」微吟還沒說完，——轟轟！……近處巨烈的一陣重砲響震得草棚抖起來。牆上的暖水壺被震落在傷兵臥的亂草旁，跌成粉碎，紅紙遮掩的電筒光都一齊熄滅，一切動作停止下來，在肅穆中蘊着大的恐怖，同時縮小了每個人的呼吸。

「快抬到車上！快！」隊長瑾低聲催促着。

「在時間上特別要注意，靠近五點天亮時，在路上會發生危險的。」那個在黑影裏現出粗長身量的登記員說。

被砲彈炸斷了腿的老兵，和小腹連中三粒機關槍彈的瘦臉漢子，被裝上了××大隊運輸車。七個重傷兵及左胳膊吊着綳帶的傢伙，也在砲聲隆隆中，由健民扭架着上了急救車。

像荒野中的驚馬，汽車沿了煤屑路奔騰向大場後面，眞炮閃着紅光，洪雷般響聲裏還夾了登記員的高叫「喂！……誰的……丟到這裏了。」

「什麼，……沒拿上來，……」隊長瑾嚷了聲。

「不管快開！……」不知誰在黑影中說。

突然路後駛過兩輛大板汽車，在隊長瑾同車上人打着招呼時，車迅速的閃過去，只有「調防的運兵車」這語音遺在了後面。隨着消逝的那兩輛汽車的風響，上空發出了敵機的嗡嗡音。猛地一聲輕響，照明彈爆炸在路溝旁，瞬閃間附近亮成了一片。

「停車！……」隊長瑾急切的說「同志們！別忙！沉……沉靜地跳下來！……別擠！」

「還有傷兵，……來抬下去。」健民抓起了扭架槓。

「快呀！……快……來來……」叢雜的聲音裏夾了飛跑的脚步聲。

「烘！」——照明彈又閃出了雪亮的光圈。奔跑在荒草和田壠間的隊員，趕快臥下了身軀。健民抬起扭架床向壕溝裏伏下。

轟！——轟！——約摸百磅的炸彈在三十米外爆發了。

「健民！健民！……」微吟在草叢裏高叫起來。

「怎麽?……我……我……」傷了左胳臂的傢伙從担架上跳下來:「我還有右胳臂!我還有右胳膊!日本飛機還他娘的趕盡殺絕!……我不到後方了!我到前線去!……我到前線去!」

「呀!」健民蹲伏的雙腿軟癱地倒下了,「日本軍是毒辣的,就是失掉手脚的殘廢傷兵也不讓他再活着,再……」

「我還回到前線去!我有右胳膊就行!」吊着左膊的傢伙瘋狂樣向羅店防線跑去。

(寫於慌忙不安中)

在夜的交通線上

駱濱基

綠焰的照明彈在空中動盪不止。星球般,一時亮一時暗地閃着光的圈子,於是在夜的土路上逐漸明亮起來,照出一個踽踽慢行的,綳帶網掩了整個臉只露出一隻眼睛的漢子。

他現在已沉入暈迷的狀態中,意識和感覺模糊成一片,雖然他的脚還在很費力地機械般拖動,然而他自己不知究竟是在走,或是潛伏在戰壕裏了。一種歷來未有的沉醉精神麻痺了整個神經。除了腦袋感出膨脹,和低沉的機關槍掃射夾了重砲的聲浪在耳際作響外,他完全知覺不到。即使他是從那條陣線出來,以及「師部」醫務處軍醫所囑咐他的「……在路上碰着汽車要緊爬上去……」這一類的話,也全被麻木作痛的砲彈傷所蒙蔽了。

照明彈消逝了,眼前又變成漆黑,但他並沒覺到,隨了腿的邁動,他還在神智迷惘中彳亍前行。

「咳!……咳!……」這綳帶遮滿頭顱的漢子,像中暑的病人般呻吟着。

「口令!」黑暗中一聲喊。

「不說話!我開槍了!……他媽的漢奸!」

「不……一定是逃兵。」語音在槍拴響動中透過來。

「哎!……哎!……」模糊的喉音一聲接一聲的響。

「誰?……我過去看看……他媽的這傢伙!……」從蓬茂而自由高長的掩沒了叢類的草叢中一個槍柄挾在腋窩下的哨兵,躬著身子奔到這僅露出一隻凝滯眼睛的傢伙的面前來了。

「第幾旅的同志?!」將槍垂直提着換了讚嘆的音調問:「在前方受傷嗎?」

「哎!……哎!……哎!……」

「你走到荒地來了,同志。到××的道還離這裏有三里多地呢!同志。」這傢伙的胳膊扶持起他的肩臂來「我攙着送你到大道上去吧!同志。」

「……先給他點水喝……」另一個哨兵也提著槍跑來了,並且開了軍用熱水瓶的木塞,在黑影中摸索着那傷兵。

「哎!……哎!……」滯重的舌頭不住地捲動,滿掛塵土的胸間，又流滴下多量的水。

這傢伙稍微清醒點了，那隻遲緩的眼睛瞥視了下兩個哨兵的輪廓後，又望向空間的繁星和在秋風中抖擻的玉米細梗。

「第幾師的同志？」垂直提着槍的那哨兵攙扶着他向大道處慢慢走着。

「A師……獨立M旅。」從不清的語音裏猜得出他仍是沉在神智昏眊的迷境。然而巨烈急切的砲聲還是在他耳裏轟隆交響他喃喃道「日本軍衝進……咱們陣線了吧？……聽！這……機關……槍。」

「沒有什麼聲響！」那扶着他的哨兵諦聽了一下：「你安心吧！……神經是錯亂了。」

於是除了受傷漢子的低喘和沙沙作響的哨兵脚步聲，一切都很肅靜。草裏有時跳出隻青蛙，掀起微小的聲音，但瞬間又恢復了原有的沉寂。哨兵經心地挽着他，辨識着炸彈坑，仔細地邁伸著脚步。

越過岔路口，平坦的草徑向遠方曲展開去，看看頭上的「三星，」許是下半夜了，綳帶裏頭的傷兵却沒覺得冷，依舊在自我宇宙裏迷眩着。同時機械的伸屈的兩脚也覺不到疲勞。

「口令！」突然哨兵站住了，向前方喊。

「哎！……哎！……」哨兵這一聲喊又攪起傷兵的呻吟。

「我們是慰勞×××師弟兄們的。」前面傳來了這低低的音調。

「過來一個人！」命令的語氣，嚴肅地。

「我們是教育界救亡團體代表。」說話的向前走來。

「一個人過來！」

「哎！……哎！……」傷兵在糢糊的意識中，不住地驚愕地吁呻。

「是！」逐漸現出輪廓的代表們都傴僂着身軀，肩膀上好像背負着大量的慰勞物。這時閃過去兩個騎踏脚車的傳令兵，並且穿黑衣褲的三位慰勞者也來到了跟前了。

哨兵擰亮手電筒向他們巡視了一回，善意地指示了他們走的路向，又攙起了呻吟不止的傷兵。

咫尺的大道上，一輛樹枝掩護了車身的大卡車奔馳過來。哨兵撇了受傷者，飛跑起來：

「停下！停下！這……」

「我們是『旅部』開到××前線去的，開……開……」聲音閃留在車後了。一些挑着飯擔子默然急走的伙夫們都扭了扭頭。但迎面又響起吱吱的聲音了，担架員三五成羣的湧來。

「同志！這裏還有傷兵，要到××的。」那哨兵又打起了招呼。

「……就只有這三架担架床啦！……這也是從前方抬回來

的。」於是互相替換着的担架員又走過去了。

哨兵扶着昏迷的傷者蹲下來默然向夜空吁了口氣燃起了一隻作爲慰勞品得來的香烟。

「哎!……哎!……」短促的微喘使哨兵湧起了一陣悲愴低語着:

「同志!我還得換班回去挖戰壕呢!並且一天也沒吃點東西。同志!我回去了,你……看到來的汽車要緊擋住,不管是什麼車。」

猛地黑影中衝來一輛向後方開的小型汽車。哨兵急速地跑到路當中舉起手電筒喊「停下!停下!這裏有個傷兵」

「這是到醫院的再也擠不下人了,……開,開……」一邊回答,一邊車又去了揚起的沙塵撲了哨兵一嘴臉。

「停下!停下!……」哨兵又截住一輛橫路裏出來的大卡車。

「什麼?……這是運輸車呢!」又將哨兵撇在後面。

血!血!

黃企勻

是陽光燦爛的八・一六的中午,上海戰爭發生後的第四天。人們的心田裏都蘊藏着一種異樣的感覺:是歡欣同時也帶點恐怖。

強烈的陽光底下,一隊隊的日本飛機在迴旋着,時常傳來炸彈爆裂的聲音;在不遠的地方,便是他們轟炸的目標。

「唉!多少將士就這樣地遭受了殘殺;我們需要救護員們搶救他們!」因此我渴望着,渴望能從速進救護醫院去做我可能做的工作,這顯得清淡無聊的診所,眞使我不忍再停下去。

眞湊巧,就在下午四點鐘,張醫生派我到紅十字會第×救護醫院去服務。

暫時的醫院,設備當然不十分完善;三層樓的房屋裏已有着幾十個士兵躺在床上,眞叫人心悸,有的已斷了手脚,有的是給子彈洞穿了的。血!血!周圍祇見到血,我底心坎裏頓時起了酸痛憤怒,可是并不害怕。

因爲是新進去的,一切都很生疏。這樣多的受傷者,還沒有換過藥,所有的二個醫生正忙着給重傷的士兵們開刀施手術,病房中祇有另一個男護士和我在招料。

下午六點半鐘,我沒有來得及吃晚飯,依舊忙着換藥,這時候,槍砲聲響得更近了,忽然震天動地的一大聲,把我們的身子蹤了起來,玻璃窗吡喇地叫,一陣噪雜的聲音,男護士急得向樓下跑,這時只剩下我和五十多個傷兵。

爲着招顧他們,我不願意離開這個地方,雖然炸彈的巨響確實使人害怕。

傷兵們的呻吟,眞使我難受,樓下又鬧得亂哄哄的,有許多重傷的士兵，血還在淌着：無法制止，尤其是從羅店來的一個，中彈在胸部，流血過多，快要死了。在我下樓去拿東西的時候，開刀間的一個橫躺在床上的傷兵又把我喊住了：

——痛呀！我痛死了！請你……血，血！

室內連一個看護也沒有，回頭見蜜斯楊拿着手箱，像要走的樣子；陸醫生正忙着打電話，漲紅着臉呼喊着：

——你們看我們受難嗎？炸彈離我們不遠了，快開二部卡車來！——呃，要快！

等待了一個長時間，卡車終於開來了，并且是十來個童軍同來的。

傷兵們還在呻吟着，他們可沒有知道，這裏還不是他們療養創傷的安全地方，人們還要把他們搬走呢！

最不幸的還是開刀間的那個傷兵，他才割症了一半，不死不活的生命喘延着。

時鐘已經在報告十二點鐘了，槍砲聲還繼續着，傷兵們終算在這個緊張的氣氛裏安全地運走了。

我回到了診所，這裏靜穆得好像是另一個世界一樣，傷兵們掙扎呻吟的影子，還泛漾在我底腦際；我興奮得不想睡，呆看着自已凝固着血跡的鞋子，滿染着紫色的血的花朵的衣裳。

血！血！我們的祖國在血的鬥爭中長成了！（438）

大場之夜

鋼鐵（廿六學生：）

下午，心的跳動特別厲害，腦袋裏不斷臆想着晚上可能遇到的種種情景。

用過晚飯，已是五點鐘了。介紹我到總紅十字會的朋友，送我到救護隊去。路上他談了許多關於在火線上救護的動人的事情。我靜靜地聽，同時心裏也幻想到晚上做救護工作的情景。

跳上救護車，時辰是五點卅分。發動機響了幾響，車子便向前奔馳而去。但至靜安寺路老大房門口又停下來，原是叫我們買晚上的點心。當時我們每人（三位女童軍，一位男童軍和我共五人）由隊長發下一毛錢。

於是車又往前行。到了愚園路底兆豐花園，觸目驚心的是那些沙包堆成的一個個堡壘和旁邊佈下的密密的鐵絲網。我用目光注意車外的一切，但心裏想着的仍然是快要到來的遭遇。

守着堡壘的外國兵很和藹，檢查並不嚴，他們對我們微笑着，好像欽佩着我們的英勇。向他們道一聲 Good Evening，我們便衝出了堡壘向前飛奔而去了。

這時已夜色蒼茫，向車外望去，景物已看不清楚，只見天邊尚殘留着一抹晚霞。除了轆轆的車聲之外，大地是寂靜而且凄涼。我拖開車篷仰望着黯灰色的天空，眺望着遼遠的被炸燬了的零落不堪的村莊。我吹着口哨唱着祖國進行曲和青年戰歌，心情眞是說不出的悲壯。

轉了很多彎，就到了眞茹鎭。人煙稀少得眞可憐，昔日的繁華，在敵人的飛機大砲下消逝了。車子經過暨南大學，更是淒涼得不忍卒覩。操場的草是長得那樣長了，宿舍和課堂的屋角不是崩塌便是殘缺，附近的飯館昔日是門前車水馬龍的，而今連一隻餓狗都看不見。

車轉入一個村莊停下來，隊長帶我們到一間屋子門前叩門，兩位軍官迎接我們進去，房間佈置得很整潔，看他們那樣閑逸，幾乎使我不相信附近有着激烈的戰爭。隊長問他有傷兵嗎，他說這一帶沒有，不過有一位病得很厲害的伙夫，請我們的救護車帶同上海醫治。隊長答應了，我們把這位病得要死不活的同胞抬上卡車。兩位軍官送我們上車後，我們便舉手告辭了。

天邊幾縷微弱的星光，閃爍地照着我們的車子前進，大地埋在沉寂裏。誰也受不了這寂寞的重壓，那幾位女童軍便首先唱起歌來了。忽然在我們的頭上聽到飛機的聲音，司機的車夫馬上把車前的燈火熄滅，車也停下來，以免受敵機的襲擊；可是不一會在東邊的天上有無數條強烈的光線在那裏探射，機槍和高射砲的彈花好像新年時孩子們玩的煙火一樣在空中亂飛，槍聲砲聲也隱約可聞，這時我們才放了心，我們知道還是我們英勇空軍的夜襲。

車再往北行，時間已是十一時，我們發現那位伙夫已死掉了。於是又叫車夫將車停在一個村落旁。幾位女童軍眞勇敢，不一會便把死屍舁下移放在路旁，隊長用手電筒照着死者的臉兒，又瘦又黑，令人害怕。

離大場已不遠了，馬路上陸續發現傷兵，每見着一位傷兵，車就停下來，讓我們把他的傷口包好，然後再抬上車去。原來前線的將士們都知道這個道理，就是受輕傷的，都可從火線上退出，走到馬路兩旁去等候救護車；重傷的也有担架隊把他們抬到馬路上等救護卡車來。

將進大場，見那牌坊仍舊矗立着；但兩旁房屋却被轟炸得破碎不堪。再進去，一大羣兵士在修理戰壕，因爲敵機在是日中午曾來轟炸過。他們靜悄悄地在做防禦工事，那種堅毅的態度是一般人想像不到的。

轉了好幾個彎，車忽然又停下來，原來前面的橋被炸斷了，不能通過。

「救命呀！哎唷救……」細微的悽慘的聲音好像從很遠的地方傳來，我們跟着聲音去尋找。在馬路對面竹林裏有一間房子被炸得東倒西斜，聲音就是從這屋子裏傳出來的。把手電筒打開一照，眞叫人慘不忍睹：很多的兵士們被炸死了，有的只剩下半身：有的頭埋在土裏，兩條腿留在外面，有的是三四位死屍伏在一堆。我們尋找了許久，才找見一個直徑兩尺的洞，那悽慘的聲音就是從這洞裏發出來的。原來這裏是一條戰壕，給敵機炸燬了，這位未死的將士就被埋在這戰壕裏，幸好有一個洞可以通空氣，否則這半天沒有人來救他，恐怕很難得活下來。我踏着幾位將士的屍體上去營救這位未死的將士。洞很深又很小，而這位將士的身體却很高大，他一切都完好，祇大腿上中了一顆炸彈片，開了很大一朵血花，因此根本不能爬出來。我急忙找到了一枝木棍，將這木棍伸入洞中，叫那位將士抓緊木棍，把他吊上來，結果是成功了。我們安慰他一翻，把他身上團着的子彈和掛着的手槍取下來交給附近的軍隊，再把他送上另一架救護卡車。

我們的車上已有八九位受傷戰士。因爲前面的橋炸斷不能通過，便轉到另一條公路上去。路上我們遇到好些隊伍，有的是工兵，他們肩着鋤頭和鐵撬，但無論是步兵也好，工兵也好，態度的沉着，奮志的堅決，都是一樣的。他們像古代的軍隊啣枚疾走一樣，用很快的速度靜悄悄的走着。這不禁使我肅然起敬，我爲在上海享樂偷生的人們慚愧！不久，我們又遇到兩部砲車。事前我並不知道那就是砲車，我還以爲是修馬路的壓重車，假若後來我們的隊長不告訴我們的話。

這是大場往北的一帶公路，傷兵特別多，不一會，我們的卡車便裝滿了。有輕傷的，也有重傷的。於是車折向南行。這時，我開始和我們受傷的戰士談起話來，問他們當天前線打仗的情形。

這天是顧家宅最激烈的一戰。我們軍隊的死傷在二千人以上，而敵人死在戰壕裏的也在一千以上。我軍死傷的原因，多是由於敵機轟炸和敵砲的猛烈，而敵人的死傷，却多半是刺刀傷，因爲每一次衝鋒，我軍奮勇當先，跑到敵人的戰壕裏肉搏，這樣一來，敵人的大砲炸彈一粒可以炸死或轟死我們幾十幾百，而我們的刺刀一刀祗能刺死一個，所以我們的犧牲自然要大一些。但當天敵人的死傷也並不算少。

敵人的進攻方法，總是先用飛機和大砲轟炸一頓，看看我們的軍隊沒有聲息了，然後才衝過來。有一次我們軍隊事前先跑出戰壕前面五十咪或一百咪的地方臥下，讓敵人的飛機大砲在後面轟一兩小時之後，敵人以爲我們的軍隊統統被炸死了，便很大胆的衝過來，但剛走近我軍臥倒的地方，我軍忽然一聲「殺！」手溜彈像雨點般的擲過去，於是他們嚇得魂不附體地趕忙回頭就跑，我軍拚命地追，結果刺死了一千多個，而每一個敵人的刀口都是由背面被刺進去的。

一位傷兵同志也被敵人刺傷了脚後跟，刺傷的原因是由於這位傷兵同志是背機關槍彈的，敵人見他沒有槍和刺刀，所以就追着來刺他，首先一刀是刺着背，因背上背有子彈，沒有刺進，結果刺到了脚但最後那位敵兵還是給我軍刺死了。我們把這位受傷的同志救了過來。

在車上我們談了許多話，大家都感到疲倦。車身每次顛簸的時候，車上的受傷同志都異口同聲地呻吟起來。最後我們的談話也停止了。

大地依然是沉靜，車在黑夜裏飛也似的在公路上奔馳着，轉了一個彎又一個彎過了一堵橋又一堵橋。這時已是深夜兩點鐘，我不知道把這裝滿了一車的負傷同志送往那裏去。

遠遠地傳來了火車頭的叫聲不一會便到了松江，化了一些時間找到了第二傷兵醫院然後再把負傷同志一位一位抬進去。

這一晚的任務完成了，囘到上海已是破曉的時候。白天的憧憬算是給了我一個現實的答覆，我微笑着躺在我的床上，準備塡補我昨晚的疲勞。（752）

砲火下救護戰士

曉霧

在甘司東路棣斐德路口安置着一輛有蓬的大卡車，車頂上用乾枯了的樹葉蓋成的車蓬因爲在泥地上不斷地行進的結果，塗上了一堆堆的黃泥，每一個路過的人們對着那古怪的大卡車，都報之以好奇的目光。

過了一會從馬路上的轉角處跳出一羣活潑的青年男女，他們有的是大中學的學生，有着是商店的小職員跟工廠裏的練習生，本來是生活在各種不同的環境中而極少往來的，現在敵人的砲火燬去了他們的學校、工場、商店，接着也實行裁員了，他們都感到國家的存亡全靠舉國上下一致親密的團結起來，於是他們合流了，——他們爲着苦難中的祖國供獻了他們鮮潔的熱血。

每一個青年的左手臂上，纏着「戰時服務團」的臂章，大家七手八脚地拿着沒脚的帆布牀以及一些簡單的急救藥品愉快地搬進到古怪的車蓬裏。青春的微笑掠過了他們的臉，一切應用的物件都舒齊了，然後那位二十幾歲的隊長檢點一下應到的人數，於是吩咐着汽車夫：

「開到××前方去！」

車身不絕地向前進，進！一陣溫和的微風從車蓬外吹了進來，我們像在酷暑的大熱天吃下了一杯涼快可口的冰淇淋，內心感到說不出的愉快，同行中間有幾個曾到過前方去幹過救護工作的，他們便津津有味地談着到前方去的經歷。

「日本飛機眞沒用呀，我碰到它們不知多少次了，每次都沒有遭遇到敵機的掃射。」

「難道你願意嚐一嚐實心湯糰的滋味嗎？」

他們儘情放縱地談笑着，愉快的空氣瀰漫在整個的車蓬裏。

從那細小的車蓬裏，我偷偷地望一望街頭，才知道車身已進入到屬於戰區的華界了，沿路所有的商店都關上了店門，行人稀少得可憐，只有幾個守衛的武裝同志英武地站在行人道上。這裏是充滿着緊張嚴肅的戰時空氣的。

汽車像一位勇往直前的戰士，吶喊着顛簸在不平的公路上，不知不覺間已出租界走進「警戒線」裏。遠近的房屋都被敵人的砲火燬壞了，破宇殘椽，灰色的牆頭上滿是一個個大而且圓的窟窿，天空間有着黃色的烟火，房屋正在燃燒……

同伴間的談話聲漸漸地稀少了，我們已被那四周荒涼的景象壓得變成沉靜寡言，堅固的防禦工事散佈在田野間，守在裏面的是我們英武的衛國壯士，他們是那樣地憤慨激昂，把整個的身心獻給祖國，沉着應付那敵人的襲來。

「口令！」

每次通過當地駐軍的守衛崗時，我們的卡車就停駛了下來，隊長出示了戰地通行證，當那可敬的衛國戰士知道我們是上前方去救護傷兵時，他們會露出了眞誠的感激笑着說：

「辛苦你們了。」

「笑話！我們算得了什麼，兄弟們在前線跟鬼子拚才辛苦呢！」

漸漸地，火線近了，我們聽到一陣「停車」「停車」微弱的呼聲，隊長立刻命令着司機者停了下來，在東邊稻田裏的阡陌間，我發現了一位受傷的弟兄靜靜地躺在那邊，他那隱藏在袋口裏的符號告訴我們他是屬於全國第一流的精銳部份——第一軍第一師裏的。

我們扶起了他，他一面伏在我和明的肩膀上，同時右手又緊握着他的武器。我們想代他拿去，他最初不肯，說：「國家賜給了這枝槍，我必需好好地照顧它，到我流盡最後的一點血！」後來給我們再三的要求，他才低頭答應了，要我們出一張收據，再四叮囑我們要把這支槍送到他的師部裏，我們都一一照辦了，從這一點細小的事情上，足見我們的軍隊是如何有組織有訓練，他們是如何地愛護着他們的武器。

在前方，爲了砲火太密，無法行使救護的工作，兄弟們受了傷，必須跑到一二里路，才能遇到救護車，他們雖然斷了臂傷了腦袋，但沒有忘記攜帶國家送給他們的武器，因此我們除了救護那一個受傷兄弟外，往往還附帶着救了一枝槍。

敵機來了，三隻一小隊「軋軋」地在我們的頭上旋轉，但沒有下蛋，我們迅速地避過了。等到那可憎的鐵鳥飛遠後，我們又開始了我們的工作，冒着炮火搶救了我們的戰士。這裏火線只有二千米突的光景，前方的機關槍和步槍聲淸晰可聞，一個流彈從我們的頭頂「嗖」地一聲飛了過去，霎那間，離我們不到五百米突的田野間起了一陣爆裂的轟炸聲，黑烟帶來了粉碎的泥土。

「殺啊！殺啊！」

從前方傳來了一陣雄壯的吶喊聲，大家精神爲之一振；那位流着殷殷的鮮血的受傷同志也情不自禁地大喊起：「打倒東洋鬼子！」我們知道他的神經是興奮過度了，好意地扶着他睡在救護牀上。他那血淋淋的右臂已被敵人的子彈打了個很深的洞，但他一些覺不到痛，滔滔不絕地對我們叙述着戰地的一幕。

「打得痛快極了，坦克車一個手溜彈掉過去一下子傷四個，傷四個呀！一條命拚四個够了，够了！」

「好兄弟請鎭靜一些，到後方去休息一會再上前綫打鬼子吧！」隊長安慰着他。……

歸途上車行疾馳如飛，到了南火車站，黑黝黝地充滿着恐怖和悽涼，四周佈滿了鐵絲網。我們聽着隊長的指揮，把弟兄們一個個地抬到車廂裏送他們離開了烽火中的上海。（571）

血肉模糊的臉（廿六・十・六）

林豪

「起來！××」

夢正濃着，讓子均一喊，馬上就一骨碌爬起身來，抹一抹臉：

「不早啦?」

「五點四十分。」蔚南看看錶說。

很快地洗漱完畢，點心也來不及吃，拿一些昨天備好了的黑麵包，跳上汽車，已是六點多了。我們一起去了七個：子均，蔚南，鴻飛，乃鴻，秀和我，還有一個便是叫阿趙的司機人。

我們坐在車廂裏嚼着黑麵包，心裏開着一朵有生以來無有的舒快的花葩，——第一天踏上神聖的抗戰綫上。我們的工作雖然祇是救護傷兵和慰勞前線戰士，可是我們終究算盡過一些微小得可憐的責任了。

殘秋的朝晨含着詩意的淡霧，秀和蔚南輕輕地唱着：

「起來！不願做奴隸的人們……把我們的血肉築成我們新的長城！……」

子均提起一籃慰勞品：「嗨！微小的責任。」

我瞧了瞧他，笑着。肚子餓得正慌，狼吞虎嚥的，一口氣吃了三隻黑麵包，本來硬而無味，此刻可覺得別有一種滋味，嘴渴了，就拿起儲水袋，倒杯開水喝着。

車子到了××，我們已隱隱聽到砲聲，在沉寂的晨空裏，更爲嘹亮，「蓬」呀「蓬」地在原野那邊爆開着。我們之間的空氣漸漸緊張起來，同時，我們的心不停跳躍着：我們要把火熱的心跳出口腔，去親吻那抗戰的，溫暖的火燄。

我一路四顧看江南的野外，曾記得去年（那該是廿五年了）春天裏到過這個所在；那些青青的草，碧綠的水，廣大的田原，詩意的廬舍，我很清楚地可以回憶起來；而這裏一般魯樸的農人，粗線條的言語，更深印入我的腦際。可是，現今的一切全都變化了。留在那兒的祇是些被轟毀了的瓦礫場，帶根炸去的大樹橫在公路上，老百姓很難會見。一切是一番悽涼的景象，我茫然了！

趕了一程路，車子的機件忽而發生了障礙，大家不得不跳下車來，讓司機的來修理一下。就在這個當兒，半空裏鑽出兩個黑點，無疑的這是兩隻敵機；我們急忙忙躲入了公路旁的淺溝裏，靜靜地屏息着，飛機過去了，沒有投彈，大家這才放胆爬出淺溝，看那司機正向那車底下爬進去。

砲聲很響地在不遠吼着，離我們的目的地似乎近了。然而據司機的說，還要走一會兒，要是不碰到飛機的話，大約廿分鐘左右就可以到達。

修好車，我們一個個跳上車身，秀跳上了又支不住地退下去，子均拉她一把才拉了上去。她羞赧地笑了起來，她忘記自己已到了危險的戰地，她被熱烈的民族存亡決於此刻的思想所包圍了。她恨死每一個敵人，她曾有一個宏願：她要揹起槍到前線去向敵人射擊！

半途裏，我們又聽見嗡嗡的機聲在長空裏響了。這一次有六隻，淡淡的陽光照着灰色的機身，兩個小得不能再小的紅點子，幾乎看不出來。司機的不想停車，依舊很快地駛着。突然，蓬！一股黃烟像着了火般的冲到半天。細粒的沙泥暴雨一樣向我們身上濺過來。秀拍了拍大腿上的泥：「他媽的！祇會轟炸一些沒有抵抗的人！」

阿趙連忙關緊機器，大家重又躲進淺溝裏去了。

六隻飛機死也不肯離去似的，蓬！蓬！的輪流丟着轟炸，黃烟密密地佔去了四週，使人聞到一股強有力的火藥味。有一個炸彈，祇在離開我們十公尺遠的地方爆炸開來，灰色的彈片打我們的頭頂虎虎地掠過，泥地震動得厲害；司機蒼白着臉，把腦袋鑽在泥土裏發抖。我們的呼吸已失去常態。子均張着他銳利的目光注着那盤旋在頂上的飛機，憤怒的火燄狂燃着。秀這時倒變得鎮靜起來，她悄悄地和我說：「××怎麼眞有這回事，像我們懸着紅十字的車子也是他們轟炸的目標嗎？」

我沒有話說，眼看那東北角的飛機又丟下個重磅的炸彈，黃烟又佔據着另一個天角。

也許炸彈丟空了，六隻飛機結起隊來，嗡嗡的飛回去了。大地重復回到沉靜，而那司機還鑽在泥裏。鴻飛推推他的肩膀，他才仰起頭來。眞好笑，他的臉似像塗着花臉的戲子，鼻尖上有，額角上也有，臉孔上更是東一塊西一塊的黏着一些潮濕的黃泥，他用衣角隨隨便便地抹了一把，才丟開他的馬達了。

誰知公路讓飛機一炸有些地方已轟成個大的窟窿，半人多深，十多公尺的面積，汽車難以通過。還好，我們在四野裏去找到幾塊很長很厚的木板才把這個問題解決了。

不幸得很，我們重又遇到了空襲，而且是那麼兇狠，殘暴，它不但在高空裏下蛋，並且時時低飛下來用機關槍向我們掃射，我們祇欲尋取一些掩避的地方，不讓他們看見。車身已打得像蜂窩似的難看，司機的逃得不知去向，我伏在棉花田裏親眼就看見一隻飛機像老鷹似的橫飛下來，子均正背着身逃避，軋軋一陣子，機關槍彈已紛紛地射着子均的臉，他痛楚地捧着頭在麥地裏亂滾，我祇好眼巴巴看着他滾，接着一陣頭昏，我隨身倒在棉花田裏。

等到醒來，我已橫在車上了。原來飛機已去，我趕忙在車身裏搜尋着子均，祇見大家正默然地圍着他，我爬了過去。天呀！我眞也不忍去再看他一眼了。

這是子均嗎？血肉糢糊的臉，機關槍彈的痕跡幾乎看不出來，一個這樣沒了眼珠，沒了鼻子，沒了嘴吧的臉！

天呀！這一個印象永遠在我的腦際裏刻着，法西斯那種殘忍毒辣卑鄙的手段眞令人髮指，一切難加深信的都已千眞萬確的被我親眼見到了。

我一直望着子均的遺體，直到目的地。蔚南和乃鴻才輕扶着我的肩膀：「××，別太難過了，我們去工作吧！」

我已不覺這裏已是在敵人的步槍射程之內的最前綫了。很靜，祇有疎落的幾聲來福槍聲點綴着，我們低下頭工作。一個營長帶着笑臉說我們眞好，爲國家出力。天哪！我們除了慚愧而外，祇有抱着一萬分歉仄，向每一個大中華的戰士敬禮！

這裏祇有些輕傷的兵，不多時就完事了。我們放下了四籃徵募來的慰勞品，別了營長回來。

友好的子均，那血肉糢糊的臉！

殘忍的野獸，我永遠記住你的暴行，你的酷行！（236）

「頭可斷寸土不可犧牲」

林淡秋

放輕脚步，跟着領路的老人踏進小小的病室：莊嚴，肅靜，正如善男信女們走進神聖的廟堂。

雪白的牀鋪，蓋着雪白的被單，被單下直躺着我們受傷的戰士。

「這是黃排長，」

小而結實的臉，冷酷中蘊蓄着無限熱情的眼睛，嘴唇扁薄，浮着淡淡的微笑。

我們的代表陳述了我們的來意，扁薄的嘴唇間就送出道地的湖南腔：

「對不起。」

在片時的靜默中，我們聽見屋上飛機的怒吼，聽見遠處隆隆的砲聲。

我們問他在何時何地受傷，傷在那兒。

他一把拉開了蓋在身上的被單，露出緊包着紗布和繃帶的腿，繃帶外邊凝結着紫色的血，一邊簡單地說述他受傷的經過。

十四日的晚上江灣我軍一再冒着猛烈的砲火衝向敵人的陣地。敵人的槍彈鑽進了他的腿肚，他還是匍匐前進。旁邊弟兄發見了他腿上的鮮血，硬把他抬到了後方。

他說，不管敵人多瘋狂，不管他們的武器多利害，只要我們全國一心，有進無退，抗戰到底，一定可以把他們趕出中國。他越說越激昂，興奮竟漸漸掙起身子，作半坐狀，兩眼放射着鋼鐵似的冷光淡淡的微笑不見了。

我們輕輕把他按回牀去。

「同志，不要太興奮了。」

他彷彿沒有聽見我們的話：

「我的腿傷了，我的頭還沒有斷呀！……我希望快回前線去。我們連裏沒有別的排長，我們的連長也受傷了……」

我們勸他安心休養，前線不怕沒有新排長，告訴他我軍各路都打勝仗，匯山碼頭已被我們佔領……

微笑重又回到他的脣間。

一個十四五歲的女同伴對他彎下身子，嘴巴緊湊到他的耳跟，輕輕地勸慰他，問他要不要什麼，要不要替他寫信，聲音是那麼柔和，那麼富於熱情，這是被壓迫民族的女兒獻給自己反帝戰士的殷勤！

他默默地搖搖頭。

慰勞歌的歌聲在飛機大砲的交響樂中從我們十七個人的嘴巴合唱出來，黃排長的臉龐立刻又換上另一副表情：似笑非笑，似哭非哭，嘴唇不住地顫抖，眼睛一動不動地盯視着我們。不知道是由於他這異樣的表情，還是由於哀怨而激昂的歌聲，我的胸頭洶湧着難以抑遏的情波，我的眼睛濕透了淚水。

臨別的時候，我們請他題幾句話，他接過我們的紙筆，毫不躊躇地劃上下面這一句：

「頭可斷，寸土不可犧牲。」

我們鄭重地接過這珍貴的題詞，我們要把牠永刻在各自的心裏！

勇士的懷念（廿六·九·廿）

張桂甲

親愛的×哥：

當我寫這封信給你的時候，我是多麼快樂呀！我的腦子裏還在極力想像着那個傷兵告訴我的那位死在前線的年輕文人我想你現在在前線，一定也像他一樣英雄地幹着工作吧！

好哥哥！現在讓我把那一天的印象也告訴你好嗎？你一定會快樂着替我們的國家欣幸呢！

那一天天氣並不十分好。天氣悶得慌，又像要下雨。我在病房裏同另外幾個看護當心着那些傷兵，那些傷重的兵神智不淸楚的哼着傷輕的却很起勁地談着話。

有一個傷兵要我替他寫封家書，他的傷很輕，沒幾天就要出院了。哥哥他很爽直、勇敢。

我便坐在他旁邊替他寫，他一面說，我一面寫，他有時候想着我便摩玩着你送給我的那枝自來水筆。這樣，沒久，一封信便快寫完了。

「小姐，」那一傷兵說「費心。你再寫上幾句話說我，現在在傷兵醫院裏養傷，說傷得不重，就要好了，叫那個大狗子合俺老婆說，說……說……嗯！叫俺老婆不要急咱一好還要去打仗，他媽的！東洋鬼子，還得合咱們拚個死活！」

哥哥！他說話時的態度很滑稽，我幾乎噗哧笑了出來，我寫着，心裏在想他們北方人眞乾脆。我正要用話去稱讚他，却給對面一個傷重的兵，忽然在牀上坐起來狂喊着打斷了話頭。

「殺呀殺呀！」在對面的傷兵揮動着兩個沒力的拳頭，哥哥，可憐，他的臉白得那麼慘兩隻眼睛裏佈滿了紅的血絲，他想從牀上跳下來，却給兩個看護極力按住了，他嘴裏還在發瘋似地喊：「殺呀！殺呀！殺東洋鬼子呀！」

他給兩個看護按着，沒跳下去也沒躺下去，看護們勸着他的話，他都像沒有聽見，他把手抱住了自己的頭，但沒一會他又抬頭來，定着眼珠，似乎在想些甚麼，不久，他忽然大聲哭了，哭得那麼悽慘。他是想自己鬧得不死不活才哭吧？一定的，他還樣想，死吧？但又不死。打吧？傷重。這樣磨難着，又恨東洋鬼子的仇，要打不能，哭了！

親愛的哥哥！這個傷兵送進醫院已經有五六天了，剛讓救護隊從前綫救來的時候，差一些救不了，人昏着呢！後來醒了，便發狂似地一陣亂叫亂跳。一直兩天昏昏迷迷的，現在算好些了，有時候悶悶不響，有時候便是喊殺呀！殺呀！喊過了狂哭，哭過了就狂笑，眞可憐！

等他漸漸地靜下來躺着，那個叫我寫信的傷兵很難過的向我搖搖頭：「小姐！誰都不怕死！可怕就不死不活。你看那弟兄那麼慘，要打仗不行，誰受得住？」他等了等又接着說：「嗨，小姐你不知道咱們當兵的吧？咱們早把命送給閻王老子，不想要了。活一天，打一天，從來不怕死。咱從十八歲起頭，就當了兵，打了幾十年仗，不死！

天曉得！一向是打自己人，這一囘才拚東洋人，咱現在也懂得愛國了，想清楚了，打仗，不好打自己人，同胞！是不是？」

他說順了口，忘記寫信那囘事：「咱說，咱們中國人都醒來了，可不是嗎？你小姐，是個女人吶！也曉得出來替國家盡義務。」

哥哥！一個沒有民族意識的兵士，現在也懂得了，不是可喜嗎？我拿自來水筆在手指縫裏穿來穿去玩耍，心裏却很給他的話感動。兵士們都不要命，不假，沒看見重傷的兵還要去殺東洋鬼子？

「小姐！咱說現在讀書人也勇敢呢！咱親眼見到了一個，打仗，狠來着！」他又想說別的，他的話每是說來說去不大有系統的。

哥哥！我聽得前線也有像你這樣的人物，我開心死了。我就叫他告訴那個人的情形我聽聽。

「他嗎？哈！小姐要聽，我就說。唉！可惜他現在死了！」

「不知道是在那一天，這日子我記不起來，咱們這一連來了個新兵，他那麼清秀漂亮哪！很白的臉，不高不低的個子。他又那麼客氣哪！給我們鞠躬，說好話，要我們敎敎他，可就來，誰知道他衝起鋒來在我們前頭，頭一個！

「咱們可是粗人，不懂得客氣，粗頭粗腦的拍拍他的背，抱抱他的腰，算是親熱。趕着豎大姆指，笑着說：好兄弟，有你的，有種，不怕死，來打東洋鬼子。

「他可希奇呢！聽着大砲、炸彈的聲音，一些也不怕，又是正正直直的合我們說話，和氣、大方，叫我們都要替國家出力咧！做救國的英雄咧！要替死了的同胞報仇咧！要奪囘失地咧！要攆走不打仗的長官咧！說得怪有理的，眞的，咱們一向糊塗，叫打自己人就打自己人，叫不打東洋人就不打東洋人，這囘子，難得這好兄弟把咱們的頭腦弄清楚了！

「他還敎咱們唱歌，唱的是甚麼槍林彈雨向前進的歌，句子好記，祇是現在忘了。

「誰想得到，他就死在我們前頭，他死的那一天，可就鬼哭神號的了不得。那一天下大雨，咱一連却奉到命令要衝鋒。衝鋒！爽快，大家都起勁，這好兄弟更起勁，他把刺刀那麼快刺上了，衝！衝！衝！他第一個打了頭向前衝！他嘴裏還喚着要報仇呀！要洗辱雪恥呀！要奪囘我們的土地呀！要親手殺死這些沒心肝的鬼子呀！喚着，喚着，我們都跟着喚，機關槍、鐵甲車我們都不怕。希奇，我們的血連骨頭都熱了！天也給我們喊得震動了！

「可是，可是我們的好兄弟沒久就死了。」

哥哥！他的聲音有些抖了，我的心也很酸，又覺得血在奔騰，這個青年，可愛呀！哥哥！也像你一樣愛國。

「他給東洋鬼子的刺刀刺死了，等咱們看見的時候，他已經混身浸在血裏斷了氣。可是還好，他沒有白死，在他身邊也躺着三個死鬼子。這一仗，我們這一連死得差不多，我可帶了彩給送進了醫院。」他用手揩着眼角邊流下來的淚。他說：他們本來是硬老老不愛哭，祇是想到了還不要命又漂亮的好兄弟，捨不得，就忍不住了。他傷一好，他就要去報仇！

等到我再要替他把信寫下去的時候，那封信已給我在聽得出神的當兒隨手劃得一塌糊塗，又得重寫了。

哥哥！寫得太長吧！好，寫到這裏，我該擱筆了。總而言之，那個傷兵，那個青年，和你哥哥一樣，在我腦子裏留了很深刻的印象，我永遠不會忘記呢！

好了，眞的不寫了，我想你在前線的光陰是很寶貴呢！而且，我在這裏也不大有空。同室的人都睡了，祇有我還在紙上刷刷地寫寄給你的信，我就在這萬籟俱靜中結束它吧！完了，祝你勝利！

你的愛妹×上。二十六年九月二十日。

戰士之音(廿六·二)

君及

大上海在火燄中了！從閘北到虹口，再從虹口望到浦東，侵略者肆虐的火焰，像要吞噬每一個人！白天裏看上去煙霧濛濛，而晚間的半個天，就如大紅的織錦。聽，隔江對轟的隆隆砲聲，連珠的機關槍聲，勇猛的空軍投下炸彈爆炸的巨聲。高射炮在空中爆發如擊鼓的卜卜聲，這一切交織成的聲浪，震動了人們的心。這火樣熱的心，不是敵人的火焰所能吞噬的啊！

爲了生活的鞭策，日裏伏案工作，多餘的時光祇有晚間。晚，短短的，但我總不肯輕易放鬆弛，我要去尋求一種「力」，足以刺激每個人的心情的興奮力。我們要悲壯、激昂、勇敢的故事。

沿着南京路的邊緣，拐進四川路，暗淡的路燈，發射着稀薄的光芒，越顯得死寂。有時冷冷的聽見兩聲砲響，馬路上疏疏落落倉皇疾走的行人，更就着急起來。我在人行道上走着，終於目的地到達了——一所醫藥界合辦的後方醫院；這兒前時是一個跳舞廳。

舞池內外，排列着近兩百張鐵牀，牀上躺滿了爲國家爲民族爭生存因而受傷的光榮戰士。他們沒有喊痛聲，在每一個不同表情的臉上，都意識的流露着勇氣。當然，忽斷忽續的清晰的槍砲聲，以及慰勞者誠摯的熱情，都是給他們一個無上的刺激！

護士小姐問明了我的來意，迅速地給我介紹了一位姓張的同志談話。

張同志，有一副健强的體格，個子高高的，面部黎黑，膀臂上暴露着青筋，異常堅實：看上去就知是個典型的北方漢子！

我們相視微笑，代替了寒暄。他左臂支持了半個身軀，是一個安閒的態度。

「張同志，那裏人？」

「樂陵」

「哦，宋哲元將軍的同鄉！參加行伍很久了吧？」

「算算倒有九年。十七歲上沒了父親，找不到生計，那祇有當兵！」他爽利的答覆。

爲了要歸納到正題，我又轉換到急於要問的方面去——

「張同志！」我說：「你對於這次戰爭有點什麼感想？」

「感想嗎？俺是粗人，可不大理會。可是東洋人是狠心的，不打退他們，老百姓可遭了殃，國家無疑會走上滅亡的路！」他說着右手擺呀擺的，酷似一個演說家的姿態。

本來，我預備講的話很多，可是實際上身臨其境倒又覺得無話可說。人家爽快而流利的答覆，我實在不願也不允許再參加什麼意見、來混淆他確切認定的目標。而且他已肩了槍桿子切切實實站在國防最前線上與敵人搏鬥過，難道還用得着再闡述什麼救亡意義，一本正經去糾纏他嗎？慚愧！但談話終於又繼續下去：

「張同志在虹口掛的彩，還是在閘北？」

「通不在，八字橋的那一役。提起來，俺永遠不會忘記的：是傍晚時分，敵人鬆懈了他們的防務時，咱們一連人，并不多的數目，猛襲過去，人間最悽慘而又最悲壯的流血展開了！媽的！有幾個鬼子才沒胆，儘躲在沙袋後面拚命搖機關槍，俺氣不過，手裏一顆手溜彈，就賞給這兩個傢伙。我們喊得很起勁，鬼子祇有悲號的聲音夾雜着。在前線衝鋒，全憑一股氣喊着助威，這樣就是開花子兒打在身上也不覺到痛的。猛不防這時腿骨吃着一記，你看，就是這隻！至今還沒有全好。」他極度興奮的說：

「勇敢，爲民族國家爭生存的大英雄！」我竪起大姆指，像讚美古戰士一樣。

「這又算什麼，吃了國家的餉，替國家出力是天職。何況這次抗戰的意義，不像以前內戰的那樣糟糕！」

他無論在那一點上；始終沒有離開過國家生存的立場。他的每一句話，直刺到我的心，我感到異樣的威脅，慚愧！於是我說：「我願意能同你們一樣，在前線上……」

「先生，這些多是我們粗人幹的！」

「救國是每個中國人的責任，爲什麼我就不配？」

「怕經不起苦！」

「苦！怕嗎？國家亡了不更苦？」我堅決地說。

他突然地坐了起來，額骨暴露出青筋，一根一根象徵着無限的力！

「你們好，熱心的青年們！中國祇有在你們手裏才翻得轉哪！」他緊張地喊。

「翻轉，從魔鬼的懷裏翻轉來，那是一件多麼可欣幸的事；但也是一件艱辛的工作，惟有四萬萬五千萬同胞站在同一條戰線上，那就離光明不遠了！」我想。

我微笑着立起身來，伸出了右手緊緊握住他健壯的手掌，我們兩者之間有一種不可名狀的興奮感情。我們的精神也許已凝固在一處！

相對默視了幾分鐘後，覺得沒有什麼可說了。終於告別了這位鬥士。

「再會吧！」

我回首看看這昂藏的身軀，和飽滿的神情，這印像在我的腦海裏，簡直是一個永不磨滅的影子。（328）

心是清朗的

紅　葉

今天是抗戰發動年的光榮的雙十節，六十年來的屈辱，全給壯士們的熱血冲刷了，六十年來的創傷，將給民族解放的抗戰醫愈了！

我們一羣年青的女孩子，也都有滿腔的熱血，不過我們的工作能力因年齡經驗種種的限制，是很可憐的。自從「八一三」後，我們失學的失學，失業的失業，雖然慶幸有一個空閒的身子可以爲國犧牲，可是我們祇做到組織少數婦女的工作。不過我們是希望着進步的，只要我們能夠做到的，或是需要我們的，我們就是赴湯蹈火都不辭。生長在這個偉大的也是痛苦的時代裏，我們是被注定了要犧牲的，即使你想躲避，最後也要給時代的巨輪輾死！我們是不願做奴隸的一羣，所以我們一定要有一個光榮的犧牲，現在時候到了！

清早七點鐘，我就迎着斜風細雨到了××會，這時除了幾位駐會的同志外，沒有一個人。我就拿了毛筆在紅紅綠綠的紙條上塗上了：「打倒日本帝國主義」「中華民族萬萬歲」「擁護領袖抗戰到底」「各黨各派聯合起來」「保衛大上海」等口號。

十點鐘，我們這一隊（第一慰勞隊）人到齊了，就舉着旗子，帶了毛巾、香煙、牙刷、書報等慰勞品，冒着狂風暴雨出發了。本預備乘汽車的，後來把車錢省下來也買了慰勞品，於是改爲步行了。

狂風捲着大顆的雨點不斷地打着我們，衣服都溼透了，但打不冷我們的心，隊伍裏傳出嘹亮雄壯的歌聲。

如果平日我們這樣像瘋狂一般的唱着歌在街上走過，並且不時的還忘形地喊口號，那麼別人一定會罵我們放浪。可是現在我們却得到了熱烈的掌聲。啊！這個光榮的可愛的雙十節呵！

走進了××傷兵醫院，受了嚴格的嚕囌的盤問，我們並沒有感到討厭，因爲這是十分應該的。我們之外正有着許多傷盡良心的賣國求榮的漢奸呀！辦事員滿意後就又請了一位年約三十左右的樸實的先生，她領我們走進了病房。

一股刺鼻的藥氣襲擊着我們，但我們沒有一個人敢掩鼻子的。我們看到了被敵人的鐵彈傷了的戰士們，我們就變得非常卑小！

我們的隊長用着清脆悅耳的純北平音致詞了：

「各位同志！我們帶來的東西太可笑了，一點也不够慰勞你們，但是我們却帶來了幾千顆上海婦女的熱烈的心。各位同志！這不致於太卑小了吧？……你們的流血是光榮的，……我們終日不安地在想着爲保衛國土而流血的你們服務……我們誠心誠意地祝禱光榮的同志們早日恢復健康，祝你們再上火線去殺東洋鬼子，爲我們已死的弟兄們報仇，爲我們民族求解放！……最後請同志們接受我們菲薄的東西，幷請接受我們誠意的慰勞，我們願意爲你們寫家信，唱歌，一點小小的意思。」

於是我們便在熱烈的掌聲中分派了慰勞品。

「唱一個歌吧，小姐們！」一個輕傷的青年戰士說。

「好！」

我們在隊長指揮之下唱了：

「……我們拚着最後的一滴血，守住我們的家鄉！」

「對啊！守住我們的家鄉！」雷一般的吼聲是從受了極名譽的傷的戰士們口中吐出來的。我太輭弱了吧，竟感動得流出淚來，但是我再一回頭，一位戰士也在揩眼淚了。

隊長傳下了個別慰勞的命令後，我就走到那位流淚的戰士床前：

「同志！好啊！你要我代你做些什麼事嗎？」

「嗯，小姐！你們眞熱心，眞熱心！……」他慌張地揩乾了眼角，笑着說。

「不要叫小姐吧，我們是同志。我們也够不上稱熱心；你們才眞熱心，眞够稱神聖！」

「啊！不！小姐！……嗯，同志！我們吃了糧就得打仗，況且是東洋鬼子，我是東北人呢！」

「那麼同志你有事要我做嗎？要寫家信嗎？」

「沒有什麼事，家早已沒有了！」

「你怎麼沒有家呢？」

「唉！本來我也有一個融融和和的家，有老子，有老娘，有堂客，她也很好看結實得跟我一樣。還有兩個孩子，都很乖巧的。可是他媽的『九一八』來了，鬼子吵得天昏地黑，人給迫死了，家亦給燒了。自己就逃到關內來，後來就當了兵。他媽的！我的傷好了，再去殺兩個鬼子，死了也甘心」

「沒有家不要緊，咱們有同志，有國家。你府上全死在鬼子手裏，你眞得努力報仇才對呀！」

「是啊！我一定要打回老家去！」

「他媽的想家還是想打鬼子好。請你代我讀這段撈什子吧！

，是你們給的，有什麼意思？不識字也眞可憐？」

原來是一張救亡日報，我就代他讀了幾段。

「啊！眞好！眞說的對！只有打走了鬼子才有飯吃，要是早把鬼子打走，我也不會吃到這麼多的苦了！」

「是呵！現在我們就只有打走鬼子一條路了！」

我們還想讀下去時，隊長又下了集合令，原來又有別的慰勞隊來了。我們不能佔太多的時間，只好戀戀地別了這羣光榮的戰士們。在樓梯上我們遇到了別的慰勞隊，大家用着欣慰的眼光對視了一下。

雨下得更大了，但是我們底心裏却是淸朗又光明的。(1073)

替傷兵們寫信

孫也彥

替傷兵們寫信的華小姐已經來了，樓上的病床有一大半換過藥。那些咬牙切齒的、裂帛似的嘶聲，漸漸的平了下去，代而起的，是一片低沉的嘆息似的哼喘。

差不多每間病房裏都有上十個能起床走路的弟兄們，可是除了那羣非曬太陽不可的之外，很有些蹲在床沿上抽烟的。這都是爲了想聽點消息，要不然就是想請小姐們寫信。

華小姐一臉的紅潤，眼睛閃着光亮，顯着溢出來的歡樂。她有些微喘，那是爲了跑樓梯。那個整天跑上跑下的肩部受了輕傷的保安隊的王班長說，他從來沒有看見過華小姐斯文條理的踱步，而且從來沒有看見過華小姐的臉色不好看，或是生氣的樣子。

恐怕這就是她極受歡迎的理由。當她一走進第七號病房時，一連串的嚷聲：

「華小姐！寫信！」

「華小姐！寫信給部隊裏！」

華小姐笑了。

「不忙，慢慢的來，順着次序好了。」

「不行！不行！」屋角裏躺着的劉玉山說：「怎麼你上次沒輪着次序寫呢？」

「呵！」她走近他：「上次先寫的那些人都是要忙着出院的。」

「那可不錯，」他坐了起來：「我今天也要轉後方醫院啦。」

「今天？」她轉過臉來對大家：「怎麼今天有出院的同志麼？」

「有五十幾個啦。」七嘴八舌的。

結果是先給劉玉山寫一封。

「華小姐！我自己也稍微識幾個字，你寫好了給我看看，我不識的還要請小姐唸一遍。」

「好好，那麼你要寫信到什麼地方？」

劉玉山就報告出他是哪一師哪一旅哪一團第幾營第幾連，綴了一句「這是我的番號。」

華小姐怔了一下，因爲她不知道大塲被敵人突破我們軍隊撤退了之後軍郵還通不通。

「寫給誰呢？」她依然是滿臉的笑。

「給我們連長要是連長陣亡了就給特務長。我唸着你寫好吧……連長大人膝下敬稟者……」

「哈哈……！」旁邊的杜排長笑壞了。你們連長也不是你的爹！……哈哈……！」

「這……」劉玉山眞是迷惘了：「這還錯嗎？這個稱呼不是尊敬的意思麽？」

「你知道，」杜排長解釋：「連長大人是不錯的，可是膝下，敬稟者這幾個字只能够寫給父母或是自己旁的老人家。」

「那嚒可不知道，」劉玉山一嘟囔就是一嘴山東土腔：「反正小姐你替我寫就是咧。沒有旁的事，就是請連長關七八九月的餉，可別關到這邊傷兵醫院，關到南昌後方醫院才行。」

「好，好，我就給你寫。」筆一面在動。

「你可得催着他點兒，我這身邊又沒有錢花了，光剩下一塊來錢。要不是前兩天慰勞的給了兩塊錢簡直一個大子都沒有咧。」

時事報告的李先生來了，洪亮的聲音在一號病房裏響着。門外走廊上隆隆的藥車輪聲，馬醫生在喊：「林根！再拿一盒綳帶來！」

今天天氣很好，窗外一片絢爛的陽光，柔意的風吹拂着，襲進病房，每人都感到涼沁脾胃的清新氣息。

華小姐已經寫好了幾封信站了起來，要到旁的病房裏去了，一位弟兄攔住她：「小姐，我昨天請你給我寫封信寄給我賢妻的，你發了罷？」

「發了，早就發了，是不是你叫你賢妻好好的孝順你老父親老母親，別惹他們兩位老人家生氣，對罷？」

旁邊的人都笑起來。

「好了，我去了，再沒有信寫了罷？」她緩緩的退出去。

「小姐！……你慢點走！……」

好像從牙縫裏擠出來的一陣衰微的聲音在她耳邊響，於是她就看見一對鑲着青黑邊的枯澀了的眼睛在焦急地眨着。這正是最近門的病床了，他受的是炸彈傷，腿從膝上大約三四寸的地方截去，另一隻給塗了濃石灰的厚布纏滿了，有一架鐵絲框吊在一根木椿上。

「小姐！……你……給我唸一封……信，……我家裏……給我寄來的……」

華小姐從枕頭下抽出來的，是一封染了水跡和血跡的信，從印了粗紅條子，有着桃花似的斑點的信封裏，拉出來的也是被血漬迹了的惡劣的練習簿上扯下來的紙。啊，那傷兵的肩部也受了重傷的呀。

她坐下，先看一遍：

「仁發吾弟青覽前數日接到吾弟家信知在上海作戰受傷家中雙親都很着急希望吾弟火速傷愈重返前線努力殺鬼子家裏今年高粱收成很好麥子不大行唯父親本月內一定可以給你匯上五元錢叫你省着用家裏也沒有很多的錢你大哥本縣抽了壯丁了你三弟早就編了隊伍不知是在何師聽說已在山東前線殺敵我們縣裏婦女受訓我也拿起槍桿在烈日下聽候差遣準備總有一天跟你們鬚眉一同上前敵打鬼子舅舅聽說你受傷他很歡喜前天何二叔來報告說你姐夫已陣亡了我聽了並不難過因爲總有一天要替他報仇殺死鬼子才出我這心中一口之氣我們婦女隊裏有十多個都是剛剛成了寡婦的大家反更有勇氣希望吾弟保重將來姐姐與你上海相見也中華民國萬歲萬萬歲

姐敬上

「再者：代我向你們同院的受傷弟兄們問好」

門開了，時事報告的李先生進來了，他在滿屋的熱烈歡迎聲中，看見華小姐楞坐在他面前，兩眼充滿了淚，閃閃地發光。

受傷不喊痛都是好英雄（廿六・九・一八）

何　嫣（十三・女學生）

七七，日本軍閥在蘆溝橋畔投下巨大的炸彈，這顆巨大的炸彈，驚醒了全民族抗敵的精神，打破日軍閥不勞而獲的夢想。

中華民族到了生死存亡的關頭，國民應負的責任，當然是有錢出錢，有力出力，可是我們十四五歲的小姑娘，既不能負槍上前線去衝鋒，又缺乏救護常識，難道兒童在戰時就沒有工作可做嗎？不，不就是到街頭宣傳防空的常識，還要到收容所去做難民兒童的小先生，還要到傷兵醫院去慰問傷兵，記得九一八的一天，我們約着三五女同學，懷着滿腔的熱血，各人捧着一束美麗的鮮花，我拿着一幅慰勞的旗幟，在前領導。雖然是個秋天，可是暴日的炎威并不稍退，熱得我們流汗喘氣，馬路上的柏油亦多溶解，可是我們幾位同學都不想坐車子，因爲前線的將士在火傘下肉搏，我們應該節省耗費，捐助政府，多買一粒子彈可多打死一個敵人，亦可多買些糖果鮮花去慰問傷兵，使他們精神日健，重上前線殺敵，早得一日的勝利。

到了呂班路震旦傷兵醫院內，裏面住滿了許多傷兵，床鋪和服裝都染着鮮紅的血跡，有的傷頭部，有的傷腿部。都用着紗帶綁着。他們面上並不現出痛苦，反顯出很愉快的精神，而且告訴我們說：恨不得立刻痊愈重歸隊伍，負起殺敵神聖的使命。有了這樣的士氣，中國怎麼會亡呢？

我們拿了鮮花獻給受傷將士說：「希望中國的將來，像這朵鮮花一樣的美麗！」他們鼓勵我們說：「要感動你的父母和你的親友多拿些錢出來救國，盡了一些小國民應負的責任。」我們謝了他的美意！我們唱了幾支歌曲，就辭了出來。

在九一八的晚上，新月彎彎，斜掛在閃爍的星光中，我忠勇的空軍戰士又突然駕機到來，襲擊黃浦江畔的敵艦了。（673）

冒充救護的間諜

菱湖昭

這兩天，士氣非常的激昂，在敵人鐵鳥不斷下蛋之下，我們的師旅團長不住指揮着弟兄們接戰。弟兄們帶了「花」，還不肯隨便退下來。這使我們幹救護工作的感到了異樣的麻煩。有時甚至含淚勸受了傷的弟兄上車到後方的傷兵醫院裏來。我想這樣勇敢的步兵在別國是不大容易找到的吧！

下午光華帶了兩輛，我也帶了一輛，向江灣駛去，因為我的車是一部裝煤的貨車，所以來得骯髒和笨重，光華的兩輛在滿載弟兄回來的時候，我帶的一部才到前線。那時日機四架像蒼蠅似的在頭頂上嗡嗡地鳴叫着，我們頓時都向樹下躲避了。幸虧他們不曾下蛋，就飛向南面去了。

我們開始我們的救護工作了，在陣地上，救護工作的人員很複雜，有紅十字會的，有傷兵醫院的，有救濟會的，有僧侶救護隊的，有學生救護會的，有軍醫處的，有……總之各色各樣的都有。

光華是屬於紅十字會的，我是屬於傷兵醫院的，因為同光華是大學裏的同學，所以往往一起出發工作。他前兩天右脚骨給彈片擦傷，睡了幾天，今天是帶傷工作的。我也覺得特別興奮。

當我們工作到又緊張又嚴肅的當兒，我們的救護隊中突然引起了嚴重的擾雜，阻礙了我們的工作，那是抗戰以來從來未發生過的。

「捉住奸細啦！捉住奸……」

「砰砰！……」

「快呀捉住呀！快……」

一共有八個敵人全捉住了，他們冒了我們紅十字會來殷勤地假意地工作，如其不是我們掛了一「紅」的一位弟兄的機警，我們又要像上次一般的受敵人間諜的欺騙了。

「阿利阿多！阿利阿多！……」

瑟瑟地瞌着頭，不住地哀求着那種可憐的窘狀，委實難於速寫下來。這胆大的混蛋行爲，却和鄙吝的求乞成了個反比例。

「架到司令部去！」

我們的李連長命令着。

敵人間諜的活躍，確是驚人的。一位弟兄還瞧着八個架了去的間諜的背影，對我說：

「朋友，前天在慰勞我們的羣中，也混雜着一個敵人間諜呢！」

「捉住嗎？」我急着問。

「那個馬上掀頭的。」

「我們眞要當心！」

今天發現他的那位受傷的弟兄告訴人家，完全從他的「東洋跑鞋」上瞧出來的。別的地方簡直和我們一般無二呢！（606）

戰地攝影一日記（八・廿四）（附）

郭民強

爲着要使後方的人員明瞭，爲着要使世界人士知道我們這一次爲和平爲正義而起的神聖抗戰的眞實情形；爲着要使民衆和世界人士知道我們這一次爲戰爭而死的壯士是光榮是偉大；爲着要使世界人士和民衆知道侵略者的殘暴橫行，我們就組織了一個上海市戰地攝影團，齊集一班愛好攝影的同志共赴各個戰區，專門從事於在拍攝作戰前後眞實的情況。我們一行廿餘人，由程同志領導着，就在八月廿二日晚上坐着軍用運輸慰勞品車，在月亮高照下，我們平安地到達了的目的地。雖然沿途受着敵機的威脅。

× × ×

攝影軍事照片，雖能够使後方民衆知道前方作戰眞實的情形，但也能够泄漏軍事防線的祕密，使軍事蒙受失敗。爲了這個問題，我們的攝影工作是暫時不能開始了，結果還好，我們的程隊長和×××師的師長是舊友，經過了數次的要求，准許攝影的證件是給我們拿到了。但是還有很多附帶的條件，最重要的就是不準攝影軍事上的設防和交通線，如果有人犯了這一條規定的話，他們就要捉來當通敵的奸細執行槍决的。

× × ×

各個團員帶着極度的興奮，就在今天（廿四日）早上六點一刻開始出發攝影的工作。共分三小隊，每隊七人，由程朱呂三同志領導着分散到各附近戰區去。我是被分配在第二小隊裏，担任東區的攝影工作。到了中午的時刻，我們是歸隊了，統計起來，一共拍了一百十餘張，關於傷兵的運送，房屋的被燬和已死士兵的屍體照片爲多。因爲離開火線還有二里多路，所以眞實的緊張的軍事照片還是攝不到，雖然經過多次的要求要上火線去，但是都沒有完滿的結果。

午後，我們仍照着早上分配的區域去攝影，爲了拍攝工兵們在裝着軍事電話，糾紛就來了。當我們行至半途的時候，見有很多的工兵在那兒趕築軍用電線，我們一隊裏的胡同志，就把影相機對準，可是給他們看見了，刹那間，就給七八個士兵包圍了起來、我們拿證明文件給他們看，他們還咕嚕着說我們是漢奸。沒有法子，只得和他們一同去司令部見他們的團長，由團長再帶我們去見師長，到了師長辦公室，解釋了一回，團長出去了。師長才對我們說，這一種影片也是不能攝的。同時又談到他們軍隊中的軍紀如何嚴整，打起仗來如何的勇敢；又說：他們一師中的弟兄，捉起奸細來是非常精細的。使我們聽了，眞正有些不寒而慄呢。

出了司令部，我們仍然攜帶着我們的工具（攝影機）去攝影。歸隊的時候，我們一小隊的成績是最優良了，今天共攝了一百張左右，各式各樣的都有，軍士們休息時娛樂的影片爲多，其餘的像槍械和戰壕的影片也不少。

× × ×

天亮了，我們整着隊伍，又向着另一個戰區出發。

第二部

苦难

第一輯 東南西北

戰爭爆發前的剎那（廿六・八・十三夜）

尾音（廿一・職員）

記得昨夜乘了兩路的末次交通車，在麥根路車站附近，談天說地的消磨了一整夜但靜待着燃燒的火藥線，却始終沒有點上火，於是我們四百多個員工又沒精打采地回到北站，等候形勢的新發展。的確二天來淞滬線與寶山路一帶的緊張空氣幾達沸點，單就中國軍隊在該區設防的消息，就足够令人興奮的了！

車站像死去了一般沉靜得有些可怕想起往日常高速度的飛快車開行前，倍形擁擠的境況，正不勝今昔之感！站門已由八十八師的弟兄們駐守，空寬的待車室與高聳的兩路巨廈，都已作爲他們暫時的營房，那些行將在戰場上爲祖國爭光榮的戰士們，個個都有着極結實的體魄，神武的精神，使人見了暗中欽敬！公安局的警察大隊亦全部出動，每個警士都佩上二枚手溜彈。大戰爆發前的一切，都充滿着恐怖與悲壯的氣息。

初秋的天氣還是那麽炎熱，天是青的，微風吹拂着大廈頂上的青天白日滿地紅旗。——呵！那是多麽美麗與偉大呀！車站的四周佈成了電網，被封鎖了！留居在車站內的員工們，眼看着成羣的同胞，站在租界上的鐵欄裏面，用極驚奇的目光向車站觀望。路上的逃難者，異常忙碌，活現着一幅慘不忍覩的流亡圖！

× × × ×

站內留着的，是我們素來敬佩的總站長，一副胖胖的個子，明銳的目光流露着一種極幹練的神態，他忙碌着和駐軍的長官接洽關於員工撤退的事，同時打探着前線的接觸戰可曾發動？於是站長室的四周便站滿了熱血沸騰的同事們，等待着好消息的光臨！月台上是意外的整潔，除剩着一輛列車留用外，縱橫的路軌上只是靜悄悄地，防空燈罩着黑色的紗布，倍覺悽然！站役們在各領班的指揮下，將寶貴的電報和其他行車用具搬上了車。時間是上午十一點半的樣子，我們飽餐了一頓，很興奮地走上了升火待發的最後一次的列車，去靜候那民族抗戰的第一砲！

因爲人多，車廂裏很擁擠，推窗外望滿目悽涼，能不令人義憤塡膺，希望此去的車輛在明天就回到北站來！但無情的時間，終於渡過了午後的二點鐘，傳來了天通菴附近中日兩軍已開火的消息，於是全體決議將北站遷移到蘇州去，在那兒可以繼續着維持京蘇間的交通，好在成爲軍用要道的蘇嘉路早已完成，因此浙蘇間的鐵路運輸亦不致中斷了！

× × × ×

「再會吧！北站！祝你平安無恙！」

車身是慢慢地移動了，沿旱橋與麥根路一帶的鐵路四周，密集了英勇的抗敵戰士神威的英姿在我們眼前閃過。我們帶着會心的微笑，透送着這一羣羣年青的英豪。車到南翔時，該站全體員司亦要求上車，加入我們的隊伍，在同一的陣線下，繼續去爲艱難的國家服務，從困苦中求民族的再生！

在車內並不感到怎樣寂寞，但一般議論的中心，也大都集中於對戰爭的未來預測，賢明的總站長給我們指示了這次中國政府抗戰的決心，他堅決地說：「蘇州是我們新的根據地，在那兒我們要用最大的努力去阻止敵人破壞交通命脈的詭計！」每個員工都是靜靜的聽着，情形是極嚴肅與悲壯的！

車過官瀆里，已經是黑夜了！八點正，車像長蛇般緩緩地爬進蘇州站。月台上擠滿了聽消息的員工和旅客，對於這般剛從前線回來的人們表示着極大的歡迎！立刻車站就熱鬧了起來。鎭靜的後方還是沒有絲毫異樣，只是忙碌的兵車，增加一些緊張的情緒罷了！

是夜，因無處爲家，只得於二〇一號公事車內寄寓。(726)

八月十二日的回憶

白　禾（十八・學）

又是一年了！

去年，自七月七日蘆溝橋炮聲響了以後，上海的戰爭空氣也就緊張起來，紛亂的謠言，一天中眞是千變萬幻，大有風聲鶴唳之概。於是閘北一帶的居民都忙着搬家，連鎭靜自稱的我也不覺恐慌起來了。

八月十二日的前一天的晚上還是好好的，只是風聲緊一點，但鑒於近幾天來的相安無事，也就放了心。我和幾個同事，照例地聚在一起談談說說，直到深夜時分，才各自上床安睡。

一夜睡得够舒服的，醒來時已紅日滿窗了。雜差的阿五正在大驚小怪地說話。看他的樣子像是很着急，話也期期艾艾地講不出來。我叱定了他，才慢慢地說道：「外面風聲不對啦，沙袋都疊了起來，各路口都有了保安隊防守，路也不能走了，怎麼辦呢？」

大家聽了他的話，都有些不大相信。阿五則發誓着說那是眞的，他還親眼看見一隊隊全付武裝的保安隊的行列，並且說：「你們不信，儘管到門口外去看看，可是謊話不是？」

眞的，光景是出人意外的，門口的沙袋已堆得有半個人那樣高，荷鎗實彈的弟兄，冷靜地站立在防禦物的後面，注視着前方的動靜。那種英勇的姿態，我相信任何人見了都會感到十二分的興奮！

路上有幾處早已斷絕了交通，走近那警戒線的人們都被叱退回來另走旁的路。我們也繞了一個大彎才到達廠址，門前已站了一大羣的工人，都在喳喳地私議着。

「我們到四週去蹓躂一下吧！」小而且沙的喉嚨，是大家都熟悉的小張的聲音。

「好啊！」有好些人附和着，我也是其中之一。

我們沿着嚴家閣路和青雲路間的一條小徑前進，沒有拐幾個彎就到了西寶興路。平時挺熱鬧的一條街道，現在冷落了許多，雖然那小菜場上還有一些交易。

不用說，搬家的人今天是格外多了，一輛輛的汽車，黃包車，老虎車，塌車都瘋狂一般地在瀝青路上飛馳過去，一切的車夫今天都得到很高的代價，他們的臉上都堆滿了滿意的笑容，步子比平時靈活了許多；相反地，那坐在車上的乘客却是垂頭喪氣，滿面憂愁。

我們沿西寶興路向北折入青雲路，到了靠近虹口公園的一段，就退了回來。那時公司當局也已商量好了辦法，決定把一部份緊要的機械先行搬走。於是我們忙着收拾東西。

吃了午飯，已是四點鐘，差不多經過五六小時工作的身體，這時覺得很疲乏，就揀着一條干淨點的櫈子坐着休息。小張從大門外跑進來看見了我，就一屁股坐在我的身旁，喘着氣說道：「你知道嗎？正規軍全開來了，人數很不少呢！現在都駐在天通庵路一帶的民房裏。」

「眞的？」我覺得很興奮，但也有點懷疑。

「誰騙你，不是我親眼看見的，我也不會來說給你聽！」這或許是小張的特性吧，倘使有不信了他的話，他就會發脾氣。

「不是說你騙我，我眞的料不到國軍會這樣迅速地開到上海來的。」這樣才算把他的氣平了下去。

自從下午四時，廠中的東西一卡車一卡車地搬進租界去，到現在已經搬淸楚了；於是開始裝載職工們的衣被等物。我就在最末一輛車上安置了所有的行李，隨着馳進租界。

黃昏的時候，閘北的幾條街道上，除了武裝衛國的兵士外，看不見一個行人，只有我們這一輛裝載着許多物件的卡車在冷淸淸的街道上疾馳。或許是裝載得太沉重，車子好像力不勝任，發出軋軋的聲音，在靜寂的空氣中越顯出異常的單調。

車子不停地向前爬着，一個個的崗位，一道道的防線很快地向後退去。這時已入於戒嚴的狀態中，壯士們都伏在防禦牆後，刺刀裝上槍尖，擱在沙袋上，兩眼靜靜地注視着前方。班長排長都緊握着手鎗，側身在牆角的陰暗處注視着的眼睛，有時還回顧一下他的部隊。原來他們已預備好了，在等候來襲的敵人予打擊者以打擊！

車子終於在界路的鐵絲網口駛了進來，在將要離開閘北的一瞬間，我不禁輕輕地說道：「再會吧！可愛的閘北！你是我大中華民族復興的第二起點，希望你在戰爭中長出一個鮮美的果實來！」(515)

祥永及其女人

吳文舒

(一)

雖然是秋天了，老天還不肯涼下來，馬路上的柏油被太陽炙得發輭，風却一絲沒有。在遠處幾朵雲花似乎開在屋角上，動也不動。

空氣，非常嘈雜——哭聲，叫聲，汽車嗚嗚聲……遠處還飄着機槍聲。這時，人們只有驚惶與恐懼，從東家奔到西家，好像熱鍋裏的螞蟻。

「怕什麼！」祥永三步走成二步的趕到屋裏一望，自言自語地說。「嘿！女人最沒有辦法，一聽到槍聲就像喫了瘋藥……天這樣熱，吹吹風不是很舒服嗎？……啊呀！怎麼痰盂都碎了，該死該死！」他這樣連叫帶喊的說着，覺得他的女人實在可恨。

他沒精打采地跑出屋門，一直走向石灰張桃家去，想和他談閒天。石灰張桃的家裏先已聚着男的女的十幾個，他的女人也在裏頭，正靠着張八仙桌一把眼淚一把鼻涕的在說些什麼。渭泉先生最先看見他，提高嗓子喊道：「老祥，巧得很，來來，快些！你的老婆快要嚇死了，你鴉片吃够了，辦法也得想啊！」

「眞的，老祥，吃了鴉片，辦法也要想的。」石灰張桃附和着。

「不要理他，」祥永的女人輕蔑地說，「他早給鴉片迷了心，那裏還有逃難的心思。昨夜死命的咳，一夜裏總要醒二三十回，我也給他擾得沒有好睡。」接着便是一個長長的呵欠。

十幾對眼光一齊射過去，大家覺得祥永的確瘦了許多，並且穿得像落魄者一樣襤褸，兩隻眼睛洋人似的縮得很深，鬍髭差不多有三個月沒剃了，長得毛刷子似的，頭髮也亂得像個野人。假使晚上碰到人，誰都會疑他是鬼！

「誰有心思想這個！」祥永略帶厭煩的聲氣說。「槍來，炮來，再好也沒有了，本來這日子也不容易過。假使他們一來，攪一個天花亂，再好也沒有了。到底誰死誰活還說不定呢。你們都講逃，我夢裏也不會想到逃的那回事。你們都逃光了，單賸我一個，也不高興逃。」說到這裏，興奮地把平覆着手掌向外一撇，表示他的胆大與勇敢。

他的話像一枝銳箭，直刺進他女人的心，於是哇呀哇的，他的不經意中，有兩架飛機在江面上旋了圈圈……頓時一個震耳的轟炸，使人不自覺的跑開兩步。

煙漩從江心汹湧的騰起來，烏柱一般的直冲在雲翳的尾巴上。

「好，給你嚐嚐中國的炸彈！」車夫勒着鼻子，同時緊緊的咬着牙根說。

「走吧，走吧！」毓嵐的臉色蒼灰了。她把孩子推在我的脊背上。

接着公大紗廠又揭起幾股黝黑的濃煙。高射炮彈，和花燈會上的彩炮一樣，升上去，又粉碎下來。

逃難的人更多了。

突然跑幾步，或者從馬路這一面擠到那一面去，這完全是無意義的，只是人家如此，我們也如此。

不斷的機關槍聲。我們無暇辨別清楚，趕快地跑；直到臨靑路口看見有幾個人身上塗着血跡，才知道，敵人的確向馬路上的難民開槍了。

毓嵐的鞋子與風衣都失掉了，她滿臉是汗。

「把孩子給我吧！」

「不，我抱得動，」

「給我吧！」我强持着接過來。

互相擠撞，誰都不肯退讓；同興紗廠有十幾處中彈，被牽連的商店，門傾壁倒，貨物飛散到馬路上，在人們脚前滾轉，但已經沒有誰愛惜這些東西了。

機關槍嗶嗶拍拍的響着。慟哭和紛亂，使人茫然的失了知覺。

「先生，東西掉啦！」包車夫失聲的說。

「不管吧！」我連頭都不抬地回答着。

提籃橋以西，槍聲比較稀少。天際上有幾十架巨型的飛機，在追逐搏鬥。

孩子的頭頂上被人撞破一塊皮，感覺不敏銳的小東西，只是咧着小嘴蠕動。毓嵐又復把它接過去，頓時覺得減輕我身上的重累。

人們在外白渡橋前堆集着，這裏被從閘北退過來的日軍佔據了。倉皇的神色，更深刻的描繪出大和民族的武士道神神。

直到過午一點鐘，才有難民陸續的通過。我們因爲東西的重累，一時不能擠過去。

「毓嵐，你抱着孩子先走吧，我慢慢再想法子！」經過幾次的磋商，她答應先走。

我同車子到蘇州河北，已經是下午兩點多了。人們彷彿無頭的蒼蠅一般向白渡橋衝渡，衝上去又退回來。日機在頭頂上掃射，脚前有負傷的人躺下來呻吟。

包車夫是一個有點厲皮的江北人，他一句話也不說。因爲肚子餓的難受，我和他各自把褲帶緊緊一個環扣。

「總是這樣蹲着也不成功！」我感傷的說：「現在我背着這只箱子先走，其餘的東西聽你支配吧；我不要啦！」

「不，不先生你先走吧，我有命一定把這些東西給你送過去！」

「何必呢，你不必爲它吃苦。這三元錢給你，你的車也不用要啦！單人跑吧。」

白渡橋南，有各地同鄉會，和慈善團體在收容難民，彷彿家鄉客棧旅館夥計兜攬旅客一般的喊着！「寧波，」「海門」……只是沒有「吉林」或「黑龍江。」

從這裏僱黃包車，到法租界的任何地方，討價總在五六元以上。我只有背着行李走。

殮屍的卡車來往逡巡；大世界門前濃重的血腥，馬路中心的大洞，和附近商店破碎的門窗，頓時使人觸到了新的恐怖。

到朋友的家裏，已經是上燈的時分了。因爲我平安的歸來，興奮的使鍼嵐洒落幾滴眼淚。(1201)

別了我的家（二十六・一四・八）

綠　鹿（十九・學）

整夜不曾安睡過。

戰事的演進如何？家——虹口的家——能不能保持無恙？父親還守在家裏呢，還是怎樣？自己也不知道昨天怎麼會讓他一人住在家裏；而自己却跑到外邊來。說不定那些沒有人性的侵略者會闖進家裏，說不定會……啊！我眞不敢往下想了。

天顯得朦朧，還有些雨意。馬路上依舊是熙來攘往，許是更熱鬧更緊張一點。電車站上，賣報者大聲地喊着標題，揮着報紙，紅色的大字報告昨日戰事在閘北開始。虹口的交通並未斷絕，我便乘電車到虹口的家去。

郵政管理局的大鐘指着八點，照例這上海的大動脈——北四川路應該開始行動了，但今天却冷落得如同死街；誰知道它是虹口的南京路，上海的神祕街呢？鐵絲網架驕傲地蹲在橋上，橋塊下沙包堆成的防禦工程裏，侵略者用着敵意的眼光，注視着每一輛車。每一個過路的人都感到恐懼但同時也含着憤怒。

商店都上了舖門，教人想起廢歷的新年。三三兩兩的浪人模倣着醉酒的外國水手，打着歪斜的步子，滿街亂撞，吳淞路口更顯得緊張，連小菜場也失去了往日的熱鬧；日本巡邏隊橫擎着槍械，黑沉沉的槍口，亮得發白的刺刀隨時都想吮人的鮮血。

啊！這是虹口嗎？

×　×　×　×

到了家時，家好好的，父親也好好的，一切都好好的；雖然清晰地聽到炮聲。

弄口的人家忙着在弄內做一道木欄。唉，愚笨的傢伙！侵略者的暴行可是幾根木柵欄能制止得了的嗎？

時間是十點，大門上被重重地打了十多響，啊！是××兵在打門吧。這些沒有人性的侵略者會做些什麽呢？啊，誰知道這些瘋狂的野獸會做些什麽！我忙着想從曬台逃走又想打後門跑，連鎮靜的父親也驚呆了。

響聲嚇住了一切；空氣也好像凝結了的樣子。

門外沒有動靜。玻璃窗中一隻飛機倉皇地竄向南去；接着，有三隻中國飛機排着極嚴整的陣勢掠空而過。——啊，不是敲門聲，那是機關槍聲呢！

幾響沉沉的爆炸聲遠遠地傳來，三架鐵鳥又往北飛去。

局勢非常緊張，早晨逃出去的人們又背着箱籠包裹沮喪地跑了回來：

「裏虹橋，四卡子橋，中虹橋都燬斷了。」

「祇剩外虹橋了。」

「人軋得……軋了半日，還軋不過去。」

「比『一·二八』還厲害，那時橋上還可通行呢。」

走，不能不走，不能獃在虹口；這裏是侵略者的掌握，隨時有被蹂躪的可能。我們不能這樣白犧牲！

× × × ×

父親和我交替地挈着隻皮篋，走出了家。啊！別了，別了我的家，我們幾時能再會面？我不禁惘然了。

行人並不少，祇是路上冷靜得可怕，連空氣裏都混着，戰爭的氣息。還沒越過鴨綠路，飛機又在上空發生遭遇戰了。清脆的機槍聲，尖銳的子彈破空聲震撼着每個人的神經。我們連忙避到街旁的屋簷下，但還抬着頭關懷着上空的戰爭。一隻日本鐵鳥被幾隻中國飛機追逐着，飛速地向南逸去。遠處又是沉沉的機槍聲。

四卡子橋，裏虹橋，中虹橋靜靜地跨在虹水上；鐵絲網架覇住了橋道；戴着鋼盔的侵略者眈眈地豎着橋東。

外虹橋上沒有容足的地方。黑壓壓的人頭，像潮水一般的漾着，漾着。橋這邊的想早些離開這危險地帶，拚命地擁過去；橋那邊的都懸念着家中人口的安全，忘命地擠過來。兩邊的人都想早一刻衝過這唯一的通道，於是緊軋着，擁擠着，推着，嚷着。汽車被擠得高聲喊叫，掙扎了一個多鐘點，祇移過一二間舖面。巡捕們熱得袒了制服，一邊更瘋狂地揮着攔路的毛竹竿打人。

××的學生也效着他們侵略者的行動，舉着槍睥睨地跑來跑去。戴鋼盔的守着重機槍殘忍地獰笑着。

「砰——砰砰砰——砰砰。」鋼甲礮高射機關槍連珠地響着。祇隔一埭房屋呢！要是槍口換一個方向，我們這些無辜的被侵略者都將沒有代價的白犧牲了。但誰都不會想到，也沒法顧到。重機關槍，鋼盔，閃亮的刺刀，硬殼的坦克，侵略者的獰笑，鋼甲礮，黑沉沉的槍口，高射機槍，鐵絲網架：這一切都在四週逼來，這一切都在威脅我們的生命。走呀！快離開這恐怖的魔窟，至於皮篋，那祇好丟了。

走下白渡橋時纔鬆了口氣，啊！這時的生命纔是我們自己的生命呀！

× × × ×

我國飛機已經兩次來空襲敵人侵略的中心——停在浦江中的出雲艦了。那灰色的怪物上，幢幢地忙着些人影；旭日徽的水上飛機仆仆仆地不住在浦面上巡邏，一會兒又飛上去打着盤旋，兜了老大的一個圈子。

路上更緊張了，萬國商團在蘇州河的橋樑上構築防禦工程。雖然過路人的臉上還露着驚恐，但他們都很興奮，都笑了，復仇似的笑了。

灰色的天空出現了我國空軍的雄姿，市民們好奇而又興奮地跕望着。高射礮又在江邊匆促地響起來了。

這是第三次的空襲！

高射礮聲和飛機聲響遍了上海，遠遠地，灰白的棉絮似的陣中浮出一縷縷的黑煙，漸漸地淡了，漸漸地散開；接着又是幾個響聲。我國的鐵鳥就在那煙霧裏翱翔着翻騰着，完成它們的使命。

大世界前的十字路口都擠滿了人；一個個起勁地張着嘴望着東北方。電車和汽車不斷地來往着，更顯得熱鬧。我和父親邊說邊走，但還忘不了幾步一回頭地望望那些在雲堆裏打滾的鐵鳥。

我們到了成都路口，看見兩架鐵鳥踉蹌地飛了過來。牠們差不多要互相碰上了，但又極力掙扎着蕩了開去。

突然二個炸彈斜斜地溜下去了！

在大世界那邊，冒上一陣火光。紅紅的火星，黃黃的火炎，箭似的向四週飛射。大世界的尖頂還閃現在火光的影裏。白煙瀰漫着、籠罩了一切。接着聽到沉鬱地兩聲：

「轟轟——。」

× × × ×

晚報上的大字標題：大世界前落彈，死傷六七百人。

這一切是誰的賜予？誰的賜予？（900）

驚心（廿六·八·十四·）

芝誠（十七·學）

一整夜，時斷時續的炮吼；單調的，倒成了租界上人士的催眠曲。誰都睡得穩穩的，只有窗欞嗶喇嗶喇的抖了一夜天。

晨五時起身。黑黝黝的；又是個陰天，曙色更形黯淡，冷清。這豆六口，一齊都到了租界上，寄居在親戚的家中，但是除幾只破舊的衣箱之外，一無所有，重要的物件，統統拋棄在南市，想要回去拿點應用的東西出來，也是沒有辦法。衖上什麼東西都比原來的價錢貴了兩三倍，而且有的連化錢都買不到呢！尤其是米和煤更是恐慌，蘿蔔乾一元也不過買四斤。父親同二哥每天還得去做事，沒有功夫再問家中的一切，只有我一個人來照應着。阿囡，姪女要吃餅乾，但是冠生園的店門也拉了起來，有錢也無處買；吃飯的竹筷問了一問，也要兩角錢一把；天氣又熱，洗浴也是一個絕大的問題。

一天到晚的奔走，不是東借板櫈，就是西借銅壺，或是打聽什麼地方可以出租界，到家中去拿點東西出來應用，固然市上的物件難買，而且物價的昂貴，也使我們不得不這樣去做。

馬路上只見汽車、老虎車、人力車不住的搬東西，公共租界的人家也向法租界搬，但是界外的人們，守候着鐵門希望能踏進租界一步，也不可能，我不知道是什麼道理。

黃浦江中盡是些碩大的兵艦，黑的烟囪，高的桅桿，以及各色各樣的旗幟。飛機不斷的在天空翱翔，高射炮聲也繼續地響着，報販的噪聲，拚命在喊，都是號外，大紅字很醒目。法租界大馬路兩廊下，充滿了難民，牆壁轉角處，貼着法租界巡捕房的告示，一張中文，一張是英法文，警告市內居民「空襲時勿出外觀望或喧嘩」以及一些維持治安的話；另外還有告市民進出租界須領具有照片之通行證，但是鐵門緊閉，我四面亂轉也沒有看見過任何鐵門開過。製旗商生意特別興隆，都在趕製着米字旗或花旗，供給人家買去掛在高樓上，轉移敵機的目標。公共汽車、電車完全沒有，交通工具唯有人力車，但是人力車動輒一元，而且我也無乘車的必要，我便隨着大衆蠕動着向前進。

一輛插白旗的卡車，向老北門那邊駛去，人羣也跟着它激動起來。「老北門的鐵門開了，快些！快些！」人們大聲的喊着。於是我趕快奔跑，但前面是擠得水洩不通，我竭力地擠着，終於離鐵門只有數尺了；我看見汽車出了鐵門，人羣擁出了一部份，也擁進來一些，但是我又看見「巡捕老爺」漸漸的帶上了鐵門，把鐵鎖鎖了起來。「巡捕老爺」開始趕着人羣。羣衆們倒退着，「巡捕老爺」的手舉起來了，執着錘形的木棍，用釘在棍端的皮帶，開始向羣衆鞭韃，羣衆奔跑着，呼喊着，擁擠着，他們漸近了我了，我向行人道上跑，站立在一家烟紙店的門口。

「快走，還不走嗎？」

「阿拉弗特伊拉一道軋，立勒此地弗動！」

「不動，偏要你動！」薄——薄——，皮帶落在背上發出了清脆的聲音，背上起了一陣麻木，不知道痛，我只知道跑，傾全力地跑，回頭看看，他們還向這邊趕來，人羣在他們前面移動。

離開他們遠了，慢慢的走着，仍舊不斷的喘氣，背上倒反覺得疼痛起來。我暗自想着，生活是這樣的艱難，下學期不知還能够照樣的去上學？要不是怕死的話，又何必到租界上來受死呢？被打不算一回事，勞苦的大衆不是時常受到工頭的皮鞭嗎？如今這個味兒我也嘗着了，我不恨巡捕，我只恨使我們遭遇到這種境遇的人！

「阿要看剛剛出版格號外，東洋人吃敗仗！……」報販的喊聲嘶啞了；飛機和高射炮的聲音仍然在響，馬路上還是人羣、汽車、老虎車、人力車不斷地擁擠着。（556）

母親還在南市（二十六・十一・十二・）

任經莊

剛剛從震澤冒着危險，吃了足足兩天苦頭回到上海。會見仁芬兄，他說：「母親還在南市大南門，她老人家性情太頑固，屢次勸她暫避租界，始終不肯，我爲職務覊身，又不能天天去，現在你來了，很好，亦去勸勸，或者可使她回心轉意。否則，就去探望探望也盡你爲子之道……」

翌晨便開始生平從未經歷過的事蹟。那是中華民國廿六年十一月十二日——我永久記念不忘的一天。那一天天才亮，我就到南陽橋鐵門口，鐵門緊緊閉着。時光雖早，鐵門內外的人擁擠不堪，有的想到華界搬些東西出來，有的已經搬到東西想走進租界。雖然喊着要求着開門，結果非但不獲所望，站在前面的還挨着中國巡捕和安南巡捕的皮鞭木棍的抽打！直到十點鐘左右，方見來了一輛大號灰色汽車，跳下三個法國捕頭，鬼議了多時，才將鐵門開了一角，祇許放進華界。當時我雖猶疑着恐怕當天難返租界，然想到老母的處境，便毅然進了鐵關。初見方浜橋一帶的難民齊集，直接到小北門口，眞使我驚奇，可是我因急欲到目的地，無暇去巡禮這個慘景。走過陳英士記念塔下，見圍着許多人，爲好奇心所動，擠進去一看，地上倒着七個吃了衛生丸不久的死屍，老的少的，甚至有老嫗。聞人的議論，逃不了「漢奸」這名詞。由老西門側斜土路前進，至林蔭路口，突然來了一名巡警，很客氣的說：「朋友，不要走，幫幫忙。」說了，把我拖去站在糟坊門口，左右還有二名巡警看守着。我驚怪的問：「什麼意思？」「沒有關係，並不是拉夫。因爲前邊吃緊，幫忙堆十分鐘沙袋。」可是等了半小時，尚不足二十人，其中長衣者居多，奇怪的是西裝客缺席。拖來的人個個都說有要緊事體在身，請求釋放。爭鬧間，來了一位年青的警士，嚴厲地訓話一番：「諸位，我知道今天到南市的一班人，誰都有重要事體的。不過，我們現在正缺少人手，暫請諸位幫忙，堆些沙袋，爲國家服務。有國才有家，這一點，諸位都是智識份子，定能了解的，不要多說廢話。跟我們一起走，如再嚕囌，就得武力解決，莫怪言不在先！」這位年青的警士說話雖短短幾句，可是有精神，有威力，非但使我不再存要求釋放之念，而且把老母處境的危險亦擲之腦後；其他的人亦一樣，很鎮快地跟着他走了。一路到陸家浜小菜場西首泥審中分配着「鏟」「裝」「堆」的沙袋工作。一小時後，第二批來接手。才得到解放。小心翼翼地防着飛機上無情的亂彈下午一時左右遂到目的地，我見着老母，雖將今天路上難行，遇着拉夫，還空了肚子，及南市形勢的緊張，速離此地為妙等等說明，但老母非但不允所求，反大訓了我一頓，責我不該冒險再到南市，非但不留我吃飯，更追我自顧自火速離開這險地。她說：「我們不妨事的，此地有三家鄰居，都剩得一個老年人。東西已經搬空。四個老太婆都是空着身子，遇危險時，亦來得及逃的。你快些走吧，再遲了，鐵門又要關了！莊兒呀！這種時勢，還是一人顧一人的好，租界上棧房，住不起。房子，亦租不到。本家親眷雖有，都是勢利之輩，住着耐不住氣。此地雖處恐，怖却還自由自在……」

眞的，年老人頑固的脾氣，難以勸動分毫的。抱着「恭敬不如從命」的態度，我不捨地離開了老母，並約妥了再會的地點。那時已經二點鐘了，急急跑過小西門，蓬萊路，文廟路，老西門，一帶商店門戶緊閉，除了幾個警士和保衛團威嚴地站立着，更多了許多堆沙袋橫排着。至於行人，可說絕無僅有。跨上和平路，看見某某鋪衣店門前，圍立着許多長袍短衣者，聰明的，這些人是被請來幫忙堆沙袋的。我雖極想前去自願幫効，奈自覺體質素弱，實不勝其勞，慚愧地避過了。到陳英士祀念塔下，剛才的死屍已經不見，但滿地鮮血，印在水門汀上，這亦是同胞的血，然而非但不足引起人們的憐惜，恨不得用足去踏上幾踏呢！到逐方浜路口，已見人山人海，大籮小件，遍地皆是，費了吃奶的力氣，擠到鐵門邊一打聽，才知道今天鐵門雖開過二十分鐘，但祇準進，不準出的，所以人愈集愈多。門不開頂兇，就是為國盡忠的警士和保衛團，亦無計可施。雖用安慰的吻吻說：「我們都是中國人，何必一定要逃避租界上去，靠外國人的勢力？」然而說了還是不發生一些效力。正在嚷着，哭鬧着，突然鐵門外來了一輛紅色汽車，跳下二個碧眼兒，拿出快鏡，對着門內，有欲攝影之勢。保衛團速呼：「快些站開去，不要給他們拍去，他們是拿去當好玩的東西來恥笑我們的……。」可是人太擠了，欲退不能，阻止碧眼兒不行，旋後取出槍口對着門外躍躍欲放，才把碧眼兒驚駭地逃回了汽車。頃刻上空飛機聲，炸彈聲，高射炮聲和着一片哭喊聲，奏演着生平從未聽到過的一套威嚴而又悽慘的交響曲。雖然亂彈到處橫飛，已無可再避，只好聽天由命。飛機逗留了十五分鐘才離去，幸未傷人。直到四點半，尚無開鐵門的希望，我才覺得中飯尚未吃過，以及晚上歸宿的問題，遂折回小北門到新橋街口，突見前面的人，正似潮水般的激蕩着。近前一看，原來租界上的同胞在做好事，買了一籮一籮的大包子、大餅，油條等拚命地向裏擲進。飢寒的人是不顧一切的，年輕力壯的難胞，跳得高，搶得快，二口一個的一個個很快地搶到就吞，可是弱小的婦兒以及年老無力的婦女，只能喊着：「先生們，我餓煞了，一天沒有吃過東西，把我二塊，救救我吧！」我自己雖還不覺肚子頂餓，然已萬分不忍地也手不由己地不客氣「跳搶」，搶到的，便分派給近身的老人幼子們，聊以自慰心裏的不安。時光飛快，已近六時，天色漸黑，門外的食糧已停止擲進，驚心着眼前自身的難關，不勝惆悵。陡然心計轉移，記起我和方浜橋轉角的某某當舖素來認識，現迫於環境，冒昧前去相商，結果如願以償，才得免於嘗着飢寒交迫，露宿馬路之苦。進門後，就吃了四大碗飯，倒在床上便睡。在十一時左右，槍聲炮聲大作，從甜夢中驚醒過來，被壽臣兄拖至樓上窗口處。但見一片黑暗中點着一盞炬大的燈兒，下面飄揚着一面法國的國旗，七八個法蘭西國軍無聊地閒踱着。景象之悽涼，不勝使我回憶到二個月之前，這地方是何等的熱鬧，商店及小食店正在上市做買賣呢！

「經莊，你看那邊來的是一批什麼人？」壽臣的說話把我驚覺過來。果然，方浜路內走出一批正式軍隊，人數雖寥寥不多，有一位年輕短小的勇士領導着，直到華法交界處，為法兵所阻，必須繳械。經再三交涉，仍不得通過，最後該勇士仍召集部隊回至方浜路口，排齊了，喊着立正，威嚴而響亮地堅決地演說着。

「弟兄們，我們現在已經到了最後的為國犧牲的一刻了，平日受着國家的供養，現在應該來報効了，但我不強迫你們，有二條路由你們自己去選擇：將全身的軍用品完全去繳給外國人，放你們過去做亡國奴；否則，盡我們最後一滴血，向前進！」

「不願做亡國奴，我們要向前拚命的……」是全體壯士慷慨激昂的答復。這位年輕的勇士興奮極了，繼續地喊着一二三……的口號，向陳英士紀念塔下，踏着日間遺留的血跡未乾的水門汀……走去。還悲壯大聲地唱着「起來，起來，不願做奴隸的人們，把我們的血肉，築成我們新的長城！……」

他們遠去了。非但使我感動得流淚痛哭，連得那些不干事的法國兵個個不由自主地舉槍站正！(314)

只好走了（廿六・十一・十一）

展　新（十八・學）

早上七時左右，我正由南市家裏到法租界學校裏去；剛走到陳英士紀念塔時，突然發見七八個死屍倒斃在地上，紫紅色的血、沾染着死屍的衣裳和地面。那正是做漢奸的結果。

到了方浜路口，黃包車和榻車排滿在路的兩旁，一直拖延到鐵柵門口；人山人海的擁擠着。這時，我碰到了個同學，就問：

「上學校去？」

「誰知道？」他倒答得有趣。

「我想，今天不能上學校了。」

「就不去吧，學校當局不能當我們曠課的。」

這時，不知誰在說：

「老北門開的。」

於是我向老北門走去。老北門的鐵柵果然開，不過只准空身人走。起先我預備進去，我又想拿個書包，恐怕不能過去，就回家了。

過了中午直到三點鐘還很平靜，那知到了四點鐘後局勢緊張了。「呼、呼」的小鋼炮彈聲在空氣中掠過；接着是房屋倒坍的轟聲；敵機又在天空盤旋飛得很低；我全家突然聞坐在一起，面面相覷，驚得一聲不響。

「大概在日暉港接觸了。」哥哥突破嚴肅的空氣。

「是不是在炸蓬萊路的公安局，」是瑞姐的發顫的聲音。她剛說完了這句話，敵機的筆直下降的怪聲，好像魔鬼在號哭，接着，就聽見轟的一聲巨響，連房子的玻璃窗也被震得在發抖。

我們又是默默着面面相覷。敵機不斷地擲炸彈。我低下頭望一望屋外的天空，黑烟直衝上雲霄，知道隣近的甚麼地方已中彈在燃燒了。

「我們已住了三個月，現在火就在面前，只好走了。」爸爸開口說，黯然地。

「你們儘管走你們的好了，我在這裏看屋子。」母親慨然地答。

「媽，你還這樣不明白，危險到這樣還不肯走！」大姐勸說着。

「不走不應該，白犧牲的。」我也和氣地說。

經我們幾張嘴再三的勸說，總算說服了媽，她終於說：「明天一早走吧，今天預備些要用的東西。」

這時，敵機的喧鬧聲也漸漸的去遠了。

外面很肅靜。只聽到「獨獨」的皮鞋聲，間或有一兩聲的人語。我獨自一個人走出去見一個青年保衛團員背着兩支步槍很神氣地走來。

「喂，走開些，爲甚麼圍在一起？」他叫喊着。

我跟着他叫喚的那邊看去，有一羣人圍住在街心，街上有兩個人抬着一塊木板上面躺着個兩足受傷的壯年男子。走在前面的是個頭紮白布的婦人，坐在黃包車裏白布上沾濕了鮮紅的血。

電料公司的一個樓角，巳被炸掉，瓦礫散滿一地。對面的一家，牆上也有個大洞，那受傷的男子就是從這家搬出來的。

街上的人漸漸地多起來了。他們見面都在商議着「搬」的問題。另一個保衛團員由南面慢慢走來，站在我們面前，很和氣地說：

「諸位不要驚慌，他們白天神氣活現，夜裏就怕我們了。」停了一會接着說「你們明早到難民區去再想法轉入租界，不會有危險的。」

天黑了。在往日，雖然禁止燈火，但我們在玻璃窗上蒙了一層布，依舊開電燈，可以看書或讀報。可是今天不對了，電燈線被炸斷了，滿屋漆黑，街上也是黑黝黝地，景象非常可怕。我們很早就睡覺了。（1203）

搬家的紛擾

劉維生（廿四・失業）

跑了一個上半天，始在南陽橋租到一間三層擱樓。趕急跑回南站，把家人接來；路上行人如蟻陣，聲音喧嘩，間夾着呼娘喚兒的慘聲。每一個人，都是現着一只緊張悲慘的面孔。好容易走到將近法租界鐵門時，前面的人都站住了，不能前進，原來門已關閉，不准入租界了。一聞此話，猶如冷水澆身。急撇開了家人，在人叢中擠了過去，只見鐵門內許多法警和安南兵，荷槍把守。門外的人，如木雕一般的擠立着，悲慘的眼光，和界內外兵對視。忽然想起我所租的房子，是臨界邊的，可以由前門進去。遂擠到該屋叩門，房東在內問是誰？我即說家中搬來了，但鐵門關閉，不能進來，我想走你們前門進來呢。房東答道：門外人多，若將門開了，別人也都要衝進了，倘被巡捕看見，是要受罰的。我說道：待我先把家中接來，等在門口，待機而行能。遂又擠了過去，好容易把家人接了過來，倚門而立。這時有許多人，見我們要走這大門，都圍了過來。我見這種情形，知是不能開門，祇得若無其事地坐在門口。這樣捱了一個時辰，圍的人也散去了許多，有的也不十分注意了，我即暗暗地關照房東，一面自己也預備好。突然門一開，我們即竄了進去，接着外面的人，也接踵地衝了進來。房東發急地喊道：「巡捕來了啊！快關呀！關起來呀！」七八個人，用盡平生之力，總算把門關上。雖然我一面幫着關門，而心裏卻覺得非常難過。房東告訴我：隔壁人家做這種生意，放一個人進來要兩塊錢，已被巡捕發覺，罰了二百元。忽見一個七八歲的孩子，飛奔着過來，對房東說道：「巡捕拿着木板來釘門了。」房東著急地吩咐着進來的人道：「快點上樓去，若被巡捕看見了，就知道是放進來的。」於是都急速地奔上樓去。突然後門乒乓地發出一陣緊急的敲門聲。房東一面故意問敲門是誰？見人都已上樓，即過去把後門開了。跨進來五個高大的巡捕，其中一個是法國巡官，眼珠四處掃射，直至前門，用木板封釘，旋即轉身走了。房東叫我到弄堂裏去看看，還有巡捕沒有。知道沒有巡捕，房東就把放進來的逃難人，都送了出去，至此，心神始略爲鎮靜了些。走到樓上，憑窗下視，只見難民比前更多，箱籠被褥，木器家具，千車萬担，綿延數里，呼號啼哭，慘不可喻。忽見第四家樓上，向下面拋擲許多大餅。於是萬頭鑽動，爭相奪食。不一刻發完了，人也漸漸地散開，只有少數的吃着，多數的望着。

母親叫我去買些燒餅來充飢，可是我拿了一張報紙用去，走了好幾個燒餅攤，都賣完了，還圍着許多的人。忽然，鄰居的張媽媽驚慌地迎面走來；她見了我站着問：「你看見我的兒子麼？」我說：「沒有。」她說她的兒子早上回去取些用具，至今未見回來，現在已不能進來了；她已替他測了個字，說是有難關。說時不勝淒淒。遂匆匆地又走了。我買了二斤生麵借房東家灶鍋煮熟加些蔴油醬鹽，覺得味美無比。突聞下面發出一片騷擾聲，即丟碗憑窗觀望，遠遠地有三只飛機向這邊飛來，下面的人都驚怖地亂動，有些婦女，連哭帶跳，如瘋狂了一般。旋見人叢中有幾個揮手喊着說：「大家不要亂動，這樣是很危險的呀！」於是一唱百和，秩序也就安定了些。飛機越飛越近，軋軋之聲，震耳欲聾，我不由地替他們揑了一把冷汗，下面的人，如在等死神的降臨。忽見飛機轉向東南方去，心裏始覺一鬆。剛舒了一口氣，突見該機一陣狂鳴，向下直落，即見三顆炸彈、脫離機體，旋聞轟然數響，似在高昌廟附近。俄見一團黑烟，直衝上來，我知是着彈燃燒了。天黑了，天空一片紅光，那火不但不減，反愈猖熾了，像要吞吃全上海的樣子。母親叫我吃晚飯，我捧了飯碗，心裏不知是被什麼東西梗住了，一點也吃不下。夜裏睡在舖上，時被下面的孩子哭聲所驚醒。（803）

逃亡（廿六·八·十六·）

蓮夫

由於「一二八」所得的經驗，膽子似乎給炮火嚇大了；在「八一三」的晚上，同事們先後搬進了租界；我却和兩位胆大的同事，留守南市的校舍中。

十四和十五兩天，在空戰的恐怖中過去了，十五的晚上只剩我一個人過夜廚房中廚子逃光了校工也只有一位，吃飯很大成問題，飯店也關了門、有錢無處吃，小點心雖還有，却也不易買到，於是乎我也不能再留了。

到租界上去，最近又最安全；然而我認爲有損中國人的尊嚴，還是冒險渡浦、回家鄉去的好。

八月十六的早上，吃了些隔夜買來的糕餅，喝着冷開水，因爲老虎灶也關門了。

在一陣敵機掃射之下，瓦片上畢剝的中了流彈；我便帶了隨身的東西，走出學校。

中華路上、不大有人，比年初一還要冷落十倍。只有三五成隊的公民訓練班，在防守路口，巡邏街道。有許多工人，在掘壕溝、疊沙袋。我茫然的走過許多冷落了的關山，接近黃浦。然而黃浦面上沒有船，設防的地方也不准通行。我想，不能渡黃浦、只好走進租界住上一二天再說。但，就此回去，心有未甘；跟了同路人向前進發希望往南或有方便之處。

沿裏馬路往南走，走到南碼頭鄰近，突然街口有人招呼我，不是熟人，是一個搖擺渡的船夫。他說，二角大洋到浦東去。當然我也不嫌貴同行的人，也有渡浦的。走到浦邊，一船五個人，三男二女，在日機偵視之下渡過了冷落的浦面。或者我們太微賤了，不值得浪費幾個子彈。所以在低飛的敵機監視之下，竟得安然的渡到浦東。

浦東大道上，却很熱鬧，難民組織成的潮流，往南不絕的流動着。肩挑背負，扶老攜幼的流民圖，躍然顯現於眼前；而我自己也成爲圖中的一份子了。

走到上南鐵路，火車還在開，車上也擠滿了難民；沒法，只好仍舊煩勞兩條腿子，往前再走。

難民的潮流，還是在流動着。在經過楊思橋時，有一部份被吸收去，過三林塘，也有相當的減少。直到天花菴過去，還是前後相接，他們都要到邃浦的。

我的前面，不知有多少已經走過，遙望前面，直到看不清的地方，有許多人頭在蠕動着。我的後面，也不知有多少人，在沿着鐵路前進。

天又熱，口又喝，肚子又餓，手裏提着的東西，越發沉重，手骨酸痛，手指麻木；提着實在無力，拋去却又可惜。汗出盡了，倒不再出；望出去，在強烈的陽光之下；晶亮亮的，似乎有幾個金星在滾動；黑沉沉的，又似看見幾個暗影。

自己想，我是極壯健的人，也已感覺到困憊，不知那些老弱婦女，困苦到如何地步！

不斷的炮聲，從北方傳過來，又看見幾枝黑烟在往上升。突然有三架飛機來了，大家慌張着，向草叢中亂竄。據說，早上已經打死過幾個人。飛機兜了一個圈子，低翔着，銀色的翼上，有人看得出我們的國徽；或者是我們自己的飛機。

我走過了天花菴，才和大隊的難民分開走；却也有七八個同路人。走到蘇家涵小鎮，才在小茶館裏泡了一壺茶，鬆一鬆氣，補充我血液裏缺少了的水份。茶一進口，汗便往外流，這麼迅速，好像口與皮膚之間，有一條直接通連的管子。

茶客中正有不少逃難的人，各自敍述他從虹口逃出的經過。他們比我要困苦得多！

有一位可憐的老者，問我討一角錢。他說：他是擺雜貨攤的可憐人，昨天虹口中了幾炮，可是無法逃出，今天淸早才跟着大隊難民過浦；敵兵把守着，不准帶東西，他的包裹被搶；他要收回，險些送了老命。老命雖然保全了，鈔票却跟包裹一同去了。

不管他說的是眞是假，我總要滿足他的要求，他年紀這麼大，樣子怪可憐，而且是客邊人。

另一個女人在哭泣，她在今天逃出時，和她的孩子擠在兩隻船裏，過了黃浦，又不是停在一個碼頭，終於失散了；找了好幾處找不到。她是寧波人，在虹口開飯館的。

我自己想，一樣是逃難的人，我還是最幸運的。(2101)

僱船（廿六·八·二十·）

菲菲

戰事爆發到今天，已有一個星期了，我們那神出鬼沒的英勇空軍，卻時常在敵方的高射炮亂鳴聲中飛到租界的領空上來，伺機在敵人的陣地或兵艦上來一回轟擊。我們眞興奮，頗意在街頭去觀望那鐵鳥的雄姿，那「無事家裏靜坐，有事快快走過，切勿竚立觀望，免遭飛來橫禍！」的警告，和流彈的危險，在我們都已置之腦後了。

我從虹口逃了出來，只天天在街頭奔忙，心裏卻不知怎麼是好？老是徬徨着。——去參加後方工作嗎？離開上海到內地去嗎？自已可沒有主意決定。但是，是同鄉會裏選舉我擔任的遣送難民工作，卻無法辭去，況且也不容許我辭去。

到同鄉返籍登記處去一問，來登記的同鄉已有五百多人；然而第一次開出去的那隻輪船，到今天已經一星期了，還沒有回來，並且連消息都沒有一點，所派去幾位押船的人也不見回申，正不知道前途吉凶如何？來登記的同鄉仍是那樣擁擠，已登記的同鄉卻絡繹不絕地來探聽船期。其實，他們在焦灼，我們何嘗不在焦灼，只是慚愧自已能力薄弱，想不出一個辦法！

天氣眞是熱，汗珠是不斷地從額上掛下來，大毒的太陽灼曬在皮膚上有點發痛，幾日來的奔波，使我的臉變了棕色，許多朋友見了，我都驚訝地以爲我剛從南非洲旅行歸來呢。

走出了門，再去拜望沈君，因爲我們這張通行證是託他向京滬警備司令部裏去代領的，他和部裏的秘書原是舊同寅，所以可比較迅速一點。據說通行證到今天下午好取，他叫我們快去接洽輪船及拖船好了；一方面，卻還得備一封同鄉會的公函，和紅十字會的旗幟。

我們的空軍又突然在天空中出現了，於是慌亂的高射炮聲劈歷拍勒的響着，在天空中，只見數十隻蜻蜓樣的飛機，無數點高射炮彈的黑烟球和白烟球，烟球追逐着飛機、飛機卻精警地讓過了烟球、那樣勇猛而活潑的技術眞使人看了高興。

那時我冒着炮聲和機槍聲，走到了天后宮橋塊，在河裏卻見不得一班輪船，再到盆湯衖橋以及老閘橋等輪船公司裏去一打聽，都沒有輪船出租，問他們自己可有開出的船期，回說也沒有一定。於是我失望地回到了天后宮橋，去僱木頭貨船或無錫快，可是都說沒有輪船拖帶不去。而且代價每條船到蘇州是三百元，到朱家角是二百元，最多每船可坐五十人。但是我們既沒輪船拖帶，也出不起每人十多元的船費，我們的同鄉會是很窮的，又那兒賠得起許多沐。最後，我們由於幾家米行的介紹，僱到了七條米船，而且並不需要代價，願意送到蘇州；伙食當然由同鄉會負擔，不過到了蘇州每人須出酒資一元給船上的夥計，但實在拿不出的也可免卻。

那眞是喜出望外，奔了一個上半天一點也沒有辦法，現在卻毫不費事地接洽妥了七條船；——這七條船都是八・一三以前運米到上海來的，現在卻因爲沒有通行證而不能回去被閉斷在新閘橋那邊，既不能上岸，又無法攏船，所以烟火將告斷絕，如今他們得到了這樣一個機會，自然也是求之不得。

下午，我們幾位負責遣送的人又會議了一次，分配定了各人的職務，去取通行證的，辦應用物品的，通知登記者的，辦旗幟公函的都分頭出發了。同時，我們又推定了幾個職員，十四個人擔任護航及糾察的工作，三個人是擔任庶務，兩個人擔任交際；此外我們因鑑於同鄉中不能完全認識，更難免份子優劣不齊，恐有漢奸混跡其間，（這在別處的難民船中已經發現，故軍事當局極爲注意）這不獨影響許多人的安全，抑且妨礙抗戰前途，因此我們又擬定了四個人盤問回籍同鄉的底蘊，和檢查行李等件，遇有形跡可疑或者帶有違禁品和危險品的，便拒絕他們趁船。

一切都辦理妥當了，決定明天上午在新垃圾橋下船，船大約九點鐘開行，於是我們到藥房裏去配購了一些紅藥水，防毒藥品，棉花紗布，橡皮膏，碘酒，痧藥水，八卦丹，凡士林，萬金油等一類應用藥品，然後各人去計劃着明天自己的職務如何進行。一天的奔忙，肢體實在太疲乏了，可是明天還有着更重要的工作。（750）

工房之夜（廿六・八・十五・）

鄭耀祖

廠裏的職員工人都跑光了，偌大的廠房祇剩下我和三四個工人。聽慣洪隆的機器聲和一天到晚過着集團生活的我，感到寂寞無聊。天，急雨後下着濛濛的細雨，這情景簡直有些凄涼。

因爲風雨，沒見飛機出動，但砲聲隱約可聞。

爲了心頭煩亂，平素不抽烟的我亦拚命抽起來，午飯時，還喝了一鍾酒。

下午，大雨。

據報上說，今天下午四時將有空戰。雨大，想不致實現。砲聲亦稀，約半小時聞一響。

後面空地的地穴內挖好了，有四尺左右立方，上邊蓋了木條和泥土，看去不十分堅固。亦聊勝於無，自騙自罷了。代價是七塊錢。

天暗得很早，晚報上說日本航空母艦到了。

吃過晚飯，放下碗就進工房去睡。關照夜更華松如有飛機來，先熄滅電燈再趕來喊我。

狹長的甬道左邊，四間寬大的工房，就睡着我術末一個人。沒開電燈，在牀前點了一枝洋燭，牀檔上縛了一把蒲扇，遮住射向窗外的燭光。牆上映着龐大的扇影，使暗澹的房中更增加了一股神祕的彩色。四周沒有一絲聲息，從窗外傳來淅瀝的雨聲，空氣是死寂的。我躺在牀上看巴金譯的克羅泡特金原著「我的自傳」這倒是一個適宜於看書的環境呢。

吹熄燭，放下帳子，矇矓地睡去。黑暗寂靜的空氣緊緊圍着我。近十點鐘，突從甬道口傳來一陣脚步聲，沉重而急促，一步步踏在我心頭上一樣，我的心在發冷。

「鄭先生，飛機！」——是華松。

黑暗中一躍而起的開了門，先遮住了他手裏往上射的手電，披了大毛巾，拿了洋燭火柴，兩個人跑出甬道。

外面下着大雨，空地上的泥土濘滑不堪。匆忙的脚步使我滑倒在泥水中，撐起身，跨下地穴。

沒有料想到的，地穴裏積滿一尺深的水；先前放在裏面的幾隻小木凳浮在水面。赤足立在水裏，洞頂不時滴下汚黃的泥水點，毛巾一不留心就浸在水裏。點着的洋燭，像在玩戲法，舌燄長得三寸高，幾乎舐着了洞上的樑木。

耐着心聽外面，風雨聲中隱隱地似乎雜有輕微的呼呼聲。沒聽慣飛機聲的我，委實辨不出是否眞有飛機。

捱了五分鐘，華松先出去了。二分鐘後，我亦冒雨奔回房內。帶着溼衣，攢進帳內。滿室漆黑，雖在牀上，還似在洞中，離頭三寸，就像洞頂緊壓着，不時用手伸上去摸。

第二輯 在近郊

吳淞行(八・十三)

莫明(二十・前市輪渡職員)

一

上海的風雲,一刻緊似一刻;戰爭的恐慌,猶似浦江裏的浪潮,一起一伏地在每個人的心裏,飄蕩不定。灰色的軍艦,突然的佔據了浦江裏不少的地位。美麗的莊嚴的市渡輪,在那些灰色巨物的空隙中,不息地穿來穿去的行駛着。這時候,它正負着一個重大的使命——把它自己的主人(市民們)一羣一羣的從吳淞載到浦東,載到租界。

二

這是偉大的一天——八月十三日的早晨。我被派到吳淞碼頭照料。同時,我還帶去二打金鼠牌香烟——那是同事們買來慰勞那些將要替我們出一口氣的弟兄們的。

沿岸一帶的碼頭,沉的沉了,燒的正在燒着。弟兄們一個個的伏在自己剛剛在岸邊挖好的戰壕裏。槍口對着浦江。每雙銳利的眼睛,注視着浦江裏往來『視察』的灰色巨物。嘴裏儘嚷着:「媽的,還不『上班?』」

碼頭上,候船室裏,甚至於候船室的鐵門口,街路上,對擠滿了挑擔帶籃,扶老攜幼的「難民」沒有一個人露出笑臉。即使要找一個勉強苦笑的人,恐怕也很不容易罷?大家都捨不得家,同時也捨不得命。有錢的人,早已跑了!留下這一羣——貧苦的一羣,還想硬着頭皮,想作最後的掙扎。但是經不起炮火的威嚇,心裏起了恐慌,覺得還是走更好。逃命固然要緊,可是,他們都迷惘着:到那兒去生活?

三

一方面是一船一船的載去,另一方面是一批一批的奔來。究竟人是不會在無形之中增多的。所以,約摸過了四五個鐘點,候船的「難民」是比較少了。然而,整個的形勢也比較更緊張了。弟兄們好意的通知我們:「留意着。」

從飯店裏叫來的一桌客飯剛送到。上海管理處的緊急通知,也同時收到;限我們在午前撤退。最後行駛的一艘渡輪,恰巧也到了。於是,我們準備隨輪撤退。碼頭上所有可以攜帶的物件,我們都把它們搬上輪船。同時把剛才叫來的一桌客飯；一齊送給弟兄們。飯錢是照常付清的。等，等看看要搭輪的「難民」差不多是沒有了；才把碼頭上的鐵門「咯嗒」一鎖。船上的汽笛大叫三聲。就在我們和弟兄們揮手道別的當兒，這最後的一艘渡輪離岸了。

四

浦江裏，除掉水浪衝擊的聲音之外，的確比不久的以前寂靜得多多了。在北岸有些碼頭，還在冒着煙火。在魚市場的附近；隱隱約約的，還可以看得出有許多穿黑衣的警察在架機關槍。這是正在預備賞賜敵人們的一個打擊。

船抵慶寧寺，我奉命上岸休息了。

五

剛在宿舍裏休息了一會，吃了一頓冷飯，上海管理處的電話來了。副理吩咐我候乘第六號渡輪再到吳淞去。因爲「聽說」那邊「遺留未逃」的同胞還很多很多呢。

搭輪同去的職員連我共有六個。其中有五個都是血氣方剛的青年；一個是中年。大家認爲此去是一種冒險的行動。但是爲了「救人」，憑着我們這股血氣什麼都不怕，就是死了，也沒有什麼大不了。

六

船到高橋，停靠了一會。正在那個時候，有一艘軍艦正在浦江裏轉身。把它自己的船身，橫泊在浦江中央；把長長的江水，一切兩斷。船尾對浦東，船頭對準魚市場。無疑的它是在覬覦那地方了。另外有一艘，正從上游向高橋這邊駛來，不一會，已在高橋碼頭對過泊定了。這時的形勢顯然的更緊張了。

那位六號輪的司舵，已經嚇得從船裏奔上岸來，連說：「回去吧！回上海去吧！」

但是，我們希望能够到吳淞去。那位司舵連連的搖頭搖手說：「去不得！去不得！白白的損掉性命，誰高興？……」

究竟是去呢，還是不去？我們想打個電話到上海去請示，可是電話不通。而那位司舵連連的催促我們回去。這是他的好意。但是我却很堅決地回答：「你回去吧！我決意乘別號輪船到吳淞去好了。這是我的責任！」其餘的各位同事怎樣呢？他們都齊口同聲地贊成我的意見，他們都願意同我一塊兒去。

七

眼看着這艘「胆小」的六號輪，悄悄地回去。又眼看着它的姊妹船五號輪的到來。我們便跟五號輪的司舵商量去。這位快到五十歲的陳先生——五號輪的司舵，很果敢的答應了我們的要求。他還說：「我的年紀老了，可以死了。今天預備拚着這條老命幹去！」

我們聚集在碼頭上。大家很慎重地宣過誓，爲了盡我們的責任，萬一遇到什麼危險，我們是準備犧牲了！

老年人的思想計劃和做事終比浮燥的青年人要來得周到些——雖然不盡是如此。當時這位陳先生吩咐船上的水手們把堆在岸上的厚木板搬了幾塊到船上，遮在甲板的外邊緣，厚厚的有好幾層。這樣，對於防避槍彈多少有點效用罷？

八

票亭裏的鐘，正好敲了四下，我們便踏上「征途。」這時，我們之中，已多了二位同事——這二位是在高橋碼頭上服務的職員。因為被我們的精神所感動，而臨時加入的。他們的參加，使我們感到更愉快更興奮。而我們自己也覺得更有勇氣了。

司舵很鎮靜地指示輪機間開快車。我們的情緒，也跟着緊張起來。每當駛過軍艦的面前，我們都一齊伏倒在艙中。很幸運的，沒有受到槍彈或炮彈的「賞賜。」

九

太陽已經落山了。紅的、黃的、青的、白的顏色，塗滿了整個的天空。我又回到吳淞了。船上的汽笛又高高的叫了三聲。這是歡呼，也是招呼。招呼那些要逃命的人快點趕來。

碼頭上是靜悄悄的。除掉二三個弟兄們站在那邊之外，不要想找人，就連鬼也找不出。

五分鐘之後，祇有三四個人來上船。於是，我們決定到各條街上去分頭招呼了。

街上比碼頭上更靜了。因為這兒附近還沒開火，所以槍炮聲還聽不到。除去有幾只狗在街上徘徊找尋食物之外，人是差不多絕跡了。

十

「一二八」時留下的殘壁斷垣，依舊矗立在那邊。可是，第二個「一二八」又來了。將會使這些壁垣更殘更斷。將會使這刼後的吳淞，再刼一次。我想，這是最後的一刼了！

當我走進一間透矮的破屋子裏，看見有一個老頭兒坐在暗地裏喝酒。我招呼他：「老伯伯，這裏要打仗啦，還是乘我們的船到上海去吧。」他對我瞧瞧，苦笑着。我又說：「老伯伯，乘船是不要錢的。」他不響，只搖着頭。我很失望地走出來。

在一家荳腐店門口，坐着一對中年男女。他們在談話。當他們聽到我的腳步聲的時候，都掉過頭來注視着我。起初他們對我表示很驚異。後來一看到我所穿的制服，他們才知道我是市渡輪上的職員。我對他們先開口：「兩位要逃到上海去嗎？這是最後的一條生路了。」接着我又補充了一句：「現在乘船是不要買票的。」那個女子不響，只是低着頭，似乎用手帕在揩着眼淚。那個男子搖搖頭說：「逃出去，是沒得吃的啊。」後來他又輕輕地說了一聲：「唉！總歸要餓死的。」

十一

我空着手，獨個子很惆悵地回到船上。同事們都很關心地在等着我。他們之中，有幾位略有成績——召來了五六位「客人。」

汽笛又叫了三聲。我們又等了五分鐘。看看再也沒有「客人」上船來了。於是在汽笛的長嘯聲中，我們又別了吳淞——這才是眞正的別了。從此，就再也沒有機會回來了——除非在抗戰勝利以後。

在半路中，我們發見有一艘軍艦在跟着我們，在監視我們。大家的心裏都在想，大概它不會對我們「開火」吧？

十二

當我們回到高橋，那艘軍艦也泊定在浦江中央了。碼頭上已有三個同事在揮着手巾，歡迎我們很平安的回來。幸虧敵人沒有誤會。否則，假使他們以爲這幾位同事是在打旗語，與對岸通訊·那就糟糕了。或是他們以爲，這幾位是在揮白旗表示投降，那可也糟糕了。

從高橋起航，未到東溝的時候，鄰近的一艘軍艦突然開火了。它準對着魚市場猛攻。同時，駐守在魚市場裏的弟兄們也動手答[illegible]了。

「格格格格………轟轟！」

「轟轟轟！格格格格……」

十三

外界的空氣和內心的情緒，跟着槍聲炮聲驟然地，極度地緊張起來。

天已經黑暗下來。一閃一閃的火光不斷地從軍艦上，魚市場裏發出來。襯托在這偉大場面背後的，是一片大火大煙。

船很快地離開了這個危險的地帶。但是一閃一閃的火光，依舊能够很清楚地看到。不過，稍爲小一點罷了；像一粒粒明星般地射來射去。

十四

一年了。整整的一年過去了！我想，每個同胞的腦子裏，以及心裏，祇盤迴着英勇的弟兄們的壯烈抗戰，救護隊的奮勇工作……。但是，他們那裏想得到，在這全面抗戰的初期，我們這一羣小職員小水手們也曾有過勇敢的表現呢？雖然，這不能說是「爲國，」至少可以說是「爲民」罷？ (290)

從江灣到上海（八三·十）　常靈（二商十·）

「八一三」一週年了！這中國歷史上最偉大的一日，這震驚整個世界的一日又降臨了！

去年的今日，筆者還在江灣跑馬廳附近某工廠服務，直到戰事發生，方才離廠取道大場、真茹、回抵上海。今將沿途所經過情形，概略寫成此文作為我生平重大遭遇的一頁，同時也算作紀念這偉大的一週年的表示！

虹橋飛機場事件的發生，實為「八一三」滬戰的導火線。我方在事前早已嚴密戒備，十二日的清早我大軍就開入市區接防，撕碎了五年來喪權辱國的「淞滬協定」。

當時防守江灣區的我軍集合在跑馬廳，經長官一番視察，就分段駐防放哨，入於警戒狀態中了。有兩排的兵士宿在我們廠中。一位身材並不高大却十分強健的官長，一望而知是個久歷疆場的戰士，首先走來，操着不純粹的國語很客氣的對我們——同廠尚有其他職工五人——說道：「現在我們有幾十個兄弟，奉命駐守在這一區，要借貴廠駐扎駐扎，很對不起。」說完，一揮手門外半數的兵士立刻進來，卸下了槍械及其他備帶的東西，取水的取水，休息的休息；他自己也將背在身上的東西卸下，喝水吸煙，和我們交談起來。他是百粵人，年方二十四歲，十六歲就開始軍隊生活，軍事經驗相當豐富，「一二八」淞滬戰役也曾參加，那時隸屬八十八師，建了不少戰功，他指着面頰上和手臂上的傷痕給我們看，露出光榮的笑容。最後他又極懇切的對我們說：「此地是咽喉要衝，戰事發生，敵人必出全力攻擊，你們最好還是早離此地，免受意外的危險。」我們領受了他的盛意，並深謝他的關心。

一天的時光，全耗在友善的談笑中，感覺到分外的短促。入夜後，我們數人集議着從那條路走的問題，那位軍官在燈下展開了一張軍用地圖，聚精會神的在那裏仔細察看。室中比較的寂靜，只是香煙一縷縷在打着旋。

「拍！拍！拍！」幾聲清晰的來福槍聲，突破了沉寂如死的夜，振動了每人的心弦；隨着是一陣緊密的機關槍聲和隆隆的小鋼炮聲。這些簡單的音調，合成了一支「八一三」神聖抗戰的前奏曲！這是民族解放的衝鋒號！

我們都不約而同的脫口而出：「動手了！」那位軍官早站起來命令弟兄們準備着。五分鐘後遠遠傳來了機器腳踏車的聲音，到廠門前戛的停住，一個傳令兵進來行禮：「報告敵人在天通菴附近向我陣地開始射擊，命令各部隊一齊準備，不得違誤！」說後行禮，立刻返身上車，聲音漸漸遠去。

我們得到確信後，都說趁此戰爭初起時早些動身，比較安全些。於是將廠中該關的該鎖的料理一下，與那軍官并衆弟兄作別。臨行還承他指示：「你們回上海還是多走些路，比較安全，水電路柳營路至閘北恐已禁止行走，還是先到大場吧！」我們十二萬分的感謝這位相交只有一天而很投契的軍官，和他握別，好像離開一個老朋友。

路燈早已熄滅了。天空中懸起一彎極細的月牙，只撒下了無數的銀針，一閃閃的故意不幫助我們，使我們在黑夜中更難走路。到江灣車站時約有二時許了，橫在地上的鐵軌，我們只能看到數尺長，再多是無能爲力了。在路上我們遇着三個中年的鄉農，他們是從蘊藻浜來的，恰巧也要往大場去，我們就合夥兒一同前往。他們都是本地人，這裏的路是一向走慣的；他們帶我們走上曲折的捷徑。於是我們轉灣抹角，東抄西襲，翻陵越阜，跨溝涉浜，活像一隊軍隊的迂迴行進。偶然滑入田溝，爛泥就塗滿了全足；偶然一只田雞在你足邊竄的跳入草中，又受了陡的一驚。在田野間走路尤其是在黑夜中，實在不是普通人所能勝任的事！

到大場已是五時光景，東方隱約透出了曙光，像乳白色的油漆緩緩地塗在木板上。初秋的曉風，吹在身上相當涼爽。看不見煙突中冒出的炊煙，看不見荷鍬肩鋤的農人，只有鳥兒一羣羣的飛出窠巢，同平時一樣的去尋找牠們的食料。牠們怎知道這個世界，在最近的將來會變成個烽火滿天，流血漂杵的地獄呢？牠們一向生於斯食於斯的樂土，會給無情的炮火所吞噬毀滅！

我們在那鎭路的鄉農的朋友家，吃了二碗平時不値一看而此刻如同至寶的西米粥，休息了一會。這一家年輕的，在昨天中午就逃到上海去了，只剩了一位六十多歲的老婆婆，她說：「逃難是頂苦不過的事！非但沿途吃盡辛苦，担足虛驚，就是逃到了租界上，也得要吃，也得要住，家裏有的是現成的，吃了三月五月還不要緊，何苦走去受些折磨呢？我年紀也算不小了，一生不會做過喪良心的事，天老爺總有眼睛的，就是眞的給流彈打死了，炸彈炸死了，也是命中註定，無法可想；但比客死異鄉，做個野鬼，要好得多吧！是不是？」她不脫老年人迷信的口氣，自己解慰自己的說了一大串。我們也只有「唯唯」而已。臨走的時候，我們要給她半元錢，作爲六人茶食的代價，不料她非但堅決不收，又說了一篇大道理：「幾碗薄粥能値多少？況且大家都是遭難人，正應互相照料，拿你們的錢，不怕罪過死嗎？死了又不能帶去，倒不如行些功德，反能得到菩薩的保佑！」我們非常感謝她，唯有祝她「老天有眼」「菩薩」一定「保佑！」

第二目的地是眞茹，我們又匆匆上道了。此刻天已大亮，走的又是公路，比較昨夜是大不相同了。果然，不一會，敵人的鐵鳥已成羣的出現在我們的頭上。牠們的影子已够使我們害怕，再加上震耳的機聲，更增加了驚懼的心理。離我們不遠的前面，有輛運貨卡車，立刻成了牠們的目的物，趕上前去投彈。車給停在一棵樹旁，車夫小工，沒命的奔跑，向田野中逃避。我們也只得匿伏在田溝中，靜待着「命運」來支配，「死神」來選擇。

當牠低着頭衝下來投彈時，那種特有的吼聲，再加上機關槍彈掠過四周的呼聲，的確使人感到極大的恐怖！在不到半分鐘的時間內，那只酒瓶似的炸彈，比箭還快的已觸着地面，這一霎那間每人心中的意味恐怕沒人能講得出吧。「轟」的一聲地球好像跳了一下，我們給彈起有半呎高，接着是一股不知是煙是灰——實在兩種都有——的東西直噴起來，沙石、泥土、樹枝、下雹一樣的向四周拋擲下來，只要在她的勢力圈內，不論房屋，小溪，田地都給弄得「體無完膚。」機聲遠了，大家的神志慢慢的也恢復了，方才一個個鑽了出來，有的泥漿滾滿了全身，有的給碎石彈破了頭，有的給樹枝打傷了背，也有身上並不遭到什麼傷害，手中却緊握着連他自己也不知何時從土中拔出來的兩把青草，綠色的汁液也給擠了出來。大家相互慶幸，都說：「那勞什仔明明是直照着我的頭落下來，我只緊閉眼睛等死，等到轟的一響，却遠在那邊呢！總是老天有眼，一陣風將牠吹了過去，大概我們不應受此惡報！」他們怎知道這是物理學必然的現象呢！

卡車損壞得不能行動了，乘車到內地去的人們也只得和我們同回上海。眞茹過了，折入中山路，一輛輛裝着偽裝的卡車，滿載了忠勇衛國的勇士，駛赴前線增援。他們的臉上都浮出了極端興奮的神色，他們知道報國殲仇，揚眉吐氣的日子已經到臨，一切犧牲都在所不計！數年來壓積在心底深處的一腔怒焰，將於一朝之中同淺間山爆發時一樣的迸裂出來，給殘暴無理的軍閥燒個焦頭爛額。讓他們知道他們的老祖宗，是不可侵凌、不可侮辱的！

抵達梵王渡，已午後一點多了。幸虧同行的卡車小工，他的熟人在此操舵，將我們很快的渡過對岸，不然，眞不知等到夜裏還能不能過渡呢！我們給了六角錢的渡資，又深深的致謝那小工與三個鄉農，各自分別。

踏進了安全的區域，給遺忘了的疲勞，却作怪起來了！街沿上坐了下來，使緊張的心臟鎮靜一下，之力的身子休息一會。當我抬起頭來深深呼了一口氣時，那樹在豐田紗廠屋頂上的膏藥旗，映入我的眼簾，偏懶的乖着，一揮一揮地像日本勞苦弟兄的老母，嬌妻彈淚送她們被迫出征的愛兒和親人時，揮的手帕一樣！呵！這紅日！勢將與西墜的夕陽一般，漸趨衰微，漸歸沒落！

一年了！多快呀！那位軍官，那些弟兄，那幾個鄉農，那個老婆婆，那個小工；那黑夜行路的困苦經歷，那吃粥時狼狽可笑的狀態，那敵機轟炸時驚避恐怖的情形；一件件，一樁樁，浮出了腦海，在眼前不斷的放映。這些人物，這些情形，深鐫在我的記憶版上。十年，廿年，永不會磨滅！除非與我整個的軀體同歸死亡，同歸消失！（308）

離開高橋（八·十四）

修　君（二十·學·女）

戰事於昨日爆發了，下午父親派了一位伍先生來接我們到他的辦事所去；因爲他病着，所以不能親自回家。我們知道父親病得很厲害，假使戰事不發生，我們也預備南行了。

今天的上午，母親，伯母，伍先生及我等，收拾妥當後到輪埠去乘船，但是交通已斷絕了，在無可奈何中祇好徒步走路，這樣的我就離開了高橋。

風呼呼的括着，還夾着細雨；沿途軋軋的機槍聲和隆隆的砲聲，淸晰可聞，路上的行人，成羣結隊，絡繹不絕，有來的，有去的，有挑的，有背的，攜着不同的東西，但帶着相同的面容：恐怖和焦急！連綿在數里長的村道上。

「雨倒停了，路也並不泥濘，風還是大一些的好，否則，敵人的飛機來了，這麼多的人，那是多麼可怕呢！」母親好像很幸運似地說着。

灰黑色的天空，陰沉得可怕，我們急急的走着，似乎惟有快些走，才能保全我們的生命。

在將近東溝的時候，天空中起了轟然的響聲，我抬起頭來，祇見八架飛機在天空中飛翔。

「媽！飛機來了，我們靠樹下走吧！」我心中很怕這飛機，尤其是在人多的地方。正在這時候砲聲變得格外厲害了，一朵朵烏雲似的黑煙，連續不斷的向上升。

「不要怕，那是我們中國的飛機；你看，日本兵艦不是在開高射砲嗎？我們向前走好了。」伍先生高聲說着，鼓勵着我們前進。

我們匆匆地走着，然而可憐了母親及伯母，因為她們是還足；走起路來總不及天然足的方便。沿路又沒有車子可雇，直至離慶寧寺不遠的錢郎中橋，才有了一輛小車，母親和伯母就乘了車。

「眞危險、我們的小船過江時，飛機炸公大紗廠，高射砲開得眞緊。」

「喂！你看見嗎？一隻兵艦，差一點兒被我們的飛機炸沉。哈！哈！眞勇敢，我們的飛機！」

「現在的中國飛機眞不錯，也能飛來出出風頭和炸日本司令部了；倒是沒有想到的事。」路上的行人興奮地談着，但同時也現出慌張的樣子，腳步顯得踉蹌似地。

在萬分的驚駭中，我心中起了莫可名狀的愉快，我們的飛機，能在敵人的彈雨中，施展莫大的神威，去轟炸敵人的陣地，我相信最後的勝利，必是屬於我們的。

小車推到了洋涇，母親等又下車走了，這時候砲聲更響了，地也被震動，媽嚇得只是向人家的屋裏鑽。

「阿修：這樣看起來，我們恐怕不會走得到了，也不能再見你爸和弟弟了！」媽絕望似地說着，臉變成了灰白色，眼淚也快流出來了。

「媽！你怎麼說這樣的話呢！走路的人多着，不單是我們幾個，況且是高射砲，不要緊的，快走吧，爸還等着我們，一定等得很焦急了。」我裝出十分鎭靜的樣子，安慰着母親，但心中也同樣的害怕，害怕流彈會降臨在我們的身上。

到了陸家嘴，伍先生叫我們等着，他去雇船，然而船夫隨你出他高價也不肯行，於是我們還得走，及至董家渡才雇到一隻破划子。划船的是一位江北老婆子，所索船資也並不高，但船是漏的，風浪又很大，沒奈何，我們只得上船。伍先生一面汲去船中的水，一面講着十六鋪江面封鎖的情形，他的語調很是激昂，我們都很受感動。在五時左右，才到了我們的目的地——錫思鎭。媽見了弟弟和爸悲喜交集，只是流淚，讓歡悅的心代替了過去的恐怖。(618)

月光下

憔悴人

去年秋冬間的某一個晚上，隆隆的炮聲自遠處漸漸移近，振撼了整個的村莊。村子裏的空氣就立刻地緊張起來；平時感到死寂的我家茅屋裏，擠滿了一羣平時不多見的親戚們，他們都三五成羣地在竊竊私議着，臉上帶着懷疑和驚懼的樣子。煤油燈微弱的光線在茅屋的一角跳動，越顯得這茅屋的一大部分是充滿了黑暗。而母親的舉動，在這一晚也顯然和平時大不相同，她不時匆遽地從小妹妹的病榻旁，跑到茅屋另一角的藥爐前去檢視爐上的藥，一面還怱忙失措地指導着姊姊去整理一切逃亡時必需的細軟，一種莫名的焦急和悼恐的情緒，充分地表現在她幾個月來爲妹妹的病累黃瘦了的面龐上。姊姊，她在平日祗曉得吃飽了菓子在草場上溜搭的年青的姑娘，用着她那不純熟的手法，把父親底破棉袍子，舊氈帽，和一雙帶着黃泥的草鞋，夾雜地包到一塊兒去。她睜大了疲憊無力的眼，不時向擠到一起的親戚們瞧望，想從他們那兒得到一些什麼似的，但另一面她却又必須留神着母親的吩咐，因爲不是這樣，她立刻會覺得沒有事可做了。

小舅舅喘着氣怱怱地跑了進來，全茅屋的喧嚷就立刻自動停止了。沒有一句話，衆人都靜悄悄地看着他那在黝黯的光線中顯得更黧黑的面孔，好像就在他的臉上看出了某一個特別符號，這符號暗示着他們剛才所猜疑着的可怕的答案一定是無誤的；因此他們都不敢發問，怕所得的答覆眞的會證實他們的虛擬！

「鎭上怎麼樣了？」經過一度的沉默，還是母親先問：「姐夫呢？他店裏怎樣？」

小舅的答話是那樣地語無倫次，他那種說話時下顎的可怕的抖動，到現在叫我想起來還害怕，他說：「不對了！鎭上連鬼兒都不見一個了！……警察都背上了長槍大刀，據說警察局也搬場了呢！……鎭上還到了許多傷兵；壯丁却開了上去，聽說預備巷戰呢！……姐夫沒有看見，店裏連排門縫裏都是黑的……。」停了一下，他在額上抹了抹，又道：「後來……後來聽說壯丁隊打散了，我們先跑回來的……姐姐，還是走罷。」

「向那裏走呢？」衆人的叫喊像雷一樣地轟了起來，可是另外有一個特別提高的口音壓服了大衆，那是跛子李三，他叫道：「我住在這裏三十年了！我不願走！」

「我的母親七十五歲了！」四族叔顯得憂傷地說：「我怎麼走呢？」

母親的聲音阻斷了他的話，「我不能走的！」她幾乎是在狂喊了！「小毛被病得這樣厲害，動一動她就會死的……再說他們爸爸沒有回來，我也不能離開這裏。」

人叢中的議論又發生了，這幾乎是一種近乎爭吵的議論，他們都莫明其妙地喧鬧着，聲音是大得連茅屋也顫抖起來，有的主張立刻就走，有的却想再等一回兒看情形再說，有的預備往山谷裏暫避一時，有的却要逃到更遠的鄉村去投靠親戚。然而不久他們却又暫時的沉靜下來了，因爲不知在什麼時候，在隆隆的炮聲中又加入了一種啪啪的新的聲響，這槍聲一陣緊似一陣的，到後來連子彈飛過的那種嘘嘘的叫聲都非常清晰地可以聽到了！母親的不逃走的意思，終因小舅和我兩人的勸說而完全改變。等到隨着大衆在黝黑的微光中越過了田野，涉過了濕地而到達一個大家認爲比較安全的山谷時，我回過頭去只見背上小妹妹的慘白的面孔在淒淡的月光下變成了青色，她已經在人們自顧不暇的當兒，在隆隆的大炮聲夾着嘘嘘的槍彈聲中離開這殘酷的人間世了！

整整的一年了！在這糜爛的孤島上，每當淒淡的明月高高懸着的時候，我又想起了去年的那一晚，母親的焦急，姊姊的失措，和小妹妹的一副鐵青得使人害怕的面孔！（203）

逃出家鄉——羅店

蔣德基 學生

自八一三滬戰爆發後，我的家鄉——羅店——就形成軍事上的重要據點，但沒有重兵駐守，而居民已多半遷居，但是市面仍然不減往昔的繁華，一些兒也沒有表現出戰時的狀態。全鎮居民每日都聚集在收音機旁探聽前方的消息。上海的捷報不斷的傳來，使居民加倍興奮，有些人以爲在上海方面能得步步打勝，羅店可以高枕無憂了，所以每天找尋快樂，飽食酣睡的過日子。

八月二十二日的上午二時，居民正睡得甜蜜的時候，有巨大的砲聲從敵陣中打來，把房屋門窗震動得索索作聲，我睡的床鋪也在那裏東搖西蕩，好似小兒睡的搖籃一樣。起初我不覺得什麼恐怕，但是細想起來，現在家裏祗有我同母親二人，母親年紀又老，假使萬一有危險，那是很不便的，於是爬起來。電燈線早已弄斷了所以找尋了自來火，點了洋燈——美孚燈——開了門去看看街上的動靜。街是黑暗的，靜得像死去的一般過了一刻，在黑暗中隱隱約約的看出一隊一隊的居民，拿了大包小包，扶老攜幼的向西奔走着。我爲好奇心所動，就跑去探問他們的究竟說是日本兵已在川沙口——寶山縣屬的川沙——上岸了，使我汗毛不覺豎了起來。但是還不十分相信，我就告訴母親，叫她守在家裏，我再到外面去打聽一個確實。拿了電筒，先到區公所去探聽，只有鐵將軍守門、不過裏面有一點很小的微光，在那裏隨風搖蕩着。我知道裏面有人、就用了一身的力氣叫着：「裏面有人嗎？」出來了一個工役似的青年，我問他：「區長在嗎？」「不在。」「裏面還有別的人嗎？」「一個先生都沒有了，都出去了。」「他們到那裏去？」「不知道。」「他們出去的時候對你們說過什麼話嗎？」「沒有什麼話對我們講過。」又走到壯丁守防隊去，見大門開着，沒有守門的人，我就一直跑進去，走了一周什麼都找不出，眞是鬼也沒有一個！那時我有些着急了，又趕到公安局去，也是空空的，聽說警察都各自逃走了。我覺得事情眞不妙，更着急，就趕回家去。那時房客金君也從店裏回來，他很急的對我們說：「日本兵上岸了，我們現在怎樣呢？」我雖然着急，但是還不十分相信這消息。

肚子很餓，我就叫母親去燒一點粥。吃過粥後，大家靜坐着，待看事態之推移。

東方灰黑的天邊已變成魚肚白，曙光照着大地，大地的一切已略可辨別了。我們又從家裏走到門外，看見一羣羣的人，挑的挑，背的背，大哭小喊，不絕於道，問他們從那裏來，都說：「從川沙盛橋來的，」——這二處都是寶山縣屬的小鎭。「究竟如何？」「日本兵上岸了。」「確嗎？」「我們親眼看見的，並且房屋已在那裏燒了。」——每個人都是這樣的說。

我們還是走吧！到那裏去呢？商議的結果是到房客金君的女壻家——婁塘，暫避一下再說。走到羅鎭二三里的一個村莊上，頭頂上有很多的日本飛機，不絕的盤旋着，並且放射着拍拍拍的機關槍，向我們示威。那時，看見遙遠處有六架飛機、追逐而來，看來非常勇猛，像中國飛機。不一會，的確不錯、天空已發生劇烈的飛機遭遇戰了。我攜了母親躲到一家草棚裏。大約過了半個鐘頭，日機向東逃去，我們心內的恐怕也就消散了，我們又開始走路。走了一二里的時候，聽得巨大的炸彈聲，回頭一看，但見黑煙冲天。

「那裏定是羅店吧！」我在這樣的預測，「我的家不知怎樣？」

但是不能回去探看，祇好在默祝其無恙。

再走着，頭上的飛機，還是不停在飛翔着。牠看見人多的地方就用機關鎗掃射。我親眼看見幾個行人飲彈倒地，慘遭非命，所以我對於飛機更加害怕了，每逢飛機經過時，怕得什麼似的總是臥在田裏隱蔽着。高年的母親，那裏經得起這樣的驚慌呢？但是飛機還要同我們尋開心，你越怕它來的次數越多，走了數十步，就要在田園裏隱蔽一次，在最厲害的一刻鐘，簡直不能使你前進一步，眞苦極了！又走了三四里，飛機是比較少，走路比較爽快得多了．但是火盆似的太陽掛在中天，放出它強大的威力，威迫着苦難的我們；汗水濕透了我們全身的衣服。母親覺得很疲乏，不能再走了。於是我們到那個不知名字的村莊上，借了一張凳子，給母親休息一下。這個時候，又有一陣巨大的飛機聲，嚇得我們連忙躲到那一座橋底下去隱蔽。我看得很清楚，前面有六架漆着紅日徽號的日本飛機，後面有三架青天白日徽號的中國飛機，在追趕着，到我們上空的時候，又發生一場空戰。我們一動也不敢動，氣也不敢透。約五分鐘後，日機向前逃去了，華機仍舊奮勇的追趕着。我們覺得苦受夠了，再不能這樣的悶在橋下了，還是起來趕路好。幸虧這裏離開我們的目的地只有八九里路，我們就更加緊步伐，什麼劇烈的太陽，什麼汗流濕衣服都不管，祇要趕快達到目的地。還算僥倖，在這一段路上祇遇到三架飛機在我們的上空經過，此外沒有什麼遭遇。在午後二點鐘的時候，我們趕到了目的地，一切害怕雖然可以解除掉，但是忐忑的心還在跳動着。

這樣的害怕，這樣的苦難，我非但沒有受到過，就是我年高的母親也是生平第一次的遭難。這一天的印象太深刻了，總在我的腦海裏徘徊着使我永久不會忘記！(202)

轟炸的前後（二六・二八・八）

閩　臻（十八・學）

昨晚（廿五日）我正睡得濃，忽然媽用悶住的高聲叫我。我總以為又叫我當心後半夜的天氣轉涼，要多蓋點被頭，所以我抓了一角被頭遮着，翻了一個身又睡，而媽急得什麼似的推着我，急促地喊着：「飛機！飛機！」

「飛機？」我剎地坐起來想問，而轟炸的聲音已傳了過來。媽急急地拿了我的棉被，匆匆地奔下樓，把她鋪在已經鋪着很多被頭而顯得浮腫的桌上。那時桌下已擠着弟弟等一行人，我最後也被媽推了進去，其實裏面窒息得難耐。

轟炸聲還不斷地傳來，每次都使我們的住屋震動着。我們臉上都顯着恐怖的表情，除了哺奶不懂事的小弟弟平靜地睡着外，都感到一種難以形容的懼怕，尤其是爸的酒意全給驚醒了。

「在搖機關鎗呢！」媽輕輕地嚴肅地說，於是我們又緊張起來。眞的，機鎗聲是那麼清晰地格格地響着，而且是那麼近，幾乎就在我們的頭上。槍聲時斷時續，突然又在靜寂的空氣中激蕩着，像搗碎了心似的。

直到十一點半，我們才聽不見飛翔聲。我帶着恐怖的心理，輕輕地跟媽走出了後門，弄裏的居民也不在喧嘩議論，已安靜下來了。那時天正藍黑，月亮也已婀娜地升上天空，她的冷靜，嚴肅，好像可憐我們的遭遇。我俯視脚下的黑影，看看月亮淡黃的光彩，感到周圍是太空虛，太寂靜，那裏像個剛受轟炸過的市鎮呢？我走近搖着頭的蘆粟，撫摸着濕潤的葉子，天也剛在流淚哩！水珠是冰涼的，沁透我的心肺，我才覺得我正穿着短袖的夏衣。

我添了衣服，莫名其妙的睡熟在用椅子拚成的牀上。大約六點鐘吧，媽已忙碌地整理着物件，分別打成包，說是下鄉去，由同里的楊媽領我們到她的故主家暫避。媽是和藹的，人家又是一片赤心，我們也無可無不可地決定了；可是我憂慮我們將愈遠離我們的舊家上海了。

匆匆地吃完了早飯，（其實心緒亂得難嚥）我們便動身，媽同余媽落後，為了些瑣事得料理。我們已穿過田野，在狹長的田岸上，小心翼翼地走着。爸領弟弟，我領了妹妹。田裏植着些金黃的稻；綠的棉田間也點綴着白絨絨的棉實，我可無暇領略這富有詩意的村景。我們是難民，目前只有一個目的：趕到安全的地帶。然而途中並非沒有波折。我們走了一半，敵機又出動了。我們很迅速地向田裏躲；僥倖的是牠只開了一排鎗就飛去，在我們不遠的後方拋炸彈。我和爸同時回轉頭去，只見地上聳起一縷黑煙，彷彿藏着無限死者的靈肉在顫動。「唉！」爸長嘆，我驚奇的看着爸，默默地踏着泥岸。

我已混身是泥了，汗水跟灰塵混合成膏體，黏着皮膚怪難受。我的手麻木得不能再由我使用了，但是還麻木地抱着妹妹。腰酸得有時倒在地上，我不得不時歇時走。我很像休息，但好像有什麼魔力驅策着我繼續趕路。有一次，我突然倒在地上，臉色發了灰白，四是漫闊的田野，叫我向甚麼求援呢？

到了大宅，爸正揮着扇子，（爸担子輕，早摔了我。）我惦記着媽，再反身去找，幸虧迎面遇着。我想媽一定走得比我累，加着小脚、更費力，可是她反含笑地安慰我，我怨恨得想哭，終於把眼淚吞向肚子裏去。

承宅主人寬洪地撥出間屋子，給我們住；可是我們剛走到那門口，便聞得一股霉氣，而且積滿着灰塵珠網的家具，像經年未嘗拂拭過，使我有點躊躇；而媽却忍耐地首先地進去了。在屋裏，我們仍不斷地聽到轟炸聲，據說是運兵的緣故。那死不盡的漢奸的平白造謠，却累了老百姓，首遭其禍的是一家酒行，死了六個夥計。

飯菜是很草率的，就只一碗壜菜和一碗湯，然也勉強嚥了下去。晚上蚊蟲的打擾是不必說，而弟弟已早在稻草上追尋苦中的樂園了。媽忙碌了一天，終於不能自持地倒在桌上瞌睡起來。現在又變得安靜了，屋內充滿着鼾聲，屋外的草地上，青蛙，蟋蟀嚷成一片，使我記起我去年捉蟋蟀而摔交的趣事，然而現在：

夜是空洞而黑暗的，在我面前只有枝搖晃着的蠟燭，映出亘人似的黑影。我已忘了疲倦，執着筆，記着白天遭遇的事，當我寫到在田野裏伏着躲避敵機的掃射時，我好奇的看看脚，原來襪底已不翼而飛了。……總之，死的，傷的，傾家蕩產，骨肉流離，是誰的贈與呢？記着記着我們的敵人！（645）

從北新涇到上海

冷

一　檢查

去年的夏天我們從上海逃回到故鄉去，而今年的夏天却又要從故鄉逃回到上海來。我們從一個很遠的地方，坐了四天的輪船，在×月×日的一個曉光曦微的早晨，纔到達已能望見都市的大煙突的北新涇！

船緩緩的靠近了河岸。一個嘴唇上留下了一抹小鬍髭的軍官，帶了三五個兵士走了下來。

「檢查！」船上特聘的翻譯像是命令着，又像是關切的照應：「大家預備着。手不要放進袋裏去，也不必害怕！」

各人的心中都起了一陣劇烈的震盪，特別是那班可憐的女人：有孩子的急忙抱入她們的懷裏，有的還餵奶給他們吃；——據說東洋兵很喜歡孩子，這樣可以避免去「女人的危險」——沒有小孩的和年輕的姑娘們，雖然曙光還是沒有大亮，但我們却清晰地看到她們的臉色先紅而後白。

歪戴了軍帽的頭顱已從船頭鑽進艙裏來，跟着的還有一簇裂開了笑的嘴巴。

「檢查檢查！」是上海話，而且並沒有生疏的樣子。我簡直疑心他不是「東洋」人！

於是安放在艙底下的行李又遭到了一次搜查。這已是我們旅途中的第十三次的檢查了！自然結果不會有甚麼「違禁品」接着是「人體搜查」他們的面部就立刻升起了興奮的神情，眼睛斜睨着那幾個低垂着頭的女人。在我的左邊坐着一個在餵乳給小孩的少婦。那小鬍髭從那邊踱了過來，驀然的在她的肥白的乳房上揑了一把，一面就立刻輕浮地笑起來：

「好白的乳房！」

女人的臉部立刻紅暈了。但是她必得笑，即使在笑的背面墊着了眼淚。然而她怎能笑呢？

每個女人都有點惴惴自危起來，特別是那畏縮得蜷伏在船梢裏的一對年青夫婦。然而惡劣的命運是不會放鬆着懦弱的人們；像選擇一樣地，小鬍髭又在他們的面前站定了！

「脫下你的衣裳！」

顯然的，這是一件困難的事，要在大衆的面前脫下自己的衣裳可是他們有什麼方法來反抗這無理的命令？除了在男的面部增加了一層憤怒的紅雲，女人的頭垂得更底一點以外！

「快，快一點！」這次他的手已捉住她的肩頭。

「……」女的掙脫了他的手，然而依然是呆呆地蹲着。

「還是脫吧！」旁邊的一個老頭兒插嘴道：「你已經關係了我們全船的安靜了！」

「是的，是！」男的也發言了！「沒有辦法可想，暫時的忍耐一下吧！」

在好幾次的催促下，無可奈何地，她解下了自己的外衣。

「不，還有那！」小鬍髭又指着那襯衣。

這顯然是件更難的事！那時，女人的面色變得更蒼白了，身體在不住的抖動，左手拉住了她丈夫的衣袖，無光的眼睛流露着乞憐的神情。——像是個垂死的病人，也像是個待決的囚犯。

「一併脫了吧！」老頭兒又說：「為了全船的生命，他們都會原諒你的！」

終於，那單薄的襯衣又從她的肩上褪了下來。

「哈哈！可是，」小鬍髭一面笑着，一面却：「還有那，褲子！」

「呀！」女的突然尖聲地叫了起來，同時把身體退後去靠着了欄繩。

「不要緊，看看有什麼要緊呢？」顯見是一種侮蔑的而又卑劣的神情

「不，我不能！」在過度的壓迫下反抗是必有的事！

「不能？」接着是「拍」的一聲，蓬亂了頭髮的面龐上中了一下手掌。

「不能！不能！」像發了瘋一樣地，她猛力地頓着足；同時迅速地旋轉身，向着汚黃的水面撲去。

可是更迅速地，她被拉了回來。在小鬍髭的嘴角邊露猙獰的神態：

「嘿，你預備逃？」

…………

以後的事情我究竟應該怎樣寫呢？而且更不知是否要記載下來；可是當時的情景，却已永遠地，固執地留在我的回憶裏了！

半小時後，留下一個被眼淚浸濕了面龐的女人和紅了眼球的男子，他們却帶了滿意的微笑跳出船頭。

二　途中

船一直還沒有開，據說是岸上戒了嚴。大家兀坐在艙裏，靜聽着那個可憐的女人的淒泣，和那男人的悲憤的嘆息。時間是那麼的快，中午已過去了！岸上的一大羣從早晨被阻攔到現在的小販都已挑上他們的筐担而前進了，但我們的船仍然沒有開行的消息，於是有人提議走陸路，因為距離上海已不大遠了；自然，這建議

是立刻被通過的。我們，連剛才受盡侮辱的那一對年青的夫婦在一起，都爬上了河岸。像展開一條綿亘的戰線，長蛇一般地在那條煤屑路上活躍起來了！

路面顯見得很不平；有幾處大概是受了大砲的摧殘而變成不淺的窟窿。兩旁的房屋都變成一片瓦礫場了。有幾處殘垣的前面豎着一條細細的木棒，上面寫着「上等兵××××殉難處」，一面還寫着「出身福岡縣」等類的字樣。有的牆壁的缺口處還堆着沙包，在沙包中間，卻已長出叢叢的青草，這青草是從志士的鮮血中生長起來的啊！我們走完了這條綿長的路，在一家過去是晶華玻璃廠現在卻被作了××株式會社的商品陳列所(？)前停住了！前面是塞滿了一大堆人。

爲什麽不前進呢？回答是：「沒有解嚴。」

人們有秩序地站立在兩旁。路的中央巡邏着二個揹着槍的東洋兵和四個國貨的徒手警察。我們找了一個叫馬玉×的同胞，(他們都有一條黃布把名字標在胸口)問他什麽時候可以開放；他搖着頭，做了下手勢，意思說他也不知道。望着另外的一羣，他們都有着不耐煩的表情。據說有些已是從清晨等到了現在。等潛等着，錶上的指針已三時半了，但還是沒有開放的消息。我們又去找姓馬的問，他的回答是：

「你們有這好幾千人，他們祇有兩個，爲什麽不衝過去呢？」

「這算什麽意思呢？」我說。

「我帶領你們去好了！死又有什麽道理呢？」

可是我們大家僅互望了一下沒有眞的這樣做。我好奇地想，假使眞的做了不知將鬧成怎樣的局面呢！

四點鐘的時候，又有十幾騎兵士挾了個西裝青年同來。立刻警察們又喊起來了：

「站好，大家站好！」

「又是做甚麽？」我又問那警察。

「拍照。」

「拍照又幹麽？」

「不必多問，等着得了！」

於是，在迅速的一刹那間，我們都被收入到他們的俘虜的宣傳品裏去了！

一直到四點三刻，我們才聽到了一聲「開放」的命令，感謝那一班「主子的主子」們，給了我們一個「逃生」的機會！

沿着平坦的馬路，走到鐵道邊。

這裏有一對「直轄」的督辦公署職員，他們是負了檢查「走私」的責任。我的同伴因帶了一個被包就給暫時留下了！

當我們穿過「警戒線」(？)，望到兆豐花園裏悠閑的叢林，開始噓出一口積鬱的悶氣。

以後，該是我的新生的開始吧，我想。（360）

在薔薇新村

徐秀蓉（卅八・女）

「八一三」的戰雲突起，神聖的抗戰開始了。我們所住的這個世外桃源——薔薇新村，似乎還無知無覺地過着很安適的生活。在鄉間雖然有好幾家已在一星期前就把紅木傢俱和古董等東西搬到安全地帶；但當我眼看着搬場汽車來搬運的時候，還以為他們是庸人自擾咧！我和胆大的幾家不想逃，還預備了米，煤球，鹹魚等等舒服地住下去。因為那邊沒有重要機關，大家以為戰事重心在閘北，滬西是不要緊的，豈知事有大謬不然者！

我們白天躲在屋內，晚上出來走走，有時聽見隆隆的炮聲，但四面風景還是恬靜的。敵機時常來低飛偵察，我們也司空見慣，一些不怕。九月十一日那天，萬惡的敵機來了十七架，對這所沒有設防的平民樂園大施轟炸，竟投下炸彈二十餘枚，炸毀了四所洋房，燒掉了五座屋子，同時園工的妻子二人受傷。

敵機飛行很低，機中人的面貌看得清清楚楚。當飛機在屋頂盤旋時，我即逃至廚房中，嚇得兩腿發抖，不能站立，只得蹲下來，雙手掩耳，雙目緊閉，等待死神的降臨。炸彈下墜時的一聲長鳴，聲音那樣悲慘，令人聽了不禁心酸淚下。我和孩子們屏息待死，神魂飄忽，直到聽見幾下蓬蓬的炸彈聲，才知附近已遭了災禍，我們還沒有炸死！方自慶更生，不料惡魔去而又來。在炸彈爆炸聲中和機鎗掃射聲中，住屋和左鄰，以及曹沈二宅全時坍下。我們伏在地上不敢動，等了許久，聽不見機聲，知道真的飛走了，於是走出後門，見紛紛奔跑的人們，有的抖着腿兒，跌下去又爬起來。兒童樂園的草地上伏着不少的人；河裏也浸了幾個濕淋淋的身體。還有一位平日只知跳舞打牌，那天因為玩乏了回到村裏來休息，正在好睏的時候，給女僕拉起來，和汽車夫同伏在泥地上，嘴裏還不住的念「阿彌陀佛。」

現在新村是大家不敢再住了，要逃到租界上是很不容易，這麼遠的路——大約有二十里——汽車還要費時二十分，步行一定要走到天黑。村裏雖有一部汽車，因為經理先生逃回無錫，沒人管了，好像變成某某所私有。那天他帶了愛妻子女特地到村裏來吃鷄鴨，誰知受着一場虛驚，一家六人丟下筷子就坐了這唯一的汽車逃進租界去。當時有一位太太，他的丈夫已死，她提了一個包裹，攜着三個小孩，苦苦的哀求着帶她們全逃，那裏知道狠心的某某正眼也不看她們一下，口中只說「坐不下」，就拖了公子，挽了愛妻，如飛的去了。

王家的少爺真好笑，他竟擠上汽車去。他赤着雙足，穿着短褲，一手拿了一雙皮鞋，一手提了一隻小皮箱，站在車門邊，用頭頂住門框，雙臂撐住車門，這樣一直站到租界上，纔下來套長褲，穿皮鞋，另坐黃包車到他的目的地去。

我帶了孩子們坐了別人的汽車，逃到自己的姪兒家，總算沒吃苦，不過家裏的一切全丟了。那天各人的狼狽情形，眞是又好笑又可憐，使我永遠不會忘記。至於爲什麼要炸新村，我到現在還不明白。有人說因爲村中有幾家晚上不熄電燈，起了敵人的疑心；又有人說因爲某某等每天汽車進進出出搬東西，敵機看見公路上有汽車，自然要投彈，這些都是猜測之辭，不一定對。——想投彈人自己也莫名其妙吧？

最可惜的每家的房子都是新蓋的，有的只住二三個月或半年，有的還沒有搬進去，住得最久的也不過一年的光景。我家在前年八月搬進去，去年九月就逃出來，還不足一年呢。回想美麗的新村，家家滿種着薔薇花，家家門前有草地，家家有各色各樣的窗帘，有各式各樣的電燈罩。家家的主人都有正當職業，有年輕的太太和孩子們。此外還有一所公民堂，樓下是大禮堂，閱報室，會客室，乒乓球室，樓上是小學教室和教員宿舍。村中有二條白色的橋，每條橋上還裝着四盞白色的美麗的電燈。每當夜裏電燈光斜照在平靜的小河面，掩映着夾岸的垂楊和夾竹桃，是多麼的清幽閒雅的景緻啊！人在濃密的樹影下的綠色長椅上閒坐遐思，眞不知是在人間，在天上！

這樣美好的地方，經了這一次的亂喪，各家的東西都給搶光了，聽說連地板和窗戶也被摧燬得干干淨淨，花木電桿也被掘去了，祗賸下殘破的屋子。幽雅的庭園，已經變成荒涼的處所，只有斷頭折枝的薔薇花還在期待着主人們的歸來！(1305)

在天利淡氣廠最後的一天

陸肇基（二十二・職員）

十月廿七日是我永不能忘記的一天；也是値得我一生應該紀念的一天。

我們的廠址，在滬西周家橋過去的浜北陳家渡。當「八一三」的炮聲震駭了全上海時，全廠工作已完全停頓了。十月廿七日那天，乳白色的天空正泛着燦朗的朝霞的時候，從很遠很遠的天空，軋軋的機聲轉到我們的耳中，那時我們正在搬運機件。機聲漸來漸近，剎那間人字式的東洋飛機一隊又一隊地在北新涇一帶的空中翺翔着。接着就聽到炸彈爆炸的轟轟聲。但這轟炸聲並沒有擾亂了我們，我們一個個仍是鎭靜地進行我們應做的工作。

八點左右的時候，形勢漸漸地險惡起來，廠中工友和搬運的脚夫（即槓棒）個個臉上都露着緊張的神色，有的甚至捲起鋪蓋行李想躲到租界去。廠內的秩序突然紛亂起來了。後經負責者的商妥，先將一部份膽怯的人打發走，留下來的只有二十餘人（我就是其中之一。）十時過了二十多分鐘，廠內外的空氣更來得嚴重，南岸逃難的同胞都躲到馬路旁的樹蔭下去；角落裏牆陰下，黑壓壓地盡是行人，倉倉皇皇地，情景十分可憐。但空中的「神乎其技」的日本飛機正表演着直上直下循環擲彈的技術，好像北新涇南岸一帶是它們練習擲彈的廣場。

「木耳」樣的烏黑的彈片，隨時噴射到我們的廠裏。為了避免無謂的傷害，大家都擁進預設的防空壕內去。灼人的驕陽已掛在中天，我們已經有些餓了，可是找不到飯司夫，誰知道他早已驚惶失措地躲在防空壕裏，臉皮變得生薑般的顏色。

「飯司夫！快燒飯去，若是形勢更壞，我們吃飽飯就到事務所去。」

經我們的催促，他才戰戰兢兢地摸牆摸角摸到廚房去。

嗡！嗡！嗡，飛機又來了，接着就聽到不斷的轟炸聲，震天裂地，令人心悸！避在壕內的諸位同事，以為這次的炸彈一定是投在廠內，大家你擠我，我挨你地顫抖着，怕壕上面疊好的沙袋坍下來壓死我們。

漸漸地，嗡嗡的聲音去遠了。飯司夫顫着聲音氣在叫。

「吃飯！吃飯！」

在驚魂甫定的情景中，聽見了叫「吃飯」的聲音，大家纔提起精神，顫着腿兒，從防空壕裏爬出來，偶然望一望對岸天原電化廠及較遠處的周家橋鎮，已經牆傾壁倒，化為瓦礫場了！猛烈的火燄，伴着烏黑的濃煙，一陣陣地衝上去，瀰漫了整個滬西的天空。

「飛機又要來了，阿要快些吃飯？……」飯司夫又驚又恨地在催我們。

時候是下午一點半了，大家你瞧我，我瞧你地瞧了一會，於是蜂擁到吃飯廳去。正嚥落半碗飯的時候，突然又驚慌起來了。

嗡！嗡！嗡！嗡接着又是拍拍拍的機鎗掃射聲……

我們習慣地仆臥在地板上，靜聽着屋樑上的灰塵，息束息束不斷地墮下在菜盆，飯碗中，這樣地直到三點多才好容易吃完了我們的一頓午飯。

情勢愈來愈緊，漢奸們不斷的放着鎗。對岸的白利南路靜悄悄地沓無人跡。大家議定今晚到租界暫避一夜，明天再來搬運機件。我們派定五六個工人駐留在廠中巡夜，其餘七人，一點東西也不帶，離開了工廠。離開的時候，我默默地望着工廠的房屋，暗暗地說：「明天再見。」

走出大門，躍下渡船，頭頂上飛機一隊一隊更來得多了，彈片卜通卜通地墮落在蘇州河中，泛起的漪漣慢慢地蕩開去，消逝了。當我們的船渡駛到河中心時，突然有一聲很大的巨響，把我們嚇得進又不是，退又不是。我們向發出巨響那邊望去，好奇怪！「神乎共抜」的兩架飛機「搖身一變」而爲七另八段地墮在到羅別根路那邊的郊外了。過了一會，空中現出半個白質球形似的東西；垂着像臭蟲樣大的一點黑影，在天空中飄蕩，理智告訴我：「這是降落傘。」

在白利南路上，我軍嚴肅地沿着南岸佈防，個個雄糾糾的守在壕溝裏。經我們說明之後，一個態度很和藹的湖南守軍，對我們說：

「你們別走在馬路中間，才可避免敵機的視線。」

多謝他的好意，我們一行人從一個個英姿可敬的守軍背後跑到周家橋想直達梵皇渡車站走入租界。誰料到周家橋的交通早已截斷，眞使我們束手無策！幸而對面走來一個守軍，很親摯地指示我們道：

「此處不通了，你看！（他用右手指着周家橋鎭正在起火的地方，）你們可繞後面的小路走。」

他的態度是這樣鎭靜，懇摯，和藹；引了起我們內心的尊敬與感激。爲了他是「守土有責」我們就向他揚一揚手表示「再見」的意思，他也很從容地作了個「立正」的答禮。

穿過小徑，繞到中山路林肯路，走進逃亡的人羣裏。一片悽涼悲慘的嘈雜聲，令人聽了會掉下同情的眼淚。總之，這一幕活生生的逃亡悲劇，非我還枝拙筆所能描寫得了的。

再折回白利南路中山路時，又是一幅慘絕人寰的流亡圖。自鐵路柵門西至中山路口，黑壓壓的人羣，爭先恐後地想拚命擠進租界。母親們因爲喪失了她可愛的孩子而嚎啕哭；十來歲的孩子們，看見他父親或母親被炸得鮮血淋漓，發出悲切的淒啼；到處是哭聲，到處是血肉模糊的現象……我眞不忍再寫下去了。

五時許，碧眼的異族人，纔將鐵路的柵門緩緩打開，但要有規律的一個跟一個地走入租界，如果稍爲性急些，那無情的槍桿很快地會擊在你的身上。

我們一行七人，也在不知不覺之中，走進兆豐花園的地段了。

第二天（卽廿八日）一早起身預備到廠裏去，但是報紙上已經印上斗大的字：「中日兩軍對峙於蘇州河兩岸」了。(572)

躲往後園去

呂特（十八·學）

——日記的一頁——

是一個初冬的早晨。

東方剛吐了一些魚肚白，太陽還鑽在地平下。素日聽慣了的礮聲，今天特別來得響，隱約地還夾雜着一陣陣的槍聲。街上已有不少人在走動，語調是够緊張的。

我一骨碌從牀上爬起來。照例地，靠在窗口眺望那田野的晨景，四週是白濛濛的一片，風吹得很緊，空中是成塊的厚大的黑雲，被風吹得加速地轉動，一會兒，東方的魚肚白也罩上了一層灰色。空中飄着絲絲的細雨。地上盡是落下來的黃葉，梧桐只剩下幾株禿枝。

「轟！轟！」礮聲是愈來愈密愈響；有時是連接不斷的一排礮，機關槍猛烈的啪啪啪，也隨風一陣陣地傳來。前面是街，人愈多了，只聽見急迫的脚步聲，很少有說話的。

「榮哥，早，你聽見嗎？不對呀！礮聲這樣的近，好像離這裏不過十來里路了！」對過雜貨店裏的夥計，杏伯給隔壁的米店老闆打招呼。

「不是嗎？昨晚一整夜，我就老睡不着，恐怕一會兒就會逼近鎮上來了。聽說眞茹已經失守，不知怎樣？唉，這裏總不可久留了！」

「唔，不見得那麼快吧？」杏伯帶着不自信的口調。「今天的天倒還照應，鬼飛機總不會再來了吧。榮哥，昨天眞得駭死我呢！」

「說不定啊。」

天漸亮，毛毛雨已收了點，太陽亦推開了黑雲，羞澀澀地露出他嬌嫩的臉龐。天轉晴了。這對於人們是添加了憂慮，大家預料敵機今天又會來一次轟炸的。

時間照例地走得這樣快，十點鐘敲過了。人們的臉上是緊張，憂懼。

「報紙來哉，報紙，今天的，剛到……」一個奇特的聲音，衝破了這裏的沉寂。

「喂，立報有嗎？多少錢？」我搶着出去喚住他。

「有五分。」他隨手抽了一份，動作是那末敏捷的。

「噫！不是上海的交通斷了？你怎樣來的？那邊還好嗎？」我像遇到一個久未見面的旅行的老友，一連串的問着。

「噢，我沿公路騎自由車帶來的，路上太危險了，這些（報）是從死中搶來的。」他很簡短的回答了，接過銅子，轉身又找主顧去了。

我靜心的讀着報上的每一件新聞，一字不漏地想從它的字裏行間，看出它的眞實來。

「嗡嗡嗡……」是飛機聲，這在我是聽慣了的，我滿不在乎的繼續着看報。

「哥，十六架東洋飛機！他們說是從西北方向飛來的。」八歲的幼弟，從外面喊着進來。

「十六架？眞的？」我也有些發急。

「眞的，你去看。」他轉身跑向外面去了。

「弟弟，不要出去，危險的。媽呢？」我把幼弟喚回來。

「嗡嗡嗡……，」飛機聲愈來愈近。外面的人聲雜亂得很，人們在找躲避的地方。十六架飛機就像小鳥兒在頭頂上打着圈，忽上忽下地偵察着。

媽從樓上驚叫下來，我們都驚呆了。

「媽，到後面竹林去吧，這裏太危險了！快弟弟先走！」我發急地嚷着。

「轟……，」一聲霹靂，屋子也跟着震動。人站不住脚，老是東倒西歪地跛着。空氣中滿佈着火藥氣。我們担憂屋頂會立刻崩下來。弟弟在門檻邊絆倒了。他嚇得狂喊面色突然變成灰白，眼淚從眼眶裏淌到他的蘋果色的臉上。他用最大的力氣從地上爬了起來，沒命的奔回來倒到蹲在地上的媽的懷裏嗚嗚地哭了。

「達達達……達達達……，拍拍……，」飛機上的機關槍在開始掃射了。子彈穿過屋頂的磚瓦打通了樓板直鑽進泥土裏去，地面只餘一股黑煙，在急轉亂旋着。幼弟捲在媽的懷裏兩人縮做一團。他停了哭張大着眼，已經驚呆了！媽的牙齒打顫得很利害，身上一陣陣地起了寒戰。我却伏在地上，一動也不敢動。

「轟……轟……砰砰……，」轟炸得更凶了。轟炸如連珠般地爆發，夾着緊密的機槍聲。

我憂慮，我恐怖，我怕這多年的老屋會立刻倒塌下來。我們現在是處在進退兩難的地位，逃出去吧，炸彈機槍是這樣的密，難保不會碰上。停在裏面吧，房屋保不住會中彈塌下來。我擔心我們這三條微弱的生命，會掩埋在這瓦礫之中。

「拍！……拍！……拍！」機槍聲似乎疏了些，我屏着氣輕聲的對媽提議：

「媽，這裏離縣署太近了，我們不能停留在這裏等死。炸彈說不定會來光顧的。媽，冒一次險到後園竹林裏去吧？那邊比較安全些。」

「明，明兒，我在做夢？我難免了，這次逃不過了，我……我不能……走！」媽的聲音低微而且顫抖得利害，最後一句還是拚力說出來的。

「媽，不要這樣想，這次遭難的多着呢！走吧，不要留戀那些陳舊的東西了。」他着急地催促着，預料第二次的劇炸又要來臨了。

「弟弟，」可是幼弟驚呆了，沒有動作。「弟弟！不要怕，我們往後園去。」我邊說邊拖了他，另外的一隻手攙了媽，一步一跌地靠着屋簷移動。

「轟！」窗戶都震得格格亂響。我脚軟了，沒法子再前進。我們三個伏在門檻裏面。

十分鐘平靜地過去了，空中沒有飛機的軋軋聲。我重整了整精神。噓了口氣，探頭出去不覺驚叫起來。呀！在牆外不遠的地方，中了敵機的硫磺彈起火了，熊熊的火勢燒得正盛，黃黑色的煙幕攪成了一團，冲上雲霄；耳邊是一片鬧雜的炸聲：房屋的倒坍聲，受難的呼救聲，着火後的木材的爆炸聲。我流淚了。

………………

竹林裏是陰森的，除了我們三個人，更沒有第四個。初冬的風，雖然不見得怎麼冷，可是在受了驚悼遭了危難的人覺得它比酷寒裏的西北風還刺肌膚。剛才急出的冷汗，黏緊了內衣的襯衫，更覺難過。簌簌的竹葉聲使人疑心會有鬼出現。

嗡嗡的機聲比較剛才來的輕些，飛機都一隻隻的騰入雲裏，可是還聽得見隱約的機槍聲。他們勝利了？

在竹林裏過了三刻鐘的光景，一切都平靜了。餘下的是一片劫後的慘景。

這天的飯是下午二時吃的。一切平靜了。媽和幼弟驚呆在家裏。我走出了大門想看一下燹餘的劫灰。

街上還沒有打掃着火的房屋依然在燃燒。斷了的手，脚，臂膊，大腿，肉塊……零亂地堆在路旁。缺了頭或沒了身的屍浸在血泊裏。可怖，滿眼是血肉，是中華民族同胞的血肉！河中浮着大塊的焦木和什物。空中還留着火藥氣。悲慘的號哭聲，飄浮在空氣中……

這是民國廿六年十一月五日。(739)

難民船中（廿六・九・十四）

凡鳥君（十八・商）

戰線已經離開了上海，幸運的我，終算在飛機的掃射和轟炸中逃出性命來，到現在痛定思痛回想一下，眞覺得不寒而慄。

記得去年九月十四日，正是上海極度緊張中的一天，爲着環境的壓迫，我終於冒險逃回故鄉去。爲了這天要逃命，所以一夜沒有睡覺。天還沒有亮透，立刻背着用被單打成的衣包，匆匆地出亡。這時候的情景，實在不忍再去回憶。唉！這是誰賜予我的呢？

到了五馬路外灘，已經七點半了，在那裏已經有許多逃難同鄉躑躅着，每個人的臉上都呈着憂慮的樣子，半小時後，一個個地上了船，看這船汚穢得不堪，可是沒有別的辦法，只得坐了下去。逃難的人們，越來越多，幾隻船都擠滿了，但船還沒有開。頭上的太陽，曬得非常灼熱。大清早到現在，什麼都沒有吃過，肚子裏又是餓又是渴，一陣一陣的汗臭氣，薰得人覺得很難過；小孩子們的哭聲，大人們的相駡聲，鬧得腦兒都昏了，比較關在牢獄裏恐怕還難受得多啦！最後船開了，看看江海關的鐘已是十點。船慢慢地走着，搖蕩得非常厲害，一隻一隻向西搖去。前面早已有一隻小火輪在等候於是我們的幾隻船，就拖在牠的後面，接着火輪也就開動了。這時船非常平穩不再搖蕩了；可是幾個暈船的女人已經嘔得差不多啦！

船上人提了一桶茶來，我和許多人，好像發見了什麼玉液瓊漿，拿着飯碗搶着舀來吃，不多一刻，已經桶底朝天了。許多沒有吃的要求船上人再來這末一桶，懇求了好久好久，方才又提一桶來，大家又從新搶喝起來，我呢，雖然前次搶到一碗，可是仍舊解不了渴，於是這次又舀了一碗喝着。

正在這時，忽然隱隱地聽到飛機聲音，大家開始恐怖起來；雖然每隻船都扯了二面紅十字旗，可是這根本沒有效力的。船上人被禁不許聲張，但這終究壓不住恐怖的呼聲。有幾個女人，嘴裏只管嚷着：「怎麼辦，怎麼辦……，」一架飛機，漸漸地看得見了，看牠的徽號，正是我們所駭怕的記號。每個人都面面相覷着，有幾個人商議着說：「飛機擲起炸彈來，應該伏在地上。」可是這兒是船上，坐都坐不穩，怎樣伏法呢？有幾個說：「還是跳到水裏去。」可是這個意見很少有人贊成。

最後只有希望飛機不注意我們，但希望終是希望，飛機已經盤旋在我們的頭上了！前面的小火輪，早已離開，我們的船，也一隻一隻分散，飛機竟以我坐的最末一隻做目標，祇聽一陣「拍拍拍……」的聲音，我知道在掃機關槍了！看見機身打一個盤旋，我想，再坐在船裏是不興的，於是趁個機會，往河裏就是一跳，幸虧靠近岸的一邊，所以不怎樣深，我掙扎着爬向岸邊去。這時候又是一陣機關槍，在我的左近，也着了幾下，可是幸運的我，沒被射中。不多一刻，飛機擲炸彈了，轟的一聲，幾乎把我的心靈震碎！我伏在淺灘上，不敢動。飛機轉了幾個盤旋，向西去了。直到聽不見飛機聲音，我纔敢立起來看看自己的船，正冒着煙！船尾已經炸去了，船的後半截沉在水裏，還聽到被炸傷的慘呼聲。有許多人，正從水裏和船上，踏着水爬過來。……

我沒有勇氣，再看這幕慘劇了。爬到岸上，身上都是污泥和草，濕得非常難受。顧不得污穢，呆坐在地上，好像發昏了，直到船上人都上了岸，方才恢復知覺。所有的行李，都由船上人拿了上來，我尋着了自己的包袱。這時候，紅十字會的車子到了。大家把這件事細細地告訴了他們。已死的難胞，由他們打撈埋葬去了。我只得跟了幾個人，重新回到上海來。

明天的各種報紙上，用大字標題着：「野雞墩慘炸難民，死傷百餘人。」唉，九月十四日和野雞墩，在我的腦海中，將永久存留着很深的創痕！(231)

囘家

大路（十八·學）

二十六年八月二十七日　星期五　天氣晴

今天已是廿七號了。搬到租界上來已住了整整的十五天。每天的日常功課除掉聽飛機和高射礮的聲音外，只是自家兄弟們玩玩撲克，談談「國家大事。」

每當想起十三號那天整理東西時的慌亂情形，眞是又好笑又好氣，大家好像很明白似的：以爲這次的逃難含着旅行的性質。

「不久就可以回來的啊！何必帶多少東西。」大家都這樣想。

因此我們所帶的，只是日常所要用的東西：臉盆、毛巾、牙刷牙膏、幾件夏天所穿的衣服，以及廚房中用的東西。假使要我們自己開起火倉來，那根本不生問題，單就筷一項來講：全家八個人倒帶了十幾雙筷。父親的西書，一行一行很整齊的放在那頂大的書櫥裏；其餘的雜誌報紙也滿滿的堆在另一個書架；新買的自由車也沒有鎖上，讓牠靠着牆。

「鎖住多麻煩呀！下次回來時騎起來又要多一麻煩。」那時我心中很得意的想着。

現在房子已經住定了——住在薛華立路×號。帶來的東西也佈置了起來。狹狹的兩間房子，住在裏面怪不舒服的，遠不如我們在滬閔南柘路旁的新屋子。我們所以要住到那上海市的邊土（和江蘇省上海縣接壤）地方，因爲我們厭惡這繁榮的租界，我們喜歡接近大自然，可以多呼吸些新鮮的空氣。誰知沒有住上一年，又被逼回租界上來。

父親這幾天似乎瘦了些，因爲受這混濁空氣的薰陶，嘴裏老是咒這租界。

昨天休息了一天，今天本來又可以休息。但是這幾天的母親，因爲看看戰事不至於就停止，看模樣恐怕要延長下去；因此想回去搬些東西出來。經過幾天的奔走，在昨天借到了法租界和中國地界的「通行證」，又問人家借用汽車開來回一次，今天可以出發，所以叫我等在大門口，恐怕汽車找不到人家便賭氣開了回去。大約等到下午一點鐘，汽車才來，母親便忽忽的帶了一個僕人和我上了汽車，向滬西一直去了。

× × × ×

汽車沿着徐家匯路慢慢的駛着，沿途通中國地界的橋上都堆滿了鐵絲網，沙袋等阻礙物，所以不得過去。一直到楓林橋；橋上的鐵絲網堆在兩旁，中間空出一部汽車可以開過的空隙汽車從空隙中穿了過去。橋的那邊便是戴着鋼盔的年青的中國兵士駐守着，他們很愉快的拿着槍，靠在沙袋上看着來來去去的人們。當我們汽車開過時，他們只對車中望了一望、也沒有加以檢查、便放了過去。

汽車由斜土路而轉入曹溪路，沿途逃難的人並不怎樣多，但見三兩個中國兵站在路畔的沙袋旁，有時伸手撫弄那鄉下的小孩子。雖然遠遠的礮聲不斷的響着，但是他們的態度都很安閒。當然，「鎮靜」也是軍人要素之一。

在中山路口，被哨兵攔住停了下來，檢查「通行證」後，即放我們的汽車繼續開駛。汽車一刻不停的在滬閔南柘路上疾馳。路上常常遇到雜亂的樹枝堆在那裏，把很直的路攔成S形，因此汽汽不得不減低速率，灣灣曲曲的行駛。本來站崗的警察，現在也都全付武裝，協助軍隊警衛工作，有時來搜查汽車，看有沒有可疑的東西。

將到漕河涇鎮了！曹氏墓園依然很安閒的在那裏，我雖然進去玩過一次，但還想再玩一次。假使沒有正經事體要幹，我準會停車去玩個痛快。漕河涇鎮上的居民似乎也少了些，汽車開過後的灰沙，使我不能再詳細的檢閱一下。惠鑒中學的操場上本來總有人在那裏打球，有時可以聽見口琴聲，或三兩個學生在校門口站着，點綴着這鄉景；但是現在汽車開過時，連鬼影子都瞧不見一個。省立上海中學四五百畝地上站着莊嚴嶄新的校舍，但願這校舍不至遭受厄運！

過了上海中學一些路，便到了可愛的家。牠很寂寞地呆呆地站在那裏，也許在回想過去朝氣蓬勃的生活罷？芭蕉已抽出了幾張很大的新葉子，法國梧桐長得更茂盛了，桂樹也開了花，可惜我們辜負了牠們！

母親忙忙的和僕人將衣服塞在箱子裏；我只在花園裏踱着方步，覺得一切的花木對我都戀戀不捨，我折了一朵花插在我的衣襟上。突然我被從屋裏發出來的聲音止住了我的步伐：

「×兒！快進來幫幫忙呀！」

我只得快快的跑進屋去。

約一個半鐘頭後，我們把箱子抬上了汽車，裝得滿滿的，然後才開動汽車上了歸途。

過一頂橋時，又被橋上站崗的兵驗了「通行證。」汽車繼續開行着。突然看見路旁一隊兵士押着三個年青的農夫，三個人的雙手都反縛着。我不覺發了疑問：

「漢奸？」

「拉夫？」

但沒有人回答我，我一直猜想着，猜想着。

汽車到了楓林橋，忽然拋了錨，中國的一個兵士跑上來含笑的問我們：

「你們汽車壞了麼？東西放得太多了！」

我對他感激的笑了一笑。

汽車拋了一刻鐘的錨，才開回薛華立路×號。（465）

過關（廿六・十二・三十一・）

汪經莊（廿八・典業）

時局轉移，向來稱爲樂土的震澤鎮也淪陷在敵人的鐵蹄下了；人民日夜不安，恐怖的壓迫，不由我不重復兩轉上海。在小小的划船中一路上遭遇的危險，現在回想起來，眞是不寒而慄！受了四天的磨難，纔到了上海的最後一個關口——北新涇也就是我首次和日本人交談的一天。那是中華民國廿六年十二月三十一日，船剛到北新涇的埠頭，就有三個短衣漢子，目空一切地跳上船來。其中一個臉部瘦得和猢猻一樣的人問着：

「誰是船老班？」

「是我。」靠着一隻划船爲生的黃老二驚慌地回答。

「帶着多少貨物？」

「一些沒有。」

「放屁！那裏一包一包的是什麼？」

「都是客人的，『菊花』『鹹菜！』」

「你姓什麼？」另一個矮子大塊頭，眼睛一揚問着我。

「汪，」我眞不願和這些東西多說話！

「她是你什麼人？」他指着我的妻。

「我的家小。」

「從那裏來？」

「震澤。」

「到上海的吧？」

「是的，」我接着說：「你的頭腦很清，隨機應變的本領，高人一籌。眞的，將來還有將來呢！」

「這話什麼意思？」矮子大塊頭莫名其妙的追問着。

「因爲你未問我到那裏，就能够知道我是到上海去哪！」

「不見得，不見得，」矮子大塊頭得意地微笑着。

「小蘇州，不要和他們多說廢話！」又換了一個長子，臉黑得發光，吃相頂難看的，一口江北話狠狠的說着：「喂，你帶來多少『菊花』和『鹹菜？』捐過沒有？」

「五包『菊花，』不滿二擔；三袋『鹹菜，』不滿一擔，還是不値錢的東西，所以沒有捐過。」

「那不行！此地須要報了捐，才可通過，否則，都要充公！」

「捐多少錢？」

「三十元。」

「這些東西，我買它只有二十五元錢。」我覺得他們的心，比狼還狠！

「那不管，總要捐。爽快些，我們還有公事在身！」黑臉顯出紅光來了！

「實在沒有錢，身邊一共僅有五元錢，還要坐車子到上海呢！」

「他不肯捐，把他們帶到司令部去，就得咧。」猢猻臉又開口，說了遍我倆上岸。

「我一個人去行嗎？」我說。

「不行，」矮子大塊頭朝我妻子笑迷迷說：「要去，一對成雙去。」

「不要臉的狗頭。」——我心中的憤怒恨不得將這三個奸賊，一個個地拋入河心才甘心！眞的，時勢如此，可是恐怕和我立在並肩的淑貞亦沒有聽出我說的什麼話。

一里路途，到了所謂司令部，是一座典當房子。門口有四個日本！憲兵，荷槍壁立着。直到大廳報了詳細履歷及事由後，給了一塊廿四號的銅牌，命我倆排坐在一條長板櫈上等候，兩頭還有兩個憲兵監視着，「不準說話，」「不準吸煙，」像看病般的一個一個的挨着進去。這時纔知道這許多人都是到此地補捐的。好容易等了二個時辰，纔聽到叫「廿四號！」

一間小小的臥室似的，擺了三張分着左右中央的小桌子，剛才引我倆進來的三個寶貨分站在三張桌角。左右的桌子坐着兩個厚皮嬉臉的同種，中央坐着矮而且黑的日本人，強打着上海話：

「你們是夫妻嗎？」

「不錯。」

「帶了這許多貨物，爲什麼不報捐？」

「根本是不値錢的東西，況且從震澤到此地，一路也無處可報。」我還是第一次和日本人對話，心中感着奇特的不安！

「那末，現在你捐十元錢吧。」聽了兩遍，纔聽出來！

「一共祇有五元錢，假使都捐了，我就不能到上海！」

「那有辦法。」坐在右面桌子上的煙容滿面的老槍，看了一看淑貞，殷勤地對着日本人說，從滿口焦牙的嘴裏發出雌鷄般的聲音。

「放他去拿錢，（指着我）限他五小時內繳錢，否則，把她（指淑貞）押起來，和你談談說說，亦可解解你的寂寞……」

「這話虧你說得出口！」我氣憤極了，朝着煙鬼不顧一切地大聲說。

「我倆又沒有犯法，何致於要把她禁押起來？十元錢捐不出，大不了由你們將貨物全部充公！」

「你們年紀青的人，氣火眞大，隨便什麼事總有商量……」左面桌子上的一個小癟皮，說話還和氣，不由我不聽他的下文；

「你把五元錢交了出來，另外送些『菊花』給那日本人，『菊花』是清火的；其他的一輩人，隨你多少給些就得咧。」

「經莊，你就依了他們吧，現在本來不是說公理的時候。」淑貞還是第一次開口，打着徽州話勸我。

虧得淑貞身邊還有二元錢。在黃包車歸途上復映着剛才的一幕，不勝使我嘆恨着。「國家的敗類，何其多呢？」我們誠然不必和他們爭論，徒費精神，只消牢牢地記着他們，等時一到再復仇雪恨不遲哩！（672）

龍華淪陷了

阿其

一夜緊密的機槍聲到清晨漸漸地疎靜下來；東方開始放着白光，在村間這時候不算早了。我趕忙起身，爸已老早穿好衣服坐着在喝茶，媽也忙碌地在預備煮飯，英妹和五歲的傑弟却還在夢裏；我不去驚動他們，獨自舀些冷水擦了把臉。這時，鄰居農民們都已起身，全在忙碌着。此處雖僻在郊野，可是敵機也曾在附近低飛掃射過，農民們不敢白晝舉炊，每個早晨，就得預備一下一日三餐的飯食。

爸開始說：「看來這裏也不是安穩地方，我們還是回家，再設法逃到租界去罷！生活困難固然可慮，但這幾個孩子怎麼再受得了呢？」

媽只是歎息着並不作聲，默認爸的話是不錯的。

這幾天來的驚慌實在够受，要是鬼子眞會衝過來，那還有命嗎？我的心裏可更苦悶，要不是自己失了業，決不致讓年老的父母和幼弱的弟妹，來受這悲慘的生活；英妹不是嚇得慘白着臉時常在發怔嗎，年小活潑的傑弟不是天眞地嚷着要回家去嗎？可是我傷心得喊不出一句話來；一想到誰使我們不能過着安適生活的問題，我不禁拚出憤怒的熱淚。

我們原住在龍華。當龍華古廟被炸之後，我們不能再安逸地住下去，於是搬到離龍華六里外的鄉間；可是仍然不能避免戰神的魔手。

太陽由血紅而變成白色，空際有幾處滿佈了層雲，但天氣還相當晴朗。剛吃好早飯，從東方的天空遠遠地飛來三五成隊的敵機，飛得異樣低，速度也比平時慢得不知多少倍，又不投彈，只往來盤旋着偵察着。

我們開始預備逃亡，整理好的衣物僅兩條被褥和一包裹衣服。爸挑着一擔，餘的都給英妹拿了，媽跟我打算輪流抱着傑弟走。

田野的風吹在身上是舒暢的，但我已無心欣賞了；我抱着傑弟跟大家往回家的路上走。敵機在頭頂上翱翔盤旋，然而我們不再像過去那樣匍匐躲避，只知道趕緊回家設法逃命，別的不再去顧慮了。

天眞的傑弟却拉着我的衣襟說：「哥哥！看那不是東洋飛機嗎？怕要擲炸彈了！」

是的，戰爭給傑弟弱小的頭腦中印上恐怖的惡影。他罵過日本人，還要打日本人呢！然而現在聽到敵機的怪叫，弱小的心靈也許給震動了，我禁不住一陣辛酸，撫摩傑弟安慰着說：

「不，弟弟！不是東洋飛機，不會擲炸彈的！」

同時，我勉強指着那露出樹梢的半截龍華塔影，告訴傑弟那裏就是我們的家；當他望見熟識的家鄉古蹟，這才張開小嘴笑了起來。

縱橫的田陌打我們面前緩緩向後移動，這時晚稻剛割好，一叢叢的稻根棄散遍了田間，有幾處還留着些泥水脚跡；農民們由勞苦而獲得豐稔的收穫，大概會滿足的皺起額紋微笑的；可是惡魔的肆虐，逼得他們無法安居樂業，不得不捨掉祖宗遺下的田園，往異鄉逃亡，逃生！正對着我們這條路，仰面走來一二十個逃難農民，有的挑着飯鍋，有的背着細軟衣物，孩子們給母親抱了，年老的却由年輕的扶持，一步一踏的走着。爸放下担子跟他們打招呼，他們帶着驚慌的神情，急喘着氣述說着今天的遭遇。他們都是附近鄉村的農民，清早打算到租界去，可是到楓林橋附近，華租兩界交通已經斷絕，聽說日兵已迫近南市；才急速的退轉來。爸急問：日兵已開到南市嗎？他們回答說：雖未見日兵，但西北面槍聲甚急；說完帶着憔悴的神色趕路去了。我們却疑心這或者是謠言。

這時遠處巨大的炸彈聲，轟通的震破了田野的靜寂；嫣和英妹本已走得乏了，聽到了意外的傳言和巨大轟炸聲，禁不住潤濕了眼珠。爸却耐心的安慰說：

「天無絕人之路，我們趕到前村再說。」

我順着爸指的方向看去，離龍華尚有四里，寂靜的古塔依舊莊嚴地矗立在綠野的懷抱中。

前村終於到了，逃難人羣却聚集不少，他們全是龍華附近的鄉民，有的說聽見槍聲，有的說敵人鐵甲車已開到中山路；雜亂的傳說攪得頭昏神亂！我們在村中熟識的農家野歇，他們多數還不曾逃亡，如果要走，大家可合夥，於是稍覺安心。接着飛行港附近的居民也陸續地奔來，說敵人的鐵甲車已開過來了。但這裏與飛行港的交通只是河流小道，鄰近又無市鎮，敵人或不致一直衝來，我們仍冒險坐着歇力。

村前橫着一條河，臨河的東北角上，矗立着龍華塔的上半身。在塔的後面隱約掀起一陣濃煙，傾刻間却越昇越高，遮得通天烏黑，近地面處，紅光和白煙交錯着，這正是南市閘北的大火劫！

河邊的路上，逃難的人逐漸稀少，也許他們向別的小路逃亡去了。大家站着呆望沒有盡頭的鄉間大道。突然，在路上閃出一個人影，喘着氣急跑了來，原來是我們的老鄰舍；四十多歲的他，本來什麼都不怕，匈是今天遇到了殺人的兇神，也膽怯的逃跑了。據他說，機槍聲從中山路一帶射擊過來，又看見敵人的鐵甲車開到飛行港，沿途還擊倒路上的難民呢！

敵人第一輛鐵甲車開進龍華時，大概在午前十點多鐘光景：沿途掃射着機槍，隨後從龍華塔旁駛進龍華寺。這時，全鎮不開雞犬聲，已成一座死市；數百年來香火不絕的佛教聖地，遂遭遇敵騎的踐踏，而塔頂的舍利燈（航空標幟燈）也不再大放光芒了。

爸跟其他的鄉民們在開緊急會議，以爲西北兩面已滿佈敵兵，而東南則隔着黃浦，要逃走，祇能渡浦到浦東，雖浦東一樣也極危險，但總比這裏平安些。這是個冒險的計劃，然不如此又怎麼辦呢？接着鄰近鄉民跑來告訴說，敵人已在二里外的地方佈崗；好像有不再前進的模樣；這消息，使大家跳蕩的心神稍覺寬慰。

太陽漸向西斜，白光變成了黃色；東半天掀起的黑煙依舊不會消失，重量的炸彈爆炸聲還不時從遠處傳來，緊張的空氣使人窒息得透不過氣來。從爸媽憔悴的臉上，可以知道他們的內心是怎樣的憂急，英妹定着眼珠在呆想，她的神經怕被打擊得有點麻木；傑弟却在和小同伴們遊戲，可是沒有以前那樣活潑了。

晚風有點寒冷，樹叢裏聽不到歸鳥的啼聲，陰沉沉地越顯得大地的蕭瑟。我們不敢再就下去，跟村上的農民們到離此較遠的小村去過宿，大家通知着，如果有聲響必須互相照應。是的，在患難中大家都是親兄弟，要活命自然就得相互的團結，幫助。

夜裏，我們在農家借宿，媽跟英妹料理着晚餐。晚餐很簡單，僅用開水泡着冷飯吃。天空漸漸地暗淡，長夜開始降臨到大地。我就伸直走乏了的兩腿，合着疲倦的眼皮睡下，但忐忑的心神却不會安寧，轉側着身體，那裏睡得着？這一夜比被判上斷頭臺的罪人還要難過；我惆悵而且憤怒，重又張大了眼睛，希冀在這黑漫漫的長夜裏，能看見農民武裝反抗的火花；突然爆發了起來！（533）

阿毛

駱賓基

第三批擠滿難民的木船被小汽艇拉着，像螞蟻拖着一串米粒，艱窘而遲緩地離開了招商碼頭。

這時，蹲、坐、跪、立的難民們，在木船上，還固執地爲了破夾襖、小布包袱等零碎破亂物件安放的不相當，而糾纏着爭吵着。抱着小孩的阿毛則因爲失掉隻破布鞋，在人羣的一角上掀起了騷動。於是咒詛連同女人們的說笑，孩子們的苦啼，吃東西人們的推讓交組成一片喧噪。誰也沒對這號稱東方巴黎的上海，在別離前稍送以惋惜或留戀的一眼。這和初來上海時，驚歎那高聳雲霄的危樓大廈，或一排排像鴿子籠窗戶那樣奇小的心情正相反；都在顧忌着自身的安全，盼望早一些平穩到家。

「救濟會派的這個小王倒滿好，他是不是能送我們到家？」阿毛早已找到那隻破鞋，這時滿面正經地問。胸前針釘的有紫色印的長布條難民證在不住地飄動。

誰也不答話。大餅鹹菜在他眼前提來提去。半個身子擠到阿毛的半跪的大腿上，那個有髮髻的女人，依老賣老地漸漸把全身倚靠攏來。并且左面一位兩眼朦朧的老頭子，又將肘臂緊貼在他肩膀上。阿毛搖了搖身子，猛然想起自己那份大餅來，於是發覺他的掛着洋瓷飯碗的小行李捲不見了。

「老鄉！借光……閃一閃，我的東西丟了。」他一邊從人們交錯的腿骨間伸入手去探索着，一邊又用滿壯的身子掙擠起來。接着並睡在他右胳臂間的小孩驚啼了。

「這江西老俵總是……」不知誰在嘟嚷。大概是徽寧同鄉會遣送來那個老頭子。

「怎麽的……船都要……你看……」坐在船頭上的黃臉漢子嚷。

「別動……坐穩了」亂哄哄的吵聲。

船身已向左歪側。大量浪花撲向人們臉上，有的竟是全身水淋淋的了。

「操他娘，誰在動，就……」船頭上坐的黑臉漢子猛地站起來。

「他媽的……不想活了。」誰又加了句。

阿毛喘了口悶氣，焦灼地搖動着頭想想找不到的小行李捲，咒罵起在臂間啼喊的小孩來：「他娘屄的……你妨死了你娘，讓你娘炸死了，你又他娘屄的妨我，你又他娘的……」算是出了口氣；雖然小孩子更加猛烈地哭叫起來。

阿毛向貼近他大腿的女人瞥了一下；於是想起了四天前還活生生的老婆來。這時那女人正在說笑什麽，那笑聲也極像自己老婆的笑，就是嘴裏多了隻閃光的金牙齒。

「我娘准老了，五年沒有回家……這回我們經過二嬸娘家的村子，先到那去看看，再雇驢到我三妹夫家去住一天。明天……後天……五天就到家了。」小髮髻上滿染了塵土，她搖搖着牠說。坐在她背後兩膝當胸的麻皮漢子，扭着頭和她繼續攀談下去。

——……誰叫我想從南車站走，你炸死了……拋下孩子這塊累贅。阿毛眼裏又充滿了淚水，默瞅着臂間的小孩。

突然，飛機在上空出現了，嗡嗡地。因爲飛得過低，那翼上的紅圓圈顯將更刺目。一轉眼間，前面在拖的那條小汽輪已經解掉了拖船的繩索，自由自在迅速地向前馳去。

「小王小王！」

「小王！……」喊聲嚷成一片。

「小王！……跳水吧！……快淹死比……」黑臉漢子喊。

「對……比炸死好……」阿毛叫。

轟——後面的木船有一條粉碎了，屍體和傷者在血水中翻滾。

普咚……阿毛抱着小孩跳入江流裏。

轟！轟！普咚！普咚！普咚……混雜着哀叫急喊聲音，難民像青蛙樣跳進水層。

轟！轟！

身子，胳膊，大腿，攪作了一團，在水裏上下滾動。每個最後的意識在爭求活命，不管是親屬是愛妻，彼此推按着，攢抓着，企求將自

已身子浮上來喘口氣

阿毛兩手抓住一塊破船板，於是脚蹬了下別個身子，竄了一下，頭露出水面，哇地吐出口灌進去的血水。

神經錯亂中阿毛終於依了破船板的浮力，跳上岸來。那裏，黑臉漢子扯了他一把。

「你的小孩……」

「呀……我去……」

阿毛剛跳進水裏又被黑臉漢子扯上來：「……已經找不到了。走……家裏是回不去的……」

「走」阿毛回頭望了下漂散在水面的屍身和在水中竄動的人頭，搬動兩隻脚板向前走。走到那裏去，他並沒想起，然而這時不但小行李捲已經離開他的腦子，連老婆孩子也無暇想起，他走，要活，要復仇，憑他九死一生後的一個光身！（自烽火第六期）

鄉間的逃難（廿六・七・廿六・）

重　鳴

窮鄉僻壤的土老兒，對於城裏人是非常尊敬的，并且很高興和城裏人結親餽贈……我們就是利用這情形逃難到鄉間去的。

我們因為戰爭的逼迫，炸彈的威嚇，不得不離開熱鬧的上海，到冷靜的鄉村借住人家年久失修的祠堂；雖然沒有上海舒服享福，可是總比在礮火下安逸得多了，同時也得和陌生的農夫，久疎的自然界重逢，交際……

綠色的茶葉，黃色的稻穗，垂柳成蔭的河岸，縱橫的阡陌，似乎有點春的意味，不初秋的夕陽已把一切鍍上黃金色了。我們年齡相彷的青年男女，攜手並肩的鑒賞大自然的景物，似乎忘了一切，更忘了為什麼到這裏來的原因。

「三哥！你看那邊大約是閘北吧，又燒了！漫天的烟霧，大約是剛才日機的暴行！」妹妹很忿恨的說。

「閘北的東面着火了！」無智的農民帶一點高興的口吻喊着。

我們一家都去看火，有的似乎關心自己的房屋，不知受損沒有？於是啼哭，忿恨的種種表情在每個不同的臉上同時表現出來。

嗡嗡的聲音由遠方漸漸地近了。飛機又來了。遵着防空常識的規定，我用官長指揮士兵一般嚴肅的口氣叫他們散開，到屋子裏去，不要亂動亂走。一會兒飛機去了，他們又復活似的喊着，跳着。「呵！天然的風景，活潑的農民，還不知國家的厄運！」我嘆着對妹妹說。

「我們回祠堂去吧！」她不耐煩的提議着。於是一對年紀相彷的青年男女，默然地走回去。

在太陽和月亮實行移交手續的當兒，黯黑的天幕低低地壓下來；大家正忙着末次的聚餐並祈禱明天的安全。

南面犬吠得異常兇，大哭小喊的吵聲非常熱鬧，好動的人都被牠吸引出來了。小黑飛奔着連聲喊道「你們還不跑？日軍到南城脚，黃色衣服破皮靴樣子很可怕！」他一面嚷一面跑向左方去照顧他的妻子、行李、財產。於是大家也擾動起來，打舖蓋收拾東西，每一個人都似整裝出發的士兵。

「爲了二三個日兵，大家就如此！」×對我說。

「還不走嗎？想什麼？你有什麼妙法抵抗牠？不要爲了一時的氣忿，做無價値的犧牲去！」我很誠懇的說，并且催他走。

大包小裹的，成百成千的男男女女，大家心上忐忑不安的，接續着在一個二尺闊的田岸上奔跑，不住回頭望着，或者是……

「他們在橋頭了！看黃色衣服黑鬍子，兇猙猙的追來了！」似乎是走在最後的一個老婦發出來的警告，要走在前面的人們加緊足步，不顧一切的向深山中跑去。

狂笑震耳，接着是踫聲「馬鹿，不行！」

落後在橋上的三個農婦，被他們扣留，用鎗對着她們。

忽然「撲通」一聲，平靜的水面突然被弄得水花飛濺，接着又一個「撲通。」胆大的壯年農夫立住脚回頭看，失驚地報告着：

「呵！×家姑娘被日兵趕上，都投河了！」

他們下河去救她們上來，一個個被抱上來，許多人都停脚回頭看她們。女人似乎比男人更着急，恐怕做她們的替身，逃得更慌張了。……

淡淡的月色，照着羊腸小道，凄凉的金風，吹得稻穗發出蘇蘇的低吟，再加上山谷中的松樹枝葉的磨擦聲，又憶起剛才橋上的情景，眞令人膽寒心慘！

躲在人家看山的茅屋裏，那是羊牛棚，草堆，鷄鴨窠的堆棧；中間餘不到十方尺的空地容住廿餘人，在汗臭，糞味，土氣的夾攻下，門也不敢開，恐怕火光射出去惹人注意；屋裏又沒有窗戶，透氣的祇靠草皮和土牆的縫隙。寂靜的捱到夜裏大約在十點鐘左右，村裏來了個通信員——留下的農人——報告我們：

「×家姑嫂二人，被三個日軍脫得光光的上王家草棚去，身上的錢也搶奪去，并且把王家的牀劈着當柴燒，現在……」

×家婆再也耐不住的號哭了，王家的小黑不高興的催他再往下說，并且阻止她的哭。

「你家，他家都燒完了，猪鷄也被殺光了，她們姑嫂是被他們帶去了，并且在走的時候留下一面旗子，恐怕明天還要來的…」

大家嘩然，哭聲震動山谷，誰也沒有想到今天會眞的如此倒霉啊！

「明天恐怕他們還要來的！」大家又要商議明天是逃還是抵抗……？

「狂笑，罵聲，還在你們諸位的耳邊，逃跑總不是辦法，我們要努力合作，協助國軍，總有一天得到勝利；否則，我們個個都要被他們殺害的！與其坐着等死，不如挺起胸膛，和敵人拚個你死我活！不管是鐵鎚，鐮刀，照準敵人的胸膛打去，砍去！看！上海的抗戰烽火已燃燒起來了……！」我忿怒的說。

「幹！大家幹！拚命！」這是農民大衆讚助我的答復。(238)

第三輯 奔波

罹難

徐沛（三十二・會計員）

——敬以此文哀念亡友徐白樺君及徐鳳女士——

這是我有生以來所遇到的事中，最危險，最悲痛的一件。因爲我幾乎失去了性命，而我二個朋友的性命，就在這時候犧牲了。

開戰以後，我們就回到故鄉宜興去居住。最初的三四個月裏，是極安穩的，從國軍退出上海，宜興即遭轟炸。很快的，在十一月廿六日開到大隊的日軍；爲了屋子裏還有傢俱衣服，所以妻同孩子先到鄉下去躲避，留我在城裏看守着。

同一條街里的鄰居，是我們的本家，留着兄妹二個看守。爲了是同姓，而我們又都是同學，所以，三個人一直是很談得來的。白天聚在一處閒談着解悶，夜裏各自回家分住。他們都祗有廿歲左右，但，輩份却和我的一樣。

日軍來後，拍拍的槍聲不絕，我可有些害怕，不過他們二人到還是很大膽，每天照舊到我這裏來。這幾天，各處都起火燃燒，心裏的恐怕，是不容易說得像的。

在第三天的早晨，果然出了亂子了。

照例地，他們走到我屋子裏來。誰知一出門，就碰見五個日本軍，朝他們開槍。他們極力的跑到我的家裏。日本軍追進來了。我和他們很慌張地亂躲着，但有什麼用呢，終給找到了。

站在最前面的一個日本軍，舉着槍要槍斃我們，後面一個嚕嚕囌囌地說話。另外二個到我房裏去搜查，將現銀金器全都拿去，找到一本蔣委員長的西安半月記，於是五枝手槍一齊舉起，威脅着我們出大門。

胡亂地走了許多路，到了我們城裏一家有錢人周某的屋子裏，這是宜興最大的一間房子，可是，門窗櫈凳全被他們劈去燒飯了。門口站着七八個守門兵，二十來個婦女和男子的死屍，橫七豎八地堆在一旁。

到了裏面，將我們關在一間黑暗的房間裏，什麼也看不出，好像站在人身上一樣，軟軟的；又像有點呻吟聲。一絲光線也沒有，地下是人，還是別的東西，可不能認淸。如果是人，那是死人，還是活人，更不知道了。我們就坐在這些人的身上。我剛坐下去，下面「呀」一的一叫，我連忙站起來，知道這是活人；走過去一些，脚下險些兒被那東西絆倒了一跤。再坐下來的地方，像是在人的頭上，可是不響，也不喊，才安心坐在上面，脚下踏的像手臂像脚膀。這時候也不害怕了，反正不久我們也是一樣的。妹妹低低地哭起來了，阿兄駡道：

「你哭？你哭就是催他早點來殺死我們呀，這時候哭還會有用麽？」

她並沒有理會他。我不知怎麽却唱起五月的鮮花來了：

「……失掉自由更失掉飯碗屈辱地忍受那無情的皮鞭…………。」

× × × ×

大概時候已在飯後，我肚裏已餓得怪叫起來。也沒有人進來，大家也沒作聲。妹妹停止了哭泣，彷彿像睡着了一樣。

過了許多時候，外面傳進來「拍拍」的竹爿聲，和嘰哩咕嚕的日本話，這聲音的回答是一個男人的喊叫，也聽不清楚到底是爲的什麽？繼續着大約有半個多鐘頭，最後「砰」的一下槍聲，這喊叫也隨着消滅，猜想這人大約是槍斃了。到了這地步還是乾脆地死了好！

「這樣的痛苦，我們一定也免不掉的。」我想。

又過了多時，進來的門上有「卜碌」的響聲，隨後門就開了，還是沒有一點亮光。四個日本兵將電筒射照着，把我們三個人帶了出去。臨走的時候，借着那燈光，向地上看一下：原來都是男人女人的死屍，有的連衣褲也沒有，身上滿是血汚。

手槍威嚇着，走過了幾條走廊，我們到了間點煤油燈的大房間裏。十多個日本兵坐着立着，有一個掛着武裝帶手裏拿着這本我向朋友借錢買來的西安半月記。旁邊有二個穿西裝的中國人，他們用日本話講了一番，穿西裝的就開始問我們：

「你們三個是什麽關係？」

「本家。」

「你姓什麽？叫什麽？幾歲？做什麽的？」他一連串地問我。

「姓徐，叫××，三十一歲，做生意的。」我說。

依次的問過去，問到妹妹時，那人裝着笑臉在她臉上摸了一把，她也沒法子反抗，低下了頭又羞又怕，日本兵都笑了起來。

這人向那掛武裝的說了一番，那人又向他說了許多話，再回過來問我：

「這本書是誰的？」他把西安半月記放在我們面前。

「是我的。」我說。

「好！你胆子大，做共產黨！你知道犯法嗎？」這人板起了臉孔，很兇狠地駡我。我沒有理會他，他走到我面前，在我臉上重重地打了一下，我感到麻辣辣地怪難過，但在這所謂文明國士兵的槍下，吃記耳光，那算得什麽！

「你說，你是共產黨嗎？是間諜嗎？啊！不說？槍斃你！」我還是沒理會他，他連珠似地說。

「好的，你們三個，幹得好，要破壞我們『皇軍』嗎？你快說，到底你們是幹什麼的？」他狠狠地指着我。

在這樣嚴厲的審問中，一定要我說：「我是間諜，」我沒有做什麼間諜，難道也要承認嗎？可是，對那野獸是沒有理好講，講也不必講，講也死，不講也死，反正一定是死，那末，要強，索性強到底。絕對不會有什麼希望了，死，快點吧，祇希望活的，拚命幹到死吧！

問到這裏，他看到我們都沒有口供，將牛尾巴那樣粗的皮鞭，在我們二個男人身上重重抽上四五十下；妹妹哭了。血漸漸地噴出皮外，流，流，流到地上，——讓牠流吧，願意流到死，絕不喊一聲「饒了我們！」我腳軟了，眼前黑了，慢慢地失了知覺……倒下去了。

× × × ×

當再恢復知覺時，已是第二天的中午，渾身皮開肉綻，厚厚的棉衣上，濕滿了鮮血，痛得不能動彈。她的哥哥，同我一樣，滿身是血，似睡非睡地閉上了雙眼。

這間有光亮的屋子裏，關着十來個年青男人，都是候死的一羣，有的雖然被他們打傷了，可是，臉色仍舊很剛毅的。

「再也不會有希望了。」每個人都在想。

在昨天，我昏過去了以後，妹妹就不會再看見，自然，不用說是被他們侮辱後殺了的，我也不悲痛，因為我是將也要死去的。

我想告訴我的妻，說是我死了以後，叫她好好地保護我的孩子，替我復仇。後來，我覺得這是多餘的，也是不能辦到的。復仇，已有成千成萬的戰士們在代替我的孩子，並且，我的孩子今年才十歲。

眞的，死神降臨了。

第三天的早晨，三十多個日本兵，押了我們十三四個青年「叛變者」走出了這「等死室，」過了園子，廣場，街道，押上了汽車，前後有兩汽車的護送者。在車上，你別說想逃走，就是想使這痛苦的身體，多動一動，寬一寬，立刻，前後會送來「蓮心子」的包管你吃得「要勿要。」

過了許多路，汽車停了下來；將我們的手腳縛在公路的楊樹上，也不開槍殺我們，他們將汽車開走了。

這使我們弄得莫明其妙，到底是讓多活一刻，還是放我們逃走？大家等待着來一個行路人，祇要解下一個，別的都有活的希望了。可是，沒有，連影子也沒有。等了一天，天黑下來了，寒風凜冽，眞是「上天無路入地無門，」但，想到死的恐怖，那末露宿一宵，比較要好得多了。身上傷痛，寒冷，飢餓，疲倦……在這臨死的前一刻，想到將來要是眞的做了亡國奴，不是比現在還要難過日子嗎？還是効死疆場，死也萬古流芳，還管甚麼嬌妻愛子！但，這些只是空想而已，至少現在不能自由，先該渡過這難關，再作道理。絕望，絕望，……天到快亮了，一切都絕望了。我不管手上的痛苦，身上的鮮血，拚命想掙脫這粗繩，不成不成……任你怎麽都不成。

五點鐘光景，一輛汽車載來了殺死我們的儈子手，共有四個，拔出手槍裝上子彈每人一粒槍聲響處腦漿和鮮血齊飛！臨刑時，有的呼「爸媽」，有的喊「打倒日本帝國主義」，可是都沒有喊完，就被槍聲所蓋沒了。空氣是悲慘而嚴重。

最後一個輪到我了，就是昨天那個掛武裝帶的，將手槍指住了我。我合上眼睛，等死了，也沒有看見他們做些什麽動作。過一刻，汽車馬達響了，漸遠漸低……我再睜開雙眼，汽車不見了！我想這是做夢麽？我不知自己是死是活，但我覺得我並沒有死，左右乖着身子，流着鮮血的青年同胞不是剛才看見的嗎？可是他們和我，是永遠再會了。

我還是縛着，不知道他們是放了我，還是再讓我多活一宵，我不懂。

太陽爬上了地平線，慢慢地升高了。還是沒有人來，我怕「鬼子」再來，我焦急着。

午後，這或者可以用迷信來說：「天無絕人之路，」「祖宗保佑，」總之有人走過來了。

一個農人，攜手攜脚地想走過這汽車路，我拚命地求他救我，他把我解了下來。我自由了；但渾身的痛苦使我寸步難行。我掙扎着去找我的本家同學，他半個身子斜倒着靠近地面，臉孔被血液涂得看不清了，脚下二個深深的窟窿，手裏抓滿了樹皮，可見他臨死時的痛苦與掙扎，是不能形容的。

爲自己爲死者，我悲痛極了，流下了眼淚。看到這形狀，想到這形狀，我憤怒，我毒恨：

「你們殺死我的朋友，多麽忍心！好吧，總有一天，在求民族解放的戰場會跟你們碰見的！」

奔波

雷鋒（學）

民國二十六年十一月三日　上午陰下午雨

今天天氣轉冷，沒有太陽，從城裏搬到這裏，已經整整十天，成日不聽見砲聲，也沒有敵機的空襲。但是今天却有點奇怪，早飯後就有隆隆的砲聲。有人說是我國的高射砲隊在射擊來空襲的敵機。確實否？不得而知。一會兒父親從鎮上回來，買到一份昨天的新聞報，才知道我軍已向梵王渡撤退，戰局不大好，北方也沒有什麽動靜。午飯後父親又出去了。我便獨自到屋後的竹林裏散步，天空在灑着牛毛細雨，只能回到屋內。這兩天精神不大好，再加上無聊，我想老是這樣下去會悶出病來。假如在今年九月初剛開學的時候就到上海去，那裏還會有今日？！唉！從暑假回來後到現在，什麽事也沒有做，眞慚愧！朋友們的信也早就不通，而我獨自一個孤零零地在這裏，……愈想愈氣，還是睡覺吧！

朦朧中，聽見隆隆的砲聲，父親慌張地跑進屋來說，日軍今晨在金山衞登岸，其先頭部隊已經到達離這裏二十里的×行鎮；母親急得在跺脚。我也醒了，跳起來拿着洋傘就到外面看看虛實。還不到×橋，岸上河裏都塞滿了男女老幼的逃難者，他們是從×涇，××口等處逃來的。據他們說，今天早上隆隆的聲音是敵機轟炸×陽鎮，以掩護他們登陸部隊的挺進。而我方的守軍恰巧在這時調防，去而未來，只有少數的壯丁在瞭望。因此，破曉時，在敵方飛機大砲的掩護下，敵軍的陸戰隊得以登陸。人是愈湧愈多了，東南角的白烟在細雨中冒起來，並且依稀地還能辨出機關槍聲。我知道了確實的情形，立刻走回去。到家時母親在收拾亂七八糟的東西，父親又叫到了兩艘江北船，預備逃到城裏再說。本來預備立刻就走，但據父親剛才所得到的消息，中央軍已有一師由平湖乍浦出發，火速前進，向登陸的日軍取大包抄的陣勢了。為了要避免今天匆忙中的疏忽，和近來夜間土匪的活躍等危險，決定明晨開船。晚飯後，正在商議善後辦法時，突然聽到東南角上人聲很嘈雜，我們便把燈熄了；半個鐘頭後，機關槍聲和步槍聲自遠而近，手電筒光撩人眼花。我們於是冒雨躲向竹園裏平常堆什物的小屋去，從牆縫裏望見遠處紅紅的火光，和一個個閃動的人影，驚懼與不安懸上我們的心頭。但我終於在暴風雨中睡熟了。（908）

逃出海門（二十七・一・八・）

銘純（商廿・）

海門縣城在大雨傾盆的一天晚上失陷了，這不能不令避居在六哩開外——三廠市——的我們感到頭痛。

大生三廠雖是經過「獨逸人」承包下來，日人或許對它能夠輕易放鬆；可是，我們呢，只怕難以寬饒；是的，我們是當地某大省立銀行的一個支行，對於政治上多少發生一點作用。例如，當地軍警退到第二道防線去，縣長當晚就向行方提了一萬五千元法幣去辦理給養。——當然，我們是中國人的銀行，我們不願讓敵人跑來抓牢住，逼使我們拿出錢來供「牠」殺害我們的同胞，強佔我們的領土。於是祇有三十六着，走為上策。

一大早，經理要我跟他把款子寄存開，私人的東西一點都不準帶，什麼也沒有吃進肚子裏；就偷偷地離開這住了五天的大生三廠而踏上泥濘的征途。

路上，好容易找到了四倍於平時價錢的獨輪車，每人乘坐一輛，然而，走得非常慢。

三月裏的天氣，棉衣穿不上，夾衫又嫌涼。冷風吹飽了饑寒的肚子，褲腰帶收緊一把，讓全身怔出的汗液洗一次汗水浴吧！

幾天來路上的强刼事件多到難以估計，我們冒着風險要通過這僅有的道路。恰巧過橋處的茅棚前面立着一個便衣上加了一件灰色破棉大衣的持槍朋友，無疑的，這是一位便衣隊。他老遠就命令我們站住，盤問和檢查我們。走在前方的經理爲了不願吐露自己是一個銀行職員，在跟他辯答。後來他定要將我們用來包着款子的一個藍布包袱打開檢查，離開稍遠的我們却趕上了，方才解圍。原來這位戰士的面龐雖給昨晚的彈烟薰得跟猢猻一樣，可是，我却能辨認他是縣城裏志成西服店裏的學徒，他過去曾做過我們的生意，我也知他是受過壯丁訓練的。我確定是他，於是走上前去打招呼，告訴我們的來因和去路，又安慰他幾句，蒙他答應免檢查，並指示我們到常樂鎮去的一些平安的路線。我們穿過人家的村莊，給狗兒追着咬，大人們，孩子們好奇的望着我們。對於敵人佔領了縣城的事，他們好像一點兒也不知道，雖則我也聽到他們嘴裏在咕嚕着：「我們鄉下人靠種田吃飯，沒有錢，逃到哪裏去？……」這是何等悲悽的呼聲呀，我惘然了！直到車子把我的脚由泥水裏拖到綠油油的麥苗上，我才清醒。

到常樂鎮，街上冷靜得很，僅有一兩個菜販在等候他們的主顧，店舖早已關門大吉；間或看見幾家窗洞裏探出頭來，神色很愴惶，驚異地注視着由縣城裏逃出來的我們。

經理領我們敲開一家典當的後門，藍布包袱裏的東西，就由經理的一個知己——袁君收了下去，我們不客氣地討了一餐早飯吃，而且是很豐富的，有火腿有鹹鷄鴨，有油氽果類。他們說：「現在不吃，可要養肥敵人嗎？這却不高興！」話說之間，嗡嗡的鐵鳥聲，傳佈四週，經驗告訴我們，這正是敵機掩護步兵的前進。我們愴惶地取回了寄存當裏的金屬押款，經理分了一半裹在我的腿上。三個人就這樣空身離了常樂鎮。

我沒帶雨鞋，地上仍是泥濘不堪，獨輪車也沒有地方去僱了，事實上卽使有法子，自己也不敢去僱。所走的路，爲避免盜刼和鐵鳥的目標，不得不儘揀羊腸小徑。

聽說敵人已經從縣城出發東侵了；然而，我們祇有挺進，通過公路就是我們的生路——港口有輪船的話，我們便可直到上海；否則，被困在這一邊，却是等於挨死。

幸運得很，我們穿過三廠市。敵人還沒有來到，我們在這兒已看不到青天白日旗了，廠的外面，儘是紅卍字的德國旗——是的，已經向敵人的盟主註册過，聽說還有兩個德國人專事料理「人事」。此外，我們却看到小孩子們手裏拿着一面面紅膏藥的紙旗，不時的搖擺着，眞令人痛心！

早飯過後，我們到了黃府——我們行內的儲戶，我發覺我的脚底裏生了泡，脚趾破碎與麻木，絨棉鞋也拖得像刺猬一般。我們預備上青龍港搭輪船，然而結果是一個失望。我們就從失望中安定了心，休息下來，蒙黃府很優待我們，好像他自己的親戚似的我們眞是感激之至。雖則過去人家都說他是一個高利貸者的「三糧戶。」

這幾天，經理自己去過一趟家，我四出找尋着走失的母親的下落；最後，我還去探望一回留在廠裏的其他同事們，可惜都已離廠他去了。結果我運出了全部行裏沒有帶出的賬册，以及同人的行李等。回過頭來拜別那偉大的紗廠，然而可令我心酸，看紅卍字的旗幟下面又添了一面膏藥旗了！

雖然敵人的血掌，握住了海門，但我們是順利的退了出來，現在我們又活躍在這大上海了。（725）

誰燬滅了他們的家

樹之（二十・商・）

馬橋鎭——牠是離開繁華的上海六十華里，靠近上松公路旁邊（上海至松江）的一個小鎭。那邊有豐茂幽鬱的草木，縱橫交錯的河流，肥沃的土壤，三四百戶都是儉勞的居民。在平時，對於這樣優美的環境一切都呈現着和平的氣象；誰料到會來個這樣荼毒的浩刼！

「八一三」的烽火，燃起了全民族神聖自衛的抗戰，我鎭是靠在公路旁，——後來公路改爲京滬國道——所以終日往來的車輛，絡繹於途，變成後方的重地了。

戰事的演變日趨激烈，在我們的鎭上，可以看見從寶山羅店大塲一帶逃出來的同胞，天天如潮湧般成千累萬地走過，看到他們流離失所地在路上行乞的慘狀，就是鐵石心腸的人，也要傷心落淚！「誰毀滅了他們的家」這是大衆的怒吼！

一九三七年十一月三日的早晨，鎭上傳來一個惡消息，說是上海蘇州河的國軍，因戰略關係後撤了，金山衛的敵軍，已登陸要攻米市渡。消息如雪片般的傳入每個人的耳鼓，使每個人的心中，激起了驚駭的巨波，整個市鎭都陷入緊張恐怖的狀態中。當然有錢的人們，早已逃入上海租界裏，開始在安樂窩中享福，受不到這種的驚慌；可是留在鎭上的大部份人們，都是驚惶失措地不知如何是好。有的去問問警察局，——鎭上除警察局外，無別的公共機關——以爲他們的消息總比較靈通些，可是警察們嚴守秘密，只說「不知道。」看看他們的行動，却在整理衣服物件，似乎很忽忙地已預備「三十六着」了。但是惡耗的傳來，是愈緊張愈凶惡，每個人的心裏，增加了異常的恐怖，在這種不利的情勢下，商店打烊了，鎭上頓成死市，大家已在準備着嘗一嘗逃難的滋味。

因爲見到別處難民逃難的痛苦，所以我們鎭上，對於逃難的方法，大家似乎預先討論了幾個辦法：

一、搬到上海租界裏暫避。

二、隨國軍後撤。

三、離鎮到鄉下農家暫避。

四、不逃就在鎮上「聽天由命」。

的確，除上述四種辦法以外，再也沒有較好的逃難的方法，鎮上的居民，已很雜亂，各自開始逃難了。我的家因為上海有幾位親戚的關係，一切比較可想辦法，所以採取了第一種暫逃到上海租界裏的方法。可是公路上的汽車早已停駛，敵機終日在公路的天空上不斷地巡邏轟炸和濫放機關鎗；而局勢又如此的緊張，到上海去的路程又如此的遠，逃走也走不了的，那時，真是焦頭爛額，一籌莫展。忽然，天公發了慈悲心，下起細雨來了，使敵機停止他們肆虐的課程，同時，事又湊巧，上海忽然放下來兩輛汽車，這正是我們絕好逃難的機會。不管這汽車是誰所有的，更不管這汽車是開到何處去，直接向汽車夫要求即刻帶我們開到上海去，經再三的央求，結果以法幣五十元的代價，並在車上不准帶笨重的行李的條件下，方始成交。啊唷！這樣昂貴的價錢，比平時要高漲了十幾倍！在這非常時期還有這乘火打刼的敲詐行為，這種喪心病狂的人，實使我們切齒痛恨！但是我們那時急於保全生命，一切都忍耐着，立即檢了三四個小包袱，就在匆忙之間，一家人——除了我年老的父親，他老人家為了捨不得自已歷年所積聚下來的家產，堅決拒絕逃難，願與鎮共存亡，——在恐怖和淒慘的情景中，坐上汽車，別了可愛的故鄉。

汽車如飛般地把我們送進租界裏來。從車窗裏望見一片迷霧的天空是陰慘慘的，田野變成一片枯黃的草地，秋樹已開始落葉；鳥雀似乎也受了戰神的威迫，連聲息都沒有，不知道逃避到何處去了！索索的西風，帶着微微的細雨，刮在面上，似乎含有血腥氣味！在馬路兩旁，只見那扶老攜幼的人羣，爭先恐後地擁擠着。在某一處的路旁，橫陳着一輛被炸燬的汽車，並幾個女人和小孩的屍體，為狀至慘，這正是表現「皇軍」所賜的「王道」啊！

「誰燬滅了他們的家」，現在加在我們身上來了！我苟活在這寂靜黑黯的「孤島」上，眼望着可愛的故鄉，受了敵騎的踐踏和蹂躪，心痛淚灑！（448）

到吳興去

志　白（學廿一・）

去年（廿六年）八月十三的那一天晚上，轟轟的砲聲，不斷地打擊我的耳鼓，報道我國的全面抗戰已經開始了！可是那時候在上海的人們，莫名其妙地抱着一種極恐怖的心理，都紛紛逃往內地去。有錢的富紳巨賈們，還有逃到國外去的。這樣看起來，似乎租界已是靠不住了！

那時候，我們的家裏，預備逃回故鄉——湖州去。因為號稱

「安全區」的租界已發生驚人的事件，大世界，先施公司，都發生了炸彈慘案，死傷的人數也非常驚人，所以有許多租界的居民，已充分地認爲租界比不上「一二八」時的租界了！

在這人心惶惶的時候，我們的家庭也起了無限的恐怖。母親雖然是受了戰爭的驚嚇，但是她同我們說話的時候，仍是露着慈祥的面容：

「你們的父親此次到湖州去，上海就打起仗來，現在不能上來了，我看還是你們幾個大孩子先走吧；我們這些人，待你父親上來再設法回去。」

我和大哥聽了母親的話，就帶着三弟，一同到南站去趁火車。南站上，人山人海，非常擁擠。每一個人的面容上，都帶着恐懼的神態。但是火車還沒有來，大家都等得著急了。爲要避免飛機的轟炸，我們不得不離開那人山人海的火車站，重復回到家裏來。與母親商量的結果，我們三個人改乘湖社的輪船回故鄉了。

我們足足坐了三十六小時的輪船，才到了我們的目的地。途中又遇着父親乘輪船到上海，可是不能多講幾句話，只隔船打着招呼就很快地過去了。那時我驚呆了！爲什麼父親還要冒這樣的險呢？想問他，又聽不見。我只呆望父親，深深地覺到父親臉上有驚惶的神色，知道父親是不得不到上海去一趟，在上海，不是有母親一批人麼？……父親所乘的船，愈去愈遠了，可是我仍在沉思着，因爲我很就心他老人家此行的危險。這時輪船的回聲，嗚嗚地吹了起來，與天空嗡嗡的飛機聲，合成一種驚人的音調。我靜悄悄地坐在艙中，心跳得很利害；過了一會，不見有甚麼動靜，跳動的心才漸漸地安靜下去。在這樣的恐怖擾亂中，不久就到了我那久別的故鄉——吳興。

我們到了湖州沒有許多時候，父親帶着母親姑母等一塊兒來了，都在鄉間安居下去。過了三個多月的鄉村生活，我們飽嘗着天然的美景，除了規定的工作之外，就是散步或游泳，因爲那時天氣尚熱哩！在這樣的大自然懷抱裏，當然比我那久居的上海有趣得多了！

「大上海全淪陷於敵人」的幾個大字，發現在報端上，湖州全城的民衆，已流露着恐慌的現象，每天警報有四五次之多，後來形勢益見緊張——還有人傳說：敵人已到平望了！這時候全城的民衆，非常擾亂，逃的逃，搬的搬，到了十三，十四兩日，幾乎變成一個淒寂的死城。但是我們離開湖州卻在十六日。

當我們離開湖州的時候，有許多親戚們也跟我們一同走。一個是表姐夫、一個是堂姐夫，他們都是懷抱着剛毅的精神；可是都因爲被環境所支配，未能實現其報國的宏願。同時我的兩位姐姐，——堂的表的，她們雖是「女流之輩，」但都蘊藏着偉大的思想，不是現在一般庸碌的女子所能冀及的，這不是我過於讚揚她們，實在有使我敬佩的地方。……正在糊思亂想的時候，我們船已經駛出我們故居的湖州西門了。這時的我，內心覺得爽快一點，因爲我們已從第二次的逃難掙扎中，能得到生命的安全；可是一想到不知那一天才能和故鄉相見，又不覺黯然！

船行駛着。突然嗡嗡的飛機聲，從東面飛來，同時夾着一陣拍拍的機槍聲，知道敵人已追近我們的城廂了。確實在什麼地方我却很難猜想，然而我們這次的出奔，是有命哩，否則恐難免遭禍！船仍是向前駛着，可是我的心忐忑着。機槍和大砲的聲音，仍不斷從東邊的一角傳來。聽到了這一種聲浪，每一個人的臉上，增加了一層惶恐的神色。

十八日到了一個有生以來沒有到過的地方，——梅溪，我們逃難的目的地。梅溪的街頭，幾乎擁擠得走路也不能走，因爲各處的人都聚集在這兒，好像梅溪就是永久的安樂土了。

一到梅溪，我同父親就去看房子，但找不到，大家只好在船內過了一夜。

早上起身，聽見一陣軋軋的聲音從東南邊傳到我們的艙中；同時梅溪的警報也發出嗚嗚的聲音。這繁盛的市鎮，立刻被擾亂了。我們一家大小，嚇得甚麼似的，逃到岸上，恐怕被襲；住在船中又恐受累。在這進退兩難的當兒，我的父親已面無人色了，他老人家本來最胆小。大概驚擾了數十分鐘，敵機才漸漸地逸去。但是我們已知道梅溪並不是甚麼「安樂土，」於是我父親就命船家開到離市鎮三里路的一處鄉間，散濟橋，在那兒租了一所房子，和親戚們一同住下來。

在散濟橋住了不多幾日，就發現飛機掃射平民的事件，又知道我們的故鄉——湖州已淪陷在敵人的手裏；同時，在我們附近的地方，又有軍隊走過，情勢益見緊張了。那時幸虧我們的親戚有船，於是，立刻將一切重要的物件都搬在船內，預備避居到湖泊中去，我們以爲水上可比陸上隱匿些。

開始過着湖泊生活的第一天，父親向着我們這一般年輕的人說道：

「我是老了，也不能走旱路，我想你們還是逃到安徽姨母家裏去吧！我們年老的人，即使遇着了日人，也不要緊的；不過你們年紀輕的，是逃不了他們的毒手，你們還是快快收拾東西走路吧！」

這樣的，我們就很快地整理好東西，辭別了老親，向安徽地界前進了。一同去的共有七個——我和哥，嫂，表姐夫，表姐，堂姐夫，堂姐。

自梅溪出發，從水路經過安吉遞舖；遞舖以後的路完全是旱路。正是秋末冬初的時候，走路不發生甚麼困難的問題；如果是夏天，那末一定要苦得多了！當我們到了離孝豐州里的橫潤路上，就遇着軍隊從上面開下來，並且他們同我們說：

「前面不能走，馬上就會開火了！」

我們聽了這話，也不當一會事。但是軍隊祇管在開下來，這才使我們不敢再前向進，把到安徽去的思想完全打消了！我們由原路回到梅溪；可是不曉得父親他們住到什麼地方去，後來才打聽到住在曉暨的梅花地。於是我們到了父親的住所，將經過的詳情告訴他。

在曉暨的梅花地住了二個多月，一天的下午就發現日本軍隊進犯曉暨的事實，我們和同住的幾家人家，幾乎嚇得「魂飛天外，」「呆似木雞。」我們連夜離開梅花地，搬到南樓塢。那裏的環境的確不錯，房子造在山上，很是幽僻，眞是一個避兵亂的好地方。

在南樓塢我從村莊上人們的口中，聽到一種讚美敵軍的言語，不覺使我戰慄，覺得他們眞是「愚民！」

事實勝於雄辯，後來果然證明了所謂「皇軍」的行動，及他們所施的「仁政」，是專以屠殺擄掠和「找花姑娘」爲能事。

現在，我們已從九死一生中，回到上海的家，可是所經過的一切，我是永遠不會忘記的！（146）

暴風雨中

張其棟（十七·學）

碧青的天空，突然蓋上一陣陣的烏雲，將大地的四週變成灰黑色。「這天恐怕要下雨了罷，」我胆怯的自語着。老天若是不幫忙，可眞倒霉極了！我的一雙脚已在拖泥帶水中磨折了許多苦痛，三百里的路程，已將我的脚跑腫了，鞋襪亦開了洞，若再受一陣暴風雨，恐怕要死在這路中了！——我想到這裏，眼淚如潮般的湧了出來。

雨滴已如黃豆般大，向我那件灰褐色的棉襖上打來，那時我又怨又恨，但是性命總是要緊，不得不拔起那疼痛的脚步向前面狂奔，找一座房屋躲避。

祇見公路的兩旁，盡是那一片片荒涼焦黃的田地，連半座破屋，一棵大樹都找不着！樹林都被敵軍燒去了，到處是燒焦的枯黑的禿枝，他們大概是怕游擊隊罷？我狂奔了三四里，方見到一片濃密的樹林，樹林間隱着一座紅色的古廟，我不覺心花怒放，直向那邊竄去。

我不管有人看守無人看守，直撞了進去，把身子拋在拜凳上。我的棉襖已被水完全浸濕了，頭髮披散下來，髮端的水滴一點點的滴在衣領上。忽然覺得一陣寒顫，我連忙的脫下了濕衣，寒風凜凜的從窗隙刮來，刮得我裸露的四肢麻木了！我掙扎着到後殿找了一些柴火，堆着，點起火烘着。我一面將濕衣翻弄着，一面抬頭溜望着。牆垣已破落了不少，屋椽間積滿了塵埃，蜘蛛網；殿上的三尊佛像金粉剝落，有的斷了臂膀或腿兒，完全顯露着一片悲涼的景象；大概廟持早已逃跑了。一會兒，我的棉襖乾了，身子亦覺得溫暖起來了，我想穿起衣服趕路，但是黃豆大的雨滴，把我禁住在這一座淒涼的破廟裏。

天漸漸地黑暗下來，廟裏已是伸手不見五指。我走到佛像前想尋幾枝臘燭頭亮亮，誰料找了半天，沒見半枝？我祇得仍靜坐着，等待雨晴。這時廟裏是鴉雀無聲，黑沉沉地怪可怕，更雜着那雨點打在玻璃窗上尖銳的聲音，好像鬼叫。我縮做一團，低着頭，不敢再看，再聽！

突然間，轟隆的一聲，把我驚得抬起頭來，眼前覺得電光一閃，耳鼓中跟着聽到那傾盆的大雨聲，震得屋瓦嘩啦作響；風聲呼呼的怒號着。那破窗突然倒了下來。西北風亂刮進來，刮得佛台上的布幔亂飛亂舞；我被刮得幾乎倒下來，嚇得連忙向後殿逃去。

接着聽到一片淒涼的哭聲，漸來漸近，這聲音像是女子的叫喊聲；緩緩地連「救命！救命！」的悲啼聲也聽到了。忽有一種巨大的撞門聲；我不敢去問，我害怕，我的心忐忑不安。一聽到廟門被推倒聲，我趕緊的向那神櫉下躲了進去，閉着嘴，屏着氣，不敢出聲，蹲着不動。門倒了，一會兒手電筒直向神櫉這邊射來，我嚇得蒙住了頭。一個女子的淒哭聲和踩脚聲引誘我向那櫉脚邊偷偷地望過去，祇見有三個敵軍，掀住了一個十七八歲的姑娘，嘰哩咕嚕的像是叫她服從，並且指手劃脚地；但那女子，眼淚淌了滿面，掙扎着，呼喊着。我看得心腸絞斷了，眞想奔上去殺掉他們，但是一見到那三枝明亮亮的刺刀，把我呆住了。我不敢動，但我心中的憤怒，幾乎要爆裂了！我瞪着眼睛，祇見那女子，已沒有掙扎的氣力了，面色灰白了，已給他們從從容容地剝得精光，任他們踐踏了！我幾乎哭出聲來，我不願看那禽獸的行爲，我悲傷得昏了過去……

過了一刹那，聽到那三個敵人在嘻笑着，女子在呻吟着，跟着又聽到那敵人哼哼的聲音。一會兒，他們都走了，在黑暗中，祇剩那被踐踏的可憐的姑娘，她是死了！她躺在她的血泊中！我還看到熱氣騰騰地往上冒着！我發狂了！我咒罵，我咒罵那班禽獸的人類！……我冒了雨，趕着我的路程。……（1306）

何日再歸家

洛思（廿五·教員）

璧上的日曆，老是像秋葉般的往下掉，逝了一天又一天，過了一月又一月，時之神，永不停息地前進着，前進着……終於帶來了這麼難忘的一天——二十七年八月十二日。這幾個烏黑的阿刺伯字，清晰地映入我的眼簾，投進我的腦海，腦海裏立刻湧起了無限的思潮。

回憶去年今日，天氣亦是這般地炎熱，東方剛現出魚肚白色，雲隙裏還閃爍着幾顆殘星，眨着惺忪的倦眼，彷彿向着那初醒的大地告別；靜息了一夜的蟬兒：又噪刮着嗓子開始唱起惱人的老調，那是多麼美麗的夏之晨。微風輕輕地吹拂着樹梢，悄悄地吹進窗口，吹醒了慈祥的母親，她滿懷着萬斛的悲愁，整理各種東西，可是每一件東西都使她感到不忍捨棄，她拿起了心愛的這樣，又遺棄了可愛的那樣，紊亂的心緒，累得她不知該收拾些什麼東西才好！

「唉！想不到『一二八』的創痛，還沒有回復，敵人的鐵蹄，又將殘踏到這小小的城垣了。唉！這可惡的鬼子，不知什麼時候，才能……」母親顫抖聲音，自言自語的嘆息着說。

「母親，時候還早，待我起身後，一同收拾吧！」我一面說着，一面就立刻起身，幫助她整理那零亂的東西。

「現在時局已緊張得很，看來終不免一戰了！你們年輕的人，總該早走的好！」母親這樣柔和地對我說。

「母親，要走，就一同走，你不走，我一定亦不走，就是死，也寧願死在一塊兒！」我發急的說。

「唉！我年紀已老，一輩子亦沒有用了！我怎忍離開我一生辛苦所掙下來的這個家呢！我死亦得死在家鄉！不願……」母親固執地說。

「無論如何，你總得帶領着我們一同走，你不走，我們決不走的！本來好好的，誰願意離開可愛的故鄉而逃亡呢！實在……」我禁不住的酸淚已奪眶而出了！

這時候，陽光已放射着强烈的光芒，寒暑表裏的水銀，又慢慢地升高起來了。我呆視着壁上掛着的照片，畫幅，以及桌上憔悴的殘花，零亂的書籍，……一切的一切，似乎都充溢着無限的離愁，鈎起我無窮的傷感！時鐘滴答滴答的聲調，更深深地激動着我的心弦，奏起了痛苦的交響曲！我意沉了！我心碎了！茫茫然墮入了悲哀的深淵！

時間加速地消逝，離開九時二十分的火車班次，已是迫近了，可是母親還堅持着不肯走，急得我只是流淚，不知所措！幸經父親再三的苦勸，感動了她的慈心，終於放棄了她的成見，答應和我們同走了！於是把輕便而應用的東西，整理妥當，其餘笨重的東西，只好忍痛讓它遺棄在家中了。

忙亂了一會，一切的事情，都經母親一一的安排妥貼，同時又諄諄地叮嚀了看家的老僕；就在戀戀不捨的情况之下，走出了家門，一家五六個人，都禁不住的掉下淚來了。——雖然死沒有什麼可怕，可是時代的暴風雨，逼迫着我們，已不容許我們再多留片刻了！我們爲爭整個民族的生存和解放，我們自然不願無謂的犧牲！所以我們終於忍住一切的苦難，暫時告別家鄉，開始向那茫茫的前程邁進了！我頻頻回首，遠望着我的家門，却又痛思着：「何日再歸家？」心坎中一陣陣的酸楚，淚珠便又簌簌地落下來了！

二十分鐘的時間，已到達火車站了，平時乘客很少的車站，今日却看見男男女女，扶老攜幼，擠滿了整個的月台，笨重的行李，更堆積如山。我們等了約有半小時的光景，火車還沒有駛來，大約又躭誤時刻了吧？大家唯有站立在强烈的驕陽下，流着汗，失望地等待着；直至十時餘，火車才咆哮着，拖着疲乏的身子，駛到了月台前，於是洶湧的人浪，波動着儘向那狹隘的車廂裏奔放，秩序立刻混亂了起來，好容易動亂了半天，火車就又轟轟地開動了。我擠在人叢裏，遙望着矗立的城垣，默祝它：「別後無恙！」

車過各站，每個站上，同樣地擠塞着無數的逃亡者，可是，天啊！這樣狹窄有限的車廂，如何容納得下這麼無限的人羣！所以車門口，車頂上，亦都佔滿了人，只有上車的人，却沒有下車的人！愈擠愈緊，愈緊愈覺悶熱，窒息，全身不停地淌着汗，幾乎使人透不過氣來！一時悲哀和憤怒的火燄，燃燒着每個同胞的心頭，緊鎖着雙眉，咀咒那侵略者的罪惡。這時，我亦不由自主地喊出了這麼一句：打倒侵略的巨魔！

車到目的地，——寶山路車站——只見搬場者絡繹不絕，緊張的空氣，彌漫着四圍，除了全副武裝的警察和巡捕，站立街頭，維持交通和秩序外，更看見××師英勇的將士們，雄糾糾，氣昂昂地，已散佈在各處，開始担負起神聖抗戰的工作了。這許多為大中華民族爭取自由的急先鋒，多麼值得我們欽敬啊！我恨不得立刻加入這抗戰的最前線，保衛祖國，與敵人拚命到底！可是事實終於衝破了我的理想，粉碎了我的幻夢，我竟快快地踏進了租界的鐵門，開始度我流浪的枯躁生活了！

時至今日，家鄉淪入敵手，已屆一週年了！生命財產的損害，實不能計數！撫今追昔，怎不令人悲從中來！我遙望着故鄉的風雲，自覺愧悼！但願而今而後，全國的同胞，團結一致，不妥協，不氣餒，臥薪嘗胆，努力奮鬥到底，期望來年的今日，故鄉重樹起美麗的國旗！

（688）

從南通到上海（廿六·十一·十七）　志弘（廿四·商）

今天從南通乘英商同和輪回上海。房艙裏擠得密密地，多數是蘇州無錫的避難客人，談起來皆有「天涯淪落」的感想。南京來的也有四位，據說是去上海讀書的大學生，他們裝束入時，吉吉呱呱洋話連篇，早飯用過便攤開桌子賭撲克牌，比其餘客人顯得自由活潑。無錫來的有位美國傳教士，年紀在七十開外，因為受不住飛機轟炸，加上市面混亂，所以離開服務的傷兵醫院到上海暫住。他上海話說得很流利，同我天南地北地瞎扯一陣；最後問我：「為甚中國學生不參加此次前線作戰？」當時實想不出充分的運由儕答這個問題。

船過狼山水面漂滿稻草木頭不時有日軍運輸艦上駛，遠望吳淞口只見不計其數的黑點停在海面，等距離稍近，那黑點也漸放大成一隻隻的日軍運輸艦，黑色船身，漆白色數字，掛上膏藥旗，最大的號碼在五百以上；星羅棋布的擺列在三夾水外。我們坐船和穿弄堂似的灣灣曲曲繞進黃浦江；當兩船相傍而過時，對方艦上水手看把戲似的朝着我們，還鼓手舞足的怪叫，又用手指在臉上亂劃，它的用意不言而喻。

本來在未進港之先，乘客們就互相警戒，將所有書籍證章，連服裝衣飾，預先「自我檢查」一番，凡帶點國家意識認爲「有礙邦交」的東西都投之長流。後來，日軍小艇雖穿梭地繞過本輪，檢查的事終在提心吊胆中僥倖避免。經吳淞鎮，極目四望，盡是殘垣斷壁，尋不出半梁完整的牆；路上只有異國兵士和他們的軍馬，軍用車，看不到一個「支那人」；江邊或坐或立，零零落落散佈着幾個受傷的異國兵士，紮着綳帶很優遊地閒眺；貼紅膏藥的飛機一起一落成排的翱翔空中，合天空地面水面完成一幅佔領區的活模型。

虬江碼頭改做軍用堆棧，碼頭上軍用品小丘似的，砲火損壞處都用木板撐補，想那時計劃的工程師總未料到有這麼一日！出雲艦仍「雄據」領事館前，前後甲板就排滿沙包，砲塔也轉對浦東；這隻建立殊勛的戰艦，看見了心頭總有些辣辣的不舒服。

船身兜半個圈子，靠在從前金利源現在羅斯福碼頭的中部。碼頭上圍住一大圈人，他們是來歡迎這批九死一生的難胞麼？不是吧，在這種趨炎附熱的世界誰肯管這種閒事。一問之下，他們原來是看來日本海軍接收江海關巡艦的悲喜劇啊！羅斯福碼頭前部的拾幾隻巡艦，包有最新式的緝私艇母艦，整齊的升起太陽旗，臨風招展紅光耀閃；甲板上異國水手忙碌非常的拔錨起椗；圍紅腰布的原有職工却背負行李搬運什物忽忽下船，也有受人指揮而勉强幫同解纜的。在這種境地格外覺得國家强盛完整的可貴！覆巢之下，决無完卵！

離開輪埠，在市區作一度巡禮，市容好像比去年離開時還要繁榮些。

鐵蹄的來臨

雲　三（十九·學）

東方露出微曦，我就爬起來了，看看同逃到山裏來的親戚們——這裏包括着七八十歲的老翁至剛出娘肚的小弟弟，都還呼呼的睡着；雖然從昨天日夜盡響着砲聲，可是在日裏他們過度的疲勞在夜裏是迫切需要來安息一下。在山澗裏完畢了我的漱洗工作；遠處隆隆的礮聲似乎是比昨天更近一點。前方的失利消息使我們不得不逃到山裏來，可是昨天從鎮上來的人說，中央軍已是源源的退下去了，這次的劇戰，百姓的受難，已是充份表現着不可避免了。

吃過午飯後，正和費君談起從前在學校裏的黃金生活，遠處軋軋的機聲隱約可聞，最初還沒有注意，可是不久，很顯明的「齎藥飛機」已在頭上，而且在打着轉了！過去的經驗告訴我們這殺人的惡魔又在找尋目標了。於是老少男女都朝着山上狂奔，躲在茂密的竹蔭裏，掩蔽着自己，連自家的父母兄弟也沒法互相照應。突預時，機槍聲像密雨一樣，殘酷的飛機正在行使牠殺人的使命。突然步槍聲又大作。大家已情知不妙，因爲距離我們十里路的小村上正駐着中央軍一排。接着又是手溜彈爆炸聲，這一定已和日軍發生接觸。於是機槍聲，步槍聲，手溜彈聲打成一片；而老婦幼兒的嚎哭聲，令人聽了心酸。微風吹着竹林，發出凄涼的聲音，探頭從竹葉縫裏看去，青松上的白雲，很幽閒的飄着，間或看見那深黑色的飛機從頭上掠過。

步槍聲慢慢息了，機關槍還不斷掃射着，這時又加上小鋼礮的吼聲，在山谷裏發着空洞的回響；而我們的心已是和它一樣的空洞，明知兇多吉少，少數的中央軍一定經不起飛機大礮的猛轟。二度的被鐵蹄踩躪，正不知多少的男同胞要受槍殺，女同胞要受姦淫！

匆匆的從山上跑到屋裏吃完夜飯，證實了張渚已被日軍佔領，又匆匆的跑回山上來。一條被一條氈子鋪在竹林深處，我們是躺上了我們的席夢思，費君在輕輕的唱着集訓時的軍歌：「……礮彈兒飛過來莫迴避，我們肝腦塗地亦願意，只要報國仇出了一口氣！……」（895）

某村記實（廿六・十一・十五）

鐵鈴

這個離上海不遠的鄉村，也受到炮火的洗禮，悲涼與辛酸，充滿在村前和村後。

現在村民已剩不了多少，祇有三分之一。這些不願離開祖宗墳墓的子孫們，在鐵蹄下過着悲苦的生活。這時，黎明的雞啼聲催他們從自己的床上爬起來。

有的早已掮着鋤頭下田工作去了。

當「魔鬼」還沒有到村上來的時候，村民們爲了避免種種麻煩，都紛紛的上街買東西。

住在村頭的阿林，因今天有事，也走到街上來。阿林才走到坟山口的轉灣處，就看見「魔鬼」在前面巡查了。他自以爲是識時務者，就遠遠的向這班「魔鬼」們行了一個九十度的鞠躬禮，不料他鞠躬時忘了脫帽，「魔鬼」們見了認爲是大不敬，立刻賞給「雪茄」五枝和「外國火腿」一隻，於是揮一揮手命令他「快滾。」好像得了赦令，阿林急急地趕他的路。「魔鬼」們見他走遠了，才哈哈的笑了一聲，又復向前巡查。

這班「魔鬼」的巡查隊，漸漸的巡行到了阿林住的村上。剛轉到前村，就看見那邊門前坐着一個「花姑娘」，魔鬼們互相招呼了一聲，就急急的跑過去。

這「花姑娘」名叫小玉，是一個十三歲的女孩子，家中除了一個爸爸和弟弟外，還有一個廿四歲的哥哥，在鄉村淪陷時就失蹤；現在維持他們生活的是幾畝田和一小塊菜畦。當小玉看見「魔鬼」向她走來的時候，就想躲避，可是來不及，早被這班蹂躪了不知多少女子的「魔鬼」們拖住，拉進屋裏了。她的爸爸在後面急忙的趕了出來，掛着兩行眼淚，拉着弟弟向「魔鬼」們磕頭如搗蒜般求他們釋放小玉。天哪！這班魔鬼像蒼蠅見了蜜樣的那裏肯放，早已把小玉拖進房裏，扣上了門，幹他們的所謂「武士道精神」的勾當了。

絕望的爸爸哽咽着沙啞的喉音，眼見着十三歲的女兒在這班「魔鬼」的蹂躪下，斷送了青春，斷送了她的一切……，而且將被蹂躪得不能行動。

「魔鬼」們臨去的時候，又翻箱倒篋地將儲蓄了許多年，以血汗換來的東西帶走。

「魔鬼」們去了，爸爸所期望的女兒是被蹂躪了；幾年來血汗換來的用具傢伙也被刼走，一切都完了！爸爸搥着胸號啕着，弟弟哭着，被蹂躪了的女兒悲啼着。哭着哭着就在這哭聲中播下了毀滅「魔鬼」的種子……

夜深了。全村又陷在紛擾和驚恐中，小玉的爸爸傾聽着從遠處傳來的時緊時稀的槍聲和手溜彈聲，還夾着機關槍聲和迫擊炮聲。遠了，遠了，恐怖的聲音像蠕動着的蝸蟲，慢慢地向遠處消失，往後便一些也沒有聲響了。

明天的報載：我軍連夜收復某村。

雜亂的行伍

白樺

已經是經過了一天的汽車顛簸，但是在西子懷裏能休息一夜，那也就把公路上顛簸累了的身子恢復過來了。當睡在旅館的床上時，眞是有說不出的抑鬱，剛才是好像在洶湧偉壯的錢塘江上，現在却是平靜得和子夜的西子湖一樣，看看時間已廿四日的下午夜兩點了。（廿六年九月）

這天醒來已十點了，想到今天還有更長的旅程，我就特意多睡一會，一直到十二點才起來。

雖然滬杭路上常被空襲，可是旅客仍然不少，當我在杭州車站作最後巡禮時——因過後不久杭州車站遭轟炸而毀——看到站上的旅客，一列客車還是不能容納的。

就因了同車的人多，我又是如勞動者似的背了一個大包袱，穿着布鞋，藍布的長衫，在這自顧自的時候，我沒有力量可以搶到一個坐位，一直站了半個多鐘頭，有人下車，我才找到一個很擠的位子，安坐到石湖蕩——這是獸軍的獸機會轟炸過的地方，那裏的鐵橋就是三十一號橋。

當車子在杭州一出車站，一個恐怖的觀念籠罩在每個人的心裏，而使每個人都有戒心地看着遠遠的天空和注意微小的嗡嗡之聲。一忽高談闊論，一會就靜如坟墓。每個人的臉上是那麼地平板，有的是沉靜地暇想，不知所想的是什麼；有的雖是有說有笑，但隱隱的悲哀和恐怖，使那笑聲變成很勉强，那眸光也是很不自然地閃爍着。

天漸漸黑下來了，大家似乎是鬆了一口氣，因爲夜裏不會有空襲，就是有也是偶然的。這暫時的安全，使每個人都活躍起來，打破了死悶的空氣，但是戒心仍然有着，而對於抽烟的人，却是有些不便，因爲怕那偶然的空襲。火車是在黑暗中進行，全車廂也是黑的，原野也是黑暗，而人們也希望黑暗，就是有星星之火，人們也不願意，因爲這星星之火或者會召致更大的悲劇。於是全車中先是警告那抽烟的人，後來更禁止人們的抽烟。這禁止的原因，不但是爲了怕成獸機轟炸的目標，同時因車中人多，人氣蒸發，使車中的氣息難聞。而且就是較大聲的說話也是被禁止的，因爲在靜靜的夜裏，這聲音也可以造成大災難。這集體制裁的力量眞是偉大而有效。

在互相慶幸中車到了「三十一」號橋前，於是一陣轟亂，各人把簡單的行李背着下車，我也背了包袱隨着大隊前進。突然地大隊停止了；在互相傳遞消息中知道因橋身被炸後，沒有完全修理好，所以過橋時須魚貫而行，不能大隊蜂擁而過。於是凌亂的隊伍，起了一陣爭先恐後的騷擾，但很快的被橋上護路的警察和鐵路職員叱止。在那密密的細雨中前進着，使我憶起軍訓時的夜行軍，是那麼地沉靜，緊張。

「不要用電筒，不要走到鐵軌外面去，當心滑下去！」

「你要尋死嗎？擠什麼呢？」

「慢慢的過橋好了，車子還沒有到。」

「大家講話輕一點！」

這是護路警察和鐵路職員所發的責任話，那聲音也是那麼地輕，那麼地短促，使這四週的空氣更緊張起來。

「喂，不要用手電筒，你沒有聽到警察的話嗎？」

「要不是活命的財產在上海，我眞不願來冒這個險。」

「哈哈，誰不是爲了在家裏要餓死也不會來的。」

「但願天保佑，能平平安安的到上海，阿彌陀佛。」

「前面還有女人帶了三個很小的孩子，眞有點可憐。」

「人家也是沒辦法，眞是……」

「唉，倭子害人眞不淺。」

「所以中國人要把倭子打出去。」

「可是中國的漢奸也太多了……」

「這種漢奸眞該千刀萬剮。」

「中國眞不知道能不能打勝東洋？」

「啊，祇要中國人齊心，什麽都不怕！」

這是雜亂的行伍中所發出的輕聲談話，這裏也有失望、怨恨、希望、懊喪和堅信，但是有一個共同的信念，就是這次打仗不是三五個月可以了結的，而對前途則抱着茫然的憧憬和勝利的渴望。

自這行伍過橋後，等了一個多鐘頭，看看時候是十一點已過了幾分鐘，而自上海來的車子還沒有一點影子，向鐵路職員和護路警問信，也祇給一個沒有邊際的回答。漸漸地說話聲少了，沉寂又襲來，焦急和不安也漸漸地生長，使這雜亂的行伍越是沉靜下去；但是那焦急和不安越是蔓延，越是生長。天上是那麽地陰沉，雨又絲絲地輕一陣緊一陣地下着。黑暗，黑暗，一切都陷入黑暗中，但是恐怖却還沒有來，因爲這大羣人中逼退了黑暗的恐怖。

在十一點三刻才傳來隆隆之聲，接着是一點星星的火，聲音是越傳越近，亮光也越來越大，但是那光亮也是那麽地暗淡。那鐵龍終於在渴望中到了，人們也騷動起來，帶着喜悅擁上車去。

自車上下來的是上海逃向內地的逃難者，都是背包牽子，呼兒叫媽的，機警而恐怖地叫着伴侶或親友，向我們來的路上前進。

這時秩序大亂，小孩子的哭聲，大人的叫聲，找不着東西的發急聲，互助的感謝聲，互擠的叫罵聲，女人、男人、小孩、老人都是急促匆忙地向前進行，雜亂的行伍就在這雜亂中交替了。

當我們上車時，秩序大亂，爬、跳、擠，使人羣更加紊亂，在這紛亂中，大都是運物運人地爬進車廂，我總算幸運，向前走了幾個車廂，找到了一個坐位。但是人是又累又餓又渴又想睡，當我一坐下時，頓覺昏暈，失去了一半知覺，幸而是屈膝臥，倒還能一點點地吃着預備好的乾糧，在震盪中我漸漸地入睡，昏沉沉的如失去知覺，也不覺得車身的顛簸。

車過松江，這第一次逃難者被炸的車站，沒有燈火，幾個守站的職員，悽慘地如幽靈似地執行着他們的職務。

這雜亂的行伍，在飢渴恐怖靜肅中進行着，使我想起：鐵流中的革命者的隊伍，他們是堅決地前進，走向光明的目的地，是那麽地勇敢，那麽地耐勞；我也希望我們的行列，將來會變成鐵的隊伍，衝倒敵人的陣壘，毀滅獸行的侵略者！

無錫途中雜記

浩慷（十八·學）

光陰過得眞快，今天是二月二十六日了。早晨醒來，見天已發白，睡在牀上，想父親回家已有二星期了，今天大約可以回來了，於是馬上起身，預備迎接父親。

父親在沒有回鄉以前，他說：大約二星期可以到上海來。在二月十一日的傍晚五點鐘，父親就和友人丁君乘車同去，我送出門外，直到看不見人影，纔慢慢的走回弄裏。我本想同去，但父親說：「路上危險很多，你就不要去了吧！」我只得謹遵父命了。

吃過早餐，等到九點多鐘，還不見父親回來，就走出弄口守望，但足足有半個鐘頭，仍是不見人影，就走回店中。好容易到了十二點鐘，吃過飯，而父親還沒有來，直等到下午三點鐘，有人來說：「你的父親來了，在門口，快去！快去！還有你的母親，弟弟，妹妹，都一同來了。」我不等他們說完，就連忙跑出去，見一輛雲飛汽車，已停在弄口，父親正在搬下行李，我就相幫把行李搬到廠內，母親和弟妹等，都到嬸母家中暫住。嬸母和小妹妹，本住在一個小小的亭子間，現在再加上三四個人，那眞是擠得水洩不通了。好在這時候的天氣，還是春天，如是炎暑，那可要熱得氣也透不過來的。

父親在沒有回家之前，已經是和幾個同事在附近租了一幢樓房。自父親走後的第一天，就發生了種種阻礙，因此停租，等到父親來了，一時沒有屋可租，只好暫住在嬸母家中。

× × × ×

談到家鄉逃難的情形，眞是可歌可泣的了。當無錫沒有陷淪之前，侵略者的鐵鳥，一日光臨十數次之多，警報一鳴，就連忙躲到檯底下，檯上面是預先放好了許多濕的棉花，等到警報解除方走出來。當鐵鳥撒屎的時候，只聽見很大的聲音，如雷響一樣的爆炸着，好像就在身邊一樣，嚇得魂飛魄散。看看自己，到還在檯底下呢！那纔定一定心，不料又是一聲響，還一響非同小可，閉上眼睛，想這一次一定不能再在人間了，可是開眼一看，還好好的活着。孩子們在校中聞得轟炸聲，一路哭到家中，一家人慌得團在一塊兒，一聲也不敢響，飯是沒有一定時候可吃的。唉！這些撒爛屎的鐵鳥，將來看你如何結果呢！侵略者的如此行動，愈使我們同胞們團結，將來終有一天，會得到滅亡的命運的！……

無錫淪陷後，就同鄰人逃避到鄉下。家中只剩了年老的祖母守門，當逃到鄉下的時候，租了房子，非但飯菜沒有吃得飽，連吃飯的檯凳都沒有，只好席地而坐。天氣熱得好像火山一樣，汗是不停的流着。一遇鐵鳥空襲，都逃到桑樹田中或麥田裏，弄得滿身汚泥，狼狽萬分。一到晚上，蚊子臭蟲，咬得你不能睡眠，眞是吃盡苦中苦了。過了年後，好容易脫離了這個人間地獄，逃到「孤島」上來。

× × × ×

路上是乘小船來的，八塊錢雇了一隻小船，往偏僻的小河道到天生港，再改乘行駛滬甬間的公司輪船，到上海來。一路上所見所聞，不勝枚舉，現在選一二件觸目驚心的事寫在下面，以供讀者對侵略者及一般漢奸如何作惡、暴虐、的認識。

船自從鄉下出發，到了某地，天色已是黃昏了。這一條河是鄉間到城中的一條必經的路，故有很多的船隻經過。前面是已有五六隻船停下來，預備歇夜，等天明後再行。我們乘的船，也就停了下來；後面繼續也有三五隻，同樣的停在我們後面。這時，天還沒有黑暗，路上已沒有行人。正在預備吃晚飯的時候，忽見岸上遠處來了三五個敵軍，我們想他們是大約在趕路返隊的，不料他們五人，跳到了第一隻船上，後面船上的人，都嚇得一聲不響，伏在船艙中，有的逃藏到船板底下。只聽得第一隻船上，發出一陣響亮的聲音：——「花姑娘……花姑娘！花姑娘……」一陣惱怒的聲音過後；又是一陣悽慘的哭聲：——「我不去！……我不去！……先生，……謝謝你，救救我吧！……我有一個二歲的小孩呢！」接着，看見一個三十多歲的婦女，被一個敵軍拉上岸去了。其他四個，繼續的跳到第二隻船上。一刻兒，又見二個二十左右的女子被拉去了。後面船上的女人，都赫得面無人色的逃到我們的船上來，她們是恐怕又要遭到同樣的命運。但是，這些敵軍去了，再不到第三隻船上來了。於是大家纔定了一定心。約莫有二十分鐘，只見這些敵軍，把拉去的三個婦人，送回船上。叫船上人上岸去，他們五個人，自己搖了一隻船，到對岸去了。天是黑漆漆地，船上的人，嚇得這一夜沒有睡眠。第二天早晨，當船夫們正預備開船的時候，對面的皇軍已把昨夜的那隻船，開到原來的地方，上岸去了。這一夜又不知做了多少的惡事，破了人家幾許的貞操呢！一會兒，那昨夜被趕到岸上吃着一夜露水的朋友，也回來了。我們船上一些女人，也回到自己船上。

船到了無錫，走出城來，到城門口，見對面有一輛包車進城來，坐車的下了車，並沒有脫帽就向敵軍行一鞠躬，等到抬起頭來想走時，卻被那「懂得禮貌」的敵軍，吃了兩個耳光、一手拉住，要他脫帽重新行禮。後來旁邊一個警察對他說：這是縣長秦某，那才放他過去。我們見此景狀，不禁替這些新貴們覺得可憐。縣長尚且如此，何況我們平民呢？縣長被吃了耳光，尚且沒有地方可以伸怨，我們將要受到不可思議的虐待了，想到這裏，不禁出了一身冷汗！

走了一里多路，已到達我們的家中，敲門進去。坐定後，和祖母談着逃難經過的一切事情，祖母也告訴了我們許多在家被敵軍如何的搜查，失去多少東西，如何哀求才得保住這所險被燒燬的房屋。這晚到二點多鐘方睡。

明晨，就收拾行李，告別年老的祖母，走上原路，向上海進發。

水陸生活

嚴　庸

中華民國二十七年七月卅日，我重又來到現在被稱爲孤島的上海了！這一天，我的生活是水陸各佔一半；是的，這裏我該把這整個的一天從零時起一直敘述到午夜十二時爲止。

一　豬狗般蜷伏在甲板上

在這天下午二時以前，我像前兩天一樣，只能在從香港到滬的一隻某國商船的甲板上作豬狗般的蜷伏！根據票位說來應該在大艙裏佔居一席，可是那裏擺滿了許多帆布床，你要想舒服的話，除了已出船價法幣二十二元以外，還須拿出十元港幣來，才有睡在大艙裏的資格！結果，把窮鬼嚇退，只能在甲板上，走廊上，像癟三睏水門汀樣的東倒西歪！烈日，你得用皮膚去承受；風雨，你得用皮膚去抵抗！茶役，船員，頭二等客人經過時，踐踏你的蓆子，或竟足侵犯到你的頭上你的腿上，你只能自怪不該睡覺！七月卅的零時至四時，我就是同旁的命運者一樣還是在過着這樣的生活。記着：從零時起輪船已經駛近吳淞口了，所以我仍有把它納入「上海的一日」之權利。再告訴你，我們的「席夢思」之旁，有一間小屋，裏面睡着一頭肥胖的豬，另外還有一間，那是幾只肥壯的雄雞的寢室；它們不會有風雨侵襲的危險，不會有髒水突然侵襲的恐怖！說句笑話，實在我們這般乘客，還沒有豬雞那樣的舒服！可是我們所付的代價呢？大艙票七百張，合銀約一萬五千；就中享受帆布床的，大概有四百位左右，出價港幣十元六元五元不等，統計扯每人法幣十元，約有四千元。所謂頭二等客，無論如何，當不會也有兩萬元塞到船老闆的腰囊裏吧？但是我們卻竟被當作豬狗般的看待！要是我們再一想，與我們作芳鄰的豬，雞，是買辦特地備給頭二等艙裏的驕子所享受，而我們竟除了白飯以外，連洗臉的冷水（淡水）止渴的開水，都享受不到！我們有什麼感想呢？買辦的剝削！我們沒有錢還是活該！

二　改頭換面的船隻

四點鐘，從鐵皮上的蓆子上起身，那時吳淞口已經在望，可是船卻拋錨了。一直到九點鐘才進口，吳淞浦東一帶的戰跡，我沒有再贅的必要；沿途除了各國的軍艦商輪以外，當然我們不會看得到青天白日旗的標幟的。那許許多多的戴着猙獰面目的動物，插着紅圓旗幟的小火輪，帆船，雖則已經改頭換面，或是沒有引擎，但已一變而爲汽船了。可是你得明白，這都是十足的中國人的財產！兩岸的建築物也都已高插太陽旗，表示是它們的了！朋友，這景象，看見以後，你還能安然地吃飯麼？不多幾時，船進了黃浦江了，挺神氣的醫生踏上輪船來驗疫了！爲了恐怕忍不住氣，一眼瞥見了他們，我連忙走向後艙去，歇了多時，一直到他們下船，我才仍跑到船頭閒眺這時全船緊張而恐怖的空氣，才逐漸地鬆懈下來。

三　便宜貨充斥於市

船泊岸了，我踏到陸上，正是下午兩點鐘。逃過了神氣活現的檢查難關以後，才雇了黃包車直向四馬路進發。從黃包車夫嘴裏的報告，才曉得孤島不但不受戰事影響，而且市面邪氣好。眞的，後來我在馬路上作了一次巡禮，才曉得那邪氣好的緣故！不說別的，光就各舖子的櫥窗裏說，我們就可以知道，這裏同香港竟差不多，便宜貨充斥於市！賣的，有厚利可圖，買的，有巧貨可得，市面怎會不邪氣好呢！

四　還有一種邪氣好的緣故

從六點到十一點，我在一家雜糧花米商的集團裏同朋友談天，眼見許多來自淪陷區域的商人，正同友邦的人們在很忙碌地做交易！使我又恍然明白了市面所以邪氣好的第二個緣故。

五　讀週報完成這篇報告

十一點五分，我趕忙離開這個集團，再做馬路巡閱，使一面就買了一本華美週報，急忙帶到旅館閱讀、（在香港只有華美報知看不到週報）一翻，發現了徵文，便引起我寫這篇東西的旨趣，因爲就要離開上海，所以馬上執筆。回憶當沒有幾年前給「中國的一日」寫稿時的情緒環境，我不禁要擱筆長嘆，並且也沒有再寫的勇氣了，好，再會，現在是卅一日零時十五分了。

上海抗战与世界反法西斯战争系列丛书

淞沪

淞沪抗战史料丛书续编 II

第十一辑

上海一日② | 朱作同　梅　益　主编

上海科学技术文献出版社
Shanghai Scientific and Technological Literature Press

第四輯　生的掙扎

尋母

矛岡

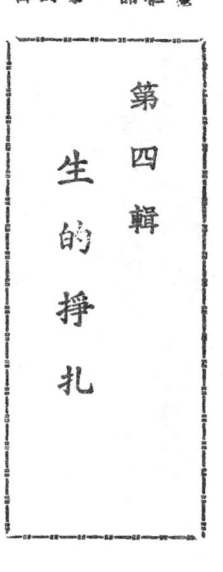

幾天來總是打聽着媽的下落，和新進所裏的鄰人談起，有的說媽給齊藥飛機炸死了，有的說還好好的在家裏。雖然收容所裏不要我一個錢，給我二頓飯吃，可是總嚥不下去，晚上總是睡不着，成天的呆望着大門口等媽來。昨天他們又在一堆堆的談論着，面色是相當的緊張，我知道南市的陷落已是一刹那的事，再加上那雜亂的鎗砲聲，更使我着急。

當天還罩着一層灰色霧氣的時候，我已醒了，他們都還在呼呼的甜睡着。但是我怎麼會忘記媽呢？——除非是喪良心的。機槍聲響了一整夜，清早飛機已經大羣的在頭上飛去，我再也不能躺着了，一骨落的翻了起來，把身上的幾個白蚤處了死刑，洩了我的恨，又把稻草理了一下，翻身撞進管理先生的臥室，冷不防先生在夢中叫了聲「誰？」把我嚇得退了下來。鼓着勇氣，把母親受了傷，住在親戚家和急須去探視的理由瞎說了一篇，先生見我眼中充滿着淚，同情的揮了一下手，吩咐我下午四點之前一定要回所。我沒有聲息的溜出了收容所，輕快的沿着愷自爾路一直奔去。商店還在睡夢中，路上是冷清清的，只有飛機在頭頂上盤旋着好像伴護我，只有我刻刻的向他注視，恐怕它向我下蛋。

陽光帶來了熱鬧，我看見人們都在東張西望的匆匆的奔跑，不覺驚疑起來，後來從一個老女人囑付他小兒子的話中，才知道是「恐怕吃流彈」，這使我觸景生情，又想起了慈愛的媽。沙堆旁的洋兵是增多了，鄙視着我。我依次向鐵柵外成萬的人海中找尋我的媽，但是總被洋鬼子惡狠的趕跑了。

上午過後，我躲在馬路口向那面張望，眼見一大羣的汽車裝來了美味的大餅，向那鐵柵外拋出去，接着是一陣陣的騷動和呼喊。我收緊了褲帶，搜索着，但是那裏有媽的影子？槍聲烈焰是漸漸地迫近了，外面的人頭像浪一般的在掀動着；可是人間地獄是這樣分別得清爽，誰來理睬你？

我開始踱回去，人是一堆堆的在議論着，店鋪是上了牌門，我當是罷市了。那邊救亡會的門上加了二張交义的封條，「媽的！」我鑄入了呂班路，看熱鬧的倒不少，但都是觀望不前的。我假裝向洋巡捕揚了揚手，表示我是住在那邊，於是獨個子通過「封鎖線」，後面一個郵差跟了上來。「嘟嘟嘟……」「咯咯咯……」，我連忙的避到水泥的電桿柱後面「嘘」的一聲把柏油路上的泥灰揚了起來流彈多麼可怕。意大利式的老鷹在窺視着我，我恐怕被發見。黑點漸漸地由小而大接着轟的一聲黑烟冒了起來；我只有祈禱着母親平安。鐵門外蹲伏着大羣的戰士「拍拍拍！！！」有幾個跌了下去。炮彈掠過我頭頂的天空火藥氣和血腥氣幾乎使我作嘔。槍炮聲慢慢靜了下去模糊的黑影垂着頭向後退却了。

突然四五十個洋兵飛一樣的奔了過去，很短的時間，他們接來了幾百個年輕的兵士，數十輛的汽車集中了，那些黑色怪叫的吐火的東西和人都被汽車載了去。我在人堆中找尋我的媽。人們都懊喪的散去，四圍是寂靜了，我好像聽到在濃煙縈繞中的慘叫。

我頹喪的踱了回去，晚飯已發過了。在黑暗中我向着紅光照耀的天空禱告希望着媽是平安的還在人間。（29日）

去年「九一八」之夜

戀珊

（一）

午夜，四週沒有一絲的燈光，整個的宇宙靜靜地，九月的月亮，矇矓地照遍了原野。一隻花白狗躺在路旁那餓癟了的肚皮，一起一伏地蠕動着，當聽到我們的脚步聲時立刻跳了起來一面逃，一面還是汪汪地叫。

我們一夥兒剛從火車上跳下來，爲着今天要想進租界，所以走得特別的快。

「幾點鐘啦？」

「唔，九點半吧。」斯泳看了一看手錶，回答我。

（二）

一塊烏雲移過來，月亮陷進雲團裏，大地立刻黑暗，一會兒月亮從雲山中爬出來又跟着我們跑。在轉灣角的大樹下，站着一個年青的兵士，手緊緊地握着槍，正在練習開步的姿勢。

「你們從那兒來的？」

「我們是老百姓，剛從火……車上下……來，」斯泳口中說着一口不流利的北平官話，聲音中還帶了些發抖。

（三）

沿路的小房子緊關着門，屋子裏沒有半點兒燈光透出來，我們一夥兒踏着零落的步子，向徐家匯走去。

「轟！……」

「打雷？」

「不是雷，是砲聲！」

突然一條電光裂開來，把整個的原野，在人們的眼簾中一閃，剛才說「炮聲」的人沒有話說。

法租界的鐵絲網邊站着許多人，因租界內戒嚴不能進去。

「等到明天五點鐘。」巡捕神氣活現地喊着，不時用那犀利的眼睛向我們一掃。

我們揀了一個地方坐下來，把包裹墊在屁股下，低着頭沉沉地睡去。

「小瑚，露天睡要受寒的，起來我們去吃豆腐漿吧！」斯泳推着我。

「那兒有豆腐漿？」我一聽見「吃」就跳了起來，手搭在斯泳的肩上，一步一步地走向那邊的小房子去。

（四）

小屋子裏擠滿了人，因爲夜裏天氣太涼，我們都擠在一塊兒。

「喂，四碗豆腐漿，八根油條。」

豆腐漿的味兒不錯，尤其是餓了大半天的我們，眞把牠當作金湯玉液了，一個人喝了二碗，又吃了兩根油條，心中還有些不够似的，但是終於跨出了門，只走了十步路，還回過頭來望一望，有些戀戀不捨。

（五）

石階，冷冰似的，眼睛又想睡了，可恨那個蘇州人眞有些討厭。

「倷阿曉得大世界格炸彈是啥人……？」

「他媽的眞討厭！」斯泳最討厭蘇州人，尤其是說着蘇州話。

風吹過來，帶着一陣陣的寒意，我加上了一件衣服，向豆腐漿店望了一望。

（六）

天空黑黑的，月亮照在石階上，六七隻飛機在薄雲裏很快地竄着，隆隆的聲音一陣陣地傳入我們的耳鼓。

「中國飛機來了。」有人在喊，大家的眼光都射向天上，一顆顆的紅星升上天去；接着就是高射炮，驚醒了睡着的人。

白煙一縷縷的瀰漫在天空，一點點地散開，慢慢地溶入雲中。

「Bang! Bang!」幾聲巨大的炸裂聲，我們興奮得跳起來。

飛機完畢任務，飛入雲層，向南方飛去了，遺下來的是幾十顆興奮的心。

（七）

太陽還沒有升起來，東方的天空泛起一陣魚肚色的白雲，曙光四面散射着，映出紅的、藍的、白的，……

在露天過了一夜的我們，舉着疲乏的腿，一步一步地挨着回家去，馬路上冷靜得沒有一輛車子與一個行人。（235）

悲慘世界

顧旭初

從朋友寓所裏出來，已是晚上十一點，在白天也並不怎樣熱闊的街頭，靜寂得簡直使人疑心置身在荒山之中；那幽暗的燈光，那躺在地上的樹影，那蜷伏在街兩旁的積雪，使你的心靈上感覺到一種說不出的惆悵。

踏着暈黃的燈光，飛奔着向着那儘在往後伸長的馬路。

「先生……先生……」半空裏飄起了悲慘的呼聲。音調悽涼到極頂了，尤其是在這死寂的黑夜，然而在聽覺上太熟習了這種聲音，我連頭也不回一下。

「先生……請你……先生……」

面前的影子已不止一個，當脚步聲逼近耳畔的時候，我殘忍地吐出了：「我沒有錢！」

「我不要錢。」

「那末你……？」好奇地回轉了身，映入我眼裏並不是想像中衣衫襤褸的乞丐，而是一個很結實，但是似乎很愁鬱的中年男子，旁邊還有着一個五六歲光景的小孩。

「先生，請你不要拒絕我的要求，我想把這孩子送給你，是的，我沒有說錯，請你收留他，但是千萬不要誤會，我並不是想換錢！」

打那兒說起呢？平空地想把孩子送掉，而又不要錢！

「先生，別懷疑，我誠懇的請求您！先生，我沒有家，砲火奪去我的妻——他的娘，風吹雨打，長長的時間在艱難困苦中飄泊過去，現在，這種生活，良心再不允許它繼續下去了，我決定到內地去！但這孩子是阻礙……我捨不得拋棄，可是叫我怎麼辦呢？……」

「那末把他送到收容所去得了！」我淒然地說。

「是的，我也這樣想，凡是經過我請求的人也都同我說過。但是，先生，在冷靜的街頭，不是常常有小孩的屍體拋在地上嗎？報紙上不是說難童死亡率的高漲嗎？這叫我失掉了勇氣。並且我還這麼想，假如有一個好心的先生肯收留，時常告訴他：家是如何毀的，媽是爲什麼死的？爸是怎樣失掉的？自己的苦又是爲誰吃的？那麼將來長大起來也許會比他的爸爸中用一點……先生，你說我在發瘋嗎？或許是的，誰願意平空地找這許多麻煩？但我相信在廣大的人海中，我一定會找到同情的人的……誰知我跑遍了大街小巷，人們都拒絕了我！先生，請求您的哀憐，救了我的孩子吧！」

熱淚在打轉，血液在奔騰，我恨不得撲過去告訴他：「我答應你，我決定照你的希望做去！」但是立刻我想起了自己的境遇，我失去了勇氣，剛才的熱情變成美麗的幻想，痛苦咬住我的心！

「請你原諒，朋友，我同情你，但是我沒有能力幫助你，這兒有……」以下的話我說不出，把二張紙幣塞在他手中，回轉身，拔起脚向前就奔，我想逃出這悲慘的世界，去掩面痛哭。

「先生，你，你不要這麼殘忍啊！」後面繼續送來比在宰割羔羊時所發出的悲鳴更淒涼的聲音。

但是，叫我用什麼話來回答他呢？天哪！（選自文匯報世紀風）

同情

金谷

民國二十七年的初春，在上海的一日，氣候好像特別冷，溫度在冰點以下，太陽好像怕羞的樣子，若隱若現的老是竄在雲堆裏，裂人皮肉的西北風，吹得怪緊的，人在外面跑着，兩隻耳朵被刮得麻木，像失掉了的一般！

在滬西××路的起點處，那幾幢建築得矮小而精緻的房子，據說是××××的宿舍，宿舍的四週植着許多常青樹，尖厲的寒風吹來，常青樹便發出蕭蕭的聲響，使人意味到在不遠的地方，有千百萬英勇的戰士們，正在鏖戰喊殺着！

從宿舍南向沒幾步路，本有一片大荒場，現在却蓋滿了許多的竹蘆棚，那是××難民收容所，裏面居住着千百個毀了家的同胞！

夜深了，風刮得更厲害，路旁的電線桿，被吹得格格的作響，這時××收容所的門前，靜悄悄的沒有一人，在那××宿舍牆脚邊的暗角裏，却滾着一段黑黝黝的東西，遠遠望去，似乎還在顫動着。

那邊傳來一陣剝剝的皮鞋聲，接着跑過來一個中國探捕，神氣十足，兩個眼兒朝着天，突然他「噯唷」的喊了一聲，原來他一脚踏上那黑東西，給拌了一跤！

「噯喲！」是一個微弱的聲音。接着那黑東西漸漸的爬動起來。

「先生，可憐我……」聲音簡直軟弱得聽不出來！

原來那黑東西是個人，在黑暗中還能看見那一副枯槁的臉容。

這時，那個跌跤的探捕已爬了起來，他雙眼圓睜，惡狠狠的指着那黑東西：

「半夜三更，你這不知死活的東西，伏在這裏幹嗎？想偷東西麼？帶累你老子拌了一跤！」

接着便向那黑東西——一個遭人間遺棄了的可憐蟲——使勁地踢了幾脚。

「噯喲……噯喲！……」

只見那黑東西頭縮縮，脚伸伸，那軟弱的聲浪又起了：

「先生！……我並不是偷東西的賊……我……是個無家可歸的難民，……可憐我從×地逃到這裏，已四天沒有吃飯……今天……聽說此地有收容所……雖然精疲力盡，却滿存一線希望……希望收容……所以從大清早起……空着肚皮跑到此地……誰知收容所人已滿了，不能收了……我再三懇求他們，總是不答應……沒奈何，躺在這裏偷活等死……讓西北風吹殭了我的身體好了，我的苦也吃得够了，……就這樣的死去了吧！再不要見這汚濁的世界了！……但可憐我那……」

「誰要聽你這些鬼話!」

一聲粗暴的喝罵打斷了那微弱的斷續的泣訴。

那個中國探捕大約是在想到剛才拌了一跤的事情了,他好像再也按不住這股怒火!

「他媽的狗東西算今天老子霉氣撞到你,你這小偷兒,還想在老子面前掩飾嗎?哼!今天跟我行裏去打斷你這兩隻爛狗腿!」

接着又是使勁的踢了幾脚!

「嗳喲!……嗳喲!……」

………………………………

剝剝剝,又是一陣皮鞋聲,接着是手電筒光一閃,一個外籍探捕出現在他的面前。

「×偵探,甚麽事這樣憤怒,碰到了强盗麽?」

「不知從那裏逃出來的鬼東西,伏在這裏裝腔!」

那中國探捕用生硬的英語回答着。

「逃出來……的,難道他是難民麽?」

外籍探捕的目光開始注意到那黑東西,低頭想了一想,口內沉吟着。

「他算是難民,你幹嗎問他?」

頓時一絲憐憫的笑意,浮上那外籍探捕的臉上,一張五元的簇新的法幣,從他的衣袋內飄了出來。狂風漸漸的平靜下來,小星在雲縫裏偷窺着,晶瑩的月兒開始在天空中展開,銀白的光輝,悄悄地映到××宿舍牆脚邊的暗角裏,好像對那可憐的黑東西伸出同情的手臂!

(作者自註。聽了友人報告上面的一段事實,我麻木了半晌說不出話來,我簡直不相信有這麽一回事,那外籍探捕的義俠行爲,我們應向他致無限的敬意。)(712)

覆巢

陸鑫

九月秋涼的一天,上午十點鐘左右,我走過這成爲上海中心的大動脈——霞飛路。因爲小病,我二十多天不出門了。一雨便成秋,道旁法國梧桐的葉子似添幾分憔悴,照面的陽光也那麽柔和無力,失其脅人的炎威,轉覺有幾分可愛。這條路的情形和二十多天前已大不相同。記得我最後一次踏過這條街的時候,路上的行人形色都有點張皇,漂亮的少年少女一個也沒有,滿街都是衣服不整潔的工人,商店伙計,童子軍,救護隊等,路旁坐滿面有飢色的被難同胞。目前情况是不同了,商店大半復業,橱窗裏鋪陳着誘惑的物品,無線電在播音,電車汽車照常走動,衣履入時的男女也以極安詳的姿態緩步人行道上,一切是這般和平,謐穆,設若不是常有隆隆的炮聲繼續送來,或軋軋的鐵鳥掠過空際,眞會令人疑心這裏是避亂桃源，大家過着安閒歲月呢。

我對於這樣安閒之羣雖有點担心，但是我覺得大家愁眉苦臉也用不着。這時候除了工作，工作，工作，工作牛衣對泣是無補實際的。所以心裏儘管苦悶，臉上却有笑顏存在的必要。

我慢慢地通過這成爲上海中心的動脈，心裏胡亂想着。在一條比較冷靜的轉角上，我遇見兩個婦人，一個三十左右，一個則是五十開外了。她們坐在一家閉鎖了的大門沿階上，好像沒有感覺似的不理睬路過的人。她們的衣衫尙新，却滿沾泥汚，一看便知是戰區逃出來的難民。我瞥視了一眼便走過去了，但是我的感覺有點異樣，使我覺得有兩個人的面形跟着我，一副有着明亮的眼睛，另一副則是悲切的表情。

我走了很遠，那兩副面孔始終跟着我，好像它們是素識。我搜尋我的記憶，我把步折回來，我再注視這兩位婦人，而我仍想不起她們是什麼人。

「是×先生麼？」突然我聽到從老婦人的口中吐出這樣的稱呼。瞧她的臉，眼淚珠串似地滾下來了。我端視了好久，我才認出她們是什麼人，至於我和她們怎樣相識，却是一年前的事。

去年夏天，我應了一位朋友的邀請，在長江邊的一個小村裏住了好些天。那裏原是我從前學校所在的地方，那一帶我很熟悉，我非常喜愛這所在。沿江的長堤上長着蓊鬱的槐柳，堤下便是不盡東流的長江，堤裏邊却是一片葦塘，不知名的鳥類吐出款款的啼聲，襯着這瀰綠一片，遠處乃是一角城樓，是縣治的所在。每當朝暾初上，或夕陽將下時，我曾有不少的年青的記憶，使我對這河山發生深厚的感情。

我們原是暑假偷閒，到這江邊樂一樂的。我們居住的是一家漁戶。房屋像俱很簡陋，但瞧他們的家庭生活，却很美滿。他們一共七人，一對中年夫婦，一個母親，三個孩子，和一位死了丈夫的弟婦。男的晨出晚歸，漁汛時捉漁，平時則種菜耕田，薄薄的田園，一家衣食粗可維持。女的一年到頭打絨線衫，說這是包工，絨線由工頭供給，打成絨衫照件論工資。有一次我說要請她們替我打一件，她們說這是不可能查明要罰的。

由於我們隨便的習慣，使得我們和他們很親近，如同一家人一樣。我們也不講禮貌，跟着家人一般的稱呼他們。男的叫阿祥，他的妻子大家叫阿姊，弟婦便叫阿妹了。我們的生活也和他們一致，我們一同吃麥飯，夜裏一同坐着拍蚊子，談天，看螢火，有時坐在他們的小船到江邊逛一逛，我們羨慕他們每天的生活，他們却希望兒子做讀書人。

不久，我們離開了，我已經把江邊故人忘得乾乾淨淨。却料不到今天在這流水游龍的霞飛路逢着她。五十多歲的老婦是鄰人，她認識我。三十左右的婦人卽是阿姊了。

「是×先生麽?」老婦人繼續問。

「是阿姊麽,怎樣來的?」我明知她是怎樣來的,但我還是老套地問。

青年女人惘然望着我。她的眼睛似有幾分異樣。那是顯露着驚惶,恐懼和無可告助的精神。這眼睛,我一向熟悉的溫和明潔,含笑的,現在卻異常撩觸我令我寒慄。她望着我,卻不回答我的話。顯然她是認不得我,或者受刺激太深,感覺麻木了。

「阿祥他們呢?」我轉身問鄰婦。

「天啊,他們死得可憐!」接着她告訴我這一家人不幸的遭遇。說是戰事發生後,他們因爲捨不得家園,別處也沒熟人,只是惴惴地躲在家裏。終於有一天敵人侵入這毫無防禦的家宅,勒迫阿祥交出漁舟,强他划着去偷襲某某河口。阿祥在淫威下,載着敵人向自己的弟兄方面衝去。漁舟覆了,阿祥肩上中了彈,傷泅水回來。到家以後兩天,又有四五個鬼子闖進他的住宅,對阿妹意欲强加凌辱。阿祥按不住怒火,持刀逐去,砍傷了一個鬼子,於是這全家的慘運便開始了。爲了報復這一刀之恨,阿祥被縛在柱子上,備受刀刺鞭撻。三個孩子和老母殺在他的面前。在他未曾完全失卻知覺之前,眼看胼胝經營的家園起火了。這時阿姊剛巧外出,所以留得一條生命。

「阿妹怎樣呢?」我問。

「聽說被鬼子擄去喂馬了,大概成了馬蹄下的泥漿罷。可憐忠厚的一家人,遭到這橫災,還說天有眼麽?」

一種沉重的心情佔據了我。我沒有苦痛,沒有悲哀。我知道像這樣的例子不知還有多少!「覆巢之下,寧有完卵?」乃理之當然。歷史上便有無數先例,而且我相信以後的歷史還要照演下去。我們除了自强,還有別的辦法麽?

不知不覺間我離開她們了。突然我聽得悲切的聲音。

「×先生,叫我們到那裏去呢?」

「到那裏去?」叫我如何回答她。我想起長江邊上的小小家園,她們除了那老窩是沒地方可去的。我戚然了。我回頭看她們,一副悲愁的臉撩觸了我。我只能掏出身邊不多的錢給她們,替她們雇了一輛黃包車,對車夫說:

「到××同鄉會。」

（選自烽火第四期）

露宿街頭的人們

譯報特寫

砲火把萬千無辜的人民驅逐出家屋,雖然本市有「難民收容所」來收留他們,然而還有很多的人們卻露宿在街頭,過着悲慘的流浪漢的生活。記者每天深夜踏着自己孤寂的瘦影回家,在店鋪的門檻旁,像一大堆垃圾一樣,總有好幾人蜷縮在一起,偶爾聽到他們的打鼾聲，在這沉寂的夜空中聽來，眞是悽慘極了！

這幾天差不多每天都有雨水，而這些露宿在街頭的人們，好像並不把「雨」當作怎末一回事的！他們依舊呼呼地打着鼾，在慘澹的電燈光下，記者站住了向他們細看，那種黑沈沈的臉孔上，呈露出一種極度的疲勞之色！記者看見一個十二三歲的小孩子，仰着他的骯髒的瘦臉兒，這時雨水正像水簾一般往下直瀉，而這一個孩子却正呼呼地酣睡着！雨水打在他的臉上，並且往耳朵兩邊流去，記者再也不忍看下去了，只是帶着滿腔的辛酸，向前奔走。

轉進另一條路，記者聽見一個沙啞的聲音，似在求饒，又似咒駡，說：

「國難期間，應該幫幫忙才好呀！白天你們是要做生意的，晚上總不要做生意呀！那末睡在你們的店門口又何妨呢？不是吹牛皮！打仗之前我也跟你們一樣，是睡在房屋中的呵！現在是沒有辦法呀！……」

「不準多說，你不想想你自己身上是一身的白蚤麼？……」

記者掩起耳朵來，急忙忙地走着，不敢再聽下去。於是又轉進另一條街。這條街，燈光是比較地暗濟得多了，記者捧着顆辛酸的心兒，向前趦趄着，不幾步，聽見一片沉重的歎息聲，記者定眼一望，在暗灰的一角，只看見一個骯髒的人兒在街沿石上，雙手捧着頭兒，手指還亂搔着蓬亂的頭髮，於是又是一聲沉重的歎息聲發出來了。

記者覺得好奇起來，走上前去問他，他只是向記者眨了一眨白白的眼珠，於是又垂倒他的頭兒，經記者再三催問他，他才說：

「什麽人都瞧不起我！我有老婆也有孩子，可是打仗了，從虹口逃生出來，帶出的一百多塊錢沒九個月都用光了，於是住到難民收容所中去，可是沒兩個月，孩子死掉了，老婆是頂愛那孩子的，自那孩子死了，她也就發了瘋。在一個深夜中，她趁我熟睡的當兒跑掉了，從此我再也找不到她了！唉！只我一個人活着，一個人呵……」

他又垂倒他的頭兒，一聲聲沉重的歎息聲，又連續地發出來，記者急忙又向前逃也似地奔去。……

砲火把萬千無辜的人民驅逐出家屋，人民雖在受苦，然而中國却有個輝煌的「明天」，是無疑的！

（廿七・六・二十四・譯報）

一個神經病者

朝露

——難民所裏的特寫——

這幾天，老天老是板起牠那一副陰沉沉的面孔，雨下個不停。牠好像爲這一羣不幸的人們而悲傷而流淚。

層層的烏雲籠罩了整個的天空，每個人的臉色，更顯得悽慘枯瘦得可怕。這間大而不透光的——這房子原來是堆棧，僅只高高的屋頂有幾個小窗——堆滿人的屋子裏，整個的空間似乎充滿了悽切悲慘的景象。

有的人聚集在一起談天，有的人閑坐在被頭裏緊聳着縮閉起眼睛不知在想些什麼。此刻屋裏現出從未有過的靜寂。

因爲怕雨飛進屋子裏，把窗戶統統都關了起來，同時又因陰天發潮，於是由人們的身上和各種不淸潔的東西混合着發出一種惡濁的臭味，房子裏的空氣更加惡劣，使人感到頭昏心惡。我因忍受不了這種氣味，就跑到房門口，背靠緊門板呆呆的站在那裏望天落雨。當時我的腦神經像亂麻一樣在胡亂的想着一些不關緊要的事體。

當我正在想得出神時，忽然從我背後左角落裏發出來一種怪異的笑聲，很尖銳的刺入我的耳鼓裏，使我吃了一驚；不過立刻我便理會是曾經聽過的笑聲。我本能的回過頭來，將目光轉移到那發聲的地方。我看見了那一位約有四十來歲的難友曾劉氏，穿着一身公家發給她的黑色棉短衣褲，披散着頭髮，呆板着一副似乎久未洗過的又黑又瘦的面孔，那一對黑而圓大的眼睛一溜一溜地轉動着，捏緊兩拳兇狠狠的好像要和誰拚命似的。她的上半身像北平動物園裏的動物吃飽之後，無意識的前後搖擺着。

本來她這種奇特而使人看見又好笑的動作，是大家已經看慣，都以爲她是一個瘋子，所以也就沒有人去理會她。

我心裏在想想這個人究竟是先天的愚癡呢，還是受了什麼刺激？如果是後天的話，那就一定有她的歷史根源了。我因被好奇心的驅使，就跑到她跟前和她閒談。我想由談話中也許可以窺探出一點她的身世。

「喂！你是那裏人？」我開始這樣問。她只是不出聲的癡笑而不答。

「曾劉氏阿姨！喂！你告訴我，你是什麼地方人。」

她呆看着我。

「呵！好好的告訴我……」我一面笑着，像愛護小孩子一樣很溫和的哄着她。

「東三省人」，她癡笑了一陣，才慢吞吞的吐出這四個字。

她仍坐在她自己的鋪位上，身子還在不停的搖擺着。她終天不離坐位；只要不直接礙着她，無論天大的事，她依然安坐不動，像沒有看見一樣。她好像有她自己的天地。

「哦！東三省？這麼遠。你什麼時候來到上海？此地可有些什麼人？」不料這一問倒問出禍來，她聽了我的問話，起先大笑了一陣，後就嗚嗚地哭起來了，盈眶的眼淚樸簌簌地滾滿一面。我看看她那可憐的樣子，心裏很難過，我想這人一定別有隱痛。於是我也不好意思再問下去了。

「林先生，做做好事吧！把她調到別的房間裏好吧！」靠近她睡的一位十六七歲的阿妹難友向我提議。

「爲什麼要調，還不是一樣麼？」我這樣的回答。

「先生，你不曉得她常常睡到半夜裏還在叫喊，有時候夜裏坐起來嘴裏嘰哩咕嚕的不知說些什麼。」阿妹接着又說了這幾句。

「她說些什麼，你一句也沒有聽到麼？」我問。

「——你看！你看！那不是一隻脚麼？我那天夜裏聽她這樣的叫。有時我睡得好好的被她這種聲音驚醒。」阿妹說着還做着可怕的表情。

「你還聽到她說些什麼？」我又問。

「有的時候聽她叫着：愛珍！愛珍！有時駡着：媽那個巴子！可惡的鬼子！媽的巴子！」

我本是爲了想知道這人的來歷才來和她談話，可是談話的結果仍得不到要領。我想用什麼方法才能够探聽出她的身世呢？

我無精打彩的呆坐在那裏。朝住門外望望天空，雖然還有一點點毛毛雨，可是漏隙的雲層中彷彿透露出一些兒光亮。房子裏的空氣似乎好了一點，我也沒有那麼難過了。

「謝謝你呵，林先生，還是把她調走吧！不但到了夜裏看見她那種樣子可怕，而且有時候吵得我們課都上不成。」另一個素珍難友懇求着。

她們這樣左一求右一求，眞使我覺得沒有理由再不允諾她們的意見。我只好用：「好吧，讓我慢慢的想辦法」來塞責。同時我一面想着——把她一個人住在一個房間吧，那有這麼多的房間，事實上是不可能的，同時也不放心。調到另一個房間吧還不是吵得別人睡不着覺麼？這個問題倒使我有點爲難了。

「喂！阿姐！你知道曾劉氏來到這裏有多久？」我想試試看她可知道這個神經病者的來歷。

「她麼？讓我想想……呵！恐怕快四五個月了吧？」素珍這樣回答。

「她來的時候有沒有神經病？」我追着問。

「不！她來的時候還好，和她說什麼，她都知道。」

「那麼她是怎麼發癡了呢？」我急急的追問着。

「呵！說來這人才傷心呢！她本是奉天人，自從『九一八』東北被强佔之後，她的惟一心愛的獨子，因不甘受壓迫便投身義勇軍，不幸在入伍未久就犧牲了。因此她對於敵人更加痛恨。以後畢竟因厭惡那塊被敵人蹂躪得汚濁不堪的故土，隨着她的丈夫和一個女兒——今年十九歲——忍心的拋棄了她久居的故鄉，到北平謀生。在北平住了幾年，去年到蘆溝橋戰爭爆發後，她一家三口才來到上海。不料來到上海不久，上海又遭了和盧溝橋、東三省同樣的命運。」

素珍說着嘆了一口長氣。

「現在她的丈夫和她的女兒呢？」我因急欲知道她的病因，不等素珍說下去又問了一句。

「她去年從南市往外逃的時候，她的丈夫和女兒早上出來，她下午出來，不知爲了什麼原故出來後到處找不到她的丈夫和女兒，同時因爲她來到上海不久，又認不得一個人，打聽也無從打聽起，一直到現在還是無影無蹤。

「以前她常對我說她晚上常常做惡夢，有時候夢見她的丈夫被炸彈炸死了，尸體分爲幾段，血肉模糊使她辨認不清。有時候夢見她的女兒被日兵强姦或殺害，有時她被惡夢驚醒，有時在睡夢中呼着她女兒的名字——愛珍！

「以前她常對我們說她老想死，覺得活着沒有意思。那時我們還爲她擔了不少的心呢！」

素珍講到這裏因事就走開去。我已經知道這個神經病的病源，也就沒有留住她再講下去。

我想抗戰以來與這會劉氏遭受同樣命運的恐怕還多着吧？

離了廠的「包身工」

啓一

——何處是她們的歸宿？

難民收容所裏收容大批難民，可是街頭巷尾還集有許多難民。在一條弄堂中兩個中年男子和一個中年女子領着十幾個女孩子蹲在那兒。仁濟堂派出來在街頭收容難民的卡車經過了那兒，他們一看非常地怪奇，這一大堆人難道是一家不成嗎？決不是的！他們走上前去帶着威脅性的盤問，却原來是一堆「包身工」，兩個男子一個是老闆一個是助手，再一個中年女子却是老闆娘。

「包身工」似乎用不着筆者多加解說，大家都已深知了。

當下仁濟堂派了兩輛卡車；一輛裝着老闆老闆娘助手；一輛裝着這十幾個肌黃膚瘦的「包身工」分開兩個方向駛去了。

在××難民收容所裏這十幾個青年的女「包身工」蹲在地下，一聲不響彷彿十幾條禿了毛的瘦狗。

難民收容所裏的人告訴她們：「你們的老闆，老闆娘，助手，不在這裏，快說他們是怎樣的虐待你們？」

有幾個青年的「包身工」拉着沙嗓子哭起來了，嚷着要「老闆！」有人問她們：「爲什麼要老闆？」回答的是：「我們沒有飯吃了！」難民收容所裏的人告訴她們：「這裏可以把飯給你們吃，而且可以將你們送回家去！」

有幾個沒有哭的「包身工」就將腦袋抬起來了：「先生，老闆捉去了頂好，我們都是被騙出來的，有的被拐出來的，我們替他做了四五年工了，一個錢都拿不着，每天只吃一頓飯一頓粥！這一次，我們差一點把性命都送去了，我們有幾個小姊妹都被老闆送給東洋人……」她嗚咽起來了，哭得很傷心，不再說下去了。

難民收容所裏的人，一再地追問她，她才說出了下面的一串話：打仗打了好幾天，楊樹浦的人都跑光了，老闆還不帶我們跑，他恐怕我們自己偷逃走，就把我們幾個小姊妹關鎖在兩間屋子裏。老闆天天到日本紗廠裏去，他對我們講，日本紗廠等兩天仍舊要開工，他說是東洋人親自告訴他的，工錢還沒有領到，即使要逃也要等工錢領到了才能逃！

「一天晚上，我們親眼看見我們老闆帶着幾個日本兵到另一間關閉着我們小姊妹的屋子裏去了，一個日本鬼子用着一柄尖刀，在對着一個小姊妹的胸中刺去，我差不多嚇昏過去了！」她停了一停，說話的聲音與聽的人的心一同地顫慄起來了！

「第二天，我們偷偷地跑到另一間我們小姊妹屋子中去一看，她們都赤裸裸的倒在地上，滿身都是血跡，還有一柄小刀插在一個小姊妹的下身。……

「當天的晚上，我們的老闆也跑回來了，據他說：日本人用皮鞭子打了他一頓，工錢仍舊沒有拿到，他說要帶我們跑了，此地住不下去了，那天晚上我們便逃了出來！」有人問她們是情願回家去，還是情願仍舊在上海做工？多數的回答是情願回家去，其中有兩個一聽到這話，都嚇得哭嚷起來了，據她們中的小姊妹說，她們出來有十多年了，是一個被「包身工」老闆拐出來的，她們兩個都是人家的養媳婦，現在都不敢回家了，其先拐出她們的一個「包身工」老闆，將她們已經轉押過好幾個老闆了，他們的老闆是從另一個老闆手中買過來的，現在這兩個「包身工」已經成為她們的老闆的私有品了，兩個賺錢的工具。

以上均是記者耳聞與目見的。　（救亡日報）

失業女工的呼聲

譯報特寫

十路公共汽車把記者帶到了延平路，跳下車，向南走幾步，就有三四輛黃包車衝向記者來問：「阿要擺渡？」記者一呆，抬頭向前面一望，原來一片泱泱大水正橫在記者不遠的前面。

「申園收容所」就淹在那一片泱泱的大水之中。

像從岸上走下船去一條一條的「跳板」縱橫地交叉着，記者小心翼翼地走着，深恐掉下「河」去。走進潮濕的「辦公室」，記者說明來意後，就有一位身材不高的A女士來接見記者，A女士請記者坐在靠窗的一隻桌子旁，記者剛一坐下那隻破椅子，覺得我的脚有點濕了，向桌下一望：天呀！原來記者的脚正浸在一層薄薄的水里哩！

A女士精神非常好，一口寧波音，詳述着華成烟草公司所有的女工友怎樣在抗戰前後替廠方努力願「爲廠犧牲。」

「八月十二日整個的虹口陷在戰爭的恐慌中，工友們有的想搬家，有的想回到鄉下去暫避一下，可是廠方有命令：——不得擅自離廠否則收回牌子！——我們全體工友爲了資本家的廠，同時也爲了自己的生活恐慌地工作着，直到八月十四日離我們廠不遠的一個日本司令部裏發出轟轟的砲聲，把整個的華成烟廠震動了，於是工友們方全體離廠，各自逃命。可是先生，爲了不能擅自離廠，我們在事前什麼東西都不能取出，只光着身子逃出砲火，我們吃盡這種痛苦，而這種痛苦又爲誰吃的呢，廠方難道可以忘掉的麼？……」

A女士說到這裏，聲音顫抖着，顯然，她的內心中是很悲憤的。接着她又說：

「先生！我們向廠方前後請願過幾次，可是廠方總是打電話給巡捕房，用武力來威脅我們。第一次我們一千多個工友去請願時，還有工友被打傷呢！」

這時，圍在桌子週圍內已有很多的女工友了。大家的臉上，都有一層憤怒之色。A女士又說：

「現在金鼠牌美麗牌又都出品了，生意非常好。在名目上，華成托德隆瑞綸代捲，實際上，華成是盤了德隆和瑞綸了，而廠方爲什麼不用我們老工人呢？我們也曾要求：我們情願一個月做半個月，讓大家都有工做，可是這條件也辦不到！……」

「這次因爲這裏都是大水，所以要求廠方給我們搬一個地方，同時也請求廠方給我們每人每月維持費五元，在廠外住的十五元，可是廠方還是不答應！」

這時站在桌子周圍的工友們中間有一個說了：

「像英美烟公司對待工友就好了，他們還是外國人哩！」

有一個B女士說了：「這次我們去請願時有一姓顧的說：——你們爲什麼一定要靠老闆呢？聽說虹口正在大批招請女工，你們爲什麼不去呢？——天呀！那個姓顧的不是叫我們去做漢奸麼？……」

於是大家都嚷叫了起來，說廠方有些人說了許多對不起國家的話。最後A女士說了：

「廠方雖然怎樣欺壓我們，侮辱我們，然而在國家多難的時候，我們還是要站在民族利益的立場，向廠方提出合法的要求的！我們全體工友都希望廠方也爲着國家民族的利益，不要欺壓我們，我們是應該共同一致的！」

聽了A女士的話，記者很受感動。後來由A女士陪伴記者去看「申園籃球場」（這是華成收容所的一部分。）我們小心翼翼地走過好幾條「跳板」，方到「籃球場」。A女士告訴記者說：

「前幾天水大的時候，差不多要齊到大腿上哩！」

而現在呢？籃球場四面低窪的地方都是汚濁的臭水，A女士說：「這眞可說是孤島了！」

記者打從「申園收容所」走出來，回轉頭去望望泱泱一片大水的時候，忽然想到「水深火熱」四個字來，是的，她們是在「水深火熱」中，記者很希望廠方能答應她們很微小而又合理的要求，她們究竟是替廠方賺了很多的錢啦！ （譯報）

被虐待與毒打

立報特寫

昨天記者在克能海路鐵欄邊無意中遇到一個被日兵虐待過的小販張妙富，他說：他本是英商老晉隆洋行的工人，在戰事爆發後的第二天上午七時，他在虹口四卡子橋被日兵捕了去。先押到沈家灣後面的東洋小學，一起用繩把手脚都綑在櫈子上，總共有二三十個人，每人被打幾個嘴吧。由善操華語的日兵問：「你們有受過公民訓練的沒有？」大家當然說沒有了。晚七時許送到蓬路日本人俱樂部，那兒的窗子是用蓆子遮住的，裏面點着電燈，由胸間掛着「補助憲兵」紅字白條的日商民訊問他們。又問：「你們當過兵嗎？」「誰會說日本話？」問過就把所有錢都拿去了，每人又被打一頓。晚上十一點左右，共卅一人被押到東武昌路三元宮，一齊用繩索吊起來，由一人問口供一人記錄。接着殘酷的刑罰便開始了，先是用木棍打屁股，打得一個個鮮血淋漓，後來又用廟裏的毛竹條抽，抽壞一根又來一根，身體好的打得更厲害，每個人都打得發昏。這樣一直打到天亮，纔讓你跪下來，小便時，他替你把褲子拉下，讓你撒在褲子上或地上，然後再跪下去。

「十五日晨，」那小販最後說：「每人前面丟了一個飯糰，一塊臭東洋蘿蔔，要你把頭觸到地上像狗一樣的去吃。這眞够人受的！有的前面竟放了一塊爛泥，要你低頭注視，旁邊有人在監督着，你一轉眼，籐條就落在你身上了。這非人待遇共受了卅四小時，在下午二時僥倖的送到虹口捕房，在那兒問過姓名，送到外白渡橋，這纔重見天日！」

（九・八・立報）

一幅悲慘的流亡圖

馬蘭蓀（廿三・學・）

初夏的早晨（四月廿八日）天氣還不十分熱，習習的涼風，吹得人身上異常舒服！蔚藍的天，葱蘢的花木，將我們的校園點綴得更美麗了！我們的校舍位於滬西一角，環境幽美，空氣鮮潔，確是讀書的大好地方，尤其是距市塵較遠，不聞車馬聲喧，置身其中，大有隔絕塵世之感！

這天早晨，可不對了。當我們上完第一課的時候，忽聞校門外人聲嘈雜，接着就是整百上千的人蜂擁而來，我們莫明其妙，只得靜靜的看他們怎樣動作。

這一羣人中，有男有女，有老有幼，個個衣服襤褸，面有菜色，一望而知他們是受過很多苦來的。但他們的精神卻很抖擻：少壯的都挑着席子，小鋪蓋，以及零星等東西；老者攙着幼者，女人提着小包，潮水般的向我們校裏直湧！少壯的且跑到總務處，定要打×|先生。我們非常奇怪，×|先生那會有這許多冤家？多方打聽，才知道他們是難民，從前曾經幾十個一起的來過多次，皆被×|先生趕走，因此懷恨在心，這次聯合進攻，必欲打死×|先生而後快！幸×|先生運氣高，適未在校。茶房出來說了兩句話，即被打傷，別人也不敢同他們理論了。

他們打人不着，便紛紛的散開，自找鋪位。我們操場南面的十二間新宿舍，從前原住得滿滿的，「八一三」滬戰爆發，同學多被阻於內地，不能來，所以空出來了。他們便將十二間宿舍統統住滿！男女老幼各就地搭鋪，一時手忙脚亂，倒也草草安置妥當。孩子們都到操場上來跑跑跳跳了！我們吃中飯的時候，他們也去吃東西。吃燒餅油條的也有，不過都吃得很少，我想一定吃不飽，僅免於餓死就是了。

他們也頗有組織，推舉出各組長隊長等人物，擔任管理看門，及與人接洽等工作。究因太缺乏基本知識，說話不免無禮貌，許多事也弄不清楚，又不知愛清潔，齷齪得實在夠瞧。環境如此，卻也怪他們不着。

我曾見一個十三四歲的女孩，穿着棉襖！初夏的天氣，我們都穿單衣，她沒有單衣換，熱得滿頭大汗，看上去實在可憐！我給了她兩件舊單衣，她父親看見了，連忙走過來向我道謝。我乘機問他一切的經過，並怎會到我們校裏來。他告訴我一段可悲的遭遇，聞之令人酸鼻。下面是這個可憐女孩的父親說的話：

「我的家鄉離上海不遠，交通很方便，長途汽車直達上海。我家世代都以種田爲生，薄有一點田地，和自住的一間茅屋。家中有母，妻，小孩等七人口，平時自耕自吃，倒也無憂無慮。不幸戰事發生，敵機濫施轟炸，母妻皆被炸慘死，茅屋也燒了，我只得同小孩子們逃出來，沿途歷盡艱苦，一個小孩被擠散，不知去向了，兩個小的又在收容所中傳染天花死掉了，我一家七口，只有我同這個女兒留在世上，在難民叢裏過生活。我聽見人家說：最後的勝利，必定屬於我們，我心裏也就覺得快活，可是一想到死去的家人不能復活，又不自禁的悲痛起來了！

「我們難民中有許多從前都是很寬裕的。他們也送子女到上海來上洋學堂打扮得同你們一樣,現在什麼都完了!有的給炮火打死了,有的給敵人鎗殺或强拉去作苦工,作完工就給殺掉!逃出時擠死擠傷擠散的也不知多少,留在難民收容所直到現在還沒有病死,已算生命特別的牢了!幾時再過從前的日子呢?」

聽了這位刼後餘生的自述,不勝其感慨與同情,一時眞想不出適當的話來安慰他!後來他又告我他們到我們校裏來的原因:他們原住在蘇州河北北山西路北浙江路一帶的空屋內,近因公共租界北區交通秩序逐漸恢復,各房主均要遷回,於是限他們幾天內將房屋讓出,他們不願露宿街頭,打聽得我們校裏有空房子,便一同擁來了。

他們處境的確堪憐,可是「博施濟衆堯舜猶病。」他們和我們住的地方,中間僅隔一個操場,窗口遙遙相對。多人雜處難免發生疾病,萬一傳染給我們,豈不有礙我們的健康與學業?且人數過多,終日出進,無論從觀瞻方面安靜方面着想都覺不好。所以我們的校長和他們的隊長商量,擬送他們到別的空屋去。他們初不允,後來才勉强答應。次晨我們便用大卡車一車一車的,將他們送到一個堆米的米棧內去。同時即將米帶到我們校裏來堆積。這是我們校長同人家事先接洽好的。還有不肯去的難民只好讓他在我們校裏空地上搭棚暫住。一部流亡劇至此總算告了一個段落!

我眼望着他們一車一車的被裝出去,心裏眞有說不出的難過!亂世人民的顚沛流離,生命竟比蒼蠅蚊子還不值錢!他們原是安居樂業的自耕農,是誰之咎使他們弄到如此家破人亡的地步?戰區日廣,敵人製造的大批可憐蟲——難民——亦日增,我們應如何救濟他們,練訓他們,使他們能爲國効勞,不要使他們無法生活,致爲敵人所利用,結果誤國殺身,多末可憐!

我永遠忘不了這一幅悽慘的流亡圖!(一〇一)

雪

孫　抗(二十七·三·八·)

——在難民收容所裏的一日

我不得不說老天變態,像「島國人」一般地。

雪已是接連着兩天,今朝却下得更起勁。每個空隙塞滿了凛冽的寒氣。

我起身得很早,天昏矇矇地像塊鉛,園子裏還是很厚很平勻地塗着一大層。難胞們艱辛地跑過去後,遺留的幾個疏落的脚印,又被脫框般倒下來的雪球塡沒了。眼前只是一片光亮,每個草棚頂,都被塗得白皚皚的,裏面靜靜的沒一些聲息,只有幾個孩子顫抖地在籬隙張望。

開出大門,呂宋路,愛多亞路只是一片白;對面一座中世紀風的小洋房，門前的幾棵樺樹壓着雪，眞像畫片裏的雪景。送報人和牛奶車在雪地裏艱苦地走動，帽子車蓋上也白白的敷了一層。

敎育組「韓蘭根」先生，眇着眼睛從辦公室出來，咭咭地說：

「你看雪多均平，只要面着天的都披上一層，讓世界像雪一樣純潔無私吧！——這才好過日子呢！」

我笑了一笑說：

「爲什麼雪蓋在洋樓上，裏面的人不覺得；蓋在草棚子上時難民却打着牙齒發抖呢？」

「韓蘭根」先生並沒回答，搭訕着進去了。

咬着一副冷而硬的大餅油條，我想在另一種人或許以爲賞雪和踏靑沒多大差異吧，誰知它蓋沒了嫩芽，壓殺了生機，是種苦難，還是種蹇運？

九點多鐘×所長來了，一身挺闊的貓皮袍子，嘻開了紅潤的面龐，用不純粹的上海白嚷着：

「啥人來雪戰？」

兩個孩子正蹺滑地溜着，不提防被他只一拉，就是個筋斗，爬起來時，又是一個筋斗；於是惱了他倆，站起來就是一把雪，所長被擊中了，又回過去一把雪。

像火藥線的點引，雪地上頓時開始混戰起來。難胞和職員立成兩大陣容，兩方都隨時補充，隨時加强，雪塊紛飛着交織成無數的白的光帶。

一個鐘點以後，停戰了。

所長跌破了膝蓋，褲子也擦穿了，專打官話的總務先生滿背心雪團，一面孔雪水。……

難胞們在笑，並沒換掉淋漓了的衣褲，臉孔却變得從未有的紅潤。

這是一種洩發性的戰鬥，平時積受着的「先生」們的瘟氣，今天該輕鬆好些了。

晚上爲避免蓬子被積雪壓塌的緣故，於是全收容所動員掃雪。

一共二十四間棚子，每個棚子需要四個人上去淸除，人工的徵集并不是由於强迫的命令，而是要自願的。頃刻間人數齊了，在密集的雪點下他們輕鬆地爬上去了——光着脚，他們踏在屋頂的雪塊上！

每個角落悉率地騷動着，雪的塊，雪的球，跌到地下來。

職員臥室裏編配組奚文德在被窩裏模糊地叫着：

「喂，輕！輕點！輕點」

「輕點還是不掃好！」這回答是有力的，像一把刀刺進軟綿綿的心房。

我羨着每個所謂「先生」們！你們有這種勇氣，光着脚和冰雪磨擦？你們只好永遠站在鬥爭的圈圍之外，指摘人家，諷嘲人家套着面具，把眞正的自己隱藏在背後，骨子裏永遠找不出勇氣和毅力的成份。

十點多鐘了，全收容所差不多睡得沒一些聲息，「小南京」却還在九號房頂上哼着「鋤頭舞歌」，風聲應和着沉重的雪塊聲，越顯得單調冷寂了。

査夜的警衛員在盤問着，「小南京」回答得很漂亮：

「他們沒掃乾淨我再來掃掃總不會錯吧？——壓死了人是大家的事啊！」

他還不滿十三歲，他的堅定和勇壯却超過了他的年齡，我太感動了，腦海裏浮出了一幅與艱苦環境博鬥着的苦幹者的圖影。

三月八日的雪給了我一個啟示：「眞正的人性是存留在困苦的階層裏的！」（897）

兒子打游擊去了

劍萍

太陽的餘輝，斜掛在西方，喧嚷的晚風，雜着人羣的噪鬧聲，已經變成怒號了。每個角落裏的人羣都是無精打彩趟在地下的鋪位上，有的赤着足，有的髒着臉，老的在流着淚水，小的在呻吟，——這一切交織成無節奏的淒楚的雜民曲。

人羣像猪子似的一排一排地被編排着，他們所佔的地位，有的黑暗不堪，有的連空氣也不大光臨；這是全憑着他們的運氣，和編排的先生們的高興來決定的。每個人被指定的鋪位，闊僅一尺有餘，年歲小的，還要縮小一倍。在這一堆一堆的人羣中，週圍都擺滿了汚穢的碗筷和一袋一袋的破布破衣，這更加深了黑暗的陰影，和空氣的窒息。

人羣的聲浪是嘈雜的。一股異樣的汗臭在人羣裏暗暗地浮上來，很快地就會鑽進你的鼻尖，使你感到精神的疲憊，甚至於惹起你的痛恨，恨那驅逐他們到難民所裏來的惡魔！他們並不是沒有職業的，也並不是沒有生活能力的人羣，可是，那班惡魔爲了要滿足貪得無饜的慾望，用炮火驅逐了無辜的他們走進難民所來度那悲慘的生活！

但他們都在企望着，企望能有機會回到那被炮火所燒毀的家鄉，拿起民衆的自衛刀槍，負起保衛鄉土的責任，將那惡魔驅逐出中國境外去！……

「媽，我要離開這兒到鄉下去了！」亞四裝着鎭靜的樣子，面孔上顯現着急切的情緒，又帶着一種假笑似的表情向母親徵求同意。

「到什麼地方去？不是去幹游擊隊嗎？」母親常聽見別人對她說，亞四是全收容所中最熱誠愛國的青年，常常在計劃着到故鄉去參加抗敵工作，據說這還是一種很有道理的工作呢！

「我不能再在難民所住下去了！媽！我眞忍不住了！」他壓制住自己的熱情，用着溫和的態度，低着頭向母親反問着：「媽！有許多的同鄉他們都回家了，難道我就不能回去嗎？」

「我不能讓你回家去！」母親本來沒有阻止兒子去幹救國工作的理由，可是亞四是她的獨生子，而她的丈夫在逃難中又被敵人殺死！……想到這裏，她的心頓覺難過起來，她流淚了！

亞四不懂母親的眼淚，只覺得她的話沒有理由，突然增加了他的痛楚。他趟下去，兩眼直睜着天花板，曲着左手做枕頭。他想到他的父親的死，和他逃難時親眼看到的敵人用槍尖刺死同胞們的慘狀，更堅定了他回鄉幹游擊隊的決心。他不但要替同胞復仇，而且要和他的父親復仇，他立即站了起來，離開他母親的地位，走到人羣中去了！……

夜的空氣已籠罩了大地，人羣中的嘈噪的聲浪，也漸漸地低下去了。

亞四的母親，似睡未睡地趟在鋪上，用手在週圍一摸，知道亞四還沒有回來睡，亞四照例是要到十一二點鐘才回來睡的，因此她毫不注意，不久也就入睡了。

在第二天的早晨，亞四的母親還未見到他的兒子回來，覺得難過，不自禁地掉下「愛子」的眼淚！於是她哭了，大聲地哭了！

這天早晨，同亞四一樣逃出收容所的有十多人，而他們的父親和母親，也同亞四的母親一樣的在傷感流淚，雖然知道他們這批青年是回鄉去幹游擊隊的。

太陽的光輝由窗裏透進難民所的一角，照耀着每個蓬頭穢臉的人羣。喧鬧聲又浮起來了。三個五個鬧着談天的人羣，今天又增加了談亞四等人的可驚可佩的事件！他們都異口同聲的議論着他們回鄉的人是「有種！」「中國人應當這樣幹！」「我們都要快走上這條路了！」

空氣是混濁的，但他們的面孔上，都顯示着一種鎭靜的表情。

（574）

當義勇軍去

林林

隊已經排好了。

這一隊人有五十九個壯丁，由於內心的慷慨激昂，臉部都顯得異常緊張而興奮了。他們在難民所的蓆篷裏已等了二三星期之久，沒有工作，整天在吃閒飯，整天聽着飛機聲、炸彈聲、大砲聲……他們太難忍了，他們有些人老早就要求當兵去的，今天既然達到目的，怎麼不高興呢。

天很陰沉，細雨還在降落。他們站着，在難民所的竹籬畔馬路旁的梧桐樹下站着。一百多條的滿是汙泥的赤脚，都準備走上征途了。

混在人羣中抱着滿腔熱忱的總幹事，向他們致辭：

「諸位，你們都是給敵人的砲火轟出來的，我們很明白我們的敵人的慘酷和野蠻……你們此去，要好好受訓練，爲自己報仇，爲國家盡力。不把敵人趕出中國以外去，我們便不能得到安寧。你們都是壯丁，不要看不起自己，應該抱負着要作中華民族的好漢，中華民族的英雄。……」

「對！對！」他們聽到這些話，越發興奮，每人的心頭都擁上血潮了。

訓話不能繼續下去。隊尾有個婦人在哭着，她的手緊拉着隊中的一個青年。同事就向他的跟前走去。

「她是誰？」

「我的母親。」他一面答，一面梳理他母親的散到臉部來的頭髮，又以手巾擦他母親的眼淚。

母親默默不言語，緊緊拉着她的兒子，不讓走。過了一會兒才慢慢地露出一種鄉下人說話的腔調說：

「他走，我靠誰呢？……」

兒子很沉着。我們勸他不要走，想不出竟這樣堅決的回答：

「不！我得走，跟大家一齊走，在這時候她要靠我，我是無辦法的，今天一定跟大家走！……媽媽在這裏，請諸位先生照顧。……」

說到這裏，他的鼻子有些酸惻了，幾乎要落下淚來。我們勸他好好說服母親再走，既盡忠也盡孝；可是他還不肯，後來因爲看到母親的痛苦，並且聽到往後一定有機會去，他就眼巴巴地陪着母親到棚子裏去了。

天很陰沉，細雨還在降落。人們準備出發。名點過了，慰勞袋分發過了，大洋五角的津貼費也分發過了。

當募集的時候有個能幹機警的廚子，他不在場，沒有參加，現在匆匆忙忙地補報了名，插到隊中去了。他領到慰勞袋和津貼費之後，他的徽章和符號都已扯起來了。

壯烈而嚴肅的隊伍，就要出發了。那時廚子，眼紅紅的，在流着淚。我們上前去問他。

「我要跟大家當義勇軍去，可是我有個父親，跟他商量，他是不會答應的，不跟他說，我太難過了。」

人們都看着他，他用自己的袖子擦了眼淚，壓抑自己的傷情。

在談話之間，突然他的父親跑出來了，據說是一個老太婆的女同事去通知他的。他父親還是一個矮健的四十歲左右的漢子，看來是能夠過獨立生活的。

「喂，你不能走！」父親拉兒子拿着慰勞袋的左手。

「我要走。」

「你走了，我靠誰養活？」

「現在我不能養活你。」

「當什麼義勇軍，我已當過二十幾年兵了，沒意思，你不能走！」

「不對，你當兵的時候，是自己中國人打中國人，現在不對啦，我們是要打東洋人！」

在那老頭子說出否定當義勇軍的意義的話後，我們有人提出抗議了。但當廚子激烈地回答時，隊伍裏的壯丁，都異口齊聲地喊出：

「對！我們現在是要打東洋人。」

但是老頭子沒話說，死不讓他兒子走。我們很怪那個通知他出來的女同事。時間不多了，結局，我們以勸那個給母親攔阻的青年一樣的話來勸他，留待下次再走。

總幹事把訓話結束了，並向他們一一握手。

平時跟我最熟悉的幾位也都參加隊裏，時時向我微笑。在楊樹浦日本的公興鐵廠作工，一到難民所來就想從軍去的C君，懷着惜別的熱情要我的通訊處，我緊緊握着他的手，我心裏說不出的感動了。

天很陰沉，細雨還在降落。他們在難民所的竹籬畔，馬路旁的梧桐樹下站着一百多條的滿是汙泥的赤脚，就即出發了。

微微的風吹着，難民所門口高豎着的旗子飄着，好像壯烈地歡迎他們，祝他們健進！

五十九名的壯丁，在這旗子下，在冷冷的細雨中前去了，抱着熱烈的壯士心，向前去了。（廿六·九·廿三·救亡日報）

『七套，雪白的……』

呂彥

天氣是炎熱的；但職務使我們每天得跑上幾個收容所。跟着幾個同事，替一般難民們檢驗身體，有病的替他們治療，有時也帶幾隻盒子，瓶子，針筒，針頭等替他們打打針……工作使我們忘了氣候，忘了疲倦，忘了一切。

下午二時半。

很抱歉，我去遲到了一點。高劉李等幾位先生，早已等着我了，而且他們什麼都預備得好好的。於是我乘着車子向要到的地方出發了。

在車中是一個苦悶的沉默。

有人在打扇：拍拍的聲音節奏着車身的行進，混合着在窗口中透進來的微風，給予我一種涼快的感覺；然而那僅有的一點風，還是帶點熱的。

炎熱的天氣中，稍為感到一點舒適，就容易引起睡意。我開始覺得朦朧了，眼皮沉重地垂下來。但給車身停下的震動所驚醒了。

這裏我記得很清楚，我已經是第三次來了。主任×先生是一個浦東人，說話的聲音有點像開留聲機，又快又清晰，還帶點尖銳。他從來沒有遲疑過，二個透亮的眼珠，適當的嵌在眉毛的下面；可惜稍爲有了些大小，可是不要緊，有了一個挺正的鼻子來補充。瘦俏的頰上，還添上二條弧形的皺紋，年齡大概有卅多了吧？看見了我們，又開了留聲機：

「喔！你們來了，我已等了好多時了，難民們正伸着手臂呢！」因爲今天我們是來替難民們打預防針的。

他說時笑了笑，弧形的皺紋加深了些，像二條深而且遠的隧道，那右面的眼珠更擠緊而凹進了。

他招待我們走進會客室（也兼辦公室）我們管自己忙着的點火，倒酒精，消毒各種的用具，李先生跟他搭訕着。

也正在這時，二三個人氣喘喘的跑進來，他們每人背着個很大的包裹；在包裹的四角裏，有一個是伸出了一只汗衫的袖子。我才知道這是××會送來的，裏面都是衣服，給難民也給辦事的職員的。

他們一起的背着進來了，最後的一個幾乎連再走一步的能力也生有，在門口就很重的摜了下來。跟着是喘氣，擦汗，地面上揚起一陣灰……

那是一個被派爲做傳遞工作的難民，當我們第一次來這裏的時候，就是他引進的。他個子並不高大，然而却比×先生要高點，他有結實的肌肉和果毅的精神；但近來也略見消瘦了，大概收容所的生活給予他一種打擊，因之精神也漸見萎頓了些。皺紋在慢慢的爬上他那稀疏的眉際，和那流露着倦意的眼角，平坦的額邊，正冒着氣，下巴上掛着汗滴，頭髮——雖然是那樣短短的——但也透濕了，垂到額際。他正撩着他僅有的一件破背心揩拭着頭上的汗。可是糟得很，胸前的一個洞給撕得更長了些——嘶！

然而他微笑了，他忘了熱，忘了倦，事實給了他興奮，使他一切的希望維繫在他背上的大包裹，那僅有的破背心，該換一件了吧！……他也許正在這樣想着。

他更形活潑了，他讓汗直淌下來，壓制不住的快活顯露在他的臉上。他跑着——簡直是跳着——到×先生前，用一種顫動的聲音：

「×先生！我來解開好嗎？」

但他的慇懃被×先生所忽略了：

「不！你到外面去！」聲音簡直有點像叱咤。

「…………」

他望着那包裹的一角露出來的一隻袖子，懊喪的走了，拖着沉重的步子，頭不時的回來望着。

但是他踏着輕快的脚步走出了門，轉向左面一溜就不見了。

「呆什麽！總會拿到的！」他嘟嚷着，他自已也笑了。那聲音那笑容，一直跟他向左轉。

×先生又開留聲機了。這裏，他已換了一張唱片：

「張先生！趙先生，還有老高，你們來選吧！」

特別是「選」字很使我觸耳。

我需要一個答覆，我以詢問的眼光望着劉；可是她祇霎了霎眼。

水在特製的小盒裏滾着，細微的聲音在空氣中蕩漾。我們更忙了：擦針頭，灌苗……酒精燈給熄滅了，冒着一縷清淡的烟。

自已手上也用酒精擦過了，那裏汗正在滲出來，但抹了抹，又像沒有了。

×先生大概有「經驗」吧！他見了這情形，又連忙把機鈕扭動了：

「阿根，聽見沒有？叫他們挨着號數來。」

於是：一個一個的來了，一個一個又擄着袖子的走了。劉，高，李先生和我四個人不斷的忙着替他們打針。陳管消毒的工作，把用過的針頭再去點火用水燒。這樣不滿廿分鐘他們一半已是打過了。

我們緊張的工作着；職員張先生，趙先生，老高，更緊張的也在工作着。他們佔據着一張方桌，開始着在第二個包裹裏「選」了。一個已經「選」好，成績是在方桌底下理出了幾件。大堆的還是在原來的包袱裏。

我不能看見他們的動作，但是聽見他們的聲音：

「趙先生！這件發黃了！還是我手裏的。」那是一種不純粹的本地話，略帶點寗波「腔」。

然而也給發見了破綻：

「那鈕扣不是脫去了麽？」大概是趙先生的回答。

於是二件都落了選。唰！——擲向大堆裏去了。

「喂！老高，那件小孩的褲子你拿着做什麽？」

「倒很好的！想給阿毛去！」

大概阿毛是他的孩子。

「先理大的吧！還祇理了四套呢！」尾音低了下去，被抑制得不很自然。

「喂！輕些，那邊……」

「…………」

「…………」

終於趨向沉默了。

「那邊」自然是指我們。我的心劇烈的跳動了，我憤恨的望了望他們：六隻尖銳的眼睛死釘着一堆衣服，手脚匆忙的蠢動着，嘴角上掛着鄙夷的笑。那眼睛，流露着自私，刁滑，貪濫……

一分，二分，五分——又過了十分鐘了。

×先生的留聲機再度的響了起來：

「喂！阿根！再叫他們挨着號數來領。」

阿根應着在天井裏。

於是瘦削的，皮膚焦黃的，像患了第三期肺病似的……什麼樣的人都來了。又每雙枯黃的手中拿着件破舊的上衣或褲子的走了，每個都拖着沉重的步子，像有繩在他們後面牽着。

我偷空的抬頭望着，看見了剛才背包的那個，他仍懷着希望的神色在望着那堆破舊的衣服，他也望着桌底下那整潔的一堆：那顏色是顯明的，邊留着整齊的摺痕……然而他那些同伴拿的並不是這些。他像失望了，眉打着結。但我在這樣想：

「那好一點的也許給背過包流過汗的人吧！」

於是又見着一道快意的影子閃過他的臉，大概他也想到了這。

終於叫到了他。

他跳躍的挨到×先生前。

×先生遞給他一件背心，焦黃，衣角缺了一塊，胸前一個洞……

他望了望自己的：

「×先生！我是剛才背那包裹的！」

「唔！我知道，你拿去吧！」輕描淡寫的把那希望的夢打碎了。

「呃！那桌……桌下的……」

「……」主任又叫另一個了。

他顫着手接了那件背心，失望給他在快樂的頂點摔到了悲哀的深淵裏。

終於他灰心的走了。

接着的一個我簡直不敢看：那濃闊的眉毛，含着憤恨的眼光簡直在瞪着×先生，拿的時候也並不懷疑，更望着各個職員及桌下的那堆，露着報復的笑，於是走了。我疑心他有所表示，也許會……

……但我自己也趕緊的再繼續着工作。

打完針後，還到各處走了一遍。回來時，辦公室祇剩幾個職員，及一堆整潔的衣服從桌下移到了桌上。

他們鬧得很混亂，大概在爭論：

「不錯的啊！張先生，你也在一起理的。剛才十一套，現在變了四套！」

「是啊！整整的十一套！」瞪着眼說。

「看錯了吧？」投着猜疑的眼光。

「瞎說！」

「那麼怎會少的呢？」×先生想抓個總紐來說：「你們一共十一人，理了十一套，少也少不到七套的！」

沉默。

「……」有人在蚊叫似的喻着。

「阿根！剛才有人進來過沒有？」

「沒有！」

「……」

我們走了，×先生叫阿根領我們，他自已忙着「衣服」的事。

「天知道！少了七套，誰明白是那個拿的！」阿根嘟囔着。

我們五個，慢慢的踱出了。走過走廊，一個老婆婆把我拉住了，懷着譏笑的口氣：

「先生！知道吧？七套，害白的……咳……！這纔『强盗碰着賊』呢！」

于事後一日七月廿三午後

第五輯
收容所

難民參觀團

雅庸

他們一行三十多個人，——有老太婆，年青婦女，小姑娘，也有年壯力强的成年男人。他們沒有戴帽子，也沒有拿陽傘，冒着六月的驕陽，踏着燙熱的柏油馬路，朝着×××路的××××收容所出發。他們給太陽晒得臉兒發燒，汗珠像雨點般的從毛隙中湧出來，但是他們爲一種同胞愛的激情激動着，每個人的心都有說不出的興奮和歡快。他們走完了一條馬路又一條馬路，他們一點也不覺得累。走了半個鐘頭，經過了幾條馬路，好容易才到了目的地。

經過了一番通知的手續，從辦公室裏走出幾位職員和難友來，把他們招待到辦公室裏。他們在辦公室裏每個人喝了一碗茶，休息了一刻鐘光景，一個五十歲左右的難友跑進來向他們招呼說：

「棚子裏的難友們已經佈置妥了，請諸位分做六隊去參加我們的午會吧。」

參觀團到棚子裏的時候，每個棚子都傳出一陣熱烈的掌聲，匯成一條熱的河流泛濫着全個收容所，激動着每個人的心。

「敬禮」一個「大先生」這樣的喊了一聲，男的女的，老的幼的難友們都站了起來，那熱烈的掌聲也跟着靜穆了。他們雖然是從各個不同的階層各個不同的角落裏集攏來的，他們雖然沒有見過面，沒有交談過一句話，在過去他們也許爲了一枝柴一隻雞，一隻猪，甚至於一個口角便要扭打起來，吵鬧起來，可是現在他們的家沒有了，什麽東西也沒有了，他們所有的是同樣的命運——苦難，而且他們都知道驅逐他們走上這死亡線上的是誰，他們都爲一種同仇敵愾的感情激動着，所以他們的心已經默默的契合着，他們每個人的臉上都浮着一種同胞愛的歡笑。

「諸位難友，請坐下來吧，我們開始開會了。」主席使勁的拍了拍手，又做了一下手勢要難友們坐下來，他開始致歡迎詞，說：

「今天××收容所的先生們和難友們來參觀，來慰問我們，我們是非常感激的。我們都是同樣的受難，同樣的給東洋鬼子刼去了我們的田地，燒掉了我們的房子，使我們沒家可歸，沒飯可吃，流落到收容所裏來做難民。但是我們各人在各人的收容所裏，從來都沒有往來，大家感情非常隔閡。我覺得這個時候，我們是應該互相幫助，互相安慰，互相鼓勵的，所以我希望××的先生和難友們，把他們那邊的情形告訴我們，同時，我們這裏有不妥善的地方也請他們指導。」

他的話是很懇切的，他一邊拍着手，一邊向××的一位領隊的先生點了點頭，隨着四周圍也鼓起了熱烈的掌聲，在這熱烈的掌聲中，一個身材瘦小的青年，撑着一枝黑色的手杖，拐着脚朝那張做講台用的桌子走攏來，他向主席和全體難友點了點頭說道：

「我們今天到貴所來參觀，蒙諸位這樣熱烈的招待，我們心裏眞有說不出的愉快和感激。要說我們的生活情形，大家都知道，我們的給養都是由紅十字會分發的，做難民的生活都是一樣苦，沒有什麼兩樣，我以爲無須提起了。現在我所要說的，剛才主席也已經說過，我們過去都不往來，一點也沒有聯絡，感情太隔閡了，一句話，就是我們上海的難民太不團結了，只是各管各，譬如泰利收容所的難胞，因爲房東要收回房子，把他們趕到馬路上去，有誰來幫忙他們呢？這次東洋人又要接收國際第四收容所，結果因爲總會和難胞們反對，沒有接收成功，但是他們却又藉口要收回地皮，要想盡方法把第四收容所的難胞趕出去。我們不是還聽到他們要統統接收上海所有的收容所嗎？接收收容所，就是接收我們的生命。他們佔去了我們的土地，打破了我們的家，現在還要來接收我們這條殘餘的生命。難道我們甘心做他們的奴隸嗎？不，我們誓死不做奴隸，我們要反抗！……」

看樣子他是受過相當教育的，說話很有次序；開始的時候聲調很平和，但是每個字音都拚得很清楚，說到這裏，他的聲帶被他的憤激的熱情窒斷了，臉兒漲得紅紅的，頸額的青筋一條條浮現起來。聽衆都被他激動了，他們大都又憤恨又担憂。每個人的臉上都冒着大汗。他咳嗆了一下，又接着說：

「反抗是要靠大家的力量，一個人是反抗不得的，所以我們難民應該先自己組織起來，團結起來，然後請各界救亡團體，慈善機關，和租界當局幫助我們，保護我們。我們來參觀的目的，一方面是學習貴所難胞這種堅苦奮鬥的精神，另一方面是打破我們過去的那種隔閡，想法子把上海的難胞組織起來，團結起來！」

啪啪！…………

又是一陣熱烈的鼓掌聲，在掌聲響過之後，主席便拿出許多紙製的玉蘭花分贈給他們，接着是全體小先生唱歡送歌。指揮的是一個十一二歲的小姑娘，由主席扶她到講台上，汗珠從她的額角直流下來，烏溜溜的眼睛射出銳利的光芒，她一邊用纖細的兩手很老練的按着拍子指揮着，一邊張大嘴巴合着大家唱：

「要得到我們最後的勝利，就要組織我們自己……武裝我們自己！……」

在雄壯的歌聲中他們每個人拿着兩朵玉蘭花，歡快的告別了××收容所。（烽火）

救濟院收容所參觀記

（立報特寫）

昨天下午，上海市非常時期難民救濟委員會招待新聞界參觀各收容所及救濟醫院。首先到杭州飯莊該會所設難民救濟醫院，次參觀大世界，上海國貨公司，太平寺，西海大戲院及其他六處難民收容所。茲就記者所得印象報告如後：

設在杭州飯莊內的難民救濟醫院，據九月份的統計，從開辦以來，總共收過一百四十幾個病人，他們所患的病症，以脚氣病和痢疾佔大多數，病的來源前者是因爲他們有的本來營養就不足，到難民收容所後多半吃陳米，裏面缺乏維特命B所致；其次患痢疾的是由於飲食不清潔，因大頭菜和鹹蘿蔔之類，是最容易招引蒼蠅的。此外該院因地方嫌小，設備有限，按規矩除門診外，不收時疫病人及其他特殊的病人如產婦，肺癆等，但也有例外的。當記者離開該院時，曾目覩三個不同的悲慘現象：一個重脚氣病者，他是虹口逃出的難民，曾經做過揩客，滬戰後病已重到不能挽救的程度，現在躺在隔離室的一張病牀上，已經目瞪口呆，心臟痲痺，失了知覺，胸口不斷地起伏抽搐，他的妻子只是整天默然地守在他牀邊流淚。又有一個十三歲的男孩子，他的左脚小腿上有一個彈洞，用白布包裹着，這是在大世界被炸傷的，現在雖然到了快要痊癒的時候，不過他的父母早已逃散了。還有一個婦人眼睛低陷，面容青白，據說曾經患霍亂，以致流產，初進院時手脚冰冷，將近半死了，現在雖經救治，但精力的虧損，絕非很快就可以恢復的。然而這些，究竟是誰的賜與呢？

隨後，我們到大世界難民收容所，這裏，收容所的難民除大部份已被遣散外；賸下的家鄉都是在寶山，江灣，羅店等戰區的，因此，他們苟延殘喘於惡臭的氣息中，整天都在仰首期待我軍速將敵人驅逐出境。在他們自己所辦的壁報和牆頭貼着的標語上，全流露着：我們是苦難的兄弟，使我們失去了家鄉，變成了難民的敵人是日本帝國主義。同時，小孩們也是學會了唱「打倒日本」「除漢奸」歌曲，就一個一個的傳誦着；六十歲老婦，雖然眼睛昏花了，却很勤奮地縫着兵士們的棉背心。

至於其他幾處有壯丁……希望調到戰地去服務的，有婦女們在爲孩子們挨餓受凍，表示愛撫，同時向各界要求棉被和寒衣，見管理員便建議，除了兩頓飯以外，希望設法給他們吃得更飽一點。此外還有一批難民，是被編配在一個地方工作，他們對於生活，似乎比較滿足。當記者參觀這一切之後，虔誠地默禱着：願這些苦難的兄弟姊妹，除了不斷地應在苦難中生長，在苦難中鍛鍊，在苦難中努力，還要準備着將來對給我們苦難者報仇。

難民區一週記

救亡日報記者

踏進南市難民區，內心籠罩着一種說不出的惆悵。難民們鵠立在街頭望着他們那一副浮着沉重愁容的臉子，記者心中深深地感到難民的痛苦。

天正飄着牛毛細雨，一羣烏鴉盤旋在天空不時地落在屋頂，像搜尋着食物街頭猛有一聲難童們餓急了的哭嚷聲時它就呼拉一聲飛起了。

站在貼慶街口槍口對準着方浜路的敵人，也像烏鴉，可是他却不像老鴉那樣驚慌。是前天各慈善團體曾經組織視察團赴難民區視察，走到了方浜路時，頑強的敵人曾對準着這一羣慈善家們開槍搜尋着食物然而是一羣手無寸鐵的弱者的食物！

圍繞着難民區的是漢奸們和鬼子們放火燃燒的民房，冲入雲間的火焰，讓火焰侵入了難民區老年人和孩子們閉上了眼睛，悚悚地流着眼淚他們爲着自己的家被敵人燬去了而哭，抑是爲着被烟燻入了眼睛而流着淚呢？

不知從那條街的角落裏傳出了隱隱的啜泣聲，還悲慘的聲音，就如同在深夜小巷中聽婦人們提着一盞紅燈籠呼魂的聲音相彷彿，記者循着這泣聲走去，在一家破爛屋子的瓦簷下，尋着了一個十八九歲的小夥子，他抱着流着鮮血的腦袋在哭泣着，人們打漢奸却打着了他而把眞的漢奸放走了。

「放走了漢奸倒不去說他，那位老槍模樣的漢奸却反而說我是漢奸，於是人家都來打我，要不是那位外國先生攔住了，我眞大有被打死的可能，眞的漢奸却站在一邊笑着，有幾個流氓樣的人保護着他，要不是人家都來打我，老子眞要和他拚一拚命。」

嗚咽啜泣的聲音變得嚎啕大哭了，滿腹的悲憤一下子從心底冒出來：「那位攔住人家打我的外國先生也差一點挨了打，那狗樣的漢奸老子認識他，瘦瘦的個子，老槍『色氣』，下次老子不看見他則罷，若看見他非打死那王八不可！」

非打死那王八不可！記者握緊了拳頭。

發麵包的人來了，是國際救濟會發的，大一担，小一担，據說每人每餐兩隻，每天非發廿萬隻不可。

那打破了腦袋的小夥子，一下子跑開去了，用淋溼的衣服，揩淨腦袋上的血，一會兒他從人叢中跑出來了，手中握着兩個饅頭，再一會兒兩個饅頭不見了，腦袋上冒出了更多的血。

坐在另一個角落裏的一個婦人，嘶着嗓子嚷：「先生，給我一個饅頭！」

發饅頭的人將饅頭從簍子裏面拿出來了。她却無法走上前去拿，只在地下挨了兩下。

是患了一種輭脚病嗎？不，我仔細的一看，她的袴子被鮮血染紅了，一個紫紅色皮膚的嬰兒躺在她的身邊。

嬰兒的母親沒有爲着她已死去的嬰兒而哭泣，要是在往日，也許會放一點鞭砲，請幾個鄰人來吃紅蛋糖麵吧？

這個難民區中應該設一個產科醫院呵！我這樣地想着，腿不知不覺地走到了南市流涌圖書館的門口，那上面分明地寫着臨時產科醫院的條子。

也許產婦太多了吧，顧不了這些？誰人知道這婦人悄悄地在角落裏產下了孩子呢？

踏出難民區時，從民國路那頭，走來了一長串難民們，大約有一千人之多，他們步子是那樣地沉重，是一羣怨魂，是一幅活活地流亡圖；據說這羣難民都是從浦東逃出來的，他們在浦東已經餓了四天四夜，躲在白蓮涇美商大來碼頭上的堆棧中，昨天才由南市難民區當局設法將他們救了出來。

然而這一羣都是奄奄待斃的了。（救亡日報）

第一次的早餐

黃企衡

一座已經造好而沒有裝飾過的二層酒樓，地板還沒有完全裝好，磚塊什亂的堆積在泥地上，這裏就蜷伏着百來個難友——流離失所的同胞。

幾個預備開窗開門的牆洞，吹着冬天的使人戰慄的冷風。

樓上地位比較好些，約摸五方丈的地板上，集合着四百多個骯髒的人們，裏面有老年的，婦孺的，壯年的，孩童的。聲音幷不怎樣嘈雜，他們都沉默着。

這裏的人們大部份是來自上海四週的鄉村，多數是農民工人，次之商人很少。

由於總管理員的解釋，知道這裏的組織分爲一大隊：伙食糾察，衛生，每隊工作人數在十六人到十八人，全由難友中的壯丁充任，每隊自選隊長一人。

我所擔任管理的恰好是難友中最重要的飲食的事，——伙食股，老馮擔任了糾察股。

冷酷的西風裏，還夾雜着絲絲的細雨。

午飯時候到了，照例是老朱領隊，——一位對於世態似懂非懂的青年難友，漲紅了臉，伸長了頸子，在召集着伙食隊，下着雨亦祇得出發去領取粥和菜。

不多一回兒，十六個人都給雨淋濕了回來，二個人擡着一桶，匆匆地踏進大門。

——飯來了！飯來了！

站在門口的難童在呼喊，興奮的聲音鼓動着樓上下的人們的耳膜。

盛飲食的是個髒黑的小木箱，衛生是談不上的，細碎的黃米粥有的厚像荳腐渣，有的簡直薄得像黃水湯，醬黃色的薄膜浮滿在上面，這是第一次顯現在我面前的食料，使我驚異地想：

「這食料够幾百個難民飽肚嗎？這便是人生活的源泉嗎？」

警笛一聲，上下的人羣由騷動而靜止，各上各的舖位，仰着頭蹲伏着等待粥的分發。

在起先分發的時候，我們可以看到的，全是一些稀薄的湯羹，這些稀薄的食料，吃飽是成問題的；而沉在下面的濃厚的米粒，却又含着多量的細砂。

分配工作完畢後，才開始輪到我們自己。

勤務們把嘴唇都割得碎的粗厚的飯碗端上來，鹹蘿蔔切成了小塊，拌列地放着二盆，另外還有花生和黃荳菜算來已經是比難友多了兩隻。

——辛苦了！吃粥，吃粥！

張先生一面捧着一碗厚粥，一面說着；其餘的也就自己去動手了。

這是我第一次接觸到的收容所生活，我有着一種驚異的感覺，看着那汙穢的碗筷已經把我窘住了，我慚愧，我瞪視了好些時光，有點不自信起來，我擔心我會不能工作下去，望望他們，瞧瞧老馮，他們正很有味地呷着，於是自己才鼓足了勇氣嚐試着。

剛吃了二口，使我不耐煩了，細粒的砂石哽住了喉嚨，但是在最後，我終於連砂帶石地統統嚥進了肚子。

我吃完了一大碗，不能再吃了；老馮可眞不差，竟吃了兩碗。

在我們還沒有走進收容所服務的時候，我聽到許多人都爲着不能克苦耐勞的幹去，而仍舊退了回來，老馮和我這次在事前已堅定了意志：無論怎樣我們不允許自己爲着辛苦而退出。

是的，爲了祖國的堅苦行進，每個人都應該犧牲自己。

難民收容所服務記（廿六．一．十六．二）沙久（廿．商）

照例的，起身後把鋪蓋打好，像要動身的樣子，然後由「勤務」去泡水洗了臉，這是「刻板文章」。

我很僥倖的到這裏來服務，差不多有三個星期了。同我一起來工作的是明德和曙，本來我一個子在訓導科專門教育全所的難童，後來曙也來幫助我了，明德是在總務科中管理伙食。我們的難民收容所是屬於慈聯會的，所名叫××。

早飯就是用隔夜的冷飯泡了開水，菜是青干，因爲我們工作人員的待遇是和難友們一樣的。慈聯會給我們的車馬費，我們也是全部拿來做教育基金，作買書籍文具給難童的費用，因爲這眞如我們主任張先生所說一樣：我們是爲了工作而來工作的，祇要肚子不餓就是了。

上午第三四課都是我，下午也是二課。上早二課是教「新文字」因爲在短時期中祇有教「新文字」收效較易，漢字是不能使他們記得的，即是我也是學得不久，這就是教育自己，教育大衆的意思。我教他們不久，他們記得很牢，字母已教完，開始教拚音了。

時間相當的快，一會兒，曙笑迷迷的出來了，當然這輩兒童對他相當有信仰。「久你去吧！」他說。於是我拿了上課時應用的物品，踏着像去候法官審判般的脚步向所謂「教室」走去，雖然我同難童們相處了二三個星期，但每次上課時，總另有一種描寫不出的情況，帶着又驚又喜的心理。但他們總是靜靜聽講的，非常專心用功，這一方面是難童們的興趣，另一方面不得不贊許曙的工作的成績，因爲他總是用着非常和緩的手段去說服這輩頑皮的孩子，而使他們變成一個非常用功的好學生。

看他們的情形，及時採用適合他們的教授法，這是再恰當也沒有的事。很快的下了課，有秩序的出了「教室」，其實那地方也是他們的「飯室」，也是他們的「兒童隊俱樂部」。

飯後，曙祇有一課，另一課是明德擔任，講笑話，因爲我們的工作並不是機械的分開。

我很快樂的找到這樣一個可以安慰自己的工作，雖然我吃的米是很粗糙，住的是水門汀，但壓不住我工作的愉快。每天還可以聽到難胞們的逃難述略，驚險萬狀，令人感憤交集！我覺得天下之大，祇有這一羣受難的難胞是我的朋友，使我深表同情。

晚上，崑來談了一回，他說他將要找到一個同我一樣的工作，我非常替他高興。

到八時半的時候，開了一個「今日工作檢討報告會」之後，打開鋪蓋像昨天一樣的睡了。(784)

抗戰服務的第一天

鄭仲芳（十七·學）

大約十點半鐘吧，張先生到我家裏來，談及關於戰時服務的事。據說閘北已經開火了！我們意料今天下午難民必定很多，需要多數的人去照顧，廣東同鄉會前天就關照我們預先準備，如今戰事既發，必定要去學校裏找人了，我們決定立刻到學校裏去看看情形怎樣。到了學校，見教師們正談論着時事，好幾位同學也聚在操場上洋洋得意地談着戰事。當然，誰不感覺着無限的愉快呢？一來是民族解放的神聖的抗戰已眞正的揭幕了；二來自己也有了服務人羣的機會了。校長見了我們，就立刻吩咐我們召集服務的同志，務須在下午兩點以前齊集學校待命。於是乎打電話、趁車走路……忙得不亦樂乎，把蒲石路的、白克路的、什麼格洛克路的……

天明又怎樣呢？年靑人還是三四個，五六個，一堆堆地議論着，也有許多心平氣和地指敎我們的，雖然我們不能贊同的地方也很多，可是大部分都是很有理由的；我認爲這才是最合理的方法，有意見儘管發表，怎用得着開口就駡呢？我實在不知道他們在那兒嚕囌有何用處，而且他們是愈駡愈激烈了，一部分且準備動武起來。到八時左右，情勢更是嚴重了，有人這般高叫着：「十時以前租不到房子送我們去，請看我們打進辦公室來！」負有維持秩序之責任的我們，當然竭力設法把他們的氣燄壓低，管理員也出了幾次通告，勸他們靜止些。結果，學校裏派來的同學到達之後，一切問題都完滿解決了！難民們也在當日遣送到汶林路燕平會館去。我們把工作交替了，在十時左右返家休息。（824）

難民救濟一日記

林林

本月廿三日午前八時餘，我們到了馬斯南路震旦大學操場的時候，已經搭好了四蓆篷的難民室。被砲火轟出來的難民，錯綜着痛恨，悲憤，疲勞和呻吟的表情，在那裏躑着。四個難民室，當時分爲男人，婦女，家屬，婦孺四部。這難民收容所，據說是由法國天主敎會拿錢主辦的，要比其他難民所完美些。人道主義，是在野獸的日本帝國主義的毒手下死滅了。在這裏，這種帶着宗敎意味的人道主義，我們覺得很可寶貴。我們中國同胞不能不向他們感謝。

在嘈雜的難民羣中，怕難免有惡劣份子，非首先檢查一下不可。於是我們分部檢查了，男的檢查男的，女的檢查女的。難民大包小裏打開的時候，一股難聞的氣息就昇發起來了。一些痛苦的婦人們，在這兵慌馬亂的關頭，還拖拖累累地背着不值得二個銅板的破布包，好像那就是她唯一的寶物。

在男人方面，我們搜查出有嗎啡汁和注射器，我們把它扣留了。還有一個抽大烟的難民，偷對我們中一個人說：——先生，你能弄些烟泡給我嗎？

像這一類的人，是要特別防備的，他會是「害羣的馬」。

很困難的是登記工作。這使我們很吃力。因爲其中有大多數的難民，連自己的名字都寫不出，自己的籍貫也說不出，他們不曉得哪一省哪一縣，只說出自己村莊的名字，另一方面因爲語言不通，也頗感不便。在這裏，我感得識字運動的需要，如果有可能的話。

難民有各種各樣的人，有鐵匠，理髮匠，汽車夫，廚房，……這些應該要有發展他們的技能的機會。

人們從馬路，從弄堂，遷到這上蓆篷子下鋪木板的房子來，不怕風，不怕雨，並且還有分發麵包和米飯吃，生活當然是較好了。但是，到了吃飯的時候，因爲這次是第一天，忙不過來，麵包分發得遲晚，他們就有的陸陸續續要自己外出去買，有的便嚷着：

——先生，怎麽還不送東西來吃？

——對不住，請忍耐些，我們也沒有東西吃呢。我們答。

在這時候，他們好像以爲人家應該給他東西吃，並且也不知道，吃了飯要作工的。負訓導力面的任務是非常重大的。

難民中有一羣很純良的小伙伴，

他們有的是杭州人，有的紹興人，沒有父母，沒有兄弟，只是十二，三十五六歲的光景，雖然流浪異鄉，作爲難民，但毫不在乎，聰明，活潑，結實地駡着「東洋鬼子。」

我曾叫他們裏面兩個人，把守門口，不要讓人隨便出入，他倆把守得眞好。

還有一個人，我要特別提一提。

當我們在辦公處的時候，有一位同學帶去了一個赤膊的青年工人，他憤憤地說他一切都沒有了，從前是在楊樹浦日本人紗廠作工的，受盡日本人的氣，現在更是忍不住了，一定要：

——當兵殺日本人去！

我們大家都給感動了。

有好些女同學也都是很踴躍工作的。在婦人部工作，想是比男人部困難得多，但她們却沒有說一句抱怨的話。

大概是在五六點鐘的時候，不知由那裏請派來了六個童子軍，來維持秩序。他們要求着多來兩個人，四個人……他們非常忠於工們，勇於工作。

到了黄昏，我們暫時每室選出幾個難民來作自我的糾察。於是，六個童子軍就在那天的晚上看守五百多個難民了。

在電燈清亮，路旁桐葉飄動的夜景中，我們走回家去，同時又深深地擔憂着六個童子軍的守夜辛務。

綁票與招待（廿六·十二·十二）

阿　洛（十九·學）

——難民區的一件事——

看到了「上海一日」的徵稿，就連帶地想起了我去年十二月十二日在難民區被東洋人拘去的一件事。當時因某種關係沒有把它記下來，釋放出來以後也沒有好好地去記它，惟常常在腦海中浮現着，現在趁着這機會就把它寫下來告訴大衆。

× × × ×

午飯後，我正在寫着難民的號牌，忽然門外起了一陣喧嘩，我悄悄地走到涼台上去看看。（那時難民區中的風聲很緊，因東洋人在搜查「不良份子」，所以有一點聲音就很會使每個人注意。）啊！他們正在把比較年輕的難民强拉硬架地一車車的裝載走。哭泣，叫喊，和皮鞭聲混成了一片。一家家的門都像遇到了颶風般地砰砰硼硼地關了起來，走路的人躉些的都很快地跑掉了，近些的不敢跑得快，一個個地鑽進了離他最近的門戶……。這時我眼中爆出火來，牙齒緊咬着牙齒，只「敢怒而不敢言！」

忽然扶梯上有足步聲，我仍回到我的坐位上。這時走進來一個穿制服的人，他的鼻孔下還留着二條像黑毛蛆般的鬍鬚，在每個房間中都巡察了一遍，手中的「哭喪棒」在牆上，椅子上，桌子上……的的篤篤地敲個不休；後來，走到了我的身旁，細細地看着我所寫的東西，並用他那「洋涇浜」的「支那」話對我說：「噯！不要寫了，這統統沒有用，難民統統要到『阿拉』地方去了。」我抬起頭來向他瞧了一瞧，好像沒有懂得他的意思似的，仍低下頭只管寫着，他也就走了。可是在他背後我還發現了一條「走狗，」也一搖一擺地跟着他的「主子」走着……我深深地透了一口氣，說不出一句話來，只更使勁地寫着。

忽然下面有一種江北口音叫着：

「樓上的先生請下來，」我知道他是叫着我，所以把筆向桌上一放，氣忿忿地跑下了扶梯，當我剛走進辦公室的時候，那有毛蛆般鬍鬚的傢伙忽然很凶地叫了一聲：

「統統……立起來！」

我們一共有十一個人，除了一位年老的外，其餘十個都是廿歲左右的小夥子；那個老的，他還懂得「泥賤」(NIPPON)話的。

「他們是不是學生軍？」那傢伙問着我們的老頭兒，他的眼睛中燃燒着驚慌，但他極力地隱沒着，臉上有一種說不出的表情，很險惡的樣子。

「不！他們都是在法租界做生意的，因爲難民區缺少會寫字的人，所以請他們來的。」那老頭兒替我們瞞過了——其實我們都是童子軍。那傢伙的眼睛惡狠狠地在我們每個人的臉上「巡禮」了一番，好像要尋出一個槍疤或額上被鋼盔所壓的影子來。後來，「二、三、四、……」地把我們點了一點，就跟了出來。這時我們大家都鬆了一口氣，把眼睛睜得很大地面面相覷，幾位年紀小一點的，他們臉上的顏色都已經過幾次變化了。這樣靜靜地默了一分鐘，那傢伙帶了一個憲兵又進來了，在我們各人的身上都細細地搜了一遍。

「走！」那傢伙命令似的把手向門外一揮，我們都魚貫地出了辦公室，跟他走到門口，我們對門的第五區辦事處的門口也站着十幾個職員，他們都呆呆地望着我們，我們也對他們表示驚訝。裝難民的卡車都開去了，只剩下幾個「蝗軍」星散在各街口，於是他要我們跟着他走了二步，他忽然對我們說：

「你們的被頭都帶去吧，因爲你們到那邊要住二天的。」

我們再回到屋裏，匆匆地包了幾條被頭，——都是三個人或二個人合用一條，小唐阿潘都急得臉變成灰色地對我說：

「大哥哥！那末糟糕啦，我家裏知道了不知道怎樣急哩！」

「我還答應我媽明天出城去看她的，」小唐再接了一句。我正想不出要說什麼話來，遲疑了一會就對他們說：

「不要緊的，我們是國際救濟會的，他們決不會怎樣地爲難我們，膽放大些，別急昏了你的腦袋！」

我們背了鋪蓋跟着那軍官走了，後面還跟着一個剛才叫我從樓上下來的漢奸。

老談忽然從街旁的窗口中伸出頭來，向我招呼了一聲，我呆了一呆，癡癡地對他一笑，還暗暗地替他慶幸著——他恰巧和阿謝離開辦公處還沒有一刻鐘哩！他們正像漏網的魚。我們從侯家浜一直下去，到方浜路轉了灣。

「你們要飯吃，都跟着走，東洋先生會待你們很好的。」那個跟在我們後面的漢奸對路旁的難民這樣地宣傳着，我們都回轉頭來冷冷地瞧了他一眼，馬兄對我說：

「假使不是這樣的環境，我定要敲他一個半死！」

一路上，沙包，鐵網堵滿了街道，三三二二的「蝗軍」散佈在每個街頭，忽然有二個漢奸在一條小弄堂中搶一包東西，一個「蝗軍」飛奔過去，把槍柄在那二個人的頭上，結結實實地敲了一頓，但那二個人却很服貼地倒在他的「主子」面前，任他敲個爽快。

一會兒，到了民國路，又經過了一番更仔細的檢查，再向前走去。陳英士先生的紀念塔高高地聳在我們面前，我們大家不約而同地仰着頭向他敬禮。塔的鐵門也被敞開了，路旁每一家商店的門都沒有了，這大概也學了「夜不閉戶」的風度吧？玻璃，紙，碎斷了脚的桌子，椅子……滿佈在行人道上。在麥花街附近一帶都成了黑叢叢地一片平地。

走了一刻，正不容易看到旁的行人，偌大的地方，在三星期前我還來過的。可是那時車子，行人，小攤……在路上擠得水洩不通，而現在呢？一切都像死去了一般地，除了我們幾個人的脚步聲外，幾乎是沒有聲息了。

蓬萊市場變成了一片瓦礫——哼！當國貨的商場也是應該「消滅」的！

後來那傢伙領我們到志成小學內，裏面有許多剛被拉來的難民，更有許多是事前不及退出的居民，也被關在裏面。他陪我們到各難民的房間去「參觀」一會，再對我們說：

「阿拉格難民所辦得好不好？天天有二頓飯，（其實只有二頓漲粥，而有時還會少一頓的。）國際救濟會辦得壞來些，難民吃不飽，所以統統到「阿拉」地方來……阿拉把難民區要過來自已辦，不要法國人英國人……他們統統壞來些……」

我們都暗暗地好笑，覺得他把我們都看得太幼稚了。

後來他又陪我們到愛羣女校去叫了另一個人出來「招待」我們，自己便離開了。這出來「招待」我們的他的名字叫做橫山（這是我在他胸口的符號中看見的。）他走到我們的面前，二隻手一叉，咳了一聲便開始「招待」（啊！還是爽快點說「宣撫」吧）我們了：

「統統先生來幫阿拉做事體……非常好……今天沒有好的地方在……明天再換一個……辛苦辛苦！謝謝謝！」他斷斷續續地講了半天才講出這些話。什麼「幫阿拉做事體」，正叫我們有些「莫明」，你們强迫我們來的，又不是我們送上來的，又何謂「非常好」呢？我們大家都呆了一呆，我正佩服他們的「宣撫」本領。經過這番宣撫後，他就陪我們走到口那二個「奴才」還很起勁地向我們喊着：「敬禮！」他們的左臂上還別着一條寫着「游勵警察隊」等字樣的白布。他陪我們到樓上一間教室中再命幾個「奴才」把教室撤清，那班「奴才」等不到他的話說完，就擠進來把教室中的檯板椅子，講台書櫥都從涼台上丟了下去。一會兒這教室除了一塊黑板外，就沒有別的了，涼台下的草場上也就多了一堆柴。

天已晚了，橫山帶了一些「奴才」拿來許多席子、被頭、枕頭、替我們鋪得好好地。

「別人房子裏沒有好的被頭了……統統被頭都有蟲（指虱）的……不好給你們先生用……這幾條特特揀來的！……」橫山好像得意地告訴我們，又去拿了二盞火油燈給我們，替我們放在二邊窗上。「統統有幾『隻』先生？——呵！……『念隻』…………飯慢慢叫……送來……請等一息……原諒原諒！」他說完就退去了。他的「支那」話到底還不行，怎把「先生」叫幾「隻」，的（聽說「泥勝」話的人是稱一隻二隻的。）

「什麼！」第五區中一位職員叫了起來，「我們這樣地被留下了嗎？剛才那個東西到我們辦事處來是叫我們來參觀的，他叫我們來看看他們的難民所辦得有沒有比國際救濟會的好，並且說就可回去的……」

「我們被騙了！……」另一位插上了一句。

「他對我們沒有說什麼，只說來住幾天。」我對他們說。

「我們不要想出去了。」第五區中一位姓吳的說，和他一區中的一位姓王的，比較謹愼些，他安慰着大家說：

「不必急的，看明天好了，饒神父現在應當得到我們所遭遇的消息了，他一定會向日方交涉的。」

我無心地把自己的被頭鋪鋪好，向枕頭上一躺，舒一舒我整個下午的疲乏。小唐阿潘嗚嗚咿咿地在我旁邊悲傷起來，我勸慰了半天，他們才停止哭泣。

「我們第五區幾個年紀比較老些倒還不要緊，你們第四區幾位實在太年輕了，倒有些危險。」一個曾在「一二八」時指揮過大場打仗的人說。

於是大家都在幻想着恐怖的來臨，懊喪，悲哀，煩憂……充滿了整個房間。

「此地是不是念個頭先生？」一個蘇州人問着。他是一個大胖子，拿着一鉛桶飯和一鉛桶湯，另一個人又搬進許多碗筷來。

「剛才橫山先生關照過的，此地念位先生特別燒些飯來，所以遲了……難民早就吃好了，他們吃的是粥，落手快的多吃幾碗，落手慢的就塡不飽肚皮。」那個大胖子很想和我們親近似的。

我們都是十二點鐘吃了午飯的，而現在十點鐘了，晚飯才有，肚子已餓得很可觀了，大家很快地動着手。可是一桶湯是海帶菜做的，洗也沒洗淨，我們只吃了一口都嘔了出來，大都是第一次嚐到海帶菜的味道，腥氣得說不出的。於是大家都淡咽了幾碗白飯。

十一點鐘還沒有敲過，我們一個個地都鑽進被窩裏，燈漸漸息了，聲音也慢慢地低下去了，每個人的腦海中都在沉思着自己的命運，顧慮着家人的着急，轉側，吁嘆，咳嗽……整整地鬧了一夜，誰也沒有合上眼過。

忽然有一陣劈劈拍拍地聲音鑽進了我的耳根，我輕輕地搖着其餘的人，大家都以為是機關槍的聲音，到窗口去一看，卻是大火。離我們大約有半里路光景，火星飛滿了一天，我們大家都猜疑了一陣，希望是我們國軍的光臨。有的說這不是機關槍聲，燒的是砲仗店，我卻猜它是竹行，因為假使是砲仗店，怎沒有大砲仗的聲音？我們都穿了衣服坐着等，風像針一般的刺入了胸口，大家都冷得發抖。

一會兒，火熄了，聲音也沒有了，我們的希望也沒有了，於是再脫了衣服躺下去睡，可是睡了許多時間總是睡不着，看着天上的雲，由黑色變成灰色，由灰色變成紅色……太陽已逼到我們的枕頭上來，我們若再不起來就要睡到午晌了。

——一九三八年八月三日追記——（478）

被逮捕（廿七．三．一）

李　云

這是一個三月初的下午。

民生食堂的飯已經送來，一木桶麩皮飯送到兒童隊來，小黃不曉得跑到甚麼地方去了，廿多個難童都眼把把的望着飯桶，等待着吃飯的命令。我正在寫着鋼板，由於孩子們的吵鬧和焦急，才代替小黃下了「集合」「排隊」和「吃飯」的命令。

小朋友都安心的在吃飯，沒有一點兒吵鬧。時間已經四點多了，我把牆上外出的名牌子翻了過去，準備去開會。

小黃若無其事的走進來，似乎他並不知道飯已經送來的樣子。

我責備他，但是他却回答我一個報告，一個緊急而重要的報告。

「辦公室那邊來了好多東洋人，手裏提着盒子砲，不曉得做甚麼。」

馬上我曉得了這是怎麼一回子事，同時，看着小黃的態度——那種莫明其妙的慢吞吞的神氣，我眞不曉得他在別動隊學了些甚麼！爲要應付這個變故，我馬上跑出去，打算通知樓上的別個工作者做緊急處置，我來不及責備他。

「站住！」一句生硬的命令，使我不得不暫時住脚一看：一個西裝的矮胖子，手執着盒子砲從樓梯跑上來，後面緊跟着跑上一個熟習的面孔，手上拷着一付新手拷。

「別放他！就是這小子！」一手拷着的唱過「罵王克敏」的熟人喊起來，現出很得意的樣子。我一切都明白了，我的命運已經被決定於虹口了。

我等待着再一次的非人類的遭遇。

手被反背過去，盒子砲的咀兒貪婪地觸在腰際，一支手拉住棉袍領，完全無反抗地被牽進屋子裏。一個人要三個人這樣的看守，拉着，恐怕反抗，已經足够證明鬼子肚子裏所懷的都是恐怖的鬼胎。是的！除了狗子以後，那個中國人不要反抗呢？

孩子們都怔住了。不知道是爲些甚麼，幾十隻小眼睛瞪着這張大家熟習的面孔，漸漸的這些小眼睛都射出怒火來；是的，他們已經知道這是怎樣一回子事了！

馬桶間裏進出來一位西洋人，手插在衣袋裏，瞪了我們一眼，隨後，兩個東洋人走進去，那匹狗跟了進去，過了兩分鍾，我也被牽進去，槍咀依然觸在老地方。

「你的槍放在啥地方？」訊問開始了，顯然他們企圖恐嚇我，迫我說出一些他們希望知道的事，或搜出任何東西來。

「我根本沒有槍！」

「你說！」這個矮胖的敵人對那匹狗子問：「你在南市殺皇軍，是不是他給你的槍？」

「是的！這是他！」

「你快說！不說我就打死你！你把槍放在那裏了？盒子砲？手溜彈？」他們所準備的對話很順利地依照原定的樣子說出來，然而沒有發生一點兒的效力，因爲我並沒有槍。即使像他們所計劃那樣——我是便衣隊，有槍在我手裏，可是那槍是我們中華民族交給我來保衛祖國和民族的，我能爲自已的活命（那是一個幻想，僅僅一個幻想而已）而送給敵人嗎？嘿！休想！

「我沒有！」我肯定的答覆，同時，我想起小黃今天上午玩弄的空子彈殼，我等待着這個送命的證據。

「叭」一個咀巴：「快說！」

「沒有你們搜好了！」我開始賭命運了！我想着小黃拾來的子彈殼。他們搜到處搜一點兒甚麼也沒有搜着，於是我又被牽走。

為了準備晚上的拷問，我閉起眼來打了個盹。一會兒又被找「那兩個女人」的聲音吵醒。

被捕是我們最好的休息時候，是的，已經好久沒有休息了，現在該是休息的時候，我準備在上海再休息一次。

現在的中國青年除了被捕以外，那裏會有休息的時候呢？

(272)

難民習藝所

蘇迅

沿着戈登路，走到將近新閘一帶短短的竹籬邊，密密的樹影中，隱約地瞧見那一座紅磚砌成的洋房。旁邊低矮的木棚子裏有許多年輕的女孩子，在拿着洋瓶玩耍。我回頭一看，原來那裏是難民習藝所。

轉了一個灣，走進難民習藝所，所長楊培文招呼了記者，在樹蔭下走了幾十步，踏上了階沿，就看見那擺着各種顏色玩具的營業部。紅的、綠的、黃的，都是孩子們玩耍的玩具。顏色漆得很調勻，裝得很靈巧。坐在櫃台裏的營業員，在記着他的賬簿。

上扶梯就是辦公室，職員都在忙碌地工作。楊所長坐了下來，告訴記者：本所的創立在去年十一月間，動機是為了政府長期抵抗，求取最後的勝利。戰區裏難民流離失所，逐漸增加，收容所收容着不少的難民，可是他們在收容所吃着睡着，很容易養成了惰情的習慣，這未免消耗國家的元氣。所以收容難民，也應該採取積極的方法，就是要儘量使那難民有生產的技能，將來到社會上可以自由地生活。發起人是紅十字會救護主任葉楨生先生，後來得到林康侯先生和一般社會上有名的人士的贊助，本所便很順利地維持到現在。但是為了困於經濟，還不能充分地發展，我們殷切地期待着社會上各方面的指導和贊助。

該所最高機關是董事會，林康侯先生便是董事長。正所長是紅十字會救護隊的徐偉隊長。楊培文先生本來是教育局文廟路民衆教館館長，現在終日在這裏主持一切工作。為了該所不屬於慈善機關，而是私人創辦的善舉，經費是很困難的。除了外界捐款和各董事的捐款，便靠着難民工作生產出來的工資和貸款的贏餘。外界的捐款也達三千餘元之數；難民自己的生產，雖不能固定，卻每月也有一二百元的收入，維持是不成問題。

走出辦事室，分別參觀了全般的工場。刺繡是難女做的，在一間小小的屋子裏放着二十隻繡花的木綳架。難女都很年青，滿甬布的罩袍頗為整潔，低着她們的頭，在抽着線。記者走進去的時，她們微微的抬着頭，看了一看，却仍舊繡着她們的花。這批刺繡是代西洋人做的。那繡在綳架上的緞子上面一朵朵美麗的花朵却非常生動可人。

刺繡工場隔壁是造花工場，難民們把各色的花紙造成各種不同的花。那天是停止着工作，但是紅的桃花還一枝一枝的掛着，恐怕掛有好幾天了，桃花也顯了殘落的樣子。跨過了窗，踏上洋台，便是難工們玩具的油漆工場，他們正在忙着油漆各種玩具，零亂地陳列着。

走上樓到洋房後面，看見大蒸鍋的旁邊，難工們在洗着衣服被單。他們伸出了充滿肌肉的臂膀，似乎很忙碌的樣子。過去便是燙衣處，許多熟手的工人，燙着平鋪在桌台板上的衣件。他們燙好了，便編成號碼，從一千零一號到一萬零一號，分做十項，排着醫院、旅店、工廠、學校等等次序，所以他們一點也不雜亂。洗價非常低廉，每件不論大小，只需六個銅子，所以他們每天的工作很忙。

毛巾工場正在籌備着，五月一號便開始工作了。工場是在洋房左邊，沿馬路那面的木棚子。這是所裏自己搭的，機器也是木做的手搖機。除了局裏有一批從南匯川沙崇明來的熟手女工，她們已在訓練着沒有學會的難女了。

其他像麥管草織的工場，現在都停着工，因為最近幾天正在替一家藥房裝瓶藥水。記者在竹籬外看見那女子拿着瓶，便是做着代裝藥水的工作。

記者走出來的時候，覺得該所致力難民生產工作，頗有意義。難民們除了衣食住問題解決，更可得到工資，最多的每天二角四分，最少也有一角錢。所以看見他們都很快活地工作，沒有悲怨苦悶的神氣。他們在這個年頭得到了生活的解決，他們很足自慰了。

（文匯報）

今別離（廿六·十二·廿九·）

光　燊（十八·學）

一夜北風緊，破窗中透入多少寒氣，把大衣也蓋上了，正暖和一點，可以入睡，蝨子又來了，坐起來給風一吹，睡眠也醒了，看看鐘，四點正。月亮如鉤地掛在西方，給北風括得發出青光，照入窗來。

這是在這裏最後的一個黑夜了，下午四點鐘就得走。到這收容所來已有四個月，牠給我的還是親切之感。要不是母親在廣東病得重，我願和這些難友們共同生活一輩子。幾月來吃飯睡覺，及辦公所在的辦公室，對我是如何熟悉呀，我還能在這微弱的亮光下看到我親手寫的表格歌曲，然而我還想看一看孩子們的「睡」遂決定這次的夜行。

走廊的燈幽靈似的點着，我輕輕地跑到第二室——兒童室中去，冷是冷透了，靜寂中只聽見自己牙齒的打戰，與平坦安靜而又輕微的鼾聲。

裏面五十四個孩子睡得熟極了，破的窗上雖都糊了紙，但大半的孩子都連頭縮到棉絮中去。

地上暗極了，除了龔門的能得一點燈光外，要靠昏暗的月色，是辨別不出東西的。我小心的進去，怕踏着他們的手或脚，終因太昏黑而退出來。龔門睡着的許祖岔睡臉紅極了，像在微笑。他旁邊睡着沒有爸媽的朱長生，從長不足蔽身的棉被中漏出一隻脚來。

我跪下來，我體會到自己的呼吸是如何的充滿情感呀，假如有鏡在我面前，不知能否照出我雙眼的悲哀的陰影；輕輕地給長生蓋上了被，而他夢中給我這一驚擾，翻了個身又睡去了，嘴中喃喃地說些什麽，最後還哭着叫媽媽。

我留戀這夜景，然而走廊上的風，却把我吹回被窩裏去。

醒來已是七點半，暖和的太陽晒了一窗，老莫在張羅着吃早飯，見我醒來說：「老徐，快起來，今天大家請你吃凍羊肉。」

今晨早餐大家特地爲我燒一鑊白米粥，加了一盆子凍羊肉。老莫第一個添了粥，叫道：「沒有離愁，牛羊不要反芻！來來來，」他向我挑戰：「看誰一口氣吃三碗！」

然而我偏是吃不下，老張又來挖苦人說：「你看，他到底是個孝子！」

今天和我同行的鄒嚴兩位，在這時候跑來，氣吁吁地捧了我們的粥鍋子暖手，說：「下午三點半開船，我們兩點鐘在碼頭等你。」坐也不坐一回，他們又去找朋友辭行去了。

今早起來得遲，沒有跟孩子們出去馬路上跑步，這一小時的生活顯得空閒寂寞，但老莫望着窗口說：「小鬣蜞來了！」他把那些小孩子叫小鬣蜞。

我在整理書桌上我的一個抽屜，孩子們既不能走進辦公室來，便一大堆的站在門口叫：「徐先生，出來！」有些在喊：「徐先生，你幾點鐘去？」這時，開始勞動的叫子吹了起來。

第三室女童室清潔是我管的，我到那面去，他們都已開始工作了。將所有的被褥包裹都搬到貯藏室的空地上，我說：「我們唱鋤頭舞歌，一面搬東西一面唱一二三！」幾十只小鳥唱起來，由這枝頭飛到那枝頭，同聲唱着——這不像小鳥嗎？

別室內的勞動者也跟着唱起來，我們唱完了，靜悄悄的聽第二室唱，他們唱完，大家拍一陣手。

王蘭弟停下手來問我：「徐先生，你幾時去？」我告訴她，今天兩點半鐘。大家工作都停下來聽了，但沒有聲響，我說：「快搬呀，不要給第二室快了。」

工作很快的又開始起來，用抹布揩牆壁，揩玻璃窗，口裏一首一首的歌曲交替地唱着：大刀進行曲、熱血、打回老家去。我也脫了布袍和她們一道揩她們所揩不到的牆和窗。

第二室的楊永海已做完了工作，跑到第三室門口叫我，問我幾點鐘去，我也告訴他兩點半鐘。

這消息傳出去，第二室的孩子大部分跑過來了，夾七纏八的，問我爲什麼要走，叫我不要走……這些話講過四五遍了，但他們索性跑到室內來要拉我出去談，結果給女孩子們把我「搶」回來，在和男孩子合唱聲中完畢了這清潔運動。

孩子們早上還有兩點鐘，但今天我却沒有課，回到辦公室中交代一點事務。

老朱接着我敎中級班，我把一些講義和敎材交給他；「老朱，請你以後幫我忙，對不起，朱長生那天欠發他一根鉛筆，還有周阿根缺第六張講義。」老朱都接下來「承辦」了。

老莫說：「阿徐，別忘了你在那邊一找到關係就來通知我，我等着你的回音。」老莫也想到廣東或內地去工作。

午飯了，我跑到第二室去吃，大家盛了飯，坐下來吃，周阿根拿過來一盆子豆芽說：「徐先生，你吃！」許柄福、王寄根全拿了菜來了，有的是青菜，有的是肉凍，最後蔡招弟跑來拿了一大碗紅燒豆腐皮，她說：「我姆媽聽見你要去了，要我拿來請你吃！」

孩子們這樣興奮，我不能推却，我說：「好吧！」叫勤務周長法替我加快買一百文豆腐，廿文醬油和二百錢豆糸花生，大家一道吃。

第三室的女孩子也過來參加了，大家把自已的菜拿來一道吃，圍成一個大圈子，先唱吃飯歌：

「蘿蔔大頭菜，好過一頓飯，大家快吃，但是不許搶，吃呀，吃，吃，吃，吃！」

在這熱鬧的循環歌中，吃罷了這「最後的午餐」，末了我們大家還舉杯飲「矮子血」——半碗熱開水！

飯後我忽忙的在收檢我的行李了，用繩把被鋪札得更緊一些。把手巾漱口壺收在布包裏，心亂得很，幸喜東西昨天已收拾妥了。躺在已捲起褥子的床上歇一息。

幾位先生都很忙，但也得去找他們告別，只要一出門，尾巴後就拖了一大堆孩子，他們甚至沒有話說，只是他們幼嫩的臉上不應有的皺紋分外加深了些。

很容易到兩點鐘，我也應走了，勤務幫我把行李扛到下面去，孩子們去而復來地在門口截住我。

「不要徐先生走！」「徐先生不要去。」他們的語氣是單純的，而他們的語氣是這樣迫切，他們擋了門口，一起地叫：「不要放徐先生走！」

已是兩點一刻了，我說：「你們去上課呀，昨天不是對你們說好了嗎？去到朱先生那裏上課去。」

「我們要徐先生！」孩子們吼着，但朱先生出現了。他對我說：

「徐先生，你上一課吧，你們不放你走的。」我說：「時候不對了。」他說：「那怕一回兒呢？」我說：「我實在也捨不得這些孩子」

我們一大堆再坐到課室裏，王蘭弟哭了，我說：「王蘭弟你記得我的話嗎？」她更哭。王金保說：「徐先生說不要哭，我們一生一世要笑着做人！」王蘭弟哭得更厲害。

我說：「孩子，你們坐好，我要去了，三點鐘要開船，你們想一想，我假如搭不到船，我的媽媽怎樣呢？你們很好，很懂事，別忘了我教你們的東西，也要聽朱先生的話。」蔡招弟也哭了。但我仍接道：「沒有講完的夏伯陽，朱先生講下去。以後我給你們信，你們有信也叫莫先生寄給我，我將來有機會還是回來的，昨天的宣誓你們永遠記着，我要走，你們可以送我到門口，完了，來讓我末了來點一次名。」我點名了，一個個熟悉的臉再呈顯到我眼前，一個個熟悉的聲音回答着「到……」然而我要走了！

一口氣走出收容所，乘黃包車到碼頭上來，鄒駿埋怨我累他們久等，我腦子脹得很，沒說什麼。

船艙很熱，還是到甲板上看看，很大的風，冬日的陽光是可愛的，江水和天空是一樣的遼闊，一個深呼吸間却見無數的太陽旗，在四圍飄蕩着。(250)

解散之前

艾　青（廿六·收容所指導員）

我被派到第二十五難民收容所擔任兒童教育的工作，誰知才接手翌晨收容所就解散啦！我別的都不難過，使我最難過的還是那一班四十多個的天眞孩子！雖然我來這裏只有一個整天，好像還談不到什麼情感作用，但是難胞們都跟我這樣的親愛，年紀比我大些的，好似我的爸爸媽媽；年紀和我差不多的，好似我的兄弟姊妹；再比我年紀小的呢，好似我的小天使。一天來我們已經成爲一個大家庭似的一家啦！這家庭裏充滿了「天倫之樂」的空氣。誰知青天來個霹靂，叫我硬生生的離開他們，怎麼不難過呢？尤其是那班小孩子，誰也不肯跟我分手，那時我的內心是多麼痛楚的喲！

當我聽到了二十五收容所將要結束了的消息，我的心立刻像萬針千刀樣的刺着，像有種說不出的隱痛，使我很想哭。

夜晚，什麼人都睡了，而且都睡得很熟了；我一個人癡癡然坐在床沿上，眼前展開着一本「烽火」在看。可是我一點沒好心思讀；我的腦際正在想着明天這裏的二百多個難民都要歸併到別的收容所里去了。一班怪可愛的孩子們，也只好跟我離別了。明天他們知道了這消息，一定要哭哭啼啼的。我到了明朝，將如何去對付這班可憐可愛的孩子呢？將用什麼話去哄騙他們呢？不！孩子是不能欺騙的呵！假使我這樣做，將來他們要永不信任我了。但我又將怎麼的說呢？我的心酸楚起來了，忍不住嘆息一下，頭倒在桌沿上痛哭起來，不知不覺間我在淚水的浸濕裏昏然睡去。

天剛亮，我睡在床上，已經聽到外邊很多的紛亂的囉嗆聲音。我喊了個難民過來問道：「今天這裏的難民眞的要到別的收容所去嗎？是不是？」

我還希望這不會是事實，可是他的囘答却偏這樣說；「是的；現在他們都已在打鋪蓋紮東西了。」

我的心立刻震了震，我差點掉下眼淚說：「眞的就這樣的解散了嗎？」

我臉也不洗了，早膳也沒喫，一切都不高興去幹了。我的心，一還在痛着。我不願意跑出去看他們——許多難民收拾行李的樣子。因爲反正多叫我瞅了，更要倍增無限的痛苦啊！

「張先生！我們今天要跟您離別了，今天要不要上課？」

一個十三四歲的女孩子，似小麻雀似的跳到我面前來，喜躍地紅着臉這樣問我。

「要上課的。」我含愁地說。

「嗯！張先生！昨天您講的那隻『瞎子和聾子的旅行』，還沒有講完呢！今朝橫豎我們都要分散了，這隻故事是不能不講完的呵！張先生，快出來吧！出來講！我們已經都坐在那裏等您來聽您講故事了。」

她鼓起了小嘴唇，嬌聲地說。

我不覺一陣心酸起來。

「我現在還有事，妳先囘去說：我停一會兒就來，我一定來把這故事講完的。」

我看她麻雀似的又跳了過去。我把袋裏的手帕拿出來，揩去了眼際的濕水，便頹然的跑到一羣孩子的面前。他們都快活地跳起來了，都張着小嘴巴在輕動：「張先生來講故事了；我們大家不要吵！大家靜點呵！」

他們幾十隻眼睛活靈靈的望住我；我的目光在他們的臉上，只淡然的瞧了瞧，就說：

「諸位小朋友！今天我們大家要分別啦！您們心裏難過否？我想你們一定很不好過的；是不是？」

「難過得很啊。張先生！」

「您們願意我離開你們嗎？」

許多聲音像銀鈴似的響起來。

我這話的語音已變成沙聲了。

「我們都不願意和您分別，都要跟您在一個地方！」

「那是怎麼可以的事呢？我也想常跟在你們一塊地方，實在是不能的喇！我們只有很苦痛的分別了。……」

他們的頭都沉沉地低下了，沒說話，空氣靜寂寂的。

「你們都不要難過啊！你們該知道天下無有不散的筵席，今天在一桌子上很歡樂的吃飯，等到飯吃好了，就各自分道揚鑣，各跑各的前程，一個人的生離死別，誰都逃不掉的呵！那麼何况我們在常常流動着的難民收容所呢？所以今天我們的離別，正不必悲哀！」

他們都默默地不說什麼，個個的臉兒上，顯得了很不快活的神情。

「假使强暴的東洋鬼子，不來進攻我們中國，我們决不會這樣苦了，不會住到難民收容所裏來了。住到難民收容所裏來，是大家的房子都被東洋飛機的炸彈炸光啦！您們沒有了家，沒有了飯吃，沒有法想，才逃難到難民收容所來。您們從前的生活，一定是蠻好蠻好的。現在苦得你們這樣子，你們都要明白還是吃了誰的虧？誰給你們吃這些大苦頭？這是——我們的暴敵——日本！呵！你們要記牢！……」

他們聽了我這番話，空氣變得多麼快！現在是每個人像在生命活躍的原野里跳呀奔呀的了，又像在加入了民族革命戰士的戰線的最前哨了。

「我們一定要打倒東洋鬼子！」

幾十隻小拳頭伸起來，那麼堅定，勇毅，多令人感奮呵！

「我們今天是分離的日子，也是我們上最後一課的時候了。今天的書是不敎，我們來舉行一個分別的儀式罷！儀式完了之後，我就把那天講的那隻沒有講完的故事來講給你們聽。你們以爲好不好？」

「好的，好的！」

他們似悲似笑的叫了起來。

「全體肅立！」

我很嚴肅地喊了起來。

他們都嚴肅地立起來了。

「向總理行三鞠躬！」

「靜默三分鐘！」

「恭讀總理遺囑！」

他們中間有幾個還念不來，念錯了，引得大家都笑起來。

「喊口號！」

「中華民國萬歲！」

「三民主義萬歲！」

「打倒東洋！」

「肅清漢奸！」

「唱黨歌！」

他們的喉嚨喊得多響亮呵！聲音直透穿了屋頂。

「義勇軍進行曲！」

「打回老家去！」

「八一三」
「…………」
他們唱著唱着都高興極了，臉上露出一絲天眞的笑痕。
「好；我現在來講故事罷！你們都坐下去聽。」
他們都很有秩序的坐了下來，靜靜的沒有一點聲音。
我故事講完了，他們聽得都笑得合不攏嘴。
「你們這樣會笑，大概這隻故事很滑稽可笑吧？」
「這故事眞滑稽，眞好聽！……」
他們異口同聲地答著，臉上都充滿了可愛的微笑。
載送難民的卡車駛來了；已經停在大門口。車夫已經在緊緊地催着起程。我已不能再多說話，我們心好像已粉碎了。
「車子已經來了，你們就要和我分別了。別的我都不擔憂，只是您們的讀書。我是再不能跟了你們去教您們讀書了。以後你們自已好好的去看看書寫寫字，這是我最後的希望呵！你們現在就散課罷！……」
他們的臉色，立刻難看起來了。幾個年紀稍大點的女孩子，兩頰紅紅的已經掉下了晶瑩的淚珠。
天在飄着細雨。我呆呆地立在馬路旁邊，目送着這一羣可憐可愛的大大小小的孩子，上車去；我的心猛烈地絞痛起來了。他們看見我擠在人叢裏在望着他們出神，都在車上揚起小手來，意思是叫我可以進屋去了。我不忍多看，腳站不穩了，含着在眼皮裏將要流下來的眼淚，也揚起手說：
「可愛的小朋友，呵！別了！你們好好的去吧！祝福你們快活！」
我跑進屋來的時候，汽車開行的尖聲，已在我的耳朵裏響起來了。！
噯可憐可愛的一羣小朋友喲！我永遠忘不了你們的！(768)

嬰兒們的刼難

自從上海淪爲戰區，已不知有多少市民遭遇了刼難，而一般無知孤嬰們亦同罹此禍。
在一個偶然的機會中，記者昨天去參觀了天主敎仁愛會所主辦的「戰時難嬰臨時收容所」。該所地址是在呂班路口一宅沿馬路街房的底層，是家煤球店的故址，門口原有的兩邊玻璃櫥窗，現在簡陋地蒙上了一層薄薄的紗布，勉強作了難嬰們的遊戲和「面太陽」的處所。門外的陽台上，晒滿着大小不等的尿布，一切都顯示着主持者在無辦法中求辦法的苦心。
走進門，一間不到二丈見方的房子裏，臥着幾十個嬰孩，一個個躺在元寶型的小籐籃裏，幾個比較大些的就在櫥窗裏打滾。
據負責管理該所的一個老媽媽告訴記者：仁愛會本來是不

收容嬰孩的，因爲自從戰事發生以後，各方面送來的難嬰實在太多了。起先還可設法送到南市普育堂去寄養，自華軍退出了南市，就沒有辦法了。這裏三十多個難嬰，還僅是三星期內從各方面收集來的。因爲經濟困難，只得草草的租些房子，因爲僱不起奶娘，所以三十多個孩子每天只吃三聽罐頭牛奶，不足的時候用白粥來塡補一下。看顧他們的老媽子，都是臨時向難民收容所去徵求來義務工作的。

接着她領導着記者參觀。那些難嬰，有的僅出世不過幾天，最多是一兩個月的。有幾個面頰尙稍帶有蘋果似的可愛色彩，但大多數却是顯露着營養不足的面容，有的簡直瘦弱得有些可怕。

那些孩子差不多都是從馬路角，垃圾桶邊，廁所裏等等地方拾來的。當拾來的時候，有的尙是剛出生，鮮血淋漓地用蒲包裹着。有的僅用一塊爛碎的破布捲着，凍得已快半死了。也有從他們中流彈或炸死的母親們胸懷中救護下來的。

那老媽媽說着，她指着一個有一對令人愛憐的大眼珠的孩子說：「這孩子拾來還不到一週，發現時她是被綁在一個郵筒上，而救下來的時候，身上有他父親的一封信，字跡秀氣極了，想必是個有學問的人。信裏說孩子的母親給日人的飛機炸死了，他自己又決定從軍去，留下孩子無法處置，所以祇得忍心棄之，以求仁人君子的救濟……。」

她接着還告訴記者，她原是在南市普育堂裏服務的，當閘北戰事吃緊的時候，那裏還收留着一百多個難嬰，後來日軍佔領南市，育嬰堂臨時不及遷移，留下了七八個看護照顧孩子，後來該處有人每夜向該堂吵擾要「女人」，那些女看護們都嚇得不敢露面，最後沒辦法，還是由教會方面向法租界當局商量，派了一輛汽車，把她們救了出來，而那一百多個難嬰，因爲交通關係，牛奶來源斷絕，自來水也沒有，都先後病餓死掉了。那老媽媽最後很悽然地向記者說：「這裏的三十幾個，比較起來還算是不幸中之大幸了！」（大美報）

兒童節在兆豐公園

草　炎（廿・教師）

四月的太陽，含着微笑，把它的光芒，照耀着整個的大地，空間時時盪動着春風，靜靜的吹拂過來。那天沒有過去的陰沉黑暗，一切都朝着陽光，顯得活潑有生氣。

在照耀着陽光的柏油路上，一羣小孩子，整齊地排列着前進；長長的隊伍，像一座新的堅固的長城，他們都是沒有了家的難童，穿着不同的人家捐助的襤褸的舊衣，臉色是那樣枯黃灰白。但是，在眼眶中的小眸子却烏溜溜地閃着憤怒的火光。四面三角式的白旗在他們的隊伍中揮舞着——寫着××收容所的黑字。救亡的歌曲，從每一張大了的小嘴裏，有節奏地合唱着：

「起來不願做奴隸的人們！把我們的血肉築成我們新的長城……冒着敵人的炮火前進前進……」「我們都是沒家歸的流浪兒……我們要在砲火下面長大起來長大起來要活命祇有殺……」這刺耳的親熱的歌浪吸引了街路上的行人，他們都用驚異的目光注視着這些小朋友的隊伍，有的面頰上浮泛着微笑，像看到了光明孩子們的心臟在激動，眼睛冒着火，歌聲更響得粗壯，有力。

我們的隊伍繼續前進！從蘇州河的北面，穿過了都市的中心，而向着比較僻靜的滬西區進行。雖然陽光照得毒辣，火熱，汗珠儘管似潮水般地淌着滲透了破衣。孩子們並沒感覺得半點兒的疲乏，他們越走越興奮，越有勁；每一個人都記得今天是「兒童節」——他們自己的紀念日，戰爭以來的第一個「兒童節」。雖然環境沒有過去的好，四面都有兇狠狠的臉兒怒視着，但他們管不了這許多，平日窒息的空氣把他們悶死了，要透一下自由的新鮮空氣，潛伏在胸膛裏的憤氣儘量地狂吼出來。

「咳亡國奴！」

「走狗沒良心的，哼！」

「哈哈！『黃狗』」……

走過了一所「大道」警察局的派出所的門口，孩子們指着幾個黃制服的「狗」，賭着氣，他們狠狠地暗罵，吐了一口沫唾，用憤恨的目光，怒視着那羣沒了心的「狗」。隊伍迅速地轉過了五角場，又沿着一條靜的路進行。

踏着太陽光，柏油路晒得軟軟地。像是一條長蛇，我們的小隊伍，浩浩蕩蕩。啊！一支英勇的行軍——在苦難中生長大的孩子的行列。

因爲是「兒童節」，兆豐花園今天特別開放，招待難童免費入園。平日靜靜的園子，散佈着各個孩子的隊伍，各色標幟的旗子，在熱風裏飄盪。空氣是溫暖暖的；景物都生氣蓬勃起來了。從樹叢的那面，傳過來威風凜冽的「大刀進行曲」，歌聲是那樣嘹喨粗壯。「大刀鬼子們的頭上砍去……咱們中國軍隊勇敢前進！看準那敵人，把它消滅……殺呀衝……」三兩個腰間執着長刀的鬼子兵，沒趣地在散步，他們用異樣的眼光，狠狠地向四周掃射。「打回老家去……打走日本帝國主義，打走日本帝國主義，華北地方是我們的！他殺死我們同胞，他強佔我們土地……」另一支歌聲，又抖動起來，每一個字都這樣強壯，粗大，激動了每一顆沸騰的心。啊！是偉大的交響曲，悲壯的合唱。整個的公園變成了預祝勝利大演唱的舞台！

在一塊碧綠的草地上，我們的隊伍散開了，坐下來休憩。孩子們張大了嘴，更猛烈地，整齊地迸發出雄壯的歌曲，像怒潮的汹湧，他們不肯給溜走一些時間，儘力吐着蘊藏在肚子裏的氣，精神更提得興奮。

那面圍着一個圈子，是另一個團體的孩子們在表演「打殺漢奸」的遊戲。小孩子都興高彩烈，站立着的大人們也快樂地笑了。人疊的飛機戰鬥，更搏得雷似的掌聲。

天黑了下來，斜陽歪着頭西沉了！我們聯合了別的兩個收容所，雇着卡車回來。在候車的時候，歌聲又激動起來：「弄冬弄冬一弄冬，今天過節熱哄哄，從前世界屬大人，現在世界屬兒童。……我們不再讀死書，手腦雙用來做工……拿起鋤頭與斧頭，造個世界大不同……。」他們挺着胸吶喊着自己的歌曲，他們要做兒童先鋒，新中國的創造者。

「嘟……」孩子們跳上了車，引擎開動了。輪子迅速地前進，奔馳地向着歸途。歌聲隨風激盪，突破了夜空的靜寂。

他們氣昂昂地抬着頭，夜風猛烈地括着，在心靈裏燃燒着的怒火更旺了。當穿過一條熱鬧的四叉路口「喊口號」，不知誰勇敢地叫出了這一個提議，立刻給得到了響應。

「打倒漢奸！」

「打倒賣國賊！」

「打倒日本帝國主義！」

「民衆武裝起來！」

「中華民國萬歲萬萬歲！」

「…………」

全車的人們，從心的深處狂吼了出來，每一個人的情緒，控制不住了！熱血在胸膛中沸騰，怒火在燃燒，終於勇壯地喊出了這震天的吼聲，刺透了每一個行人的心。他們用着同情的視線看着我們，他們的心弦在抖動，喉嚨在發癢，想跟着喊，但又給吞了進去。

車迅速地劃過這粗大的吼聲，激盪了整個的夜空。頭上光明的月亮，微笑地撫慰着我們，牠代替着白天的陽光，來迎接我們的歸來。

我們開始上課了

張惠芬（十五：女生）

今天張先生要教我們讀書了。我們許多難童都知道了這個消息，都快樂得跳起來。真的呵！我們自從真茹逃難到了上海，沒有飯喫，沒有地方睡，終算幸運地由××先生介紹我們到這裏——第四十難民收容所，才算得到暫時的歸宿。不然我們一家人不是要活活地餓死在街頭嗎？

午飯後，一個年紀很青的，個子也並不十分高大的女先生到我們睏的地方來關照我們：「今天要上課了，現在已是上課的時候，希望大家都到教室裏來，別不來呵。」

那個女先生去了。我向一個比我大一點年紀的孩子問：

「那個先生可是張先生嗎？」

「是的。」

我們一百幾十個男女小朋友，都高高興興地跑到課室裏去；張先生早在那裏等我們了。我們跑路眞沒有秩序，像潮水樣的衝進教室去，差些把門也碰倒了。張先生一看我們這樣兒，高聲地說：

「慢點跑呵，別跌痛了身體。大家坐下來。地上很乾淨的，剛剛掃過呢。」

我們在張先生一再整頓之下，漸漸地安靜下來了。可是張先生却煩忙得頭都要裂開來啦。好容易才把我們大家安排得齊齊正正。我們每個人的眼睛，全朝張先生直望着。

「諸位小朋友：從今天起，你們照常也有書讀了。這裏比不來從前在學校裏的舒適，一切東西都有設備完善；這裏是什麼都沒有，連一只椅子也找不到，只好坐在地上唸書。吃的東西呢？更悽慘極了！天天吃些麩皮和豌豆一起燒的黃炒飯，和一頓麩皮薄粥。比牢獄裏犯人吃的飯還難咽，一天又只有吃兩頓。睏呢？都睡在一個地方，一切全簡陋不堪。……這樣的生活；眞可憐哪！」

張先生略爲停了停，吐了一口痰。接着又說下去：

「小朋友，你們在家裏的時候，不是很舒服的嗎？現在你們的生活是多麼苦呀！你們要記牢呵，這次你們吃了誰的虧？是不是日本人欺凌我們？……」

張先生還未說完話，許多孩子，全舉起手來，叫：

「對的！眞是東洋人壓迫得我們這樣的呀！」

「將來你們要不要替自己的祖國報仇雪恥？」張先生又問。

「要的，要的。將來我們的年紀大了，一定把日本鬼子趕出中國的土地，打得他們喊救命討饒！」

我們每個小朋友，興奮得跳起來了，聲音是非常的響亮。

「只要中國的小朋友都像你們一樣，中國準有無限的希望。將來國家復興的責任，是負在你們的肩上，我很希望你們能够負起這個任務來！」

張先生說完又教訓我們：上課時應守的規矩；要用功讀書；……

「張先生，書今天可以發了吧？」王漱芳立起來說。

「書，明天可以發給你們了。今天就散課吧。明天你們早點來上課。」

我們在「起」「禮」「退」的聲浪中，跑出課室了。(853)

難民聯歡大會記

源泉

難民，尤其是在上海的難民，住居和食糧尙且有時要鬧恐慌，怎能談到精神上的安慰？雖然時常看到有什麼難民遊藝大會等的舉行，可是爲着要籌募救濟的經費，表演的遊藝，只好讓有錢人觀賞，難民們根本沒有眼福。

可是在七月三日的那天晚上，在一個慈聯救濟會民毅收容所內，卻舉行一個空前的熱鬧的「難民歡聯大會」，那天晚上的每一個難友及來賓的那末熱烈興奮的情景，到現在還深深地印在我的腦海裏。

在開聯歡會的二個星期前，我們同該所的主任王震雷先生商量之後，就積極的籌備着。王先生是我們的一個好朋友，曾在「愛文」「大鴻運」等好幾個收容所服務過，是一位很熱心難民敎育的人。一切的遊藝節目都是經我們大家考慮過的。會場就在該所的四樓屋頂平台上（原是前川康銀行舊址）地位很寬大。白天我們就在炎熱的烈日下，和幾位難友及所中辦事員不辭勞苦的佈置會場。承精武會借給我們椅凳及鴻運樓的台板，聯誼社又借給幕布和電燈等。一切的佈置，雖然很簡單，但是倒還過得去。於是這個對於難民實際享受到的聯歡大會開幕了。

這次我們發出去的入場劵有六百張，二百張是給來賓的，其餘的都給了難民。時間未到下午六時，場內四五百個座位早就給所內和外來的難民及來賓們佔了大半；樓下簽名處的招待員還是陸續殷勤的招待着客人上來。到六時半已經擠滿一堂，到場的人數竟超出預料之外！

在沒有開幕之前，大家都互相慰問着談話着，有的很鎭靜的翻閱着業餘社參加的「遊藝節目說明單」，靜待台幕的揭開。幕內不斷的放着留聲片動人的粵曲小桃紅等，以解觀衆的渴望。

在台旁高掛着的鬧鐘正指着七時，忽地一聲哨子，臺上的布幕啟開了。黨國旗，總理遺像，插着紙花的花瓶等，已呈在觀衆們的眼前了。司儀員戴君高喊着開會，主席王震雷站在台上，誠懇的致着開會詞，整個會場陸然沉靜。接着是很詳細的時事報告以及前途的展望等演講，台下都寂靜的細聽着。在熱烈的掌聲中開始進行表演的節目了。首先表演的是本所編排的節目，有全體難童合唱的「黨歌」及「救災歌」；接着是一位五六歲的女難童很天眞活潑的表演着邊唱邊舞的「賣報歌」，台下的風琴在伴奏着。在一位難友表演舞單刀後，便是本所的幾位辦事員的平劇會唱，每幕皆搏得掌聲滿場。「流浪兒」是一個很動人的歌劇，當難童表演到悲慘的一幕，竟有幾位難胞感動得暗地裏在流淚，也許他們憶起了自己的兒女吧？此外還有客串的節目，如二位女士合唱的「努力」，丁君的口技，都很有趣。而最惹注意的是「韓蘭根先生客串」的紙條才揭出來，台下觀衆的掌聲已如雷動了。他首先發表了些帶滑稽性的講話，接着唱了一支滑稽歌唱：「小麻雀呀！」末尾又來了個「叉麻將」。這節目使全場觀衆們笑開的嘴唇從沒有合起來過。最後是民毅收容所的業餘同樂社參加的節目有合唱，有口琴，而最有意義的是話劇「趙福的末路。」一切的舞台佈置，燈光，演員都不錯，收到很好的效果。劇情的緊張，演員的努力，捉住每個觀衆的情緒，當台上演至最後在正義和公憤之下，要結束趙福末路的時候，台下觀衆那種憤怒，熱烈，興奮的表情，都呈現在每個人臉上，有的竟興奮得好像敵人就在眼前，高舉拳頭，一齊高喊着「打死他這個出賣祖國的漢奸！」

這盛會就在極度熱烈興奮的掌聲下宣告了結束。那些過着苦難生活的難胞，今天得到這樣的一個娛樂機會，個個帶着熱情的微笑，在留聲機片唱着「送別歌」聲中留戀似的散去。(677)

收容所的演劇（廿七·十二·一）

郭敏之（十八·學）

很興奮的一天！今天我們在這孤島上，能有一個機會來做我們所要做的事，說我們所要說的話。

上完了第四課，就排演「放下你的鞭子」，由陳君演漢子，黃君演青年工人，香姐這角色是外面請來的，因為生疏，所以排了一個多鐘頭。

四時一刻，周君來了，於是我們一同步行到××路的××收容所，去途中經過新垃圾橋，有巡捕守着，不許行人通過，只得走老垃圾橋，到了目的地已經天昏地黑了。

我們——一共約二十人——和二百少一些的難民難童都擠在一個雙間的客廳裏，在客廳的正中的水門汀地上鋪了些稻草，圍繞着我們，掛了五六盞煤油燈，黯淡的燈光之下，人面只能勉強辯認出來，空氣很窒息。我們的宣傳工作就在這裏的環境之下硬幹的。

曹君說明了來意之後，我們就唱起來了。

「戰戰戰！一齊上前線……
報仇雪恨，奮勇爭先！……」
「來來作前鋒，拼命向前衝！
為民族謀幸福，促世界進大同。」
「快樂的心隨着歌聲跳蕩，快樂的人們神采飛揚，」我們的歌聲喚起了羣衆。

坐在前面的孩子們仰高了頭，靜聽着，不時地點點頭，發出會意的微笑。

於是我們覺得更有勁，歌聲也更宏亮高吭了。

「大家看！」陳君舉起一張大幅的漫畫問：

「這是甚麼人？」

「中國人。」孩子們搶先嚷着。

「那個呢？」

看見了青面獠牙，一手執刀的人，自然很容易聯想到：「這是東洋人。」

陳君接着說：

「東洋人給錢中國人，叫他們去做漢奸，等到事體做好了，就把中國人用那把刀殺了。小朋友你看東洋人壞不壞？」

「交關壞！」

「做漢奸的笨不笨？你們要不要拿東洋人的錢去做漢奸？」

「勿做漢奸！」清脆響亮而一致的聲音向四壁撞擊着。

接着一個老頭兒上來了，和小夥子一搭一擋地說着，旁邊站着一位大姑娘。那老頭兒起先敲着鉛桶唸着：

「五湖四海皆朋友，南邊去了北邊收……」

後來又叫那姑娘唱小調兒，唱了還要叫他做「鷂子翻身」，姑娘可不行了，跌倒在地上，老頭子可用鞭子抽她了，……

「奇怪老子用鞭狠狠的抽自己的女兒！」有一位老太太不懂了，但我聽得很清楚，站在她旁邊的中年男子向她解釋着：

「喏！狄個老頭子爲仔伊個男子在東三省被東洋人打脫哉，所以到別地方去做把戲，又賺勿着銅鈿，餓昏了就連自己的女兒都打了，伊拉唔勿飯吃，才（都）是東洋人害他的呀！」

老太太滿意地微點着頭。

我有點喜出望外了。生疏的演技，簡陋的道具，不良的環境，一切都在不利的條件之下，竟能收到這樣的效果，的確是可喜的！

「放下你的鞭子」的本事很簡單，可是宣傳劇却正需要這明快，清爽的手法。

看了戲，觀衆的臉緊張着，張大了口，有的則閃着驚奇的眼光。所長來了，叫他們唱個「大刀進行曲」，他們拍拍屁股，站了起來，搖頭幌腦地唱着，好像說：「我們也會唱哩！」

最後，歌聲從全體的口中放送出來，合成了一條洪流，在這斗室裏奔騰着，衝撞着。

「七七」的戲劇

坦　克（十八・學）

七月下午的太陽是强烈的，射到滿街招展的國旗上，更顯出牠底燦爛與悲壯來。有一點風，舒卷的旗角輕拂着上海無數跳躍的心，落在國旗上的目光都變堅定。

國旗下面走着我們一行人，散兵線似的，一小堆一小堆，手中挾了一包包服裝，道具，腦中裝滿了台詞，演講，穿過了街心，穿過密佈的包探與警察，向大上海的動脈——××路上的收容所進發。

今天去的一共有三個劇團，預備聯合起來演三齣劇，一方面慶祝，一方面紀念和幾百難胞們一同渡過了這偉大的日子。

我們陸陸續續的進入××收容所，劇務先已預先和一班早到的朋友，在辦公室等好，一方面和職員們在交談。我們入去的時候，好些難胞們在歡迎我們，於是有些停下來和他們談天，有些到辦公室去了。

劇務向我們報告，難胞因今天節食一餐，還剩下一餐要在三點鐘吃，所以我們要三時三刻才開始演戲，還有一小時的空閒，於是一堆一堆的坐攏來，利用這點時間把台詞對得熟一點。

我們的戲雖只排過三次，但都是老資格的演員，而提示的又是老手，我們便放下了台詞，到難胞們當中和他們談話去了。

難胞們在開始吃飯，我們若到成人堆中去看他們吃飯，也許令他們發生反感，於是都跑到孩子堆中去和他們攀談。

我談話的對象是一位很瘦弱的女孩子，看她瘦小的手臂怎捧起這樣一大碗飯，很容易的和她談起來，問她節食的意義。

她帶了浦東口音說：「我們難胞絕食，有錢捐給政府打敵人，有銅錢人也絕食也捐給政府，我們錢就多了，錢多了就可以打殺多一點東洋人。」

我又和她談七七的感想，她的政見很高，但時間不容我們談下去，劇務來通知我們是第一個戲，要馬上化裝。

我扮演一個敵軍官，須穿一件很厚的服裝，湊巧今天熱，只好咬了牙換上，又扎上綁腿，已是一頭大汗，揩了汗仍化裝。負責化裝員報告今天有燈光，油彩要打得厚，臉上打上半分厚的凡士林，再上膚色油彩，又有半分眉毛，鬍子，眼圈打好，照照鏡子，臉上的汗已由很厚的油彩之下擠了出來，一夥一夥豆子似的大，近看不知像什麼，自己也笑起來。

跑到後台，宣講組的開始在演講，難胞們——大半是孩子，一共約二百人，仰了頭，張了口坐着。

宣講的是阿劉，他以氣吞三江的氣概和亦莊亦諧的口吻，來報告紀念七七的意義：

「中國向來只會跪着討饒，現在却和敵人打，打三個月，打一年，敵人不退出中國，那怕十年……現在剛好打了一年，一年……只要我們有決心，不怕世界第一等强國……我們紀念七七，要做到這幾件事……一、不做漢奸，二、不買劣貨，三、擁護抗戰……」他講了十五分鐘，但台下滿是興趣的笑，鼓掌也相當長久。

開始了，第一齣是我們演的太陽旗下，故事是說失地上一個人效忠於敵人，他的妹妹和朋友勸他走，他反以為敵人喜歡他，後來敵人的軍官來吃酒，調戲他的妹妹，姦殺了他情人，而他還給敵兵打傷，於是他只有毅然參加游擊隊去了。

這劇本故事既緊湊，內容也不難理解，所以我們演的時候，很是平穩。敵軍官的暴行，起初吃醉酒時固然可笑，後來觀眾的情緒都趨向憎恨，憤怒了，最後這主角被殺回家的高潮，也給老張牢牢地把握起來。

這戲究竟只排過三次，而且沒有「彩排，」尤其是小道具更亂，得很，這樣幸虧大家隨機應變，加以有效的穿插，才沒有露出破綻，末了主角說：「好，咱們家也立不成了，成一道走打游擊去，趕走了敵人再說話。」幕便落下來。

拍手很長久的拍手，宣講組利用這情緒高漲的時候，告訴大家打游擊不一定拿槍來打，經濟的游擊，思想的游擊……這些我們沒有聽罷，回去卸裝去了。

老鄧跑過來說：「今天成績很好，我們演了近十次戲，却從來沒聽見這起勁的掌聲。」

揩去油彩，卸了服裝，內衣已濕透，可以絞出水來，我只用手拍拍一下，就出來看第二齣戲。

第二齣剛上演，叫察北的風，是一班做百貨商店小店員演的，他們都是第一次上台，而且加之都是廣東人，其成績我們當然不會奢求的了。

故事是察北的村子裏，偽組織的偽員，終日到鄉下征稅，不然就是發些軍衣，大家做，後來竟要村裏秦二嫂把媳婦嫁給什麼指導員，結果引起農民的大反抗。

故事是很好，但編劇編得太沉悶了，所以引不大起觀衆的興趣來，但一部分文化水準較高的難胞，却也凝神引頸的在聽，在看，演完之後，還是一通鼓掌，宣講員又跳上台去……

第三齣是名劇盧溝橋是我們的墳墓——保衛盧溝橋第五幕——由我們和其他一個劇團合演的，角色實在太多了，而此時演此劇，自有一番意義。

盧溝橋是我們的墳墓一劇開始時，是橋頭二哨兵的閒談，談及豐台之退兵命令中之不抵抗，兵士愛國之心，油然可見。是夜，盧溝橋敵軍正在演習，殺人放火，百姓逃來相告，這老頭兒眞是一字一淚！後來排長出來，衆士兵激昂異常，責問兵士是作什麼的，然而排長雖報國有心，但也屈於命令，只有剖懷向大衆傾談。這樣的慷慨激昂，難胞們都拍起手來。最後敵兵與我軍前哨接觸，排長大呼抵抗，大批士兵出外佈防，敵兵走近，槍砲大作，排長大呼發槍，這裏的高潮，借大量鞭砲，擲砲，與喊殺的聲音，最後戰至只剩排長一人，正危急間，吉團長援兵漸近，排長負創舉旗而逝。

戰事場面有十多分鐘，舞台太小，不能調動，但幸全體努力。演畢下幕，鼓掌之聲足足連續了一二分鐘，我們都在後台，無從得悉觀衆的情緒，據宣講員說，有些孩子興奮得流淚呢。

我們末了和他們一道唱着大刀進行曲，義勇軍進行曲，我們的歌聲，溶和在一起。

正唱得高興，收容所主任跑來報告，說工部局有電話來通知停止一切集會，原來剛才的一大堆擲砲，鞭砲，已引起捕房注意，我們看看節目也快完了，便「遵命」結束。

大家卸了裝，聽說外面風聲緊，以早回去爲妙，於是下令十五分鐘之內開拔竣事。一聲呼哨，向難胞們告別，各各回去了。

天已垂黑，安靜的坐在電車裏，看看晚報，竟然上海發生了十三個炸彈案，我們還算在安穩聲中過了這偉大的節日。（682）

在荒淫逸樂的背面

懷　疑（教育界）

「五一」勞動節在勤民收容所

（一）

冠在血腥氣氛充滿着五月的第一天，那是個偉大的國際勞働節。以往的每年今日在中國的各個階層曾經興高彩烈地開過會，喊過口號，貼過標語的，尤其在上海。自然環境的特殊與條件的限制，今年的五一在淪陷後的上海，事實上我們無法看見公開的熱烈的集合，表面上一切的一切完全給荒淫、逸樂、奢侈，所掩蓋住了。但是在它的背面，却還是一羣一羣的沒有忽略沒有遺忘。是的，我們雖然在靜靜默默的一個很少人注意的角隅，總算也來了個有意義有史實的集合，同時因爲這當兒親眼目看見郵政海關被攫奪的悲劇的演出，所以正謠傳着難民收容所將被某方接收的消息，覺得也在可能之中。因此我們要借着「五一」開會的機會，對這個問題來一個切實而有效的商議。

在事先，我們在五百多難胞羣中挑選了幾個比較有識的人來組織一個「五一勞動節大會籌備會。」事雖由我們發動，但佈置大會時的一切均由難胞們自己去支持，所以在籌備時間，標語的製定，會場的佈置，參加者的動員等等，全都交代在他們身上。而一方面爲了籌備期與「五一」會期的距離是相當短促的，所以在他們首次籌備會的當兒，第一就決定了主席團的人選。第二爲要配合目前的趨勢，爲要使大會在趣味化中加强大衆的注意與認識，復因難胞羣中以往大多是工人羣衆，於是便推定了「收容所被接收傳聞」的報告者，各業工人工作情形的演述者。此外，我們又籌集了三塊多錢，預備去買一些花生糖果餅干之類（最低限度的淺陋的茶點，）以備大會舉行時讓大家稍稍快活一下。

（二）

在開會的前一些時間——當我們踏進了最闊大的一間壯丁室裏（預先佈置的會場所在）的時候，一種並不感情作用的刺激，頃刻竄進了心頭。那情形，實在够使人興奮的：地上用粉筆劃了區分，左邊寫着的是「紗廠工人席」與「烟廠工人席」，中間是「碼頭工人」席，右邊是「銅鐵匠席」、「水木匠席」及「其他工人席。」另外又設「農商、婦孺席。」每個區分裏早已擠滿了人，擠滿的人都是屈膝蹲跪在地板上。沒有主席台，主席站的是靠近進出口的一角。門邊上首張貼了國旗與大會儀式及「五一歌。」四周壁上，却是橫七豎八而誘人注意的貼着標語。

九點鐘，不遲也不早振鈴開會。主席團中一位難胞曾當過兵的，後來又做過碼頭工人的北方人，開始致開會詞，他約略講述了些「五一」開會的意義後，他又興奮地說着：「……可是在今年，全中華民族一致努力抗戰的二十七年度的五月，在自然而然的趨勢中造成了一種新的力的刺激後，於是一方面是由於多年累積的憤灪和恥辱，而一旦暴發出的特別高漲特別熱烈的復仇情緒；另一方面却因大上海的陷落而形成了斷絕中心聯繫的孤島，四周環境是黑黯與毒氣瀰漫，窒息得每個人都感到苦悶塡胸。因之，今年的「五一」這偉大的勞働節在上海，雖不能光明公開的舉行集會？不過至少限度我們還要想法做一些可能紀念的工作。……」

接着另一位主席來講述了「五一」的歷史，演詞雖不長，但對「美國芝加哥某工廠要求八小時工作，八小時教育，八小時休息的口號而嚮應到國際間」的簡史的確還沒有被遺漏。後復由煙廠工人，紗廠工人，碼頭工人……等各單位代表將各方面在業時工作情形與待遇苛厚，以及失業時的狼狽情形，鎗砲下的一切遭遇，以及形形色色的故事都講述完了後，大家便提起嗓子唱了一隻呂驥編的中國的「五一歌。」歌聲激昂，情緒又相當緊張。

「……要得到我們最後的勝利，就要組織我們自己！……要得到我們最後的勝利，就要武裝我們自己。……要得到我們最後的勝利，先要爭取民族的解放與獨立。……」在唱到這幾句歌詞的當兒，音調是更加有力，更加雄莊，每個人的臉蛋在正氣的威嚴裏都漲得通紅了。

（三）

「來，我們大家來備用點淺陋的點心。」是陳君的話。

把淺陋的點心都分配遍了。於是一方面開始大嚼起花生，糖果，餅干；一方面由陳再來一次具體的報告——

「某方預備要接收上海的慈善機關與各收容所，前天在某報上也有這種消息登載，消息雖不幸，但我們應當從不幸當中的惡劣的環境裏奮鬥，掙扎！現在各個收容所的難胞都願聯絡起來，來一個共同的對付方法；我們不能否認團結的力量才會有效消極的苦悶與煩惱濟什麼事呢？……」

對的，每個難胞都能認識這一點。所以馬上有人接口說：「要是眞被接收的話，我們要做全上海各收容所的先鋒，不受他們的給養，寧願露宿街頭。」也有人說：「我們就怕沒有機會，有着這個機會，我們的賤命還要來受人家的踐踏嗎？不能的。所以我們要跟鬼子們一拚！」每個人的靈魂被刺激着，感情被衝動着，不能怪他們的口吻都給感情所控制了。

「祗是感情的衝動而說話是不對的！鎭靜一下，不用煩噪。據某某等收容所的意見，先去呈慈聯會工部局，納稅華人會呼籲，請求他們密切注意這空氣傳播的發展，必要時請求他們據理力爭。還是第一個步驟要是你們以爲對的，那麽就得無庸疑議的馬上加入他們一條陣線，用團結的力量去逐步進行。」

「贊成的舉手，」一個難胞站起來，這樣發表了一個意見後，在會的難胞竟全都舉起手來了，中間還夾雜着「贊成」「贊成」的呼聲。

「××等收容所推舉我們這兒起草一個呈文稿。我想先把這個初稿請那一位難胞來宣讀？假使以爲不對的，大家就提議修改。文字的技巧方面，我們再可以商量。」

有一個難胞自動起來宣讀了。這位難胞一面讀着，一面詳詳細細切切實實的講解了一番，連幾個無知無識的難胞也明白而拍起手來。

一個人也沒有異議之後，隨手取了幾張白紙，每個難胞都興奮地簽上了自己的姓名；那是表示他們的同意與內心的願望。

（四）

十一點鐘，發中飯的鈴聲響了。但大多數難胞要求延遲時間發飯，說是需要乘着難得的大集合而討論些必要的問題。

於是首先有人感到了「團結與聯絡」並不是官樣文章的那麽容易着手進行的步驟應該怎樣？對的，這是個應該討論的組織上的問題。

又有幾個碼頭工人，他們以往與目前在碼頭上工作時，常被「畢三們」有組織的來欺侮他們，威脅他們；可是他們的同道，却大都彼此不大相熟，又因平時少於聯絡，非但不能得到一點同情的援助，甚至有因生意上的關係而仇嫉起來，敵對起來，於是當「畢三們」來欺侮的時候，竟做出了幫凶的行爲。其實這不僅是碼頭工人的不幸遭遇，類似的情形，普遍的見到在每一股人羣裏。所以當問題提出了後，在場難胞都義憤地互相熱烈的議論了起來。

事實上是千眞萬確，東方的野狗挑起了中國無可忍受的抗戰以後，每個中國人的認識力都驟然的提得很高了。我們看看許多難胞們對於這種新的問題的討論，眞會感覺到興奮！這時候，我們完全以列席的資格站在第三者的地位，絕對不加入一些偏見或主張，有不少的難胞在發言時是非常鎭定與沉着，因此所提出的意見與建議，也相當有意義。把很多意見的結果，綜集在紀錄册上，有的是：

「對外聯絡，必先對內團結。其實團結與聯絡也可以說是相關的問題，自己的內部團結了，才可對外聯絡。」

「抓住了團結與聯絡的問題中心，所以要聯絡各收容所而謀大團結，先在我們的收容所裏組織起來，團結起來。」

「從這個中心出發，碼頭工人的受人欺侮也就是少於聯絡，少於團結的關係。」

「爲了要使團結的基礎鞏固，團結的力量易於發展，我們應當在自己的收容所裏先組成幾個單位分頭組織；如碼頭工人互助會，紗廠工人互助會，烟廠工人互助會……等等，然後再組織一個總的互助會，根據了總的互助會而向各個收容所去參觀訪問，從中妥謀聯絡。」

除此以外，把「互助」的廣義與狹義二面以及組織的進行步驟也相當的討論了好些時候。中間也有人提出了「潔身自愛」的問題，意思是「在自已本身的收容所裏日常一切秩序都要做得有條不紊，那麼即使有人要來參觀或接收時，我們自己也就有坦白的話頭對付了。」又有人提出「在我們收容所裏至少也要設法一二樣生產的工作做。」——這個問題須要向外界去接洽的，所以暫時沒有結果。

不論從那一方面說，事先我們的打算，我們的初意，總算完全滿足了。是的，收容所的難胞，決不是飯桶，決不是造糞機！

散會時，時間將近一點了。人聲嘈雜中，我看見了花生殼與水果皮摔了滿地。（413）

：租界上每個角落裏熱心服務的同學都通知過到一點多鐘，所有的同學都到齊了！

由陳先生的領導，我們雄糾糾，氣昂昂地大步路向高乃依路目的地進發，「這路名是多麼的生疏呀！唔！恐怕要走到脚都酸了吧？」我這麽想着。可是我們好像只走了十分鐘，「高乃依路」的路牌是站在我的前面了！「怎麽這樣近的呢？」我到底有點兒莫名其妙，看看錶子，哦！我們委實走了三十分鐘啦！

再走到廣東同鄉會的大門口，往裏一看，知道建築並不算得輝煌，可是却藏着「硬磞磞」的氣概。兩三丈見方的花園綠草長得很繁茂，雅緻極了，但誰知不一會兒就是臨時的難民收容所呢？花園之後，就是二層的西式房子，不怎樣大，樓上有個很適於演說或報告的涼台。辦公室內出來一位管理員，請我們在園中坐下休息，其實，我們那有什麽心思坐下來呢？我們看看這些，看看那些，沒多久，一輛「祥生」就載來了一家七口，指示他們一個位置之後，因沒後繼者的進來，於是幾個同志閑住他們，問這問那，知道昨晚有好些難民已在「中國花園」住了一夜了，這回運來的多是從那邊過來的。約十五分鐘，三五個，一兩個，陸陸續續地進來了。一次，我們見有兩位老太婆乘了人力車進來，年紀至少都在五十歲以上，我們十分小心地扶住她們，兩隻箱子也好好地給她們放好，又對她們說：「箱子看好啊！很易遺失的！」連小便處等都給指示過，但是，她們不够車資怎樣？好在拉車的還算好，給了一半，沒辦法，只好走了！一切都給做好，我聽到其中一位帶着感謝而驚訝地說：「Aia 怎麽有這樣的好人呀？」我覺得這話太誇大！我們到底沒有「好人」的資格呀！

約四點鐘，難胞們不斷地來了，走路的很少，多趁人力車，最聰明的是坐汽車來，因爲人力車資也須在九毛以上，而汽車的速率、容積，可比人力車强多了。

人是越來越多了，小小的花園，充其量容得多少人呢？於是廁所邊也住人了；而來的人仍是不絕的來呀！眞沒法了，連街邊人行道上也站滿了，因此人們的怨聲到處都能聽到，恰好黄牧師來，遂向難衆略作演說，請他們放心，房子正努力設法去找，今天倘找不到，只好在這裏露宿一夜了，不落雨，無論如何是沒有問題的。於是難衆靜下來了。

然而接着來的人還是和流水一樣，沒有一時停止，辦公室的走廊是這麽光滑的，怎可以住人呢？所以房子內始終不許閒人進去。那末這些後來的怎樣處置呢？據最後的消息，房子是找不到了！人們都好像很失望，幸而在八時正，有兩輛卡車來，把百多人送到膠州路去，接踵而至的也沒有了，這裏我說它「剛好」容得下吧！

大約八點半，先施公司送粥來了，我們爭着打粥桶，抬到廚房去，有些大桶的，拿牠不動，好在難民中有年富力强的，自動幫忙我們不到一刻工夫，所有的粥都抬了進去。隨着便是發粥，有難民的幫忙，我們做事十分便利。粥發完之後，一切的事都可算完畢；我周圍巡視着，除了寒暄和關同鄉會別的話，如逃難的經過等等，却很少聽到。

水的供給，無論是冷的熱的，都感覺得不足。一面盆的水，兩三個小孩子洗了浴，大人又拿來沖一沖那雙辛勞了一整天的脚；熱水更是少了，很多病人也沒得喝，請想他們是多麼的不方便呀！

有十點半鐘了，辦公室裏那位管理員叫我們上去用些餅干充充飢，其實有什麼使我們肚子餓的理由呢？我並不覺得肚子餓，在路上巡巡，替難胞們尋些開水、萬金油、八卦丹、濟衆水等物，倒比去飲水吃餅干爽快得多——可是，我們終於一個一個地輪着走上去吃了，而且吃得很多呢！

待我再到大門口，多數的同鄉都準備睡覺了。照例，我在高乃依路上往來，有人需要些什麼，就替他設法辦到，有時望望閘北方面的火燄。唉！殘暴的敵人又在焚燒學校和文化機關，慘殺不及逃出的平民了吧？看呀！慘淡的天空正表示着敵人猙獰的面孔！哼！讓你兇暴一時吧！總有一天，你們的兇燄會消滅在我們爲正義爲和平而戰的英勇鬥士的手上的！

正十二點鐘，我們都集合在大門口，有幾位同學爲了種種原因回家去了，剩下只六位同學，三位教師，當卽分作二小隊，每小隊値崗三小時；我是第一隊，現在正是可以睡覺的時候！我睡在應接室中的沙發上，覺得比家中的睡舖舒服得多。

三點鐘到了，我們立刻走出來，外面很靜，談話的人很少見到；我仍是被派到街道外面，隆隆的砲聲不絕於耳。整個天空都被陰沉籠罩着，風很大，單穿一套夏季制服，覺得有點冷。空氣很濕，怕會下雨，大約四時左右，細雨果然連綿地落下來了！於是人們開始騷動了起來，在街上的，都拿着自己簡單的行李，向各方面走去，希望得到一個好好的避雨的地方；起先，我們是極力的勸導着：「雨是決不會下得大的，各位請放心罷！」那知雨愈來愈大，只好把一小部分送到左近可以避雨的地方，但大部分在雨下淋着。唉！這裏七八百人怎樣處置呢？最後，我們決定體質柔弱的婦孺暫時都可到辦公室內的走廊和空的地方避避，至於較强壯的，無論男女都不許進去。這末一來，問題可算是解決了！但是不能進內者，那有不罵之理？我們到處都可以聽到：「既是辦慈善事業，就應做得妥妥當當的，怎麼連屋子也租不到，就叫我們來的呢？」「他們只知道要錢，那管我們這些窮人！」「照這麼看來，我們花了車錢到這兒來爲的什麼呢？」「吃了這些黃混粥，你們辦事的人請來看看今晚多少人肚子瀉了？」一聯串責罵之聲，掠過我的耳朶，雖然盡力的解釋，到底沒效用，他們一直罵到天明。七點鐘雨算是停止了，我們受了三小時的洗禮，身體也是濕透了！

第三部

風火山上

第一輯

大上海的火山爆發了！

暴風雨前的北站

黃河

照往常的情形說每年七八月裏的貨運雖不頂旺盛，但也不怎麼平淡，可是現在的情形不同了。自從抗戰的烽火在蘆溝橋燃起了之後，鐵路貨運的工作便一天天地輕鬆下來，特別是北上的貨物幾乎打了個對折，而由天津北平退回來的貨物，又堆滿在剛空不久的月台上，幾百簍爛桔子流出來的液質象徵着商人們哭不出的酸淚。

接連這種情形而來的，便是南京運來的行李，像山似的堆積在貨棧裏，大部分貨運職員都被調去辦理行李的事務了。

駐站保安隊的人數突然增加了，路警楞着眼睛注視着行跡可疑的人……。

「快要開戰了，情形不對得很呀！」

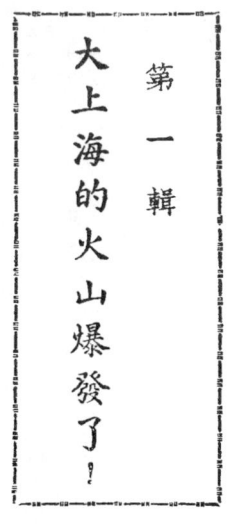

「南京的老百姓都往上海逃，怕眞的靠不住。」

「…………」

緊張的恐慌鑽進了每一個人的心裏，東一堆西一堆的人都在唧唧噥噥地談着，閒散的人張大着眼睛，想得點消息，唱五更調四季花的小工在讀着人家遺棄下來的隔日報紙，大家都知道這回該會與誰併命。

早上經過吳淞路，靶子路，日本的軍用汽車在發狂地奔馳，拖着木屐的女人們手中拿着一條帶有紅線針的白布，行着那特有的鞠躬禮，請另一位同樣的女人縫那種據說可以安身保命的「千人縫」。

顯然今天是更加不同啦，寶山路虬江路口正由駐站的保安隊趕築工事，一些小工正在瞀着扛沙袋；那一扇唯一通到辦公處的門，今天上了鎖，裏面站着一個全副武裝的路警，忽然看到這種情形倒使我一時呆住了。雖然近來的一切緊張情形足使人知道必有光榮神聖的那一天到來，但却料不到竟會在今天演出了大行進的前奏曲。

八點多鐘正在辦理一件退貨手續，四處浮動着的人像鐵屑被磁力吸着似的都向寶山路這邊聚攏來，然後像潮水般向鐵門那邊流了過去，一批又一批地，依同一的方式在我眼前移動着。

「喂！老黃！聽說行李房和票房那邊已有中國軍隊佈崗了。走，走，去看看！」同事×君跑來用極莊嚴的輕微聲音對我說。

「中國軍隊！」多動聽的四個字迅速地將退貨事項弄停當，顧不得脚會被路基上的石子碰痛，奔過了五六條軌道，站上的人是那樣多，就像不要命似的往車廂裏擠。一列車滿了，月台上仍留着那麼多，我們就在這人堆裏穿過去，開始用好奇的眼光搜索着我們的軍隊。那邊果然啊！果然有一個，不，還有一個綠衣服的勇士，我們高興極了，不約而同的挺起胸膛向那邊走去，想看個仔細，如果不是保安隊，一定有符號可以識別的，可是不行，簡直有點怪異。剛走近他們的時候，不知那來的一股氣息似的東西，突然制住了我們，使得我們再鼓不起勇氣來走近一點，就那樣發呆似的在那合適的距離點站住了。望着他們，當時的一舉一動至今我還記得很清楚。

回到貨棧，心沈重得像是懸掛着鐵錘似的，同事們圍過來，想從我們嘴裏得到一點消息，可是除了回答說「有」以外，我們還能說什麼呢？連自己也沒有看清楚，想告訴他們剛才的情形，可是興奮和快樂硬住了我們的咽喉，仍舊讓笑聲混合在他們的言談中。

時間在緊張的氣氛中滑溜過去，平日貨棧裏那種特有的噪雜情形，今天突然冷靜得像是舊歷年初一。小工們的女人或母親氣喘喘地跑來四處尋找她們的丈夫或兒子，哀求似的嚷着要他們回去搬家，站長室裏的電話不時響着刺耳的鈴聲，站長紅脹着臉跑出跑進地忙着向各部主管人員轉達上峯的命令，一扎扎的賬冊和檔案堆滿了一地，緊張由心裏爬上了臉。

近十點鐘的時候，從大站那邊跑來一個人，雙手在頭頂上急劇地揮動着，邊跑邊嚷：

「來了！真的來了！中國軍隊！鋼帽子！剛剛下車啊！開心得咧！」

「看看！」

另一個人指着對面喊着，大家隨着他手指的方向望去，在淞滬車站那邊一排雄糾糾的中國軍隊用急速的步伐行進着。呵！多英武呀！鋼帽上所反射出來的光芒比寶石的光彩還美麗，五年來沒有見過這樣雄偉的景象啦！

軍隊走到寶山路平交道附近便很迅速的散開了，那樣有秩序那樣熟鍊地散開了。這是他們的國土啊！在自己的國土上，一切都是熟識的，雖然被迫別離了五年，可是這地方的一根草一粒砂他們都抱了絕大的決心不讓人移動一下！透血漬了的土地上將要開出更燦爛的鮮花啊！

我跑了過去，心像是會躍出腔來似的急劇地跳動，我不知用什麼話來表示我對他們敬佩的心情，那桿握在雙手間的槍和發射寒光的刺刀，鋼帽下那對發亮的黑眼睛，沈着而堅定的面容子彈背囊……啊這便是中華民族復興的象徵！

「辛苦了，同志！」

我挨近那個站在平交道口上的哨兵的身邊，很恭敬地這樣說，我怕他不理睬我，然而出乎意外的他笑着回答說：

「那裏，這是我們的本份！」

啊！多偉大的回答呀！「這是我們的本份！」眞愧死我了，他不是比我還年青嗎？赤黑色的結實肌肉顯示出他是一個飽經訓練的勇士。

「大熱天眞辛苦哩！口渴嗎？吃點西瓜……。」

「不要！不要！我水壺裏有水。」

「那末……。」

我想他肚子一定餓了，跑到對面去買了幾只牛肉包子來。

「吃點粗點心，同志！不必客氣，我們都是自己人。」

他望着我微笑着不作聲，祇拿了兩只去吃，剩下來的我替他塞進口袋裏去，他仍舊不作聲向我行了個軍禮，然後握着槍踱到那邊去了，態度眞爽直得可愛！

下午我仍舊按着時候從家裏趕到閘北來，日本的軍用汽車來往得更密，北四川路一帶也呈現着紊亂的狀態。北車站範圍以內施行緊急戒嚴，管理局前面馬路上掘好了一道道的壕溝。街路上充塞着看熱鬧的人，我們的軍隊很密的佈着崗。寶山路口的那塊金鼠牌美麗牌的香煙廣告折倒了，早已佈置好的堡壘正對着北河南路，靶子路商店的樓上有幾處架着機關槍，寶山路、虬江路轉角貨棧的牆打穿了，我們一向保守秘密的那座鋼骨水泥堡壘，現在像奇蹟似的出現在人們的眼前。

大站裏一切都現得十分冷落零亂，除了站役們忙着搬運重要文件和用具以外。上午那種熱鬧情形現在像是過去了幾年，車僮們在吃喝着賣不完的食物和汽水，貨棧那邊正有兵士在担運子彈，七號月台上聚滿了鐵路上的職員，班長拿着名册叫人簽到，升火待發的列車在靜肅的空氣中漆——忽漆——忽地吐着氣，裏面已坐滿了人。職務上我不必隨車出發，命令下來說明天大家到××路去報到，大夥便陸續開始回去，可是大夥兒的步伐都遲緩起來，望望這壯麗的建築和數月來朝夕不離的工作地，不禁有點依依難捨。

「這次打下來怕不像「一二八」呀！老百姓決不讓再來個淞滬協定的！」

「要打就得打個水落石出，老實講，這些建築都靠不住，都會給炸光，癤子要穿頭了，一包毒濃不忍痛擠個乾淨，日後翻生那更難治。」

「中國軍隊這次來得眞神出鬼沒，眞痛快！」

「今晚不開火便是明天看看好啦！」

「……………………」

「…………」

歸途中心中有點悵然但十分興奮步子更快了些天空的太陽正吐着更强烈的火焰。

東方的巨人在展臂長嘯大時代即將到來!

八月十二日

求　正(十九：學生)

旭日斜照着北站兩路管理局的大廈也照遍了附近住宅的窗格。我眼一睜開一陣異樣的感覺便襲進了我的神經中樞。或許由於咋晚過度的工作吧?!不因爲那活龍似的火車的偉大雄壯的吼聲棧房小工上貨卸貨時哼着的帶有原始味的,使人神往的「嗳唷哩嗳唷喂……」的聲音小販們的「冬瓜茄子一個銅板打三枪……」以及糞車垃圾車的喧嚷……,今天突然全聽不見了。甚至每天迎着朝陽在簷上吱喳跳躍的鳥兒也飛得無影無踪。或許躲在窠中吧?總之一切的一切寂寞得像在無邊際的,無生息的沙漠中一樣。偶而從蒸鬱的微風中傳來了斷斷續續的有如沙漠上的駝商隊在行走談笑叫罵鞭策一般的各種聲音但過後又靜寂了。

想起睡前的幾小時中人們還很安樂,弛懈——乘涼,打牌,看電影,吃瓜飲汽水……(雖然謠言四播)——而且一部分民衆,還幫着黃衣健兒做了些輕快,滿意,欣慰的工作——二條明炬照澈了黑暗的運貨車上面堆着一包一包的沙袋。

「嗳唷!」一包從車上卸下,放在指定的地點。

「嗳唷!」又一包從車上卸下,放在指定的地點。

「…………」

運貨車每次滿滿地笨重地,慢慢地駛來,等到車身全卸空之後,又轉快地風馳電掣地駛去接着二車,三車,四車……好了!已堵塞了路口的全部,但留着祇有一人可挨過的小徑。這便是閘北國防第一線的一截也就是侵略强盜的障礙物,牠將吸收多量的敵人的子彈,消耗敵人的實力,葬送敵人的命脈,保護我們具有偉大精神的衛國健兒。這是閘北民衆的成績,也代表全中華民國四萬萬五千萬同胞同仇敵愾的精神。

「他媽的這樣就可以來一個倒一個了!」最後一位武裝同志,這樣輕快地叫了起來同時伏在沙袋上做一個描準的姿勢,於是各人臉上帶着會心的微笑,踏着幽暗的柏油馬路,忙着同去休息了。

但在我睡眠中的幾小時的劇變,就成爲我所想像不到的靜,靜得像在墳墓中,孤寂得像在沙漠中,霎時眼前彷彿現出了一片黃色無垠的沙漠,一個寂靜的荒墳,這沙漠非但遼闊,毫無生息,而且是暴風將襲的沙漠。我呢,猶如一匹落伍的駱駝,懷着一顆驚悸,孤寂，渺茫的心而長鳴，徘徊，並且預備着向墳墓中鑽。然而火炬已燃起了神聖燦爛的火焰，在沙漠中唯一的火焰。牠使我勇氣激增，不再作徒然的長鳴和徘徊，不再想向墳墓中鑽，而向牠邁進，牠照澈了應該走的捷徑，牠像指南針般的指示我到那同伴們正在憩息着的水草田，牠領導我去迎未來的暴風，衝破那被暴風捲起的沙柱，以爭取最後的勝利民族的自由和獨立，維護世界的和平。

可怕的孤寂終不能使我安穩地躺着，發獃似地胡想着。忽然急促的敲門聲接着便是革履聲，門開了，伸進房來的是一個驚喜，緊張的臉蛋。

「哦！表弟——敏。」我這樣想着，但祗把敏字很響很單調的洩了出來。

「你才起來？」他見了我睡態惺忪的樣子。

「情形怎樣？」

「怎樣？你還瞌睡蟲！我們大中華民國的顏色拿出來了。」說着也不由我問個青紅皂白便拉着我往外跑，外面情形果然不同，昨晚的安樂已代之以擾亂，弛懈已代之以緊張，一出衖口，劈面就看見一位很年輕的健兒，穿的制服不是黃色的了，而是灰色的了，臉部帶着光榮的微笑愉快地唱着義勇軍進行曲，挑着兩箱子彈輕快地一路走着。這種軍人的精神就象徵着大中華民國的前途光明。

「這就是顏色啊！×××師到上海了。」

「哦……。」

接着又是一陣拉，直到寶山路纔慢着腳步躑躅。

眼簾上映了一位一位年輕的灰服健兒，勇武，精幹，嚴肅，和藹……種種精神，表現在各個有紫羅蘭特色的嘴臉上，尤其站在崗位上的健兒，那種使人肅然起敬的精神，大有予打擊者以更重的打擊的氣慨。啊！衛國的健兒們啊！你們這種犧牲個人權利，幸福，而謀民族的自由解放的，至高無上的偉大的精神是何等地值得全世界人士的歌頌啊！

平日挺立的籬笆，現在斜倚在沙包上了。素來祕密的，蔭蔽着的寶山路口的防禦工事，現在都赤條條地跳上了我的眼幕——中正式的來福槍啦，輕重機關槍啦，小鋼砲啦，高射機關槍啦，鋼骨啦，鋼板啦，水泥桶啦，鐵鏟啦……等，這都是予打擊者以打擊的利器。

同時展開的，是一幅慘不忍睹的流亡圖——擁塞着的，全是汗流浹背的，扶老攜幼的逃命的同胞，還有殘廢同胞的奮力躑躅。箱籠，鋪蓋，包裹，傢俱……等紛紛向租界內塞，這時租界也似乎慈悲地放大了喉嚨大量地吞着。出租汽車，場車，老虎車，人力車……等，無不利市百倍。就是這些也已足夠把寶山路，北河南路，界路……等擠得水洩不通了。

最後我們也捲入這流亡的旋渦裏去了。——敏和我用了全力合挑了二只箱籠，同時還幫助了一位同病的，挑着流亡重擔的老嫗。我們就這樣汗涔涔地雜在人叢中向租界慢慢的推進。但是事情不就是這樣過去了，因為在現代的青年還須繼續負起民族解放的火炬邁進。

再見吧！將在沙場上殺敵的健兒們，祝你邁進，勝利！

再見吧！大上海第一線的閘北，祝你在砲火洗禮中無恙！ 908

「暫別了，閘北！」

江上（三十・工廠職員・）

為了遷移機器，已一連忙碌了好幾天，夜間照例該是睡得很甜蜜的了，可是不知怎樣，昨夜竟整夜未曾合眼。

全廠祇剩下我們四人：我和兩個練習生外，那位股東兼工程師的彭先生也留着未走。誰都到租界上去了，他為什麼還留在閘北呢？真是奇怪極了。那時大家祇忖着自己的心事，也不敢問。他為便於應付事變的突發起見，叫我們都住到樓下的一間小屋子裏去。這一夜大家都沒睡熟，可也不敢談話。空氣靜得可怕，好像整個閘北，祇剩了我們四人一般。除了鐵床架因為我們睡在上面不住的轉側的緣故發出吱吱的聲音外，便是四人的不自然的鼻息，互相呼應着。

我不知在什麼時候合上了眼，到朦朧地醒來時，天空已發出魚肚般的白色。我向對面床架上一瞧，不見了彭工程師。我吃了一驚，忙起身趕出臥房，在辦公室走廊前看見他站在那裏，叉着手，對着窗外路上呆望。

「昨夜很安靜呀！」我向他開口。我委實沒用什麼勁，可是喉嚨忽地大得使自己都吃驚。我趕忙低聲地說：「彭先生，你瞧戰事還會爆發嗎？」

「誰知道！」他搖了搖頭：「可是我們總得要有相當的準備纔好。」

他繼續告訴我，當我們昨日送走了最後一卡車機器後，他便在工廠四週的路上，察看了許久，幾乎全成了空屋。他在廠門前中山路上，跟兩位八十八師的勇士談上了，他們曾告訴他附近某幾處已埋上了地雷，并承他們應允到緊急的時候，指示一條可以安全地走到後方去的路。

「如果真的戰事爆發，我們能不能走出這裏呢？」我胆寒起來。

「為什麼不能？」彭先生說：「軍隊對老百姓是負有保護之責的，昨天那個八十八師的兵士不是說過了嗎，如果走寶山路，那一定走不通的。我們必須沿中山路往西走，須多繞一點圈子。」

廠內的機器已搬走了十分之七八，但有許多原料和器具，還未移動。我預料今天早晨還有幾輛卡車來搬，但形勢看來異常惡劣，我對彭工程師留在閘北心中惴惴不安。

「彭先生，你不如先走吧！這裏的東西等會兒車輛來後，我能招呼的，你不用留在這裏了。」我勸他早一些離廠。

「喔哈！你以爲我留戀着廠屋，留戀着這許多東西，所以不走嗎？」他笑了起來：「我對你說，我想留在這裏看看這大時代轉變的一刹那是怎樣的一個光景呀！至於這些東西，我們預備犧牲了，不要了！」彭先生的態度依然那般平靜。

我忽而想到自己個人的前途上去，覺得很苦悶，不期然的說道：「要是大砲眞的響了，我們的工廠便完了，我們也只能準備着失業！」

他對我很正經的注視了一眼，他肯定地答道：「完了！我們的工廠是完了！我們的物質雖完了，我們的精神却是永沒有完盡的日子呀！」

兩個練習生也已起身走來問問要不要煮些稀飯吃，廚房裏還留着好多米呢。可是誰都不覺得肚子餓。我們搖了搖頭答復他們。

我們閒步走過休息室，裏邊的乒乓桌子，又起了網兒，很安靜地躺在地中央。彭先生忽要我伴他打回乒乓。可是打不上三四下，大家都沒心思弄這玩意兒。他丟掉了球拍，坐在桌邊，翻閱着一份過了好幾天的報紙。

我耐不住這寂寞的苦悶，又開口了：「要是大砲眞的響了，我們往後會變得怎樣？」

彭先生皺了皺眉說：「你說話老是用『要是……眞的……要是……眞的……』想來戰爭對於你是非常的害怕吧？」

「這……，」我覺得有些害臊，但終於大膽的說了：「戰爭對於我們的工廠是含有極大的破壞性的。戰爭一發生，像你彭先生一流民族資本家，豈不是都要遭受極大的損失嗎？」

彭先生格格地笑起來，終又很莊嚴的說道：「我們的工廠還是半作坊形態的工廠，手工部份很多，這是你知道的。我們還不配稱爲民族資本家咧。老實告訴你罷，我是希望戰事能實現的。否則我們的工業，永遠沒有抬頭的日子了！」他傷感地沉倒了頭。纔又說道：「即以我們的工廠而論，連年屢遭打擊，却是爲了什麼原因？」

「貨賣不出去！」我回答着說。

「着啊（北方土語——即對啊，）但爲什麼賣不出去呢，這也是你所知道的，市上有比我們成本更廉的劣貨在與我們競爭着。所以即使我們不抗戰，我們的工廠，至多再維持一年半載，結果還是要關門的。」

我向窗外大路上望望，除了隱約有幾個穿綠色制服的兵士在走動外，寄靜如故。太陽照在樹頂，樹葉兒動都不動。

我等待着有運貨車來裝東西，可是今晨街上什麼車輛都不會見過。

「彭先生，他們眞的不再來搬東西了嗎？依我估計，能搬的還值萬把塊錢呢！」

「已是九點鐘了！」彭先生看了看手錶說道：「大概準備犧牲，不要了！萬把塊錢的東西算不了什麼！我們的股東都很明白知道將來抗戰勝利之後，有十倍於此的收穫等待着我們呢。」

我正對着堆得高高擠得滿滿的貨倉發怔，突然爆竹般的聲音響起來了。接着空中傳來轟隆隆的大砲聲，振得玻窗格格的戰慄着。平靜的中山路上，忽地有人走動忙碌起來。辦公室的大鐘上，正指正九點一刻。

彭先生從休息室裏跳了出去，噓了一大口氣，歡呼般的喊道：「好啦！我們有復蘇的日子了！我們走吧！不能再留在這裏了！」

兩個練習生，很敏捷地用一根扛棒扛起了一只不到一匹馬力的精緻的小馬達。那是彭工程師作試驗時用的心愛的東西，昨晚却忘了交給卡車帶走。我提了一大包誰都有份的衣包，彭先生提了一簏藍的書籍。鎖上了大門，跟着路上一大羣人往西急急的走。我對這朝夕進出已經十年的黑漆廠門，不勝留戀，離捨時時回頭探望。彭先生豈能忘情，也不時的回過頭來。他打起精神，拉了我走前一把，叫道：「勇敢地向前！」他又回過頭去喊道：「暫別了，閘北！我們不久就要回來的！」

扛小發動機的兩個孩子，忽地高喊：「中華民國萬歲！」我忍着眼淚，跟着他們大踏步的向前走。(133)

忙煞了我們

遠道（二十二・銀行職員）

八點鐘後，靜寂的辦公室內人聲漸漸嘈雜起來，三五成羣的成爲幾十組。他們有的在報告他們昨夜所獲得的特別消息，有的在痛罵二十九軍當局的糊塗，輕輕把平津送掉；有的懷疑政府的政策爲什麼老是「只聞樓梯響，不見人下來？」但儘管他們是從何談起，最後討論的中心問題，還是歸結到上海局勢演變的前途。他們儼然分成兩派：一派認爲上海局勢的緊張，是暫時的，敵人軍艦的雲集滬濱，是恫嚇性質，決不顧在此燃起烽火；中國呢？還不是和以往一樣的屈辱了事。另一派的意見却適得其反，他們引證了蔣委員長數次發表談話所示的決心，和最近當局的動態，認定這次決不會再屈服於暴力恫嚇之下，一定抱着「敵來必拚」的堅決態度，要是敵人不醒悟，戰爭是不可免的。激辯和討論，把和平恬靜的辦公室，充滿了憤懣和仇恨，每一個人緊咬着牙關，睜着雙目，握緊拳頭，簡直是準備廝殺前一刹那的英武的姿態。

九點鐘了，開始辦公的鈴聲把緊張的情緒和緩下來，各回本位工作。這時候，在櫃上守候的顧客已比平日要多上幾倍，同時外面還源源不絕地進來。各人的心裏，知道今天的工作，一定來得「結棍」，捲起袖管開始辦公。可是儘管你如何加緊努力，櫃前的人卻愈擁愈多，由一排兩排而增至四五排，黑黝黝的人頭，流露出憂慍憤恨的神色；間有幾個急性朋友，用咆哮的喉嚨在催促。可是，事實上手續是要一步一步辦下去，應接的人要一個個接下，細心謹愼辦手續，一個「啊喲！」是要吃賠帳的。記帳的人，雖手不停留，汗不暇揩地在寫，可是面前仍堆積着一大疊的傳票。喂！這是經理間來的，立刻要××萬元；於是上至主任，下至練習生，擱下原來的工作，先來奉行上司的命令，特別把結，特別賣力，數分鐘內將手續辦好，鈔票送到。不一會，又是一個相同的命令，這是某襄理的，立刻就要，於是免不了又是這麼一陣。寫呀！忙呀！傳票是愈積愈多，櫃前的顧客越擁越多，緊張的工作，把一切都忘了！

必要的手續，一切都辦妥，最後要輪到收支股了。固然，收款地方是不見一個顧客，閒得幾乎要打盹，可是付款的人，却忙得要命。老司務送到的三兩萬鈔票，僅僅應付數百元，數千元的顧客，差不多在十數分鐘內就告罄了。上萬的顧客，大都到鈔票間直接支付。所以，鈔票間內從庫房裏搬出的一箱箱鈔要，簡直不像可以作爲交換媒介的貨幣，而是像鮮豔奪目的傳單，盡量地分發出去。看呀！廿五萬一箱的鈔票，不上一小時就不見一張了！啊，那還了得！收支股主任見到庫房裏的庫存急速地減少下去，心裏未免有些寒心，於是惟一辦法，當然是請經理設法到中中交三行去補進。

畢竟經理的神通廣大，在數分鐘後交涉打好了，立刻命令收支股：中央可拿××萬元，中國可拿××萬元，交通可拿××萬元。錢是有着落了，苦了的卻是某君。他今天一直到中中交三行去取現鈔，天氣是那樣的炎熱，衣衫都給汗濕透了，但是你吃了這碗飯，卽使是赴湯蹈火，亦得去做啊！鈔票是一批批的進來，可是後一批還沒有來到，前一批卻早已用光了。緊張，空慌，忙碌，這樣的繼續着，四點鐘了，打烊鈴響了，人潮才漸漸地退去，好容易透了口輕鬆的氣！

「國軍八十八師已到北站佈防，」這一個消息，是多興奮啊！每個人快樂得忘記了剛才的疲勞，面上露出了渴望的笑容！上海的中國人，得不到國軍的保護已有整整的五年了，現在大家還有什麼可說，除了會心的微笑預祝自由獨立的新中國到來之外！（699）

上海開始怒吼了

王自強（二十：學生）

「八一二」是富有「煽動性」的，但總算平靜地飛去了。

「浦江日艦雲集!」——「搬家風大熾!」——「日兵在虹江路架機關槍!」——這明顯地昭示出那激跳的高潮超越了「一二八」前夜的水平線!

「也許是當眞要幹起來。」S氣吁吁地說:「在大陸商場,我看見社會局滿載行裝的車子。不是嗎?報上說市政府已遷楓林橋舊址辦公。」

立報載着今日下午四時「難關!」

街面上滿佈着沉默的臉浮動着忙亂的脚。

到量才圖書館去看報人比往常增加五倍。

×日新聞載着我××師開抵北站的特號消息……

平靜的南京路也混在騷動里人箱籠什件塌車汽車人力車,……在日昇樓在拋球場兩支頻繁的大動脉在飛躍。

沒有怨恨只有憤怒中國人已在艱苦中鍊成一塊鋼:爲了民族永久的生存爲了不甘心做「準亡國奴」的「槍靶」都樂意把老家獻出幾天來「和平底夢幻」已給事實粉碎了!——是的,爲了和平讓我們堅起正義神聖的戰旗吧!東北的血債,淞滬光榮的「先敗」……五六年來,「友邦」已把我們鍊成一支勁軍,指示了去實踐那爲自由而爭鬥的使命!

「讓每條街衢都變成戰場吧!」——「讓每所房子都作爲堡壘吧!」——鮮紅的顏色剎去了我們面前底陰翳,我們已從幽黯底末稍走進黎明底起端!

傍午空氣又緊了些,英法兩租界已在交界處架了鐵絲網,雖然仍許通行……

M對我說:「閘北已開火,電話不通!」他急喘喘地講完就走。我不懂他底消息是哪兒來的。

到愛多亞路報館地帶去巡視華美及東南果已帖出用紅墨水寫的驚人號外:

「本報訊今晨九時一刻,日軍圖入華界,被我保安隊嚴拒,發生衝突,刻巷戰甚烈!」

熱情的臉孔,緊張地露出高昂的微笑!不該說是勝利的笑了。

午後。

到外灘公園去。

日艦很多。「出雲號」在跟「大使館」屋頂練旗語,太陽旗頽喪地垂着頭。

「日本底國民呵!軍艦外衣的顏色也許要變成你們命運底寫照吧!」我默默地想。

一艘法艦進口,泊在十六鋪。

商輪接連地向吳淞開去,連頂層也站滿了人……

外白渡橋上人和車連成一條帶,像一節緩行的列車。我仰望閘北的高空幻想着砲火中英勇的鬥士!

市輪渡碼頭，江邊，草坡上——形成一個露天的難民收容所狼狽而悽楚的景象。——

「我一定要加入到戰門里去！」我幾乎從心底叫出來。——我太激動了。

轉到望平街。號外在瘋狂地嘶叫：

「阿要看看我軍進迫敵司令部？」

銀行已「奉財部令自本日上午十時半起「休假」兩天」這大約就是「戰時財政」吧！

在四川路，河南路，江西路……「搬家潮」洶湧地向南流。喇叭聲，雜音織成了都市反常的一支悲壯的進行曲。

我帶着一顆充滿了興奮和光明的心走回寓所。

B說已聽見過砲吼，我却沒有。

………………

黃昏。

搬的怒浪更高漲了。

年紅燈稀落地在夜空動盪。

街頭飛着夜報。

「抄靶子」的很多…………

在朱葆三路舞場和酒吧間里還飄揚着金圓王國流行的爵歌。………

夜已很遲了：我第一次聽見帶有歷史性的大砲底怒吼！

憶「八一三」

王勻秋（新聞記者）

虹橋事件發生後，整個上海已是籠罩在嚴重的氣氛裏了，十一日下午日本第三艦隊軍艦十六艘駛進黃浦江，下午四時日本總領事岡本向市長俞鴻鈞提出無理要求：一，撤退保安隊，二，撤去保安隊所築的工事。他籍口中國保安隊的駐紮防礙日僑的生命財產，同時把先前答應從外交途徑解決的諾言又籍口東京政府及民衆態度强硬，賴得乾乾淨淨，反而加上十六艘兵艦的威脅力，自然談判是絕望了。

於是局勢更嚴重了，情形格外紊亂，日本海軍陸戰隊紛紛登陸的已有二三千人，中政府以日方劍拔弩張，知上海的和平必將被人破壞，也有遣派正規軍來滬的消息。十一日晚上謠言四起，不是說那兒已在接觸了，便是那裏又打殺了日本人。這夜十二時，筆者爲證實此種消息是否確實，曾驅車至吳淞江灣一帶視察，因爲傳說的地點是在這一方面。出了租界先到寶山路北站公安分局，公安局的辦事人多在門口乘涼，態度相當悠閑，問他們有沒有發生事故，他們似乎怪我問得奇特，顯得莫明其妙的樣子。沿途也沒有兩樣，一切的確如平常一樣，歸途中經過楊樹浦路，百老匯路，日本的兵艦在黑海裏閃爍的打他的燈語，以外各日商碼頭上也無動靜，歸來二點鐘，這一夜算是平安無事地過去了。

翌日午飯過後電話來了，報告的消息是下午起北站的車子已斷，因爲一、中國軍隊已經開到了北站，爲戒備計，停止通車，二、車輛徵發運兵之用，軍車僅止於眞如、崑山，不必再來北站。當然形勢的嚴重是意想中的事，但料不到竟如此之快！打電話到北站，電話局說租界與閘北的電話已經不通，馬上乘車到北站，沿途遷徙的人使車子無從行走，過了蘇州河，靠寶山路一帶租界內的商店正在拉鐵門裝牌門，公共汽車本來是通到界路，今日就停在愛而近路。

昨夜與今日不過十小時，變得這樣快，眞有點不相信，可是情形的確是這樣。寶山路鐵門，北站前後，已都戒嚴，武裝同志跑步向車站裏面去，崗位上除了警察以外，還有保安隊，閘北商店已完全關門。記者拿出自己的證章，證明我是新聞記者以後，才得走到車站裏面，鐵軌上看不見一輛車，買票的門都已關閉，站上高級職員都已另遷，以往嘈雜的聲音現在被達達的雄壯的步伐聲所代替了，武裝同志個個精神飽滿，鋼盔在陽光裏閃閃發出耀眼的光，界路一帶站滿了人，隔着鐵柵望，個個都眉飛色舞。警察局限今日二時以前閘北商民一律遷出，今夜恐怕就要接觸了。但這是中國迫不得已的措置，日兵在虹口登陸者已達五千。

素來不喜歡中國抵抗日本的老大帝國爲着一萬萬鎊在虹口區內的投資，竭力從中斡旋。由英國爲中心的上海各國領事團出來調停，於十一日送給中日兩方備忘錄後，十二日午四時邀集滬市長俞鴻鈞，日總領岡本在公共租界工部局會議室開會，他們見雙方態度强硬，也只有消極地想出一個辦法，以爲中日戰事實在無法避免的話，也應該讓出最後二十四小時爲居民的遷避準備時間，會議就這樣無結果而散。

好了，這二十四小時，是最後關頭了，沒有一個人不這麽想。這是十二日下午四時起開始至十三日下午四時截止。挨過這夜，十三日早晨記者特別起得早，七時即出發預備到閘北虹口去作最後的巡視，可是華租界鐵門已關閉，租界內萬國商團已出動，鐵門外面沙袋鐵絲網的工事已經完全築好，武裝同志架槍在守候東洋兵來予以打擊。轉頭向東走北四川路，鐵門還開着，因爲時間沒有到，外人及華人在搬家的又因其他無路可通，北四川路是僅有通到租界的一條，所以紊亂異常。這是日本兵在租界內的根據地，倭兵托着槍望着一羣羣的人，像要把他們吞下去一樣。記者沿北四川路走，將近寶興路的時候，突然湧起一陣密密的鎗聲，一羣人如潮一般向南湧，搬家的多放棄物件車輛，儘狂奔，小孩哭，婦人叫，僅聽得快點逃命的喊聲，天翻地覆！這時記者看錶是九時一刻，雖則知道東寶興路已經開火，但沒有明白究竟，心想還是等等待打聽明白再說。暫時在一家屋裏一躲，讓過了湧來的人羣，後來的人說：「實興路日本兵向中國兵衝，被中國兵打退了，快點逃」。這時槍聲已停，記者趨車而返，終於證實了戰幕已啟。

下午四時十分，八字橋砲聲響了，中華民族的神聖抗戰，就此全面揭開。(184)

「八一三」所見

張美懿

毒辣的驕陽，清涼的晨風，依舊侵襲着上海的市容，可是這平日繁華昇平的氣象今日却被雜亂，緊張，恐怖，興奮的空氣籠罩着了。人們那鎮靜的心，平和的血，受了這一切的刺戟，都變為焦灼，煩亂，而沸騰着，澎湃着！他們彷彿完全沒有注意到風的到來，驕陽的存在。他們所唯一注意的，是聲音；這聲音常使他們神經過敏地疑惑到他們所期待着的另一種含着重大意義的聲音去！

突然，「轟」的一聲，呵！民族的野火開始燃燒了，神聖的砲聲響了，我們的勇士浴着敵人的鮮血，一個個衝上去，一個個殺上去！這「衝！」「衝！」「殺！」「殺！」的聲音，清晰地在每個孤島上的人的心裏交響着。於是他們微笑了，他們的情緒更高張，意志更堅決了。他們想起這無數為民族的自由，為國家的生存，而前仆後繼，浴血苦戰的勇士就感動得忘了家，忘了自己的一切。也許他們自已從今天起，就會變成一個顛沛流離，失業破產的人，可是這些痛苦，為了未來的幸福，為了萬世子孫的光明，也是應付的代價！祇要最後勝利早日來到，幸福的生活早日實現，那麼即使犧牲了一已的生命，也是值得的啊！於是他們底臉露出愉悅興奮的表情！

「呵，開火了！你們看見號外嗎？到底是我們勝利了。」

弄口成了臨時的會議場，東一堆，西一堆，集合着男女老幼，個個驚惶的臉上，添上得意的笑容，在互相討論着，探問着，報告着！

「怎麼不看見？我是早已料定，這王八蛋矮鬼子，準會碰一個大釘子的。他們好大胆！以為現在的中國人，還是好惹呢！」一個工人模樣的中年男子，神氣活現的，邊說，邊笑。

「這才好呵！才出了我們的鳥氣，我活到六十歲了，常常聽見別人嚷着抵制什麼貨，打倒什麼人。但總是祇見鑼鼓響，不見鑼鼓樣，直到現在，才鬧成功，唉！到底是現在的人有本事，有決心，有血氣，爭面子啊！」人叢中在沈默的一刹那間，閃出一個白髮蕭蕭的老太婆，來感慨地說了一大串。

「不過，唉！你們才不覺慘呢？！看把我弄到這地步了，以後就沒得住，沒得吃了。哪裏是家？到哪裏去找生活呢？」一個難民悲切地說：

「不！你的認識錯了，把你弄成這個樣子，到底是誰呢？是鬼子呀！誰不愛和平？但現在你要和平，辦不到了。假如不下決心，那麼亡國後，做亡國奴的痛苦，才眞正痛苦！你現在，雖物質上受痛苦，但精神是高興的，身體是自由的，眼前的痛苦不過是達到光明日子的必經的過程吧了，又算得什麼呢？」一個青年不管別人能不能聽懂，滔滔地說了一大篇。

我走向大街去。大街充滿着蓬勃活躍，興奮的氣象，馬路上貼報處，注目的標語下，行人道上，擠動着一羣羣熱烈興奮的民衆。他們忘了熱的太陽，忘了破碎的家，忘了自己所受失業的痛苦，甚至忘了被冲散了，被慘殺了的父母妻子，兒女兄弟姊妹的慘狀，在讀着興奮的新聞，看着富有刺激性的標語漫畫，談着所見所聞的忠勇故事慘酷情形，有些感動地呆看着救護勇士們的人忙碌往來着，進行着他們所負的重大的使命。他們挺着的胸膛，那果敢沉着的勇氣，憤恨的情緒，豆大的汗珠，處處表現着他們底時代精神，愛國熱情，見義勇爲的胆魄。「喲！這才是新中國青年的精神才眞是爲國犧牲者啊！」我感動得幾乎流下淚來。

難民，狼狽的難民！扶老攜幼，像潮水似的湧進了租界，他們那悽愴，困苦，飢餓疲憊的慘狀，一一在我眼前閃過，可是耳朵裏並沒有聽見過怨尤的聲音，中華民族的子孫，已認清了敵人的眞面目，毫不怨恨地忍受着目前的痛苦了。「啊！有這樣堅決，耐苦的民族精神，誰能把我們滅掉？」我正想着，忽地一乘黃包車駛來，把我的左臂擦破了一塊皮，「啃！」我痛極回頭一看，原來，那乘車上坐着一個比我的手臂更痛楚的女人呀！她懷裏睡着一個弱嬰兒，背後還背了一個男孩兒，前後堆滿了東西，遮住了她底視線，使她不能動彈，時時把兩隻飢餓而疲乏的眼睛，吃力地望着路向，很像一個狼狽的僵屍！唉！誰使你這樣辛苦？誰把你累呢？我嘆息着，想跑回家。但我終於壓住心頭火，再走了一段路。啊！更悽慘的流亡圖，不絕地映進我底眼簾！看！這個背着個老態龍鍾的老婦的男子，跑得多麼吃力！他底喘息的聲音，引起我無限的悲感，憐憫，於是跟着他走。原來他後面還有一個挑着一担行李的女人，急急地趕着追上去呢！雖然，睡在籮担裏的孩子，不住的哭着，哭着！但她不聞不問，祇顧走，走不多遠，又把担子和那男人掉換一下，於是這個背負老人的責任，就輪到她了。我很憂慮她底疲倦底身子，怎能吃得消呢？

忽然，他們一同停了下來，坐在路旁，向我問道：「姑娘，這是什麼地方？」「這是膠州路，你們要到那裏去？」「唉！我們沒有一定的地方呀！因爲我們才能從戰區裏來，又沒得錢，錢在路上被鬼子搜光了，那裏有錢找地方呢？」她悽愴地說，那飢餓的眼光，菜色的臉，低微而枯澀的聲音，使我一陣心酸，不知怎樣去安慰她。

「唉！姑娘！你不知搜盡我們的錢，還……還……」她忽然滴下一顆辛酸的淚！

「怎麼啦！」我急切的追問着，因爲分明地，他們是有過非常的遭遇了。

「還有，我……的大兒子，……唉！被捉去啦！」她嗚咽不能成聲了。

「他也幸虧眼快，……不然……也……糟了！」最後她指着她的丈夫說。

還時那個老太婆的耳朵雖聾，但被悽慘的情景所感動了。揑了一把鼻涕：「唉！我活了八十多年，快要死了還要受這一次災難！」她感慨地說。

「中國會打勝的，只要我們團結一致，有錢出錢，無錢出力。」我安慰地說。

「可惜，我老了，又是女人，不然也和他拚個生死，才心甘呢！」她憤激了。

不久他們又挑起担子，背了老人，向着未知的路上走去！

我看着這一幅悽愴的流亡圖的背影，心靈深處感到强烈的悲哀，同情，憤恨！我的血液開始澎湃着了。

「報復！」「報復！」我默默地念着跑回家來！

永遠忘不了的一天

張斐人（二十：學生）

一九三七年八月十三日。晴，微風，多雲。

漆黑的天沒有月亮也沒有星星。祇有幾盞街頭的路燈，用它僅有的光明，播送到這個黑暗的世界裏，是萬籟無聲，充滿寂寞空氣的深夜，時針剛指在二點。

突然從遠處傳來的巨聲，驚破了我的好夢；繼着「轟隆，轟隆」一聲二聲……，連續不斷地刺入我的耳鼓。由于以往「一二八」戰役經驗的啟示，我知道這是大砲的射彈聲和砲彈的炸烈聲。

奔騰的血液，緊張的細胞，立刻在我週身鼓舞着。我來不及開亮室內的電燈，一面披衣，一面在黑暗中摸索着踏上了屋頂旁邊的晒台，抬頭向正北方一望，卽見火光燭天，血紅色的雲煙在黑暗中彌漫着，顯得特別鮮明。一閃一閃的砲火，夾着隆隆巨聲，刺破了寂夜之靜肅，驚碎了每一個和平老百姓的心。

——眞的嗎？咱們英雄的抗戰果眞開始了嗎？

因過度的興奮，對眼前的事實倒反躊躇和遲疑起來。

是的，「九一八」時政府態度的軟弱，將小百姓們滿腔的熱憤，壓榨得緊緊地，使每一個人懷着憂鬱，惆悵和怨望。可是自「七七」事件發生後，咱們領袖聲明「最後關頭」已到，我們就將深壓在內心的熱烈情緒，又恢復到了最高的頂點。

你看，不是嗎？七、二九廿九軍克復豐台廊坊時，上海民衆是怎樣的熱烈！如何的興奮！滿街的爆竹聲，嘻笑聲，呼口號聲……連幾個三四歲的小孩，也騎着竹馬，擎着小國旗，沿街亂叫亂跳呢。這是我親眼睛見的實事，深鏤在心瓣上永遠忘不了的。

——誰說咱們人心已經死了？

這是在當時我觀察後所得到一個興奮的感慨。

於是昨日緊張的空氣，又在我腦海裏一頁一頁地翻着：文廟擠滿了從市政府被阻回來的公務人員，闊老的搬場汽車滿街亂馳着，無線電播出中央軍已開到上海的消息，將整個上海城刺激得空前的緊張嚴肅，使每個居民不免提心弔膽，驚心動魄。但誰都沒料到戰事的進展是這樣的迅速。

砲聲漸漸從疏落而緊密了，裏邊夾着「噠噠……」的機關槍聲。住在樓下的爸爸媽媽弟弟和傭人都給這種恐怖的聲音驚醒了。不一刻功夫，一條爲夜氛浸得死沈沈的小巷，突然給喧嘩的人語侵佔着。由嘈雜的人聲裏，透露出高熱度的情緒——興奮而又驚悸。

東方開始出現了曙色，號外報在馬路上叫得震天價響。「我軍衝過天通菴啦」「砲轟虹口××日令部啦」……一串串的捷音，刺進各個人的耳朵，激發起熱烈興奮的情緒。

我在門口急急忙忙買了一張報，我喘息地嚴肅地讀着大字標題：「我軍英勇抗戰」「我軍大捷」……

——好了，從此我們有了出頭的日子啦！

在我心瓣間暗暗地漏出這麼一句。挺挺胸，昂昂首，我的態度驕傲得如同頭等强國的國民，這是我生以來最值得驕傲的日子。

天陰暗得怕人，有狂風，空中奔馳着陣陣的灰雲。槍聲砲聲從風中送來格外嚴厲而清晰。

忽然「轟隆」一聲巨響，接着就是「砰砰砰」的聲音，好像就在眼跟前發生，房子搖憾得要塌倒的樣子。

「嗡……」，這是飛機投彈後抖然上升時的聲音。

「東洋人打來了啦！」「東洋人的砲彈開過來了啦！」「大家快快逃性命啊！」驚慌雜亂的呼聲，間雜着混亂的步聲。街路全是沒有秩序的逃命者。整個南市一刹那都變成一個恐怖，驚悼的死市。

我跟家人提着幾件簡單的行李，踏上西門的十字街頭時，已是上午十點過了。人行道上儘是負笈提箱的人，爭先恐後地向着租界鐵門擠去。可是，鐵門在幾個安南兵防守下，關閉得緊緊地，門前且加闊了一道鐵絲網。鐵門裏邊優閒的人，用看把戲的目光，欣賞着門外驚惶不定，欲避無門的逃難者的窘態。一道鐵柵門劃分着絕然不同的兩種世界。

我也是一個在鐵門外的人，傴促在人羣裏透不過氣來。

等待了一小時左右，經過了許多爭執，才在南洋橋一扇小鐵柵前，忽忽地踏進所謂安全租界區。

在黃包車上得來的傳說：我國的空軍已出動了。剛才的巨聲是我空軍轟炸出雲旗艦。「砰砰」是艦上的高射砲聲。

法大馬路擠滿了人，「黃金大戲院」和「大世界」門前擠滿了襤褸的從戰區逃出來的難民，從他們處傳來一連串的呻吟聲。

旅館早已客滿，我們一家人好像無頭蒼蠅一般，祇找住的地方，最後在一家小旅館裏因同經理是同鄉，用了九牛二虎之力才在一個斗室中算是暫時解決了住的問題。

熱，煩悶，驚悼，興奮，緊張交織在我的腦裏，心裏，胸裏，塡得滿滿地。我無心吃中飯了。

我斜躺在塌上向窗外望着晴空，飛一般的白雲，

「砰砰砰」連珠式的高射砲響着。一圈一圈泥土色的煙霧在空中擴展着。

「軋……」一隊銀色飛機在煙霧間，敏捷靈活地躲避。

「拍……拍」我們的神鷹用着機槍向下掃射了。

一隻打頭的飛機突然向敵方筆直下降，待離地三百尺時，又作了一個很大的怪聲，筆直的飛了上來。

一個「轟隆」聲，一堆冲在空中的濃煙，就從敵區傳出，震蕩在整個的空間。

街頭，巷尾，馬路，屋頂，都擁擠得滿坑滿谷，嘻哈，拍手，高叫，充滿了熱烈的一團高興。但大多數都是無智識的人呀！他們認爲只要是飛機一定就是日本的。於是他們以爲我們的高射砲在打敵人的飛機呢，所以拍手叫好，快樂得這個樣的。唉！可憐的人們啦！

「下蛋啦！」人們儘向屋裏跑。

就在我頭頂邊似地從雲裏飛出一隻飛機，左右搖動得很是不穩，就在此時一個油瓶式的東西落了下來。下面人羣在驚呼奔跑。

「轟……」房屋山崩地裂般震動，我躺在地上，摒着氣，等候恐怖的到來。

門外暫時靜寂，一陣慘呼聲，呻吟聲……漸漸由細微而擴大，零星幾個人在街上瘋狂地奔跑着，家家商店都上了排門，熱鬧的街立刻就變成了死的。「嘡……嘡」的救護車一輛輛地馳過，裏邊載着殘肢斷腿的罹難者，殷紅的血滴，耳不忍聞的悽楚聲，從車屁股邊投射進我們的耳目。令人驚心駭目，不寒而慄。

我靠在牆壁上，癡呆了半響，蒼白了臉，顫慄了心。我懷疑我是受傷了。

——天啊！我出娘胎第一次看見人間最悽慘的悲劇啦！

我細心地檢視着全身，慶幸着沒受到傷。我才歎息着，四肢無力地倒在牀上。

「敵人轟炸青年會呀！」謠傳又盛熾在街頭，但據事後調查：我機因中彈，以致疏忽遺落炸彈。

夜帶來了恐怖。軋軋的機聲，砰砰的高射砲聲又在交織成壯

烈的音響。

——好，我們的神鷹兵團又在轟炸日艦啦！

我一邊過度興奮地哼着一邊疲乏地翻個身又呼呼地睡去。

(421)

我們就這樣失掉了職業

落　拓（小職員・）

「鈴鈴……鈴……鈴！」

寫字檯上的電話機在叫着主任馬上把聽筒拿起來通話後，才知道是他的一個在鐵路做事的朋友告訴他一個消息，說是今天早晨京滬特別快車還沒有開因爲有兵車要開到上海來。

這消息立刻傳遍了某大書局所有的辦公室，緊張的情緒，表現在每個人的臉上。辦公室中的空氣也緊張着大家把工作停了，爭辯着中日戰爭的問題。主和論者滔滔的談着應和的理由而主戰論者發表了中國應該予打擊者以打擊的宏論，攻破了主和者的據點。雙方正爭得起勁的時候外邊的消息不斷的由電話機傳到辦公室來。有人說八字橋橫浜橋一帶已開始小接觸。所有銀行突然把鐵門拉上了，門首貼着一張告白奉財部命令，休業兩天。這更加刺激着上海的居民覺得戰事的發生，是到了無法避免的地步了。年青人興奮着要把幾年來積壓下的憤怒，燃起自衛的烽火，給打擊者以打擊。

南京總店方面派駐上海的高級主管人員也感到局勢的緊張，而由新亞酒店遷到楊子飯店居住中午他急忙跑到書局裏立刻在他平時辦事的經理室中召集了各部的主管人員開緊急會議討論應付時局辦法。他們討論的不是在抗戰期中如何維持同人的生活而是如何解散同人的辦法。這辦法在午後公布了：每個部份僅留一二高級人員留守其餘人員一概留職停薪其實——是遣散不過美其名而已——每人僅發路費三五元暫借半個月薪水明天起停止供給伙食。這些無依無靠的小職員，再加上戰爭的恐怖情緒就無可奈何地接受了局方的辦法。這羔羊似的一羣在領得僅夠路費的一筆可憐的數目後，深恐交通的阻斷，連夜通過了十六鋪的鐵門，奔向南火車站在擁擠的人叢中踏上月台，鑽入車廂內，於晚上十一時帶着難言的慘痛離開了上海。

八一四速寫

拓　荒

八月十四日——這是多麼偉大的一天！

隔晚，遙望着橋北區爆竹似的槍聲砰砰連珠似的機關槍一陣緊一陣疏，聲破黑暗的寥闃，迸發出一朵朵紅色的火花，像游龍樣的矯捷劃破漆黑的夜空交織着往來。心頭震顫着面當這劃時

轟炸的開始

溪 林(一六:)

江邊依然擠動着黑壓壓的人頭,所有全上海的商店大半都裝上排門,馬路上則沸騰騷動……一個劃時代的巨變!(741)

代的巨變,自然不能不引起驚悸,同時也有一種莫名的興奮。

黎明的曙光毫不遲緩的依然照臨到這世界的一角;一度猛烈的接戰後,槍聲在曉色中暫時沉靜下來,這隔着一線托庇在另一種境界下的人民開始鼎沸騷動……街頭平添上不知多少走動的人,人羣像滾滾的潮湧向東又擁向西,老的、少的、男的、女的,更夾有不少蓬首垢面背着大包袱從戰區附近驚惶逃出的人民。

「軋,軋,軋」青藍色的天空映現出矯健的鐵鳥的姿態,千萬顆頭在翹動,千萬雙眼珠子在轉動:「啊!青白的,中國的飛機,中國的飛機!」「中國飛機出動了!」從緊張惶急的空氣中、突然起了這一片輕鬆歡樂的呼聲,鉛樣沉重的心頭,秤鉈子般一剎那就落下了。

情形畢竟不同於往常,一切的一切,謠言像牛毛,更有癬疾陷樣驚人的傳佈速率,婦人孺子大多嚇得面容變色,老成持重的人力持鎮靜;年輕的青年們是活躍的、激憤同仇的急煞的火焰在心頭怏炙:「打吧,洩一口鳥氣!」「再不容退讓,退讓就是滅亡!」

報販像發了瘋,繫着號外在人叢中狂奔突竄,嘴裏急喘的狂嚷!人們都用急迫的眼光射到他的嘴,一張張的紙迅速地從他手裏傳到一個個羣衆的手裏。餓羊似的眼光急迫地盯緊上面一個個的黑字!

黃浦江邊江水打擊着堤岸,人羣像螞蟻似地佇首而觀——一幕偉大驚心動魄的壯舉正在演出:

暗灰色的天體襯得緊臨臨的盛氣凌人的驕陽也稍稍收斂了牠的氣勢!從東南角突有二三點黑點在移動,慢慢地近向這裏,慢慢地愈來愈大,終於完全顯出了三只鐵鳥的姿態。前後有序的在浦江高空打了個大圈子,這時江面日艦發射連珠似的緊密的高射砲,我們都緊張着情緒,捏心吊膽替那三架鐵鳥担心,可是他們是那樣矯健、那樣靈活,上下左右巧妙的翱翔,突然一陣怕人的尖嘯,撕去了我們的魂魄,一只前面的鐵鳥在亂箭樣砲彈的掃射中像受了傷,直對着一只最大的日艦頭下,黑色的鐵蛋一陣「轟」然,激濺起萬丈水點,可惜相距三尺,幾乎命中牠的目的物!就在這樣驚中那鐵鳥又像鷹隼般直衝青空;跟在後面的兩只也在完成使命後,直向西北飛去!

這壯烈的偉觀,過度的興奮,把翹首佇足者心頭的一層陰影都掃去了!十年來的受辱,十年來的苦澀,今日該是揚眉吐氣的時候了。

這是一個値得紀念的日子，在這一天，訓練了多時的中國空軍，開始給侵略者一個嚴重的打擊。

「八一三」澈夜的砲火，把我的睡魔驅走了，成夜只是合不上眼。東方的天空紅紅的很像火光，但我知道這不過是晚霞的餘輝罷了。

清晨，砲火似乎疏了，偶而傳來一二陣機槍聲，但嘈雜的市聲終於掩蓋了它那噠噠的聲響。弄中的孩子雖仍很多，但喧鬧的程度，却比往日好得多，這也許是由於戰神的威力所致吧？

跑上曬台人覺得舒適得多。那潔淨的天空一絲沒有雜色，只是藍得如海一般的可愛，使人看了覺得格外的平靜。一片片輕煙似的織雲流蕩在蔚藍的晴空下，有如仙女的薄紗揮衣一般。呀！這美麗的可愛的天色，眞能引人入勝呢！

忽然在我清靜的耳鼓裏，似乎起了一陣微細的聲音，簡直細微得同蚊子的嗡嗡聲一般，但我相信這不是蚊子的叫聲，那末這是什麽聲音呢？

聲音漸漸的響亮了，最後，終於變成了雷聲一般的巨響呀！這是飛機的聲音吧？我的心頭開始跳躍了，我祈禱着這是中國空軍的來臨，我希望着英勇的空軍戰士能給敵人以創傷！

東方的天空起了變化了；藍得發青的淨空裏浮起了一朵朵的白煙，接着起了一陣連珠似的砲聲，一聽就知道是高射砲。呵！我是多麽的快樂！——中國年青的空軍已在與打擊者以打擊了！

數十分鐘的轟炸後，高射砲漸漸疏了，我英勇的鐵鳥，在任務完畢後向着根據地歸隊，整齊的隊形和活潑的飛翔，照出中國空軍前途的光明。哈哈！日本空軍佔領中國領空的夢想，不是整個的粉碎了嗎？

這偉大的保衛祖國的創舉，激發了我的熱情。我瞻仰了我空軍的雄姿，我目睹了我空軍給敵人以創傷。

下午在驕陽的威力下，跳上了電車，向外灘進發。外灘，這上海的咽喉，象徵着整個上海的繁華。但在另一方面，也正表演出都市的罪惡和人類的慘劇。

跨下電車，橫臥在前面的，是浦江的黃濁的江水，那凶湧的怒潮，只是衝擊着，衝擊着，但衝不壞那鐵甲的敵艦，反而增加了它的森燄。

在外灘公園的草地上，我躺了下來，雖有澈夜激烈的砲火，但人却比平時更多了。呀！中國空軍的吸引力是多麽大啊！

沿江的高樓大廈裏，也擠滿了人，愛國的大人和小孩，以及高貴的洋人，都伸長着頭頸在等待着這偉大空戰的降臨，每一個人的心中，都充滿着興奮的情緒。

時間一分分的過去，在天際的一角，忽然發現了幾個黑點，漸漸向黃浦江飛來，這是鳥嗎？不，這恐怕是飛機吧！

中國的神鷹，在大家熱烈的歡迎聲中，駕臨浦江的上空了！呀！全面抗戰的今日，尤其是在租界的上空，能發現祖國的空軍，這是多麼值得快樂的事呵！

靜候着的人們，都像出了牢籠的獅子一般，歡呼着，揚着手帕，以及種種欣喜若狂的表示。整個的外灘，充滿了熱狂的空氣，有如舉行盛大的集會一般。

突然敵艦裏起了一陣猛烈的高射砲聲，將一切的聲音都掩蓋了，每一個人都從興奮中驚醒過來，大家的目光，也開始注意中國空軍的舉動，期待着這一幕臨空戰事的爆發。

天空流動着一層層的白雲，綿花似的，羊羣似的雲頭，正好做了天然的屏障，給與中國空軍一個莫大的幫助，使敵人的砲火不能準確地射中目標。

盲目的射擊更加激烈了，有如萬花筒裏噴出來的火花一般。但這絲毫不能使在雲端裏的空軍受創，這簡直不過是一種嚇人的玩意而已。

盤旋在雲端的空軍，突然下降了，那美妙的海燕掠水似的姿勢，博得了無數的掌聲和歡呼，同時，一個禮物——二百磅的巨彈——也如流星似的扔下去了，可惜沒有擲中那侵略先鋒的出雲艦，只將無辜的江水，激起好幾丈高。

猛烈的轟炸開始了，引擎聲，浪花聲，和高射砲聲，奏成了一種異樣的交響曲，炸彈如驟雨般的下着，企圖搗毀一切敵艦，浪花噴泉似的濺得很高很遠，而敵艦上的水兵，更是手忙脚亂，慌張萬分。呀！這一幕悲壯的景像，實非我這禿筆所能形容，只有親眼看見，才能知道它的緊張和激烈。

緊張的情緒，漸漸鬆馳了，轟炸變成尾聲了，但在每人的耳鼓裏，忽然又起了一陣嗡嗡聲。呀！難道這是空軍第二次來臨嗎？大家心中的興奮情緒，似乎又要升了起來，然而這希望像一枝殘燭被暴風吹滅般的幻滅了，這那裏是英勇的中國神鷹呢！這是以屠殺平民為能事的日本飛機呵！

一幕海空的戰事剛結束，立刻又要演出一幕激烈的空戰了，本來預備散開的羣衆，又一堆一堆的聚集起來，切望忠勇的空軍將日本飛機打得落花流水，片甲不留。

取着大包圍姿勢的日本飛機，漸漸逼近了；但是，機警的華機，立刻開始作戰的準備，一只二只的直向雲端上衝，佔着居高臨下的優勢，希望趁它措手不及的時候，把牠一網打盡。

戰機一刻接近一刻，在一陣機關槍聲中，終於展開了它的序幕；躲在雲端的華機，也如遊龍似的向着敵機進攻，那驕健的機身，一上一下的難以捉摸，而敵機也拚着全力不肯放鬆，機槍的流彈四面橫飛，但這絲毫不能給觀衆以威脅，大家仍是興高采烈的歡呼着，狂叫着。

本來是混戰着的，現在卻散開了，只是小組猛鬥着。再過一會兒，雙方一追一逃的飛出了大家的視線。呀！這空戰就這樣完了嗎？每一個人心中都是快快不樂帶着一顆不平的心。

天空漸漸回復了以前的藍色，然而平時安靜的江水，經過了一番轟炸後，卻起了無數一高一低的波濤；江海關的大鐘，已指着五時了，人潮一批批的退着，夜色漸濃，我帶着一顆興奮的心，踏着輕快的步子，走上了歸途。

呀！這是一個值得紀念的日子；在這一天，訓練了多時的中國空軍，開始給侵略者一個勝重的打擊。(558)

再生

楊達明（十九；學生）

「我們底飛機出來轟襲浦江上的日艦了。」少鴻且驚且喜的從外面跑回來告訴我們。慌張的臉兒現出一副愉悅的表情。

「我們底飛機……」坐在籐椅上正看着申報第一版的父親，聽到這奇特的消息，忙把報紙放下，一面除下老光眼鏡，凝視着少鴻。他覺着這消息來得太出人意料了，用着疑惑的沉重的口音反問着。

忙着預備午飯的母親，正寫着信的姊姊，聽到少鴻的報告，立時停止了她們的工作，用着懷疑的眼光射着少鴻，像是希望她趕快說出我們飛機確實炸沉了幾艘日艦。

「眞的。」少鴻用了堅決的話來回答父親，打破我們的懷疑。「這是我親眼看見的。」

「當我經過外灘時，遠遠看見日本領事館旁的出雲艦上，有一隻飛機在那里環繞着。一會兒雲堆裏機聲大作，正在那裏環繞着的一隻飛機，早已溜上雲端去了。再一會兒，轟的一聲雷響，不容我定神細看，又是蓬蓬的聲響。這是中國飛機出來轟炸出雲艦。當我離開這危險地帶時，爆炸聲比前更響亮，江水在翻騰，無數木板和鐵片混和着江水在半空飛舞。浪花遮蓋了出雲艦，大概已沉了吧。」

她說到這裏，微笑着，一邊看着我的背後，我回頭一看，原來坐着木屋的弟妹們，不知在什麼時候站在我的背後，靜聽着少鴻的談話。

「你們聽得懂嗎？」我打趣的問。

他們點着頭。妹妹笑着說：「懂。」

「你呢？」我問弟弟。

「中國飛機炸日本飛機。」頑皮的弟弟用着滑稽的口吻，高聲地一個一個字說着。

大家都笑起來，弟弟和妹妹都莫明其妙地跟着我們笑——各人都是興奮地笑着。

我得到這中國空軍第一次出動轟炸日艦的消息後，由於好奇心的推動，想立時跑到外灘去看個明白，但這是極危險的事，母親未必能許我出去吧——天下有那一個慈母不是痛愛着她們的兒女的呢？

午飯時，我用探試的口氣說：「下午我想出去找一個朋友。」「留待明天去吧。」母親有些明白了我的心思，立刻把我的話打斷。

少鴻斜眼看着我笑，我知道她早已明白了我的心的。

二時許，見有隙可乘，外套也來不及穿了，獨個兒邁開大步，向黃浦江邊進發。

一簇一簇的人在那裏呆望着日本領事館門前的出雲艦。扶老攜幼地從戰區逃出來的難民，帶着驚悼的神色在江邊的草地上歇息着。大家都是默然無語，他們在想念着各自的田圃吧？

「回去吧！出雲艦沒有炸沉哩。」我想着。再看看匯中飯店滿坐着高貴的外國紳士，在那裏高談大嚼着，而我們的難胞們却餓着肚皮連一口冷水也沒得下口。唉！我再不忍看這人類的不平，歸去吧。

蓬蓬的高射砲聲把我歸去的念頭打消，經驗告訴了我，中國空軍光臨了，灰藍色的天空露出三隻銀白色的中國飛機，從西南面向着出雲艦邁進着，在强烈的陽光照耀下，可以看見閃爍的火花從機身四周的一團一團的白煙裏散發出來。但，我們底飛將軍還是沉着地駕着飛鷹在彈雨中向唯一的目標前進着。三隻飛機始終保持着三角形突進。數百同胞興奮地在砲彈下仰視着大中華民國的飛機在洗雪着五六年來的恥辱。每個人的心都在燃燒着，沸騰着，早把目前的危險忘了。連洋鬼子們也攀窗登樓一覩「東亞病夫」的怒吼。

二個銀蛋下來了，無知的羣衆狂奔着，三個月軍訓的經驗告訴了我：亂竄等於送死。我明白這二個炸彈並不是要炸出雲艦的，正金銀行的高射砲位正是它們的目標。但似乎下得太快了，我所處的地位正是它倆的光臨處，我回身看見一輛汽車停在那裏，還正是我臨時的避彈窟，急忙把身子俯伏在汽車旁，接着就是轟然的兩聲巨響，一大團一大團的黑煙從匯中華懋的屋頂上噴散出來，玻璃片和木板鐵塊雨點似的打下來。連珠的高射砲聲和機關槍聲在我們的頭頂交響着。死神擁抱着整個外灘，大家一動不動地窒着氣，靜候死神的判決。

機聲漸遠，砲聲漸稀，未死的羣衆開始逃亡了。幸運的我還未就此死去，我底神經還能命令我底軀殼站起來。映在我眼前的是一幅恐怖的圖畫：幾位同胞就此長眠了，繁華的馬路立時變爲葬身之所，這又誰料得到呢？破磚碎瓦玻片鐵塊木板等物亂堆在馬路上，……我沒有勇氣看下去了，回去吧。

踏進了門，母親一見了我就責我不該在這子彈橫飛的外面亂跑，並且出去也不通知一聲，累得闔家人掛念着我一個。我不顧再說什麼，低着頭跑向少鴻的寫字檯旁。

「覺得熱鬧嗎？我以爲你不死也要帶傷回來的，爲什麼不留些痕跡回來呢？這是你十九年來最難得的一天哩，今天正是你的再生哩！」她一面笑着一面細聲的對我說。

「不錯，也是中華民族再生的一天。」我立刻回答她。(883)

我通夜睡不着覺

應　洪（十六：學生）

「小毛，你尋死嗎？上面流彈這樣多，你還穿着皮鞋上屋。哼！滑下來還有命嗎？」下面不停地喊着，恐嚇着。

弟弟咬着嘴唇皮不響。

「洪，你可這樣大了，也不曉得點死活嗎？」

「不，」我答：「我和弟弟都騎在屋脊上，安全得很，不會滑下的。……」

「哥哥，」弟弟突然打斷我的話：「那些飛機在那裏放煙幕呢！」

等到我回頭去看西南角時，二三十隻鐵鳥都漸漸在煙幕中消失了。

「就是在電影中，我也從來沒有看見過這樣有趣的空戰呢！」弟弟像羨慕又像嘆息地說。

「有趣！人家性命好像一根頭髮絲縛在石頭上一般危急，你倒拿他們比做看戲，你有本領闖北去。」

「媽許的話，我早就往最前線去了。哼！祇有懦怯的病夫，才怕入戰區。」

「你穿了皮鞋上屋，總是……。」

啪的一聲打斷了我的話，身傍的瓦都四散紛飛，其中也有幾塊打在我和弟弟身上。我暗暗地向弟弟說：「這是流彈呢，我們尋尋彈殼看。」

「上面什麼響聲？是流彈不？」下面又叫起來。「你們快下來，買東西去，你們高興嗎？」我和弟弟想借此玩一玩，所以才慢慢下來。

「這一帶煙紙店要火燒的，」弟弟憤憤地叫着：「哼！十塊錢換八塊半，乘火打刼，比放印子錢還要兇！」

「大馬路比較好點，那邊東西也好，我們還可以趁這機會到外灘看看情形。」我說。

公共汽車沒有了，黃包車要八角錢，太豈有此理。走！走！

穿過霞飛路，越過蒲石路和福煦路，看飛機的人愈聚愈多，滿街滿弄擠得水泄不通，汽車雖不住嗚嗚地叫，但祇能開得比人力車還慢。

「什麼好看，飛來飛去又飛不出什麼花樣來的。」弟弟埋怨着路人攔他的路。

「比影戲中空戰還好看哩！」我打趣着弟弟：「他們究竟還沒有穿了皮鞋上屋呢！」

我們邊說邊走不知不覺已到了靜安寺路，人還是那樣滿坑滿谷。高射砲聲密如聯珠。天空中時有嗤嗤的流彈聲。

「不要怕，快走！」弟弟以爲我擔小。

「豬才怕呢！」我答「我們手攙着手，萬一擠散了，打那處去尋……。」

「看啊！阿看啊！」弟弟隨着沸騰的人聲，狂叫起來。地點大約在跑馬廳一帶。

其實我早看得很淸楚，一隻神鷹似的飛機，以最輕捷的姿態，在黃浦江上空盤旋了幾回，便倒瀉似的向下面衝去，不過因房屋遮沒了視綫，看不見了。人聲狂沸起來，有的叫好，有的擔心飛機被擊落，也有人問是中國飛機還是日本飛機。

飛機去後，高射砲彈跟着來了，起先還不過疏疏朗朗幾響，不一會兒排山倒海似的砲彈，一齊接踵向我們頭頂上開來，彭拍！彭拍！一片爆烈聲。有的在高空開花，有些在距地不遠的低空爆炸的。

「我們總得躲避躲避才好，」弟弟說。

「避躲的人怎配上最前線？」我一面說，一面拉了弟弟隨着路人，躲在一個汽車停留所，就把汽車當作暫時防禦工事。

「假使有幾顆和國際飯店接個吻，也怪有趣的。」弟弟嚷着「防禦工事」膽子又壯起來。

「快出來吧！東西沒有買，却躲在這裏幹嗎？」我們一齊立起，一齊向人羣中擠出去。

「流彈，流彈！」弟弟退了二步叫着。

「不要嚇，路上這樣多的人，有幾個被流彈打死的？沿牆跑中彈我抵命。」

我們沿着牆跑回去，因爲這時路上的人，不足阻礙我們前進，我們走得很快。

我們剛買好東西，使我萬分驚奇的是弟弟不見了。我手中東西多，又是近視眼，沒奈何，祇得立在南貨店旁等他。隔了好一會纔見他笑嘻嘻地跑來說：「我曉得你急得很，所以就回來了。」

「那裏去故意和我爲難嗎？」我指着從南貨店裏買來的許多東西。

「不打漢奸！」弟弟氣憤憤地說：「那二個頭靑鼻腫的是剛纔被衆人所打的漢奸。」他用手指着成都路上二個著短衫褲的人，手被反綁着，說要送到司令部去。

「寃枉啊！寃枉！」二人齊喊。

「殺盡漢奸，中國萬歲！……」羣衆喊着。

「老哥你們怎麼看出他們是漢奸？」我問一個喊着「打倒賣國賊」的。回答是：「不知道。」

接連問了幾個，纔知道這二人鬼鬼祟祟形跡可疑，大家吶喊着去搜他，二人便逃，所以衆人把他們捉住痛打了一頓要把他們解到司令部去鎗決……。

「誰說中國民衆是醉生夢死的？」弟弟說：

「不過究竟常識太少，知識欠高。他們一發覺別人舉止反常，便昧然捕捉。你想那二人縱不是賊膽心虛，當然也要嚇得逃跑了。至於捉牢便打更幼稚得可憐。如果他們能事先加以搜查，如確有嫌疑再解送司令部，既省事又不致屈死好人。所以羣衆運動如果有組織地進行，那麼力量確很偉大；假使毫無組織冒昧而行，是利少害多的，你說對不對？」

「對！」我答。

我們邊說邊笑，不知不覺到了家裏。

母親第一個埋怨：「爲什麼去了這許多時間纔回來，叫全家乾急，剛纔大姊打電話來提起大世界落下炸彈，我們還以爲……

……」

弟弟吐了口氣說：

「這裏店大半關着，我們祇得到大馬路去，路上流彈亂飛，就擱了二個鐘頭（其實祇有十分鐘。）」

「你們爲什麼不坐人力車回來？」

「我們那裏會坐車子，來去都是走的。」弟弟向他們說老實話。

「這許多東西如何拿得動？」

「不但拿得動還要去打……」弟弟拉了我一把，下文便縮住了。

「不過這車資……」弟弟說：

「這車資怎麼樣？」

「一塊八角錢車資要給我們的。」

「拿去就是了。」

「捐難民呢？充救國捐？」弟弟問我。

「都嫌太少，買箱好點餅干叫大姊送傷兵吃。」

「說到曹操，曹操就到，」弟弟說着。原來大姊恰巧來了。身上滿佈着血跡，好像從戰場中出來一般，她嚷着「大哥五哥回來了嗎？」她聽到沒有回來臉色就現得蒼白，接着說：

「我做醫生到現在第一次看到這種人間慘劇。大約是四點半吧，醫院裏突然運到一車車死屍也有半死的，殘缺不全的，還有許多炸去了半個身子，橫七豎八地疊在一起。我簡直不敢尋也不敢想像裏面有沒有一個認得的人。因爲想起大哥五哥今天到廠裏辦公去了，纔急急趕回。他們回來時候，快打電話給我。你們有空，也到醫院去幫幫忙，倒杯水給他們吃也是好的。」大姊一口氣說完了，就跨上車子，飛奔而去。

炸彈，血，大哥，五哥……。我心中充滿着不可思議的恐怖，但大哥五哥不久就接踵回來了，他們也曉得大世界誤落炸彈這一回事，不過並不怎樣恐懼。大家聚着談談什麼米店閉市，煤價漲了一倍，奸商操縱市面，租界終非安樂之土……我沒有心思聽這個，邀弟弟一同進房去睡。但也許是由於對過通宵達旦的牌聲，也許是由於剛才直接間得來的恐怖的印像，我通夜睡不着覺。(590)

小桐的死

綠野(三十 職員：)

猙獰的太陽，圓活地浮在紙綻灰般的薄雲中，樣子異常可怕，牠那四射的光芒，比往常更加毒辣，好像要吞噬整個人類似的。

「牠想不到自己也有西斜的時候吧？牠瘋狂地忘記一切了！」

我一邊這麼想，一邊和小桐冒着牠的毒焰，由一隻舢舨帶領前進。

兩面碇泊着一對耀眼的戰艦，無疑地是「太陽」指揮下的殺人武器。

岸上充滿了「吭唷」「吭唷」的呻吟，小工們正在慢慢地將人們每天所不可缺少的東西往保險庫裏搬——從幾十隻停在江邊的船中。

「想不到千萬包的麵粉，竟會在我們指揮之下，逃出了戰區，我們底成功也許不算小哩！」

「我們總算盡了國民一分子的責任。」

雖然隆隆的砲聲拚命地向我們耳鼓邊襲擊，雖然北天的烈焰也許燬了我們身外底一切，但我們仍在會心地微笑，咀嚼着空前的愉快滋味。

「那砲聲就是民族解放的警號！那烈焰就是國家獨立的火炬！中國已經堅決地在必勝過程中跨着迅速的步伐，不再受人欺侮！」小桐不禁高亢地唱着雄偉的歌。

隆茂棧房的英國紳士今天顯然有一些異樣！原來他也認識中國人的真面目！我們因此叨了他半打啤酒的光。

慶祝的香檳，於是一瓶、二瓶、三瓶直往我們腸子裏流……。

「嗡……嗡……嗡……」

「哎哎哎……哎哎哎……。」

「哄！哄！哄！」

「……轟……。」

連續不斷的雜響，包圍了我們的週遭。我好像陷在泥潭裏一般，感情發酵到最高度，同時也嘗到了生平最强烈的驚慌的滋味。

小桐則似乎失去了知覺。

窗外工人們把肩上的麵粉急速地往地上丟，有的還帶着牠們向江中跳。

恐怖總算不久就過去了，四下裏完全入於靜止狀態，工人們除了一些還在跟潮流掙扎以外，其餘都逃了。好容易找到了他們的工頭！經過一番很明瞭的警喻之後他們才毅然答應：「拚了生命也要完成我們的工作！」

江邊婦人的哀哀的哭聲，船影胳膊上的鮮血，引起我悲憤的情懷。

在向西去的舢舨上，我和小桐爲工人們去領犒勞費。

綴着青天白日徽的飛機，驀突然出現在我視線的領域裏，我預料到一幕把戲要光臨了。

舢舨已到江心，無法躲避了。朝天躺着的我，祇顫着雙眼，期待着那把戲的來臨。

右邊的出雲艦發狂似地發着高射砲，在我們頭頂上佈成一個緊密的火網。

可是，我們的鐵鳥太神勇了，閃電般儘在砲火縫裏鑽，一上一下地盤繞着，不時還生下幾個尖尖的蛋，留給她的目的物。

我下意識地張大了嘴巴承受那一股濃烈的硫磺味，神經稍稍有些木麻了。死神在四方八面招呼着我，我忘記了小桐。

我們到底受了我們自己炸彈的照拂，牠激發起東面洶湧的巨浪，把我們拉出了死神底懷抱。

面色極度蒼白的把舵者，一手顫抖地由我手中接過幾張在空氣中舞跳着的鈔票。

「小桐想不到我們還會活着！」

小桐失了神的眼，痛苦地瞟着江邊染上紅色的怪物，一邊隨隨便便地「唔」了一聲，手中拿着二塊不算小的鐵片。

局裏我們兩顆曾經劇烈地震動過的心，在上司一番鼓勵的撫摩之後，也就轉趨於興奮，可是，倒霉的是領到了一張八仙橋上海銀行的支票，使我們不得不去兌現——這虧得小桐體恤我啦！他親摯地說：

「我一個人去，你在逍遙等我，順便可以休息一會兒。」

浴室裏突然聽到天崩地裂似的爆炸聲，我覺得好像又躺在江心舢舨上似的，從迷糊的瞌睡中驚醒過來——彷彿置身在另一個世界。人們的臉上也露出極度驚恐的神色。

是時候了！小桐還不到來呢，他一向不肯輕易爽約的，何況在今天！

小桐或許先到浦東了？

馬路上，紅十字車慘叫着，狂奔着，好像幾只瘋狂了的獅子。

「要看大世界炸彈，死人一千多呵！還有外國房子……」一陣陣驚心動魄的叫喊聲。

我急忙地趕到浦東，工作果然都完成了，據說經過了四五次的患難。我不由得欽佩地報給他們一個感謝的微笑。但沒有碰到小桐。

「先生！我們的錢想是帶來啦！」好幾百隻勞苦的眼，露出渴望的神情。

「唔……但是……我一定給你們想法。」

今天英國紳士特別幫忙！最後居然棄了他的力量，解決了我的難題。工人們也好像忘了方才患難似的散了。

× × × ×

「小桐沒有到局裏？」

「小桐回去嗎？」

「小桐是不是到你這裏來過？」

我滿頭是汗。費了大半夜工夫到處兜轉；可是始終找不到他的踪影。

有關係的人都急了！我更急了！

朋友們說從各方面看來，小桐一定做了大世界炸彈的靶子了！

最後，我也到血腥的屠場去憑吊過，但是斷頭殘肢糢糢糊糊的一大堆，我何忍還在裏面去找我至友靈魂的軀殼！祇有二行熱淚一腔悲痛！

× × × ×

現在悲痛的事蹟，已經飛去一年了！可是小桐最後的呼聲，還依稀在我耳邊：「中國已經堅决地在必勝過程中跨着迅速的步伐……。」

小桐！今天我紀念你！以至於紀念你拚着性命救濟了上海某一時期的糧食恐慌！(728)

在辦公室中

顧源茗（職員）

昨日的消息實在使人太興奮了。

「轟！轟！轟！……」聽了一個晚上。

早晨六時才過，就跑到馬路上去買報，晚了一刻，要買不到似的。

「阿要看中國人打勝仗，東洋赤老敗得一塌糊塗哉！申報，立報，大公報……。」

一個賣報的孩子口裏喊着，身子猶如飛燕般地穿過了馬路。

在馬路上到處可以聽到：

「哈！哈！……東洋赤老到嘸啥道理。公大紗廠已經被我們佔據了！」

「滬西的豐田是他們自動撤退的。」

「東洋赤老這次是完了！」

××保險公司——這是我的職業所在地。今天才走到門口就感到一種異樣的氛圍好像一個久病的人第一天到外邊來碰到暖和的日光吸着新鮮的空氣一樣。

我過分的興奮起來，一口氣地跑到樓上的辦公室中。辦公室裏的情形也不像尋常一樣。往常大家很整齊的坐在各人自己的位置上做着工作，但今天却東一堆西一堆地在發表着各人的意見。

K說：「你以為不會打的麼？」

W笑嘻嘻地回答道：「我不是說永遠不會打，我的意思是目前中國不會打的，因為一切就沒有準備好！」

K更怒了。

「什麼沒有準備好！現在事實給你看的是什麼？昨天晚上你耳朵聾了麼？」

「恐怕……恐怕這是偶發的，不久就會結束的，也是一個地方事件吧。」

「地方事件？你這個狗蛋不是中國人麼？你也是個漢奸！漢奸！」

「什……什……麼你……！你……你說我是漢奸？」

D突然出來調解：

「不要吵了，我們都是中國人！大家都應當聯合起來齊心一致，意氣之爭實在是無謂的。總之在我們目前只有一個共同的敵人！大家針對着這一個敵人，勝利一定是我們的。好了！好了！今天中飯我請你們兩位吃大菜表示慶祝的意思。」

「砰……砰砰砰，……砰砰砰，……。」

突然間從外灘那邊傳來了密集的高射砲聲，使我們的血脈增加了緊漲的跳動。

D很興奮的跳了起來：「看…看…看中國飛機在炸出雲，三只吧！五只吧！」

「樓上去，樓上去，樓上看得清楚。」

一個很混亂的場面，像鳥兒衝出失去了柵子的鳥籠，大家擁到了最高的一層樓。

『三只，五只，好呵！好呵！……』

「中國飛機，中國飛機，東洋赤老這次尷尬了。出雲一定要沉在黃浦裏哉」

「砰砰砰砰！……砰砰砰！……」

「轟隆！」

「炸着了！炸着了！」

「噯呀差了一些！差了一些！可惜！可惜！」

「去了！去了。炸着一些的？炸着一些的！」

回到辦公室中，K第一個奔到我這裏來。

「老林看見麼？這樣厲害呵！可惜這次沒有炸着。我看，我看下午一定再要來一次，無論如何不會放他過門的。你我都是很明白的人，不像W這狗蛋漢奸恐日病者，他以爲我們中國一點也沒有什麼，老是準備準備，準備他媽的準備！」

K歇了歇嘴，點上根紙煙。

「他今天看見了飛機不知有沒有醒醒。」

他又回轉頭去向S講了一大堆：

「今天出雲一定要沉掉了算數！不沉不完結的。看好戲！看好戲！下半日一定有好戲看看好戲……」

說着又興奮起來忽然看一看鐘。

「哎呀！老林十二點了，十二點了。今天老D請客……請客。大家去吃一頓吧。吃了回來看好戲！」

一點過後，大家又在辦公室中談論起來：

「一定有好戲來哩！」

「法租界房子也找不到了，我的家搬到那裏去呢？」

「鄉下頭有快信來叫我回去！」

這個講一句，那個講一句，整個辦公室好像飛進來了一羣蜜蜂，只聽得：

「嗚嚶……嗚嚶……嗚嚶……」

快要三點鐘了。

「砰，砰，砰砰砰……。」

連珠似的高射砲聲刺進每個人的耳膜，正談得迷醉了的人突又清醒過來。

「看看看……快來看，快來看，那邊那邊……來了，來了。……」

「砰砰砰砰……砰砰砰砰……」

「炸着了，炸……炸炸着了。」

「轟隆！」

房屋，玻璃窗，椅子，桌子，人都被震憾了，大家都驚嚇得說不出話來。有幾個臉色簡直比錫箔還要來得難看。

「外灘着了彈了！外灘那邊……快……快快……快走吧！這裏……這裏不……不能……能……等下去了！」

正在發薪俸的庶務老爺將一疊鈔票丟在桌上，頭也不回地拚命向人堆裏亂穿，嘴裏還喊着：

「鈔票！鈔票那個去拿……拿……。」

人都擠在一個出口處——出口是太小了，好比得黃河的決口，一下子瀉出了幾十里的水。

穿衣的，手中拿了長衫忘了帽，腿也軟了，抖着抖着，連話都說不清楚，只是：

「鑰……鑰……匙，……我……我……我的……抽屜，還……沒……中間……有……有……一……一……一……百……多……塊洋……洋鈿！」

C好像失去了一切知覺，有如一隻被小孩玩弄得半死了的小鳥。

大家一擁衝出了辦公室。

「安定金融」之前

風子

到現在已經快整整一年了，但我對那天的印象還十分鮮明地印在腦膜上。

那日子是最刺激的日子，上海剛陷入了巨大不安裏的第二天。緊張，恐慌，興奮，每一個人的感情都是那樣複雜，誰都不知道今天會遭到些什麼，同時也誰都明白巨大的不平常已到來了。

清晨一睜眼就翻身下床，絕不像平時那樣非挨到不能挨了才起身。臉也不會洗，就拖着拖鞋跑到樓底下營業室裏。時間還祇有七點不到一些，可是連我們分行裏的經理都早來了。大家一見面都有一種不可言狀的慰藉。大家爭着報告一些戰事消息，和馬路上的情形。聽說米價比昨天更漲了。經理忙叫辦事最幹練的老吳再去採辦十幾擔，任何價格都不管。我想照行內這幾個同事和茶房一起計算，昨天買的十幾擔就足夠吃上半年了。

管銀庫的老王輕輕地告訴我，昨天下午，總行剛接到財政部命令各行停止付款的緊急命令，就送了十萬塊錢來。總行的庫存已由財政部特派員查過，是昨晚上查的。分支行因爲處所太多，昨天來不及查，大約今天纔能來，也許就不查了。他十分贊嘆銀行當局的卓越的「先見之明」呢。我却不理解這中間的玄妙。

電話連續不斷中響着，經理先生忙得簡直空前，進出的電話沒有一個不是他的。會計主任方先生也忙着在經理室裏跑出跑進。一會兒跑出來叫我們查某一戶存多少錢，一會兒跑出來又叫查那一戶。

大門口黑牌子上的財政部命令好像沒有被人看見似的，鐵門敲得怪響。經理叫老王幫着守門巡捕去交涉。老王大聲的喊着說：「這是財政部的命令呀！要吵你們到財政部去吵！」一嘈雜了好一會兒，那些愁眉苦臉的女人和老頭兒都無可奈何地離開門口。那些臉都是平常熟悉的儲蓄戶呀！

總行裏王襄理李副理陳主任等等一大堆人從後門進來，經理室裏登時煙氣騰騰的擠了好多人。一大疊存單存摺就由方主任遞出來，吩咐照存額九折抵押。經理還親自跑出來關照快些。這一下可把管押款的小林忙死了。大家都來幫他。弄了一個多鐘頭才弄好。然後由老王捧了幾大扎鈔票進去。

後門裏不絕的進來客人，那些經理的朋友啦，朋友的朋友啦，朋友的太太啦，以及總行正副經理介紹來的親戚朋友等，都陸續來了。存單，存摺，提款，押款，一陣忙得我們不得開交。我的朋友朱和劉也來看我，託我想辦法給他們提一點款，一定要我去商量商量。我硬着頭皮同經理一說，意外地他說「自己人的事沒有關係，沒有關係！逃難費是誰都需要提一點的呀！」

時間十一點半了。客人全都散去。經理和王襄理各提了一個手提皮包，同乘汽車出去。我們才鬆了一口氣。

窗外是相當涼，店鋪都關着門，天空也是那樣的灰白。突然「澎澎澎！」一陣劃破長空的霹靂似的聲音起處，人們突然騷亂起來。「高射砲，高射砲！」馬路上湧起了許多亂動的車子與行人。

經理與王襄理氣喘喘地跑進門來，激動地喊着說：「中國飛機來了，就在外灘那面打兵艦上的高射砲震得人都發昏。我們沒有趕得及到匯豐銀行就打了。車子連忙掉頭逃回來……」「中國飛機來了！」每個人都浸在驚奇的興奮的緊張的沉默裏。祇有噪急的高射砲聲還在空中爆裂。

突然，經理發現似的喊起來：「你們帳上的日子要寫昨天呀！要寫八月十三呀……」

第二輯

熱血的奔流

拋別了爹娘和愛人

薇痕

雖是八月天氣了，可是在中午的時候還是悶熱得使人透不過氣來。我一面整理我預備帶走的東西一面揮着扇子驅逐熱氣的侵襲。但那小的扇子呵，雖然被我搖動得那麼快，却始終擋不住熱浪的侵襲，黃豆大的汗珠仍然不住的從額頭，鬢角，鼻尖上流下來。

「他媽的！怎麼回事，這樣熱！」我實在熬不住了，頭差不多要炸開了一樣，把剛理好的書和拍紙簿往床上一丟，非常焦急地。

「着急幹什麼，慢慢地收拾好了」珍溫婉地說，似乎在責備，又似乎是在安慰，一面把丟散在床上的書紙等替我檢了起來。

她——羅珍——雖然祇比我大四歲，但因爲她的人生經驗豐富；不論說起話來或處理一件事情總是大人似的，沒有一點孩子氣。她是一個天主教徒，也是我的精神安慰者。

的確，她曾給予我不少進取的勇氣。在過去，我對某一樁事感到灰心的時候，她總是用了大人的口氣這樣說：「年青的人對於一件事情，起先總是樂觀的，到稍微受到一點打擊後，便把從前的熱情消滅了，以前樂觀的態度也就變成了悲觀。至於造成這種現象的原因，那是因爲年紀輕的人情感太濃重了；容易衝動，也容易消滅。所以有很多思想前進的青年，起初，他是抱了改造社會，建設一切的偉大志願的，但他稍微覺得棘手的時候，便改變了原來的宗旨，或是妥協，或是消極，結果是一無所成。假如在他感到棘手的時候，不但不屈服，不消極，反而更堅決地努力幹下去，未始沒有達到他預期的目的的可能。試看過去和現在的偉大人物，那一個不是從艱難困苦中奮鬥出來的？」

不論我對於某件事灰心到如何程度，經過她這番鼓勵後，不知怎的，我週身會增加不少的熱力，逃跑了的勇氣也不知是什麼時候又跑了回來。

尤其是在她說完時，一邊用手撫摸着我伏在她胸前的頭，一面教訓小孩子似的說：「所以我希望你不論對某種事情，不決定幹便罷，如決定要做，就從始至終用百折不回的大無畏精神去處理。」

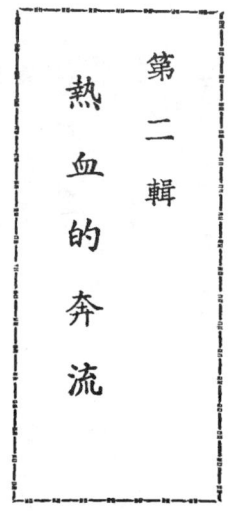

每次她說到這裏，總是用手把我的頭抬起來，用她那帶着剛

強神氣的眼光注視着我說：「你以爲我的話對嗎？你肯照我的話去做嗎？」

到這時我眞不知是怎樣回答她好，有時我竟會被她的話感動得眼圈一陣發酸，終於伏在她的膝上哭了起來。

或許是我的哭聲打動了她那幽靜的心弦吧？她會淒涼地說一句：「啊！可憐的孩子！」

就是這次我毅然地拋開家庭，拋棄了職業，離開時常安慰我的她，走向抗爭的大道，也多半確是由於她的鼓勵。

× × × ×

當我在中華青年××××團報了名，興冲冲地回到家裏時，我感覺到空氣有些異樣。我心裏想：難道家裏人知道我去報名了嗎？爲什麼全都用懷疑的眼光望着我呢？當我坐下預備找一本書看的時候，母親問我了：「你剛才到哪兒去了？」她的臉色非常難看，睜大着眼睛，好像要和人鬥氣似的。

「我到朋友家裏玩去了。」我早就料到她一定要問，早就打好了腹稿預備應付她，我很直截了當的說。

「哼！到朋友家裏玩去了？到誰家去啦！」她更逼近了一步。

「哦？我……我……你不認識。」萬沒想到她會這麼問，我的語調有點含混。

「得了，別跟我撒慌了，我全都知道了，問你，你是不是到什麼團體裏去報名去了？」

「沒……沒有的事，這是誰……誰告訴你……你的？」這突如其來的問話，有點使我無法應付了。

「誰告訴我的，你你自己告訴我的！」她有點生氣的說。

「……………」我莫名其妙的望着桌上的書出神。

「去拿去看！這是不是你自己寫的！」她扔給我一個本子；是我自己的日記簿。

這是我的大意，不該把這日記簿擱在家裏。因爲自從「八一三」滬戰爆發後，眼看着侵略者的魔手所給予我們同胞的「恩惠」——姦淫，殺，掠——實在是氣憤不過。有一次我氣得幾乎發了狂。今天早晨打開報紙看見某團徵求救亡青年。我當時毫不猶疑地決定去參加。也是我一時的興奮便在日記簿上寫下了這樣幾句：

「眼看着敵人攫奪我國的領土，殘殺我們同胞，凡是有血性的人，莫不髮指。如無報國機會則罷，否則應不顧一切投身報効祖國。今我之機會至矣，故決不顧慮一切，將隨某團出發，雖犧牲亦在所不惜，如萬幸至「最後勝利」來到後，我仍能留存於世，那今天便是我自力更生的先聲。」（八月十八日早）

我的事情既然被她知道了，我便和母親表明了我的態度。母親向來知道我的脾氣是固執的，知道多說亦於事實無補。也許她很傷心，便坐在床上嗚嗚咽咽地哭起來。

雖然我知道母親很疼愛我，我不應當使她傷心，但這時在我胸海中的還有比這更大的問題存在着，所以她的哭聲並沒有打動我的心弦。我往床上一躺，祇是幻想着後天（廿一）到了那裏——中華青年××××團——怎樣的練操，將來怎樣履行我的志願等。並且我會幻想出許多偉大悲壯的場面——那是予打擊者以打擊的肉搏戰。

天氣漸漸地暗了下來，不一會父親回來了，母親便把我的事情告訴了他。父親的意見很爽快，他說：「好吧，他既然要走，我們留也留不住他，反正他現在翅膀也硬了，也能够遠走高飛了。只是一樣，走了以後永遠不許再回來。我們雖然只有他這麼一個，但是沒有關係，到處黃土都埋人，……」他的聲音有點沙啞了。

這幾句話雖然很簡單，可是我聽起來却非常感到不適意，剛才的思潮全給這幾句話擠走了，接着我又幻想着另外一些場面。我想：我走了以後母親是怎樣的傷心，父親是怎樣的難過，也許他們會發瘋吧？但是會不會自殺呢？至此我簡直不敢再想了。

父親出去了，母親被二房東拉去打牌去了，只剩下我一個人孤獨地躺着。這時黑暗完全控制了大地，一輪新月漸漸地升起，柔和的銀光穿過馬路上梧桐的樹梢，透過淡藍色的窗紗直洒在我的床上。這時我的心境，不知是憤怒，還是悲愁，此刻我的思想非常的混亂，忽然想起這個，又忽然想起那個，對於想起的問題，都是無從解答。我的神經有點錯亂了，理智和感情的衝突越利害，思想也越矛盾。想到無所適從的當兒，我忽然在枕邊哭了起來。

咭咯咭咯……一陣皮鞋聲，接着打開亭子間的聲音，我知道是她——珍——從教堂裏回來了。在往常我早就跑到她的臥室倒在她的懷裏了。可是今天我想的問題太多，神經好像麻木了一樣，一點也沒有想到這些，她也許感到了奇怪，呆了一會，她便到樓上來了。她走到我的床邊看見我眼睛直瞪瞪的，很奇異的問我道：

「金弟，你怎麼啦？是有點不舒服嗎？啊？怎麼，你哭了嗎？」

到了這時，我的神經似乎復原了，便抱着她那撫摸我臉的手，哇的一聲哭出聲來。

經過她一度的安慰，我止住了哭聲，便把今天的經過告訴了她，她稍微遲疑了一會，然後對我說：「你打算怎麼樣呢？還是去呢，還是不去？」

「嗯……既然父親這麼說……唔……母親又……」顯然地我的意志有點搖動了。

「什麼，你打算不去了嗎？傻孩子，不錯，我知道你母親離不開你，就是我何嘗願意你離開你呢？」

這時我已經坐了起來，依偎在她的懷裏，她是那樣熱烈的抱着我，當她說最後一句話時，更用力把我摟緊了一點。

「但是，你要知道個人的幸福事小，」她繼續說。「國家的安全事大，現在你去，也許將來還能回來，要是現在苟且偷安的過下去，說不定侵略者的炮火轟到這兒來的時候，你不死在炮火之下，便要做他們的奴隸，我想那時你的痛苦一定比現在還要大。」

「我倒是不是怕死，祇是萬一我不死，父親不要我了，那我怎麼辦呢？」我像小孩子似的很委屈地說。

「你眞是傻孩子，那不過你父親一時的氣話。你想假如你能够到將來不死，老實說他們歡迎你還來不及呢。即使他眞不要你，社會是要你的，你還怕什麼？我再告訴你一句：我們現在情願家亡，而不願國破，因爲這樣你還有立足之地，假如國破而家不亡，你就是有家也不會叫你過好日子的。」

「……………」

「你忘記我從前常常對你說的話了嗎？我不是說一個青年的意志要堅定嗎？」

我經過她這一番解釋與鼓勵後，眞的平添了不少的勇氣，我把她一推，離開了她的懷抱，突然站了起來，說：「你眞是我的恩師，你說得很對，我一定照你的意思去做，所有的一切我都可以拋掉……祇是……。」

「什麼？」她急切地問。

「我……我……唔，實在捨不得妳！」我的喉嚨有點發乾。

「哈……哈……哈，我說你是一個傻孩子，眞一點不假，你不能够一輩子在我身邊的，我是不屬於任何人的，你也不是屬於我的，我們融洽在一起的，祇不過是精神而已。況且我已經決定參加我們教堂裏所組織的救護隊了，不久就要到戰地服務去了。假如你眞的愛我，捨不得我，那你就聽我的話，把你的生命交給我們最敬愛的祖國。你要這樣，我才會更愛你，我的心才永遠是你的。」她非常坦白的說。

「好，我決定照着你的話去做，不過我最後我要要求你一件事。」

「什麼？你要求我什麼？」

「我……要……要……唔……」

「哦——我明白了，不過我問你，你是不是眞的聽我的話，照着我的話去做呢？」

「當然，難道你還不相信我嗎？」

「你看你使我喜歡了，那麼，說吧，要求我一件什麼事？」

「嗯……我……唔……。」

可愛的她，見我吞吞吐吐的說不出口，便含着媚人的微笑走到我的面前，用手撫摸了一下我的頭髮，然後拉着我的手笑道：「好弟弟，你說呀，在現在這一刹那間，我是全部屬於你的，你要怎樣便怎樣，只要以後你好好地去爲民族生存去奮鬥。你說吧，不論什麼，我都答應你」

「…………」

「說呀，我不是說過現在我是屬於你的嗎？」

「我要……唔……吻……」我用了十二分的氣力才逼出這幾個字。

「哈……哈……哈……原來是這麼一回事呀，可憐的孩子，爲什麼連接吻都不敢痛痛快快地說呢？」

自從我和她相識到現在（二年多）我倆雙方面的愛都是偏於精神方面的，從來沒有涉及過肉體。今天因爲是在特別情況下，所以我才敢冒然的向她要求。現在雖然蒙她答應了，可是我實在沒有勇氣來吻她。倒是她毫不羞澀地把我攬在她的懷裏在我的臂上接了一個長吻。……

× × × ×

今天（廿日）天氣雖然那麼熱，可是她一點也不覺得，總是幫我檢這樣檢那樣，不一會她全都給我弄舒齊了，她向我道了一聲：「前途珍重！」頭也不回的跑了出去。我知道她這時心裏也和我一樣的難過，所以也不預備和她多談，趁着母親不在房內便掮起鋪蓋下樓揚長而去。

租界和華界交界處的鐵門，擠滿了往租界搬家的人們。我穿過鐵絲網，一直向前天去的目的地進發。

這時大概是下午兩點鐘，沿着河浜那麼寬的大路，清靜得連一個行人也沒有，只是偶然能够看見的一兩個巡捕而已，不過太陽的烈焰却比中午還要利害。就是空手在這樣如火的日頭下走路也要出汗，何况我現在揹着一個大鋪蓋手裏還拿着一個大包袱呢！走了一程，我有點受不住了，頭暈得似乎中了暑似的。

可是我一想起來我現在是到什麼地方去，我現在所負的使命又是什麼也許將來還有比這更艱苦的路需要我去走，那麼這一點點熱又算什麼呢！想到這裏不覺胸襟一爽。頭上的太陽雖然仍用它那惡毒的光焰壓迫着我，但是我的心裏却是很清涼的。

毫無情理的太陽呵！你雖然刺痛我的皮膚，但你却刺不着我的心，並且相反地，我會因爲你對我皮膚所施的毒威而更堅定了我向前邁進的心！

站在租界內鐵門邊的人，都用着奇異的眼光望着我，他們並不是奇怪我在烈日下奔走，而是奇怪我在這樣危險地界走路，也許他們在懷疑我是危險份子吧？

這時我感到非常的榮耀，自以爲已經是一員戰士了，並且模仿着珍讀聖經的口吻對他們低聲說：「啊！可憐的人們呵，你們不要用懷疑的眼光望着我了，你們的末日已經快降臨了，你們等着吧，等着侵略者的宰割吧！要知道，暫時的享樂，是將來的痛苦，現在艱苦奮鬥，才是將來的幸福呢！啊！愚蠢的人們呵，望着我走進快樂的天堂吧，我所留給你們的只是恥辱！你們還有什麼臉來恥笑我呢！」

頭儘管暈，汗儘管流，對於我一顆堅定的心絲毫沒有損害，不一會便到了目的地——西門了。

這是一座廟——關帝廟——，一進門照例要到門房掛號，說明來意，還要經一番檢查，然後由一位傳達者將我領到一間偏殿裏去，偏殿門口貼着指揮部三個大字，到了裏面後領導我的人退了出去，因爲前天我已經來過了，所以用不着他再給我引見。

前天跟我個別談話的那位范××先生，見了我馬上迎了上來說：「啊，大熱的天，您眞辛苦了。」

「嘿……嘿……沒什麼，沒什麼。」我謙遜地說。

「您前天回去考慮得怎麼樣？您還是加入我們這特務組呢，還是情報組？」

「唔……」

「情報吧，情報輕鬆，不必受軍事訓練。」他看我這樣子大概吃不了苦。

「不，我要加入貴團的特務組。」我想了想堅決地說。

「特務組是要吃苦的呀，您受得了嗎？並且半個月才許請假回家一次呢？」

「我知道，但是我決定了，請您給我編入特務組吧！」

「好，喂！」他叫來一位傳令兵(同志)「你把孫組長叫來。」

「是。」傳命兵退了出去。

他又跟我談了些他們的組織和成立的經過，又叫我填了志願書。不一會孫組長來了，他是一個小矮個子。

「這位×同志編入你的特務組。」

「是，×同志請吧！」他讓了讓我就走出去了，我跟着他。經過一座大殿來到後院進了一個小門，我抬頭看了看門上的石牌，是「崇聖祠。」

到了裏面坐下，他又近乎盤問的問了我一遍，這時已經四點多了，忽然一陣笛子聲，接着後面起了騷動。他又起來對我說：「×同志，您吃過飯了嗎？」

「是……是……我還不大餓。」

「以後咱們是弟兄了，您可千萬別客氣。」

「不客氣的，您請便吧。」

這時我的心裏不知是興奮呢，還是空虛，有一種說不出的難過，面對着一尊佛像發呆，一陣思潮湧上腦際，想想這時母親是怎樣的難過？時常撫慰我的珍是怎樣的情形呢？也許她在傷心的哭吧！不，她是一個有主意的人，決不會哭的。

又過了一會，他們的晚飯吃完了，孫組長把我的行李安頓好了說：「×同志，你休息休息吧，等一會下操你不必去了，剛才路上一定很累的。」

「噢——謝謝你。」我很感激他。

因了過度的勞動現在覺得有點疲乏了。把舖蓋打開後，身體就好像沉重的石頭似的倒在床上了。也許太興奮了的原故吧，眼睛怎麼也閉不上，眞奇怪，我現在很想睡但是總也睡不着兩隻眼睛直瞪瞪地望着院子裏的榆樹發呆。

這時發了一天毒威的太陽已經平西，光綫雖然還能穿過樹稍照在我的身上，但却是輭弱無力地。我笑了，我多少帶有一點諷刺地微笑了：「太陽呵，你的威力呢？你的毒燄呢？」現在我勝利了！

也不知是什麼時候睡着的，等到夜風把我吹醒的當兒，一輪明月高掛空中，它似乎在對我說：「勇敢的孩子呵！你已經不是一個弱者了，祝你前途光明。」

我又起了一陣思潮，但慢慢地就睡着了。

衝出家庭圈

文斌（二十二·家庭婦女）

早晨的太陽透過奶油色的玻璃窗，屋子里充滿着溫柔的光輝。金魚在缸里嬉戲，大蓮花似乎在跟我打招呼，一切的佈置都顯得很妥貼，美麗，連寫字檯上的書本也彷彿在那里笑。

我把什麼東西都預備好了：寒熱表，量體溫和脈膊的表格和一件簇新的看護穿的白外衣。一個多月來當看護的志願，今天馬上快要實現了，快活得身體像輕了一半。七點半到了上醫院的時候啦，我準備動身，可是——

怎樣向婆婆請假呢？

自從出嫁後，我很少出去，原因是爲了向婆婆請假的困難。現在，我的當看護是家里反對的，昨天還爲了接洽的事，婆婆把臉色一沉，過了半天纔在舌頭底下咕嚕了一陣；我幾乎沒有勇氣能走出這門檻一步。

怎麼辦呢？五分鐘過去了。

老花貓討厭地纏在脚邊，相罵似地叫着：咪咪。無綫電京調也特別難聽。在煩悶的空氣中，我似乎聽得隔壁房間裏有婆婆的斷斷續續的聲音：

「……依我說，阿福，你也該教訓教訓你女人纔是……別說沒有薪工，就是有薪工，難道我們家要媳婦賺來吃不成？」

我氣憤極了，掉過頭不願意再聽下去。但還些話却故意搗蛋似的更淸楚地傳進來：

「……說什麼救國不救國，女人家成天在外面也不像個體統……」

「噹噹噹……」時鐘打了八下。八點鐘？要接班了？我吃了一驚，但很快地就意識到那隻鐘本來就太快。

雖然沒到八點，但路上也得化些功夫呀，是動身的時候哩。

「去試試看再說，或許能答應，」我耐着脾氣鼓足了勇氣走到隔壁房裏去。

剛踏進隔壁房間，所有的勇氣一下子都消失了。婆婆嘟起嘴，臉色鐵青，在講話的嘴吧看見我進來，馬上就閉緊，二道銳厲的眼光釘視我，好像怕我逃走似的；冷冷的，冷冷的，混身都在冒着拒人於千里外的寒氣。

「可以讓我出去嗎？」無論如何，我說不出口，又回到自己房裏。

突然的感到這屋子似乎是一座監牢，幾道門把我封鎖住了，我要出去就等於出獄一樣的困難。剛纔還覺得溫柔和美麗的東西，現在都感到非常醜惡。

時間格外快地飛過去，已經七點五十五分了。

人家連性命都拼了，我却連這一些反抗的勇氣都沒有。想起了昨晚讀到的「如果眞要活下去，就先該敢作敢爲」的時候，更深深地感到矛盾的痛苦，同時彷彿聽到同伴們的責備：「怎麼還不來？不負責任！」

外面送來了孩子們的歌聲：「退讓就是死亡，要生存只有抗爭……。」

「抗爭，抗爭！」我呆呆地伏到窗口去，幾個孩子排着隊伍，一面踏着步伐，一面唱着歌在遊戲。對門亭子間裏的姑娘出門去了，拎着一隻手提箱。

「也是做救亡工作去的！人家要做什麼就做什麼，唉，只有我只有……」從心底裏冒着火，房間裏也驟然變得悶熱了，我焦急着，汗從臉上背上淌下來，恨不得立刻跳了出去。眼前展開了一幅幻象：一個傷兵腿已被打斷了，爬着爬着，在他的後面拖着長長的鮮紅的血流，他哭着喊着，沒人去救護他。

「他們需要我，我準定去吧！」我下了决心，不管婆婆肯不肯答應我出去，我要敢作敢爲地做起來了。拿起準備好的東西，匆匆地向醫院走去。

高高地飄在醫院屋頂上的那青天白日滿地紅的旗子在金黃的陽光裏放着燦爛的光芒，好像鼓勵人們似的舞動着旗角。

我忻慰地鬆一口氣，開始工作。

新中國的「新娜拉」們

蘇復武

「制服消除了我們的隔閡」

早上八點鐘不到，我們又都齊集在一起了。遠處有大炮和轟炸的聲音，那些聲音是聽熟了，誰也沒有去注意它。室內的空氣寧靜得很，陽光很明朗，是個適宜於到近郊去遠足的天氣，但在這個和平的天氣下，就在往年我們遠足的地方，正在進行着激烈的戰爭！中華健兒爲了抵禦日本法西軍閥的進攻，以血肉之軀在護衛着祖國的山河。

我們穿了新製的土布制服，不知怎樣的有一種說不出來的高興，（像喝了一點酒似的有一點薄醉的感覺，）我們感覺到我們的責任更重了，也糢糢糊糊的感到有一點困難橫在我們面前，但爲歡愉的情緒所充塞着，我們覺得責任越重，困難越多，將越使我們的勇氣增加，我們眞有點歡迎困難，像一個準備入山打虎的勇士似的，希望對手耐打一些。這樣的感情在現在想起來眞是不可解的。

制服也使我們消除了許多多餘的隔膜。前幾天，我們大家穿着各自的便衣開談話會的時候，我們彼此都認得非常淸楚：我們是在同一目標下的同志，但今天，我們大家都穿了制服，我們却覺得「同志」這兩個字不足以說明我們的關係了，我們是生死與共的姊妹兄弟。我們之間本來無所謂階級的歧視，但往常穿着便衣的時候，我們對於服飾麗都的同志，總感到有一種不易親近的高貴氣味，而今天我們却忘記了他們的高貴，坦白地談着一些瑣碎的事情。

我們是爲探聽出發的時間而來的。昨天晚上已經有一部份同志先走了，因爲車輛不够，我們這一部份祇得留下，今天能否走得成功，還得看前綫是否有車子可以調派出來。我們差不多都是在上海生長的，但對這個「第二故鄉」，却不知怎樣的恨不得馬上離開它才好，這不是厭惡，而是因爲有一種更大的力量在向我們招手。

「我昨天早來一刻就好了，省得今天還在這裏等——今天不知道有沒有車子呢！」

「眞的，他們現在不知道怎樣了，恐怕已經在開始工作了吧？」說這話的帶着嚮往的神情，我們的腦海裏也同樣浮起一個圖畫來：「他們」——比我們早走一天的同志——正在爲受傷的弟兄們洗刷着傷口，眼睛裏含着熱淚，臉上則是溫暖的笑，弟兄們有的呻吟着，有的則在讀着前綫的戰況。或是：在質樸的農民們的家裏，「他們」正在進行着家庭訪問，興奮使他們忘記嘴乾，旁邊圍着一大羣人，興奮地靜聽着，也偶爾插幾句嘴，提出一些問題來問。

「你們都還好，遲去一天至多多回家一次，我可是麻煩得要命，今天要是再不走，弄得不巧，恐怕要走不掉了呢。」說這話的是一位姓吳的女同志，但她從前天起已經改了姓名，叫「伍大羣」了，改名的原因她沒有宣佈，想來總有不得已的苦衷吧，我們聽了她的話，才想起昨天晚上的事情來了：昨天晚上當交通車開走了以後，她才滿頭大汗的趕了來，當她知道了已經遲到了一步的時候，她呆住了，好久說不出一句話來，撫着一隻手提箱（其餘的行李希於前一天的早上交出去了，寄存在南市喬家浜保衛團總部裏）獃獃地坐在沙發上出神直待我們都要走了，她才着急起來，說，「有誰不同去的呢？我們一同去開一個房間去」然而她的提議誰都沒有說什麼，結果還是她一個人提了小提箱消失在秋風裏。

「你昨天晚上怎麼辦的呢？」她的話喚起了我們的記憶，有人這樣問了。

「還不是獨自開了一個房間！我生出來從來就沒有住過旅館，又穿着制服，旅館的茶房都用好奇的眼光望着我，害得我叫他們要什麼也不敢」說了她好像記起了什麼緊要的事情似的，走到屋子中間去，敲着那張大桌子，叫人注意，說「諸位同志，我拜托你們一件事情，等會兒假如有人來找我，不論是怎樣的人，請你們都替我說我在昨天走了。請你們原諒我，我並不是願意撒謊，我實在是不得已的」然後她又走到老翁那邊去說「翁同志，我留在這裏不大方便，下半天三點鐘我打電話到這裏來問消息好不好？」

老翁答應了她的請求，她便匆匆地走了。

下午，我們又在大陸商場的六樓上聚合的時候，果然有一個二十左右的女士來找她，那位女士穿得很樸素，臉上一望而知爲什麼氣惱着，她手裏拎着一箱餅乾，裝做很和氣的樣子，問我們伍大峯女士在不在，她是她的朋友，是特地來送行的，要想見一見

「伍同志現在不在這裏，有什麼話請告訴我們，我們替你轉達就是了，至於送行，那是不敢當的，事實上恐怕也不便。」

「本來」她忍受不住說了出來，「這事情和我根本不相關的，無奈伍女士的母親逼着我，要人說她的女兒加入戰地服務團全是我慫恿的——你想笑話不笑話——被逼得我沒有辦法，才想來見見她，祇要她和我一同到她母親那裏去一趟，說個明白，把她的寶貝女兒交了給她，我便什麼都不管了。」

「實在抱歉得很，伍同志已經在昨天晚上走了，害了你撲了空，依我們同志的立場來講，伍同志沒有得到她的母親的同意，便這樣走了，是不大妥當的，不過這是爲了民族解放的事情，伍同志這樣的走，總也該有值得我們同情的地方。女士既是和伍同志的關係很密切，還是請你去勸勸她的令堂，請她多替民族的前途着想，完成伍同志的志願吧，我們轉告伍同志，請她多寫點信回來就是了。這自然使女士很爲難，不過女士是個明白人，一定明白民族的生命是較我們個人的生命爲重，也一定同情伍同志去爲國效勞的，所以雖然在眼前受點委曲，也祇好委曲一下，將來伍同志有信給她母親，請她在信裏鄭重的聲明一下就是了，伍同志的令堂接到她女兒的信，知道她女兒還是好好地活着，我想也一定不會再怎樣和你爲難的。」

「你們那樣勇敢的去爲國效勞，我原是非常的同情和佩服的，吳女士又是我的朋友，我自然更同情她去。——我如果沒有工作拉住我，沒有種種其他的原因，我自己也是願意去的——不過她母親哭着到我服務的收容所裏去向我逼着要人，說她的女兒到收容所去服務也是我去叫的，所以這一次便非向我要人不可。你想，我有什麼辦法呢，吳女士要走，她走她的就是了，不過也總得說說明白，免得我爲難。……」

「是的，所以現在也祇有請你委曲一下了。」

「那麼就不去見她的母親，——我以人格担保——讓我和她談談好不好呢？我總是她的朋友，以朋友的資格和她談談總可以的。」

「實在很抱歉。我們也不妨坦白一點的來說，現在伍同志實在不在這裏，在什麼地方，我們也不知道，除非我們晚上動身的時候才能碰到她，所以，假如有什麼話，還是由我們轉達的好。」

「那麼晚上我到你們的車站上來送行好不好，你們在什麼車站動身呢？」

「那也不妨便，因爲一則這是有祕密性的，第二，我們走的時候是在戒嚴以後，送行恐怕不大方便。」

見是絕望了，她才把餅乾交給我們，說：「這餅乾是我送給她的，餓的時候或者可以充充飢。還有她母親本來叫我帶幾件衣服和幾塊錢給她，是我拒絕了，——我收了不是更證明我和她串通在一起嗎？——如果她需要，叫她寫信給她的母親好了；她母親還叫她冷暖飲食要當心點，不要太任性，出了門生起病來不是玩的；還有，請她多和我們通通信。」

我們替伍同志感謝她的好意，才把她打發走了。晚上，我們在保衛團總部遇到了伍同志，把日間的事情都詳細地告訴了她，並且把餅乾也轉交了，大家坐下來等車子，伍同志把餅乾箱和手提箱繫在一起坐在行李堆上，偷偷地拭着眼淚。

就在晚上八點鐘，我們享受了一頓豐富的晚餐（多謝保衛團總部的同志們爲我們餞行）以後，便跳上了一輛破舊的長途汽車，冒着秋風，衝破了黑暗向崑山前進。

租界上的霓虹燈都發着光，像親友們送別的眼睛，我們出神地望着它，心底裏同時泛起了堅決的誓言：

「別了，上海！但我們是會回來的，那時節希望神聖的砲火已洗去了你的罪惡。」

慰勞

煒（二十：職員：）

九月五日。

天下着濛濛的細雨，平時光線也感到不足的，××難民收容所的辦公室，現在更顯得黑暗了。我正伏在檯上畫着一張戰區圖。忽然冀先生——我們訓導組的主任——匆匆的跑進來對我說：

「煒，有一件事要同你商量，仁濟堂送來了四塊錢，說是上月份我們幾個訓導員的津貼，但是我們慚愧得很，對於被難的同胞簡直一些工作也沒有做，怎能接受這筆錢呢？你看怎樣辦？」

「我想跟老張和顧小姐等商量看罷。」一時想不出辦法，我只能這樣回答。

辦公室的隔壁，是難童們讀書的教室，顧小姐正在揮汗教育難童們。那裏沒有桌子，也沒有櫈子，只有一塊可移動的黑板，在這一間小小的屋子中擠滿了一大羣衣衫破碎的孩子，雖然他們的家都在砲火下了，但是在他們的臉上仍露着天眞的笑容，每個嘴裏都發出同樣的聲音：

「……人，中國人，外國人，中國人不打中國人。……」

放課了，教孩子們讀書的顧小姐走進了辦公室，手帕不停的在揩着頭上的汗珠。一會兒，教成人班和婦女班的老張與陳君都走進來了，那時，鐘正鳴着十一響。

冀先生等他們坐下來後，又把方才的話說了一次：

「……你們看怎樣辦？」

「我想拿這些錢去買一些東西慰勞受傷的將士們，」戴眼鏡的陳君提出了一個意見。

「贊成！贊成……」大家異口同聲的附議。

「恐怕錢太少，買不到較多的東西罷？」老張。

「這不在乎多少，而在表示我們一點敬意，但問題在到什麼傷兵醫院去，因為沒有介紹，不能隨便去呀！」冀先生很誠懇的說。

「那不要緊，本所的主任孫先生不是××傷兵醫院的負責人之一嗎？我們請他寫一封介紹信就行了。」陳君說完了這句話，立刻回轉頭來向着坐在後面的所主任說：

「孫先生，你肯允許我們的要求嗎？」

「可以，而且巧得很，昨天本所向他們借來運送難民的汽車，現在要回去了，你們可以乘汽車去。」孫先生很和藹的回答我們。

我們聽見他的話，都快活得跳起來，立刻決定冀先生去買慰勞品。十幾分鐘後，冀先生帶來了幾聽餅乾，那時介紹信也寫好了，我們就拿了它們，立刻走到外面，上了停在門外的大汽車。孫先生也跟了出來，向車夫輕輕的說了幾句話。一會兒車子動了，帶着我們沿了南京路一直向西很快的馳去。

天仍是下着綿綿的雨，路邊的店鋪都關上了門，有的還在大玻璃櫥窗外，釘上了木條，行人也特別的少，整個的大上海是鎮靜的。

車子轉了一個灣，停了下來，我們知道已到目的地，大家就下車來，××傷兵醫院已在眼前了，門口站着幾位童子軍，老張低聲的對我說：

「這個醫院從前是××舞廳呀！」

送進了介紹信，我們立刻就得了進去的允許，然而帶去的慰勞品必定要讓他們檢查和分配，這對於我們毫無關係，反正是送給將士們的。

由一位辦事員的領導，我們一夥兒人走進了病房，這是一間很大的房間，從形式上看起來，的確從前是富人們享樂的場所，現在轉變爲受傷將士的療養處了，這是多麼有意義呀！空氣是非常的靜寂，只有來往忙碌着的女看護的脚步聲，但是也很微小的。在屋子裏很整齊的排列着許多小鐵牀，每只牀上，睡着一位受傷的將士。我們放輕脚步，慢慢的在屋內四週走了一圈，觀看了片刻，我們各自分散了，開始個別慰問將士們。

「先生，你勞苦了，你的傷痊愈了嗎？」我問一位坐在牀上的傷兵。那時我覺得有些受窘，不知道稱呼他什麼才好。

「不敢當，謝謝你的慰問，我的傷快好了。」那位兵士很和氣的回答我，同時從毯子裏伸出了他的受傷的左腿。

「請問你怎樣受傷的？」我又問他。

「有一天的晚上，我們接到上面衝鋒的命令後，立刻跳出了戰壕，向敵人那面撲過去，但那怕死的日本鬼子不肯同我們肉搏，只藏在壕溝內用機關槍猛烈的掃射，我不幸得很，將衝近敵人壕溝的時候，突然左腿上被擊中了二顆子彈；當時，就昏了過去，醒來時已在這牀上了。」他很嚴肅的告訴我。

「日本鬼子爲什麼怕同你們肉搏呢？」

「肉搏嗎？他們見了最怕，因爲以前幾次肉搏，被我們殺死了許多鬼子。」

「你的傷愈了以後還上前線去嗎？」

「當然，我要救民族，救老百姓，救我自已，所以我還要去作戰，直等到鬼子都逐出了中國或者我戰死的時候才停止。」

我們正談得很有興趣的時候，來了一位看護，替那位同我談話的兵士量體溫，把寒暑表放進了他的嘴內，我們的談話就此告終了。

我的眼光轉移到了另外一只牀上，在上面臥着一個很瘦的男子，瘦得實在可憐。他見我在望他，因此就向我招招手，並且說：

「先生，請過來，我來告訴你……」他好像急要把所有的話一齊說出來似的。我走近他的牀邊。

「先生，我並不是一個兵士，我的家在高朗橋，打仗後，因爲家中還有年老的母親，妻子和兒子，因此冒了險回到家中，那知妻和兒子已跑了，只有我的母親還留着，她不願離開她的房屋。另外我還發現有一位連長和幾個兵士住在我的家中，他們見了我很客氣，所以我幫助他們做些零星工作，同時勸我母親離開家中。那知過了幾天，我們軍隊，恐怕要被包圍，向西退走了，等我整理了一些東西也想走的時候已來不及了，許多東洋鬼子衝進我的家裏，捉住我，說我是兵，因爲他們見了我家裏還留着幾件軍用品的緣故。他們捉我到外面，用刺刀在我的……我在生殖器上刺了二下，才放走我。我忍了痛向西跑，跑了幾十分鐘，忽然失了知覺，等我恢復知覺時，已在這裏了。據這裏人告訴我，我是被前線的兵士搶救下來的，所以我非常感謝他們。」他說完了這段長長的話，有些氣喘，兩眼射出憤怒的光芒。

「你原來是做什麼事的呢？」我第一次問他。

「我是一個電氣工匠，在××大樓做電氣工程的。」

「現在你的傷好了嗎？完全好了以後打算怎樣？」我又問他。

「謝謝你，好得多了。假使完全好了，我一定要加入軍隊打仗。」他很堅決的回答我。

「那末……」我還想問下去，老張陳君走過來對我說：

「時間已一點多了，下午我們還有許多工作呢。」

我就向工匠道別，我們幾個人重新聚合起來走出了病房，離開了醫院。(227)

第一天實習

游麗卿（十八・失業）

在膠州路上一所莊嚴的大廈中正躺着一羣爲民族獨立生存從前線掛彩回來的勇士們！

我們踏進這所巨廈，感情非常興奮，各人的臉上表現着愉快的神色。步入兩旁種着樹木的石路，隨風一搖一搖的樹枝，好像歡迎我們這一羣準備爲國效勞的婦女們一般。再轉入一處堆積着桌椅和垃圾的空地，蜿蜒的經過數間住宿傷兵的房間，坐着躺着的負傷將士們，用驚奇的眼光注射我們。

我跟一位女同志被派在一個轉角上第一號房間。躺着，睡着，坐着，立着十數位不同籍貫的戰士們，數十對親善的眼光，好像歡迎我倆的來臨。刺鼻的藥味，不能壓住我們沸騰的熱情，反而增加了我們工作的趣味。房間正對着一片青葱的草地，三三兩兩天眞的孩子在那裏玩耍。雖是秋天了，但毫沒有肅殺的景象，猶如和煦的春天般嫵媚溫暖。開着窗門，讓那明豔的太陽照耀着每一個角落裏。兩位穿着潔白的服裝的看護小姐，慇懃地服侍一羣受傷的將士們。經教師言明來意，承她們底美意指導我們底工作。我們唯有內心底感謝。

工作開始了，是掃床換被。「不十分骯髒，用掃子掃清潔，太汚穢了，就換上一張；從第一位換起，輪流到二位三位……」這是看護們底叮囑。我倆拿着一把掃子，數張被單，用着興奮的心情，仔細地開始我們底工作。輕傷者他會自己坐到另一處位置上，讓我倆整理替換較重的、我們輕輕地扶他走，於是迅速地工作；重傷者由看護們自己整理。

接着是換藥，我倆侍候在看護們旁邊，預備給她們，先給輕傷者換，揭開橡皮膏和紗布，露出血膿與膏藥混和模糊不平的肉，寸許深的洞，數尺長的綳帶塞進去，甚至骨骼也露出。於是給他們消毒的消毒，敷藥的敷藥。戰士們若無其事，如常的談笑閱書看報，讓看護們擺布，甚至有時還回頭看那血肉模糊的傷處。那種大無畏的精神，眞使人敬佩極了！

一位負傷的鬥士，面部毫無血色，蒼白得很，瘦得只剩一層外皮包裹着骨頭。眼睛快要閉上，顯因流血過多而精神疲乏。脫掉襯衫，胸前給一塊大紗布佔着，腹部凹進去。撕起那塊紗布，綠豆般大的洞有十餘個，肩上腿上都是些大大小小的傷口。看護們給他包紮，他無力呻吟和叫喊。我的興奮的心情，頓然消失，又不敢對着這位勇士流着同情的淚水，使他看到感着難堪。唯有用理智強壓住我的感情。

一位年青的傷兵，腿是被割斷了，裝着木製的假腿。藥盆拿到他的面前，他立刻現出不愉快的神色。看護小姐觸着他的腿，他便號叫起來：「小姐……痛……痛……死……我了！……我的……媽呀！……」我的心也隨着這慘痛的呼聲強烈的抖動。他在慘痛中流着一棵一棵黃豆般大的汗珠。

這一位勇士，眞使我欽佩極了！那隻龐大的腿，我從來沒有見過。看護們給他擠出汚穢的血和膿，瓶口般大小的洞，像放開自來水一般瀉出膿血來，流進裝排洩物的盆子裏，足足有二盆。他咬緊牙根，不發哀痛呻吟之聲。那種忍痛的精神，眞堪稱爲中華的模範軍人。

最後一位負傷的戰士，右部的手臂已割斷，再加上內部的傷寒症。躺在一個角落裏的床位上。我不住懷疑的問看護小姐：「傷寒症爲何不隔離開來？」看護小姐回答我說：「人數太多，地方狹小。我們也希望隔離，不過實際上辦不到。」醫師到來施手術，看護們忙拿着一大盆消毒藥水，用毛巾掩住他的口。一層一層的綳帶脫落，露出被切斷了的手臂。突出的骨骼，腐爛的肉，參差不齊的創口。我感到驚異與恐怖。醫師從手臂中拿出一排消毒過的紅色細橡皮管，用銳利的剪刀剪那旁邊腐爛的肉。那位戰士大聲的呼喊：「醫……官呀！……醫……官……痛……死死……我了！……我的……媽……媽呀！……醫……官！……」這慘怖的情景，我不忍再看，旋轉身體，掩住臉偷偷地揩着同情的淚珠。然而終又鼓起上前看視他的決心，強壓住衝動的熱情，直等到手術完畢，方敢離開這位戰士。

親愛的戰士們，你們在槍林彈雨的前線，願灑盡最後一滴血，用盡最後一棵槍彈，來捍衛國士，來打破侵略者狂妄的迷夢。你們底忠勇，你們底壯烈，吸住了全世界人士的驚奇的眼光。現在是掛彩回來了，我們如何熱烈地歡迎你們，如何慇懃地服侍你們！安息罷！靜養罷！祝福你們早日痊愈恢復強壯的體魄，再踏上征途，討還血與淚的債！(323)

一個傷了腿的孩子兵　吳華英（十九學生：）

前天父親母親都逃到鄉下去了，只剩下我一個人在上海。雖然臨去時被他們大大駡一頓但很痛快。今天在傷兵醫院內服務已是第八天了，晚上回來覺得太興奮，白天種種事情還是不能磨滅地印在腦裏，心裏感到怪不舒服。

早晨一進去，就注意到一個浸在血泊中的年輕兵士在喊着娘。他的褲子，衣服，蓆，什麽都染着血；他的嘴唇乾得發裂。當我跑近他的時候，他那含淚的眼模糊地瞧着人。我立刻去找到了幾個醫生，希望他們能給那傷兵換一換藥。誰知道這種事情竟也會遭受到拒絕！他們不是說：「那個傷兵不歸我管。」即說，「還沒有到換藥的時候。」我眞不知道這些醫生是來幹什麽的。但是有時想到自己究竟也是無用的東西，唯有感到懊喪。我再也不敢立在那正在叫「娘」的兵士面前。

老邱和李眞健談極了，也有些像好孩子那樣地聽話，我心裏感到無限的快樂。晚上閒着沒事，坐在床邊和他們（輕傷的）閒談。有一個兵說起鴉片戰爭來眞是有聲有色，好像是個神怪離奇的故事。但是有時他們也壞得利害，尤其是一個傷了大腿的孩子兵。當我要回家的時候，他老是麻煩得要命，買這樣買那樣，把餉錢用完了才好。有幾次我不理他，有時我也會好像自己是大人樣的勸着他，而他又非常聽話，有時甚至什麽都聽，我覺得一些不給他買有些過不去，我可憐起他來了。第二天買來後，他又非把所有的全吃完才死心，這樣又會引起我的長篇勸詞；所以當我在的時候，他總是不敢多吃。有一次，他已吃了兩只雞蛋，又要開始吃第三只時，忽然看到我向他這邊走去，誰都不能想像到他是怎樣地窘呀！可憐的人，我就假裝沒有看見，走開了。

雖然那孩子（我總覺得自己比他大幾多）天天那樣嘻皮笑臉，但他的傷口並無好轉。今天換藥時，一陣陣的猩臭衝向人的鼻孔，眞是難受。吃午飯時，他突然和醫生商議要截去這條腿，我們都代他可惜，但他却滿不在乎似的。我也會講給他聽過殘廢者的痛苦，如果可能避免，那就不必用這手術。最後，他還是不聽誰的話。但是可憐他竟死了，死了，被醫生截腿截死了，因爲流血過度與麻藥的不够。當他從開刀間被抬往太平間去的時候，那白紙樣的臉，呆滯的眼望着人。他就這樣地死去了，我們素來談論慣的一團忽然變冷了，我們怎能忘懷這個富有生氣的孩子呢？尤其是他死後還有四毛買蘋菓的錢在我這兒，我再能幫助他些什麼呢？我想我祇能把蘋菓送給別個需要的傷兵吧！

當他死的消息被傳出來後，大家感到氣憤，失望，難過。當時就有兩個胆量較大的傷兵向院方提出抗議：他們寧願死在前方的戰場上，不願被一個醫生這樣糊塗地處死。他們要問問這一位「高明」的醫生爲什麼要這樣馬虎地對待一個吃了苦，受了傷的兵士？因爲得不到回答，這兩位傷兵甚至晚上絕食，我們勸他們好一頓。雖然明知道這是由於醫生的大意，但我們總希望事態不致擴大。最後還是由醫生出來解釋，道歉，大家才覺得平靜些。

晚上照例院內開起了留聲機，唱來唱去就是這幾只老調子：義勇軍進行曲，開路先鋒，大路歌等。但是我們眞沒心思去欣賞，尤其是重傷的傷兵們，反有些厭煩。(769)

應該把膽子放大些

施惠珍

雖然是秋天了，天氣仍像盛夏那般熱，穿了很薄的衣服，也得被汗水濕透。

早上還算涼快，然而一起來，砲聲，飛機聲……就直往耳朵裏鑽。呵！我們安靜地睡了全夜，然而英勇的戰士們却整夜和侵略者作奮勇的抗戰！

七點了，霞也來了，我們預備走了。媽緊皺着眉頭說：「這種時勢，天天往外跑，你知道我是多担心！」媽用慈悲的眼光望着我。「早些回來。」

「知道。」我們就走了。

經過幾條橫馬路，金神父路的廣慈醫院到了。從一個大的鐵門進去，轉幾個彎，經過了問訊，到了管理傷兵的負責人處，他看了介紹信，就領我們到樓下兩對過的兩間傷兵臥室內看護。

剛走到左邊的一間門口，我不禁嚇了一跳，心裏有些害怕了，霞也同樣的嚇。因爲這房間的一張牀上，躺着一個兩個眼球突出了一大半的人，眼光已完全失了，滿臉烏青，全身直挺地躺着一動不動，祇有兩隻手還能動，這時正把白的被單撕開，並且把布不住的往嘴裏塞。那樣子無論誰看了都會害怕的，我相信。

「這是漢奸，在路上被衆人打傷了，由捕房裏送來的。」那人看我們呆着，就這樣解說着：「現在快要死了，已有四天沒有吃東西，妳們別去管他吧！這裏沒有一個人睬他的。」聽了「漢奸」兩個字，我的感覺馬上變了，不怕了。

這兩間內傷兵很少，多數是在大世界被炸彈炸傷的。

傷兵中有一個很有智識，他要看報，看到我軍打勝仗，就開心得狂舞起來。他很希望他傷口快好，可以早些上戰塲去作戰。但因他傷在胸口，所以時常要吐血。

一個是傷了眼睛的，我問他是怎樣受傷的，他說「我們是八十八師，我是工兵。」他很有精神地講述着「我正在工作的時候，對面的房屋上突然着了一個砲彈木片隨着響聲射進了我的眼睛，我就失了知覺後來他們把我送到了這裏。」他的話很多講了許多關於他們軍隊裏的事。

還有一個最慘了，他整天狂叫着，聽說子彈還沒有取出，是從右邊太陽穴裏打進去穿過兩眼球留在左邊太陽穴裏一時不能取出因爲怕開刀的時候腦子會流出來子彈在裏邊當然是痛極了，他不時狂暴地在牀上滾着喊着「啊！我怎麼辦呀娘啊！我痛啊……我的眼睛……我不能再上戰場了嗎？我要去殺鬼子呀！我要報仇呀……娘呀……！」雖然他的眼睛包着但他的聲音告訴人他在哭了。「娘呀活着無用了，還是死去吧……！誰替我報仇呀！」我們祇有安慰他騙他眼睛會好的等好了再去多殺幾個鬼子吧

「你們不要騙我呀你們當我小孩子似的在哄我呀……我還是死去吧反正在這個世界上我是無用了多餘的了……娘啊！」

眞的他不時想尋死，我眞難過極了，差一點兒掉下淚來。

吃過飯我們的事比較少了，於是我們就跑到樓上去看看。樓共有五層。先到二層右邊是普通病房左邊是傷兵臥室裏面很大，大概有五六十個，有的在喊叫，有的在談天……做看護的是和我們一起從人和醫院看護班畢業的同學。傷兵多看護少，所以她們很忙我們就幫了一會忙。又到三層。

情形完全和二層相同，不過都是重傷，手術間也在這裏。當我們剛看完出來的時候，一扇門內突然拿出了一隻鋸下的手臂血淋淋的，那麼粗全是肉，然而是已死了的無知覺的手呀！一直拿到另一間房裏去我覺得心幾幾乎嚇碎了。我一直逃到另一邊，誰知剛到那邊眼睛偶然向一間房內一望看見一個人正在抬着一個躺着的人的腿部旁邊堆着一攤血與肉那麼紅，我的心的確痛得很厲害連忙避過了視線，霞也來了看她並不怕我有些慚愧了，我爲什麼那麼胆小呢？「應該把胆放大些」我這樣預備着。

在傷兵醫院

胡曼倩

十七號的那天，我正坐在家裏發悶，蓦地間S君伴着幾位同志匆匆地奔了進來告訴我今夜他們要到「××傷兵醫院」去演戲特地來邀我看看去。

時間是晚上八點鐘。

濛濛的雨在飄洒着天色陰霾得十分可怖！我和S君一羣人，踏上幽靜的××路風和雨不斷地打上身來我們很興奮地，抖擻着精神邁開大步一直向四前進約摸經過半個鐘點的奔程，才到

了「××傷兵醫院」向守衛的軍軍點頭示意後，便進往裏邊走了，

首先碰着K小姐，她一面笑容可掬地告訴我們戲快要上演了，一面催促S君等趕緊去化裝！

我放輕了脚步，獨自跨進了一間病房、這裏是演出的場所，見着潔淨的床舖上，雪白的被單下，躺着衛國衛民而受傷的英勇將士們，空氣是相當的壯嚴和肅靜！

演戲的場面，一切已佈置妥當了，由W先生致詞，說明「民衆救亡劇團」許多同志的來意和敬意後，全場發出熱烈的鼓掌聲！有的受傷戰士，已經能夠自已走動，坐在椅子上或床舖上，態度十分鎮靜，等待戲的演出。

因為要等待化裝，決定先來唱歌：慰勞歌開唱的當兒，發見各個戰士面部上，都呈出嚴穆的表情，歌詞的熾熱的情緒，透入了他們的心房！接着是「打回老家去」的上演，眼見着許多戰士，好像忘記了身上的痛創，都掙扎起來，目光都集中在同胞一隊的地位——那就是演劇的舞台。

由於演劇的幾位同志，深能體貼劇情，表演逼真，所以人人都受人感動！「咱們要是不再團結起來的話，恐怕整個的中國都要保不住呢！」「我們不但要把日本帝國主義趕出中國去！而且要把他們個個殺光才痛快呢！」當台上一位少年軍人這樣慷慨激昂的說着，一句是使人警惕自勵，一句是激發我們抗日的情緒，大大感動了戰士們的心窩，發出「打倒日本帝國主義」「中華民國萬歲！」的吼聲：尤其是演到結束的一位劇中人英姐的扮演者，自已受熱情的衝動，發洩了投我行伍的志願，由於母親的死，感覺處身於國破家亡的慘痛狀態中，不由自主地而掉下淚來，惹起觀衆的同情而都濕了眼圈！甚至於感動一位受傷的將士，嗚咽大哭起來！

最後，是唱「打回老家去」的歌，都興奮地哼着大聲的怒吼！隊員們感覺到處身於特殊勢力的範圍內，由激昂而靜默結束了歌聲，節目完了，便欣歸而返。

一天的工作（二十六．十．十）

雷瑞（二十三．廿．二）

睜開睡惺的眼，從過分疲倦的酣睡中清醒過來，已經離開規定時間不遠，於是一骨碌爬起，抓了雨衣便走。

雨，昨天晚上起，始終沒有停止過，一忽兒絲絲飄落，一忽兒又是傾盆瀉着，不斷地交替着。帶跳連跑地趕到會中，好多同志已在分配工作。

沈煦和我屬於第×隊，担任××路一段。出發了，三個人一隊。清靜的馬路，清冷地被雨水浴洗着，偶而有一二人走過，都不約而同地對我們射出好奇的眼光。

漿糊向着牆上刷，接着各式各樣的標語現了出來「打倒日本帝國主義」「抗戰到底」「中華民國萬歲」。不久我們便被一個肥胖臃腫的西警監視着，凡有「日本」二字的都被撕下來。爲着避免無謂的衝突，我們對他取着敷衍態度，可是並不因此停止工作，我們還是不屈不撓地繼續下去。有張『Vive La Chine』的標語，還是他幫助我們貼的。另一隊却有二位同志被羈押在捕房達四小時。對於這種事件，我們認爲有爭取更多自由的必要。租界的宗主權究屬於我們，而且貼標語也不是違法的事。還有一件值得提起的事，便是在中途我們遇見了一位工友，他幫助我們糊貼，在大雨淋漓下，還是熱心地工作，這使我們非常感激。

宣傳的成績並不怎樣好，缺乏宣傳品是最大的缺憾。我們目的地是二家茶館，可是結果，我們很失望。我們在聲嘶力竭地呼喊，他們却儘管埋頭閒談，不聽。當然我們得承認自己宣傳技巧不好，可是另一方面，證明我國一般民衆教育實在太差，值得大家注意。

接着又到了難民收容所裏。

二盞十支光的電燈，在廣闊的院子裏，顯得更加黯淡，淒涼，看不清臉龐，只見黑越越的頭頂在移動。椅子上，走廊間，堆滿了舖蓋，席子，尿布……。戲台上有人在演說，全院子侵沉在靜肅中，偶而有孩子帶哭聲的呼叫，衝破了這沉寂的空氣。接着收容所裏的孩子們唱着許多救亡歌曲，最感動人的當推那隻仿鳳陽調的「難民曲。」眞的「多少兒童沒爹娘」這一句是多麼地打動人的心呀！最後全體合唱「打東洋」，並喊「打倒日本帝國主義」「中華民族解放萬歲」「中華民國萬萬歲」。等口號。

告別這羣在苦難中掙扎的人們，已經午刻，趕回會中嚼了些麵包，從清晨到現在，還沒有吃過一點東西哩。

二夜沒有睡，又在雨中淋了半天，頭有點痛，可是慰勞將士不能不去，鼓着勇氣，冒着大雨趕向第××傷兵醫院。雨下得那麼大，吸飽水份的雨衣失却了效用，於是襯衫短褲全給浸濕，皮鞋加重了分量，脚踏下去發出吱吱的聲音。

帶去的慰勞品並不多，却也够一院的弟兄們享受，見到我們忠勇的將士，我們的精神頓時提了起來。他們的態度非常謙和，都說這是他們軍人的天職，受點傷算不了什麼，便是粉身碎骨也是應該的。只是他們精神上覺得非常枯燥，平時很少有人去慰勞，（這是爲要防範漢奸混進去探聽消息，）所以當我們唱着救亡歌曲時，他們都非常快樂，拍手稱快，並再三要求我們唱「義勇軍進行曲」「畢業歌」等。最後懷着依依不捨的戀情，在熱烈興奮的情緒中向忠勇的將士告了別。

下午六時又趕到××中學參加××聯歡大會，有很精彩的節目，像×××先生的演說，第××救亡演劇隊的話劇，可是頭實在疼痛得厲害，沒有終場便退席。

3·55

真氣死人(廿六・九・十九・) 蓓 蕾(十八・學生・)

佩蓮表姊改變了。她今早七時前第一個到會，胭脂不搽，粉也不敷，只是藍布長衫，帆布鞋，挺英勇地執着旗在等我們。

八時正，五人到齊開始出發。我們無一定的地目的，經過環龍路、霞飛路、蒲石路、巨籟達路、同孚路、靜安寺路、南京路，一日奔走的結果，總算募捐到二百零八元三角，蔴袋四隻，棉花三斤，棉被一條。

敵人底炸彈大砲轟了一個多月，粉碎了許多人底骨肉、田園、財產、希望……但可惜得很，仍粉碎不了多數中國人麻木的神經：不管他們口裏喊得多麼中聽，多麼慷慨，但他們的實際行動呢？眞是天曉得！

近午的時候，還有人睡在床上，靜聽飛機、炸彈、大砲的交響曲，細看當日報紙上的談話資料。仍和平時一樣，每家的牌聲猶如前線的槍聲。茶室、小吃館、酒樓、跳舞場、生意比戰前更興隆了。許多不知道應當怎樣用他們的光陰的人，都把牠銷耗在談笑、享樂和睡眠中。固然，幹正當工作的人也不少。

募捐時，眞氣死人。無知的門房、娘姨、大姐、常常會無禮地拒絕你入內；主人呢，像敷衍叫化子似地丟出一兩角，連收條都不要寫，就叫我們走。有些，則問三問四，無論如何解答他總頑固地不信任。有些好意的還勸我們早些回家，勿做這危險的、無益的、替人找錢的事。眞是天曉得！宣傳組的成績不知到那裏去了。

在跳舞場內，一位廿多歲的青年，待我們說明來意後，拿出五元，而紅耳赤地替他自己辯白，說他是前進的、覺悟的，是不得已而到舞場來的。

「在這非常時期，我也知道不應到這種享樂場所；不過，我因為有朋友約定，所以……。」

離開舞場時，雪珍對他發了大篇議論：

「在這非常時期，知道不應做的就應拿出勇氣不要做。並且知道錯誤，就應承認，決心來改過，不要推諉。」

六點多了，我們為了節省協會的開支，討論結果，一致主張到我們從未到過的麵館去。每人陽春一碗，求飽就算數。眞可憐！那些討厭的人走過都要望望，甚至還停足凝視。

歸家浴罷，靜坐片刻，兩脚又痛又酸，像癱了似地無力。

天空一碧無雲，圓圓的明月，在慢慢地爬着，原來今天是中秋節啦！敵人底紅綠照明彈，在天空仁花筒般地爆發着，倍襯得月色比往年更光明了。(864)

雨衣捐 瓊

那震撼人心的大砲聲，軋軋的機聲，整天整夜的響着！南市的火光，映紅了大半個天空，白烟雲似的飄動着，居民們像蜂樣的湧進了租界，恐怖的氣氛充滿了每個角落。

太陽像故意躱避人似的鑽在雲層裏，銳利的西北風，刮下了成堆枯黃的落葉。××女中的操場上，站着正欲出發的四十個藍衣黑裙的女孩子，雖然她們的臉頰凍成了紫紅色，但她們明亮的眸子，放射着興奮的光芒。她們都挺着胸，仰着頭，聽着級任王先生的話：

「今天你們出去募雨衣捐，共分十組，每組四人，現在用抽簽的方法，決定各組的目的地。」她的話剛說完，孩子們就很敏捷的跑近她的身旁，實行抽籤。結果，岡的一組抽到了××路，那是條很冷落的馬路。在路上，岡很孩子氣的說：

「我不會講話，好姐姐！你們先講！」

「羞嗎？又不是……，怕什麼難爲情呵！」平日很會打趣他人的銘，回答着岡的話。

「唷！別瞧人不起，阿拉勿怕難爲情哉！」岡噘着嘴，把眼斜望了銘一眼，過後又天眞的笑了。

對面正走來了個青年工人，二十歲的樣子，他看着她們手裏的捐簿問。

「小姐！是募捐嗎？」他的話是特別的誠懇。

「是的！我們是爲前方將士募雨衣捐的！」岡搶着回答。他很快的在口袋裏掏出一張鈔票，遞給了岡，連收據也不拿，匆匆的走了。銘追了上去，問他的姓名。

「先生！收據也忘了拿啦，後天還要在報上發表呢，先生尊姓？」

「小姐！不必爲了國家，這是應該的，我要上工去了……」他很頑固的走了。他宏亮的聲音混和着隆隆的砲聲……。

這是一爿不能稱店的小攤（××路上的確十分冷落，簡直沒有像樣點的舖子）一個五十多歲的婦人正在打盹，她是小攤的主人。無疑又是岡搶着說話：

「老闆娘！咱們是爲前方將士來勸募雨衣捐的！」

「什麼？」她驚悼的把頭抬了起來，滿面麻子，像蜂窩樣的擁成一堆，兩頰凹了進去，灰白色的嘴唇，襯着脫落了的門牙……一切都現出衰老的樣子。

「我不懂你們的話！」她顯出很不耐煩的樣子，重新補上了這一句，把頭低下去了。

「你本來住在南市的吧！」芳忽然想起了這話。

「不是！呵！別問了！我們一家人——小琴，小琴爺，我——單單留下我了……那……噢！小姐！我們的家在羅店鎭……」芳的話像大砲那樣的驚醒了她。呵！她面部的肌肉都顫動了！滿眶的淚水……

「定是那鬼子……」銘把脚恨恨的蹬了一下。

「可不是那天殺的鬼子……唉！我永遠忘不了這事，小姐！剛才你們說什麼『爲前方……』我實在不懂呵」她眼中爆出憤怒的火花。

「這幾天不是老下着雨嗎？前方的將士正爲着我們老百姓受苦，壕溝中積了半人深的水，你想這樣冷的天……所以……今天我們是特地來向你們老百姓勸募雨衣捐的」蘊說着很流暢的上海話給她解釋着！

她把所有的香蕉從籃子中倒了出來，原來籃底下放着三毛大洋，用着乾癟的手取了出來。

「小姐！這不過表示點心意，實在沒有錢呵！」

我們剛給了她收據，正想開步走，那知一個山東人那樣的高個子來了，他大約有四十多歲了，衣服穿的很破舊，釘着我們問：

「是要捐錢嗎？小姐你們能給我寫包票嗎？——不做亡國奴。唉！亡國奴我聽見這名字就心痛……」聲調粗魯得使人聽着不爽快！

他這一問，把我們四個人的嘴都閉住了。的確！我們不知如何回答這話，到底天真的岡聰明，反問那中年男子：

「譬如一個病人病得很重了，你要不要找個醫生來醫治，我們的國家正像患了重病的人——受着日本强盜的欺侮！——難道做百姓的，不想捐些錢出來去挽救嗎？」

「每個百姓拿出自己的力量來——有錢出錢，有力出力，中國怎麼會亡，又那裏會做亡國奴呢？……」岡的話顯然感動了那中年男子。

「小姐，我懂了！你的話，使我明白了一切，這裏是二毛小洋，唉！二毛太少了……」他的眼睛似乎有點濕潤了。

歸途中：

一家又一家，一個店鋪又一個店鋪，他們都熱烈的捐出了錢！

「岡好孩子！今天幸虧你，真是我們實在想不出該如何回答那中年男子！」

「可愛的小戰士，你今天造成了驚人的紀錄！」

芳，銘，蘊，把岡歡喜得什麼似的！岡當然快活，四人不期而然的喊了起來！

「中華民族萬歲！」

「民族解放萬歲！」

砲聲，機聲，混和着她們的吼聲，奏成了人世間最宏壯，最偉大的歌曲……。(692)

募捐小記

林林

我們打着旗子出發了。

旗子是白布做的，寫着「文藝界戰時服務團。」我們每人又掛着袖章，我們算是文藝界的一羣，這天打算向弄堂的人們捐募難民救濟金，並且載着一黃包車大餅和萬金油之類的藥品，要分送給未被收容的難民。

從福履理路出發的時候，眼前就看到十字路口的沙袋。天上飛機在翱翔，耳邊遙遙的傳來大砲的轟聲，我們並不管它，往前走，在早晨陽光清明底下往前走。

「為什麼不多約幾個女朋友來呢！」募捐這工作怕是很困難的工作。女人做這工作，總比男人容易讓人取信，容易使人感動些。我們有人想到這，就發出這問問了。回答的是：「她們都有事不能來，我們硬着頭皮幹好啦！」

到了金神父路金谷邨，我們就開始向這金谷進軍。這弄堂裏有很清潔和闊綽的房子，但是主人主婦大都不在家，這也許是娘姨不替我們轉達吧，甚至有的娘姨看見我們，竟關起門來了，雖則我們的態度很誠摯，語氣很溫和。就是主人在家的話，也要我們費了很多的唇舌，才拿出二角或五角（一元的很少）的數目來，但集少成多，我們並不氣餒。

一家過了又一家，到了第一排最後一家，我們正在敲門，看弄堂的很客氣的關照我們說，這是朝鮮人的家，娘姨出來開門，我把來意告他，請她轉告主人，等了一會兒，她就送來了一塊錢。當時，我眞感到高興，不禁聯想起了在報上發表的朝鮮民族革命的宣言。「被壓迫的民族團結起來」這呼聲在我心裏吶喊了。

時近傍午，陽光烈烈的曬着我們。我們又進了花園坊，分隊再行募捐，在這煩勞的工作中，又有一種意外的力量使我感動，使我鼓舞了。這就是我走進一家的後門的廚房，一個僕人告我他的主人不在家，我退出來轉進第二家去，當我從第二家出來的時候，那個僕人走到跟前來，一手掏着腰包，一面對我說：

「先生，我來捐一塊錢吧。」

「好極了，中國人都像你一樣，敵人早就打倒了。」我十分興奮的回答他。我要開收條，問他的姓名，他總不肯說，後來才說出是曹邦珍。我們向他道謝，他平靜而樸實的說：

「這是應該的。」

這天我們奔走了一天。我們又把大餅，藥品分送了霞飛路，法大馬路，大世界一帶的難民，同時又以言語來慰安他們，鼓勵他們。一直到了午後三四點鐘才散了隊。

在歸途上，在疲勞與興奮的情緒中，我一面走，一面想着那位曹邦珍那句樸實的話。這眞指示我們在這抗戰的熱烈的氣氛裏，飄來了一陣前途勝利的輕快的薰風。

在救亡工作訓練所裏（廿六・十・廿七・）嘉亮（二十五・書店職員）

敵機在周家橋北新涇等處大施炸彈，震驚了我們不少的好同學。我軍退出大場閘北又使不少同學有些恐慌。上午立刻召集一個大會，我們一致要求有計劃地撤退到內地去工作，這決不是逃避。我們也不一定要繼續受訓，我們時時刻刻準備工作。我們爲了此後的團結，決定組織一個有力的幹部應付一切。因此在晚會上選出了二十個同學作十隊的正副隊長，我竟也當選，我眞担心：我能否負起這責任呢？

下午得知夏××、莊×、何××、吳××四位同學已被派出作民衆教育工作。我們在明天要分手了，不由得引起依依不捨之感，不過我們爲了我們的工作，只好忍痛分離，只希望我們的精神永遠結合在一起。晚上我們舉行了一個簡單的歡送會，臨時加入了曲××、鄭×兩位同學，他們也要在明天和我們分手的。首先明天出發的幾位同學作自我介紹，從他們的自述中我知道他們過去的生活都不像我這麼平凡，我深深地感到慚愧，我要向他們學習。接着，是幾位同學致歡送辭，有熱烈的感情的流露，有慷慨激昂的勉勵，在這幾種感情交錯之下，我頓時失却了理智，兩眼充滿了淚水，幾乎要滴下來。我不知道：明天和這幾位同學分手了，那一天才能再見呢？

朱先生徵求參加游擊隊的人，十多位同志奮勇地舉起臂膊應徵了。我的臂膊始終不敢舉起來，慚愧得什麼似的。朱先生爲鄭重計一再請這十幾位同學再作審愼的考慮時，一位同學高聲回答說：「爲民族的自由獨立和解放，是沒有考慮的餘地了！」這壯語立刻激起了一陣强烈的掌聲。在這掌聲中，我更感到自身的渺小。

晚會開始時，潘先生的報告，似乎着重於上海的工作。我們要求向後方撤退，他又似乎誤解了我們是爲了自身的安全而出此。（當然有少數同學也許有這動機）我可以在這裏說，我是早把自己忘了的，否則我也不會來這里受訓了，我也正好和許多懂得「明哲保身」的同事去捧住職業做金飯碗的夢了。潘先生以爲這時到後方去，恐被人家誤解爲逃避，但我的淺見則以爲到內地去更重要百倍。第一，因爲內地缺乏幹部人材，我們應該分散到廣大的內地去。第二，內地民衆更需要我們去喚醒，去教育。廣大的農民羣衆，平日在生活壓迫之下，沒受過教育，根本不知國家民族爲何物，現在砲聲響了，還不知道這戰事到底爲了什麼。而在上海，我相信大多數人都已經看得清清楚楚了。因此，我們如果眞的留在上海，只會被人誤認爲「逃避責任」。我更担心自己一被朋友發覺躲在租界裏，一定要罵我是「臨陣脫逃」，因此我希望本所當局，和「文救」竭力設法把我們送到內地去。我從錢××張××兩先生的報告和演講中明白了，我們受訓完畢時，是要派到內地去的。那末，現在又怎麼可以變更初衷呢？潘先生的講辭也許被我誤解了。但我的意見就是這樣。(790)

一天（廿六·八·廿五·）

沈普

跑馬廳的大鐘已經指着四點半了，我們急忽忽地走出××收容所的大門，一陣清涼的風迎面吹來，漸漸吹乾了我頭上的汗漬，心情也慢慢從興奮中平靜下來，我朝着威海衛路那方面走去。

一路上，方才收容所裏的情景又映上了腦際。一大羣孩子緊圍着我，天眞的眼睛射出了渴望的光芒，他們注意地望着我，用心地唱着歌——「義勇軍進行曲」「打倒東洋」「八月十三打回老家去」等。雄壯的歌聲一支接着一支地在空氣中盪漾。有幾個十八、九歲女工模樣的女孩子，站在較遠的地方，帶着渴慕的神情朝這邊望。我笑着對她們點點頭，叫她們過來，她們忸怩地微笑着，接着也慢慢地走了攏來，捲進這熱烈的一羣。當我解釋着「難民曲」的辭句時，我清楚地看到她們臉上痛苦的表情；當我們唱到「東洋鬼子眞強橫，飛機大炮機關槍，把我們一切都打光……」的時候，一個女孩子的眼眶紅了，她背過臉去拉起衣角擦了擦眼睛，看到這景象，我感到一陣辛酸。她的家，她的一切，無疑是全被打光了。自然，這兒別的人們一定也都和她有同感吧！趁着這機會，我展開了帶來的一幅大圖畫，我們幾個工作人員聚起來開始講述今天的時事。

這時候是很能抓着難胞們的注意力的，尤其那張圖畫給了我們極大的幫助。時事講述之後，就是個別談話，於是提出了許多有趣味的，和他們生活有直接關係問題來談，常談得超出了我們預定的時間，他們才戀戀不捨的放我們回去。

今天我們出來得又遲了。果然，當走近威海衛路的××小學時，就有一陣宏壯的歌聲衝進我們的耳門，我知道今天的政治演講已經結束，聽不到了。

這兒是「國民救亡歌詠協會戰時服務團」訓練團員的場所。「八一三」以前，尤其是「七七」以後，上海的歌詠界充滿了活潑旺盛的朝氣，而且還成立了統一的組織——市黨部領導下的「國民救亡歌詠協會」。可是在「八一三」砲聲響起來之後，因爲各方面聯係不够，許多歌詠同志都感覺到得不到工作的苦悶。歌詠是一種最簡便最容易感動人的宣傳組織和教育羣衆的工具，尤其在這神聖的抗戰爆發了的時候，我們更需要一個有力的組織來適應目前的需要。

由於這些原因，有幾位上海歌詠界先進出來領導，組成了一個「國民救亡歌詠協會戰時服務團」，包括有戰前的「業餘」

「播聯」「立信」等歌詠團體，何士德先生是最熱心最努力的一個，他促成了這個團體的成立。

起初幾天團址是在××大廈，許多人都整天在那邊學習歌詠技術，聽取政治知識和抗戰中的防毒防空常識等等。此外還製作些防毒面具之類的東西。一直等到外面的關係都接洽好以後，工作才有了急速的開展，許多人都分配到難民收容所，傷兵醫院，播音電台等地方。每天規定下午三時到六時是團員受訓練和檢討工作的時間，先是各隊的自我檢討和隊長會議，接着是外面請來的文化人演講抗戰期中的政治經濟情勢，最後是學習唱歌和指揮。

今天我正趕上了唱歌，唱的是張曙先生的「保衛國土」。張先生那固有的奔放的調子，加上何士德先生有力的指揮，使得每一個人的熱血都沸騰了起來，孫愼先生彈着琴，何先生常操着廣東國語細心的給我們糾正拍子的錯誤，大家都用心地唱着。這雄壯的歌聲無疑將成爲震天的怒吼，幫助政府把我們的敵人趕出上海，趕出中國！

歌唱以後，是關於各方面工作的總檢討和工作經驗的交換，許多寶貴的關於工作態度關於敎材的意見都在這時被提了出來。

最後敎了一支用「蘇武牧羊」的調子譜成的歌曲「八一三」，以便大家可以到難民收容所裏去敎唱，因爲我們利用了這些民間流傳的通俗的譜子，只要加上新的詞句就可以收到比較普遍的成效。

妓女們起來了

立報

正韻聯誼社聯合花界及舞界籌募救濟難民捐款，昨天開始在中西電台播音，記者爲要知道他們的成績，曾特往訪問。

走到播音室的門口，旁面是十幾排長櫈和靠椅，前前後後，都擠坐滿了人，男的，多着長袍馬褂，胸襟上掛着綠色緞帶和銀質徽章，有胡琴師（正韻聯誼社的社員）也有管理電話辦理登記，及担任招待的市救濟會派來的幹事，爲了職務在身，每個人或立或坐，全都忙個不停，就連記者要想和他們打招呼，幾乎也成了不可能的事。

「小姐們呢？當然都是名花（舞女定今天播音）她們的打扮，那樣素淨大方，完全沒有人們所想像的那種異乎尋常的風格，這倒是值得大書而特書的。

報告員李昌鑑似乎是一位播音的老行家，他不特會說，會唱，而且也很擅長表演，每當一個節目的開始或完畢後，他站在那隻播音器的面前，總是有聲有色，用詼諧的語調來一段關於電話號碼，捐款數字，播音人名等，並向捐款人提出要求和致謝的報告，引得人人覺得幽默而不免發笑。

至於來賓和聽衆們中間記者似乎很少發現爲大家所熟悉的人，只有社會局長潘公展，救濟會祕書毛雲，他們在親臨致詞後，在場視察至六時，對於每一位「小姐」的淸唱，隨時從他們的點頭和互換眼色的情狀下似乎表示着十分滿意。

此外，據記者所知道這二三十位「小姐」們播送的節目，有「亡蜀鑑」「草橋關」「洪羊洞」「法門寺」「上天台」「斬經堂」「魚藏劍」「鎭潭洲」「白門樓」「掃松」「生死恨」「黑風帕」……等，她們的嗓音不管是靑衣，老生，花臉，都夠圓熟，夠老練，夠「穩」。她們中間被聽衆捧得最紅最熱的，有唱「白門樓」的「裹司丁小姐，唱「生死恨」的三姝媚二小姐，和唱「黑風帕」的眞環球紅小姐。一個是矮矮的個子，鵝蛋臉兒，一個高高地，大眼珠子，有點像黎莉莉的神氣；最後一個身材短小，年紀不大，可是具有一副天賦的老生歌喉。

關於捐款的數目，截至昨晚八時，播音完畢時止，共計達一千六七百元，另外除棉衣被及棉背心外，並有捐象牙表鏈，銀紀念幣，和銀輪船。（按此類物品今日將由該會播音拍賣，估計約共値價數百元。）

又舞女們的播音因爲今天是星期日，時間由午後一點延長到十點，地點仍在中西電台，愛好聽播音的同志們，想必是决不會輕易放棄這個機會而樂願慷慨輸將，在娛樂中也附帶地做些幫助同胞的事吧！

烽火中的國慶日

丁　墨

上午十點鐘，雨下得很大，在南市×中學一間寬敞的課室裏，擁集着我們一羣年靑人，在開着一個慶祝大會，狂歡的氛圍充滿了每一個角落，大家都是嘻嘻哈哈的。

行禮如儀後，一個高高個子的主席，靈活的跳上了講壇，揉一揉他的紅鼻子，拉開喉嚨，粗聲喊了起來：「各位同志，今天是我們抗戰開始後第一個國慶日，我們不應該光用儀式來紀念，我們應該用行動來紀念……」我們回答他一陣熱烈的掌聲，掌聲掩沒了主席的演辭。

「主席，我主張到租界上去宣傳！」一個同學來了一個臨時動議。

「贊成……贊成……」無數的聲音。

於是宣傳部發出了許多宣傳品，分成十四個小組，每組五人，大家拉開嘴，唱着義勇軍進行曲，結成一種散兵線湧出學校，由南市分批進入法租界和公共租界。

我們五個人，分配好了工作（二個貼標語二個發宣傳品一個演說）沿途幹了起來東新橋大馬路二馬路……人們不時對我們擲過驚奇的眼光。

「這是我們吐出積鬱的時候了。」我這樣對小方說。一邊在我的腦海裏泛起了一陣陣的慘痛的回憶：……

「一二九」時期，在北站，警察用木棍和皮鞭打擊我們，在浦東三里橋演救亡戲劇時，友人天然在警察地痞的踐踏下，噴出了鮮紅的熱血還有……

但是現在我們是幸福了，自由了，光榮了，雖然天然已埋在黃土中了。

雨傾盆似的倒下來，我們被淋得如五隻落湯雞，但我們一點也不想躲一下子。「怕什麼？前線將士在砲火下面抗戰，難道我們就怕雨麼？」小方時常這樣說。

走到四馬路，正當我們預備散發傳單的時候，來了一個棕色眼的西捕，二個中國巡捕，都穿着黑色的雨衣走到我們的身邊。

「喂！啥事體？到行裏去！」西捕操着蹩腳的中國話。

我們的組長——林偉趕快用英語向他解釋，說明我們工作的意義和我們的立場，同時我們遞了幾張傳單給西捕。

西捕聽了林的解釋，很滑稽的笑了。他告訴我們：這是妨害治安的，一定要到行裏去一次，他向我們保證：祇要坐上幾個鐘點就可以出來的，我們就不便再推辭這西捕的「邀請」了，就跟了他們到捕房裏去。

路旁在雨點下，聚集着許多同胞，張開了嘴，默然替我們五個人的安全担心。

「到捕房裏躲躲雨也是好的。」老顧幽默的說，引得巡捕笑了起來。

踱進了四馬路的中央捕房，給周身搜了一通之後，便被帶到了六樓門上寫着「候訊室」幾個黑色大字的房間裏。

候訊室裏已有了八個「先進」，三個女的，五個男的，現在加上我們五個，一共是十三個。互相談了一會之後，我們知道他們跟我們是犯了同樣的「罪」，於是我們很欣喜的拉着手稱呼了一聲「同志！」

「候訊室」現在是我們一間非常清靜的辦公室了——也可以說是我們臨時的會議室。我們十三個，上至國家大事，下至團體工作個人的私生活，無所不談，並且還舉行了一個時事討論會，討論「上海會不會淪陷和淪陷後我們該幹什麼」的問題。這樣時間就在不知不覺中很迅速的溜過去了。

我們的時事討論會結束後，我們的肚子也開始叫了起來，於是周兄走到門口招呼一個看守我們的巡捕：

「喂！不綵我們了嗎？」周問。

「甯你們幹嗎？等一會就要放你們了」一個山東佬笑迷迷的回答爾。

「那末我們肚子餓了呢，有東西吃嗎？」

「等一會吧。」山東佬說了一句就走了。

於是我們祇好再來談天，不到十分鐘，那個山東佬進來了，手裏捧了一堆熱騰騰的大包子。

「你們餓了吧？先吃了一點包子再說，大概到三點鐘，你們可以出去了。」山東佬很熱誠的對我們說完了這幾句，就出去了。

我們正是感到像打翻了五味瓶一般，不知是感激呢，還是欣喜。「這是在捕房裏麼？」這「就是給人們罵走狗的巡捕麼」我們邊想邊吃，不到一刻鐘，三十來個包子都在我們十三個肚子裏頭了。

下午三點十分，我們的新朋友——山東佬領了二個高級巡官和一個翻譯進來，他們帶笑的對我們來了一個「規勸」，就請我們下樓來，這樣我們就算恢復自由了！

走到進來時給搜查的地方，他們把我們的鉛筆之類的東西還了我們，更出我們意外的是：我們「犯罪」的證據——宣傳品。也還了我們。這眞使我們覺得感謝！

雨似乎下得小一點了，我們謝過了那山東佬，走出捕房，就在附近，把我們的宣傳品沿途散發了。走到南京路，在日昇樓一帶，擁集着我們更多的同志，街頭店面都有人在，而每個人又都帶上一張興奮的臉！

過了一會兒，祥生汽車行，免費的放出了許多客車，來接我們，我們都擠入了車廂裏，佈成了一個綠色的縱隊，在南京路開始動了起來，車廂裏和街頭上的同志們，過路的同胞們，一致在雨聲的伴奏下唱出了：

中華民族到了最危險的時候，

每個人被迫着發出最後的吼聲！

……………………(668)

快活的明天

瑢

雙十節的前夜。

烽火中的雙十節是有它偉大的意義的。我們要用熱血來冲洗牠過去的屈辱，我們要用抗戰來治療牠過去的創傷，我們要用犧牲爲牠在歷史上留下一個光榮的偉蹟！

我底心燃燒了！

一陣軋軋的飛機聲使我如夢初醒，連忙穿衣下床。

我輕快地走出了家。

細雨濛濛地下着，打在臉上覺到點涼意，但是我的心却燃燒着。

到了××會正好九點鐘，就在總務室裏簽到，碰巧又簽在田君的下面，因此田君說：

「怎麼你老簽在我的下面？」

「不好嗎？好朋友呢！」我天眞地回答。

「你聽她要跟你做好朋友呢！」不認識的幾位輕佻地笑着。

這眞傷了我的心，這是對待女同志的行爲嗎？眞是青年的敗類，可是我祗回答了他們一個輕蔑的笑。

一會兒同組的徐君來對我說：

「伍光生（我們的組長）叫你和我去××大樓××慰勞委員會去登記，明天好去傷兵醫院慰勞。」

「好吧，我們就走！」我一面回答一面把雨衣穿上。

雨漸漸的小了，我們隨便談着，但談到明天的工作，兩顆年青的心都被未來的光明所興奮了。

天空的烏雲慢慢地散了！

照着看門人的指示，踏進了一間長方形的屋子，屋子裏已擠滿了來登記的人，我們在一位和善的辦事員招呼之下，坐上了一張雙人沙發。一看這裏的擺設和煙霧裊裊的樣子，就感到不舒服，這那裏是嚴肅的工作場所呢？簡直是貴族化的會客廳！但是一看那幾位辦事員的服裝，就不敢作如此想了。

時間在煩躁中悄悄地過去，終於輪到我們了。我怕再失去機會似的迅速地把登記表塡好了，經過幾句盤問後就算手續辦濟，我噓了一口氣。

把會裏的吃飯時間錯過了，只好在外面館子裏買飯吃，本來想省錢才步行的，這一下子錢費得更多了，眞是寃哉！

在吃飯時，徐君對我說：

「我不久就要回故鄉去工作，那裏做政治工作的人簡直沒有，而且我是學醫的，我可以組幾個救護隊，那裏一定很需要的！」

「是的，上海最後總要淪陷的，青年往內地去工作是一件迫切的事！我希望你立刻就去！」

「我的路費還要等家裏寄出來呢！我希望你也能去，那麼我工作起來就有幫助了。」

「我也濟不了什麼事，不過在必要時我也願意去！」

「好吧，就這樣講定！」

我們愉快地笑了！

回到會所沒有一個鐘點，我就被叫去開會了。

會堂充滿了年青的活潑的笑聲，連平時老氣橫秋的祕書鄭先生今天也裂着嘴笑啦！我就問了一聲××股股長林小姐說：

「明天我們可以拿着旗子上街去喊口號，不快活嗎？」生長在東北的她顯得比誰都高興。

「開會了，開會了！」鄭先生連喊了幾聲才靜下來，可是我終覺得空氣沒有從前開會那樣的靜穆！

主席把工作報告了一下，就繼續討論明天工作的分配和其他的問題。

我們常爲一個問題爭的面紅耳赤，我們自由地發言，嚴肅地討論，不管他是誰，我們一點也不放鬆。最後我們分派工作了，當一樁工作派到自己頭上時，我們就毫無推諉地接受了下來，所以倒沒有什麼爭論，空氣反靜穆起來。我的工作是明天上午參加游行，下午慰勞傷兵，今天晚上寫標語。

五點鐘吃了晚飯後，就在昏黃的電燈光下，開始了我們的預備工作。

我們第一樁工作是塡寫募捐簿的號碼和打印章，我們興奮地忙碌地寫着一百本簿子，在十位同志努力下，在二個鐘頭內寫完了。我們於是開始做第二樁工作：在幾千條紅綠紙上塗上了「中華民族萬萬歲！」「打倒××帝國主義！」「各黨各派聯合起來！」「保衛大上海！」各種各樣的口號，我們熱烈地爭論着口號的好壞，如果被我們發現了一個有礙聯合戰線的口號，就把牠撕得粉碎。我們的心都跳着，臉紅紅地。我的手更顫抖着，我的字也留着顫抖的痕跡。

第三樁工作是頂簡便的：整理明天游行時用的大大小小的國旗。我們笑着鬧着，沒有一點倦意，我們都爲明天的快活所興奮了！

明天的快活是血的代價換來的呀！

時鐘打了十一下，我們臨時開了一個會，決議願留在這兒過夜的人就工作下去，不便的就回去，於是我和幾位女同志踏着什沓的脚步離開了這個熱鬧的場所。

雨連綿地下着，沒有星，沒有月，只有路燈閃着昏黃的微弱的光芒，沉寂和黑暗統治着整個的空間，但是我的心裏却挺光明的，而且急遽地跳着；我底眼睛一直望着前面，好像那裏有着快活的明天。望着光明的未來，我底脚步也漸漸地堅實了。

「……你摸摸我的心……」(廿六·十·十六)

綺　茵

昨夜差不多沒有好好地睡着過，老是担心今天的事，因爲下午要到難民收容所去演戲慰勞，台詞還沒有背熟，今早六點鐘醒來就在床上讀台詞，我是飾張家店中的王大娘。

梅姍姍地來了，我還沒有起來，眞有點難爲情！連忙穿衣下床。

梅說：

「我昨夜簡直沒有睡過，今早五點鐘無論如何也睡不住了，起來一切都弄好時，才祇六點五分，怕早來了你們沒有起來，就熬着，可是現在還祗七點多。啊呀！我從小到現在還沒有這麼興奮過！

今天是我們國慶日，今年又是抗戰的發動年，我們還要演戲播音，你摸摸我的心跳得眞厲害！」

果然她的心跳得很厲害，我的心也在跳了。

梅和我是同學，現在都參加××服務團戲劇組，今天她飾張家店中的媳婦，我就跟她演習了幾遍，稍覺滿意，就一同吃點心。八點鐘模樣，我們唱着歌，挽着手走出去了。

在××路上，我們攔住了一輛裝貨的卡車，一會兒到了集合地方，大家都先我們到了，所以吳君埋怨我們說：

「二位小姐來的這麼晚呀！」

「你們昨天說九時集合，現在還只八點四十分，怎麼晚了呢？」我回答。

實在大家都太心急了！

組長秉導演的陳君說：

「人到齊了，我們來練習幾遍吧！」

練習到十一點半鐘，就一同出發到××電台去，這時候電台上正在播黨歌，接着是喊口號：「中華民國萬歲！」「中華民國萬歲！」我的心痛快極了！

十二點十分，我們開始播張家店，我還是第一次播音，所以我的心眞慌極了！常是下句不接上句的，馬馬虎虎的唸了幾句。播好了張家店，就播難民的吼聲，我不在內，就離開了播音室，等到大家都播好了，一同上館子去吃飯。

這時候雨下得很大，我們三四個撐一把傘，一步一步的在路上走，衣服鞋子都淋濕了，可是一句怨言也沒有，而且每個人的臉上，都是微笑着。

到了飯店，陳君叫我們點菜，我們因爲要實行節約，大家點了很起碼的菜，一面吃飯，一面說着笑話，眞有趣極了，梅喫了兩次飯。

我們離開飯店，上原來集合的地方去，我們把化裝用的粉、油彩、萬士林、嘴唇膏、胭脂、服裝用具等都理在一隻皮包和一個包裹裏。

雨仍舊大得很，我們八個人坐了一輛汽車，車內還放着一面大銅鼓，擠的要命！陳君用兩手把大銅鼓撐了起來，孫君擠出一隻手來打着，在亂七八糟的銅鼓聲中，我們唱起「打回老家去」「義勇軍進行曲」「救國進行曲」等歌，眞快活呀！

車子到了××難民收容所，陳君帶我們到辦公室裏，向那位辦事員介紹之後，就開始化裝。到了二點半鐘，由那位辦事員領我們到演戲的地方，這是一個統客堂，難民已經坐滿了，老的和小的，有幾個小孩子很天眞地喊着：「做戲的人來了，做戲的人來了！」辦事員在台上高聲的說了幾句介紹的話，陳君問他們爲什麼要到這裏來受苦，他們很簡單地回答說：「爲了東洋人打中國。」陳君又問東洋人爲什麼要打我們中國，他們又很天眞地說：「因爲他們要搶我們的土地。陳君最後說：那麼我們應該怎樣呢？

「大家一條心把東洋人趕出去！」雷一般的回聲震撼了我們的心。

時間不允許多說話了，就開始演戲。也演張家店，演到敵人殘暴地欺侮我們同胞的時候，男人們臉上顯出了憤怒，揑緊了拳頭！女人們有的垂了頭，也有的尖叫着，小孩們却跳來跳去的亂罵着東洋烏龜，東洋赤老。

演到敵人吃毒麵死後，大家才快活地叫起「好」來！就像眞的毒死了他們一般。

演畢我們的工作就完了，帶着歡欣的心走出了難民收容所。雨漸漸的小了，晴朗的天氣不久就要出現了吧！

整整二十四小時 （廿：十六：）

包蕾

由於幾天來生活的繁忙，精神上很疲乏，但因爲昨晚怕今天起遲了，一直沒有好好地睡，所以很早就醒了。掙開眼，首先顧念到天氣：窗外細雨迷濛，這是否會影響到羣衆的人數呢？趕忙的收拾些東西，把地圖和宣傳綱領再看一遍，匆忙去團部。（靑年救國服務團。）

時鐘的短針指着七點正。

屋子裏擠滿了人，爲了配合今天工作主要的任務，動員了全體的團員，這屋子顯然太小了。我開始依照路上想定的程序進行，首先和組織部召集了各區的負責人談話，再將地區說明，然後通知領取宣傳品的方法，以及計動員的人數，編號的統一，宣傳技術的究討等，都在很急促的時間內完畢。

另外再召集預備去浦東宣傳的人，討論宣傳品與經濟各項問題，但沒有解決。最後與庶務組談一切物品的分配和添購物品等瑣雜的事務，估計一下動員的人數，竟可能超出我的預算，我把「雨」的力量估計得過高了。

爲了結束些事務，自己走得最後，臨走捲起一大疊佈告，預備貼到會場去，忽接到組織部通知，要我發動羣衆參加青年會門口和永安公司附近的口號隊，這與我預定的計劃和程序相衝突，又得「趕」！

外面雨未息，團部的車子早已開走了。沒法，只得援用緊急時候的老辦法「勒卡車」。淸晨就在愛多亞路上，卡車也少得很，好容易攔住了一輛，我們五六個人帶了幾包宣傳品跳上車子，迎着十月的風馳去。然而車子忽在半路停下來，請我們下車，原因很簡單：「路線不通！」

於是走，走，終得走，不憚煩就唱唱「大刀向……」以急行軍的速率趕到了新橋小學。「會」已經開始了，我爲了佈置會後許多工作，在幾個必須參加的節目外，便早退了。庶務上的問題差不多解決了，把工作分配一下，各區隊和小隊長的連繫再加以調整，同時佈置了新的工作。會散後，藉着傳聲筒的力量很有秩序地整理了隊伍，分配了工作和宣傳品。

共計八十二隊，超過預算十隊之多。不到十二點，都出發了，肚子相當餓了，吃了幾隻光餅，收拾東西，等車子。

破舊的卡車在南市不平的石子路上走，顛得怕人，但很快地到了八仙橋，然而呼口號的時間已過，先來的羣衆已經呼完而分途出發了。後到的人大部份趕向日昇樓去。恰巧另一青年團體的隊伍經過，一部份人想去參加，但我們認爲這是顧此失彼的辦法，阻止了他們。同時因爲約定的某些人還沒到團部，大家很着急。

終於他們來了。原來他們經過租界與華界交界處被巡捕捕去了。有些是被驅散了，但不久就放出來。這大概又是「誤會」了。我們因此就擱了不少時間，但仍舊出發。

細雨中到處飄揚着國旗。「中華民國萬歲」的口號充滿了自信和熱情，是人們應該清醒的時候了，在這抗戰聲中的國慶日。全國上下都應該在含淚的微笑中相互慰藉，以巨大犧牲的代價換取民族的自由與光榮。我們今天宣傳的任務是使大上海人們了解在今年國慶日自己應負的責任。

下午四點二十分，結束了團部的工作，我們的宣傳隊散佈到大上海的每個角落。把工作報告稍加以整理，便匆匆回家一次，因爲我還要參加救亡演劇隊某隊去南市××大隊公演，急急收拾了幾件必要東西，趕到某中學集合。

別的人還沒有來，因爲早上他們在各難民收容所和傷兵醫院演出張家店和放下你的鞭子，大概還沒有完畢。我担任的是保衛蘆溝橋第二幕的排長，爲了時間不允許，我祇排了三天。

五點十分卡車來了，擠滿了一車子的人，再加上大小道具，因爲下雨，有些撑起蓆子雨傘，看上去似乎是難民收容所裏搬出來的。上了車，又向南市去，通過南陽橋，我們高聲唱：「起來不願做奴隸的人們……」

雨輕如霧，乍落乍晴，偶然有人在耳邊提起一九三五的一二二十日的情景。（一二・一九次日）那時也是這般的天氣，但人們的心境已是不同了。車子停在公共體育場門首，在××大隊客氣的招待下，我們在大禮堂（即健身房）息下了。

我們的劇場便是這禮堂了，於是便開始舞台佈置，道具的籌備，服裝的整理，由於××大隊熱心的協助，很快地完成了一切準備工作。

於是開始解決肚子問題，共計六桌，倒是濟濟一堂：從早上起各人祇吃幾個光餅，這時該大吃一頓，飯菜很好。

夜，觀衆已齊，保衛蘆溝橋開幕了，佈景是從台上搭到台下，溶合觀衆的情緒，台上與台下同仇敵愾，無數的心在憤恨中鍊成一顆鐵似的心。

第二幕那些要求「和平解決」的長官，現在已不復存在了，然而排長的焦灼和內心的痛苦給與觀衆的刺戟是很辛辣的。在忍無可忍的情景中堅決地阻止了敵人的進攻。「蘆溝橋是我們的坟墓！」排長和士兵們雖與陣地同亡，但全中國的民衆和軍隊會起來收復失地的。觀衆的熱淚，口號和鼓掌給我們莫大的興奮，使我們深切地感覺到：「中華民族是醒了！」

三幕「保衛蘆溝橋」在夜裏一點多才結束。可是觀衆不散，我們便在後台計議，臨時把我們的熟戲「放下你的鞭子」搬上去，由我演賣藝的老頭，因為日裏在傳聲筒裏喊了很久，我很担心自已的嗓子，好在熟戲便就大膽開場。在一片鑼鼓聲中，觀衆們睜大了眼睛。這原是台上台下打成一片的羣衆劇，我臨時依照當時的特殊情景增加了許多台詞，在賣藝者討錢時，台下銅元分枚角子紛紛而來，倒是自已過意不去，連忙謝了。

在青年毆打老頭以後，大家發覺他正是個被敵人趕出了家鄉的可憐人，台下一齊高唱了「打回老家去」「義勇軍進行曲」「救亡進行曲」……歌聲中充滿了力和自信。

觀衆還是不散，情緒是高漲極了。演戲是不可能了，大家便各自上台歌唱，作為酬謝觀衆的餘興。我胡亂地唱了個「五月的鮮花」，重要的是介紹這歌的故事。

夜深了。觀衆（××大隊的）整隊回去了。我們便借了他們幾個房間（但還是不够分配）讓女演員們休息了，我們決定到客廳裏做長夜談，××大隊的隊長們來交換工作經驗，報告他們的生活情形，討論建立小組生活問題。

我們拉雜的談些故事笑話南洋風光之類。某人的談話中每句都有個「2Y」另外一個卻常常「這個，這個……」地。

話談盡了，已五點多，東方魚肚白，叫醒好睡的同伴們，整理東西，迎着黎明的寒風，乘着專送的車子回來，經過嵩山路，又到巡捕房「休息」一會兒。

到家時已七點正了。

整整二十四小時了，很疲倦了，來不及脫衣服，便倒在牀上睡着了。

我們佔領了南京路

霽音

上午十點鐘開完了慶祝會，我們便分組。願意到南京路去的一共有四十九人，分成十組。朱同志從會裏領來的宣傳品分配好後，又給我們每一組一面國旗。每個人的臉上都掛着笑，光榮的笑。

陣陣的秋風緊緊地吹着，雨下得越來越大，我們的心也越來越興奮了！

大塊頭搖晃着他那一身肥肉，在走廊下返背着手來回地踱着。小汪猴子似地跳去問人家要錶看，那知誰也沒有帶，他只好哭喪着臉自言自語地說：

「時候怕不早了吧？怎麽汽車還沒來！」

「讓我到外面去看看鐘吧！」

連沉着的老張也有點着急，披着那件濕漉漉的雨衣出去了。老張剛出門，朱同志從會裏匆忙地來了，身上差不多全部給雨水淋透，他手裏的那面國旗經雨水一打，紅色的顏色都脫下來了，再給風一吹，他的臉上和那件奶黃色的襯衫領子上，給撒上了點點的殷紅。

「朱同志，你倒很像從前線歸來呢！」

大塊頭的話好像沒有給朱同志聽進去，他只自匆匆地跨上講檯，傳達上面的命令：

「本來預備派給每一組一輛汽車，現在因爲汽車不够分配，所以只好變通辦法，就是把我們的十組分做兩隊，有雨具的徒步到新世界去，其餘的坐汽車去。徒步的馬上出發。」

報告完後，騷動了，大家好像防守在戰壕裏的士兵，奉到了出擊的命令似的，爭着跑出會場。因爲這時候汽車還沒有來，所以有幾個沒雨具的同志也加入步隊，因此剩下來坐車的祗有十幾個人了。老張看鐘回來未及報告，看見步隊已經出發，就追着走了。

步隊走後一刻鐘，我們焦急的心上忽然印上了一連串的喇叭聲。於是大家就像被大赦了的囚犯似的一窩蜂擁出大門，拉開了車門就往裏鑽，跟我同車的是組長吳君，李君，小汪。我被派作司旗，因爲雨大風急，汽車窗上的玻璃祇搖開一條小縫，把小小的國旗直直地伸出去，另一端用手牢牢地握住。

從車窗望出去，沿路的每一家商店都有一面青天白日滿地紅的國旗懸掛着，飄展在風雨交加之中，神聖的國旗，光榮的國旗，可愛的國旗呀！我差不多想去抱着它們接吻了！

車子經過南京路，遙見我們的步隊已經達到目的地，大塊頭望見了我們的車輛，首先跟我們舉手招呼，而我們的車却並不停歇，一直向東開去。在我那匆忙的一瞥中，好像覺得新世界一帶的羣衆很多，除了我們的步隊以外，一定還有別的團體。

穿過河南路，亨達利的鐘是十一點四十分，我們的車子轉入了江西路時，只見兩旁全停靠着跟我們一樣編號的車輛。原來除我們還四輛外，全都到齊了。

朱同志從××號車子上跳下來到指揮部去詢問，我們大家候在車子裏。

雨仍然下着，上面還沒有出動的命令，十幾輛汽車像長蛇陣似的排列在那條清淨的江西路上，大家都悶在車裏着急。

十分鐘後，朱同志傳來了出動的命令。於是汽車一輛一輛的動了，又向南京路蜿蜒前進。人們的心也隨着跳躍起來。

指揮車在前導我們這輛却在中間。前面的車一入南京路，就傳來了第一聲口號：

「打倒日本帝國主義！」

後面的人一聽到這一聲怒吼，立刻接下去重復了一句。我還未及攤開傳單來看口號，而第二句第三句……接着又來了。

「中華民族解放萬萬歲！」

「中國國民黨萬歲！」

「中華民國萬歲！」

聲浪挨着次序從前面傳到後面去，大家提高着嗓子向車窗外瘋狂地直喊。但終因爲車頂低，車窗小，任憑怎麽吶喊，音浪還是發不開去。

突然從前面指揮車下來了一個命令，叫大家停車下來，站在馬路上舉行簡單的儀式，原來是正午十二點了，兩旁商店裏的播音機裏正在播唱黨歌，於是我們也就跟着唱起來了。雄壯，肅穆的歌聲在南京路的街心激盪，偉大的中華民族的靈魂在自己的土地上新生了。

靜默在不能靜默（這時候人們的心已是一股決了堤的激流，怎樣也不能再守那在屋子裏開會的秩序了）之中過去了，播音機又傳出來了：

「起來不願做奴隸的人們！把我們的血肉築成我們新的長城，中華民族……」

大家也就跟上去唱。一會兒又換了「打回老家去，」於是整條南京路上又盪漾着一片沉着雄偉的歌音，我回顧同伴一個個發狂地喊着，發狂地跳着，渾身給雨打得濕透，頭髮披散着，水點從髮尖上滴下來，會合了臉上的水珠，又淋到胸前的衣服上去。可是沒有一個人管這些，人們的身心已經全部給極度的興奮佔據着了。

這時候佔據着南京路的是無數激動着的男女青年，從每一張不同的嘴裏發出同一的吼聲，這同一的吼聲連成了一支不可侮的瀑布，萬馬奔騰地傾瀉着。

汽車的輪子滾動了，跟着其餘的許多徒步隊伍一同徐徐向西邁進。沿路還是不斷的喊口號，唱歌，沿路都得到羣衆的應和，我們的心更奮發，我們的心更燃燒。幾位沒有雨具的同志，仍然進了汽車，而那些有雨具的跟一些壓不住心的狂躍的同志，有的跟汽車走，有的站上了汽車的兩旁，一手挽住了車窗，一手高舉着國旗或宣傳品，仍然聲嘶力竭地亂叫着。可是這時候誰也沒有意識到自己的瘋狂。

到石路附近，我正站在車子上拚着略帶沙啞的嗓音喊出「

中華民國萬歲」的時候，忽然覺得有人在扯我的衣服。歪過頭去，一看原來是一個英國三道頭，我不覺本能地略略感到一陣悼恐，可是當那張含笑的臉映進我眼簾時，也就放心了。

「你的？」

我的目光匆匆地從他那張說出不純粹的中國話的嘴上移到他的手上時，他的手裏正拿着一個鈕子，我向胸前一望，才發覺自已雨衣上失落了一個鈕子。於是向他點點頭接了過來，但心頭却有着超越了感謝的情緒。

南京路浙江路轉角躺着一輛紅色警備車，上面的機關槍正描準着我們的隊伍。馬路上的中西探捕也越來越多，但這些對於我們有什麼用呢？既不會使我們胆怯，更不能使我們畏縮，在我們自已祖國的土地上向我們的敵人示威，難道是不應該的嗎？

我們的汽車又停了，我們又從車上下來，冒着雨在路中心跳躍着，呼喊着，一點也不因爲探捕的武裝監視而氣餒。而捕房的探捕也僅僅在旁邊冷靜的監視，並沒有干涉或禁止的舉動。

隊伍越是向西行，羣衆越是增加着。這時候我們步隊也跟車隊會合了，大家用興奮的眼色交換了一個歡快的招呼後，更瘋狂地跳到了馬路的中心去高喊着「打倒日本帝國主義」因此電車被阻而不能通過。經過了印度騎巡的勸告，我們才重新回到了車上。於是長長的隊伍穿過了新世界。

因爲到跑馬廳時我們的車子比較開得快了一些，所以超越了狂熱的一隊一隊的羣衆們。而他們仍舊不時應和着從汽車上喊出來的口號！

帶着濕淋淋的身子，回到家裏，換過了像水浸過的衣服，躺到床上的時候，我的心還不能寧靜下來！

這是一個不平凡的日子呵！

南京路上的血債

谷　夫

——喂先施公司的門前落了個炸彈！

我剛從一輛遣送難民的汽車裏跳下來，一個熟練的管理員——林迎面就對我這樣說。雖然這話是很簡單，但在我的耳朵裏，正像一個强力的爆炸物，立刻在我的心的深處爆了起來。我的心飛快的跳躍着，熱血迅速奔流，漲紅了我的臉。

就在這時候，我忘記自己是站在仁濟堂（上海市慈善團體聯合救災會）門口，忘記我周圍有着許多飢餓的受傷的難民要我照顧遣送。我想起了離開先施公司不遠的家，想起了一定正在焦慮着自己的祖母，想起了時常跑到日昇樓去玩的弟妹，想起了每每站在家門口候我回去的關一陣陣冷水澆在我的頭頂上。

一輛救護車自愛多亞路那邊很快的駛過來，血紅的十字旗飄着，突然牠那可怕的警笛把我震醒了，我知道這是一個機會。私慾的火燒燬我服務之心，我迅速地一面將餘下來的一些工作託付給站崗的敏，又叫他在隊長面前代請一聲假，一面就橫到馬路中央候這輛救護車駛近來。汽車果然開慢了，但是沒有停，我就機警的平地一跳，躍上了汽車的踏板，一手抱住了白色的門板車輪又快了起來。

馬路上所有的人好像都在對我張望，許多人似乎要把我活活呑下去，我驚惶，我羞慚，但我安慰自已說：「嗄！他們不知道我的祕密！」熱風尖銳的打耳邊擦過，馬路越來越冷靜了。是大難將來的氣氛。但我又私自安慰自已，先施公司離我們家還有一條馬路寬，大約家裏的人不會遭難吧？

立刻新的念頭又鑽進了我的腦袋，新的煩惱佔據了我的心，我心裏非常的亂。駛近了九江路（即二馬路）路上已戒嚴了，許多人阻塞在一堆，有人在咀咒着日本赤佬，也有人在罵着洋鬼子太可惡。衝過巡捕的防線，是萬國商團的陣地，輕機關槍與來福槍在他們的肩膀上上下下的動着。轉了一個灣，汽車在廣西路和南京路交叉處停了下來，一個滾在大櫥窗前的猙獰的頭顱首先撞進了我的眼簾，我的心就立刻是砰的一跳。

從幾十層樓高處飛下來的玻璃散滿了號稱繁華之街的南京路，鮮紅的血染紅了柏油和柚木造成的路面，血塊在馬路凹處厚厚的積了起來，救火會裏的「幫普」在努力地沖洗着，穿白色制服的人在血泊中扛着帆布床奔跑，一個個爛頭焦耳的受傷者被人從灰堆裏拖了出來，呻吟之聲阻止了救護員的呼吸，淩亂的傢具妨害了許多工作人員的進行，好幾十輛救護車多停留在十字街頭，卡車上也堆了不少像牛肉似的周身沒有一處完整的死屍。沒有一個人看，也沒有一個人哭，各色軍人多集中在先施公司的門首。

正義之水，頃刻熄滅了我正在焚熾着的私慾的心，我雖然又會想起過家和愛，但是悲慘的場面好像在對我說：

「你可憐的孩子，你不應該這樣，你不該這樣的留戀家和愛人呵！你得知道，躺在這兒的許多許多人，他們也都有一個像你的一樣美麗的家庭，也多有愛人正在熱情地期望着他們回去。但是他們現在是爲了爭取國家民族的和平自由的戰爭，被遺落在這裏犧牲在這裏了。那麼你能够忍心丟棄了他們，竄到你的愛人懷抱裏去嗎？」隨即心裏起了一陣回聲：「懦漢，不要走，盡你的天職呵！」

一瞬間，我遺忘了家，遺忘了愛人，遺忘了身外一切的一切。

平日看見別人流血要咬緊牙關閉上眼睛的我，奇怪今天一些也不怕血的市場，反而使我的眼發了光，我沒有道謝就離開了汽車，但太多的事反而使我呆了手。

正好從對邊橫路裏衝出來七八名市商會裏的童子軍，還在那時的南京路上恐怕還是唯一的同志，我們在互相敬禮之下，就不約而同的擁進了先施公司的門，起先裏面是漆黑的，因為沒有燈也沒有窗，但上了二樓是比較光亮些了，什麼都看得清楚，幾個救火員模樣的人正在割着電線，凌亂的東西使人不能行動，三樓的東南角顯然已經塌了下來，龐大的橫木多擋住了我們的視線，什色貨件堆得比人要高，我們開始疑惑到裏面還積壓有遭難的人。一個着武裝的美國兵也隨着我們後面跑上來，他好像知道我們的心事一樣，打着英國話對我們說：「快翻呀！」石灰在我們四週狂舞，口罩開始抵住了我們的嘴。

一個年約三十餘歲中年男子，被我們在一大櫃台下面發現出來，外額上在流着血，肚腸纏住了他的腰，四周的石灰已變成了紅氈，可是似乎還沒有死，他那顫動着的嘴好像在喃喃地說：「我……我不打緊，裏面還有人哩！」我的血幾乎熱得要沸了，我立刻跑到被炸不久的窟口處大呼下面快些扛幾隻救護床來，馬路上許多人的頭都一齊地抬上望，我頓時做了他們視力線的焦點，幾十隻鏡頭也對住了我，我嚇得退了轉來，回頭看見一個雄壯的童子軍，神威站在一面櫥窗內的高處，左肩上背着一枝神聖的槍，右手拿着一幅很大的青天白日旗，我忍不住默默的喊了出來：

「中華民國萬歲」！(685)

第三輯　淪陷前後

閘北在燃燒

王智意（十八歲・學生）

十月二十七日，星期三，晴。

大場在昨天失陷，今天報販叫賣的聲音特別起勁。我挾着書本，從家裏到學校去，覺得時候還早，慢慢地踱着闊步到電車站去等電車。雖然頭上的飛機嗡嗡地叫着，炸彈不停的爆炸着，可是這已是司空見慣，不足爲奇。照例在電車站報攤上買了一份立報，在電車上閱讀，大場失守的消息，用大號鉛字刊出，電車上的乘客比往日靜些，差不多每個人都在注神看報，關心戰事到底發展到如何程度。

到了學校，離開上課時候還早，同學們的談話資料，從每日勝利的消息轉到大場失守和戰事的前途，有的說大場不久可以收復，因爲援軍一到，就要反攻。同學們的情緒特別激昂，上課時總要求教師發表對於戰爭的意見，要求他分析時事。鐘點一個個地過去，各教師對於時事的分析亦很詳盡。到了第四課，忽然從校長室傳出閘北我軍撤退的消息，據說現在閘北都是日兵，大的店號都插着太陽旗。全校同學的情緒更加激昂了，有的咬着嘴唇，狠狠拍了一下桌子；有的呆呆地倚着牆壁默思，雖然仍照常上課，但這二課，覺得很難過去。

五課上完，已經十二點鐘了，我挾了書本，踏出校門，很快的跳上剛來的電車。飛機仍舊不停地在頭上飛，但是聽不到爆炸的聲音。從乘客的談話，知道閘北我軍的確撤退了，大火正在那兒燃燒。到了近家的車站，跳下車，只見路人仰着頭，望着東北角，火焰的蔓延，直貫天地，像火山的爆發一般。到了家，飯也不想吃，急急的走出離門口沒多遠的蘇州河邊，望見對河的日兵三五成羣的來往，搗開房屋的門，入內搶刼。商號店門有的懸着小小的太陽旗，每日可以望見的我忠勇的兵士當然看不見了。火焰從烏鎮路橋起，一直伸入閘北的內腹，形成一條四五里長的火牆。

這樣猛烈的燃燒，燒到三點多鐘的時候，火漸漸燒到我家的對過，可以望見血紅火舌的吐伸，從東而延過來，街房一所一所的塌了。一個五十多歲的老太太，立在我旁邊，說那剛起火的街房，就是她們的舊家，現在親眼看見牠漸漸地倒塌了。她嘆着氣，痛駡我們的敵人，直到房屋變成了焦炭，她依舊呆呆地對着它出神。

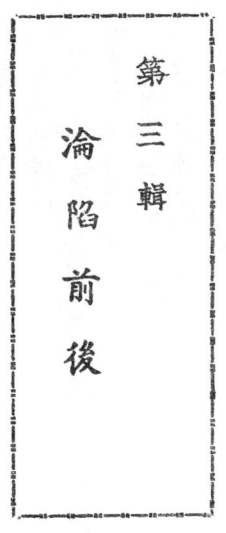

天晴了，火光顯得格外明亮，有一家油廠，屋頂雖然塌了，因裏面存油很多，仍是很猛烈地燒着，噴出黃綠色的火焰，向空中四射。火光照着已經燒毁的房屋，看來有如死人的枯骨。雖然夜已深了，冷風吹來有些寒意，然而大火的熱力照到臉上仍是熱烘烘的。我不覺得疲倦也不想什麼，只對着對河的餘火發呆……（444）

上海是中國人的

羽琪

十一月二日的早晨，天陰沉沉地，雲瀰漫着，像要落雨。緊張的空氣籠罩在整個的上海。

在山東路報館門前，擠滿了批報的報販們，急忙忙的走着，喊着，似乎有很迫切的消息，馬路上的人們都爭先購買，我也買了一份。

特號字的標題：

「大場廟行我軍撤退。」

我有些愕然了，因爲消息來得有些突然，誰都不大相信似的，但事實又使人不得不信。

「怎麼退得這樣快！」

「完了，什麼都完了！」

人們無可奈何地嘆着氣。

弄堂裏擠滿了人，有倒馬桶的，有賣菜的，有烟紙店的老闆娘，擺牛肉攤的老三，旅館裏做事的張先生，女學生，黃包車夫……大家皺着眉，三五成羣，關心地談論着。

「怎麼可以退呢？」人們都有點不服氣！

「他媽的，東洋赤老，非同他拚命不可！」有人破口罵起來了。

遠遠一大堆人，挈兒帶女，挑着箱子，背着包袱，馬桶，鐵鍋子，當柴燒的木板……，蹺過馬路來，歇着，有的哭了，他們是剛從閘北逃出來的難民。

幾個巡捕和許多路人關心地向這些難民詢問閘北情形。

「轟隆隆，蓬，轟隆隆……」

砲聲沒有停，飛機轟炸的聲音也沒有停。

閘北大火，已經燒了二日二夜，全上海的天空好像都被燒紅了，就是人們的心也被燒紅了。

街上不知那裏來的那麼多人，擠得滿滿的，神情是那麼緊張，可是又都沉默地凝思着。

人的行列像黃河的狂流，在馬路上湧，許多大小旗子，在人們的頭上揮舞。

「起來，不願做奴隸的人們……」

「打回老家去……」

雄壯激昂的救亡歌曲，從每一個男女學生嘴裏唱出來！有幾個青年忙着貼抗日標語。

「擁護政府抗戰到底!」

「保衛大上海!」

「民衆武裝起來」

馬路上弄堂口的兩旁，都擠滿了人，熱烈地鼓掌，瘋狂地附和着，喊着口號。

我感動得流下淚來。

「中國決不會亡的，中國的人心沒有死!」我確信着。

午後突然傳來驚人的消息——

閘北尙有八十八師的一部份壯士不肯撤退，情願流最後一滴血與閘北共存亡。他們屯駐在光復路的四行倉庫裏倉庫的屋頂上懸着青天白日滿地紅的國旗。飛機整天在他們頭上丢炸彈，他們不退。

人們都感覺到驚奇，興奮，愉快!

不一會天黑了，燈亮了。

大砲聲還在斷續的響着。閘北的大火仍在猛烈地燃燒。

馬路旁弄堂口人們紛紛談論着四行倉庫的八百壯士苦鬥情形。

「主和者卽是漢奸!」

「在主權領土未得完整保障之前，決不終止抗戰!」

「反對第三國任何不利我國的調解!」

「希望九國公約會議責令日本限期撤退在華海陸空軍，取消一切偽組織及違反公約精神之任何協定!」

街上出現了無數的新標語，不曉得誰貼的。

上海的工人，開始組織別動隊。

有許多人神經過敏地逃了，離開上海。

然而我相信：

上海是中國人的上海，中國人都要保衛上海。

夜色黯淡，星月無光，黑暗正籠罩着大地，有一羣學生高唱着「保衛大上海」的歌曲走過去了。

瘋子

白茫(十九歲・小學教員)

八一三神聖抗戰爆發後，特區內的米店，紛紛自由地提高米價，有的甚至關起大門來不肯出售，企圖賺更多的錢。這樣一來，窮苦的人是受累不淺了。

西摩路小菜場附近有一家雙開間的米鋪子，米店老闆，異想天開，有米不賣，反而把米運送到虹口去了。

一天早晨小菜場上買菜的人多極了，特別是站在米店門口買米的人擠得密不通風，十點多鐘米店的門在動了，大家因爲期待的希望到來，在憂愁的臉孔上露出微笑來了。

夥計開了一扇門，沒有意思把第二扇門打開，他順手把黏好漿糊的紅紙貼在牌門上，幾個可怖的大字——米已售完——映入這一羣飢餓者的眼簾。

「爲什麽不早點貼出來呢！害人家死等，他媽媽的。」

「爲什麽……」

夥計一味不睬的把大門砰的關上了。

「豈有此理，有米不賣，我們大家來呀！」一個面孔黑黑的拖着鞋皮，穿着一身藍布短衫褲的壯年女人首先把門推開了。

「來搬米呀！來搬米呀！」許多人都衝進去了。

老闆逃到樓上，大呼「强盜搶米，救命救命……」

「哈哈，强盜，你才是强盜。不要臉的東西，做奸商。門是我第一個推的，你拿我怎樣？」那個女人背了半袋米拍拍胸膛大聲說。

路上行人沒有一個小覷她，有幾個站在馬路上目送她回去。

當她回到家裏，聽到人家談到閘北有孤軍一營死守四行倉庫的消息，她吃過了中飯，提到食品公司裏買了幾十個大麵包和一百多個蛋糕，同時她還向別人募捐，一會兒水菓糖鹽——齊集了一大堆，她叫了一輛黃包車，很高興的一個人送去了。

以後，這條路上的人見了她，都說她有神經病，有的人還說她是瘋子。

新中國的主人

笑蘋（十九歲・小學教員）

清早，天還沒有亮，我就醒來了，帶着興奮跳動的心，問我的姊姊：

「姊姊，昨天買好的麵粉放在哪裏？我要去打漿糊了。」

「發瘋了，老虎灶還沒有開門呢！」姊姊說。

「我去打，我去打」，金弟在床上跳起來。他今天特別起得早，恐怕我們不帶他一起去宣傳。

「睡吧，別瞎吵！」

「大人要愛國，小人也要愛國。你起來了，難道我不能起來嗎？」金弟的小嘴翹起來了。

二面盆漿糊打得一盆厚，一盆薄。我還沒有想到怎樣來藏漿糊，金弟在房間裏拿了四隻香烟罐來了。

「姊姊！把漿糊藏在這裏面好不好？」二枝平日拋在牆壁角落裏的毛筆也洗乾淨了。

「還有嗎？最好再找一個來。」

金弟把放銅板的一隻簇新的香煙罐子拿給我，我被感動得更興奮了。

小孩子是最誠懇的，我默默的想。

昨天和學生約好八點三刻集合，我們到八點鐘已完全準備好了，我們到××布店門口時，小孩子已經到了十幾個了。

分好五隊，照昨天決議的路線去貼標語。

我一隊是五個最小的孩子，從新大沽路成都路威海衛路一帶，貼到威海衛路道士院的門口。有一個提菜籃的女人要去一張，她對我們笑嬉嬉說：「我雖然看不懂，我的兒子是識字的，我拿回去叫他講給我聽。」她那興奮的笑臉使我永遠忘不了。

五個小孩分頭的貼，一枝脫毛的筆來不及刷，逼得我用手指刷。

小孩貼得很低，看的人都要彎下背來。

「金弟，這是誰貼的？」我指着貼得高高的那張標語說。

「是我們貼的。」

「鬼話，我再給一張，你貼貼看。」我爲難金弟。

「姊姊，還標語是我們貼的……」他把大人幫助他們貼的情形告訴我。我想如果好好的把市民們組織起來，也是打擊侵略者的一枝强有力的軍隊呀！

貼到威海衛路底，有一個鄉下人要求我們給他一疊。

「你要幹麼？」

「拿回家去貼。」

「你家住在那裏？」

「徐家灣過去一些，土山灣二號門牌。」

「你叫什麼？」

「沈阿海。」

他是這樣的誠懇，我就給了他三十多張。他的背影急急的在人羣中消失了，我心中快慰的想：今天沒有想到我們的標語，使鄉下人也能看到。

天不照應，下大雨了。回到集隊的地方，已經一點多了，大家好像落湯雞。但是興奮熱烈地報告各隊的工作情形，大家的熱血沸騰了。

「冷嗎？」

「不冷！」

「餓吧！」

「還算得什麼？前線將士在戰場上和敵人肉搏呢！」

親愛的孩子們，你們眞不愧爲新中國的主人！

第一日

理（二十歲・無業）

這是一個仲秋的早晨，太陽好像和人們生氣似的兀自躲在雲裏不肯露出臉來。我一面穿衣，一面默禱蒼天不要惡作劇地下起雨來。洗了臉，趕快吞了兩隻麵包，三脚兩步跑到婦女會裏，在那兒已經有幾個先我而來的同志。

天是愈變愈黑，大有暴風雨將臨之勢；可是同志却愈來愈多了，各人的臉上，都帶着一種難以描述的興奮的表情。這兒沒有穿漂亮衣服高跟皮鞋的「小姐」，這裏有的是樸素服裝熱烈情感的時代女兒。

時針正指着八句鐘時，我們各分隊就開始在分隊長領導之下討論本日——「保衛大上海宣傳週」的第一日——的宣傳資料。我們宣傳的對象是商店的店員和家庭的婦女。宣傳的目的是要使他們明瞭我方採取消耗戰的主旨和當時防線後撤的原因（當時防線已由劉河羅店劉行及大場撤至劉河嘉定以至南翔）鼓勵他們用各種方式來保衛大上海，完成抗戰的任務。每分隊五人，担任三四條街。我們這一分隊担任的是霞飛路西段。

九時，各分隊陸續出發。老天偏不做美，已由毛毛雨而變爲傾盆大雨。沒有帶雨具的人，不及回家去取，只好冒着雨各向目的地進行。我幸虧帶了一件雨衣，就將一部份的標語和傳單向懷中一抱，另一手拿了一大罐漿糊，頭上沒有辦法，只得讓它去淋。還有許多印刷品就交給兩位有傘的同伴去拿。雨是愈落愈大。沿途的人都對我們這奇異的小隊伍注視，我們就隨手發些印刷品給他們。有的莫明其妙；有的却流露出無限的同情。誰說上海人都是麻木不仁的呢？尤其在轟隆轟隆的炮聲中，更沒有人表示他的血是冷的！

不久，我們的目的地到了。因爲那一段的店鋪，大多是外人所設，所以我們的對象完全集中在里弄裏面。最先到的是××坊，我們先在弄口的牆上張貼了大張的漫畫和標語。這時弄內外的「閒人」都圍攏來瞧。我們中的一位同志就趁此機會對他們作了個懇切的宣傳。

「是的，小姐！你們說的話不錯。」一個賣報的老頭兒插進嘴來。「我們非打到鬼子退出上海不可。我們中國人受的苦太多啦，我家在江灣，本來可以快快樂樂過日子。可是鬼子瘋狂地進攻，毀了我的家，弄得我妻死兒亡，剩下我一個老頭子，隻身逃到租界。難民所的苦生活我過不慣，於是說了許多好話，才向親友們借到些小本錢來做這販報的生意，暫且敷衍度日。以後的日子怎樣，我也不敢設想了！」

他一面說，一面不住地用袖口拭他那縱橫的老淚。

我們因爲還有其他的任務，就繼續向弄內邁進。現在我們採取的是一種「敲門方式」，預備向每一個家庭婦女作個別談話。先徵詢她們對於此次抗戰的意見，然後再詳細加以解釋或改正她們的錯誤。這工作的進行是有相當的困難，尤其我們這五個都是第一次出馬的「新脚色」。在我們敲門的時候，常常遭到開門的娘姨的白眼。她們用一種歧視的眼光來瞧我們說：「太太老爺都不在家！」或「我們這兒已捐過錢了！」眞氣人！她們竟當我們是專爲募捐而來的。

後來我們開個緊急會議，企圖克復這第一道「難關」。結果議決用先發制人的方法來對開門的娘姨說「我們並不是來募捐的，只要找你們太太說幾句話。」果然這些話她們比較聽得入耳。我們就用這幾句「開場白」做「引路線」，接連地拜訪了二十餘家的主婦。我們和她們談到了戰局，鼓勵她們參加到救亡陣線中來；勸她們服用國貨；說服那些悲觀主義或準漢奸式的親友；我們將小張的漫畫分給她們的孩子，教她們和他們唱「保衛大上海」的歌。

我們口不停，脚不停地說着走着，結果還算不錯。除掉一部份眞正是冬烘頭腦的女太太們，抱着一種你說你的，我做我的態度之外，其餘還能領會我們的意思。有幾位甚至自動地將收藏着的銀盾拿出來託我們代送到××後援會裏；有的則高興地報告參加到我們會裏來做救亡工作；有的叫我們送棉背褡——慰勞前線將士的——去給她們縫，我們鄭重地一一登記在小冊子上。

完結了××坊的工作，跑到第二弄時，已是下午三時二十分。我們因爲在四時要回去報到並報告結果，所以只訪了兩三家就整隊歸去。沿途將未貼完的標語都貼了起來。樹幹上也是，電木桿上也是。巡捕只對我們笑笑，不曾來干涉我們。

拖着雨淋溼了的身體，懷着滿腔愉快的情緒，在暮色蒼茫中，踏進了會所。（215）

可紀念的一天

小　羊（十九歲・學生）

上海各界後援會發起「保衛大上海宣傳運動」，決定在去年十一月二日九國公約開會的前兩天執行這個運動。

我們「青年婦女戰時服務團」也是參加這一運動的。我們在前一天的晚上召集了一個全體大會，商議路線和分隊等問題。在一間商店的三層樓上，擁擠着我們五六十個青年婦女，大家年紀雖然還輕，但救亡的精神都很不錯。外面的砲聲不住的響，但在討論問題時，每個人的臉上都現着嚴肅鎭靜的表情。會一直開到晚上七點多鐘，再寫好標語，才各自回家去。

二號這一天陰雨綿綿，我們每個人都冒着雨，到團部集合，肚子都是空空的。由幾位同志發起每人出五分錢買點東西來吃。過了一會，饅頭包子買了一大堆，我們都像小孩子一樣，亂搶來吃，嘻嘻哈哈地鬧了一陣。壁上時鐘的短針，已指到十點上。「該是出發的時候了」，不知誰說了這一句話，於是大家都停止了吃，把各自應帶的東西理理好，就前擁後擠的湧出了很神氣的樓房。雨還不住的下。我排在第六隊，一共四個人：我担任糾察，兼任隊長，還有黃和殷。我們是被派在馬浪路重慶路一帶工作。每個宣傳隊都很興奮地冒着雨出動了，每隊都帶有一個手提小皮箱，裏面裝着救亡漫畫，保衛大上海的標語，爲保衛大上海運動告市民書，等等。這一大批青年婦女們都分散到街頭，難民收容所，傷兵醫院，各里弄裏去，鼓起救亡工作的熱情，張開嘴巴，揮動着手，將上海市民們喚醒。

我們這一隊慢慢的在雨中走動着，到了目的地就開始工作，我們把所有的傳單都張貼在弄堂裏，街頭上，商店中，我們更把牠貼在黃包車上，汽車上，借他們的力量把我們的熱忱傳佈到更遠的地方去，流散到上海的每個角落。我們不停的工作，漿糊完了，馬浪路有一個買燒餅的河南人，情願爲我們燒了一小桶漿糊。有許多小孩子看見我們都很奇怪，把我們圍起來。我就借演機會，把漫畫分散給這些小天使們，他們得到了我給的漫畫，都很高興的拿着跑回家去看。我就告訴他們，如有看不懂的地方，就去問你們的爸爸姐姐，叫他們講給你們聽。雨下得更大了，孩子們都分散了，我們首先進入一個小小的弄堂，先拿標語貼在壁上，然後分兩人一隊挨戶去宣傳，我進去的第一家，是一個中下的大家庭，我對他們講明保衛大上海的意義，請他們簽名的時候，他們都拒絕不肯簽，他們不知爲了什麽。但經我們向他們解釋後，也就坦然把各自的名字，寫在我們帶去的簽名單上。我們跑出了這弄堂，又走進一家煤球店，房間裏是漆黑的，堆着許多煤炭，他們的老闆娘出來了，我就問她認識字不認識，生意怎樣，一面把漫畫交給她，同時把我們今天出來的意思，向她說明。這兩條馬路，每家差不多都是這樣工作的，

我們接着又到了第二條馬路。雨仍是不住的落，每家的大門都關着。我起始去敲第一家的大門，門開了，出來一位所謂少爺樣的人，把我們帶進了客堂。這是一幢雙開間的房子，客堂裏坐着一位老太太，她看看我們進去，就問我們，下這樣大的雨還跑出來，累不累。我們很誠懇的回答她：謝謝你，這談不上累，在前線爲我們爭自由、解放的將士們，該覺得怎樣呢？我們並說很希望她盡可能的多捐一點錢，幫助前線的勇士們。她聽我們叫她捐款，當時就回答說：「已捐過好多了。」意思是不願再捐，我們也不勉强她，就告辭出來。最後我們在馬浪路，又跑進一處富麗堂皇的弄堂，最使我感到痛心的也就在這裏。我去敲每家門的時候，都會聽到：「主人沒在家！」「捐過好多了！」門也不開，當時我們的心中，都非常的難過。他們也不聽我們的解釋，沒法，我們只好懷着滿肚子的忿怒走進了另一家。這是一間汽車間，那裏面有一位很慈祥的老太太，還有一個八九歲的小弟弟。老太太表示着很歡迎，在我和她的談話中，知道她是從南市逃出來的，南市還有她的房子，她的家，還有她未逃出的家人。這次東洋人無理的轟炸，把這老太太所有的財產都炸毀了，她們的一切都完了。她一面說着，一面流眼淚。健把漫畫拿給那小弟弟，講給他聽。這時，我沒有方法安慰那老太太，我只是對那小弟勉勵：「你要好好念書，將來和日本人去算帳！」我們要離開

她們的時候，那老太太依依不捨的把我們送出那個汽車間，我們都懷着同情的心。走向歸途，那時大概已有七點多鐘，雨還在下。到了團部，許多人都早已回來，於是按隊報告一日工作情形，我們這一隊雖一個銅板都沒有募到，但是收得相當宣傳的效果。各隊報告完了，該到吃晚飯的時候，每個人的鞋、襪子，甚至衣服都濕透了，就這樣的踏上回家的途中。雨打在我們每個人的臉上，那條冷靜的馬路又熱鬧起來，大家嘻嘻哈哈的。但不一會兒大家又散開了，這一天我永久不會忘記的，這可紀念的一天，偉大的一天！

天就會晴的

沈玉城

清早六點到學校去，一路上看着行人，自己滿腔的熱情就火一樣地燒起來，很想把今天的遊行告訴身旁的路人，叫他們也組織起來和我們一塊遊行。但一時的情感終於被理知遏服了。是的！今天的行動決不能預先給租界當局知道，不然今天一切的工作計劃將完全毀滅！想到這，就痛恨我們不幸的次殖民地生活，但我相信抗戰勝利的結果，會把我們身上的桎梏粉碎了的！

住校的先生校工都在忙着工作，同學只來了二三個。我迅速的參加到正在工作的一羣中，搶了一個筒去冲漿糊，這是今天少不了的東西。等到冲好了，同學已到了一大半，各人都參加着工作，一會工作告了個段落，先生和同學在一起分配好了隊伍以後，我們便在總隊長——教導主任的一聲出發口哨下離開了學校。幾位熱心的校工，担任了交通隊的任務，負責傳達消息。一羣熱烈的青年一堆活躍的心，去到羣衆裏面實踐偉大的宣傳任務。

我被選爲第×隊隊長，這一隊指定的宣傳地點是白爾部路至×××路，一出校門就是我們的起點。於是同學舉我先演講，啊！這是我從來沒有做過的事，而且一團熱火燃燒着我整個身體，使我幾天來預備好的話，都被忘得乾乾淨淨。我不知道自己說了些什麽，只見聽衆發光的雙眼死盯着我。我從他們的表情知道已經得到了相當的効果了，我更感到不能形容的興奮，幾句有力的口號便在這時吼了出來！我被羣衆偉大力量所感動，我簡直是瘋狂了！在這種熱烈氣氛中，我們離開他們到其他地方去宣傳。一路上貼標語，演說，呼口號，順利的熱烈的進行着，所得的効果使我們覺得非常滿意。我的嗓子漸漸的喊啞了，但還是繼續喊着，我們的精神非常飽滿。在十一點走到×××路，這個地方比較熱鬧，我們就更高興。突然交通來了，他帶來了總隊長被捕的消息，這是多麼掃興的一回事！我立刻打電話到校裏去報告被捕的情形，於是校中的留守隊便向文教請求援助。工作當然不會因這意外的打擊而停頓下來，我們反而更努力的補償這損失。

橫過馬路，一位同學擺好梯子準備站上去，捕房的警車到了。

車子裏跳下六七個中外巡捕,二位同學被捉住了。我很快跑到理髮店門口請店員給我打個電話。他們親切的慰問着並且答應要求謝絕電話費——剛才的米店也不收電話費他們的同情給我很大的感動。我立刻叫住跑走的同學,告訴他們不用怕,人多是沒問題的,我們應該陪他們一塊去,這並不是他們個人的事!許多同學聽了,立刻跳上車,一股勇氣表現在每個人的面上。宣傳品已經發完了,剩下的東西只有我們隊伍的旗幟飄揚在開動的汽車上。許多同學頭伸到車外喊口號,巡捕來阻止我和另一位同學仍叫着,巡捕也沒辦法。我問坐在旁邊的一位商人被捉的原因,我形容不出他的回答給與我的感動。原來他是×××路一家布店的店員,他看了我們的宣傳被感動了,他明瞭他自已的責任,他偷偷溜了出來,從我們隊中拿了宣傳品正在牆上貼,被巡捕捉住了。哦!這偉大的抗戰呀,你使廣大的民衆醒悟了!車子到盧家灣捕房前停下了,什麼!總隊長也正從另一部車子下來,我們一位同學和孩子隊也跟着跳下車;我們帶着笑臉與他們點頭,一塊進去,各人的態度都很壯嚴,像是出征的戰士。

走進審問室,有幾位同學有點害怕起來。因爲我是隊長,我和同學商量的結果,由我一人去受問。二個洋化的中國人主持這個審問,我應付了一下,他把我們校名和我的名字寫在一本他私人的破小冊子上,做做樣罷了。一個便衣外國人跑來,叫翻譯告訴我和總隊長,請我們去嘗鐵窗滋味。我們沉默着不回答,心裏滿着氣憤。一會兒叫我們把褲帶拿下,許多同學都不答應,他也沒辦法。我第一個跟巡捕走,被那洋人捉住,要看我手臂裏的牛痘,我不給他看,他打了我一個耳光,我一時氣憤,跑上一步與他交涉,又被他打了一個耳光。這時我一手也伸了出去,要打他,同學們都看着不動,總隊長跑來使個眼色,同洋人說:她是小孩子。巡捕叫我走,我就垂頭喪氣的跟着走,頓時氣憤趕走了我的虛弱。是的,這給了我更堅强的決心,給了我直接的敎訓。這齣悲喜劇就此停止了。我被同學拉到地底下去,激動的淚兒淌個不停。我們十餘人被送進一間大的牢房,同學們不斷的來安慰着我,一個女稽查員奉命取褲帶。她那副兇相使我們更加氣憤,於是罵了她一頓,叫她不要以爲我們是犯人,她一人敵不過我們,只得咕噥着出去。

我們唱着救亡歌曲,歌聲飄揚在地下的牢房裏,對門的犯人被感動了,他們都雙手握住鐵門靜靜地聽着。看守巡捕不許唱,一時歌聲停下,自已臨時編成的歌從我喉中唱出,同學們聽見這是罵捕房的詞,一擁笑起來,歌聲又響了,沒辦法的巡捕只好走開了。「哈你看她在哭了!」一位同學說。歌聲停止,大家都跑去慰問那個哭的同學。我告訴她:「今天不出去沒關係,反正我們同伴多着呢!這種事是難得有的,這可以說叫我們經驗一下。」她停止哭泣,同我談起出獄後的情形。

六點多被喚到裏面兩間豆腐乾大的牢中去，素來自由的我們，今天一旦被關在不見日光的屋內，一步不能行走，眞是難熬。我們只有唱歌，唱歌能使我們忘去一切，鼓起我們的精神。於是隔壁的話劇開始了，這是兒童劇社的兒童在做，一切雜聲突然停止，都來聽這話劇。

天色漸漸暗下，每人出去的希望也隨着遠去，一個安南巡捕來開燈，經我們請他把窗開起，晚風微微的送進來，我們的胸中也鬆了些。安南巡捕安慰了我們幾句走去了，我們開始談着今天晚上睡的問題。正在集中精神計劃着，皮鞋聲打斷了我們的討論，每個房子裏都靜下了。巡捕走到我們門口停止脚步，門被打開了。一個個離開黑屋，沉默着跟着巡捕移動脚步，告別了留着的朋友們。總隊長還關着，我們拉了手再走，走出地下室，被先前的翻譯領着走。他不告訴我們到什麼地方去，帶我們轉了許多灣，終於走進一個辦公室。先前那個洋人坐着，擺出一副兇相，說了一大堆話。

我們從翻譯口中知道他叫我們回去做些實際工作，遊行是沒意義的。日本飛機天天濫炸，他們法國人是同情我們中國人的，不過爲要維持租界的安全，他們不同意我們的行動。這是第一次，下次可得照章處理。這番不關痛癢的話完了之後，我便請翻譯問洋人爲什麼日裏打我。翻譯問了他，他說：「對不起，爲了不懂你的話。」我反問了許多，他叫翻譯說，他願意跟我做個朋友，一邊伸出手來，但我說我不願意同一個任意打人的人做朋友，他不好意思的縮回手，但仍道歉着。我臨走時給他一個冷笑，一邊說：我們中國人不會永遠被你們打的。這是帝國主義對付殖民地人民的手段，這是不能永久的。同學們看我得了勝利，也興奮了起來，對我說：你做得對！但同時大家沒有忘記今天到這裏來的原因，所以在獲得了自由以後，我們並不怎樣高興，只有氣憤。

一條黑暗的街上充滿了談話聲，我們護送着一個小朋友，一個兒童劇社的社員，她也爲了宣傳被捉，她只有七歲。她給了我們相當的勇氣。送到她家門口，她親熱的謝謝我們，我們依依不捨的離開了她。雨開始大起來，衣服濕透了，頭上的雨水直往肩上滴。我們的談話聲與雨聲互相配合着，我們的熱情並不爲了下雨和鬧才的打擊而減少，我們知道天就會晴的！我們民族的解放不久就可以實現。讓我們在勝利的時候再來回憶這使我不能忘記的一天！

學學瑪德里市民的鬥爭

彭啓一　周鋼鳴

（一）

我軍從滬西撤退了，敵人就很快的從閘北跑過滬西繞過虹橋，進據龍華，上海四郊就陷在敵人的包圍裏了。但在南市這一塊國土上，還有着我們英勇的保安隊警察固守着，他們決計與南市共存亡。所以南市這塊還未被敵騎踐踏的國土，是全上海幾百萬人最關心的，尤其是深陷在敵圍裏準備英勇死鬥的戰士們。在早上十點鐘，我們決心到南市去向我們這塊被包圍的國土走去！

一幅流民圖

從法租界到南市去，現在只剩下老北門這一條道路了，這條路被鐵柵門固鎖着只開一個七八尺寬的門；門的裏面站滿着法國巡捕和安南兵和許多的想到南市——難民區去的難民。鐵門的外面是無數搬箱運貨的大車，大車上堆積着山一樣的雜物，在車與車之間，扶老攜幼地擁雜着許多想逃進租界來的難民。因此在這小小鐵門口的裏外，鼓噪呼喊的聲音，一班維持秩序者用鞭子威嚇難民敲打什物的聲音構成一幅擾攘紛紜的悽惶情景！人像潮水裏擁來擁去，小鐵門就像一條堤的決口被人潮衝激着。我們拚命地衝出鐵門去，沿着民國路一帶，盡被什物擠滿了。每個人越是想急急的走過法租界來越是互相軋擠着走不通，這僵局不知道什麼時候才能夠恢復常態呢！

難民區

被劃作難民區的地點，是民國路到方浜路為止，我們在難民區裏巡視着。在九畝地萬竹街一帶，甚為平靜，做小生意仍是平靜地在交易着。在這區裏負責維持秩序的，仍是我們的警察，但多是不佩帶武裝，到方浜路上，才看見沿着方浜路的市屋上，飄着國際救濟會會旗的紅十字的標幟，這也許是易於敵機的識別吧？但在方浜路的南面各路口，都圍護着鐵絲網，在鐵絲網的那面峙立着我們雄偉英勇的保安隊守兵。除此以外，這難民區就沒有什麼特殊的現象。

漢奸的悲劇

在陳英士塔下面，圍着一羣人，像在看熱鬧，當我們走過去看，看到六個小癟三一樣的人，手被綁着，躺在血泊中，這是被槍斃的漢奸，在這些屍體的面部上，顯着慘白和睜着白眼，令人看見會起着惡心的難受。看樣子這些都是小漢奸，也許是想趁火打刼，刺探軍情之類吧？這種人是死有餘辜的。但我們除了打死這些小漢奸之外，我們不要忘記着有更多的大漢奸在隱藏着，當上海已經被敵人包圍的時候，也許這些羣醜又想粉墨登場了吧？全上海的民衆啊！我們要團結起來，把這些準備登場的醜類殲滅掉，殲滅掉！

英勇的戰士們

我們沿中華路走去，路上漸漸地顯着靜寂了，馬路兩旁的商店都緊緊地關閉着，只有稀少的行人，和守衛着這塊被包圍的國土的戰士們！他們每個人都英勇地站在街頭的崗位上，擎着槍，在腰上圍掛滿着像粢飯團一樣大小的手溜彈，這將是作最後殲敵的利器呢。我們跟一位保安隊的士兵談話，他們帶着非常的鎮定和禮貌，昂然地不屈地，堅決爲這塊國土的存亡而流他最後的一滴血！他對我們說：「我們守衛這塊國土準備最後的一天到來，同時也是我的生命最後的一天的到來。我曾看過報看到西班牙軍民保衛瑪德里已經一週年了，那麼我們爲什麼不能保衛大上海呢？所以我們要用血肉來保衛大上海，希望全上海的同胞們，學學瑪德里市民們的英勇鬥爭吧！」當我們聽了他的談話，我當時感動得要流下淚來！「全上海的同胞們啊！學學瑪德里市民們的英勇鬥爭吧！」

等待着決戰的到來

我們從林陰路走向方浜路去，在路上——方浜路口法華交界的地方，許多民衆幫助我警察和保安隊在掘戰壕。一個疲倦了又換一個上去，大家都很興奮地挖掘着，把柏油馬路挖斷，掘下去，掘成一條戰壕。一個保安隊的官長用舒暢微笑的態度告訴我們：「這是我們的戰壕。也許就是我們的墳墓吧！我們是不會從這裏移動的，除非是敵人死在我們的戰壕前面，或是我們死在戰壕中，我們在等着決戰時候的到來，也許在今天晚上，也許在明天。來吧！我們準備好了。」說過後，他又微笑的走去監督挖戰壕的工作去了。

（二）
日暉橋頭的敵軍

沿着河浜的徐家匯路，插滿了法國旗子，河浜邊掘有地壕，法兵就藏在裏面機警地望着對岸。對岸打浦橋這邊還是由我英勇的弟兄們把守着機關槍口伸在沙袋的對面。打浦橋過去點，便是敵軍的防地了。但是沒有一個敵軍，只有一輛坦克車被棄在河浜邊。一條並不寬闊的日暉港將他們隔離了。日暉橋已被我軍放火燒斷，還燃着熊熊的火焰，橋邊某印刷公司亦被牽連着而焚去了，殘餘下來的僅是一座洋灰泥骨圍着這燬去了的建築屋憑悼的，有幾條飢餓的瘦狗，和浜這邊租界上的我們以及幾個外國記者。

空氣是緊張的，日暉港裏面很清晰地傳來了幾槍的聲音，接着一陣激烈的機槍聲後，幾個中國巡捕把我們幾個中國記者趕開了，好像我們的生命比幾個西記者的生命還要珍貴似的。我們向他爭辯着：「爲什麼西記者可以登在這兒，而將我們趕開？」

那位中國巡官就很和藹地告訴我們：「那座燒去的房子後面，就躲着幾個日本兵，他看見中國人就要開槍的，」他的臉上露着緊張的表情。

我們看他很談得來，就向他探悉着，希望能從他的口裏滿足我們的聽覺：「那輛坦克車裏面有日本人嗎？」我們其中的一個問。

「沒有，沒有，日本人都躲到牆後面去了，」「爲什麼會躲到牆後面去呢？」我們向他繼續地探問着，原來今天清晨八點鐘的時候，敵我已經衝突過一次了。

敵人五六名架着一輛坦克車，向日暉橋邊衝過來，機關槍聲來勢猛烈，好像一下子會衝入了我們的陣地似的。

這時日暉橋的這邊我軍遠遠地聽見了機槍的聲音，立刻都敏捷地躲到沙袋中去，一聲也不響。

「我眞爲咱們軍隊就心，爲什麽還不開槍？」他把我們拖到了牆脚邊，繼續地告訴我們：「眞是做夢也沒有想到，日本赤佬剛剛走到日暉邊的時候，我們的機關槍聲就像雨似的響起來了，打在坦克車上面噹噹地響着。四五個敵人都向牆後面逃去了，有一個倒下來了，大約是受了傷，還是後來我們的機槍聲停止了，才慢慢地爬進去的！」

浜那邊是靜寂的，幾條瘦狗用鼻子嗅着那一座「死」去了的坦克車。我們陣地中的防軍正緊握着機關槍在嚴厲地監視着它。

四個難民被打死了

「四個難民被打死了！」一個穿着長衫的「包打聽」從楓林橋那邊向着我們的身邊跑過來。

這時，我們幾個人站在祈齊路福履理路口。因爲被兩個巡捕攔住了，不能到楓林橋去，我們正爲着不能明瞭那兒的情形，心中在納悶着。

突然有一個人替我們帶來了這樣一個驚人的消息，立刻便被我們攔住了，不等到我們去追問他，他就很氣急地告訴我們了：

「四個難民，大約是從謹記路那邊跑來的，一走到楓林路頭就被兩個日本人捉住了。其中一個是我認識的，在中山醫院裏做護士，人頂和藹，瘦瘦的臉，小小的個子，一下子被那日本人抓住了衣領子，就像抓住了一隻小雞。他不肯走，是被日本人拖進去的，大約是被拖到屋子裏面去了。

「不久就聽見了四響槍聲，再不久，兩個日本赤佬跑出來了！」

他呆呆地站在那兒，不再繼續下去了。四週是靜靜的，我們彷佛看見了四個被慘殺的中國同胞！

在和平的教堂前

往日的徐家匯是寂靜的，法國天主教堂敲着緩慢的沉重的鐘聲，這鐘聲是象徵着和平，無數的天主教徒在這和平的鐘聲中跪下來爲着人類的幸福而祈禱着。

現在鐘聲仍舊是沉重地敲着，可是天主教堂的門口，已不是往日那樣的寂靜了，繞飛在屋頂的和平白鴿，已不知飛向那兒去了。難民們擾擾攘攘的，握着木棍的法國三道頭，已越過了法界的警欄，在管理難民，木棍子像雨似的落在他們的頭上。一個難民撫着被打的地方，蹲在牆角落裏哭着。這哭聲大約是激動了那位跟在法國三道頭後面的中國巡捕的同情吧，他輕悄地跑過來，帶着半責備的聲音嚷道：「你媽的別哭，要不是法國人，你老早被炸彈炸死了!」

說時，他還指了一指在天空盤旋的敵機，他們到的確沒有丟炸彈。

歐戰和平紀念日

李豪

昨晚被四個爆炸的聲音弄得我們好像失去了知覺，又似乎在期待着死神的降臨。當第一聲響的時候，我正在睡夢中覺得身體有點比較劇烈的震動而已；第二響我是準備了，然而剛一合眼，就天地崩裂似的一聲，我一計算時間，正是隔了一刻鐘左右，於是鑽出溫煖的被窩，準備聽第三響的來到，可是我剛一合眼，彷彿像有一個無比的巨人，猛烈地壓在我的身上了!玻璃窗給驚得發出悽慘的叫聲。這時爸媽都醒了，我們開始把全屋的人都叫醒。然而不叫他們他們也早醒了，一方面各人都猜測這究竟是什麼聲音，有的說是大砲聲，有的說是炸彈聲，又有說是地雷的爆炸。但突然有白光一閃，接着一秒二秒三秒四秒五秒六秒——Banglung!!巨人第四次的來臨。

今天早晨街上亂紛紛地，賣小菜的少了一倍，也有三分之一的店家都不開牌門。街上的人一堆一堆地在認眞的報告，討論昨晚的事；女人們蓬亂着頭髮，面色憔悴，一定是昨天晚上沒有好睡的原故；孩子們失去了平時活潑頑皮的神氣，然而很鎭靜，像在考慮自已的命運，男人們有的忙於日常工作，有的去打聽消息去了。

在我們的街口——金神父路底情形更是嚴重了，安南巡捕，白俄巡捕，三道頭，還有華捕，都像臨大敵似的忙碌着，鎗尖插上了刺刀，還要維持秩序，對於絕對少數的行人，加以詳細的盤問後才給通過。在薛華立路的盡頭並且禁止車輛的來往。——這是因爲日軍在今天要向守衛南市的我軍作第二次的總攻了，當然靠近打浦橋石碑港一帶的形勢都像戰場上一樣的緊張。

從天剛發白的時候起，日機不斷的轟炸着南市，有時看不到飛機的下降就有炸彈在地面上爆炸了。被燒夷彈射中的地方就有一股濃濃的黑煙冒上來，這黑煙又燃起我們這條街上每個人憤怒的情緒。雖然這裏的人是踏在尙稱「安全」的租界上，然而我們的心與守衛南市的勇士們底心緊緊合在一起，就是一百噸炸彈也是絕不會炸開來的!

在炸彈的瘋狂爆裂聲中，我們這街上的每個街堂口和一部份店家的牌門上，都貼上一張用紅墨水寫的大紙頭：

彈片亂飛
危險異常
若非要事
請勿亂跑

這字條一貼出，果然收到了一些効果，然而忙於搬家的人，還在街上呼五喊六，情形還是紛亂得很。

我因爲要上公司去辦公，當然沒有機會再仔細的觀察這死神威脅下的情形了。

我用力地擠出了人羣，往馬斯南路那邊兜過去，才到了公司，因爲這時候徐家匯路上是禁止行人通過了。到了公司，我開始「敷衍」着每天呆板的工作，恰巧今天是歐戰和平紀念日，公司當局是允許休息一天，但我們的工作却不能停止的，要是能趕緊的做完畢，是可以早一些囘去。因此我一邊思念着家和那使我不能忘懷的紛亂狀態，一邊是埋頭於工作。

因爲公司就在華界與租界的交界處，所以觀看華界的動靜，我們這裏是方便不過的，雖然這僅是魯班路的一隅。這時天空多雲，但這不會影響到礮聲、炸彈聲以及槍聲淸澈的怒吼。魯班路橋頭一帶除了三四個便衣的與一二個戴鋼盔的戰士外，再沒有其他的人了。除了這五六人的來囘巡看外，再沒有其他的動作了。有的只是從四面八方轟來的大礮聲，有的只是像敲碎玻璃窗似的步槍聲，還有那隱隱約約可以聽到一些的機關槍的噠噠聲。我懷念着家，我更懷念着那羣在守衛南市的勇士們，彷彿在我面前展開了一個空前偉大的難以描寫的場面！

時間跟着敵人轟來礮彈的次數，飛快的過去了。

太陽躲在雲端裏，怕見廿世紀强盜的殺人勾當。同事們不像往常那樣的說笑了，爲了這個生平第一次遇到的情景，把空氣弄得特別嚴肅了。

到了十一點半，已走了一半以上的同事。等到我做完工作，已經是十二點廿分了。這時候，我可以有很多時間來看魯班路一帶的動靜。

或許是石暉港、斜土路那邊的我軍有了後退的情形，所以這裏的兵士很快的增加許多許多，我親眼看見有三四根又粗又黑的東西負在三四個兵士的背上，我知道這一定是機關槍了，他們正佈置着這機關槍的地位。我看見好幾個穿便衣的，正忙着搬運東西；我又看見一個受傷的兵士被他的同伴扶進了一間屋子；我又看見一個長官拿了一支盒子礮，一面還是很鎭靜的佈置着陣地。這許多兵士的制服，有的是黃色，有的是青色，有的是灰色，他們有的身上背着大刀，有的掛着手溜彈，有的掛着步槍，槍聲漸漸地逼近了。

這是一副壯烈、偉大、動人的圖畫！

突然在矮牆——這是交界的標幟——的那一面，約莫有五六十個兵士跳過來，租界上的法國兵和安南兵就奔了過去，把跳到這裏來的我們底兵士繳了械。後來看見法國兵把所繳下的步槍、大刀、手槍，還有幾挺機關槍，用了裝子彈用的車子，運到不知什麼地方去了。看這許多兵士的神色，都像很狼狽，很惶恐，並且疲倦得很，後來也不知下落了。我在這時覺得多看也是無益，不如回家去看看那邊的情形。

回家的途中比早上出來的時候還要難走得多，黃包車像潮一般的湧來，車上滿載了箱子，包袱，蓆子，火油壺，甚至馬桶，人們要通過這裏須時要比平常慢十倍以上。我回到家裏已經一點半鐘。

家裏的人好像都很泰然，見我回來，都說正打算來找我，因爲這裏的謠言說盧家灣橋下打得非常厲害，哥哥不在家，說是在街上打聽消息。母親說剛才陪了父親同嫂嫂孩子們到雲南路表姊家才回來。可知他們受不住這空前的驚嚇，我家也有一部份人擠入逃難者的隊伍。

街上，除了大批採購南貨與鹹貨的人以及幾輛外國影片公司來這裏拍戰地影片的汽車停在街旁外，只有那一小羣一小羣人的「街頭集會」了。這裏可以知道一些最確切的消息，他們報告：本里一百××號里有塊像硯台那樣大的鐵片，穿過屋頂上落在一張凳子上；九××號的前樓飛進了一塊彈片，玻璃窗上有着一個不整齊的窟窿；……

這裏也可以知道一些尙未證實的消息。他們報告：打浦橋頭已有了膏藥旗，在打浦橋那裏有若干我軍退入租界，說被繳的軍器中找不到一顆子彈……過了半小時，又來了新的報告：說日軍已到了斜橋，然而有的又說早到了西門……

大家開始「欣賞」敵機在天空下蛋，距離是相當遠的，但還能清楚的看到。只要炸彈下了地，總約莫有十來秒鐘光景就轟的一聲！接着這裏的人們都憤怒的張大着眼睛，有的還用種種惡毒的話，咒罵我們民族的，不，是全人類的敵人！

敵機緩緩的進展時間就這樣給帶走了。

天空開始覆上了黑幕，這象徵着今後上海人們的命運！

一吃過晚飯，街上靜靜的了，我暫時忘了上海失陷的苦痛，向街上作一次巡禮。這次巡禮所得的印象，就是有許多人家在打麻將，我看到他們的情緒是非常的熱烈，我懷疑他們的神經，莫非給幾小時前的轟炸聲所麻木了吧？記得在八月中秋的晚上，正當敵艦上亂射高射礮聲時，這許多人家正在與敵人的高射礮聲合奏一首最微妙的交響曲呵！

我替這些人慚愧！

今天是歐戰和平紀念日，失陷了的上海展開了一副多麼「和平」的場面！回到家裏，我趕緊收拾我的床鋪。（689）

眼裏閃出了復仇的火燄

陳伯吹

——南市撤兵前一日三小時內所見——

工作又使我跑了出去。

二

怎麼也不能叫我不說。

每次從衖堂裏走出去或者走進來，這些人老是雜亂地擁擠地躺着爬着坐着，幾乎叫人挨不過身。卽使是雨天，他們也不想移動一步，儘讓每一點雨水直淋在他們的頭上、身上、脚上。烈日不會曬走了他們，雨水也不會淋走了他們，一個，他們的眼眶就陷落了下去。除了雜亂地擁擠地躺着、爬着、坐着以外，好多人是昏昏地睡着。

一個婦人是瘋了，她喃喃地在說些什麼，有時她高聲地謾罵着，也聽不出她的話來。要不是她的飄着白髮的翁姑按住她，一定會更瘋狂起來的。

賣報的人打從衖口走過，喊着「打死日本兵三千！」「打落東洋飛機五隻！」這在他們沒有表情的臉上，也會苦笑一下；睜開倦怠的眼，望一望別人的苦笑的臉，彼此的目光接觸着時，大家再來一下苦苦的微笑。

三

他們並不是無用的人，他們也知道復仇的！

那朝南的一帶短牆，先前曾經塗抹過白粉，現在早已剝蝕得只剩下一些些石灰的印子，顯得又舊又髒，然而他們靠在那裏是很合適的。

男的多半光着頭，難得有幾個戴着一頂破氈帽的；蓬亂的，長長的頭髮在寒風裏飄動，很有「疾風勁草」的氣概。他們寧願忍飢耐寒在這兒流浪，不肯回老家去「屈膝」。

女的都還穿着短袖的衫，露出兩條凍得發紅的臂。有的還彎着紫紅的瘦臂，抱着一個孩子在顫抖。也有半開着胸膛餵奶的，鼻孔裏淌着涕水，顯然受寒了！更有攙着孩子的手，哭喪着臉，脚趾凍得發痛而在不停地踏脚。

孩子們大的穿了又短又窄的襖，像被細綁着一樣；小的反穿了長衫，垂沒了脚。反正都是一些補了的，舊了的，穿着誰都不會配身。他們本來是會說會笑，愛跑愛跳，然而在炮火底下掙扎了出來，卻也像大人們一般地懂得生活的艱難，焦慮而沉默起來，貼緊在他們的可憐的爸或媽的身邊，似乎失去蹦蹦跳跳的本能了。

老頭兒們縮得更緊一些，一團糟似的，直楞着兩個失神又失望的眼，呆望着人世的蒼茫。

這兒的馬路兩旁雖也有一株兩株的樹，但他們不會誤認樹後就是他們的老家；烏黑的柏油馬路，不會錯覺是肥沃的田土；來去忙碌的汽車，當不了自己的水牛；遠處一埭埭的白牆，不會去幻想那或者是他們的白色的羊羣；他們不會豔羨過這些齊整的一幢一幢的樓屋，當他們在衖堂裏或者階石上睡熟了，老是做着自已的田舍的好夢……

誰迫害着他們捨棄了他們不願意捨棄的老家來到這都市裏流浪？

誰迫害着他們到了這一個地步？他們準會記住他們！仇恨燒着他們的心頭，燒得他們心頭的血滾沸了時，他們準會動手的！陽光晒得他們暖烘烘的全身沉浸在悲憤中了！

四

一輛載重的大汽車，驀然從後邊轟轟地駛近身旁來，待要向旁道閃避開時，汽車吼了一聲，突然停住。

我不由得回頭去看一看「唔——普善山莊的車子！」我的心禁不住砰的一跳。

四個月來，人類的劊子手大肆屠殺，這其間，死了不少的戰士，也死了很多的百姓。他們平時手足胼胝地操作，戰時流離顛竄地死亡。

「哀兵悲民」，在這抗戰中是最可敬愛最可同情的人！然而他們死得太多了。

普善山莊的車子，在馬路上來去如飛，閃耀在我們眼裏的，不是別的什麽，是一幕幕偉大的悲壯劇！

「又是兩口！」一個戴着大笠帽的人說着，另一個人隨着他縱身下車，大踏步地上前，那英雄的姿態，不愧是敢於正視血淋淋現實的人。他們扭起兩口薄板的棺材，鄭重地放到車上。車上已經疊放着十五六口了，現在又多了兩口！

千萬人的血肉，膏肥着這塊國土，不久的將來，大地上將怒放着血紅的鮮花，這流過血的地方一定屬於流過血的人們！

車子又轟然地開走了，我目送牠駛遠去。

「先死者呵，你們壯烈地犧牲了，我們跟着在後面。」

五

我走在麥根路上了，潮水漲滿了的蘇州河靜靜的躺着，沒有一舟半楫，顯得毫無生氣。隔着這平闊的河，那兒是另外一個世界；聳起着燒焦了的柱子，歪擱着傾斜了的屋樑；一朵朵焦黃了的殘壁；坍塌了的斷垣；亂磚，在它上面還橫着幾根長短不齊的焦木，那簡直是大段的木炭呵；一座又一座的只剩四壁的屋子，門和窗全都燒去了，它們是茫然的癡立着；還有一根根高煙窗，它們不再吐煙，不再呼吸，它們散立在這被毀滅的亂堆裏，爲另一種的文明業蹟所驚呆而木然了……

舊時的市民呢？舊時的熱鬧呢？他們爲國難而犧牲了。

這陰慘的，死寂的地獄，却是卅萬人的血汗，是數百萬人的心力，經過幾十年的經營而成的——是四萬萬人的營養的一個機體，是全人類文明的一角；但是它的遭遇是這樣的悽慘！一度的癥火曾毀損了它的左臂，六年來漸漸給醫治好了；再度的癥火終於毀滅了它——閘北！你的名字，永遠鐫在四萬萬人的靈魂的深處！你的毀滅，全世界懷有正義感的人們永遠寄予你同情！

「什麽時候再復興繁榮呢？」心裏在這樣想，心裏便浮起了答案：「我們要以最大的努力再接再厲！」

六

每次從這條街走回去時，那印象是非常深刻的。

把自己的破衣服破帽子，攤在行人道上叫賣，好像一爿小小衣鋪似的。圍着在衣攤前面的也都是窮困的難民，雖然張着豔羡的眼，跳着要購買的心，然而在呆着了一會以後，終於一隻手掏在袋裏默默地走了。有的還回過頭來看幾眼。這生意的清淡是可想而知的。

也有擺着瓶子，鏟刀，鐵鎖，木盆，舊鉛桶……開了一爿雜貨店。那老闆皺着眉，睞着眼，在注視着每一個過路的人，希望每一個人都成爲他的主顧。但是他的妻子，露着沒有表情的臉，伴着她丈夫嘆過氣後，隨即抬起頭來望着鉛色的天空不說話。

旁邊是一爿木柴店。老闆在鋸着舊桌舊椅，使成爲一條條的柴爿；女人是揮着在劈，斧頭又小又鈍，所以很吃力，兩個孩子，一個把柴爿數着，一個隨手用草繩綑着。生意是有一點，但是他們的傢具也快完了。

更有孩子們的店。他們出賣着自己撿的捲煙，熟得發黑的香蕉，又青又小的橘子，三堆四堆的炒蠶豆，五堆六堆的落花生，還有他們的母親煎煮了好久的冷麵餅。因爲貨色多了一些，生意也就不錯，他們天真地叫賣着。這叫賣聲裏譜着的是飢餓的調子。

鄰近還散佈着一些流動的店。

一個婦人挽着竹籃子，盛着十幾條少得可數的鹹蘿蔔乾。這大概是她幾頓吃粥所節省下來的贏餘，現在當作貨色賣了，希望在交易上生出一點可憐的利潤來維持她可憐的生活。

來去叫喊的一個老頭兒，用他乾癟的手，顫動的手指，提着一副白銅脚的老光眼鏡，他從他自己的多紋的老臉上除了下來，一心想賣出這多年相好的老夥伴，換一頓薄粥吃。看了，叫人不敢笑出來，只有從心上湧起一股嚴肅的思潮。

男女老幼的賣報人，更在這奇異的市場上穿插來去，增添了市場的熱鬧。

七

敵人的兇殘，使得他們的市集一天天熱鬧起來；但他們斷不會忘記這是誰的賜與，大家都知道不久便會加利償還的。

我跑回了家，眼裏閃出了復仇的火燄。（491）

撤兵之夜

辛　明

早晨，照例被頭頂上飛機的吼聲鬧醒。

十點鐘王從通訊社裏打來一個電話說：「我軍已退出閘北！」早知戰事之勝敗是靠最後的決戰的上海的放棄是持久戰中不可避免的一着，可是這噩耗仍帶給我無窮的傷感。

午後去看潘，楊。路上很多人抬着頭朝上看好像在看飛機。順着大家的視線看去只見一片黑煙把半邊天都遮沒了。濃煙像波浪似的從房子後面向上湧，到了上面被空氣沖淡了形成一塊大烏雲。無疑的，敵人在閘北縱火了。

剛巧潘楊都未出去。「我軍退出閘北了！」大家見面時不約而同地說。接着就是令人忍受不了的靜默。平時很愛說話的我們現在不知如何都變成很沉默。楊握緊拳頭在低頭沉思。潘仰臥在床上，手裏拿着一張報可是眼睛却不看着報紙。打破這死寂空氣的是鄰人的無線電聲和年輕女人琅琅的笑聲。無線電開的是件曲：「I have a feeling that you are fooling ......」

「你們以爲退出上海對於抗戰前途的影響怎樣？」我在竭力想打破這沉寂的局面。正在沉思的楊這時抬起頭來說：「兵敗如山倒，我想這的確是一個嚴重的打擊。」語調顯然有些頹喪。

「不，我根本不以爲我軍退出上海是失敗。反之，敵人愈深入，所遭遇的困難將愈多。我們勝利的把握也越大。」潘很激昂的反駁他。

因爲想把敵人縱火的情形，留下一些紀錄，所以在八點鐘我別了楊和潘，帶着照相機到火場去攝影。分別時我們緊緊地握手，比平常忽然親暱多了。

從靜安寺上電車，車廂中祇有我一人。街上冷靜得很，行人很少。電車像一匹負傷的猛獸，掙扎着向前奔，發出「格格」的不悅耳的聲音。我坐在車裏看剛買來的晚報。報上八個大紅字標題：「我軍揮淚退出閘北」

「我先在大東看見他們在那兒，曉得苗頭不對，所以就退出來到揚子。啥人曉得他們又尋到揚子來後來就動起手來了。」

「唔，這是他們有意同你過不去。」

不知在什麼時候，上來了三個乘客，一個年紀很青，頭纏白紗布，顯然是被人打傷了。一個是「胡四」型的少年，草綠色的西裝，脊背後打着十多條襇。另一個年紀大約有四十多歲，口啣煙斗，態度頗爲閒散，是一個高級白相人的樣子。從他們的談話中可以推知二個惡少在舞場打架喫了虧，找這「前輩」去報復。

我對於這一羣喪失了靈魂的東西發生了深切的憎惡。狠狠地瞪了他們一眼。

在卡德路下車步行到池浜橋。白天看見的黑雲被火染成了紅色。微風送來一陣陣烟火味。池浜橋上佈滿着刺鐵絲網。大火已蔓延到北岸橋脚下的烟紙店，火舌像兩條白帶從店門板裏向外冒。閒人面朝着火場，圍成一個大半圓，圈子中立着一羣維持秩序的巡捕，和幾個頭戴鋼盔的英國兵。火光射在鎗刺上閃閃發亮。橋，電網，兵士，形成極美妙的前景，而以大火中的閘北爲背景，在燃燒中的烟紙店做主景。這將是一張動人的照片。不但表示大火，同時也生動地把大火的原因——戰爭描劃出來！

當我抽出三脚架預備把照相機裝上去時，突然走來一個巡捕，用帶山東尾子的上海話阻止我。經我竭力解釋說明攝影絕不致妨礙治安。他仍然堅持不允。正在殭持時，忽有人說：「中國飛機來了！日軍在放高射礮。」「快走開！當心流彈！」人於是像散了窠的螞蟻，四散亂奔。我雖然明知這消息的不可信，但也不由自主地跟別人走。回過頭來看見我剛才所立的地位，有二位洋大人在用 Leica 攝影。

「先生，你要照像，我帶你去。」是後面跟上來的一個孩子的聲音。藉着輝煌的火光，我細細打量這孩子，他約摸有十二歲左右。清癯的臉上鑲着兩顆烏溜着的眼珠，是神經質而且營養不良的樣子。我點點頭默示同意，跟着他走。

「你叫什麽名子？」

「李寶山。寶貝的寶，山水的山。」爽快而有勁的答話。

走了不久，到了一處門口掛着「月明旅館」四個燈字。我們走進去，一直上三樓，由曬台爬上屋頂，未受到任何阻攔。我想此地該是這孩子工作的地方。新認識的朋友很熱忱地幫我拿三角架和照相機。

這旅館緊靠河岸，從屋頂望出去，閘北如同一個大火窯，在近處有兩處火勢頂大，火頭升高二三丈，如兩支大火炬，周圍的一切都被浴在微弱的黃光裏。忽然轟然一聲巨響，恒豐紗廠後面的高屋經不起火力的侵蝕，坍去了一角。火頭得了空氣的幫助更兇猛地朝外噴。

沉默已久的寶山，這時很興奮地開始談話：「這火今天早晨就燒起來了。我一有空就到這兒來看。那時還有人沒有來得及逃出來。我親眼看見鬼子把四個年紀青的男人用刺刀戳死，丢在河裏。有一個并未全死，腸子拖在肚子外面，緊抓住河邊喊救命。可是沒人理他。十分鐘後，他不喊了。我永遠不會忘記那悽慘的樣子：張大了嘴，露着滿口白牙，肚腸和着血向外流，還有那絕望的呼聲。」我渾身發抖，幾乎從屋頂上摔下去。眼前一片紅光，分不清是血還是火。其中隱約看見：張着的嘴，白牙，肚腸。我努力鎮靜自己，答道：「是的，你不應該忘記這慘劇，更應當記清造成這慘劇的人！」

火勢越來越利害了，火鴿夾着泥灰四散亂飛，空氣中充滿了烟味，令人窒息得難受。我胡亂地照了幾張像，匆匆離開火場。

× × × ×

幾天後，照片洗出來了，我在牠背後註道：「此影係我軍退出閘北之夜於池浜橋南岸月明旅社屋頂所攝。圖中房屋爲恒豐紗

廠，屋後烈焰冲天則係敵人所縱之火。時爲民國念六年十月念七日」（417）

上海點描

彭啓一

（一）

南市我最後一部份英勇的弟兄也壯烈地犧牲了。

大上海落在敵人的魔手裏！

五百磅重的大炸彈落在南市各街巷，房屋炸開來了，同胞的頭炸開來了！血肉與火焰齊飛。南市變成了裂開來的火山口。

黑雲瀰漫了天空，看不見一絲太陽，大上海在哭，卅多萬的難民在哭。

人們的心也彷彿一下子落在敵人的魔手裏了，失去了鎮定，失去了歡笑。

不祥的消息，就像帶在開足了的馬達的輪子上不斷地傳開去。

「×處，漢奸在散傳單！」

「×××要粉墨登場了！」

「交通斷絕，上海三百五十萬的人口要斷糧了！」

膽怯的人們在嚷着：「大禍臨頭！」懊惱着自己爲什麼不早一些離開上海。

頑强的人們伸直了腰桿子，準備給打擊者以打擊。

（二）

在米店的門口，擁滿了提着籃子上早市的人，他們握着拳頭，雨一般地敲着那米店裏緊閉着的門，人們的嗓子喊啞了：爲什麼有米不賣給我們？

「媽的！漢奸還不是想趁火打刼抬高市價嗎？」

「㑚那格娘阿是想把米留着賣給東洋人？」

裏面的回音一點也沒有。各大報的新聞欄裏分明地登着「上海糧食充足，市民勿憂」的消息。

（三）

大飯店的住客牌子上面，寫滿了人名字，酒店的老闆就心明天是否買得着魚肉。

男人一睜開眼睛，就吩咐女人今天別忘記了割一塊錢的豬肉。

於是，肉價也漲了價。一塊錢要買到兩斤多，現在，現在一塊錢只買着那瀟瀟的一塊，鬼才相信那還有一斤足數！

女人吝惜那手中的一塊錢，心中想：吃肉吃不起，就去買一點青菜吧！誰知道青菜也漲價了。問價錢他却要四百六十文一斤，翻開來一看，那菜葉子上面却盡是蟲眼。

要買好的嗎？這兒也有價錢是兩毛錢一斤，少一個子兒你休開口。

（四）

十一月十一日，大美晚報刊出了一條有人要求工部局取締新聞，工部局現正考慮中等等的消息。

於是大街小巷傳說着××與××兩大報即將停刊了，某某報要搬到內地去出版。某報有變成漢奸報的可能。救亡日報發行部的電話每分鐘亦要響過好幾次，無數個讀者一致同聲地問「救亡日報」明天是否出版？

文化人就心着上海將來要變成一座死城了。據說連××局也着了慌，派出人四處去打聽着各報停刊的消息，是否事實。

第二天各報仍舊刊出了堅決的社論，謠言漸漸地淡了。

（五）

十一月十三日，南市仍舊混亂，男哭女嚎，一片悽慘的聲音，彷彿刀一般地刺進了人們的心。難民們已經餓了三天三夜，雖則有幾個慈善團體送去了一點糧食，但是粥少僧多，沒有進一點飲食的，依舊是數不勝數。

這是一幅慘絕人道的情景，不預料比這更慘絕的事實即將到來了。這裏抄下一段立報的記載：「十二時廿五分新北門障川街突然由城內穿出敵兵卅多名，將沙包佔據插上太陽旗幟，用鎗刺將四圍難民驅散，這時整條民國路的難民是受驚了……

二時廿分，新北門又穿出小型坦克車二輛，西向循民國路巡行了一週，機聲軋軋，輪齒也把我們的路面咬破了：步兵十四名也隨車遊行示威，馬路兩旁我們非武裝的平民都呆住了。

二點半，三個工人模樣的青年在潘家街口被抄檢查了好久，此後就下落不明：……」

現在十多萬的難民，是被圍困在敵人的鐵蹄下了，讀者諸君，請想想他們以後的情景吧？

（六）

在霞飛路杜美路口，那一塊四面圍着竹籬的空地上，立滿了我們從南市退出的弟兄們，其中有警察，有公民訓練隊有壯丁。武裝的軍隊圍繞在周圍。

突然有一個年青的小夥子，流着淚伏在竹籬邊高聲地向裏面嚷着：「我代表全上海的同胞們向你們致敬，你們是爲了租界的安全，爲了南市廿多萬難民的安全才退出來，你們一點也不慚愧。失敗是成功之母，我們不應該灰心，長期的抗戰是不在乎一時一地的得失的。」

裏面的人都抬起了腦袋，一個身上還穿着民衆送給他的棉背心的弟兄在嗚咽啜泣了。他們都一致地點點腦袋。

裏面的人和外面的人，互相地招着手，互相地嚷着各人的名字，被尋的人與尋的人的嘆聲吻合時，便互相地哭了，他們慶幸着沒有犧牲在敵人的礮火下。

嘆聲得不着回應的也有，他們臉上露出了焦急的表情，那一對滿含着淚水的瞳子呵！彷彿敵艦上面的探海燈似的，向着竹籬圈子裏亂射着。他們的兒子，兄弟，丈夫，也許早已成仁了吧？終於拖着沉重的脚步走開去。

旁觀的人也拖着沉重的脚步走開去。

（十）

是南市敵我激戰得最激烈的時候，是上海陷落的刹那，在傷兵醫院中四五個弟兄正在爲着看護小姐幾天不給報他們讀而吵鬧着。

「爲什麼不給報咱們讀，咱們身上掛了彩，眼睛又沒有掛彩！」

有幾個敏捷的弟兄，已經從礮聲的方向，看護小姐的臉上，意識到不給他們報紙讀是怎麼一回事情，便坐在床上嘰哩咕嚕着。

「媽的，有什麼了不起，頂多是東洋鬼子將上海拿去了，我們老早的計劃就要退到國防線上去打呢。」

可是看護小姐爲了他們身上未愈的創傷，又怎麼忍心將「大上海陷落」的消息告訴給他們呢？

我仍在工作着

雷醒

十一點鐘敲過了，我仍在工作着。四位專負交通職務的團友，都分送報稿去了。

早半天起就是秋風秋雨，若斷若續，這時更顯得異樣的沉寂。

大幅的（長約八尺，寬約五尺）孫中山先生畫像，這是團友某君特爲紀念中山先生誕辰製的。昨夜在討論怎麼紀念孫中山先生辰誕之前，把牠展開，二十幾位分團代表，雖然在局勢緊張中，都被先生的革命精神吸引住，嚴肅起來。

「明天是我們中國革命的偉大導師孫中山先生誕辰紀念日，」主席這樣說，「中山先生爲我們中國開闢了革命的大路，可惜革命尚未成功他就死了。現在日本帝國主義，瘋狂的向我們進攻，大上海也被牠轟炸，破壞了。我們上海的市民，每個人都應該負起保衛大上海的責任，依照中山先生的遺敎，爲着民族獨立、民權自由、民生幸福而努力，達到中山先生四十年奮鬥沒有完成的革命目的。要實現這一目的，必須依照中山先生所指示的喚起民衆及聯合世界上以平等待我之民族，共同奮鬥！上海人要首先起來保衛大上海，做全國同胞的榜樣，全國的同胞要共同起來保衛中國，堅持抗戰到底，爭取最後勝利。」

我們團友很是興奮，大家計劃着怎樣進行明天的工作，於是一致喊出如下的口號：

孫中山先生革命精神萬歲！
聯合世界上以平等待我之民族打倒日本帝國主義！
民衆組織起來武裝起來保衛大上海！
全國民衆組織起來武裝起來保衛全中國！
中華民族解放萬歲！

散會時在二十幾位團友的臉孔上顯現着出征戰士的精神。

在風聲雨聲中忽有一陣談話聲和皮鞋聲衝破了辦公室的沉寂，我們有一隊團友從外面工作回來了。大幅的畫（孫中山先生畫像）橫倚在牆壁的一角，傳單、標語、紀念特刊擱置在寫字台上。

他們雖然都被雨淋濕了身子，可是非常興奮。一個團友說：「我們出去時，雨下得還小，首先就到國際第一收容所，和幾位難童，在廣場上，把大幅的畫展開來做背景，拍了一張十吋照片之後，就對難胞們作紀念孫中山先生誕辰的講演。接着又到了××收容所，難胞們看我們在局勢緊張中不怕風雨，宣揚中山先生革命精神，大受感動，連南市的危險也忘了。我們還要往大世界收容所去，往新世界收容所去」他一面興奮的講着，一面吃着點心。

下午三時許，我從醫院回來的時候，雨下得特別大，看見一隊團友正由大世界出來，沿着虞洽卿路向新世界前進，於是大幅的畫像又在新世界展開了，團友們的肉喇叭又在難胞前面響起來了。

虞洽卿路兩旁貼着××團出版的壁報保衛大上海特刊，內有「保衛大上海」的歌曲，這是在各報紙上登載過的，孩子劇團在無線電裏合唱過的。還有一首「中國好像個大餅」歌詞如下：

「中國好像個大餅，勿讓東洋賊老又吃個半飽！
如果讓牠吃半個，那就是妥協，連那半個也不保。
過去血的教訓，幾次妥協都把國土送掉。
保衛大上海就是保衛華北（就是保衛全中國）大家要知道。
大家要知道，民衆與武力，建造鐵的城堡。
建造鐵的城堡，殺呀！衝上前去，趕走東洋賊老！
全面抗戰，堅持到底，最後勝利定得到。
中國好像個大餅，勿讓東洋賊老儘量吃個飽！」

「我們原想把大幅的孫中山先生畫像在大馬路先施公司一帶的電桿上或牆壁上高高掛着，給市民們瞻仰瞻仰，但恐怕被雨打濕，并且馬路巡捕定會把牠除掉，就把牠掛在新世界收容所的大門裏邊——這樣可多掛幾天。」二三團友在傍晚回來時，興奮的報告着。

雨下得小了，黑暗的天幕沉重的籠罩下來，我正對一位交通員解說上海撤兵的意義，他似乎不大瞭解。九點鐘了，無線電報告消息打斷了我們的談話。

「……我堅守南市最後陣地第五十五師張旅，和警察總隊，江浙別動隊，在敵軍砲火彈雨下，艱苦奮鬥，但因工事被毀，又水斷糧絕，在昨日午刻奉令撤退。祇有少數部隊，願與陣地共存亡，在淒風苦雨中，决死抗戰。到今天午後四時許，鎗聲漸趨沉寂，此一部死守淞滬最後陣地以便居民安全退出之壯士，已全數作最後壯烈的犧牲……」

「中國國民黨上海特別市黨部，今天發表敬告全國同胞書，大概說：淞滬抗戰是全面抗戰的一面，是長期抗戰的一期，甚至可以說：淞滬抗戰祇是全面抗戰的開始。在三個月中，我忠勇將士的戰鬥和犧牲，全市民衆的捐輸和服務，消耗了敵人五次增援六次總攻大量的海陸空軍事力量，我軍所負任務，確已完成。雖因戰略關係，撤離滬市，决不是我軍的失敗，更不是淞滬戰事的終了，或全面抗戰的定局！正因爲這樣，上海全市的同胞，以及全國的同胞，不要被漢奸理論所動搖，一定要認清今後民衆所負的任務更加艱難和偉大，應該堅持到底，有進無退，纔有成功。……全面抗戰一日不停，那麽，我們全國同胞抗戰的後援工作一日不止。……蔣委員長曾說：『吾人自衛之决心，始終一致，雖至戰士之最後一人，領土之最後一寸，亦不稍變更初志。』我全市同胞願與全國同胞，共相勉勵，非達到最後的勝利，决不罷手！」

那位交通員聽到這兩個消息和我的解釋後，舞着拳頭說：

「祇有和敵人去拚命，打！打呀！」

此刻是深夜十一點鐘了，我還在工作——在橙黃的燈光下，使用鎗一般的鐵筆。

經理的訓話

阿明

秋末的天氣，暖和的陽光照遍了大地，吶喊和槍聲聽不到了，只有南市的大火，遠遠的炮聲。

在×××傷兵醫院的大門外，停着兩輛救護車，人們雜亂地擁擠着，進進出出的醫生護士服務員，以及門外坐着站着的受傷的勇士們。他們把準備開走的兩輛救護車四面地包圍起來了，卡車上的帳蓬裏擠滿了受傷的勇士。王排長拐着腿，慢慢地從裏面突圍出來，很親熱的握着我的手，誠懇地說：

「同志！我們分別了，但應該怎麽表示我對你們的感激和敬意呢？」

「王排長！那裏話呢？我們同樣爲了祖國，爲了不願做奴隸，應該是同樣站在一條戰線上，我們的心是整個的，我們的友誼就是建築在這整個心上的，是嗎？」

「是啊！我們都是親親熱熱的自己弟兄，雖然我們分別了，但我們的心，仍沒有分開。我們今天雖然在這麼悲慘的情况下，被逼到內地去，但我毫不傷心。大場閘北南市的失守，大上海的陷落，只有增加了我的憤慨。現在我管不到傷口痊癒不痊癒，決定跟着輕傷弟兄們到寧波自己的隊伍去，我們一定要反攻到上海來！同志！你放心好了。」

王排長的話越說越激昂，我們的手也越握越緊，我的眼睛呆呆地瞧着他那堅毅的臉孔，上說不出話來了。卡車開始移動了，王排長難過地放鬆了我的手，點點頭，拋出最後的一句話：

「同志！下次到上海再見吧！牢記着上海是我們的。」

「上海是我們的！……」

卡車飛也似的馳去。

快快地走到三樓上，人去樓空，有幾個病室是結束了。下午無事，只得囘到自己的職業地方——店裏。店裏經理先生正在召集全體職員訓話。他裝出莊嚴的面孔，配着漂亮的英國紳士的服裝，踱起方步來，很有英國紳士的風度。他把四面立着的職員們打量一下，開始訓話了：

「昨日中國軍隊，完全放棄上海了，我想各位都知道的。但從今日起，我們已處在日本人的勢力下了。我們要維持自己的安寧生活，必須檢點自己過去的錯誤，不能再有以前那種自由行動，弄出禍祟來，不但自己有性命危險，本店也有極大利害關係。你們的行動，雖然表示愛國，但有些地方我總覺得很好笑。一時興奮，一時熱血衝動，都是幼稚病。記得七月裏有一天，聽說什麼豐臺廊坊克復了，你們丟了工作，放鞭礮啊！昇國旗啊！大聲唱救國歌啊！然而有什麼用處呢？第二天消息傳來：『宋哲元逃到保定去了，天津北平陷落了，』你們又垂頭喪氣，好像被打傷了的狗。所以我覺得中國人這種惡習氣，眞是好氣又好笑。同樣，「八一三」開火後，你們的熱血又衝動起來，大家湊熱鬧，幹着所謂救亡工作，什麼救護員啊！服務員啊！童子軍啊！可是到今日，上海戰事是這樣的結束了，結果，你們得到什麼呢？更可笑的，所謂救亡工作，是在膳堂的牆壁上，貼着「打倒日本帝國主義！」的標語，救亡日報，以及美不勝收的紅綠小標語。甚至在宿舍內，樓梯上，也貼滿標語，這是不是可笑呢？這，簡直是做把戲給自己瞧的！中國人要是不把那些劣根性除掉，救中國是不可能的。現在你們是不相信，也許到以後纔會信服我的話。關於中日戰事，這樣下去，一定是兩敗俱傷，我們總是希望和平，使老百姓好過着太平日子。幸運得很，我們大家總算在租界上，沒有受到無謂犧牲。所以從今日起，我們要保全自己的生命，生活，財產，我們不得不順從環境，聰明人要「看風使舵」否則，要是鬧出禍祟來，在你們本身是自作自受，還要連累本店，害了大家。從此以後，你們沒有事的，少外出，空閒的時候，應該在宿舍內，看看書，或談天睡覺也好，決不來干涉你們。總之，我說這番話，是關心你們，你們應該牢記着，你們也要關心我，關心本店的利益。好——完畢」

同事們默默地散開了，表情是苦痛的。

晚上，膳堂內樓梯上，宿舍內牆壁上，都不見了標語的痕跡，只有膳堂內佈告欄上，剛剛貼上一張新的緊要佈告：

為通告事，茲因局勢變化，環境惡劣，禁止職工，臧有一切色彩書籍，及本店禁閱的報類，不准再置進店來，如有違者，以後查出，着即開除此佈。

十一月十三日　××管理科告

我的心痛楚着，我彷彿又聽到我的老朋友離別時的最後一句話：「上海是我們的！」

大上海的廢墟

周鋼鳴

許久沒有到外灘去了，尤其是在敵軍從浦東登陸之後，老早就想到外灘去巡視一番。昨天，終於在秋雨連綿中冒着雨向外灘走去！

在新關碼頭上——這時一隻德士古的小火輪從浦東駛過來，剛剛靠攏碼頭。船裏盡裝着從浦東逃過來的難民，和許多擔蔬菜的鄉下人。這時浦東同鄉會派了幾個職員持着旗子在碼頭守候，等難民出碼頭的時候，就把他們裝到卡車上去，給他們分配到收容所去，或是分派他們去做工。但有許多難民不知其中情形，當時頗為慌張，不肯上車，恐怕把他們載到什麼地方去，這也難怪他們，他們好像驚弓之鳥，完全被駭慌了。但經過向他們說明之外，才蹣跚地登上車去。

在外灘的路上，與戰前差不多，各銀行公司裏的洋行小職員們，仍照樣匆匆地來去，只有各馬路口還堆置着許多沙袋，各大廈屋頂上飄飛着各國鮮豔的旗幟。

在黃浦江裏，從白渡橋以下停着七八艘敵艦，敵人的水上飛機在江空上旋盤馳飛着。我向白渡橋走去，在英國領事館門口遇到一羣從日本銀行裏走出來的日本人，小鬍子，短腿桿子，滿臉橫肉，神氣活現在馬路上大搖大擺着。這是上海失守以後，我第一次看見日本人的驕矜氣度，而這些日本人，正是所謂「帝國選民」的在鄉軍人，是瘋狂的侵略者的幫手；在他們的身上混合着軍部法西斯和武士道浪人的氣質。但我相信在日本的貧苦大衆決不是這一模一樣的驕矜吧？也許他們正在皇軍侵略的光榮戰爭中失掉了丈夫或是兒子，他們正在封建地主的淫威下，在飢餓中飲泣吧？

白渡橋上是租界的巡捕在站崗，橋的北首，百老匯路口是敵軍的步哨、槍刺對準着走過去的人；中國人和中外人都不許走過去，虹口在敵人的封鎖中荒寂冷落了。我佇立在橋上悵望着橋的那邊有我小小的家，有我幾年來流浪的行李和書籍，也許給敵人燒燬了。我並不可惜，毫無足惜。我只悵望着橋那邊死難的同胞，兄弟姊妹，父母在敵人的礮彈下槍刺下，在敵人的縱火中，他們犧牲了，慘死了。有的還在鐵牢裏鬥爭着。我沿着蘇州河邊走着，這時看到在吳淞路口上空，飄起敵人宣傳用的金黃色汽球，有方桌般大小；在汽球的下面掛着一條寬闊拖長的布幅，上面用紅藍的顏色寫字，我祇模糊地看到「佔領崑山」的幾個字樣，其他的就看不清了。踱過江西路自來水路橋，看到四川路郵局工作人員仍在繼續地工作，昨天大美晚報上曾登載敵軍派隊到郵局去偵查，並傳聞敵軍將要實行檢查郵電，非法的干涉郵權，到昨天爲止還未見實行，但這件事我想侵略者的毒手遲早總是要伸過來的吧？沿着江西路文監師路海寗路望過去，昔日神祕繁榮的北四川路，現在已變成死寂的街市了。我走到河南路口，從鐵柵門望出去，看見幾個敵軍在鐵柵門外，在陰雨中，像魘影一樣在廢墟中活動。我想看一看北站的情形，但被英兵阻止，不能走到鐵柵門去看個究竟，於是我只得繞囘麥而近路，走過北山西路，去走到界路口的時候，前面沙袋堆得很高，把前面的視線都遮住了。這時幸好北站大旅館的後門下敞開着，倘有人居住在裏面，我走進去看到旅舍裏的門窗都震碎了，當中隔開每個房間的夾牆也被震倒了。整個旅舍裏面都倒塌得一塌糊塗。幸好屋甚堅固，不然也被震倒了。我爬上二層樓上去憑窗望下去，窗下就是界路，在界路的兩旁的房屋都被震倒了，弄得稀爛，顯着一片破瓦頹垣的慘象。在界路上曾被擲中無數五百公斤的炸彈，把馬路都炸燬了，成一個個巨大的坑洞。這些坑洞比大世界門前的還要巨大，現在都被破瓦頹垣掩塞着。至於鐵路管理局大樓，那屋殼仍巍然的峙立着，在牠的牆上中了無數的炸彈和礮彈，到處顯着壘壘的戰痕。在屋子裏面是被火焚燒着，煙火從每個窗洞裏噴出，現在只剩下燒焦的灰燼和殘痕。在七層樓屋頂豎着一面敵人的海軍旗，在秋雨中垂下來了。火車站和月臺已經被炸成一堆殘缺的磚土，像一個破燬了的大墳墓。在整個閘北一片土地上，就沒有看見一尺完整的地方。

在寶山路口只有幾個敵軍往來，他們吃的水，都是從虹口轉接過來的水管，躺在頹垣裏像死蛇一樣。在一些頹垣上，敵軍在上面豎着一塊白木牌，上面寫着「戰跡保存」，下面的小字就看不清楚了。

據那位旅館執事告訴我：他從「八一三」開戰到現在，他始終沒有離開過這火線下。當敵人來擲炸彈的時候，英兵就叫他們躲到沙堆裏去。據他大約的統計，敵在北站附近曾擲下三四千個炸彈和礮彈。炸彈總是五百磅重以上，據說有一次敵機擲上硫磺彈，沒有炸中房子，落在馬路上，炸開來，硫礦飛滿各馬路上，地上屋子裏平均積量約有一寸多厚，由此可想見敵人當時轟炸的猛烈了。他說：「住在北站的敵兵，多是滿洲人，常常聽到他們說北方話。但是他們現在都裝出東洋人的面孔，說東洋話，來欺負我們同胞了。」我聽了他的話，我望着在頹垣瓦礫裏的敵軍，我想，也許在這些敵軍的中間，就有我們的東北同胞吧？我想放大喉嚨高叫起來：「中國人不打中國人啊！」

「該向哪兒跑？」

狂　人（十九歲·學生）

一九三七年十一月十四日。

陰暗狹窄的教室裏擠滿了穿藍布旗袍的同學，每個人的臉部都露出緊張、憤恨、痛苦的表情。猛烈的北風從門縫窗罅衝進來，人們都起着痙攣，蓬亂的頭髮在嫋娜地飄揚着。空氣窒息悶人，彷彿黑夜的地獄。

人們還是不斷地從門外擁進來，她們祇是用善意的微笑招呼着，隨即安靜地去找尋坐位。

她們都把全副的注意力灌注在一張大綱上，她們都恬靜而沉着，好像有暴風雨就要降臨似的。各人的心在加緊地跳躍，全身的血液在奔騰着！

「各位同學！」一個矮小的影子出現在講台上，立刻把陰霾的空氣擾動了：「自八·一三抗戰爆發以後，我們同學每天都在過着緊張熱烈的生活，我們都毫不憐卹地把自己的生命獻給偉大的祖國。在自治會和同學們的努力下，我們完成了許多有利於抗戰的工作。我們曾用激昂的歌聲，溫柔的訪問慰勞過掛彩的同志，傷兵醫院裏深深地刻着我們的足跡；我們曾用節省下來的金錢和時間給兵士們做衣服，我們會奔波於街頭巷尾，向同胞們灌輸抗戰意識；我們參加過難民教育工作……這些都是我們青年不可推諉的責任，為求民族解放，我們決不會發生怨言；我們祇有興奮！」一陣興奮的光輝略過了她的臉，使她更顯得美麗。她繼續的說下去。

「但是同學們！今天呢？前天當我們舉行總理誕辰紀念時，我們還聽到隆隆的砲聲，在打擊着我們的敵人，但是今天，同學們，我們的國軍是撤退了！我們變成了沒有武裝保衛的人民！」她的激動沉痛的話，帶着強烈的顫抖，深深地打動着人們的心坎，淚水潤濕了每個人的眼眶。

「同學們！可是我們決不能膽怯、我們知道這是艱苦的長期消耗戰，我們軍隊雖撤退了，但是我們該用自己的力量來保衛自己」一陣掌聲，把她的話打斷了。

「當然今後的環境漸趨惡劣，我們不能盲目的幹，學術股因此召集一次座談會，題目是『今後該向那兒跑？』希望從集體的討論中得到一個具體的解答。請各位儘量發表意見，因爲這對我們的關係太密切了！」

接着是靜默，彷彿暴風雨的前刻。

「主席！照這張大綱的規定，我們的前途有三個：到內地去，到敵人的後方去，仍舊停留在上海。爲了便利起見，我想請依次討論下去。」

「是的，我們要依此討論，那麼請主張到內地去的同學發表意見。」

「我是主張到內地去的！在抗戰前，上海是全國的文化中心了，戰事爆發後，一部分文化人已到內地去繁殖新園地了。因爲抗戰是全國性的，我們決不能把這淪陷的上海作爲中樞，讓內地仍停滯在冷漠的氛圍中；我們必須把救亡的火把燃燒在每個人的心頭，只有內地才是建設新中國的根據地！在廣大的內地，多數人還過着與國家脫節的生活！我們怎能利用人力呢？所以我認爲這啟蒙的工作，我們青年人應該負担起來！」

「我有些補充！憑着我們的經驗，我們對於組織與宣傳比較有把握，怎樣才能收効呢？主要地應把民衆的生活與抗戰聯繫起來。歌詠戲劇漫畫演說尤其是個別談話就可以作爲我們宣傳的手段。」

「我以爲我們應上前線去，不管是做哨兵，游擊隊員，或者看護！」

「我覺得有機會我們也可以相繼升學，努力學習機械與工業技術，我們不是感覺武器缺乏嗎？我們不是要求國防經濟建設嗎？我們應該對這方面也要注意，讓人們知道我們女同學也不是一碰到自然科學就要頭痛的！」平時最努力數理的何高聲嚷着。

「關於內地，我要特別提出的，就是陝北！那裏我們可以受到眞正的戰時教育，在艱苦中鍛鍊自己！」

「對的，陝北！我們合夥兒到陝北去！」一陣熱烈的響應聲從人叢中發出來。

「各位對於這問題還有意見嗎？要不，我們得討論第二項。」主席把尖銳的眼光掃射在同學們的臉上。

「主席！到敵人的後方去，除了上海，那是比較困難的，因爲我們都是江浙人，目前要跑到北方去，比較困難。時間並不充分，我們可否討論下一節？」

「對的，主要的還是討論下面，我們不願意離開上海，我們要保衛我們的家鄉！」這一般的吼聲從人們的喉嚨裏傳播出來。

「都贊成嗎？沒有話講的同學多多發言不要害羞，我們是同患難的伙伴！」她把視線集中到沉靜的一角。

「上海在經濟上仍有相當的重要，而且與各國人的接觸機會較多，我們儘可能利用機會向國際宣傳敵人的殘暴與我們抗戰的意義和決心，使國際同情我們，增加我們的力量！」

「上海有廣大的民衆，敵人的毒化與奴役勢力必然要侵蝕進來；一般人的抗戰意志還動搖得利害，我們必須堅定他們的信念！」

「我同意他的意見，在全面抗戰過程中，根本沒有前方後方的分別，假若我們能努力組織民衆，隨時給敵人以打擊來制，那麼與直接上線去有什麼差異？我們要培養收復大上海時的潛勢力！」

「留在上海決不會沒工作可作，我們有更艱難的責任放在肩上，在惡勢力的摧殘中，的確可以鍛鍊我們更堅強的意志！」

「主席！時間快到了……趕快，我們得排演話劇！」話劇組的同學着急地抗議。

「我不懂，有人主張到內地去，有人主張留在上海，我們仍舊沒有結論，請主席付表決吧！」不知誰道樣嚷着。

「不！請你等一下。各位還有意見嗎？要不，我們可以做結論。」

「是的，請做結論吧！」

「剛才有一位同學要把討論過的東西付表決，那是不可能的！我們的環境各有不同，決不能用決議來規定我們的行動。但是從今日的討論中，我們知道：不論在上海或者到內地去，祇要我們能夠把握現實，處處都有值得耕耘的園地，得看各人的環境而定。我希望今天的討論不是無聊，虛僞的；不久以後，我們一定要歡送我們到內地去的同學們；同時，我們更希望留滬的同學，不要因敵人的摧殘而消沉下來，在高度的壓力下，我們的反抗力亦要增強的！現在散會了！」

每個人都懷着一顆激盪的心從教室裏出來，薄暮橙色的夕陽，慰撫着她們興奮的精神，彷彿是人間最偉大的母親，她們消滅了惶恐、苦悶，每個人堅信着：

「能夠認識現實、把握現實的人，到處都有耕耘的園地！」

（744）

第四輯

孤島風景線

界路一瞥

杜　康

上海眞是個神祕的地方，假使有一個人根本不曉得中國有過戰爭，你如請他到南京路逛逛，或是霞飛路走走，他會對你說：「上海不愧爲世界知名的都會之一」，然後你再請他到界路上去瞧一瞧，那末他會驚奇得什麼似地，對你瞠目不知所答了。

其實我們又何嘗不然呢？有職業的早上從家裏出來走進辦公室，晚上又從辦公室出來回到家裏去；沒有職業的，也終日在街頭上儘向着熱鬧的街擠軋着。上海的確是太平的，曾有過一度猛烈的戰爭，那也不過是一場惡夢而已！

其實上海是眞的太平了，可不是一場惡夢嗎？你看，界路又已開放了！記者搭乘七路電車在旱橋下了車。跳下車第一眼瞧見的，當然是沙包，那些沙包也像死去了一般，一點也沒有生氣，只是軟軟地黏在地上。

記者懷着一顆蹦跳的心兒，向着界路進去了。啊！悽涼喲！這裏曾扮演過人類空前未有的大悲劇，爲了野心，爲了生存，這裏死了多少他們父母所疼愛的兒子們啊！

祥生汽車公司的第八分行這座法國式矮矮的建築物，像受傷的老牛一般，橫躺在地上，喘着牠殘餘的氣息，睜着牠死的淚眼，瞧着界路上來憑弔的人們。

是的，界路上行駛着「五路」「六路」「七路」這三路電車，中國巡捕穿得厚厚地站着崗位，來這裏憑弔的人們也頗多，然而這裏只有空寂，人們像往耶魯撒冷聖地去的一樣嚴肅。

穿過祥生汽車公司殘破的法國式建築物，列車從受過砲火洗禮的瓦礫堆中呈現出來，是那麼悽絕，像一條被天雷殛死了的巨莽。

我向東走去，北站在望了。三五日軍，穿着黑色的皮大衣，帶着綠黝黝的鋼盔，步槍橫着刺刀在寒風中向着界路閃着寒光。太陽旗在他們的頭上飄蕩着。這時，三隻巨大的轟炸機從天空中出現了，機聲軋軋地，抬頭一望，是天空中的猛禽，像正向地而上撲擢着雞雛。

北站僅具一個空殼，窗門裏的沙包寂寞地向着對面，——這裏過去有敲着鐵鍋賣天津包子的舖子；也有趕車的乘客用一塊錢兌不足三千文的煙紙店也有水菓行，廣東點心店：現在，都完了！只是一片荒地！我聞到濃烈的火燒焦氣，或許是我神經的過敏，我還聞到一股臭氣哩。

再前進是鐵路管理局，這八層樓的建築物，經過一陣劇烈的戰鬥，面孔都被撕破了，仔細一望，裏面心臟也沒有了！對過均益里近街面的房屋都因砲彈的震動而有樓塌屋坍的。

地上的瓦礫堆中間有着「戰跡保存」的木板豎着。我正凝視着，忽然從寶山路中跳着四五十個外國兵，他們活潑地從瓦礫堆中蹦跳着，有的拍照，有的抬頭眺望。

寶山路口有一面長方形的黃旗，中間有紅綠的八卦形的圓心，日軍四五名負槍實彈地在站崗。我望進寶山路去，想必是「戰跡保存」吧，電線桿橫七豎八地，兩旁的房屋都僅具空殼，無名英雄紀念碑近旁的新房子，我也望得見，然而依稀難辨，似乎也完蛋了！

我看見一個穿着夾袍子的男子漢，對着中國巡捕，把夾袍子的下擺拉上來，歇斯的里似地說：「先生，我逃出來時，只有這一點！這一點！」中國巡捕只是唔唔地，人們也不關痛癢地走過他的身邊。

我轉入北河南路，再走進老靶子路，直到北江西路，才有高高的沙包堆着，不能前進了。然而北四川路來來往往的車輛，還可以從沙包中望得見，我望着，好像孩提時代望着萬花筒似地！

原來整個世界就是個萬花筒呵！可是中國巡捕來驅趕我了：「走啊！走啊！被外國巡捕看見，我要吃牌頭的啊！」我驚醒過來了。我才決定向湧擠着人們的街道上走去，這時陰暗的天空已是夜色來臨了！

帶着世紀末的哀感，然而又夾着一線光明的心，我回到了家中。

報販們的苦笑

長城

望平街——這是大小報販們日夜所不忘懷的街名，在這條短短的街道上，他們得到各種各樣的報紙，於是吃的問題解決，住的問題也解決了！雖然這「解決」是解決得很可憐的！

記者雖然不是個報販，也並不是因為當了新聞記者，才對「望平街」這街名有着親切之感。當記者幼小的童年時，可就對「望平街」有着親切而感動的記憶了。因爲聽着父親說，當辛亥革命成功的一天，望平街上一清早就擠軋着要看報的人羣！

望平街尚在曙色的朦朧中，不，寧可說還在黑暗中，因爲天空中塊塊的烏雲堆中，月亮却在拚命地衝破濃重的雲塊而顯露出她的疲勞的蒼白的臉來哩。

還時候是清晨五點一刻，望平街上在滄淡的街燈光輝中依稀可以看見黑憧憧的人影。那就是可憐的賣報孩子了！有的穿着破碎的棉襖，下身只一條單薄的夾褲；有的穿着一件短短的破大衣。記者走近他們去，他們縮着發抖的身子，清水的鼻涕正在淌着。

脚踏車一輛一輛地，從記者身邊滑去。大餅攤上，有吃着一塊大餅的小報販，的什麼炒麵湯麵的攤子上，比較闊氣點的大報販們坐着。記者也吃了一碗陽春麵出來。望平街的兩邊街沿上，放着大堆的報紙，旁邊蹲着或跪着報販們，喊着「大美來啦！」或是什麼報紙來了。

每個那樣的報堆四面，就圍着好多的小報販們，他們的發腫的發紅的小手在數着銅子，他們接了報過來，於是雙手呵着熱氣把報紙摺起來。記者趁他要摺好了，就走過去問其中一個最年小的：「我看你像是讀書的？」他先一楞，可是見記者很像個「老師」的模樣，他笑着說了：「那末你的學校開麼？」我也笑了。我問問其他的：曉得他們有的是因店關門了而做報販的，有的是讀書而現在却讀不起書了；有的是從戰區中逃難出來的……問問他們生意如何？說：「我們中國軍隊退出上海後，我們賣報的只好吃燒包！」說着苦笑着。他們每天也可賺個六七百文，可是他們可愛的小嗓子已像老槍一樣的瘖啞了。

一個年老的報販挾着一大疊報紙正在吃油豆腐線粉，記者走上去問他：「生意可好，老頭子？」老頭子回頭來向我一看：「唷，原來是你先生，這末大清早來麼？」他原來在八一三前，我常在他的攤子上買報紙或雜誌的老報販。他告訴我現在大報大都停掉了，而新出的各種各樣的小報，又是消息差不多相同的，實在嘸啥道理！「先生！從前一百個戶頭現在三十個也不到了。他們有的回鄉下去了，有的不訂了，有的……」他略停一停，於是又說道「大概怕死掉了吧？」他搖着頭歎息着「賣報的現在要改行了！」記者拍拍他的肩頭，說：「現在哪一行吃得飽肚皮呢？」老頭子向着記者呆住了，好久，他才唏噓着說：「可不是麼？」

記者離開那要改行的老報販走過申報館門口，只見冷寂寂地什麼聲息都沒有。是的，過去的她的黃金時代，何時再來呢？這時候，所謂各種各樣的小報也都快到齊了，每堆報堆邊擠着的人也多了，而喧鬧聲也在寒風中播蕩開去。天空中的月亮變淡了，望平街有生氣了。記者覺得大家都在忙碌着，獨有我在閑蕩，實在是不合理，於是也拖起冰冷的脚步走了。我忽記起童年時候聽過父親的那段望平街的情景來。

望平街在我的記憶中活躍起來！

米・大餅・醋

蕭　仇（二十二・小學教員）

「×豐米號。」

一塊塊剝漆的牌門板緊緊地站立在門檻上，樣子像丘八先生在操「立正」姿勢，是挺直的。牠整整地站了四天了沒有「稍息」過。

「上午八時發售，每元七斤。」一張紅紙條貼在從牌門板上挖出來的一個小洞上邊——一個小洞最多二方尺左右，樣子活像探監用的牢洞。

人很多的，人男的女的——有年青的嫂子也有龍鍾的老太婆，有強壯的漢子也有白髮的老頭兒，幾個瘦瘍瘍的小把戲也拖在大人的屁股後面像尾巴那樣多餘。

這些人好像都發了瘋，混亂地，瘋狂地，都緊緊的擠着。擠，目光集中在這一個二方尺左右的牢洞，手伸着，個個都像在要對準這個目標鑽進去。

一條條的身子擠緊着，胸口貼緊脊背，脚尖踢着脚跟，頭跟頭常常碰在一起。身子跳動着，掙扎着，手臂高高地伸張着，法幣在空中飛舞，淘籮、竹籃、布袋、枕套……在頭頂上打滾，騷動，騷動……

在裏面的要擠出來，外面却迫緊着要擠進去。有的漲紅了臉在大叫；有的圓睜着眼在怒喝；也有嘵嘵地在咀咒；也有幽幽地在哀求。唾沫在四處噴射，臟屑對準着人的鼻孔、眼睛、嘴吧鑽去，整個的聲浪亂轟轟、亂轟轟的……

一塊塊剝漆的牌門板吱吱地在叫，「×豐米號」黑底金字的照牌在空中顫抖。

牢洞裏飛出來一張紙條：「米已售完，明日發售。」伸出來的一隻手啪的把紙條貼在洞旁。人群轟然地發出絕望的呼喊，怒罵的、咀咒的、怨訴的……

二位戴硬殼帽的巡捕先生知道是他們來顯身手的時候了——在以前他們是站在外面的，隨便駡幾聲「他媽的」消消遣，皮鞭子常常向跑過來的瘦女人或小把戲們示示威，但有時高興却也隨意抽幾下的——於是他倆個子左右包抄，從外線衝到內線，翻過來從內線攻到外線，正似衝鋒陷陣，銳不可當。皮鞭子靈活地在跳動，皮鞭下在大叫，號啕，哀訴……但是難免也有咀咒。

一個瘦女人拖着一個四五歲的小把戲，在皮鞭下潰退下來。小把戲的手裏提着一隻空的塌着報紙的菜籃子，小眼睛睜得圓圓的，從空的籃底穿到瘦女人的臉孔，悲哀擒住了他的小心，輕聲地說：「媽沒有米呀……！」

那個做媽的瘦女人沒有回答，拖着他走向弄堂口的大餅攤，一張法幣找回二百七十個銅子，八隻薄薄的硬硬的大餅投進孩子提着的空籃。

做媽的把二隻塞到孩子的另一隻手裏，孩子是表示拒絕了，小臉龐哭喪着：「媽！我要吃飯呀。……」

媽的心像尖刀在刺，一把捏緊了孩子的手，顫抖的聲音：「乖孩子！明天一定吃飯……」這話她已說了三五次了。

孩子不說話，低下頭，一塊大餅慢慢地來向小嘴，當那硬的、冷的、粗糙的、淡苦的麥粉塊滾向他細小的喉嚨時——這淡苦的麥粉塊在今天是第七八次滾進他的喉嚨了——二顆熱淚掛上了他的小臉龐。

媽在激動的情緒下，抱起他的孩子，當她顫抖的嘴唇親上孩子的小臉龐時，像一罐酸醋倒灌在她的心坎裏。……

米店外的行列

陸　亮（二十・練習生）

「怎麼辦？米店裏已三天沒有米賣了，我們每天盡是吃麵，胃口也快要吃倒了，」母親愁眉苦臉地向我說：「今天買些什麼東西吃呢？」

「真的，我們南方人是吃不慣麵食的，我連吃了三天麵，力氣也沒有了。」我回答媽。

「紊貞紊貞！」亭子間裏的張先生從外面跑回來，高聲喊着他妻子說：「法大馬路萬昌米店今天有米賣了，快去快去買！」

我聽到了這好消息，連忙兩步當作一步的向外跑。

「杜生！杜生！」媽拿了米袋追出來喚着我：「你不拿米袋怎樣去買米呢？」

我接了母親的米袋，還是很快的向目的地奔去。在路上遇見了許多拿着米袋淘籮……的男女老少，他們東西亂跑着；互相打聽着：「哪裏有米買？」因爲他們問我，我總是很忠實的告訴他們說：「跟我走！」所以在我後面跟了十幾個要買米的人。這情形看起來倒很有趣味。

我們跑了十分鐘光景，那米店已出現在我們的眼前了。但是我們在這米店門口已擠了一大堆人，至少在一百人以上。他們都在爭先恐後的擁擠着。我們看見了這情形，恐怕遲到了會買不到，所以加緊了腳步，飛也似的奔到那邊。可是我們看見那米店的小門（這幾天米店爲了避免許多買客一起擁進去，所以營業的時候只開了一個牌門板上的小門。）並沒有開着。這很使我們失望，然而我們不，我們還要雜在這一大羣「同志」中等着。

等着、等着、等了一刻鐘光景，在遠處開來了一輛法捕房的汽車，上面有二個華捕、一個法捕、和二個安南巡捕，他們同時都跳下車來，把我們驅逐到離米店二十間門面以外。要是誰不聽巡捕的命令，便有嚐到藤條和木桿的滋味。甚至於走得較慢的人也難免要被挨打一兩下。我因爲逃得快，總算沒有被打着。我們雖然被驅逐得很遠，但是我們依舊等着希望着。

大約過了五分鐘，那米店的小門開了。巡捕就命令我們一個人一排排成了隊伍去買。這時大家都要搶着排在前面，所以又大亂起來了，可是經過巡捕的篠條木梍再揮了幾下，大家才漸漸地平靜了下來。

我立在這很長的隊伍裏，向前面看去，至少有六十人，向後一看，還有八十多人。

這時我心裏想：假定一個人費一分鐘時間，那末輪到我大約還須一個鐘點。我看看路旁商店裏的鐘，已是十點半了。因爲早晨不會吃過東西，所以這時肚子也覺得有些餓了。但是我不能離開這隊伍去買一塊大餅吃，只得挨着餓受着寒風的吹襲，漸漸地向前移動着。

好容易過了一個鐘點光景，我總算移近那小門了，可是前面還有三個人。我很担心着：恐怕輪到我時米已買完了。

再過一會，我終於移到那小門口了。這時我心中的快樂，自己也形容不出來。我連忙把二元法幣和一只米袋交給那店員。

「只可以買一元。」他退回了我一元，很快的量了幾下交給我。

我拿了米回家時，看見這隊伍還是長得可怕。（至少還有一百人。）他們都用了羨慕的目光向我看着。

我恐怕有人要搶。（這幾天時常有搶米的事情發生。）所以我很快的奔回了家。這時已十一點五十分了。

我們把米秤了一下，只有九斤多些。如果吃完了這些米，上海依舊沒有很多的米到，我又得去擠半天了！

唉！爲什麼要這樣受苦呢？記着，這是敵人賜給我們的！(172)

另一種人

張鎮山（二十九·商·）

國軍因戰略關係而西撤，上海就隨着加上了「孤島」的雅號，而籠罩在混濁的氣氛裏，圍困四週的是黑暗的魅影，各處封鎖阻滯，致「國米來源斷絕」就由謠言而成爲事實了，上海數百萬生命都有餓斃的危險。我一顆堅決自信的心也滲進了一些恐懼的液汁。我提一提放在床底下的米袋，至多不滿三升，假使上海斷一個月或者半個月的米，我就要做餓死鬼了。妻在旁慫恿着說：「呆想什麼？快些去買些米罷，後樓嫂嫂，西廂房阿姨家裏都買來了，洋秈米每人限買一塊錢……」

於是，我就提着袋踏上了煩囂的市街，當我走近米店時，我好像跌入油鍋裏煎熬似的難受；望着那簇擁在米店門口的人羣，心中就燃起了憤怒之火，暗自詛咒這種情形的創造者：——日本帝國主義！

我由愛多亞路的盡頭開始徘徊，一直向着外灘走去，所見的每一家米店門口總是擁滿了人。蠕動得像糞缸裏的蛆似的，一羣羣的去了，一羣羣的又來了，不容許那些米店夥計息一下，有幾家米店門口紊亂得眞難以形容，店門被擠倒了，玻璃被打碎了，店夥們拉高了喉嚨叫：「不要擠，不要軋，米有得賣，棧房裏還有八十担……」但是羣衆仍是置若罔聞，只要人堆前面有一個人買着了米擠出來時，就有許多人蜂擁上去塡補。……

我走着走着，經過了一條又一條的馬路，一爿又一爿的米店，都是擁擠着許多恐懼飢餓的人羣，由東而西而南而北，整個的上海市的米店都陷入於搶奪式的紊亂中；有些米商就投機取巧，利用這種情形而行欺騙，有許多買米吃虧的人在擠出了人堆之後，總是自言自語的漫罵：「良心眞黑，一塊錢只有這一眼眼（即一些）搭伊講睬也勿睬，眞正要氣煞（死）……」的確在這種情形之下要想和米店夥講一句話眞無異一個小百姓想和大官僚攀談似的困難，遑論和他們爭多少！即使他們偶爾收了幾個人的錢而不給米，你也奈何他不得，何況少給！所以那些受到「少給」待遇的人也只好對他們漫罵一陣而已。

但當我走到富人住宅區的路上那家米店門口時，我的感覺突然變了，從那一羣的表情，態度和服裝上看來，可以斷定大多數都不是恐懼飢餓的人，雖然他們和她們大都是車夫娘姨之類。

我站立在人堆的外線袖手旁觀，一小時又一小時的過去，我總是屹然不動，望着他們一次又一次的買米情形的確有些好笑，有幾個人去了再來，來了再去，竟連續地買了七八次，還有幾個人擠軋得疲乏了就咒罵起來，車夫和車夫攀談，娘姨也和娘姨訴說。

一個手臂上挂了一塊號碼牌的包車夫說：「眞正要命，這樣買勿好，左一塊右一塊，像煞家裏沒得米吃樣的，買了再要買，這種人。……」

「是呵！我也買得怨來，我家太太的脾氣眞特別，家裏有七八担老米，還要來買斷命格洋秈米，買了放在擱樓上喂老鼠。」又一個車夫說。

「伊拉（他們）有銅錢的人總歸是這樣的，像我公館裏存了五十担國米，還有許多張向外國定米的定單，還要叫用人來一塊一塊錢買，短命的太太苦頭不是自己吃，一點勿也曉得。……

……」

「呵！你公館裏存了這許多米，你老爺在啥地方做事體？」另一個人不待他說完就插嘴去問，同時還把脚步移過來和那個人站得貼近。

「在銀行裏。」那個人只輕淡地回答了一聲。

有錢的人畢竟是有錢的人，貧窮的人畢竟是貧窮的人；上海的存米儘管告罄，國米的來源儘管斷絕，這些問題都是貧窮人的問題，有錢人是毫無關係的；米可以存儲幾十担在家裏而且還會直接向外國去定！推而及他，什麽沒有了，他們就可以向外國去定什麽！無怪乎抗戰一開始富翁們就拚命買外匯存儲，但是他們並沒有想到，——其實是想不到，因爲他們的心被脂肪塞住了——「皮之不存，毛將焉附？」

當他們談論，謾駡，詛咒得起勁的時候，那家米店門口突然貼起了一張紅紙條，上面寫着：「存米告罄，待到再賣。」但是那些失望的人並不十分相信，一個個張目觀望，待望到櫃內眞沒有米，蔴袋空空如也，堆得像一大堆垃圾，各人才垂頭而喪氣地回去。

「祝捷遊行」

小　巢（十九：學生）

天氣異樣寒冷，層層雲塊舖滿了天空，太陽躲藏了，似乎消失了威力。

翻開早報載有觸目的消息，敵軍將由滬西進公共租界而到虹口，當然租界當局是允許了的，一股惱恨之氣，直冒心頭，記得國軍退出大上海，閘北還有三百多位據守四行倉庫的健兒要通過租界繼續參加神聖的抗戰工作，可是沒有應允，到如今還被拘留着，而現在竟讓敵兵大搖大擺的招搖過市，這是不能磨滅的恥辱，永遠的牢記着吧！

走進學校同學們都很激昂的談論着，有的主張這種事不値得大驚小怪，即使天天遊行，我們也可給他一個不睬；有的定要看個究竟，到底所謂「皇軍」是怎樣的？我是贊同後者，好在我們的學校是他們「祝捷遊行」必經之路，而我的教室又是臨街，不妨看個明白。上過三節課，教務處來了張佈告：「今天因特別戒嚴，提早放學。」誰都明白這是學校當局的一番苦心，不得已犧牲學生的學業。一陣喧鬧的脚步聲，課桌椅的拚擊聲，同學們相繼離校，我存心觀光敵人的「雄姿」，就到附近飯館裏很草草的吃了一餐。剛踏出大門，崗位已經密佈大街小巷，對面法租界××路上立滿整排的黑幽安南兵，後面的鐵甲車，鎗口向西針對着，形勢嚴重，路上行人稀少，只在人行道上走動。

我們學校的地位太顯著了，所以敵人早具戒心，很周詳的注視着。大廈的管理員也向沿街居戶，諄諄勸告，應將所有窗戶緊閉起來，不要向外窺看，恐發生危險。但是他們還是不放心，每間房屋派一個既高且大的巡捕來監視我們，巡捕踱進來時就似乎很有理由的說一聲，不客氣的走近窗戶把守着，不幸得很，他的魁梧的身軀，遮掩不了整個的窗戶，依然剩下空隙給我們觀察下面敵人的動作。

這時馬路像死去了的巨蟒，翻着雪白的肚皮，夾道的商店都關上了牌門，沒有行人，也沒有車馬，市街進入了冬眠的狀態；飛機整隊的在租界上空翱翔，流散着恐怖的調子。

在英法租界交界的三角地上，除了武裝的中西捕和穿黑長衫戴黑眼鏡的包探外，還有六七個穿黃制服的敵警仰首呆望着我們這座建築物，如果有人開窗或窺視等情，就指手劃脚的叫巡捕來干涉。五個拿着手槍的巡捕闖進我們的鄰室，叫同學們舉起雙手，將所有的桌椅全部抄查了一次，結果一無所得的走開。還時出入的孔道，前後大門，有人看守，交通斷絕，我們成了孤島中的孤島的居民，我不由得向租界當局感謝他們森嚴的佈置，盡力戒護；更不由得可憐他們，手忙脚亂的情形。

膏藥旗的汽車活躍了，大批日西記者，提了卡麥拉奔走探照。

不久來了四個騎着精壯馬匹的印度巡捕，手裏執着三角旗，我們以爲今天又有大出喪在軋熱鬧，可是接着的不是佩帶黃花手捧長香的送喪者，而是坐有小鬍子揚膏藥旗的××人民，臉上堆着驕笑。隨有矮胖的軍官，也騎着似乎疲勞過度的馬，遊行的隊伍出現了。穿着簇新的草綠色的軍裝，三人一排，一百多人一列，每列有二挺機關槍，約有十餘連光景，兵士風塵滿面，長頭髮灰皮鞋，年歲都在三十以上，可是軒昂的態度被無情的戰神吞沒了，帶有些兒倦意；加上不整齊的步伐，愈看出零落。這是世界號稱「第一流軍隊」的軍容。後面是近十輛卡車，裝有高射砲和測量器，前後左右有八九人保護着，我發見車上安置着我國各廳中陳設的太史椅，有敵兵坐着低頭假寐，不知做着故鄉的夢呢，還是要人屈膝的夢。

來了一百多個騎兵，又是一隊用六匹馬拖的砲隊和裝寄件的馬。說來奇怪，這些馬和敵軍成了一個相當的配合，都表現着營養失調，疲憊不堪。

近二百個工兵之後，又有三四連步兵，從十二時起直走到五十分左右，才跟來了十餘輛汽車，觸眼的膏藥旗，使人眼花撩亂，有歡送的意思。殿後一輛中有不知殺身之禍就在眼前的漢奸，恬不知恥的露着諂笑。

領教了所謂「祝捷遊行」的「雄姿」，體味得「祝捷遊行」的意義，我心上只起了漠然忿怒的感覺，一點沒有恐懼，更覺得我們抗戰的有意義，無限的歡樂和光明在我們的前途。

我們看見走完了末一輛車，立刻把窗推出，一股惡劣的空氣溜出窗外，幾乎窒息的胸部，漸漸舒暢，天也漸漸的明朗化，街上重新開始活動，人們從冬眠中醒來，心臟繼續跳動。

晚報上載着兩段新聞：

一：大世界對面鐵架上修鐘的青年工人，看見敵軍的橫行，直氣得冒出火來，忿恨得忘掉自己身在二三丈高的架上，失手附下，口中大呼「中華民國萬歲」！熱血濺在遊行的路上。

二：南京路上有青年投擲炸彈，傷敵兵數名，那位青年當場被巡警槍殺。不可避免的騷擾恐怖，流溢着東方第一大商埠繁華

的街上。……(612)

亡國奴的滋味

鍾望陽

從馬斯南路走回家的時候，在路上已聽到很多的謠言了：說是日本軍隊已「佔領」南京路，並且從虹口方面還正不斷地派軍隊進租界來，看模樣是要「佔領」租界了！我當時很恐慌，因爲我的家正住在虞洽卿路新世界的附近，那邊，聽說也被日本軍隊「佔領」去了。

急忽忽地走回家去，繞了許多個圈子，總算越過了南京路，從北京路走回家的時候，街道上的人和車輛擁擠得不堪。有人說在老閘橋那邊日本兵搜查得很厲害，並且還捕去了人哩！我更爲心急了，我想今天能不能回得到家裏去呢？

白克路以南的虞洽卿路是不能通行了，鉛絲網攔着，日本兵的雪亮的刺刀在暮色的寒風中閃爍着，我站在白克路上憤恨地瞧着日本兵。只要走十幾步路，就可以到我的家裏去了，可是我不能走過去！

總算穿過了白克路的一家西裝店，我才走到我家的後門。我走上樓去的時候，我的六歲的女孩兒露出又快樂又驚惶的臉來，想高聲叫，可是却不敢地被壓低着叫道：

「爸爸來啦！爸爸來啦！」

母親從房門裏迎了出來，她老人家鬆了一口氣，嘴裏低微地唸着：

「阿彌陀佛！菩薩保佑！」

走進狹窄的後樓，電燈發出慘黃的光來，妻子正在哄着四歲的阿梅，說：

「爸爸來啦，不要害怕！」

我問妻子：「阿梅爲什麼哭？」她告訴我：「阿梅怕東洋兵來殺死她！」我頓時心裏非常難過，悲哀和憤恨交織着，我不禁落下了淚來。是的，這末小小的孩子，也對生命有着摯愛了！

「阿梅不要怕東洋兵！他們來，我們打他們出去！」

六歲的阿秀，揑着拳頭，對她的妹妹說：

「妹妹！打他們出去！」

可是，我的母親膽怯地說了：

「輕一點！他們在樓下哩！」

正這時，樓梯上一陣急促的脚步聲響起來了，像劈柴一樣地在這時候聽來，是會使每個人的心兒都會悸動的呵！阿梅又哭了起來，阿秀只向她的祖母的懷抱裏鑽去，妻子却趕忙去關房門，我呢，木然地站立着，等待着命運來支配我吧！

「快，把扶梯門關起來！快……」

這聲音是三層擱樓上唱戲的說的。接着，我聽見扶梯的門關上的聲響。我把房門打開了，那唱戲的正走上樓來我問他：

「怎末會兒的事呵？」

「街堂口擺攤子的阿三，被東洋兵打了兩個耳光，他媽的東洋兵不準阿三講話還不準他點燈：……」

正在這時，扶梯的門搖響了，喊聲

「開一開開！……」

是洗衣服的老太婆唱戲的去開了。老太婆一進門來，就輕輕地駡了起來：

「肏他格娘！東洋浮屍！……」她走了上來，見了我們，又說：「不要緊了，現在街堂口的鐵門關上了！肏他格娘！東洋烏龜進來，我來拿把菜刀去殺死他們！」

平時這間兩樓兩底的房屋裏，什麼聲音都有的。無線電播音；又麻將洗牌的聲音；南廂房裏那賣淫婦逼着怪肉麻的聲音唱着「打牙牌」的小調兒；三層擱樓上唱的「八月十五日光明……」；一切喧雜的聲響，現在都像死了一樣地荒寂！

二房東是個寧波人，他的圓圓的紅胖的臉兒，現在看來，已完全是個灰色的皮球了。他走到我們的房間中來，說：

「頂好，電燈不要開！因為我們是沿街的房子。」

我告訴他，我們住的是後樓，不要緊的，頂好還是請臨街的房間熄了電燈的好。他點着頭兒說聲：「是！」就匆匆地走去了。

我走到窗前向街堂中一望，墨暗的，電燈一盞都沒開亮，對面那家小旅館也沉浸在黑暗裏，我看見黑憧憧的影子在窗口匆忙地幌動着。……這嘈雜的街堂，現在是死寂了！

我走到前樓去，打從窗隙縫往外望出去，虞洽卿路在白悽悽的電光中柏油路發出黑色的亮光來，日本兵像伏在戰壕裏站在鐵絲網的後面。我再要張望下去，可是二房東已來阻止我了，說什麼不要看了。

跟妻子商量着，如果今晚上日本兵不退，那怎麼辦呢？我深恐日本兵來抄家，如果眞地那樣做了，那末我的性命說不定會丟了的，因為我有兩三百本的書本子，而這些書本子是足够有槍斃我的資格的，雖然不完全是抗日的書籍，然而有這許多書籍，不是一個知識分子麼？哼，知識分子在他們是格殺不論的吧！

我跟妻子連忙把書本子向牀底下塞進去，外面，放着箱子。我連破櫈子上的墨水瓶也放到當作廚房的晒台上去了。一切都「肅清」好的當兒，忽然街堂裏有一個聲音高高來地徹叫出來：

「東洋赤老滾蛋啦滾……！」

對面小旅館的電燈倏地開亮了起來，立刻，街堂里有着奔跑的脚步聲了。而我們這個兩樓兩底的屋子呢，也頓時像翻倒了的箱子似地喧吵了起來！扶梯上的脚步聲不斷地：——Ta！Ta！Ta！

我只聽見男男女女的人們的駡聲：

「侖伊拉格娘拉來東洋赤老！……」

母親鬆了一口氣唸着：「阿彌陀佛！菩薩保佑！」妻子似乎也放心了，我只是覺得好笑了起來，可不是麼，只幾小時日軍的「佔領」，可是已够我們嚐到實際的亡國奴的滋味了！

我洗了一把臉，走下樓去，街堂口那個攤子，排骨又在沸油裏煎起來了。廣洽卿路，好像什麼都沒有發生過似地，又是人和車輛，來來往往地擁擠得不堪了！不一會，我又聽見爵士音樂的聲響從舞廳裏漏出來，塗着濃紅的胭脂的野雞，又三三兩兩地在水門汀上出現了！

可是人們的臉上，終竟是比往日不同了，大家還沒有忘掉剛才曾受過一度的屈辱呀！

魔窟

伯南

這並不是一件撩人春心的桃色新聞，也不是一篇歪曲現實的文藝小說，這是一張獸性暴露的帳單，而且是鐵一般堅硬的事實，的確發生在最近所謂孤島的上海。所以除了你自己應該密切的注意之外，你還得告訴你的子女，告訴你的親友，告訴大衆，使他們深深地刻在心版上，除了時刻的戒備外，還得永遠的不使忘記，靜待着機會，去清算這張帳單。

因爲這不是一個微小的社會問題，也不僅是二萬萬二千五百萬中國婦女的恥辱，抑且是中華民族的奇恥大辱！

這件事實的開展，是在日前的一個早晨，柔軟得像絲巾一般的春風，拂着阿珠頭上所燙飛機式的頭髮上，一絲絲的在那裏飛躍，和暖的陽光，含羞似的從窗縫裏透進來，射着蘋菓似的阿珠的面龐，格外顯得嬌嫩美豔，她正躺在一間非常潔淨的臥室裏的一只床上，手裏執着一張新聞紙，她用着她一對烏黑明亮閃閃動人的眼眸子，正在竭力注意着紙上所刊的一節小小的「招請」廣告，她想了好久，她歡喜得從床上直跳起來，趕快拿了這張新聞紙，去給她的父母觀看。

阿珠，是一個女子中學裏的畢業生，她今年纔十九歲。她的家，本來在閘北，因爲無情的砲火，把她及她的父母從家裏逼出來，方纔避居到租界裏來。接着因爲一個大工廠的倒閉，她的父親又宣告了失業，一家的生活，漸漸地陷入了恐慌的境況。她的父母只生這一個阿珠，所以阿珠自身也感覺應該去担負一個非常沉重的責任，在家庭裏，她不願意依着「婦女回到廚房裏去」的一句話，老是躲在家裏，她願意到社會上去找件事做，掙一些錢來奉養她的父母，因此在她發現這條廣告的時候，她認爲這是她一家三口的生活泉源！

廣告上這樣告訴她：「某公司爲擴充業務起見，擬添聘女職員數位，凡年在十六歲以上，二十五歲以下，略識文字者均可應徵。倘能粗通國語或日語者更佳。月薪五十元，有意者請至某處面洽。」

她徵得了父母的同意，立刻依着地址，趕到那裏去應徵，一個瘦小身材的男子，好像很誠意的招待她，詳細地問了她的姓名、年齡、籍貫，及學籍後，並沒有經過什麼考試，他對她微微的一笑，這一笑很快的在他面上消逝，他還是掛着一付嚴肅的面孔，對她說：

「很好，你的資格很適合，但是這裏是臨時辦事處，你還得坐上我們的汽車，由我們這裏派一個職員伴着你到我們的公司裏去，見見我們的總經理，面試一下。」

這好像是投考的應有的步驟，而且在白天，她並不駭怕什麼，所以她毫不遲疑的隨着他們所派的一個職員，踏上汽車，嗚嗚的幾聲喇叭響，把這一輛汽車飛一般的送向東面而去。

車身拐了好幾個灣，並且經過了一頂廣大的橋面，在一座大廈的門首停止了行駛。他下了車，發覺這裏是上海的東區，是「八一三」砲火發生地點不遠的地方。她想到這裏，就好像四週有非常緊密的機關槍聲，一顆巨大的砲彈，從她頭頂上掠過，她嚇得幾乎哭出來。她很明白自身已經陷入了魔窟，恐怖籠罩了她整個的心靈。她的四肢，是這樣的戰慄着，她好像喪失了聰明，她不知道那一條是她可以逃走的路。

一只強有力的臂膀，不使她站在那裏呆想，它一把扭住她的玉臂，拖過了又長又大的石級，拖上了一個小小的電梯，又拖進了一間闊大的房間。

在那裏，她發現水汀是燒得這樣熱烈，但是房間裏還是充滿着陰森冰冷的氛圍，地板上除了舖一塊廣大堅厚的絨氈外，找不到一榻一椅，只有數十個與自己同遭遇的中國女子，和算不清的魔鬼，都是赤裸裸一絲不掛的躺在地氈上。每個女子的面上，都印着深深的淚痕，緊緊的閉着雙目，吐着急促的呼吸，聽憑那乖運的支配。一個個的魔鬼，都嘻着牙齒，露出猙獰可怖的笑容，像得了什麼寶貝似的興奮。

她知道處境的危險，很快的，拚命的，掙脫了強有力的臂膀，旋轉身軀，正擬開門逃出這個暗無天日的人間地獄，但是魔窟那能這樣容易的脫離，他的熱淚，像泉水一般從她的眼眶裏湧出來，內心的悲痛，使她哭不出聲響來。

接着一個長大的魔鬼，強迫的把她推倒地氈上，她究竟是一個女子，那裏有這樣的力量，可以去抵抗這乖運的來臨，好像一條毒蛇，爬上了她的胸際，嚙咬她純潔的心靈，一陣劇痛之後，她已經昏絕過去了。

經過了很久的時候，她漸漸的清醒過來，她發現她最寶貴的貞操，已經破壞，兩腿是這樣的軟綿，沒有力量可以把她沉重的身體支持起來。她微微的轉了一個身，又發生了一陣劇烈的痛楚，她發現右臂上已經被魔鬼們用火烙着一個「二四」的號碼。正和旁的女子一樣，她這時不自禁地放聲的大哭起來，哭得又昏絕過去。

從此，她就像可憐的一羣一樣，依着號碼，沒有白天和黑夜，都遭受着蹂躪。那裏的女子，誰個不想自盡，但是沒有一個適當的時間，去找一根帶子或者少許毒藥，每天雖然有很多的東西，送到地獄裏來，但是誰也不願意嘗試一下，去延長她們殘餘的生命。

經過了數天，阿珠面上蘋果一般的處女美，早已消逝得乾乾淨淨，所留下的只有一張枯黃瘦削的面容，一雙眼珠吐出微弱疲勞的目光，深深的陷在眼眶裏。她自己很明白，已經離開死神不遠，但是她終不願將她的一個屍體遺留在那裏，她寧願死在家裏！

在前天的侵晨，魔鬼們正呼吸的睡着，她得到一個逃避的機會，趕着檢起一件魔鬼們所穿的西裝大衣，裹着她赤裸的身體，帶着一顆破碎的心靈，經過了數度的危險，終於在魔鬼們的鐵蹄下逃出這人間地獄，回到家裏。

父母們正爲着她的失蹤，焦急得日夜不安，現在看見她回來，眞不知怎樣去表示他們的欣慰，所以趕着問她在過去的幾天中遭遇到什麼。但是她沒有幾句話可以去安慰她父母慈愛的心靈，她只有兩串辛酸悲傷的熱淚，連續不斷的掛在她剛在所換的旗袍上。

是睡眠的時候了！在一個深沉靜穆的夜上，但是在一間潔淨的臥室裏的阿珠，還在那裏伏案書寫她最後的一封信，信裏很詳細地敍述着她經過被魔鬼們誘騙蹂躪的一切，正像以上的情形一樣，更不知道一滴滴的是血是淚，浸透了潔白的信箋，模糊了一個個的字跡。

翌晨在這間臥室裏的床上，還是安然地躺着一個阿珠的身體，但是她的靈魂，已經脫離了她的軀殼，離開了這汚髒殘暴的世界。她的面容，是這樣的蒼白，眼睛還是這樣瞪瞪不願緊閉，她好像有許多的憤恨，蘊藏在她的心頭，沒法發洩。

檯上，留着一個來沙爾的空瓶和一封昨宵她所寫的遺書。

媒妁公司

丙

在南京路哈同大樓五四二號，一間用紅木傢具布滿的「寫字間」，周圍牆壁上懸掛滿紅綢的喜幛，粗粗望去，會懷疑是沉重的空氣籠罩着的結婚禮堂的，那是在廣告上聲說着「提倡優生」「甄選血統」「實行科學婚配」「使青年學生强種」的「天緣婚姻信託社。」

這是一個純粹以介紹曠男怨女們的結合來解決他們的終身大事的組織！通俗一點的說明，便是正似於媒妁公司，把舊式的媒妁之言成爲公開的營業部門，自然這在中國是一件簇新的買賣。

中間竟然還分成登記，調查，體格檢查，指導介紹，結婚六科，並且把服務程序劃分爲「預備」「愛友」「結婚」三個時期，而且還規定登記的年齡爲二十歲；否則須家長簽字認可。還設有法律組，據說那是用來防備「愛友」間的不道德行爲的。全部辦事章則，從文字上看去頗見週到。

至於納費，已分成三個階段，最先是登記手續費三元，身世調查費五元，體格檢查費十元，指導修養費二元，其次是愛人介紹費十元，訴訟保證金十元；等到一切完滿解決，於是最後便繳納結婚典禮費五十元，大功就全盤告成，「天緣」便算締定了。

創辦人是工部局北站小學的教師俞大同，但據工部局華人教育處聲明：這是屬於他個人的行動，無權過問。據該社表示：幾天來生意頗爲興隆，已有數百人報名登記，男的固佔了多數，但女性亦頗爲踴躍云。就上海的環境現狀來推想，自然是可信的。

自從去世不久的熊希齡在四年前刮光了鬍子與年方花信的毛彥文結婚之後，不但打動了那些老年人，而且還暗示了當時的社會，流行了集團結婚。這種風氣的造成，並不僅由於趨時的「一蓬風」心理，而是反映着社會經濟崩潰中，在婚姻市場中購買力薄弱的男女青年們內在苦悶的嚴重，一有可以轉換呼吸機會，即刻抬起頭來。兩年中間集團結婚盛行的結果，只是促起不具備完全的條件的少男少女們的苦悶更趨嚴重，兩者的比較，當然是得不償失。

八一三後，孤島上的男女青年的環境益不如前，在國事的苦悶壓抑下，因而新的煩悶只會一天天增多，性煩悶是其中有力之一；於是找尋麻醉與刺激成爲每天生活的起點。自然在一部份女性方面，因着戰爭的打擊，在婚姻市場上的重量日漸削弱着，設法來結婚，實在已成爲最良善的生活出路之一。天緣婚姻信託社的出現，無疑針對了現實，把握了青年們煩悶心理含蘊着的核心，較最近出現的「集團結婚代辦所」之類更進步得多。

可是全部費用需要了九十元，加上「製造愛情」所必須的消費，卻是一個並不算小的負担。無疑的，這種時髦的投機事業也許最初會獲得部份的成就，但是最後的終結能不能是健全的「成功」倒是個疑問呢！

奇異商場

雲　兒

我的家是在上海的一個很奇怪的區域內，不是租界，不是越界築路，也不是南市的難民區，而是徐家匯的天主堂區。除了這天主教勢力的大本營和一座天文台周圍一方里的「國土」，得免於鐵蹄的蹂躪。正因爲這地區是從法租界到南市和附近鄉間去唯一的通路（指國軍退出上海後而言）往來的人口特別擁擠。

我向在公共租界辦事，事務相當忙，平日無暇回家。當國軍西退時，曾回家「搶」了一點東西，在租界上租了個亭子間住過後來聽說家給劃在教堂區內，便搬了回去，從此又安心工作，不大回家了。自到南市去的路開放後，就得到弟弟來信說：教堂區已成了回鄉去的唯一途徑，近來人羣擁擠不堪，其中大多不是回鄉去，而是到鄉間去偷東西到租界上來賣。信上又說起我家買了許多隻飯碗，只有兩毛錢一隻，行軍床只有一塊錢……。還有很多的賤極了。「但我不知道你需要看什麼書，不能替你買。」弟弟這樣寫着。

在某個星期日，終於偷了一個半天空回家去看看了。

法租界徐家匯的廣場上，已變成臨時的蔬菜場，千百担的蔬菜，待着顧主，三四輛運貨車正裝上各種菜蔬，準備運到租界的中心去。租界與教堂區的交界區更爲擁擠，進租界的人須受檢查，除了菜蔬、米、柴以外，一切用具，甚至衣服之類的東西一概不准帶入租界。一個山東漢子擔了兩隻木桶擠在人羣中想混進租界，却遭受了羅宋巡捕的毆打。

出了租界，又是一副景象，路上滿是往來的人羣，其中十九是異方口音，尤以江北爲多。去的人都是空手，來的人却是「滿載而歸」，他們挑着、肩着、背着、提着，總之，用各種不同的方法拿着各種各樣的東西：如面盆、碗盞、燈罩、椅子、雨傘，以至馬桶、夜壺之類，只要人家日用之物，只要拿得動的無不具備，因爲不能拿進租界，只好就地廉價賣掉，這眞是一個奇怪的商場。

才到家門，只見媽媽、弟弟等都站在路旁，瞧着那些奇怪的行列，經過很有趣味似的。已出嫁了的姊姊也在，正在跟一個拿着十多隻玻璃茶杯的婦人爭論着價錢。媽媽笑着對我說：

「你看你姊姊自己家裏的東西都給人家拿掉了，現在還要出錢買東西用呢？」

我湊上說：「恐怕要買着她自己家裏的東西呢？」

「可不是，王家宅的新寶前天在這兒候着買東西，看見一個人拿的一輛孩兒坐車，好像是她家裏的，上前一看，一點也不錯，還出了一塊錢買下來。」媽接着又說：「你姐夫就反對你姐姐買這東西，他說：『這些東西都是偷出來的，是不義之物。』——他還痛惜着他家裏的東西呢。」

「這十隻茶杯賤不賤？弟弟，只八毛錢。」姐姐買了茶杯，欣然的對我說。

「媽，柴，木柴，」弟弟指着人叢中掮着一捆柴的人嚷着。

媽媽正想下去，却早有一個婦人在講價了。媽媽可惜的望着這捆木柴，忽然推着我說：

「雲兒，你看這柴都有紅色的漆，大概又是給劈掉的桌椅了。」

我上前去一看，並不像桌椅，但大概是板壁之類的東西了。

「唉，怪不得你大姨到這裏來要流眼淚了，」媽又嘆着氣。的確，像大姨的房子造得還不滿一年，傢具都是新辦的。現在淪在戰區裏，雖還沒燒掉，但誰能說不給人拆下來當柴燒呢！

姐姐也想起了家，呆呆的望着手裏的茶杯不響了。

弟弟領我到交界處去看。狹狹的路上擠滿了人，但秩序倒相當好，右邊是載滿了東西過來的人，左邊都是空着手，單行排齊了想過去的人。法國兵在維持秩序，要是誰爭先，不但給鞭撻，而且給拖到行列的最後面去。我們只能站在離交界處的鐵絲網十多丈遠的地方望着。鐵絲網那邊站着五六個黃制服的兵士，搜查着每個過來和過去的中國人，不時舉起槍柄打人，被打的只有屈服，沒有反抗，或是連連的拱手。有的所拿的東西給沒收了，並且給打了幾下，空手過鐵絲網來，臉色當然是異常沮喪。

「先生，外國書要嗎？」一個人一手提着一隻麻袋，一手拿着兩本洋裝書，我接過來一看，一本是英漢模範字典，一本是算術之類的書。我只要一本字典，問他多少錢？

「先生，這兩本是一起賣的，一角大洋。」他說。

還需要還價嗎？就這樣成交了。弟弟却怨着說：

「七分錢也肯了，為什麼不還還價呢？」

奇異商塲上半天的徘徊，使我有些迷惘了。

「明天是元旦啦」

螢牛（學生）

天是灰暗的。灰暗色的雲是死板得像爛木頭，但天時可顯得不平靜；猛雨來了，然又停止。狂風與來，雨絲又下着了。

空氣是沉悶的。陰沉的天氣冷得使人發了抖，地下的水已結成了冰。十二月的大地像是冷凍了的世界，但在中國，在上海，這冷凍了的世界給人們狂熱的血潮沖洗着了。

剛黎明，人羣便起了蠕動。文蔚、桂林拿了壁報跑來叫着：「是時候了。」於是悄悄地跑到了弄堂口，遇着管弄巡捕，便廝纏着閒談。在片刻中桂林已從弄外跑了回來，輕輕地說了一聲「貼好了」於是，我們又跑到了別處，一張一張地把壁報祕密貼好。

已經是八點鐘了。到了學校裏，同學們是擠得滿滿地。鈴聲響了，集會開始着。大家報告了工作，於是又分配着工作，全體同學出動了：貼標語，往難民所中演講，演劇，掛國旗運動……

我和文蔚、桂林被組成一小隊，做掛國旗運動的工作。大家的臉被高興漲得通紅，心的跳動率也加速了。取了掛國旗運動的宣傳紙，在興奮中大踏步出了校門。

我們感到了一種欣躍。在蔣委員長西安蒙難紀念日，我們曾做了第一次掛國旗宣傳運動，那時成績並不很好，多數同胞還是游移着不敢把國旗掛起來，但今天多數學校都響應起來了，用嘴、手、脚、心來完成這掛國旗運動的使命。

在征途中我們先到××學校去。我們在上一次沒有聯合那兒的同學們，僅僅動員那兒的教職員們把國旗掛起來。而這一次我們便聯合了那邊的同學們推廣我們的運動，結果是滿意的，××學校的同學們起來了。

到了各店舖門口便上去發傳單，一邊說：

「明日是元旦啦，你們應該把國旗掛起來呀！」

「為什麼呢？老闆說不要掛。」店裏的伙計問着，帶了懷疑的眼光。

「老闆騙你的，因為國旗是國家最尊嚴的標識……」沒有說完，店裏的伙計便搶着叫起來了：

「哦，知道了，國旗就是代表國家，明天我們一定掛！一定掛！」神情是活躍的，堅决的。於是我們走了，又踏上歸途。

有時候，我們上去宣傳的時候，店主是狡猾的，藉口沒有國旗。但經我們的宣傳，他又改口道：

「假使別人都掛出來，我們一定也把國旗掛出來的。」

我們又高興地前進着。三個大餅，一條油炸燴，中餐過了。又開始了嚴肅的工作。一切是順利的，無論在什麼場所，夥計們總是比頭兒們來得更加的熱心。

「真想不到成績會這樣好。」文蔚說着，帶着喜悅的神情，一跳一跳地。

「是呀！這證明了上海的民心並沒有死，上海還是中國人的上海。」我說着，大家相對地笑了一下。

人們的心是熱的，但在不平靜的天時中，暴風雨來了。街路上，人們開始了一陣騷亂。人狂奔着，首先桂林跌了一交，滿身污泥，我也跟着跌了下去。於是大家決定不再狂奔，就靜靜地在這暴風雨中前進着。地下的冰融化着，衣服濕了。文蔚在親戚家裏拿了雨衣、雨傘。於是我們更壯胆地在暴風雨中工作着。雨停了，街路一片泥濘。已到了北京路口，文蔚悄悄地說着：

「當心漢奸！」

於是我回了頭看一下：長衫瘦瘦的，三十餘歲；蓬亂的頭髮，兇狠的眼光。對桂林說了一聲：「漢奸釘住了！」便分成了三路：文蔚朝愛文義路，桂林朝北京路，我朝南京路走。一路仍然宣傳着。突然肩上被人拍了一下，聽見了粗魯的聲音：

「喂！發着些什麼傳單呀？」回頭，不覺一怔，原來就是剛才被認爲漢奸的人，他是一直釘我到這河南路口的。

「有何貴幹？」我沉着地問。漢奸不響，只獰笑着。突然他伸過一隻手來奪取傳單，另一隻手則緊抓住了我的衣服。這時候情形是危急了。文蔚，桂林可尚未來到，人們零星地旁觀着。於是我喊了：

「捉漢奸！」漢奸受驚了，但已把我的傳單搶在手裏了。又獰笑着，想大踏步地走。我跑上去搶奪傳單，他揮起了拳頭。文蔚、桂林先後來了，看了這情形，便高聲喊着打漢奸。漢奸滾動着眼珠，像在想對付的方法。

人們聚集起來了。先是靜靜的，後來卻漸漸起了騷亂，叫聲起了。我看見漢奸被按倒在地上，巡捕來了，近了。大家星散，漢奸被巡捕扶起來了。人又聚集起來，巡捕揮起了棒。人們跑開又聚集，漢奸帶上捕房，像一隻落水狗。

傳單仍被我們奪回來，

街路仍是泥濘，路燈點着，商店燈火亮了。我們仍踏着泥濘前進。

夜。夜風吹盪，夜色朦朧，我們又回到了出發地。(918)

他真的瘋了嗎？

魯烈夫

聖誕老人拖着禮物，悄悄地來到這已經被人們遺忘了很久的孤島，又失望的悄悄地蹓到別的地方去了。牆上蓋着一層薄薄的塵埃的日曆的最後一頁被撕去了，簇新的日曆又代替它，現出了鮮紅的、刺眼的一頁。於是孤島又呈現出新的姿態，新的興奮，新的刺激！舊的染着血腥氣的一九三七年，就在這新的姿態裏被送走了，消逝了！

雖然遠方仍舊燃燒着烽火，然而孤島卻是嘈雜，喧鬧！

中午的太陽懶洋洋地照着光滑的柏油路，人們在人行道上擁擠着。從人叢裏送出一聲尖銳的叫喊，是一個孩子的喊聲，一個被毒打的孩子。

「啊呀！噯喲！先生……我下次不敢了……」

「小小年紀不學好！今天一定要送你到捕房裏去！」一個高大的漢子，惡狠狠地抓着那孩子的手，不停地向他的顫抖的身體打着。他掙扎，他叫喊，但他微弱的身體終於掙不脫那粗大有力的手掌。

「巡捕先生！請你把他帶到捕房裏去，小小年紀就偷人家的東西。」巡捕來了，那個漢子對他這樣說。

「先生！先生！做做好事吧！……三天沒有東西吃，我的肚子餓得難熬！」他跪在地上，向巡捕哀求着。

「不行走！」巡捕用他有力的手，拉起他那顫抖的身體。

「先生！饒了我吧！」這是他最後一次的哀求，他現在並不哭，他自己斷定了他自己的命運，當他瘦弱的身體，在遠處消失了的時候，圍着的人們也帶着幸災樂禍的微笑走開了。

殘陽的餘暉漸漸地模糊，宇宙間遮蔽上一層薄薄的黑色的輕綃，黑暗的主宰者——夜之神施展着它的魔力，它的權威，慶祝新年的旗幟，在輝煌的燈光下飄揚着。孤島上的紳士淑女在「暫准通行」的特例下，盡量地在舞場，影院，酒吧間裏，消磨他們剩餘的時光。

虞洽卿路眞是一條熱鬧的馬路，高高矗立的大廈，紅綠相映的霓虹燈，白熱的電炬，溫柔的陶醉的爵士音樂，充滿了春色的影院，還有那站在十字街頭面容慘白的神女，在「今晚大菜×元」「通宵奉送××」的招牌下，迷人的音樂裏，孤島上的男女，都擁抱起來，歡笑的捲入舞池了！

這是一條陰暗而又悠長的小弄，斜倚在神祕的虞洽卿路的一端，牆角上滿堆着垃圾煤屑的凸凹不平的洋灰地上，貯蓄着混濁的污水，不時透出了一種令人作嘔的臭氣來。半明半暗的街燈，懶洋洋地放出慘白的光芒，照着幾張沒有血色的臉，顫抖的瘦弱的身體，橫倚着給孩子們畫滿了白粉的，坍塌了的短牆上，有幾個滿臉灰土的孩子，在滿鋪着垃圾和煤屑的地上蠕動着，從破棉絮裏，不時發出幾聲斷續的呻吟。

一個十四五歲的孩子，穿着一件破碎露肉的短衫，慘白的面龐上，沾着模糊的血迹和污泥，四肢無力的爬在汚穢而凸凹的地上，幾縷短髮散亂的蓋着前面的額角，用凍得紅腫了的手按着疲乏的身體，他呻吟着，好像在呼喊，又好像在嗚咽。

「逃啊！看鬼子的槍……媽媽！你拿着錢呢，……我餓得眞難受！」

他的聲音是那樣地低微，最後的一句簡直在抽泣，他的瘦小而染着血迹的臉，正俯在從紳士淑女住的宅子裏通出來的陰溝上，吸吮汚穢而腥臭的水，他的青腫無力的手亂揮着，凍紅了的赤脚，在洋灰的光滑的地上爬着。

「不要跑！不要跑！……等着我，媽！」

「你怎麼會弄到這麼樣子。」圍看的一堆人，有幾個具有慈善心腸的，憐憫的撫着他的身體問着，還有的人，祇把他——這可憐的孩子——看作一個好玩的東西。

「那天鬼子衝進來，我們老總們退走了……你們看！鬼子多麼兇狠，燒了房子，還搶東西，我媽和我還有好些逃難的人，被鬼子拿着槍追着，有許多人給他們打死了，眞可恨！就在這時候，我媽給衝散了，唉！她拿着錢，她有饅頭，我餓了！我喝！……鬼子又來了！」

他揮動着無力的手，說着斷續的話語，他又張開嘴去吮陰溝裏的汚水！

「啊呀！不好了！鬼子來了！看亮的刀！媽媽！媽媽！你到哪裏去了？

……我餓呀!」

他忽然高聲的喊起來,聲音是那樣地乾枯,就像是破了的鑼。

「瘋了!這孩子瘋了!他真的瘋了嗎?」

夜漸漸地深了,流線型的汽車裏正載着興奮過後的疲乏的身體,在明亮的燈光下駛過去……

小年夜

大康

中國眞是個不可思議的國家,才過了「國歷」的新年,現在,又要來過「廢歷」的新年了。人們爲什麼総戀不放鬆「廢」而「舊」了的東西呢?讓「舊」的死去吧!讓「新」的來包圍我們吧!

昨天是廢歷的十二月二十三日,舊俗在這一天是「送灶日」,也是「小年夜」,送「灶家菩薩」上天去,家家人家在這一天要在「灶披間裏」供奉「灶家菩薩」,供奉的東西是祭灶菓,糖欖子、糖元寶以及一切水菓等外,細還有一頂紙轎子,是送「灶家菩薩」「上天堂」的,迷信的人們在這一天必定很恭敬地虔求「灶家菩薩」,請他上了天堂在「玉皇大帝」面前包涵包涵。一些祭品說是「孝敬」,其實是「賄賂」呵!天堂中的神也要「賄賂」,無怪下界的凡人們是非要「賄賂」不可了。

從昨天起,人們都是打算要過新年了。因爲這樣,所以人們都很忙碌着,街道上也熱鬧起來了,都匆匆地走在路上,想把一年中的憂愁、悲哀、憤怒以及疲勞,都要在今天中把牠們暫時地忘掉!

南京路的「三大公司」中,比往常更熱鬧了,幾家臘味店也不斷地有着高貴的士女們進出。然而在另一些街道上,那情景是又異樣了:

一切的眞假「臘稿荐」,鮮肉直掛到晚上,可是還有不少顧客們光顧,醃肉油紅紅的吸誘着人們的注意,斬醃肉的肥胖的夥計們,揮着光亮亮的闊板刀,是又高興而又忙碌。

南貨店裏更擠得很多的人,白糖,紅糖,長生果,西瓜子,乾線粉,筍乾、糖年糕。——大家都爭先恐後地購備着所謂「年貨」,而「祭灶果」呢,正如平時的五香豆一樣,一包一包地賣掉了!

老太婆也有年輕的女人們,都擠在香燭店裏買着香燭,香,以及送「灶家菩薩」上天去的紙轎子。

錫箔店裏呢,夥計們也正忙碌着跟女人們在做着生意。

糖果店裏有着慈愛的父親給他們的子女們買一些糖果回去。

幾家衣莊店,夥計也提高着嗓子,把半新的衣服向人家翻揮着,吸引着要穿件新一點的衣服的人們,半圓形地圍在店門口,聽店夥計像唱歌一樣的調子,看店夥計的雙手中翻出一件一件的半新衣服。

有幾家鞋子店門口兩邊站着兩個扮做小丑的人兒，唱着滑稽的小調，像相罵一樣的招攬着主顧。

一切是混雜的，熱鬧的，……是所謂「新年」前夜的景象，又一年一度地畢露在人們的眼前了！

然而從嚴寒的有着空堆的天空中，忽然傳播出軋軋的飛機聲，人們的頭都抬向天空中去。頓時感覺到今年的這個所謂「小年夜」是這末的令人感到悲慘呵！

沒有棺材的屍首

江　荻

上海，在國軍西撤後，來了冬天。……

四郊被封鎖，柴炭的價目飛漲，漲到一把椅子砍了當柴賣，仍可賣回一把椅子所值的錢。於是人們在飢餓與寒冷裏，大量的死去。那些人本來是用不到受飢寒的，但敵人的炮火把他們從自己的家屋裏提出來，在街頭，在飄着雪的寒夜，做了沒有棺材的屍首。

普善山莊作了個統計，告訴我們：上海在一個月之內，他們所收拾到的沒有棺材的屍首共計一萬三千餘具。……

讀了報上這個統計，——記不清是那一天，總之天氣很冷。我踱到附近的一條靠近荒地的馬路上，發現了另一會事：昨天還好好兒放在那兒的紅漆小棺材，不知給誰砍去當柴賣，只賸了幾片木屑，裏面的小東西也變成了一具沒有棺材的屍首。

我彷彿在重讀芥川龍之介的羅生門，然而那是比羅生門更悲慘上百十倍的故事呵！（12）

兩件事實

坦白（十八：學生）

這天的早晨，我似乎比平常特別高興地獨自挾了書包，口中哼着小調，沿着清靜的×××路慢慢走着。

「離上課的時間還早呢！」我心中忖着，脚步更加慢了。

垃圾車的聲音使我不得不停止我的思潮，賣晨報的報販已在路上奔跑了，但還沒有人照顧他們。

走到×××路口，突然人聲很嘈雜，在一羣人中，可以看到巡捕的帽子在那裏晃着。不久，巡捕驅散了人羣，一個面孔慘白的小孩子被一個華捕扣住了後領向巡捕房走去，這華捕的另一隻手中抓着一大把已被捏皺的報紙，後面跟了另一個小孩，連連向這華捕求情，有一次突然上前抓住他被捕的弟弟的手，死命也不放，但終於被這「鐵面無私」的華捕拳脚相交，不得已的放了手。

「啥事體？」我問一個站在旁邊的觀客。

「袖子上沒有照會。」他回答。

我所走的方向是和華捕所走的方向相同，所以我加快了脚步，跟着這可憐的小孩還沒有走上十來步遠，他的哥哥又跑上來問：

「身邊銅板有哦？」

「一個也沒有。」他小小的臉上顯得更加慘白，他常常抬頭望望華捕無情的臉，脚步被拖得很快。他的頭慢慢的低到了胸前。對面走過來幾個安南巡捕。

「大家馬馬虎虎好哉！」一個安南巡捕說。

「大家幫幫忙，這種事體讓伊去好哉！」另一個說。

我眞佩服這華捕的涵養功夫，他不動聲色地向異國的同伴們點點頭，只笑了一笑，依舊扣住了小孩的後領，到巡捕房裏去了。

他是多麼「忠」於他的職務呀！我還有什麼話好說呢？

× × × ×

下午又從校裏走回家來，早晨遇到的事還深深的烙在記憶上，誰知又遇到了一件痛心的事實。

在××路的中段，停了一輛巡捕房的捉人汽車，車裏面已有許多人坐在那裏了，兩個華捕坐在門的兩旁。這時，又捉了一個人上汽車，一個法國巡捕站在路上指揮像屬「工作」着。

馬路上的閒人都圍着汽車看「西洋景。」但這事不覺觸怒了這位法國巡捕老爺，他不動聲色地慢慢走向這人羣來。突然他舉起了警棍向人羣中打去；我想他一定以爲這是一堆沙袋，否則，就是心腸更狠的人也不至於這樣沒頭沒腦的打人，他把人當作無生物，否則便是把他們當作奴隸！

一片叫喊聲把每個人的汗毛豎起，但這位先生的心是鐵打成的，他仍把警棍向這批無抵抗的人打着。有許多人的前胸上着了一棍，有許多孩子被打得跌在地上，人羣終於散開了，這位法國巡捕便凸着肚子，露着勝利的微笑。

這是「治安」的一幕活劇。我只作了壁上觀，但我胸內忿怒的火幾乎壓制不住了。這位法國巡捕不作第一步勸告，也不作第二步的警告，便斷然採取第三步手段——用武力對付這些手無寸鐵的人們。(351)

天堂·地獄

書誠

黑暗的天空，透出了一線曙光，工廠裏汽笛的尖聲衝破了這沉寂的大地，催起了正在睡鄉的工人們。猛然在灰牆邊頭的一扇小鐵門大開了，吐出了大批的殘渣——工作了一夜的人們睡眼惺忪地拖着疲乏過份的身子在路上走着。這是五點鐘，大上海最早在馬路上出現的人們！汽笛第二次響了，馬路上走的人更多了，上工的，下工的，談笑聲喊叫聲充滿了每一個角落，工廠的第二扇門開了，吸進了一批批精神飽滿的勞働者，五點半了，路上又寂靜起來，上工的已進了廠，下工的也到了家，祇剩了幾部黃包車在街頭逡巡。然而當紅牆頭的學校打了起身鐘之後，六點鐘，死去的上海便漸漸復活過來。路上行人也多了，報販子，菜販子，脚踏車，老虎車，糞車，提開水壺的老太婆，拿面盆的小把戲，點綴着這清早的街頭。老虎灶忙得不亦樂乎！這是牠的「黃金時代」。店家們都開了大門，撑起了旗子，掛上了招牌，準備開始他們的營業了。

在另一個幽美的地方，陽光照遍了大地，曉風拂動着柳枝，蟬鳴了，鳥叫了；然而紅色小洋房，光滑的柏油路仍是靜靜的；這裏沒有喧嘩，汗臭，祇有鳥語和花香。這是天堂的驕子——大上海的紳士們的住宅區。

交通的心臟——車廠，在六點半鐘壓出了一滴滴的紅血輪——電車，汽車，眞的，如果把上海的街道當血管，那麽電車與汽車就變成了在血管內運行的紅血輪，而工廠無疑的就是人的心臟。顯然地，路上的行人是更多了，買菜的，上學的，閒逛的，糞車更多了，馬路兩旁排着三分之二的上海人所享受的十六世紀遺物——馬桶，空氣裏浮滿了臭的分子，電車上擁擠不堪，全是趕着八點鐘到辦事處的人們，長衫短打，西裝旗袍，各式的人們一樣爲着生活而奔走。在那邊——小菜場上，又展開上海人的生活的一幕幕，太太，小姐，娘姨，大司務以及粗手大脚的菜販子，都毫無階級的講斤頭，合價錢，到處都是混亂，嘈雜，齷齪，臭氣！而在另一面，另一個世界裏，清潔的行人道上，梧桐樹下，碧眼黃髮的女人推着橡皮車，輕輕溜過去，脚步合着蟬聲，嘴裏哼着小調。抬頭，那邊洋台上，深沉的窗簾拉開了半片，八點鐘了，紳士們正在晨裝，早餐，牛奶與鷄蛋，咖啡和麵包。門口的汽車是已經在等候了。靜安寺路，南京路，霞飛路，愛多亞路，黑牌子汽車，列成了長蛇陣，把「孤島」的操縱者送進了高樓大廈。而黃包車，電車，公共汽車，却已先送到了受支配者，在等候着支配者分派工作，然而出賣勞力的工人們，已經在鐵籠裏做了四小時了。

九點了，十點了，電車已不擠了，汽車也稀了，黃包車夫在進早餐，報販子也自動減價了，小菜場的菜攤子漸漸空了，雖然菜是這樣的貴，然而主婦們的菜籃仍是滿滿地提回去了，茶室開了，公司也在開門，閒逛的人們又八字步兒東逛西蕩了，走累了，坐下來，話匣子又開了，不認識不要緊，好在都是同病相憐，天上講到地下，兵士講到女人，啊！時光倒是頂容易混的，十一點，十二點，這是上海人吃飯的時間來吧！一碗麵，四隻饅頭，旣經濟又便利，包飯作裏擠得水洩不通了，八人一桌，五菜一湯，每人兩毛五，這是中飯！黃包車夫兩塊大餅也是中飯，倒包飯担子的殘羹，不花錢！站在菜館門口聞聞飯香，吃空氣，香涎沫也是上海人的中飯，然而酒館裏却正是大菜筵席，山珍海味，「朱門酒肉臭，路有餓死骨」！看那擠在門口的可憐蟲——難民，按着還是昨晚裝了兩碗粥的肚子，翹起頭來在等候着佈施的飯車！然而路上過的祇有貨車火油車同烏亮的自置汽車，像長蛇般的送紳士們回公館午餐，別的不說——光是這來去兩回所燒去的汽油，就够可憐蟲們一天的飲食了！別胡想，等待飯車的影子還不來！

一點鐘，兩點鐘，流線型的汽車又由西朝東了，紳士們用飽了；然而站在路上的可憐蟲，還是空着肚子的難民！影戲院大戲院門口擠滿了幸福人，雖然「客滿」的牌子是高高的掛起了，然而仍是逗留着不走，他們在等待，還是在時裝表演，沒袖子的旗袍圖案畫的面孔，赤脚穿的三根皮帶一塊底的高跟鞋，流線型的西裝，「尖頭饅」的皮鞋高得過份，闊得異樣的肩膀，是漂亮，英武？還是健康？他們在想叫老板在院子裏加「閣樓」，添「三層」，「以免負隅」，不然的話，有錢無處送「憾事」！

三點鐘了，音樂奏了，笑聲起了，在門口的知道無望了，走吧！在那邊，難民們也散了，中飯無望了。飯車的影子還不來喲！

一輪驕陽，向着上海人獰笑，然而晒到的是黃包車夫的背，窮人的身體，霍亂中暑暴斃！永遠不會發生在有冷氣的高樓大廈，戲院餐室裏，電風，冰淇淋，汽水，這便是驅疫使者！還有，上海的新興實業——游泳池，這時大家正是摩肩擦背地像鹹泡飯樣的浸在池裏。一九三八式的新裝，全身能露的地方都露出來了，還是要肉感，還是省料子？

四點鐘，五點鐘了，夜報出來了，然而「國家事管他娘！」買報的是不多了。電車汽車又開始把人從公事房往家裏送了。在商場裏角逐回來的金子棉花，賺十萬百萬，高興得意，蝕傾家蕩產，自殺，流亡！

在先施，在永安，在南京路上，花花綠綠的法幣換來了大包小提的絲羅錦緞，希奇古怪的食品，點心，眞的祇愁不貴，不愁無人買。

六點鐘了，大世界，愛多亞路上出賣肉體的女人們站崗了，眼風，巧笑逗引着每個路人。然而時候太早了，酒樓，菜館，西餐室，吃食店，堂倌忙得團團轉，老板居然也想做「客滿」牌子了。這是上海人的「吃」，一天要一萬担米呢！

夜來了，七點，八點，無線電，爵士音樂，霓紅燈，汽車又出動了，電車又擠了，不是上辦公室，是舞場，是戲院，是旅館，紅燈綠酒，女人法幣交織成了上海的夜市場。看啊！窮人們被蚊子，臭蟲和熱浪提到了馬路上。空的洋屋鎖了的大廈牆脚下面行人道上，橫七豎八躺滿了露宿的人們，馬路當中三五成羣，急壞了開車，縐斷了紳士們的眉毛，汽車過處，溜出了一句話：「上海那裏來的這些討厭的人啊！」是的，上海是紳士們的天堂，是驕子們的享樂所，不是窮人的地獄！然而十一點鐘了，十二點了，出賣了一天汗血的勞苦大衆，吹着涼風入夢了，而舞場裏，戲院裏，旅館裏，卻正興奮得香汗四溢，忘卻一切的了。十二時半了，馬路上戒而不嚴了。兩脚朋友雖不通行，然而「四輪」階級卻到處無阻，因此「笙歌」不妨「達旦」，「酒宴」也可「通宵」的了！

這是上海也是「孤島」的一日；一日是天堂也是地獄的一日。消魔，享樂麻醉是無良心的有錢階級過的生活，吃苦奮鬥除奸是熱血的青年勞苦大衆所幹的工作，至少「孤島」上還有三分之二以上的人心是未死的，他們準備着等候着光明的一日到臨！(219)

夢

益順（十九・小職員）

四月十五日，天高氣爽，太陽暖洋洋地照在這沉悶的「孤島」上，使一切生物顯出欣欣向榮的樣子。下午，我獨自坐在室內，覺得太氣悶了，還是去看看逸吧，和她談談也許可以消愁解悶。不料當我正要走的時候，逸倒來了。她見我桌子上翻開了書，就說：「太用功了，啊！這樣好天氣不出去玩，躲在家裏看書，眞佩服你！」我說：「假使我出去玩了，你此刻到來，不是要吃閉門羹嗎，幸虧我沒有出去，等你來了，就可以和你一起出去了。」我們說笑了一陣，就手攙着手向外走去。

我和逸並肩兒在公園裏慢慢地走着，一邊說說笑笑，多麼有趣！漸漸地時候晚了，只見夕陽西沉，天色漸暗，那燦爛的晚霞雖很美麗，可是只一刻兒，就消失了，這是黃昏的序幕，我們便不再留戀，雙雙向歸途中回來了。我們默默地走着，有一種不可捉摸的聲音，傳到我們底耳朵裏來，我們爲好奇心所動，立刻向那聲音的方向走去，遠遠地只見一羣人圍了一個大圓形，那聲音就是從那圈子裏發出來。

我們走上前去，但見一個年約四十左右的男子，背了個七十左右的老婦，還有一個坐在地上，不滿十歲的孩子。那男子嘴裏說着許多不能分辯字音的言語，淚在流着，我覺得他是太悲傷了！他那種憔悴的狀態使人見了，竟也要掉下淚來。逸，我說她眞多事，她很熱心地向那人問着一切的一切，好像要把他一生的經歷都盤問清楚的樣子。但對方不過是這樣的回答：「好小姐！你不知道呢！我們的家是在南市，被砲火毀了。妻離子散，現在只有我和一個孩子，還有一個老娘活着，我們不知怎樣才好，天天躲在弄內，受到太陽晒，雨淋，你看我的娘還在生病呢！孩子已有二天不吃東西了！好小姐！救救我們吧！我假使是單身的話，那我就可以去做一點事，不論什麼事我都能願意做，死也不放鬆的……」在他一番斷續的言語中，已足够使我們動心的了。可是因爲時候不早，給了些錢也就走了。

路燈淡淡地輝照着，把行人的一舉一動，都映照在地上，好像演無聲電影一般。我們各自踏着脚步，並不言語，我們正回想着剛才的一幕。忽聽得了多的音樂聲從另一角送出來。這是××舞廳內使人迷戀的音樂！「益！你看這是怎麼的？剛才看見的是悲劇而現在却是柔和的音樂聲，我問你：這輩只知作樂沒靈魂的人底良心在那裏？」逸說着似乎非常憤怒，假使在這時候給她一樣打得碎的東西，我想信她一定會把牠打得粉碎，以發洩心頭之恨。我看着她底臉並不言語。「你不要這樣思想簡單，他們現在固然快樂，但他們未必不做一些善事吧！」我心中這樣想着，但是不敢開口。因爲我知道若是這樣一說，逸一定要駡我的。「先生？做做好事吧！我肚皮餓煞哉！」突然地在××舞廳相近的地方有一個人正向舞廳前走着，後面却跟了個衣衫襤褸的乞丐。「你肚子餓關我屁事！」眞奇怪，還是一個衣服穿得畢挺的人所說出的話，我眞憤恨極了！想不到我方才的見解是錯的！

慢慢地我們各自走回了家，我是不能言語。我看着那淡淡的燈光，我又想着前方有勇士，和孤島上的狀況，竟還樣使人刺激地對照着！

我打開日記簿，竟有些不敢動筆，因爲我疑心這是個夢。

(873)

「孤島」之夜

靈雁

「一方面是莊嚴的工作，另一方面却是荒淫與無恥。」

—— Ilia Ehnenburg

上海，這個死去了的都市，是一些沒有靈魂的人們的天堂。

夜，七月的風吹動着，有着那麼平靜而溫和的氣息。

在街道上，熙熙攘攘往來着的人們都像有了急事般想擠到前面去，到處都是傾軋，和爭奪。賣晚報的孩子高聲地對並不留心時事的人們喊着各種消息，可是立刻又給無線電的聲浪淹沒了；老丐婆伸着手向每一個走過的人要錢；一些性急的人數着跳躍着的廣告燈光的次數在等電車；淌着汗的洋車夫却忘了饑餓似地看冰淇淋的廣告牌；高等賣淫婦假裝在看着店舖裏的貨物，留心後面有沒有人跟上來。

到處是强烈的電光，白色的電燈，綠色的交通燈，炫目的霓虹燈；白色的光，綠色的光，紅色的光交織着照在大百貨店的櫥窗裏巨大的廣告牌上，矗立着的印度巡捕的身上，女人的塗了胭脂的嘴唇上。

塗了胭脂的嘴唇，被挾在外國水兵的强壯的胸懷裏，像被拖曳般加緊着脚步走着，嗅着對手嘴裏噴出來的强烈的酒精氣味，就在那粗暴的笑聲裏面沒有理由地低聲笑了起來，可是在那上面，却有了一對厭倦了的眼珠子。

有了一對厭倦的眼珠子，還儘是那麼舞着，舞着，沒有休息也沒有停止。刺激人的曲子旋轉着，疲乏了的身子旋轉着，桌子，椅子，香檳酒的瓶子彷彿也在旋轉着。就在一些高聲的歡笑和噪鬧裏面有着一顆寂寞的心，那是屬於一個寂寞的靈魂的。

在黑暗裏一切罪惡和恐怖潛伏着，飢餓和貧窮教會了人們以至未成年的兒童們偷竊和搶刧。

× × × ×

可是在另一個角落裏，另外一種法律存在着。

當最後的一面國旗從這個地方撤去的時候，罪惡的種子就得到了最好的園地去蔓延開來。

在那裏是：欺詐、哄騙、暴力、暗殺、鴉片、海洛英……

在幾間陳舊的建築物裏面，一些把自己靈魂交給命運的人們從各方面聚了起來，於是開始了可怕的叫喊，失去了理智似的笑聲，對於命運的詛咒，惡毒的對罵，汚穢的談話。

每一根神經的末梢都豎了起來，像研究着細菌學的生物學者似地瞪大了眼睛，望着在滾動着的骰子，儘是望着望着花綠的鈔票一張一張地從自己手裏拿了出去，看着手裏僅存的幾張鈔票止不住焦急起來。

「將整個的靈魂交給命運吧！」

於是所有的錢都押上去了，連呼吸也屏住了，焦急地望着正在轉動着的骰子。

「着了！」深深地抽了一口氣，連自己也有些不大相信起自己來；可是花綠的鈔票重又回到自己手裏。手裏的鈔票又多了起來，想起該是走的時候了。

明天，明天該是一個好日子吧！明天該是一個享樂的日子。

「識相些，朋友！」在黑暗裏，二支手槍對準了自己的胸膛。穿着黑香雲紗衫褲，在歪戴着的帽子下面，隱約地看到二個獰惡的面龐。

那樣毫無抵抗地一切值錢的東西都給拿了去，二個影子在黑暗中消失了。

什麼都完了，身子像發瘧疾般冷了起來，——明天依舊是一個光身漢！

依舊是一個光身漢，想着就像一條毒蛇在啃着心頭般痛苦了起來。

就在那被壓迫着和踐踏着的一羣中間長大了起來，咬緊着牙齒，忍受了一切搾取和虐待，省下每一個子兒來，才成了一個家——一個女人和二個孩子。可是在飛機的翼子下面什麼都完了，要不是自己碰巧跑了開去，也許——但是就祇賸下自己一個人了，依舊是一個光身漢子！

儘想些以前的事情吧，以前的生活是快樂的：那間矮小的拿舊木板和鐵皮自已親手搭起來的房子，胆小而祇會哭泣的女人，二個頑皮的孩子，劣味的燒酒，淌汗的過度的勞作。還些就交織成了生活。

破碎的回憶縈繞着，可是一些會使人哭泣的回憶是會使人衰老的！摸了一下自己的臉龐，老了！

在收容所裏，一切被戰爭毀滅了家的人們都給扔在一起，在那裏人口密度有了最高的紀錄。

惡濁的空氣，叫囂煩噪，病的呻吟，小孩子的哭聲，——傳染病的細菌在高速度地散播着。

每一個人都有一個美麗的回憶，每一個人都有一個幻滅了的夢想。

「復仇」祇有那一個簡單的字眼把一切人們聯合起來了。

七月，該是瓜的季節呀！一個孩子問着母親：

「爲什麼我們今年沒有瓜呢？」

「沒有了，好孩子。」

母親的眼睛潤濕了。

孩子有些明白了。

大人們也明白了。

種族的仇恨憤怒的火焰在燃燒着。

× × × ×

憤怒的火焰在燃燒着，一種緊張而雄壯的情緒支配着整個身子，懷着像沙漠的旅行者似的心情在夜的都市中悄悄地走着，在自己的前面走着同伴。

是目的地了，前面的同伴慢慢地停了下來，於是自己也就站到一家店舖的櫥窗前面去，望着櫥窗裏的跳躍着的霓虹燈。走在街道上的年輕的姑娘們，坐在汽車裏的穿了夜禮服的紳士。

期待是厭煩的事情，十分鐘過去了，二十分鐘過去了，重又看着自己的錶，像每一次秒針的轉動愈顯得遲緩起來。

「是時候了，該準備一下吧？」

一個熟識的聲音在耳畔說着。

於是心臟的鼓動加急起來，週身的血液在加速度地奔流，一輛一九三八式的別克緩緩地在左近停了下來。

連呼吸也給屏住了，敏捷地撲了過去，用最熟練的手法向剛從車門出來的肥胖的身軀作了連發的斜角度的射擊。

一個巨大的影子在連續的槍聲裏倒了下去。

接着是可怕的紊亂，開始了人們無秩序地在逃竄，叫喊，踐踏，女人歇斯底里地叫着，警笛狂鳴了起來。

× × × ×

不久，一切又都恢復了常態。

上海，依舊是那些沒有靈魂的人們的天堂。

七月的夜，依舊是那麼平和而熱鬧。

祇有那憤怒的火焰，永遠在不願做奴隸的人們的心中燃燒着。(1302)

搶報

夸　父

空前的台兒莊捷報傳來，驅散了「孤島」上窒息的氣氛，也振奮了「孤島」人們苦悶的心靈；任何人開始在興奮着，雀躍着。

曹家渡的五角場，這報販集中的處所，每天的清晨傍晚，買報的人們穿梭一般不絕的來去。

暮春的夜晚，大地已消失了夕陽餘輝，晚霞，迷糊地躺在天際，暮色逐漸加濃起來。在五角場，許多人立着，有穿制服的學生，有穿青布短衫的工人，有日間兜攬生意的小商人，也有小販，工匠；每個人的臉上，現着急燥的神色，每個人的心頭，懷着一個難解的疑竇：

「為什麼今天晚報到這時候還沒來呢？」

「許是報館受到檢查的麻煩吧？許是在等好消息吧？許是……，……」人們找不出肯定的解答，祇是懊喪地站在那裏嘖嘖的私議着。

有時，在人們正焦急的當兒，頑皮的報童亂叫亂跳地在旁打諢：「來了！來了！」但當人們視線掃射到馬路上時，又是失望！

他們等待着夜報，猶如慈母盼望着游子歸家的急切。

一彎明月冉冉地爬上奧飛姆大戲院的屋頂，店舖裏的時鐘正噹噹的打過七下；一輛自由車很快的從前前駛來，人叢裏頓時起了一陣騷動，他們瞧清楚這一回果真是來了，立刻像浪潮那樣的湧了過去。

送報的被圍在人羣裏，滿頭淌着汗，神色似乎很緊張，他睜大圓圓的眼向四周環顧了一下，邊拭着汗邊說：

「嘿！今天赤佬竟搶起報來了！」

這一下沉重的聲浪，好似裏面有着不可思議的力量，把人們急於看報的念兒也撇開了，幾十個人不約而同的嚷着：

「搶去多少？搶去多少？」

「媽的，一下子就是七十份！華美五十！大美二十！」送報憤憤地回答道。不等人們再問，就開始敘述他遭遇的經過：

「……今天到靜安寺的夜報很遲，就為了這，我踏車由靜安寺經極司斐而路來這裏時，比往日快，到了日兵司令部的門口，突然，一個戴黃邊黑帽的走來喊住了我，我以為他要買報，也就停了下來。那知，嘿！他才真是不要臉的傢伙！」他講到這裏，狠狠地吐了一口涶沫，於是再接續下去：

「你想他怎樣？他竟攀住我的車頭，大聲的把赤佬喊來了；……哼，赤佬喊來還有好事嗎？他走來就伸手抓去一大把！我瞧模樣兒有些不對，馬上踏起車來溜逃……要不然，至少，摑兩下耳光是難免的!……」

還沒等送報的說完,人羣是怒吼起來了:

「越界築路尚且如此,這還成什麼世界啊!」

「台兒莊大勝利全世界什麼人都知道的,搶報哪能掩盡天下人的耳目?」

「操他的!白日强盜!我軍打過來看你們有好死不?……」

你一言我一語,怒火在人們的心頭燃燒,每一個人的心田裏在滋長着正義的種子!

夜色漸漸濃了,月兒升得高高的。人們都擎着報紙,頭號鉛字的標題藉着通明的燈光,映入了每個人的眼簾:「津浦線日軍總崩潰。」「華軍克復濟南,」這時,每個人的臉上,都泛起了一個輕鬆的微笑,彷彿是在說:「總有一天,一切將歸還我們的!」

歸來

蔓草(十七:學生)

船進吳淞口時,我想跑上甲板去看看;但母親阻住了我,不讓我去!等到船停了一小時,時計已指近十一時了,我們才跨過了許多貨堆,蔬菓,經過朽腐的木梯,踏上了人頭擠擠面目全非的上海!

「啊!一面青天白日旗都沒有!」望着五光十色的國際艦隊,望着隨風飄展的各種旗幟,望着大中華民國所屬的江海關,姊姊感慨地說了!

軍艦,汽艇,划船,浮筒,濁水,菓皮,起重機,苦力,貨物,蔬菓,行李,紙料,炭簍,貨車,木栅,人潮,稅警,法捕,關員,汽車,鐵門,砂包,矮兵,電網,鐵刺,斷垣,殘壁,傾斜的市招……我們是回到上海了!開始領略那陰沉沉毫無活氣的「孤島」的風味!

在車中,我們四個人伴着一堆行李,顯得非常擁擠;但當我望望車窗外時,街上也擠擠擁擁地擁滿了人——漫踱方步的人,是中國人在這已淪陷了的上海的外人保護下的租界內!

這是我重臨上海的第一天,但一二小時內我已感到微微的失望了;尤其是當變了腔的收音機中播送出怪氣怪聲的怪話、怪調時,我實在感到莫明其妙!我以爲上海是不平常的地方啊!上海曾熱烈地燃放過大捆的爆竹,上海的民衆曾支持過三個月的英勇抗戰!爲什麼上海人都是那麼閑散呢?上海人無事可做了嗎?

我靜靜地瞧了瞧姊姊,姊姊不作一聲!

我將車窗搖了下來,我感到悶氣;雖則,還是初春!

我瞧見一個人手中拾滿了一大包煙蒂!

別離五月的家到了!管弄的阿四和我們的李媽,慇懃地向我們照呼,特我們打開了鐵鎖,沾了一手銹漬,幫我們搬取行囊。我瞧見封滿塵土的方桌上印滿了野貓兒的梅花脚印,我想:我們的家被貓兒盤據了!糟蹋了!或者在貓兒身上也該有着一張膏藥吧!

經過一番粗率的整理，我們便趕着上飯館去用午飯，一路上，沙包都撤去了！也看不見虹口漫天的濃煙，聽不到整日飛機的轟炸了！上海，「和平」「安樂」了！熱鬧的人羣是那末優游自在！一進飯館啊哈！這麼多人！結婚！祭祭！請客！做壽！原來上海一切仍舊！

下午，我更失望了。我去找自己的母校，但母校是「改變作風」了！我經過兩所電影院，但看電影似乎是不費光陰金錢的，全是人——中國人！至於片子呢？——熱鬧！奇趣！還有，我更發現了一樁時髦事——溜冰——在水門汀上！一切，一切，上海，灰色！

回到家，家中已整理過了，我找到了姊姊，我說：

「姊姊有趣嗎？第一天的上海！」姊姊苦笑。

吃過晚飯，在溫柔的燈光下，父親打趣地開了話盒子：

「你們看今天報紙上的這幾個廣告！」

「那能實梗軋法軋是軋得來十足憹硬！嘸啥話頭！」這一連串字句，我們不知說些什麼是好！

母親坐了下來半嘲笑地說：

「你們昨天在船中不是說上海是不平常的地方嗎？」

「還有你們這般小傢伙呢？不是不會無聊的嗎？——電影，跳舞，溜冰，茶室，讀死書……」父親一鼻孔出氣，也向我們進攻了！

「無論怎樣我們自己是不會無聊的！」姊姊勉强聲辯；我呢？沒有一句話可說，假裝讀着報紙，等待着佚過這個「難關。」

李媽拿了一盤茶進來，一見到她，我想起了一件事情，突然跳了起來：

「李媽！我們離開這裏以後，有什麼信嗎？」

「喔！我忘了！都放在我家裏！大概有十幾封，讓我去找來。」

信找來了，有兩封是姊姊的；有兩封是我的；我開了信，啊哈！是五個同學從長沙和陝北寄來的！三個同學已掛起四十五度的皮帶了！他們不再是祇說不做的人了！我興奮地讀着爽朗活躍的字句；突然，姊姊跳了起來：

「嗨！」姊姊太興奮了：「終究是我們青年人，不會屈服的！看！我的朋友她從梧州……。」

我們勝利了！雖然我們有一些羞愧，但我發覺姊姊正浮着溫柔的微笑在溫柔的燈光下！

中華民國有爲的國民是決不甘屈服的！

決不！

在婦女救難遊藝會

掃蕩

兇橫蠻暴的太陽，照遍了孤島上每個角落，人們的身上，都被它熬出了豆大的汗珠。在各處難民收容所裏的婦女們，因爲缺乏了夏令衛生設備，身上的汗珠濕透了她們的衣衫，汚髒掩蔽了她們整個潔白的軀體。她們也覺察自身的臭氣難聞因此她們更永遠不會忘却使她們感受這種苦難遭遇的侵略者。

過去她們和人們一樣有的是親愛的丈夫兄弟姊妹，和美麗的家鄉田園房屋空暇的時候，她們也得抹些芬芳的香粉擦上鮮艷的胭脂穿着一二件時新的服裝，上娛樂場所或城市裏去溜達溜達。但是現在，他們的丈夫兄弟姊妹，都先後的犧牲在侵略者的槍刺下。家鄉田園房屋更被侵略者的砲火，摧毁得不成樣子，一切美滿舒適的生活，都化成了虛空的幻影。悲傷痛苦，緊囓了每個她們的心靈。她們現在所有的，只是一羣破碎的靈魂所支持的一大夥缺少營養的瘦削的黑影。

上海婦女團體聯合會對於這許多難胞婦女，表示深切的同情，她們感覺這一羣婦女中有很多能够担任一些工作的所以積極的想創辦一個「婦女難民手工廠」使她們每一個，都能自力生活。這樣不特使國家社會減少了幾許負担，更爲抗戰前途，建樹相當的原氣和實力。但是因迫於經濟所以才用了極大的努力發動這個「上海國際婦女救難游藝會」同時熱誠的企望全市各界，踴躍購票參加，予她們一個有力的援助。

會期一共三天，地點在法租界邁爾西愛路蒲石路口蘭心大戲院。游藝節目有三十餘種，是聚集了全滬的名媛淑女票友藝人和藝術團體等配合成功，所以每個節目都非常精彩有勁。

昨日爲遊藝會第一天。記者在下午三時許，到達蘭心大戲院，但是院裏已經塞滿了熱心的來賓人數約在七百人以上。內中女人多於男人。節目爲：（一）大同國樂會的春江花月夜（二）衛仲樂先生的淮陰平楚（三）大同國樂會的遊園（四）進德小學幼稚園生蕭松明的獨唱（五）舞界姊妹的英文歌（六）進德幼稚園的舞蹈（七）工部局西區小學的原始人（八）進德幼稚園的小小音樂隊；都已經成了過去。據人們告訴我：這八個節目，都相當的好，但是我來遲了一步，沒有看到。

那時台上，正在表演第九個節目；精武體育會的國術，內中醉酒刀，達摩劍，五郎棍，和三節棍對槍表演者的確經過很大的苦工，異常可觀。（十）葉文秋女士的春香鬧學，扮相和身段，都很不差，演出上也能不失平劇裏應有的規矩與繩準，她是藝華電影公司的從業員，能够如此，確非易易。（十一）白門樓，金素雯女士的呂布，唱，說，做，都恰到好處，倘使她願意專心研究的話，不難達上平劇界最難求的小生的最高級層。（十二）嚴憶女士的蘇三起解，出獄，行路兩段演出都很老練，嗓子相當有勁，咬字也很清楚。（十三）玉堂春，飾玉堂春的金素琴女士出台一聲「苦啊」叫頭，就博得台下熱烈的掌聲。會審一段唱詞，非常佳妙，最後的幾段快板，更爲觀衆讚嘆喝彩的聲響，不斷的轟起，求之現在的坤角中，金女士可以說是一個成功者。飾藍袍劉秉義的毛家華,演出不壞。原定葛次江飾王命龍,但是他因事未到,改由姓王的代表。王命龍的扮相相當漂亮,訊問嫖院一段窘態畢露,全院大笑。至五時三十五分,始表演完畢。全院電燈放光,繡幕徐徐墜下,台前觀客相繼起立,正圖散會時,誰也意想不到,接着竟展開了一幕劇場大血案。

突然間砰的一聲劃破了院內靜穆的空氣。接着樓下右首第三排上所坐的糯米色西裝少年和第五排上的灰色西裝少年,相繼倒地。來賓們狂呼:炸彈!炸彈!……恐怖籠罩了每個來賓的心靈,他們和她們像發狂一般的湧出了大門,四散奔避。

同時一個身穿黃色旗袍和白底藍花的兩個少婦,不約而同地連呼啊喲!啊喲!她們發現倒在地上的,就是她們親愛的丈夫,鮮紅的熱血流遍了黃色的地毯。悲痛湧上了她們的心頭,她們急得老在那裏打轉,慌恐掩塞了她們的理智。她們除了頓足狂呼快快的去叫救護車外,好像沒有別的話好說,更哀傷得哭不出來。院裏的鑼鼓場面早已收拾起來,演員觀衆也都失掉了蹤影,所剩的只有受驚的少婦和三四個蘭心大戲院的職員,暗淡的燈光,照着躺在地上的兩個遇害的少年,全院突然轉入了恐怖凄涼沉寂的氣氛中。

沒有十分鐘,該管法捕房已經得到了緊急的報告,由督察格蘭(譯音)率領了大隊的探捕分乘警備車飛一般趕來。査得身穿糯米色西裝的少年,面色慘白,神志昏迷,右面額上中有一槍,直貫頭顱,鮮血從創口內像泉一般的汩汩流出。穿灰色西裝的少年,左肩中有一槍,白色的襯衫滿染殷紅可怕的血跡。依常理推測,當閉幕時在糯米色西裝少年的身畔已經預伏着一個暴徒,他用手槍向少年頭上開放一槍,那時少年猝不及防致被擊中左頰,子彈穿過頭顱從後飛去,適中於第五排上所坐的那個灰色西裝少年的左肩部。當時就很快的召同救護車,將受傷的兩少年送入了寶隆醫院。

因爲身穿糯米色西裝的少年彈中要害,流血過多,所以抵院後沒有經過怎樣的救治,已經斷絕呼吸。至於另一個少年,因爲受傷較輕,經過醫生敷藥包紮後,就抬入病房,倘使沒有重大變化的話,不致有性命的危險。

事後調査死的那個少年,名陳安全,今年三十歲,寧波人,家住公共租界池浜路天福里十五號,向在四馬路外灘滙豐大樓萬國商業機器公司內充當職員,平日辦事勤奮,秉性誠厚,且從未參加政治活動,所以這次突遭暴徒暗殺,原因離奇莫測。現在捕房方面,正在竭力偵査中。(捕房方面現在有在塲目睹兇手者,到捕房裏去報告)至於死者陳安全的家中,還有一個親愛的妻子李氏——

——就是穿黃色旗袍的那個少婦——和兩個女孩子,長的名叫佩緣,今年五歲,次者名雪緣,生下僅十一個月。身後的家庭,却成了一個嚴重的問題。

受傷的那個少年名俞世郊，現年二十八歲，湖南人，向居法租界辣斐德路桃源邨四十號，與死者陳安全是同事。此次同他的妻子沈氏——那個穿藍花白底的少婦——在那裏觀看表演，竟意想不到會遭受槍傷。

今天是上海國際婦女救難游藝大會的第二天，一切都繼續進行，同時捕房裏決意在蘭心大戲院裏加派探捕嚴密保護。今天的節目計(一)驚濤凱旋精武體育會(二)踢躂舞牟菱小姐。(三)英文歌舞界姊妹(四)王老五韓蘭根，劉繼羣，殷秀岑。(五)管弦樂隊，青年會(六)踢躂舞郭志嫻，郭志媛，郭志婉，蔡寶瑜等四位小姐。(七)女子公寓由上海藝術劇院全體演出。七個節目都很精彩，希望熱心的男女們，爲着人類的正義公道踴躍去參加，共襄盛舉。

中華書局的風波

葛　丁（廿三編輯:）

中華書局，誰都知道它過去的歷史的：在二十年前，它不過是擁有數千元資本的一個小規模的印刷所！可是，現在呢，現在它有四百萬元的巨額資本，它有新建的四層水泥鋼骨的廠房，它有滿佈全國的分支局。

在短短的二十年中，它能有這樣驚人的發展，的確是一件不容易的事！不過，老實說一句：它之所以能夠有今日的地位，完全是一班爲它做牛馬的職工用一點一滴的血汗來替它造成的！這是誰也不可否認的一個事實！

然而，它所給予職工的是些什麼呢？

去年年底，上海在神聖的全面抗戰發展下變成了敵人後方的「孤島」；同時，在這個時候，中華書局老闆的態度也同樣地改變了！他簡直忘記了他是一個中國人，他不惜放棄了他所負着的文化使命，他不惜違反政府的命令，他不惜破壞全面抗戰的整個統一戰線；他藉口「受戰事影響」（其實在戰時，他的總廠、發行所、貨棧等因處於租界安全地帶是絲毫未受到影響！雖然有一小部份分支局陷入戰區，但還對於他整個營業是絕無妨礙的，何況他在香港分廠承印政府的法幣和債券尙有鉅額的盈餘呢？）竟輕易地發出了一紙通告，把壹千多個爲他服務有年的文化職工通統趕出了廠門！

一天，兩天，三天，二十七年的新年是跟箭一般的光陰溜過去了；到了第四天的一個早上，中華書局老闆是「無罣無礙」地把澳門路新廠的兩扇廠門開了，他讓一班極少數的「留用」職工走進去繼續「工作」和一大羣「不留用」職工進去辦理停職手續。

一批一批的走進了廠門，人是越聚越多，不多時，底層一間廣大的營業部是擠滿了被資方拋棄了的一羣「可憐蟲！」他們不去辦理停職手續，他們只管坐的坐着，立的立着，一個個的臉上都是現着灰色，他們是在悲哀，不，他們是在忿怒，他們像一座快要爆發的火山。

「諸位親愛的同人們！我們的飯碗現在是給我們的老闆敲碎了！我們的文化武裝是給我們的老闆卸除了！不惜違反政府的命令，不惜破壞民族抗戰的統一戰線，不惜把我們驅上了死亡線！要曉得：我們現在是處在敵人的後方，我們的家鄉都已在敵人的砲火底下化成灰燼！我們將走到那裏去？我們去做出賣民族的漢奸嗎？不，這不是我們中華民族的優秀兒女所應走的路！我們爲了祖國的神聖抗戰，我們爲了社會文化的延續，我們爲了自己最低限度的生活，我們祗有立即向公司當局要求復工，這才是我們眞正的唯一出路！」一個年青的小職員，他從人叢中躍上了櫃檯，帶着滿臉的眼淚和滿胸的忿怒，這樣大聲疾呼着。

「對呀！對呀！我們祗有立即向老闆要求復工，才是我們的出路！」火山爆發了！在一千多隻舉直了拳頭底下發出了這一個偉大的吼聲！

這時老闆着實慌了，他沒有料到這一羣在平時馴若羔羊的「奴隸」們居然會在今天「掙扎」起來。他立刻打電話到巡捕房，想藉洋巡捕的勢力來嚇走這一羣「搗蛋」的「奴隸。」可是大批洋巡捕開到廠裏之後，出人意外的，他們非但不用武力來驅逐這一羣「搗蛋」的職工，竟反而同情起來！這眞是一個奇蹟！他們這樣說：「你們要求復工是應當的，我們捕房裏也非常同情你們，祗要你們不做越軌的行動，我們決不來干涉你們的！」老闆的毒辣手段，顯然地給這一個偉大的同情粉碎無餘了！

接着那個青年的小職員又跳上了櫃檯，他的臉上再不像過去那樣的帶着眼淚和忿怒；他充滿了興奮，繼續地說着：「諸位，我們現在既然曉得祗有向公司要求復工，才是我們的出路，那我們必須要立刻切實的行動起來才行啊！但是，所謂切實的行動，並不是驀無計劃地用暴力去爭求一切，要曉得我們不是罷工，而是請求復工，我們必須要用和平的方式去爭取我們的一切，同時，我們還要有一個嚴密的組織；有了嚴密的組織，才能產生偉大的力量，有了偉大的力量，才能達到我們勝利的目的！」

「是的，我們必須要有組織，因爲沒有組織的行動，是够危險的！」一個圓胖面孔穿着一件青布工裝的青年排字工人，用很有力的聲調這樣附和着。

經過了全體的熱烈同意，「中華書局同人會」是光榮地誕生了！牠將成爲中華書局全體職工的唯一保護者，牠將予中華書局資方的一切陰謀鬼計以無情的打擊！

在第一次全體大會裏面產生了六項要求條件：

一、公司立即恢復全體職工工作（或調赴香港及內地。）

二、在未復工前公司發給職工維持費，辦法如左：

甲、練習生、學徒、出店等每月最低領十二元；

乙、職工原薪在三十元以內者不折，五十元以內者九折，壹百元以內者八折，二百元以內者七折，二百元以外者六折；

丙、件工上手每月三十元，二手二十五元，下手照甲項；

丁、維持費發至復工時爲止。

三、長短工一律待遇，（凡在公司工作滿三月者，作爲長工論。）

四、公司立即發給同人全部特別花紅。

五、公司新廠空屋，供給同人寄宿。

六、抗戰發生後請假返鄉之同人，上項條件，一律有效。

同時又選出了三十四個代表成立一個代表團，由代表團中再推出了五個出席談判代表，負責與資方交涉一切。最後一致通過：「立刻把六項條件交由出席代表向資方提出，一天得不到圓滿答覆，一天不出廠門。」

大家的態度是非常地堅決！但他們都能遵守西捕的忠告而絲毫沒有越軌的行動，一個個都是很有秩序的坐着，立着，守着。

時間是一刻一刻的挨過去，天漸漸地晚了，凜冽的西北風在呼呼地作響；交涉代表是帶回來了資方的答覆：拒絕！拒絕！一百二十個拒絕！

黑暗在開始襲擊他們（因爲廠裏的電燈線已被資方割斷），但他們却一點兒也不怯怕，他們也不因資方的拒絕而感到失望！相反地，他們的態度是愈加堅決，行動是愈加積極，因爲他們始終有一個信念就是：

「黑暗將不過是暫時的，光明終有一天要照在我們的頭上的！」

到哪兒去找房子？

張子甯（廿四・商・）

孩子的脚又比前二天腫了！手面孔，身體，那一樣不是比來的時候胖了！你想三層擱上，扶梯要三換身，外面的弄堂又狹小，人又那麼多，叫孩子到那兒去玩呢？

尤其是自來水要像擠奶一樣才能擠出一點水來，有時候要吸上十多口才能有水出來，而且從早到晚人又擠得沒有一些空。妻子老是對我嘮叨着。

爲了四歲的孩子的浮腫，爲了珍珠似的水，我打算以每月拾五元的代價去找一間對於孩子更適當的房子，我就每天無目的地亂跑着了，新閘路，卡德路，同孚路以至法租界的呂班路，辣斐德路……………每一條柏油路像彌勒佛挺起他光滑的肚子似的沒有風，沒有灰塵太陽菩薩總是對我施展炎威。每一家店舖，每一處弄口每一家石庫門口像都和我作對一般的沒有一張寫着「召租」二字的紙頭。

每天翻開報來在召租欄內儘是些統廂房統樓，寫字間之類，房金不是三四拾元便是陸拾元捌拾元。條件又非常苛酷，有孩子不借人多不借……。

拾五塊錢要借一間房子，還有二個孩子，那是一個難題。但是，爲了孩子，爲了水今天在俱樂部裏吃好了午飯望一望錶剛十二點過四十分，又不自覺地戴起白板帽出去蹓走。

——今天到蘇州河北去看看吧！出了俱樂部的門口，心中在這末盤算着，脚也有意識地向着蘇州河北走去。

× × × ×

沒有，眞的一處也沒有。北西藏路開封路熱河路已悄悄地在脚畔溜走了，希望也在我眼皮上溜走了。

從甘肅路踏上北浙江路。

遠遠地，遠遠地，一小方的紅色紙頭映進我的眼簾。我恐怕這是廣告紙，火熱的心不覺冷了一些。

近了，在一所弄堂門口前，我的脚停了下來，把我的眼光停留在那一張小方的紅紙上。

「召租

弄內末一家有後樓出租意欲者請進內面洽可也

本主人白」

得了，我得去看一看。走進弄堂，在末一家的後門口上，我看見和弄口同樣的一張召租紙，進了門口，一個女孩子指示我走到樓上，有一位像烟鬼模樣的二房東太太指着那一間闊不到六尺長不滿一丈的位在前樓和煤球爐間之間的房子，隔着幾塊被煤氣熏得烏煤似的板壁。

——你們有幾個人？

——四個人，二個大人，二個孩子。

——嗄！不借不借，有孩子不借。那二房東太太的一對眉毛立時揚了起來。

憤恨的浪濤，不覺在肚子裏奔騰着。我忽忽地奔了下來，繼續找我的房子。

× × × ×

壘壘的沙包在不遠的前面零亂地堆着，三個穿草綠色衣服的傢伙，拿着鎗在一所殘破的空洞的房屋裏坐着，眼珠子像鷹犬似的向四下滾動着。

被炸毀的砰生車站像一個頹喪的老人，穿着破碎的衣服，曲着腿倒在鐵柵裏面。我抬頭瞭望着一切，望到那旱橋過去的王家宅在「八一三」前不久用鉅金買下來的房子和地產，我彷彿瞥見我歷年用汗血金錢買來的四百多冊小說詩集雜誌書，還有我女人的嫁妝——新的床，新的櫥，新的梳妝臺，新的……；還有我親手所灌溉的樹木花卉……我不禁悽然地流下淚來。唉！侵略者的炮火啊！我不忍再望下去了，我不忍再想下去了！我就從另一條支路走上海寧路。

長長的青草，凌亂的鐵絲網，又顯現在我眼前了。江西路的路牌直立在那裏，抬起頭來就望見那龐大的棕色的建築物——新亞酒店。一排最新式的「新貴」們的汽車停在它的側牆旁，半段光滑的絕無人踪的柏油路像死蛇一樣寂寞地躺着。就在這地方一個小攤旁邊的弄口，我找到一張紅色的「召租」紙。

哦！擱樓一間。我一口氣跑進目的地，二房東是一位上了年紀的女太太，擱樓是樓下的地位，相當大，可是太低，人不能直立起來，祇有一扇一尺方的樓梯下的小窗，房金十四元，不折不扣。但是跑出弄堂，龐大棕色的建築物就直立在近隔壁，新拆去的鐵絲網的影子還遺留在那弄堂口上。我沒有勇氣住在這「虎穴」邊，何況也是擱樓！

走着走着，無目的地走着，終於在天潼路北湖南路口的電杆木上，又發現了二個新的希望。

第一張——「召租

茲有樓下屋一間有意者請至××路××坊×號接洽但有孩子者請勿勞駕　本主人白」

第二張——「召租

有風涼房間二三間最合夏令住家之用合意者請至××路××里×號面洽可也　本主人白」

第一個希望，當然和我無緣，第二個希望在一度嘗試之後，立刻又變爲絕望。三層樓由小扶梯上去的亭子間，對於孩子不大相宜，而且月租念元和自己拾五元的價目相差太大，還是不來討沒趣吧！

人多的不借，有孩子的不借，太貴又借不起……唉！房子，到哪兒去找房子？(758)

我們決不扳回馬鎗

朱　平（廿二：失業）

「阿要來再要强（賤）買勿到，香雲紗女褂，二塊洋錢六角八……」每天六個多鐘頭的「喊攤工作」葬送了我們衣莊店員的青春與康健；老闆們奢侈靡費的負擔，更毫不放鬆地緊壓在我們失去了康健的店員的肩下。而當我們稍微不能負荷起這副重擔時，老闆們卻毫不容情地把我們一腳踢出門外！

這，過去頗不乏例，現在我也身受了：

舊曆六月與十二月，一向被衣莊老闆們認爲「忙月」，往常到了這個時候，「喊攤」由每天六小時增加到八小時多，今年因爲上海添了幾百萬的逃難人，老闆更覺得這是千載難逢的好機會，營業時間特別提早與延長，於是店員們每天逼着嗓子喊「阿要來」的時間平均總在十個鐘頭左右。人畢竟不是鐵鑄成的機器，過了這個「忙月」我便染着衣莊店員們中所習見的病症——咯血。

先是嗓子嘶啞，接着痰中發現了一絲絲的鮮血，這個時候，聰明的老闆還堅稱是不要緊的熱血，經過醫生的診斷確定是肺部受損的症候後，老闆纔答應我休息幾天。

肺病原不和尋常的感冒一樣，得了病便喫不下飯，老闆却憑了我的食量不比康健時略減的一層，判斷了我「裝病」的罪名，裁定了「停職」的極刑！

在大雨滂沱的八月二日的下午，我拿着鋪蓋，走出這家衣莊，門口輝煌的裝璜驀地裏給我一陣示威的耀眼，似乎對於我這不幸者，——犧牲了康健，却換得如此狼狽的結局不屑表示同情。

最後，我還想說幾句話：在「抗戰第一」的原則下，我們決不扳回馬鎗，但希望老闆們也該前半夜想想自己，後半夜想想別人，多少拿些良心出來對待我們纔好。(307)

★　★　★　★

在報關行裏

重瓜

「滴答滴答……」壁上的時鐘均速度地走着。

早上，賬房間裏的寫字檯上，還躺着幾個不願意睡鐵床的練習生；同樣地在滿佈着各種紙張的地板上也躺着兩個「老爺」（這是練習生們替茶房所取的雅號）

「呼……呼……！」幾種不同的鼻息，從各人的鼻孔裏發出來，在室中蕩漾着。隔着板壁聽起來也許疑惑裏面是豬窠呢！

太陽的紅光，透過窗玻璃，在紅漆的板壁上，劃了個長方形，但只是那狹狹的一條，因爲室中的光線是向來不充足的。

當我踏進賬房間的時候，一股難聞的汗臭迎面撲來。我連忙向後轉，在一大半堆着貨物的天井裏侷促地踱着，要吸一口新鮮的空氣，眞是難乎其難了。

「噹！……噹！……」時鐘敲了八下，鐘聲撞破了室內寂靜的空氣，向睡着的人的耳膜襲去。一個練習生被鐘聲驚動了，伸着懶腰，翻了個身，依舊似醒非醒地躺着。

一會兒，鐘上的長短針走成六十度的銳角。他們才一個個蘇醒起來，每個都蓬頭披衣，打呵欠，伸懶腰，慢吞吞地沒有絲毫生氣，像一羣剛從牢獄裏釋放出來的囚徒。我這時也跑了進去。

「哈!已經八點敲過了!」一個「老爺」揉着矇矓的睡眼，半信半疑地說着，一面把地上的蓆子捲了起來。

「小張，你倒早啊!」練習生甲對我說，帶着譏諷的口調。

「……」我不答。

「哼!小張老是六七點鐘就起身，怪勤儉地，老闆加你多少薪俸?」練習生乙幫着甲來攻擊我。我只是默然，因爲我不願爲這種無意識的譏諷而費口舌。

「嘿……」練習生甲起了冷笑：「阿啦橫竪懶惰慣了，……着他娘的停生意就停生意，嘸啥關係。」說完兩人一同去洗面穿衣了。「老爺」們也開始心不在焉地打掃屋子了，一時搬桌櫈聲，掃地聲，東西的撞擊聲和他們的嚕嗦聲，雜奏起交響曲，塵埃也飛揚了起來。我不得不離開賬房間，向客堂裏走去。

× × × ×

客堂裏的方桌上還堆着狼藉的雀牌，和幾隻吃赤豆湯的隔夜碗：這些還是表現着一種頹唐腐敗的習氣。任憑壁上的對聯、賀幛和鏡架寫得何等好，稱得何等高尚，但一切都被頹唐腐敗所遮掩了。

大門開了，弄裏很靜，只有幾個苦力和大餅攤主人在開始勞動，——在生活圈裏掙扎。

大門開了不久，進來的第一個人，就是個像乞丐般的人，蓬頭垢面，衣衫襤褸，「老爺」一見，頓時擺出他的威風來。

「喂!你來做啥?」大聲地。

「我來……看一個人。——」聲音有些擅抖。

「看啥人?」聲音更大，像老虎看見了馴羊而大吼一般。

「啫，我來……來看一個姓……李的李先生，……謝你喊一聲。」

「老清早，跑進來，人家睡着呢!……停一歇來看!」

「謝謝你!……我……我苦惱……。」仍舊哀求着。

「出去!識相點!」「老爺」一把拉着那人的破布衫，推了出去。

「我……我……」那人想反抗，却沒有膽量，只得怨恨着跑開。「老爺」恐怕他再進來，在門口站了一會才進來，口裏不停地嘰咕着：「眞是開門不利!……逢着這癟三。」

我心裏想：大約又是李先生的那個同鄉來問他借錢了，唉!……

× × × ×

十一點鐘了，賬房間裏的人剛到齊，老闆拿着手杖，大踱步地走進來，口裏啣着雪茄，不時吐出縷縷的靑煙。室內的人聲，頓時靜了下來；像一羣戲水的鴨子，給一枝竹竿趕散了一般。練習生甲連忙把手裏的小說塞在報紙下，裝着看報，練習生乙也把擱起的脚放了下去；打字機旁的阿三，兩隻手加緊地抖動；算盤珠的聲音，一陣密似一陣。不知什麼刺激了他們的神經使他們這樣地興奮。唔！我知道了，那是生活之鞭啊！

「阿江！樓上門（老闆臥房的門）開一開！」老闆又喞着雪茄踱了出去。

「阿江！」老茶房也幫着喊。

「噢！」阿江連忙應着，飛步上樓。那種殷勤順服的態度，誰也不信會呼喝剛才那乞丐似的人的。……

賬房間裏重又鬆懈了下來，那最後簽到的老王，只是吸煙，喝茶，翻翻報紙，閒若無事，他可算行裏最優閒的職員了。但他對於下級職員的待遇，正和「老爺」們呼喝乞丐癟三不相上下。

「××，替我打個電話給×××！」他現在又在呼喚了。

於是練習生乙不敢怠慢，拿了電話簿手裏翻，眼睛看着。

「快一點！這點事情就做不來！……」老王催促着。練習生乙臉紅了起來，但仍尋着電話號碼，不稍怠忽。好一會才給老王打通。老王還不滿意地訓斥着，練習生乙只得忍氣吞聲地坐在一邊，同事們還對他裝着鬼臉。

「××，到海關去送關單！」李先生又在發令了。接着，習練生甲捧着幾張紅綠紙出去了。……

× × × ×

「第一桌（下級職員吃的）吃飯——」「老爺」，喊出嘹喨而曼長的聲音，真像工廠裏放工時的汽笛聲一般，賬房間裏的人，便擁向客堂裏。

「喔唷，格盤腳的小菜！」

「這盆肉只有幾塊？……一，二，三，……總只有七塊——薄薄的七片，怎樣够吃？」

「廚司吃屎的嗎？」

你一句，我一句，鬧成一片，但嘴裏儘管說，筷子早向盆裏搿。一會兒，誰都沒有空閒的嘴去說話了；只見筷和調羹交錯飛舞，不消十分鐘，盃底都朝了天，卻苦了幾個慢性的人。

第二桌飯也開了，賬房間裏便留下幾個下級職員。

「喂！你看他們吃魚肚，我們卻吃魚頭魚尾，那碗炒蛋也似乎比我們的多呢！」練習生乙像發現了祕密般來報告。

「真不公平！廚司最壞！……你想這樣一來，可省下多少錢？而且幾個大亨也不曉得。」打字的阿三表示同意的說。

練習生甲送了關單回來，恨恨地說：「真氣煞！跑了一上半天，中飯也吃不着！……」原來他飯也沒有吃。結果他只得悻悻地自己盛了飯，買隻鹹蛋，總算瞞過了肚子。

× × × ×

三點鐘還沒有到，賬房間裏的人影稀疏了，尤其是老王，最後到最先走，再直爽沒有。「既爲吃飯而就業，就了業就只須吃飯。」這大概是他唯一的解釋吧！

……

「噼啪！……啪！……」牌聲響了，像是火線上平靜時的槍聲。

「他們在演習戰爭嗎？」我的腦子向我這樣問。

「哈哈！……三番！……一百六十和……」

「怎麽五七索沒有？」

「你幾和？」

一付牌和了，發出嘈雜的聲音。

……

在我的臥室裏，也正有幾個練習生在賭「撲克。」情形却不同，他們只是輕輕地偷偷地在勾心鬥角。

「爛腐二，……一對！」

「一享……你這次要赤脚了！」

「我欠你一角……。」

……

晚飯前，大家談着輸贏，結果輸的悔氣，贏的請客；獨有幾位「老爺」張開了嘴，滿面笑容，今天坐收牌錢四五元。……

× × × ×

晚飯後，大家又預備行樂了，一個個把皮鞋擦亮，穿上綢衫，去領略那夜之神祕。

「阿海，永安公司有『妙頭』嗎？」

「沒有血！」

「金城去嗎？……」

「去！去！」

「你會鈔！」

……

「好！老孫到大世界去呢！」

「一同去」

「你行裏有事情呢！」

「打什麽緊？」於是一羣又出去了。……

賬房間靜得像死去了一般，地上又滿佈着紙屑。桌上的簿子、報紙……以及一切都零亂不堪，像在揭發牠主人懶惰的陰謀。時鐘無力地走着「滴答滴答……，」又無神地敲着「噹！噹！噹！……；」時間在一秒秒地過去，一分分地過去，夜漸漸地深了。賬房間裏的電燈還是點得赤亮。……

當我在日曆上又撕去一頁時，一天的光陰又溜走了。

在報關行裏，一天到晚，只是嘲笑，呼喝，賭博，看戲，請客，吃飯，睡覺……，每天逃不出這範圍。在抗戰時期，是這樣，上海成爲『孤島』以後，也是這樣。我對這種生活，祇覺得卑劣、可恥、無聊、腐敗，但我又

逃不出這惡毒的圈子。(809)

一九三八·八·一日的播音節目

音樂	八至八·卅	(福音)
主日晚歌	八至八·卅	(福音)
得一講地藏經	八至八·四十	(佛音)
中國歌社唱	八至八·四十	(華興)
徐淸風話劇	八至八·四十	(李樹)
顧雷音話劇安邦定國誌	八至八·四十	(東陸)
劉春山盛呆呆滑稽	八至八·四十	(航業)
李小呆滑稽	八至八·四十	(華泰)
王曉香三笑	八至八·四十	(大中)
沙不器話劇	八至八·四十	(大美)
唱片	八至八·四十	(楊氏)
程方舟李廉孫毛家書	八至八·四五	(利利)
唱片電話購貨	八至八·四五	(大陸)
廣東唱片	八至八·五十	(新新)
張愛琳申曲	八·至九·	(中義)
朱耀祥趙稼秋啼笑因緣	八·○五至八·五十	(明遠)
唱片	八·十至八·五十	(中西)
國音社平劇	八·十至八·五十	(華東)
王涯游話劇	八·廿至九·	(娃華)
陳蓮卿祁蓮芳繡香囊	八·廿至九·	(國華)
梅花館主故事	八·廿至九·	(金鷹)
黃日禮衛生	八·廿至九。	(大亞)
唱片	八·卅至八·四十	(東方)
英文佈唱	八·卅至九	(福音)
唱片	八·四十至九·廿	(華泰)
徐淸風話劇	八·四十至九·廿	(李樹)
趙孝本四明宣卷	八·四十至九·廿	(東陸)
關鋆進講無線電	八·四十至九·廿	(佛音)
汪筱萱阮敏心南方戲失羅帕	八·四十至九·廿	(大中)
金睾玉四明文戲	八·四十至九·廿	(華興)
湯吟秋玉蜻蜓	八·四十至九·廿	(楊氏)
劉春山盛呆呆滑稽	八·四十至九·廿	(航業)
冶兒劇團十景戲	八·四十至九·卅	(東方)
徐淸風話劇	八·四五至九·十五	(利利)
何雙呆沈笑亭滑稽	八·五十至九·卅	(大陸)
沈裁之衛生	八·五十至九·	(明遠)

陔南軒主故事家庭恨　八・五十至九・三十（中西）
朱耀祥趙稼秋描金鳳　八・五十至九・三十（大美）
爵士社歌唱　八・五十至九・四十（新新）

我們細看節目，眞是失望，再聽播音把指針轉到利利電台就聽到程李的毛家書，開篇叫作「宮怨」是楊貴妃吃醋。「……到不如嫁個風流郎，朝歡暮樂度時光！……」在這國家生死存亡之秋，還唱這種歌兒，優游自得，眞叫不知「亡國恨」了。

本埠電台目下還有廿三個，其他尚有一個日人辦的電台叫作「大上海」。良心已死的漢奸爲虎作倀，大事反宣傳，這是無線電發明以來的奇恥大辱。

驗屍所的一日

張鋼

人是愛好生存而憂傷死滅的，甚至於對一花一草的憔悴也會心傷，對一隻螞蟻一隻青蛙的死亡也會惋惜。獨有侵略者是吃人不眨眼，拚命在那裏製造人類的死亡，我們除掉說侵略者沒有人性外，再不會找到其他的解答的。

胆小的人看見死人，也許會害怕的，然而我們是每天看見，也許是神經有點麻痺，看見一堆堆的死人從驗屍所裏拖進拖出，就好像看見碼頭上的工人搬着一隻一隻麻袋或木箱一樣。但麻痺只是某種程度的，當你看到一連串的小孩子站在一首女屍旁邊慘厲地叫着媽媽，或者是一個老太婆埋頭在屍堆裏哭着兒子，你就不由自主的會使你鼻頭有些兒酸楚，眼睛裏像扑上了一把辣椒似的難過起來。

究竟我們一年能看到多少死人，是沒有統計的，同時千奇百怪的死究有多少種類，也沒有人去好好地記住。但在以往這一年裏所死的，却有百分之九十以上是直接間接死在敵人的魔手底下，這是不用統計也可以曉得的。

這裏我想隨便檢一日告訴你，你就可以曉得一個大概。就說五月三十日吧！這是尋常的一天，把我之所以記牠下來只不過是這一天我比較地記得清楚罷了。

這一天擺在驗屍所的一共是十五個死人；其中一個是不大不小的漢奸，一個是他的保鏢，一個是殉道的志士，一個是不爲奴隸的茶房，一個是被敵人敲斷了背脊骨的遊擊戰士，一個是被敵人當靶子射死的船夫，兩個是憤敵人殘暴的自殺者，一個是跌到河裏淹死的小孩，其餘都是難民，是餓死在街頭或病死在收容所裏的。由這簡單的數字裏，我們可以看出中華民族雖有極其少數出賣民族的漢奸，然而絕大多數則是到死也不投降的。

漢奸俞某在其小老婆公館裏被暗殺的事情，報紙上曾經登載過了，不用再說。至於這漢奸的嘴臉總不過是那種肥頭胖腦的樣相，活着原來就沒有靈魂，死了更徒然剩下一堆臭肉。但這事情值得注意的是我們的王向平先生實不僅是一個志士，而是以一種殉道者的精神，爲了民族而奉獻了他的生命。我們曉得王先生是兪某的保鏢，不但是他個人的生活須仰給兪某，他的妻子兒女也同樣是要由他在兪某手裏賺來的錢養活的，他犧牲他自己的生命同時也就使他的妻子兒女陷於生活的哀怨。王先生與兪某絕無私仇，他是有着相當年紀的人，也決不是感情衝動，只要看他在打死兪某和另一保鏢徐長標以後再舉槍自殺就可以知道他事前是怎樣地籌思過的。對於一個普通刺殺漢奸的人，我們可尊之爲志士，然而一個以自己的生命去換起民族利益的人，我們是應該看作殉道者一樣崇高的。

我們看到的王先生的家屬，是沉浸在一種無氣的悲哀裏，比之兪某的遺妻遺妾口口聲聲還是「署里（指僞海務署）什麼」「署裏怎樣」恬不爲恥的樣相，更明顯地托出殉道者的精神是多麼偉大，漢奸的遺孽又是多麼可哀。

關於徐長標，也許有人要說他是遭了無枉之災，但這裏却告訴我們只知忠於個人——尤其忠於漢奸的人，其悲慘的命運是他自已決定的，只要看他家屬想要求一點收殮的費用時，漢奸的妻妾擺出那付冷酷無情的面孔，就可知道那死是多麼不値得的啊。

當江海關被敵人接收的時候，譴關運動曾經震撼了這個孤島，但這中間有一個抵死不屈的茶房，也許將永遠不爲人所知道，他的名字叫倪國朝，因爲他不願在敵人接收後的海關裏任事，被他哥哥痛罵了一頓，因而服硝鏹水自殺了。自殺雖然是我們所不贊成的，然而在一個低賤得連大人們正式也不看的茶房，而有這樣不爲奴隸的精神，却是値得我們敬歎的。

劉貞寶——是一個在通州執行遊擊戰爭的戰鬥員，有一天被敵人捉住了，活生生地被敵人打斷了背脊骨，敵人以爲他是死了，將他扔在荒野裏，但意外地他在敵人走了以後却自己蘇醒過來，於是他爬到水邊，雇了一隻小船來到上海，終於死在病院的牀上。孤島上一部分的人只知紙醉金迷，可曾想到我們堅苦奮鬥的戰士？這裏他給我們一個提示：到死不屈，打斷了背脊骨還是可以爬起來的。

侵略者的屠殺是不分皂白的，也不要原因，殺人是他的嗜好，高興或不高興的時候都要屠殺一些。胡海青——是一個黃浦江上的船夫，某一個淸晨正在黃浦江上搖船的時候，就這樣被敵人當靶子射殺了。這只不過是千百萬人中間的一個，死在敵人瘋狂屠殺下的雖沒有統計，想來是誰也有數的。

兩個自殺的，一個是當他從家鄉逃出來的時候，看見敵人姦淫擄掠，被刺激得神經錯亂了；一個是因爲在無錫的財產被敵人洗刼一空這種塡不平的憤恨的深淵，乃形成了他們的自殺之念。一個是服來沙而的，一個是用菜刀割傷喉部的。穢物淤積在嘴角，鮮血凝集在喉頭。刻劃了一付敵人殘酷的慘影，使人見了憤恨。

另有河裏淹死的小孩，以及其餘死在街頭和病死在收容所裏的，看起來好似與敵人沒有關係。然而不是侵略者毀滅了他們的家鄉，焚燒了他們的房屋，他們又怎會流落在這孤島上，遭受着死亡的威脅呢？在他們身上雖不見敵人的刀痕與彈洞，却沒一個不是被敵人逼到死路上的。

這就是我所見到的這一年三百六十五日中的一日，然而這却不僅是這一日中所有的事情。

封犯

佘茶

霓紅燈把南京路裝成一個觸目的妖魔，牠有引誘性，威嚇性，牠是罪惡的造成者……。

夜風揭起賣夜粥的布幕，一個很體面的人物在喝着發了黃的粥，一包油汆黃豆是他的菜蔬，他怕人注意時時回頭過來看看，好像他不願意把這種和苦力一樣的生活給人知道似的。

布幕又把他掩住了……

他閃出布幕，摸着袋底僅有的三個一分的輔幣，他望着霓紅燈出了一會神，拔脚就穿過馬路，他混在人叢裏用一種很緩慢的步子走着。

他想到明天的吃，最重要的還是今夜的睡，他在一陣陣的夜風裏，知道今夜要下雨……他想到或者人家會在不留意之中落下一個皮夾來，於是他什麼都有着落了，他時時看到袋子滿滿的人很有三分神氣的走過，他跟了許多路，他希望着那個人的皮夾會掉下來……拾了，立刻去吃一頓飽飽的夜飯，有大塊的肉，有滿杯的酒……他嚥了一口唾沫，他發現到自己跟着人家走會給人一個疑竇，或是會被打，或被捉的危險，他黯然地回頭走了。

一陣牛肉香味在他鼻孔中逗留了好久，他努力地用眼睛找尋，他看見那邊有叉燒牛肉隱約掛在櫥窗裏，他實在不相信這一些香味會飛得這樣遠，他預計從他聞得香味的地方至少要和那邊差十幾個門面。

他恨恨地回頭走了！然而還回頭去把叉燒牛肉看了幾眼，當他低下頭去，一片回憶襲上他的心頭，他遠遠地看到自己的家鄉隱約在松林和竹林中，他很迅捷的看到他的父親，母親，兄弟……還有鄉隣，他更記起小河畔和他的「相好」——戀人——談着甜蜜的情話……最後他看着幾個穿黃衣的人到村上來，全村立刻燬在火裏了，只剩下他一個人來到上海，三個月的時間，把他僅有的四十多塊錢用完了，衣服當完了，只剩下一套拷皮衫褲，永遠是日裏穿上，夜裏洗好，他睡在親戚家裏，現在又給放逐了，因爲他們丟了十塊錢，就疑心到他。

睡水門汀已三天了！他吃過一隻外國火腿。

漸漸地，他的神志有些糊塗，……

× × × ×

「拍」重滯的聲音在他的嘴臉發出，一片模糊的血蹟，血一點點的流下來，點到拷皮衫上不見了。

他看到自己的手已爲一個高大的巡捕執住，他看到僅有的拷皮衫已扯碎了肩頭，他覺到嘴唇上的神經抽痛，他知道自己已犯了罪，於是不自主的跪下去，對着三個巡捕和一大圈子的人。

「幫幫忙老爺！……」

「你怎麼搶人的東西？……這是犯罪的！」

「幫幫忙！老爺！幫幫忙！」

「我總幫你忙！喂你看一看皮夾裏少了什麼沒有？再把怎樣搶你的說一說明白：」

「我在買襪子，他從我的袋裏把我的皮夾搶了去。後來大家幫我追，他又擲還我了！……四十三元三角輔幣不錯！」他檢點了他的皮夾，又看了看跪在地上的人，血打腫了的臉，他的心裏感到一些可憐，他自己也是一個雛友，他對巡捕已變了求情的態度：

「就放了他吧！我又沒有少一個小錢！……」

「好！……那末你去吧！以後要做好人！」執着他的巡捕也軟化了！鬆了手，而旁邊一個巡捕却又把他抓住了。

「不行！你不帶他我帶他到行裏去！他是一個强盜，你做巡捕的放了他你也犯罪！」

「老爺！你做做好事……」半立起來的人又重新跪下去，叩了幾個頭。……

「走！老子不和你多講，你也去到捕房裏去！你是被搶的事主！」

「先生！你饒了他吧！……」閒人也代他求情。

「操你的祖宗，你是和他同黨嗎？」

圈子漸漸散了！

三個巡捕帶着二個人漸漸向西去遠了，沒在霓紅燈的光裏。

……

霓紅燈耀着南京路，使牠變成一個妖魔，牠有引誘性，威嚇性，牠是罪惡的造成者。……

魯迅先生週年紀會　吳大鈞（廿一 工人：）

廠裏的工作實在太忙了，日間來不及工作，只好另用一班工人，增加夜間工作。因此就日夜兩班，不停的工作，我却被分配在夜班。下午六時起，到明天早上六時爲止，整整十二小時的工作。

一夜的工作，身體是疲乏得不得了，天剛微明，我拖着無力的兩腿，走出了工場，慢呑呑的踏着歸途。賣報的小販提高嗓子在叫賣，我就買了一份立報一面走一面看。我看到魯迅先生逝世一週年紀念日的消息，才知道今天下午要在女青年會開紀念會。我想我一定要參加一下，只要下午少睡一會就行了，想到了這精神就興奮了，很快的走回去睡覺。

我正睡得甜蜜蜜的當兒，忽然被叫醒了，張開無力的眼睛，翻了一個身，依舊是懶洋洋的沒有精神，一看樓上的時計，却已十二時，已是非起來不可的時候了。不過我那勞作了十二小時的身體，祇休息了四小時，是很不够的。但爲了要去參加魯迅先生的一週紀念會，却顧不了這些，糊亂的洗了面，吃了兩碗飯，向目的地進發。

走進了女青年會的大門，一眼就看見在會堂門口，已有不少來參加紀念會的青年在等候了。一走到了會堂的門口，才知道站在門口的許多人，都因爲沒有入座券而不能進去。那末我也沒有入座券，當然也不能進去了。漸漸的，來的人多了，於是不能進去的人，也像能够進去的人一樣的增加了。人多了，事情就糟了，起初大家都提出：

「這是什麼會？」

「報上明明載着歡迎參加。」

「一樣爲敬愛魯迅先生而來的呀！」

「……」

這些質問，仍舊沒有効力，於是就爭吵起來，主持大會的幾位先生就沒法了，只得讓沒有入座券的通通進去。

行了開會儀式之後，唱一遍『義勇軍進曲』，再唱『魯迅先生紀念歌』：『我們永遠不能忘記你……追隨着先生的奮鬥精神……抹掉我們的淚痕前面永遠有你光明的領導。』這歌聲很雄壯而明朗，也很能表達魯迅先生的精神。

接着主席報告之後，第一個就是鄭振鐸先生演講。我聽了『鄭振鐸』三字，不由得使我聯想到『小說月報』。他講魯迅先生的學問如何淵博，研究文學史如何深刻，舉了許多事實，證明魯迅先生研究文學史的正確。

第二個是郭沫若先生，郭先生，是誰都知道的，十年前他亡命到日本，在日本蟄住了十年，受盡了敵人的欺淩，蘆溝橋事變後，他不堪敵人的壓迫，拋了眷家逃回國來。

「大哉魯迅，魯迅，魯迅，魯迅以前無一魯迅，魯迅以後，無數魯迅。」

他認爲孔子的偉大已成過去，而現在能代孔子的，就是魯迅。

「因爲魯迅的偉大精神是反抗社會一切的惡勢力，反抗到底，死不協妥。所以目前的民族革命戰爭，正是魯迅精神的最具體的表現。前綫浴血抗戰的武裝同志，個個是魯迅。後方從事救亡工作的人們，也人人是魯迅，魯迅是普遍化了。」

他說話懇摯而熱烈，時時揮動他的拳頭，表示他的興奮，激起了在會八百青年的熱烈鼓掌，同時也表示出尊敬魯迅的熱情，增強了人們抗爭的意志。郭先生又說：

「有人出個文章題目給我，叫『假使魯迅先生不死……』我可只能寫反面文章。魯迅並沒有死，他的精神，已永遠成了我們的民族精神，以前差不多每一個中國人，留着阿Q的臉型，阿Q的心理，可是此刻這阿Q已被魯迅槍斃了。

「本人雖然沒有見過魯迅的面，沒有聽到他一句話，也沒有收到他一個字。但是魯迅已深深地使我感受到影響，他的人格，這是我們全體青年，全國同胞的最好榜樣。」

郭先生講完之後，還有田漢先生，陳望道先生，許廣平女士等的演講，使我聽得把甚麼都忘了。(322)

狐狸尾巴現出來了！

蘇夏

今天是星期日，每星期舉行一次的時事座談會是在今天舉行。

下午二點半鐘左右，在一個狹小的屋子裏，已經坐着幾位年青的小夥伴，他們互相交談着這一星期來的工作情況，或其他問題。外面進來的人還不少，很難得，今天到會的人很多，老余，小周都來了，被人懷疑爲「托派份子」的奇也來了。當奇剛走進來的時候，大家都不約而同地投給鄙視的眼光，他曾經公開的散發「救亡青年」「托派對於抗戰的主張」等刊物，同時，他也時常發表那有「毒素的辯」底論調。

「大概是三點鐘了，我們可以開始開會，」被選爲主席的劉在執行他的職權。大家的談話不得不停止。『請時事報告者報告時事！』主席打破沉默的空氣。時事報告者老楊是剛加入不久的一位會員，他的臉是永遠呈現着笑容待人接物總是那麼和氣，他對於工作很努力，所以他很快的取得大家的敬佩，他有一個缺點：就是不善於說話，但是，他是藉着極大的努力來克服這缺點。他的報告是很簡單的，但是也很扼要，雖然他的話語不很清楚，可是大家都能瞭解。

接着就是老余和小周的補充，老余——他是一個精明剛毅的青年學生，他是我們團體裏最好的幹部，他底理論的充實和思想的前進，也正如他底強壯的體格一樣，可是他有時還殘留着小資產階級的惡習慣。小周——他也是學生，瘦小的個兒，說話總愛帶些哲學味，有時很富於諷刺味。他正好坐在我的隔位。

大家很熱烈地討論各方面的問題，但討論到「國民參政會的議決案」的時候，沉默了很久的奇發言了。屋裏的空氣忽然變爲嚴肅，大家都一聲不響的靜聽着。小周輕輕的對我說：「又是發表什麼高見啦！」

「剛才大家討論了很多關於參政會的決議案，」奇仍如往常一樣的低着頭說：「但是還有一條決議案我們應該注意的，就是對於外交問題的處置。共產黨的一會員，提出反對再與德意二國交往，但並沒有被採納，大會反而議決改進中德及中意的關係。」他用沉重的口氣和不自然的動作來吸引別人注意他所提出的問題：「在這議案裏我感到十分的懷疑。大家都知道，德意日三國是共同簽訂反共協定的，那麼，德意是必然的援助日本軍事上，是這樣看，德意不是已經承認僞『滿洲國』了嗎？意大利的飛機師不是協助日本作戰了嗎？德國不是召回駐華顧問了嗎？這是鐵一般的事實！爲什麼我們和德意調整邦交呢？在這裏『國民參政會』的表現是什麼？這也算是民意的機關嗎？」奇很得意的說着，用挑戰的眼光向每個人的臉上掃過。接着說：「我也很奇怪，爲什麼共產黨的會員不堅持他的提議呢？我認爲凡是有利於抗戰的政策，是有堅持的必要。」他抬起頭看一看主席，表示他的話已說完了。

「狐狸尾巴出現啦！」小周幾諷的對我說。

「是的，奇君所提出的問題是值得我們注意的。」老金很鎮靜的說：「同時我們也應該注意到奇君所提出的問題的正確性如何？」老金機警地進一步提醒大家：『國民參政會的改進德意邦交底議決案的錯誤，是不可否認的。但是，我們不能因此而否認國民參政會在民族抗日戰線的旗幟下的重大意義，我們要知道國民參政會是抗戰中民意機關的雛形，他的生長是不足的，（組織條例中只規定了一百五十名人選，只限於社會上有聲望的名人。）但是，我們應該要集力的來培養牠，扶助牠，使牠漸漸的健全起來，可是奇若沒有了解這一點，而盲目的、機械的攻擊和不信任國民參政會，這太使人難解了。」老金透一口氣又說：「奇君的後面的問題，不單是使人難解，而更使人懷疑，我認爲這問題的中心是含有挑撥、離間，破壞抗日民族統一戰線的嫌疑，只有『托派』才有這種論調。」老金單刀直入的說破，奇的臉色漸漸變青，可是，他並沒有覺悟：「但是，我想信這不是奇君的本意。」

老金才說完，小周已再忍不住了，接着說：「老金所說的很對，只有『托派』漢奸們才會破壞統一戰線！」小周的口氣顯然和老金是站在一條戰線上。

後來，我們還是不斷的辯論，而辯論的結果，是更明顯地暴露出托派言論的荒謬，同時，使大家更明白「托派」和漢奸沒有什麼分別。

一個會見的紀錄

山尊

是黃霉的雨天，空氣是潮濕的，呼吸似乎特別感。覺到凝重但是我們的身體和步子可都是輕快的，我們的心裏激動的在想着：這一班幹戲劇的老伙伴，又跟我們碰頭了。

一推開門飛出來滿屋子嘈雜的聲音，尖脆的跟粗喉嚨的。傍晚的天色，特別顯得陰沉，屋子裏雖然正是我們急於要會見的老朋友，但是一眼看去：總確不定每個人準確的輪廓，能看到的，祇是一堆堆聚集着的人影，有的上面還裊着烟捲的烟縷。

『哈囉！』還是裏面的人先招呼我，一聽就聽出是老魏那副帶着山東味的徐州腔。

於是我們跳了起來，熱情地拉着手，搖撼着胳膊。

一辨認，眞覺得老伙伴們的面貌都變陌生了；那焦黑的皮膚，光頭，挺括的神氣，他們眞的在熔爐裏鍛鍊過的了。

談話一點也不集中，一個拉着一個的在講，還因爲大家太興奮的緣故，說話一點沒有次序，簡直是大家想到什麼，就把什麼搬出來。

那個小鬍子老張，給孫太太講他們經歷過的路程：『……從台兒莊囘到徐州，還演了二天戲，雖說局勢緊張，但是街市上一點沒亂，第三天我們上車往鄭州開，祇差了廿分鐘，鐵橋給炸斷了。從此就囘頭來，往東突圍出來，現在我們這麼還能見面，眞好像重隔了一重天地似的。』

『這次會見眞是難得而寶貴的！』

屋主人起來把電燈開了，燈光一亮，給我們凱旋歸來的戰士們加上了一層油彩，那黧黑的面孔上閃着油光，表示他們的強健。

老魏坐在我的旁邊，他跟我談上了：『……那囘子，在徐州的重圍裏，眞的把日本鬼子碰到了。我跟老郝，一前一後，一個鬼子走在中間，叫我們帶路找東西，一忽兒後面的老郝給溜走了，這下子給鬼子可着上火了，馬上子彈上膛，我在耳裏聽着，心裏想：——難道我這下子就算完了嗎？他媽的！我正扭過頭去瞧他一眼，祇見鎗頭上的刺刀正指着我的屁股上，在催我快點走，到了前面莊子上，莊院前面的一片樹蔭下，坐着七八個鬼子，於是押我的那個把我推進莊院去，打個招呼，交給了那一對，他自己挺着鎗趕去，大約是找老郝去了。

『這下子，我想不逃，還等啥時候。』他那深湛的眼睛，露着亢奮的光彩：『我遠遠的瞧見坐在樹林子下的鬼子，見他們休息着在抽烟捲，我可還不敢一蹓就跑，我還得耐着性子，以進爲退的走前二步，退後四步，好容易來來囘囘的到了牆邊，那時自己想不是死就是活！一個虎勢蹤過了牆，還算家鄉地道熟，沒給他們抓囘去。可是跑到山窪子口的麥田裏瞧見了老趙的屍身躺在那裏，這下心裏眞不好受，比自己給打靶更難過，那時又不好把他埋了，祇能從身上剝下那件夾襖給他蒙在臉上，就算是個意思。……』

聽到這裏屋子裏寂靜下來，把注意力都集中到老魏的故事上去；對於老趙的死，大家簡直就在這靜默的空氣裏哀掉着他，我緊捏着老魏的手，張着嘴說不出話來。我在想：

——這抗戰眞偉大，會生產出這種新英雄歷難記來。

可是他們不光有這些偶然的遇難的故事，他們在工作上，也創造了新的記錄，有着光榮的勳績的。這時李走過來捏着我的手，他的臉色黑而帶瘦，可是二片嘴唇薄薄的特別顯得淺紅，他姿態安靜，說：

「……譬如在武漢這大都市裏，全市浸在羣衆躍動着奔呼着的救亡熱情中，我們眞不知怎樣把我們的演劇運動來配合這狂濤般的羣衆情緒。在戲院裏，在遊藝場，在傷兵醫院的許多演出，無論如何總是不够的，總覺得我們沒有站準我們的崗位。……後來被我們採用了流動的「卡車舞台」，這纔眞的把我們演戲的武器運用起來，統計這種「卡車舞台」每天給我們可以演出十幾場戲，號召到六七萬觀衆……後來有別的劇團亦跟着採用起來。

「但是到冶萍區的工人區域去，我們又在劇本的編製上變了些新花樣，我們簡直就照連環圖畫的編法，情節是富於故事性，幕數分得很短很多，演的時候加多動作，這樣使那些工人觀衆看得就眞有勁。」

「聽說你們在江南農村裏演出就採用這種手法了？」我問。

「不，那時曾經想到過，但是沒有建立起來。當初因爲是剛出去，有的地方簡直是摸黑。不過在那時已採用土調跟小曲，還有用方言來演出，亦收到很好的效果。」

「喔！」我感動的喊起來。我想：我們留在上海幹戲劇的，站在這班從遠方歸來的朋友們面前，正該反省一下，我們就從來沒有去思考，我們是否站準我們的崗位上，我們的工作是缺乏機動，缺乏創造，沒能跟上在開展着的時代。

「這樣熱烈的工作，我眞也想一起去幹，苦一定很苦，但精神上一定很快活。」老徐露出一排白牙齒，是羨慕着的笑容。

小蘇應和着老徐的笑臉，點着頭說：「聽說你們留在這『孤島』上，亦非常艱苦的在幹着，眞不容易！有什麼可給我們帶到內地去的嗎？」他的眼光徵求我的回答。

我素來不善於說話，說起來總是喃喃吶吶的吶不清楚：「眞——眞沒有什麼可以報告的，祇是一些陳舊的一套，在這兒搬弄着，……或者有的已經想到，而還沒有做起來。」我是從心底裏感到慚愧。

門一開，女用人端進了豐滿的晚餐，後面跟進來我們久已渴望着的阿方，於是屋子裏又熱鬧了起來。

老張注視着阿方的臉說：「怎麼，你把滿嘴的鬍子給剃了？」

「嗨！剃鬍子纔剃出血吶！」阿方沉着氣把雨傘放下，照他平常所最喜歡做的：走到衣櫃鏡的前面，撫摸着他的臉腮頦子這傷一糾做出個特殊的動作顧盼着自己，然後回過身來說：

「走進理髮店他們很刺眼的對我這麼看着看得我眞窘。」他說着低下頭去摸着他那件短短的藍布大褂底下那雙不稱樣的套鞋，塗滿着爛 「他們簡直當我是士老兒指點我這樣，指點我那樣的……在用電氣摩面的時候，他撳着我的頭對我說：「不要動，不要動。」我也就索性像做他一個老士，動作摸摸索索的，打起了浦東話來講。

「修面要幾鈿哦？……二角大洋……唧唧唧唧唧！」

他簡直在做戲，他那句浦東話，引得滿屋子的人都哄笑了起來。

在快樂的氛圍中我們進行着晚餐，用了一點酒，是對我們的朋友們表示慶賀的意思。

「我們從徐州出來根本就成了難民，一路上做着要飯的，那衣裳又破又髒還生着蝨子；」「阿方你現在算高昇了，從難民升到老士了。」老張一面吃一面談笑着。

小蘇又像想到了什麼似的：「阿方你還記得在漕江浦的那幾個士兵嗎？」

「怎麼一回事？」我們問：

「那眞感動人呢！」阿方就敘述起他們以前的故事：「那天到了漕江浦，天黑了，找不到屋子住，我們就在人家的門沿石上過夜，你們想：我們這一幫男女橫橫豎豎的坐着躺着，不就成了難民戲的場面嗎？一幫受了傷剛出院的弟兄們，也像理髮匠似的把我們眞的看做難民了，他們去買了些燒餅來，你們猜：他們跟我們說了些什麼？」

「什麼？」

「他們說：你們老百姓眞苦，可是現在國家在打仗——打倒日本帝國主義呀！現在抗戰已經到了第三期了，你們忍耐些，反正離開我們勝利的日子近了，你們再忍耐一下子吧。……」

「他們還命的說：最後的勝利一定是我們的！到那時候，我們總眞正能夠過太平舒服的日子呢？」李又補充了一點。

「你們想本來是我們在做這樣的宣傳工作的，現在在我們掩護起自己面目的時候居然會有別人對我們來宣傳我們當時聽着，眞感動得流眼淚。」

我們聽得也簡直呆住了，但是我們全都懷着歡喜的想頭：像這樣，中國必然會得到利勝的。

× × × ×

這次的會見是珍貴的：這班從遠地歸來的朋友，他們踏遍了抗戰的大地，從那上面，他們帶來着一種精強的活力，這給我們「孤島」上的朋友，一種新的啟示。

在分別時，李拉着我的手說：「我們相互鼓勵着，分頭努力吧，為着我們的祖國！……」

我們永遠這樣親熱地握手

魯波

——世界學聯代表團歡迎會中——

是初秋了，但天氣還是很熱，火團一般的太陽，放射着强烈的光線，照耀着為惡魔所包圍的「孤島」，照耀着被惡魔所蹂躪的廣大的原野。

我們三個，懷着滿腔的熱情，用輕快的脚步朝跑馬廳的外國青年會走去。街上兩旁的行人都用驚奇的眼光注視着我們，但是我們却不管一切，只是一直向前走。

當我們到青年會三樓的會客廳的時候，已經有十幾位同學先我們而到了，剛才在馬路上走時覺得很熱，一到這寬敞的陰涼的會客廳，頓然覺得非常爽快。

「世界學聯代表團幾點鐘到？」

「剛才我們打電話到公司去問，據說輪船十一時靠岸，我們已經派人到碼頭去迎接他們了。」

我們打着一個大圓圈坐着，我們的談話都集中在歡迎會的事情，涼快的南風微微地從窗外吹進來。

「十一點鐘快到了，我們到××號餐室去等待他們吧。」

我們蜂擁的走進餐室，室內安置着五張方桌連起來的長席，席的兩端有二個座位，一個是主席位，一個是致歡迎詞的同學位，兩端的首兩座，就是代表團位，席上放着四瓶鮮花，清香充滿着佈置精緻的餐室。我們一個個的依着預先安好的座位坐下。

已經是十一點一刻了，但是代表團還沒有來，坐在我對面的陳君，再走出去打電話詢問。

「現在我來給諸位介紹這位就是轟動全世界的『西行漫記』作者斯諾先生的夫人，她有些消息告訴我們，在代表團未到之前，我們請她說一說罷。大家的意思怎樣？」

「很好！」大家都異口同聲地回答。

斯諾夫人就在熱烈的掌聲中站起來，微笑地說：「我今天得參加這個有重大意義的歡迎會，覺得非常的榮幸，同時又覺得有說不出來的興奮，現在我來報告一些關於新四軍的消息給諸位年青的朋友。」

大家一聽到新四軍的消息，都感到興奮，最近在報紙上我們雖然看到新四軍在東戰場被佔領區域活躍的消息，可是那些消息都是很零碎的。接着斯諾夫人就把關於新四軍的成立經過，他的內部組織及最近在被佔領區域中與敵人英勇血戰的情形很詳細地說出來，大家都在聚精會神地聽；她說完後已經是十二點鐘了，代表團還沒有到，眞的使我們着急了。

「他們不會被敵人阻止登岸的吧？」

「絕對不會的，也許是船的延誤，我們再耐心地等待吧，也許就要到了。」

我們再待了一刻鐘後，代表團終於來了，我們全站體起來熱烈鼓掌表示歡迎，王君雙手捧着四束鮮花，走上前去獻給他們，每人一束。他們一面向我們點頭，一面誠懇地接了鮮花，餐室中的空氣頓然緊張起來，邊漾着偉大的人類摯愛的氣氛，由四位招待同學引他們到預定的座位坐下。

在四位代表之中，柯樂滿是個子最高的一個，他穿着一套樸實的褐色西裝，瘦小而紅紅的臉孔，堆滿着笑容，絲毫沒有英國紳士的氣態，他是世界學聯幹事。雅德是美國學生和平運動大會代表，她是那般的天眞活潑，但是並不如我們在電影中看見的美國女性那樣的裝腔做勢，她是象徵着蘇聯或新西班牙婦女那樣剛毅果敢而充滿革命的活力。雷克難是加拿大學生聯合會代表，他戴着近視眼鏡，他的態度很鎭靜，好像是富於經驗的革命家。傅路德是英國學生代表，他的身體很壯健，眼睛很靈活，好像是一個少年軍人。

「這次諸位代表不遠萬里而到我們中國來調查日本帝國主義在中國慘無人道的暴行，及中國民衆的英勇抗戰，我代表全上海三十萬同學向諸位致敬。」

主席站起來致開會詞，接着H同學致歡迎詞：

「親愛的世界學聯代表同學，東方瘋狂的日本帝國主義者，爲完成牠的大陸政策及征服全世界的迷夢，甘願做破壞世界和人類文化的戎首，調動海陸空軍向中國慘酷地進攻，屠殺中國成千成萬的民衆，薈萃之區，盡成焦土，我們爲維護世界和平人類文化，及中華民族的自由解放，不惜任何犧牲，決以血肉爭取最後勝利。諸位帶着懇摯的熱烈的友誼同情地到我們中國來，我們除了向諸位致懇切的謝意外，並致人類自由正義的兄弟敬禮。」

世界學聯代表都在忙着紀錄，他們的面龐都流露着天眞的微笑，說到這裏時，他們都抬起頭來，好像表示謙遜的接受我們的敬禮，H君接着說：

「第一，希望諸位將我們在艱苦奮鬥中的情形，在世界青年和平大會中轉告給世界同學。第二，希望世界學聯今後與我們取得更密切的聯絡，同時給我們工作上的指導及精神物質上的援助。最後，我們希望全世界同學團結起來，手攜着手，在光明的大道上，爲維護世界和平及人類文化而給侵略者以打擊。……」

H君致歡迎詞後，時間已經五分鐘，代表團因爲船要開行，他們只能逗留廿分鐘，所以我們已經準備好的工作報告只得臨時取消，接着就由柯樂滿致答詞：

「我們代表世界學聯來華二個多月，曾到前線及後方去考察中國的英勇抗戰及日本帝國主義的暴行，使我們得到三個深刻的感想。

「第一，中國內部的團結已跟着整個抗戰局勢的開展而日益鞏固，抗戰的力量也在日益增強，我們到任何地方都可以看見普遍的全國民衆抗戰情緒的高漲。

「第二，中華民族的刻苦耐勞英勇奮鬥的精神，在這次抗戰中表現得令全世界人士驚異，中國的人民軍隊在血的戰鬥中生長起來了，在世界上任何軍隊在任何時候，都不曾在中國所處那種惡劣的條件下作戰，可是中國的英勇戰士在一年來的浴血搏鬥中的確是已經奠定了最後勝利的基礎，就是說，最後勝利一定是屬於中國的。」

說到這裏，他停了一停，笑容可掬地向我們注視了一番，好像是在慶祝中國偉大抗戰的最後勝利，我們報以一陣熱烈的掌聲，緊張的空氣，好像要把這餐室衝破了，掌聲一停，他就接着說：

「第三，日本帝國主義者在中國的慘無人道的暴行，創造了人類歷史上空前未有的野蠻行爲的紀錄，可是牠們是失策了，牠們的殘酷屠殺並不會減低中國民衆的抗戰情緒，反而更加強了牠，同時也使全世界人士認識牠們的獸性的眞面目。

「最後，我們這次赴美途經上海，受諸位同學的歡迎，感到非常的榮幸，但是因爲船就要開行，使我們沒有機會與諸位長談，覺得很爲抱恨，請諸位原諒。我們到美國後，一定將這次來華調查所得到的事實，報告給全世界同學，喚起全世界同學援助中國抗戰，尤其是流亡失散和英勇奮鬥的中國同學。讓我們熱烈地握手，永遠在一塊兒爲人類自由和平而奮鬥，我們敬祝中華民族自由解放萬歲！」

我們以熱烈的鼓掌來答謝國際間的偉大的友情，他的兩隻眼睛漲得通紅，遠遠地看去好像是要掉下感動的熱淚。

「現在還有五分鐘，我們請三位代表給我們說幾句話。」

在主席的誠懇的敦請中，雅德就很快的站起來，她用輕快的激昂的語調說：

「謝謝中國的青年，你們的英勇奮鬥給全世界青年留下一個最好的模範，你們給我們的鼓勵和感想，那不必用言語多說，聽吧，讓我們以實際的具體行動來答覆你們。」

「我願將我的生命貢獻給東方偉大的酷愛和平的中華民族，」雷克難說：「我將爲中華民族的自由解放而奮鬥，我們雖然是各處在東西兩半球，但是在精神上工作上我們永遠是在一塊兒，我們永遠是爭取人類自由和平的戰鬥伙伴！」

「在我未來中國以前，從報紙上或書本上所看到的中國，是一個四分五裂的落後國家，到了現在，我才眞正的認識了中國，偉大的中華民族正是奠定世界和平的柱石，我願為鞏固這個巨大的柱石而盡我畢生所有的力量！」傅路德以堅決的沉重的語調說出他有力的諾言。

時間到了，代表團才離開他們的座位站在中間，伸出四隻手來，這是從大西洋太平洋伸過來的偉大的兄弟的手，我們依着次序和他們熱烈地握着。

「我們永遠這樣親熱地握手！」

「祝你們旅程平安！」

「世界學聯萬歲！」

「中華民族自由解放萬歲！」

「…………………」

在熱烈的掌聲和道別聲中，代表團依依不捨地離開我們，汽車開行時，他們還從車窗中伸出手來不停地揮着，我們等到汽車轉灣後大家才懷着極度的興奮散開了。(806)

中國的友人

文載道

中國人民反抗日本軍閥的侵略的烽火，已經燃燒了十個月了，在這十個月中已清亮地聽到跨過了狹隘的「國族」的泥淖，而樹立起來的反侵略進軍中同志的震動的足音。

這「足音」，正如中國人民的血流一般地沉厚和廣闊起來！這使我不費怎樣思索地想到了「西行漫記」作者愛狄伽·施諾(Edgar Snow)。誠如該書的譯者所說：「作者在本書所發表的某些個人見解，也許竟和譯者的見解完全不同。但是無論如何，讀過這一本書的人，都不能不承認作者和他的夫人韋爾斯女士是真正的中國的朋友。」不錯：他對於中國革命期待的熱烈，民族抗戰同情的誠摯，與對苦難中的中國人民的生活理解的深刻樸實，豐富，都是值得我們的感銘和尊重的。撇開了這幾點不說，就是他的那種偉大英勇的冒險精神，以我個人而論，也對他起了特殊的敬愛。例如他在該書中敘述他去蘇區之前的興奮的心境說：「除了帶給蘇維埃主席毛澤東的一封介紹信之外，我實在是什麼也沒有。」所以他只得以「一個外國人」的「頭頸」的代價去探取這「謎」一般的「紅色的中國」了。這結果是：「頭頸」固然無恙，而這一向被多少的人所憧憬，猜度，探索的「神秘」的「謎」是在鉛字上揭露了。它給我們帶來了「清朗的天空閃耀着許多北方的星，」帶來了「大渡河上的英雄，」帶來了有一顆「明亮閃光的眼睛」的「小紅鬼」，也帶來了在大雷雨的前夜所栽下的統一戰線的花果！……

說來也許是慚愧的吧？像這種勇敢的冒險精神，比起我們自己來，到底有「自愧勿如」之感。

一個難得的機會，我在一間二丈轉方的會室中碰見了他。窗外的細雨剛剛停了，風在微拂着，爲這漸將濃密的夜色添上了涼意。

室中擠滿了黑蜮蜮的一排一排的頭顱，大家帶着一雙殷切的期待的眼光，心境像將要看到新奇的「故事」一般的開始活躍起來。在一陣似乎是早就準備好了的掌聲中，他跟一位替我們作翻譯的A先生一同來了。看上去也不過三十上下吧？一抹晚霞似的金黃色的蜷髮，一套很隨便的常靑色的西裝！沒有一般白色紳士們赴會議時那樣的挺括，光潔，他的面部的輪廓，你可以在這里附刊的一張還相當象的素描里看到的。

在他那緊促的眼梢間，泛溢着歷盡了驚險和危難的健康的朝氣。他演講的調子並不怎樣的高朗，跟他的浩瀚潑剌的著作似乎不很配合，而表現在他的「動作」上的情緒也是透過了一番理智的洗滌的，所以我覺得十分的沈着冷靜。

他講的是英語——語言的不同是人類最難克服的一重可悲的「隔膜」和障礙，但他却潛藏著人間最崇高的同情與友愛！

演講詞是相當的冗長，現在在不背忠實的原則之下，把文節刪的記錄下來。翻譯的A先生跟我們說，施諾先生自已說「是最不願意講話的一個人」，這囘的惠然肯來是特別的寶貴與感謝的。

他講的不是北方面的情形，而是比這還迫切的中日問題。

「對中日問題諸位大概已經很清楚了吧？」演講就是這樣的開始了：「我們現在重新再來探討一下，到底日本侵略中國的終極的目的在那里呢？很簡單：是想把站在遠東的英美的勢力一齊排除，進一步就以東亞爲根據地來控制全世界。自然這計劃決非一下子可能實現的，所以他第一步就把東四省完全傀儡化，次乙是使華北淪於半獨立的命運。一面，又將中國的民族工商業加以破壞，使它們——工商業在任何時期中不能與日本競爭。他們更不願中國有一强有力的中央政府，不但併吞了僞滿和華北，就是想侵佔西北的野心也很明顯的；這因爲他們不允許中國對蘇聯取得聯絡。他們還想威脅南西太平洋以消滅歐美的海上力量。……」

講到這里，他停了一下，向室中投下巡視式的一瞥。這時，A先生便開始翻譯了。

「可是從這幾個月的情形看來，他們是大失所望了，」他又接着的說下去：「現在他們的策略便是兩個名詞，這名詞也許是不容易翻譯的，即時間和空間。前者他們不希望延長；而後者也不願擴大。這有下列的五個原因：（一）戰區一擴大就無法控制；（二）時間和空間愈是長與大的話，中國抗戰的可能性就愈能持久；（三）將來與別的强國如蘇聯爭鬥時的戰力會因此削弱；（四）日本的社會經濟將在長期戰爭中起了動搖，內部也會發生嚴重的問題；(五)這次的對華侵略的目的，他們所希翼的是在佔領區內能夠有經濟上的挹注開發，但如軍事一天不結束，他們就無論如何不可能進行經濟上的榨取。」

他又收住了，讓A先生翻下去。室中的空氣是跟夜的天空一般的靜穆、莊嚴。

「本來日本軍部所預算的戰事期限，至多六月，現在已經超出了他們的預算了。」他略略提高一下音調：「戰線已經擴大了，而中國人民的抗戰力量，已發現了驚人的偉大、堅決，且將沒有徬徨的繼續下去，所以他的上述的幾個迷夢便也弊破了，他的地位決不能因戰爭而提高，相反的，倒是漸漸的低落下去。

「這次日本在軍事上的『收穫』是不能算『差』的，但在政治上的策略是大錯特錯了，把中國又估計得太低劣了。譬如他們起初以為華北的幾個重要將領，一定會投降的，如宋閻韓等。還有，他們在上海及南京所演出的姦淫、搶刦、屠殺、焚燒，和向中國的一些工商業也施以摧殘搗亂的殘暴行為，已經促使一部份想安協苟安的中國人也在殘酷的現實中開始覺醒與仇恨起來。像一般民族資本家本來是不願長期作戰的，但在眼前他們在痛心於事業和基礎的被毀滅，也不能不從事持久戰了。同時，新的人羣——一批最有戰鬥性的青年，在軍事和政治上也隨時的在高漲着他們的力量。日本以為戰事一起，中國就立刻會分裂的，而目前，却是一天一天的堅固和統一了。」

他講得興奮一些了。當他提到「青年」兩字的時候，用他那射着青春的英輝的雙眼，向沉默着的我們掃視了一下，這里面是蘊積着誠懇的熱望的。

「他們對於中國地方性的矛盾也測量得不正確，」他看了一下原稿說：「譬如說，他要把戰事都集中在華北的話，那末別區域里人民的抗日情緒，也許是不能像現在那麼的統一的。

「他的最大的錯誤，是把中國的可以『合作』的政治軸心也拆散了，因此他對你們——中國就無法施行殖民地的政策。他們那裏料得到國共會得合作？既然開始了合作了，因又加以種種的挑撥與分化，但照現在的情勢看來，國共的分裂是絕對的不可能。還有，他們把農民的戰鬥力也認識得太淺薄，以為只能做一些原始性的無組織的暴動而已，或者因受敵人及生活的逼迫而不得不做漢奸。而現在的軍隊及游擊隊里，都是農民自動去加入的。

「有一次我——施氏自稱——在山東的時候，聽一個少年共產黨員說：

「如果戰事結束後，你還在那里？」

「他回答說：戰事如果結束，我已經不在了，因為我已下了殉國的決心。」

「這是只一個平凡的例子，但也可看到中國人民的戰鬥精神是達到怎樣的一種高度。所以他們因政治上把握得不正確，在軍事上的收穫也決沒有像他們的那麼厲害。即以華北而論：除了幾個重要的城市及鐵路網被佔據外，其餘的許多縣、鎮等，是和未開戰前一樣的。像那邊的灤州，日本人前後派了四個偽縣長去，但統統被人民殺掉了。又如華北的棉花，他們起先希望能够收到一百萬担，而現在只不過收了四十萬担。」

他把右手托着臉龐，又看了一下原稿，A先生的譯詞，也顯著特別的流俐、圓熟，使我有「應接不暇」之苦。

夜氣是更其靜寂了。有時偶然的從遠處傳來了幾聲嗚嗚的喇叭聲。聽衆的心也更加激盪着「讓暴風雨再來得厲害些」的雄偉的快感，也滲透了各人的神經！

「中國的一些陳舊的政治機構，也許會被掃蕩的吧？即使他們進佔了漢口，而與舊政府訂立協定，然內地的新政府，如雲南、四川等，那都是主張抗戰到底的。而且內地政府的戰鬥力至少有三年至五年，那末，別的不說，即以日本的經濟一項，是無論怎樣的搜括也支持不到的。豈但是經濟呢，就是人力吧，也萬分的不够。即使把高麗、台灣、偽滿和華北都算進在內，大概也只有一百三十萬。現在戰死的已有三四十萬了，比日俄戰爭時還來得多；還要分佈在各殖民地。他眼前只能增加一百至一百五十萬，假如他要增至二百萬的話，則他的後防就成問題。而且，對蘇聯作戰也不可能了，更談不到封鎖英美的海岸了。

「他在六個月內所化的軍費，已達二十萬萬，如再延長下去，恐怕要加七倍上去——即一百四十萬萬。我們來看一看日本軍費的來源，自然是公債，現在人民的負担，最少已加上了一倍。自一九三七至一九三八年底，恐將會發到一百七十萬萬的數目，但它的銷行却非常的艱難——因爲人民壓根兒是沒有錢。唯一的辦法，是把人民的私有錢財和產業都沒收起來，最近公佈的所謂『總動員法案』就是這變相——雖然還未執行，日本人民的負擔，如到了百分之八十的時候，他們的反戰怒潮，是怎麼也不能鎮壓住的。所以所謂『總動員法案』者，其實也只是軍閥們的暫時的殘喘而已。現在，偽滿已執行這『總動員』了，華北和幾個佔領區域不久也要執行了。久而久之，他便可以用中國的人力物力來攻中國，而中國的活路，也只有堅決抵抗的一條！使他們能用佔領區域內的收入，來彌補軍事消耗，而只有向日本人民的自己身上榨取，到這時候，日本也許會跟你們——中國『議和』的。

「在這樣的局面下，中國的最正確的政策，第一是不使他輕易的佔領土地，即使被佔領了，也不能使他安穩地統治下去。更緊要的，是使日本不能在佔領區域內有生產，有收穫，否則是靜靜的等着日本滅亡！

「一個國家要爭取獨立平等，她要付悲慘鉅大的代價，是無須說的；戰事愈延長，中國要達到這目的也愈可能。中途妥協，於你們是決無利的，照十個月的形勢的演變看來，中國已沒有『和』的可能了。」

他的演詞到這里便完了。我們應該以最莊嚴灼熱的誠意來向這「中國人民之友」致一個「人的敬禮」——這敬禮沒有矯飾地，是從我們的瀑布一般的激湍的心流里所湧越而出！

「五一」在上海

文斌

是五月的天氣了，樹梢頭悄悄地披上一件嬌豔的嫩綠的新衣，她的關不住的青春使她在經過了一個長時期的寂寞後，終於展開了她的翩翩的舞姿。停在電線桿上的鳥兒愉快地啾着，似乎在和她招呼。馬路上的行人，都忽忙地來來去去，輕快地談笑着。五月，到處是火一般的情熱和奮發。

這五月的開始的第一天，太陽輕輕地散播着她的光輝，使每個角落里都感到慰安和暖溫。在××××里高高地掛着一塊大白布，寫在這上面的是鮮明的挑動的「慶祝國際勞動節」幾個字，再進去就是開紀念會的會場了。我滿懷着興奮也擠在裏邊。

這兒有頭髮剪得短短的樸質的姑娘，有流着汗的頑皮的孩子，有在業或失業的青年工人，顯出親切的友愛。在高低不平的泥地上，搭着木板的戲台，上放着一張長方形的桌子，圍着潔白的檯布，擺列了幾瓶難民們手做的美麗的花，還放着一隻小鐘，似乎在督促：「為着追求我們的光明的前程，不要放鬆每一分鐘。」後面是象徵着和平的藍色的幃幕，正中掛着我們的國旗和總理遺像，是這麼地莊嚴和威武，彷彿說：「我們是愛好和平的，但我們要求以戰鬥來爭取眞正的和平。」

在人字形的草席下，架着幾根竹梯，豎橫的擱着破舊的舖蓋、飯籃，帽子和香煙盒子，西邊角落的一條竹竿上，掠着幾雙襪子和短衫，在陽光照着的窗檻上，晒着一雙剛粉刷過的白跑鞋，為着避風，竹棚邊糊着報紙，刊着「華機大獲勝利，擊落日機二十架」、「江南游擊隊進襲南京」的消息。

「現在我們開始開會了。」主席響亮地拍着手，努力使高漲的聲浪平靜下來。大家就嚴肅地屏息起來，好像趕走了一羣亂哄的蒼蠅突然的靜下來。幾百隻眼睛都聚在主席一人的身上。他，新剃的光頭，穿着縫補過的可是整潔的短衣衫褲，一雙布底的鞋子，胸口扣着一朵鮮紅的紙花，表示我們工人是永遠不會忘記五月里的流血的。紹興口音的話，說得斬釘截鐵地着實而且爽快。他在解釋了勞動節的經過和意義後說：

「勞動節是我們工人的嗎？」『是的，』我們工人可以這樣地回答，但是並不僅僅限於工人，它是屬於全世界的勞苦大衆和同情於勞動階級並跟勞動階級站在同一條戰線上的一切的人們的。到了今天為止我們還沒有得到八小時工作八小時教育八小時休息的制度，還是帝國主義的俘擄給他們賺了錢却來吮我們的血。我們很知道使我們失業使我們沒有飯吃使我們流落做難民的是誰，我們在這個全中國都在燃燒着民族解放的烽火的時候，為着保衛我們的國家和我們工人，我們是要聯合一切階級的人們來對我們最大的敵人抗戰！在一隻船遇到了危急時，毫無疑議的，我們的最重大的任務是不分買辦、老大、水手、趁客都要豁力救護。……」

他的話和他的粗大的手腕一樣的鋼强有勁，台下鼓起了熱烈的掌聲。

接着是全體唱五一歌。一個小女孩，有八九歲模樣，走上台來很老練地指揮着。她按着拍子着力的揮動着拳頭，汗從她的黧黑的臉上流下來，烏溜溜的眼睛射出銳厲的晶晶的光芒，一邊張大着嘴巴合着大家一道唱。她是一個受着重剝削的可憐的童工，但現在她却是一個鼓勵大衆的勇敢的先鋒。

「要得到我們最後的勝利就要組織我們自己……武裝我們自己……爭取民族解放和獨立打倒帝國主義……」歌聲喊出了每個人的心窩裏的話。

「誰說中國會衰敗，那些懦怯的消極的人們請來看看這些孩子！」我暗地這樣想。

隨後是「小先生」唱工人歌。這本來是我最愛好的歌曲之一，可是一想到此刻唱的不是在一間俱樂部裏和着坡亞娜的旋奏的小姐少爺而是真的被「機器吃掉肉」過着像「泥河一樣的生活」的工人們自己，而他們「為着光明的新社會」，即使在最苦的現在也在脚踏實地的做他們所能夠做的「小先生」，那眞是太生動了。我慚愧着我是不配唱也不配愛好這首歌的。

一個女工說話了，她說：「自從我到廠裏去做『生活』後，每天清晨四五點鐘的時候我就起身到工廠去，要做到晚上六七點鐘纔能回來。一回家趕快淘米洗菜燒飯，還有大的孩子受了人家的欺侮哭啦，小的孩子跌了一交，頭上流出血啦，那些事情來纏繞我；過會我丈夫放工回來了，他受了氣，毫無理由的嘩啦嘩啦跟我尋相罵吵架……」這不是活生生的工人歌裏的「常見父親打着兒子，丈夫敲他們老婆」嗎？

其次是「算命」，走上台來的是一個高大的結實的青年，頸間纏着一塊毛巾，一套藍布的工裝，露着堅決的愉快的神情。

「這樣的人怎麼會算命呢？」我心裏地奇怪着。

「有一家在五月一日那天生下一個孩子，大家都開宴會慶祝，可是忽然來了一羣野狗惡恨恨的東咬一口西咬一口，把那些主賓都趕走，把筵食也搶個精光，過了二天——五月三日的中午，慶祝『三朝』，野狗得意地又來了，但這次主人和客人們已經不怕他們，有的把碗當武器，有的把椅子當武器，都雄糾糾的你一拳我一脚的把野狗打個半死，嘴裏還拚命地喊着『打野狗啊！打野狗！……』

「打野狗！」台下不知誰這麽高聲地喊了一句，大家的心裏都是一淸二楚的，野狗就是我們的敵人，於是立刻有許多人都響應了。一個個緊揑的拳頭都堅强的伸了出來，熱烈的情緒像浪潮一樣地不可遏止：

「打野狗！」

「打野狗！打野狗！……打！」

好容易纔把秩序恢復過來。

窗口和門外都擠滿了人，後來的就搬條櫈來站着，伸長了頸子張望着裏面，陸續的還有許多人擠進這已經擠滿了的會場，等到實在連脚都插不下時，他們就老實不客氣地蹲到台上的兩邊，烏黑黑地像是一羣貝殼蟲。後來連台的後邊也被佔據了，只剩下中間一塊空地，小得像一方荳腐干似的，給演員們活動。

人們都活躍着，充滿着激動和活躍的氣氛。

又表現了好多節目：如五月的鮮花，工人自嘆，流浪兒，新女性等歌曲和國術，最後是戲劇：放下你的鞭子。當那個賣藝的老頭兒要求觀衆的錢時，我看見那些觀衆們都感動地把平日間捨不得的錢慷慨地丟給他，銅板投進鑼裏發生「鏜鏜」的聲音，結果那老頭兒也覺悟了：「讓我們來唱隻救國軍歌罷。」他興奮地唱起來，觀衆也自然地和着，我們在「槍口對外，齊步前程……」的嘹喨的奔湧着熱情的歌聲中漸漸地走出了會場。

火葬

金萍

朝陽還未爬上地平線，山東路四馬路口，那「報紙之街」上，一羣羣的人已在蠕動着，喧嘩的聲音驚醒了睡夢中的人們。

爲了生活，阿福這幾個月來每天要到這裏來販報，每天換到的雖不過幾角錢的酬勞，但一家老小八口的生命都寄託在這幾毛錢上！

然而，阿福是個深明大義的人，他所有的一切不是都被殘酷的戰爭剝奪光了？有家不能歸，有田沒得種，昨天他的朋友小六子，約他今天去參加慶祝僞「政府」成立的遊行會，他拒絕了，他不願意去參加這種無恥的遊行。他認爲小六子在侮辱他，竟和小六子大罵了一頓，乾脆地絕了交。現在，阿福在人行道上徘徊着，頭腦在左右的擺。自言自語的說：「他媽的，我沒有飯吃，情願餓死，他想拿一元錢來騙我去參加麽？嘿！眞是見他媽的鬼！」眞的，阿福把昨天的事，記得牢牢的。回憶的憤怒之火在燃燒着他的心。

「阿福，你早呀！」一個白髮蒼蒼的老頭兒肩上背着一個布袋，踱到阿福身邊拍拍阿福一下肩，說道：「你曉得嗎？今天又有什麼東西要在南京成立，聽說還有遊行，你看不是又在鬧他媽的鬼嗎？」他的老臉上露出來的表情，正巧跟阿福的心理相同，接着他又說道：「阿福，那個姓汪的傢伙是什麼地方的人呀？」

「他媽的！聽說是廣東人，做廣肇公所裏的主席哩！」

「唔……，媽的，就那樣不要臉嗎？」

這時街上的人聲起伏着，像澎湃的海濤，從報館裏跑出來的小金——一個年輕的傢伙，手裏挾着一捆報紙，後面跟着也出來幾個人，都挾着報紙，一羣羣的人的注意都被他們幾個挾報的吸去了。於是更響亮的喧鬧在早晨的「報紙之街」上一聲聲沸騰着，阿福想要和老頭兒繼續說的話也中斷了。

「金寶，我廿份！」

「我要十五份！」

「我……」

「沒有了，沒有了，」挾報的青年一會兒將報派完了。

阿福拿了十五份報在街口呆望着蔚藍色的天空，心中在打算着今天的生活問題。

嗚嗚，尖銳的汽車聲，飛進了街口，一輛汽車停了下來，從裏面走出來二個人，一個短腿的，一看就知是什麼人，另外一個中國人，嘻皮笑臉，大概是短腿的「跟班」吧？阿福看見了就恨他們，他的心在怦怦的跳着，快要跳出口來，但他還是裝着鎮靜的態度。

「喂！這幾捆東西，你們替我附在報紙裏發出去，知道麼？」短腿鬼對阿福他們這樣地說着，左手指到車廂中的幾捆東西。這時候圍着汽車的報販就有着幾十個，他們的臉上青一陣白一陣，說不出肯或者不肯的話來，然而阿福竟爽直的答允了下來：

「好！我們知道了。」

這句話對報販們是太驚奇了，他們不相信阿福會說這種話！

幾捆東西都搬下了車來，短腿鬼跟那個不要臉的中國人跳上汽車，在引擎的咕嚕中去了。

「小狗子，金寶，小李……你們都來啊！來把這許多東西……」

但阿福的話沒有說完，小狗子們都不耐煩起來，迎着阿福裝着鬼臉，金寶更氣得說不過話來，怒火在眼裏直鑽了出來。

「不用急呀！來分一點去把他媽的赤佬傳單燒個精光來啊！」

「燒光嗎？好極了，大家來！」金寶們早已沒有了方才的氣，七手八脚拆開這許多包的「赤佬傳單」，大家毫不猶豫的，更不需要對他們解釋爲什麼要燒個精光的道理。

「報紙之街」燃起了熊熊的火，幾千張幾萬張的「赤佬傳單」，都在怒吼着的火光中完結了它們低賤的生命。

更響亮的鬨笑，勝利的鬨笑，在清晨的街頭沸騰着，洋溢着。

第五輯

鐵蹄　下

除了「我的奮鬥」以外

繼豪

驚惶的情緒像一流泉水般的流進了越界築路地帶的居民底心曲。自從大上海淪陷以後，大家都很不安地覺得以後的生活恐怕不能再如此的安靜，而滾滾而來的人頭案和工部局中敵人勢力的膨脹更使得一般同胞提心弔胆的替自己的頭顱担憂。依情勢和地域而論，在越界築路地帶的居民更覺得缺少保障。

清早，麗莎就從她父親家裏回來，在她因整夜未眠而呈着蒼白色的臉上，籠罩着一層很濃厚的恐怖。才進門，她就慌張地把那件事情告訴我。……

我的岳家是在極司非爾路的北段，當戰爭在閘北演進時，他們曾搬到租界中區去暫住。然而因爲合同的關係，在國軍總退却之後就搬回去，雖然那裏不十分安靜，但也無可奈何，只得緊閉大門偷安過日。

昨天上午，有幾個荷槍的日本兵和二個戴着太極圖帽子的「警察」走進附近的一條弄內，開始其所謂「搜查」工作。最先，他們就把各處門口守住；再到各處去搜查。他們工作的認眞是無微不至，除了箱櫥都被打開之外，即使被底牆角也躲不過他們的眼睛。他們毫不吝氣地把法幣和其他貴重物品放進袋裏，橫眼叱罵旁邊的房主人，像對待畜生一樣。有兩家被抄出了一些黨國偉人的照相和三民主義一類的書籍；於是他們的主人都遭受了幾下巴掌。這工作在二小時後方才停止，大約這般禽獸對於他們工作的結果還不大滿意，所以在臨行之際，還用他們的槍柄在門上鑿幾個洞，「聊以洩憤」。

這消息很快的流傳出去，搬場汽車又活躍起來，大約岳丈家裏昨晚一面打牌一面就在討論這事，而現在這種恐怖又傳染到我的家裏來了。

「你不是也有這種書的嗎？假使這種事一旦在我們這裏發生，那怎麼辦呢？」

「那有什麼辦法，不過他們要查究這些書時，我不妨坦白地告訴他們說我是研究這種學術的人。」

「不過假使我們沒有這種書，豈不比較要膽大些嗎？」恐怖使麗莎忘却了疲倦，她叨叨不休的問着我。

「然而我們已經有了這些書了;並且又是這樣的多,放不進保險箱,也不好放在我的辦公處,假使把牠們寄在朋友家裏,他們未必會答應,而且情理上也說不過去」我始終沒有用心籌劃一個妥穩的方法,就這樣隨便地回答她。

「我們還是把他們燒了吧!」她膽怯地偎着我說:「四哥五哥都是這樣做的,待將來太平後,不是儘可以再買的嗎?」

時間已經九時多了,我應當立刻就去辦公,我立起身來穿衣服,忘記了回答她的問題。她伴我走到車站。

「我把牠們燒了吧!」我上車時她重又對我說着,我只回答了她一個迷惘的微笑,這微笑連我自己也分辨不出是應允呢還是反對。

下午我回到家裏,忽然發現我的書櫥中少了許多書,凡是有關於政治方面的書籍,除了一本希特勒的「我的奮鬥」以外,竟完全不見了,我知道牠們一定遭遇了可悲底命運,匆匆地走到廚房裏,那裏躺着一堆灰燼,幾朵火花還在呼吸着,輕烟繚繞在半空。這些正是我的愛物——馬克思的資本論,孫總理的三民主義,數年來寸步不離的寶貝,而今日在魔爪的脅迫下,竟化作了一堆灰燼。我癡癡地站在旁邊,辛酸的感覺像一條蛇般的嚙着我的心。我覺得悲傷和恐怖,難道祖國和自由已經把我們摒棄了嗎?(663)

★　★　★

撕

白琴(學生・二十)

家裏這幾天來,只聽見殺殺殺的撕紙頭聲,哥哥房裏這樣,媽媽房裏也這樣,很好的精美刊物雜誌……等用金錢買來的東西,全都撕成紙片,搓成字紙團。我每當聽見他們的撕聲,心裏像被什麼東西刺着的沉痛,總是把兩隻手按住耳朵不願聽。

爸媽幾次對我說叫我把刊物等也撕掉,我總是鼓不起這勇氣。今天爸媽又對我說:「阿振,快點把它們撕掉,別害了我們。」

弟弟站在旁邊,面孔朝了爸媽說:

「她(指點我)這樣不撕掉,話話就可以過去了,我的,您們便自己動手撕掉了,共實我教課書裏面,有什麼反日文字呢?」弟弟的口吻似乎說:「父母對兒女不公平!」

「撕掉!撕掉!一律撕掉!」爸爸狠狠的對我說。

「阿振!阿振!快些撕掉罷!別這樣強了。」媽媽催我說。

哥哥從自己房裏跑出來,面上浮着痛苦的笑,他說:「我的是完全撕掉了。」

「我沒有什麼抗日的東西,用不着撕掉。」我低了頭說。

「這許多雜誌刊物,快點撕掉!」媽媽說:

「我們也沒有什麼抗日的東西,有的是和你一樣的刊物報紙等，我們全撕掉了，」哥哥說。

「她最歡喜寫東西還說沒有什麼！」弟弟釘住了我說。

「這些文稿嗎？是小品文也是創作，與戰爭沒有什麼關係的，報紙雜誌等既不是我寫的更談不到什麼抗日。」我分辯着。

「無論有沒有你就撕掉罷，讓我們好放心了。」媽媽起皺的臉皮上堆了痛苦的表情。

於是我被感動了只得拿出來撕掉，不管是什麼東西，只是撕，歷年各處寄來幾百封信也撕掉，幾疊很厚的心血結晶的文稿也撕掉，日記冊也撕掉……

不到四個鐘頭一疊疊整齊的東西都變成碎紙片和紙團了，桌子上堆得像一座紙頭的山。

「阿振！這些字紙拿到灶頭間裏去，送到大灶肚裏一把火燒掉罷！」媽媽看見我撕光了，這麼對我說。

「好的，那麼鑊裏燒些什麼東西呢？」我問。

「燒水好了。」媽媽回答。

我把這些字紙團當做木花柴似的燒着，火焰從灶門裏噴出來，熱得很，雖然是十二月裏的天氣。

「今天是掃去我過去的舊塵，今後的白琴應該獲得了新生。真的，過去的白琴太幼稚，太渺小，今後應當更偉大些，勇敢些。」

我坐着一面燒火，一面心中這樣想着，精神非常興奮。(628)

我笑了

韋國

幾天來天氣陰霾，微風夾着細雨，似乎在人們的心頭上增加了一層抑鬱。自從上海的民眾脫離了祖國的懷抱以後，到今天已經有十五天了。

清晨的時候，這種混亂的不痛快的思想又開始騷擾我。我交叉着雙手坐在面窗的籐椅上，對面是陰暗的天空。

母親繼續昨晚的調子囉嗦着：「因你那些書到底怎麼弄呢？昨天三姆告訴我東洋人查得真緊呢！她們家裏的書都燒了。」

我不高興地側一側身子，沒有響。

「燒掉它們吧！回頭連累了大家，你担得起嗎？」母親的口氣顯然更緊了，同時她的臉色也增加了驚恐的成份。

「我不燒，我反正有法子弄掉它，你別管好了。」我煩惱地站起身子，走到書櫥旁邊。櫥裏凌亂的躺着許多我所愛的書：「保衞蘆溝橋」「大衆歌聲」「戰歌周刊」還有些社會科學的書籍，以及許多「救亡日報」和各種各類的雜誌。我下意識的搬動着這些書，它們都是我最親愛的朋友，現在在這惡劣環境下，我是要被迫跟它們分別了，可是到底把他們放到那裏去呢？連我自己也不曉得！

突然，一段從前讀過的故事，又明顯的映上了我的腦海。故事裏敘述着東北同學在鄉土失陷時被迫焚書的一幕。有一個同學立在正燃燒着的書堆邊旁還不斷地翻閱着自己所抱的一大捆書，他懊悔着「爲什麽當初我不多讀一點呢！」想到這裏一陣悲憤的感覺襲上心來，這許多書我也沒有全讀啊，爲什麽我早不多讀讀呢！……

一聲撕裂衣裳的聲音，把我從沉默中驚醒過來。原來母親正在忙亂地撕着弟弟的童子軍裝。據說也是爲了怕東洋人的搜查啊！雖然我知道情勢還不至於那麽壞，但在這整個「孤島」都籠罩在恐怖的氛圍中的時候，對母親解釋是沒有用的。這些書總得想個法子來處置。最後決定把它們送到××圖書館去，只留下自己目前必需讀的幾本包好藏在比較隱蔽的地方。祇要母親不注意就成了。

趕緊把書理好放進書箱裏，以便送去。這時，報販送進一份立報來。剛接到手，「本報告別上海讀者」幾個大字立刻跳進我的眼簾。剛才平靜下來的心波又開始翻騰起來。從此我們又失去了一個朝夕相共的朋友，一個能够教育我們幫助我們的朋友。我很明白這個親愛的朋友爲什麽會離開了我們……我感到了惘然若有所失的難過。我忍着熱淚輕輕地誦讀着那篇告別上海讀者書。「……留在淪陷區域內的同胞，他們所可以貢獻於國家民族的力量，實際比未淪陷的時候還要大，機會也更多，他們對於民族所負的責任，也更重大。當然工作是格外艱苦。今後我們得沉住氣，一點一滴地來幹；以前我們最多祇要避免內部摩擦，今後則須時時提防敵人及奸徒的監視。……在敵人的後方，摧毀敵人的効力更顯鉅大。……努力吧！留在上海的同胞每一時每一刻都記着我們的民族，記着我們的國家，每一時每一刻都有獻身於民族國家的工作可做。」讀到最後的一句，一種堅定的感覺閃進了我的意識。我沉思的放下了報紙，站起身推開窗戶。窗外一陣清涼的輕風，吹動起我披到臉上的短髮，我笑了，我知道這些失去了的親愛的朋友一定都會回來的，只要我們肯努力的担負起偉大的使命！

「膺懲法」第一條

洛華

鈞弟：

告訴您一個不幸的消息：我們那個會也跟着郵務海關之後，受某方的注意而橫遭摧殘了。

事情的發生是這樣的：在三天前的一個上午，有六個××局的政治探員跑進我們會所，向辦事員探詢本會過去和現在的工作情形，一面在圖書室裏檢查各種藏書。結果除帶去一兩本認爲有關風化的「情書一束」和有抗日嫌疑的「救國無罪」等書外一無所獲。

這樣，一切不是可以不成問題了嗎？

可是出于意外的：最後的判決還是「停止工作。」罪狀呢？沒宣佈。不過他們有些善意的說明：說這個會規模太大了，已引起某方的注意，爲着你們的安全起見，就應該立刻停止工作。

鈞弟！當我得到消息趕去的時候，會裏已經變了樣：彈子台上看不到角逐的英雄，乒乓室裏也沒有搏擊的好漢。壁上的鏡框和字畫都「下野了。」幾個負責人正在整理狼藉滿地的書報，面上都刻劃着不可掩飾的悲憤，這種悲憤立刻傳染到我的面上，我感覺着空氣有些窒息。然而在憤怒的情緒下，我們依然繼續着「善後」的工作。

鈞弟！關于我們這個會的立場，想您一定知道得很多。現在我不妨再約略的說一說。——

這個會的誕生在兩年前，宗旨是在聯絡並改進同一階層裏的從業員，使他們的私生活能够過得嚴肅些，有意義些。

草創的工作是够艱苦的，因爲大部份人對于集體生活還引不起興趣。然而我們並不氣餒，依舊秉着一貫的精神去說服和拉攏。

後來呢，偉大的民族抗戰爆發了，血的教訓，使每一個人都感覺到，非團結不足以圖存。于是會員就激增至五百多人。會的基礎就在那時奠定下來。

到現在爲止，會員參加的數字已經爬上三千，也就是政治探員所說的，規模太大，于是波折就來了。

不過，鈞弟！您應該知道：沒經過波折的生存，是不會理解生存的眞義的。也只有理解生存的眞義，才能够繼續奮鬥下去。

我們這個會就是依照上面的定律發展下去的。

國軍退出去後，會所曾受到兩次「驅逐」的處分。可是我們還是用魯迅先生的「韌的戰術」把惡環境克服過來。

這次的事態似乎更嚴重一些，而在幕後操縱的，又正是我們民族的敵人。這使人想到雖託庇在中立區域裏，還免不了嘗嘗亡國的滋味。

鈞弟！不宣佈罪狀去處決一個囚犯，也是法理人情所不許的，何況是一個有組織有羣衆的合法團體呢！

我倒可以替它招供出來：我們的罪狀，就是有着龐大的組織和三千多個羣衆！

您總相信吧，鈞弟！在敵人心目中，有組織有羣衆，是鐵一般的罪案。因爲他們根本不願意許多中國人聚在一起，而我們這個會却正犯上他們的「膺懲」法第一條。

于是「罪」有應「得」了。

然而我們太強頑，我們不服「罪」，我們除一面推代表向局方交涉外，一面還把每一個小組織健全起來，使它們可以個別作戰。因為經驗告訴我們：在必要時，化整為零的戰術是值得運用的。

會所不大有人去了，警犬們的嗅覺隨時有來接觸一下的可能。可是我還是每天去一趟，像探視一個老朋友的病體似的。鈞弟！對于這個會我實在太愛好了。我差不多把全部業餘時間都安放在這上面。

事態還在發展中，結果怎樣，當然還得大家努力。不過我可以斷言：屈服是不會有的。我們一定要想盡各種各樣方式生存下去。

故鄉的消息怎樣？日機又來投彈過嗎？海口給封鎖着，不知道這封信幾時才能够收到。

兄澄上　六月廿三日(128)

逃

陳珠英（廿八，女傭）
松鈞代筆

夜。可怕的含有危險性的夜，開始施展威權了。尖銳的寒風發狂似的呼嘯着。梅花似的白雪藉寒風的威力降到人間了。於是這污濁的世界，頓時粉飾成一幅潔白的毫無疵瑕的外貌。

叔父的貪財鬼似的脾氣，叔母冷譏熱罵的態度，使我睡在牀上，戰抖流淚。仁慈的雙親又閃進我的腦裏。他們的笑容拉開了我回憶之門。

二月前，我和母親在家裏做女紅，突然砰砰的敲門聲把我們驚住了。開了門，進來一個穿着短衣的人，見了我們就非常急促地說道：

「這裏是姓陳嗎？陳一峯你們認識嗎？」

「他是我的爸爸。」母親怔在一傍，我急忙回答了。

「甚麼事？」母親聽了爸的名字，更着急起來。

「下午四時，在××路被日本的汽車輾傷了，傷勢很重，送到××醫院，我就是那裏叫我來報信的。……」

這消息對我們是一個晴天的霹靂，內心的迫急和驚惶，使我們沒有片刻的停留，立刻僱車到醫院去。

爸爸左脚左手用白布包紮着，昏沉沉地睡着，毫不知道我們的存在。看護告訴媽說病勢很重，非常危險。媽望着爸的慘白的臉哭了起來，我也抽泣了。

一會兒，爸眼睛睜開了，毫無精神地看了我們一眼，痛苦地，繼續地說：

「我已經不中用，……那橫駛直撞的日本車，滿載着兇惡的日本兵，……是的，輾死一個中國人不算一會事……多少同胞被他們奸淫，殺掠！……唉，你們來了也好，唔也好！……」

聽着爸神志不清的話，我的熱淚就斷線似的迸了出來，走前一步，叫聲「爸，你怎樣？」就伏在牀上哭起來。媽勉強收住眼淚，站在旁邊。

「珠兒，不要哭，要替爸爸報仇呢！……殺了一個日本人也好！」

當看護走來說他熱度很高，不宜多說話時，眼淚在爸的眼角流出來。爸爸不久就同我們永別了。我記住這痛苦是誰給我們的！

家裏本來清貧，媽也受不起「孤島」生活的折磨，終於忍心拋開了我而長逝了。我咒咀自己沒有智識，沒有生活技能，更咀咒敵人給與我的「賞賜」，使一個年紀輕輕的女子，只好寄住在叔父的家裏。

忽然隔壁低聲的談話聲，拉攏了回憶之門。

「你這人說話總是不爽快，到底什麼事告訴我。」叔母的聲音鑽進了我的耳鼓。

「運氣太好了。」

「快說啦！不要急死我了。」

「唔。」

「不告訴也好，我不一定要知道。」叔母撒嬌地說。

「不是常說的嗎？珠兒的終身大事。今天碰到了一位住在虹口的朋友，他在我　稱讚珠兒，說他如何美麗，如何可愛，我知道這把戲，就對他講好了。明兒他送四百元錢來，珠兒就送到他那裏去。」

「眞的。……」

「她在我家住了這麼多天，拿這筆錢也不罪過。」

「好！好！」叔母含糊的說，顯然快樂得什麼似的。

聽了這話，我感到萬箭攢心般的難過：「他們把我賣到虹口到老虎口裏去，斷送我的一生。爸怎麼死，媽又怎麼死，難道我也非死在那裏不可麼？」我哭了，但不敢哭出聲音來。

哭有什麼用？最好的辦法是逃！

鼾聲極大，知道他們睡得很熟，就拿了幾件衣服逃出了這萬惡的「魔窟」。

雪仍是不停地飄着，風依舊不住地吹着，漫漫的長夜已經過去了，東方漸漸發出魚白色的光輝……

「皇軍」的「恩賜」

朱林榮（二十二，小職員。）

一九三七年十二月五日上午十時，我在店內閒望，忽來日軍下級軍官二人，駕自備汽車一輛，由西向東，停在我們店前。他們向我們店內注視一會，又汽車掉頭由東向西，仍停在我們店門前。於是一個軍官下車，走到我們店裏，用中國話問我：「老闆在那裏？」我回答說：「我們老闆不在這裏，到鄉下去了。」他不問情由，就把我拉入汽車，向西疾駛而去。

我在汽車裏被他打了幾下耳光，只得忍氣吞聲。後來又叫我坐在踏板上，我不願意，他將身上的手槍取下，對準我的胸膛，我不得已只得委曲坐下。約數分鐘汽車已到公大三廠，一個日本軍先下車，我也被迫而下，到了一所很黑暗很骯髒的堆棧裏，叫我把身上衣服完全脫下，一一檢查，一無所得，結果又被打了幾下耳光。他於是對我和另一個被捕的同胞說：「你們二人不得講話」就出外去了，並將門鎖上。但我們倆不管「皇軍」的「命令」交談起來。我先問他爲什麽被抓進來。他說他本是木匠，前三日奉主人命到滬西公安分局拆板壁，被無理的日兵拘來，至今已有三天，不知受過多少次木條的痛打，每天只有飯二小碗，還要分二次吃。剛剛說完，一上級軍官和一個譯翻進來了。翻譯者問我叫什麽名字，問我是老闆還是夥友，問我的書店叫什麽，我一一據實回答。

直到下午三時，翻譯一人進來帶我到憲兵司令部辦公室，一會兒有憲兵二人將我痛打了一頓，就開始審問，問我姓名年齡籍貫；又問上午我在店內爲什麽罵皇軍。我說沒有罵過他，他又給我打了幾個耳光。接着是一番大敎訓「我們日本憲兵是沒有惡意的，和巡捕房巡捕差不多，如有壞人反抗我們，我們一定要捉來嚴辦。現在我們同蔣介石作戰，是爲了東亞的和平，中日共存共榮，你們百姓如不反抗皇軍，是沒有什麽關係，以後你如聽得旁人說皇軍的壞話，你可前來報告，我們有重賞的。」另一日兵就拿此口供上樓去了。這時翻譯說自己是楊樹浦某日紗廠職員，月薪一百廿五元，戰爭發生以後，他就被迫担任此職。他還參加過羅店，吳淞，楊行，劉行諸役，贊揚我軍的忠勇和戰鬥力比一二八時强得多了。說到此地，那上樓去的日兵下來，對翻譯說了幾句，翻譯就叫我出去。時在下午四時。

不準有一顆愛祖國的心嗎？　　野　草

星期日的晚上，我總得回去一趟，這時候，便是我和勇碰面的機會了。

勇是一個殘廢的人，左手完全不能動作；說起話來很急促，容易把唾沫濺到人家臉上。從外貌看來，他並不是一個吸引人的青年。

起初，我以爲他的母親是一個典型的二房東太太，很大的塊頭，叫人見了害怕。但日子一久，也覺得她是好心眼兒的人了。我的認識勇，也是由於借了他家一間三層擱。

勇今夏在高中畢了業，下半年準備進大學了，我羨慕他。他在暑期裏時常問我借書看，但除了借書之外，因爲職業關係，我們很少有接談的機會。

我所以能安心叫妻住在三層擱上，是爲了環境好，爲了知道勇是一個年青熱情的愛國者。

七月卅一的晚上，我替勇借了一本死魂靈回去，他正躺在門口乘涼，我們照常談了一些話，我便走上三層擱去了。因爲我急要知道的還是在這一周里，妻的廠裏的工潮情形到底怎樣。

跟妻不知談了多久，樓梯下面忽然來了二個穿香雲紗大褂的漢子，大聲喊着：

「二房東！二房東！」

下面似乎沒人理會。我叫妻下去看看。不一會，她失色地跑上來說：

「勇捉進捕房裏去了！」

「吓！」像驚雷似的，把我震了一跳，我立刻把殘稿和「違禁」的書籍雜誌收藏在一起，便亂匆匆的去探個究竟了。

走進勇住的亭子間，勇的爸媽都趕到捕房裏去保釋了。他房裏零零星星的散滿了一屋子書籍。一個同勇住在一起的親戚告訴我：

「給抄去了一箱雜誌！」

我呆立了一會，心裏眞替勇難過。大概抄去了幾本雜誌，就算犯罪的證據了。

勇的爸媽到十一點多才回來，我去問問消息，他倒垂下頭滴下眼淚說：

「暫時沒有希望！」

這天夜裏，我整夜不能入睡，爲什麼沒有希望呢？勇不會搖筆桿兒，得罪人，也不曾丢手溜彈擾亂治安過，只有一顆愛祖國的心，爲什麼要沒有希望呢！

難道，一個中華公民不準有一顆愛祖國的心嗎？(566)

搜

李希賢（十八・無業）

八月五日的下午兩點鐘，光景租界的一角——海寧路近北四川路的一段——一度發生極大的騷動。

太陽照射出牠底炎威，晒得平滑的柏油路變得軟軟的了。空氣是那麼沉悶，熱，恐怖的熱籠罩住每個人的心頭。患着痢疾的我，無聊地坐在牀邊，看看那服藥店裏送的痢藥。一身瘦骨頭，乾枯得看不出肌肉的瘦骨頭，不禁微微地嘆了兩口氣。這年頭兒，窮人家那裏生得起病。

「東洋兵來啦！」街上似乎有人在狂喊。接着號哭聲，叫喊聲，奔跑聲，鬧成一片。我意識地走到涼台邊去看個究竟。不錯，確有四五十個日本兵，從北四川路那面用軍步跑到鐵絲網旁，好像遇到了甚麼亂子似的。人人都拿着槍桿子，插上一把把明晃晃的刺刀，數十雙眼睛骨碌碌的望着，邊溜嘴裏「嘰哩咕哩」，不知在說些甚麼。其中兩個用軍用斧向障礙物上亂斫，死命的亂斫。

電話局那邊的蘇格蘭防軍（該處亦有鐵絲網與北四川路那面的相對中間有相當距離）眼巴巴的望着，毫無辦法，只不過多派幾個站崗作消極的防備罷了。不上數分鐘，日兵工作完畢，馬上一齊衝過來，你擠我擁，秩序是可笑的混亂，簡直是像吃了敗仗的逃兵。「武士道」的精神原來如此，我深深領略到。

他們（日兵）開始分組搜索了，嘩啦一聲響，樓下店面的排門被推開，有四個日兵擁進我們屋裏來。

「跑開！跑開！抄東西啦！」他們一面用槍敲着地板，一面打着生硬的上海話，趕開幾個店夥，開始動手進行工作。櫃檯下，抽屜裏，箱子，包裹，眠牀底下，馬桶旁，眞是無孔不入，沒有一隻角落不用手電筒照過，工作的確週到。最後，其中三個在廚房裏找着了二房東。

「這裏一共住幾隻人？」天呀！他們這樣侮辱的發問。

「廿⋯⋯廿八個。」二房東怔了一怔才慢吞吞的說。

「有沒有軍火？壞人？」他們到這時才說明來意。

「沒有，絕對沒有。」二房東迅速地回答。

他們好像不肯信任這老頭兒的話，一定要全間統統抄過。樓梯上起了一陣嘈雜的皮鞋聲。

「去去去！」其中一個連跑帶叫的趕入我的前樓來，聲調是那麼高昂，我們幾個人都嚇了一跳，尤其是患着病的我，更覺不安定。看他（日兵）的年紀總有三十多歲，瘦削的面孔，蓋上一層黝黑的臉皮；額上的汗珠，一顆顆的滾落而上，他也顧不了這些；再配上副近視眼鏡，架在扁平的鼻樑上，更留了還不十分像樣的「仁丹」式鬍子，樣兒是怪難看的。一雙賊眼望四週不停的盯着，好像要從那些破東西裏發現出甚麼目的物一樣。一面命我們趕快離開，我不得不拖起那對笨重而無力的脚，跳出後門。

「啪啪啪」當我剛踏出門口，這陣清脆的聲音送入我底耳鼓。原來是小販阿三被打耳括子，接着又是一陣亂踢，也許他不聽命令（？）吧！眼看着他受辱，憤怒燃燒我底心頭，但立刻被莫名的情感壓制下去。我醒悟，我慚愧，我實在太懦弱，不能給他同情的幫忙。阿三底臉紅得發紫，摸着屁股，不聲不響的走向這邊來。眞的，劊子手在你面前，生命在他掌握裏，你敢反抗嗎？作無謂的犧牲嗎？我想，在不久的將來，總有一天，這麼的一天。

弄堂裏早有不少像我一樣的同病者被監視在一起，兩邊有人把守着，不怕你逃到那裏去。男的女的，老的少的，夾得緊緊地，幾乎連轉身的餘地都沒有，我們簡直像失了自由的羊羣，被無情的屠夫所擺佈。翻箱子的聲音隱約從門窗裏透出來，各人的臉都掛上一付愁容，顯然為未來的命運担憂。老太婆念着「阿彌陀佛」那無疑的是為她底一切祈禱。我肚裏「咕咕」的作響，欲登坑而無門，悶在肚裏多麼難受，這種滋味眞是我平生第一次嘗到。我想：惟有被宰割的人們才會嘗到。

最後，日兵認爲搜得滿意，退到別處去，我們的一羣帶着微笑重返家門。幸而我們的東西沒有怎樣變動，二房東用好話安慰一班房客，這不過是他底手段，到底人們忘不了剛才的一幕。

結果隔壁榻車店損失現鈔三十元；對面亭子間兩夫妻不見了金戒兩隻，金鐲一副，聽說新亞酒店後面有一個八十多歲的老婆婆被嚇死了。又是一條人命！箱子被攝壞的不知多少呢，他們的搜查還帶了這些副作用。

「阿根嫂！收拾東西搬場嗎？」何老伯抽着水煙發問。

「是呀，這樣子眞把我嚇煞啦！」膽小的阿根嫂肯定地答。

的確，經過了這次騷動後，人心悼恐得多了。

四點鐘摸樣，馬路上是鬧哄哄的一片。搬，搬，你搬，我也搬，大家忽忙地搬着。畢竟是「八一三」週年紀念將屆，風聲緊張啊！(658)

我險些中了漢奸的鬼計

沈玉梅

大家都知道舞場是各流人士消遣的地方，但是也有專以敲搾我們姊妹過活的，也有利用我們發財的。自國軍撤退後，這般沒有心肝的混蛋，用手段欺騙沒有社會經驗的姊妹出賣給敵人。

我是險些墮入這種惡漢奸鬼計的一個，經過的情形是這樣：

元旦過後不久的一天，一個生客下池跟我跳舞，沒講什麼話，跳了四五次給我五元舞票走了。第二天他同二個朋友來，又跟我跳了四五次，買了五塊舞票，很簡單的問我姓什麼，多少年紀，住在什麼地方。他第三次來的時候，帶來另外二個朋友，要我出去。那時我很客氣的回絕了，因爲他是一個生客，我担心他們用手段作弄我。

第四次他同另外二個朋友來了。他跟我跳的時候，又要我買票出去。「有客人約我們出去，客人會買票子的。」他講話時臉色很難看，好像很生氣樣子。我只好藉故再推却，謝絕他的好意。他不說什麼，跳完了就回到台子同朋友商量，講些什麼我不曉得，只見他們嘴都動着。過了一會，音樂響了，他又過來跳，他說他們要走了，問我肯不肯送送他們到電梯邊。當時我以爲只要不出去，大概不會有什麼危險，我答應了。

到了電梯邊（這家舞場在五樓，電梯在轉角，除搭電梯的人們，沒有往來的人，那時將近十一時，搭電梯的人已經很少！）他一手拿出鈔票，一手拿出手鎗，問我去不去？還有二個人圍着我，我看他們這種樣子，嚇得心裏別別的跳。但是我曉得要是不響跟着他們走，更糟糕。只好硬着頭皮說：「我不去！」他很快的把鈔票塞放進袋裏，伸手狠狠的抓住我的右手。「你强啥末事？去去！不識抬舉格東西！」他突出眼睛，駡，把我嚇得倒退一步（剛巧退到玻璃門邊）那時我看他窮兇極惡的樣子，心裏急得很。後來一轉念頭，把他抓住我的手狠命朝準玻璃門的銅拉手的一碰，他痛得叫起來，手沒有了力氣，我一甩掉他的手，轉身就走，當他們追過來的時候，我已經鑽進了衣帽間。

這事發生後，我一星期不敢到舞場去，但爲了家裏的人要吃飯，只得大着膽子又去了。

舞場一日

吳飛瑛

星星映着俏皮的眼，夜在東方底「小巴黎」活躍了！

舞場裏洋琴鬼起勁地奏着最流行的調兒，燈光是幽暗的，透着不可抗拒的誘人氣息，人們摟得緊，再摟得緊，瘋狂的跳着，步伐帶點迷亂，這世界是浸透了玫瑰液的吧，這樣的安適和豔麗。

「看！三個醉醺醺的日本兵和二個漢奸。」聲音裏帶點恐懼和憤怒。舞場底寧靜是被擾亂了！驚嚇的眼光集中在他們身上。他們狂亂的跳着，把特有的樟腦味和酒味發射到人們的嗅覺裏。這樣地過一會兒，他們變得更「高興」了，拿了長而且粗的皮鞭跳在舞池裏亂舞，可怖的鞭聲嚇碎了每個人的心。

「唷！——」尖銳的叫聲，一個舞女的臂上發紫了，空氣立刻變得更緊張，可怕。美國水兵發怒了，睜大眼睛，高鼻子裏透出決鬥的氣息。他底同伴們也準備好了，情景和兩國交戰的前夜一樣的窒息和恐怖！

這正是走狗効勞主子的當兒，一個漢奸在日本兵耳邊咕噥了一陣，五個兒很識相地溜出舞場了！

空氣輕鬆下來，一切又恢復常態，人們還是照舊的跳，迷亂的步伐，誘人的燈光！

「美麗今天我眞的看見矮鬼的兇相了，平時報上書上登着他們殺戮難民的殘酷，我總有點不相信。今天看到這情景，我覺得報上登的還是不夠兇。」一個年輕的舞女向她的鄰座說着。

「得了，得了，你又發着孩子氣，人家說你小妹，眞是名符其實！這種國家大事，我們根本就不懂。而且，做舞女的，什麼客人來也得好好的招呼；即使日本人到你面前請跳舞，你有什麼辦法拒絕呢？國家大事我們沒有資格顧問的！」那個叫美麗的飽經世故的回答着。

「那麼，你難道不是中國人？」小妹有點生氣了。

「誰說不是中國人？這叫做行……業……爲了要吃飯，你懂嗎？」美麗加重着她的語氣。

「開口行業，閉口吃飯，看你——」美麗沒聽完小妹的罵，就被舞客帶下舞池了。

小小的爭論在不知不覺裏消滅。大家照常跳舞。大概是日本兵和漢奸——走出舞場後二個鐘點吧！一個醉紅了頭頸的日本兵蹌踉地進來，手裏還是拿着那根打人用的皮鞭。他站在舞池邊，亂舞着，臉直對着樂台，佈滿了紅絲的眼珠狠狠地直瞪着。他亂舞着，嘴裏不知哼些什麼，人們被這第二次的騷動驚慌了，舞女們沒命的鑽向馬桶間。……舞客雜亂地躲着，整個舞場被一根皮鞭攪擾得天昏地黑了。

老闆急着打電話，找人，忙得像熱鍋上螞蟻似的，在人們的慌亂裏來了漢奸，他們拉拉扯扯地把日本兵止住了手。老闆陪着笑臉，拿出啤酒汽水孝敬了他們一頓，這一場戲才算告了個段落！

在陸續星散的舞人中間，響起了憤怒的話語，那是被壓迫的吼聲：

「媽的！國家抗戰到了這地步，我們不幫助政府去反抗敵人，却來這兒享清福，無怪要遭到這些畜牲的侮辱了，今天的事實就是血的教訓！」人羣中一個青年大聲地說着。

復仇的呼聲在……

春鳥

今天比平常特殊了一點，驚奇的眼光浮在每個人的臉上，尤其是一般孩子，時常向着那西北角的草地上探望。人們圍着談話，他們忘了風的寒冷，也忘了肚子的飢餓，充滿着憤怒，臉紅紅地好似要爆烈了一樣，但是也有人很油滑地在旁邊冷笑：「誰叫她去的呢？不也好，去嚐嚐東洋貨不是很……。」

羣衆的怒眼轉向他，好似在駡：「你這沒人性的東西！」大家沉默了，忽然有人想到別的遭遇，把談話的重心移開了。

「鬼子眞兇，把我担的菜捐了錢，還要被沒收，在旁邊，我看見堆着很多菜担，『客氣』點的推你走開，不『客氣』的時候，請你嚐嚐他們的槍柄。」

「鬼子可恨，那個東洋回來的小子同樣可恨，明明鬼子讓我過去了，這小子要功勞，說着人聽不懂的話，又把我的菜担亂翻，在籃底給翻出了一個包裹，鬼子呆起來了，拿了刺刀抵住我的胸口，命令着小子檢查，大家都不敢動。他就在鬼子面前嘰嘰咕咕地說了幾句。我受了一槍柄，再叫我解開來。……我這時想，假使我身邊有把小刀的話，我準把這小子殺死，結果……。」阿三很憤怒地也敍述他的遭遇，到後來好似很怕羞似地，聲音低了下去。

「誰說不是呢！鄉下受他們害處的人正多呢！好多女人死在他們的手裏！好多女人被他們奸汚了！好多好人被他們弄死了！他們拚命地在鬼子跟前獻媚。哼！漢奸！」鄉下逃出來的教員楊先生說着。「不過話又不能這樣說了。最可恨的倒不是這些東西，因爲他們還有別的勢力，所以敢這末兇，假使把背後的惡勢力趕走了，那末他們也不會再作出這些沒有人性的事了。」

大家全沉默了，好似全懂得了一樣。

「阿三他們在那裏看些什麼？」這是老二的聲音，面上表示很奇怪的樣子。

「喔！是一個死了的女人！」阿三冷冷地回答着，大家注意着老二。

「誰家的女人？爲什麼死的？……」

「這是李家的女人，因爲她的丈夫回去了好久，到今天還沒有出來，她又想到她的母親和二個孩子，她眞急死了。在昨天早上要了個通行證，正午的時候，才準許通行，她也過去了，才走不多遠，給幾個鬼子看見了，當然又是逃不了的。風刮得這末利害，天氣這末寒冷，把她的衣服剝光，把刺刀威脅着她。光了身子做各種動作，最後輪流地侮辱她。這時她感到沒有生的希望，憑着最後一口氣向他們拚命，結果被刺了一刀，把她推到租界來。鬼子看着她一拐一拐地逃命，格格地笑。劉家婆婆見到了，給了點衣服……今天就死在這裏……」阿三把這故事講給大家聽，心裏很悲哀似地望望西北角草地上的女人。

每個人都覺得有一種重重的東西壓迫着似地，氣悶，低下了頭，空氣更沉靜了，在沉悶的空氣裏，好似有一種細微的嘆息：「人命在這年頭！」

姦死在鄉下已是司空見慣的了。

「記得有一次，鬼子在王家村搶了一隻羊，被村民奪了回來，還教訓了一頓，過後，來了三十幾個鬼子，架了槍，到村裏搜索，結果被捉去很多壯丁。他們逼命着壯丁挖了窖穴，再把全村的火灰倒在這窖裏，最後活埋了壯丁，但是也有的是死在刺刀上……」楊先生述說着在鄉間所見的情形。

怒火在每個人的眉際燃燒，手緊緊地握緊了。望望西北角的草地，又望望躺着的女人，復仇的呼聲在每個人的心裏呼喊。

不合作主義

雅　庸

——一個日本紗廠女工的自述——

孤島上，初春的晚天，靜悄悄的張着寒冷的夜幕，好像一個受難的母親，脫下她身上破舊的單衣，抱住她懷中的孤兒似的籠罩着這個難民收容所。同時，從附近那座堂皇的教堂裏面傳出悽切的晚禱的鐘聲，幫助這受難的母親催眠她的孤兒，但是這無告的孤兒卻頑強的不安的吵鬧着。——在收容所裏，每天晚上，成年的人們集合在竹棚里談論着他們未來的命運，孩子們卻在空場上排列着隊伍，玩着唱着「義勇軍進行曲」「打回老家去」……等救亡歌曲。

今天是婦女座談會的日程，吃過了晚飯，我便走進女棚裏參加她們的座談會去。在我走進棚裏的時候，老太婆，年青姑娘和小孩子們已經集合好了。等着她們把草蓆鋪在地板上，一排一排的坐着，在地板前面的地上放着一張檯子，還是做講台用的，在檯子的周圍還參雜地站着許許多多男人和女人。

「諸位老媽媽，小姊妹，請靜一點，我們來正式開會吧！」我走到講台旁邊，一邊拍着手，一邊對她們說，「今天有一位小姊妹從東洋紗廠裏逃回來，現在先請她來把她到東洋紗廠去做工的經過情形告訴我們，好不好？」

「好的！好的！」老太婆們不做聲，年青姑娘和小孩們拍着手，喊着。

在鼓掌聲和叫喊聲中，從人叢裏跑出一位十六七歲的姑娘來，她的臉色蒼白，深黑的眼睛含着愧恨的神情，望了望會場中的大衆，又望了望我，羞澀的說：

「×先生，我不會說話。」

「不要緊，我們來談一談也可以。」我看見她那種侷促不安的神情，便決定改用談話的方式問她，「你叫什麼名字？」

「林招弟。」

「你家裏還有什麼人住在這裏？」

「媽媽，姊姊和兩個小弟弟。」

「你是一個人到東洋紗廠去做工的嗎？」

「不，還有一個小姊妹。」

「你們為什麼要跟東洋人做工呢？」

經我這樣一問，站娘們小孩子們都騷動了起來，幾十隻眼睛不約而同地盯視着她，在這幾十隻亮晶晶的眼睛中，射出無數憤怒的仇恨的光芒，猛烈的刺着她的心，她畏怯的愧恨的低着頭，好像一個在民衆法庭上受訊的囚犯一樣，臉面更顯現得蒼白，眼眶裏注滿着淚水。她躊躇了一會，帶着請求宥赦似的聲音說：

「我們是給她騙去的……。」

「她是誰？」我打斷她的話問。

「她也是一個紗廠女工，沒有打仗的時候，她和我同在一爿紗廠裏做工。她年紀比我大，我不認得她，她卻認得我。」

「她是不是也住在我們收容所裏？」

「不是。」

「她知道你住在這裏嗎？」

「不！」

「那末你們是怎樣碰到的？」

「有一天，我和同去的那位小姊妹在大門口的籬笆裏面白相，她在籬笆外面瞧見我，便叫我的名字，說：『招弟，你做不做生活去？』

『做生活，到那裏去做，工廠不是都關門了嗎？』我不曉得她說的是什麼生活，也不曉得到那裏去做，糊裏糊塗的這樣回答她。

「你爲什麼不到外面去打聽打聽，老是獃在收容所裏幹麽？難道收容所能夠養活你一輩子不成。現在，怡和紗廠已經開工了，你要是想做生活，我可以幫你忙，領你到寫字間登記去。工資蠻大的，像你這樣老手，一天可以賺一塊錢。』

「我心裏想，怡和紗廠是英國人開的，工錢又這麼大，我們是可以去做的。在收容所裏一天吃一頓飯一頓粥，小菜却沒有。要是有生活做，就是能夠賺一點買小菜的零用錢也好。這樣，我就答應她，跟她一塊兒去。……」

說到這裏，她突然把話帶住了，想了好一會，繼續着說：

「她把我們領到三馬路一間外國洋行裏去，給我們寫了號頭，送我們上了卡車就跑掉了。不久，汽車開走了。汽車經過什麽地方，我一點也認不出來，開到那裏去，我也不曉得，我什麽也不敢想。到了工廠，看到那些在鼻頭下面有着小鬍子，穿着黃衣服，說着我聽不懂的話，那時我才曉得他們一定是東洋鬼子，我害怕得發抖，幾乎叫喊起來。但是我不敢喊，也不敢哭，祇在心裏想『媽呀！我們受騙了。』」

說着，她渾身發抖，兩手緊緊的抱住肩膀，眼睛發亮的探視着四周，好像那可怖的情景還歷歷的在她眼前。剛才聽說她是從日本紗廠裏跑回來的，大家都用一種仇視漢奸的眼光盯住她，現在，聽到她這一番痛切的自述，和看到她這種恐懼的神情，大家都認清了敵人是誰，一種「物傷其類」的感情深深的激動了每個人的心。老太婆們緊鎖着眉頭太息着，年青姑娘却嚇得木鷄似的，默默的用一種同情的眼光注視着她；祇有小孩子們頑强的緊捏着拳頭，低聲的咒駡着：「他媽的女漢奸！」

「你的工廠名字你記得嗎，」我問他。

「大……大……」下面的字她念不出來，她一面想，一面用手指在講台上劃着，好像她會寫字似的，我便接上去說：

「你會寫字嗎？寫出來給我看一看吧。」

她好像沒有聽見我的話似的，祇管用手指在講台上劃着，她感到一種無名的苦痛。這其間，驀然地，她的心頭浮上一種記憶，她不再在講台上劃了，她用手在身上摸索着。從右邊的襯衣口袋裏拿出一塊布條來，說道：

「先生，這就是我工廠的符號。」

這是一塊粗白布，長尺許，寬二寸半，在布條上左邊寫着：「大日本紡績」，右邊寫着阿拉伯數字的號碼——××××。

「做工的人多不多？」我又接着問她。

「許多工廠都開工了，做工的人交關多，好幾千人，男的，女的，都有。」她的神經有點錯亂了，沒有聽清楚我的話，胡亂的回答說。

「我是問你們這個工廠有多少工人。」我重複着說。

「好幾百人，都是姑娘。」

「招弟，你……你看見我的金妹嗎？」

突然間，從人叢中跑出一個四五十歲的老太婆來，她一面發狂的叫喊着，一面朝着招弟撲過去。招弟給她嚇得臉色發青，她往後退了幾步，顫着聲音問說：

「你的金妹，她是什麼樣子的？」

「你不認得嗎？她像你這樣大，這樣長圓圓的臉兒。」那個老太婆，好像瘋婦似的用手從招弟的頭到脚比畫着說：「前個月十日，她說是做生活去，過了七八天回來就換了樣子，旗袍哪，高跟皮鞋哪，全身都是新的，頭髮也燙得卷卷曲曲像一個黃蜂窩那樣。你說，我那時多麼高興，但是想一想，可不對，他剛剛去了幾天，那裏來這麼多錢打扮呢？我心裏覺得奇怪，我問她說：

『你身上這些新衣裳從那裏來的？』

『是東洋人給我的。』她這樣的回答我，我就哭起來了。第二天她又去，現在快要一個月了，她還沒有回來過。前幾天，她爸爸着急了，他在工部局裏做小工，他跟工部局討了一張通行證，跑到楊樹浦去看她，要她回來。她對她爸爸說她欠包飯作幾隻洋飯錢，東洋人倒不要緊，飯錢是不可以不還的。她爸爸跑回來當了我那幾件舊衣裳，這是我拚死命從鬼子手裏搶回來的，他又跟朋友去這個一塊，那個幾毫的湊夠這筆錢去替她還了飯錢，誰知道東洋人又不肯放她回來。」說到這裏，她用拳頭打着胸，頓着脚，大聲的痛哭起來：「噢！噢！我的家給他們燒光了，我的孩子給他們殺死了。殺千刀的！又把我的姑娘搶去了。天呀！我的心肝！我的寶寶！他們又……我……我……我……」

她昏去了，倒在潮溼的地上，兩脚痙攣着，白的口涎從嘴角裏流出來，塗污了她的臉，她的頭髮。整個會場都騷動起來了；老太婆和年青姑娘都流着眼淚，臉上浮沉着一種又害怕又憤恨的神情，小孩子們都呆住了，但是他們沒有放鬆他們的拳頭。

電燈從高高的竹架上放着微弱的光，長夜的照耀着這一羣受難的無家可歸的人們。一天過去了，一個月過去了，它這樣長期的勞作着，雖然沒有一聲怨言，也沒有怠過工；但它確實已經感到極度的疲勞，它好像很迫切的希望太陽出來代替它的工作了。

因爲竹棚裏洋溢着溼氣和汗臭的氣味，人們也都感到窒息和煩燥。

我叫兩個年青姑娘把她扶起來，送回她的舖位去。會場的秩序漸漸的恢復了原狀，我便繼續着我們的談話：

「你們一天做幾小時工作？」我問她。

「從早晨六點鐘到晚上五點半，沒有休息的時間，中飯是站在機器旁邊吃的。」

「每天做多少錢生活？」

「兩毫錢。」

「夠過活嗎？」

「唉！先生，說起來是沒有人相信的。住在工房裏，可不要出房錢，但是吃飯每個月六塊錢。我們進去的時候沒有帶東西，一切東西都是他們發的價錢由工資裏扣還。一條小小的棉被三塊錢，一條席子一塊錢，一件飯袋兩塊錢，一把剪刀兩毫錢，這樣一來，先生，你可明白了，我們要做一輩子都還不清他們的債呀！」

「東洋人對你們好不好？」

「交關兇呀，要是你走路的時候，碰到他們來了，你不趕快避開，那就要挨打。兩個人在一塊兒說話，給他們看見了，也要扣工錢。到了夜裏，他們叫『那麼溫』來要我們去……」說到這裏她突然失聲痛哭起來，臉兒火一般的紅，她又害羞，又憤恨，帶哭的說道：「他們打破了我們的家，又來害我們，我們爲什麼要替他們做工呢？我死也不替他做工的！」

「對的，我們不替東洋人做工，也不買東洋貨！」

青年姑娘也害羞的紅着臉低着頭，小孩子們天眞的頑強的叫喊着，老太婆們却默默地點着頭。

孤島的夜是沉寂的，悽愴的，大地也好像早已入睡了。沈黟的天空中閃着靑蒼的星星，銀白色的光燄，標出了星兒運行的軌道。

★ ★ ★ ★

沉痛而又光榮的日子

新　傭（十七　失業：）

一年前，這裏是稱爲東方的巴黎世界的大都會，但今天已改稱爲沉寂的「孤島」，陰暗的地窖。仰望着天際，一朵朵碧藍的雲彩，被四周的烏雲圍着，已不顯得光燦了。籠罩在這大地上的已不是和平之神的玉手，却是黑暗之神的魔手了。

民國念七年一月四日是一個使我想起了又感興奮又感痛苦的日子。痛苦的是因爲自此日起，我的飯碗破碎了，我又在失業的路上徬徨着；興奮的是因爲日人在這一天接收了我的服務機關××電台，我們三百多員工全部撤退表示愛國精神。失業事小，失節事大，日軍當局自國軍西撤後，即向工部局提出接收租界內一切行政機關。玆把當日情形，詳述於下：

新年假期剛過，同事們正在談着怎樣消度假期的情形，以爲一歲已過，恐怖的驚耗將不再有了，各人的位置不再會動搖了。我們的旗幟在去年歲暮已易了，改稱上海××電台，主持人爲外人（非日本人）但日方派一二日警巡邏於報房之外，日夜不斷實行監視，雖經外人交涉終無效果。一月四日，我照例在上午九時赴台辦公，我在路上買了一張「華美晨報」，看見××電台已被接收的消息。我的脚抖得不能走路了，我的心跳得更加快了。到了電台後，祇見一羣一羣的在飯廳內接耳輕語着。宋××遇見了我，說：「情形不對了，日人定要接收了，你到報房內去看一會便會明白。」報房內平時機器聲軋軋不斷的打字聲如秋夜的蟋蟀不息的叫着，再加上叮叮的敲鈴聲能奏出一種不平常的交響曲，而今萬物俱寂，狀似深冬之夜。牆上貼滿了佈告，有英文也有中文，大意謂自即日起本電台由日人接管，望各員工仍靜心工作，對於人事方面，一概不調，待遇照舊。我看完後就匆忙的走出了報房，想除一般無恥者外，有血性的人，對之必不理睬。妙語假詞，爲不作惡魔的[illegible]而，我們要把自己對祖國的忠義昭示於世界。我們當時的態度算是驚天動地，運茶役們也和我們同進退。我們把目前所收電報尙未打出者在事前租定地方辦理清楚，完成我們最後的工作，於是手攙着手，臉上露着笑容，共同走出了電台的大門。我當時有點依依不捨，但我眼前彷彿顯現着一幅戰士在沙場馳騁的圖畫，耳邊彷彿聽見衝鋒殺敵的軍號，我連忙用衣袖揩乾了眼淚，振作精神踏上大道。

一月四日，這個沉痛而又光榮的日子，它將永遠強化我的意志，奮發我的精神！(288)

反抗的火花

勞　路（廿五關員：）

天氣陰霾，欲雨不雨，四面籠罩着黑的雲塊。每一個上班去的關員，都是低着頭，沉着臉，心中懷着十二分的憤懣，向江海關前進着。大家很不願意的勉強做着工作，因爲時間未到，指揮部還沒有命令來，只得沉痛的忍耐着。同事們互相報告昨天上午僞「監督」李劍南到海關裏來訪問稅務司的事情，空氣像火燒一樣的緊張。

指揮部的命令來了，我們決定十點鐘前在二樓集合，但是現在只有八點鐘，大家情緒愉快了些，但空氣仍舊是十分的緊張，每個人都像準備衝鋒一樣的預備着開全體大會。

大鐘的針，指着了十點鐘、三三五五的外勤班的關員先離開了他們的工作，向着同一的目的地——江海關二樓去了。落班在家中的關員們，由於交通隊的通知，有的穿着制服，有的穿着便衣，而上露出興奮，也向海關裏來了。只有內班的關員們有幾位像沒有知道什麼事變似的，仍舊照常工作着，經過宣傳隊的解釋後，他們也立刻全體停止工作。大家決定了在餐廳裏開會，很大的一間餐廳，被一千多個關員擠滿了，這是海關華員空前的大團結。

英國稅務司羅福德氏和中國稅務司裴偉其先生被大衆請了出來，羅稅務司雖然在平日進出的時候常常看見，但是直到今天由裴先生介紹後方才給大家認識。首先由他發表意見：「我雖然是英國人，但是由中國政府僱用，所以我決意接受中央政府的命令，服從上司的指揮，在沒有接到命令之前，我決不亂幹。報紙上許多消息大半同事實不符，也許是敵人的造謠，所以請你們大家回去工作切勿上了敵人的當。」由裘先生充暫時的翻譯，大家便用了熱烈的鼓掌擁護羅稅務司的服從中央政府的意志。接着有人提出了李劍南來訪問和稅款儲存什麼銀行兩個問題。

羅稅務司說：「李劍南在昨天上午十一點左右來訪問的，他除了說明由『維新政府』派來做『監督』外，交了一份公文，不到五分鐘就去了。至於稅款的繳存問題，我是交給匯豐銀行的，以後怎樣那就不得而知了。」這樣說了，羅稅務司就告辭了。

大家認爲這樣的處置不能滿意，於是由內勤班，外勤班，稅警女職員及苦力等各部共推了卅多人，通過了維護海關主權完整行政獨立的原則，急電漢口中央政府，請示應付辦法，及全體怠工等議案，直到下午三點鐘方才宣佈散會。

雨一陣陣的下着，每個關員抱着勝利和興奮的心，走向各人的家。(331)

關員的怒吼

傑（廿一關員·）

一個陰暗的清晨，細雨不斷地下着，飄到人的臉上，感到有些寒涼。靠法租界外灘的太古碼頭，正泊着一隻天津船和一隻廣東船。時間已是七點半了，照例在碼頭上，有英勇的稅警站立着，週迴巡視，奸徒們就無法施其偷稅小技。不管密藏得怎樣巧妙，搬運得怎樣警機，總逃不了稅警們的銳利眼光。去年自從敵人有組織的武裝走私，從華北蔓延到了上海，他們曾不屈不撓地與日本浪人奮鬥，雖然被木尺打得頭破血流，但他們的工作，却始終未懈，他們的英勇，值得我們敬佩，他們的努力，的確替國家爭回了不少已經漏洩的稅收！

時間像跑馬般地過去，七時半，八時半，九時半，江海關上的大自鳴鐘也叮噹噹的敲起來，好像說現在已是辦公的時候了。海關職員，水警，商人，都像潮水般地向着裏面湧；但是奇怪的，今天的水警，却比領薪金的日子還要多，在出口股錯單檯旁越聚越衆，隨後有一位稅警，高高的站起來，滔滔不絕地演說起來：「我們反對英國的態度，要擴大護關運動，堅決的與日本帝國主義鬥爭！」大家都感到熱烈的激動，不自主地，高聲疾呼，喊起口號來，直嚇得日籍關員瑟瑟地發抖，深恐發生意外，悄悄地溜走了。錯單檯的關員，本來是很忙的工作着，見了這現象，首先很快的把錯單檯上的錯單掩蓋起來，應響怠工。不多一刻，全部海關的工作都停頓起來，立時空氣顯得非常緊張，紊亂。羅福德稅務司也感到沒法了，外籍職員也有感於正義的，跟着大家怠工。

另有一個商人模樣的中年人，突然去問一個將要離去的關員，帶着恐懼的口吻說：「先生，你們這樣怠工，什麼時候才恢復辦公呢？我們商人報關怎麼辦呢？」關員很堅決的答道：「我要回到廣東去了，你們要報關，隔幾天向日本人報關吧！」

外面的雨越下越大，大自然也像關員們一般怒吼了！(545)

××造船所巡禮

古莊（工人）

清早，太陽還沒露面，我已經向外灘××碼頭走去。路上行人很少，有的也是一些小販。空間充滿了濃厚的霧氣，一百步以外就瞧不大清楚。

我邊走邊想：這件事雖然含有危險性，但因為危險，使我更其興奮；如有旁人罵我「漢奸」我也不在意，因為我此行目的就是想看看刼後的老廠的情形，和在那裏工作的工人的數目。

抵達××碼頭，那裏已經有許多人站着，看見了我，老遠就打招呼：

「嚇，老錢來啦！」

我表面上是笑迷迷地答應着，心裏却想道：你們這班傢伙，眞不是人，竟替敵人工作。我不禁重重地咬了一下嘴唇。

他們却一點也不介意，依舊嘻嘻哈哈地談笑着，我眞沒話說了，只好一面跟他們說話，一面等待昨天答應給我工作的工頭老李。隔一會，忽然黃浦江中傳來一陣汽笛聲，我回頭一看，是一隻扯着「膏藥旗」的小火輪，後面拖了二隻擺渡船，剛剛泊定，碼頭上的工人們都爭先恐後地躍下了船，一會兒就把船擠滿了。我沒有移動身子，也不想上船，因為我還沒等到老李。我看着小火輪緩慢地離開岸，然後叫了幾聲，就很快地向南黃浦駛去，看不見了。

太陽已經爬起來了，非常的紅，像個大血球。碼頭上已經沒有許多人了，我同一個姓鄧的工人說話，他從前是和我一起工作的，眞談得津津有味的當兒，忽然我一眼瞥見老李已慢慢地移動肥胖的身子來啦，我連忙招呼他一聲，一面走上前去，假意客氣了幾句，心裏恨他刺骨，恨不得一記送他命。

「這東西你拿去藏好，等會上岸就把它當憑據的。」老李扳起面孔說，拿了一塊圓的東西丟給我，我答應着，吞了一口吐沫。

小火輪又駛來了，老李吩咐我上船，我就混在人叢中跳下船。人太多，只能站着。不一會兒小火輪開始向南黃浦駛去了。在路上，我看到了許多火燒的房子，破碎的磚瓦，地上長着一人高的荒草，那景象非常慘。我想：敵人這樣地燒殺刼掠，而我們仍舊有這幾船的人去替他們做工，眞叫人氣殺哉，哭都哭得出的。正在想着的當兒，忽然無意中看見了那鐵皮屋子的五個熟悉的字「××造船所」，我不禁呆了起來，腦中充滿了紊亂的思想，也不知是酸是辣是甜是苦，直到船靠碼頭時一撞，方才醒覺過來。

夾在人叢中間，一個個魚貫地走上岸去，那裏站着五六個日本兵，插着亮晃晃刺刀的步槍，執在手裏。我定了一定心，走近了，把剛才發的證章「呈」上去，日本兵看也不看就放我過去，我走了十幾步後，才深深地吐了口氣。

眼着老李一同走向船塢去，船塢仍是那樣，中間停着二隻小砲艦，船頭的甲板已經拆光了，我想這大約是給我國空軍擊毀的吧。也不言語，依舊默默地跟着走。到了船上，老李便指着那個大窟洞，向我說：

「你就做這地方的工作吧。」

我點點頭，便同另外的七八個人開始工作了。實在我那裏高興做呢，假如我有炸彈，準得轟掉它！所以做了差不多二個多鐘點，我一點成就沒有到，反而損失了幾塊小鐵板，惹得另外幾個人哭笑不得。

這是實在的，誰願意幫敵人來殘殺自己同胞？敵人給我的教訓還不夠使我們警惕嗎？他們毀掉我們的家，奪去我的職業，使我們生死不得，過着非人的牛馬生活，我們難道忘記了嗎？現在竟努力幫敵人工作，眞不知生的是什麼頭腦？什麼心肝？

我把這一段話記在腦裏，如果有人說我，我就要譴責他一頓，雖然離此不遠就有個穿着工裝的工程師——日本人。

糊糊塗塗就混過了上午，吃午飯時，我花了二角錢吃了一頓，也不辨什麼滋味，心裏記掛的就走進去參觀參觀那十載相聚的工場，找到那姓鄧的，同他說明了我的願望，他連連的搖頭，一面輕聲輕氣的說：

「現在裏面不可以亂跑，上次有二個工人無意中走到從前的××醫院去，就給日兵捉住了，也不問清楚，就硬說是探聽消息，共產黨，當天就在××廠旁邊斃掉的。」

這話語好像是一桶冷水，澆在我的頭上，使我滿腔熱心，一下子就冷冰冰的冷却，只得懶洋洋地踱着慢步回到船上，點了根香煙坐了下來，向江面眺望着。

江面上沒見一隻船兒，有的也祇是「膏藥旗」的小艇，飛駛過來，激起一陣陣的浪花，陽光柔和地照着，現出金黃的顏色。

一會兒又開始工作了，我已灰了心，此行目的完全是參觀戰後的工場的，現在顯然全部失敗了，誰有氣力來替敵人作工，但那個穿着工裝留有八字鬚的異國人却死死地盯着我們，我不得不提了三分精神工作起來。這使他相信了，他走了開去，我仍是假意的努力着。

辰光慢慢的挨過去，我心裏也只想歸去了，看看老李，他正神氣活現地看着我呢，我肚裏暗暗地笑起來。我想：你這個狗王八蛋總有那麼一天給人送掉狗命！哈哈

忽然前面傳來一陣咭咭括括的中國話，像是罵人的。抬頭一瞧，那個穿工裝的異國人正跳脚揮手在罵呢，這是怎麼一會事？不

等我問，那個與我工作還不滿八個鐘點的不相識的工人說：

「你別管你只管工作就是了，他媽的東洋人眞不講道理，一些小事情就鬧得嚇煞人！哼！又不知誰倒霉，客氣一點罵一頓，停生意，不客氣就得捉到司令部去……！咳，這日子眞不是人過的，他媽的！……」

「假如我們全體不做就好了。」我存心想激動他，一面擺出我與他同病相憐的態度。

「唔，當然囉，辦法誰都會想，但事實上肚子餓，眞生活！何況家裏有老有小……假如我是個光棍，那我……哼！」

他有點氣忿了，眼睛裏射出烈火來。

我默然，我有些感動了，一時說不出話來，只呆呆地思想着。

「你怎麽也會來的？」歇了一會，他問。

「我麽？……哈哈，明天就見分曉……」

「爲什麽？」他一下子瞪着眼睛狐疑起來。

我不便隱瞞了，便原原本本地向他說明了，他明白了，紅着眼睛說：

「要是我沒爸沒兒，準得不幹。」

我問了他的姓名，叫×××，靑浦人，家中有大小八口，這名字我永不會忘記。

太陽快沉沒了，散工的汽笛也響起來了，我跟着他們一同領了一天的工資（法幣一元正，是簇新的中央銀行鈔票，）我微微地感到一陣寒顫，好毒辣險狠的手段啊！

上船回租界的時候，有一個工人給東洋兵押起來，據老李說是因爲「侮辱」工程師。我噓了口氣，在這性命毫無保障的地方，爲着一元錢而來，着實犯不着，何況這事是出賣靈魂的工作呢。

躍下了船，小火輪向租界駛來了，我看着那「××造船所」五個字，眞有說不出的感慨！漫漫地遠了，遠了，終於看不見了，我不禁悵然！(488)

辛酸的一幕

孟　廉

昨夜回來較遲，歸途上瞧不見一個人影，內心怪悸恐的。今天，用過晚餐，壁間的時鐘已響過九下，心想這一下又遲了，假若在那條黝黑淒淸的白利南路上遇到什麽剝猪玀的事情，那才不是玩的呢。我忐忑不安的踏出了廠門。

在美亞綢廠那邊的弄口，一大堆人正擁擠着。當我愕然地往前走的時候，一輛卡車又從人叢裏直駛過來，而更使我暗地吃驚的，是那輛卡車上的人正是幾個穿着黃衣服的荷槍的兵士……。我私自忖度着這裏也許剛剛鬧過什麽亂子。

我趕忙奔過去叩詢一個老者。老者告訴我一幕辛酸的悲劇：

前天，這裏×里×號的前樓上，突然來了一個東洋鬼子，他想強姦這前樓的一個女子，可是却驚醒了我們全里的人們，於是給驚跑了。……那知今夜他又來了，而且全身武裝，當住在那女子隔壁的二房東聽到女子慘叫的時候，他已明白這是怎樣一會事，他光着上身從窗口躍下，想去報告捕房，但想到捕房或許無能爲力，

他就奔去報告日本憲兵司令部，然而，在憲兵和幾個漢奸放卡車到這裏的時候，那鬼子已逃跑了。……憲兵就警告我們：「這樣一大羣人，連一個人也捉不住！以後，同類的事情也許還多着呢！搬你們得快些搬走！」……唉！好好一個女人，就這樣給「強姦」了！……

第六輯　揭奸錄

海底的潛流

風（二十三·工廠職員）

文達：

迭次接讀你促我赴漢的信，眞使我又感激，又愧慚。目前的上海，誠如你說，是充滿了淫靡和頹廢，沒有戰爭的氣味，也吸不到一些自由的空氣；可是爲了家庭的生活，我祇能蹐處在這令人窒息的「孤島」上啊！

然而戰後的上海，雖則形成了所謂「孤島」，却也並不如你理想中那樣壞。這裏除了一部份沒有靈魂的敗類外，愛國的同胞還多着，而且愛國的熱情，也決不稍遜於內地的同胞。好友！你也許不信，那末，讓我給你報道一件事實，聊作我這話的佐證吧。

在我們廠址的附近，有一個荒村似的「盧壁宅」（註）本來，那裏的住戶很稀少，戰後却因爲多了一大批從常州逃亡來的苦力，人口徒然增加，茅舍矮屋也就鱗次櫛比地架了起來；但，這地方僅有一道狹小的水流，而馬路旁的公用自來水，一整天祇開放二個鐘點，所以他們的用水很苦，每天所用的水，大半仰給於幾口近旁的古井。

上月梢，天好久沒下雨了，幾口公用水井都乾了起來，他們爲了日常飲料的迫切需要，在不久之前，自動糾衆開鑿了一口深深的新井，差强人意的將「水荒」解決了。

可是好友啊！事情就在這裏發生了。那是一個沒有明月的黑夜，「盧壁宅」的四周靜悄悄的，突然在新井旁抓到了一個偷水的男子。當然，這時宅子裏的人免不了向他責詢，但那人非但不服，而且跟發覺的人扭打起來，最後，那人終於被打倒了。文達，你知道這被打倒的人是誰啊？他正是一般無恥漢奸的走狗呢！——

好了，沒隔一刻的時光，幾十個傢伙給偷水的招來了，手裏幾乎全都執着鐵尺或木棍，一奔進「盧壁宅」，便不問情由的狂衝亂擊；你想，宅子裏的人們會像羔羊似的屈服嗎？不！決不！他們馬上怒吼了：「打漢奸！打無恥的偽警！打……」像一條鐵的鎔流，迎上前去，他們奮勇奪下敵人的武器，立刻還擊他們的敵人。

半小時後，斷臂的斷臂，流血的流血，滾進小河浜裏，發着哀哀的呻吟。於是，住戶們高呼着「打倒漢奸」慢慢地向四周散開，結束了這次光榮的鬥爭。

好友！當你看完這事實的始末也許會驚奇的感動吧？是的，你或者也曾聽到過海底有一種潛流，在水面上看去似乎是平靜的，但水底的激流力量是驚人的，那末這孤島似的上海就是潛流所在的地方了。

（註）盧壁宅在滬西白利南路的東北。

漢奸教師

門　生

鐘聲響了！四十餘人聚滿一堂，至此方才寂靜。

各人的腦海中都幻想着漢奸教師的模型，屏息凝神的坐在自己的位子上，等着他來「自白」！

這位漢奸教師是無錫國學專門學校的畢業生，留學日本法科，七七神聖抗戰開始，方才回國担任我們學校高中部的國文。他的父親是曾經做過兩路局局長的任××。國軍西移後，好像閻羅王請了病假，不知恥的小鬼遂活躍在牠的主子的「即得地」上，做着厚顏無恥的勾當。可是在漢奸的芳名錄上始終看不見他的芳名。

據他的令郎說：他爲要替戰區流離失所的老百姓謀便利，曾一度會與他的主子磋商，恢復了兩路通車，可是事後非但沒有得到分文的酬勞，並且還賠了不少往返的汽車油呢！陳則民還請他担任僞江蘇省府民政廳的祕書長呢，據說是被他拒絕了！

五月十九日，星期四，我們靜坐着等待敎師進來授課。門「呀」的開了，全體都一致站了起來——這是很不容易的——鞠躬坐下。

「兄弟很抱歉，一個多月來與諸位相見，不能共同研究學問。本來是要到香港去休養；因爲自淪陷的蘇州出來後，就沒有好好的休養過一次。這回恰巧舊同學章君從無錫至滬，兄弟就將此席讓與章君擔任。此次章君有事他往，而兄弟也爲着責任心的驅使，不得不重新與諸位共聚一堂，研究學問。」

這是點完名後的開場白。他待我們眞客氣，總是自謙爲兄弟，稱我們爲諸君。他是周公之徒，開口仁義道德，閉口禮義廉恥。可是他常勸我們：「人的生命非常短促，不妨及時行樂，看電影不必說，跳舞場不妨去去，按摩院也不妨試試。」……等等；這些就是仁義道德！又道：「男女同學共聚一堂，談談戀愛也不妨。」這就是他的禮義廉恥！他這種言論，已爲我們所不齒，再加上那可疑的漢奸行爲，更使每個同學吼咒！

不知是那位同學——據他說是鋤奸團團員——在他沒有來「自白」的前幾日，寫了一封信給他。信的內容和他讀信後的感想，筆者不能知悉，他到學校後，在高一、高三商、三三班，他都說了同樣恐嚇的話：

「我知道這封信是誰寫的，現在暫不說出，假使再有第二封信的話，我一定把他立刻開除，開除了還不算，還要送他到巡捕房去法辦。」

最後上我們這一班——高二——的課，他又對我們說到這封信的事：

「這封信不是高一、高三、高三的同學寫的，是你們這一班同學寫的。」這句莫明其妙的話，我們聽了都一怔，全班同學都面面相覷，脚碰着脚的呆住了，不知他說的這句話，是含有什麽用意。

「這是幼稚的行爲；這那裏是鋤奸團的舉動，這是最卑賤的事，假使有膽量，何不用手槍來打死我！你相信這種舉動是最無聊、最沒有胆量的舉動，他連拿手槍的資格都沒有，還自誇是鋤奸團的團員。他只配寫這種狗屁不通的信，看了又好氣，又好笑，高二程度連一封信都寫不通，眞可憐！」

至此我們知道這封信是什麽了！可是我們眞不信受過三個月軍訓的同學，連拿手槍的資格都沒有，難道我們白白在華漕鎭住了將近三個月的時間，花費了數十萬的國幣？眞不知是誰幼稚呢！

下課鐘響了，他整整書冊，從同學的噓噓聲中大踏步的走出敎室，敎室中浮出了無數的吐氣聲，大家都感謝這位仗義的同學替我們一吐積壓在胸中的淤氣！（133）

傷兵院裏的漢奸

阿 律

我家的對門，住着一個身軀高大健壯的青年楊如新，他是個非常熱心於國是的人，尤其是在這國家生死存亡的時候，他知道每個國民都應該盡相當的責任，同時他也盡了他的責任。他是一位童子軍，在××傷兵醫院服務。

因爲他的勤苦誠實勇敢，是我最信任的一位朋友，這次他在那兒，是派着做夜班，他每天整夜的勤勞地工作着，除了侍候着受傷的將士外，更被選入做着「警備」的工作。

他曾經述說給我一段奇怪得使人發笑，痛恨得使人流淚的事，因爲這事實對於民衆的剷除漢奸運動有很大的幫助，所以我要懇切的向着同胞們做一個報告。

事實是這樣的：在他服務的傷兵醫院內，其中住着一個受輕傷的兵士，這位兵士的傷處是在右脚上，又不像槍傷，又不像刺刀傷，簡直不能明白他傷處的來源。爲了這點，已使得警備的隊員們，很覺詫異。除了這一點以外，因爲別的也沒有什麽破綻的地方。因此也沒有人去注意他。這樣的那個兵士住了約一星期，本來沒有重大的傷，反到結實了。

因爲××傷兵醫院，規模很大，還設有十數畝的大花園，凡是傷勢不關緊要的將士們，每日都在那兒遊玩喜樂中，他們有時唱着雄壯的歌，有時却唱着悲痛慷慨的歌曲，有時許多人圍在一起談談笑笑的，或各人述說着戰時的景狀。當然某兵也是其中之一個，但他並不歌唱，也不談笑，只是每每的圍在許多將士們的中間，神氣活現地指手畫脚，說着什麽當兵的苦處！到前線去只是送死的啦……等等。總之，他是用「花言巧語」來打動那些忠勇將士們的心，使他們聽他的勸告，而達到他做漢奸的目的。這樣的一次兩次以至於三次，便引起了警備隊員們開始注意他的行動了。

某日，同樣的圍在一起談着，忽然有一位穿着軍裝的警備隊員，就盤問般的問着他道：「您在那個隊裏的？」他忽然而孔顯出不鎮靜的樣子，可是他硬裝着無事般的回答說：「我是××師×團的一個衛生隊員。」可是當問他衛生隊的領袖是誰的時候，他却泰然的說：「我忘記了！」於是他們對於他的行動與言語，更加嚴密的留心着他。一天服務員替他洗軍服，發現他的服裝上沒有號徽，這樣他們的心裏，顯然很明顯的指示他是怎樣的人了，但是面子上還是很和氣的對他。他們也曾經問過他為什麽沒有號徽，他說：「在我受傷逃亡的時候失去了。」

然而某日有十幾個武裝的警察，把他包圍了，用着威嚇的手段，目的是使他說出眞的事實，可是他不慌不忙，還是說着老話，因為沒有證據是不可成為事實的，所以當時便把他全身驗查了一次，果然在他的脚底下找出了一個記號，於是這位兵士被帶去了。

——他是出賣民族利益的漢奸！

據他說：「男漢奸的記號在脚底下，而女漢奸則在手臂與胸部的連接處，並且他說他的傷口是他自己有意的用菜刀弄傷的。

在我們的機關裏

柳攸（十九　學生）

敵人在我國佈置的漢奸網，眞是無微不至，而那些漢奸們辦事也十分嚴密，眞使人意想不到。

我辦事的機關，是跟軍事有關的，所以內部人員，都經過長時期的訓練，個個都有愛國的觀念。

昨天一早，我剛走進辦公室，有一個同事的科員老張，見我便說：

「今晨浦東又炮戰啦！」

「是的，在五點鐘那第一聲，好響！」

「浦東防衛得很嚴密，日本兵總難上岸……」

我和他談了半天，很是投機，他在這裏已經有四五年，做事也勤謹，最近他對於戰事消息打聽得很仔細，常到管密電的×祕書那兒去閒談，看上去他對於戰事很關心。

下午，突然有一個恐佈的消息，事務先生在八號房間裏找出兩枚日本銅元來，這一定有漢奸了！

我們這一科在開戰後才遷到這兒來的，地方很狹小，八號房間是臥室，住的是老張、陳某和幾個當差的，——我們稱勤務兵，——裏面還有幾個放零星物件的櫥。前天陳某因爲在租界上找到了房子，便回去睡了，他的行李床鋪都搬掉了，因此事務先生去整理一下。

事務先生將櫥移動了一步，忽然看見牆壁上貼着一張紙，他就有些疑心，將紙撕破了一看，牆上挖了一個小洞，洞裏有一隻匣子，裏面有兩枚日本銅元。

這件事報告科長後，大家準備檢查，但是有人以爲辦事人員比較可靠，不如先向勤務兵詢問。

科長有了一個辦法，由事務先生召集了全體勤務兵，一共有二三十個人，聚齊在禮堂中。

科長拿了匣子和銅元，對他們說：

「這兩個日本銅元，想是漢奸的符號，這漢奸大概是你們勤務兵中的一個，所以你們有知道的，應當立刻來告發，做漢奸的也不妨來自首，如到今天晚上還沒有回音，當將全體一律開除！」

他們聽了這話，都非常不服，咕嚷了半天。

沒有多時，忽然許多人擁到辦公室門口，聲勢洶湧，要打老張，說他害人不淺，銅元是他的。

科長知道不對，趕緊叫他們散開了，另外喚了一二個到科長室裏來。

有個勤務兵告訴科長，放銅元的匣子是×先生不要了的，叫他拋去，可是老張又向他要了去。

接電話的勤務兵也說，他時常去打電話，講的話很奇怪。

「你們敢做證人麼？」科長問。

「這於我們的飯碗有關，一定可以。」

後來，×祕書又告訴科長，有一個勤務兵講，每天晚上，在整理房間的時候，老張常來開他書桌上的抽屜，翻出未收藏好的文件來看。

科長得到這些報告，叫大家不要聲張，令勤務兵將老張暗暗地監視起來，因爲老張還在裝作無事的樣子工作着呢！

後來因爲沒有我的事，回家的時候也到了，以後怎樣，我不知道。

今天，有人談起這事，據說科長報告了上司後，老張被戒嚴司令部解去了。

我報告大家這段事實，希望大家能隨時留意，不要讓漢奸得到機會來幹他們出賣良心的工作。(258)

◆　◆　◆　◆

祕密的揭發

黄　虎（十七·商）

一條僻靜的××路，在沿路的一所老式房子的門口，釘着一塊磁牌叫××貿易公司，進出的人很雜，有中國人，有東洋人，尤其是一輛卡車時常停在門口，引起我很大的注意力。這條路是我必經之路，我常常疑心這是喪心病狂的奸商的機關。

約在早晨七八點鐘辰光，一輛卡車疾馳過來停在門口，車上一包包的東西堆得很多，跳下來五六個人，其中有二個是戴着近視眼鏡，鼻脣之間留了一撮小鬍子，身材是那樣的矮小，一望而知的是東洋人，二個指手劃脚地吩咐幾個苦力把車上的東西都搬到那房子的天井裏安放着，我發見車上的東西就是不喜吃苦的人愛吃的東洋糖。一會兒車上的仇貨都搬空，兩個東洋人跳上車子，幾個苦力也跳上車子——車子「嗚!」「嗚!」的去遠了。

我明白了這是一個奸商行家，他所買的都是道地的仇貨，如白糖啊、蝦米鹹魚啊、人造絲啊、等等，把這些東西賣給一般貪便宜的無知的同胞，給東洋人製造槍砲來屠殺我們，製造炸彈來轟炸我們。

但是事情決沒有那樣簡單。

報紙上天天載有奸商擾亂金融收買舊銅元賣給東洋人的消息，或市上銅元一天天少下去，或將絕跡的新聞，使得我對那一間行家加上一重懷疑。

傍晚事畢，照例經過這一條路，卡車又停在門口，但這次不同了，車上東西一些也沒有，兩個東洋人鬼鬼祟祟對三個苦力不知講些什麼，於是一齊擁到那房子的天井中，三個苦力開始搬運了，把天井裏堆着的如肥皂箱一樣大小的木箱一箱一箱的搬上車子，看他搬的時候好像非常沉重而吃力。我趁着只有一個苦力站在外面的時候，問了一句：

「喂!這箱子裏裝些什麼?」

「唔!你問我嗎」他向四週望了一望，額上的汗蒸溜似的流下來。

「乖乖，箱子雖小，這樣重，眞有些吃不消!」他操着江北口音。

「那末究竟是什麼呢?」我急切地問。

「我搬的時候也不知裏面是什麼東西，但搬動時聽出清脆的銅板聲，你快跑開些，他們來了不方便。」我點點頭跑到那斜對過的小弄口站着。

幾個人跑出來了，車子上已載滿了，他們跳上車子又「嗚嗚」的向東開去。

我呆呆地站着，細細的想着。

原來是販賣仇貨又替東洋人收集銅元的機關。東洋人沒有那樣笨，豈肯拿出現金來收買銅元。他把他們的國貨儲量的傾銷到上海賣給中國的奸商，於是化些小費，叫一班沒有知識的人到各處烟兌店去兌換銅元，於是一箱箱的裝到他本國，只消兵工廠裏的機器轉動幾下，一顆顆的子彈便製造出來了，每個不願做亡國奴的同胞，都有被轟斃的可能。歸根結蒂，都是買仇貨所造成的結果。所以只要大家不買仇貨最兇。（306）

漢奸種種

王萊宮（十九：失業）

一

「起來！不願做奴隸的人們，把我們的血肉，築成我們新的長城！……」正在默唸着這隻悲壯的歌，一陣風似的傳來了一陣喊聲：「打！打！打煞他！」我這時恰在門口，一時雜亂的聲音，轟然地鑽進了我的耳朵，便跨開大步跑出大門。一個約有二丈周圍的人圈子，中間時落時起的舞着長棍，還有陣陣的笑聲。長子看戲，短子吃屁，我豎起足尖望着，但立刻又被人擠開了。旋着一個圈子，無縫可進，祇見人們的呼聲，掌聲，笑聲，哄做一團，棍起手落，把一個傢伙打得鮮血淋淋，這時我用再接再厲，百折不撓的精神，擠進了這人圈子裏，也呼了一聲「打煞他」的口號，但對方早已被人打絕氣了。可是看了半天，還不知道被打死的人作了什麼工作，於是我問左旁的人道：「他究竟做了甚麼事體？」那人瞪着很大的眼珠，用宏亮的嗓子回答道：「他在那裏放毒藥，被別人看見了，所以打他。」我似乎還不大明瞭，又問了一句：「他在那裏放毒藥粉？」他仍厲聲說：「在前面的茶缸裏。」「該死該死！」我拍拍衣裳進了大門。

二

悶熱的秋天簡直跟夏天沒有兩樣，呼呼的電扇在頭頂上轉個不停。桌上放着墨水，鋼筆，洋抄本等。我正在辦事。有人對我說：「啊唷！門口的人軋得不得了。」他說話有點氣喘的樣子，我向他問明了原由，便飛也似的跑出了辦事室。我又問一位在門口的小童子軍，他答：「漢奸運米給敵軍的車子被人圍住不能駛行。」我跨出大門，看見一輛卡車堆着很高的麻袋，我想這袋裏裝的都是米吧！我想擠進人叢裏，但總不成功，人衆越發來得擁擠了。人們的喊聲與前不同了，掌聲和歡呼聲完全沒有了，祇聽得：「不要讓他駛去，把米搬下來！」的喊聲。這輛卡車如落在泥坑裏一般，動也不能動。車內有一個西人和一個日人，但都已逃之夭夭，祇有幾個扛夫和一個車夫在車上。正在千鈞一髮之間，忽然駛來了二輛紅色的和一輛黑色的警車，吐出許多巡捕，把此圍解了一小半，西捕們便到米車旁邊監視，但不久又被羣衆圍了起來，結果向天開了二槍，人衆的騷動和喊聲織成了一種緊張的局面，西捕無法，祇好突圍而出，車上的米被人搶光了，扛夫們也跑了，祇剩一個車夫還在車內。這時恰巧來了一輛插着紅十字旗號的車子，內有好幾個童子車。他們下車維持秩序問明情由就把米和車押駛而去人衆也就緩緩的散去了。

變

穆殺

「沒有辦法，老兄，你看一家子生活完全靠爾霞一人（註一）怎麽够，我也曉得將來不得了，然而爲了……」

這是K君每從浦東回家來碰見一班老朋友時的說話。

K君住在T路T里裏已有二十多年了，因此這T里裏的二百多戶人家中有三分之一都是K君的同鄉，都曉得K君這個人。

在二十多年前，K君是滬西區一個日商紡織株式會社所屬的一M廠做着一名小工；因爲工作的勤勞和他「嘴碼子」的來得，漸漸由小工而升到「加油」「修車」「打印子」最後升到「拿摩溫」——工人的最高位置。

拿摩溫，這是多麽顯赫的名辭！全體工人的命運都操在他的手裏！拿摩溫一句話可以打碎任何工人的飯碗。因此誰不慕羨他，懾服他？

大約是民國十三年吧，株式會社領了許多屬廠的拿摩溫到日本大阪工業區去參觀「東洋法子」的紡織——K君也是其中的一個，在大阪住了六個月，又回到上海的廠裏來。他並沒有學會一些東洋話。不久K君就被升到「黑簿子的拿摩溫」了（註二）這意外的升遷當然使K君更加興奮。

民國十四年顧正洪慘案發生後，引起了上海全體紡織工人的怒吼，那時工人才正式開始組織工會，K君爲着地位上和職責上的關係（顧正洪是他手下一個工人）的確在各方面奔走了許多幫忙不少。

民國十六七年，是上海工運的「黃金時代」，各工廠的工人，都組織了工會，好像雨後春筍一般的蓬勃。那時K君担任多方面的紡織工人的代表，大大地活動起來，並且真正能够顧到工人的福利，活動很有成績。因此他的名氣很好，所有紗廠工人，尤其是在滬西一帶差不多都知道他。

十八年清黨開始，他也被抓到警備司令部裏去，司令部裏認爲他參加CP工作，楊老虎（嘯天）決定砍他的頭，在臨刑的一小時前，由某有力者出而緩頰，才被釋放出來。

之後，他一個「筋斗」一翻，做着反CP的工作了。因爲他是CP的過來人，建立了不少功勞，上司誇獎他能幹，替他在反CP的部門裏正式補上了一個名字，他坐在家裏每月領乾薪吃俸祿。

民國二十四年的冬季，他因着刑事的暗殺案子被捕，初審判決徒刑十年，後因上訴重審宣告無罪。釋出後失業了。之後一直潦倒着。

「八一三」事起，他百般鑽營，謀到了一個別動隊的小隊長的職任，上峰發給他活動費，由他募集別動隊的隊員。每天每人發給兩毛錢的生活費。那時經他募集而加入的有工人，小販，失業者，流氓等雜色份子。他們——這些加入者那裏知道別動隊的意義和使命，祇曉得每天領兩毛錢。

那時他很神氣，撑着別動隊的招牌，開口就說：「我們別動隊的工作非常重大。消極地在後方刺探敵人軍情，調查漢奸活動，尤其是漢奸，一經調查證據確實，我們就用實際有効的手段來對付；積極地在前線和敵人開火，也做敢死隊的工作，還有……」

當大場失守，國軍被迫西移時，他的隊伍正駐紮在浦東，——那時恐怕他們正忙着「撈橫堂」的工作吧，不知爲着什麽，他們隊伍並沒有同時跟國軍西撤。他們看浦東的「苗頭不對」，所謂識時務者爲俊傑吧，這些俊傑們都作鳥獸散，統統化裝逃到租界上來，仍舊做着他們的老百姓，K君也是其中之一。

之後，浦東方面有所謂「大道市政府」的傀儡戲的開演，一向做流氓的胡正古在「公安局」的偵緝總隊做了總隊長。K君失業賦閒，見浦東方面有機可乘，就像沒頭蒼蠅似的亂鑽，結果由胡正古的友人介紹，正式榮任了偵緝隊的隊員之職，多麽威風，薪水是卅元，「撈外快」看顏色，沒有一定。

聽說他做了偵緝隊員之後，很做了些反游擊隊的工作，這也可說算是他的駕輕就熟吧！

現在他每隔一個多星期，就從浦東回家來一次，看見老朋友時，臉部的表情還是那樣，和從前沒有什麽分別。

T里裏有些人間或問K君的第二兒子（十二歲）說：「你的爸爸現在做什麽事？」他總是這樣說：「我的爸爸在浦東，當東洋包打聽。東洋人說我的爸爸不識字，不是的話，東洋人還要把更大的事情給我的爸爸做呢！」（252）

（註一）蘭霞今年十七歲，是K君的長女，在滬西某煙廠錫包間裏做女工，每月約有十餘元的工錢。

（註二）這是工人的一種術語，就是沒有簿子，好像一個職員樣子，進出廠門不要驗看簿子，停工工資照給。（現在已沒有這種制度。）

耶穌自有道理

錫城

我向來在某印刷公司，担任彫刻技術員的。「八一三」之後，公司一部份遷至內地，一部份是被解散了。我們彫刻製版的一部，因爲暫時不需要彫製新的樣版，便也被遺棄在「孤島」上了。我們正需要團結抗戰的時候，不幸因爲幼稚的工業遭受很大的打擘，以致勞資雙方發生不得已的磨擦，誠屬遺憾。但是據我想：如果雙方能以有利於國家爲前題，大家開誠相見，互信互愛，凡事都退讓一步。資本家不要因爲受到戰事影響；損失重大、將算盤打得精緊，把這一篇賬要在工人身上清算。於是不管工人死活，毅然解散。更不問這些熟手的工作人員，丟棄了他們之後，會不會被敵人漢奸拿去利用，祇顧自己能維持奢侈的生活就算了。工人方面，也應當想到廠方所受的損失確甚重大，儘可能多事生產，少取酬報，使廠方能減輕負担、用餘力來維持全體工友，維持並發展本身業務。總之，大家能和衷共濟，一定可以克服一切困難的。我爲什麼要提起這些話呢，因爲這正是我一年來所經歷的印象，是時常在我腦筋裏思想的問題。

記得很清楚，是五月二十七這天，正在家裏用飯，忽然有一位許久不見的朋友，跑來看我。祇有這一間斗室，只得請他在床上坐了。略一周旋後，自己仍舊坐下吃飯。他看見我們妻子兒女和逃難來的親戚，共七個人，圍坐一桌。再看看桌上，祇有兩樣素菜下飯，於是笑問：爲什麼這樣儉省？我就反問他：不應當儉省麼？我知道他也是「八一三」以後失業的。吃過飯後，他邀我到外面去逛逛。我一年來，一向沒有踏進過遊戲場，就婉詞拒絕。他說並非請我去遊遊戲場，因爲有生意經，同我商量。我聽見有生意可做，當然是久旱逢甘霖。請求他就在家裏茗談得了。我吩咐家人，泡好一壺茶後，都出去，屋裏剩下我們二人的時候，我就問他生意是誰家公司接下的？在上海做呢，還是到內地去做？他說：這筆生意，大約是輔幣流通券，共有幾千萬萬。在先要請我估計一下，刻製六種底版，需要多少日子？按包工制，需工價幾何？我聽他這話呆住了。何以呢？因爲自從我國施行法幣政策以來，非政府特許的銀行，不能發行鈔票，即使有印鈔公司，接到三大銀行的生意。但既說這樣大的生意，要用包工制，怎樣能嚴密管理呢？於是我便把這層意思問他。他說：這是恐怕人多了，要鬧風潮。所以各部全採包工制。他遲疑了一歇之後，邊笑邊說：總之，別的事情與你一點沒有關係，你祇要估計刻製成這些底版，需要多少工價？除了工作上你須負責外，其餘就什麼責任都沒有了。我說：不是這樣講，倘若是政府立案註冊的大公司，聘請我去負彫刻部的職務，那當然是除工作以外，用不到多問。現在既說是包工，就不得不問個清白了。他哈哈大笑說：你不是疑心我請你去做假票吧？老實對你說了罷，這還是政府自己辦的呢。祇恐怕範圍太大，不易統屬，所以纔用這法子的。他忽然把聲調放得很低說：祇不過是××政府的。但是我敢保險，於你毫無關礙。我聽完了，不覺得冷了半截，失望之極。一時無話可說，祇搖了搖頭。他見我如此，又向我解釋說：你不要以爲我是在做漢奸，我說給理由你聽，你就明白了。我有一位親戚，年紀已經很老了。他從前在政界裏也很有聲譽。他的家是在南京，國都淪陷時，他寓在上海，後來有許多人請他出去維持桑梓。起先他百般不肯，日子久了，戰事也漸漸遠了。大約他是繫念他的家鄉，並且給四週的人纏繞不休，他終於到南京去了。我也曾勸過他多次不可去。他說：「我並非要去做官，祇不過去維持地方。倘若我不去，當然有別人去。萬一去的人，沒有爲地方父老求生活安定的誠意，反去剝削壓迫，豈非我個人要求清白，反害了故鄉父老了麼？」我這朋友說到此地，神采飛揚，我看他好像很佩服這幾句話似的，不禁又向他搖了搖頭。他又接下去說道：前幾天這親戚來喊我去，告訴我：「上級議決了要印鈔票，勢在必行。」並告訴我已擬就用包工制，將各部分開。所以我第一個跑來先跟你商量，我想你也用不着拒絕。我不禁疑慮地問他：這不仍舊是幫助敵人，替他做事麼？他又笑起來了，說：你怎麼這樣不明白呀！不錯，表面上好像是替他做事，其實這是挽回利權。我聽了他這話，更弄得莫明其妙，問他是何道理？他說：你想，做這種工作的人，雖說很少，但決不能說除你之外便沒有人了。倘使你不去，換一個別的同胞去，那還不至於將這筆印費送到外國去。若是竟眞沒有人，難道他們就肯不印了嗎？況且印刷這門，某國人確是比我們研究得好，當然要去請教他們，豈非又多送這一筆錢給他們賺麼？何況我們現在被資本家棄在「孤島」，倘再幾個月失業下去，生活如何維持？不全家自殺，就得去投進收容所，那時豈非又替國家社會多添一份負擔麼？你不用疑慮，估計一下需要多少人？要用什麼材料？幾個月完工？大約要多少款子？請你詳詳細細寫一篇賬。我明後天再來看你。說完了，他站起就走，我一時也無話可答。送了他出去。回來坐定後，萬感交集，想到剛去的這位朋友。他比我年輕，爲何甘心去替敵人做事。既做了，自己還以爲挽回利權，不承認是漢奸。眞是耶穌自有道理。我知道他的話完全是由衷之言，並無虛飾。所以他的心是可以原諒的。但是他客觀的行爲，決不可恕。叫誰負這個責任呢？總之，我們平時太沒有組織，大家認識不足，意志不堅，都存了你不做，自有他人做的思想，再加以生活的煎迫，於是起先祇不過被人勸誘，到後來就互相奔走，醜態百出了。所以現在自省運動實爲迫不容緩。使人人都抱定不替敵人出一分力，做一件事的決心，處處拿定這宗旨反省每天所做的事。使一切力量，都貢獻於國家。

（874）

漢奸的命運

丁然

「窗外人聲很是擾雜，在捉强盜嗎？出了什麼亂子嗎？」我坐在寫字檯旁的圓凳上這樣底問。

「二弟，我只看見許多人，圍住了一個年約三十歲的男子，並有人在他身畔搜查，快來看呀！」姊姊一面望着窗外，一面如此的回答我。我聽了即爲好奇心所驅使，走近窗邊，向外看個明白。姊姊立在窗的右邊，待我走到她身旁時，她那白嫩細膩的手向着窗外指着，我的目光隨着她指示的地方望去，望見有的人帶着太陽眼鏡，有的人帶着白色的硬帆布帽子，長的短的，男的女的，肥的瘦的，都混雜其間，圍成一圓圈形，總數不下二百餘人。人叢中間立着一個面容憔悴的男子，看他形色很是慌張，兩脚有些顫抖，兩手向上伸着，旁邊有幾個人在他身上東摸西摸的搜查。

「你住在那裏的？」一個帶草帽的搜查者問。

「我……住……」

「快說！」

「我是個……做生意人，現在失業……沒有……」話沒完，一個帶着太陽眼鏡的搜查者忽然在他的襪底下搜到一包東西，於是站了起來目光炯炯地望着他。

「這是什麼東西那裏得來的？」

「這……這個……我朋友……送給我的。」

「他給你有什麼用意？」大家的目光都嚴厲的注視着他，而這漢奸似的傢伙好似遇着了一個霹靂，全體都震悚起來，終於一句話也說不出來。兩隻脚更加抖得厲害，快要倒下去了。

「這個定是漢奸」另一搜查者說，其他觀衆也議論紛紛，認爲此人定是漢奸。

「好！漢奸！大家快打啊！」一個工人模樣的人用勁的說，並咬緊牙齒，目光如炬，雙手緊緊地握着拳頭。一呼百應，其他的人也都響應起來了，於是這漢奸終於在這個時候奄奄一息，口中吐着鮮紅的血。動武者見闖此大禍，即將一包藥粉仍放在他的衣袋中走了。待巡捕到來，動武者早已遠揚，旁觀者亦已他去了。巡捕即將此人雇車送往醫院，一面通知捕房，地上只留着面盆那麼大的一攤鮮血。漢奸不止這一個，當然還有許許多多，其中有的是落網了，有的沒有。然而他們逃過了一個重大的難關就可以享着日本人給他們的福嗎？不知道他們能否想到以前冀察自治委員會的會長殷逆汝耕，他以前很替日本人出力，起初很受日本人的擁戴，但是後來呢，日本人用不到他的時候，認他是件廢物了。所以做漢奸的不是死在中國人手裏，就得死在日本人手裏。我於是想起了故鄉的僞縣長了，他是一個年近古稀的老頭兒，當他未就職之先，有人曾經幾次勸告他：

「你已有這麼大年紀，再做這種遺臭萬年的漢奸事情，似乎大不合算吧？何況你在社會上是很有聲譽的」

「沒有什麼道理，我橫豎年紀老了，人家會罵我『老』的啊！」

「你做了漢奸，你的子孫要被人家稱爲小漢奸了！」

「只要他們自己不做也沒有多大關係的。」

「現在四鄉游擊隊很多，你去做了恐怕是很危險的吧？」

「游擊隊多，只要殺掉他幾個就會平靜無事的，人家有三不怕，而我却是四不怕！」他於是在不久以前就職了。

反正後的石友三對人說：「沒有做過漢奸的人，不知道做漢奸的味道，做過漢奸的人，忘八蛋再要做他媽的！」國人應牢牢記住！

準漢奸的滋味

必　青（十八・學生）

今天早晨父親突然起得特別早，聽母親說他有件要緊事情要幹，我心中很疑慮，因爲這幾天他東和那個鴉片鬼在一起商議同日本人合作在虹口開店的事，在他還未出門的時候，我很想再問個清楚。過去我曾同父親談起，住在上海的商人們是最危險的，一方面要撈進大量的錢，另一方面又想爬上政治舞台做個貴人出出風頭，但是這些究竟是自私，失去了人格尊嚴的舉動。爸爸聽了很明白，很了解的，但是（每一次他在最後也要加上一個但是，）說我們做學生的只會向爸爸要錢，豈會想到錢是何等的難賺？說說漂亮話誰不會呢？現在你們不會了解這些，等你們自已經濟獨立以後，看你們用什麼好方法來賺大量的金錢。說完後他總是不和我多爭論，走了，我雖然也想加個「但是」可是已來不及了。今天他又很壞，含糊地回答了一句，很快地就走了。

他去了之後，我心中悶悶不樂，問問母親，又是那麼陰陽怪氣，整天使我不開胃。吃午飯的時候到了，看樣子爸爸是不會回來吃飯了，大家的肚子都餓得怪利害。整個下午都做不了事，母親很着急，但是又不敢同我談。到了吃晚飯時，爸爸還是不見回來，我老實不客氣地先吃光了飯。到十點鐘的時候，鴉片鬼的家裏差人來問我們：這兒有沒有他們的老爺？這使我們更着急了，大家紛紛議論着，我就狠狠的發了一頓大牢騷。到了十時半，爸爸才匆匆地回來，看他的臉色是笑迷迷的，大家才放了心。用不着我們問他，他已經開始敘述一天裏的事了。

早晨，他先到了陳家，看見裏面放了許多古董啦，瓷器啦，眞虎皮地毯啦，掛畫啦……，買得很周到，這些東西都是預備送給日本朋友的。九點鐘時，來了一個日本人，陪他們穿過了白渡橋，到了虹口，走進一間屋子裏，裏面擠滿了人，都抱着同一的目的，領取通行證。

他們進去之後，那個日本人就叫他們去打防疫針，說是這裏的規則，父親就胡亂地讓他們打了，於是那個日本朋友就離開了他們，說等一會兒來陪他們的。他們就挨着隊伍立着。屋子裏只有一隻椅子，旁邊立着一個日本「法官」和一個中國翻譯，還有三四個武裝兵士幫助審問，嚇，眞像審判犯人一般，有一次有一個人很小心的上去，那法官總是先問：

「打過防疫針沒有？」

「打過了，三針都打過了。」那人得意地說。中國翻譯吃了一驚，依樣翻成日文，那個日本法官點點頭，於是再問：

「在這兒打的嗎？」

「不在××醫院打的。」講的人還很得意。這次法官可繃緊眉頭，於是一個日本兵跑上來惡狠狠的送他兩個巴掌。中國翻譯就說：

「你怎麼不識規矩，所有領通行證的人，無論已打未打，都應該在這兒打。」

那個人垂頭喪氣地走開了，向着打針處走。

漸漸地，輪到他們鴉片鬼很小心地走了上去。照例的：

「打過針沒有？」「打過了。」「在這兒打的嗎？」「是。」一切都很順利。

「你要領通行證做什麼？」

「來虹口做飯店生意的。」

「誰是老闆？」

「是我自己開的。」

這時在那很瘦的臉上也飛來了兩個巴掌，打得他莫名其妙，還是翻譯喝道：

「完！」

他才曉得原來自己說錯了話，不應該說是自己開的，應該說是日本人開的，我是在他下手做夥計。眞是冤枉，他只得淚汪汪地退到屋角裏，父親原先也想去領一張，可是一看勢頭不對，就偷偷地挨着時間過去，一心希望日本朋友快些來陪。不來呢，那末一輩子也不能脫離虹口了。果然自中午起一直等到吃晚飯還未來，爸爸心裏急得利害，眼見別人都一一地跑了，最後連「法官」翻譯等都走了，只有兩個兵丁對他們射着疑惑的兇狠的目光，一直等到九點多鐘，那個朋友才來。兩個人好像升天似的走過白渡橋，鴉片鬼一到家裏就哭了起來。爸爸坐了一會也就辭了出來。

× × × ×

爸爸說到這裏，母親連忙慶幸着爸爸沒有吃什麼眼前虧，我一面感覺得氣憤，一面得意地問爸爸下次還敢和日本人合作嗎？爸爸的自尊心很大，聽我說了這句話，他臉上很不快活。但是我眞覺得有氣無處出，中國人在日本人的淫威下爲什麼那樣沒有志氣？嚐過了滋味的應該覺悟，未嚐過的也應該看看別人的榜樣！在這種情勢之下，不是完全屈服做奴隸就得反抗，絕對不能「共存共榮」的。我希望中國的商人們能少賺一些錢，多做些救國的工作！（781）

目覩殺奸記

明輝

六月二十九日上午七時十五分，由法國公園歸來，至廈門路口英商自來火公司門首目覩一幕槍殺漢奸的壯舉，曾經記爲日記。華美週報爲出版「上海一日」徵稿，取錄標準惟重事實文字美惡不論，爰敢不揣冒昧從日記册中抄出應徵，以供國人閱讀之一快！

作者附識

六月廿九日（晴）

「快些走呀時間不早了！」

剛剛行罷牀上運動，却聽得老熊在樓下連聲高嚷。趕忙下牀着上衣服，繫好鞋子，跨出房門時，摸摸褲袋裏的派司，噫！噫！怎麼不翼而飛！回身四處找尋，越急越無下落，而老熊偏催得急，眞使人有些慌亂；正急燥間，猛然記起，派司是給老汪昨晚借去，不由得懷着一腔憤氣，把老汪從夢中叫醒，索得派司，匆匆下樓盥洗，出門時已經五點四十分鐘了。

今天的確比平日晏些，馬路上的景象看起來有些不同：已不見穿紅背心的清道夫掃街；懶洋洋的守夜巡捕也歸班去了；躺在巍巍建築物牆根下袒胸裸足的無歸宿的人們，已散去大半；滿面浮塵踯躅在街頭的流浪者，却比平日所見的多。

但是仍不算晏，始終沒有看見飄搖過市的紅綠摩登男女，否則廣廈連雲的百貨公司，樂聲喧鬧的歌場舞榭在「都市的早晨」決不會顯得如斯死氣沉沉，索然單調吧。

倒是一般熙來攘往的勞動人們，忙個有趣！

今天不用等公園門已經開了，裏面的人還是稀稀疏疏。晨風中送來悠悠的鐘聲，野鹿的長嘯，薄雲從四處匍匐而來，太陽光剛爬上遠處的屋頂，一抹林梢浮上一層金色，一陣風過，枝頭露珠如驟雨般飛降而下，露珠含沙，避之不及，老熊的一身潔白新裝已染上斑斑黃迹，懊惱不止。

恬靜沉寂的空氣中，外面傳來斷續的汽車叫吼聲，使人在怡然忘機的樂趣裏，頓然悟到如此情景只是都市的一角；不旋踵間仍須回到緊張煩瑣的生活中去。

在公園中兜了兩個圈子，休憩片刻，看看表，已是七點一刻了，回來還得趕路；平日的一套例行功課，今天只好暫缺，老熊很同意，在遊人紛紛擁進中，我們出了公園門，踏上歸途。

此時路上的行人，閒散者少，都帶些匆忙的形色，這正是各人開始工作的時候了。

「我想早晨趕忙的人，多半都是有正當職業的。」

「或者可以說多半是有事的人，至於職業的是否正當，誰也沒有去調查過，怎可斷言？何況在這「孤島」上，新興的職業正多着呢?」

「因爲多數含有罪惡性的事情，總是不見陽光的呀!」

「不!不!那是狹義的說法，光天化日之下，何嘗沒有人明目張胆地幹着罪惡的勾當!」

「唔!唔!好在現在的公理、正義，已經化整爲『零』了，各人有各人的邏輯，甲說乙所幹的是罪惡的勾當，乙則認爲事屬天經地義，正可引爲榮耀，說甲不識時務。你不見一般……………」

嘭!………

忽然間一聲爆炸的響聲，好像就在身邊，但是一條冷落的西藏路，行人寥寥，並無什麼騷動，一時尋不出響聲的來處。

「什麼?」我問。

「總不是黃包車壞了車胎。」老態不經意的回答。

嘭!………

連續一響。理智告訴我，決無如此多的黃包車壞了車胎，而且聲音清脆，心中領會到一定是何處開槍。順眼看去，見一輛黑漆鋼絲簇新的包車由橋南向北直衝而下，上乘一個身軀魁梧的壯年男子，身穿淺灰色西裝，頭戴硬邊草帽，鼻架咖啡色太陽眼鏡，着黃皮鞋，至廈門路口自來火公司門首往下直衝的車身還未盡其餘勢，車夫隨着槍聲撲倒在地，身軀俯臥，形如死蛙，兩手撫在車柄的橫檔上，腦漿迸流，血流如注，此時乘車的男子，見狀忙從車上躍下，形色慌亂，舉步間沒有定向，左右前後不知何處是逃生之路，正在他躊躇失措的一刹那，路邊閃出一個青年，個子單瘦矮小，穿一身深灰色長衫，着皮底布鞋，剃平頂頭，看上去好像南貨店裏的站櫃先生，並不如我們理想中的刺客一般雄偉，態度鎭靜，毫無緊張的神色，但是雙目炯炯有光，異常銳利，手持小型盒子砲，照準拔步欲逃的西裝男子猛擊，舉手間「劈」一聲，一顆子彈在我臂邊飄過，慌忙躲開，貼牆站着，西裝男子見已倖免，轉回脚跟，躍步去奪對方的手槍。青年刺客兩足分立前後，略略下蹲，右手持槍平舉，只顧瞄準站住未動，等他跑不到三步，「劈」一聲，發出一彈，西裝男子身搖了一搖，大概未擊中要害，身軀還很靈活，向刺客猛撲而來，形如餓虎，兩人距離四尺許，如捉迷藏一般相持約有十餘秒鐘的光景，結果扭做一團，互相角鬥。青年刺客漸漸力不能支，兩腿被西裝男子抱牢，持槍的右手手腕也被扼住，手槍有被奪去的危險，在這兩人生死關頭，爭取「最後勝利」的時候，不料半路裏殺出一個「李逵」來，此人身穿深藍色長衫，面孔黝黑，矮冬冬，不肥不瘦，先已伏在牆側預候，當此千鈞一髮之際，突然挺身而出，輕步躍至西裝男子背後，袖出手槍連射二彈，擊中頭部，霎刻間一個身材魁梧，兇猛異常的壯年男子，漸漸脚手鬆懈，如冰山之溶化，乃至五體投地，作畢生最後之懺悔。

兩刺客見目的已達，袋入手槍，相偕瀏進廈門路，投入人叢中飄然而去；等到巡捕趕來，鳴警追捕，早已杳如黃鶴，不知去向了。

此時路上行人，如蜂擁一般圍觀議論，我們已是一身冷汗，在極快的回憶中，方才感覺得有些駭怕，身邊一個拖着空車子的車夫，隨口說道：

「乖乖！車子眞不好拉！」

在歸途中，此語餘音還縈繞於我的腦際，思波起伏，生出無窮感慨。

打

晋毅

「冒着敵人的砲火，前進！前進！……」

朦朧中，被一陣雄壯激昂的吼聲驚醒！很快的爬起來，好像背後有誰在對我責罵：

「沒出息的東西，這時候還偷懶睡早覺嗎？好不長進的奴才坯！」兩頰感到火辣辣的。

「他殺死我們同胞，他強佔我們土地！………」接着又是一陣響亮的歌聲，從隔壁晒台上幾個小學生嘴裏唱出。

隨着情感的衝動，臉也不去洗，牙齒也不刷，便跟了晒台上的幾個孩子吼了起來：

「他殺死我們同胞……」還沒唱完，就聽見一陣清脆的掌聲，夾着幾種不同的冷笑聲，從晒台上傳來，直刺進我的耳朵裏來，像說：「你這懶惰的傢伙！到這時候才起，人家老早就在練習了，要你這樣沒頭沒腦的半當中凑上一句，眞是好不知羞恥也！」我像被一個野蠻的暴徒，恨恨地打了一下！立刻抱着頭，拚命地向樓下飛跑，什麼也不顧！

匆匆地洗了臉，又刷了牙齒，拿了件外衣，縐得像胡桃殼似的穿也等不及，就跨出了大門，直奔到街口外的一家燒餅店門口，才得慢慢地鬆了一口氣。

「喂，這一根油條是我的；你怎麼拿了去呢？」一個瘦子，向一個像肥豬般的男子論理。

「哼！你的！」那男子的眼睛，翻了一翻，惡恨恨的拿了就走，而那個瘦子，也祇好忍着氣目送他——那肥豬似的男子，走進街堂裏去！

「咦！怎麼肚子有點餓呢？」這纔想起來，我還沒吃早飯，兩隻手同時向褲袋裏去摸……

「呀，沒有！」記得昨天晚上，吃黃麵的時候，不是還多着二分錢的嗎？怎麼現在會沒有呢？喔！不錯！想起來了，那二分錢不是被一個餓得三天沒吃的老太婆要去了嗎？眞胡塗！

回家去吃點吧，不高興！況且家裏那兩塊黃燒餅，已被耗子拖到什麼地方，連影子都不見了。還是到老張那裏去混一頓，褲帶東堅些放點神氣出來！別裝得這餓死鬼的樣子。」走嘴裏哼起了無名的進行曲，兩隻脚按着輕快的節拍，向前進！

「打呀，別放他逃走！打死這不顧廉恥的東西，喂！前面的人，捉住他！……別放他逃去！……」

回過頭向後一看，阿呀！一個，十個，二十個，……一百個人，像潮湧似的直向我追來！不得了，來打我嗎？問心並沒有做不顧廉恥的事，更不會得罪了什麼人，不要看錯了人呢。一想，快點躲避他們，不白地吃頓「生活，」輕點還不打緊，有理慢慢講，萬一重點，要是抽不過氣來，那到不是玩的。正在想出神，不提防那個所謂不顧廉恥的東西，已被一個身材魁梧的彪形大漢，賽過老鷹捉小雞般的，一把揪住了背後的領口，接着「拍！拍！」兩個響而脆的耳光。這時候，一條廣闊的柏油路，已被看打的擠得水洩不通，而我也把胸中一塊大石放下，嚇得一身冷汗，原來不是打我！否則「啞子吃黃連，有口難分辯」呢！

「非打死你不行！」「拍！」又是一個耳光。「年紀輕輕，什麼事不好做，偏要做這傷失害理的漢奸呢？你幫着敵人殺害自家的同胞，擾亂後方的民心，你有天良嗎？你還是人生父母養的嗎？非打死你這沒血氣的害人精，免得再生後患！……」說後只聽見悶聲的拳頭，雨點般的鑿鑿鑿，打在那個不顧廉恥的漢奸身上，隱約地還聽見：「好爺爺！……放了我吧！……下次再也不敢啦！……」

「打死你！……免除後患！……好叫那班和你一樣的東西做個例子！……」在討饒和鼎沸的聲浪裏，夾着最高的：——「好，打得好！……打得好！……多打幾下！……」還是看打的嘴裏的吶喊。

五分鐘不到救命車來了，跟着還有一部香港車，敏捷地跳下了三五個很神氣的中國巡捕，和兩個雄糾糾的外國三道頭，手裏各拿了根打人不開眼的哭喪棒，直往人叢裏亂打，我也得了一下外快。眞也靈驗，一霎那就分開了一條很闊的路，幾個救護員，還用最平常的手段，把那打得半死不活的漢奸，抬上車了，「嗚！」的一聲，救命車已乘着煙霧似的灰沙，到醫院裏去！

當香港車開回巡捕房的時候；照例也帶了幾個據說是打漢奸的重要嫌疑份子，可是那個滿腔熱血繳惡除奸的眞打手，却不知跑到什麼地方去了！

一切平靜了，忽然「轟」的一聲！啊，是炸彈！蘇州河的北岸，頓時揚起了一團濃密的黑煙，接着「咯，咯，咯，」一陣稀疏的機槍聲，一架太陽牌的鐵鳥，向黃浦江方面飛去，每個人的嘴裏都在嚷着：「不要神氣，非打得你們片甲不留，才出我中國人的心頭火！」連那路旁賣炒米花的李三，也指手劃脚地罵道：

「咄！這樣偷偷藏藏算什麼神氣！」

「噹！噹！……」煙紙店裏的時鐘，報着十二點。是正午了，應當吃飯啦！許多人怱怱地，有的回家，有的到附近的小飯店裏去混，更有些人就在路旁的荒飯攤上，買些充饑！……哦！這時候我才想起，早晨到現在，一點東西而還沒下肚呢！老張已是不在家了，於是我怨恨了，我恨那不顧廉恥的漢奸，爲什麼要在這條路上現報呢！非但你害了別人，而且害得我誤了混吃的時間，恨不得食汝肉，飲汝血！

「還是回去吧？」心裏這樣想着，然而到家裏也是餓着肚子呀！不如去溜個半天，或者會把飢餓忘掉，却也是個好法子，於是任着兩隻疲乏的脚，自由地溜散。

……………

呀，五點鐘啦！天漸漸地黑了，應該回去了！連忙改換方向，打道回家！

剛跨進了猪欄似的三層亭子間，刺耳的消息，就直朝耳朵裏鑽，這是前樓無線電裏報告着：「今天正午十二時，有敵機三小隊，共九架，大舉轟炸南市，閘北各區，投彈約二三十枚，死傷人民約三五百人，其中以幼童居多！……」我，我好像中了敵人的亂箭似的，心頭在劇烈的痛，眼也花了！無力支持的身體，早已被飢餓逼得發軟！

「冒着敵人的炮火，前進！前進！」雄壯的吼聲，又從隔壁的曬台上傳了過來！

血從口裏鼻裏流出來

海舟

難民們一羣羣的坐在街頭店門口的階沿上，等候着送饅頭的慈善團的來到，馬路上的救護車，穿梭似地來去疾馳着。

我手裏提着二條鹹帶魚，打人羣中走回家來。突然湧起一陣嘈雜的聲音：「打！」「打漢奸！」待我回過頭去，一個穿香雲紗衫的青年漢子，掙脫了包圍，正在拚命的奔逃出來，同時，一羣男女打後面追來，在將到對過馬路時，那漢子像馬似的打了個「前失」，向前一交直撲下去，於是後面的人羣蜂擁地追上來，拳頭和脚毫不容情地打下去，那個漢子二手捧着腰部，不斷的呻吟着，鮮紅的血，打口裏鼻裏流出來，帶了血的口終於停止了呼吸，兩旁的旁觀者，懷着一顆恐怖和興奮的心，脚步往後退，頭部却拚命向前伸着。

最後，這一羣人帶了顆勝利的心向四面走開，向着這躺在血泊裏的漢子，投了一下斜視的眼光，在這斜視裏，包含着一切厭惡咒詛的意味。

之後，店門口、弄口、小販的攤上，都聚着一羣羣的人，在談論着這椿事情。

某飯店的門前

劍青

這是一個悶熱的傍晚離開暑期只有短短的一個星期了，我坐在辦事處趕辦學期結束的工作。在那樣悶熱的天氣做事情確是一樁苦事汗涔涔地從頭上流下，鼻孔感到窒息，頭腦也有些昏眼。突然門鈴響了，隨着進來一個綠衣人遞過一封信，一看原來是法捕房教務處所發的公函；我想：「這照例又是什麼麻煩的撈什子了。」但是看了不由得發了一怔，大意說「日領現在預備在法租界各學校中着手檢查……法捕房爲維護租界行政權計，自當設法反對，希各校注意。」這「檢查」的兩個字在我的眼前晃着，同事們看了這信也都有些愕然，接着憤怒和不安的空氣充滿了辦事室的四周。但是總想不出適當的辦法。不過在全國一致抗敵的陣線下，那任重致遠的教育界斷沒有妥協的理由。然而儘說着「反抗」「反抗」「反抗」對事實究有多大效力？這確實使我感到異常的不安和焦慮，因此就走出了辦事室，預備去訪那寓居在某某飯店的某君商討一種比較切實的辦法。

走在熱鬧的南京路，滿街擁擠得很，電車，汽車，黃包車等等，構成上海交通的心臟。日軍的武裝車在路上馳騁；兩旁的琉璃燈，照耀得燦爛輝煌，四處的樂聲洋溢於耳際，這確是一種昇平景象。遠遠地望去，某某飯店的大樓，雄壯地高矗着。我加緊了脚步，向前面邁進。忽然砰砰砰的槍聲響了起來，眞使我有些納罕，把脚步隨着也慢了下來。一會兒，前面的路上有些騷動，我慢吞吞地走向前去，在離開某飯店約摸一二百步地方，擠滿了巡捕救護車和行人。聽到一個聲音在說：「這裏槍殺了一個人！」我就恍然明白槍聲的來源。我想：「這一年裏暗殺事件，可算得家常便飯，今天又是愛國青年演了一齣拿手戲，明天倒可以少一個認賊作父的壞蛋了。」

一路上想着，就走到了某飯店的門口，恰巧某君也從外面看了熱鬧回來，就一同到他的房間裏。不等我開口，他第一句就說：「前面暗殺了一個人，巡捕聽了槍聲趕來，兇手已經不見了。死的是一個穿洋裝的青年。」這「洋裝青年」四個字使我的聽覺感到驚愕，就不暇思索地發問：「難道青年人也要做漢奸麼？」兩眼移注着某君，但是他的回答只是一個苦笑，這時候一個穿白衣的茶役拿了茶進來，嘴裏嘰咕地罵着：「東洋赤老眞可惡，昨天來搜查房間，搜捕了三個青年去，今天連他們的同伴也被暗殺了！唉，眞不像世界！」這茶役接着又說：「東洋人手段眞辣，聽說又組織了什麼叫『黃道會』派出成千的狗密佈在租界上。」——他一面說，雙手緊緊地握着，顯出憤恨的樣子。正在我腦子裏盤旋着關於被擊捐軀的青年的疑團，聽了這茶役的一番話，眞好比解釋「易理」一般地恍然大悟。

啊！上海呀淪亡了的上海，失了政府保衛的上海！你給我的究竟是些什麽？

反間計

楊　明

這幾天全上海的人們都注意着堅守四行倉庫的八百孤軍。大家對他們的生命都很擔憂，對他們的壯烈的精神都很感動而興奮。在蘇州河南岸的租界裏每日有成千的市民擁擠着瞻仰四行倉庫裏的孤軍。

今天早晨我和家聲一同到新閘路北西藏路一帶去走了一趟，這是我們昨天就約好了的。

我們到達新閘路附近北西藏路的時候，只見擠擠蹌蹌的觀衆們都面向蘇州河北岸觀望着。河的北岸有幾座高聳雲際的大廈，其中最惹人注意的便是那屋頂上高揭着青天白日旗的四行倉庫。我們不禁對倉庫內的壯士和國旗行着注目的敬禮。

我們擠在人叢中，耳邊不時傳來雜亂的片斷的談話聲。有的說：「八百壯士的精神眞可佩服！」有的說：「給東洋人看看，我們中國人都是不怕死的！」有的則說：「這樣硬幹下去，終是死路，目下倒不如退出來，將來報國的機會多着呢！……」

四行倉庫屋頂上的國旗隨風飄揚着，透過上面幾層的窗洞，可以隱約看到壯士們的動作。有時傳來幾聲疏遠的槍聲。

忽然，離我們不遠的地方起了一陣喧嘩聲。本來都注目在河對岸的觀衆一部份都向喧嘩處擠了過去。

「家聲拉着我的手對我說：「那邊什麽事，我們過去看看。」

「打漢奸！打漢奸！」有人在嚷着。

「不打東洋人，」有人在低語。

「漢奸眞可惡，時常到租界裏來搗亂，破壞！」家聲說。

我沒有說話，跟着家聲走近了打漢奸的地方。只見有五六個人拳足交加地在打着一個個子不高的穿西裝的青年。並有一個形似流氓手拿木棍的人指揮着打，旁邊還有幾個人在喊着「打死這害人的漢奸！」

幾個在旁瞧着的工人模樣的人，都握緊了拳頭，臉上露出憤激的神色，看樣子很想去打幾下。

那青年被他們打得不能回手，嘴裏雖似乎有訴申辯，但給他們打得沒有說話的機會。

不一刻，巡捕聞訊趕到，打漢奸的人早已四散了。被打的青年，則躺在地上奄奄一息，連話都不會說了。他的襯衫被撕破，有幾處還染着血。

少頃，救命車開到了，受傷的青年被抬進了車廂，很快地駛去了。一幕話劇就此告終。而我們亦就循道回家，在歸途上我對家聲說：

「我看那幾個發動打漢奸的人不像是好人。」

「怎見得？」

「樣子看得出。前幾天報紙上不是登載過好幾起這樣的新聞嗎？漢奸流氓他們常利用民情的激憤，反誣別人是漢奸，加以痛毆，以達到他們的目的，或便利其行事，這種事已屢見不鮮了！」

「那麼你說那西裝青年不是漢奸？」

「我不能斷定那西裝青年是不是漢奸，但我覺得那些發動打漢奸的總不像是好人！」

我們談着說着走到白克路的轉角處，就分手了。

傍晚，買了一張夜報來看，報上載着「新閘路一漢奸被毆斃」的新聞，這大概就是上面這回事。

第二天報上又有「日前公務員被誤認漢奸遭非命」的消息。後來在立報上又有一篇文章，指出被毆斃者乃是市政府公務員，且曾留學德國，是一個克苦耐勞的青年。（315）

又一霹靂

掃蕩

自從戰事暫時離開了上海後，這裏到處可以看見陰氣森森，鬼影幢幢，它們不分晝夜，橫行無忌。尤其令人痛心的，這裏還有一大夥的漢奸，他們利令智昏，喪心病狂，幫助這一大羣的魔鬼，搬演了許多傀儡戲劇，更創立了種種苛捐雜稅，橫徵暴斂，把全市的華人，壓榨得幾乎透不過氣來。所以整個的上海，已經由孤島而變成了一座悽慘、冷酷、毒辣的活地獄了。

已經記不得是那一天，自從陸伯鴻被刺後，所謂「上海市民協會」，就在無形中宣告流產。但是沒有經過多久，漢奸尤菊蓀、尙慕姜、姚慕蓮、周文瑞等又乘機活躍，把這個傀儡組織重復支持起來。

提起尤菊蓀，上海有很多的人認識他。他今年四十三歲，是一個無錫人。他的家就在公共租界白克路寶隆醫院附近逸民里一號。二年前，充任南京路外灘沙遜大樓安利洋行中一部份的買辦，後來因故停職，就在沙遜大廈二樓二百二十號內組織一個「尤菊記寫字間」，做些紗花等空頭賣買。過去他還一度開過「三星舞台」，家裏有一個妻子，此外還有好幾個小老婆。玩票、跳舞、逛窰子、玩女人，都是他的拿手傑作。爽直些說，他是一個十足的上海流氓。

「八一三」滬戰的時候，他的態度已經趨於灰色，當時引起了淞滬警備司令部的嚴重注意。後來華軍西移，他就出賣了他的靈魂，認賊作父，爲虎作倀，與魔鬼勾搭起來，丢却了廉恥，接任「上海市民協會」的「委員」，把「會址」設在外灘橫濱正金銀行樓上。他們以爲有了魔鬼撐腰，一切都獲得了安全的保障。現在，他想將他的漢奸身份扮演的更逼眞一些，所以每天他到「市民協會」或者尤菊記寫字間裏去「辦公」的時候，除了用第五三五三號租界照會的自備汽車代步之外，他還雇用了兩個俄籍保鏢，左右維護。現實已經昭示我們，倘使你是一個人，但是你整日的與魔鬼們接近，那末我們敢大胆堅定的說：死神已經爲你撞起喪鐘，你的死期已經離開現在不遠了。

在昨天上午十一時五十分的時候，尤「公畢」從沙遜大厦二樓「尤菊記寫字間」裏出來，踏上仁記路，他和他的兩個俄籍保鏢的身體先後鑽入了五三五三號自備汽車。剛想踏動車機開回家中去的一刹那，他意想不到路畔正預伏着三個中國英勇的愛國志士，正義之火已經燒紅了他們的每個心靈。他們看見尤菊蓀踏上汽車，認爲這是一個很好的機會，所以他們很快的從懷裏把所藏的手槍掏出來，勇敢地從車後衝上去，開槍向尤襲擊。那時一彈飛去，適由他的背部射入，從前面肩部竄出，鮮血像泉水般的湧出來。他急得面色慘白，倒在車裏，老是發抖。

兩個俄籍保鏢即從車上躍下，拔出手槍，開槍抵抗，一時槍聲大作，子彈橫飛，路上佈滿着恐怖，行人都四散奔避。雙方格鬥結果，保鏢一人當場擊斃，另一保鏢亦身負重創。更不幸的，有一志士竟被擊中要害，作了壯烈的犧牲。另一志士亦遭擊傷，光榮的熱血流遍了烏黑的柏油路。陽光照着兩個爲民族爭取自由解放而鬥爭的戰士的身體，露出欣慰的笑容。其餘的一個志士便很快的拖着雙足，從人叢中避去。

中央捕房得到警報後，立即撥派大批探捕，分乘紅色警備車，飛一般的駛往該處。先將漢奸尤菊蓀及受傷的志士和保鏢等，分別車送寶隆醫院醫治。同時將一個志士的遺體和一個已死的保鏢，舁送驗屍所，候今天報請第一特院派員相驗。最後據醫院中傳出消息：倘使沒有變化的話，尤的命運還能暫時延長下去。噩耗傳來，全市華人無不擊桌一嘆，痛惜此恨綿綿，祗得再待時機。受傷的那個志士在捕房裏已經承認自己名張振川，慘遭犧牲的那個同志名王川。他在那裏並且慷慨陳詞，說凡是大中華民國的國民，對於漢奸無一不切齒痛恨，整日底想食其肉而寢其皮，撲滅漢奸，是我們目前迫切需要無可遲疑光榮偉大的神聖任務，至於他自己的生死，開始就沒有顧慮及之云云。

不過橫濱正金銀行樓上「市民協會」裏的狐羣狗黨，得到尤菊蓀的被刺消息後，無不魂飛胆落，特地央求日方撥派日軍十餘人，在正金銀行的四週佈放步哨，嚴密的戒備起來，惟恐乖運的來臨。

悲壯的一幕

張愚哉

上午九時光景，我因事經過愚園路地豐路口，遇見一樁極悲壯的事，現把牠記在下面。當我走近地豐路救火會門口時，突然槍聲兩響，朝前一看，看見一個穿藍自由布長衫的青年，手擎着槍迎面奔來，藏在路旁的電線木桿背後。馬路對面牆角邊，藏着一個華捕，兩面的手槍竟描準着對射起來，我連忙躲進路旁的小弄中，伸頭朝外看着，正在這緊要關頭，忽然有一騎馬的西捕從那面追過來，青年因爲子彈已經放完，就束手被擒了。我連忙跑出來，着旁邊已經圍了不少人了，有的問：還是強盜嗎？還有的說：這人年紀很輕呢！只見這青年，態度從容的向兩個巡捕說：「你們不必抓，我跟你們走就是了，那邊的漢奸是我開槍打的，我們是爲國家除害，所以定要打死這班漢奸。」這眞慷慨激昂，令人生敬。此時，我們看的人，俱被感動，可惜皆不能上前營救，只得眼看着這青年被拘進了捕房。我到晚上，連忙買了份華美晚報，翻開一看，才知上午被捕的青年名陳元良，被槍的漢奸名鄭月波，已經是六十一歲的人了，眞是老而無恥。我對於這位青年志士表示無限的敬意。（114）

◆　◆　◆　◆

偉大的潛力

加　耳（二十九·銀行職員）

志雄：

在四圍高貴的紳士們對着前線捷報頻頻搖頭表示懷疑的當兒，偶而聽得中下層市民談論國事眞會使你的心溫暖許多。他們的談吐，雖不免粗俗，但決不會有「今天天氣……哈哈哈」那樣的無聊；有時雖不免有缺乏常識之嫌，但這正足表示他的質朴和天眞。他們對於最後勝利有堅決的自信，對於敵人有強烈的仇恨。志雄，你說對嗎？

前天我們銀行裏看門巡捕，幹了件不大不小的事，這二日全行裏的人，尤其是巡捕、茶役、小職員等，正在紛紛議論着。

事情是這樣的：前天有二位愛國志士到一個新貴范處長家裏去行刺。當他們完畢任務，拋卻兇器，跑出弄口的時候，其中一個就在新閘路上，被一個路過的看門巡捕截獲。這個巡捕，正是我們行裏的看門捕楊麻子。

論理憑着這奮勇捕捉兇犯的功勞，大可誇耀倚號，然而事實却是相反。除却昨晨在半興奮狀態下承認這事是他幹的外，他始終垂頭喪氣，很像怕見人面。

今天公畢，我偶而跑過巡捕侍役羣聚的地方，聽到他們還在談論這事，不禁駐足傾聽。

「媽的！雖說如此，說不定工部局將來還要賞他些錢呢！」

「賞，也許有些賞，可是這是什麼錢？是血錢呀！血裏來，血裏去。今天能打死漢奸，明天兇手的同黨會不能打死他嗎？」捕頭在表示他獨到的見解。

「很對，很對，照我看不死在槍下，也得死在瘟疫裏；目前的報應是毫不錯的。」老司務插着嘴說。

「我眞欽佩這輩刺客的行動，行刺完畢，馬上就將傢伙拋掉，既不貪人財物，又不愛惜生命，揚長而去，何等漂亮！可惜這次武器早拋了一刻，否則，楊麻皮也許討不着便宜。」

「哼！楊麻皮有這胆量，倒不叫他麻皮了。他之所以能捉到兇手，還不是明欺他沒有傢伙。祇要兇手手裏還有一把小刀的話，我可擔保楊麻皮一定會各走各路，連正眼也不敢去瞧的。」平素和楊麻皮有宿怨的信差阿二接着說。

「打冷拳，不算好漢……」當茶房梅根還未說完這句話，忽然一眼瞥見楊麻子的頭，向門裏一探，像發現新大陸似的興奮，連忙高聲招呼着：

「老楊，過來！恭喜你呀！你不久就要升職啦！」

「升職？……做小漢奸倒够資格。」阿二報仇似的插進一句。

楊麻子被迫似的進來，一面微微瞪了阿二一眼，一面答着梅根的招呼：

「不要取笑！前天的事，其實事前我也並不知道，原以為是一個普通强盜。」

「老楊，不要把別人當小孩騙啦！你想一個强盜，會拋却他吃飯傢伙，空着二手聽你來捉麼？聽說當你故意把脚踏車把他攔截的時候，他還向你自認行刺漢奸，請求你釋放他呢！」

「這就叫中國人幫中國人的忙啊！否則，他那裏會到外國巡捕的手呢！」啊二冷嘲的語句正像一柄利刃刺進楊麻子的心裏，使他頭也低下來了。

空氣暫歸沉寂，汽車夫阿福故意要誘逗着大家說話。

「這幾天，浦東游擊隊正鬧得兇哩！昨天夜半，我還像聽見二聲砲聲。」

「東洋人一天不死光，地方上一天不會太平的。祇要大家齊心，我總不怕東洋人會活着出去。」

到東洋人快要死光的時候，第一還應該先殺光漢奸，尤其是像煞要做漢奸的保鑣的小漢奸。」

「漢奸，漢奸，你在罵誰？」楊麻子終於惱羞成怒了。

「誰多心，就罵誰！」阿二高聲反抗。

「好了，好了，大家不要鬧了。老楊你也不能全怪別人。你想想一個挺括括的青年，已經從你的手裏解到牢監裏去了。事情鬧大，說不定還會引渡給東洋人去槍斃。那末他的生命，還不是送在你的手裏嗎？」捕頭勸解着說。

「誰沒有良心？……我現在也正在後悔呢！」楊麻子更顯得沮喪，聲音有些發顫。

當捕頭搭着楊麻子的肩胛，像要和他密談似的拉了他出去之後，阿二還恨恨的吐了一口唾沫，表示他的鄙視。

之後，我還聽到楊麻子到總務科請求調他值夜班的消息。

志雄，上述的談話你正要嚴肅地聽着，切不可稍有輕視之心。素樸的外衣裏面，却藏着顛仆不破的眞理。牠的力量，已使一個人反悔，打戰。你想這力量多麼偉大啊！在漆黑一團的「孤島」，幸而隨時隨地還埋着這股潛力的。的確，「祇要大家齊心，總不怕東洋人會活着出去的。」我們等着機會來幹吧！祝

勝利！

太極圖

不揚

無軌電車在一個越界築路的站頭上停下來，吐出了許多人，也吞進了許多人。

在許多人裏，引起人注目的是個高大的個子，臂膀上纏着太極圖標記的警士，他傲慢地跨進頭等車廂裏，一屁股坐在一位女客的旁邊。

女客膽怯地向另一邊靠去，再用驚奇的眼光來回顧一下，然後，悄悄地和她同伴訴說着。

四圍的目光都集中在有太極圖的人身上。

賣票的從三等車廂裏擠過來，開始向每一個乘客執行他的任務：××站五分，××站八分，他用挺熟練的手法，把票子很快地換回乘客手裏的代價。

「票子！」賣票的手伸到太極圖旁邊。

高個子把眼角輕蔑地抬動一下，沒有回答。

「票子！」一隻手更靠近些，聲音也加重了許多。

「沒看見嗎？」高個子發言了：「我是公務人員。」

「公務人員——」賣票的重述一下：「我沒見過這樣的臂章。」

把纏有太極圖的手舉了舉：「大道市府的。」

「大道市府！」賣票的冷笑了：「就是那個傀儡組織嗎？不行，還得買票。」

「我不買！」倔強的回答。

「不買不行，就是你們的『市長』來也得買票。」

雙方僵持着，乘客的眼光開始注意到賣票的身上。

瘦小的身材，工人裝，外面裹着公司裏的大衣，跑鞋，和別的賣

票沒有兩樣。

車子在另一個站上停下來，有下去的，也有上來的，可是太極圖沒移動。

賣票的很快地向幾個新上來的賣完了票，又繼續他的交涉。

「票子！」命令式的。許多人的注意力又集中到這事件的發展上。

太極圖的氣燄壓下去了：「我沒有錢。」

「沒有錢也得買！」

「拿什麼來買呢？」

「拿你的帽子。」很快的答覆。

「帽子？——」一個致命的打擊，把他的談風轉了個彎：「那末，我下去。」

「不行！」把身子掩住了出口：「除非你買了票子。」

一種可憐的語氣從高個子嘴上漏出來：「朋友！幫幫忙，這次我沒帶錢。」

「幫幫忙是可以的。」他頓一頓：「可是我不能幫一個有太極圖標記的人的忙。」

對方窘住了，四週的目光更包圍了他，使他沒法逃避許多人的透視和搜索。

像一個罪囚見了法官一樣，這末惶惑地：「我不能沒有帽子——做一警士。」

「那末解除你的皮帶。」

「皮帶？——皮帶？——」他終於沒辦法地用手把它鬆下來。

「記牢我的號碼。」賣票指了指戴在頭上的帽子：「明天帶了錢到公司裏來換！」

『我是民族的罪人』

戍君（二十・學生）

踏出營門，我老記着隊長的話：

「……譬如一隻蘋菓受了外力的侵害，它至多刮去一層皮或少了一塊，於蘋菓本身的影響很小，但如果一旦它的內部生了蟲，那就糟了！……我們是不怕橫暴的敵人的，但對付由內而生的漢奸，却毫無辦法，這是因為他們正是蘋菓裏的蟲。……全面抗戰是長期的，民族的『存』與『亡』都要看這一戰。要保衛我們的領土，讓我們大中華民族永遠地存在於世界，我們應努力鏟除那蘋菓裏的蟲呀！」

在我們隊部的附近，我們時常發現漢奸，有的是告訴敵人我們軍事上的要地，有的安置着明顯的信號，告訴敵人應該轟炸的目標，有的把各種毒物放到河浜裏。……

「可惡的蟲」我們每次發現漢奸的暗號時，大家都咬牙切齒地大罵着，捉漢奸的行列便迅速地出發了！我們擒着槍，分二路從田野間包抄過去，看見老百姓便搜查，遇着行跡可疑的人便捉到隊部裏詳細審問。

爲要在民間偵察漢奸們的行動，我們組織了一個便衣隊，扮作各色各樣的人物去執行我們的任務，有時因了化裝得過份逼眞了，一點笑話便這樣地產生了！我們隊裏一位綽號叫做「鄉下人」的同學當作賣××的小販在××路附近叫賣，女生隊裏的一位同伴行近那邊時，他卽極力兜賣，說是賣給兄弟們可以便宜點，那位同伴卽出錢二角買了十二只××，卻沒有發現賣××的是自己隊裏的人，直等到事後回營，「鄉下人」對她宣佈事實的眞相，大家都不覺得「啞然失笑」了。

在靜悄悄的夜裏，我們蹲伏在流彈和砲彈的交流中，利用了「地形」來做我們的「盾牌」，嚴肅地監視着漢奸的活動。初來幾天，這裏附近一帶幾乎每夜發見漢奸的「信號」，當那火星似的東西出現在佈滿黑烟的天空時，我們立刻遞着槍向着紅星的方向前進，到民房去搜查，到坟頭樹蔭下去搜查，雖然我們的工作是那樣地迅速緊張，但漢奸們多是本地的老住戶，當我們行近放信號的地點時，卻什麼也沒有了。近來，漢奸已大大地減少了，由於「累日積月」的經驗，我們「捉漢奸」的本領也進步了許多。

每次捉住了一個漢奸，兄弟們對他都表示無限的忿怒，恨不得活生生吃下一塊肉去，但其實當漢奸也太可憐了！他們有的很明瞭國家民族的利益，卻是環境迫着他如此幹的。記得有一次×××隊捉到了一個漢奸，我和老寧去看。當我們踏進了該隊的大門時，×長官正在審問着一位矮小的中年人，那人畏縮地低着頭。

「你爲什麼當漢奸呢？」長官問。

「先生！別說槍斃我吧！我是民族的罪人。」

「你旣然認識得這樣淸楚，爲什麼……」

「說起來話長，」他連忙搶着說下去：「那還是八月十四日的那天，我從虹口逃出來，給日本人捉了去，強迫着我混在中國軍隊裏報告他們這裏的軍情。我不肯，他們胡亂地給我打了一種藥水，於是由一個中國人帶我走，告訴我一打了這種藥水，每隔七天非重打一次不可，不然就毒發身死，沒有辦法可以挽救他。又叫我來破壞這裏的工事，還說你要是工作不努力，四周全有人監視着我，我是我……是我……」

說着說着，他那高昂的聲音變成嗚咽的哭聲了，二行豆大的淚珠從他呆瞪的眼眶裏直滾下來。

我閉着眼睛，清晰地聽到長官宣告「就地正法」的死刑。

◆　◆　◆　◆

漢奸的洗禮

岩　水（工廠職員）

軋軋的機聲和轟轟的炮聲，驚醒了國人的迷夢，整個民族生死存亡的關鍵，就在這麼一着長期抗戰，已是家喻戶曉，誰都知道。這戰事決不是一年半載會結束的，於是大批的人羣就找尋他們的「樂土」，上海便是一般人心目中的天堂，但也儘有人當牠地獄，向內地逃亡。

上海是淪陷了，「樂土」變成了「孤島」，有錢的人，嘆着生活難以支持，沒錢的更愁着斷糧，「米貴像珠玉」，沒有經歷過這種生活的誰也不會相信，可是在這年頭，即使你有錢也得請你担個糧食恐慌的憂。

我是生不逢辰，全家五口平時只靠着我一雙手過活，戰事起後，所謂「神鷲」和「好漢」先後來光顧，家內竟成了個「屋內無長物，牀前有矮壺」的局面，但性命還是要的，終於投入了「孤島」，住宿不成問題，親戚家裏攤個地舖，膳食當然自理，不過在「生財之術」的情形下，怎樣去支持生活呢？

找個職業吧！那是比登天還難，留職停薪是普遍的現象，在這氣氛籠罩下的都市中找職業之難，眞難於上青天！

一天，我方從××服務關回來，突然來了一個不相識的人，他手裏拿着一張名片，說是找我，那名片的正面，便是新近伏法的××大名。我覺得很奇怪，因爲我和他素沒有往來，名片的反面，却寫着一封信，模樣寫得非常急切，內容大致如下：

××吾弟如晤：×地一別，業已數月，茲爲吾弟謀得市立小學校長一缺，開學在即，望速來籌備一切。前託周君寄語，內情諒已洞悉，外附費旅××元，希查收，沿途特派來人照拂，決無危險也，專此，即頌近祺　×××

看完了信，才知道這是同事兼老師××寫的，他原在教育界辦事，也做過××廠的祕書，他所說的周君，便是××的維持會長，聽說他撈了不少的造孽錢，出入很闊綽，嚮導姑娘一叫八個，其他也不用說了。後來我知道辦那個學校，還是他向上峯獻的媚，並且要表示功績起見，非物色個人才去辦理不可。他是門外漢，因此便去找到我那位老師，而那位老師竟把我推薦了出去，眞使我有些誠惶誠恐。當時，我便對那來人說，×先生的厚意，請替我回去謝謝，旅費亦請璧還，因爲我不日擬赴漢口。我隨便撒了這個慌。

晚上，母親和我大大鬧了一場，他認爲全家的生活，都擊在我一人身上，如今有了機會，不去幹，那簡直是發獃。

「國家興亡，匹夫有責」，何況我是受過相當教育的人，更不該去幹這種事。我一面解釋，一面安慰，不料她大不以爲然。她說：「獨木難支大厦，一個人愛國是沒用的。」總之，她那副「上半夜邊人窩，下半夜自歎窮」的嘴臉，眞使我氣得說不出話來。

不到一個星期前次拿信來的人，又來了信是我母親收下的，並且她很乾脆地答應他們，說我不日可「赴任」了。

晚上，我回到家裏，照例二位老人家嘮叨了一會，那封信本在意料中，倒也不以爲奇，不過寫得那麽體貼入微，抑使我驚詫不止。大意是這樣：

余膺地方士紳之請，出任×××之職，並留××一缺，專候吾弟蒞任。此處地方安謐一如往日，並無×軍駐紮。且本處統轄下，有武裝壯士×千人，足以自衛，萬望吾弟切勿過於鄭重。

我看了信，父親問我預備怎樣？我仍堅持前議，決不參加任何僞組織，母親又和我大吵大鬧，後來還是父親出來調解，說：那邊既無×軍，那當然爲國人服務，況且你老師再三要你去，要是再拒絕的話，太不講人情了，所以還是去的好，到那邊見風行事，豈不一舉二得。

經我考慮後，認爲此法尚還可行。於是在次日上午，便走馬上任了。經過二小時的行程，到了目的地，在××的辦公室中找到我的老師，他表示很歡迎的樣子，並且來了個上司對下屬應有的訓話：

「這裏情形的特殊，諒你已知道，我也不多說了，本處經營來源，以稅收爲大宗，也可以說稅收是本處二千多人的命脈，所以主其事者，非與本人有關係者不可，此職就煩你擔任」。訓話結束，便給我介紹了幾個「要人」，那不外乎×主任，×隊長，×專員。

當地的情形，的確不壞，街上滿貼着抗戰情報和標語，青白旗幟，隨處飛揚，這淪陷後僅有的「樂土」，眞使我生出無限快感！來往行人，熙熙攘攘，臉上都現着自然的愉快，間或雜着一二便衣兵士點綴着這世外桃源。

這樣很安靜的過了一個多星期，怪劇便開始上演了：第一幕「別吃別」（註一）接着向×軍乞投，託名剿匪，最後一幕在膏藥旗庇護下做蝦干（註二）光景愈弄愈壞了，我早已胸有成竹，趁他們在受撫的當兒，便溜回了「孤島」。

孤燈月夜，我常從睡夢中驚醒，好像有人和我說：「你啊！已受過了漢奸的洗禮」，其實這並不是夢，這是受了良心譴責後的反應。唉！我唯有拿着「放下屠刀立地成佛」這句話來向着上帝懺悔。（891）

（註一）別動隊火併之別名。

（註二）漢奸之諧音，淪陷區內人民呼蝦干即暗駡漢奸。

我差點兒走入了歧途　麟　千（十九）

這一天，是我最不能忘記的一天，是我差點兒走入歧途的一天。可是我總於沒有出賣我的靈魂，出賣我祖宗的坟墓，出賣我的祖國。我愛我的祖國，至少我不能做違背良心的事情。

大約是我們這一羣沒有家的孩子，從無邊際的黑暗裏飄泊到這「孤島」後的一個星期六的下午。

雨使勁的下着，永遠沒有停過，天空滿佈着擠不開的灰雲，好像還有許多雨預備倒下來似的。我坐在一間很精緻的客室裏，獨自在抽煙，我很細心的看着雨點打在玻璃窗上，從玻璃窗上再一點點滴到石板上，有節拍的響着。於是我的心也跟着牠抖動，我的神經好像失去了知覺，祇感到莫名的厭煩，無聊，沒有生氣。我深深的吸了兩口煙，將烟蒂扔在痰盂內，迷惘地望着從鼻孔裏透出的兩縷青煙，上升，上升，以至於消失。

雨比較小了些，我看了看時鐘，短針正指在二點上，我纔知道我進這一間屋子已一小時了。我心裏在納悶，站起來在屋子裏踱着；眼前是一片模糊的灰白色，腦子裏還是沒有系統的亂想着。

門動了，我站住注視着門外幌着的人影，我的腦筋突然清醒了。我記起今天幹什麽到這兒來的，門外正是我需要見面的人。

「陳先生回來了。」他進了門，我帶着笑臉迎上去。

「呀！驥千，你來了多久了？」他向我投了驚奇的目光，和我緊緊的握着手，態度好像是很誠懇的。

「沒有多少時候，因爲今天星期六，所以我知道你一定回來得很早。」我微笑地答着。

他放下了皮包，脫了雨衣，從衣袋裏摸出一只煙匣，遞了一枝煙給我。

「抽煙嗎？」

「不！剛抽過。」我接過了煙，放在桌上。

「坐！請坐！」我們相對坐下，女婢送上了茶，於是我們開始寒暄，講了些關於天雨人悶的閒事，其實我眞沒有心去聽他講，我希望他提及我的事情，可是他還滔滔地講着，沒有注意到我不耐煩的神態；最後還是我先開口，我含笑着問他：

「陳先生！我的事情，可有一點兒眉目？」

「噢！你的事情」他好像這時才知道我來是爲找事情。「我時刻在心上，可是總沒有相當的事情。你想這時候，粥少僧多，上海這末多失業的人，那裏有這許多事情做？」

「是呀，我也知道現在謀事的難處，可是我想像陳先生這樣，總比較好想法些！」

「難！」他噓了口氣，頭微微的搖着。

「那末就在陳先生的公司裏，能不能給我安插一個位子？」

「公司裏今年裁了好幾個人，我怎能跟老闆講呢？」他說了，低下了頭，好像在沉思。

我心兒在抖動，好像走上了一條絕路，可是我還有一線希望，我望着他在沉思，我希望他能給我想出一個事情。

「事情倒是有，可是問題在你肯做不肯做！」

「有？祇要能夠維持生活，我都願意去幹！」我眞是喜出望外。

「眞的？」

「眞的！」

「那末大概再隔一星期，等我這兒的事辦完了，你跟我一同上南京去，那邊一定有辦法。」他望着我的臉。

「南京現在還有什麼地方需要人？是公司？是廠？」我驚異的問着。

「不！我的朋友王××先生，他來信說：他那邊很需要人，他給我設法了一個位子，那末同你去總可以想法，而且待遇一定很不薄。」他說着臉上沒有一點表情。

「王××？他不是漢奸嗎？」我沒有思想，因爲一股怒氣從胸中推了出來，不過當我說出了後，自己又覺得太鹵莽一點。

「所以說青年人不識時務，還想幹事情。」我看見他用鄙蔑的目光在看我，憤怒炸裂了我的心胸。這時我正需要打幾個人，或扔掉幾樣東西，可是我明白自己的地位，我極力裝得很鎮定。

「祇要有錢，管他什麼漢奸不漢奸！」他自語着。

我深切的認識對方是一個什麼樣的人，我覺得這屋子好像是虎口，我變成了俎上肉。於是我極力認淸我自己，深恐金錢的魔力搖動我的意志。

「那末陳先生，你也去？」

「我也去！」他很肯定的說。

「這地方多危險！」

「危險？」他沉默了一會：「那末就浦東吧，那邊我也有熟人，不過進益少一些！」

「不！」我搖着頭。

「這還有什麼危險，情形不好，到浦西來避避風頭，有很多人從鄉下出來沒有辦法，來找我，我把他們薦了去。」他態度很自然，永遠沒有感覺到自己所說的是違背良心的話。

「很多？」我很驚異的問，因爲我擔心還很多人的前途，他們從死的路上掙扎出來，爲了生活，又被送到死路上去。

「怎麼樣？給你事情又不幹。這年頭能夠有事情做已經很不錯了，什麼事情都是人做的。」

「國家還沒有亡，敵人沒有力量强迫我去做奴隸，我餓死也不願意去頂一個漢奸的名！」我不能抑止心裏的怒火，我極力想擺脫這危險的境地。

「好一個愛國者！」他給我一個十分難受的譏笑。

「這不是那樣講，陳先生，你要知道，我請求你找一點事情，因爲你是我父親的老朋友，我想你總可以給我幫忙的；可是你也知道我的父親是一個軍人，自從家鄉淪陷以後，到現在快一年了，根本不明瞭他老人家生死存亡，你想一個効命疆場的父親，却生了個不知廉恥做漢奸的兒子，這對得住良心？對得住父親？對得住國家嗎？」我的聲音有些抖動。

「好吧，不要多講了。總之：你不幹，那也沒有什麼關係，不過我給你幫忙，這條路比較好走一點，其他我簡直沒有一點辦法。」

「好時候不早了，我們再見吧！」我沒有等他回答，因為我急切要離開這間屋子，我戴了帽，拿了傘，看了看窗外的雨，關上了房門。

外面雨小了，可是風却顯得很大，雨絲從傘的旁邊飄進來，打濕了我的衣衫，打濕了我的眼鏡，可是我並不注意那些，因為我正需要一些冷的雨來澆熄我內心的怒火。（839）

復活

林斌星（二十五·學生）

六月二日下午四點鐘，我和老王，老張，小張，自桂，盛，徐文君等七個人站在BK學校的校門口，嘻哈的閒談着小李戀愛的事情，等候着小李的汽車來接我們去吃他的喜酒。辰光可早，我們是約在四點五十分的。

校鐘敲過四點一刻，沈（隱名）坐了一輛黃包車經過校門，見我們站着，就叫車夫停了車子，付給車資後，走來招呼。我們都冷冷的與他點了點頭。他和我們從前本來是很知己的朋友，並且離別到今天止，差不多有十個月光景。照例今天相遇，不免有一翻親熱的應酬，互相慰問，請安。但我們知道他是在做漢奸，所以都瞧不起他，不理睬他，他自己還是假裝正經呢。

國軍西移後沒二月，我們才知道他做漢奸的消息。當時我們說過有機會碰到他，做朋友的應該勸勸他，因為他的家搬了場，無法與他通信，又不見他的影子，所以一經沒勸他。直到今天遇見他，我們當然是不會錯過這機會。

他站在我們一塊兒不走，我們也停止了講小李戀愛的事情，閒扯到其他的話上去了。老張問起徐文君這次畢業的文憑領到沒有。徐回答他只拿到證明書，文憑要等中國政府回上海後，教育局蓋印後補發哩。沈却插嘴說：「中國政府會回到上海來嗎？哼！你們眞想不穿，中國兵在前線打得一塌糊塗，南京，杭州，徐州都失掉，漢口眼看又要失守，你倒還想教育局來給你蓋印哩！我看最多再過六七個月，全個中國恐怕……」

「停放你的臭屁！」老王搶着嘴，伸出手來在沈的面前搖了搖：「你有什麼理由斷定六七個月後全中國會給鬼子得去呢？難道最後的勝利是屬於鬼子的？當然假使個個人都去做漢奸，那末休說六七個月，恐怕只消六七天，或六七小時，就可以把全中國斷送掉的！」老王的話裏有刺。

沈也不示弱，知道老王在諷刺他，反辯說：「你本是愛國的志士呀！可惜你爲什麼不到內地去當兵打仗呢？老實說吧：目前住在上海的中國人，沒有幾個愛國的，都是在放空氣罷了。」說話時，臉漲得通紅。

老王見他反嘴，便爽直的戳破他的面具說：「你在鬼子那裏做抄寫，有一百元一月薪水的進帳，是舒服極的了。最好是中國政府永遠不同上海，你就可以永遠享福！漢奸！漢奸賊！」

「我哪裏得罪了你啦，恨什麼？我又不是向你要錢的。」

「你講什麼話？」老張問。

「沒什麼。」

「拍！」老張給他一個耳光。嘴裏還駡道：「出賣祖國的蠢東西。」又是一個耳光。

他給老張打了二個耳光，心裏怕起來，防我們也要動手打他。他想三十六策，走爲上策，轉路就逃跑。不料，被老王用左手一把拖住他的後領，伸出右拳要打，但被自桂趕上一步，拉住了老王的拳頭，再叫老王放開抓住後領的手。

自桂把沈拉到校門邊的會客室裏去。

我們知道自桂的本意，我們跟在後面走進會客室。

自桂先用愼重的口吻勸他說：「沈！我們和你本是很知己的朋友，你做漢奸以後，才變成了我們的仇敵。然而我們做朋友的，總是希望朋友走好路。你現在是一個黑夜的夜行者走上出賣祖國出賣你自己靈魂的『王道』，需要明亮的燈光來指示你轉入正途。我們必須負起這個責任。不過，你是否願意改邪歸正，還得由你自己決定。做朋友的不能迫着你。

「是受過高等教育的高中畢業生，曾受過軍事訓練，並不是一個無知識的愚民。你不知有幾十次高喊過打倒日本帝國主義的口號。去年你到蘇州去投考航空學校，企圖航空救國，但因爲你身體不及格，落了選。可是，不能因一次的失敗就拋棄先前的志願，冷却愛國的熱情，居然做起漢奸來。」

「沈！」老張接着說：「我實在氣不過，所以打你。你太辜負了祖國，辜負了全國的同胞，欺騙了自己的良心。你想：你在做的是多麼混蛋的事呀？想想去年春天的事吧！你豎起了旗幟在街道上遊行，放開喉嚨高喊救國口號。你對老百姓宣傳，勸老百姓一致起來抗日！但你自己抗日沒有？你把去春和今春所做的事比較過嗎？沈！做漢奸，多麼可恥呀！」

「我知道的。」小張搶着說：「沈，你不過抱着出風頭主義罷了。去春拚命從事救國運動，原是爲要使桃貞羡慕你呀！後來她和智仁要好了，漸漸地疏遠你，但你的心還傾向着她。去年暑期投考航校，不過是想進入航校後，戴起大的遮風眼鏡和皮帽子，穿起皮衣服，架着飛機飛上天空，耀武揚威，好出風頭；希望桃貞重新投入你的懷抱。你現在做漢奸也不過想出些死人風頭罷了。」

「總而言之：沈，你不該去做這種事，因爲你是一個中國人啊！……」自桂他還要說下去，沈從袋裏摸出一方手帕來揩了揩眼淚，羞答答的搶着說：「自桂別說下去了！我知道，我犯了最大最重的罪，幸虧你們幾位好友指示我，啟發了我的良心，使我覺悟，明白了。我確是像小張所說的一樣，抱着風頭主義。我忘記了祖國。朋友！請你們原諒我！朋友，我再沒有這個臉兒見你們。我不能活了，活在這滿是魔鬼們的『孤島』上了。現在，我覺得我目前只有一條路，到內地去，去從事救國工作，贖我的罪去吧！……」沈又揩了揩眼眶裏的眼淚。

「嗚！嗚！嗚！」一輛汽車從東駛來，停在校門口，從會客室的玻璃窗裏望出去，知是小李的自備汽車來接我們了。我便說：「沈！別說了。既然有改過的心，已經是後悔了，那末我們和你又是自家人了。把過去的一切事情忘掉吧。新的生活，新的工作，全從目前開始。現在汽車已停在門口，我們今天是要去吃小李的喜酒，同去！沈。」

沈推卻，但老王和自桂拖他上汽車。一個死了的朋友復活了。

◆　◆　◆　◆

附錄一

大華路上的血債

掃蕩

——愛國志士劉湛恩博士被刺殞命——

在黎明之前夜的孤島上，黑暗充塞在每個角落裏，一切妖魔鬼怪，乘着夜色的掩護，橫行作祟，無所顧忌，只要你是一個具有純潔靈魂足踏實地發奮自雄的人，它們就要想出種種鬼計來企圖將你撲滅。昨天清晨八時三十五分，本市滬江大學校長劉湛恩博士在靜安寺路戈登路口公共汽車站上突遭暴徒暗殺，就是其中的一個例子。劉博士的死，驚震了整個孤島上的人們。的確！他不僅是教育界的損失，而且是中國的一個損失，但是他死的僅是他的一個軀殼，他的精神，還是永遠遺留在人間。不願做奴隸，具有靈魂的人們！你們不必見了駭怕，你們身後，還有四萬五千萬的中國人，你們還得堅定你們的意志，站定你們的腳跟，光明即將來臨，燦爛的陽光，將普照着大地，一切妖魔鬼怪，看它們怎樣情形，看它們怎樣逃避於天地之間，努力吧！只有青天白日之下和人氣充塞的地方，我們的身命，纔得安全生存！

劉氏略歷　劉湛恩博士今年四十一歲，湖北省漢陽縣人，九江基督教美以美教會同文中學的畢業生。後來轉入蘇州東吳大學，畢業後留學歐美，得支加哥大學教育碩士，美國哥倫比亞哲學博士，登禮勝大學法學博士。最初他是中國國民黨的黨員，並且參加過許多革命事績，及廢止內戰運動。民國十六年，北伐完成，劉即脫離黨籍。他是一個熱心的基督教徒，民國十七年二月，他擔任了本市滬江大學的校長，嗣後歷充光華大夏等大校教授，上海職業指導所主任，上海市參議會參議員，公共租界工部局教育處委員，商務印書館董事，中國青年會董事。最近又是太平洋國際學會及國際友誼社的發起人。他生平最嫉惡的是妖魔鬼怪，他寧死不願在它們面前屈膝。

家庭生活　只有幹教育的人，是最清苦，所以他家裏的生活狀況，並不像大資產家裏的情形一樣——富麗堂皇。他有一個親愛的夫人和兩子一女，夫人就是婦女界熟悉的劉王立明，他的年齡，與博士同庚，原籍是安徽人，現任婦女節制協會主任，女子家事學校校長。大兒子名光昇，年十五歲，次子名光華，年十三歲，兄弟兩人同在愛文義路卡德路國光中學內肄業。最小的女孩子，名光坤，年僅十一歲。現在同孚路大中里志毅小學內讀書。過去他們都住在楊樹浦軍工路滬江大學校舍內「八一三」的砲火，把他們從學校裏趕出來，先時寄宿斜橋總會隔壁某西人公寓，後來搬入斜橋弄七十二號，直至去年十二月間，纔遷移到靜安寺路安樂坊八十一號內居住。

滬江校務　關於滬江大學，是創立在民國紀元前六年，校長是魏馥蘭（譯音）博士，校內一切行政組織，完全依照外國學校辦理。直至民國十七年二月裏該校改組後，始由劉湛恩博士繼任校長。校內大部分教職員，劉亦一律改聘華人担任，所有校務，全由博士努力苦心主持。現在該校除大學部份外，尚有商學院和附屬中學及滬東公社；四處學生，達二千三百人。最近滬東公社並在福州路上舉辦了一個復興難民所，那裏收容了很多的難民。

怪函何來　上月初，博士的住宅附近，突然被人擲手溜彈一個，炸燬玻璃窗數塊。三月二十七日的上午，虞洽卿路爵祿飯店裏，忽然來了兩個日人和一個華人，將花籃三只托交茶房送至四馬路本報館，本報職員察得籃內所裝的水果，完全注有毒質，當時就將茶房扣留，送入捕房訊究。但是事先，還有同樣的花籃一只，亦由該茶房受日人等的使命，送至安樂坊八十一號劉湛恩家。劉氏曾從花籃中檢獲書信一封，信裏大意說：「在此環境中，博士本愛國思想努力工作，殊堪欽佩，爰特奉上花籃一只，尚祈哂納，並盼繼續努力……」當時他也毫不介意，付諸一笑。據聞後來在南京偽組織成立的前幾天，他在某處集會，無意中遇到了傀儡溫宗堯，溫某掛着一付勉强的笑容，用手掌拍着劉的肩頭，緩緩的說：「最近外面有人注意你，希望你當心些。」但是劉的回答：「我倒並不害怕但是希望你不要被某方利用，最好，你還是不要上南京去吧！」危險的消息，不斷傳入劉的耳膜，他經過許多親友們熱誠的勸告，他感覺自身的確已經陷入了危險的深淵，妖魔們決不容忍他存留在上海，所以他決定在本月十三日前往香港暫住，同時為國際友誼社勸募一些難民捐款。

一槍畢命　不料悲慘的遭遇就在昨天清晨八時三十五分發生。當時他依着平日的慣例，從安樂坊家裏出來，步至靜安寺路戈登路口公共汽車站上，企圖附搭一路公共汽車，前往圓明園路二百零九號滬江大學，同時還帶着他的次子光華，和他的妹妹梁劉氏。他們在車站上，等候得不久，一輛公共汽車很快的駛來，他的妹妹和光華，先後鑽入了汽車的車廂。但是他正擬舉步踏上汽車的時候，突然有暴徒三人，露着猙獰的面目，從路畔躍出，其中一個，身材矮小，年約三十餘歲，身穿咖啡色長衫，頭戴着黃色呢帽的暴徒。手持手槍一支，縱身上前。因為劉博士的身軀相當高大，所以他提起腳跟，向劉的頭部開放一槍，彈由劉之眉心射入，穿過喉部，從他的胸際穿出。暴徒見目的已達，立即向大華路方面逃逸。同時劉的妹妹和他的兒子光華，聽得槍聲，即從車上躍下，劉妹看見她的哥哥已經神志昏迷，安息地躺在車站上，鮮血模糊了他的面龐，慘淡的陽光，照着他的屍體，悲哀緊齧着她的心靈，熱淚湧出了她的眼眶，她放聲大哭起來了。

勇哉劉子　一個十三歲的小孩子——劉光華——他目睹親愛的爸爸被人暗殺，偉大的天性的父子愛情，衝動了他的小心靈，他不知危險是什麼東西，他只是咬緊牙齒，提起小腳向着大華路追捕殺害他爸爸的仇人。路上的人，一個華捕和九十八號的西捕惠特，幫助這個勇敢純孝的小孩子，竭力追捕那個殺人犯，同時吹起了警笛，並且開槍射擊。沿途暴徒竟返身發槍還擊，一時槍聲乒乓，子彈橫飛，直至大華路大都會花園舞廳門首，他看見後面追捕的人，漸漸地增多起來，他也着了慌，將所執的一支手槍，拋入大都會花園，同時跪在地上，哀哀的求着，並且「愼重」的聲明：「我是逃難來滬的難民，你們何必牢牢的追趕我……」一個路人奮勇的上前，將其攔腰抱住，永華這孩子趕上去向暴徒猛力地打了一記嘴巴，恨恨的說：「你逃，你好，你敢打死我的爸爸……」巡捕們都這樣勇敢的衝上去，將他捕住，同時又捕獲了兩個嫌疑犯，一併帶入捕房，嚴密鞫訊。

流彈傷人　但是當流彈橫飛亂竄的時候，有一個身穿藍布短衫，形如小工的路人，手裏執着一團粢飯，且嚼且行，以作晨餐。誰都意想不到，一彈飛來，適中他的頭部，頃刻應聲仆地，氣絕殞命。同時在大華路開設大華煤球廠的甯波人董實發及其妻子王氏，均被流彈受傷。西捕惠特，因為奮勇追捕亦。被擊中一槍，傷及大腿事。後該管靜安寺捕房被呈報，很快的派了大批中西探捕飛一般的趕來，召同救護車將劉博士及已死的小工屍體，連同受傷的董實發等併送寶隆醫院醫治，西捕惠特亦送公濟醫院。因爲劉博士彈中要害，流血過多，所以抵院後，不及救治，就斷絕了他的呼吸。董寶發臀部一彈，和董王氏左臂一槍，及西捕惠特，因傷勢並不十分嚴重，大約不致會發生什麽變化。

善後辦理　劉氏的遺體，等候今天上午第一特區法院派員檢驗後，舁往膠州路萬國殯儀館大殮，又定於明日下午二時，在貝當路五十一號美國禮拜堂內，依照基督教儀式舉行殯葬禮。劉氏之中西親友，得到劉之噩耗後，均紛紛前往安樂坊八十一號劉家，向劉王立明慰問。一切善後問題，現由滬江大學全體教職員組織治喪委員會辦理。同時滬江大學特於昨日停課一天，表示哀悼。全體學生，決在明天下午，前往美國禮拜堂內參加殯葬禮。劉氏靈柩，將來決營葬於公墓內。公共租界警務當局，對於此案，極爲重視，被捕的兇手和嫌疑犯等，現正在嚴密偵訊中。

附錄二

恐怖團的旋風中

楚四

一

從串演「市民協會」名劇的主角陸伯鴻氏突然遭受狙擊時，那一天起，上海就被一種可怖的暴力征服了。暗殺的旋風，血腥的刺激，上海的歌舞昇平的空氣，也開始爲這些「恐怖事件」所擊破。

在上月二十號以後，報上曾經連續地登載過一個轟動全滬的新聞，說是「恐怖團」已經被租界當局所破獲，陸續被捕的嫌疑犯，兩日間有一百二十六名之多，但經過偵查，後來大部又都開放了。我一個百無一用青年失業知識份子，竟也榮幸地被當作了慷慨悲歌「蕭蕭易水」的恐怖人物，在租界當局爲犯人們特設的「大飯店」裏免費就擱了十天。

我不會忘記：那天是民國廿七年一月。

下午三點半光景，爲了好奇，我跟一個當小報記者的朋友到遠東飯店第五百零八號××舞導社去，預備參觀這花花世界的一角，在雲梯上，一種幻想很快的在我腦子裏轉過，我想：那裏一定有不少年輕的女子，滿房充滿着軟玉溫香的氣息吧？可是很快的，當我們踏進五〇八號的時候，一種意外的突擊，簡直把我嚇昏了。

在一剎那中，祇看見兩個全副武裝，穿着鋼絲馬夾的巡捕，突然跑近，用手槍抵住我們的胸口，猛喝了一聲：「不許動！」我們就馴順而機械地舉起了雙手，被趕到屋角站着。埋伏在門後的另一巡捕，同時就把門關了起來。我恐怖得幾乎失去知覺，心彷彿就要跳出胸腔來似的。好一會，這才稍稍清醒，發覺和我們得到同樣待遇的，先前已經有三個，面色發白，一律呆得像木頭，全身配掛的巡捕大約有八九個，其中兩個是西捕。屋子裏已經栗亂不堪了，他們卻在仔細搜查着床的頂上，中間，底下，都仔細地翻到。

還是怎麼一回事呢？我悼然而且悚然地想。門剝啄地響了一聲，一個上海風十足的西裝少年剛跑進房子，也一樣地被抓住了。

這房子好像是陷阱，在半個鐘頭以內，自投羅網的人竟有七八個。有兩個嚮導女子進門時就嚇得禁不住哭了出來。……

「去！」當我們這些獵獲物積到將近二十個時，一個西捕說了這麼一個字，於是我們都被押着羊羣似的用一輛囚車載着走了。

二

我們被押解到了成都路捕房。

天曉得，我們的先進者竟已經羈押了黑壓壓的一大羣。我無從數起，但數目起碼有八九十吧。而且以後接着又來了一批。懷着惴惴的心，我簡直不知道將要遭遇什麼運命。獵獲物這麼多，使我稍稍膽壯了一點；但想到剛才被捕的嚴重形勢，冷汗就不住的從後背上冒出來。負有維持治安的重任者，對於處置政治犯和盜匪，那刑罰是不難想象的。萬一要嘗試一回，縱使將來沉冤大白，我恐怕也要變為廢物了。

這時已經有一位捕頭在逐一問着口供，挨到我的時候，我跑上去，身子不禁瑟瑟地抖動，然而祇問了這麼幾句：

「你叫什麼名字？」

「幾歲？」

「你做什樣事情的？」

「住在什麼地方？」

都很容易回答，祇是第三個答題使我躊躇了一下，因為失業，有時很可增加犯罪的嫌疑的。但沒有法子，終於還是回答道：「在上海打仗以後就失了業。」

問完口供，我們百多個人又被分別押上了囚車。

閃爍的街燈從囚車的鐵檻外飛過，不久，四馬路江西路口那座矗着的大建築物把我們吞了進去。

在一間比較寬敞的房子裏，祇有一張寫字檯，幾張椅子，——後來才知道那房子叫做「特別間」，好像是包探的辦公室吧？還回卻做了我們的臨時住宿處。

還是問口供，十指塗滿油墨，一齊印在紙上，是一種；還有十指分別印的，單是大姆指印的各一種，足足化了兩三個鐘頭才把這事情辦妥。時候差不多是晚間十一點多了。

我從被捕到此刻為止，已經整整的八小時了，神情一直在大緊張中，肚子問題簡直沒有想到，一百多個「同道」也像是沒有一個人想到似的。直到十二點多鐘，兩個伕役拿進大批的麻餅、大餅、蛋糕和饅頭來，才一齊發覺，肚皮已經空得隱隱作痛，暫時忘記一切，一擁而前抓起就送進口裏，一心一意地咀嚼起來。

三

肚子填滿了，接着來了一個困難的問題。捕房可以供給吃飯，卻並沒有請吃點心的義務，剛才吃的麻餅蛋糕之類，得各人自己會鈔。我算還好，身邊還帶着幾毛錢，其中有十幾位「同道」眞是澈底的無產階級，輪到付錢時，表情都變得十分尷尬。但彼此同在患難之中，這個倒眞的是風雨同舟，非互相憐惜不可了。他們有認識的同伴的，就由同伴借給，沒有的，由幾個身邊比較寬裕的慷慨地解了囊。第二天早上吃麵，也還是這個辦法。

時候差不多已經靠近黎明，疲倦開始襲來了。「特別間」裏留着我們一大羣，門關着，門外祇有兩個巡捕在看守。這一刻，我們總算得到些自由，房子裏鬧哄哄的，大家亂嘈嘈地談起話來。

恐怖緊張的情緒，這時候業已寬弛了許多。捕房對我們，看情形是很「優待」的，特別是我們拘留的所在，並不在監房而在包探辦公的「特別間」，水汀整晚都沒有息，室內眞是溫暖如春，和我亭子間比較起來，簡直有天壤之別。這一點，使我非常地滿意了。

我和我的朋友研究了許多時候，都研究不出我們被捕的所以然，最後所做的結論是：這案情一定很重大，但，我們都不過是嫌疑犯。

過久的站立，使我的腿酸得厲害，祇好就地坐了下來。一百多位同道，除了不到十分之一的人佔據了幾把椅子，其餘的都早在地板上縱橫參差的坐臥着了。有的靠着牆，癡癡地想着什麼；有的把棉袍反當作墊褥，鞋子當作枕頭，蜷曲着身體，居然睡得很香甜。在喊喊嚓嚓的談話聲中，有兩個女的在流着淚，一個大約靠三十歲的婦人嗚嗚咽咽向人訴苦說：「我眞是倒霉，我是到旅館裏去洗澡的，無緣無故把我抓到這裏來，我家裏還有兩個孩子，這眞是怎麼得了呢？怎麼得了呢？」

我累得要命，卻毫無睡意，心裏又懷着很深的憂鬱，不知道事體要發展到怎麼樣？我連腸兒肚，苦苦地思索着自己最近（甚至過去）是否會有過足以引起巡捕房誤會的行動。但無論如何也想不起來。

我的朋友已經靠了牆在打瞌睡，這時候忽然惺忪地看了我一下，笑着說：「沒有什麼要緊的，旣來之則安之，打一會瞌睡罷！」說完就又閉起了眼睛。

在地上橫七豎八地睡着的人更多了，但我雖然努力想讓腦子休息一下，終是沒有成功。

不知從什麼時候起，我也矇矇朧朧地靠着牆睡去了。但彷彿沒有好久，祇聽得耳邊鬧嚷嚷的，驀然醒過來已經是白天了。一位包探先生正從我的身上跨過去。但當他走近寫字檯，從睡在桌子邊的少年頭上跨過時，忽然引起了一點小小的糾紛。

「操他媽的！」那少年北方口音，大約不上二十歲，穿着一件舊的布棉袍中山褲，望了望跨過去的皮鞋腳，輕輕地罵了一聲。

包探先生回轉身，並不答話，却俯下身去，對準北方少年的臉，劈劈打了兩記耳光。於是少年驀然跳起，戟指着包探先生，聲色俱厲的問道：「你打我，你憑什麼理由打我？你說出來！」

我陡然覺得屋子裏的空氣緊張起來了。大家都屏息着，然而我又彷彿分明聽得出猛劇的心跳的聲音。

可是結果却很意外，因被少年過分的倔強，包探先生好像反而覺得他倔強得有點可愛，結果居然讓了步，笑着拍拍少年的肩膀說：「好，算你有種，馬馬虎虎罷。」

後來我知道這少年是我們一百多個中間最激烈的抗日份子，動不動他就要激昂慷慨地跟別人吵架。而且常常大聲的說：「好，你反動，你是漢奸，你出去了可別碰上我，不然我准死揍你！」

四

將午的時候，有好幾個「同道」小聲小氣的向捕頭打聽，我們的被捕究竟是爲了什麼。但得到的都是沒有答復的答復，說：「你們自然會知道。」

但這却並不是假話，當天下午，我們就明白了。

從午後二時至五時，我們被混身上下仔仔細細的抄了靶子，衣紐直解到着肉的襯衫。從五時到八時，又是錄取口供。

那是在另一間房子裏舉行的。我們被一個一個分別叫進去，我進去的時候，一位包探先生手裏拿着一本判官簿似的冊子，照例問過姓名年歲住址之外，又認眞地問道：「陸伯鴻和范剛被暗殺的事情，你知道嗎？」

我說：「從報紙上知道的。」

「暗殺清涼寺收容所主任竇硯農的是什麼人，你知道嗎？」

「不知道。」

「老實說，你和那些暗殺團體有沒有關係？」

「我完全不知道這些事實。」

於是他揮一揮手，我退了出來。

被捕的謎總算破了：是爲了新近接連發生的暗殺案。案情當然很重大，還是值得憂慮。但我怎麼會犯這種嫌疑呢？想不通。從跑進遠東飯店五〇八號的人一律被捕的事實看來，也許跟那房子有關係，但那裏又不過是一個鄉導社……直到後來，我才聽過是因爲本案嫌疑犯之一的某君，常到那裏去的緣故。我們至少有十分之八九受的是無妄之災！

這事情之與我們無關，是極其明白的了。因此有大部份的人，倒彷彿都安心了許多。可是到了第三天（二十一日）午後，我們忽然又遭了足以皺眉的新題目。

先是是兩個巡捕進來命令我們出去，像小學生作游戲體操似的，站成了兩個大圓圈。——作什麼呢？我們自己照例是無權過問的。非但不准問，而且也不准出聲。接着外面一個汽車夫模樣的青年，和另一個穿着長衫馬褂的人來了，站在圈子裏面，眼睛像餓鷹一樣，對準了我們逐個逐個的看過去，彷彿搜尋什麼。我的意識立刻醒覺：這準是被害者派來在我們中間認取兇手的。一想到，就禁不住毛骨悚然起來。因爲在這種時候，往往很難有是非可說，如果這兩位貴客眼睛一花，神志一糊涂；或者萬一湊巧得很，我竟跟當時的突擊者的尊容有幾分相似，這種不幸是很難想象的。我偷眼去看我的「同道」，也莫不做出惶恐虔肅，不勝屏營待命之至的神情。

廿二日午後。有四五個女的被釋放了。幾個「同道」，大概是認爲嫌疑較大的吧，却被吊到了另一間房子裏去審問。我的朋友也是其中之一。

多數的「同道」，都因爲恢復自由的遙遙無期，而舊歷年關却業已逼近，家裏有着無數等待料理的事情都無法料理，不住的嘆着氣。我雖是沒有家庭的，這裏又有不必付錢的暖室可住，白飯可吃，（可惜菜太壞一點，每餐祇有很少的蘿蔔乾，或是青菜。）但也不免有點性急。我的朋友的被提，又使我時時爲他担心。

又是三天。除了每天一次或兩次地按着圓圈作游戲體操，戰戰兢兢地讓人家考察我們的面孔以外，幾乎無所事事。白天有西探來監視，不大便於放任的談話。他們極其莊嚴，和我同時被捕的那位上海風十足的青年，因爲兩手插在褲袋裏踱來踱去，也受了嚴厲的訓斥，據說這很不合規矩。另一個商人模樣的中年人又不知爲了什麼，常常受到挑剔，並且吃了耳光。晚上西探去了，空氣這纔活動起來，大家可以自由的談話活動。但這自然也不是愉快的生活。

我的朋友終於回到「特別間」來了，依然故他，這使我放了心。據說他被提去以後，曾經被嚴厲的訊問，至於要「吃生活」（這是「用刑」的別名）但幸而後來終於沒有。他覊押的地方，在十一個嫌疑主犯所在的一間。他說：他們中的幾個，多數極其激昂認爲他們的被捕是光榮；但其中有一個，問口供時却自認是漢奸，統捐局的職員。當時包探會經異常輕蔑地狠狠的打了他幾個耳光。他們「同道」也常常極其辣毒的罵他。

廿八號得到可以釋放的通知，大家都高興得躍動起來了。但還得找一個保人，這對於我也是一個難題。

下午，我和五六十個無從打電話找保人的，坐着囚車滿街兜圈子，我由我的朋友代找了保人，總算得到了自由。

跳下囚車的時候，我感到了從來未有的輕鬆，但也感到了從來未有的空虛。這緊張的十天，對於我也許是一個難得的生活經驗，但我却因而深深的覺到，在這偉大的時代底下，最無聊的事情實在無過於做一個不死不活的嫌疑犯了。

第七輯 煉獄

奴隸們

陶鑄

「武士」挺着那生硬的身幹，神氣活現的二筆八字髯子，不規則的獠牙，欃嚵的眼睛，雪亮的刺刀在每個孔罅裏閃着倨傲的強光；站在大門口一手把着鎗桿一手彎曲地插在腰間。

早晨太陽像爬蟲似地爬到牆角，爬上矮簷。在那石牆的一灘血跡上，釘着一塊長方形的三夾板，上面是塗着二行墨筆的中國字，雖不潦草但很斜歪，有點異國風味的矮笨的字：

「凡欲保障生命領取糧食（包括鴉片紅丸海洛英等）之支那人，須先來部拿良民證，切切此佈。」

不願作無謂犧牲的人們，老的，小的，忍痛的從各方面走來，向「武士」「鞠躬致意」，有九十度的，有一百二十度的，有其他角度的。

進了門，是一個空闊的曠場。場上集合着不少的同胞，有的帶着惺忪的睡容，有的淚水在頰下流着，有的好像在回憶着甚麼的模樣……從黎明到日落，人們都來領取「良民證」，為使奴隸的生命有相當「保障」，莫不含垢忍辱的等待着，一個接一個地領取。

在曠場的一角，在剛勁的古松的蔭影下，蔚藍的水波隨風飄蕩着。樹下放着一張方桌，桌上有墨筆紙，幾個穿黑衣的中西教士坐在桌邊，旁邊屹然站立着一羣荷鎗的武士，警犬旺旺地亂吠。

「你叫甚麼名字？」

「幾歲？」

一串串的問話後面常有抖顫的惶恐的聲浪，也有很鎮靜的，低抑的語音。

起初人少，以後越來越多，把一個偌大的方場，擠得沒有空隙。場子是用竹籬圍住的，籬根下的秋花快將枯萎了。

風吹來，簌簌的，但不冷。

喧噪，騷擾，爭先恐後的擠着。站在最前線的人常被後面推，支持不住，把身體直衝過去。

武士們怪近視的用鎗柄打着前排的人羣。

「不許擠！你擠嗎？不是良民！就要鎗斃！……」

牙縫中鑽出尖刻的啞聲來。

「笨豬？揍死你奶媽子的！」

一個支那人跌倒了，血從創口流到地上，一點一點像天竹的紅粒撒下來。

「你們還是跪下來……」

這是紳士式的異國教士的話。

「跪下來！」

「跪下來！」

幾分鐘內，大家都跪得很有秩序的。陽光照不到地上，只射在他們頭上，不熱也不冷。

領「良民證」確是一件奴隸的苦惱事。先要來一度「口試」，還加「檢驗身體」——身體不及格，或有何種疾病，友邦願負責「醫救」；任何不健康的人，但這「關懷」並不使「支那人」感激，反而覺得恐怖緊張。

凡度過「領良民證」以前的生活而不患善忘症的人們，想到「屍首腦漿和肚腸」的不值錢，殺人放火和找花姑娘的最成熟的「技巧」，定然一生也不會遺忘的；如果把這殘忍的獸性的故事告訴子孫，那末甚至千萬代也不會遺忘的。

男的女的把衣裳脫得精光，在大衆面前由「武士」檢驗體格。

驗後，各賞糖果一塊。那包糖紙是一葉透亮的紙，畫上一條犬，舐着糖拉長着舌頭，這是多麼惡毒的漫畫，辛辣的諷刺喲！

拿到糖果和「良民證」的人走出大門，一顆重荷着憂悒的心才像大石頭一樣落下去。

夜之網，漸漸撒到地上。大部分的人還沒有經過這手續，時間是像有翼翮的鳥喲！

「回去吧，明天早些來！」

這命令和上刑時差不多。

帶着戰顫的心回去，今夜生命仍沒有保障啦！

照例，奴隸們躲着，躲着，螞蟻般躲着。

夜，蟲豸，禽獸，還是亂竄着，跳動着，找尋着，姦淫着，屠殺着，……

這瘋狂的夜喲！

這可怕的夜喲！

……

（713）

通行證

良栩（二十，職員）

「我自己的家，已經淪陷了將近幾個月了，鬼子在故鄉的種種獸行，從報紙上看到，以及從鄉間跑出來的人聽到的，真是無惡不作：搶刼，姦淫，焚燒，殺戮……那一切，是人幹的嗎？我還要到鬼子處去領通行證嗎？不去領就沒有生意，現在人浮於事的時候，去領呢？到虹口去沒有關係，但每天向鬼子們行一個鞠躬，實在太可恥了！我從前不是說過見了鬼子一個拚一個？現在看見他反而向他鞠躬，那未免太矛盾……」周英大這個年青的小伙子，爲着生活，他從公司裏出來去領通行證，手裏拿着一封信，上面寫着：

「敬呈

園田大雄先生　台啟。」

一看就知道這是鬼子的大名。他內心充滿着矛盾，躊躇不定，不知不覺跑到馬路中間去了。不是被黃包車夫叱了一聲，恐怕早已和電車相撞；他蹌蹌踉踉跑上了階沿，車夫還不斷地駡着，但他似乎沒有聽到。

外灘的夏朝，顯得很靜寂，蔚藍的天空沒有雲。浦江上除了幾隻外國兵艦外，只有獨自掙扎的扁舟和「皇軍」的小輪。馬路上也只有黃褐色的汽車風馳電掣般向外白渡橋駛去。

在橋的一角，人像螞蟻般蠕動着，這批都是爲着生活而被榨取着血的人，他們和她們都是那麼地憔悴萎靡。在另一角中，四個人一排，立得整整齊齊的，像一隊很有紀律的軍隊，英大這小伙子也出現於整齊的隊伍中。

「拍拍！」一個日軍的巴掌，打在一個立得稍歪斜的同胞臉上；其餘幾個看到這，就立得更端正，更嚴肅，一言不發，連呼吸都聽不出來。日軍像隊長般巡邏着，看到站得歪一些的或在講話的人，不是請他吸五枝「東洋雪茄」，就是一隻「東洋火腿。」

無情的太陽像火一般曬到每個人的頭上，他們雖然有很多手裏還拿着草帽或呢帽，但是都不能戴在頭上，原因是有日軍站立着。蘇州河裏的小火輪，是漸漸地多起來，一陣陣的煤烟，不斷向他們的鼻孔裏送進去，他們也不能用手來掩，任其呼吸到肺裏去。

當已經被鬼子攫去了的江海關上的鐘，呼籲般鳴了十二下，一個留一點小鬍子的「友邦」人士，同着二個「親善的」中國人，手裏捧着許多照片，向着領照會的同胞一一校對，就把他們的照片和請求書取去，到領事館去求核准。

「你叫什麼名字？」

「王阿二。」

「住在那裏？」

「曹家渡青年會弄廿二號。」

「多少年紀？」

「四十三歲。」

「做啥事體？」

「拉小車。」聲音是那麼低微。

「什麼？」那聲音是特別響亮。

「拉……拉……」他抖顫着，被親善者嚇得說不出話來。

「拉什麼？拉拉拉！」親善者狐假虎威，就是二記耳光，日軍跑過來又是一隻火腿!那車夫向日軍跪了下來,苦苦地哀求着;結果被二個日軍邊打邊拉,把他趕出去。

英大看到這付神氣,担心着自己是否會被打耳光,吃火腿,心像小鹿相撞般跳着,無形中臉孔和耳朵熱得火燙,深深地懊悔他不該來這里。

他總算僥倖被對過了,雖然講話的時候也很支吾,也許是一封信的效力。那時已經是下午二點鐘了,他肚子也咕嚕嚕叫着,汗像雨般流下來,每個人都有點支不住了。

到了四點鐘,總算由公司裏送到一隻麵包,狼吞虎嚥般吞了下去。那時候一個小鬍子同二個「親善」朋友又來校對一次。直等到七點鐘,在兩個日軍嚴厲檢查之後,才領到這張「通行證。」

(637)

「親善」的待遇

葉世雄(二十·商)

昨晚,父親對我說:「南市家中還有一些很好的傢具、都沒有搬出,聽說到南市去現在可領通行證,明天你不妨去領領看,領着了我們要到家中去望望呢。」

我聽了雖然很不高興去,但是、我不能違背父親的吩咐,終於唯唯答應了。

今天、晨光曦微的時候,我已經起身,頭似乎感到重重的壓力,覺得很不舒適、因為父親說:「領通行證是有限制的,遲了恐怕領不着」所以我匆匆的洗了臉、吃了些點心,就向目的地進發。

領通行證的地方是在徐家匯路一所高大的學府裏,找到的時候,人已經是很擁擠了,兩旁站着中日兩國的荷槍的「日軍」在嚴密監視着,眼睛中射着炎炎的兇光、見了真使人有些害怕。

這時,人雖然到得很多,但是那發通行證的窗口還是緊騰騰的關着,不知在等些什麼?

後來、人越來越多,我擠在人叢中被軋得透不過氣來,一陣陣的汗酸臭,向鼻孔襲來、覺得很是難受。

不一時,忽見幾個「日軍」拿來幾條又粗又長的毛竹片,我正在詫異他們幹什麼,他們猛的提起這粗大的毛竹,向我們這邊人叢中亂劈亂撞的打來。有幾個被打得面目青腫,有幾個被嚇得狂奔、一時秩序大亂,人叢像潮水一般的退出來。我正在跟着他們跑,忽聽得背後傳來一陣纖弱蒼老的哀叫聲,我不禁下意識地回過頭去望望。呵!這一望不禁使我全身的肌肉都抖顫起來!原來是個鬚髮皆白的老者,當人叢退出來的時候,他跑不快,落在最後,幾個日軍見了,就不問情由的拿了毛竹片向他沒頭沒腦的打下來、老年的人如何禁得起這樣的敲打,所以起先還聽得哀哀的求饒聲、到後來竟是不聲不響奄奄一息的了!

還時，這幾個日軍方才住手，但還不甘心，又提起皮鞋脚向老者的腰裏猛踢幾脚，猙獰地笑了幾聲，然後慢慢地踱開去。

當時我見了這慘酷的一幕，心中不禁感到無限的憤怒，眼睛裏幾乎冒出火來，一時神經大受刺激，頭腦一陣昏暈，我覺得再也不能在這裏停留一分鐘了。

我迅速地跨開脚步，離開這惡魔的掌握，歸途中，我憤憤地想：

「現在上海還不過是暫時的淪陷，復興的曙光正在後面照着，可是敵人已不把我們當人看了。照那樣的打法，簡直是當奴隸，當猪還不如。他們以這樣卑鄙毒辣的手段，對待一個衰弱的老人，他們還有一些人類的同情心嗎？他們簡直是狼心狗肺，假若我國一旦完全淪亡，我們還有日子過嗎？

「國亡了！家也破了！土地都淪陷，房屋田地都被燬，我家這點點的傢具，真如滄海一粟，完了就完了！更值得什麼呢？

「不過從今天起，我已經切實地認識了『皇軍』的眞面目，而『皇軍』所賜與我同胞『親善』的待遇。亦將使我永遠地深印於腦海，再也忘不掉了。」（471）

覆巢之下

爾　奇（十八・學）

戰事已開始了一個多星期，無須說，就是一個多星期沒有回我的老家了。

郵政局在報紙上揭露了一個消息，說凡寄往戰區的郵件，可以到郵局去領取。我心裏一跳，雖然知道大概總不會有什麼信件的，但不去一次，心裏又放不下。橫竪沒有什麼事情，也不妨去跑一趟。抱着這樣的心情，我踏上了愷自爾路。

我們虹口這區是分配在愷自爾路郵局。當我走進了那黑黯黯的房屋時，裏面擠滿了人頭。好容易才捱到那裝着鐵欄杆的櫃台前，拿到了一枝禿破的毛筆，蘸了藍墨水，草草地寫了「吉祥路四十七號」這幾個字，遞給一位綠衣的職員後，就呆站在那裏，人們不停地在我背後推擠着。在短短的幾分鐘裏，我眼見在旁邊的人都給綠衣職員的「沒有信」的高喊所回絕了，他們從職員手中接回那張紙條，失望地撕了去。正當我看得出神時，一個聲音在嚷了：「吉祥路四十七號是誰的？」我急應了一聲，塞到我手裏來的是一個黃紙信封，是學校寄來的信，是八月十一日寄出的，在現在看來已是一個陳蹟。而且信內的詞句有些是那麼好笑；但同時卻又多麼使人憤慨感歎！

內容是這樣的：

「逕啟者：目下時局緊張，學生家長有以本校安全及開學問題相諮詢者，爰將實在情形擇要奉達，以釋　廑念，而資答覆。按本校地處公共租界東區，形勢偏僻，軍事上並非要衝，前次滬戰，從未有流彈飛落，亦無日兵或便衣隊之蹤跡，當時本校創辦人英國倫敦會職員始終留校並未撤退，而本校華籍職工亦日常往來（路經百老匯路及外白渡橋）並無險阻，此次暑假期內招生及籌備開學等工作照常通行原定于八月廿五日新生入學試驗廿六日舊生補考廿七八日開學註册，三十日上課，並不展期。貴子弟既已繳留額保證金，仍盼準時來校註册，幸勿託故請假自誤學業，萬一將來戰事擴大，影響全埠時，本校對於保護安全維持學業各點，自必負責籌措，倘祈

鑒察是荷。此致

貴家長

××中學校長×××廿六·八·十二。」

雖然是租界，是「非軍事上的要衝」然而蠻暴的侵略者的兇焰已把整個上海燒遍了，他們眼中已經沒有了公理。奸淫擄掠，殺人放火，他們要想毀滅了整個人類的文化。要保衛我們的土地，我們的同胞，保衛人類的文化和正義，我們是起來打擊我們的侵略者，這就是我們為什麼要展開全面抗戰的道理。

我們底學校現在是給敵人佔據了，給敵軍駐紮了。這是前幾天的報紙這樣登載的我想像着我們科學館頂上的那面可愛的國旗被敵人侮辱着，我們的宿舍、辦公室被洒遍了火油，熊熊地焚燒着，爆發着猛烈的火花，（可是後來知道這想像居然是變成了事實：我的校舍除了新建的鋼骨水泥的科學館敵人無法焚燒之外，其餘的房屋都被敵人燒了！）火花在我腦子裏爆烈了，爆烈了！終於忍耐不住地喊吼了：

「打倒……」

「保衛……」

人聲嘈雜得很，人家不知，連我自己也聽不出我是在喊着什麼。

火花繼續在我腦中猛烈地爆發着，驅使了我衝出這狹小的房子。（867）

南市行

周敬庠

大炮聲把我從南市趕進了租界，什麼東西都不曾拿，只帶了些換替的單衣。

足有半年多了，南市是失陷了，南市是被蹂躪得不成樣了，但是同時，南市卻又宣佈「王道」並准予開放通行了！為要試探在南市的家，究竟變成怎樣，並且還想看看整個的南市被蹂躪得怎樣的程度，因此決到南市去一趟。

這是二月十五日，季候雖則踏進了春天，吹來的風還很寒冷，

尤其在清晨立在黃浦江裏的大駁船上，風會直鑽到頸子裏來。

「到南市要坐船了！」這是我第一個感想。——本來跨過一條民國路是多麼便當的事啊，南市畢竟淪陷了！

大駁船上足足等候了一句鐘才由大來公司的輪船拖曳了向南黃浦行進。不多時突然輪船的速率慢了起來，船上有經驗的搭客說：前面有敵人的兵艦要檢查。果然，我們的船頭向右轉了，朝着前面的灰色畜物慢慢的移近去，船上的人們頓然靜肅起來，像擔了什麼憂愁的樣子，都望着那灰色畜物上的舉動。船此刻已靠近了，先送驗了所謂特許的派司，經過畜物上的守員的點頭，我們的船始向十六鋪的封鎖線駛去。同船的人也都舒了一口氣，談論也嘩嘩地高了起來，發牢騷的也有，說氣憤話的也有，幾諷式的笑話也有，可是表現得最嚴重的，還是不開口的那些人的神情，因爲那種靜默，恰是蘊藏着忍辱負氣的表現！駛進了封鎖線不多的路程，前面又有了一艘灰色畜物橫着，同樣地，我們的船又向畜物駛去，再做了一回檢驗的手續。許多感觸雖湧了起來，但是這時我絕不致慮，只有一句「畢竟是淪陷了」打退了如許的感觸。

船是不能直接到南市，先到浦東，再換對浦的渡船，所以我們的船到了浦東南碼頭就上岸了；踏上碼頭就要買每一人五分的票，據說這是維持費，也有說碼頭捐，更有說是人頭稅，不管他，我們反正是到淪陷區啊！上岸後由敵人逐一搜查，所以時間的浪費是不必估計的，搜查完畢，再排列隊伍去買對浦的渡船票，因此有些被擠在後面的人，等了幾個鐘點還趕不到渡船。我僥倖仗了一位救火員的力量佔了先，但是到得南市也已費去將近三個鐘點了。本來不消幾秒鐘可以跨過民國路到南市的，如今却兜了偌大的一個圈子，費了這麼多的時間，彷彿做了一回短距離的旅行。

跳上南市的碼頭，照樣給搜查了一回。抬頭見不到一棟完整的房屋，由大碼頭沿裳嘉路直到西倉路口，這樣悠長的街道，兩旁房屋都是燬了，剩下些斷垣瓦礫，路名都分辨不出來！經過某一個十字路口的角落裏，聽到了嗚嗚的哀號和狂笑，還夾雜着鞭擊的響聲。尋聲望去，在一電桿木上，正綁着四個苦力樣的同胞，反綁了手，各朝着東南西北向，每一個人的頭上套上了一只小蒲包，這顯然是有意的侮辱！幾個黃色的敵人，却輪流地拿了鞭子團團轉地打着，被打的就發出了嗚嗚的哀呼，於是主打的和旁邊的黃色動物，都手舞足蹈地歡呼起來。這時，我的神經緊漲得幾乎爆裂了！除了掉首不顧，一走之外，還有什麼辦法呢？淪陷區裏的俘虜啦！

走着走着，又走過了二個十字路口，前面正有一個我們的中國人，挑了一担水緩緩地前進，突然後面駛來了一輛載有黃色動物的汽車，挑水人雖已很迅速的避讓，究竟挑了重担，行動未免遲緩些，汽車不能筆直前進，早已惱了車上的黃色動物，車子戛然停了下來，黃色動物虎視眈眈地跳了下來，蠻牛樣的力氣，很快地搶了一桶水，狠命的向那挑水人擲去，在挑水者不及躲避的時候，第二桶水又潑了過來。水淋淋地濺得那挑水人打顫不已，黃色動物方才跳上汽車嗚嗚地馳去。挑水的人幌了幌身子，收拾了水桶，靜默地挑着就走，水滴從身上流下來，潤溼了他所走過的路面。挑水人的表情太深刻，我十分地體會得，但是我只能同情，不能援助啊！使我想起了東北，他那裏從「九一八」到現在，這樣長期的淪陷，不知怎樣在生活下去！在我踏進淪陷區不上幾個鐘點，耳濡目染的已够人難受了啊！

到得家，房屋幸喜還在，不過裏面什麼都沒有了，祇剩了地上尺許厚的破碎紙頭。有什麼留戀呢？回去吧，這裏的氣氛簡直會把我窒息得透不過氣來！自從清晨跳上大駁船直到現在的大半天所遭遇到的，眞是太深刻了！我還有什麼留戀呢？

重踏上回來的路，默默地只覺得自已的神經緊張，思潮反而沒有了，只喃喃地念着：「這是淪陷區啊！」

走到碼頭的時候，二個中國女子却正給黃色動物拉着到哨兵棚裏去，並且我第一回看見了那二個黃色動物的獰笑的表情。這是什麼呢？我想不必說，聰明的人也够猜得到的吧？

再做「像來時那樣麻煩的手續，方始回到外灘，江海關上的鐘已是五時過了。南市來回一趟，竟需要一天的時間，而且看見這許多驚心動魄的慘劇，這在我的心板上刻下了永難磨滅的印象！

省視

索農

朋友們都打趣我，說我是漢奸，因爲他們知道我今天是第四次往返南市了！

我有說不出的苦衷，誰能明白呢？爲了經濟的壓迫，在租界上沒法謀生，不得不使我年老的父親還居舊處——在城裏的殘破的家裏，可以免付房租，况且那裏的生活程度相當低。所以去歲廢曆年底，父親回到了故居，我至少得每個月回去一次，探望探望他老人家的康健。

廿三日的清晨，從公司裏出來到金利源碼頭等候擺渡，人是那麼擁擠，好容易才乘着渡船到浦東。

岸上的景象，使人忿憤，持槍的「皇軍」虎視着每一個上岸的人，爲虎作倀的漢奸與大道市的警察檢查每個到浦東的人。

東昌路上的市集和菜市街，太平橋不相上下，來往的車輛與行人，摩肩接踵，一片昇平氣象，那裏像刧後的景象！

坐上了人力車之後，沿途的風景還不是與以前一般？四野的蟲聲，風穿花的夾蝶，採花的蜂，靜悄悄的大地上，僅有一片天籟和着蟲聲來安慰我孤獨的心。

經過了冗長的路，便到董家渡，這兒是通南市的要道，等候輪渡的人已是很多，正在候着買票，可是不幸的事情發生了，也可以說是「皇軍」的「親善」哪！事情是這樣的：

在買票處有着一列的人，我便是其中一個，須得慢慢地一個個的挨着上前！忽然從人叢中擠出一個老婆婆，她搶着上前，警察叫她退到後面去。她不聽！立刻「皇軍」手上的鞭子便光顧到她底頭上。

「你爲什麼打我？」

於是一下又一下，鞭子像雨一般落在她身上，接着一脚把她踢倒在地。她祇在地上打滾，哀求已失去了効力。「王道」「親善」的假面具完全撕破了！

每個在場的人，露出憤恨之色，可是警察禁止每個人回頭注視：

「不要看！留心你們自己！」

這句話相當的有効，我低頭唾一口痰！這時候跟他們吵鬧眞是無謂的犧牲，祇有把滿腔的悲憤遏住了，不得不忍氣吞聲！以後怎樣，我便不知了。

半小時後，我到達了南市，經過了炮火洗禮的景象，使每個刼後初到的人認不出故居！哪一片瓦礫場中沒有無辜人民的血汗！踏着充滿了慘愁的道路，黯淡的陰影襲上了心頭，我長長的嘘了口氣。

信步向前，荒涼的路上點綴着零落的吃食攤。經過了外馬路，裏馬路，外鹹瓜街，裏鹹瓜街，中華路，直達肇嘉路，再一直向前到西倉橋街，然後折向南市，又從文廟路向西到我父親的住所！這兒受戰禍的影響還少，很多居民仍操舊業。

每次見了父親，總是相對黯然，——有什麼話可說呢？這一次當然沒有例外。我祇告訴他一些最近的時事。

「怎麼了？」

還是父親的嘆聲。

「以後你少來爲妙，我自己會當心，緊急的當兒，我會到租界上來的，你還是早些出去吧！」

沒有多餘的話，也沒有多說話的勇氣，一開口，祇有傷心，祇有憤慨！

忍辱

方(十六·學)

一九三八年二月一日清晨，懷着一顆焦急的心，我和王從校中搭電車到了三馬路外灘，準備搭輪回到失陷將近三個月的家鄉。

碼頭上擠滿了人，其中大都是農民，衣衫簡樸，焦急地等候着渡輪。

清晨的外灘，還是冷清清的，祗有幾輛電車和汽車來來往往地疾駛着。碼頭前泊着兩隻渡輪這正是這羣渴望着囘到一水之隔的家鄉的人們希望早些開駛的渡輪！

時間一秒一秒地過去，錶上的時針已指近七點了。渡輪上的機器才開始轉動汽笛也尖銳地鳴叫起來，碼頭上鐵柵門也開了，人羣潮水似的湧進了渡輪。

一陣紛擾後船漸漸地移動了，矗立外灘旁的高大建築物一排排往後退去。王和我坐在靠船欄的一邊，我倚着欄杆俯望江水，但見滾滾然浪洶湧而來洶湧而去。一股激湍的血流在我內心沸騰起來；現在正是中國怒吼奔騰的時候了，那浩浩江流，滾滾白浪，正是目前中國的象徵！它會擊破民族的敵人，粉碎侵略者的迷夢，建設嶄新的中國！可是，當我仰起頭來，看到那江面上到處飄揚着膏藥旗的時候，激流的血頓時遲緩下來。這是侵略者武力控制下的領土呵！這是侵略魔鬼縱橫跳躍的世界呵！我囘過頭來一眼瞧見王正怒目齒切地呆望着停泊江中上面插着膏藥旗的戰艦，敵人的戰艦！

「他媽的！狗東洋，總有那麼一天！」王面向我，緊緊揑着拳頭說。船上人都不由得帶着驚奇的目光注視他一眼。

汽笛又尖銳地叫起來：船靠近了東昌路碼頭。走上去，卽刻可以看到幾個穿黑制服帽邊四周圍着黃布條，手拿木棍的僞警立在旁邊一個個地檢查上岸的人們。路旁站着一個神氣赫然的「皇軍」雪亮的刺刀炫耀地閃着光。檢查動作還算快因爲大部份是農人菜販馬夫，查一下就過去了，要是衣冠整齊帶點智識分子色彩的話，那些走狗就不怕麻煩地細細向你搜查。搜查過了，走過「皇軍」面前，還得恭恭敬敬地行一個九十度的「鞠躬」禮，算是「親善」和「提攜」，要是不這樣，刺刀就會向你身上鑽個窟窿的！

終於輪到我們受檢查了。走狗們看到我們那副「文縐縐」的樣兒不辭勞苦地從頭上搜至脚下，一遍不算，再來二遍，像要搜出什麼似的。搜過了，我們急急向前走去。不到數步，已走近了「皇軍」，爲了避麻煩，走過的都脫帽「鞠躬」。王剛才受了檢查的氣，只是埋着頭走，路旁的日軍沒有瞧見，等到走近面前，再來「鞠躬」已是來不及了。這下那位「皇軍」的尊容可有點發怒了，他狠狠的瞧了王一眼後，一個箭步上前，在王屁股後賞了一下「親善」的火腿。王冷不提防，幾乎倒下去。接着又是「刮」一聲，賞了一下「提攜」的耳光。王雙目頓時射出憤怒的熱焰，一下揑緊拳頭，準備搏鬥似的，日軍也發狠起來，嘴裏「雅格里篤」的不知放的什麼屁，擎起刺刀，黑溜溜的眼珠射出野蠻橫暴的兇焰。接着上來了一個拿着木棍的走狗，走向王身邊，大聲吼着：「走！滾！」痛心和憤恨頓時湧上了王的心頭，他舉起拳頭：「你敢怎樣？無恥的走狗！」

王的激昂慷慨的言詞激得走狗惱羞成怒，正要强曳王至警察局的時候，暗地裏來了一聲「中國人不打中國人」！這時四周觀望的人們也逐漸增多起來，走狗到底還有些「人性」吧，不好意思地懷着一肚的慚愧(？)走出了人羣，口裏還在唧咕着不堪入耳的漢奸話。

我急急拉着王走過了東昌路，王心頭的憤怒這時一齊爆發出來，咬緊嘴唇說：「方我忍不住了！我要和敵人走狗們拚一個死」！他已流下了成串的淚珠。

「今天不是我們死的時候，我們的死要死得有意義！」王記着吧！我們的鮮血是要灑在戰塲上的！我們的頭顱是要換取敵人最高的代價！我們的死是爲了復興中華民族，換取新中國的生命！」我也不禁滴下激動的熱淚！（894）

斜土路一瞥

韓承明

爲着要探視我南市的寓所，我在三月廿二日打了一個早起，乘車到了徐家匯鎭下車步行，該鎭的市面非常熱鬧，只見人頭鑽動，大都由四鄉來鎭購辦各種食料的，因爲滬西各市鎭的商業大都因戰事而停頓，尚未恢復原狀，所以西鄉一帶的居民無不到該鎭來做買賣。

我從人叢中擠出了該鎭南首，轉入土山灣，人行道上，自西南鄉來的男女鄉民，非常擁擠，他們肩挑米糧菜蔬等物，絡繹於途，據云大都來自松江莘莊龍華等處，不遠數十里，來滬販賣，每担除納捐外，只賺三四角薄利，每天只有一個來回，並無休息時間，他們肩挑重担，汗流浹背，非常勞苦，尤其是十五六歲的姑娘們，似有不勝其負担之苦！她們只爲着生計關係，在這流離失所的處境中掙苦，此外還有什麽生意可做？這與「孤島」上悠閒自得，過那奢靡生活的安樂女子們，其苦樂之懸殊，更是不可同日而語了。

從土山灣天主堂東首，靠沿馬路上向南走去，便是華法交界之處，只見前往南市的人衆，不下千數百人之多。那邊有租界巡捕六七人，手持警棍，維持秩序，着令往南市的人們，排成一字式長蛇陣，魚貫前進。因在斜土路口，有華界的「僞警」檢查處，只有一個能容一人出入的小小關口，每人必須經過檢查手續，所以非常遲緩。我一看這種光景，要想掉車回滬，但在這人山人海的當中，欲進不得，欲退不能，只能排列在最後的陣線上，有氣無力地向前走。走一步只不過前進三四寸，我便按下急躁的性情，在陽光曝曬之下，拖着牛步。那時我的心中，氣憤得上氣接不着下氣，以我自由之身，爲什麽受此很不自由的痛苦？大約走了一個鐘頭，方始走入斜土路，有幾個「僞警」擔任檢查的工作，他們竟上身摸到下身，非常嚴密。在斜土路口，設有捐局一所，從滬西滬南各地來滬肩挑貿易的鄉民，都擠在該捐局門首納稅，白米每担捐銀一元，蔬菜等物每担則捐三五角不等，每日不下二三千担之譜，捐局收入也大有可觀了。我們折入了斜土路，好似鳥出樊籠，隨便開步向前走去，只見南往探視寓所的人們，勢如潮湧，但都係男子，除少數老嫗外，絕無年青的女子，亦無年青的壯丁，因為時局如斯，年輕者大都裹足不前。斜土路上，雖風景依然，而人物已非，有日兵三五成羣，荷槍站崗，過路的人們，必須脫帽行禮，那時的我，好在不戴帽兒，却免除了不少的麻煩。我們雖歸心如箭，加緊足步向前邁進，但戰後的景象，不能不略加注意。斜土路上，戰後的淒涼慘狀，不覺令人黯然神傷，那被毀的房屋，只剩些斷垣殘壁，使人憶起昔日車水馬龍的盛時，不無今昔之嘆！

路旁的田野中，到處可能見到三四丈闊圓，一丈餘直徑，八九呎深的窟窿，這便是侵略者鐵鳥下蛋的遺蹟。楓林橋畔，前市黨部的房屋，仍巍然峙立於兩旁。舊址雖無恙，而景物則已變了顏色，只見有幾輛運貨的卡車，直向這裏前進，這個所在，已成為若號儲藏的倉庫了。日暉橋的戰蹟，尤為我人觸目驚心，在該港附近的工廠民房，損燬慘重，港上的停雲橋工程，均經在我軍退出時破壞，現已用鐵板方木等物修竣，該橋的名稱，亦已更改。靠路南一帶，大都駐着馬隊，而成羣結隊的馬匹，都放在田野中嚼草，路上馬車，則蹄聲得得，大都是日兵所乘，橫衝直撞，行人也來不及迴避。日暉江迤東的生生牧場，只剩燼餘的一小部份房屋，內有日兵數十住着。秦康食品公司，也大都被炮火轟去，只剩下些瓦礫堆。啟明染織廠，亦已被祝融氏捲去，國華煤球廠，只剩煤屑一堆，廠房全燬。以上數家工廠為南市數一數二的大產業，其廠房設備，均極完善，規模宏大，其損失之鉅，不下幾千萬元。四明公所，亦已半毀於火，某攝影場全部被焚，只剩石獅子一對，南北並立。路旁小販，大都手攜提籃，喊賣香烟食品，但其價格很貴。饅頭稀飯等點心店，則不多見，其所煮的粥既非西貢之和米，又不是土產的大米，其形狀猶如南貨店所售的米仁，據云係日本貨，不知這種米粥，吃到嘴裏，可有些血腥氣？

我們走了半天，方才走到新橋附近的魯班路，肚子裏覺着有些饑餓了，便在一家點心店門首站住了脚步。那時已經走得乏力而疲憊得不堪了，那點心店老闆，好像是個山東朋友，他見了顧客上門，便笑嘻嘻地問我，阿要吃饅頭稀飯？我便吃了四隻山東饅頭，外加一盆不到三四十根的黃豆芽，當作菜餚，看到鍋子裏所煮的粥，都是來路不明的貨色，不佞惟有望粥興嘆而已，豈敢嗜此異味？問問這個山東老闆的生意如何，他說還好，因為房租是不要出的，菜蔬只要到田野裏去挑，一切日用開支，倒也不算浩大。而所賣的點心，却非常昂貴，饅頭每件八十文，連一盆豆芽，共計四百文，我便付給了點心錢，開步再提路程，一直到斜土路東盡頭，轉入製造局路。路上戰後遺蹟更來得慘重了，許多市房廠基的毀壞盡成焦土，有幾個江北朋友，都在那裏墾荒似的翻掘，有的拖着燒焦的木柱，有的攜着廢銅爛鐵，以及破衣敗絮，非常狼狽。這些苦力們，大都是刼後災黎中的餘生，他們去拾些燼餘的東西，變賣幾個銅子，聊以充饑。

徽寧路上的徽寧會館，從前是駐紮保安隊的，現在都已被焚燬了。向東走過陸家浜，只見職業學校大部份已燬，從迎勳路轉入中華路，民立中學東部已燬，裏面駐紮日軍。大南門，也有馬隊數十，佔據民房。跨入阜民路，只見我的住處全部焚燬，我仔細地憑弔一下，只見銅鐵床的灰燼，猶隱約可辨，但並無別的器具被燒在內，所奇者，東西鄰的房屋，均完好如前，毫無損壞。問諸鄰居，則曰被流彈所燃燒，然視察其情形，無非是被人將物件搬去，又將房屋木料拆除，然後放火焚燒，否則何以東西鄰的房屋，却未見其遭殃呢！總算我紅（不是鴻）運高照，將二十年心血所辦的器具什物，盡付刼灰，精光大吉，況且在這亂離時候，像我這樣遭刼，是很多很多呢，我的心中所患的幾個月的「懷家病」，也霍然若失了。我見了這種光景，馬上起程回滬，那時已鐘鳴五下，手拿小鏡一照，我的「小白臉」，已經像印度阿三了。（186）

記住吧記住

蘇方

是一個初春的早晨，皚皚的白雪鋪滿了大地，北風怒吼，嚴寒澈骨，我奉着廠裏經理的命令，和同事T君冒着曉寒，同往南市看廠去。

我們縮着頭頸，在凜冽尖銳的北風中前進着，心中雖然萬分不願意到惡魔的掌握中去，但是爲了生活的鞭策，怎能不在飢餓線上掙扎呢？

從法租界外灘擺渡到浦東，在日軍嚴密的搜查下通過了東昌路，沿途所見當然是異樣的了。那些無恥的僞員正在熙熙攘攘的往來着，臂上縛着黃布條子，似乎很高興。唉！這班沒有靈魂的東西，不知可曾想到自己的祖國？

行行重行行，當我們走到一座木橋的時候，見橋邊有二個「皇軍」在駐守着。因爲我們初次到南市，根本不知道要鞠躬致敬，就惘然地跨步上橋，不意還未走過橋頂，一個「皇軍」忽然怒冲冲地跑來，提起蒲扇大的手，向T君的臉上猛的一掌，接着我的臉頰上亦遭着同樣的命運。我受了一掌以後，竟不覺着痛，祇覺得心中火辣辣地有一股不可遏止的怒潮湧上胸頭；一陣昏悶，立刻失去了知覺。

當我醒來的時候，身體已在黃包車上了。T君正在輕撫着我的胸脯，他見我醒來，就驚喜交集：「方嚇得我好慌，你怎麼這樣心痒呀！剛才那矮奴見你一掌就打昏了，就得意地獰笑着跑開去，不理我們了後來我沒有辦法，祇得僱了黃包車把你拖了走的，我勸你還是忍耐些吧！在他們的勢力範圍內，是無法可想的。」

我聽了，默然無言，心裏一陣難過，辛酸的眼淚不禁奪眶而出。不一時，擺渡至南市，到了廠裏，向廠裏的看守人員談及前事，他們搖搖頭感喟地說：「這樣的對待你們還算客氣的呢！前月有個青年，因為強硬地不對他們鞠躬，竟被他們吊在電線木上，活活的餓死，你想，慘不慘？」至於我們在這裏，真是度日如年，日軍常要來滋擾，有時或叫你去挑水，掃地，或叫你去敲背，洗衣服，見了好的東西就要拿，稍一不遂，就拳足交加，在他們的眼光中，中國人的性命，簡直比螻蟻都不如，我們為了職業關係，祇得忍受一切的恥辱，不然，誰還願意住在此地呢？」

我聽了他們的話，不覺黯然，我想：我是一個有血性的中華男兒，縱使失業餓死，亦決不願在矮奴的鐵蹄下過着非人的生活。

於是在當天的下午，我就離開了這特殊的環境，到了租界，就向經理面述我不願去南市的理由，經理無可奈何，終算答應了我的要求。

從這天起，我開始澈底認識了日本帝國主義猙獰的真面目，知道他們不但要滅亡我們的國家，甚且要滅亡我們的民族，要我們永遠地處服在它的鐵蹄下，做他們馴良的奴隸。

我受着了一記耳光，這算得甚麼，假若亡了國，更痛苦的還在後面呢！

記住吧！記住敵人給與我們「親善」的待遇！

戰後的滬西近況

德溶剪報

日昨我會晤了一個從轟炸中來去而始終在懷念着的故人，他一向住在滬西，並且在北新涇擔任教職，最近又從滬西來，我們歡快地握手言歡，我又趕快地探詢滬西的現狀。

滬西一向被蟄居在租界區內的人們所關懷着的，尤其是在收容所和流落在街頭的難民，或甚至一般確是很安靜地身處滬上，但內心却深戀着故鄉田園的人們，更無時不在掛念着。到最近，日方宣佈開放了，於是這以前給炮火所轟毀飛機所施虐的地帶，頓時開始了「解禁」，滬西的來客告訴着滬西的近事，似乎特別使人感懷也特別使人感到親切的。據他說：

在滬西我軍嚴密佈防之前，他就逃到僻處一隅的澱山湖畔的鄉村裏，直到滬西戰後，他才從湖濱轉回到離南翔不遠的故居——諸翟鎮，在那裏，三個多月並未碰到任何意外的事變，一切平安如常。

日軍在滬西，現在仍駐有軍隊，但為數並不多，靠近大道的兩傍的村莊，都可以寥落地發現着懷有手槍，踏着沉重腳步的日兵。

他們每天在站着崗，當時會有一二個長官騎着高馬在巡邏着，空氣是萬分閒散，但舉目四周盡是殘壁破垣，荒蕪了的田園，靜寂的鮮有人影。滬西開放了，從兆豐花園過去到滬杭鐵路的柵邊，人影畢竟比前多多！但十九是勞苦階級，他們從租界裏販賣着一些零件到鄉村裏去賺一點錢，有的却因爲流落在上海的街頭不再能生活，願回到故居去，大地是他所愛的，他們捨不得離開自己的家園，中等階級以上的人們是很少的。

從鄉村到上海來的人們，須領得通行證，那是一張用舊報紙印就的小片，蓋有日軍部的圖記。事實上，日軍並不注意於這個，因爲這是任何人都可以領得的。而當他們走到被檢查的崗位時，要是你是智識份子，他們會特別當心注意，尤其是年青人三五成羣。原因非常簡單，他們怕你是否是游擊隊的一員。

日軍嚴格的檢查，那就很費事了。從上身到下身，從身上到所攜取的雜物上，都得仔細看。若是你經過他們並不出聲，那你便可以隨意地走過去。事出意外的要是走過了多步，他們再喊出聲時，那便得給他呼叱着了，他們會加倍的嚴密地注意着你。不過走過那裏的人們，絕少抬起頭來的，有時戴着呢帽，你都非得向他敬禮不可。諸如此類的事實，是數目不鮮。

據說北新涇現在已找不出那裏是街道，那裏是河渠。滿目戰後的景象，令人悽絕。沿途時常可以發現浮在河裏或是倒在田間的屍體，那些到現在還沒有檢埋。

友人一口氣告訴了我這些以後，他祇是喘着氣，而孔泛得比來時更紫更白。幾月來幸運的，他的精神並沒見衰頹，不過面色似乎給炮火熏黑了好多。他說：這回再重見相敍，實是夢事，也是第一樂事。他願意在上海過一點沒有特種刺激的日子，來呼吸一下自由空氣。他們一起有七個青年，到上海來的路上，成了七個農夫，他所喬裝的短裙和小襖，後來我還親自看見的，眼鏡脫下了，金牙齒還依然嵌在他的嘴邊。

週圍友人們在狂歡醉酒，燕燕鶯鶯，極盡人間之樂，故人感傷地對我說：「官能的享受，對我似麻木了，上海眞是『人間天上』，滬西果然遠了些。」（廿七年一月廿七日建中報）

血　痕

塵　凡（十一·學）

「小狗子，我們到河裏去洗澡好嗎？」

「我不去，河那邊有兵站崗，被他看見會把我們打死的。」

「你不去就不去，何必說這些廢話！」小三子很生氣，說完話就很快的跑向河邊去。

小河橫在面前，河水靜靜地柔和地流着。小三子是多麼開心哪！他很快的脫了衣裳，就投入小河的柔和的懷裏去。在河裏忘記了世上的一切。他只覺得天是那麼高，水是那麼高，高興得舞動手足，游來游去。

在河邊站崗的東洋兵，忽然聽見了游水的聲音，以爲有「奸人」在偷渡過來。於是鬼頭鬼腦的將頭伸出一望，望見一個十四五歲的小孩在離他四五丈遠的河面游泳。他便很快的向那地方跑去，但是到了那裏，小孩又游回去了。

於是東洋兵就用帶日本音的中國話喊道：「小孩過來，小孩過來！」接連喊了好幾十聲；小三子因爲太快樂了，一聲也沒有聽見，還是很快樂的向前游去。

東洋兵看小孩頭也不回的向前游，便拿起槍對準小三子的頭，輕輕的把槍機一扳，槍彈便直向小三子的頭裏鑽進去了。

小三子的身體好像給石頭繫住的一樣，慢慢的向下沉沒。

太陽慢慢的西沉了。小三子媽因爲兒子玩了一下午，還不回來，心裏有些着急，於是開始找他，可是整個村子全找遍，沒有小三子的影子。她祇好在村上挨家挨戶的去問，但問遍整村子也不知道小三子的下落。她祇有失望地一步一步走回家去。

在回家的路上，她還在細想着有誰家沒有去問過？但是……忽然她想起離開村子半里多路的小狗子家，於是她就抱住最後的希望向小狗子家跑去了。

小狗子家的門是半開着。她很快的走進去，看見小狗子就問：

「我家小三子在你這裏玩麼？」

小狗子答道：「他下午吃過飯來的，一會就去了。」

「那麼你知道他到那裏去的嗎？」

「也許他在那邊河裏洗澡吧，他叫我去，我不高興去，他一個人去的。」

他母親聽了這話，就很快的跑到河邊一看，那裏有小三子的影子？祇見河岸上有小三子一身衣裳，河水中好像有一縷血痕在慢慢的向下流着。（七月廿四日黄昏）（233）

滬西的賭窟

戈伶

一

賭博是無秩序社會的必然產物，但近來上海賭風之盛，實在沒有這一次的熾烈，現在姑以滬西一隅來說，那裏賭窟之多，及每日大批法幣的滾入侵略者的手中，是每一個有血性的同胞所絕不能忽視的嚴重的問題。

在去年抗戰開始時，滬西三百餘的游民階級（包含了各地逃難來的游民）爲了要解決每天所不能缺少的生活資料，由少有積蓄者——平時以放印子錢度日的——每人五元十元不等，湊上一個相當的數目，而在熱鬧處借上一間前後樓或亭子間隔日或每日開賭；從鄉間避難至這兒的富紳閒極無聊，就成了這些賭窟的經常主顧。賭窟本來是誘人金錢的地方，爲什麼去的賭客十九是輸呢？這裏是有着耐人尋味的哲理的，那就是贏的還想贏，輸的不甘心就息手。九九歸原，錢總是往「台子」老闆的腰包裏走去的。

在那時，因爲滬西的警權還操在咱們警察局和公共租界巡捕房手裏，因此那些賭台也全是祕密的，並且常遭拘捕；但到了十一月中旬國軍退出上海後，這裏的情形就全不同了。賭窟遍設於每一個里弄中，不但受不到常遭拘捕的驚嚇，凡有在「大道市府」裏熟識的蒙面漢奸從中疏通，這樣益發使他們明目張胆的無惡不作了。

「大道市府」不是無條件的跟他們「合作」的，起初，是由「台子」老闆每人每天送上幾十塊錢的「恩俸」；幾個月後，這椿買賣被「日憲兵司令部」知道了，當然這是一件夠使他們興奮的事，正苦着開支短少而需要在什麼地方搜一點錢來貼補，有了這樣一筆進益，可使那有不設法的呢？終於在「有礙治安」「窩藏危險份子」的種種名正言順的理由下，「台子」老闆全被帶到「司令部」裏去了，同時十餘家的賭窟也宣告「暫」停了。

一面是卑汚的賄賂挽人說項，一面是肚子裏早有成竹，但推說倘須調査，而在半推半就的姿態下，雙方談妥了條件，十多天後，每家台子門口都好像新開戲院似的掛上了紅紙金字的大「市照」無廉恥的寫上斗大的「特許」什麼什麼的。……

二

「談判」的結果是每「家」每「日」須繳納「××費」一百五十元。這裏我們來看一看滬西賭窟的數目吧：

廣生	勞勃生路膠州路口	黄星記，任生發
安利	白利南路仁和里十號	沈金林
富生	曹家渡鼎業里十號	錢阿如
公益	勞勃生路公益坊廿號	徐子杰，辛金生
存善	極司非而路存善里十五號	齊夢春
仁德	極司非而路仁德坊十號	張榮生
申記	康腦脫路忻康里卅八號	周文海，甘達鑫
忻康	康腦脫路忻康里四十四號	白雲山
康脫	延平路葉家宅	王志康
利發	憶定盤路曹家渡卅三號	梁芝林
諸安	諸安浜七十三號	馮木淸
永源	大西路永源坊一二一號	張康茂
大運聖記	憶定盤路東諸安浜三二號	張記榮
老申記	白利南路積德里一號	郭柳村
共和	勞勃生路四六三弄一號	李連成，王　濬

3·260

朱家	汪家弄十號	郭舜林
康家	康家橋一八四號	邵連根
同人	白利南路康福里六二號	李世民
曹家	曹家渡二六號	黃愼三
極司	勞勃生路梅芳里六七號	紀培壽，楊劍飛
東興	金家巷二三號	楊進海
大利	法華鎮	王錫銘

二十二家賭窟每家每天一百五十元共計三千三百元，十天是三萬三千元，一個月是九萬九千元，從開始繳納款子時起，到目前爲止，已經是二個多月，將近三個月了。現在以二個月來算吧，已經滾入日方的法幣是十九萬八千元。

另外每家每天須繳納法幣五十一元給「僞偵緝大隊」，我們再以上面那樣的方法來算吧，得到的總數是每個月須三萬三千六百六十元，仍以二個月說，那末共計得六萬七千三百二十元。

一個令人多麼觸目驚心的漏巵數字啊！

這裏還有一點須特別提出的，那就是從八月份起，日人將通知每家賭台將把「××費」再加三十元，和原來的加起來共一百八十元了。

三

在這艱苦的抗戰過程中，有力的出力，有財的出財，是每一個有血性的中國人應遵行的，可是像這樣一筆大的數目——將源源不斷地增加着——竟然不費日人一槍一彈而順服的送到日人手裏，這簡直是直接濟日人的資源，而增長他們屠殺的氣燄，對於整個的抗戰力量將受到一個多麼嚴重的打擊！

願上海的同胞們切勿再坐視這一危機的繼續滋長才是！

（譯報）

弔

超人

仲冬的天氣，使人怪厭煩的。

北風一陣陣襲來，雖穿着厚厚的衣服，亦僅能予身體以些微的溫暖。太陽躲在雲裏，偶爾伸出來張望一下，立即又縮了回去。

下午趁着半天假期，獨個兒抱着創痛的心，蹓到了刼後的北站。

這條路差不多有四個多月沒有走過了！從前除非蹲在家裏不往外跑，否則這是個必經的要道。可是這幾個月來，我却沒有機會再走這街路。現在，我是刼後的餘生，重臨舊地，眞不勝有滄桑之感了！

路上冷清清的，雖然電車已通到車站，可是除了載來少數憑弔戰蹟的特殊人外，很少有人往來。

從北浙江路到北河南路短短七八百米達的路程，已給我無上的刺激，無上的創痛。腿竟不聽我的指揮，老是固定在那裏不肯輕易移動一步。

滿身瘡痍的兩路大廈，在寒風裏悲悽的掙扎着，牠是個新生不久的青年人，可是遭受了殘酷的摧殘，僅能在這荒涼而酸楚的境況下，苟延殘喘的度着日子。車站兩經刼掠的車站粉碎得找不出一塊完土，偶爾有也給用中國人的血涂紅的太陽旗損害了。閘北最熱鬧的寶山路，重建不久的住屋，簡直全部給戰神吞噬掉。接連着天堂和地獄的界路上，也斑斑的留着許多戰痕。我的老家，緊傍着寶山路的老家也給戰神毀滅了！

當我正走到一半的時候，一個趾高氣揚的巡邏隊，高視闊步的從寶山路那兒走來。這引起了我另一種感觸。

記得去年八月十二日，上海早已鬧得滿城風雨了！炎民，維德和我，在那天下午亦在三四點鐘的當兒在這裏經過。一隊隊忠勇的戰士用整齊的步伐，輕快的踏上他們的征途。那時候，我們抑鬱了許久的心情該是多麼愉快啊！可是今天勇士們灑過他們熱血的所在，已全部更換了面目，再也看不到勇士們的英姿在面前活躍着的，全是猙獰兇惡的敵人了！

我呆住了！想起了勇士們，想起了友人們。他們都盡了應盡的責任，追隨着先烈們的血跡，邁着大步向前衝去。可是我，雖然在敵人的面前，却僅是忍氣吞聲的受着侮辱，沒有一絲奮起的勇氣。慚愧啊！慚愧啊！這樣缺乏勇氣，只想苟且偷安的青年人，還能算得復興中國的原動力嗎？

肩頭上被人拍了一下，我猛的從幻想裏驚了過來。一位老鄉站在我後面，帶着悲痛的臉告訴我，這兒快斷絕交通了！「回去吧！這兒沒什麼多瞧的！當這兒再飄着青天白日旗的時候，才是我們憑弔遺跡的時候！」他喃喃着。

我不想和他說什麼，雖然我知道他亦是個沒有喪失意志的有心人。我退回到鐵門裏，在暮色蒼茫中，望着充溢着陰霾的閘北區出神。（871）

我走出恐怖的地獄（二十七·二十·七）

潘儁仲（二十二·工）

湖北繼哥知道我目下境况不大好，在兩月前寄給我十塊錢，是從郵局匯來的，匯票上並沒有註明什麼分局取款，這無疑的須到北四川路總局去拿錢，但一天十二小時的工作，哪里有時間出去呢。今天乘請假看朋友之便，才抽出一部份時間到北四川路。

在江西路北京路下了電車，穿過兩條叫不出名稱的馬路，到了四川路，行人仍舊像平常一樣地往來着。我一面低頭度着方步；

一面在打算十塊錢的用處，沒有顧慮到橋上悲慘恐怖的情景。走到橋堍，偶一抬頭看見橋背兩邊有蘆席搭的涼棚，分兩班站着近十個全副武裝雄糾糾的日本憲兵，還有四五個背武裝帶的長官。來往的行人很規矩地實行「靠左邊走」的規則，任他們盤問、搜查，喝罵和白眼，也是怪平常的事。

右邊走過來一位穿白嗶嘰西裝的青年，高高的個子、年齡不過二十二三歲，走近那直挺着的日本憲兵的時候，他的長長的軀體，行着一個足足九十度的敬禮。對他「友邦」的每個「學友」浮出愉快的微笑，得意地向四川路南面走去了。我好像被引到另一個世界呆着了。腦筋里千萬餘思緒不停留地旋轉着，呆凝地想像今天該遭遇到的不幸。一會兒另一個思想出現在腦海裏，現在唯一的方法，該是向後轉吧！剛預備旋轉身子，理智又在警告了：「前進啊！不要給『老爺』們懷疑，這樣會受到意外的麻煩的……」於是再提起笨重的腳，慢步繼續向橋上走去。為了避免無謂的麻煩，走近氣昂昂的日本憲兵面前，用我倔強的頭點了一下，還是我生平最難忘記的奇恥大辱！

過了橋，情形就大不相同了。街上除了三四個行人就沒有一點兒聲息，我沿着郵局跑了一圈，平常總是開着的那扇門都緊閉着。一抬頭，看見站在新貴們聚集之所的新亞大酒店門首的偽警，忽然在注意我了。於是理智又敏捷地催逼着：「快說話啊！……」當我問他郵局近況的時候，他似乎很同情地回答着：「……我也不大明白，大概走那邊的橋吧！……」

向後走了，請問和搜查是我意料中的事，果然，還沒有走近他們的身邊，就有一位長官急速地走過來，用着不很純熟的中國話問着：

「從那兒來的？」

「剛從大馬路來的，預備到郵局裏寄錢，不知道到郵局要走那邊的橋，所以就得回頭。」我說了又交給他一個信封，表示事情是誠實的。

「……稅務稅警××隊……」一面看着信封上的字，一面喃喃的低唸着。

「是你的什麼人？」

「是我的哥哥。」

「你的哥哥是中國兵？」

「不是，他是收稅的警察隊長。」

「你做什麼事？」

「我在紗廠裏做工。」

「在中國紗廠？」

「是的。」

「幾銅錢一天？」

「五角錢。」

「苦得很，我們日本紗廠一天有一塊幾角錢。」

我沒有回答，於是他又得意地笑着說：「走吧！」

「走」的命令下來了，我飛快地走出這黑暗的恐怖的地獄。

（518）

到虹口去來

文斌

為了我的家在虹口，聽說還沒有燒掉，想去看看，可能時整理些東西。

懷裏揣着通行證，我站在外白渡橋的西塊，遙望着遙天的雲和房屋。可不是，經過蘇州河（它把兩岸劃成兩個世界）向東過去，就是我的家了——我曾經住上十幾年的親切的家，闊別了一年啦，不知變成個什麼模樣。

「拍拍」，在我的前面一個鄉下佬打扮的老頭被站崗的日軍打了幾下耳光，那老頭哭似的喊道：「為什麼不讓我去看看媳婦啊！……」

輪到我了，站崗的把我的通行證仔細地檢驗後，不屑地揮了一下手，表示：去罷，你可要留心。

在公共汽車裏大家都提心吊膽的，臉上浮着驚慌和懷恨。車在外虹橋的橋頂停下來，一個個把通行證舉得和鼻子一樣高，讓外面的「日軍」檢查，如果誰舉得低些，槍柄立刻就敲打下來。

到了提籃橋，我下來。在以前，我每天要來這邊幾趟，可是現在，竟連朝那個方向走，纔可以到家都分辨不出。想不到又被給燒燬了，東海戲院也被炸得零零落落，許多房屋只剩下幾根樑——死人骨骼似的，凄涼荒蕪，像浸在冰窖裏。

一輛汽車打我身邊駛過，啊！坐在裏面的不就是慣敲竹槓的小流氓××嗎，想不到一年沒有音訊，倒「闊綽」起來了。

我正在徘徊時，突然有幾個人慌張的奔逃過來，接着是七八個耀武威揚的武裝軍人和警備車。我嚇了一跳，又沒處去打聽，只見對門王老伯在那裏擺水菓攤，連忙跟他打個招呼，靠了他的幫助，我不安的到了家。後來才知道那是「友邦」在捉拿沒通行證的人。

前門開着，後門已經倒下了！殘斷了的椅桌櫈腳壓在長門框和木板的下面；蜘蛛結滿了網，我親手培養的階前的花草死了；書櫥裏的字畫（朋友送我的紀念品）給劫去了，剩下的木框像可憐回尾巴似的斜依在牆腳邊，玻璃被打碎了，長條的尖角的粉末大半散在地上；桶裏的米，掛在樓梯下的火腿，櫥裏的油罐和一隻剛從親戚那裏送來的掛鍋都沒有了，只還有一頭死貓——從出世就跟隨我家，每當我從外面回家時總蹦在我腳邊親暱地叫着「咪咪」的黃花貓，現在也寂寞地孤單地死去了。在一條棉褲下，我發現一堆新鮮的糞，它的顏色和形狀說明着剛被拉出來不久，在霉濕的空氣中又加上了惡臭。我正害怕着也許屋子裏還躲着歹人？而皮鞋脚聲已從二層樓裏下來了。想到自己手無寸鐵，我機警地躲閃過一邊。只看見那像貨矮矮的身材穿着西裝襯衫和黃短褲，手裏挾着面盆和別的東西，一邊用着勉強的上海話咕嚕着：「操他娘的！十三號裏只有這一眼眼東西。」

等他去後，我聽聽沒有動靜，纔冒險走到樓上，牆壁都洞穿了，從我家一直可以通到弄堂的末一家，所有的東西沒有一樣不被糟蹋，都歪歪斜斜地堆積着。

還那裏是我的家？簡直像是魔窟！想着我的心愛的東西都丟了，對於這些劫餘下來的怎有心緒整理？但既然來了，也只好硬着心腸理一理。

蚊子，臭蟲，像聯絡好好的侵略陣線似的向我進攻，我的手上，腿上，四周都是敵人；我怒了，朝牠們拍了一光，屍體就滿滿地黏在我的身上。

做夢似的，我聽見一陣敲門的聲音，而且越敲越急，同時手電燈的光線正一亮一亮的從窗外射進來。我料定危險是難免的了，挺身等着，等了半天，不見有人進來，理智慢慢地恢復過來：「門已被毀壞了，還敲什麼呢？」這樣想着時，探頭出去看外面正下着雨。

哦！原來是[illegible]，[illegible]一口[illegible]，[illegible]雨。

對門七老伯氣喘喘地奔過來，一面叫着：「[illegible]來呀！[illegible]……快關門！」

我也慌了，但我的後門根本[illegible]，而門給[illegible]亂的東西阻礙着不能關，怎麼辦呢？也躲到七老伯的[illegible]着，一點聲音都不敢響，但不可避免的事終於到來。

「蓬蓬蓬！」這回是真的用槍柄敲着門，而且畢竟給敲開了，是一個約三十歲的日軍，他的貪婪的鼠眼巡視了一周後——沒有值錢的東西，沒有年青的姑娘，——厲色的命令我們行禮，然後失望似的又像責備似的問我：

「你的女人呢？」

「女人在外面擺攤頭。」我撒着謊，心裏恨不得一脚踢他個半死，但他却連我的回答都沒聽完就走了。我們重新關上門，靜靜的聽着他的脚步聲，——啊，他就是走到我家去的。

很明顯的，他們臨我家，多少是不利的，但在這個強盜世界裏，眼看着自己的東西被搶偷，又有什麼辦法？他們是官賊，有把主人當作賊辦的權力，我們的東西反而變成私貨，藏在家裏，等於丟在路上一樣的沒有保障。等他再從我家出來，我們去檢查時，發現了缺少一把大「老虎鉗」，大概他拿去做撬門用的。

隱約地還聽見他在路上和別個同伴談笑着：

「你找到幾個女人有無線電嗎？」天漸漸暗下來，鐘被偷走了也不知現在是幾點鐘了？王老伯勸告我：

「你早些出去罷，東西我給你照顧。我要是外面一有辦法，也馬上就離開這裏的。這裏簡直是地獄啊！」

沒有電車，沒有黃包車共公汽車也停駛了。烏雲疲乏地浮在這黑色的夜空上，街燈有氣沒力地畫了個淡淡的光圈；一切都像死去了一樣的寂靜慘淡。我帶着破碎的心，摸索着走上歸途。

悼

王迺欽（二九・失業）

「小陸死了！」當我從故鄉回到上海之後，我的朋友這樣告訴我。後來我到小陸家裏去，碰到小陸的妻子，據她含着兩眶熱淚告訴我，小陸的死是很慘的。我聽了不獨心酸而且髮指。

小陸本是楊樹浦平涼路一所小學校的校長，自從去秋戰事爆發後他離開了那所小學，避到法租界淡水路。上海失陷以前他曾經參加過教育界救亡運動，國軍西撤，上海成了「孤島」，他們的工作也就停頓了。

本年三月間，聽說虹口區已開放，只要有「通行證」就可以進去居住或搬取物件，他因爲懷念那所小學校的房屋校具，設法領了一張「通行證」，在一天下午冒險到楊樹浦去。他從外白渡橋走，經過日兵崗位時，「遵命」行了一個「敬禮」，他們檢驗了「派司」，又在他身上仔細查了一下，總算沒有十分留難。接着又好幾次碰到哨兵或巡邏隊，但有的檢查一回，有的卻不來檢查，但到了裏面，一片荒涼陰森的景象，彷彿是闖入了鬼世界，使人感到難受和不安！

在楊樹浦和虹口其他區域，很多房屋變成了瓦礫堆，然而他找到了平涼路的校址，房屋依然無恙。但門上的鎖已被毀壞，課堂內的桌椅都不翼而飛了，辦公室裏更被搗得不成樣子，總理遺像和各種書籍凌亂的鋪滿了室裏。他稍稍地整理了一下，又在抽屜中找到一具鎖，臨走時隨手把門扃上，把鑰匙帶在身邊。他循着原路歸來，走到外白渡橋又照例受日軍的檢查，當他們在小陸的口袋裏抄到一串鑰匙的時候，他們的臉色突然變了，一個日軍在小陸的臉上摑了兩下，恨恨的說：「支那賊！支那賊！」小陸戰慄着，但終於像猴子般被牽着走了，被牽進了「司令部」，讓一個小鬍子的軍官審問着，然而任小陸怎樣解釋，終究是不濟事，結果軍官提出三個辦法叫小陸選一個，那就是「吃刺刀」「裸體爬出虹口」和「打毒針。」於是小陸便下意識地接受了第三個辦法，因爲他想，打毒針雖然也要死，但只要立刻跑出來，還可以到醫院裏去設法醫治的。

他們問明了小陸的年齡和現在住址，就在他的胳臂上注射了一下藥水針，於是帶着猙獰的臉容和狠毒的狂笑，把小陸放了出來。小陸走過了外白渡橋，連忙跳上了一輛人力車，趕到家裏。他勉強回答了他的妻子的問話，又聲明他已被打毒針，必須立刻去醫治，但是話未說完，就躺下去了。他的妻子急得沒法，連忙把他送到醫院求治，醫生在他的身上細細的診察一下，對他的妻子說：「針毒已運行全身血管，不能治了，速理後事罷！」果然不到六點鐘，小陸就氣絕身死，與世長別了。

親愛的小陸，我的好友，你是死了，然而我沒有眼淚，沒有悲傷，我知道抗敵救國的工作是你最歡迎的祭禮。（660）

一個緊急的問題

德

我自從八一三開戰後，就從虹口逃到租界上，就落在難民所裏，後來又做（了）工的女友來呼我到虹口去做工，我自從到了虹口看見兇惡的鬼子都是那（拿）着槍站在路上，而到了工廠，那班鬼子那（拿）爆（暴）虐的手段來對付我們，後來趁了機會便逃出來。現在我把鬼子爆（暴）虐我們的情形告訴各位同胞。

我自從進了工廠，每天的工錢這（只）有二角七分，可是每天到（倒）給工廠裏扣飯錢。我們在這大牢的工廠裏一天到夜不能出來，過了兩星期之後，才由汽車放我們出來一次，但是當夜就要回去。我們在工廠中的生活是人生從來沒有受到的那種痛苦，日裏除了做牛馬和做奴隸已（以）外，還要塗脂抹粉，打前流海，夜裏更是可恨極了，每一個女工都要使（陪）那班兇惡的魔鬼睡在一起。一夜之間，他們要怎樣定要我們怎樣幹，如不行者就要一刀把我們殺死。每天總有幾個女同胞便（被）他們殺死的，這種悲慘的情形，是誰見了不（都）要流下淚來。這種鬼子真不可雖（算）人類之中了，可是我現在趁了兩星期出來一次的機會，不再到落牢獄中做工了，但是那邊還有幾千個的女同胞呢！

編者按：我們一字不改的把這篇文章照登出來，無論誰讀了這身蒙其害的女工的文章，就要激起對敵人的憤怒，對受難同胞的同情！但光是憤怒和同情是不夠的，我們必須：（一）在工人及廣大羣衆中廣為宣傳，使人不去上當；（二）實行節約捐款救濟難民及失業工人；（三）在工商業者向內地投資的前提下，送工人到內地做工；（四）訓練失業工人及難民，送往內地服務。我們必須這樣，才能解決上海嚴重的失業問題，做到絕對不與敵人合作，拯救受難的女同胞。

× × ×

我形容不出自己的感覺

田元浩（廿二・學）

一

「滿園春色關不住，一枝紅杏出牆來。」這又該是學校放春假的時節了。然而在這春風依然人事全非的今日，既無踏青的雅興，也沒有越出「孤島」一步的可能。這眞是欲思踏青何處去，縱有去處何來興呢？當我從臨時校舍走出來慢慢地踱向歸途的時候，我對於學校的懷念很使我難堪。她那壯麗的校舍，簇新的機器，舒適的設備，和那新近落成「唯我獨尊」的宏大水力實驗間，一一浮上我的心頭。她好幾次遭受鐵鳥的狂炸，大砲的猛擊，命運如何，可想而知。雖然常常聽到母校師長和同學方面傳來的消息說她的確是個幸運兒，在一片廣大的焦土上，她是碩果獨存的建築。可是我仍舊感着不安，日夜思念着她。在這「暮春三月江南草長」的季節，萬紫千紅，百花爭妍的風光，一幕一幕展開在我的眼前。每值春假前的一星期，同學們個個都是興高采烈的在準備着，如何去享受春的賜予。年青的學子們，終日埋首書上本，實習機器旁，對於這一年一度的踏青良機，那一個不是如魚得水，喜形於色？那一個肯輕輕將她放過？

可是今年的春假呢？一個人躺在沙發上，翻開報紙，從晉南大會戰的標題看起，一直看到「火山遊紀」的報屁股文章，從某君某女士結婚啟事，一直看到張××專治橫痃，突然在新聞的一角，「虹口開放」四字躍然在目，一口氣把牠讀完，快樂得在沙發上翻了一個觔斗，高興去做「良民」嗎？不是！絕對不是！爲的是可以去看看時刻在懷念中的母校呀！

二

是四月十七吧，星期日。換了一身破舊西裝，帶了一頂鴨舌頭帽，把帽簷壓得低低，連眉毛也瞧不出了。這付怪腔恐怕連幾個老朋友都要給我瞞過了。我假充車夫，開了一九三八式流線型的汽車，裏面坐着一位英國紳士，目戴墨晴鏡，口啣雪茄煙。他已進出虹口好多次，態度相當鎭靜，我把汽車開足馬力，風馳電掣般直出外灘，北開，漸漸地外白渡橋在望了。我的心跳得利害，但强爲鎭靜，開至橋堍，幾個英國兵有眼無眼的看了一看，就揮手讓車開過橋了。過橋後好像走到了一座鬼門關，幾個矮兵揹着上着刺刀的槍，一見我們車子過去，就把鎗一橫，我只得把車子停住，一個隊長般的傢伙跑上來開車了門，向車內看了一看，那位先生向他說了幾句英語，他也用東洋洋涇浜很吃力地問了：「到什麼地方去？」「做什麼事？」「這個中國人是你什麼人？」英國先生一一回答了他，總算我時運亨通，一些不留難，將手一揮。我高興極了，嗚嗚一聲，向右轉灣，由百老匯路朝北，直向華德路駛去。車過中虹橋速率頓時慢下來，眼看着兩旁的斷牆殘壁，一片荒涼景象，怎不令人心酸呢？就在那時候，一座紅牆巨廈由遠而近的呈現在我的眼前，這不是我時刻懷念着的母校嗎？怎麼眞的一無所傷呢？那麼她的四鄰又到那裏去了呢？元芳路怎麼不見呢？天呵！我做夢也沒有想到這一座處身在砲火彈雨下的母校，在闊別近一年而再逢的時候，仍舊保持着她的童貞姿態！我將車子停了下來，在我那位先生的領導下，跨進了校門。當時我的先生還打趣地向我說，你現在總可相信我的前言吧！你看這一座富麗堂皇的校舍，不是絲毫無損嗎？我對他笑了一笑。我們到木工、鉛工、機工三工場巡視了一週，就跑上了二層樓三層樓，重新踏進了昔日攻讀的教堂，冷落的氣圍包圍着我，我是不忍再多留了。走上屋頂陽台，俯首一望，周圍數十里竟找不出一座完整的房子來，昔日的榮華到了那裏去了呢？第一眼看到母校時的剎那的愉快，不知不覺間飛到九霄雲外去了。我形容不出自己的感覺。（870）

在鐵蓬車中

畢月倫

「我可以吸一點自由空氣，說幾句喚起民衆的話，幹一點抗敵救國的工作了！……」當我挾着幾件行李將要離開瘡傷滿目的故鄉——常州，而踏進鐵蓬車裏的時候，我私自歡慰着。

車裏早擠滿了受難的同胞，他們臉龐陰黯而瘦削，但我相信每人的心坎裏都充滿了憎恨和欣慰。

炎日緊逼着車頂，車廂裏充塞着一股汗臭。不久輪子慢慢的推動起來，向着空氣新鮮的場所前進。

開始蠕動了，每個人的心，他們該是怎樣的慶幸自己，怎樣想來恢復已遭蹂躪的故鄉的康健與自由。他們想說些什麼？可是始終沒有說出一個字來。——其實我們還沒有完全脫離虎口呀！

偶爾在我們車廂裏發現兩位「友邦」的「掛彩的英雄。」他們頭上縛着紗布，一根白的帶子從頸間吊着胳膊，另一個跛着脚，斜倚在陰黑的一隅，一根倚杖擱在腿的中間，相互的呻吟着。

空氣似乎比剛才沉靜，整個的車廂沒有一點聲息，呼呼的輪聲，在平行線的軌道上前進。炎烈的陽光照着一幅幅經過兵亂的曠野，映進車廂裏來。

車在每個站口停下，左近的屋宇、曠田，都遺留着被炸彈砲火轟炸後的痕蹟，機槍掃射後的彈洞。那種支離破碎的情況，使每個人的心坎裏泛起一種悲憤的淚潮。

車至古老的蘇州，遠遠的山頭還是靑得那樣嫵媚。雖則這座城垣，沒有若何變動，然四郊的田野，卻滿佈着無數的新墳，壘着淺淺的汚水，蒸發着熱氣。

最初站進車廂的是一個憔悴的受着創傷的「友邦英雄，」他向四周竭力的顧盼了一下，然後慢慢的邁進了那陰暗的一角。

鐵篷車如數的吞食了所有的人羣，緩緩的離開了這已變爲冷落的蘇台。

那個新上車的傢伙，用着一種悽苦的眼光，掃着他的同病者，然後挨近跛者坐下，唧唧噥噥的講着我們不懂的話；漸次由生疏，而親密，憐愛。他們好像在講着戰爭的經歷，創傷的由來；然而又像擔憂着前途的渺茫，家鄉的迢隔。

一會兒激昂興奮，一會兒悲切哽咽，然而他們彷彿還不會發現：「爲什麼受這創傷？爲什麼遠離家鄉？」的底因。這樣漸漸的被我們注意起來，雖言語不同，但面部表情却能傳達他們的情意。

不久跛者長聲嘆息着，用倚杖猛擊着地板，頹喪地把腦袋擱在膝上；左面的傢伙，把頭緊貼車壁，一隻殘斷的胳膊壓在胸前，縱聲狂笑。祇有新上車的「武士，」捲曲着身子，低低地在嗚咽。一種瘋狂的舉動，叫人猜測不出：該是驚懼？該是同情？

隱隱的飄來一支壯烈的歌曲，勾起了我們許多愁思與熱血。天色突然從晴朗轉到陰暗，那東風越括越大起來，還微微的夾着細雨。

車近靑陽港的時候，雨點漸漸增大起來，呼呼的東風，直向車廂裏扑擊。鐵篷車門口的幾個人羣，向左右躲避。車廂裏頓時換了一種涼爽清新的空氣，但不久凛冽的寒冷，直砭進我們的肌骨。

「壯士」們的勇氣，全都消失。每個人的呼吸，復又窒息起來。他們三顆烏黑的頭，緊湊在一起，厚的嘴唇，各自在喃喃的蠕動。

跛腳的傢伙，從袋裏掏出一隻小瓶，暗暗的倒出許多白色的藥片，在各人顫抖的手裏。他們幽默的互相呆望，緊蹙着烏黑的雙眉，然後一片片的吞食下去，顯出詭祕和傷感的表情。

夜神從四處抄襲過來，充塞着所有的空隙。車廂裏沒有燈，簡直辯不出各人的臉色與表情；不過覺得角隅裏的三個臉蛋，比任何來得潔白而清晳。突然淒切的哭聲，從這角裏浮起來，縈繞着整個的車廂，偶爾還溜進後面的幾節車裏。

「啊……自由……之神呀……」接着一陣狂笑。

車不息的向前疾進，節奏着輪軌相互摩軋的聲音。

突然一片風送進了一聲軍笛，夾着滴滴答答的雨。

漆黑的凝團，控扼着我們的胸口，我們將怎樣來處置或同情這三個「友邦英雄？」但全都沉寂着，讓黑暗來裹住我們。

氣笛驚破了我們的寂寞，告訴我們已進抵目的地了。立刻我們摸索着自己的行李，忽的在地板上抓着一隻瓶：「啊！……這這……唔！……自由之神。」我仍是放下了，慢慢站起身來。

車廂裏透進了一線燈光，輪子也跟着停下。喧嘩的聲浪，從車廂滾上月台。雜亂的人羣中，再看不見那三位「友邦」的「掛彩的英雄」，從車廂裏走出來。

一輛黑色的卡車，在對面停着。我覺得：「我將能吸一點自由空氣，和敢說幾句喚起民衆的話，幹一點抗敵救國的工作了。……」

上海抗战与世界反法西斯战争系列丛书

淞沪

淞沪抗战史料丛书续编 II

第十一辑

上海一日③ | 朱作同　梅　益　主编

上海科学技术文献出版社
Shanghai Scientific and Technological Literature Press

第八輯
學校動態

離別母校的一天

孟標

血紅的圓盤似的朝陽懸在蔚藍的天空，路上奔走的人，都已經汗流浹背，噓着氣，不住的嘆着：「唉！熱死人了！」

還是去年八月十二日的上午，我挾着書包，走上那條每日走慣的石子路。今天王君約定比賽乒乓，必須快快趕到，因此不管臉上頭上都是汗，只得加快足步向學校走去。

走過了交界處的笨重的二扇大鐵門，情景全變了！怎麼？走錯路了嗎？可是那裏不是立着「××路」的路牌嗎？但是怎麼平日很熱鬧的店舖今日都已打烊了呢？人行道上站着荷槍實彈的保衛團員，街道上已佈滿了許多沙袋的障礙物。同時許多人正在恐慌地搬運東西，揹的揹，背的背，不顧烈日的炎威，流着汗，直向租界的鐵門中走進去。

唉！這究竟是怎麼一會事呢？雖然今天報上說滬局緊張，但難道眞的要打仗了嗎？我驚慌地懷疑着。

「××學校」的藍底白字牌子已顯現在我的前面了。在半開的鐵門中我走了進去。操場上的空氣是這樣的緊張：十幾個同班的學生，正三四成羣的不知在議論些什麼，臉上都呈現着說不出的恐慌。王君也站在那裏。我走過去在他肩上一拍，說：「小王，今天外面怎麼這樣的緊張？你們在講……講甚麼？」我不提起比賽的事，他也好像忘記了似的，只回過頭來看看我。冷靜的臉上勉強裝着笑容。

「第二次的『一二八』將要發生了，你不知道嗎？」一個姓方的同學搶着說。

我低下頭看看堅硬的士敏土操場，恐怖的魔力控制了全身。同學們也都失去了平日的熱情，只是面面相覷的不作聲。

操場上的二棵小柏樹被風吹得左右搖曳，樹葉一片片的落下來，在空中隨風打旋。炙熱怕人的陽光已溜過了高高的圍牆，射進操場，照在每個人的身上，但是並不覺得熱，只希望牠能天天在操場上照我們。

「鐺鐺……」一陣鐘聲從禮堂上傳出來，把每個立在操場上、太陽下的人趕到自已的課堂中去。

這課是英文翻譯課——暑期班中的新練習課。我們零落地坐下了。等了一會兒，「扎咯！扎咯！」的皮鞋聲音從扶梯上響了起來，每人振一振精神，知道李先生來了。一個短小的戴了一副近千度的眼鏡的人推了門進來，白皙的臉上失去了平時的笑容。他是我們的教務主任，在本校已有十三年了。他走上了講台便嚴正的說道：「近日時局很緊急，戰事大有一觸即發之勢。本校地處閘北，若一旦戰事發生便要停課，你們要失學了……」他說到最後一句有些不忍說下去，眼眶中含滿了淚珠。同學們也都顯着悲傷的神色。

停了一會，他又稍緩地說：「不要緊！諸位同學，你們有不屈不撓的精神，在民族解放鬥爭期間，正應發揮自己的力量去救國家，不是比讀書更有價值嗎？」說時，憂悶的面上露出一點愉快。

他想了一會，又說：「好！諸君，你們就回家吧！我希望你們立即幹，幹！」說完他招一招手，級長喊了散課令，他便向我們很慈祥的一瞥，臉上呈着不忍離別的神氣向樓下走去了。同學們都望着他的背影的消逝，各自離開了學校。我和王君攜着手也走出了課堂。走到操場上，太陽已照到了士敏士的每一角落，我不覺傷心地說：「啊！可愛的操場啊！我不能再在此晒太陽光了。」我們走出校門口時，樹葉正在瑟瑟地被風吹得作響，好像在替我們嘆息，又好像在鼓勵我們。

★　★　★　★

「有一分熱發一分光」　陳力山（六：十）

早上，照樣地在大炮聲步槍聲機槍聲飛機聲殺和被殺的絕叫聲中起身；照樣地在這些聲音中挾了課本上課；照樣地過着和昔日異樣的學校生活。

八點鐘快到了。離上課祇差十分鐘，挾着二本破舊的課本忽忽地往外面直跑，一跨出門，「轟隆」的一聲巨響，我下意識地踏了一下。耳鼓裏嗡嗡地起了反響，但終於跨出門，走了。

從宿舍到教室去是要經過一段相當的路程，而在中途一定要經過一排紅色的圍牆。在圍牆的懷抱裏靜靜地兀立着一座高大巍峨的洋樓。樓裏所住着的是怎樣的人物，當然非局外人所得而知。但樣子總該是有錢的人家。

今天畢竟是今天。太陽雖然和昨天一樣地溫暖，十月的風，不算十分冷，也不十分熱。雖然稍稍帶些肅殺的氣味，但還保存着昨天一樣的溫柔可愛的豐姿。殺和被殺的聲音也和昨天一樣在怪吼着。但宇宙間的多少事物是和昨天兩樣了。昨晚回宿舍的時候，紅牆還是完完整整的，今早不知什麼時候已被敵人的流彈擊穿了一個巨洞，一個四五尺闊的巨洞。

進教室坐定後，恰巧X老師正拿着鉛筆和點名簿開始點名。

「到！」

「到！」

「有！」

一名名挨次答「到」了。最後一名是我，也應了一聲「到」。

「模」的一聲點名簿蓋了，X老師慢慢地抬起頭朝着學生。

「怎麽今天又有好幾位缺席？」

「他們皆怕吃流彈。」

是的，「八一三」的炮聲怒吼後，租界裏雖然是安全地帶，不過流彈却到處橫行，到處傷人，報紙上增加了吃流彈而死的新聞。電燈柱上，弄堂裏，牆角邊，到處滿貼着避免流彈，無事勿外出的標語，於是乎許多人被嚇倒了，終日在家中閉門不出，以防不測。

「吃流彈！航空獎劵都沒有福氣，何況流彈？」X老師口角掛着冷笑。

沒有吃流彈，我們接連上了四個鐘頭課，早上所吃的二隻燒餅和油條早已失却了它底效力，肚子裏祇嘰嘰咕咕的叫，和前綫想吞人肉充飢的大砲聲遙遙地互相呼應着。這時也想獵取些食物來充飢了，於是又從教室裏跑出來，朝着食店跑。

嗚嗚的聲音又在空中響起來了。路上的行人，不自覺的抬頭往空中仰望，一點點五顏六色的微粒，從飛機肚下漏下來。行人陡然的蹤着脚，以為又是敵機下蛋了，可是不，那微粒並不如炸彈一般很迅速的往地下掉落，却慢騰騰的在高空中輕飛漫舞，慢慢地往下飄，漸漸地愈往下飄愈看得清楚了，原來是敵機在散着荒謬的傳單。

敵人的傳單，當然是寫着狗屁的話，可是就因為它是敵方散發的，又是從飛機在高空中掉下來，更增加了每個人的好奇心，爭搶着看。走在我前面不遠的一位「閣下」，搶到一張了，是紅色的。面紅耳赤汗淋淋地看着，附近的人們一起圍攏了上來。在人叢的間隙中，我斜眼看到上面兩行字：「舉起白旗來投降吧！投降的特別優待。」在左邊還有一行小字：「持這單者賞現洋五元。」哦！期待着吧！「親愛的」殘酷的無恥的敵人，我們正磨利着刺刀，準備着手溜彈去「投降」，期待着吧！飢渴的在炮火中喪了家的難胞正要吃你們的肉，喝你們的血，寢你們的皮，期待着吧！我們準備着刺刀，手溜彈到東京「投降」去！

× × × ×

午後三點鐘，參加魯迅逝世週年紀念會。

魯迅的死是值得紀念的，由上海文藝界發起的這個週年紀念會，在女青年會舉行，並且由鄭振鐸，郭沫若，田漢和魯夫人許廣平等演講，對於魯迅為學和始終不屈不撓的和惡劣勢力鬥爭的精神，多所闡揚。

魯迅是青年的導師，是「阿Q」的「父親」，他雖產生了阿Q，可是他的精神恰恰和阿Q的相反這更加顯得他的偉大。

在幾位的演講者之中郭沫若講得最精彩，博得聽衆的掌聲最多。「魯迅！魯迅！大哉魯迅！魯迅以前無一魯迅，魯迅以後有無數魯迅。」他指出魯迅的精神是普遍化了。在前綫浴血抗戰的勇士都是魯迅，後方作救亡工作的熱血青年也都是魯迅了。是的，魯迅是追求光明和眞理的，魯迅是不斷的在和惡勢力戰鬥着。儘管惡勢力是怎樣巨大，他總是「有一分熱，發一分光。」他以爲「就令螢火一般也可以在黑暗裏發一點光，不必等候炬火。」「縱令不過一窪水也可學學大海，橫豎都是水，可以相通。」故始終是戰鬥着。從未向惡勢力表示屈服，也不顧忌惡勢力給與他的襲擊。「幾粒石子，任他們暗地裏擲來，幾滴穢水，任們從背後潑就是了。」他的鬥爭精神是怎樣偉大啊！在侵略的火焰熱烈地燃燒着，反抗侵略的熱情正在高漲，正在朝着侵略的火堆裏投撲的現在，紀念魯迅，更加有意義，更加顯得中華青年的英勇。

× × × ×

魯迅紀念會散會後，已是五點多鐘了。踏着斜的光彩，朝着宿舍跑，在滿耳的炮聲中，又經過那排紅牆。猛然間記起那個巨洞，一個彈痕。然而沒有一天功夫，那個巨洞，早被粗劣的泥水手塡補了。可是還留着一個殘痕，一個不能磨滅的殘痕。

「這是敵人的流彈擊穿的。」走過以後，不由掉轉頭來，心裏這樣的想着。

這一天總算完了。只剩下三分之一的殘夜，正待着明天。租界裏的一切，已經停止活動了。街燈也黯淡了。警察躲在角落裏打盹，夜籠罩着整個大地，月光高高地照着天地間底萬物，只有槍和炮聲仍然沒停厮殺，繼續着在進行。

「格格格！……」

「逢逢逢！……」高射炮夾雜着高射炮和機槍聲。好像過新年的爆竹聲一般的在茫茫的夜中怒吼着。

「我們空軍夜襲。」從睡夢中醒轉來，揉揉惺忪的睡眼。心裏這樣意識着。

起床走到窗邊，梟頭往空中仰望，信號燈和開花炮彈，正在夜的高空中閃爍着。只聽到嗡嗡的機聲，却看不見機影，一輪半規的明月，高高地吊在清朗的藍天，窺伺着黃浦江中的敵艦，似乎在譏誚敵人虛發的炮彈。

最後一課

英

一九三七年十一月的某一天，那一天情景到現在仍舊像雲一樣的展開在我的面前。

戰雲從大上海的東北方彌漫到西南方，把一個深秋的天氣變得更肅殺。沒有太陽，也沒有雨，祇有一片灰色籠罩着這抗戰快三個月的東方都市，預示着暴風雨快要過境的一種悲涼意味。

這時正是南市守軍與敵軍激戰最烈的幾天。三個月來，我選定難民教育做我的工作，在幾個朋友拚命努力之下，開拓了一片園地，——慈聯會屬的××收容所難童教育——二三百個難童經我們親手挑選分班，一桌一椅一書一筆經我們親手措辦，還培養了一批「小先生。」我們像一種事業樣的重視這一工作，因此每每使我們發生分外的顧慮。暴風雨快要過境的預示，頓使我緊張起來，有如都德最後一課裏的那個頑童，想拼命拿了這最後的機會盡一些更大的努力。

今天是我担任常識課，預備講「大上海并沒有失陷」的題目。一吃過飯，忙跑到愛文義路西段××女中我們的辦公處去。時間還祇一點多，我們三個一班上課的英和南還沒有到我們辦公的大飯堂裏，祇有縫衣機靜悄悄的站在那兒，醫院裏送來的白布被單高過機身不整齊的躺在旁邊。幾個還沒有回去的小學生在飯堂前石階上「造房子，」草地上的椅子上坐着幾個大一點的學生在看她頭上的黑蝴蝶讓微風悠閒地擺動。我無聊地從飯堂踱到學校的辦公室，又踱到石階上望着天。飛機從天一亮就不停地在盤旋轟炸。灰色的天，配着我的近視眼，辨不出數目來。隨着愈來愈響的嗡嗡聲，清楚的看得出一隊飛機掠過天空南飛，突然巨大的轟炸聲不斷的從南方傳過來，夾着一陣陣響亮的機關槍聲，草地上的學生也已經立起來仰望，接着幾聲像巨大冰雹打着屋子的聲音震動每個人的耳鼓，草地上的學生本能地奔進了飯堂，手掩着耳朵直瞪着眼睛，連帶石階上的幾個學生也嚇得逃了進來，三層樓上幾個寄宿生也着急的跑了下來，一時飯堂裏起了一陣小小的騷動，幾個小一點的學生懊悔着爲甚麼不早些回家。

炸彈聲，槍聲，不時有像打着屋子似的霹啪聲混成一片。屋子裏的人怔怔相望，不敢走向靠門窗的邊緣去。二三十分鐘之後，英南一起走了進來。

「我以爲你們在馬路上作了壯烈的犧牲了，那麽晚!」

「別說了，流彈眞有點怕人呢，走不走?」

「怎麽不走，他們久等了。」

「不管他，走了再講。」

我拿了粉筆點名簿，英拿了戰時讀本和軍事挂圖，三個人一起走了出去。走廊裏碰見學校裏幾個教師瞧着我們。

「慢一點走吧，吃流彈是冤枉的。」

南看着我，英問我怎樣。槍聲炮聲好像在門口迸發，各人的面上擺着不決定的神氣，在走廊盡頭猶豫。突然一種「最後一課」的心情佔據了我，我不再猶豫。

「我打頭陣。」我說。南英無言地跟着一起離開了這有遮蔽的走廊。

街上走路的人不多，又都是神色忽忽，特別強大的劈啪聲正像從路的盡頭發出來。倏忽前面走的二個女人急忙跑進一片煙紙店裏去，後面的人也趦趄不前，傳說前面落了流彈。我們遙望過去，只見一個籬笆牆內的草堆上在冒着煙，天也像煙霧朦朦的。

轟隆劈啪之聲刺着耳朵，流彈直像要從頭上打下來的樣子。我們開始有點膽怯，担心有人會倒下來。作為××收容所還沒有完工的七層大廈已望得見。時間三點已過，超過預定的上課時間已經一個鐘頭，一羣受難的孩子正在等着我們。也許玩得一團糟，——一種懷念加足了我們走路的勇氣。

大廈的竹籬門口幾個頑皮的學生站着看得出神。一陣「先生來了」的喧嚷，一窩蜂似的圍着我們進去。我們鬆了一口氣，當作課堂的大廳裏一些桌櫈弄得橫七豎八，連同跑進來的學生還不到一半。英有些生氣，把東西向做講台的木箱上一放，喊了六個排長二個級長來。

「他們呢，為什麼不坐好位子？」

「到八層樓上看飛機去了。」

「快去喊！」

一陣吵雜的脚聲，排台子聲以後，黑壓壓的似乎都坐滿了。我先說話：

「空襲的時候，我們應該站在外面呢，還是躲到屋子裏？」

「躲到屋子裏。」百人在吼似的。

「那麼剛才飛機在打時，你們為什麼要跑到曬台上去，還有到門外去看呢？」

「……」

左面後幾排有一些輕的聲音傳過來：「那麼先生不是也要露天走來嗎？」

我心裏一動。只管在當做黑板的廣告鉛皮上大大的寫了「大上海並沒有失陷」的新論題。

奇怪的，「最後一課」的心情老在佔據着我的思想。我放開喉嚨講了二個鐘頭，不管英在旁邊等。忘記了我已役使了她們的上課時間。我鄭重的向他們介紹了這篇名著，介紹了裏面那個頑童；自己則儼然是那個老師。這樣，果然把二百多隻黑眼珠子都吸引到講台上來。

十幾個小先生下課後把我們包圍起來。

「先生，我們到那裏，你們都要來的。」

我們沒有話可講，只有我重複地安慰他們：「大上海是不會失陷的。」

灰色的天使暮色更容易蒼老，把十幾張臉都染上灰色的陰影，雖然十幾顆心還是那樣鮮紅。

查

寄島

也許在三月二十左右罷！我可記不淸了。

校裏午後似乎沒事，——幾個用功的當然例外；大多數呢？有幾個在看小說，有幾個出去買東西，剩下的只有我們幾個人。因爲都是從S縣來的，不管同校或異校，總覺親近些，互相談談，倒還起勁，而且來了個所謂「老上海」的同鄉，他張大了嘴巴，提高了嗓子，把他的生平得意事，對我們述說：什麼報上常見恐怖案啦！馬路上巡捕查行人啦！印度巡捕舉起毛茸茸的手打洋車夫啦……諸如此類的事不知是拿來嚇我們呢，還是給我們一點見識？等他自己的牛皮吹穩，就把從人家處聽來的也大談起來，不管是對是錯，橫豎「鄉下人裏好吹牛」，有甚麼相干？

談呀談的，已是兩點鐘光景，先生還是沒有來，原來是連續的自修課。

窗外，斜陽映着長長的影子；靑天裏白雲老是一團團地飛奔着，微風吹來了春的氣息，使我想到故鄉的春天。故鄉多美啊！不只是靑山綠水使人懷念，就說故鄉的母親，真有母親般的溫和慈愛，不像上海的生疏無情。——我想到了家鄉，我不禁流淚！

「轟……」一個巨響，突然地飛來，雖沒有像飛機擲的炸彈的爆炸聲那麼響，可是卻比手槍聲響得多，總之是我所未曾聽過的，我摸不清頭腦而那個「老上海」的同學也目瞪口呆，嚇得不知所措了。有幾個膽大的同學走下樓去，大概他們是去打探消息。

我們去問先生，去問同學，大家就紛紛議論起來。

一會兒，下樓的同學上來了一個大家都圍住他詢問：

「原來是恐怖事件，校前一條繁華的馬路被人投了一枚手溜彈，原因可無從探悉……」他搖着頭。

第二個同學上來就說警備車也來了，新聞記者也來了。大家又提議到靠馬路的洋台上去看，也有人上屋頂去偷窺，然而我沒有去。

人都走了，教室立刻顯出淸靜寂寞。

洋台上的人回來了，然而屋頂的人還沒有下來。

擠回來的人說：「新聞記者來了後，（也有人說是偵探，我沒有看見）就繞着地面一遍，可是沒有痕跡；巡捕照例搜查行人，拿着手槍，長槍，機關槍，可是投彈的人已不知去向了。……」

門開了，突然又來一個緊急報告，緊張的神色，靑白的臉兒，寒顫的腔調：

「東洋兵也到了，聽說投彈的原因是炸日軍用車，所以他們要來查了，對面剛查過，這裏說不定也要來查呢！怎辦？」

這使大家慌亂起來，好像山谷裏落下一個霹雷，禽獸都逃出了窠巢草木也搖搖受驚的樣子。本來有幾位開口「救國」閉口「抗日」的愛國志士到這時也只好把含有愛國思想的書籍都塞到字紙簍裏去，但恐又搜出是不好惹的，眞恨不得把來拋到印度南洋羣島去，連我的一包畫片——沒有關係的畫片也被搶去一手塞進字紙簍裏。

有幾個同學去找先生，請先生想應付的辦法，然而找不見。

不久有人提議，大家整整齊齊坐起來裝做沒事，也好像等候來檢查似的。

有幾個偷望着門，門動了動，好像有個穿黃衣的人走來了，奇怪，轉瞬間又不見了。等一會好像門又動了，開了，然而又關上了。

有人再去望望，去了三四個。

大家等着，果然來了個喜訊：

「警備車回去了，記者(?)去了，東洋兵也不見了。馬路上依舊是原來的樣子。」

大家胆大了起來，字紙簍也拿進來了，畫片還好，沒有破。

回家的時候，只見馬路上依舊是汽車，電車，黃包車，不斷地往來，人仍是擠得像戲院散場後一般。

斜陽漸漸淡下去，白雲也就變成灰黑色。(627)

★ ★ ★ ★

課室與校園

君適

就在這一天內發生了兩種不同的事件，每次回憶到牠的時候，那舊時內心的創痛，悲憤，和憎恨就立刻又湧現了上來。種種的過去了的生活所遺棄下來的可厭的回憶，促使了我寫這兩則印象似的記載。它顯現了在民族解放戰爭的過程中的「荒淫與無恥」的一面，雖然這是極平凡的事實。

× × × ×

上午。

才鈴聲響了不一會，

趙先生走了進來，亂鬨鬨的課堂也就漸漸地靜止了，今天他穿了一件新的藍大衫罩住皮袍子，入了座，於是點名。

「先生！講時事。」

「先生！講時事……」

這一級的同學，趙先生說過都是很頑皮的，本來趙先生自己，也是挺和氣的，有着一副活像小孩的帶着眼鏡常常是笑嘻嘻的面孔。大家從來沒有見他發怒過，因此學生們就毫不客氣地同他吵吵玩玩尋點開心。趙先生時常對學生們說出他的時事意見：

「我對於國家的事一點也不感到興味。最重要的是你們這般人，要從小就養成守規矩的習慣，將來才不會像現在這些當政諸公那樣的。你們要『奉公守法』更不能把大洋錢都往自己口袋裏裝。所以你們就不能不守規矩頂要緊的是你們只要用心在課本子裏頭，不要生什麽大念頭。就拿我自己來說：我在這學校裏教了十來年的書，從來沒有生過什麽妄想去賺大錢做大官。……」接着他就講起時事來了，學生們似乎都巴望他能够多講一些，固然他講的東西的確有一部分人愛聽但大半却是希望能因此少講點書，大考起來可不就便當了嗎？而且趙先生又是那麽地隨便，決不像其他幾位先生的嚴厲。凡是有人說出「先生，講時事」大家都不約而同地隨聲附和起來了。

「你們要我講時事就自己去看報好啦！」趙先生假推却。

「不，先生，我今天沒有看。」

「現在的報沒有看頭。」

「東洋人檢查過。……」

「我對於時事……」趙先生的勁兒來了，這是誰都知道的，下文一定是：「毫無興趣！」

「要『法治，』『法治』」不知道那一位同學這樣喊了一下，因爲趙先生時常提到這個名詞，大家都熟悉得像是這個「法治」是和趙先生分不開似的。

「對呀！要『法治，』請先生講『法治。』」這個響應似的聲音一出，課堂內起了哄然的笑聲。

「當然是法治！」趙先生好像是因爲同學們的請他講法治，是侮辱這個名詞的尊嚴，聲色俱厲地：「你們這班學生首先就不講法治，上課時不守秩序，將來在社會上還肯守法律嗎！所以，現在中國弄得這樣糟糕，都是那些執政諸公的不守法弄出來的。你們從此以後就該努力用功，在課堂內不要吵鬧，靜聽先生的講書，這才是好學生，將來到社會上也記着千萬不要多拿公家一文錢，這就是法治！總而言之：我對於現在的中國是一點也沒有希望，只能看你們將來的成績了。」接着搖搖頭，感慨了一下。

「先生！現在打得怎樣了？」這問題突然的被提起了。

「哼！我可以對你們說，勝負的事情就根本別管他人家的飛機那麽多，我們的飛機呢？」

「袋子裏，袋子裏！」又是不約而同的響聲，帶着滑稽的笑語。

大家都知道趙先生一提到飛機，總是這麽一套。

「對，袋子裏。」趙先生站起來了，拍拍口袋：「我們的飛機大炮都往自己口袋裏裝，人家追的快，我們逃得更快！南京失守，我早就預料到啦！等着吧，恐怕不出半個月，漢口也是一定失掉的，是！不錯！我們是『長期抗戰。』還是可以退到更西面去，一直到中國完了，完結。遭殃的是老百姓！他們有錢，可以帶着他們的姨太太，坐着飛機溜到外國去，還有什麽臉講『最後勝利！』這都是騙人的瞎話，所以，唉！……」他又搖了搖頭，似乎很悲哀和生氣的樣子，又慢慢地，憤憤地，像是很消極地說：「沒有辦法了！沒有辦法了！」

「先生！講哪一課了？」趙先生坐了下來，要講書了，又接着說：「所以呀！你們就該努力用功，尤其是要養成守法的習慣，那中國才有希望，不然我們雖然亡了國。……」

「先生！現在還沒有亡國！」立刻有一個糾正。

「但是，以後要亡的，中國不亡，是無天理，所以你們若能在現在開始發憤讀書，養成守法的習慣，國家自然得救。以前記得在報紙上常常看到什麼學生組織起來啦！什麼民衆組織起來啦！這就是最不守法的人所想出來幹出來的，試問民衆怎麼組織起來？這眞是天大的笑話，還虧他們說得出口！當學生就要安分讀書，做生意的安分做生意，做教員的，種田的，都應該這樣辦，那中國才有辦法，不然，哼，別想打敗人家！」

下課了，大家的臉上都像罩着一層愁悶的陰影：「中國快亡了，怎麼辦呀！」但當然不用說也有嘻笑如舊的。

× × × ×

已是夜裏了，在黑暗的四周，只看見高大的樹木的枯枝和房屋的模糊的輪廓。遠遠的幾點窗內的燈火，以及佔面積約十方尺的熊熊的火焰，掩映着四圍的觀火者。

庶務先生指揮着校役把一件件的東西往火堆裏拋，另一個人拿着鐵枒杈不斷地在火堆中將未被燒着的物件翻開。這樣，使火勢更是猛烈了。

校長先生關照過的，吩咐凡是校裏有些「嫌疑」的東西，一律將它燒掉。於是這裏竟爲這件事，忙了好多天，凡是關於軍訓的衣服，帽子，綁帶，面盆，以及軍訓的書籍，都在被焚之列。圖書主任在圖書館內忙了一整天，檢出來好多的書也拿來預備燒了。甚至某幾個黨國要人所寫贈給學校的匾額也都要跟着退出滬郊的國軍乘着火焰而去了。

圍在火燄四周的住宿生們，在注視着，歎惜着。其中的一個這樣說：

「錢先生！爲什麼把牠燒掉呢？好寄到別處去不好嗎？眞是可惜？……」

「校長交代過的。」

「操場內挖個大洞，一下子埋在裏面不可以嗎？……」

「……………」

錢先生沒有回答，所聽到的，仍是熊熊的火燄的呼呼聲。

「隆隆！」一件草綠色的軍衣擲下去了，使火更猛烈地怒吼起來。

「哎呀！」一個茶役婉惜地說：「這麼新的衣服，燬了眞正可惜，我看只要把牠收拾收拾倒挺好哩，爲什麼要燬了它呢？」

但新衣服不久也化爲灰燼了，接着是大批的書籍這樣標被着燒了好幾個鐘頭。時候已不早了，東西也大半燒完了，學生們也都陸續地三三兩兩地回到宿舍裏。

校園中遍地的火灰在地上被北風吹着向南飛去。這好像是表示着偌大的學校中已找不出抗日的嫌疑了。

真的找不出了嗎？

恥辱

尼洛

這星期來，一直謠傳工部局將會同日軍到各校檢查，同事們也早在計議着這件事，有的根本不信這件事，有的却把戰事畫報都撕掉了。

今天早上，校長傳下命令，叫各教員把學生課卷上有抗日詞句的都撕掉；校內所有的黨國旗，孫總理像及標語都拿下燒燬；各教員所有抗日的書報一律遞出校外；午後校長將自來檢查。這命令，使全校都處於紊亂恐慌之中。起初是紛紛的議論，說日軍將於明後日來檢查了。不信的人也起了懷疑。但即使不相信有什麽辦法呢？校長要親自來檢查，你也不得不照辦。像我就知道這消息的來源是不可靠的，可是和校長是無法爭辯的。

膽小的吳，早把一切抗日的東西弄掉了，正忙着指揮校役撕標語，卸下黨國旗及總理像。刁滑的黃銜着紙煙，安閒地撕着課卷，國民黨員孫把黨證紮了一大包準備拿出去。正在整理着抵抗的徐帶着譏諷的口吻說：

「孫你叛黨了麽？」

「這是隨機應變不作無價值的犧牲。」孫回答。

學生吵鬧得厲害，可是值日教員正在宿舍裏整理書呢。

上課了，大家帶着不自然的態度去等待學生的質問。才進課堂，空氣顯得很緊張，的確，連我也覺得有點異樣了，四壁空空，國旗總理像固然沒有了，標語也沒有了——笨拙的校役，把衛生的標語也都撕掉了。

學生的質問是必然的，而且都是態度齊然，使人感到慚愧。當我正在向學生解釋時，隔壁教室也傳來了黃的怨吼：

「……你們這般孩子只會胡鬧，愛國只要愛在心裏，何必在表面上做出來，你們在這裏叫愛國，但誰敢到閘北東洋兵面前去叫口號嗎？……」

退課後的休息室裏，大家談論着對付學生質問的手段。孫自詡着應付學生的方法高妙，誰有精神同學生囉嗦的解釋？把一個最頑皮的打了二下手心，個個都靜默了。

午前散學時，全校各處的「撕着」工作大致完成了，走廊上，扶梯上都滿是散亂雜碎的各色標語紙，孫總理的半身像也給拉破了拋在一個角落裏。一個小學生走來把它拾起鄭重地放在書包裏，嘴裏咕嚕着「就是東洋人來搜查也不過如此。」

× × × ×

午飯後大多數人趁空把整理好了但捨不得毀掉的書報拿出校門去了。

放晚學後，校長帶着滿意的笑容巡視了校舍一週，最後跨進教員宿舍抱歉似的向各教員笑着說：

「今天辛苦你們了。實在環境逼着沒辦法，諸位暫時請忍耐一點吧，學生面前不必說得太激烈，激烈了，學生年紀小不懂什麼，學校方面則爲難了，哈哈……。」

晚飯時，徐回來了，氣憤憤的說：

「我跑了三個學校，都沒有什麼舉動，一切照常，只有這裏大驚小怪的自相驚擾了一天！」

「這是大大的恥辱！」我幾乎大聲叫喊出來。

反抗

一勤（六·廿）

明說完了他的現狀，提出了他的要求以後，兩眼期待似地望着教導主任的臉，希望不致被拒絕。

不知在什麼時候，教導主任已經緊緊地蹙起了眉頭；躲在大眼鏡後面的兩眼盯着辦公桌上的墨水瓶，搖了搖頭，好久才迸出了三個字：

「不……可……能……。」

明顯然是怔住了，他一時說不出話。片刻的沉寂後，教導主任倒是忍不住了。

「眞是沒辦法，你自已想法去吧。」他說了，想站起身來。

自己想法嗎，明想自己剛才不是說得很明白麼？「在上海只有他一個人。」但他不妨再說一遍，或許沒聽清。然而

「不要多講了，學校又不是慈善機關！」接着

「個個人都像你這樣，那學校怎麼辦下去呢？」教導主任顯然是老於世故的人，他清楚地懂得向一個在他權力之下的人說話的方法。

明的臉陡然紅了起來，憤怒統治了他的全身，他眞想狠狠地向那胖臉打幾拳。他一旋身向着門口就跑，他瞥見教導主任驚的站了起來，他的心不由一跳，但他隨即釋然了，因爲那聲音喊：

「命！生處墨水快完啦！」

× × × ×

明一路出辦公室的門，就用急行軍的步子走向宿舍。砰的一聲踢開了房門，跨進去隨手又關了門。房裏六張床就只他的一張上有席子。是暑假啦，有家不回去，那才是大傻子。

明沉重地倒向床上，鎖僻了一下頭腦，張大着眼憤憤地想：

「……哼！什麼東西！平時說得多好聽！到頭來現出原形啦！什麼『學校就是你們的家，教師就是你們的父母；你們如有困難，無論……學校總竭力替你們設法、幫忙。』多好聽呀！這樣的家，沒錢的莫想進來！這樣的父母，不顧子女的死活……！」

忽然，在天花板上現出兩個臉孔，憂鬱的笑着，更顯出額上的皺紋來，然而目光是多慈愛呵！她們望着明。

明不敢看他閉了眼睛，他要哭。

一陣疲倦襲過他的全身，他有些茫然。

× × × ×

明一會兒便醒過來了，他想着剛才的事，到底怎辦？他忽然笑起來，敲敲自己的頭「跟我一樣的同學多着呢，僅躲在房間裏會有法辦嗎？」他站起來去開門，幾乎跟推進門來的衛碰着鼻子。

「幹嗎？猴子，你……！」明咽住了。

「校方要逐出我們」三角臉上一點沒有往日嬉笑的神氣。

「什麼？……」

「你去看了就明白。」衛拉了明就走，拐了兩個彎就到佈告處。

佈告處已經擠了一堆人，明吃力地擠過去瞧那張新佈告：「本校定在暑假期中修理全部校舍，留校……」還沒瞧完，佈告已被一隻憤怒的手撕去了。

但明早已明白了：校方藉口修理校舍來逐出這批留校的無家可歸的窮學生。

他轉過頭向四周望，他看到同學們一張張激憤的臉。一絲笑紋掠過他的臉，他是對的：人多了就好辦，集團的力量會克服一切。

× × × ×

這晚上，明並沒有早睡，吃了晚飯他就獨自關在房間內，一面磨墨，一面想着一張寫有許多標語的紙。

他們已經開過會，這些標語就是他們全體的呼喊。他們已決定了反抗的第一步驟，貼標語和推代表直接向校方交涉。明和衛被派擔任第一項工作，今晚就得辦好。

明又微笑了，他想起明天早晨飯廳，走廊，宿舍，辦公室都會發現他們的呼聲；他又想起他們集會時的嚴肅情形，個個人都拿出最大的注意力。哈！校會是什麼？簡直是兒戲！表示贊成的人會舉起兩隻手，甚至三隻手來，——不，應該說是兩隻手一隻腳。

他提起筆，輕快地在已裁好的紙上寫起來。

× × × ×

寫完了，明擲去筆，仔細地看了一遍，沒有錯。

他把紙疊齊，對摺放在桌上，站起來離開坐椅，伸了伸手足，又長長的呼了一口氣。

一陣腳聲，自遠而近，他知道要熄燈了。

突然，窗口上竄上一張臉來，是那個三角臉，睜大了眼望着他。

明點頭，那臉又落下去了。

明走近桌子，翻開那疊紙，望着第一張，平靜地堅決地唸：

「我們沒有家，沒有錢……

我們要吃飯，要……」

電燈熄了！

但明揮了揮拳，用更堅決地叫了出來：

「……讀書！」

附記：本文故事已因該校校長自×地來信而完全解決。作者謹向×校長致熱烈的敬禮；他消弭了現在上海教育界決不可有的內部糾紛。

衝突

悚凝

×月×日。

是在十點至十點五十分的英文班上，英國籍的女教員很興奮地從當天的「字林西報」上抄錄前線勝利的戰訊。

「吳××，校長喊你！」

校長室裏的連生偷偷地從外邊探進頭來，用一雙老鼠眼在教室裏頭劃了一個圈子，在發現了我的位置後，輕輕地喊出了我的名字。連生的那雙鼠眼真怕人，每逢一個人的名字被唱到時，無論你是平時最活躍的學生，對他自己的前途都會覺着恐懼，像一個罪犯被拖出去受審時一樣，他的命運同樣是捉摸不定的。

「我？」我想「我又沒有犯規。」

× × × ×

校長先生是上了年紀的人。還是春天，然而雪白的紡綢短衫的袖口卻捲得高高地。肥胖的身子裝在那隻皮旋椅裏，動也不動一尊泥菩薩似的。聽到了我的脚聲，慢慢地把頭抬了起來。

「你，吳××。」

「是的！」

沉默了一會，他告訴我許多話。他說現在環境不同了，講話要留神；他又說，學校位在越界築路上，隨時會遭受到「大道市政府」的光顧，最後，他板起了莊嚴的臉孔，問道：

「××壁報是你編輯的嗎？」

「是的，這是學生會交給我編的，學生會的命令……」

老校長的臉孔漲得緋紅，太陽穴裏的青筋不住地在暴跳，一雙眼珠子變得全是白，一面把桌子上的那本學生名冊合了起來，一面插嘴道：

「學生會？學生會我已經佈告命令解散了！我不准因為學生會的存在而妨礙學校的行政！」

「是的，校長，學生會已經解散了；但是，同學間的熱情是壓制不住的！××壁報便是我們熱情發洩的處所。」

校長室的玻璃窗上貼滿人頭，貼滿笑歪了的嘴。

「嘿！熱情？你們爺娘出了錢教你們到學校裏來幹什麼的？事情要是仍舊繼續下去，你們今年的升學會發生問題！」

門外響起了一陣騷擾：

「漢奸！」

「漢奸和蘇錫文是一家人！」

老校長眼睛裏充滿了火，太陽穴的青筋暴跳得更厲害。拿拳頭打一下另一隻手的手心，霍地從皮旋椅上站了起來，很快的衝出了同學們圍成的「肉牆」，發急的說：

「漢奸有什麼證據說！」

沉寂。

老校長抹了一下額上的汗珠，一雙粗黑的手反叉在背後，臉部起落得利害，看了看周圍的烏黑黑的一羣，繼續着他的話語：

「和蘇錫文同姓就是漢奸，那麼你們呢？王克敏姓王，你們沒有姓王的嗎？江蘇省長姓陳，你們姓陳的也是漢奸嗎？」

又是沈默。

「但是，學校爲什麼要登記呢？」

老校長帶着一臉的苦笑，然後嘆口氣道：

「謠言！全是謠言！……」

「謠言？謠言自己才是謠言！」

「那末爲什麼要禁止我們的壁報呢？」

老校長預備再要繼續「闢謠」，然而他沒有什麼話可說，要說的話全給抑住在喉頭。他也知道周圍的一羣不是小孩子，他再也不能哄騙他們。

「沒錯的！倒底是漢奸！」

暴力不能威脅大衆的熱情，同樣地，暴力也不能屈服我們英勇的抵抗。

鬥爭的開始

L F（二十七・七・六・）

脚步加速地進行，對於下午要來的一場暴風雨，感到極度的興奮。

頭上的肆虐驕陽，軟軟的燙得起泡的柏油路，和幾天來的疲勞，一股腦兒全抛在腦後。心裏祇興奮着；可是一切想得到的早就想到了。

幾天來的向僞組織「登記」問題，奴化的種種傳聞；先生答覆的含糊，慌張；在報上揭發過的漢奸教員的來臨；和鬼頭鬼腦的人的出入，早把五百多同學打在悶葫蘆裏了。再加上今天報紙登載我們學校在進行登記的新聞，再也掩蓋不住了。五百多顆不願做亡國奴的心燃起了鬥爭的火焰，將燒毀敵人的鬼蜮伎倆。

太陽像火燒一樣的，操場上黑壓壓地擠滿了人頭，憤怒的聲音不時從悶熱的空氣中爆出來，主席的聲音好容易才傳到人們的耳朵裏：「諸位同學！今天報上有一則關於我們學校的新聞——就是說：我們的學校要向偽組織去『登記』了。……我們每一個人都是不願做亡國奴的，反對奴化教育是我們每一個人的責任。……誰願意有一個中國人做漢奸呢？我們要請校長出來解釋，並且擔保以後決不向偽組織『登記』……我們不是胡鬧也不是鬧風潮，祇是保衛我們的學校！」

校長請出來了，慢吞吞地說：「……『登記』的事恐怕是出於誤會，因爲上學期我校有個姓金的教員住在洞庭東山……不得不(？)同日本人來往勾結……現在來到上海，住在租界有點不方便(？)因爲他是本校元勳，所以跟日本人商量住在市區……恐怕誤會是由此而起的……至於『登記』是絕對沒有的事，如遇壓迫，則學校寧願關門解散！……」於是搖搖擺擺的踱進辦公室。

「同學們！現在校長先生已經向我們解釋過了……同學還有什麼意見？」汗珠直淌的主席嘶着喉嚨在喊。

「主席！」東南角上的一個聲音打破了沉寂：「我有一個建議：「請校長登報聲明。」

「附議！」像雷轟一樣。

「現在通過了第一個議案：——請校長登報聲明。還有沒有？請快點提出！」是主席的聲音。

「主席要求成立護校會！」

「附議！」大家好像乘機發洩一肚皮的憤氣一樣。

「有沒有人反對？……沒有通過！……還有什麼要提出？請快點！」主席喊出。

「主席在抗戰的時候，除了漢奸以外，任何人都得聯合在一塊兒，何況學校是教育機關呢？所以我們要求除了漢奸以外，不開除同學，保障同學安全。」

「附議！」整個地叫着，幾乎連房子也震動了。

忽然一個高二的同學沒頭沒腦地撞了出來：「主席！我反對第二個議案。因爲我們學校又沒有向偽組織登記，根本在孤島上敵人來了，除了解散還有什麼辦法呢？何況學校當局是非常堅決的。」

「主席！」一個急促的聲音：「請問那位同學是不是要等到『登記』後再來護校呢？……學校當局的態度固然是堅決的，可是在敵人進攻時，整個學校中最大的力量——學生羣衆——是不是應該坐視？護校是不是師生共同的責任？國軍雖然退出了上海，但是上海仍是中國人的上海！租界是有中立性的敵人的武力是無法在租界上使用的。……這個議案已經被大家通過，就是反對也應該照複決的手續做。」

「主席：……唔……唔我收回提議。」那位高二的同學在羣衆的哄笑中露着窘態。

三個建議交給代表團向校長請求經過五次三番的藉故推托，終於在五百多不願做亡國奴的熱誠的壓力下全部接受了。

還有一段插話——在代表團向校長請求時，一個宗教部的×先生拉幾個小同學去考試，他說：「你們不要跟大學生哄（？）他們都在『搗蛋』（？）如果打起來，你們總是吃虧的。」可是小同學寧死也不肯走，幸虧另外幾個同學上來解釋：「先生！考試等一下仍要考的，我們不是搗蛋也不是胡鬧，我們祇提出一個不願做亡國奴的要求。打是不會的，我們的拳頭向着敵人！」那位先生也祇好答訕着走了。

在烈日下，同學已足足地站了三個鐘頭，因爲我們這次羣衆大會不是胡鬧，不是搗蛋，也不是鬧風潮，祇不過是爲了保衞學校反對奴化，提出了一個僅僅夠做中國人的資格的要求，所以在代表團得了答覆，散會後全體同學仍在精神疲乏之下自動地結束了這最後一天的考試。

太陽漸漸西墜，拖着沈重的脚步回家時，心裏仍强烈地留着那興奮的場面，這正是鬥爭的開始哪！

開除

松筠（二十七・五・廿一・）

一陣鈴聲，把我從夢中驚醒，樓梯間人聲嘈雜，校長先生沙啞的喉嚨大喊着在客廳集合。我以爲附近發生火警，急忙披好衣服跟隨到客廳。那裏早已聚集了許多同學帶着惺忪的眼睛，都莫明其妙地互望着。

「各位！」校長在人羣中大聲說：「一個朋友告訴我說本校有激烈的抗日分子混入煽動和連絡同學，專做不合法的事，他方也已知道，恐怕今天要到這裏來搜查。」

原來是這麼一回事，我才明白過來。現在每一中國人都是抗日的，何況我們青年。這難道是中學校長說的話嗎？

「爲了保障各位的生命安全，學校方面的名譽，不得不請各位忙忙。將各位的箱子，書桌打開，讓我同諸位先生先來檢查一遍，以免發生意外。」他得意地說完大道理後，把頭一點，用手向樓梯一揮，很快地跑進辦公室。

我驚訝這話會從一個曾做過救亡工作的著名中學校長口中吐出。曾經領導學生，熱心地辦理救護工作的愛國英雄，現在却甘成爲俯首貼耳的「順民」「什麼使他變得這樣快？」當我疑憨時，一個同學拉拉我的手臂說：「快去呀！」我沒說什麼，看着一個個爭先地上樓去不禁喊一聲「順民」就獨自將華美晨報打開來看。

聽得樓上翻箱倒篋的搜查聲，覺得孤島上的教育眞不堪設想了。流落的數十萬中國青年將漸漸走入沒落的道路。負教育職責者祇是委屈求全毒害青年！辦着營業化的學校，抬高學費，雖然輿論上有合理的指責，但是他們早已變成狼心狗肺的人了，管什麼是道理，自已有吃有穿就夠了。

約莫一小時左右，我被困在辦公室裏，對望着瘦長的校長。

「你爲何不將箱子打開？」

「我箱子沒有鎖呀！」我破舊的箱子的箱鎖已失去了效用，讓牠棄在牀下。

「那末總要去打開的呀！」校長的命令。

「……」我不回答，我忿恨。

「你沒有話說了，賊胆心虛拿去看。」細長的手臂將幾本雜誌拋下來，零亂地散在地上。紅紅的「華美」二字映入我的眼簾。我失笑了。

「先生！華美週報是准許發行的雜誌，不是違禁品，上海到處有賣。」

「難道我不識字嗎？」——看牠的面容，校長面紅耳赤，似乎大怒了。

「這沒有關係。」

「就是檢查這東西，書本沒收，給你一次警告。」

「書是我出錢買的，不能沒收！」憤火在我胸中燒着，說話有些不客氣了。

「違抗校長，就是違抗教育原理，違抗教育部，你不配稱學生！」

「你是堂堂的校長麽？制止中國青年的抗日，視事仇人爲人所共棄，教育界的敗類！」我忍不住了，就反唇相譏，知道這幾句話使他太難堪了，他一定會拿出校長的最後手段。果然，他霍地立起來，將墨水瓶往桌上一拍，大聲嚷着：

「出去！破壞校風，違抗命令！」

「你不能做青年的導師，只是黃道樂土下的一個順民！」我冷笑着，頭也不回出了辦公室。

出校門時，經過佈告處，見許多人圍着看，我知是開除的佈告，看見佈告的末了，竟也用着「民國廿七年五月廿一月」的字樣。

「五五」——我們的「校慶日」

棣

是暮春的時節，太陽竟像六月裏燒紅了的烙鐵一樣，燙得這

「孤島」上的一角的××中學整個沸騰起來，同學們都在奔跑，在拭着汗，揮着扇到處奔走着。那兒充滿了活潑的喜悅的空氣，這還是學期來的第一次呢！天天壓在功課底下的同學今天是解放了，自由了！

校園內的國旗，高高地伸出了碧綠的樹梢，飄蕩在蔚藍的天空中，鮮豔莊嚴的色調，望上去令人感到一陣愉快和敬愛。

時間是下午。

籃球場上排了半個大圓圈的板櫈，場正中架起了一架「機關槍。」

「機關槍」——但這可不是敵人用來替我們「拍照」的那種「機關槍」。

鐘聲悠揚地響了，催促着我們坐上那邊屁股的地面和板櫈，這是一個空前的聚合，該說是一個師生無拘束的露天聚合呢。大家談笑着。

「喔喔……」「機關槍」手吹了這麼一聲叫子。

「不要動啦！要開始了！」他更大聲地喊着。

「格格格格……」「機關槍」工作了，從這邊起始向那面旋轉。那面的同學在：「咳咳……！」「嘻嘻哈哈！」地引我們這邊發笑，但當「機關槍」頭掉到那邊時，鬧聲就發在我們這一邊了，

「機關槍」一停止同學們立刻就衝進了「汽車間」——我們的禮堂。

二百多人，擠在這一間停得下約莫三四輛汽車的「汽車間」裏，窗門是給綿紙封住，外面近九十度的空氣和毒辣的陽光從門窗間不住地襲進來，加上了人體散放出來的熱氣，把這裏比做烘麵包的爐大概還不算過份罷！

校長，校董，校友，同學代表輪流地地發表着他們底「官樣文章」，在當時的那種悶熱窒息的感覺使我們不得不回憶到我們那被燬去了的壯嚴寬宏的大禮堂。但台上的演說正是關於這一方面的，所以雖然那些演說是「官樣」、枯燥無味，同學們仍是能靜靜地配合着他們的回憶而傾聽着。結束了這紀念儀式的是歡呼：

「建設新××！」

「建設新中國！」

「××中學萬歲！」

「中華民國萬歲，萬歲萬萬歲！」

沉悶了一個多鐘頭的我們，這時的情緒是高漲到極點了。

接下去的節目是籃球比賽，校友對學校隊。很猾稽的，一開始時，校友隊就只有四個人，拉了一個現在肄業的同學權充要職，到休息時，校友跑了一個。半場後，場中的校友只剩一個了，不用說，校友隊是輸了。

籃球比賽未完，嘹亮的鐘聲又悠悠地傳過來了，這時是三點

正。大家都重新搶回「汽車間」去，這是「餘興」的開始。

「五月的鮮花，開遍了原野，鮮花掩蓋……」

是全體教職員的合唱，悲壯的歌聲，深深地打入了在座的人的心坎。接着來了個笛同鋼琴的合奏，鋼琴獨奏，口琴，但這些都是平靜溫柔的。跟下來的是歌詠組的莊嚴、雄壯、整齊的吼聲，計有「熱血」，「生死同心」，「軍歌」等幾隻悲壯的名曲。

「趕快上前，前面有無數的同志們正在抗戰！看！勝利就在眼前！……」

「衝！衝過山海關！雪我國恥在……」

整個會場的空氣都緊張起來。這確是餘興中的一個出色的節目，其餘節目單上的「手風琴」「平劇清唱」都「生病」了！至於初中一同學的「滑稽」，却流入於低級趣味；不過若是把牠的內容充實了一下，移到民衆面前，那末或許可以收到相當效果的。

壓台戲是劇社處女演出的「藝術家」——一齣喜劇。牠是暴露社會上的一些人的愚蠢。爲了要使「藝術家」的作品能賣好價錢的緣故，他的妻子同他的弟弟竟串同強迫「藝術家」裝死，而古玩商則竟因這「藝術家」一死，便將他所僱願出的每兩張畫一元的價格，而突然增到幾萬元，但後來「藝術家」因受不住這樣束縛而要「復活」了，這樣一來，使古玩商急得要打起官司來，鬧出了使人的發笑的愚蠢的舉動：「藝術家」的內容大概就是這樣。在這裏，演員的技巧是不很熟練，甚至於在台上發笑，化裝也似乎很不高明，因爲這窮藝術家，他的妻子以及弟弟的衣飾都太漂亮了，一點兒沒有窮相。至於燈光，根本是談不到。總之：演出的成績平平，對同學並沒有發生什麼效果，原因還是在劇本本身的內容不適宜。我以爲在這還不算壞到極點的環境中，大可以採用一個比較有意義的劇本。不過，若以爲這只是單單要聯絡同學的感情，使人笑笑的話，那末這齣「藝術家」以喜劇的形式表出來，也就够能博得同學們的「一笑」了。在那輕鬆的會場空氣中，同學們都淩亂地作「鳥獸散」了。

在紀念會中發生了一件不奇特，也並不平凡的事：當分發紀念糖菓時，有一級全級卅幾位同學同時離開了會場，等到分發完以後才重新走進去。這三十幾位同學是要把這些糖菓的一筆小小費用節省下來去慰勞「八百孤軍」，本來他們是提議要把全部糖菓費節省下來，然而因糖菓早已購好了，於是只得由這卅幾人執行。

太陽，失去了他底狠毒的烈焰，臉紅紅地墮入西方。天上的彩霞把紅光反映到這一羣在路途上進行的青年，使他們的面頰都變成緋紅，顯出更活潑更有朝氣。他們跳躍着，彷彿是要去把正要襲來的黑暗衝破似的。

春假遊藝會

愼之

三月三十一日，星期四，天晴。

爲了忙着應付月考和籌備我們的「春假遊藝會」的緣故，不寫日記已足有一星期了。最大的原因還不是爲了個「懶」字？雖然每晚總是到十點半或十一點鐘才睡覺，可是再遲睡二三十分鐘，像我這樣的年輕人也還不在乎啊！幸有今天這麼一個偉大的場面，足够我塗上幾頁紙來塡補這一星期所遺留下的空白！

昨天回家，把今天所要表演的節目一條條的都寫好了，所以今晨起身後，只是從從容容的洗臉，吃粥，上學去，因我昨晚唯一的功課，就是這一點啊！

我們的演出是假座××中學大禮堂，舞台是現成的，電燈，幕布，早在昨天裝置好了。才到校中，小沈來對我說，叫我買二毛錢桑皮紙和二盒畫釘。這些事在一星期前本是用不着我費神的，可是在二十四日下午我們的××同樂會改組後，我被選爲總務兼文書之職，於是我居然也要獨當一面（？）了！接着買松香，買鞭炮，買……可是一會就上課了！兩課英文，誰有心去聽，腦中只是在盤算着：「下午的演出，到底成個怎麼的樣兒，參觀的人當然不會很少的，因楊先生在本星期的紀念週上已向全校同學報告過，況且各級的節目也不少，雖然籌備的時間是這樣短促，僅僅一個星期……」好容易下了課，就再去幹着總務的事了！

幾何課沒有上，因此得把我責任之內的事，草草的做得差不多了，看其他的同學，也都在很忙碌的工作着：置佈景的，配燈光的，練劇本的，印刊物的，寫臘紙的；……他們的臉上都表示着興奮、熱烈。不錯，工作會把我們聯合起來，你看那批比較年幼些的同學，本來同我們幾個年齡較大的是不大講話或玩的，在以前我總以爲他們是很難和我們合作，但今天事實的表現無疑地把我從前的觀念打破了；他們不也在和我們一樣地工作着嗎？我欣喜，我跳躍。呀！原來他們從前是沒事做，不是不做事。

將上第四課（國文）時，五限汪走來，叫我再寫幾條新添的節目，我想：「停刻寫吧，好在時間多着哩！」因我以爲國文課也不上了，誰知上課鐘才敲過不久，張先生已走進了教室，多懊惱呀！叫我在甚麼時候寫呢？下午還要貼標語，一點鐘就要開會的；可是張先生好像知我心事似的——早退了，因此我得將幾條未寫的節目，一齊寫上了節目單。

吃過飯，空氣更形緊張了，貼標語，搬櫈子，措置道具，準備表演，眞是忙得「不亦樂乎」，我也急於預備登台。不一會教務處佈告貼出來了：「今日下午一時，諸生聚集××大禮堂，舉行春假遊藝會，課程暫停，」大概是這樣的數行字。不到一點鐘，禮堂內已告客濕！

不久就宣告開會，先是蔚||上台報告舉行這次集會的目的，她說：「我們舉行這次集會最大的使命是希望本校的同學大家組織起來。」她的話是簡單而明晢，所以博得了很多的掌聲。「這是本會宣講組長的顏色啊！」我想。接着是初中二三年級的兩部合唱，因練習時間的不充分，故唱得不十分好；此後是高三級的獨唱和初二級的開幕戲「傀儡之子」；我因要預備上演劇本「我也要去」裏的一個「鬼子兵」故沒有聽淸楚他們的劇情到底是什麽，眞可惜！一會兒，「我也要去」上演了。這劇本本名「八一三之夜」從前在××難民收容所內已經演出過，當時還得到過人家些微的贊許，今天的演出，演員還是以前的幾位，我在演到搜査時見了錢就向衣袋裏塞進去，那「阿毛的娘」（密司鄭飾）卻喊起來了：「這是我的錢，你怎麽可以……？」呀！照理她是不該說的，因她一則是很害怕，二則連丈夫都被殺了，何況是幾個錢，三則她一喊，我的長官在側，聽得後我豈不該死；我被她一急，倒急出一句話來了：「這是違禁品！」天曉得，用自己的血汗換來的金錢，卻被認爲違禁品。但這或許是事實，你看我們的敵人把比這更不合理、更殘暴一千倍一萬倍的事，都當作家常便飯呢！觀衆們聽了我的話都無可如何地笑了。接下去演出的，是我們初三級編排的活報：「爲什麽不……？」「活報」兩字的意義就是活的報紙，編者把現社會的矛盾，略加整理，就這麽平淡地搬上了舞台，這東西既沒有底稿，故沒有一定的台詞，更沒有導演。我們的演出是以學校爲背景，以不團結作題材，寫出各人個性不同，到後來因外來的打擊，結果使他們團結起來了，像鋼鐵般堅固。我扮演的是「死讀書」朋友，不知爲什麽，我的一言一動，都變成了觀衆們的笑料。接着還有××劇場的客串「怎麽辦」和「月亮上升」兩話劇，這兩幕戲劇，我在××戲院裏都已看過的，因學校與戲院的環境稍有不同之故罷？他們在「怎麽辦」一劇中也加入了些激發人心的口號。殷×君的演說也很不差，不過那時的聲音(不論前台或後台)太嘈雜了，我站在台邊，故還能比較聽得淸楚些，較遠的人是否能聽得那就成問題了！他起頭講的是演劇與觀劇的常識，後來講到我們所貼的標語，他說：「一條是『慶祝六中全會開幕』，另一是『大家要組織起來』都含有重大意義，因六中全會是一個調和國共兩黨的月老，而組織是我們目下所必需之故……」此外還有袁先生的淸唱，以助餘興，最後是歌咏組長徐的教歌，結果很圓滿，到五時才興盡而散。

今天在校中晚餐後，同五||眼汪、鍾貓兒及幾位住讀的同學，在教室中關了燈，扯閒談，很有樂趣；最後談到了畢業問題和畢業後同學分離及組織解散的補救辦法，我主張把這問題在明天大會上提出，共同討論，因這是一個很重要的問題啊！七時半同汪鍾

兩同學搭公共汽車回家，今天我眞有說不出的興奮愉快，因我們的宣傳是成功了！

今天一天的教訓，是證實了「辛苦就是幸福」這句話。

聯歡會

棟

「起來！不願做奴隸的人們！」深厚的絨幕一拉開，台上的幾張嘴就爆發出了這一陣雄壯的吼聲！

「把我們的血肉，築成我們新的長城！中華……」下面的一百多個熱烈的心立刻跟着旋律而急速地猛烈地跳盪着。椅子下的腿也都不由自主地，輕輕地踏着節拍。好些嘴是有點熬不住了，但終於給意識所支配着，只好是翕動着嘴唇悶了氣在肚子裏哼着。

「冒着敵人的砲火，前進！前進！前進！」不等台上的人的鞠躬，掌聲就接了歌聲雷般地響起來，每一隻手都拍得通紅了！這似乎是要發洩剛才的悶氣似地。

烙痕是第二個節目：淪陷了的土地內一家人正密謀聯合起不願做奴隸的人們起義，但事實敗露，全家都將被殺，連那十四五歲的小兒子也都不能除外。可是他還未會給國家盡過力呀！他是這樣小，然而又是將來的一個有用的分子。於是姊姊便去向一個敵軍官哀求，請他赦免了這無知的小孩子。被允許了，但必須那小孩子親手行刑，殺死他底父、兄、姊姊。到將要行刑時，那敵軍官突然向姊姊跪着求婚，說：倘使她願意嫁給他的話，那末連她也立刻可以獲得自由。但她沒有聽完他底話，就不顧一切地直跪上刑場去！這劇本的內容就是這樣的，演員的動作、說話，雖然並不能完全脫離了生硬，但劇中的詞句却是那麼吸引人的心，大家都屏着氣息來傾聽，當演到那動人的情節，幾次都使人不得不鼓掌，尤其是台上張開那面可愛的青天白日滿地紅旗的時候，我們的情感都給牠整個的控制住了。

節目裏也有穿了學生裝跳的頗有點「那個」的「馬來舞」，以及辟辟拍拍的「國術」。「再來一個」在「馬來舞」開了例後，打「國術」的那位同學也只好多跳兩跳，哄笑開始打破了剛才的嚴肅的空氣。

「八一三之夜」——壓台戲，確是節目中最精采的一幕，那是寫敵軍在上海所幹出的很普通的暴行的一幕。演員的技術相當不錯，除了那敵兵的態度太滑稽了一點，中國的軍官表情較差一點外，其餘音響效果都很能使人滿意。燈光、佈景雖然談不到，但那簡單的幾張桌椅却也够適合劇中的情節了。當開幕不久後，阿毛娘哭得正傷心時，台下的人却在笑，這笑大概是上面的「馬來舞」傳染下來的罷，但大概也因爲演員是大家所熟識的人而覺得好笑罷？不過後來終於給台上的戲吸引住了。敵軍的殘酷，眞使大家的牙齒都緊咬着，拳頭也同時緊握起來，到中國英勇的軍官到來時大家又興奮到極點。完了，大家的情感是緊張極了。

「起來！不願做奴隸的人們！把……」這回是百多張嘴一同叫喊了！痛快的、雄壯的歌聲，把先前的悶氣盡情的帶了出來。同時也把心裏燃起了的火焰更煽得高張起來！

「中華民國萬萬歲！」

「……………」

這是醉在夢死嗎？！不！不正像主席所說的：「這是『學協』改組後第一次的大聚會，目的是聯絡同學感情，增進工作效力；同時我們也可說是慶祝津浦前線——台兒莊我軍的勝利……」

雨止了，走出了馬路，一陣風捲過來，是兩輛暗黃色的軍用卡車，飛也似的穿過了我底視線，剛才的一幅「八一三之夜」的畫面更清晰的在我腦中顯現出來。

孩子的教訓

艾木

早晨，辦公室牆上的日曆又被撕去了一頁，粗大的烏黑的字在吸引着人的視綫：

四月八日——星期五。

中級級任陳老師正在批閱孩子們的春假作業。他狠命地吸着烟捲，搖搖頭，有勁地用紅筆在簿子上劃着一個「×」，並且寫了幾句批語。於是他換了另一本，又狠命地吸着烟捲，可是他沒有搖頭，他的嘴唇邊現露着微笑，默默地想着：

「能像這本一樣那才好了！」

他感覺到他的肩上有着什麼重的東西壓住，他深深地吸口烟，把烟蒂投在痰盂裏，接着濃烟從嘴裏、鼻裏冒了出來，隨着微風衝出了狹窄的房間。

「我要怎樣去努力教育孩子？」

但他對於這個自己所提出來的題目感到十二分艱難，他困苦地思索着，却不能立刻回答自己。於是他又拿起一本簿子細心地批改着。

已經七點半了，孩子們絡續地上學了。教室裏立刻喧嘩起來，尖銳的叫聲、笑聲、歌聲，夾着桌椅聲，都傳進辦公室裏來。陳老師仍舊很安靜地工作着，這種囂雜的聲音並不驚動他——他是慣於在這種聲音中做着工作。

他批完了簿子，順手翻開當日的報紙，還沒有讀完一段新聞，一個孩子哭着進來，用袖口拭着眼淚，說：

「陳海明打我！」

「誰？」

「陳海明，嗅——嗅，——嗅……」

「他在哪兒？」

門呀的開了，闖進來的正是陳海明。他站着，怒容滿面，目不轉睛地瞧着老師。他的圓圓的眼珠閃爍着，好像在表白他是沒有做錯什麼。

「你爲什麼打周祥生？」

「他買花紙。」【註】

「什麼花紙？」

「嗯，是日本貨，我的爸爸告訴我的。」

「哦，那末你怎麼打他？你說。」

「我對他說：『你爲什麼買日本貨？』他不睬我，我想把紙片拿來，他不放，還用拳頭打我，我就回了他一下。」

「不，他先打我，……」哭的孩子說。

「哦，哦，……」

陳老師呆住了，這番爭吵顯然很難解決，他祇能「哦，哦，」沒有下文了。兩個孩子站在老師的跟前，敵意地覷着，性急地等待着正在苦思着的老師底判詞。

「周祥生，你去把花紙拿來！」

這可難住了這個哭着的孩子了。他想老師一定會沒收它；因此，他沒有聽從老師的話，像木偶似的動也不動，羞愧地把頭垂下，眼睛注視着地板。

「你去拿吧，我看看就還你。」老師很眞切地說。

他瞧瞧陳老師的神色，相信老師不會騙他，於是他走出去了——一會兒，他把花紙遞給陳老師。

當他接到這張花紙時，他的臉色立刻蒼白了。啊！這是侵略者的誘惑！在他的小學時代也曾經玩過這種美麗的、誘人的紙片，那是遠在「濟南慘案」以前的事。——但這東西竟重復出現在他的眼前，使他沉沒在悲慘的記憶中：——

「濟南慘案」，那年的五月裏，他熱烈地參加救國的集會，體味到侵略者的殘暴和亡國的苦痛；他擎着紙旗，跟了巨蛇似的行列在街上遊行，也跟着千萬人發狂地咆哮着：

「打倒日本帝國主義！」

「抵制仇貨！……」

現在他已經是孩子們的教師了。環境的險惡決不能使他背叛教育孩子的責任。數十分鐘前，他就在考問着自己：「我要怎樣去努力教育孩子？」但是，他對於孩子購買仇貨的事，必須加以謹愼的思慮，暴燥地責備孩子是要不得的。他細看着這張紙片，把它還給周祥生，並且用一種母親般的溫柔的口吻對兩個孩子說：

「你們出去吧！」

在常識課上，陳老師提高嗓子在台上講解着「世界上的人種，」有些孩子坐不定心了，椅子上好像生着釘子，要刺痛屁股，開始騷擾起來，可是周祥生却始終很鎮靜地坐着，把他的手放在抽屜裏很忙地摸索着，引起陳老師的注意。

「周祥生，咱們中國人住在哪一洲？」

「歐洲。」

「歐洲嗎？」

「噢，不是，非洲！」他用驚惶的目光視着老師。

「你在做什麼？」

他着慌了，想把抽屜裏的東西放進書包，可是來不及了，老師已經出現在他的桌前，看得見明明白白了。

「哦，花紙！」老師自言自地語說，他瞥見這孩子的書面上印着一隻叭兒狗，一朵薔薇，並且在他的手背上還有一個穿蝴蝶衣的女人。陳老師的瘦臉變色了，他把花紙拿在手裏。

午飯後，陳老師坐在辦公室裏，他的眼前浮現着許多可怕的東西：人造絲，洋白糖，火柴，花布，玩具，白麵，紅丸……這許多貨物發現在畸形的市場上，如像髒水裏的黴菌。它們被換作金錢，流入惡魔的手掌中。無論是誰，他不能擔保自已決沒有買過日貨，因爲「孤島」雖然已經成了「孤島」但決不是安樂窩，它是直接地遭受着侵略者的蹂躪。——陳老師從孩子那裏得到了這個教訓。他覺得這個教訓是可貴的，應該感謝孩子。

他的瘦削的臉嚴肅了，像警告自己地喃喃着：

「記住吧，這孩子的教訓！」

散學的鐘聲響着「再會歌」唱起來了，它猶如清晨的雞鳴，驚醒了沉思着的陳老師。

他站了起來，踱出辦公室，在一羣小鳥般的孩子的隊伍裏，抓住了周祥生的手，把花紙交還他，很溫柔地說，

「孩子，記住吧，這是日貨，能買嗎？」

孩子搖着頭，接了花紙，向他行一個禮，歡歡喜喜地去了。但陳老師却覺得肩頭的什麼東西壓得更吃重了！

【註】「花紙」是日貨之一，專供孩子玩的，能將紙片上的圖樣原原本本地複印到別的東西上，小販攤或雜貨店常有出售。

難童慰問記

流沙

爲了人家託我的事不能再遲延了，一起身，就俯下頭在桌子上寫信，把房間的門緊緊地下着鎖，可是不出所料，半封信尚沒有寫好，外面已有了一種吃吃喳喳的講話聲，慢慢地從簡單變爲嘈雜，有幾個胆子大一點的學生，直嚷着喉嚨一邊算跟我開玩笑罷，一邊催我起身。

「袁老師起來喲！時間不早了！」

「我們學生已經都起身，老師倒還要睡覺！」

幸虧我從來起身不遲，否則這一次要受學生的教訓了，不過，我是抱定宗旨：在沒有做完那個工作之前，無論怎樣我是不會開門的；同時爲了增加學生今天的興趣起見，裝腔咳嗽了幾聲，因此引起了他們間的論爭：有的說我在床舖上已經翻過一個身，有的說我還沒有翻過身，甚至有的說他會聽到我熟睡的鼾聲。待他們講辯不清楚的時候，我更高聲咳嗽了一陣，最後是「嘻」輕輕地笑了。外邊因此就肅靜無聲，有幾個爬上窗檻瞧，有窗帘隔着，一點看不見，有的異想天開，從鑰匙孔裏窺視，更使他失望，因爲我是早用鑰匙把洞孔塞住了。

外面的輾轉徘徊，和竊竊私議，我是完全理會到的；當然，他們今年的兒童節是另外有一種感覺，而且一早他們或許就想到：今天要做小慈善家了；不過這些不能算慈善事業，那末總括一句爲國家工作罷。

我和他們見面的時候，並不使他們掃興，讓一部份的學生，昨天他們已經選定的代表，擁進了我的房間，三大筐慰問難童的食品靜悄悄躺在我的床的左邊，十幾對滿意的視線，對它有力的瞧着。我故意笑嘻嘻對其中一個代表說：

「做代表的先吃一包，好嗎？」

「我們不要吃！」姓張的代表搖搖頭，鼻子一皺，好像看穿了我是在開玩笑：「這是送給難童吃的！他們平常很苦！我們是一直有這些東西吃的。」

守在外面的學生，看見房間裏熱鬧，都想擁進門來，有幾個，老實不客氣，兩手緊緊地抓住了門柱，一脚站在高起的戶檻上，另一脚騰空吊着，用盡了氣力，辛苦得額角上已給汗濕得亮晶晶了，站在後面的更用手抓住了站在前面的人，兩脚頤起來，誰都興致勃勃，使我的精神頓時振作了不少。

「把這些東西扛出去！」

他們聽到了我的話，一窩蜂，幾十隻手像一羣螞蟻搬死蜜蜂，把三大筐東西都搬了出去，許多學生都包圍在它的四週，天眞地望着幾百隻紙袋在笑。

× × × ×

八點鐘打了之後，叫笛一吹，敎鞭一揚。學生今天排隊比往日早操時候要迅速得多，圓團團的太陽高高地吊在東方天空，項校長養的幾十隻信鴿，迎着溫和的晨風飛揚，從我們的頭頂上掠過。

第二聲叫笛吹過，立在操場上的老師和學生都變得莊嚴肅穆起來；有幾個做扛夫——準備扛慰問品——的學生手執了扁擔，擺着童子軍立正姿勢。這時操場冷靜得像在晚上，只聽得美麗的青天白日滿地紅的國旗，慢慢地上升，被風刮出拂拂的響聲。

當租界四週淪陷在敵人手中——中國人不再看見代表眞正中

國的國旗的時候，我們每次升起國旗，特別會感覺到一種興奮。親愛的淚珠會從我們富有熱情的眼眶中掉下來

三大筐慰問品由六個學生扛了作先導每個筐上更插着一面用白竹布寫就的斜三角形的旗幟寫着「兒童節愛光小學慰問難童第×隊」等字樣，這動機當然一邊是鼓勵學生興趣，好似告訴大衆這次慰問凡愛光學生都是有關係的，一邊更希望人家常常想到難民的痛苦和其他學校來跟我們競爭，多爲難童造福。

幾百個學生都穿了比較平常淸潔一點的衣服排成了一字長蛇陣，靠着馬路左邊蠕蠕地走過去，引起路人的注目當我們走到十字路口時十六路無軌電車和汽車都停在一邊交通竟被我們截住了。

一路浩浩蕩蕩的我們，對着聯誼堂收容所走去。

× × × ×

難民所的前面，是一個五六丈平方的小荒塲，再前面就是馬路了。我們走到了難民所前面，就全體立定了，來一個向右轉，面都對着他們，而難童們排成隊伍比我們更迅速，眞使我們很有些自愧不如，有個學生輕輕地問我：

「他們怎麽也會體操？」

「他們現在也有老師敎，從前也都是很有錢的學生啊！」我不再多講話，怕妨害了公共秩序。接着又來了一個身體向後轉，只見幾個同事，都很興奮的看着這些排成一個個小隊的難童。

難童們最先是唱黨歌，又唱了個鋤頭舞歌，由他們的正主任先致詞了。我們的學生代表就把一袋袋東西分給他們，他們很有禮貌，當每個雙手接到一袋東西的時候，必來一個很誠摯的鞠躬，和說聲「謝謝！」

有很多做母親的，看見孩子都有好東西吃，就連忙走去把她正睡熟着的嬰孩抱了來，可憐孩子的眼睛還沒有睜開，硬把他柔軟無力的小手臂拖出來，一邊嘴裏急切的喊着，表示她存心的熱切：

「先生，這裏還有一個孩子呢！」

「好！你不要急！」我對她們表同情的露着笑容，就在那個時候，興致十足的學生代表把一袋東西塞到了她的手裏。

這時孩子笑，母親笑，每個看熱鬧的學生也笑。他們覺得用掉這幾個錢是很有價値的，就在大衆歡笑的當兒，校長立在階石上訓話了，詞句很簡單。先說做難童是爲了國家犧牲，是光榮的孩子，後又說中國獲得最後勝利很有把握，勉勵難童上進。

我朝正門裏看去，看見有一個三十歲左右的婦人，她呆呆地看着大衆，眼睛裏不自禁的吊下淚來。這太奇異了！她爲什麽比別人傷心呢？當然做難民都是苦的。等我問了收容所裏的幹事，才知道她的八歲的男孩子還是昨天才死的，我聽到這悲慘故事就自

已問自己：

「天啊！叫我怎樣去安慰她呢？爲了日本帝國主義的野心，我們中國受苦的人是太多了！」

× × × ×

我們預定的四個收容所都分發過了，還剩餘四十多包東西，回到了操場許多學生都分散各自回家去了，我就跟幾個學生代表商議，怎樣分發那剩餘的東西呢？起先，我跟他們開玩笑說：

「我看幾個代表太辛苦了！一人一包！」

「我們不要吃花生米，糖餅乾，香蕉，橘子，我們是吃慣了的！」

他們都很堅決的表示，有幾個更從袋裏拿錢或吃的東西給我看。我爲了再有其他事情要去做，就裝着很着急的神氣：

「那末剩下的東西怎麽辦呢？」

大家一時沒有辦法，最後還是四年級的一個同學想出了個計劃：

「這些東西應該送給難童吃的，我們只分送了四個收容所，不如再送第五個收容所罷！」

「我不去了！有朋友已經在校門外等我！你們小朋友自己去罷！」

十幾個小朋友，跳呀跳的，奔呀奔的，扛筐子的，執小旗的，朝檳榔路轉角國際收容所走去。

晚上，我回校，意外地，校長拿出一封信來，一看，原來就是國際收容所裏的難童的謝函。

四月四日——兒童節

薇（十五：學生）

去年這一天，我是在南京。全南京都很快樂，特別是我們孩子們。這一天是兒童節。學校裏放了假，開了慶祝會，先生還帶我們到中央電台去播音，她說：

「把我們的快樂廣播給大家。」

我的大姊姊也向我說：

「×妹，你們比我們幸福多了。我們小時候還沒有兒童節，什麽也沒有，只知道死唸書，唸厭了就做些毫無意義的遊戲，現在國家的確進步了。」

她說國家進步了，我想我的學問也進步了呢。而且我的快樂也會進步的呀！我國眞快樂極了！

可是，忽然打仗了。日本和我們打了。書上早已讀過：日本帝國主義怎麽侵略我們，現在我們親眼看到了，我們親身受到侵略了。一切快樂都沒有了，家鄉也沒有了。我們就逃到了上海。而且不久，親愛的大姊姊領導我們的大姊姊也被敵人間接殺害了。……

快樂從前的快樂都沒有了。侵略者的第一聲大砲就把我們打進愁苦的海裏了。

又是兒童節了。但是我們只有痛苦的回憶了。學校裏也停了課，慶祝會也不能開了。先生不是帶我們去廣播快樂給大家，却帶我們到難民收容所去。

難民所裏會找到快樂嗎？

一間黑暗的大房子，地上舖滿了蓆，蓆上擠滿了人，牆上掛滿了蛛網和灰塵，同時點綴着幾件「開着天窗」的衣袴。沒有一個窗子，也沒有一個透氣的洞。雖然是紅日當空的時候，這裏却透不進一絲陽光。偶而有一兩個中年的黃臉的瘦女人提着一兩桶洗好的衣服出進的時候，從門口溜進一道炫耀的有生氣的陽光，照着一些陰鬱黃瘦的臉。他們就連忙從門洞向繁華的馬路上一瞥，那樣急切，好像想尋找他們所需要的東西。但這不過很快的一霎那間，屋子立刻又恢復了陰暗。

這就是收容所！這就是難民！這就是侵略者的成績！一切書上所讀到的侵略者的猙獰面目都顯在我眼前了。我今天認識了它！

我的心裏開始感覺沉重了。

一股難堪的臭氣衝進我們的鼻子。有一個同學把手帕掩住了口鼻。我好像覺得難民們——受難的同胞呵——在黑暗中發怒了。我滿臉都漲紅了，頭暈了，我從來沒有這樣難爲情。我不顧一切衝上去拉掉那個同學的手。忽然她哭起來了。我的眼淚也流下來了。

沿着舖滿地上的蓆子的縫隙慢慢移動着步子我們走到另外一間大房間裏。這裏比較光亮一點。二百多個受難的小朋友已經在等着我們。

我們一到，他們黃瘦的小臉上就閃出活潑的光輝來。他們有的竟叫起來了。我們分了一些吃的東西給他們。在嘈雜的叫聲和話聲裏我們就開會了。

這是紀念兒童節的會。想不到今年在上海，在和去年完全不同的環境裏又來紀念兒童節了。

一個小朋友穿着「開天窗」的褂子，睁大了圓圓的眼睛忽然問我：

「兒童節到底什麼意思呀？」

我滿臉通紅了。我怎麼說得清楚呢？我……我怎麼會告訴她呢？我難爲情的笑着說：

「就是這個意思呀！……我們小朋友也要齊心！……齊心！……」

「這個我懂的，」她急忙插上來說：「齊心打日本呀！」

「就是這個意思……不要做亡國奴。」我輕鬆地笑了。她比我說得好哇。

「我懂的。」她對我笑着說。接着她不放心似的低下頭來輕輕的說：「你看是不是？」

我連忙告訴她她是一點也不錯的。當我稱讚她的時候，她的頭更低了，幾乎要撞到她的胸口。她的黃臉漲得緋紅了。她慢慢的伸出一隻手來忽然拉住我一隻手指，笑起來了！

呵！我興奮得心也要跳出來了。

會開完了，全體合唱救亡歌曲的時候，我好像瘋狂了。我不知道那來的氣力，用勁唱，唱得從來沒有這樣響過。去年今天播音的時候也唱不到這樣響喨。難道去年的快樂還比不上今年嗎？難道今天我竟在難民所裏找到了快樂嗎？

一切的孩子都在唱着。不會唱的也在哼着。黃臉都變成了紅臉。有許多小拳頭在空中舞動着。我的小朋友不會唱。她盯住我的嘴，一開一閉的跟着我。

當我們向他們告別的時候，她又慢慢的伸出手來拉住我一隻手指，害羞的笑着，低低的說：

「你們好，比別人好。……」

我紅着臉，快樂得說不出話來，只好和她分別走出門去。但是忽然我回過頭來像一個大人的嚴肅態度向她說：

「抗日的都是好的。……」好像我已經不是一個孩子，倒是一個大人了。我的心興奮得要炸裂了。我連忙衝了出去。

在馬路上，大家都不開口。一個同學挽着我走着。她就是用手帕掩住口鼻的人。她的發光的眼盯着我的眼。我們都不開口。但是我們心裏是明白的。她的手在抖着。

就這樣，我們在難民所裏紀念了兒童節。在難民所裏找到了快樂。失去許久的快樂，我又找到了！

這快樂和去年的不同，但是我更歡喜它！(765)

第九輯　偉大的紀念

九・一八在上海特區

榴火

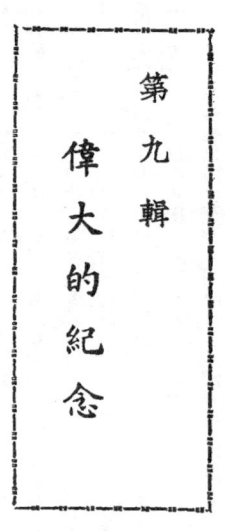

六年了！過去每一個「九一八」的到臨，我們只能含忍着悲痛，讓牠無聲地過去；每一個「九一八」對於我們都似一把尖刀，深深地刺入胸膛，讓熱血流出來凝結在創口而不能發出呼痛的喊聲。然而民族的仇恨不是妥協政策所能抑制的；敵人繼續的侵略已粉碎偷安者的迷夢。從「蘆溝橋抗戰」政府決定了抗戰的國策，到「八一三」上海戰事爆發展開了全民族抗戰的一幕，中國已表現了復仇的英勇的行動在世界的面前了。

現在，當華北、上海各地英勇的戰士在砲火中打擊着敵人的時候，第六次「九・一八」的到來已全非過去的景象了。記得去年的「九一八」節上海是在軍警嚴密戒備中和民衆的憤懣中溜過去的。但今年的「九・一八」却帶來了沉痛也帶來了歡欣。全市的軍民正用鮮血紀念他！

天還沒有亮砲火連續的怒響着。細雨落着，秋風嚴肅地吹過佈着沙袋和鐵網的街頭，巡邏的外國兵邁着沉重的步伐，擺着長長的身體在人行道上，背着槍吹着口哨，搖擺着手中的短棒，頭上一片鉛色的天空。天漸漸的亮了，國旗升起，然而都又垂下一半來，飄着飄着在晨風裏。等到太陽衝散了陰雲的時候，鮮紅的旗子是多麼美麗啊！然而她不能升到桿頂，叫人有些悽慘！

楓取去昨夜趕印的壁報發送到難民收容所中去。每一份壁報附一張剪貼的畫報，那是從六年中各種畫報中收檢出來的。上面有東北美麗的風景，敵人殘殺我們同胞的血跡，還有義勇軍在冰天雪地中前進的行列。看過這驚心動魄的畫面，有一腔酸辛的淚水含在眼中。於是想到前幾天寶山姚營全營戰士的殉難，閻海文烈士落在敵陣殺敵的消息，覺得我們現在是用鮮血創造更動人的畫面了。

踏上馬路，電線桿上，弄堂的牆壁上，貼着白紙藍字的標語，遮蓋了往常的香煙花柳病醫院的廣告：

「紀念「九一八」要收復失地！」

「趕走侵略我們的敵人！」

「援助抗戰的戰士！」這不是平常的口號，而是全中國人內心深處所發的要求是至誠的言語。「立報」「救亡日報」發出時，馬路格外來得喧嘈，報販喊叫着，行人爭購着，這是上海民衆最喜悅的報紙因爲牠們能說民衆要說的話。後者今天增出特刊半張，開首刊載着一篇追悼東北義勇軍戰士李紅光傳顯明諸烈士的輓文英勇的戰士流盡了最後的一滴血在艱難困苦的鬥爭中。在「九一八」紀念的時候，大家對於所有死難在抗敵戰役的烈士，同寄無限的愧心和敬意，堪以告慰英靈的是現在全國已點燃了爲他們復仇，爲民族雪恨的火把，我彷彿看到他們在火光中滿身血跡，然而面孔上都露出微笑。

「九一八」的第六年，中國醒悟了，死難的烈士沒有白流他們的血！

閃過幾個青年，健康活潑，嘴裏唱着「打回老家去」的歌詞，他們都是到收容所去宣傳的。上海自從開戰以來，被敵人逼得無家可歸的難民有七八萬人被收容，除去遣送回鄉的以外，現在還有三四萬人分住在一百多個收容所中。今天許多的青年團體分別到難民收容所中演講，演劇，唱歌，難民是親身受到日本强盜摧殘的；今天他們紀念「九一八」，更受感動，許多難民在劇中看到日本鬼子出場，幾乎想把演員打一頓，許多老太太看到鬼子欺侮中國人的情形，低下頭揩眼淚；中國兵衝鋒的時候，觀衆喊着大家一齊去。中國是不會亡的，任何角落都充溢着抗戰的情熱！

中午走過南京路，車輛行人都停止，無線電放送着黨歌，童子軍領着路人低下頭靜默三分鐘，喧鬧的馬路沉默在嚴肅裏，接着舉起手來宣誓：

「余誓以至誠，擁護政府，服從領袖，犧牲一切，抗戰到底！」幾個值勤的華捕，也隨着舉起手來，外國兵好奇的望着這動人的儀式，演過後，一個紅面孔高鼻子的外國人，微笑地伸出大姆指向着他身旁走過的中國人說：

「你們中國，一定可以得到最後的勝利！」

路人很感動，向這個異國的同情者道謝，表現十分光榮的樣子。第六年的「九一八」，中國人已敢正視友邦的人士了。同時，聽說法大馬路都有這紀念儀式的舉行。但紀念「九一八」最有意義的行動還不在此，還有許多青年絕食一日，把伙食費捐助救國金；還有紅十字會帶來的受傷的戰士，這些鋼鐵般的兄弟，他們在戰場拚命的衝掃敵人，以鮮血紀念了「九一八」。

晚間七時光景，黃浦江的上空，出現了我們的空軍隊伍，敵人軍艦的高射砲，照明彈，紅綠色的警號，驚慌的放射出來。但是看啊，我們勇敢的飛機從容地翱翔在茫茫的月色中，投下炸彈，轟澈了上海，特區的馬路上觀戰的人，羣齊聲叫好！這英勇的空戰在「九一八」六週紀念的夜晚，是不能忘記的一幕啊！

空軍去了，特區的行人漸少，又只有砲聲遠遠的傳來，馬路上又是外國兵吹着口哨在巡邏着，秋風吹過佈着沙袋鐵網的街頭，月亮高高的懸在青空中。

我向着月兒祈願：

明年的「九一八」該是我們唱着勝利的歌的日子。

絕食・靜默・宣誓・募捐　若蘊（十五・學）

東方才微白，四周充滿着寂寞和冷靜，人們還在濃甜的睡夢中，然而戰爭是不分晝夜的忙碌着。斷續的槍砲聲，點綴着深秋的早晨，一天的新生又開始了。

亭子間是我們——十多個女童軍——的臥室，地板是我們的牀，用具是簡單粗陋，這一切是我們二個月前所意料不到的，照例今天把我們的早課——掃除整理——做完了。

「早餐鈴怎麼還不響？」性急的芳不耐的說着，

「還早呢，天也沒有大亮，大概我們今天工作快了些，」貞望了望窗外，我們同時也回過頭去看了一眼。

「什麼是時候早天陰呢！」我也順了一句。

「六點一刻了，早餐時間已過，我們出去看看吧。」張先生——我們底隊長——穿好了一雙長統皮鞋站起來，剛說完，我們立刻放開脚步離開臥室，走進餐室。出乎意外地驚奇，餐室裏除了空的椅子和櫈子外，什麼都沒有，我們都驚疑地互相換着眼光。

「這奇了，怎麼都是空的？……」芳還沒說完她底話，一個傳令的男童軍走來說：

「今天是『九一八』，大家應該絕食一天，爲念紀過去的國恥。並且在中午的時候到馬路上去領導民衆靜默和宣誓，以紀念陣亡將士和被難同胞。」他說完就走了。

「『九一八』！怪不得老天都不開容呢！」佩一面說一面走去，把掛在牆上的日曆重重的撕去一頁，血紅的字映在我們每個人的心上。

「現在我們開始工作吧！昨天捐來的舊衣服，還沒有編號碼，今天我們應該更努力的工作，下午還得勸募難民衣服和前方將士的棉背心。」張先生的話提起了我們的精神，反把吃早餐忘掉了。

辦公室在同街的另一幢房子裏，等我們進去時，那裏好些人已在開始工作了。我們也就做我們底工作：理衣服，編號碼，包紮、登記，很快地在中午以前辦好了。

戰爭控制下的街道，在陰鬱天氣的籠罩下，顯得格外地淒愴可憐。血紅旗面上潔白的星，飄揚在街道的每個角落，鐘聲開始響了，在曾經流過血的南京路上，站着被驚起的黃帝的子孫！靜默！聽鐘聲的怒吼；靜默——紀念我們的陣亡將士，被難同胞，祝抗戰前途勝利！我們終於沉默了。沉默裏充滿着勝利者的凱歌。鐘聲停了，我們舉起大無畏的手宣誓，宣誓是震天動地的，在這一瞬間，顯出了中華民族的偉大精神！

午餐時每人拿六只光餅充飢，快樂地報告着剛才的順利的工作，然而發覺缺少了二隊童軍。一隊是派在大新公司的，另一隊是派在法租界大馬路的，這是我們意料中的「意外事件」。剛吃完光餅，派在大新公司的一隊回來了，西捕說他們妨礙交通，竟毆打起來，所以來遲了。他們領着光餅敘述剛才的經過。饑餓和痛苦並沒有減少他們工作的興奮！

「靜！沒有打着吧？」我問這一隊裏的一個女童軍。

「打是打着了，不過沒有吃虧！」她咬了一口光餅笑嘻嘻的，毫不在意的樣子。

「你沒有吃虧，我才得利呢！那個胖胖的西捕，挨我三脚，他祇打着我一拳。」影微笑着看了看自己的脚——跟男子沒有分別的脚！

「瀘，真豈有此理，到法租界去的一隊童子軍被捕房扣留了！」貞氣冲冲跑來說，我們怔住了。

「這太氣人了啊！」佩咬住他底嘴唇忍氣的嘆息着。

「我們不能白白被他們欺侮我們要自由！」我也氣極了。

「聽說團長打電話去詢問。」

…………

集隊的號子響了，我們飛也似的奔到街堂口卡車在等着我們出發工作——募捐。報數、分隊，我們一溜煙地跳上了卡車。光禿禿的卡車裏我們齊耳朵的頭髮，齊膝蓋的裙子，高音的救亡歌曲，引起了路人底一片驚奇的眼光。

卡德路，同孚路，麥特赫司脫路的每個街堂都捐過了，成績是意外地好。在一大堆舊衣服破棉被的縫隙裏，顯出了難民滿足的微笑。漸漸薄了的棉背心捐簿象徵前方將士英勇抗戰的精神。雖然我們走了好多里街，費了許多精神去解釋，雖然我們又餓又疲倦，然而為了減輕我們同胞的擔憂前線和後方將士的辛苦，我們還繼續着我們微小的工作。

天氣顯得昏暗了，我們從新閘路捐好回來，到跑馬廳的時候，傍晚的霧氣裏還能看見那巍巍的大鐘長短針恰巧交成直線。

忽然天下雨了。

多愁的秋雨冰冷地撒遍我們的全身，然而這不能減少我們的勇氣和熱情，我們冒着雨，抵住風，飛馳着向光明的目的地前進，在綿長的靜安寺路上留着我們的歌聲：

「九一八，血汗未嘗乾；
東四省，山河未嘗還；
海可枯，石可爛；
國恥一日未雪，國民責任未完。」

「一·二八」六週紀念日

彩　華（二十六·通訊社員）

這該是小方生命史上最可紀念的一日。

小方是個剛果熱情的二十多歲的青年，他曾幹過許多熱烘烘的救亡工作，要死的話，可說他已死了三次。自從大上海失陷後，小方由於環境的關係，不得不投入地獄似的上海的懷抱裏，加入××工作，他在無聊時，嘴邊總是啣着一根紙烟，或沽十個銅板的綠荳燒喝喝，常常提高嗓子，向他的同志們說：

「幹救亡工作是艱苦的，在敵人鐵蹄下做救亡工作，尤其艱苦；但同時也是最有價值的工作；我們旣幹了這艱苦的最有價值的救亡工作，就要隨時隨地準備坐牢，準備着死，如果怕死，就不要幹……」

在這一個時期，沒有一個同志關念家庭，怕幹救亡工作。大家都興奮地密切地團結着，在同一目標之下，各自負起抗戰建國的任務。

「一·二八」六周紀念日的早晨，天空是灰白色的，陣陣寒風刺入人的肌骨，可愛的青天白日滿地紅的國旗在大街小巷家家戶戶的門窗上迎風招展，似乎在說：

「我們永遠是光明的！」

「上海是我們的，上海始終沒有淪亡過！」

愛國的傳單、標語到處皆是，上海的中國人，男的女的，老的少的，都爭先恐後的搶着最醒目最有印象的是一張張豆腐乾塊一樣大小的圖畫標語，貼滿了每個店鋪的欄櫃上，門窗上，人行道旁的壁面上。標語很簡單，但含意極深刻，是一面鮮明美麗的中國國旗，旗邊註上「毋忘一·二八」五個字。

一個沒出息的傢伙在貼這小標語時被探捕捉住，為要保全自己的性命，說出了許多同志們的姓名住址，還領着去捉人。小方正由外面回來與幾個駐會的同志午餐，小方的九歲小姨亦在座。大家正在邊吃邊談，忽而闖進了一個工人模樣的青年，兩手拷着拷子。他第一句問小方××界領袖×君在不在。一位同志脫口回答他說不在。小方受托於秋，如果關於××界領袖×君的事，都要打電話告訴秋，因此小方很自然的放了碗箸，一隻手捏着聽筒，一隻手正預備撥電話號數。這時忽又擁進五六個人，有中國人也有外國人，其中一位中國人飛步過來，搶過小方手裏的聽筒，兇狠狠地說：

「你打電話到什麽地方去？說出來，不要怕，我們是捕房裏來的。」小方偷眼往飯桌一看，幾位同志很機警的作鳥獸散，剩下的是小方九歲的小姨與年已半百的女僕。小方自知受困無法兎脫，於是又從容地答覆問話的中國人：

「我打電話給我的朋友×××，他早上出門關照，如有人來，叫我們打電話給他。」

說到這裏，五六個中外捕探，翻箱倒篋，搜索了一番，連字紙簏裏的紙屑，都一一打開拚湊研究，結果所搜索到的是×會與×戰時服務團的空白信箋信封以及×社的簽名簿等。這許多無關緊要的東西，他們竟拾着野鷄毛當令箭似的作爲擾亂治安的犯罪證據了！先前那個問小方的中國人又問小方：

「你在這裏做什麼？」

「我在作客，不信的話，旁邊有我的妹妹在。」

「你朋友不在，你又怎麼在這裏午飯？×××是在×局做生意的嗎？這裏是×工會嗎？爲什麼要裝電話？」

「我的朋友早上出門時，關照叫我先留在這裏午餐：這裏是不是×工會，爲什麼裝電話，我都不知道。」

小方覺得問話的中國人太無常識，上海裝電話的人不知有多少呢，難道都有犯罪的嫌疑嗎？

可是那中國人又問小方：

「×××家住什麼路？你的名字叫什麼？做什麼行業？住在那裏？」

「×××家未去過，不知道。我叫×××，做×行業，家住××路。」小方裝出很滑稽的神色回答他。

的鈴鈴……電話來了，探捕囑小方接聽，狠狠他關照小方；不可說別的，只說捕房人員都去了，叫他即刻來。小方是位熱心愛國的青年，寧願自己受罪，死也不願牽累其他同志。小方一面點點頭，表示接受，但心裏却決定寧死不屈。聽了電話，小方知道這是剛才脫兎的×同志打來的電話，就把探捕問話的經過，以及探捕尚未離此的事實，一一告訴了對方。站在小方四周的探捕，却以兇狠的眼睛逼射着小方，小方泰然處之，若無其事。

最末探捕們又大事搜索，最後要帶小方到捕房裏去，小方連連稱是，聰敏伶俐的小方的小姨大哭起來了，要跟着同去，探捕也答應了。於是小方往後樓穿上厚呢大衣，手攙着小姨，跟着一個外國人二個中國人往樓下去。在小方後面跟着的二個外國人二個中國人，看見小方在後樓穿衣，疑竇叢生，以爲後樓也是機關，於是後面幾個中外探捕入後樓搜索。小方若無其事，從容下樓。這時光前面幾個中外探捕已跨出了大門。小方因覺手冷，知道手套遺忘在樓上，即返身去取，正走近扶梯邊，小方忽而心機一動，想後門無一探捕把守，是個脫兎的好機會——能够有機會不犧牲，還是不犧牲的好。小方就毫不遲疑的丟了他的小姨，拔脚往後門飛也似的狂奔。總弄口停了三四輛捕房公事汽車，車前站着剛才問話的中國人與外國人，小方自知不妙，又返身向後逃，逃出了弄口，跳上了人力車，躲到朋友家裏。小方這次所以能脫逃，是原爲探捕防衛不啻，該弄迂迴曲折，四通八達。小方在朋友家裏，坐立不安，担憂的是他小姨的受驚嚇，和他家裏的重要文件。

黃昏天下着鵝掌般的雪。小方家裏人來會見小方，相見之下，心裏有說不出的酸痛與快慰。原來他的小姨，已於當日下午一時光景由探捕送家，探捕幾番幾次的騙她關於小方的口供，有否不符之處，怪聰敏的小姨在捕房裏所供的口供與小方脫逃前所述說的無大差別。可惜的是小方未經風霜的妻子，把家裏的重要文件都燬滅了，小方為了這會哭一夜。家裏的書也被探捕抄去了不少。

小方為了避免目標，隨即改換了裝束，別了家人，在××旅社會了秋。小方將脫險經過詳細述說。後來小方與秋相互討論着兩個問題：事變善後與今後工作。同時擬了一個電稿報告上峰，小方還預立遺囑給他妻子：

「余六歲開始讀書，迄今垂廿年，受父母汗血之栽培。不幸祖國被日帝國主義不斷侵凌壓迫，故無日不在奮發圖強，自力更生，以雪國恥，聊盡國民救國天職，藉報父母養育之恩。八一三事變，隨軍服務於××，大上海失陷後，折返上海，參加×團。今者×捕房既接受日本強盜的要求，以余為抗日份子，非弋獲槍殺不可。余自認為激烈之抗日份子，隨時隨地抱必死之念，嗣後如為祖國生存而犧牲，死亦甘心，死亦光榮。惟余之家情況不明，須請切實調查，告余父母曰：汝子已決心為祖國而犧牲，毋哀告；余弟妹曰：汝兄汝叔，已決心犧牲生命換取祖國生存，勿悲。囑彼等奮發讀書立志，為余報仇；汝仍繼續讀書，以求自立。岳父必須孝敬，汝妹天資聰穎，頗可栽培，亦須悉心扶養。汝遇有相當郎君，可出嫁，毋固執，為余受罪。餘無他此囑。」

小方寫完了遺囑，又大哭一場，忽而又雄壯莊肅的喊了一聲：

「打倒××帝國主義！」

小方在旅館裏過了二個星期囚徒式的生活，最後遵照上峰的命令，帶着一顆十分堅決的心離開了上海。

遇鬼記

越　薪（二十・銀行職員）

已經晚上十點鐘了，我由寧波路的朋友處走出來。路上是相當的冷靜，含有緊張味。本來在日裏，巡捕房的鐵甲車就架着綠油油的機關槍，接一連二的在路上巡邏，現在發生了好幾次炸彈案子，自然更加緊張啦。

因為冷靜和緊張的原故，天現得更黑了；尤其是朝南的河南路上。我夾了一大包書就由這路向南，擬轉入法租界。

我老早預料到：在今天這種空氣下，「抄靶子」的事免不了；所以我每走過一條橫路，總得瞧瞧那些站在壁角的巡捕，意思是說：「喂，抄嗎？」但是他們不理。我就這樣提心吊胆的走過廣東路：心想大概再下去就沒有了吧？

可是剛穿過廣東路，我一眼朝愛多亞路那面望過去，行人特別稀少，可以看到愛多亞路口一大塊冷清清的地方，是太暗了，除了由南面反映過來的倒影之外，簡直看不出那地方停了些什麼東西。而這影子，就是兩輛卡車和一些動搖着的人影。可是我知道那些影子不是路人們的，因爲他們有了乾電筒在手裏亮着。

「抄靶子！」理智警告我。待我越走近時就越證實了，我瞧到有些人被攔住在那裏。但是我並沒有想到要另走別路，因爲上海這種事太多了，抄的人也不過是公事，被抄的也成了家常便飯，何況我根本沒有犯法，於是我仍走上去。

我裝做毫不知道的樣子走過去，剛走到那兩輛卡車的中間，突然傍邊跳出一個矮子，手電筒的光在我臉上閃過：

「站住！」

馬上手電筒的光又暗了，站在我面前的是一個鬼樣的影子，擋住我，再用電光指指人行道上，意思是那邊走。

我平靜地繞過汽車的屁股，轉到人行道上，在那裏有好多個人在「抄」着。雖然電光時時的閃動，但我仍認不清是那種人，樣子倒像「包打聽。」我瞧瞧那裏被「抄」的連一片小紙頭都看過，我倒担心起我夾着這一大包書了，這看起來可太費時了。

挨到「抄」我，我也挨近他了，我可以瞧見他的面孔了；再由他的電光裏，我更清楚的看見他：大塊頭，沒帶帽子，頭髮橫在頭上；藏青色的上衣，白嗶嘰袴子，藍條子的領帶，標準的包探像。

他用電光照一照我夾着的書，機械地問：

「啥末事？」倒是很純熟的上海白。

「書！」我答。我更以爲是包探。

於是他伸過左手來摸了，在左臂上，我又瞧到他在上面圍着一個臂章，——白底紅字，還是中國字，但因爲搖動的原故，我祇瞧見一個「華」字。——摸了一刻，是書；身體也摸過了，沒有違禁品；於是他讓開身子，不響，顯然是完了。我也夾一夾書預備走，那知剛舉步，靠右面突伸出了一隻手，像强盜一般的抓住了我的書包：

「啥末事？」急着喉嚨彷彿一頭狗似的嚎着，而那「啥末事」三個字却是生硬的上海白。

我停步向那竄出來的東西看一眼，是個小鬼，矮得可憐，不過臉上的肉可不因小而好看一點，像肌肉凹凸不平那種臉。他穿的也是西裝白帆布的，骯髒得不成樣子，臂上也有那麼一個白底紅字的臂章，手槍挺在袴帶上，繩子就像吊死鬼一樣的掛在頸項上。

我馬上便覺得這不是中國人，心裏禁不住想到這書的命運，因爲這正是剛出版的七冊「魯迅全集」簇新的弄壞了倒可惜。

「書。」我仍是這麼回答。我仍是平靜的除了担憂着書以外，沒有想到其他。

「什麽書？」電筒的光在書包上閃了一下。

「魯迅全集。」我一個字一個字的回答。

「看看！」仍是那麽橫蠻。

「行。」我仔細地動手撕開包紙給他看。但他却動手來撕了，撕開了一大塊的地方邊着銀色的書背露了出來。他用電光照着，似識又似不識的端詳了一會：

「喔，魯迅。」像明白了什麽似的。

「唔。」我冷冷地。

「魯迅，ＯＫ！」他算完了，他大概以爲這裏面不是違禁——不抗日的東西了吧？但是他却錯了，他不知道這書的裏面有不知多少是對着日本擲的炸彈！他大概是知道魯迅，但他却不瞭解魯迅。不然這麽一大包煽動人們的炸彈怎的會放過了呢？——這是永遠不會檢查到什麽的檢查。（569）

「七·七」在工廠裏

金　敏

今天特別興奮，我五點鐘就起身了。前三天晚上，我們聯誼會的幹部會就决定爲了紀念偉大的抗戰建國週年紀念日，——「七七，各廠應該：一、發起廣汎的素食運動；二、募款匯到漢口慰勞爲民族效忠的受傷將士們，三、盡可能在廠裏開「七·七」紀念會；四、在廠門口掛國旗。今天就是我們所要紀念的「七·七！」

不久，老王阿三也醒了，於是我們三個人忽忽忙忙的跑到廠裏，離開工作時間只有五分鐘。不知怎麽今天的空氣有些特別，每個工友臉上似乎都很快樂的樣子，顯然是一種愉快的緊張。跑到樓上排字間，正在換破衣服的時候，老張也來了，他劈頭就對我說：「老金，今天在什麽時候開紀念會啊？中午放工的時候，別人都要出去吃飯，那裏能開會呢？晚上大家又要到親戚朋友家裏去捐錢慰勞傷兵，而且晚上開紀念會也不十分好，一般紀念會都是在白天開的，這可怎樣辦呢？」我說：「我們得大家討論一個辦法出來，現在馬上請印書間裏的周永源，裝訂間的吳阿榮二位幹事到排字間來開一次臨時會。」七點鐘到了，上工的鈴像催魂一樣的響了起來！不久周永源和吳阿榮跑上來，我們就開始討論：結果大家認爲應當派代表到廠長那裏去交涉，在十點鐘由廠長領導我們全體開紀念會。於是大家交頭接耳起來，從這一部架子到另一部架子，從這一部機器到另一部機器，不到八點鐘，全廠五十多人都曉得，都贊成這個辦法，並推我們三個幹事（周永源，吳阿榮和我）做交涉的代表。九點鐘敲過了，廠長才到了十分鐘，我們三人就跑去見他。這時候我的心不知怎麽的跳得利害，懷着一種希望同駭怕的情緒；因爲我是第一次做代表。

廠長看見我們走進廠長室，不覺吃了一驚。他就問我們「你們來做什麼？」

怪會說話的老周陪着笑臉向廠長說：「胡先生，今天是「七·七」抗戰建國一週年紀念，剛才大家推我們三個人來同胡先生商量件事情。」

「我曉得又是你們鬧的什麼花槍啊！你講罷，有些什麼事要商量。」廠長邊說邊看桌上的報紙，裝作不理我們的樣子，像在聽你的話，又不像在聽你的話。

「因爲今天我們開一個紀念會，要請胡先生出席來領導我們」老周說。

「那倒可以的，我也是中國人，當然可以來出席。不過你們在什麼時候什麼地方開呢？」廠長說。

「今天十點我們大家在印書間裏開，因爲那個地方比較大些。」我說。

廠長搶着說：「工作時間怎末可以開會呢，不行！不行！」

阿榮說：「胡先生本來我們準備在中午或晚上放工時開的，但是因爲我們在中午放工時除了吃飯外，還要去募節約捐慰勞受傷將士，晚上也要去募捐，所以只能在這個時候開比較適當，胡先生也是非常愛國的，當然不至於會拒絕我們開這個有偉大意義的紀念會吧！上海已經變成孤島，這些最起碼的愛國表示總應該有的囉！」

雖然我們向廠長說了很多的話，但廠長堅持着不能在工作時間內開會，實在沒有辦法想，老周就說：「胡先生，現在我們把胡先生的意思同大家說了再來見胡先生吧。」於是我們就退出廠長室。

回到了工場裏，大家忙着問我們，接着討論又開始了。

十點鐘還缺五分鐘的時候，我們另外派了兩個代表，一個是印書間的徐華，另一個是排字間的張根，到廠長室裏再度交涉。廠長這時候態度比較的好，大概他想我們剛才講的話也不錯，但是仍不答應開紀念會。

十點鐘，突然馬達停止了牠吃人的吼叫，五十多人都陸續的到了印書間。我們三個人把會場佈置好以後，推了周永源做主席，我和阿榮兩人一同再去請廠長出席。這時廠長覺得木已成舟，加之我們非常誠懇的對他，所以他也就出席了。當我們陪廠長走進印書間，正是主席報告開會意義的時候，一陣熱烈的聲音高呼「擁護胡廠長」主席馬上跑來接進去。首先請廠長向我們訓話，大意說：「今天我們大家開會是表示中國人民並沒有在這種環境下忘掉自已的責任，不但沒有忘記，而且更積極的來做救亡工作，這是值得我們興奮的事情。我希望大家以後要努力本位工作，即努力生產，同時也要多做些救亡工作，不過要顧全環境。」廠長講完以後，又是一陣掌聲。這時廠長說要退席，於是主席代表大家向他道謝送他出會場。

於是會場空氣比較活潑與興奮些，主席報告開會意義後，挨到我報告「『七七』抗戰的意義及抗戰勝利的把握在那裏？」於是我懷着興奮的心上去報告：

「七七」事變是日本帝國主義者把亡國滅種的危險更利害的加到中國人民身上，她企圖用軍事的殘酷的手段使中國政府屈服，使中國陷於亡國滅種的悲慘境地。然而事實恰巧相反，我們爲了民族的生存只有起來抗戰，而且因爲許多實際的經驗告訴我們非進一步團結實現全民族抗戰不可……所以「七七」意義是中國人民創造新中國的開始，中國人民用武力反抗侵略者的第一天……」

接着大家討論議決：一、吃素一天，節約捐慰勞傷兵；二、向親友募捐；三、爲了使廠裏上下層更團結起來，我們願意扣半小時工資，廠方也損失半小時。在十一點鐘興奮的散會去做工。

後來我們把議決的東西同廠長談了許久，並向他捐款，結果他答應吃素一天，並且捐大洋三元。借了「七七」的機會我們的確在廠內開展了上下層的統一戰線。

晚上到親戚家裏捐到五元錢，偉大的「七七」就在興奮，熱烈，緊張中過去了。

靜默三分鐘

雷　震（十九・職員）

早上，辦公時間還沒開始哩。寫字間裏，從外面陸陸續續的塞進了一批人，機械地在簽到簿上簽着各人的名字，然後嘈雜的聲音，散佈在四週，衝破了沉寂的空氣。

從辦公室外面看去，可望見這許多人是被裝在一座古老的洋房裏，前面躺着條靜靜的柏油馬路，法國梧桐碧綠的葉子，遮住了七月的陽光。偶然一輛黃包車停在鐵門旁邊，人就輕鬆地跳下來，走進門去，走進這所屋子。

從嘈雜的人聲中，青年的夥伴們在嚷着當天報上的時事，正在爭論的一刹那，有人開口了：

「噯……今天是「七七」抗戰一週年，你瞧，武漢正午十二時鳴砲，全市靜默三分鐘，我們身在孤島也應得想想陣亡將士們流的鮮血啊！……」老張意在做着發動以及組織的工作。

「好，贊成，咱們也來個停止三分鐘工作」角落裏投來一個回聲。

「那麼顧客怎樣呢？」

「顧客當然也是中國人，中國人大家都反省一下子。這血的歷史，一年來够受的啦！」情緒慢慢地熱烈起來了。

工作開始，於是鋼筆、墨水、紅印色、接電話、打算盤、吐痰、咳嗽、風扇、活躍起來，飛舞着、雜混地打成一片。

小小的紙條飄到每一隻寫字檯上，激盪着每一個人的天良！

閃着的是無聲的悲憤者的論調：

「這種形式上做來有什麼用呢？算了吧，中國是沒有希望的了，」說這話的是穿着白紡綢長衫黑香雲紗褂子、粉白的臉蛋上，緊嵌着一對眼珠——一位典型的「遺少」。

是正午時分了，櫃檯上擠滿了人，多半是從內地逃亡出來的男女們。

「諸位！今天是「七七」抗戰一週紀念，我們爲響應武漢起見，除茹素外，在午時十二點，靜默三分鐘！」

顧客爽默默地應允了，起着內心的共鳴。

壁鐘剛指着十二點。

全體肅立，寫字間櫃檯、會廳內外的人們動作起來了，站在各人的座位上，低着頭兒，浸在沉思中，眼前排列着一幕悲壯的回憶，靜聽叮噹……深長的鐘聲。

「吃飯去！」著幾個破壞者老着臉踏出門去，自然另外也有幾個勤勞工作者，捨不得三分鐘工作，依舊坐在椅子上一聲不響的埋頭做，表示出無關無愧的心情。

默！！止坐三分鐘內很快地完成了這簡單的禮節。

當寫字間裏[illegible]的時候，[illegible]大個中年的[illegible]，[illegible]着：

「經理請！」

「什麼事？」他慌張起來，想不出一點命事，手指有些顫抖，懷着緊張的心走進了經理室的玻璃門。

終於一個短短的身材，五十來歲的江北大亨，呈現在他的眼前，深陷在粗黑的眉毛下是兩隻銳利的眼睛，嘴上有撮短鬍子，過分縱慾的結果使他臉上蒼白得可怕，而更遮不住的是那滿臉的煙癮，精神自然頹廢到極點。

瘦長的影子走上前面，怯怯地，試探試探地叫了一聲。

「誰命令你停止工作的！」嚴酷得像一把刺刀，刺進他跳動的心房。

「不……經理……我們是爲了追念陣亡將士的英魂，爲了愛國……心……的驅使！」

「你說的什麼？你神經錯亂！」

「不……我神經……並沒有錯亂！……」

「我告訴你，你要愛國，你儘可不必做，儘可辭職，決不强留你！」江北腔帶着不純粹的上海口音。

憤怒的火燄在無可遏制之下，衝破了一切，前線英勇的抗戰我的壯士們的臉影，炸彈之下的紅光，彷彿閃耀在他的面前，被迫倔強地叫出了：

「那請你開除我！」嘹亮的聲浪拋過去，

這一盆冷水直澆上江北大亨的頭顱，委實使他的顏面有些過意不來！正在僵持的狀態下，跑來了一支救兵：

「好了，不要多說啦！

有人替他——大亨——解了圍。（300）

像喝了葡萄酒

東　風（二十二·職工）

「七·七」這一天，起得特別早，沒裝飽肚，就急忙上公司去：路上飄着雨絲，但國族的行列，也像雨絲一樣地飄滿了街頭。

為了紀念這偉大的日子，自己同幾個年青的同事已忙了昨天一整天：寫擴大獻捐運動的臘紙，油印，以及分頭委請各辦事部門進行這工作的幹事們。

今天，這不平凡的日子給雨絲帶了來，不用說，這日子是奇特的。三腳二步趕到公司，報紙都不及翻，小陳和老戚也先後來了。於是預定下的工作，馬上讓我們這幾個人幹哪，汗從鬢角流過眉毛，流到眼瞼，我們並不覺得。

同人們都慷慨地寫下了五元，三元，一元，也有幾毛錢的認捐單，錢從他們溫暖的手心裏送到了每個募捐者的手，更聚集到我們這幾個委部的桌上，頓時堆滿了鈔票和鎳幣，找不出半個一分幣或者銅板！

「七七特捐」，四個殷紅的鉛字蓋上了每一張收條，也就是蓋上了每一個人的心，人們像吃了葡萄酒那樣興奮，他們誰都明瞭：「在後方，救濟難胞，等於上火線！」

「滴令令……滴令令……」

「是誰？密斯脫張嗎？……十張，噢，認捐單還要十張嗎？……好極，好極……就送來……」笑裂着嘴，我掛上了話機。

「××路廠裏來的電話，說要十張認捐單，快些叫人送去，那邊等着用！」老戚就坐在我後面，我頭也不抬地對老戚說着，但電話又在響了——

「吳先生嗎？成績怎麼樣？……那好極了，馬上送來……」現在，我又在第二次通知老戚再送十張認捐單到靜安寺路的××廠去——三點鐘以前要送到。

周老板，以前是舊同人，現在得發了，自己開店做老闆。我瞥見他今天剛好在跟一位姓李的同事談話，靈機一動，馬上把油印的那份募捐啟事送過去。話都沒有說，周老闆到底是老闆，二塊錢就寫上了捐款單。

時間過得特別快，至少在我們這幾個人是感到如此；「忙」把我們逼得透不過氣來，再加上不停留的汗珠兒流呀流的做向皮膚孔外找尋出路，濕透了襯衫不够，更濕透了手頭的帕子，帕子揩得不能再揩了！

十一點鐘人事部貼出了一張十二點鐘閙鈴聲起立靜默三分鐘的佈告，同人們的心都在跳又在笑了：「這是我們的自由吧，我們不開什麽紀念會，我們還有這末一個莊嚴的儀式可行。瞧罷：瞧我們莊嚴儀式的舉行吧！」同人們捐款更起勁了，像吃了葡萄酒又注射了興奮劑！

半小時又溜過去了，在印收條，接電話，揩汗……的忙碌的工作中。

離開正午還有一刻鐘，電話間的阿明笑吟吟地跑過來。阿明平日老是把笑掛在清晰的面龐上的，今天我看到他在笑臉上更多添了一層喜悅的光輝。

「孫先生，這裏是一元三毛五分錢，我們幾個下面的老司務爲了紀念「七七」省下來的，你們沒有人在下面代收，所以我給他湊齊了送上來！」

「哦！好極了，好極……」我感動得說不下去，祇看着他，直到他的那個喜悅的光亮的臉離去了我的視線。

「什麽力量鼓舞着他們呀，這敬愛的勞動者羣！」喃喃地我在唸着。

算盤珠在一粒粒地加上去，五十元啦，不，一百了呢……噢，再加上廠裏還沒有送來的數目停會兒不是要超過二百元了嗎？——心裏計算着，壁上的鐘已清脆地打起小鎚子哪……

——滴令令……滴令令——

是警鐘的呼聲，每個人都被這神聖的音響從坐椅上機器傍櫃台畔站了起來，空氣馬上嚴肅起來了，除了風扇在「胡胡胡」地叫着，人們可以聽到自己心坎裏血底沸騰和澎湃。這是千萬人的意志的洪流，呵，有一天這洪流將毀滅一切阻礙它的鬼物！

在三分鐘肅穆的靜默中，自己底心同樣地跳動得挺利害，險些兒跳出了腔外，但接着又馬上清靜下去。我默默地回想着一年來的工作，經過覺得太膚淺和有限了：理論的不够充實，工作的不够緊張……然而想到今天這偉大的募捐運動，我却滿意地笑了！

「敬祝偉大的『七七』在明年更感動人底心吧！」這是我靜默的尾聲——也許人們都這樣地祝福着。

矢野的苦惱

郵人

仲夏天氣的蘇州河水，當着潮退的當兒，蒸發出腐草氣息的惡劣味道，浮漾在河畔那所大廈里，使得上千的辦事人員嗅得心要嘔哩。

上午十點鐘，方生坐在他的辦公桌旁，推開面前散亂着的一疊清單簿，順手接過江明遞給他的那張縱橫有着摺痕的紙單來。

他記得今日是「七七」一週紀念日的早晨上局的時候，從窗口只望到滿街飄揚着青天白日燦爛的國旗，這景象使得方生彷彿感到重蒞故國似的愉快因此接到江明那張節約捐款單的時候，不覺站起身來開始把那個緣起朗讀出來了：「溯自軍興以來……」

等到江明投給他一個眼色，他才放低了聲音，隨即也裝作機警似地向辦公處靠西一角時常有着異族人來此逗留的地方瞟上這麼一眼。

可是方生那尖銳的音調，早巳引來鄰近分信格子上由翁胖領班的那一羣人聚攏來了，把方生那張桌子都圍住了。

首先就有蔣鬍子摸出法幣二元，寫上了捐單，聲明這是省下了半個月的紙烟費吶！接着有徐長興摸出來六角錢，據說是飯菜費項下省了下來的由於他老婆贊成節約而不同意捐款，還引起兩口子間不大不小的一場吵架。諸如此類，那些平時近乎「羣居終日言不及義」的傢伙們今天雖說照例也七舌八嘴發揮着他們嘩嘈的宏論可是在意義上顯然很不同了：每個人無不意識到今天這日子的偉大砲聲遠去，但刺刀幌搖在眼前，可是國家愈打愈有勁自己陷身在孤島上，捐輸一些兒錢財無論報效國家或救濟難胞，還不是應盡之責麼？

這樣子，大家都樂意地捐了一元半元，立刻號召差不多整間的同事們。不一刻功夫就寫滿了三紙捐單，連梁五那個窮小子，每月揩郵袋賺十五元的，居然也歪歪扭扭地在他名字之下，寫上了這麼五毛錢。可是這盛舉的進行，却使多少日來平靜着的辦公室內，起了一陣騷動，等到人們警覺着招來了禍變的時候，已經嫌遲了一點，——那個異族人在人們不經意之間，已經走到江明一羣人的跟前。

那是個短髮，濃鬚，穿着過份寬大的襯衫，並且以褲帶與背帶的交叉形成奇怪的裝束的人，名字叫做矢野什麼的，人們因爲他拆檢信件的時候，竟使用一柄長約半尺的牛刀，簡直就有人背地稱他爲「劊子手」的。此刻「劊子手」貪婪地正在南邊靠窗一行掛袋中翻檢外洋來的信件，像一頭鼴鼠在翻扒到一堆雞糞似的，正苦於翻不出什麼一個要領來。抬頭忽見東邊桌子那兒一堆人像是喧嘩了很久的樣子，矢野想起晨間經過橋口時所見重松大佐那副不平常的臉色，實在是意味着今天事變一週年的嚴重局勢。矢野斗然神經緊張起來：

——那些個支那人，難道竟也想在此地吵鬧出些事情來嗎？

斜一下肩膀，矢野已經走到江明跟前，開始用着很客氣的態度，詢問江明爲些什麼事情。

江明信手捲起三紙捐單，像一個賊子被捉住了贓證似的，兩個瞧子四邊掃了一個圈子，爲他那森然的眼光射到的人們，就裝癡作假地散走了。

等到矢野從江明手中取去那三張捐單的時候，江明反而鎮靜起來打着英語說明「除了捐款救濟難民以外沒有事值得注意的。」甚且有點揶揄似地要求矢野君也慨慷樂助一些「救濟那些由於戰事而失了家的無告難民。」

那個從「皇國」里來的人聽了似乎感到侮辱，此番他不想笑了，不樂意地只緊摺起那三張紙塞進他褲袋裏。人們見他像是把頭點了一下，隨即回身走向轉梯那兒消失了。

興高采烈的人們，這時寒蟬似地沉寂下來了。竟有胆子小的開始感到恐慌，如像那個綽號王秀才的，簡直就懊悔剛才不曾寫上一個「無名氏」以避風險。可是大部份的人還是很鎮靜的。

——我們怕他個鳥呀！我們差不多全體都簽上名字的。他來找誰呀？況且我們這僅是節約捐呀救濟難胞實無大不了的事！

不知是誰這樣高喊了出來，情形才恢復了常態。汀明取出三張紙，忽忽地捐款照剛才的數目重新又寫下來。

在樓上那個「主任」聽取了矢野的報告之後，可是一時間也想不出什麼辦法。

——鄙見主張告訴局長，務必根絕這些「政治活動」呀！

可是事情顯然沒有收到什麼效果，三天以後，當着捐款人名單和譯報館收據在簽名處露佈出來之後，矢野也駐足看了一回；心頭大概還感到一種不舒服的威脅吧？他的眉頭緊蹙着了。

怯懦的人們

荆育

在抗戰第一週紀念的「七月七日」，全孤島上都飄揚着青天白日滿地紅的國旗，更使這週的愛國氣氛濃厚了許多。

天氣是來得如此地不平常，忽雨忽晴。早晨是陰沉沉的，從早晨起在租界各地不斷地發生了十多起的暗殺案。恐慌的空氣把整個上海籠罩住了。

在南京路上，如臨大敵的警戒着；四圍的華捕竟如守要隘般地防守着南京路上的各路口，甚至那小小的弄堂邊也站着一個或二個華捕。糾糾的西捕坐在機器脚踏車上來回逡巡着，像煞有介事。空氣的嚴肅緊張，實使每一個人感到興奮。

在租界上的敵人的抽血的「魔穴」內，人們最先得到的消息，是麥根路上的槍殺內外紗廠日本職員血案。魔穴內的空氣從清早八時半就開始着極劇烈的恐怖。每個敵人底腦袋裏充滿着血影與槍聲；他們的氣管中爆發出一種怪叫

「毫加希南……！」

「毫之加希南……！」

上午十時光景，特別發出了一個緊急通告：

「諸君，——今日是膺懲支那不親善的第一週年偉大紀念日。支那人的暴行，無人道底狙擊我們在租界上已有十多處之多。更令我們痛恨的，是在麥根路上內外紗廠的大日本勤務員之被支那恐怖黨所擊斃，非常痛恨。工部局之無能制止暴徒，我們將來也要同樣膺懲牠。諸君午飯後沒有特別的要緊事萬萬不要到外面去，遭受第二次之被槍殺，特告。庶務掛白。」

午飯後，像辦公時間內一樣，位子上坐滿了，他們像驚弓之鳥，全躲藏到魔穴裏來。廳裏很靜穆悶沉沉地，他們面面相覷，有時却在瞎摸着甚麼，很無聊的樣子。也許這時的他們已失却了自大、瘋狂、殘暴的獸性，變成一大堆的懦夫、狗子、羔羊了罷？有一二個冒險到外邊去的，回來時却被當作了英雄好漢一般稱讚、崇拜着。

下午四時，就發動護送日籍女店員的工作，用自備汽車把她們裝載回家。但一般狗子們，都各自三四個五六個地打成隊伍回窠去，像鳥獸見到獵夫般狼狽。這使那些平時甘心當走狗的中國人，都驚異了起來：

「爲什麼他們走得這樣早呢？」

耀武揚威的强盜們原是最怯懦的禽獸胚子呀！（281）

◆　◆　◆　◆

鐵窗風味

傑　克

剛過完七月，我便計劃着將怎樣紀念「八一三」這偉大的日子。我是學生，當然不會用什麼炸彈之類來紀念它的。公共租界警務處抓人的空氣雖然很緊，我却處之泰然，預料對於我是沒有什麼關係的。但在前一週的夜晚，已近戒嚴的時候了，家裏光臨了三位外國包探和一個中國包打聽。搜查了半小時，尋着了幾本「團結」「解放」一類的雜誌，大都是國軍未退出上海時買的。但西探老爺可把我帶到××捕房，到前天下午四時才放出來，過了一週生平從未嘗過的牢獄生活。「八一三」這偉大的日子大半天便在牢獄中度過了；回家後可又忙了起來：理髮洗澡，跑東家走西家去關照掛念我的友人和親戚。「八一四」下午六時後算是停腿，朋友放心，我也快活。看見華美晚報就記起「上海的一日」徵稿本來已經起好稿，修改修改預備寄出的，抓進去時這稿也給捕房帶去了，現在只好記述監獄中的情形來湊湊熱鬧吧。

進了捕房，祇問了姓名、籍貫，就送入監獄拘留所。身上的褲帶、鞋帶、雜物都給捕房拿去了，還有幾個患近視眼的同學，眼鏡也被取去。他們怨恨，但是沒有辦法，過了幾天也就習慣了。據說是怕犯人吃了碎玻璃或上吊自殺的。我們的監獄是三間接連着的屋子，外面有走廊，約一尺多闊，又有三道鐵門，可以散步，太陽祗到走廊上，室內是照不到的。屋子全用鐵條和水門汀構成。裏面住着二十六個人！除了一個商人、一個工人外；全都是我們這些學生。每個學校都有，共佔十二校之多。年齡都不大，自十四歲至廿餘歲。大、中、小學生都有。本來大家都是不相識，這樣一來朋友增加了許多。互訴衷腸，倒很高興。大家的稱呼都是老×小×，以姓或綽號籍貫來代表的。「草頭黃、三劃王、蹺腳黃啊！小寧波啊！老陳啊！」

每天有三頓吃，粥二飯。早晨八時，正午十二時，午後四時。但飯是不能入口的劣等米混和着糙坯子，鼠糞、小石子。蘿蔔乾下飯菜。我們待遇可算得好點，家裏可以送飯和菜來，還有許多熱心的朋友們送麵包、菓子、糖等東西，吃不完。便桶邊每天總堆着許多菓皮，糖紙和壞麵包。監房也不算暗，電燈是日繼夜，永遠光明。水門汀地上舖了絨毯，高興時唱歌，不然就躺下。早晚巡捕先生送一份報進來，大家爭着看。後來不知誰想出好辦法，把衣服上的蚌殼紐子在地上劃了一個糞坑棋車、馬、砲等棋子，用什錦餅乾來代替。厭氣煩惱，一些兒也沒有了。巡捕和包探有時也來談談，別處逮捕學生們的情形，態度非常和靄可親。據說法租界有幾個同學抓去了，馬上就變成和尚頭給剃得光光的。

每天總有幾個同學給載上了黑色汽車帶到中央捕房去問話，我也去。過那一個新設的第捌科，一個辦公室裏面坐着幾位高等華人在詰問我們，然後記錄下來，譯成英文，交給西探檢閱，不對，重新問；總之不用刑具，只用威脅。膽小的便給供出來，大概每個同學總要供出幾個人來。有一個十四歲的小同學，一嚇便哭出來了，和盤托出，拖累了不少人，眞的冤枉的都有。最有趣的是在×同學家抄出了一份同學錄，不知抓那一個好，第一個吧，依了地址去找，誰知事有湊巧，那地址不是他自己的，而是他表弟的，姓名祗有一個字不同。結果，查出一本團結，但實在他從未活動，是人家送給他的。也受了一星期牢獄之災，也是到「八一三」下午四時才放出來。

「八一三」那天早晨，我們自己也來個紀念儀式。正午十二時靜默三分鐘，素食一天。家裏送來葷菜都不吃。本來要演「八一三之夜」，阿毛爺、鬱梁、漢奸的演員都有，祗少了阿毛娘的角色。因爲她沒有被捕，那天她倒帶了很多東西來慰勞我們。掃興得很，不然便演成了！

在獄裏不過一週，歌倒學會了許多：「祖國進行曲」「監牢歌」「長期抗戰」等十幾只，唱高音低音，鬧得不亦樂乎。巡捕也不來干涉，祗是叫我們少唱俄國歌，恐怕遭白俄捕探的恨。

「八一三」下午四時後，探長「訓話」一次，把我們放了出來。訓的什麼話可聽不進去，大致是上海孤島，不必活動，這一次馬馬虎虎，下次再被捕一定重懲。這次祗有放出廿三人，還有幾個沒有放出，是關係重要些，我們留下了許多食品讓他們三人吃。

總算七零八落地寫完，記得有人題牢獄的對聯：

「不到此地不是好漢。

再來此地不能算人。」

這孤島確實也太無聊了，誰知道能不能算人，如果要爽爽快快地工作誰能說再不來此地？（905）

爲了預防（廿七・八・十六・）

蕭　瑜（廿五・印刷界）

七月五日的早晨，剛到廠裏同事龔君便輕輕的和我說：

「聽說蔣××和張××昨天都被巡捕房捉去了。你看，今朝他們眞的都沒有到廠啦！」

「哦！眞的嗎？」我回答說，覺得有些驚奇。

我四處打聽的結果，證實了這個消息，並且有人親眼看見蔣君被捕房人員押出捕房門口，坐上汽車，要另外到什麼地方去哩。

工作的人們都陸續到齊了，這個驚人的消息傳遍了全廠，人人都知道了。大家的臉上都顯示着緊張和驚奇的神色，幾個人一堆地在互相談論着，猜測着。

「這是不是和最近幾次恐怖事件有關係呢？那麼情節就相當大了。」

「想必沒有關係。他們這般靑年，思想都比較前進，血比較熱，或許會幹些救國工作；可是在現在這種環境之下，若說參加什麼激烈的行動，却還不至於。」

於是大家默然了，好像都有什麼心事的樣子。

不久，相當正確的消息傳來了，大家都集攏來注神的聽着他們被捕的經過。

往常他們在工餘之暇，就不時集在一起研究時事，討論問題，根本談不到有什麼政治性質和背景。

上星期日他們照常集在××路××小學，討論節約問題，正在開始談論的當兒，突然進來了幾個包打聽，禁止自由行動，一面施行搜查。

搜查的結果，除了檢出幾種刊物和歷次討論的記錄册子以外，沒有什麼別的。

於是包打聽命令他們一同到捕房裏去。經過一番訊問，又由包打聽押同到每個人的住所裏去搜查。

也和在××小學一樣，除了在一兩個人的住所搜出更多的報紙和刊物以外，絲毫沒有別的東西。人呢，仍舊押回捕房，據說要聽候詳訊。

當時被捕的人一共是九個，除了兩個是外面的人以外，其餘都是廠裏的。聽說慢點還要根據口供和簽到簿子來捉呢！

被捕的經過情形，大家約略知道了，於是又互相談論着。

「喂！×××，你在捕房裏有認識的同學嗎？能不能托他們想個辦法幫幫忙呢？」

「是那裏的捕房？戈登路的有幾個，成都路的沒有。大約×××路是屬於成都路捕房的。」

「押在哪一個捕房，讓我去打聽打聽看。」

「這種案件即使向捕房裏托人，恐怕也是……」

「我們能不能到捕房裏去探望他們呢？」

「恐怕巡捕房非但不允許你們去探望，還要以爲你們是有關係的，一併把你們關起來哩。」這引得大家笑了起來。

「會不會拷打他們呢？」

「對待這種所謂政治犯，當然要比盜賊犯優待些，大約拷打是不會的，可是如果態度倔強，捕房人員光火起來，那就難保不吃幾個耳光。」

「天氣是這麼熱，幾十個人關在一起，也就够難受啦！」

「身體好的還不打緊，像蔣××那麼羸弱的身體，可眞有點吃勿消啦！」

「不知道要關到那天才會放出來呢？」

「從前是在廿四小時以內解交法院審理。自從工部局頒佈緊急條例以後，巡捕房有權關四個月，不解交法院。」

「哦！不得了，不得了！」

「不曉得公司肯不肯去設法保出來吧？我想公司是有這種力量的。」

「恐怕公司眞也不……」

「新九君子！」

「爲國受難！」

「鋃鐺被捕雖辱猶榮！」

× × × ×

緊張的空氣剛漸漸鬆弛下來，下午突然又傳來一個消息：

「巡捕房又派人到總管理處捉去了一個人！」

「哦！恐怕這樁案情眞不小哩！」

大家的眼光又顯得緊張而驚奇，又是幾個人一堆，傾聽着，談論着。

不久，又傳來一個更驚人的消息：

「包打聽到了廠裏要捉人啦，門口還停着一部鐵網汽車！」

好像是發生了火災似的，空氣突然特別緊張起來，同時人聲嘈雜，大家擠在一起，翹着頭，瞪着眼向樓梯那邊看。

「又捉去了四個人，恐怕慢點還來捉！」

大家又擁到窗前，眼見那部鐵網汽車載着自己的同事開走了。

「公司不應該讓他們隨便進來捉人！」大家這樣嚷着。

「捕房事先有通知給公司，是不能拒絕的。」有人這樣的說。

× × × ×

第二天大家一碰面，都是這樣的問着：

「有什麼消息？」

「沒有什麼消息？恐怕今天巡捕房還要來捉人哩。」

「捉誰？」

「捉你！捉××！你嚇不嚇？」接着是一陣笑聲。

過了沒有多少時候，「包打聽又來捉人」的消息，真的又傳到了耳跟。大家又是和昨天一樣一擁向樓梯那邊看，空氣是顯得比昨天更緊張。

「又捉去幾個？」

「又捉去三個。聽說凡是簽到簿上有名字的都要捉去。」

「包打聽對捉去的人說：這不過要他們去到捕房裏談談，不必驚嚇，大家都是中國人，都要拿出一顆良心來！」

「聽說這是爲了預防「八一三」發生事變，所以捉去的人，要等到過了「八一三」，才會放出來的。」

停在門口的鐵網汽車開走了，大家祗是默默然。

× × × ×

一天，束君這樣的向大家說：

「捉去的同人公司已經派人到捕房探訪過了。過幾天，大多數都可以出來，現在已經有幾個人在辦理具保手續了。」

這真是個使人愉快的消息，大家聽了，都笑着集攏到他的面前來。

「真的吧？蔣××和張××都可保出來嗎？」

「自然是真的，我說的話還有假的嗎？」接着是哈哈大笑。

八月十一日的早晨，到廠裏，張××出現在我們的眼前了。大家都和他道了一聲「哦！你出來了」然後靜聽他講述經過的一切。

他以前是紅光滿面的，現在是清癯多了，好像曾經生了一場大病似的。

「今天我們要開一個歡迎會！」

「好！贊成！推舉×××做主席致歡迎辭！」大家哈哈的笑了一陣。

還有兩位同事，是不是過了「八一三」，也可放出來呢，大家都在這樣的懸念着。

可是現在「八一三」已經過去了，他們兩位還是沒有出來，究竟要到幾時才可恢復自由呢？大家時常這樣的問。（823）

靈魂的復活（廿七·十二·八）

無衣

早晨。天色還有點發灰，睡不着，一骨碌爬起牀，穿了那件惟一的軍訓黃褲。上身呢，早給母親拋了，原因是怕我做「嫌疑犯」這褲子還是再三情商纔留下來的。既沒有上身，披了襯衫也就算了。洗把臉，挾了那本魯迅譯的果戈理死魂靈，背着母親溜出門，急急上公園去。因爲要給她看見了，準得把書留下。她不識字，平日連我拿科學書出去也要先叫父親來檢定下子才許通行。似乎我拿了書，危險性就和帶着顆炸彈一樣。

因爲太早，公園裏人是相當的少，空氣很恬靜。我最愛那甬道邊兩排蓬頭散髮的梧桐，和那片廣闊的草地。草地旁有一個小池，池裏的水印着樹影，就分外的綠。這情景眞像我的故鄉，我愛這地方。但這地方太小，太拘束，外國巡捕的皮靴常常給我帶來一個異樣的心理，終於不會給我滿足，於是我更思戀起我的故鄉了。淪陷了的故鄉，在她平坦的草原上，何時可洗刷去侵略者印上的足跡，回復她的純眞？

在草地上揀一條櫈子坐下，翻開手裏的死魂靈，怎麼五號鉛字變了仿宋式。仔細一瞧，原來我錯拿了祖父那冊陶靖節詩集，氣惱地把牠拋在地上，我不禁啞然失笑了。

家裏人說的不錯，近來我變了。人老像在一個雞蛋殼裏打滾，般昏沉沉一團糟，什麼都沒頭緒，沒頭腦，亂轟轟的。

遠遠有個人在向我招呼着，因爲眼睛新患上近視，認不清到底是誰。直至他走近來握我的手，我才知道他是三年前母校的老同學孔君。孔君在學校是天字第一號的模範生，有「小孔夫子」的雅號，對舊文學很有研究的。寒暄過後，他拿起我櫈上的陶靖節詩集，開始低吟起來，一邊又問我近況如何。我說無聊得很，太苦悶了。他又問我幹麼不辦世風（半月刊）了。我苦笑着回答他，因爲我不能用世風說青年人要說的話呀！於是他放下詩集，把鼻樑上那付黑邊近視眼鏡端了端，沉着喉嚨說：

「是的，魔手下的「孤島」不允許容易衝動的少年人再自由的喊口號了。不過事實上，乾嚷原也無裨實際。苦悶呢？更不必要。人生不過爲了快樂，只要能夠想透一點，超然一點；或許像我這樣對某種科學發生興味，細細去研究，不管別的事，也就不會太感乏味了，是麼，衣兄！」

冷冷的目光，不斷從他的近視眼鏡裏逼射出來，閃在我臉上。他執着我的手，輕輕地搖撼着。風從遠處拂來，我有點感到寒冷。寒冷在這個夏天，是第一次。

「好個明哲保身的廢物！」我倒抽口氣，看了他一眼，心裏不禁浮起一陣厭恨的念頭，和他坐在一塊也像有點子可怕。於是我告訴他還得去出席一個會議，告別後，先自出了公園。

據說自由集會，是有擾亂治安的嫌疑，有到行裏去的危險，我們的青年作者會，只得在老沈家閣樓上媽媽虎虎開會了。我到那裏，二十來個人差不多快到全了。可是一會兒，在街口做巡行招待的老張匆忙地闖進來喘着氣說：他遠遠看見小關挾着包裹向這裏來，給抄靶子的看見了，解開來却是幾本團結和解放，就給他們拘去了。看樣子還得在附近搜查一下，今天會是開不成了，好在小關爲人機警，爸在×部×局做事，可以不要緊。我們大家慢慢兒從後門裏散了吧！

默然同意老張的話，這年青的一羣人懷着滿腔的憤怒，無可奈何地漸漸散開了。老菱也正帶着二本團結，急的沒有辦法。總算有「智多星」雅號的老沈計策多，幫他藏到三樓廁所的草紙堆裏去了。

「好一間藏經大樓！」我笑着說。

踽踽走回家去，在路上，我像失去了靈魂的軀殼，不覺太陽納熱，我幾乎忘掉已到了自家的門口。

姊姊在房裏彈着他新買的夏威夷六弦琴，看見我進來，笑着說：

「弟弟，你去學提琴，將來我們合奏好麼？」

「不，我不學，那是小姐大爺幹的，我要學軍號。」我說着，向自己房裏（即祖父的房間）走去，姊姊用一個冷笑送着我。

到了房裏，把陶靖節詩集向方桌一拋。祖父正陪着客，那客是我熟悉的，招呼過他，把書面看了看，對祖父說：

「昂翁福氣眞不小，令孫年少才美，明歲翁泮水重游，鹿鳴重宴。令孫也可侍敬唱和了，可賀可賀。」

「哈哈！不見得吧！」祖父謙遜着，一面正得意地拂着鬍子。

我不願在那裏久待，重新回到姊姊房裏，姊姊不在，我就倒在他牀上沉沉睡去。母親來叫吃飯，我說不餓不吃飯了。母親只說聲「古怪」，不過她向來主張不適意就少吃東西的，所以他就此出去了。停會却叫弟弟送來一匙痧藥水，我把牠傾在痰盂裏。

下午父親陪了客在隔壁小間叉麻將，大家高談闊論的，一會說軍隊退的快，一會說游擊隊其實是土匪冒牌的搶人家東西。父親尤其爲他歷年心血積成的書畫惋惜，一會却又在談買金鎊和地產金融了。於是牌聲嘆聲和呵笑混成一片，我不能入睡，耳鼓燒的嗡嗡發響。

大哥和姊姊進來了，後邊跟着大哥的女友王小姐。大哥說今天他請客到大陸去游泳，叫我同去。我說不去。王小姐說還是去的好，今天不去明天是「八一三」，南京路上不好走了。

「八一三」三個大字在我頭上給重重抽了一棒，我幾乎昏迷了。定睛聽時，他們已經走出門口，大哥還在說什麼讓他去想他的鳳吧！

「死神頭上的跳舞者，他們的魂靈泯滅了，死魂靈呀！」我哼着。

可是想回來，我自己呢？一年，整整一年了，我做了些什麼呢？鋒芒斂盡，我還不是個適應環境的弱者，生活在腐敗的渣滓裏的死魂靈麼？想到這裏我的心像被爭奪着的一塊戰場被撕的發痛，我想哭。

五時，接到蕙從漢口寄的信，聊聊數行，顯得她很忙碌。她說在漢服務，很好，形勢一天比一天緊，但工作使她胆子放大，她不顧擅自離開這般掛彩的兄弟，她顧不得頭上的轟炸了。她也告訴我，她哥哥英也已離港往延安進「抗大」，她並不十分贊成他哥哥的主張，可無論如何這是勇敢的前進，所以她也不反對。她又問我「孤島」近況如何，她聽說上海糜爛了，因此又推測出我很苦悶。她叫我切不要頹廢，頹廢就是自殺。最好鼓起勇氣到內地去，內地工作很多，春的氣息充滿在每個角落裏，民族解放的鮮花在內地栽培着。她說：衣哥！不要彷徨了，彷徨是墮落的先聲，死的象徵，到這裏（內地）來幹些實際工作吧！

這信在我眼前爆起閃爍的火花，使我目眩。

是的，彷徨是墮落的先聲，死的象徵。顧良也說過到內地去是最好的出路吵！我屏絕了一切無聊的雜念時時反覆地念着到內地去。血開始了一年來第一次有力的奔流，循環走。多留一刻，墮落會很快地侵襲我的生命。這裏是墳墓，一切都不足留戀的。我要復活已死的靈魂，克服一切困難，跑向那遼遠的地方，那裏有生之泉源，金子砌成的世界。

現在我興奮，「新生」的觀念烈火似地燃燒着我，我開始計劃着走的一切。（676）

掛旗

鍾望陽

從卡德路轉入新閘路，跟其他馬路一樣，是掛滿了青天白日滿地紅的國旗。人們像過新年一樣，露出歡喜的面孔，對着國旗，從心坎裏發出一種聲音來似地：「一年了！敵人說三月滅亡我們中國，可是現在是一年了，整整的一年了，非但沒有把我們中國滅亡，而反使敵人的短脚陷在泥淖中，拔不出來了！」小孩子們不知從什麼地方弄來幾面紙做的小國旗，在馬路上蹦躂着，唱着：「起來！不願做奴隸的人們！……」脚踏車的龍頭上，也插上一面小國旗，騎脚踏車的人，臉上嬉笑着，好好過着國慶的日子。一架日本飛機飛過了，飛的那麼低，雙翼上的紅圓心看的很清楚，機身是藍色的，推進機也看得那麼清楚，像電扇一樣，在太陽光中閃耀着銀色的光輝。人們抬起頭來，似乎說：「請看一看下面吧！掛滿了我們青天白日滿地紅的旗子！哼！你沒有征服我們！我們還是偉大的中華民族的子孫！」飛機發出歎息一般的聲音向南方去了。我向東面走着，在成都路的新閘×口。我看見青天白日滿地紅的旗子中閒，有一面腥紅的太陽旗子。我有一點驚奇，向前走去，在新閘橋畔，我看見交通銀行倉庫上那面腥紅的旗子，日本兵從屋頂上鑽出頭來，機關槍的口子對準着河的南邊。新閘橋塊鐵絲網密密地圍着，三面新製成的旗子，一面是太陽旗，一面是五色旗，一面是太極旗。我向那三面旗子看了看，立刻回過頭來，神經立刻興奮了起來。我站在滿街都是青天白日滿地紅的旗子下面，對着那三面旗子，我只感到憤恨。橋上那個日本兵向我呆看着，我就轉過身又向東走去，在新閘路廣洽卿路口，我站住了脚，向北望去，世界好像是變成死寂了。同一個地方，在北泥城橋的北面，却顯出了荒涼的死寂來。我想：不久那邊也要活轉來的！我又向東走去，在偷鷄橋，我搭乘七路電車，想到北站去看一看。

五、六、七路電車照常行駛，可是今天不到北站，只到新衙門為止。當然是為了今天是「八一三」的原故呀！在新衙門跳下車，向北走去，走到海寧路口向西一望，一個行人也沒有，只見兩個萬國商團荷槍在街邊踏着正步。海寧路甘肅路鐵門緊閉着，堆着的沙包，青色的草叢，不覺使我想起小時候在墳山上玩樂的情形來。我再向北走去，將到愛而近路，鐵門也緊緊地閉着，只留着人行道上的一扇小門，讓人通行。可是沒有人在路上行走，十幾個華捕和西捕，威武地站着。我走過鐵門，一個華捕走來問我：「到什麼地方去？」「我說：「到界路去看看。」華捕說：「不可以！不可以！」在這口吻中，好像包含着猛性的炸藥似的。我沒法，只得回轉走向海寧路去。克能海路倒還通行，於是我快樂地懷着顆跳躍的心兒，向北站走去。走過愛而近路，街兩邊坐滿着赤膊的窮苦的同胞們。界路也為鐵門隔着了，我只得站在鐵門邊，看着從鐵門內望到北站去，只見新的鐵絲網高高地攔着，沙包在窗口大門口堆着，日本兵很匆亂地走着。有幾輛貨車停在車站裏，人像螞蟻一樣地走着。於是，有兩輛兵車開出來了，向東駛去，顯然是到寶山路那邊去的。不一會，又有幾輛兵車開出來了，看來貨車是裝了兵剛剛到的。我看了好一會，才退回來，想到北河南路老靶子路口，我才停下來，只見寶山路上，除了兵車在行駛外，是沒有什麼了！我向東望去，從鐵門沙包堆中望去，隱約地可見北四川路那邊來往的車輛，想起那條路，我去年每天是總要走過的時候，我的心頭上的怒火頓時燃燒起來了。我立刻回頭走了。

過了天后宮橋，沿着蘇州河向東走着，行人非常稀少。我聽見蘇州河的流水聲，好像是個受辱者的乞援聲，我帶着滿腔的怒火走着。走過四川路橋，往北去的汽車，要受日本兵的檢查，往南來的汽車也受西捕華捕的嚴厲檢查。再向東走去，到了外白渡橋；從這裏到江西路一段，差不多一個行人也沒有，蘇格蘭兵圍着格子布的裙子，背着槍，踏着正步走着。橋上有少數的人走到南邊來，都經過嚴格的檢查。我看見一個穿着綢長衫的老頭兒從橋北走過來，可是他始終低垂着頭兒，好像很難爲情似地。好吧，曉得一點難爲情，還不失爲一個「中國人」哩。我看了一會才回轉身沿着黃浦江向南走着。水上飯店是已變成「水上憲兵分隊」了，兩個矮矮的日本兵荷槍實彈在站着崗，兩個大道警察只拿着一根木棍。人是很瘦的，然而穿了大胖子的制服，顯出萎靡的樣子來。向黃浦灘路呆望着。沿黃浦江走着，水正洶湧着在新關碼頭上，我站下來向着浦江的東面望着，我想起那邊的同胞們，今天不知用什麼來紀念這偉大的一天！啊，一想起他們平日在過着多麼悲慘的生活時，我的心兒痛苦極了。新關碼頭上的鐘打起來了，好像在雄偉地唱着：「打倒强暴！打倒强暴！」

我激憤地離開了浦江，走入廣東路時，又是青天白日滿地紅的國旗密密地飄蕩着，我是歡快中露出個激憤的臉來。是的，從密密的國旗中看出我們同胞們的威武不屈的偉大的鬥爭精神來！

仰望天空，一堆濃鬱的烏雲，正是全上海同胞們胸腔中的積憤。看吧！一個霹靂就要來了！我們等着吧！

「八一三」平靜無事

汝惠

我們都站起來接受搜查，沒有一個坐客說話，或者想分辯一句，這是當局與居民的「精誠合作」。警探們忙得一身大汗，才心滿意足地下車去，走到車門口還依依不捨地回過頭來，三思而後行。

這是必要的謹愼——防患未然。上海的「激烈份子」眞有點神出鬼沒的樣子。

下車，走慣的通路被鐵絲網攔阻了，鐵甲車像雄鷄一樣地叫着跑了過去。我想：今天也會有巷戰吧，或者什麼演習之類。但時局的緊張分明重演了去年今日的歷史。

也許自己是幸災樂禍的小人，倒覺得這日子嚴重得可愛，方才乃偲不是失笑警探的惶惶終日嘛？她說：「不忘正義的人，倒願意聽聽市外炸彈的消息。」幸虧她是女的，幸虧警探們都有一股尊敬婦女的洋氣，否則，赫！「嫌疑份子。」

路上冷清清的，店鋪關了門，好奇的店員全站在門外，熱談着一切流言。他們相信中國飛機的確來過，因爲國旗正飄揚在他們頭上。據說遠航海洋的老水手會抱住泥塊狂吻，我也覺得久違的國旗更加親切可愛了。

一束傳單從誰家屋頂上拋下來，白的也有，黃的，都飛滿天空；傳單上印着抗戰到底等字。巡警跑過來，人走散了，沒有「嫌疑份子」。

巡警悄悄地拾起傳單，不好意思的讀下去。

每一份報像金價一樣地狂漲，要五分；我瞥見有炸彈的消息，立刻照付五分，就有兩個店員擠過來看。

「只有四起沒有炸死日本人。」他們嘆息了。

回到家裏，都來搶着問我：「外面怎樣？」

「平靜無事。」我說。但是也難信自己的話。

上海會平靜嗎？只是讓沉默的哀痛，掩住了爆裂的火花；民族英雄被毒打了，孤軍營裏還關着三百個，新丗地捕房裏也塞滿了「不速之客」而且都是「嫌疑份子。」

鐵甲車叫着跳着沒有休息過；萬國商團擦亮了刺刀，把守大小要道；但是還生長在砲火中的大都市，似乎不顧過着爲人安排好的奴隸生活。然而八月十三日晚上各國通訊社都擬了「上海平靜無事」的電訊吧！

獻金熱

宗　佟（廿一・辦事員）

「老金，二樓怎麼樣？三樓我已發起了。」

「救國獻金嗎？」

「是，瞧，三樓快齊一百元了！」

三樓的沈鹿急忙地走到我辦公桌前，非常簡單的說了這二句話，將手裏的獻金宣言與簽名單給我看了看。

「啊呀！我們還沒有發起哩！」我回答他。

「那麼，時間太侷促了。」沈鹿有點扭耍，那時已十時半了。

「時間沒有關係，我馬上草宣言，即刻發動。」我感到興奮，另一手已伸進抽屜中拿紙頭了。

還是江西路某公司幾個小職員的獻金運動，爲了紀念「八一三。」

「洪先生，請你看看好嗎？」我把獻金宣言遞給副主任，希望他能予以贊助，以利進行。

「好的，我贊成你先叫同事們簽起來。」他的答語，打破了我的疑懼，增加了我不少的勇氣。真的，祇要買辦之類與我們小職員結成統一戰線，則任何工作都能在公司裏開展了。

宣言經副主任贊助後，開始在同事間傳閱，它雖是聊聊幾行，卻能引起有良心的中國人的感動。同事們接受了這張宣言，都非常爽快地簽下姓名與獻金數目。在短短的半小時中第一頁完全簽滿了。第二頁的開始，使空氣更活潑起來：

「我來寫，拿來，拿來！」

「慢慢叫好嗎？我先寫。」

「你先寫，我就不能先寫嗎？」一個同事已將簽名單從另一同事的手中奪過來。

「什麼？你敢搶……」

同事們在玩笑式的吵架，當然那是他們的熱誠的表現，但是洋大人一到，一切都雲消煙散了。

「老羅，你認多少？」

「很少，實在能力薄弱，祇能略表寸心；你呢？」老羅感慨地回答。

「與你是半斤八兩。」

「我們可以問心無愧了，只有××有力量裝小脚才……」

「…………」

整個寫字間的注意都被這張紙吸引住了，有幾個同事連筆桿都停止運動，也許是太興奮了。

「你，你認一點嗎？」小曹拿了宣言向他阿哥老曹詢問，「捐一點吧；事體是爲國家，啥地方勿好節省？」

「好，好，」老曹經阿弟一催，改變了以前的態度，既然允諾，手下的鋼筆觸在簽名單上了。

同事們對老曹小曹的獻金表示驚奇，又好像表示欣慰，因爲這二位對我們爭取民族生存的戰爭一向總是表示懷疑，唯武器論，就是老曹決定中國必敗的理論根據。但是今天——「八一三，」他倆非但慷慨解囊，小曹更熱烈地向同事們勸募！

「施先生……」小曹向正主任進攻了。

施先生早已知道有人發起「八一三」獻金運動，所以不等小曹說明，即刻簽下××洋×元，數目很大。他寫好了把簽名單看了一遍，約略計算了款數。他看到有些寫×角，搖搖頭：「這幾個王程致穆艮田共未免太……」

爲了節省時間起見，我又謄了一張宣言給對面査賬間。

「李，這裏你負責吧！」我把宣言和簽名單交給李。

「好，這裏我負責就是。」李應了一聲。「我請湯先生先寫，」他跑到湯主任那裏去了。

李把簽名單放在湯先生桌上，叫了一聲「湯先生，」沒有加上任何好聽的言辭。湯先生呢，祇是微笑，手裏却握起了筆，嚓嚓的幾筆，這張紙就光耀起來了。

接着潘，馮，徐，諸先生都簽下可觀的數目。李開始向其他同事勸募；湯先生也跟在後面竭力協助進行；李碰到同事的非難或阻礙時，就上前鼓勵。因此査賬間的成績比我們賬務室更勝一籌。

「我們的紙上沒有角子數，這點吃硬。」湯先生在每一同事面前這樣誇耀着，但實際他是鼓勵人們踴躍的認捐。

「梅新，你爲什麼不寫？」湯先生發覺梅新有意逃避，抓住質問。

「沒有錢，」梅新一付嬉皮笑臉。

「今年「八一三」要你幫忙，明年我們勝利了，你有錢也不要你捐了，」湯先生說。「梅新，我看你別開玩笑了，這裏是筆。」把筆遞到梅新手裏。

梅新經湯先生一說就不好意思。

「唉這才是跑跑跳舞場的亮漂先生！」清水在旁插嘴，引起一陣大笑。

接着又是一個一毛不拔的鄙吝鬼但終被痛念家鄉的熱情所克服了。

「啊，我眞羨慕你那鄉下的生活，寬暢的廳堂，廣大的田園。什麽都是自由自在比之上海的亭子間生活差得太遠了。」李對準富貴最痛心處運用技倆。

「是呀！一間鴿棚要住十多人，眞沒有辦法！」富貴露出苦悶來了：「唉！不知幾時才可回去？」

「打了勝仗靑天白日飄揚在你故鄉，那時你可回去過愉快的生活了。」

「勝利勝利！又不知幾時能得到哩！」

「快了，祇要國民多出一分力勝利就早一天到！所以談，我希望你……」李說到這裏停住了，好像等他的回答。但是富貴沒有答話。

「富貴，我知道你身邊不便但儘管盡你力量認捐，銅鈿由我墊。」湯先生瞭解我們小職員的困難，就這樣結束他的「勸捐。」

還有一刻鐘就要吃飯，每個同事緊張地結束他們一天的工作，預備回去。我見時光快到也回辦公桌上收拾一下，但是一坐下來，夜班同事朱君走來向我說話：

「我們夜班寫在另外紙頭上嗎？」

「哦！夜班，」我忘記了他們也是我們同事的一部份。「不，我想寫在一張上吧！免得麻煩，我將簽名單交給你，請你代辦一下，對不起。」

簽名單由一張增至二張，由二張增至三張，現在第四張也快簽滿了。我見了這長長的簽名單，手是快要飛舞起來了。這時，查賬間的李大步走來，非常急忙的樣子。

「老董，時間快到了，我們這邊還有夜班怎麽辦？」

「是的，李，我們這裏夜班已交朱君代辦了，你那裏也不妨託一個先生負責，同時你們還有抄表員最好也託一位到公司最早的友朋，向他們募集。至於現在已簽名的請你把數目點一點，別的慢慢說。」時間是催命的魔鬼，手裏的公事又必須在十二時完畢，祇能草草答覆了李，趕辦手頭的工作。算盤子不斷地在升降着，我手指忙碌地在指揮。

「董昇，」我被正副主任叫了去。

「今天辛苦了，」洪副主任打趣地問我。

「成績總不差吧？」施先生也問了。

「是的，由各同事慷慨獻金，得二位先生的協助，成績非常好。我們賬務室大概有××元，那邊查賬室約有××元，假使連同抄表員夜班等在內也許可以捐到×百元。」我很鄭重地向正副二主任報告。

「比前二次好得多了。」又是正主任的聲音。

施先生戴起帽子預備走了，但在臨走前却給有意「裝小脚」的幾位一番勸告；於是本來認獻×角的一律改成整數。施先生走了，但沒有走幾步又回頭問我：

「湊滿×百元差不多了嗎？」

「差不多了。」

「假使湊不滿，後天告訴我好了。」

我應了一聲，表示感謝。

「八一三」一週年紀念的上午就在這樣獻金熱中度過去了。(876)

吃素

西蒂(二十八·商·)

晨三時，給軋軋的機聲驚醒，心想：別是中國飛機來夜襲吧？披衣起牀，捲起竹簾，翹首仰望碧淡的青天，嵌着一輪皎月，幾顆疎星。唧唧的蟲聲起於牆下，涼爽的秋風陣陣吹來，我深深地呼吸着。聽了一會，我猜想是敵機戒備，因為並沒有什麼燈光探照和反響。

七時起。僕人買報回來說：「今朝外面掛着交關旗幟，我氣煞了！先生，都是東洋旗吧？」我告訴她：那是我們的國旗。她笑了：「倒蠻好格。我還當仔東洋旗呢？」

翻開了大美報，我首先看到蔣委員長發表告淪陷區民衆書。一字一字地讀着，讀到「淪陷區的一切同胞們！我關念你們的痛苦，我更懷念你們的前途……」我心酸，我要哭，我要放聲痛哭！然而，我終於忍住了我的熱淚，我覺得我應該再忍一年，不！祇要幾個月，我就可破涕為笑了！流淚是弱者的發洩，最後的勝利，我們偉大的領袖已經給了我們充分的保證，為什麼要哭呢？

中午，我和妻靜默了幾分鐘，同時，我就把蔣委員長的沉痛，摯愛，熱情，堅強的語文，講給她們聽，她們都興奮了！她們說：「我們勝利的時候，不曉得該怎樣開心呢？」

下午，我覺得沒有什麼事做，就想去探訪兩家有一年多沒有會面的親友。這兩家在抗戰以前同是資產階級：一個是城市裏的大老闆，一個是鄉間土財主。

走到處家（大老闆）就看見一桌「馬將」，客堂裏的氣氛，似乎是在那裏過新年，而我就像是一個「拜年客」。寒暄了幾句，我開始問他漢口的情況，他是在那邊開旅館的。在這逃難的時代，旅館業的盈餘是沒有疑問的。大約因為他看見漢口第一次空戰的結果，要「命」的心理勝過要「錢」，於是來一套「店主無心營業，生財召盤」的玩意兒，就挾着別人逃命的錢趕快逃回上海。於是閑情逸志又又小馬將，消遣消遣，這時，他還算沒有做一個十足的漢奸！

另一個親戚，原籍安徽，世居蘇州西山，他有三個兒子（我和他第三個兒子是由朋友而成親戚。）他家是大家庭，幾十年來，辛苦積蓄了一些錢，老夫婦就在蘇州城裏買了一宅住房，除了第三個兒子旅滬經商外，其餘的眷屬就同居在蘇州。翁姑子媳孫男姪女，大享天倫之樂。不料大上海淪陷之後，很快地就波及蘇州，他們不得已又回至西山暫避兵燹，等到國府遷渝，放棄南京，蘇州的恐怖似乎已成過去，老夫婦又冒險返蘇探視新居，可是不看尤可，幻想些時，一看就把迷夢破滅！幾十年來的心血，悉數付之流水！老年人究竟經不起打擊的；傷心怵目之餘，遂被病魔所困了！我去的時候，僅僅會見他的長媳和三個小孩，物質生活雖然並無若何改變，但已掩不住冷寂的悲哀！在她的眉目間，似乎很担心回蘇探母的她的丈夫。她問我：「明天不曉得會不會出來。」因為離滬已經兩月了。

坐了一會，回到家裏想了半天，覺得在這次抗戰過程中除了泯滅良心，趁火打刧者之外，是沒有所謂幸運的！

晚間妻告訴我：「阿寶今天也自動吃起素來了。」我問阿寶：「你今天為什麼吃素呀？」她說：「倷也吃素格哦？」「你曉得我們為什麼吃素？」她笑着說：「我曉得格，是為了打仗哦！」

啊！我高興極了！中華民族的復興是指日可期的！任敵人怎樣慘殺姦淫，轟炸擄掠，但無論如何是攻不了我們的心——整個民族的心！無數的抗日者都從敵人砲火下生長出來！我們可以捧着千萬顆心來告訴敵人：

看哪！强盗！你有本事把些這吞進去嗎？」（758）

予打擊者以打擊（廿七·八·一三·）

陳　蓄（廿·商·）

王學徒走到門口，兩只脚站到門沿上，用安閒的眼光眺望着街道，街道上似乎比昨天冷落了許多，每家舖子都緊緊地關上排門，青天白日滿地紅的國旗在每家舖子門前的旗杆上隨風飄揚着。

「八一三紀念休業一天。」

「紀念偉大的『八一三』停業一天。」

「八一三抗戰週年紀念休業一天。」

「………」

王學徒的眼光給每家舖子門板上的紅色紙條吸引着，他一家家地看過去，每家都是寫着大同小異的幾個字，好像舊曆新年，家家門上的春聯，不，這不是春聯，這是每個中國人民心裏藏着的同一的思想：今天是中華民族英勇抗戰的一週年紀念。每一個中國人民，爲着爭取自由解放也爲着保衛世界和平，在堅苦地和侵略我們的敵人搏鬥，和殺戮和平的劊子手搏鬥！

想着想着王學徒深深地覺得民衆對於祖國熱烈的愛護和希望，感到欣慰。祖國，偉大的祖國，您正跨着雄偉底步伐向着光明的坦途邁進！

一輛汽車驀地在王學徒底店門前停了下來。王學徒下意識地一怔。接着從車肚子裏鑽出來三個矮矮的東洋鬼子。

「誰叫你們把旗掛起來的？快把它拿下來！快！快！」一只粗笨的手伸了過來，手指指着王學徒店舖子門前掛着的國旗，話是說得那麼生硬牽强。

王學徒明白了他們底來意，他知道這就是侵略我們底敵人，屠殺人類和平的劊子手！憤怒和憎惡爬上他底心口，滿身的熱血在他底週身沸騰起來了。

「快！快！」

另一個鬼子走了上來，黑黝黝底臉上生滿了橫肉，他手裏握着一支烏黑的東西，這東西正對着王學徒底胸口。

「…………」

王學徒沒有理會他們，雖然覺得胸口有一種壓力在壓着他，使他透不過氣來。他更明白這烏黑的東西能够奪取他底生命，但是他並不感到恐懼，憤怒底火燄在他底胸口更旺熾起來，簡直就要衝出他的胸口。他覺得站在他前面的不是人，簡直是瘋狂無恥的野獸！

「嚓，嚓，嚓。」

一小隊美國兵，踏着整齊底步伐從街道巡邏過來，黃色制服，高個子，槍背在肩上，小鑊子型的鋼盔在太陽光下閃閃地發光。

頂住王學徒胸口的烏黑的東西突然縮了回去，東洋鬼子的臉上露出了慌張的神色，他們很快的鑽進汽車肚子裏去。

「…………」

一個高大的美國軍官很快的走近汽車，操着本國言語問那三個鬼子，鬼子的臉上比剛才更慌張了，突然那烏黑的東西又伸了出來，把口子對準美國軍官。

美國軍官亦很快地從身邊掏出同樣烏黑的東西，對準着鬼子，好像在說：

「來，我死，你也死！」

事態突然嚴重起來，其餘美國兵士散了開來，走近汽車，把汽車團團圍住。

「嚓，嚓，嚓。」

又是一小隊美國兵走了過來，他們見了這裏嚴重的情形，明白了一切，迅速地把一挺輕機關鎗橫架在汽車前面，把槍口對準着車肚子裏的鬼子。終於那鬼子把烏黑的東西放到腿上，表示讓步，不，表示屈服！——美國軍官也收回了那烏黑的東西，帶着勝利的微笑，踏上鬼子汽車的車沿，命令車夫向前開去。

「嚓嚓嚓嚓…………」

——美國兵整了隊，操着整齊的步伐前去了，嚴重緊張的空氣鬆弛下來，每個旁觀者都鬆了一口氣。

——王學徒興奮極了！他親眼見到强權者對公理者的偉大格鬥的一幕，又像電影似的在他底眼前消滅了，這是他有生以來第一次偉大的經歷呢！他再看門前的國旗，依然自由自在地在空中隨風飛，舞飛舞！

第四部

漩渦里

第一輯　在烽火中

毋忘青年對於國家的責任（廿六・八・十三）

望坡

我們由集訓總隊解散出來。這次解散得如此之快——原定在二十號，差不多提早半個月——自然是爲了時局緊張之故。我們在營裏每天提心弔膽着準備緊急集合，和班長們同守營衞兵的調走。這些全表示大狂瀾快要到來，神聖的抗戰是不可避免了。

這天（八一三）爲出隊後之第八日。早晨起來，因昨夜受了些風寒，肚子很不舒服。睡在牀上和同學們猜度砲聲的方向，因之睡眠也就誤了不少。起身後更覺「睡昏昏」的，終於決定到姑母處去望一望。

今天馬路上的情形特別緊張，每個行人的面部表情也特別嚴肅。門房間的老劉正搶着買了一份報，三四個人擁攏來看。今天報紙生意特別好，雖然報販臨時發機漲了價，很快的一陣子便被搶完了。買不着報，又看不着報，僅僅從老劉口裏知道一點消息：「天通庵開火。」

跑出門去，沿着善鐘路向靜安寺進發，一絲絲的雨落在身上，映着這惶惶不定的早晨，越發顯得凄淸。

到了靜安寺將近八點鐘，在粥店裏用了一碗粥，肚子並不感到舒暢，反之只覺得有點漲，我知道「胃氣痛」的老毛病又要發作了。

在商務印書館胡亂的翻了一陣書後，跳上了公共汽車。

在車上買到了一份立報，這才使我明白了昨夜雙方的接觸情形。看看我軍的陣地的進展和前途勝利的把握，不由得興奮起來。我想到「一二八」時我軍勝利的光榮，這次將更具體更擴大地呈現在全世界人士的面前。

到西摩路下車，我呆立了一下，在褲袋裏摸出一本小冊子，這是集訓解散前幾天發下的委員長的訓詞。

一個個鉛字在我眼前跳動。「諸位毋忘青年對於國家的責任」，這幾個字彷彿强烈的電流從眼簾裏直透進來，使全身起了極大的震動。

「敬禮！」我對着封面委員長的肖像，不由自主地站起了個

立正姿勢。

我覺得興奮過了度，頭上有些發熱，摸一摸，汗珠涔涔的。

王總隊長不是說過嗎？「這次集訓的最大作用，是在使青年學生們明白了國內的一切實際狀況，和政府當局的抗敵決心，並齊一同學們對領袖的信仰，認清自己的責任。」

「國家培植我們到這個階段，我們是應該爲國家担任點工作了。」

旋渦不斷的在我腦海起伏，我深悔不曾加入模範大隊。

到了姑母家，表姊妹們正在玩撲克牌，還有一位不遠千里而來作客的表兄，他們都談笑自若，閒談着昨夜的景況。

我默默無聲的坐在牆角邊，翻弄着「委員長的訓詞」。(858)

勝利總屬於我們的（二十七·九·四：）

聖　人（二十·學）

浦江激戰，隆隆的聲音不停的在耳中發響，昨晚上一夜沒有好睡，清晨就被報販叫喊的聲音鬧醒了，只得起來。

今天報上第一條重要的新聞是「闢謠」。這謠言還是昨晚上剛傳出的，說「中國空軍轟炸日本鹿兒島及朝鮮。」今天報上說這是謠言，是日本軍人所造的謠言。

這謠言說穿了真不值一笑，日本軍人爲了要朦蔽全世界人士的耳目，並希望逗引他們國人對這次戰爭的支持和軍費的担負，所以不惜自欺欺人。

假使全世界人士還有清楚的頭腦，對中國人民愛好和平的心理有明確的認識，他們對這次的謠言定會付之一笑，而且對於以後類似這等的謠言也會知道是日本軍人玩弄的卑鄙手段。

早上到雜誌公司去，路上的行人仍舊湧來湧去；雖然流彈橫飛，可是人數並未減少。到處馬路角上有一大堆人圍着看牆上的壁報，看他們的樣子都是熱烈的希望着得到一些前線勝利的消息。在商店的門口也有一大羣人聚着聽無線電中報告戰況，這羣人大都是不識字者，然而他們和識字的一樣具有愛國的熱情。我想這是抗戰來最大的收穫了，大多數人民都知道國家民族的前途和個人間有着怎樣密切的關係，同仇敵愾的心理增加了，而且將一盤散沙團結成堅硬的三合士了！

回來的路上，飛機，敵人的飛機又結隊來濫施轟炸了。這日本軍人盲目的瘋狂舉動，使我想起同濟大學的被毀來。他們以『作軍用』的名目，把這一座矗立吳淞江濱的最高學府毀壞了。敵人毒辣的手段，一再摧毀我們的文化機關，這種不共戴天之仇將永遠留在我們心頭，非至失地完全收復，犧牲完全得到代價，是決不能消滅的。

吃中飯的時候，又聽到極響極嘈雜的飛機聲在上空越過，連忙放下飯碗，跑到北窗口去張望。先是一隻敵機高速度的，極低的，向北滑翔下去看它機首向上高飛的時候，掉下兩顆炸彈，接着便是震天的巨響。第二架敵機又接踵而至，也是以極高的速度，飛得極低。不過到中途時忽作奇響，機尾冒着黑煙，機身停止前進了，黑煙籠罩全機了，飛機在黑煙中下墜了。黑煙一大圈而一直線的隨着飛機像瀑布一樣直瀉下來，接着機身起了熊熊的火，血紅的一團加速度的掉下來，接着又是震天的一響，大概機身和機師都粉碎了。可惜被前面的房屋遮斷視線，看不清它掉在那裏，推測起來約在閘北韋麥根路的一帶，我真是欣喜若狂，能夠目睹一架敵機自焚墜地，內心的感覺眞非筆墨所能形容。我相信大家都有「同仇敵愾」的心理；我相信凡是中華民族的子孫看見了這一幕活劇，都會萬分高興。這並非是幸災樂禍呀！

午後寫信給南京，蕪湖，常州，宜興的幾個同學，把這件事告訴他們，也好讓他們快活快活。

傍晚開了無線電收音機，想聽取一些前線消息和內地情形，誰想竟收着了不少日本人設立的電台的播音。他們利用暗設的電台來散佈謠言，說日軍怎樣的勝利，希圖擾亂人心，這是他們慣用的技倆，卑鄙的手段。可惜現在的中國人不易如此受欺了，他們祇不過是「心勞日拙枉費心機」而已。

晚上槍聲砲聲仍連珠似的不絕於耳，不過聽慣了，毫無恐懼，反而感到熱烈和緊張。

復興民族的全面抗戰已開始了，只要我們能鬥爭到底，勝利總屬於我們的。

我相信今晚我能在槍砲聲中睡着的。（220）

我興奮極了（廿六·九·十八·）

金家銓（廿·商）

在那十餘層大廈的最高一個房間裏，我睡在一張鐵牀上，從那掛着竹簾的窗子裏吹進一陣陣涼風來，四週十分靜寂！

是晚上十時左右，轟！一種巨大的響聲，把整座房子震動着，房間裏睡着的人都驚醒了。接着是霹靂拍拍的高射機關槍聲，嘭嘭嘭的高射炮聲，打成一片。我從床上跳下來，穿上拖鞋，走向靠北的窗口。一枝枝的火箭，從下向上直穿雲霄，幾乎要射進我們這間塔一般的房間裏來。電燈也不敢開，似乎飛機就在屋頂的上空，子彈像是在對準着這間屋子的上空打着。挑起東邊窗子的竹簾，向外一望，但見黑暗的黃浦江上停舶着的日艦放出一道道强烈的探海燈光來，對準着我們這邊。機關槍高射炮拚命的放射着火箭般的子彈，滿空亂飛。哈！停在黃浦江中的一艘日艦着火了，怕就是剛才一聲巨響的效果吧？

接着又是一顆火球，在虹口附近落下，即刻着火，軋軋的飛機聲在空中響着，我心裏倒吃了一驚，怕飛機已中了彈吧？一只黑色的鐵鳥在黃浦江低空飛行着很快的穿過了黃浦向浦東飛去。機聲漸漸的輕微了，我心中像落下一塊石頭，祝福我機安返目的地。那時兵艦上的探海燈光，已移向浦東一方面了，連續不斷的火箭也移動了方向。忽明忽暗的燈光，像十餘條銀蛇般集中在浦東的天空上，把黑夜照得像白晝一般，想到日艦受了我機的夜襲，我眞興奮極了。

風迎面吹來，不覺有些涼意。上床睡在被窩裏，耳朵邊還隱隱有軋軋的飛機聲清晰而輕微的響着，像在屋頂上空飛舞。(564)

我爲他們虔誠地祈禱（廿六・十一・五・十）　益　君（十八・商）

十一月五日的晚上，誰都知道是日軍圍攻四行倉庫的一天。我獨自一人坐在椅上翻看着書報，這是我的日常工課。今天手裏雖然拿着晚報，心中卻在掛念着那死守四行倉庫的八百位忠勇將士。他們的強烈的愛國心，可以永垂不朽的精神，使我起了莫大的敬仰。

夜漸漸深了，室內外都像死一樣毫無聲息。時鐘鐺鐺地敲了十一下，我抬頭看看睡在牀上的老年人與四週的一切，他們都靜靜地睡着，連動也不動一下。我自己也不知道是怎樣了，竟不肯睡。與其躺在床上淸醒白醒的張着眼，還不如坐在案旁，多看些書。猛然「轟」的一聲，把我嚇得心頭亂跳。於是我記起今晚日軍開始圍攻那座寶貴的四行倉庫，——存留着八百位忠勇將士的四行倉庫！我開始担憂。

「轟！轟！轟！」接連地又是幾砲。房屋被震動了，一切都被震動了！「塔塔塔塔」底拖鞋聲，在樓梯上響着，經過我門口，一直向下跑。這是四層樓上的西洋人和他的夫人及小孩子。他們恐怕那無情的砲火，會把他們底屋頂轟毀。孩子是嚇得在哇哇地哭着，大概是剛從夢中驚醒吧？空氣突然緊張，令人窒息得不敢透氣。我那位睡在牀上底老祖母也驚醒了。她抖抖擻擻地爬起來，與我一同觀看。砲火從東而西地在窗前經過，耳中只能聽到轟轟的炮聲，與嗶啦啦的子彈聲，以及一切疏密不同的機槍步槍聲。飛機也在屋面上不停地飛着，我們立刻把燈熄了。在黑暗中，我們心中的確有些害怕；因爲炮火與子彈是無情的。但是我們並不逃避，因爲我正在祈禱着，爲那些可欽可佩的忠勇將士們虔誠地祈禱。

漸漸地炮火停止了，一切都慢慢地安靜下來。逃在樓下的西洋人，也在上樓了。小孩子大概已經哭倦，或者已經睡着，所以沒有聲息。「好了！時候不早了！危險的事也過去了。睡吧！明天再聽好消息。」年老的祖母這樣說着，她就睡了。我看看四週又都回復了從前的狀態。時鐘敲了一下，還是十二點半了，但是我還不能入睡。我的精神更興奮了！於是我就動筆作日記，把剛才的事情記了下來。後來我不知是在什麼時候入睡的，因爲當我醒來時候我仍舊坐在椅子上。(564)

雨天的一日（廿六·十一·十二）

蘇漢雲

早上，從家裏出來，經過法大馬路的時候，祇見扶老攜幼的，挑担提籃的，比肩接踵，在濛濛的細雨下，向西而來。自外灘起至八仙橋止，將一條法大馬路，塞得水洩不通。

在東新橋的東面，圍着一堆人。我走過去一看，原來有男女老幼四人，坐在空關起的店門前啜泣。探問之下，知道他們是一家人，才從浦東逃出來的。那老婆婆是那病男子的母親，那中年女子是他的妻子，還有那一個三四歲的孩子，是他女兒。他病着的母親年紀大了，孩子太小，都走不動，更加今後的生活無着，所以便悼然無計，不免悲傷起來。我看了這種悽慘的情形，起了一種不可抑制的同情心，把僅存的一元幾毛錢，都給了他。當他接錢的時候，他那滿帶病容的臉上，顯出一種羞澀的感謝意，喉間亦吐出了一聲感激的呻吟。我的眼淚忍不住流了下來。天氣也彷彿被他們感動而更顯得陰沈了。

我費了半個多鐘頭，才低着頭踱到辦公處。

閘北的八百孤軍，爲了租界當局各國駐軍司令的要求，已經撤退了十多天了，可是總不會被熱血的同胞忘懷的。雖然在辦公時間不能够高談闊論，然而在空暇時還是刺刺不休的說着他們的光榮的奮鬥，神聖的偉績，吐出心中的贊嘆和欽佩。

「閘北的孤軍是多麼的英勇啊！雖然祇有一個四行倉庫的地方，但是我們的八百壯士仍舊還要拚着流最後的一滴血來保衛自己的國土。全世界人士都欽佩我們這八百位忠勇的壯士啊！」同事胡君興高采烈的說。

「的確，閘北的孤軍是我們的榜樣，我們應該學他們誓死不屈的精神。我們不上前線，但至少也得保持自己的靈魂——不做漢奸！」同事方君慷慨激昂的這樣說着。大家都贊同他的話，於是無形地宜起誓來，「誓死不做漢奸！」

下午雨愈下愈大了。想到自己很安適地坐在辦公室裏，不知剛才那一家四口，現在怎麼樣了？不知道有多少從南市及浦東逃到租界上來的人，都怎麼樣了？不知要到什麼時候才能够再看見這些人帶着笑回到自己的老家去？

晚上我照例的到辣斐德路附設在比德小學的某義務夜校去讀書。雖然下着很大的雨，然而我們並不因雨而輟學。「學如逆水行舟，不進則退」何況又是一所可遇而不可求的義務夜校呢？

當我將要走到校門口的時候，我吃了一驚。平日黑沉沉的一個校門口，今天特別的亮，大門是開着，除了門外幾個站崗的安南兵以外，門內還有許多安南兵在忙亂着。

校門對面可以避雨的屋簷下，看熱鬧的閒雜人有幾十個。我曉得上課是沒有希望的了，一面將書籍寄放在霞飛路一個同學的家裏，一面竭力通知住在學校附近的同學們今天暫時停課，因爲這是我做級長的應有的責任。然而這究竟是怎麼一回事呢？第一分校在前天已受到工部局的檢查，那是因爲在公共租界的關係，難道說法租界也是這樣嗎？想到教育界的將受摧殘，不免嗒然若喪了。(1401)

五個朋友(廿六・八・廿一・)

張　起

八月二十一日，離開八一三僅是八天，我接到我的朋友中心君給我的一封短函，他叫我明天晚上到他家裏去，他有些事要徵求我的意見。什麼事呢？信中沒有說起。我只知道除我之外，他還約了樂羣、振飛、義生三君。

樂羣、振飛、義生三君我都認識。我記得義生是個愛吃、愛穿、愛跳舞又雀將的人，樂羣、振飛是很愛看小說和加入集會的人。我們曾經一同組織過一個團體，後來爲了經濟缺乏，社內意見分裂的緣故，很可惜的散掉了。至今，我雖得同他們見面，但他們和中心君很接近。

第二天，我如約到中心君家裏，沒久，他們都來了。

我們是五個朋友，但生活環境却並不相同。我是個窮光蛋。中心君家境普通，是個不用担憂飯食也不能太浪費的人家。樂羣的父親是個大商人。義生是銀行總經理的兒子。振飛幼年就失去父母，他的姑父很富有，像兒子一樣的愛惜他，所以他的生活也舒適。

我們互相閒談了一些別後的情形之後，中心君提出他所要向我們徵求意見的事。

他開始像演說一樣地講着，他的話是那樣露着鋒芒，表現着年青人的力。

他談起了在戰爭中戰地的情形，他到過前線一次，戰士是那樣勇敢和忠心，更談起了青年人應該怎樣替國家盡力。最後，他突然向我們說，他希望我們同他取同一行動。

他問我們青年們在這時候應不應該上前線去作戰？更問我們能不能够同他一同上前線去加入作戰？

出乎我的意外，那位大商人的兒子第一個毫無猶豫的立起來答應。他鄭重地說，他在過去便是一個清醒的青年，但爲了是有產階級中的人物，即使他那樣眞誠地談到犧牲的話，絕少有人相信他，瞭解他的一片熱忱。所以現在他願不顧一切地跟着上前線去，以最現實的行動去證實他所說過的話，並非是空洞的議論。

第二個立起來答應的是振飛君。也許因為早年沒了父母，他常是憂鬱而沉默然而却十分堅決的。他不多說話却說得那麽乾脆、簡潔。他說他不願做亡國奴，他應該盡他的責任。

現在該輪到我了。我愛國，我熱忱，我也不怕死，我敢這樣說。但是慚愧，當我頗想慨然應承的時候，我忽然不能壓服一種可恥的動搖。我好像看見母親在對我哭，我好像看見妻子多病的瘦臉以及孩子在捧着肚子叫餓。我開始想到我的家是那樣的貧窮，母親、妻子、孩子靠我一個人過活。如其我離開了他們，將會弄成怎樣可憐的結局？我不敢想了，我覺得我的心在抖。

我是顯得那樣侷促，但在忠實的朋友面前，我不敢說謊。我立刻很真摯地說出了我的苦痛。朋友們原諒我了，當我幾乎挖出心來向他們說了下面的幾句話之後。

「親愛的朋友！我應該在你們面前斥罵我自己的懦弱，我願意受你們的輕視和笑罵！為了國家，理該犧牲一切。但我是這樣的可恥，我竟不能拋下我的家！不過，我敢說，我永遠不會叫我自己忘記了國家，忘記了抗戰。請你們相信我，我一定要在我的職務上，本位上努力。你們不會說我是推却吧！」我說完話，便靜靜地退坐在一角。我的頭腦很混亂，幾乎要哭出來。直到得了他們的原諒，才慢慢地恢復了原來的平穩。

最後，該是義生君表示他的意見了。他似乎很懊惱，露出了怪自己不該來的意思。他說話之前先摸了摸腦袋，「唔！我的父親、母親不會答應。况且，我們是讀書的人，有甚麽用？我以為國家養兵，用在一朝，我們沒有戰事經驗的人，還是不要去的好。」他把眼睛瞟瞟大家，意思是這樣子很體面，很堂皇，不像我那樣酸溜溜、苦腔調。

「這倒不好這樣說，義生兄！」樂萃君把坐着的機子略微移前了一些，「如其都像你這樣說，便沒有投筆從戎這回事了。至於父母不答應，這是大事呀，不好過份給父母作主的。」

義生好像討厭樂萃的辯解似的，他歪了半個腦袋，縐縐眉說，「好！你要去，你就去。東飛伯勞西飛燕，人各有志，反正我不高興去。」

我聽得十分不服，但我也是個不能夠去的人，不好說話。

「那麽，你是不是中國人？國家危險了，可以不管？」振飛和我同感，他駁着義生。我憂慮着他們會發生了爭吵，因為義生愛發大爺脾氣的。

果然，義生的眼睛瞪得那麽圓，「咦！是中國人怎樣？不是中國人又怎樣？又不是我把國家弄得危險的，笑話，你們算是愛國。嘿！愛國……」

「說得好！」於是振飛慘悽悽地向他點點頭，「你本來是不必愛國的，你幸運。有做總經理的老子，更有洋房在租界裏，炸彈不會炸到你們的頭上。但願你永遠幸福！」

義生肚裏似乎有許多理由但一說出來便連他自己也會覺得沒有意思他索性漲紅了臉罵人，「哼！炸不着便怎樣？有福氣呀！笑話，你連自己都不顧了，祇好靠你的姑父還要顧國家嘻！」

「放屁！」樂羣氣得跳了起來，「你這冷血的動物！本來，像你們這樣祇曉得跳舞玩女人的傢伙，那裏還想到國家！」

義生的臉越發紅了，紅得像隻猢猻屁股。他想把一股下不了台的火氣發洩到拳頭上去，衝到樂羣面前要動武。

「算甚麼算甚麼！」主人中心君和我連忙起來勸阻，我們搶在中間，一面擋住了一個。

中心君和氣地拍拍義生的背，「何苦呢，大家是朋友，你不去就不去，何苦要打人。」

「他罵我他罵我冷血動物！」義生把捋起來的西裝袖子恨恨地拖了下去，他的頭狠命的低着。

「好了，好了，你不做冷血動物就成。我們也不是硬要你去，請便吧！朋友算了！」振飛在一旁冷沉沉地說。

後來義生像英雄一樣挺着胸瞪着眼昂然地走了。我也向他們告辭，因為時候已經不早了。我祝他們得到勝利，並再三向他們道我的歉意。(607)

也就是母親的光榮（廿六·十九·八）　陸一鵬

媽！我最親愛的媽！今天早晨，我知道你老人家一睜開了眼睛，不見了你最憐愛的孩子，一定是在不住的流淚了。媽！這真是孩兒的罪過。但是為了國家目前的危機，我們做國民的不盡一點國民的責任，去效忠國家，也就枉為男兒身了。本來忠孝是很難兩全的。孩兒一時的離別，不能承歡膝下，是暫時的非永久的。但一個國家遭受敵國的侵凌，若不予以抵抗，那痛苦是久遠的，是殘酷的，甚至是無法挽回的！

滬戰迄今已是一週，而可憐的我方踏進了征程，離別了牢籠式的家庭，展開了我光榮的一頁。說也慚愧，今天才是破題兒第一遭。媽！請你不要再飲泣吧！你老人家應當為孩兒慶幸為孩兒預祝，要知道孩兒早就許身於國了。在去歲嚴寒的冬天兒已受過嚴格的訓練，雖然不敢說已學有充分的學識，但對於軍事防毒救護等等的常識，都已有了充分的準備。媽！你太愛我了，也太自私了，你以為書宦子弟是上不得戰場嗎？但我有強健的體魄，能吃苦，能耐勞，能為國家犧牲一切！

八一三的炮聲槍聲，震動了我的耳膜，我被你們監視得好似一個囚犯。啊！我多麼不能忍受啊！但我並不對家庭有何怨恨，我祇怨恨暴日的無情！我雖在你老人家及姊弟的監視下，絲毫不敢有一點違忤的舉動，卻不知我已在運用我偵察的技能，而終於被我偵知制服及一切證章等的所在了。媽！那時你知道我是多麼愉快！

這眞是我的寶藏，我比哥倫布發現新大陸還要愉快！這是我的第二生命，這是我入伍的第一要件。

我在今天朦朧的淸晨，作了一次非正式的竊盜行爲，偷偷地把衣櫥開啟，但內心已是在跳躍不定。我怕並不是眞像竊盜般的，怕捕送警局，我却怕的是被你們覺察。媽！你可知道我事先已有了準備？這小小的包裹裏我又置了些日常的用品，以免臨時張羅不及。所以我一開櫥門，便挾了這包輕輕地舉起我穩健的脚步，慢慢的走下樓去。啊！我內心是多麽依戀，眼看着你們都在呼呼地入夢，我竟不敢對你老人家有所安慰，不敢和姊弟們告別，祇有那兩行熱淚，來替代我的一切。媽！請你原諒我的苦衷，我的罪過，待我他日歸來領罪受責吧！

我們的團部，已由大吉路遷到大統路，進出的都是一班熱血的男兒，愛國的靑年。媽！請你不必擔憂吧！你看他們也一個個都是年靑的孩子，都有美滿的家庭。他們父母非但並不阻礙他們的工作，而且獎勵他們勇敢的精神。團長奉了軍部的命令，命我們一隊整裝待發了。我現在是多麽的興奮；經過團長照例的一番訓話後，我們登車出發了。一出租界，情形就變成悽慘，從鄉民慌張的神氣，可以想像到一二八時敵軍的殘酷。敵機好像故意和我們開玩笑，二架三架的時向我們追逐，幸而我們的車身掩蔽得法，使敵機捉摸不定，渡過了這重難關。

車行駛得漸漸地緩慢而停止了，我們知道目的地劉河，已經到達。遂一一下車，選擇地勢，紮起了營帳。並由隊長領導着到防軍司令羅卓英將軍那裏去進謁受訓。承羅將軍的殷勤招待，我們非常的感到快慰。他眞是一個模範的軍人，那種和靄可親的精神，英偉的體格，處處呈現出中國軍人的偉大。承他指示了我們工作的要點，我們便整隊告辭，返營就午餐了。據鄉民的訴說，近日日軍白晝不甚攻擊，惟日機時臨肆虐，晚間則攻擊殊爲猛烈。我們就餐後，就開始把難胞一批批的送進了租界。

嬌媚的月兒，已慈祥地高掛在天空。但和平之神，仍遏不住日寇的猙獰的面目；敵艦的機槍和炮聲，已在開始怒吼了。我們因還沒接到救護的命令，爲好奇心的驅使，遂和幾個同志，搭起了瞭望台，登台觀戰。日軍藉軍艦和飛機的掩護，時圖登陸；但終被我們的英勇戰士所擊退。一位同志說，敵艦着火了，果然一隻敵艦冒起濃煙，火光燭天，地下沉了。我們因過分的興奮，忘却了在台上是不能集中一隅的，致使台脚支持不住，失去了重心，大有傾倒之勢，遂不得不下台整理。本擬整理後再行登台觀戰，但經過一位同志的勸告，我們不再觀戰了。因流彈時向我們飛越，避免無謂的犧牲，不得不遵從勸告而中止。

疲乏的我，已有了些睡意，也許是今天起得太早的緣故。但救護的警鈴聲，却振起了我的精神。我們都預備了救護用具，向目的地進發。這一使，我們的戰士傷亡了一排左右，而敵軍傷亡及淹死的却數倍於吾。我開始找尋我的對象——受傷者。啊！在這淤塞的士溝裏，被我發現了一位英勇受傷的戰士！媽！這次是我初次運用我的救護技能，我先行把他抱起，再行察看傷勢。他是小腿受着槍傷，腿骨未損，所以包紮後，施以人工呼吸，精神也就復原了。他開口就喚着我的名字，眞使我驚奇不止！媽！原來他就是我們在濟南鄰居王家伯伯的兒子。你不是說他是一個玩皮的孩子？不料這玩皮的孩子，倒是一個愛國的壯士。他鄉遇故知，已是足够快慰的了。而我們是在戰場上相逢，並且是同爲着國家的前途而奮鬥！所以我們的內心的快樂，竟忘掉了自身尙是在戰場上，而敵人相近咫尺也忘掉了危險了。我慢慢地將他扶上了救護車，並祝他早復健康，爲國珍重而別。我們完畢了任務後，遂歸隊休息。

經過了這一場的惡戰，敵人雖然敗退，但仍舊不肯示弱，故形勢更形緊張。他們艦上的探海燈，像蛟龍飛舞似的，不斷地向着我們的所在照射，使人眼花繚亂，所以我寫給你老人家的信也祇好時斷時續。愛瞌睡的我，似乎在朦朧中迷糊地踏進了睡鄉。但連續的敵炮猛烈地轟擊，得我渾身有些震動，而感覺到麻木。我並不因此恐慌，我仍然是鎭定地躺着，若無其事。但是睜眼一看，時針已將到二時了。而我給你老人家的信，還沒有完畢，因此我再舉筆寫下。媽！你知道嗎？我們營旁被敵炮連擊五次，而我們絲毫沒有受損，也並不因此而稍移我們的營地。

今夜敵機舉行夜襲，適與我們英勇的空軍相值，而酣鬥不休。此時正是孩兒將値夜之際，眼見鐵鳥角逐，敵機狼狽敗退的形狀，使我不禁拍掌大笑。媽！我猜想姊弟們誦至此，也一定要歡舞欣幸的；而你老人家聽了，也許會破口而笑。値夜時已屆，恕我不再多述了。媽！我明知你今天爲了我，整天已流了不少的淚。啊！我是多麼的不安。請你等着吧！你那不孝的孩子，你最憐愛的孩子，會拿了國家光榮勝利的禮物而歸的。這短短的數頁，是我今天一天的經歷和過程。我認爲是孩兒無上的光榮，這也就是母親的光榮！最後祝你永遠愉快！

你最憐愛的孩子鵬上。一九三七年八月十九日深夜二時，寫於中國童子軍戰時服務第一團第九隊。(134)

工作是最快樂的（廿六・六・十五・）

陳瑚

夏天晚上的風，把白日的悶熱吹跑了。紅的綠的花燈，從不很深黑的樹蔭裏，交互放出光來，路燈又放出更大的黃色的光，把馬路兩旁樹木的影子，撒在地上。

我和瑛邊談邊走着，大家臉上都露出微笑，也許還含着詩意呢。我不時要停下來慢慢的咳嗽幾聲，因爲剛才說話太多，又引起肺部的疼痛，可是心裏仍舊是高興的。

瑛扶着我，這美麗的夜色引起她的愉快和天眞，話就像數珠子一樣清脆地激快的落下來。

「夏，開心啊！我眞開心得要死！我們每天忙碌的工作着，很快的進步着，勝利的種子將從我們的手裏播下去，生長起來，那些汚穢的東西將漸漸消滅！我眞常常覺得榮幸。我是民族的女戰士啊，不是那批吃飯不做事的小姐！」

她的眼裏表示出坦白，期待和驕矜，我心裏說不出的感動。

「瑛，是的，你是中華民族的優秀兒女，我也是呢！我們是値得自誇的。爲了民族和國家，我們每天不懈的工作。可是有很多像我們一樣，有着聰明的腦袋，而且在金錢上比我們更能多給國家一點幫助的女人們，她們還正無思無慮的生活着。她們是多麼需要我們去喚醒喲！……」

一輛汽車嗚的從我們身旁飛過，暫時打斷了我們的談話。我倆沉浸在一天工作完畢後的輕鬆的安慰裏。

「夏，你也感覺到工作是快樂的嗎？是有一點快活呢？或是很快活？」瑛又孩子氣似的問了起來。

「你這小孩子！當然囉，再也沒有什麼比工作更能使我興奮和快活的了。自然也有工作得不快活的時候，那就是遇到了好像打不破的困難。但等到困難一被克服，哼，那種滋味眞再好也沒有了！」

「哈！你也是這樣，那對了，怪不得明姐，玉姐她們也這樣說呢！」

紅色的廿二路公共汽車駛了過來，瑛摔開了我的手，「不說了！回家去了，下禮拜一見！」話還沒說完，就像猴子一樣攀着汽車門邊的白銅柱子，一下就昇到裏面去了。

半年前的瑛還是一個不知事的孩子，現在也是那樣的忠實於工作了。我帶着一顆充實的，熱愛着祖國，熱愛着自己生活的心情回到家裏。（1402）

永遠不會忘記

王敬耀

清晨，我跨着大步向團部走去，半途上，看見許多退却下來的五十七師兵士三三五五地走着。他們每個人的臉上黧黑得發光，血絲密佈的眼睛顯得是睡眠不足，身上穿着滿沾泥土的軍服，令人想起英勇的苦戰。一個背着横皮帶的官長迎面走來，我本能地舉手行了敬禮，他也把手揚一揚，走過去了。

我心裏沉痛地想，看樣子南市難守啦。街道上行人稀少，店舖也上着排門，靜寂的情形猶如元旦一般。但嚴肅的空氣仍瀰漫着，街頭的沙袋鐵絲網使人聞到一種戰爭的氣息。

抵達團部，我走進辦公室。李排長正在埋頭寫字。

「王同志，危險啦！」

李排長意外和氣地說。我點點頭，淒苦地微笑了一下。忽然想起剛才只看見五六個團員在閒談，便問道：

「李同志，團裏同志還有幾個？」

「大約還有一半。」

「那末南市準備守多少時候？」

「哼！那很難說。」

他又開始動筆了，我也就告辭了退出來。瞧一下錶，離我站崗鐘點還早，便沿着製造局路蹓去。剛抵斜橋，一眼瞥見老友殷如剛正忽忙地奔來，我連忙招呼他：

「團部去嗎？」

「唔，你呢？」他疑惑地反問。

我把剛才排長所說的話轉述一遍，並且把五十七師兵士退却的事告訴他。他起初咋了下舌，隨即就苦笑了一下，搖搖頭。

「團部裏反正沒什麼事，我們去蹓躂蹓躂吧。」我提議，他應允了。

兩個人就沿陸家浜路走。沒十多步，碰到一個本團的同志，彼此下意識地敬了禮，站着交談了二三句又各自走去。

忽然，耳邊傳來一陣似蚊子樣微細的聲音，經驗告訴我們，這是敵機來空襲了。抬頭一瞧，滿天的青雲淨碧可愛；在浦東那邊天空間，正有四隻黑色的飛機排列着過來，慢吞吞的。殷如剛頓時就忿忿地咒駡起來：

「他媽的，又來轟炸了！」

我沒作聲，站住了細細地向巨大的敵機辨認，漸漸看清楚了，都是意大利製的巨型轟炸機。我說：

「要是有幾尊高射炮，那就好啦！」

正在這時，高射機關槍忽然如聯珠般地響起來，格格格格地，火花在蔚藍的空間飛躍着，燦爛可觀。但敵機依舊紆緩地前進着，祇不過昇高了一點。一會兒，飛過我們頭頂，轉向東南，再折回來看來也許在找目標，我拖了殷如剛站到街沿上去。

高射機關槍更加猛烈了，緊密的響聲有點駭人。這時，敵機也許慌了吧，猛的就「嗚」一陣怪響直撲下來，接着就「轟」的一響，地上的煙霧衝到半天裏去。

轟炸開始啦！

敵機一隻接一隻地撲下來擲彈，炸彈的爆聲也接二連三地響着，還雜以機關槍，與地面上所發射的高射機關槍聲合奏成一首驚心動魄悲壯雄偉的詩歌。

這樣陸空戰鬥了好一會，敵機的「禮品」也完了，繞了一個圈子，就避開響着的高射機關槍火線，向原路飛去了。這時，發出巨響的地方開始冒起煙來。我一把拖了殷如剛就朝原路跑，心裏記掛着，不要是團部遭了殃吧，那煙霧不是在鐵路附近嗎？走過斜橋，堆着的沙袋堡壘口正有一個警察把槍口描準外面。

循着製造局路走回去，剛至滬閔南柘路；忽然看見一個白髮的老嫗一拐一拐地跑來，大腿上一大堆血跡，後面還有一個青年雙手捧着頭奔跑，頭上是血淋淋的。

「看哪，沈同志怎麼啦？」殷如剛突然叫起來。

我依着殷如剛的手指望去，沈同志正躺在地上。我趕上前去把他拖起來。臉色非常慘白，二腿在猛烈地顫抖。

「怎麼啦，受了傷嗎？」我急促地問。

「沒有。……嚇死人啦，剛才一枚炸彈向我頭上直撲下來，我就倒了下來。」

我們忍不住笑起來，把那根槍朝他肩頭一丟，扶他走向團部去。

轉過街角，老遠就望見團部依舊靜靜地站在那兒，我不禁暗罵自己的神經過敏。

然而南市也許要陷落的，這仇恨，我們永遠不會忘記。(507)

寂寞

施維

昨晚花了兩塊錢的洋車錢，跑到南站又跑回來，沒有走成。讀波決定今晨一定走，不能再勸阻了。誰知道租界是否安全的！——前天大世界落下的兩個炸彈炸死炸傷了好幾百人，更炸碎了幾百萬人「租界安全」的迷夢。——現在是應當自己打主意自己對自己負責任的時候了。

晨五時欠十分，飛機來了。披上寢衣，到三樓露台上看。共六架，分二隊，大概是敵方的高空偵察了一個大圈。

天晴了，朝霞正美，但那又多麼像前天的血喲！

霞波走了，再同他拉拉手，再祝他平安。

一個人寂寞。王媽打了水來，不願洗臉。敵機又來了，再去看：一架，兩架，三架。沒有驚奇，沒有恐怖，只在仔細地參照了地圖觀察着他們飛的方向。

朝霞稍稍幻變着，回頭又是一道虹。但心裏却再也沒有詩意了。

高射炮震得樓窗抖動，心有些悸。這麼近，應該是發自市政府(楓林橋)一帶。隨着敵機，各處有高射砲聲響應，龍華，南市。頓時天空又佈滿了暗雲，霞消失了，虹消失了，太陽也消失了，留下的是陰風慘厲！

為了職業，也為了實在悶不住了，決定去公司看看。

沒有電車，沒有汽車，黃包車不敢問價。走吧！反正不過十幾里路。穿過金神父路，辣斐德路口上設了臨時小菜場，老虎灶及大餅油條店被一羣羣的男女包圍着。霞飛路那被稱爲神秘之街的行人道上擠滿了難民。一個生病的老婆婆在棉被下伸出一隻枯黃的手無言地向人求乞。一個小孩子光着屁股坐在地下，在吸着愁眉淚眼的母親的已經癟下去的奶子。另外達觀的一羣，鋪一領蓆睡在簷下，枕着全部家財的一個包袱還在開心地談笑。

希望公共租界還有九路汽車穿過貝締鏖路到愛多亞路。汽車沒有，黃浦江上又來了密集的高射砲，一團團黑烟的附近隱現着飛機。有了前天大世界的經驗人們都奔向馬路兩旁。我當然也隨了人流跑到一座樓下，等砲聲稍稀再走出來，很想不去公司了。要打個電話借不着；又不願意白跑出來這一趟。沒法，再前去吧！前面就是大世界了。不敢去看遺留着的慘景，繞走着跑馬廳路，四馬路。直等到了江西路，看到公司的大門時，才算鬆了口氣。從七點半鐘走起，上了電梯已是八點半了。

不辦公，經副理先生們一個也沒來。事務處可奉諭出了通告，叫晚七時再來。開玩笑！沒經過大腦的命令！戒嚴如何回去？晚上不更危險？一堆小職員們亂糟糟的討論着。留在公司也無聊，寫下通信處和電話，搭了一個伴走了出來。回到家兩腿有些酸，吃過午飯就睡覺。

醒來想寫點東西，可是飛機大砲吵得心神不定，不能寫。翻讀着金的舊信。

晚飯前寫了兩封信，一給金，一給母親，通知信寄寓所。飯後洗了個澡。

聽了中央廣播電台的簡明新聞，青島尚未動，心稍安。可是，上海四周，這時候又發出了濃密的砲聲，機關鎗聲，飛機聲和炸彈聲，從閘北，浦東，直到南市市政府方面的砲火更猛烈得嚇人。

霞波走了，眞寂寞。同李還談不大熟。我想念金。讀到報紙，她一定在担心我了。（594）

當我們螞蟻

何往

每個人都是這樣地胆怯與戰慄。誰的面孔上都表現着大難臨頭似的神色。

在外面有敵人用來吃人的飛機，有敵人用來撕碎人的炸彈，也有已被炸彈撕碎了的人的鮮紅的血肉！

我抱着病後不久的小弟弟；我緊緊地抱着他，怕炸彈會把他從我的手裏奪了去。

他帶着失了神的眼睛望着我，希望從我這兒能得到些什麼。我知道他底意思，他是要我保護他，因爲我是愛他的。我以爲我緊緊地抱着他就是我保護他的一個最好的辦法。我自已忘記了我保護不了我自已，我全然沒有想到。

母親很輕聲地唸着阿彌陀佛，希望從佛那裏得到些保障，正像小弟弟希望着我保護他一樣。可是幾天前報紙上報告着一個古廟被炸的消息她忘記了。

眞的每個人都在胆怯着戰慄着。在一個被黑暗占有了的小房間裏看得出每個人帶着油光的臉的輪廓。

幾個炸彈又從敵人的飛機上被投到我們的國土上來了，立刻又給它們吞食下了許多的建築，撕碎了無數沒有武裝的生命。於是，爆炸聲，慘叫聲，哭聲，瓦礫倒塌聲……攙雜着鮮血和肉漿，跟隨着往上冒着的黑烟散布了開來。

小弟弟慘叫了一聲，然而立刻給我抱緊而將這叫聲悶住了。房屋就要被掀去了似地震動了起來，窗上的玻璃也給震碎了。母親用大聲唸着阿彌陀佛。

大難好像又過去了，然而大家仍然是這樣地胆怯與戰慄。小弟弟尤其顯出格外害怕的樣子來。他急促地呼吸着，顯然他的心是跳動得很厲害了。

事實確乎是這樣，他是最胆小不過的。當一個警報傳來的時候，他是那麼地害怕，那麼地慘叫，像一只被打傷了的狗那麼可憐。於是，又瘋狂地投到我的懷抱裏來了。

如今敵機好像去遠了，我們才抬起頭來略略地噓了口氣。小弟弟仍然悲慘地望着我，在他眼睛裏，我看出，他的淚水已經變成了熱烈的火花在閃爍。

「哥哥！」小弟弟緊握了我的手，顫抖着：「哥哥！東洋鬼子爲什麼要來投炸彈呀？」

「爲了要叫我們死！」我感動地說。我回答得很響。我本不願意這樣說，但是終於說了。在我的眼睛裏迸出了淚水，淌在小弟弟的臉上，與他的混合了起來。我的心開始碎裂了。

「爲了要我們死？」小弟弟重覆了一句，好像不明白這話的意思。「死？爲什麼？爲什麼要我們死？」

我望着他，我哭了。眞的，爲什麼要我們死？我不明白。

「爲什麼？我們不也是人嗎？爲什麼投下了這麼些炸彈下來叫我們死，像我拿着水去澆螞蟻一樣？」

「……」我仍是回答不出，我呆呆地望着他，我沒有話去安慰他，我狂吻他黝黑的髮。

他推開了我，他向我發怒。他搖撼着我底身子：「爲什麼不回答我呢？難道我們眞就是螞蟻？」

「是的，弟弟！他們當我們是螞蟻！」我的喉嚨啞了。

「那麼我們就等死嗎？」小弟弟一點也不肯安靜下來，他又問。我已經再也說不出話了。

我底頭倒在他底頸子上，我嗚咽了起來。

小弟弟也哭了，他哭得比我更傷心。

突然間，幾個炸彈又從敵機投到我們的國土上來了。我和弟弟都止住了淚讓憤怒和報復的火在心裏燃燒。(179)

不要懼怕不要灰心

赤頻

爲了生活不得不按時去上工。

這幾天走在馬路上隨時有遭到流彈的危險。昨天報上登載着：「一個行人走至小沙渡路忽中高射砲流彈，頓時血肉四濺，性命無望。」的確，馬路如虎口，避免不了的飛來橫禍，最好少出門爲妙。

但是一天不做就一天沒有吃，餓着肚子等在寓所裏行嗎？我每天來去二次在馬路上走，「危險」二字在我心裏深印着。乘電車呢？沒有這些餘錢。還是冒着險走罷。

八點半同連甫家福二人從愛而近路的寓所裏走出來，他二人同我在一家公司裏做事，祇是部份不同。

八月裏的天氣該可風凉了，但是强烈的陽光依舊灼熱地直射在馬路上，像火燄一般晒到人的身上。

連甫手中揮動着扇子，不時的叫熱。

「你拿着扇子還要說熱，那末坐汽車好了。」家福用話譏刺他。

「我沒有那麼大的福氣，還是你坐汽車。」連甫勝利似的報復他一句。

「好了！不要鬥嘴，當心流彈。我們最好在人行道上走，不要走在馬路當中，比較穩當些。」於是我們默默的向前走着。

南京路比往日格外擁擠，每個人的頭頸伸得長長的向天空望。我照着他們的視綫望去，在我前面的一個高聲喊着：「飛機！飛機！」我却沒有看見，就向他問：「飛機在那裏？」他用手指了指：「那不是我國的飛機嗎？哼！叫東洋人看看顏色，現在是炸東洋兵艦哩。」他很興奮的對我講。我仔細一看，果然天空裏有一架雄鷹似的飛機迴旋在白雲之中，飛得很高。大約二三分鐘後，那飛機一躍而下，接着密如聯珠的高射砲聲大作。路上的人頓時秩序紊亂，逃着奔着。巡捕馬上來維持秩序。

「既然怕流彈，何必要看這些沒知識的東西！」誰說的？我回頭望見站在我後面的一個四十歲光景穿着一件夏布長衫，實足的布爾喬亞的典型，睥睨地對他的同伴談論。

不錯，沒知識的東西，但是他們有的是沸騰的熱血，堅定的意志，雖然不能拿着槍到前綫去殺幾個敵人，但是在這裏目覩我國的飛機去轟炸敵人的兵艦，藉此可以出一口氣，不像你們只會在旁邊說冷話。

九點鐘到了，又要開工。爲什麼等在公司裏偷逸苟安的做着無關於國家的事情呢！現在不是抗戰嗎！要負起自己的責任！但是有什麽工作給我做呢？報上不是也有時喊着救國無門嗎？不，做生意是從事後方生產，補助國家，這也是救國啊！複雜錯綜的思想盤旋在我的腦海。我內心的苦悶抑壓不住，總有一天會爆發的。

我拖着沉重的脚步走進了公司的門，機械似的工作又開始了。自戰事起後，生意蕭條，因此時常和同事們聚在一起討論這次抗戰。偶而部長到這裏來猙獰着兩眼，好似不容許我們談戰事，像有礙營業似的。於是我們悄悄的分散立在櫃檯邊，心裏是多麽不平。這還不是爲了麵包嗎？我們這班重壓下的可憐蟲！等他走開了，我們依舊擁聚在一處。

「東洋人專門吹牛，要在六小時內佔領上海，他媽的八一三到現在已經十天了，未曾佔得一步。」通君快慰地說。

「昨天不是我軍已衝到了匯山碼頭嗎？」王君加入一句。

我緩緩地說：「我們雖然談着，講着，討論着，這都是所謂紙上談兵，無濟於事。最好做點實際的工作。我們還年青，應該爲國家奮鬥。」

「我們還是到前綫去加入軍隊。」陸君的體格很强健，他衝鋒似的搭起了胸，打斷我的話。

「那麽，你的職業呢？父母呢？」黎君冷冷的說了一句，像當頭澆了一盆冰水。大家都是面面相覷，不發一言。我說：「有一個妥當的辦法，現在公司五點鐘打烊，多餘的時間我們出壁報。這也是救國的工作呀！」通君第一個贊成，大家也都附和着。我又說：「從明天起開始工作。」

釘……鐺……，催食飯鐘響了。按了班吃罷飯之後，詳細討論我剛才提出的工作。

「轟……」像天崩似的響聲，房子像受了地震般的動搖，人像被推了一下斜側着身子地上的灰塵向上面飛揚。前面屋子裏的玻璃擊碎聲不斷地傳進我底耳朵裏。通君發狂似的喊着：「炸彈！炸彈！快些把口鼻掩起來，當心毒瓦斯！」大家都伏在地上。外面是一片亂雜的叫聲。後來大家從地上爬起來，每個人的臉像死一樣的灰白。

「炸在什麽地方呢？」

「那裏曉得！」

「是先施公司被炸。」

「那麽我們公司吃着流彈了！」

各人紛說不一，後來大家提議出去看看，我剛走在糖菓部，從前面架床上抬來一個穿着黑色制服的學生，腿上受着流彈，殷紅的鮮血不時從血棉花似的肉裏流出來。我不忍再看，掩着兩眼向前走去。玻璃及貨物碎亂在地上，阻住我的去路，我沒有勇氣再向前走了！

我忽忙忙的找連甫，因爲他那邊受流彈最重。「那裏去尋呢？在這時候那裏能再顧得到別人！」我心裏想。他或許受傷了？剛纔那個穿黑制服怕是他吧？！呀！我怕極了，我緊閉着兩眼，不顧往下想。

「頻！」我像從夢裏驚醒，原來是家福在叫我。握着他的手我問：「連甫怎麼樣？有沒有受傷？」恰好連甫也來了，各人面上現出恐懼和憤恨的顏色，僥倖的互慶着這次沒有遭難。

「今天先施公司被炸，在南京路上的人大約死了三四百。我們公司裏遇難者十三人，傷五六十人。但公司方面竟一點沒有表示！」連甫憤憤的說。

「不要懼怕敵人的殘暴，不要爲資本家的麻木而灰心！」我對連甫家福說：「決定明天起努力做我們應做的工作吧。」彼此微笑着我伸出手，友愛的握了他倆的手。（747）

防毒

芳苓

八月廿一日早晨，大弟挾了一包講義紙，忽忽地進來，一見我們，馬上得意洋洋地談論今天教師所灌輸給他的戰事常識。

「今天我們已結束了毒氣的種類和性質，開始在教授防毒法了。這裏有幾份防毒化學藥品講義，」他一邊說，一邊打開紙包：「這些都是很有效的，歐戰時曾經試用過的。——現在所常見到的各種防毒藥品中，很多是騙人的，沒有科學根據的。」

姊姊和我都注目於他所拿出來的防毒藥單。

「用濕手巾防毒還不是最妥當的方法，尿泥雖然較好，可惜臭氣難聞。用這種甘油亞硫酸鈉炭酸鈉的水溶液既簡單，又有效。」他稍稍加以說明。

「我想租界裏敵人未見得會放毒氣吧！」我以爲他們太過慮。

「那倒說不定，」大姊抗辯着，「一，這裏和戰區僅隔一河，他們未見得會射得這樣正確；二，他們早已看穿各國不欲多事的態度，他們知道租界裏絕對多數的是華人，不毒殺些無辜，惟恐人家說他們不辣哩！」

「不論他們會不會放毒氣，寧可備而不用，」二姊說。

「我想還是趕快籌備吧，切不可再延宕了！好在這些藥品，我家都有。」大弟一向是很心急的，說着就從藥櫥裏拿出了許多棉花紗布，我們就把它縫製成口罩。

「但是那些逃難來的親友們及傭人們怎麼辦呢？」二姊邊做邊說，「一個個都用口罩，又要廿餘只，太麻煩了。」

「而且這種藥品也是很貴的，」大姊插一句。

母親走了進來，我們和她商議，最後決定傭人們用次一等的藥品，用紗布包尿泥，當即打發車夫阿二去辦了泥土來。

下午弟弟又尋出來一本戰事常識，大家又研究防毒的種種。

因爲人數太多，我們不能個別關照他們，於是等父親公事完畢後，召集家內的人告訴他們防毒應有的常識，還發給他們一方很大的紗布給他們包裹尿泥的，請他們摺做三層。並指示他們，一聽到我們的警報（敲餅干罐聲）後，立刻帶了紗布到樓上來，因爲毒氣是下沉的。

我們自己亦分配工作。大姊敲餅干罐；二姊調藥紛浸面具；我關窗戶；大弟喊小弟妹，因爲他們太小了，好睡，要喊醒他們確是一件不容易的事。

這一天像往日一樣，炸彈機關槍的聲音一陣陣從遠方傳來。轟然巨聲屢屢震動屋宇，令人驚恐。往來奔馳的救護車，發出尖銳的聲音，打動每個人的心弦，引起莫名的慘怖。一切都像平常一樣，終於平安地過去了，雖然我家積極的準備防毒，把空氣弄得極端緊張。

夜裏，正當我們酣睡的時候，突然我們的警報「澎！澎澎！」刺耳地響了起來。我像失去魂魄一樣，連忙起身，拖了鞋，披上衣服，以速度向母親臥房跑去。迎頭看到父親和二姊站在桌旁慌張地配着藥，母親在叫小弟，大弟在喊小妹，我慌張地走上前去，很快的將窗關起來。

「是誰知道敵人要放毒氣的？」我關好窗後，悄悄地問着父親。

「剛才一位在紅十字會做事的朋友打電話來說，敵人擬於今夜放毒瓦斯，叫我們快些預備。」

「那末全市的警報響過嗎？」我担心地問。

「上海有警報嗎？」二姊在反問我。

「真的，在內地一發覺敵機就鳴起警報來。可是在上海不是每天有敵機而每天不鳴警報嗎？是否放毒氣，更無從知道了。」想到這一層，不覺抖了起來。

大姊拿了餅干罐回到屋裏來，在我家避難的親友也陸續地上樓來了。父親吩咐阿二去把泥土桶拿上樓來，放在房門外。同時，叫小孩子們撒尿上去，奇怪得很，那幾個比較大一些的孩子，反而撒不出尿了！

「紗布可帶來？」父親提醒他們，於是有不少人再下樓去取。

我們三十多人都擠做一團，面色慘白，幾個小孩子也知道形勢緊張，嚇得不敢出聲。

藥品早已調好了，我們的口罩也浸在溶液內了，大家鎭靜地坐着，反沒有剛才那樣緊張興奮了。

父親又到下面去探聽消息，回來時他用手揑住口鼻，衝進房裏來，口內嚷道：「下面臭得很，大概毒氣已發作了！」

我們嚇得像失去知覺一樣，戰戰兢兢地在面盆裏絞乾口罩，迅速地分給雙親和弟妹們，叫他們戴在自己的嘴上。這時親友及傭人們也紛紛將紗布包了尿泥，覆在嘴鼻上，有的竟慌張地搶了些尿泥向嘴上，鼻上，甚至眼上……亂塗。親友中一位平時最愛清潔的，這一下也不管骯髒，拚命的亂抓泥塊做起一個口罩，在嘴鼻處覆着那齷齪的手指，沾汚他那潔白的臉，活像個脫去白粉的泥菩薩。我不禁要笑起來。但是那個口罩立刻使我收斂起笑容，我知道要是我眞笑出來就會比任何人都先死去的，因爲「笑」是十分需要空氣的呀！

混亂的情形過後，全室又復靜寂起來，我們的嘴像犯了罪似的，蓋上一方白布，不說一句話。我那時覺得有許多話想說，但也只得忍住了。我回頭看那些親友們，他們都拉長了臉，緊鎖着眉頭，表示他們對於那尿臭已不堪再耐了。二個小表弟站在他們的母親旁邊，拚命地用手拉着口罩。做母親的只得用二只手分壓住二兄弟的口罩，弄得他們幾乎哭了。

一秒一秒靜靜地過去了，我感覺到很煩悶。我想我或許已中了窒息性毒氣了。於是我像患了瘧疾似的全身發抖起來，我很不願意這樣死去。我拚命地凝住了氣，不讓毒氣吸入。可是不幸，不久以後，我覺得眼睛一花，頭一暈，彷彿我已在另一個世界了。那裏沒有高樓大廈，沒有往來馳騁的車馬，沒有西裝革履的青年，那裏只是一望無際的原野荒地，那裏的人，有的抓着已經焦爛了的心肺，有的捧着鮮血淋漓的頭顱，有的把腸掛在頸項間，有的……他們哭着，喊着，咆哮着，往來奔走着。我望望這個，又望望那個，嚇得像木偶一樣。

「你看見過我的頭嗎？」突然一個無頭的漢子，站在我的面前，他直伸着脖子，用着像哀哭樣的聲調問我。我想逃，可是我的脚像釘在地上一樣。

「嗚……」一輛救護車發出尖銳刺耳的聲音，把我從幻夢中喚醒。我用手摸摸我的嘴，知道並沒有失去口罩。望望週圍的人們，見他們都很好的活着，不覺暗地自喜。想到剛才那輛救護車，說不定在車內已躺了不少中毒的人們，反又難過起來。

一分鐘一分鐘靜靜地過去了，我們虔誠地靜待着毒氣的肅清。

驀地裏，有口吹漁光曲的聲音和皮鞋脚步聲很清晰地從街路上傳來。我奇怪了！怎麼在這緊張和危險的空氣裏會有人在街頭上踱步和吹嘯？爲了好奇，我們姊妹三人不管父親的阻止，打開窗來探頭張望。一個巡警正在街頭上徘徊着，電燈光照耀他那安祥的臉龐；從他那種從容自若的態度看來，一點沒有驚惶的痕迹。

「這是怎麼一回事？」大姊去掉口罩忿忿地說。

「那裏有毒氣！」我也卸去了口罩，「街上像池水一樣安靜，鄰居們都溫馨地酣睡着。」

「我剛才打電話給救火會裏的朋友，他們也說有這種傳說。」父親亦卸去了口罩「沒有放那麼，剛才下面怎麼有臭氣？」大部分親戚朋友都將口罩去了，過於膽小的却還戴着等待我們弄清眞相。

「我們到樓下去檢査吧！」大弟說。於是父親，二位姊姊，大弟和我都下樓去了。

「沒有。」我們檢査一番後齊聲地說。

「咦！沒有了。」父親驚奇地說，「然而剛才怎麼有刺鼻的臭氣？」說得大家都笑起來。

「也許是炭酸氣，」大弟說，「因爲下面睡着這許多人。」

「也許是心理作用，」大姊說，「因爲那個救火會朋友也這樣說，於是以爲一定有毒氣了。再存心嗅一嗅，就以爲眞的有臭氣了。」

「唔！這是怎麼一回事呀！」父親說着，又去打電話了。

我們把眞相宣佈了，大家都笑了起來，連忙把尿臭的口罩丟了。有幾位還喃喃自語着：「戴了這撈什子，這樣齷齪，倒霉的！」最有趣的是我們那位素愛清潔的親戚，他把口罩一丟，連忙去掏了一盆臉水，拿了手巾肥皂，一邊拚命地洗臉，一邊埋怨着：「那個紅十字會的朋友太作弄人了！你們倒還好，我們可倒霉！想不到活了廿餘歲還要嗅那難聞的尿臭。」

弟弟在地上拾了一只被丟下的尿泥口罩，裝出滑稽的態度道：「尿泥布！尿泥布！剛才被視爲珍寶，今被棄之如敝屣。嗚呼！你的命運何其變幻莫測耶？」

我們聽了這一套，不覺哄堂大笑起來。（803）

第二輯
血和淚

七十個和一個

嚴秋華

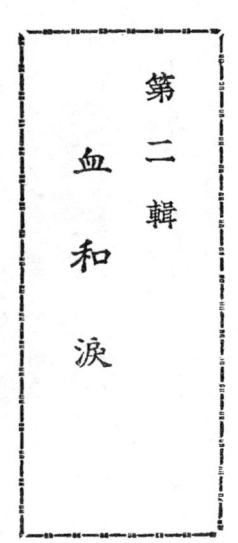

當我們這班年青的低級職員們談起陳志的時候，你千萬莫想在一個極短的時間內會得中止。

陳志十八歲，算起來是公司裏最年青的一個。但是，談到愛國，在上上下下七十個職員中倒是個頂兒尖兒。八一三砲聲還未響動之前，在有些上級同事的眼光裏，他是一個危險份子，曾經幾次三番的吃着警告。砲聲一響以後，公司裏就整天找不着他的影子了。間或也發現有一個小兵模樣的被包圍在許多同事的中間，發出比過去更激烈更興奮的聲調，談着軍隊裏的生活，談着後方警戒的情形，但不一會又不見了。自從砲聲從上海消逝以後，這個年青的人也隨着砲聲遠去了。

陳志當然也有一個家庭，而且是完全倚靠陳志的一點微小的薪金來維持生活的。從此，公司裏面當然再也看不見陳志的影子，但是，櫃台的外面卻不時發現陳志的母親的足跡了。這一個老年的婦人，起初是帶着希望和戰慄的心，從鄉間一道兩道的鐵絲網旁邊穿過，走到上海，再東詢西問地摸索着公司的地址，滿想可以打聽着兒子的眞實的消息，或是能從公司裏領得一點勉强應付全家大小過活的生活費用。但是，不僅消息杳然，就是我們年青的職員們認爲公司當局將毫無猶豫地承認下來的撫䘏金，始終也沒有一個正式解決的辦法。

因爲經理會這樣說：「現在正是打仗的時候，公司裏只好處處力求緊縮；而且，陳志是自動離職的，這須照着辭職看待，對於辭職的同事，公司裏向來是沒有撫䘏的先例的。」

經理的話，誰敢當面反對呢？但是在這個老年的婦人跟前，又沒有誰忍心地拿着經理的話，給她一個斷然的拒絕。不過，大家的心裏倒是確確實實明瞭的。說是公司裏現在每月多付出頭二十塊撫䘏金會發生什麼困難，這只不過是經理的一種藉口，最重要的還是由於經理先生患着一種先天的恐日病，如果每月撫䘏這一個爲國家弄得存亡不明的小職員的家庭，又多少是他嘴裏常說起的一種「可怕的痕跡」呀！

一天，兩天……砲聲愈去愈遠了，這個青年人的消息也愈加渺茫了。一次，兩次……這個老年的婦人在嚴重的生活鞭策之下，明知道到公司裏苦乞哀求的結果會失望，但是仍得帶着希望的心情，不辭艱險地從佈着一道兩道的鐵絲網的鄉間出來，仍舊公式似的帶着幾句聽慣了的敷衍的語句回去。

不過一個焦急的問號開始在每個年青的同事的心頭浮起了：「難道我們就永遠讓這個年老的婦人失望地出來又失望地回去麼？」

終於在一次長久的談話中，我們得到一個共同的答覆。這是何的提議：「公司裏連茶房信差上上下下將近七十個人。如果平均每人能每月拿出兩角，那末總共也有十四塊錢，送給陳志的家庭，維持鄉間的起碼的生活，大約也可勉強够了。」

在一陣熱烈的掌聲之下，這個提議很快地通過了。

十五日是每個月中一個最快樂的日子，一紮一紮的鈔票從公司的銀箱裏搬出來，再一包一包地塞進每個人的衣袋裏。七月十五日那一天，當大家正要把這一包東西塞進口袋的時候，忽然一張寫得很恭正的紙條在每個人的眼睛裏發現了。

「同事陳志為國效勞，至今消息杳然，同人等目覩陳君家庭生活痛苦之狀，不忍坐視，爰特發起每月撫卹辦法，希望諸君踴躍認捐是幸。」

同時，還有小張和小李正跟着這張紙條，從這一隻寫字台又跳到那一隻寫字台，用着他們和平懇切的態度和慣常動人的語句向每個人詳細地解釋着。

成績竟出乎意外的好：張襄理寫每月二元；陳襄理也跟着寫二元。會計主任一元五角，出納主任不甘示弱，也接着寫一元五角。共餘寫一元的五角的兩角的一角的五分的都有，總共是二十一元六角。

最後，似乎還得特別提起的，是全公司上上下下都寫齊了，只有經理先生一個人除外，但這也是在我們意料之中的。(1404)

何處是家鄉

沙鷗（二十一·教員）

一

天迅速地黑下來。

向晚的風像鬼樣地嗥號着。

敏懶懶地從沙發上站起來，步出客廳。

沒有星星也沒有亮月子，夜把宇宙塗抹成一片漆黑。

天上飄着紙灰，火屑粉蝶樣地翩翩翔舞。

敏皺皺眉頭，接着來一聲長嘆。

「二哥哥！」清脆得像黃鶯似的鳴聲，剪破了寂寥的氛圍。一張有着秀麗酒渦兒般小天使的臉在角門口出現了。

「雲妹來了？剛才你那裏去的？唐家表姊今天特地來望你，偏你不在。後來她等急了，跑了。」

「她找我幹嗎？你不問她？」

「她說你會跳舞，明兒要請你表演蹕躂舞，再唱一些歌曲給大家聽。還說……」

「誰高興？你不給我說我不會跳，不會唱，怎麼就應了她？」

「雲妹，這就不好；一來人家老遠的來請你，二來唐家表姊又最歡喜你；三來聽說是什麼慈善團體舉行遊藝會，把賣得的票價完全充作救濟難民。唐家表姊就是受了那個團體委托來請你的。你怎麼好推辭不去呢？不然，人家得說你沒有愛國心，那多醜呢！」

「好！哥哥，我一定去！現在你先打個電話給她，就說我明天一早就來。」

「好妹妹！這樣我才疼你呢！你看，大哥他上前線呢！我們就不如他嗎？」

「對啦！剛才我在姨父家裏，姨母還叫我托他帶十塊錢橘子去慰勞前方將士呢。他們都讚我大哥，說他年紀青青的，倒很有志氣。真的，說起大哥，怎麼還不回來呢？往日這時早該在家了，今天卻變了？」

「或者他有點兒什麼旁的事吧。你去叫娘姨停會兒開飯。」

兩條影子，消失在昏黯的角門裏。

二

「二少爺，電話！」

「是的，這裏姓王，你們是……什麼……療養院？……不錯，王振文是我的哥哥，他……怎麼？傷了？……厲害嗎？……神志還清楚？……他……唉！……好，我就來！……」

敏掛上了聽筒，憂鬱鎖住了他的眉尖，失了神似的奔到樓上去。

「起來！不願做奴隸的人們！把我們的血肉，築成我們新的長城！……」無線電的旋律從王太太的臥室裏悠揚地傳出來。

扭開了門，敏沮喪地走進去。

「媽媽！剛才來電話，說大哥受傷了，現在在療養院呢。」

王太太喫了一驚，周身打着寒顫，她希望那是謊，她懷疑她的耳朵：「怎麼樣？文傷了？你這消息打那兒來？……」

「療養院的電話！媽媽可別急！大致不妨事，待我去瞧他。」

敏披上了外衣，帽子也沒帶，光了頭，匆匆地下樓去了。

「二哥你上那裏去？」雲天眞地撲上來。

「去……去瞧一個朋友，他病着呢！」敏含糊地回答。他第一次哄人，但竟欺騙了他的無邪的幼妹，內心的譴責使他感到侷促不安。

「什麼朋友，這麼要緊？男的？女的？」雲撒嬌地笑了。

「別鬧！媽媽一個兒在樓上怪寂寞的，你去陪陪她呀。」

敏掙脫了雲的手，一溜煙出了大門。

三

跳上街車，沒講價，也沒說明路名，把手揮了揮，苦力就往前直拉！

都市的夜景是够誘人的，狂熱的。

鮮艷的惑人的霓紅燈交熾成一團生動的漫畫。五光十色的「大拍賣」「大減價」的旗幟下，穿梭着幾百輛甚至幾千輛的摩托車。京劇院的鑼鼓聲，替代了前線的炮火。每一家電影院都高掛了客滿牌。舞場裏的爵士樂，消沉了青年們的雄心。咖啡館裏肉麻的歌聲，顚倒了不少後生小子。酒樓飯店的酒香肉味，引出了躑躅在街頭上的流浪者的唾涎。賣淫婦的笑臉，勾去了藍布衫褲兒的靈魂！

都市的夜景，一切是够人迷惑的，眩神的。

然而例外地，敏一點也看不到這些，他只看到他的哥哥在療養院掙扎呼痛的情景。於是他的心也痛了。

他忘不了他的哥哥，他敬重他的哥哥像老子，愛他的哥哥像情人！

他忘不了「九一八」他爸爸臨終時的吩咐：「孩子，我死了，有你的哥哥。他能領導你們走上自由的大道上去。他，你的哥哥，是我唯一的忠實承繼者。你年紀還青，一切都得聽他的指揮。他已代替了我的職務！最後你們得記住，那裏是你們被毀的家？」

現在，唉！一想起，悲痛的心弦又拉長了。

街車停在一所冷落的漆黑的大門前，那就是療養院。門上閃爍着一盞慘綠色的燈。

給了車資，敏急急跑進去。由於院役的領導，他跨進了一間充滿了呻吟聲的病室。

走到第四號病床前，他嚇得呆了呆，打了一個痙攣。

文直挺挺的躺在病床上，兩腿給木板夾住了，頭部包了一大塊綳帶。臉色難看得像紙箔灰，兩眼緊緊地閉着，彷彿已死過去了。

敏幾乎哭出聲來，兩行清淚一直從眼角掛下兩腮。他想開口，但給旁邊的看護婦阻止了：

「別驚醒他！剛睡着呢，有話停會兒再講吧。」

「請問他傷的可厲害？」

「很危險吧，熱度很高呢！」

靜默。

敏的心在劇烈地跳動着，悲痛的心弦，快給拉斷了。

突然文呻吟起來：

「啊喲！痛……痛呀……啊，啊！……」

「怎樣？哥哥！痛嗎？」

「啊，痛！……你，你……來了嗎？……家……唉！……她們……

又急了！……敏弟！……」

「別煩悶呀哥哥，家裏人都不知道，你靜靜兒睡吧！」

「我，完了！……一切……都完了！……你是我的弟弟……記住……爸爸……臨死時……的話！……那裏……那裏是……我們……被毀的……家？……唉！我……完了！……」

「哥哥，別傷心！我是你的弟弟！爸爸的話我都記得。你靜一靜吧！」

病人點點頭，呼吸是那樣急促，樣子可眞害怕！

靜默了一會子。

「水，水，……渴！」病人又叫了。

看護婦把菓汁傾一些在杯子裏，用溫開水調和了，拿匙餵給病人飲。但是飲了一半，病人又都吐出來，頭頸邊也全濕了。

「唉！我，……完了！」文傷感地說。

「哥哥，又提那話了！靜靜吧！過天就會好的，別難過！」

「好？……那是夢想！……不過……敏弟，……我一點也不悲傷！……我感到平安。……我的責任……已盡了！……敏弟，……你也大了，……一切都明白，……我死後……你要努力！……你和媽媽……妹妹……將來要……咳，咳，……回到……我們被毀的……老家！……」

「…………」敏哭了。

「癡孩子，……哭什麼呢？……唉！……多羞呢，哭！……我不需要……有這這樣的……弟弟！……唉！敏弟，你……」

「哥哥，……我要替你復仇！有一天我們一定要歸去，到我們被毀的家鄉！」敏伸起右拳，向空中畫了一個半圓。

「敏弟！……你是……我的……弟弟！……我放心了！……祝你……成功！」一個永遠的微笑浮上了病人的憔悴的面龐。

敏猛的撲上去，緊緊地抱住了病人，瘋狂地大聲哭了！

這時窗外的風更大，而且叫得更悽厲！

不知打那裏吹進了這樣的調子：

「流亡的人兒呀！

何處是你的家？

走吧，沒有留戀，也沒有咀咒，

背起鐵的教訓，

跟弟兄們攜起手來，

踏上你被毀的家吧！」（584）

我失去處女寶（廿六·十三·九）　朱鴒沂（十九·女）

一看到「十三」兩個字，我立刻會想起我生平最悲痛最難忘的九月十三夜！我咀咒牠，我要向牠報復！

深夜，從可怕的惡夢中醒來，沉寂的氛圍引起我慘痛的回憶，而這回憶又逼出我傷感的熱淚！

「八一三」的炮火造成了我所咀咒着的九月十三夜的慘劇，這慘劇有如鋒利的刀尖在我破碎的心靈上刻上了一條永難醫治的深深的傷痕！

「八一三」的前夜，戰爭的空氣已罩滿了街頭。路上，一羣二羣，無數羣逃亡者的尊老呼小的哭喊聲，象徵戰爭的可怕與殘酷。我呢，也跟着五十多歲的父親和跛了一足的母親背着破舊的行囊在逃亡者羣中慢慢的走。

很幸運，到租界的第二天，我們就找到了住房，雖不寬大，但容我們三人已有餘了。那天炮聲一直在我們頭上隆隆的響着，我們慶幸自己沒有變成了炮灰。

從戰區裏逃出來的一顆跳躍的心還沒平靜，悲哀之神就接着降臨了。一星期後，爸患上了傷寒。本來，像我們這樣空無積蓄的人家，維持平時的生活已够困難，哪裏有錢去請醫吃藥呢？唉，窮人害病只有等死！

果然過了三天，爸就在涕淚交流中和我倆永別了！在悲痛之餘，我倆賣去了所有值錢的一切來安排爸的喪事，爸就這樣的拋下了孤苦伶仃的我們！

爲了生活，我們母女倆便靠替鄰家洗衣服過日子，肚子常常挨餓，在人聲悄靜，炮聲隆隆的深夜中，我對着由操作過度而瘦弱得可憐的母親暗地裏流淚，偷偷地啜泣！

老天總是和我們窮人作對，母親因過分辛勞而病了。像我這樣孤苦伶仃的女孩子，怎能去掙扎一天飯食更多一點的錢呢？自然，媽的病只有聽天由命了！

九月十三夜（這可咀咒的一夜呀！）母親的病狀比前幾天更嚴重了，她咳嗽得特別厲害，在一口口的濃痰中夾雜着殷紅的鮮血。房東已來過兩次了，房金一個月沒付，要是明天再沒有，我母女倆只好躺在馬路旁的行人道上睡覺了。我沒有辦法，我只有流淚！

鄰家的時鐘鐺鐺的打過七下了，我悲哀地倚立在窗口，默默地望着遼闊的天空。大都會中霓虹燈的光芒映得滿天通紅，在紅色的氛圍裏，我似乎見到富人們酣酒作樂的狂態，無數的鈔票滿天飛舞。一陣微風不知從何處帶來悠揚的音樂，在空氣中波動着，在醉人的樂聲中，我聽到媽的咳嗽是更劇烈了。

「唉」，我輕輕地嘆了一口氣，大顆的淚珠，不斷地滾下我的臉龐。想不到我的命運竟會這麼的悲慘呀！

媽的沉重的病，明天的房金，死了的父親的形影，……一陣陣思潮，不停地在我腦海裏激盪着。突然覺得臉一陣熱，我緊緊地咬着牙關……

夜的南京路上充滿着色情的氣氛，霓虹燈下的人們像糞堆裏的蛆蟲那麽地在撥動，汽車的喇叭聲好像無數的瘋狗在狂吠，無線電播出了悠揚的音樂。這一切的雜聲形成了南京路的夜的交響曲。

在日昇樓的一角，躑躅着一個十九歲的青年女子，眉毛是細細的，臉頰塗得微紅，但還薄薄的脂粉掩蓋不了極度的悲愁。這是誰？這就是在生活的重壓下喘不過氣來的我！為要使自己解決明天不餓肚，不睡水門汀，我只有……只有來作這最下賤的勾當了。

人們一個個的從我身邊擦過，我勉強向他們飄送着含情的眼波，然而創痛的心又迫我羞得低頭了。淚珠在來不及揩拭的時候，已點點的下流了！

「噲上金城去好嗎？」

一個二十多歲的男子在招呼着我，我微微地對他笑了笑。這一笑在我脆弱的心靈上，印上了一個永難洗雪的羞辱的烙痕！

……………………

那天晚上十二時，為了三張五圓的法幣，我犧牲了純潔的處女的貞操，灑着傷心的血淚。第二天我懷着滿腔的悲憤回到家裏的時候，母親已離別了人世，離別了孤苦的我！房東說她是在昨天晚上十二時死的，臨死她還不停地叫着我的名字。親愛的母親呀，你哪裏知道當你聲聲口口喚我名字的時候，正是我為着十五元鈔票而萬分不願意地出賣我的處女寶的時候？

想着悲慘的過去，淒涼的現在，渺茫的未來，我仍舊沒有辦法，我仍舊只有流淚！

九月十三的夜呀，我永遠咀咒你，我要向你報復（1405）

我悲哀我憤恨（廿六・九・十八・）　王璞瑜（十六・女・學）

天氣只管是這樣陰沉得可怕，萬物都好像死去一般。在這寂靜的空氣裏，恐怖、悲哀、種種雜亂的思潮都會侵襲到人們的心田裏。特別是這一年來的危險而又不固定的生活，彷彿一幕幕在我眼前閃映，一聲聲在我耳鼓裏徘徊！

唉！這委實是太可怕了！雖然事情的發生是隔得這麽遠，同時孤島上又好像恢復了以前的永慶昇平，然而這終歸是無効的，因為刺激已經深深地印入了腦海中了。記得是九月十八日那天晚上吧！不錯，這一天是我們的國恥紀念日，並且還是南市打得最厲害的一夜。轟轟的砲聲，不絕於耳，紅紅的烈焰，照徹雲霄，夾着一陣陣的飛機聲和高射砲聲，接着又是那探海燈的光芒照遍了整個天空，驚起了林中睡鳥，喚起了隔壁小兒。遠遠地透來了一片鐘聲，這正是午夜十二點鐘啊！我和妹妹還在那張大牀上做着好夢哩！

忽然一陣響聲大得好像塌了房屋，跟着又是幾聲尖銳的女人的叫喊着，把我從迷夢中驚醒。模糊地看見妹妹爬在我的身上，睜大了兩眼呆呆地望着我同時她高高的舉起雙手向空亂抓，嘴裏還連聲怪叫着。臥房是黑沉沉地充滿着鬼氣，只有窗外透來的一絲燈光，越現出慘淡得可怕。我看了這種神情早已嚇得連氣也不敢呼了。半响才抖着聲音問道：「妹妹，你……你瘋了嗎？」於是勉強開了燈，回頭一看滿屋都是石灰，再瞧那張大牀、屋頂和地板上一起穿了一個大洞。接着外面也大叫起來：「啊喲！一隻砲彈！」再看妹妹已經昏絕在牀上，紅紅的鮮血不住地從傷口裏流出。「呀！妹妹！妹妹！……救命啊！傷了人啦！……」我不能再喊了。以後連我自己也模糊起來。

最後還有什麼可以說的呢？妹妹是拋下我去了！世上一切的一切都好像充滿了悲哀。只有報上封熱烈地大書「九一八我國空軍夜襲南市……」等字。啊！我悲哀！我憤恨！永遠忘不了的妹妹，和永遠忘不了的九一八午夜賜與我們那隻高射砲彈的主人！

（834）

一個人的受難

萍　絮

蓉確實比前瘦了。她那蘋菓紅的臉，雪藕似的肌膚，輕盈的身段，烏油的秀髮，這一切現在都已成為過去的死灰。

在八一三滬戰未曾爆發之前，她是多麼天真，多麼愉快呵！無情的砲火，毀滅了她的家同時又造成了她生命史中最悲哀的一頁——死了她的丈夫飛。

飛眼看着敵機炸毀了他的家，把他倆逼進了收容所，苦痛和憤懣交織着他整個的心靈，她幾乎要瘋狂了，日夜高喊着「打走日本鬼子！」「打走日本帝國主義！」這樣蓉的脆弱的心田上蒙上一重恐怖的濃霧，只好忍着自己的熱淚勉強安慰她的丈夫。

在一個細雨濛濛的長夜裏，飛突然失蹤了。蓉急得日夜啼哭，茶不思飯不想的到處尋找。但在這人地生疏的上海，叫她到那裏去找呢？奔走了幾天，仍似大海撈針一點也沒有蹤跡。

隨着國軍的勝利，她的丈夫由前線寄來了一封信，信內這樣寫着：

「蓉：

我真對不起你！為了國家，為了要改造我身處的環境，瞞了你出走了。你是個受有中等教育的新女性，我相信你定能體會到我內心的苦痛，同時我信你也會原諒我的。我自那晚走出後，在路上巧遇着我當日同時受訓的同志李君，他已在前線服務了。我向他陳述我的心願，承他的同情，當晚便帶我去見了他們的團長，加入了他們的隊伍。哦，蓉！我現在已是一個殺敵的軍人了！使我真快樂極了！天天可以殺日本鬼子！蓉，你不要爲我担心害怕，在這裏是沒有危險的。

敬祝

快樂！

愚夫飛手上」

淡淡的幾行字，確實地給了蓉一些安慰。可惜老天弄人，不讓她這安慰持久，反之又給予她更强烈的苦痛。在過後的五天又從前線寄來了封信（這封信不是她的丈夫寄來的，是飛的同志李君寄來的。）報告她的丈夫在廿三日的晚上爲了國家爲了正義，已完成了他的志願光榮的死了！

突然地遇到這樣一個晴天霹靂，蓉那暫告平穩的心境，重又掀起悲哀的巨浪。終日哭得死去活來頽廢消極，想隨她的丈夫去死。

悲哀並不能剝削她求生的意志。現在，她是在開始着反省了。她感覺到這樣頽廢消極與她沒有補益，於是她鼓起生活的勇氣，去懇求一位醫生（替難民看病的）介紹她到傷兵醫院去服務。誠懇的請求終於沒使她失望，一個星期後她已在一個傷兵醫院中服務了。忙碌地替着傷兵裹傷換藥寫信讀報分發飲食等，使她忘懷了內心的苦痛。

國軍西撤，她所服務的傷兵醫院，宣告結束了。幸喜由於她平日的勤於職務和她悽慘的身世，得到了院長的同情，介紹了她一個小學教師的職業。每日像狗般的跳，貓樣叫，只換到拾元一月的酬報。她沒法維持生活，就只好在夜間抽空寫些稿子，投寄到各報館去弄點稿費。

舊社會的醜惡，在抗戰中依然未被清除。那個校長見蓉長得好看，像飢貓見了鮮魚一般向她追求調笑。但這種鄙卑的行爲，引起她强烈的惡感，但爲保全自己的飯碗，也只得婉言拒絕和善意規避。

暑假到了，飯碗終於沒有保全，蓉又失業了。

生活在自由與安定中的蓉，經過了多番的磨難，增加了不少的勇氣，鍛鍊成了刻苦耐勞的精神。在失業後的一星期她又找到了一個新的工作——襪廠生活了。但因爲勞工生活的困苦，她的身體是一天天瘦弱下來。

蓉確實比前瘦了。從她的灰色的眼睛中可以看出像是凝結着一四筋出力盡的老馬之絕望的馴良的努力。(269)

希望着報仇

鶴舟（十三・學徒）

健兒走到他母親的身傍，抱住母親的頭頸，吻着母親枯黃的手，帶着懇切的口吻向他母親說：「媽！我要去打鬼子！他把我最親愛的「來喜」打死了。——媽啊！爸爸幾時回來啊？」一顆一顆的熱淚從母親紅暈的眼球奪眶而出，一滴一滴由她枯瘦的臉上流下來，打濕了健兒的頭。

「健兒，你……你的爸爸，他……他是不會回來了！你要，一定要牢記着替你的爸和媽報仇雪恨！……」

她雖然知道健兒才十三歲，不知世態，但她感到無顏對她的孩子，因爲她想起了一月前的悲劇。

那時她和健兒的父親一同逃到鄉下，不幸得很，一天健兒的父親從鄉下到城裏去的時候，被鬼子拉了去，從此不回來了。她天天站在田陌中望穿了眼睛地等，但終無影蹤。

一個晴朗的天氣，四月裏的風，吹送到她漸漸消瘦的臉上，望着、等着……忽然從遠遠的麥田中過來一個矮矮的人影，急促地向她奔來。她臉上現出滿心的喜悅：「是健兒的父親回來了吧！」當她懷着滿腹希望向前迎接的時候，她發現了這人嘴上有一叢小鬍鬚。

「唉啊！是鬼子啊！……」當她心裏着慌想跑的時候，她已被鬼子抱住了。接着褲子被褪下了，在麥田中「親善」了！

鬼子帶着猙獰的笑去了，但是她被污辱了。當時她理着她的頭髮的時候，她恨不得向河裏跳。但是她現在不能，她還有一個健兒，還有一線希望——希望着報仇！（862）

沒有眼淚（廿六・八・廿三・）

汪奇蘭（廿二・）

八月廿三日，我剛吃過中飯，樓下藥店裏的胡先生高聲喊着：

「樓上汪先生電話！」

「哦哦！」我一面答應着，一面連忙跑下樓來接住話筒：「喂？」

「喂！你是三郎嗎？」音調有些焦急。

「是的！姑母，什麼事？」我一聽這蒼老的聲音就知道是姑母。

「日昇樓東洋人投炸彈！你順哥到三友里去買東西還沒有回來……」

「幾點鐘去的？」我焦急的問。

「十一點鐘，我很不放心，你替我去望望看。」聲音漸漸的哽咽了。

「好！我馬上就去！」平靜的心海立刻湧起了萬丈浪濤。我放下話筒，跑上樓，胡亂的穿了長衫又跑下樓來。

「汪先生，什麼事？」胡先生問。

我祇說了一句：「南京路炸彈！」

跳上黃包車，揮着手：「南京路。」我忘了是坐人力車，祇知一連串的喊：「快！快！快！」

車到白克路，無法再前進，我祇得付了車錢步行。兩旁擠足了路人，救護車一輛輛的駛過。不知怎樣，我一見救護車便週身索索的顫抖。「順哥怎樣了？」我不敢向下再想。

在寗波路口被巡捕阻住不能通過，我又轉到貴州路，但亦是一樣。

在公用處借打了個電話：「順哥回來嗎？」

「沒有呀！」姑母已嚎啕大哭起來。

我掛了話筒，我瘋狂了，到處奔走着，像一隻熱鍋裏的螞蟻。四點鐘，我尋到劍青，他同着我到寶隆、仁濟及紅十字會等醫院調查問訊，但都是失望。

「失望，失望呵！」內心慘痛的狂叫。

一切失望了！我別了劍青，踏着笨重的步子，沮喪的跑到姑母家裏。姑母滿臉淚痕蟲在床上，一見了我便顫聲問着：

「怎樣了？」

我不敢掩蔽這一幕慘劇，也無法掩蔽，我含了滿懷悲憤照直的說了。

姑母的臉色由蒼白而暗灰了，終於「呵」的一聲哭了起來：

「兒呀！我的兒呀！」一面哭着，一面跳着小脚。

我呆呆的望着，我無法安慰年老的姑母。我也想大哭一場，但沒有眼淚，祇有憤火燃燒着胸膛。我怒吼着：

「報仇！報仇！順哥，你等着吧！總有一天殲滅敵人！替你報仇！替死難的同胞報仇！」

為了不忍離開年老孤零的姑母，為了預防意外，這一夜，我被悲慘淒涼的氣氛包圍着。（729）

再會吧（二十九・八・一・）

史堅（十五・學）

夜神的兩翼籠罩了整個的宇宙——夜世界又開始展開了。

吃過了晚飯，在家裏悶得慌，便信步走出家門，到了「神祕之街」——霞飛路——夜生活的總匯地。車輛行人來往如梭，汽車階級的仕女們坐着汽車兜風，一輛汽車駛過，接着便傳來一陣笑謔聲。玻璃櫥外站滿了人，在看那新奇的霓虹廣告，高大的水兵挽着鹹水妹猥褻地走進咖啡館去；昔日是王公貴族的白俄，倚在店門口向來往的人們伸出手來。

「老爺太太今年發財……」一個乞婆向一對男女求乞，可是還沒說完便被打斷：

「嘁，沒銅鈿！」於是那老乞婆便目送他們走進咖啡館。

一個吃得醉醺醺的水兵走在路上東歪西倒，又是叫又是嚷，後面跟着一大堆人。中國人就是這付脾氣，只要稍微有一點特別的事，其實並不特別，都是司空見慣的——如相罵，打架，巡捕捉照會等等，一會兒就會圍成一大圈，或跟着一大堆，層層疊疊的。

走過 Bar 或 night-club 時，就會聽見裏面傳出來的各種刺耳的聲音——德律風聲、叫嚷聲、高歌狂笑聲；還有那猥褻的狎謔聲；……

總之，在這「神秘之街」上有着無所不有的夜生活的形形色色。

忽然聽得一陣怪熟悉的賣報聲——「要看到東洋兵搭紅軍打起來哉大美夜報要哦？」

由於好奇心的驅使便不由地迎着那聲音走去，同時他也走來向我兜生意：

「先生，大美夜報要哦！只有格一份來！」

矮矮的身材，熟悉的聲音，更使我不由地向他臉上仔細一看，「啊！」我不禁驚叫起來「你不是舒承照嗎？」他起先被我呆住了，到後來也知道我是誰了。

他——我以前的同學，胖胖的，常愛穿着袍子馬褂，很有幾分傻氣，因此我們皆叫他傻胖子。他家住在浦東，我同他的友誼始終是很好的。自從八一三抗戰發生以後，就不知道他的訊息了。不料在今天會遇見他，並且出意外的他竟會貧窮到在街頭上賣報。他見了我，覺得很難爲情，我便竭力地安慰他，並邀他到我家。他無論如何不肯，於是便同至僻靜處，他就告訴我一切經過：

「自從去年國軍西撤後，日軍便進佔了浦東。那時我家尙未逃出，因我母親有孕，不便逃。當日軍來到我家的時候，我和爸躲在後園的糞窖邊。那裏奇臭不堪，但是爲了保全性命也無法可想。那時我母親剛生小弟弟四天，但也得抱了孩子躲在廚房間的灶後。不料……」他眼淚流下來了。但是在他那黝黑的臉上現出堅毅的光亮。

「不料因小弟弟的哭而給搜着了。於是殘酷的敵人（不，他不是人，他是畜生都不如！）舉起了刺刀望弟弟的肚子一扎，可憐死得連哭聲都沒有。可是牠呢？牠舉起了孩子，哈哈大笑。母親那時瘋狂了，抱住了牠的槍柄不放，於是畜生用腿使勁地往母親肚子上踢，然後揚長而去。那時我同父親在園裏看得很清楚，我幾次三番要出來，都被父親拉住了。父親說：「白犧牲何必呢？還不如留着性命將來報仇。」等畜生走後，我便走到母親旁邊。母親因產後虛衰，支持不住而死去。臨死時對我說：「孩子，記牢你母親同弟弟是怎麼死的！」上月初我同父親帶了錢逃出浦東，來到上海，可是錢全被畜生搜了去，到了上海無以爲生，於是父親拉人力車，我賣報，以所得餬口。我至死也不會忘記我母親我弟弟死時的慘象。我要報仇！好，再會吧！等到我報了仇再見吧！」說完了，頭也不回地一逕去了。

我望着他的背影，發呆的想着。啊，他變了！他瘦了！他不再是那樣地傻了！他受了敵人的賜予，養成了一種堅毅的精神。而我呢？我不覺起了內心的慚愧。

「再會吧！等到我報了仇再見吧！」一個矮矮的身材，黝黑的臉孔，堅決的口氣，深刻在我的腦海。夜生活還在活動着。（540）

忍受着這痛苦吧（二十七·八·七·）

鳳之

爸爸：

你一定覺得很奇怪吧，爲什麼你幾次三番地來信我沒有寫回信給你？

事情是這樣的，你問我的那件事情，我不知道怎樣告訴你好。爸爸，你不要以爲我對於我們的店屋一點也不關心——當然，不會像你那樣地關心，連睡夢裏也在想着牠！在我接到你回到鄉下之後的第一封信的時候，我就到處去想法子打聽我們的店屋到底有沒有給東洋人燒掉。後來我知道可以寫信到工部局去問的辦法，我就照樣做了。在那封裏我順便探聽一下我住的地方。我曾經默默地祝禱過：如果要燒掉的話，但願燒掉我的住處，留下我爸爸的店屋！我寧可毀掉我積聚了十來年的心愛的書籍，不願毀掉我爸爸的二三十年手創的基業。

過了一個禮拜，回信來了，結果是——

爸爸，我怎忍心把這個痛心的消息告訴你呢？但是我又不願意把假話來哄騙你，這就是我一直沒有答復你的苦衷。我惟一的希望就是：「爸爸，你不要再問我了吧！」

可是你爸爸還是不斷地來問，而且愈問愈緊了，說什麼：「告訴我吧，兒呀不要怕我傷心，不要怕我難過，如果真的燒掉了，也告訴我，好讓我的心死掉！」看你的口氣，彷彿已經有人把這個消息傳給你了，你祇想在我這裏得到一個證實罷了。

爸爸，叫我怎樣再瞞下去呢？

爸爸，我知道你讀了這封信之後一定要傷心的，一定要捧着飯碗呆視着一滴一滴的眼淚滴進飯粒裏去，甚至於你的老毛病又會發作——手脚又會痲木的。爸爸！這樣一想，叫我怎能把這消息告訴你？但是又有什麼法子呢？

實在也難怪爸爸要這樣難過。想爸爸開店以來的三十年中間，沒有一天不是起早落夜，熬吃省用地把這爿店撑起來。把我們這一羣孩子養大的，是這爿店裏賺出來的錢；給我們成家立業的，是這爿店賺出來的錢；在鄉下買田買地的，也是這爿店裏賺出來的錢。而這些錢又那一個不是爸爸的汗血所凝成的？所以，店簡直就是爸爸的生命！這生命一旦給我們的敵人結果了，怎能叫你不心痛，不難過呢？

可是，爸爸，我請求你不要傷心了吧！不要難過了吧！看我們全中國人的面上，咬緊牙關，忍受着這苦痛吧！只要最後的勝利屬於我們中國，全國同胞能挺着脊背做個人，你的子子孫孫有太平米飯吃就好了。

爸爸，你不是常常這樣對我們說的嗎？「我辛辛苦苦賺了錢是爲了誰？我自已又不帶到棺材裏去。都爲了你們這些孩子！」現在你的兒子們將要有安穩的日子過，而且這個日子快要來到了，你一定會很歡喜吧！你一定會忘記你身受的苦痛吧！

爸爸，你是一向相信我的話的，所以我上面的話你一定也相信的。我說：最後的勝利一定屬於我們的，意思是說，我們中國人到末了一定會打勝仗的。這個勝仗打了之後，我們中國就出頭了！這句話決不是來安慰安慰你老人家的。祇有那些只看見眼前不看見遠處的人才會把牠當做假話。

爸爸不要再傷心了，不要再難過了！

你的兒子。（563）

踏着足跡前進

摯徵

呱呱，呱呱，……呱，那清晰而尖銳的似訴似泣的聲音，從左面的高空傳播到我的耳中。我把沉重的頭抬向這聲音的來處，用醒後不久的惺忪的兩眼，去尋找這聲音的主人。——哦！烏鴉，原來是一隻孤獨的烏鴉。它的形態及動作在我凝視的過程中知道它是疲勞的，無力的，很脆弱的，僅藉着它那殘餘的翅力，徬徬徨徨的向這邊飛來。

飛，飛，飛到我的近旁，飛過我的頭頂，忽然它又飛了回來，又飛過我的頭頂，這樣的足足迂迴的飛了三四分鐘。我很驚奇——它是在徘徊呢，還是在遨遊？它有所喜悅呢，還是有所悲哀？終於在我目擊之下，它慢慢的飛回去了，留下的就是呱呱呱呱……的聲音的煞尾。

烏鴉飛去了，我的周圍的環境仍是這麼淒清。十月中旬的清晨，秋意是很濃厚的。那時人們都還在甜夢中，只有幾張半新舊的椅子，和幾盆各色鮮豔奪目的茂盛的菊花，在天井中伴着我。顯然的，這是一個沉寂且清靜的所在。

在百無聊賴中，我的腦子裏泛濫起往日的事情，於是我就索性坐在靠背椅上，東想西想的思索起來。

我想起了我的故鄉，我的老家，我的慈母，我的小妹妹，以及我的朋友。在我和他們接觸的過程中，他們給了我很多的各種因關係不同的安慰和歡樂。不知不覺的，我就在這些美麗的回憶中，很平靜很安逸地躺在這椅子上睡去了。

「××小姐有信。是掛號信呀！」

「信」驚破了我的好夢。「信」掠奪了我心境的安靜。

剛從夢中驚醒的我，接過那封淺藍色信封裝的厚而沉重的信，急急的拆開來。

「××：

事情出於意料之外，可是你別難過，××死了……！」

呀！什麼？「××死了！」這個噩耗把我愕住了。到現在我也不明白那時的我是怎樣的情況大概是昏了過去的隔了好久我才漸漸的清醒過來。可是我的神志是溷濁的，我的全身是麻木的，我的兩手是冰涼的，我戰戰兢兢的拿着這封信反覆的看着，其實不論看多少遍除了「××死了」的消息刺入我的心坎以外其餘的什麼也看不進。

啊！「××死了，」到底是不是眞實的？是事實呢，是夢呢？難道說清晨的那隻烏鴉，就是這噩耗的兇兆嗎？

漸漸的從信內所敍述的××所患的病症及經過等，證明了××的死是眞確的，是鐵一般的事實。「唉！××是眞的死了！」

××是我的宗叔也是我的良師，不，他更是堅強的民族革命的戰士。他非常歡喜我，所以他很愛護我顧慮我他又不倦地誠懇地敎導我。他常常告訴我：「那面是光明的，那面是黑暗的，你要小心的向前幹去！」

他那短促的一生，却盡了很多重大的責任。他有鋼的意志，鐵的筋骨，他邁開脚步，揮動拳頭，也曾踏破黑暗，爲了大衆的自由和幸福，雖然歷盡苦難——被捕甚至坐牢要槍決——可是他却始終挺着胸膛和這舊社會惡勢力奮鬥。他是站在革命的最前鋒。

「八一三」的炮火，命令他趕回故鄉去工作。他帶着巨大的抗戰建國的使命，回到故鄉。誰知當他正在發動工作時，竟給那無情的病魔抓去了他的寶貴的生命。

××是我的領導者，猶如引路之明燈。如今燈熄了，光明也滅了，擺在前面的都是「黑暗」和「恐怖」。除了哀傷，我更徬徨。我不敢前進，也不敢後退，只是徘徊。在這裏，我體驗到「人生」的另一種意義，「人生」是如此的空虛，如此的渺茫，更如此的短促！

可是我知道我的明燈熄了，我的前面還是有光明的。只要我能努力克服這種「黑暗」和「恐怖」，光明是可以抓到的。所以我要把握這「短促的人生」，使它切實起來，使它有意義起來。

「人生」是生命的大瀑布的一涓一滴，我需要緊緊的抓住它。至少要隨着時代的潮流，捲入那向前奔流的巨浪中。尤其是在這民族國家絕續存亡的最後關頭，我還應該徒自悲切，徬徨猶豫嗎？不，這個年頭是不應該這樣，也不容我這樣了。所以我應該拿出我的勇氣來，堅强起來。爲了挽救這衰老的祖國，和垂危的民族，也爲了我自己的前途，我應該照着××的遺訓，踏着××的足跡，奮勇的迎頭趕上去！

今晚偶然的獨自坐在去秋接到噩耗的一個天井裏。啊！這裏的環境還是這麼淒淸。所不同的，就是今天不是淸晨而是深夜。

深夜的碧青的天空，除了殘月和疏星外，還有數片悠悠自在的如舞似蹈的柔媚的白雲，點綴着夜景。

呱呱，那爲我報凶耗的烏鴉，似訴似泣的叫聲，又不停地在我的胸中再現着。

呱呱呱呱……（1403）

永遠的憤怒（廿七·卅一·七）

蒼風

瘋狂般的火焰，席捲了整個閘北，無盡止的吞蝕着一座一座的建築物，煙霧迷漫了大半片天空，太陽哭喪着臉躲在煙霧的背面。

一羣羣的吸血獸，勝利地打進了每一家的屋裏，搜尋他們的戰勝品——花姑娘。

抱病的她，鑽在柴房裏的稻草堆裏，發燒，火熱的身體彎曲得像只蝦，稻草的重量壓得透不過氣來。她竭力的抑制着喘息，使自已靜止得像個死屍。

脚由酸而麻木了，她咬着牙的忍受着，絕不讓牠稍微動一下，使稻草發出輕微的嘆息。

「橐……橐……」雜亂的皮鞋聲，漸漸的近來了。她好似突然被惡魔扼着頸項似的，全身不由自主的激烈的顫抖起來了。在忙亂中她想到了惟一能拯救她的上帝。她決不讓嘴唇顫動一下，祗在肚子裏禱告着：

「主呀！救了我吧……我的……上帝……」

「砰……砰……」

惡魔打進來了。但接着的却是靜寂，靜寂得連呼吸都可清晰的聽到。

黃色制服的惡魔，正屏着氣，尖着老鼠似的耳朵在傾聽；鷹似的眼光，鑽進了每個角落每條隙縫。

發了瘋似的突的跳到了草堆前，把稻草亂翻，翻呀翻的，翻出了嚇僵了的她。惡魔們像野獸捕到了食物似的，張着吸血的大口，獸性的狂笑。貪婪的色慾的眼光刺透了她的心。

她石膏像似的僵臥在那裏，灰白色的臉上失却了活的氣色。

她忘掉了一切，在這世界上好像就只有她同那惡魔。她拚命的想一直鑽到地底下去，逃開這惡魔的色慾的眼光；她想立刻死掉，免受那惡魔的蹂躪，蒙這最大最大的永遠洗不掉的恥辱。

惡魔露着銳利的黃牙向她撲來了，她本能地發出一聲刺心的慘叫，慌急的哀求：

「先生……儂……饒了……我吧……有病……」

悲慘的聲調並沒有制止了惡魔的獸慾。臂膀被抓住了，衣服撕破了，褲子也撕破了。她死命的掙扎着，哀號着，可是沒有用。在蛇盤住了蛙的時候，任蛙怎樣的掙扎，總還是逃不脫蛇的掌握的。

一個撳住了她的兩只手，另一個野獸似的扒上了她的身體：下部刺心的疼痛。她想同這野獸拚命，但已用盡了所有的力氣，軟癱的身體被這野獸緊緊的壓着窒息得絲毫不能動彈。她恨沒有帶把刀，有塊石子也好的。她想狠命的咬他幾口，可是頭昏沉得千萬斤的沉重，絕不能稍抬一下。牙齒咬着自己的下脣，流了滿口的血。

一個滿足了獸慾，另一個又扒上了她的身體，又是那樣的凶暴，野蠻。

一只野獸滿足地去了，却來了兩只更飢餓的；兩只野獸勝利地去了，却來了四只更凶暴的野獸。一雙雙貪慾的眼光，射透了她的全體。她任憑他們欣賞，玩弄，洩慾，狂笑。

她祈禱着落顆炸彈下來吧，炸碎了她同那些野獸們。

第四個，第五個，第六個又扒上了她的身體，又是那麼瘋狂的顫動。

下部腫了起來，流着血。她拚命的忍着刀割似的劇痛。她不流淚，也不再哀求；只有憤怒的火，燒遍了整個心胸。

她眼望着屋頂在旋轉，牆壁在旋轉，而她也沉重的在旋轉，下沉，旋轉，下沉，一直深沉到了海底似的窒息昏沉。腦子裏「嗡嗡……
……」的響着，眼前是漆黑的一團，在黑暗中金星飛繞着。四肢像離去了身體似的麻木，得失却了知覺。

當第八個跳上她的身體時，這病弱的身體已漸漸的失却了體溫。而牙齒還緊緊的咬着下脣，臉上還遺留着憤怒，憤怒永遠的

第三輯　婚喪喜慶

在炮火中辦喪事

黃影呆

時序雖已踏進了九月，天氣還是和炎夏一樣的酷熱。白天看日機在市空軋軋向南市閘北滿處投彈。夜晚聽閘北的炮聲機槍聲，和手溜彈聲交織成充滿了火藥氣味的一種人類大屠殺的聲響。聽得資格老的朋友，還是日本的炮還是中國的炮都可辨得出來。

在這樣緊張的空氣之下，接到一個不幸的消息，死去了一位年紀還不到三十歲的親戚。人總是要死的，有的人自作聰明，說是在這樣一個亂世時代，死倒比活着爽快；有的人以爲戰事在劇烈的進行中，突然病死，未免死得太可惜。當晚趕到親戚的家裏，聽了一陣使人不快的痛哭之聲，知道那親戚祇有三天的病，雖然請了幾個名醫，但對於他患的是什麼病都沒能說出來。在沒有醫藥常識的人，事後的推測，是一致的認爲時氣病。爲了家裏房屋的狹小，上海的市面又在非常的狀態之下，於是就決定送到殯儀館裏去成殮。

然而所以要送到殯儀館去成殮，還有另一個重要的原因，那便是「八一三」上海發生戰事後，南市、閘北已是警戒的區域，而上海的公所同鄉會之類所附設的殯舍，都在閘北，南市。即使能夠把柩運去，那些地方每天有飛機在轟炸，炮彈在射擊，家裏的人那會放心。死人的棺柩被炮彈或火毀去，好像是一樁天大的逆事。其實在這年頭，活人也要遭意外，何況死人。而且世界上又有若干那國人死之後，實行火葬。說穿了，對於死人的軀殼的關懷，似乎是太愚鹵了吧？但在這種舊觀念之下，還只得把死人送進殯儀館去成殮，可以把柩寄在那邊。

第二天的早上，就由我到殯儀館去接頭。上海的殯儀館固不止一家，爲了在想像中離火線最遠的是海格路的××殯儀館，於是一大早就坐了汽車到××殯儀館去。車子經過靜安寺路，所有的商店，除了外國人開的服裝店、麵包店是照樣的開着營業外，其餘都半關着門。馬路上面行人顯出一種緊張恐慌的情緒，時常有紅十字會的難民車、救傷車風馳電掣的開過。幾經轉折，車子進入了海格路，行人和車馬比較稀少了些。兩旁的法國梧桐的行列，席捲樣向後奔去，汽車是終於把我送到了××殯儀館。

我在上海雖曾住過十多年，所接觸過的地方也是不少，替喪家到殯儀館去接頭殯殮的手續還是破題兒第一遭。走進了殯儀館，裏面一塊廣闊的場地四周是用水門汀鋪的路，兩部汽車可以並着開過，中間草地上種着幾株綠樹作爲點綴。居中是大廳，對面是一列矮屋辦事處和汽車間，兩面就是殯舍。棺材已停得差不多沒有空地了。接洽的結果，禮堂是二百元，一口棺柩是五百元，而把棺柩寄在他們那裏，每月的代價是五十元。

一個棺材所佔的地方寬不到三尺，長不到八尺，然而寄費每月要五十元。據說「八一三」之前是三十元，「八一三」之後，爲了寄柩的人家突然湧躍起來，所以加至五十元。上海的房價雖貴，但以殯儀館裏一棺之地要月費五十元的代價相較，恐怕比南京路上第一等的大旅社的房價還要貴些。家裏死了人，寄一口柩要費那麼多錢，也許是出於一般人的意外的吧？然而雖是這樣高貴，寄柩的人家還是那麼多，使得殯儀館裏是忙着讓出空屋，蓋搭新屋，預備在炮火聲中做一次空前繁榮的買賣。

手續辦好了，午後出去登一個訃聞的廣告。自從大世界，南京路相繼發生慘案而後，我沒有到過熱鬧的區域，爲的是流彈很多，而飛機又整天在天空軋軋。並不是怕死，如果在馬路上遇了意外，死得太不值得。當汽車駛過南京路的時候，看到永安、先施以及所有的商店，廚窗都用木板釘着，有些怪異樣的感覺。馬路上面行人也遠沒有往日的多，祇稀疏的幾個，而每個都是低着頭，在匆匆的行走。各人的臉上都顯示出一種急促的表情，像是辦完了事馬上要回去的樣子，沒有事是誰也不高興出來閒逛的。

走進申報館廣告部的幾個朋友，面上都有一種激昂，悲憤，恐怖所交織成的複雜的情緒。廣告生意已遠沒有戰前的擁擠，朋友們都坐在辦公桌上大談其中國軍隊奮勇抗戰中可歌可泣的佳話軼聞。幾份報紙上所要刊的廣告，就託一位朋友代辦了。付過錢，又談了一會，馬上出來，買了幾樣東西，重新折回××殯儀館，才知一切手續都已辦妥，那個親戚的遺尸也由家裏運到殯儀館，正在施行化裝、洗浴等手續了。

爲了事情已辦得差不多了，我就在殯儀館裏的草地上立了一會，透一口氣。那時日本的飛機正不斷的在天空翺翔，有時會接連着擲下幾顆巨彈，不是南市，就是閘北，傳來幾聲轟！轟！轟！屠殺人類和毀滅建築物的可怕的聲響。接着我又走上殯儀館的樓上，向閘北望去，看見有兩架飛機一會兒高，一會兒低，嗚嗚幾聲悲鳴之後，便會傳來幾聲巨響，正表演其投彈的絕技。可是內中的一架，正昂然自得，唯我獨尊，目空一切的當兒，忽然在天空中翻了幾個身，透出一縷黑煙，滾跌而下。同時，傳來了一聲巨響，使屋瓦爲之震盪。這時候，所有立在屋頂上，爬在樓窗口的人們，看見了飛機落地，都拍手叫好，人心大快。

我就想到這架飛機的落地，一定還有沒有投去的炸彈架在機身上面，所以會發出如此的巨響。但這架飛機落在閘北還是落在蘇州河南岸，倒不能確定。如果落在租界上面，準會闖下亂子，將有若干非武裝的市民傷失生命。爲了自己的寓所在戈登路上，和蘇州河岸離得很近，不免有些躭心。好在事情也辦得差不多了，便急忙喊車夫開回家去看個究竟。車子離開了殯儀館將近我寓所的時候，我在車窗中望去看見弄堂口並無異樣，知道沒有意外。在戰事期內，我時常會幻想到我的寓所也很危險，說不定要被亂投炸彈的飛機炸毀，所以每次打外面回來，總要看自己所住的那條弄堂面目依然，才相信寓所沒有遭過浩劫。

回到家裏，妻的臉上現出一種驚怖的狀態，告訴我剛才閘北一架東洋飛機墮地的時候，一聲巨響，屋瓦門窗都震動得非常厲害。孩子們是嚇哭了，樓上的人面孔都脫了色，跑下來，像是炸彈就落在門口外面。人們不知自己還是被炸死了，還是活着？這樣的驚嚇，自戰事發生以來還是第一次。接着同住的人家，幾個小朋友，他們每每歡喜立在屋頂上看空戰的，告訴我兩架飛機在天空轟炸正乍上乍下，表演殺人絕技時，怎樣的起火墮地。當初他們還以爲自己的炸彈擲在自己的飛機上，所以墮地的，後來才知是中了中國軍隊的高射炮。飛機起了火，在天空中像長蛇樣的落到地上，殘體斷翼一部分飄到了租界上。當初有許多人以爲這飛機要落在租界上，可是結果是在閘北廣肇山莊。他們說得津津有味，像是不勝快慰的樣子。這的確是殺人者應受的報應呀！(105)

國難中的新婚者(廿六·十一·九)

張保韓

在一個槍炮聲很緊急的晚上，當家駒和秋竹行過婚禮，見過尊長以後，餘下來的時間，好像完全是供給我們鬧新婚似的。我們照着最通俗方法鬧過之後，又控制着他們唱定情歌。那得他倆那時特別莊嚴而堅決唱到「爲民族的生存要肉搏向前……爲大衆的解放要奮勇當先……」時，一般賀客的意識裏似乎在領略一個愛國的宣傳。歸家時我們向他們要喜果，他們給大家的回答是：「這件事家長們本早替我們預備下的，只是我們因爲在提求民族生存的抗戰時，以爲儘可能節省費用，放在更迫切的有意義事情上，前天早已捐給後方醫院了。各位總不會責難的罷？」賀客們表示滿意的點着頭各自回家了。

今天跑上他們的新家庭時，滿屋佈着黯然而又緊張的空氣；每個人都現出驚異而又嘆服的神情。要不是吃酒時相識過家駒和秋竹的戚友，我準疑心我找錯了人家。傭婦只告訴我，秋竹要乘輪上外埠去了。我明白了碼頭地點時，立刻跑去找到了她們——秋竹和她母親。我喘着問：「秋竹，事情怎樣的？」她看了我一眼，在那浮腫的眼皮，淌出了二行眼淚。她說：「他被打死了！」我迷茫地等她止住了悲泣說「到底怎麼回事啊？」「前天他在前線救護傷兵，敵人對準了他臂上的紅十字開槍，沒有救回受傷的人，自已卻白白地犧牲了！」秋竹悲憤地說。至於家駒怎樣會去担任救護工作，又怎樣跑上前線，我不敢問，因爲我瞧見秋竹好像全心注意另外的事而不耐細說的樣子。

輪船拉錨了，第三次的開船聲又嗚嗚地叫了，她提起了皮篋，十二分堅決而勇敢的對着她母親說：「媽！請不要悲傷，我們的國家到了最危急的時候了，像我們這種青年，想苟安着過些急難中的太平日子還是一個錯誤。我們每個人應該負起保衛國家的責任，我此去也無非是做些救國的事。家駒已盡了他的力，我要繼續下去。話是說不完的，我走了以後，你老人家要保重身體，別以女兒爲念。」我自告奮勇地說：「秋竹，這個你倒可以放心，我一定盡力來安慰伯母的。」我以爲一個遠征的人去努力事業，首先得使她心安。我不能步她的後塵，那末安慰她的責任至少我是應該擔起的。她聽了我的話以後，感謝地握着我的手說：「我感激你的好意，只是更希望你能爲國效務，那末你的朋友死了也高興了。」我被她那愛國的情緒激勵得恨不得跟她一塊去。

她母親老是握着她的手，老淚縱橫的抽咽着。本來，也難怪，生生的離別了膝下的承歡者，以後晚景的悽涼可想而知了。最後她嗚咽着說：「秋囡我也懂得救國的道理，我不會來阻止你的。我更希望我的孩子是個有作有爲的人，多多替國家出力！」我眞想不到被痛苦襲擊着的老太太話語會這樣慷慨。我卻連一句勉勵的話也說不出來了。

我目送了邁着大步前進的女戰士上了輪船，拖着疲憊的腳步，踽踽的歸家。（1407）

死在大家記着的一天（廿七·十三·八）　婉　芬

昨晚廷對我說橋橋向他借三塊錢買藥，朱珠貴的老婆病生得很利害，帶來的鈔票不好用。今天上午就想跟廷去看看她，母親卻說今天「八一三」外面慌些些的，不要觸霉頭吃溜彈去做寃鬼。廷也沒有空。我和珠貴媽媽也不是什麼親戚朋友，住在長安時雖然同在一條街上，時常見面，卻很少招呼的。現在大家逃難出來對於同鄉人才覺得親近起來。過了今天，明天也好去看她的。將要吃中飯的時候，橋橋來還錢，他說珠貴媽媽已經死了，現在海防路中華殯儀館。這消息太突然了，大家說朱珠貴今年眞晦氣，做做生意蝕本，逃逃難在鄉下被搶，逃到上海來的時候，東西手飾又被日本人查去，現在還要死老婆。想到她死在上海陌陌生生的熟人很少，我決定跟廷一同到殯儀館去。

馬路上的人比往日少了許多，每一家店都關好了門，好像我們鄉下過大年初一。我起初很有些怕。那架着機關槍的車子，那像鬼叫般的鐵甲車！但每一家店樓上掛着的青天白日滿地紅國旗，使我興奮得卽使日本飛機來擲炸彈我也不怕了。誰說上海人的心死了呢？相反的，全中國已死了的心都復活了。廷說無論什麽紀念日，在馬路上他從沒有看見過這樣多的國旗。當走在十字路口向左或右的橫馬路看去，一種整齊麗美的旗的行列，使我快活得要跳起來。廷說昨晚抱小廷出去時，他的頭一直在點着問他做什麽，孩子却說：「不是看見一面國旗要鞠一個躬嗎？」

殯儀館很忙，一隻禮堂一天要借幾家人家，一個收殮好，一個又抬進來了。福，祿，壽，喜幾隻禮堂，尋不出一隻空的。珠貴媽媽是昨夜二時死的，就由醫院直接送殯儀館。但因爲戒嚴，活人到今天早上才能來。我們本預備來三鞠躬後就回轉的，可是死人自昨夜來後，她們自已人也不曉得她在那裏。我們只好坐着等。殯儀館裏一片慘悽的哭聲。東祿廳那家哭得哀悲傷，聲音很細小，似乎都還是未出嫁的少女，引起了我的注意。可是她們都哭得模糊一片，不成字句，聽不清爲死的是誰。後來一個不滿廿齡的姑娘被拉着到廊下來，坐在椅子上還是跳呀跳的哭。忽然聽得那個在旁邊勸的女人急喊着「阿二！阿二！」那姑娘暈過去了。好久才醒轉來。大概裏面很熱吧，一個十三四歲的姑娘又被拉到廊下來了。她那不脫孩子氣的聲音，數着哭着。我只聽淸一句：「別人家有親爺，親娘！我的親爺親娘，逃逃難都逃光了！」據茶房說這個人家不久曾死了一個人，現在是第二次了。

珠貴大伯哭喪着面孔告訴我們，珠貴媽媽的死完全是憂鬱出來的。在上海受着二房東娘娘的氣，說她鄉下人，一舉一動，晒衣裳，燒小菜都要受干涉。她想起在家鄉有高大的廳房店屋，四隣都很恭敬她，叫她「老班娘娘」，現在縮在亭子間裏低頭做小。又想起家裏的箱子衣裳店店裏的貨放出的眼更痛心的是她私房的積蓄——四百塊銀洋鈿，二隻金戒指，一雙金手鐲，這一切都被日本兵拿去了。眼前生意不能做，坐吃山要空，怎能叫這位賢明的主婦不焦急呢？

回來天已晚了，珠貴大伯很客氣，一定要叫汽車送我們。在壯嚴燦爛的旗陣下，汽車很快的駛着，廷鄭重的對我說：「以後快活點，不要聽一二句話就生氣！」他大概想到我們的二房東娘娘吧。但我這時却在默數着一年來我們所認識的死者的數目：廷的母親，我的母親，外祖父，嚴正榮娘娘，宋文大伯，珠貴媽媽……我又分析着：二個被日本飛機炸殺，一個機關槍打死，×個逃難病死，還有——我忽然想起了二月前離申到漢口的銘弟，草綠色的制服，一個，二個，越來越多了。我永遠記着這許許多多穿制服的人！汽車在一面靑天白日滿地紅的國旗下停了。我又記起六娘娘的話：「嫂

嫂死得眞有福氣，今天是「八一三」大家都會永遠記着這一天的。」（1406）

孩子們安息吧

黃嘉森

沉重的寂寞裏回憶漸漸的展開。

那是兩年前的一個春天，在醫院經過醫生的診斷，判定豎確是懷孕了，而且已經有三個月。於是我們帶着喜懼交織的心情走出醫院。從此便預感到一副「做父母」的重担將落到我們的肩上。

此後幾個月中間，我們的生活是相當舒適的。在失業的狂潮裏，我居然還能够有職業——雖然那祇是清苦的教書匠——這該是很大的「幸運」吧。眞的，那確要算是「幸運」因爲靠着這些微的收入，孩子很安全的出世了。

孩子——一個可愛的活潑的孩子，在我們人生的途中豎立了一塊新的「里程碑」。雖然在預感到的「做父母」的責任眞實落在我們肩上時，不免有些驚惶，雖然我們整個的計劃不能不因孩子底出生而起變動，在我們總算獲得了一點新奇的希望。這對於兩個爲着生活而飄零的人，在精神上確是給予了很大的安慰——這也正是我們所迫切需要的。

暑假。一個鄉村裏的暑天是充滿着「美」的；尤其在那夕陽西斜的傍晚，我們帶着孩子在田野裏散步的時候，樹頭的蟬和草裏的蟋蟀，都像在和着我們的歌聲，爲孩子唱出柔和的催眠曲。孩子恬靜的躺在他的睡車裏，我們緩緩的推著。輕微的鼾聲從他的鼻管發出，在他嬌嫩的臉上還浮着使人疼愛的「笑」。這時我們也相向的發出會心的「笑」來，在這「笑」裏蘊藏着人生使人的「愛」——「父子」和「母子」的愛。

「八一三」的砲聲響了，震碎了這以悲劇作結的美夢。

受着求生的「本能」的驅使，我們拋棄那可愛的鄉村生活，逃進了一間「鴿子籠」似的亭子間。這裏所有的只是「擠」，「嘈嚷」和「煩熱」，還有那最使人難堪的「嘴臉！」

幾個月「鴿子籠」的生活使得孩子和「病」結了不解緣。可是這已足够了麼？不！我們終於被「嘴臉」逼得離開了那「鴿子籠。」

經過三度搬場，生活纔略爲安定下來。可是這「安定」一毫也沒有挽回豎兒——我們那可愛的孩子——的死的「命運。」

生活逼得我拚命的跑，奔波奪去了我全部的時間。因此，整個燒飯養育孩子的重任，只能一起加到豎——一個僅有極貧乏的做主婦和做母親經驗的女孩子——的身上。孩子的病伴隨着他所受的痛苦一天天的加深，但可憐的我們竟沒有察覺。等到發現病的嚴重性時，孩子生的希望祇剩得百分之二十了。（根據醫生的診斷）終於在一天——永遠不會忘却的五月二日——早晨頤兒拋棄了父母，離開了正在向光明中邁進的祖國，走上了死亡的路！

在頤兒死去後第二天，我帶着破碎的心，寫下一篇——不！沒有終篇——紀念的文章。頤兒在這世界上所有的，就祇剩了留在我們記憶裏的創痛了。文章這樣寫着：

「頤兒和「死」是不相連屬的，他的父親森和母親堅都這樣想。但一切像噩夢樣的不幸，終於實現了！

「在一間寂靜的屋子裏，現在只有森和堅兩個，頤兒俊秀的面龐，惹人疼愛的笑容都消逝了。是的，頤兒太可愛了！在他母親工作的時候，他會乖乖的坐在車子裏玩，在他父親從學校裏拖着疲倦的腿回來時，他會拍着手向他父親笑，常常使得森忘記了疲倦，走向他身邊和他握手，或抱起他來。然而這一切都夢一般的消逝了！

「頤兒的病不是致命的，他不應該死。他是死於庸醫的誤斷，死於始終未能獲得一個「對症下藥」的醫生，或者總括說一句，是死於「無知」和「因循」。是的，頤兒沒有死於「病」，而是死於他父親的「無知」和「因循」！森將永遠抱恨，對於這缺陷是無法彌補的！

「悲劇的發生，在國際勞動節的夜裏，窗外正不斷的掀起狂風暴雨。如果在無產階級的戰士們看來，這正象徵着光明降臨前的暴風雨，但在森這却助長了屋子裏的悽涼。所幸電燈還亮着，否則更使人有陰森之感了。

「距離板壁二三尺遠的地方，有一張大的鐵床，床上正躺着一個未滿週歲的孩子——頤兒。無力而又悽厲的呼聲，不斷的從頤兒口裏送進他父親的耳朵裏去，好像許多尖刀刺進了他的心！

「他對自己一毫也不原諒；雖然他把藥給頤兒吃，完全是出於「求其速愈」的好心，但結果是他在「死」以外，更在頤兒身上用了酷刑。……」

寫到這裏，我已失掉了繼續寫下去的勇氣，祇得在這裏停了下來。

頤兒是死了，但害死他的是我們民族共同的仇敵。在上海，在別的地方，知道有多少比頤兒更可愛的孩子的更悲慘的死去！這也不過是一篇總的血賬上的一行而已。

「死」，在受難着的國度裏，算得什麼？我們要用各個人的「死」的總和去贖回全民族的「生」！

頤兒，你和所有殉難的孩子們都安息吧！到那一天，你們的墳墓上生遍了葱蘢的靑草，在你們的週圍將展耀着代表民族的新生的光輝的旗幟，你們將看到用先烈的血塗成的紅色更煊爛了！

那時民族的總的血賬已經算清，你們的血賬也算清了！

孩子們靜心的安息吧！那個日子在不遠的將來就要來到！

（1408）

除夕

范華農

二十六年十二月卅一日，雨。昨天晴了一天，今早又落起雨來了，眞是悶人。

今天是一九三七年的除夕，猛憶我到上海後五十四天了。當時我們的國軍還未撤退，我在砲火下從南京來到了上海，那是我跋踄了幾千里而回到故鄉來參加抗戰的日子。一顆青年人火樣的心，使我忘記了沿途的恐怖；忘記了那夜崑山的投宿無門；忘記了那夜從青浦淋雨到松江；忘記了在北橋汽車上跌下來；忘記了一切的痛苦。到上海沒有幾天，我所要做的工作便無法公開活動了，這使我痛苦之極。

回憶有什麼用？還是加緊我們的工作。

今天也便是我們工作最緊張的一天。十時，我去××書店訪問袁君，却無意之間碰見了一個舊熟人金君。二年不見了，大家都驚異怎麼會在上海見面。看到了金君，使我記起一個少年周士龍，是一個學徒出身的努力上進的朋友。他要知識，老闆剝奪了他，他就在苦悶中夭折了。在袁君處拿了一些印刷品出來。十一時，到××實業社看一個姓沈的；交給他一些東西；他在忙亂的工作中，很熱烈地接受了。啊，青年朋友們的情緒眞是可愛可敬！

十二時許，大雨未止，只好仍到那個地方去吃飯。原來爲了工作，就不能生產，於是就不能不在朋友家裏寄生了。飯後去山東會館訪李君，他不在。出來到閻處小坐。他是一個東北的流亡者，工作經驗很豐富。和閻君同住的一個姓陳的，也在那裏。他們的生活更苦，連牢獄都不如。這樣冷天他們還穿着夾衣，要出門得問人借衣裳。唉，這是什麼人擺佈的！

在閻處，我看到了他的情書。他的愛人據說現在做漢奸去了。信寫得哀豔之至。誰說窮人們沒有戀愛？會被人剝削去罷了！

二時出去看致華，交東西給他。三時去明星訪周君。他忙得不可開交，老板壓迫着非今天完工不可，看他很煩悶。坐了一小時，想同望之去消磨這除夕的黃昏，但無人送信，電話又不通，結果無法，怏怏而出。

雨中在南京路上，使我想起了以往在火爐旁，在大廳裏，在悠閒的客室裏和同事們友朋們過的生活。偶然間眞有些解答不出，爲什麼甘心來受苦呢？上海的洋屋，光滑的地板，熱水汀，電燙的衣服，水菓，豐餚，啤酒，紙煙，爛燦光輝的賓客，這多美呢，爲什麼不去尋求？却要和一班流亡者，窮光蛋，煩悶青年一起混呢？受凍，挨餓，這究竟爲了什麼？誰不喜歡舒服，誰不喜歡悠閒，爲什麼你拋却了牠們？

這舒服，這悠閒，是暫時的，是殘忍的，是短促的大衆的苦難堆砌成的舒服大衆的血淚灌漑成的悠閒！我敢享受嗎？

我既不願殘忍地去享受我就應該爲大衆去謀解放，所以才甘心受苦！決沒有在自己的舒服和悠閒裏能解放大衆的！

夜除夕的夜，包圍了我。我在熱鬧的城市中熱鬧的大樓之一角，寂寞地渡過了牠。(546)

新年什景

郭奇

新年，這國家在風雨飄搖中的新年，人們都在兇險恐怖的波濤中掙扎着。除了少數不知死活的人之外，還有誰去慶祝。往年本來國曆新年雖然不像陰曆年的來得普遍熱鬧但到底還帶了點新年的氣息。今年的新年就眞的完全死寂了，至少是覺得和平日沒有什麽大兩樣。街上有幾家閉着門的商店把路上的空氣弄得更悽涼。零星錯落的國旗，拍拍地在西北風裏揮揚。許多店舖在他們的櫥窗玻璃上貼出了一小片紙印的青天白日滿地紅旗，有的在旗邊還勇敢地貼了一張豆腐干的標語。在這孤島上這也許就是「我們還是中國人」的唯一的表示了。

蘇州河以北，沒有一點紅色也沒有我們的國旗。黃浦江，蘇州河上沒有一面「青天白日」有的就是外國旗。郵政局的旗桿最高的廿二層樓頂上，光禿禿的看不見一絲兒布片。華界法租界交界處人們不敢掛旗。但我們是中國人呀！終於有幾家店舖勇敢地掛了青天白日滿地紅旗來。在死寂的街道上多麼鮮豔觸目！但立卽一輛汽車來了，跳下幾個人，「旗子收下來！」「老闆呢？來到司令部去！」一陣騷擾後，汽車載了人飛似地走了。「臨時亡國奴」是不許掛旗的！

經過慕爾堂，我們的臨時校舍也在二層樓上用晾衣竹挑起了一面中號的國旗樣子有點滑稽但也够令人沈痛了。我立住脚貪婪地望了好一會。

幾輛速率特殊的汽車，上面插着特殊的旗子，喇叭也不多撳的在人叢旁或別的車子邊上迅速地擦過，使人驚叫起來。威風呀！多麽威風，但也够刺激了！

今年新年的點綴品在前線當然是飛機槍砲，血和肉。但在上海的，却也是炸彈。繼「南京路事件」來了一個「三馬路炸彈案」，這就有一番忙亂又得勞駕「友邦」的軍士累他們在「心臟區域」吃半天西北風——站崗搜查。「福建路上少人行旌旗無光日色薄」只有三馬路石路一帶平常頂熱鬧的地方行人絕跡，露出陰曆新年特有的景緻。

下午南京路上的一輛汽車和電車撞了一撞，「蓬！」又是炸彈了吧！頓時路上的人都回過身子來，驚慌地張大了眼睛在找針線似地張皇着。直到發現了那輛尚未撞壞的汽車之後，才拍拍心，回過頭走自己的路。呀！可憐的人們！

走過一間羅宋菜館，那兒大批的黃色的英雄進出着，裏面發出一陣陣粗厲的歌聲和放縱的歡笑，勾起了我腦中除夕那天合了近百個青年的盛會上的景象。

「我希望明年今日的盛會中，我們能够飲那裝在這瓶中的敵人的血，飽食那放在這碟中的敵人的肉！」那位戴粗邊眼鏡的同學舉着瓶和碟所說的豪語。

「我希望我和在座的各位同學都能做一個勇敢的剛毅的站在國防最前線的游擊戰士！」

「我希望上海立刻聽見炮聲！」

「我希望……」

「同學們大家起來担負起天下的興亡……」

把我從沉思裏拉回來的是一陣猛烈的風，我當即驚覺地踏上歸途。

西北風仍不停地吹着，似乎帶來了隱隱的血腥。(386)

牙齒痛

屠均

牙齒痛，躺下來想尋覓一點安靜。

華燈齊上，正是歡樂歌舞的時節。在都市，浸入黑暗，正如歡迎光明一樣的喜欣。屋子外，人嘍車吼，以及許多古怪的聲音，湊趣地高興着。屋子裏潑婦的叫罵，鄰孩的啼哭，前樓大姐的高跟鞋，廂房公公的乾咳嗽，爭先地擁進耳管來。我反覆着腦神經是忙得不能應付了。

我嫉妒地瞪了一下對窗隔路的高樓，聽說是一個「新貴」的公館。午間回來，聽人說那屋裏大忙了一下。太太責備老爺，老爺斥罵管家，管家痛打僕奴：一隻叭兒狗病了。忙着送醫院，汽車夫，娘姨，太太全體出動。

「做人不及做狗！」

我的牙齒戰慄起來了，除了對叭兒狗們表示仇視之外，別無辦法。窗外冷風在得得地叩着，像要下雪的樣子。對面的燈光分外明亮地照耀着那個溫暖的獰笑，傲慢地朝着馬路。我的嘴裏像含了一口雪，沒命地向被窩裏鑽。

奇怪呢！我始終睡不着。白天裏房子裏躍了一日，晚來想是自己的時候了，應該如何的讓自己安息一下。牙齒痛，早點睡覺吧。然而，睡不着。

那古老的鐘疲乏地支撐了十一下，四週稍見清靜了。我對自己懇求給我一點安靜吧。我非常着急明天早晨會爬不起來。女人的狂笑，小孩的野哭，終於有消沉的時候，幾聲汽車隨他去吧。要安靜了，我快活。

不知在什麼時候迷糊過去了，馬上就做了一個夢：好像要到遠方去的樣子，已經借得了若干元錢，哼着輕快的歌跟母親高興地道別。「這可去不得的呀，」母親這樣說。他拉着我，我扭着跑，拚命地，兩隻脚像失去了摩擦力。回頭來，聽她在門旁啼哭，一失足，拌了一交，就牙齒痛起來了。

撫摸着火熱的前額，撫摸着狂跳的心胸。靜靜的四週裏，還餘留着哭聲。我豎着耳朵，不明白是怎麼一回事。如在窗外，如在近處，像一個老太婆在病裏呻吟，像一個女人在路旁嗚咽。

我開了窗，一陣冷氣，一片雪花，禁不住一陣齒痛，一個寒噤。昏淡的街燈下，一條冷靜的馬路，一層薄的白雪，沒有車輪，沒有巡捕的徘徊。是過年的時候了，叭兒狗們都躲在溫暖的窩裏。

然而對面的高樓上，依舊是滿窗燈光。我聽不得歡樂，聽不得狂笑，他們的窗子上罩上一層白色。哭聲是在哀悼狗的死亡嗎？不的，在高牆之外。

在牆邊一株令人詩興勃發的法國梧桐之下，一個老婆子僵直地躺着，一個年青的婦人在身旁吊着她的嗓子。我想起戒嚴，我很像一個囚徒一樣弄堂口緊緊地關着二扇鐵門。

「一個人能忍受另一個人活活的凍死嗎？」我像怪泥水匠爲什麼不造一個露台和一根梯子。縱然賊兄們會不客氣的光顧，像我有什麼東西可以滿足他們的慾望！

我很高興那高樓發了善心，開開門來，一隻肥豬樣的管門，

「喂，半夜裏啼啼哭哭，爲什麼這樣開心！」他這樣說。

「先生，先生，她凍僵了，請你發發慈悲吧，救救……」

「滾開去吧。你知道在這座洋房住的是一個老爺，他會發脾氣的。」

「好先生，好老爺，救救命吧，給……」

「可惡，我給你喊巡捕！——巡捕！巡捕！巡捕！媽的，都死光了。」

「先生，請你可憐可憐吧……」她又哭起來了。

「別哭！這是你的誰呀？哦，一個老太婆。死了就死了，哭什麼。喲，老太婆有什麼意思呢！下世請她還是投胎一隻狗吧。狗，他媽的，老爺太太把狗當活祖宗呢，老太婆算什麼東西！」

「先生，給我一點熱水吧！……」

然而那門已經合上了，四週圍靜靜地沒有回應。那女人提着一隻香煙管改成的水杯，悵悵地空立着，那飄飄的雪花啊！

「喂喂！」

我像感到人類最大的恥辱似的，本能地喊了起來。

那女人在雪花中尋找着我的聲音，跟着走過馬路來。

「先生，肯給我一杯熱水嗎？只要一杯。」

「好的。」我尋了一根繩子，把那隻滿是汙泥的東西吊上來，

牠像一塊冰樣的冷。

但是熱水瓶底向着天只倒出來一滴水，而且是冷的了。我於是發了窘，忘記了牙齒痛用完了許多水。假若半夜三更去敲熟睡的門，那不是太難爲了人？

終於，我去碰隣居的門板。好容易，張大哥迷糊地出來了。我歉仄地要水。從來沒有見過被窩裏那雙憎惡的鷹眼，和門旁一張不耐煩的貓臉。趕快拔脚就走一大串「謝謝」溜出門外，那門生氣地合上了。彭！

我小心地吊下了來，一陣子迫緊的牙痛，人發暈了倒在床上。

窗子外，雪片裏片片的「謝謝。」

我不知道應該怎樣地過以後的一刻，夜，似乎太長了。光明和溫暖爲什麼還不來呢！

鐘打了三點，我痛着牙齒，痛着明天能不能够上工，痛着雪地裏有多少垂死的人。

屋子裏覆箱倒篋，尋不出一點餅屑來，二隻餓鼠在吱吱地哀叫。望望窗外，望望高樓，沒有聲息，摸了一下袋裏僅有的一角錢。

在心上壓着一塊石頭，我倒在棉被上，竟在苦思中睡着了。張開眼睛，太陽照在我的窗前。我跳起來向窗外張望，雪是消了，老太婆更不知去向。在白天裏，像換了一幕戲一樣：街上的女人提着籃子去趕市，惺忪的巡捕在大模大樣地徘徊着，小販們在使勁地叫。

「像做了一個夢？還眞是夢呢？」

我開始懷疑起來。疲乏，酸痛，神經麻木，似乎應該去看醫生；爲了三餐飯似乎應該去上工。終於，拖着倦怠的身軀走向黑暗的屋子裏。

晚上，我很快地爬進被窩。對於昨晚，我感到對自己失望了。今天領了幾個工錢，買了好些東西，希望再會遇到她們吧。

高樓上，許多鼓手在使勁地敲打着，我厭惡！那是叭兒狗的葬禮吧，這是人類的恥辱。

卜卜！！

破例地，我的門竟有人來敲了。

「請進來！」

一個陌生的婦人，穿着端正的衣服。

「貴姓？」我坐起來不安地問。

「我姓錢，先生，你還先生眞好……」

「你來幹什麼的？」

「先生，昨天夜裏，你給我一杯水……」

「哦，」我嚇了起來在惹鬼嗎？

「先生，你做了好事呀。」她安靜地說：「我就住在對面的洋屋子裏。我們眞天保佑撞在這屋子前。今天淸早，老陳——一個老用人——出來了，我才知道，這就是我主人的家了。我是一個用人，從鄉下陪太太逃出來，丟了房子，失散了小姐，千難萬難到了上海，竟找不到主人家。太太發了老病，正要歸天，幸得你先生一杯熱水支持了她幾小時讓他們母子見了最後一面了。眞是大大的恩德啊！」

我麻木起來，瞧着那「新貴」的公館。

「然而我們的老爺現竟急成病了。你知道，他是一個孝子呢。老娘死了，小姐又失散，爲什麼有這樣苦的命呢？唉唉，受苦受難，這怪誰？他病起來了。他趕跑了那個管門的，並且要我來向你謝謝！」

「那不敢當！」我沒有第二句話。

她走了，我管自己牙齒痛。

沒有下雪和昨天一樣的時候，我依舊痛我的牙齒。那凍餒的老太婆，躺在高價的棺材裏穿起體面的壽衣做尊貴的老太太了。我的病痛隨着響亮的鑼鼓起伏着。我記起了小時候的拚命地吃糖食：

「從前因爲戀戀於一時的甜蜜，現在造成了這長期的苦痛！」

我不知爲誰悲哀起來了。（1409）

第四輯 來來往往

在亂離中

郎平

「八一三」的砲聲驚醒了我們的迷夢，同時，把我那唯一維持一家五口生活的職業敲碎了；於是我們便開始在十字街頭徬徨起來，東呀西的奔波着，可是這時和我們同樣命運的人正多着。社會雖大，事情雖多，那兒能够安插這麼多的人？況且抗戰的砲火愈來愈緊，生活的威脅也越逼越緊，幹後方工作苦無門路，難民所中已告人滿；在這樣的情況下，我們便決定組織一個戰時農村服務團，到內地去做點宣傳抗戰及教育民衆的工作。

終於我們這一羣準備踏上了征途，開始向着海角天涯去飄流了。

是八月廿一日的早晨，火輪般的驕陽已在我們頭頂示着威，我們一行十五個人，在飛機聲和高射砲聲中，大家僅攜帶了一個小包裹，以及一些書報之類，擠上了盆湯弄橋下的一條難民船。——這兒準備在今日開出的難民船一共有十多條，但人都已擠得滿滿的了：男的、女的、老的、幼的。如果允許我形容一句的話，那些人頭簡直有點兒像是西瓜船上裝的西瓜一樣，只見圓圓地，一顆一顆的在太陽下滾動。

這些船全是平日裝載東西的木頭貨船，上面既沒有一點遮蓋，下面又沒有一個座位，所以人裝在船裏彷彿是一船豬仔，尤其是女人和孩子，感到說不出的苦楚。船有開往海門通州去的，有開往高郵邵伯去的，也有開往南潯盛澤去的，我們爲了工作目的，搭乘了開往南潯去的那一班船。然而從早晨等到中午，從中午等到下午，船還沒有開航的動靜。人却儘管在來，每個人都焦灼着，人頭上全給晒得爆出了油，肚子是餓得直叫，後來經人去向船上人質問後，纔知道通行手續還沒有交涉好。

血肉模糊的屍首一個又一個地隨着潮水從船舷邊淌過，有的身上還背着一隻鋼帽，但已認不出是敵人或者是我們的戰士。然而我們渴了，還得在河中汲水煮茶喝；我們心裏雖然覺得難受，可是又有什麼辦法呵！

又擠，又熱，又口渴，又饑餓，船又沒有開的希望，我們實在忍耐不住了，於是我們回到了岸上，不準備走了。走上一家茶樓，鬆了一口氣，泡了幾壺茶，買了一點點心來吃；我們商量着有的主張不走，有的主張乘火車，有的主張叫汽車，有的却主張改期動身；於是我們便分出了四組人，一組到八仙橋上海銀行中國旅行社分辦事處去購買火車票，一組到祥生汽車公司去接洽汽車，一組到各同鄉會去打聽遣送難民船期，另一組在茶樓上看行李。派出的三組人員都分頭去進行他們的工作了，我們在茶樓上喝着茶等報告，望望橋下的幾十條船還是靜靜地躺在河面上，船上的人在太陽下直晒。

一小時以後，去接洽汽車的首先回來了，據說汽車還有，到蘇州是一百六十元，無錫一百八十元，外加通行證費五十元，還要加小賬。這數目眞把我們嚇了一大跳，我們不是「布爾喬亞」，怎麼出得起三四十元一個人的代價呢。接着去購火車票的也回來了，據說去擠了一個多鐘頭，車票却沒有購到；因爲他們代售出的票子每天是有一定限制的，而來買票的人每天總是成千成萬地在門口擠着，僧多粥少，所以購到火車票是不容易的。又據去打聽各同鄉會難民船期的回來報告說，船是有的，但必須要等已開出的船回到上海後，纔能決定以後的開期。

結果，一切都失望了。但是我們離開上海的心非常切，所以有幾位同志提議着不走也都給我們駁倒了。

我們終於重新提着一個簡單的行篋，跨上了拖在最後面的一條船上。

下午四時許，船纔蠕蠕地開動了；這是一艘小火輪，拖帶着我們六條光禿禿的木頭船，所以行得很慢，當出老垃圾橋的時候，前面忽然被軋斷了。於是我們的船停了下來，整整地在河中又等了一個多鐘頭。

天空中敵人的鐵鳥是一次二次的來往着，大隊地偵察、示威，轟然之聲也不斷地由閘北那面送過來，濃烈的黑煙瀰漫在天空；我們同船的人都躭心着別讓鐵鳥下一個蛋或者用機關槍來掃射一下，那這一千多條性命就會作無代價的犧牲。

船出了新垃圾橋以後，我們的後面又給拖上了四艘很高大的木頭難民船，船艙上是像鷺鷥般的躲滿了人，估量起來至少也有千來個難民，同時警察又搖着划子送來了十多個人，才讓我們慢慢地開行，到舢舨廠新橋時恰值潮水漲滿了，所以橋低船高通行不過，祗得叫船面上的人都站下來，所以箱籠行李也搬到了下面，等待着潮水漸漸地退去。大約又經過了一小時光景，我們纔行過了舢舨廠新橋。

這時，我們可以看到閘北方面的防禦工事之一角，和那英勇的年青守衛戰士。在曹家渡那邊却也有美國兵隱身在沙袋背後。

突然天空中軋軋之聲又在響起來了，大家抬頭望上去，但見一隊十多架飛機在向閘北飛來。轟炸之聲眞像山崩地裂一樣，隨着便是烈焰飛騰。這些飛機在蘇州河上繞了數匝，有點像在偵察我們。直到天完全黑了，大家才放下心來。我們在野鷄墩經過了一次檢查驗看了通行證便在輪機突突聲裏繼續前進。

為了防範空襲，船上不點一盞燈，甚至連吸香煙的星火都不許有，讓那黑暗統治着整個空間，每個人都在黑暗中摸索着，想找一塊地方坐着打盹。

天上沒有月亮也沒有星，眼前只是一片黑暗。周遭却靜穆着，只有無知的夏蟲在嘶聲悲鳴。有時偶然也有幾條電光射到我們船上來，那是我們守軍在巡夜的電筒。回頭望望上海，却只見半天紅光，彷彿火燒一般。我們明白這是租界裏的電炬霓虹所發出的偉大光芒。大都會的矛盾也就在這兒：一面在毀滅，一面却在繁榮，一面已成了恐怖窟，一面却還是安樂窩。無可諱言的，在這樣暴風雨的國土上，在這樣大動盪的時代裏，租界裏面依然是一片歌舞昇平的氣象。

我們大家談着話，從過去現在到將來，從身邊雜事生活問題到國家大計，無所不談。直到大家倦了，才各自去找地方睡覺。

艙裏全裝滿了娘兒們，於是我們男人只好到船梢船頭上去露宿，但船頭及船梢上都已讓捷足者先登了，我沒法，只好和谷晋兩個人爬到硬篷上去躺。

硬篷上一共也躺了三十多個人，可是都沒有東西遮蓋，直受着夜露的浸潤。有的已經鼾聲大作，深入黑甜鄉，有的却心潮如湧，不能酣然入夢。只聽得船底下的水花聲，和別人的鼻鼾聲、煩躁聲。

一條一條的堤岸在船邊行過，一片一片的荒原在眼前展開，我們在黑暗中也能够看出那一個是樹樁，那一堆是坟丘。

船輕鬆地向前行進，初秋的晚風吹襲在身上，頗感到有點涼意。我們不敢睡着，因為生怕受了寒冷，所以索性坐了起來，運用着一雙夜眼探索那夜景，或者談一些不相干的閒事以驅睡魔離開自己的身邊。

一彎下弦月悄悄地從雲縫裏出來了，整個的大地上全給洒上了一層銀色，大自然裏是充滿了詩情畫意，河面上更是漣漪輕翻，銀波瀁漾，一串美麗的月光球從船旁邊通到了堤畔，幾枝垂楊在婆娑地舞着。這情景，要是在往年我們納涼遊江時遇到了，那該要怎樣地興奮呵！可是，我們如今雖已暫時離開了砲火，但國家正在苦鬥着，自己也正是一個逃亡者了，那兒還有「偷得浮生半日閒」的雅人深致來欣賞呢。

「可憐今夜月，獨照流亡人！」此情此景，誠不覺使我們對這離得不遠的租界，興起無限感慨來。平日我們置身在繁華的租界里面是不容易見到這樣美好的月色，尤其不會遇到這樣幽靜的風景的，偏偏在這苦難的亂離中，我們居然還有機會來享受這種環境。等到我們日後再來時不知這環境會發生變動不？

倦乏了，我們於是也慢慢兒地睡了去，直到一覺醒來，東方已將發魚肚白，我們不知道已行了若干路，更不知曾經過了些什麼地方？

等和擠

姚孟宇

八月廿七日照例是一個極平凡的日子，我已過了二十餘個八月廿七日但是沒有像民國廿六年的八月廿七日那樣予我以驚惶、困頓和不快的感覺！

那天我起身得很早，梳洗畢後，開始整理行裝。我從衣箱裏理出幾件便服，在書櫥裏檢出幾本國文教學的參考書，及平日所愛讀的書籍。然後拿出昨晚趕就的行囊，將衣服和書籍均勻地分配着裝了進去。那隻行囊，係利用二隻枕頭套用二條粗帶子連接起來的，若把帶子掮在肩上，則一袋沿胸，他袋沿背。這樣掛法有一個好處，可以很自由地利用雙手鑽擠，所以逃難時用它最爲適當。

母親走了進來，一面扣鈕扣，一面說道：「依我看來，學校不至於會按期開學的；況且寧波近來並不太平！」

「話雖如此，我總得卽日前去，將來若輪船不通，要想去就難了！」我說：「要是學校確已開學而我不能到，不是對不起自己的責任嗎？」

母親雖反對我這樣匆忙地去甬，但是她也知道我職責所在，不得不去，所以一面說話，一面仍幫我理東西，將賸餘的書籍和衣服放入一隻挈篋裏。

理妥後，我拿起行囊，向肩上一掛，手提挈篋，像表演似的在室內走了一週，口裏嚷道「不是很好嗎？輕得很呢！」

「簡直是個難民！」母親看了我這副姿態笑了。那時妹妹也已進來，一見了我，笑着道：「要是給你的學生看見了，當心他們把你畫在黑板上！」

她說這句話，原是打趣的，但卻叫我打了個寒噤！無疑的，我這個模樣會損及教師威嚴的。然而捨此道而外，又有什麼簡便妥貼的辦法呢？「管他，反正是逃難年頭！」我自言自語地安慰自己。

大約六時半左右，我就拜別父母和妹妹，帶了車夫阿二動身了。

沿外灘，不絕於途的是負篋掮擔，扶老攜幼的難民。將近金利源碼頭，兩旁人行道上，更充塞着男女老幼和箱篋行囊。我們就在靠近入口處的一爿煙紙店門前下了車，阿二負了一個小被包，提了小挈篋，我自己掮了那隻特製的行囊，一齊擠入人叢中，擇較空處放下箱子和被包，坐在那上面，專誠恭候輪船的到來。

現在我開始巡視我的週遭了。當然，最令我注意的是到輪船碼頭去的那條通路，裏面沒有一個人，路口由四五個法國巡警守駐着。他們鐵板了臉，手提短棍，神氣活現地挺立着。我才明白羣衆駐足街頭不敢入內的道理。

鄰近的旅客們在互敍自己不幸的遭遇。這些類同的故事，我雖聽得很多了，但是它們終究是生動的，値得人們憤慨的！

從背後老婦人那裏我聽到一段令人咋舌的故事：原來她已在此一連等了二天，今天是第三天了！我發呆了，我看看圍繞我的黑壓壓的人頭，我的心漸漸沉重了。同時別緒離愁甚至於「碼頭上會有我的學生麼」的恐懼也一齊浮上心頭，攪作一團。我獨自反覆思考，但是結果是個「不知所措！」

太陽光越來越强烈，各人的臉上掛着晶瑩的汗珠。我帶了一顆沉重的心，好容易過了一個半小時。距輪船來到的時間，應該祇有半個鐘點了！

「嗚——」一輛卡車在我們的前面停止了。車頭飄揚着一面小旗子，寫着「紹屬七邑旅滬同鄉會遣發難民回籍」字樣。車上坐了三四十個婦孺，各人的衣襟上掛了一條白布，大概上面記着她們的姓名和號數。一會兒，她們一個個下了車，排着隊，通過警士們所把守的那個入口。我眞羨慕她們，深恨自己不是個紹興難民，否則也可以從容不迫地捷足先登了。

頓時秩序反常了，路旁久候的難民，或挑起擔子，或揹上包袱，或提了箱篋，扶老攜幼的蜂擁上去。我暗喜時機已到，連忙吩咐阿二，提攜行裝，步人後塵。但是不知怎的，前進的人們都紛紛後退了！這一着很少人會防到，因此措手不及而被人擠倒的，不計其數，一時呼喊之聲齊起，我們驚慌已極，趕忙退至安全地帶，靜察局勢的演變。事後，阿二探得眞相：原來不少旅客想乘紹屬難民入口之時，偷將進去，那知卻遭巡捕的鞭笞，於是引起了騷動。我既非難民，更無團體的保障，自無入內之權利。但話雖如此，我還是靜心地等在那裏，期待着特殊機會的降臨。

九點鐘已過去了，還聽不到汽笛的鳴報，瞧不見桅桿的動搖，我們開始焦急了！

紹屬同鄉會接着又遣來了二批難民，照例又起了次小騷動。

又過了一小時，並沒有輪船的影子，我又想到在我背後那個老婦人的故事。我知道今天是絕望了！

一個穿白印度綢衫褲的青年告訴大家說：「據公司裏的職員說：輪船也許今天不能到。」這不啻是個迎頭打擊！不過大家還認爲有一線希望，依然默默地在酷熱的太陽下等候着。

以後一小時內，空的汽車一輛輛駛過來，裝滿了人和行李的汽車一串串駛回去，原來有不少旅客等得不耐煩而回府了！我的忿恨和回家之念，亦與時俱增，終於帶領阿二打道回家。

無論如何這是出乎他們意外的，吃了半天苦，結果還無法上船。

「打個電報到學校去請假吧！」父親說。

「我想改趁火車，轉道杭州。」
「趁火車，你不怕敵機嗎？」
「夜車吶很平安的！」
父親似乎不很高興，遲疑了一回，才說：「何必這樣急促呢？」
我就打電話給同學徐君（一位路局的職員）請他代購一張去杭州的車票，還買一張去松江的票子，以替代阿二的月台票。
下午四時，我們已抵西站。站前候立着不少難民，却沒有像上午碼頭上的那樣多。站的四週佈着許多外國巡警。路局辦公室之前，許多女子排着隊，由警士們指導她們很有秩序的一個挨着一個上石階，入售票處購票。大概半個鐘點以後，局方出了一張大佈告：「三等車票業已售罄，頭二等尚有餘額。」許多窮困朋友只得望佈告而興嘆，垂頭喪氣地走開了。
三隻敵機出現了。我們各人的心弦頓時緊張起來。我聯想起晝報上所載南車站被炸之慘狀。我的腦筋昏迷了，我的脚癱軟了，我幾乎要倒下來。哄哄的聲音越來越響，飛機在車站上空盤旋了！我們都面現土色，有的跑了，有的仆在地上。我緊緊地貼住圍牆縮做一團。我明知靠壁也還是危險的，但是我的足已不能移動了！我悔恨，不該做職業的奴隸，更不該違反雙親的意見。幸虧敵機盤桓數匝後，揚長東去了。十分鐘以後，我才恢復常態！
徐君拿了票子走過來，說道：「受驚了吧？這種情形，這裏可說是司空慣見。我們職員們的生命，是毫無保障的！」
我們有了票子，好容易擠進了月台。在那裏，我們靜靜地期待着，好似在碼頭上等輪船一般。太陽漸漸隱退了，清風徐來，我覺得涼爽多了。
旅客一個個上來，擠得月台上水洩不通。
開車的時間——六時——已過，可是火車杳無來蹤，使我回想起上午候輪的事件。
哄哄的聲音又出現了，大家不自主的抬頭仰望，三隻飛機排成一字向我們頭上飛來。這回的恐怖是無以復加了！我們是籠中之鳥，向什麼地方逃避呢？要是牠們對準月台，撒下蛋來，我們幾千人將無一倖免！無疑的，我們該是下期晝報的主角了！我越想越寒心，越不知所措，只是閉着眼睛，靜候炸彈把我帶走。
「這是中國飛機。」一個男人說：「每逢夜車時間，總有二三隻飛機來護送車子至松江才止。」
「中國飛機？」「護送？」有這等事麼？我不敢相信。然而我的恐懼，已被這句話驅散了一半。五分鐘後，那「護送」夜車的飛機，也就向南飛去了。
八點半，站裏的職員們在暗淡的燈光下出現。其中之一，手拿擴音器，向旅客們提出忠告：「要求行動敏捷，切忌爭先恐後。」疲乏的大衆一聽到車子不久可到，都興奮起來，提起行李準備着，直到手臂酸的時候。

我們商議定當待我擠入車內後，阿二再從窗檻中遞入行李。

九點，路軌上紅燈亮了，拿紅綠旗子的人出來了，大家又復喧嚷起來，各人準備着車子一到立刻跳將進去。車子終於到了，我跟着叫囂着的衆人向車門跑去。行動敏捷的人已紛紛從門裏窗裏跳了進去。我看了這種「爭先恐後」的情形，已有五分怕懼，決定遵照剛才執事先生的吩咐，眼看着他們一個個擠上去，自己站在一旁等待機會。

果然我攫到機會上車了！當後面的人把我擁上車廂的第一秒鐘，在我前面的人紛紛後退了。我因此進退維谷，後面的人擁我前進，前面的人要我後退，左面的人推我向右，右面的人擠我向左，我絕無自由行動的機會。人家的背緊壓着我的胸部，使我不能自由呼吸。我感覺悶熱和窒息，我的汗珠直滾下來，我不能在這種情形下再支持下去了。我不禁大嚷：「請裏面的人不要再退，後面的人不要再進！」同時我努力向內衝，以期臨窗提取行李。可是擠了數分鐘的結果，仍未越雷池一步。我窘極了！

驀地裏，我聽到有人喊我的名字，聽聲音正是我的父親，還有些奇突了！我連忙提高嗓子答應。

父親在月台上對我說：「下來吧！快些下來！」我被他一說，就想下車，因爲我怕十分鐘一過，車子把我載去了，而我的行李則無法到手。我開始向後擠，後面十來個漢子都向我擁上來，我那裏擋得過他們。最後我費了一番唇舌，他們才讓我跳下車。於是我像囚犯恢復自由一樣，拭去滿臉縱橫的汗珠，深深地吸了一口涼爽的空氣。

「這樣擠法，簡直是送死！」父親看到火車裏緊疊着人頭，不覺感慨係之：「我探悉火車還未到，所以才趕來召你回去。總算運氣，火車還沒有開出！」接着又道：「真慘，我親眼看到一個小孩子被擠到路軌上去了！」

我揹上那隻特製的行囊，帶了一顆沉重的心，揖別了塞滿着旅人的客車，垂頭喪氣地出了冷清清的月台！

赴杭途中

姚芳蔚

九月五日是學校（省立杭州高級中學）註冊截止的一日。過了註冊截止期，學生不論到校與否，都作取銷學籍論。學校一向是嚴格執行規章的，雖然在非常時期內，我怕學校執行，不得不具戒心。但乘火車，則人擠購票爲難，而且客車被炸時有所聞，父母那裏放得下心。正是一籌莫展之時，巧極了，同學薛君家的那爿公司，正於九月五日運貨去杭，我們就決定乘公司裏的貨車同去。

那天，我很早就起身，理好最簡單的一挈篋行裝，用過早膳，五時左右就動身了。臨行時，母親再三叮嚀我小心冷熱，常寫家書，特別囑咐我在路上應如何躲避飛機的空襲。當然，要不是爲了讀書，她那裏會放她的愛子遠去，而且路上的安全是絕無保障的。我心酸了，竭力讓眼淚倒流，以免增加她的傷感。

六時左右，我們到了同學家。父親把我向同學托付一番，買了一份報紙給我，使我可藉以解悶並遮太陽。再三叮囑後，我們就分別了，互相揮着手，直等到看不見爲止。

這次開往杭州的卡車共有三輛，車上所裝載的除了貨物外，尙有二十幾位工人及薛君與我。薛君爲交涉便利起見，坐在第一輛內，我坐在第二輛汽車夫旁邊。「嗚嗚軋軋」的聲音打破了大上海早晨靜寂的空氣，我們一直往楓林橋開去。

楓林橋上站着十餘個英勇的士卒，其中之一見了我們，就向我們索通行證，並且問我們往那裏去。我們一一回答他。他就對我們笑了一笑，說道：「去吧！別忘了當心敵機！」

「當心敵機」這句話，深印入我的心頭。「太冒險了，」我心裏想。我漸漸憶起日昇樓敵機轟炸的一幕，一個個無辜的同胞們，都葬身於一顆巨大炸彈之下，血肉橫飛，屍骸枕藉，慘不忍睹。我胆怯起來了，我怕我們遭同一命運。我祈禱着希望這一回見不到飛機的影子。

坐在我旁的車夫，對我說：「請你做個探空哨吧！當心飛機！」這「飛機」二字，有些刺耳，我不願聽它，更不願去找它。但是我知道這有關於伙伴們的生命，不得不壯起胆量，振作精神，抬頭向四週探望。日光猛烈地照耀着，雲一片片地浮動着，田野草木及茅屋在四週圍住了我們。這是多麼美麗的一幅風景呀！看了不禁出神。

忽然車子停了，我驚嚇莫名。「飛機吧？」我很輕的問那車夫，他却好像沒有聽見似的，得意洋洋地下了車。這一來更使我着急，我的心「別別」的跳着，難道是眞的飛機來了？怎麼我沒有看到機影？而且也沒有聽到低微的機聲？我的眼一動也不動的望着那車夫。「唔！」我才了解過來，原來他在拔附近的綠色的樹枝。「偽裝吧？」我很迅速的跳下車，也同樣的去拔樹枝，可是我的膂力太小，連一根很細小的樹也拔不動！我只能幫助搬運這些樹枝，把它們蓋在貨物之上。我們的偽裝技能雖不十分高明，但是我們却已使運貨車變爲滿載草木泥土的車子了。至少從高空下望，敵人不能檢別出這是一輛卡車的，雖然車頭仍沒有裝蓋過什麼。

這條汽車路係戰後新闢的，用石子沙礫舖成的，所以車行時難免顚搖。我坐在車內很覺不舒服，兼之車子沒有篷，炎日直射，全身出了不少汗。而且「嗚嗚軋軋」單調的聲音和汽油的惡臭，使我難堪之極。看看二旁的景色，古木參天，荒田千里，雖間有茅舍二三，點綴其間，但絕少人影，景頗淒涼！公路旁相隔數十步左右，每有一二荷槍實彈的士卒，精神飽滿，動也不動的站立着。此外還可看見由上海來的小包車越過我們，向前疾進。

車至米市渡，前面一片汪洋不能通行，我們都鎖上眉頭。

「二岸隔着大河，汽車怎麼通行呢？」我焦急地問同學薛君。

「只得輪渡了。」那輪船又小得可憐，只能裝一輛卡車及一輛汽車。

同學去交涉輪渡事了，我獨自靜靜的坐在草地上休息。

「喂！小弟弟，你的家在那裏？」來了一個活潑天眞的小孩子，我一把拉住他，同他談起天來，或許這是個最好的消遣辦法吧。

「就在那邊。」他一邊用小手指着方向，一邊從容的答覆。

「你今年幾歲了？眞美麗得可愛！」

「七歲了。」哦！你還不知道我是一村中最美麗的孩子麼？父母親都很歡喜我，他們時常買東西給我吃，可是現在父親已離開我們，到別處去了。」

「他做什麼去？」

「打東洋人！」

「你以為東洋人好嗎？」

「不好！爸爸常常告訴我：東洋人要殺小孩子的，還要殺小孩子的父母。」

我高興極了，中國有望了，連這樣小的人也知道東洋人之可殺了！

「你高興去打東洋人嗎？」

「像爸爸一樣大的時候，我去打。」

我還想和他談天，可是薛君來了，得意地說道：「可以上船了。」我只得與那位小朋友分手，上了船隻。

「嗚嗚！」小汽輪拖了那隻裝了卡車的大船，直向對岸駛去。

現在我們到了河的中央了，我們看到三架飛機至高空中出現，向我們飛來。

我聽得大家異口同聲的喊了一聲「呀！」沒有說什麼。各人的臉色都現灰白。「我們的性命全要葬在一個大炸彈之下了！我的軀幹頭四肢將要分為四五段而沉在河底了。」我越想越怕，竟至戰抖起來。一陣陣的冷汗，不住地流。我連忙用雙手蓋住我的眼睛，低下頭，彷彿以為我沒有看見飛機，機師也不會看到我的。我知道我的性命已在九死一生之際了！今晨也許就是和父母永訣的時候了！想到這裏，眼淚不住地下墜。我放下雙手，抬起頭看見車夫和幾個工人們，一個個反身投河。他們逃入河中去了，我只得呆望他們，祝他們平安！因為我不會游泳，我只得拿了一塊木板準備必須時用。驚慌失措之中，我看到留在船裏的許多人手忙腳亂地在拿車上所偽裝的樹葉蓋在自己的頭上，我也照樣把葉子蓋滿了我的頭。

是死的時候了，飛機已在我們的頭上旋轉了，但它並不投彈，數分鐘之後，反得意洋洋的向遠飛去了。我們見了，才一個個把蠢在頭上的樹葉子卸去，慘白的臉兒開始浮上笑容。於是燥雜之聲復現。你對我說，我對他笑，好像這樣才可以慶祝我們的餘生一樣。

船很迅速的到了對岸，我們一個個上了岸，坐在附近的田塍裏。汽車夫及工人們已一個個的跳上岸來。他們都是氣喘喘的，他們的衣角褲邊都滴着水點，我們看了，不覺大笑。這笑聲裏至少含有譏笑成分的，當然在大笑別人的時候，我們自己剛才的一切蠢愚動作，再也不會憶及了。

那個車夫雖濕了衣褲，因職責所在，還須到船上去把汽車開上岸，我們頗可以休息片刻，以舒展胸懷。

汽車夫已裝好了汽車，其餘二輛也先後準備就緒。附近的兵士照理檢查一次通行證，車子又蠕動了。

我沒事做，隨手翻開爹爹所買給我的一份報，首先觸目的是「××地日機大肆轟炸，無辜平民死亡甚衆。」我復憶起米市渡遇機的事來，虎口餘生，我是多麽幸運呀！我快樂極了！正當此時，我聽見一位工人大聲疾呼地喊着：「敵機又來了！敵機又來了！」

像個晴天霹靂，各人的臉又現慘白。汽車夫已把汽車開入森林中，我們很迅速的跳下車廂，仆在草地上。果然不一分鐘，轟然一聲，一個大的炸彈從空中墜了下來，在距我們一里之前爆發了。幸虧我們都安然無恙，大家捏了一把冷汗，亦不敢前去探詢消息，悄悄地先後上車了。

車到嘉興火車站，看見許多人圍在一起，地上還染着未乾的鮮血；尚有少數殘缺不整的屍體，棲躂在路軌上；車廂被毀了，倒在路軌上，鐵路炸成一個深坑，救護隊、童子軍、警察等尚在忙碌工作。無疑的，倘若我們早到一個鐘頭，我們的命運，也許正如屍骨路軌上的一樣。

時已一點左右，我們還未果腹，就在小販處買些果餅充饑。

在嘉興以後的一站，我們看見在公路旁許多村民圍着高高站着的三四個青年學生。一目瞭然他們是在演講，在灌輸民衆戰時應有的智識。從民衆個個靜心聆聽的姿態看來，可想見羣衆對這次抗戰的熱忱了。我們因要趕路，無暇傾聽。

由嘉興到杭州的公路，是原來的那條，所以坐在車內比較安適。沿途也沒有看到敵機的影子，我們的精神雖相當疲頓，但較前已大爲興奮。兩小時以後，我們在細雨濛濛之中，復拜見了揖別二月餘的那個安謐慈祥的西子湖。

離別了母親

沈夢秋

別離是比任何痛苦都難受，何況別去的是我最親愛的母親，那孤苦淒零的母親。

天色還沒有全亮母親已經起身在整理行裝了。那慈祥的臉上，一雙疲倦的眼顯出昨夜的憂慮，我心裏有說不出的苦悶。這苦悶使我再也不能够安睡。我洗面刷牙過後，站在母親的旁邊，茫無頭緒的幫着在理。

「夢秋，讓我來理好了。」乾枯的喉嚨，使我聽了要流淚。

「那麼我還是同二哥把被包打好再說好嗎？」我問。

「好，你們去打吧。」

我立刻找了二哥去工作。我覺得很興奮，但又很留戀。嘴裏沒出聲，淚水都已在行裝上了。

「母親，我也到寗波去？」梅齡在我們整好行裝後，突然這樣問。仍像往日般的天眞，她那裏知道別離的滋味。

「梅齡，好好的跟我到寗波去，路上不要吵。」

默默的，……大家都靜寂了。我的內心有說不盡的話要對母親講，但一時又找不到頭緒，祇是悶悶的站着。心上像壓着一塊巨石，透不過氣來。

「舅母，船票買來了。」人傑師兄一跑進來就這樣告訴母親。

「人傑，累你辛苦了。」

「舅母，今天十一點就吃了飯去下船，遲了恐怕沒有床舖。」

「是呀！還是早些去的好。」

朗觀的不知道在忙些什麼，只是在房間內旋轉。一瞬間時鐘高鳴着十一下，我們都去吃飯了。飯畢，我又去買兩隻麵包，因在船上吃飯既不便也浪費。

出發了，在三輛人力車不斷的前進中，我看見混濁的黃浦江上正佈滿着敵艦。這兒已不是祖國的土地了！在對江的瓦礫場上，留着血腥的斑痕。我望望東面的虹口，敵騎深處正藏着我從前的家。雖不能像故鄉一樣的使人眷戀，但住了三四年總不能說一些沒有懷念吧！

「誰破碎了我的國？誰毀滅了我的家？」我想狂呼，又被一種不可捉摸的力量所抑止，只在腦海裏湧出陣陣的怒潮。

車子到了碼頭上，喧雜的聲音攪擾得我頭腦發痛。匆匆的把行李搬上船後，找到了床舖，船上往來的人已經很多了。

「夢秋，在外面不要和人家爭吵，冷熱小心些，做人要爭志氣。現在姑母是看不起我們了，昨天我問她借些錢也推說沒有。住在那裏，她們的小孩又多，我的孩子也頑皮，天天在受氣。還是回寗波去吃苦飯的好。你們在上海用錢要省些，有銅錢多帶些來，在寗波日子是很難過的呀！」我只有唯唯的答應。

四弟要走到近江心的船邊上去，望母親急得抓了他回來。我看看母親身畔的孩子們，心裏眞擔憂。這些年幼無知的弟妹們，一個九歲，一個七歲，一個才兩歲。最小這個出世時，我們正在父親的喪服中。現在把責任全丟在母親肩上，我對這祇有感到慚愧。面對着別離，我想暫時死去，等離開後再醒來。

時候三點多了，船是還沒有開。我想最好船不開，我又可以多一天親近我的母親。

然而汽笛響了！

「夢秋，萬事都要小心呀！」

「母親，你要……來……呀！」我勉强的說這幾個字熱淚已點點的浸濕了衣襟。在喧雜的聲浪中，我目送着載了母親弟妹流去的船，呆立在碼頭上。

別離的痛苦，深深的刻在我的心版上。我才嘗到了人生悲劇的意味。

在滬郊奔波

王嘯龍

去年八一三烽火後的幾個早晨，我冒着烈風大雨，從滬西徐家匯相近的寓所，奔波到黃浦灘邊的辦公處去。當時公共交通的營業車輛，大都停頓，人力車是較平時昂貴了幾倍，並且不易雇到。因爲每次往返徒步十餘里，受了寒氣的侵襲，患了濕瘟的內症，發熱咳嗆，胸部悶塞，終於病倒了。

八月廿七日的上午，在我祖母陪伴之下，到滬杭鐵路以西的一個相熟的醫生處去診治。

沿大西路一直往西，在鐵路的東邊，外籍軍隊佈防着，蜿蜒的鐵刺網劃出一條鴻溝。這裏是滬西的交通孔道，除非持有通行證，是不准進入租界的。我們當時沒有明瞭這一層，所以回轉的時候，曾經發生了相當的麻煩。

越過鐵路，馬路上顯然寂靜得多了，路邊就是一大片廣漠的田野，八月是秋收的季節，棉花也結實了，芬芳的成熟底氣息，使我的精神爲之振奮。片片白雲，飄盪在蔚藍的天空，濃樹蔭中，露出了光華學府的崇樓畫棟，短籬隱蔽，遠處是一叢叢的村居茅舍，瑰麗極了。

祖母同我分乘二輛人力車，順着中正路往北，經過一架木橋，黑色制服的保安隊和一個士兵，擎槍站在防禦工事的旁邊，担任守衛。在閘北方面傳來了隱隱的炮聲，他昂頭仰望長空，意志堅定，凝神若有所思。這一瞬間，雖然我們相對無言的通過，但他那種英風流露的神情，至今還深印在我的記憶裏。

車輛轉入阡陌間的小道，我們的目的地就在目前了。突然從北方飛來兩架日機，一前一後，雖然飛行得很高，可是兩翼紅色的標誌，還能認出。飛行的速度是緩緩的，任務大概是偵察我們的後方。敵人的殘酷，我們是深悉的。我們是在他機槍射程之內，不免有些恐懼。幸喜路旁有幾株榆樹，於是招呼車夫暫時停止進行，直等飛機已遠，纔舒了口氣。

醫生的寓所，是在一個靠近周家橋的村居中，竹籬圍合，綠楊低垂，宅邊一泓溪水，水流鏡淨。我們扣門入內，經過診察之後，據說病狀並不十分嚴重，開了方子，我們就告辭出來。

這位醫生在我們鄉間是頗有名望的。他在戰時期間，上午在家候診，下午担任傷兵醫院的醫務，我們如果下午去，就見不着他了。

乘原車回至大西路入口處，我們因爲倉促成行，未曾領有通行證，致被英軍拒絕。這時日光很强，並且我在病中受了車輛的震盪，非常的疲勞。後來向華籍巡捕說明是患病診治回來，纔准許通過。這一點也值得感謝的。

時代雖不平凡，而我却仍舊過着平凡的生活。就這樣結束了一生嗎？

期待着慶祝聲中的重逢

螢金

在這個冷酷的社會裏，要找到一個忠誠的朋友，的確是一件極不容易的事。忠誠的朋友而能糾正你引導你的，更是不可多得了。正因爲這緣故，我不知不覺地把自己的一部份寶貴的光陰任意浪費了。我不能不說，我曾感到如在沙漠上旅行一般，因爲那時，我根本不知道什麼是寂寞，什麼是黑暗。我把南京路上繁華的景象，認作了溫煖，我把五光十色的霓虹燈，認作了光明

現在，我省悟過來了，我不再矇矓地生活下去了。我毅然拋棄了「自私自利」的觀念，將國家民族作前提，替自己奠定了生活的基礎。

假如有人問我：「是誰使你省悟過來的？」我立刻便會回答他：「是我的朋友×××！」

不錯，是他，是他把我救出了這個陷阱，給了我不少的幫助，使我獲得了正當的思想，步入了生活的正路。

但是現在，他爲了自己的前途，爲了國家的獨立，爲了民族的自由解放，終於撇下了我——這怯弱的我——獨自踏上了遼遠的征途。

到香港時，他來了一封信以後，任憑我望穿郵差的信袋，也得不到他的一個字。我覺得失去了一股鼓舞的激流，但我所足以自慰的，是到現在還沒有被捲入黑暗的漩渦，依然站立在正義的立場上，和罪惡的浪潮掉鬥。

爲了紀念我的友人起見，爲了紀念生長在這個大時代中而將自己的身子獻給國家底忠勇的青年們起見，我現在把這封信錄在下面：

「金：

我忽忽地走了，未能暢談，悵甚。回想起廿四日晚（五月廿四

日，我們會在外灘公園暢談——（金註）外灘公園的情景我又不禁黯然了。昔日的歡樂只有增加今日別離的痛苦；但爲了能脫離這個黑暗的陷阱，我仍感到異常的興奮。

江海關的時鐘正指着八時，嗚的一聲，船身開始動蕩了。我面對着黃浦江畔那些高掛着英、美、法、日……底外國旗的高聳的建築物，爬行着的電車、汽車和蠕動着的人羣，不禁喊出了一聲「再會吧！上海！」

三等艙是打地舖睡的，幸虧我得到了較好的位置；可是那堅硬的木板，假使叫一個睡慣了「席夢思」的公子來睡一晚，定叫他骨痛三天呢！

飯是生硬而粗劣的，（每日兩餐，）好在我會帶來了一些罐頭食物，勉强也能吃兩大碗。

船身顛播得很厲害，許多人開始嘔吐了，我還算强，只覺得頭腦有一些昏暈；但艙內的悶熱和窒息，常常會把我趕到甲板上去眺望那偉大的海景。太陽怕羞似的忽隱忽現，蔚藍色的天空飄蕩着朵朵的白雲。茫無邊際的大海與天相連，四周瞧不到一隻船影，一個海島。……看到了這偉大的海，我感到自己是如何的渺小呵！

偶然可以看到幾隻帆船在海上蕩漾了，幾隻海鳥在水面上掠過，隱約地還可以看到遠處和水天一色的青山，那就是大海中唯一的點綴物了。

「你瞧，在那一邊，那隻帆船的後面，一片接連着的淡青色，這就是剛淪陷了的廈門。」

一個老翁指着遠處的青山，對旁邊的一個小伙子說。我的心中突然燃起了憤怒的烈火，不知道它到底被敵人的鐵蹄踐踏得怎樣了？

晚上，我又去看海的夜景，漆黑的天空，沒有明月，也沒有星星，連海水都被染成了黑色，一切都投入了黑暗的懷抱，看不到一些景物，只有偶然遇着的幾處燈塔，發着閃爍的光芒，那就是無邊黑暗中的一線光明。

旅途生活的確是辛勞的，但懷着一顆熱烈的希望的心的我，並不放在心頭。

屈着背伏在箱子上寫很吃力，脚也麻木了，下次再寫吧！」

下面署着他自己的名字，並寫着「五月廿八日下午四時於赴港途次。」

另外還有一小張，是到香港後寫的：

「金：

輪船終於在今晚六時到了目的地——香港。爲了等待醫生的檢疫，九時餘才抵港岸。時已晚，只得暫寄宿於旅店。

從船上眺望那山上的建築物，密集的方口，活像一個個的蜂窠。一會兒電燈明亮起來，把這整個的海島構成了一幅美麗的圖案畫。

然而我還只剛纔踏上了香港，不知它究竟是美麗的、快樂的？或者是醜惡的、苦痛的？

旅途的確是辛勞的，但我的心始終是快樂、欣慰和興奮，足以蓋過一切的悲哀和痛苦。明天還須啟程上省也得休息一下了。祝你

努力奮鬥！

××　廿五，九，晚十一時半於港五洲旅店。

接到他來信的那一天是六月七日。我不相信這會是我們最後一次的通訊，這會是我們最後一次的離別。

我默默地期待着：當青天白日的國旗飄揚在整個中國的領土上的時候，我們一定能夠在「最後勝利」的慶祝聲中，重新再見面的。

離開了可愛的家鄉

陳祖德

去年九月廿七日，我在上海得到了這樣的一個消息：日軍在長江沿岸登陸失敗，向上海的幾次總攻也失敗了，想在浦東登陸獲一立足地。我故鄉是浦東高橋，東是揚子江，西是黃浦江，北與吳淞祇一水之隔，日軍隨時有登岸的可能性。

我得到了這消息，心中很爲不安。假使日軍真的在高橋或其他地方登岸，物貨的損失倒還其次，家中的人將如何呢？祖父母年紀老了；弟妹們雖然大了，但小的弟弟却仍終日要母親抱；妻呢，又是不善於跑路的人；父親雖可以招顧他們，但如何能招顧得到這許多人呢？假使我到鄉下去領他們到這所謂安全的上海來居住呢，又沒有輪船。戰前一個鐘頭可到高橋的市渡輪現在再也享受不到了。那麼怎麼好呢？雜亂的思潮充滿了整個的腦海。

鄉下是一定要去的，乘什麼船去呢？後經朋友辛君的幾度設法，得到了一張乘亞細亞火油公司來回於滬高間的小輪船的來回票。（按亞細亞火油公司小輪船是專載他們公司中辦事人的，外人非特有特別的船票不准乘的。）於廿六日下午五時，總算安然地到了家。

次日天還沒有亮，我被軋軋的飛機聲所驚醒。一回兒，妻也醒了。

「平日飛機這樣早就來了嗎？」我驚奇地問她。

「不是的，不知今天爲什麼這樣早就來了。」她毫不介意的回答。

大約是在六點半的時候吧，我正在門外刷牙，一架敵機很快的從南方飛來，同時那殘酷的機關槍拍拍……的搖着。我連忙跑進屋裏，妻從房間裏跑出來，以爲我還在外面。

「你受驚吧？」她關心地問。

「沒有。」我強裝鎭靜說。但盡管嘴裏說沒有，內心却跳得非常利害。弟妹們似乎也惶恐了，呆呆的立着。母親裝着不在意去安排早飯，小弟弟呆呆地靠在母親身邊。他已不像平日那樣頑皮了。不一回，父親從外面歸來，面色有些惶張。他不等我問就說「今天情勢不對了，凌家宅凌和尙家被擲了一個炸彈，房屋全部炸燬，幸而家中的人都早已走避了，否則難免遭殃。」

「還有別人家被炸吧？」母親担心地說。

「現在還不知道，不過我想一定還有。」父親肯定地說。

各人的臉上都顯得異常緊張。這時祖父也從隔壁屋裏走過來，聽到了這消息，慢慢地說：「那麼你們年輕人走吧！我老了，不中用了，卽使死也不要緊了。你們是不該作這無謂的犧牲的。」

「但是今天是來不及了，因爲亞細亞輪船每天祇有一班，而且早上七點已開了，要走也只好明天走了。」我這樣說。

父親同母親一聲不響。

我又想起昨晚與父親商議時的情景來了。照我的意思，本想今天就走，但父親却說愼重一點，叫我在家中住一天，看看情勢再作最後的決定。但今天的情勢顯然比昨天嚴重到好幾倍了。我知道他現在內心非常痛苦。走呢，幾十年冒着暴風雨所經營的田園家室，輕輕的放棄心所不甘。目前的情形又大有非走不可之勢。他昨夜的主張原是希望今天情勢變好一點的。却料不到今天竟如此的緊張。

大家胡亂地吃了一些早飯。

時間是一秒鐘，一分鐘，一刻鐘，……的過去，敵機的數量與來回的次數也逐漸增加了。

拍拍……的聲音又來了。我拿了二條被頭，把水浸濕了，放在牀頂上，叫弟妹母親及妻等都坐在牀上，以避子彈。再拿了二條同樣把水浸濕了，在門口外面搭起一個架子，把它放在上面，我與父親坐在下面。這樣子，敵人的機關槍子是不能及到我們身上，我們祇要留心敵機的擲彈了。我叫父親向西北望，我向東北望，以便在必要時去領房裏的人往那裏避。

機關槍聲更緊密了，同時飛機也飛得越低了，甚至連機上的一切都看得很清楚。

轟的一聲，只見東面煙火瀰漫。我問父親那裏什麼人家？他說：「趙家宅，離我家約一里多路。」

「唉！」他嘆了一口氣接着說：「德，照這樣，高橋是不能再住下去了。我們決定明天走吧！」他不得不說出了這一句，我知道他說這句話時內心的痛苦非別人所能知道的。

拍拍的聲音不斷地在頭上來回響着。

一隻敵機很快的從我們頭上飛過，接着牠直向離我家不遠的古廟撲下去，接着他又高飛了，一團黑影從機上落下，轟的一聲。

我雖然明知道不會被炸着，但却虛心地睡在地上，煙霧瀰漫了整個的天空。我恐怕房間裏的人受驚了，連忙跑進去，妻與弟妹們都睡着，祇有母親坐着。看見我進去，母親連忙問我誰家被炸。

「現在還看不清楚，大約是那隻廟，你們只管睡着好了，必要時我會很快的來叫你們的。」我安慰着她們說。

「看到不好時就來叫。」母親恐怕我誤事，這樣說。

「大哥你留心呀！我們的性命都託給你了呢。」妹妹害怕地說。

我說了一聲「知道了！你們放心好了！」就往外走。

炸彈聲逐漸的多了，只見西北角上接連轟轟的幾聲，同時東面也響着。

「今天被炸的人家一定不少了。」父親面帶憂愁地說。

一隻敵機從南方慢慢地飛來，離我家不遠時，他直向我們這邊落下來。我連忙往裏跑，父親也跟了來，走到房中也不說什麼，只是說：「快！快！快！」父親也說：「快走！快走！」我不管三七二十一，拖了小弟弟往外就走。妻、母親、妹妹緊緊地跟着我，父親抱了大弟弟。當我們臥好在家西面的田間時，一隻敵機已越過了他的目的物，我們的房子。因此他沒有擲下那殘酷的炸彈，即刻牠向北飛去了。

「謝謝你們的駕駛技術太高明了，連我們這樣大的房子也看不準！」妻譏諷地狠狠地說。但她的臉色却很慘白，她顯然受到了空前未有恐慌了。望望母親、父親、弟弟、妹妹，都如此，但我自己也何能例外。

敵機的機關槍聲又在射了，父親提議叫他們仍去坐在牀上，我們仍坐在門外。但妻她不願意，她說假使再來轟炸，如果跑慢了些，是有被炸死的可能的。

「假使剛才敵機看準了我們的房子，我們被牠炸着也說不定。」妹妹也不高興地說。

「那麼我們把架子去擱在屋前的大樹下，擱得大一點，把房裏二條被頭也拿了出來。」我看她們都不肯回去，這樣的提議。大家都贊成這樣，於是我們很快的把架子擱好。我爲了避免敵機的注視起見，在上面放了許多的樹葉。隣居們看見我們這樣做很好，都學着做。看看拿着的錶還祇十點鐘，我奇怪今天的時間爲什麼過得這樣的慢。

各人都留心着敵機的行動，每當敵機飛遠時，我們討論着如果敵機再向我們這裏擲炸彈時，我們如何躲避以及到上海去所要帶的東西。敵機又來時，我們就停止討論。小弟弟看了看我手上的錶，嚷着說：「姆媽！一點鐘了！」我聽見了以爲弟弟說錯，拿去一看，果真一點鐘，但各人家的煙囱，却冷靜地直立着，一點也沒有炊烟。

『你們肚裏餓嗎？我去拿點心來。』母親乘沒有敵機時這樣的說。

「我不餓，姆媽！」小弟弟說。

「嘿！你今天也會得說不餓。」妹妹笑着說。小弟弟平日除三餐之外，點心也要二三次，今天已過了吃中飯的時候了，還說不餓，怪不得妹妹要笑他了。我以爲他又要拿他的小手來打妹妹了，但出人意外的他却沒有這樣做，今天他顯然也做起好人來了。

不一會母親拿着蛋糕等點心來了。

「誰人要吃自己拿！」母親說。

小弟弟總究是小弟弟，他不等母親說，已拿了一塊蛋糕在嘴裏吃了。接着他又拿了兩塊餅乾。大家吃着，也許是餓得時間太久了的原故，各人都吃不了多少，只有小弟弟吃了許多。

我們小心地注視着敵機的行動，炸彈聲在我們的四週又響起來了。我們更小心地注視着，眼看一隻敵機在離我們祗三百多米突的張家宅很快降下，我連忙叫人都睡下，以防不測。轟的一聲，只見張家宅濃烟滿佈，接着人聲嘈雜起來了。父親想跑過去看看究竟怎樣，但是無情的敵機却又來了，於是不得不折回。

機關槍聲，轟炸聲，更不斷地響着，至三時後漸漸地稀了，五時後敵機也不見了。

村上的人漸漸地恢復了平日的情形。我們也回到家中。母親忙着燒晚飯，小弟弟好像得到解放似的與鄰童又在遊玩了。整個高橋究竟炸得如何，因天晚了也無從去打聽。

翌日清晨，我們一家人就離開了甜蜜而可愛的家鄉。

滿目淒涼

任根鎏

「上海到了！」一位老年人說。

「爲什麼這船停着呢？」另外一個說。

「你看！這滿天的大霧，船怎樣可以開行呀？」

滿船上哄哄鬧鬧，東一堆人，西一堆人，站滿在欄干邊。他們在吹風，不是看風景，因爲霧蓋着整個汪洋，船外什麼東西也不能望到。雖然，聽見另外幾隻船汽笛在響，可是極目而視，也分別不出牠是什麼船。

大約過了兩點鐘，霧才慢慢給太陽趕走，陽光射在甲板上。我們在船上悶了幾天，今天才遇着太陽，那種舒服情狀，眞是寫也寫不出來呀！

「那邊有船。」一位青年喊。

「什麼？好像是軍艦罷！」旁邊一位答。

我們便把眼光集中到那邊去，果然一艘運輸艦，慢慢向那邊駛開去。

接着，有許多船經過了，漁船，商船，掛着太極旗的船，來來往往。

我還以爲這太極旗是船家迷信用來保安的，後來才知道，這是「大道政府」的標幟無恥的招牌！

船身搖了兩搖，船開始向吳淞口駛進，甲板上更形擁擠，所有的搭客都預備認識一下八一三以後的上海。

這裏的海道不十分闊，大約就是吳淞口了。只見兩旁堤岸上，被槍炮威力所轟擊，弄得參差不齊，有些泥竟向海裏塌了下去。那些豎在河旁底廣告牌也只賸下一個木架。唉！慘酷的戰爭殘暴的侵略！

「你看，這些建築物，炸得多麼可惜啊！」

「何止這樣，此處地方，已不知死過多少人呢。」

一時船裏搭客互相嘆惜。在這許多荒涼的地上，長着草，一個人也不見，佈滿在這裏的，只是悽慘的景象。

船逐漸走入較闊的河，在這裏，有公路，有汽車，有人抬着私貨上岸，還有些「皇軍」和牛跑過，一陣辛酸衝到鼻頭——眞是大好河山淪於異域啊！

實在不祇這樣，船進一步，慘象也深刻一部。現在來往這河上的，不是漁船，卻是許多扯着膏藥旗的「友邦」軍用艇了。艇上坐着「皇軍」，架着機關槍，確是很威風。但不知能威風到幾時？

上海看見了，並且看見許多軍艦，有日本的、英國的、美國的，……泊滿這黃浦灘。

這裏是外白渡橋，這裏是外灘，岸上擠滿着人，比那吳淞，判若兩地。雖然同在一個上海，上海卻活現着許多矛盾事實。

上海有摩登的少爺小姐，也有搖尾乞憐的白俄，有叫着「爺爺奶奶」的可憐虫，也有待人救濟的難民。

有些人在跳舞場，溜冰場，游泳池，有些人在馬路上徘徊着。奇特的上海，戰後的上海！

受難與荒淫

之平

誰也沒有說話，孩子們熟睡在他們母親的懷抱裏。暮春的陽光，挺溫和的照着每個疲乏的乘客。

船身劈着水，嘩嘩地叫着。機房裏打樁似地發出一下沈重的響聲，使人覺得自已的心臟給誰搥擊着。

有人在輕輕地說話，聽來似乎在我的背面。說完了又來一陣輕微的嘆息。

一星期的船上生活，既不能好好地睡覺，又不能好好地吃飯，連要口開水也是很困難的，使不慣於坐船的我，感到病了似的辛苦。

可是我並不爲這些愁悶，我的心裏蘊藏着一個欣慰的念頭：——到上海去，終比困頓在那裏忍受敵人的壓迫好得多。雖然在那裏有青翠的山，悠悠的泉水，晨曦與落霞的美妙，山坳裏的白雲飛舞，碧水河畔的瀑布高鳴……可是我又怎能忘掉敵人的橫行，被毀壞的村莊市鎮，三橋埠的河裏滿裝着的同胞們的屍體？……

離開那裏沒有猶疑，沒有留戀，——不，我不能說沒有留戀，我熱愛那美麗的山村。

……

底下的機聲，漸漸由密而疏，同伴的閒談也漸漸由高聲入低語。母親們把自己的孩子拉到身畔，恐嚇着他們：「東洋兵又要來查了！不要吵呀！」孩子們被這熟習的經驗壓制着，畏縮在母親的懷裏。每個人的面部又罩上了一層恐怖的嚴霧。

三個東洋鬼子舉着槍，不知咕嚕了些什麼，於是船上的翻譯員揚着手高聲命令：「靠船！」

在一陣「靠船！靠船！」的喝罵聲中，船身漸漸地靠了岸。

「除小孩以外大家上岸檢查。」又是翻譯員的傳達。

「囡囡不要弄水噢！」

「把衣袋裏的錢拿來放好。快！快！」

「妹妹把這件老太婆衣服穿上吧！」

大的喊，小的叫，在一片雜亂的聲浪中，我們被迫着上了岸，五六十個東洋鬼子睜着怪眼，望着狼狽的我們，發出惡意的獰笑，一陣子的拍掌狂呼。

「站成一排！解開衣鈕！」翻譯拉高了嗓子報告

一個短短胖胖的東洋鬼子走到我的面前，眨眨怪眼，拉起生硬的中國話：「小姑娘握握手！」於是伸出他那粗大的手。

「這大概就是所謂『親善』吧！」我心裏想。

檢查完了，接着來的是「拍照」。生拖活拉，不管你願意不願意，高興不高興，他們就是這樣子的拍照，算得什麼！還有比這更可怕的呢！

我又想起了山村裏的四個女子，為了不依從他們的獸行，而被撕成碎片。三橋埠河裏無數同胞的屍體又在我的面前幌動。

輪船回復了原有的速度進行着，闊別了一年的上海，由模糊而清晰了。船上的人們忙亂着：整理行裝呀，收拾什物呀……尤其是幾位喬裝鄉下姑娘的摩登小姐，洗臉，搽粉，理髮，更衣，忙得不可開交。

她們該不至麻木吧！敵人來了，槍炮乒乓着，她們着了慌，縮着，抖着，躲藏着，於是知道了戰爭，也知道了被侵略的痛苦和憤恨。

……

船駛進了上海，我看着四周，一陣冷氣衝向我的心窩。——紅心旗子在晚風裏飄蕩，兩岸滿是些殘牆破壁！

又靠船了。

「幹嗎？先生！」一個細小的聲音。

「不要開口查貨！」又是那麼的輕微答語。

大家屏息着氣，等待新把戲的來臨。

上船查貨不是東洋鬼子，而是我們的「同胞。」他穿着挺漂亮的西裝，靈活的眼光，掃射全個艙面。

一陣親切的喜悅，把每個乘客的愁雲，揩抹得乾乾淨淨。

「打開來！」一個咆哮的聲音從裏面傳來，衆人吃驚地齊向裏面看。

「誰的箱子？快些去開呀！」同伴驚惶地說。

箱子等不到乘客去開，已被打開了，裏面紅紅綠綠的七八段綢布。

「二元！快些！」查貨「同胞」發怒的叫。

「算一元吧！先生！自家人馬馬虎虎。」物主懇求着，聲音多麼的柔和細小。

「東洋人定的，你曉得嗎？什麼自家人不自家人？嘮叨！我不認識你！快拿出來！要不然，讓我把東西帶上去！哼！鄉下猪玀嘮叨！」一大串的威迫的臭駡。

憤恨和卑視帶走了每個心房的喜悅。

……

安頓了一切，我坐下來歇息。

父親的消息沒有着落，母親愁苦的臉，年幼病弱的弟弟因連續不定的生活，消磨得更憔悴更瘦弱了；鄰居們爲我們所損失的東西嘆息着。可是這些並不引起我怎樣深的傷感。

我思索着。那美麗的山村，荒蕪了的田地，毀壞了的村莊市鎮，無數同胞的屍體，敵人的橫蠻，查貨「同胞」的無恥，這些像尖刺一般騷擾着我。我知道在鄉村，在城市，在敵人鐵蹄的踐踏下，有無數無數的同胞在死的陣線上掙扎。

隔壁傳來瘋狂的笑聲，接着又是「拍拍！」——牙牌碰桌子的聲響。

是的，他們該快樂的，他們的世界是這麼狹小，在那裏面沒有國家，也沒有民族！

推開窗子，我看見了些什麼呢？××舞廳的紅燈綠光，那裏有許多的青年在喝着美酒，跳狐步舞，跳却爾斯登舞！？冷吧？不，那兒有的是熱水汀。

似乎一枚炸彈在我的腦海裏爆發，我憤怒，我哀痛，我要吶喊！

赴校途中

祝　舒

今天是我休學半年後重新赴校的一天。一早醒來，昨晚淅瀝的春雨已停止了，玻窗上映着金黃色的晨曦。整晚上給興奮佔據着的我，看到了這明媚的春光，更增加了我的興奮。一骨碌起來，整理了一下簡單的行裝便踏上了我赴校的征途。

雖然我知道上學期已荒廢了半年，但是我心中抱着更熱烈的希望，希望我能於這一學期內修完全年的功課，不要做個落伍者。負起自己的責任來創造光明的前途。

從故鄉——南匯到上海，本來是由家裏趁小汽船到祝家橋，再搭上川小火車直達上海的。自從故鄉淪陷以後，小汽船停駛，上川小火車也由民營而改爲德商承辦，因此交通方面就平添了許多麻煩與不便，甚至有許多說不出的痛苦。

七點鐘略過一點，就離開了家。媽照例囑咐了我許多話，都是關於求學和待人方面的，不過今天特別多說了一句：「路上要當心啊！」原因是她苦心積攢下來的幾個錢，都給我帶走了，充作學費，她把她所有的希望都寄託在這上面。聽說路上非常不安靜，時時有碰到「抄靶子」的危險，假使觸霉頭而碰到了，那不但銀錢全數充「公」，而且還有「吃生活」的希望。她所以這樣諄諄的囑咐，就是怕她的兒子遭受到這樣不幸而摧毀了她整個的希望。

在路上，一個挑夫替我拿了僅僅一點點的行李，陪伴着我。他是個小販，對於各種事情都很熟悉。他告訴我沿途被燬的房屋和荒蕪的田園的詳情：有的是敵人過境時因寒冷而縱火取煖時燒掉的；有的游擊隊襲擊敵人時破壞他們的根據地而焚燬的；也有的是土匪無賴們爲了刦掠或報復而毀壞的，他都知道得很詳細。

看了那些斷垣殘瓦，毀棟棄樑，一片荒涼景色，弔古戰場文裏的淒其情狀，不禁湧上了我的眼簾。

很快的，十一點鐘時我們就到了祝家橋。一班火車剛開出不到五分鐘，隆隆的車聲還可以隱約聽見，然而我們只好再等下一班的車子了；有一小時的逗留在這車站上，於是我便有更多的時間來觀察。

本來朝東的待車室，現在已改爲西向，那是去年敵軍剛佔領時被游擊隊所毀壞而現在重建的。房子相當簡陋，鉛皮的屋頂和木板的牆壁，已沒有從前水泥建築物的巍峨。最使人觸目驚心的，就是屋頂的旗杆上已由「卍」字旗代替了青天白日滿地紅旗，飄揚招展着發揮出「法西斯主義」者的威風。同時站長室裏站了一個碧眼高鼻的監察使者，挺胸凸肚的傲視着一切。本來電杆木上牆壁上的標語和廣告，也由「宣揚王道」的佈告或者八字鬚的「仁丹」的招貼所替代了，間或還可以找出些游擊隊的安民佈告的痕跡。人漸漸地多了，大半是菜販和商人，憔悴的面容，焦急的神態，很可以看出民不聊生的景象。偶然有幾個衣服穿得體面些的，大概是「僞組織」的「新貴」，出賣祖國的漢奸了。

在火車將要到來的十分鐘以前，檢查旅客的手續開始了。凶狠的武裝人物監視着，每個人都不能避免，除了少數的特殊階級以外。檢查得非常嚴密，身上由頭至足，行李翻箱倒篋。任是極細微的地方也查到。偶然遲延一點或者有些違抗的行爲，那吃巴掌和吃火腿都很可能的。而且沒有女的檢查者因之許多女性的旅客，爲了檢查者的非分的侮辱而羞澀得面紅和謾駡的也不在少數。小孩子也不能倖免，於是哭喊聲和打駡聲交織成了一幅悲慘的圖畫。好容易都檢查完了，一個個全上了車，嗚的一聲，車身漸漸地在蠕動了。我心中的一塊大石方才落下，總算幸運得很，襯衫袋裏的幾個錢沒被查出，我放胆地吐了一口氣，和我的挑夫對視着苦笑了一下，好像都在說：「一關過了！」

乘客是相當的擁擠，後來者大都已沒有座位可佔，而且每站都是只有上來而沒有下去的，因之更顯出了嘈雜和擠軋。每個臉上都露出恐慌而忽促的神氣，那一種可憐的景象，很容易使人想起戰爭的殘酷和可怕。車到了川沙站，那裏駐有侵略者的憲兵，於是又來了一次嚴格的檢查，不過已查過的總算可以倖免了。我眼看見一個經商模樣的人，被查出了一束報紙包着的鈔票，認爲是違「法」的，於是全部沒收不算，還奉送了一頓槍柄和拳脚，跌下車去。我不禁毛骨悚然，一顆同情的心幾乎躍出了我的胸膛，憤怒燃沸了我的熱血。我想阻止他們這種不法的行動，但是一轉念間，我覺得目前是强權的世界，而我是一個弱者啊！我只好頹喪地坐了下來，眼看着强暴者露出勝利的獰笑，驕傲地下車了。

兩點一刻的時候，車總算平安地到達了終點——高廟。

車站上又是一陣擁擠和嘈雜，大家奔向碼頭去候渡船。然而不巧，一班從高橋來的渡船剛開走，還沒有駛出我們的視線，下一班須得等半個鐘頭。我們只有自嘆「旅途多舛。」

車站仍是舊觀，不過進出的兩條甬道分得更明顯了，爲的是便於檢查往來的旅客。佩着金碧輝煌徽章的憲兵荷着上刺刀的槍往來蹀躞着，眼睛裏射出驕傲的光輝睥視着一切。「大道市政府」的皇皇佈告貼滿了所有的電杆木和牆壁，似通非通的語氣，看了就使人作三日嘔。血紅的太陽旗臨風招展着，充分地表現出侵略者的得意。雖然只有短短的半小時，然而敵人的飛機幾次由浦東飛向滬西，銀色的機身，紅熾的旗徽在陽光映照下看得很清楚，大概是在偵察或轟炸佔領區域內的游擊隊。然而這正足表示我們游擊戰的成功，而侵略者的隱憂未已，將來他們終有致命的一日。

渡船來了，一隻很小的汽輪，拖了四隻民船。人已經很擁擠了，再下去還許多人，傾軋是免不了的。人在攢動着，拚命的向前軋，女人和小孩子們尤其驚慌，哭鬧聲佔據了整個的碼頭。好容易完全上了船，已快到傾覆的程度了。水手們大聲警告着：『不要亂動！人多哪！翻了可不是當耍的！』機輪轆轆地響了起來，船身一陣晃動，很慢的駛向西岸。

人多船小的緣故，當一個查票員走過第二隻拖船的時候，站在船舷上的一個約摸七八歲的小孩子，一擠就掉下了水。一個巨大的浪花掩沒了他的身體船照常向前行駛同舟的除了幾聲嘆息之外，誰也沒有切實的援助這也是侵略者的賜予啊！幾曾聽見從前我們的市渡輪上有被擠落水的事情發生？

船到北京路外灘的時候，已經是五點多鐘，天色已漸漸的在昏黑街上的電炬齊放光明立體的巨型建築矗立着汽車電車穿梭似地行駛好像是到了另一個世界。我以二角錢的代價雇黃包車拉到了將近南市的學校。挑夫也就投奔到他自己的親戚家去。

抵校後碰到了許多熟識的師長和同學，一種親熱的表情，幾乎使人感動得流下淚來。到教務處詢問的時候，知道已過了甄別考試的日期，經過了多次的請求，才算得到了一個插入原班試讀的資格。

現在我終算獲得了重新求學的機會了，我將怎樣努力我的學業以報效國家呢！努力吧！今天是我新生命的發軔！

離家一年

長木

還是從頭說起吧，離開現在已整整的一年了。去年八月七日傍晚的時候，爸爸從辦公處回來青白了臉對我們說：「你們趁着今天走吧，上海的風聲是一天緊一天了。」本來我們早就要走了，因爲我的反對而遲延了下來現在爸爸既是這樣說，祇得匆匆忙忙的整理起行李。我邊理邊流着淚，我捨不得離開這可愛的家，可愛的父母，可愛的弟妹。這次比不得往年，出去不知何時才能回來。媽邊幫我理着行李邊忍着淚勸解我，她說：「上海總比這裏安全些，那裏有租界，眞正不好你們可以到租界上去躲避一下的。我自己也要活命的，到必要時我也會帶着你的弟妹一同去逃命。你自己在外一切要自己留心，別着寒着熱的生了病就更苦了。」我那時一些也沒有心思聽，當然更沒有母親那麼思前慮後的心思了。理好行李吃過了晚飯爸爸喚我們去，也來吩咐我們了。他說：「我本想再留你們玩幾天（他總當我們是客人似的。）可是外面的形勢實在太緊張了，你們還是走吧！我現在給你們帶去兩年的費用，兩年之內將發生些什麼樣的變化，這是誰也難料的。兩年後，你們斟酌着經濟的情形再定升學的程序吧。你們在外面都住慣了的，一切都自己小心爲是。你們大哥已是受過軍訓獻身國家的人了，你們不要去牽累他。你們到上海後常時來信，免得斷了消息。你們的通訊處多給些親戚朋友知道，讓我好打聽。我的安全問題，辦公的地方會負上全責的。我也知道自己保重，你們放心的去吧！你們若要打聽我，祇要打聽我的辦公處好了。要說的話多得很，時候已不早了，你們走吧，我不送了。」我們就提箱背包的走了。母親送我們到小火車上，我們催着她回去吃晚飯，她忙得晚飯還沒吃呢。其實她回去那裏還會吃得下呢！她終於依依不捨的走了。我隔着玻璃窗目送到看不見她背影。和我同走的祇有十二歲的弟弟，他背着臉也在淌淚，他也咀嚼到離家別親的滋味了。以後是渡江乘車。京滬車眞擠極了，我們買了二等票還是一整夜坐在行李上過來的。這樣看起來局勢倒眞的有些緊張了。到上海後，一切都還是很平靜的，我眞有些覺得奇怪，於是我一封封信的寫回去要爸爸喚我回去。爸爸來了一封信向我仔仔細細的解說了一遍，我才歇了想回去的心思。對於這件事，我到現在想起來眞覺得慚愧，我怪錯了爸爸，我現在才知道爸爸的愛子女實不亞於母親的。

或許你會奇怪爲什樣爸爸要送我們上火線來？或許你要推想爸爸對我解說了些什麼？我現在也來向你解說一下吧！爸爸並不是要我們上火線來送死的，他是要我們負上我們的責任及使命才這樣做的。他以爲這次的戰爭一定得延長至二三年之久，那把我們一個個藏在家裏做什麼呢？他送我們到上海來是要叫我們繼續讀書，深究將來我們才可以身許國，負上國民的責任。他不願他的子女成爲一個無用的消耗者，他願他的子女雖然現在不能將來終得在創造新中國的過程中是個努力者才好。你看父親的愛子女不是不亞於母親嗎？

到上海後，我們一直住在南市。八一三那天第一次的中國飛機英勇轟炸日艦的炸彈聲，把我們逼到現在的地方來了。初來時，我們祇有幾隻箱子，幾個舖蓋。到現在已住了一年了，桌子，椅子，牀舖，等借的已借，買的已買，現在居然也組織起個家來了。在這一年中，我們除了赴學校外，還得分工合作的洗衣服，買菜煮飯。整整一年的操作把我們原來的少爺式的懶惰性都給改過來了。我們本來都是父母庇護下的愛子，中等家庭中的享受者。現在，好了，謝謝侵略者，他已把我們鍛鍊成一個個健康、勤勞的模範學生了。因此在這一年的抗戰中，雖然環境是變異了，我們的個性、生活也不同了，可是我覺得快樂。我們在操作中凍傷了手，燙壞了皮，物質生活是充滿了不安及不幸，可是在這種環境裏我們才眞眞的體會出生之意義。我最引以爲恨的是一年沒有見到爸媽弟妹等親人了。父親來信說：他失業了一年，因爲精神的不快而消瘦了許多。母親也因此天天咕嚕着發脾氣。弟妹因爲一年沒有見着我們而變壞了。我聽了這些，我在回信裏寫給他們的就是「哭」而已。好友你想我更能以什麼話來答復他們呢？

眞似父親所說的：「要說的話太多了。」一說說了這些，多而且都是雜亂的。

祝你

安康！

憤恨

了零

兩日半的行程竟就擱了六七天。

乳白色的霧幕緊緊地鎖着了廣闊無垠的海面，如濃厚的雨雲翳蔽了青天一樣。微微的雨絲在天空上濛濛地飛着。

我們的船如一條害病的笨大的鱷魚似的躺在海面喘息着；沒有一點動彈的力量了。尖銳的警鐘和汽笛不斷地狂吼，在警告着其他的航海者。

海面上的一切都瞧不見了，甚至一隻手從如瞳孔般的窗檻探出去也看不見了，只是被四週的白茫茫的氣體濃厚地圍攻着。一千多個搭客，擠滿了那矮小而窒息的船艙裏的每一個角落，躺也躺不下了，如果再就擱了幾天，那就有發生流行病的危險。而且，糧食也將要吃得乾淨了！……

在每一張搭客的面孔上是那樣的浮現着憂愁，煩悶，恐怖，彷徨，渴望，……交織的神情。他們在談論着。

第二天早晨，一陣暴雨把那濃厚的霧幕漸漸地拉開來，我們的船在御着那黃沌沌的海浪慢慢地前進。

忽然由空中傳來「嗡嗡嗡」吼叫的聲浪，據船上的一個水手說：這是東洋鬼新創的花樣；凡有輪船進了吳淞口，他們的鐵鳥都要飛上去看看那旗子到底是怎樣的一個臉孔。我不去管它，但它却告訴我已經走進了吳淞的肚子裏了。遠處近處的沙灘、茅屋、樹木、山崗，……都隱約地露出了輪廓來。

那時候，搭客們的笑容爬上了苦悶的臉皮。

船艙裏充滿着一股盪漾着的躁燥的浪波；許多粗大、強健的茶房，在那裏急迫地整理着行李；乘客們喧嚷着，忙碌着。

「鱗到甲板上來看看吧！」華在船頭喊着。

「看什麼呀？」我反問他。

「來吧！來吧！」他不講理由而繼續地喊我。

於是，我懷着莫明其妙的心理跑到船頭去。他站在人叢中手只是指着那船所經過的兩岸，但口却說不出話來，他彷彿是一個啞吧了！

一個狹小的江流，兩岸都躺着廣闊的瓦礫場——那是奴隸們爲爭取自由與戰神交綏的場所。那裏一切美麗而壯觀的建築物都消失了，那驕傲地矗立的姿態而柔弱地歪來斜去，低着頭投射下慘痛和恐怖的影子；那裏安息着無數的英雄和無辜者的幽魂，他們躺着瘋狂地咀咒侵略者的殘忍的行爲。

這是一張鮮明的東方屠者的「血債圖」，也就是法西斯蒂野獸所烙在我的心幕上的深刻的印象。

人叢中透出來憤恨的吼聲。

「哪去年我們中國同鬼子打仗就是在這裏呀!」

一個肥胖的傢伙對着那瓦礫場指手畫脚地說。

「當時東洋鬼在這裏轟炸得非常利害什麼炸彈、大炮、機關槍,……亂來一陣,不曉得害了多少生命!」

一個搭客蹲在甲板上悲慘地說着。

「東洋鬼眞造孽呀!把好好的地方炸到這步田地!」一個老年人站在我的身邊目不轉睛地看着那瓦礫場,好像他看見了戰爭的慘酷的情景和戰神的猙獰的面孔。他害怕起來,那斑白的鬚髯在顫動。「我活到這樣大的年紀也見過了許多的戰爭但却沒有看見過這樣的慘狀!」

以後,那聲浪的怒潮愈來愈嘈雜了,使我的耳鼓來不及來接受它們。

輪船拖着疲倦的身軀,吞着黑濁濁的浪層在前進!兩岸慘酷的情景,被無情地丟在後面了!

我同華終是沉默着。那是悲痛而憤恨的沉默。

小模型的工場、屋子等等——那是東洋鬼新建築的,——都漸漸地映進我們的眼簾來,許多中國的苦力也在那裏活動着。在江中充塞了那插着膏藥似的太陽旗的軍艦、商船、汽艇、舢板……它們在忙碌地工作着,運輸着。有的商船和汽艇把那一包一包藏在大肚皮裏的私貨運到碼頭上,如山邱似的堆積着,讓那苦力們抬到倉庫裏去。

還有許多鬼子兵都幽閑地向着我們射來驕傲,殘暴,貪婪,蔑視交織成的目光,燃起了我們憤恨和反抗的烈燄。

「現在眞是鬼子的世界了!唉!」剛才那個老頭子又恨恨地說。他的鬍子急得又在微微地顫動:「恨不得把他們一個個殺得乾淨!」

「噯!中國人太不爭氣了!」站在那老人身邊的青年,禁不住地也插嘴說,一面指着那一羣搬私貨的「哈叭狗」——中國底苦力們。

「讓開!讓開!」

許多的水手都急忙地跑到船頭去,嘴裏這樣的喊着。這就是告訴我們:「船快要拋錨了。」

大家都開心得跳起來好像所渴望的東西得到了。

雨下得更猛烈了,好像天在流着無窮盡的悲淚來憑弔那長眠着的中華民族的英靈們。

我回到房艙裏來收拾行李。

「我們的船是停泊在江心的浮筒上,還要擺渡過去呢!」華從外面跑進來這樣地說。

「那麻煩!」我心裏有點急:「等一下走吧!」

搭客,茶房,水手,脚夫,旅館的接客,擺渡的人們……一陣一陣如潮水似的在窒壓的船艙裏湧來湧去。

突然，一個穿着褪了色的淺藍衣衫和馬褲的漢子，鬼鬼祟祟地在我房艙對過的一個黑暗的角落裏顯出來。那一對狐狸似的眼睛向我隔壁的那個房艙裏掃射着，釘牢着，嘴巴裏啣着一枝烟捲。他的態度使人疑懼。

我曉得：——那房艙裏有六個人——四個女人，其中一個比較老一點；一個是肥胖的漢子，他那光禿禿的腦袋和圓大的臉孔，像是從富商的典型裏陶鑄出來的，另一個是穿着棉布大衣的學生模樣的青年，像是他的兒子。有一個穿着破爛的呢大衣和呢帽歪歪地蓋在腦袋上，富有水手風度的青年也常常到他們那裏談天。

現在他們的行李交把接客的脚夫搬去了，只剩下一個柳箱和網籃，所以他們仍停留在那裏。

如半天上的霹靂似的，有一夥穿着青布大褂的高大的傢伙，兇猛地擁進去，有的擎着鐵棍站在門外。那一個先進去的下頦有一點帶尖，頭髮是那樣的鬆鬆，把那雙吊着的兇暴的眼眼翳了一半，那黑色檻褸的大褂的鈕扣一個也沒有鈕好，只在腰間綁着一根繩子。跟着湧進去的幾個傢伙模樣也差不多。那幾十條貪婪、像強盜般的視線，銳利而敏捷地在那房艙的四週兜了一個圈子。

接着擁到那胖子的身邊亂摸一陣。

「我們來搜查手槍、鴉片烟土的！」

他們都這樣地嚷道，嘴巴張得那樣大，像要把人們吞了進去似的。那胖子退了幾步，似乎擋不住他們，那水手模樣的青年緊緊地抓住他們的手，而他們都猛力地拉着他的大衣，幾乎要扯得破碎了，他們七八個人扭作一團，在那如鳥籠般的房艙裏互相猛力地拉來摔去，如拳擊者在開始他們的搏鬥，拉也拉不開了。

「你們幹嗎？」

「你們來搜查手槍、鴉片，也得有公事呀！你們拿出來看看吧！」

「沒有公事不能搜查的！」

剎那間恐怖之網籠罩了那個房艙，從那裏發出一片強硬的呼聲，女人的聲浪也夾雜着。

「鈔票我們不要，我們不要鈔票！」

「我們來搜查手槍、鴉片煙土！」

「啥格公事，……公事，……去問東洋人要去！」

那個鼻子有點歪的傢伙，擎着鐵棍急得要死了。

那胖子和水手模樣的青年一點也不放鬆，拚命的掙扎、反抗。

許多人從那門口走過，只把眼睛望一下，不敢走近，跑開了。

「好！好！我們去拿公事！嘿！嘿！」

他們恨恨地扭着嘴嚷着，一起向船外溜去。他們還有什麼花樣呢？

那抽香煙的漢子仍躲在那陰暗的角落裏得意地裝着怪面孔，他的眸子仍不斷地在房艙裏巡邏着。

我怕觸着他的視線。

「到底這班人幹什麼的？」

一個女人囁嚅地問。

「那裏搜查什麼手槍……鴉片，……不過……」那個胖子喘着，皺着眉聲音是那麼地低壓「噯！……世界……這樣地步了！……」

「假使他們再來搜查的話，我們要把他們先搜一下才行的！……不然那不一定……」一個穿着粉紅色雨衣的女人也憤恨地說，那語尾是那麼模糊。

接着是一片沉寂——彷徨和戰慄的凝固。

外面的雨已經小了一點，我為了要逃離那意外的遭遇的波及，於是馬上喊個脚夫來把我和華的二個鋪蓋跟一隻箱子搬了去，我們也跟着走了。

走到輪船的扶梯邊，那一羣粗暴的傢伙又兇兇地擁上來向着那個房艙匆匆地跑去。但伙伴却加多了幾個，我瞧見他們是從那一個插着太陽旗的舢板裏跑上來的。

我們向前疾疾地走了。

到了碼頭，天上已開展一片暮色蒼茫的網。汽車經過了漫長而熱鬧的柏馬油路；電燈如白晝般亮地照耀着廣告的霓虹燈都張開了那誘惑的目光在勾引着人們，人們是那樣瘋狂地享樂着。

「這裏又是一個國度！」華悵悵地說。

「我們剛才所經歷的情景，難道這國度裏的人們沒有看見嗎？」

我懷疑地問。

但他不給我回答。

「『孤島』就是這樣的一個『孤島』！」我想。

明天

綠霞

從香港到上海，照例，搭郵船只須二天。然而我們搭的並不是郵船，所以經過了五日五夜還沒有到達。海洋中的生活委實過不慣，誰都有點討厭這悠長的旅程，尤其是在驚濤駭浪使船身顛簸得厲害的時候。馬達的轟隆聲和推進器的撥水聲聽厭了使人頭昏腦脹。一月十九日的日歷剛被撕去，突然地，一切聲音歸於沉寂了。船身經過了極度劇烈的震動後也安靜地停住了。還有點奇怪，我忍不住問茶房：「上海到了嗎？」「到了。現在停在吳淞口，可以起身整理整理了，先生。」他欣悅而熱情地回答着。「船靠租界呢還是傍浦東？」有人這樣問。「也許靠浦東吧？但也說不定。」茶房開玩笑似地說：「那眞糟糕，也許會發生不幸吧？」又有人胆怯地說。突然一種熟習的輕快的話語滾動在我的耳邊：「還不起來準備嗎？敵人馬上要來檢查搜索我們的船，說不定要被扣留不許進口呢。」這幾句話像霹靂似的使人顫抖。於是開始燬滅「有礙邦交」的書籍及其他，以便避免無謂犧牲。但也有人不怕這威脅，爲了要倔强地表示不甘作奴隷，不肯毁滅書籍和文件。擦了擦惺忪疲倦的眼，望着壁上的時鐘，正指着三點鐘。一月廿日的日歷映到我的眼簾，表示着他的不平凡。床旁正立着同事潘君，剛才就是他在善意的催我起身。披了衣，室內怪悶的，打開窗戶，寒冷的朔風，一陣陣像刀割般的迎面刮進來，我不由自主地戰慄起來。那遙遠的岸上稀少而閃耀着的燈光，和附近敵艦上無數明亮的電炬，交織成一副淒清的畫面，正看得出神，忽然背後有人對我說：「還不快點整理？倒閒情逸緻地賞覽夜景了麽？優哉遊哉！眞寫意！哼！性命難逃！快把抗敵的書籍文件等毁滅吧？不要措手不及。」又是潘君的一番好意勸導。那一副鐵青泛白性急的面孔，彷彿敵人已殺到船上來一樣，眞令人又好氣又好笑！

「我不毁滅他，你看怎樣？就是中國全部被吞掉，我也得把它保存珍藏起來，何況中國還沒有亡哩！」我帶着半譏笑的言語憤慨的陳述着我的理由。可是這一來，却惹怒了他。他暴燥地說道：「那末你何必到上海來？到上海來總不免要受點屈辱，要受到：……」「因爲我要反抗和消滅屈辱，我要在黑暗中進行艱苦的爭取光明的鬥爭，要在侵略者的肚子裏拉斷他的腸子……」我慷慨激昂地演講起來。他的面孔「紅裏泛白」「白裏泛紅」的羞恥起來，終於「老羞成怒」地要由他先來檢查我的手提箱。我阻擋他。「這是誰的箱子？誰容許你自己動手開？眞笑話，你竟要剝削我的自由！雖然在職業地位上講，你是有權力使我懾服的，但爲了國家，我有權力反抗你這行動。」我怒髮衝冠地說。「以後發生什麽事情，我可不負責任！」他氣憤憤地瞪了我一眼，走開了。他到處在宣傳着，翹然要把事態擴大。隔了不久，他又來糾纏不清，如此者無數次。我終於把僞裝的「書包」（許多字紙包在報紙內）在親友，同事，船員等的勸告和監視下，丢入白浪滔天的茫茫江水裏。其實這僞裝的書包，在事前我早已預備好的，因爲料到中國人在日本人之先一定要忠實細心的幫他搜查。這樣一來，吵鬧嘈雜的聲音，漸漸地沉寂起來了。「船幾時進港？」有人突破靜寂的空氣這樣問。「那要等到檢查之後。」有人這樣回答。幾時檢查誰都不知道。把有妨礙的東西先藏匿起來再說。假使眞的被查出來，除了進行壯烈的鬥爭外，還有什麽希望呢？我這樣想，倒也處之泰然了！

船的開動粉碎了恐怖的謠言，振奮了疲乏的人心。黃浦江中的水依舊是那樣的渾濁。倚欄遠望，兩岸人烟絕跡，除了偶爾有一二個黃色的動物在蠕動。荒烟蔓草淒涼得使人心酸淚下。眞是「別有一般滋味在心頭」「不堪囘首話當年」了！怪難看的紅膏藥標誌的飛機不斷地在頭上盤旋，猙獰的敵艦「星羅棋佈」的泊滿了黃浦江，有的還在忙碌地調動。許多中國的內河輪船也變了色，坐滿了敵人。最大的仇恨和復仇的種子，迎着血雨腥風，已經在每個人的心中滋長着。

靠碼頭了，上海依舊如此繁華！誰都有點不能相信。嘈雜的聲音在碼頭上響着。上岸時，海關的人員檢查了每個旅客，當然我也不能例外。一大堆書籍呈現在他的眼簾，他微笑的懷着熱情關照我。「當心些！」一隻銀色的戰鬥機耀武揚威的在天空中飛翔着，給一些初到上海的旅客以最深刻的印象。

一輛破舊的出差汽車，把我們從法租界載到了公共租界南京路——我們的辦事處。汽車電車互相銜接着像風馳電掣般過去。人雖然依舊熙來攘往，但在我們看慣了潮水般的人羣在港漢各都市中擁來擁去却感到這裏已是稀疏冷落了。到辦事處，同事們都問：「從香港帶些什麼囘來？」一聽到我沒有帶什麼貨物，他們都搖首，好似在代我惋惜似地說：「爲什麼呢？香港東西不是比上海便宜得多嗎！」「是的，都是外國貨便宜。但我不忍心中國人的錢，在還緊要關頭還流到外國去，所以只帶了一顆沉痛的心囘來呵！」我痛苦地囘答着。壁上的時鐘，正敲十二下。是吃飯的時候了。飯菜已端開來，香味使一星期未吃飯的我垂涎。狼吞虎嚥的坐上去，吃客氣的禮節早已被飢餓之火燃燒得乾淨。飯後，走出辦事處，南京路上不時有一輛輛滿載黃色動物的卡車駛過，看看他們猙獰兇惡的面孔，心裏十分難過。搭了黃包車囘家，經過二馬路漢口路，冷清清的使人幾乎不能相認。福州路號稱文化街的，可憐的僅有極少數的讀者在那裏徘徊着，悵望着找尋永遠買不到的抗戰書籍。但這只會使他們渴望精神食糧飢荒加深罷了。愛多亞路雖然車水馬龍，但各商店，差不多皆門可羅雀。這淒涼的景況，是誰造成的呢？誰都明白！

到家已二點鐘了。出乎意外的光臨，使家人驚喜交集。骨肉團聚，天倫之樂，不言可喻。頭髮長得難看，到理髮所去。一對青年男女正在燙髮，嘴裏嘰咕，嫌技師的手術不高妙，甚至於高聲謾罵。還引起了我極度的嫌惡。在抗戰時期，還要如此荒淫無恥！這眞是行屍走肉了！從理髮店出來，宛然又是一個人了！囘家不久，電話鈴響了，老友王君知道我囘來，邀請我去一談。當然，立即驅車前往。他一見面劈頭就說：「我眞奇怪你竟會囘到淪陷後孤島來。」我向他說明了囘來的理由，取得了他友誼的諒解。末了，他告訴我上海淪陷後一年來救亡運動的情形，和最近許多可歌可泣的事情。同時，他希望我站在自己的崗位上，做應做的工作。他責備我應該在船上倔强地冒檢查的險，這是幼稚的舉動。看了孤島上表面的一切，也不要悲觀、憂鬱。他說：「孤島上的一切在你初到者，當然是看不慣的。但正爲了這，你應該格外努力去鬥爭。用鬥爭去爭取大上海的復活！」我興奮極了，彷彿看到成千成萬的同胞在嚴肅地爲祖國工作。雖然現在是在敵人包圍之中，但我已傲然地隱約地看到光明燦爛的明天，已在漫漫長夜的消逝中向我們走近來了。我感謝他的指導。時候不早，驅車回家，途過南京大戲院，觀衆像潮水般地湧出來。「一面仍是荒淫無恥！」熱鍋裏的遊魚，不知快樂到幾時？我爲他們憂慮！回家後，仍是狼吞虎嚥般的吃夜飯。整日奔跑，弄得一身疲乏。躺倒床上，就昏沈沈地睡去。夢中還好像在船上搖搖不定，直到天明，還有點天地在旋轉立足不穩的模樣！

第五輯

孤島的腥風

火腿下的啓示(二十七·一·)

鴻(十九·學)

×日下午五點鐘，我跟鑫兩人偕同外出。他提議要到×××路去看看，問我有無危險。

「沒有，沒有，絕對沒有！」我彷彿很有把握似地回道。「祇要不走出鐵門，站在裏面看看總可以的。」

× × × × ×

我們由租界鐵門朝外面看，首先看見的是以前我軍退守此地時所築的防禦工事。這工事擋住了我們正面的視線，使我們不能更朝前看，於是祇得把眼光轉移了向兩旁看去。兩旁又是那麼淒涼，鷄犬無聲，人影不見，沉靜寂滅，儼若夜半。被毀了的廢垣頹牆，都俯伏着，好似一堆堆的骷髏。這時我覺得自己是處在淒絕的夜景裏，陰森、慘怖，緊迫着我。

「禿禿禿禿禿！」一個×國兵走來了。我以爲他至多叫我們離開，不要留在這裏，所以我仍舊毫不介意地站着在憑吊這戰跡。

「拍！拍！」他提起了他的腿，鼓足了勁兒，狠狠的踢了我兩脚。

"I have just stood here, why you insult me?" 我被他踢呆了，不知怎樣纔好。但不一會卽又回復了先前的平靜。於極度的憤怒下迸出這樣一句話來。他大概不了解英文吧！繼續的提起了他的毛腿，不皮腿，再想朝我身上踢。我知道他不可言喻，當時要想反抗，但一轉念間，這思想便雲消霧散了。「暫時忍受一下吧……假使亡了國，我們會受到更大的恥辱，並且也不單是恥辱而已！」想到這十分沉重的心，轉覺輕鬆的多了！腦袋在命令我拔脚快跑，於是我便逃跑了。正在這時，却被旁邊其他兩個×國兵見到了，一個拿了竹掃帚——從平民手中奪下的——來追我，另一個則裂開了嘴在笑。

「鑫！還不走幹嗎？」我溜跑時喊着他。

「拍！拍！」又是兩脚。呵呵！這滋味他也嘗到了！我遠遠地站着，敢怒而不敢言。

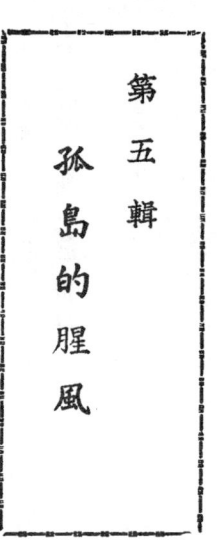

「中國人在中國的領土內走，也要受外人的干涉？況且那裏並不是不可以去，除了鐵絲網外，又無行人止步的標誌。我眞不懂他們爲什麼要如此？」我開始用低微的聲音說，極力地捺住了心頭的火氣。一陣憤怒的光掠過鑫的臉，他對我所說的話語起了一種反感面容變得莊嚴起來，眼裏發出强烈的光，望得我的臉發痛。

「我們的軍隊撤退了，人家把我們當做亡國奴！」我聽了他的話後，半響開不得口，臉紅着，心跳着，跟他一樣地苦惱。因了感情的激動，我又說：

「我們要保證不受侮辱，除非國家民族先有了出路。」這話鼓舞了他，他深深地被感動了。接着他說：

「今天的事，對於我們，不完全是不幸的。從今天起，我們可以更堅定我們自己。我們將毫無猶豫地向着收復大上海的目標邁進！」

「對了，對了！記着這火腿下的啟示！把一切個人的報復交付給爭取民族解放的鬥爭吧！」我堅決地明朗地說。我們沉默着，彼此交換了一個會心的眼色。

遠處傳來無線電裏的淫靡歌曲，鑫哭了，眼淚雨一般淌下來。「讓人們都來體味體味這火腿下的滋味，」他嘶着嗓子喊：「現在我們是處在什麼地位啊！」(223)

父與子

蓬　娜(十五·學)

這幾天，心中頗不寧靜。翻開報紙，東有人頭，西有手臂。怪氣人的，心中更覺得不舒服了。母親勸我外面逛逛，順便替她買點東西，我就抱着一顆愁悶的心往外散步。

跨進了××百貨商店，就聽到一陣喧嘩。

「到了這時候，你還這樣胡鬧，腦袋就要搬場的！」恐懼而低沉的聲音，顯然是出於一個老成的小商人之口。

「但是，父親，我沒有犯法，我做我應做的工作。」這大概是一個他的兒子。

這一段對話，引起我的注意。

「可是你，你看的什麼書？在這時候，你還這樣大膽！你……聽我的話，安分守己吧，拿書給我！」他命令兒子繳書。

「不……難道我們連看書的自由都失去了嗎？我們並沒亡國呀！」他把書握得更緊些。

「你不聽我的話，我告訴你，恐怕隔壁就有漢奸！為了你可不要連累了全家。」他講到「漢」字，語氣有些梗塞。

接着是父子倆對於那書的爭奪。

那膽小的父親得到了勝利，幾本認為有抗敵思想的書籍終於在一團可惡的火焰中毀滅了。父親喘着氣，亮出勝利的微笑。這微笑，好像在說他的頭能永久保住了。

兒子氣冲冲地衝出了店門。我像被他吸住似的跟出去。跟了三四十步之後，我望見他跨進專售抗敵書報的××書店。(1414)

爸爸不讓讀書了（二十七・八・九・）

小林（十六・學）

早晨，天還沒有大亮，我就醒轉來，腦子很昏，四肢無力，覺得身體有點不舒適。

梳洗完畢，已經六點鐘，於是挾了一本書到公園去。一走進公園，腦子裏便清爽了許多。在和煦的微風中，我把書放在草地上，行深呼吸。

當我坐在一張櫈子上看書的時候，有二個學生模樣的人在我的身旁轉來轉去，還講了許多難聽的話。我知道我今天遇到了「鬼」，重新挾了書，站起來，在樹林間漫步着。那兩個「鬼」還跟着我，我心裏很慌，但是勉强裝作鎮靜的樣子，在一棵大樹下面的草地上坐下來，依舊打開了書。

「不可以做朋友嗎，小姐？」

「爲什麽不理我們？你在什麽學校讀書？」

我感到厭惡和憎恨，只得離開公園。

回到家裏，父親母親都已起身了，我一人躲在亭子間裏，回想着剛才的事。

「這就是中國的有爲的學生嗎？當自己的國家正和敵人生死決鬥的時候，他們在幹些什麽？……」

我覺得非常痛心！

十點鐘，太陽正烈，我的亭子間悶得要命，窗口只有豆腐乾樣的一方，永遠被陰暗所佔有着。我頭上的汗，像淋雨般地從我的面頰、額頭、髮梢滴下來，我熱得不敢動一動。

郵差送來一封掛號信，父親看了以後，嘴唇變得灰白了。我連忙走過去扶住他，一面把眼睛斜過去看信。

「逕啟者：……物價高昂，……自來水地價以及其他各項開支較前倍增，爲顧全成本，不得不將房租略予增加，……自本月份起增加三成，……尊府每月租金應爲國幣三十六元……」

「信上說的什麽啦？」母親問我。

「從本月份起，房錢要加到三十六塊！」

「哼！難道要我們的命嗎？自己失業在家裏，一個小錢也沒有進來，租了二個亭子間就要三十塊，連開銷最少也要四十塊，還要加他媽的房錢，簡直要逼我去死！」

父親發怒地說着，睜大了眼睛，把手敲着檯子。

「爸爸！爸爸！息息吧！」

「滾開！你們這班賠錢貨！下半年你書也不用讀了，替我到工廠裏去做工！」

我嚇得哭起來，因爲我從來沒有看見父親發過這麽大的脾氣。我恐怕父親再要駡我，便躲到自己的亭子間裏，隱隱地還聽見父親在駡人。

「簡直同漢奸一樣沒有人心！」

吃飯的時候父親躺在床上沒有起來。我很快的吃了一碗飯，便走開了。

下午，天更熱，亭子間裏沒有一絲絲風，我皺起了眉頭，揮着一把蒲扇。

母親推開門走進來。

「孩子！父親頭上燒得很利害呢！面色也很難看，你去問問對門的醫生，問他可不可以免費診一診？快去，好孩子！」

「人家不肯診的，沒有錢的事誰肯做！」

「孩子！你沒有去問，怎麼知道？」

「爸爸說下半年不讓我讀書了。」

「不要緊，他是發怒時候說說的，孩子！快去問問看。」

回來的時候，我告訴母親，對門王醫生說一定要掛了號，才能够看病。於是母親的眉毛更蹙得緊了。

晚上，父親的熱度更高，母親急得什麼似的。我知道今天的事情很不妙，很早就回到自己的亭子間裏，把電燈熄去，坐在窗口，發獃地望着這僅有的一線藍天和天空裏的星星。(751)

開除之後（廿七・五・十五・）

沉　之（十八・學）

起來得較遲了，爲的今天是星期日。推開窗，鮮紅的陽光透進來，天是蔚藍得可愛。「這麼久不見陽光了！」心裏這樣想。幾天來爲陰鬱的思想所充滿着的頭腦，終算暫時的舒展了一下。

早飯後，預備去赴××公園的聚談會，希冀着在那邊找到一些熱情，一些希望。六個月來，我好比走盡了人生的沙漠，沉悶，沉悶，到處都是沉悶。黑暗的勢力到處潛伏着，我相信終有那麼一天，我會跟這勢力搏鬥起來。「與其做一個屈服的奴隸而生存，毋寧做一個自由的戰士而死亡。」這句話又在我心底叫起來。我想不到自己會變得這樣快，近幾天來簡直沒有休息一安靜就有許多紛亂的思想。

突然有人推進門來，是敏。他一進來就說：

「阿蒙和小李被開除了。」

這消息使我震驚，但是他底陰沉的臉部的表情卻使我本能地相信了這消息的眞實。

「他們……爲什麼？」雖然我是那樣地問着，但回答不是很明顯地放在我底腦際，小李是本市「學協」的幹事，阿蒙是會員。在校中他們是有名的急進派，有一次爲了出版壁報的事情，他們和學校裏的王主任起過很大的衝突。

敏並不回答我底話，他底眼在望着空中，好像在尋找什麼。

「王主任爲什麼要這樣做呢？難道他忍心要把這最低微的

柔弱的呼聲亦毀滅掉嗎？這地方不已經是太沉悶太使人窒息了嗎？」我已經沒有剛才那樣興奮，雖然從這消息所展開去的一切聯想充塞了我底整個腦際。我這樣像是在問自己，我底痛苦太大了。

敏站起來，我也站了起來。

「找小李去。昨晚佈告出來後，他一直到現在都是在悲憤之中。」我跟着敏走出去，沿着公共汽車站朝西向小李住所前進。在路上，他詳細地告訴我，王主任怎樣知道小李和阿蒙參加「學協」，小李怎樣和王主任起了嚴重的衝突。

王主任放在小李他們頭上的罪名是：行動囂張，不遵師訓。小李反問他什麼是「師訓？」何謂「囂張？」他沒有回答，他只睜開了他底那雙老鼠眼，擺出一副殘酷的樣子。據說他已經得到了阿蒙起草的本月卅日「告本市民衆書」的草稿，作為開除他們的理由。小李呢，他預備叫「學協」署名警告學校當局，叫他們別把教育作為賺錢的工具，加緊壓迫學生，為虎作倀，實施敵人的奴化教育。

當我們到了小李家的時候，已經是烈日當空的中午了。進了他底臥室，他正在起草給「學協」的信。

「小李」敏叫起來。「昨晚的交涉有沒有結果？」

小李倒並不像我想像的那樣激昂。祇是一開口，他底尖銳的眼中，就放射出光輝的憤怒的火燄。「你們坐下來吧！」他說着，把未完的信稿放入抽斗中。

「你們很可放心，這樣的學校我是沒有一絲留戀的。只是我要使王主任知道，在上海的數萬學生，並不都能任他擺佈，任他支配的。我要設法破壞他以教育作為生財之道，討好敵人，以奴化教育麻醉青年的迷夢。加強壓力的結果只有更大的反響。」小李響亮地說着，他底被稱為政治家風度的眼中，放射出報復的光來。

我沉靜地聽着他底話，但我底思緒卻混亂得像亂麻一般。我担心着教育商業化的高速度的發展，「教育者」天良的泯沒。我低下了頭，說出了久想說而從未出過口的話：

「上海也許已經沒有什麼可以留戀的了。」

「這裏什麼都是不入眼，汚氣，汚氣，到處是牠！」小李為了我底這句平凡的話而跳起來「到內地去！在上海，有熱血的人是不能生存的。」

我們在小李處吃中飯。經過熱烈的討論，他又決心和阿蒙留在上海共同奮鬥。他說：「只要我有一分力量，我要給這裏高速度發展着的奴化教育一分打擊。」

三點鐘，我先告辭了出來。回到家裏，許多複雜的思想縈繞着我，使我感到痛苦。

「沒有用，沒有用，這裏奴才太多了！」一個聲音在我耳邊喊起來。

這一天，我又是在昏沉之中。（701）

焚書記

吳運開（十九·學）

初冬的季節，老是陰霾的欲雨不雨。太陽像遮了一層黃紗，淡淡地，照在身上也沒有暖氣。寒意是流露在每個人的臉上，祇有那廚房裏的僕婦們，在暖和的溫度下，正忙着他們的工作。特別的是那樓下的房東太太今天也精神抖擻的跑進灶間，搲起了衣袖，用那銳尖的嗓子，指揮着僕婦們。

「王媽，你把那昨天阿根齊好的書去拿來。」房東太太感到緊張，迫切，心裏老是轉着念頭，呆呆的握緊了手裏的火鉗，雙目注視着灶傍一堆作引火用的字紙。

車夫阿根正從外面回來，手裏拿了一張有紅字的日報，很悠閒地吹着口哨。他見到太太也在灶間內，立刻恭恭敬敬的叫了一聲：「太太！」

她抬起頭來看見了阿根，無關緊要的問了幾句。最後見到他手裏拿的日報，隨便地說：

「今天有些什麼消息？」

阿根斷續的報告着，一面仍舊把兩只眼睛釘在報紙上。

她一壁聽着，一壁把頭伸了一下，又用那尖而高的嗓子叫了：「王媽！快些啊！怎麼拿幾本書要這樣久？」

王媽很費力的把幾十本書捧到灶間，順手就放在灶邊。房東太太便拿起書來，不問情由的把一本本書撕成片片，引了火向灶內送進去。

「太太，罪過啊！怎麼把書燒飯吃？」王媽似乎很憐惜地瞧着那些書本。

「罪過！你知道嗎？這些留着會惹出亂子來的。」房東太太很正經的告訴王媽，額上的青筋更顯露了，削瘦的臉似乎很少血色。

自「步兵操典」「陣中要務令」直到很久以前出版的「永生」「大衆生活」，都一本本從太太手中撕破，變成了一片片碎紙，從火鉗中傳進灶內，被火焰舐成灰燼。

大少爺從校中回來了。順便的向灶間探望一下，看到他母親亦在灶下，除了叫一聲「媽」之外，很驚異地看着他母親的工作。

「媽！怎麼把我的書都燒掉了！雖說現在沒有多用，到將來也許要用到的。」

「眞是傻孩子！要留着這些書什麼用？還不如趁早燒掉乾淨。」房東太太講出很多的道理去教訓那「不懂事」的孩子。

「早知今天都燒成灰的話，當初何必吃辛吃苦從蘇州帶到

上海來呢？」大少爺現出很感嘆的神情，懶懶地離開了灶間。這時候，灶間內正充滿着熱騰騰的飯香。(630)

一個弱者（二十七・二・二・）

梅特生（廿・商）

炎熱的太陽，掛在那天空的中央，我獨個兒坐在牀前的櫈上，倚着檯，閱着高爾基的少年時代。雖然眼光注視着紙面，但我的腦子，啊，不知縹渺到那裏去了！

綠衣人來授給我一信，我想又有什麼不祥的消息到來了。但接過一看，才知是一個朋友給我的信，我喜出望外。立刻把信拆開，誰知却給了我不少的悲哀。我爲要保存牠作爲最後的紀念，於是把那信抄了下來。

「特生兄：

好久沒有和你通信，不知道你近來的身體怎樣？我很掛念你，但我將和你訣別了，不能來和你會面，這在我是很爲遺憾的。

我近來心中是如何的憂悶啊！我這枝禿筆，那能描寫我心中千萬分之一的憂悶呢？我不欲再活下去，連一日都不希望再活下去了！我想永遠隱藏着我的不幸的種種，然而我不能瞞你，因爲你是我最親愛的摯友！

親愛的摯友啊！此刻她們都睡熟了，屋中靜寂得很，祗有我的筆尖在紙上發出簌簌的聲音。

我本不願告訴你，告訴你我失業已經整整的一月了，因爲恐怕我的悲哀，引起了你的悲哀！

我對於廠方，沒有一點過失，然而廠中揑造了事實，於上月的三十一日，給了我一封荒謬的信。內容說：「近來廠中生意慘淡，銷數日見減少。前得經理之命令，有減少職員之議，以節省消費而維持時日。且先生近日似有怠懶，故不得不以勤懶獎懲之例，請先生在家稍住，待廠中之生意興隆，再通知先生來廠任事也……」

哦，我眞不解其意，廠中的生意一天好似一天，何以說是銷路日見減少呢？既是銷路減少，那末爲什麼從前祗有日工，現在又添了夜工呢？這且不管牠，牠又說：「近日似有怠懶。」我自問沒有一些怠懶的地方。我每天到廠任事，總在上午七時左右，（廠中任事的時間是八時，）沒有一天遲到過。然而牠却說我是怠懶，這不是揑造是什麼呢？我記得有一天，廠中開什麼會議，那天經理也來，我祗和他點了點頭，沒有在他的面前歌功頌德。也許是就此觸他之怒罷？啊！我生性是這樣，我不願攀龍附鳳，有所諂媚。雖然如今爲了我的個性而失業了，但我並不怪自己。我早不願在該廠任事了！——這是敵人經營的廠啊！我不能流了自己的汗血，替敵人賺了錢，變了槍與彈來打死我們的同胞！

親愛的摯友！我整整的失業已一月了，我物質上所受的壓迫還好，我精神上所受的損失啊，眞是不可以塡補！我開始和她認識的時候她的言語和行爲，是何等迎合我的心情啊！然而當我失業以後呀，她對我的態度，已天淵之別了。然我對她的態度始終如一，我想不到女子的心情，是這樣的善變啊！目前我倆的感情，有一觸卽破的形勢。然而幸有那我倆的結晶——小女孩，勉强維持我倆間的關係。

親愛的摯友！我看透現社會的一切，我豈但因失業而消極？我生活的資源，已經到了山窮水盡的地步。房金已拖欠了二個月，柴米油鹽一切生活的費用，都在無有之鄉。啊！明天的生活呀！我已解決了！她們怎樣？我却不知道。

親愛的摯友啊！你如果有能力的時候，必定要扶助她倆，使她倆好好的生活下去，因爲我對她的態度始終如一。

我將走了，悄悄的走了，她們是毫不知道，祇少讓我死個清爽！我寫到這裏，已經不能再寫了。心悸很甚，脈搏已加快了，呼吸也有些急促，手腕也軟了，使我不能不就此擱筆。

你接到我這信的時候，說不定我已到了那淸冷的水晶宮了。

你的朋友維仁。」

閱完後，我馬上奔去勸他，但是他已不在。於是我留了一封信。

「親愛的維仁：

我接到你的那信，閱後使我全身的肌肉，都在顫抖着了。我的眼睛，不期而然的充滿了兩眶熱淚，滴在你給我的信上，同時字跡也已糊塗起來了。我不願再讀下去了，閉了眼睛，讓我眼淚包着在眶裏！

啊！朋友啊！你的消極而自殺，不是靑年人應有的態度——這不是太懦弱嗎？

親愛的朋友！你該認淸呀！今天抗戰中的靑年該有鐵的意志，不屈不撓的精神，和目前的環境奮鬥，奮鬥出我們前途的光明！

親愛的朋友！你已看透了現社會的一切，但你不該就擺脫的去了。我們該振作起精神，盡我們的能力來改造目前的社會，這是我們應有的責任，也是我們應盡的義務！中國今天不正在向着新社會邁進嗎？

你希望我扶助她倆，我有能力的時候，決不使你失望！

親愛的朋友！我的眼淚時時奪眶而出，同時手也顫抖得很，就此不寫了。你看到我這信後，希望你不走那消極的道路，來加入我們的隊伍，負起對祖國應盡的責任！

然而我的朋友從此就沒再見面了！　你的朋友特生。」(828)

失業（二十七·四·一·）

野　草（廿五·）

今天淸早，我從北新涇的瓦礫堆裏，走上白利南路。閃亮的刺刀，猙獰的臉貌，嚴厲的搜查侮辱，……一切「順民」們應受的摑害，都沒有叫我怕懼。因爲我才從那殘破的家鄉出來，在那裏我是嘗遍了一切迫害了的。

過了梵皇渡車站，折入愚園路，大上海幽雅的處所，又跳進我眼裏了。富麗的小姐太太們，風流的老爺公子們，優閒地在整潔的馬路上漫步着，躺在柔軟的汽車裏飛馳着，他們的臉蛋依然是那樣紅潤，那樣快樂。整個民族在死亡線上掙扎，幾千萬同胞在飢餓線上流亡，這裏是看不出來的。眞是謎樣的上海呵！

在膠州路轉了灣，不久便到廠裏。工開了，機器鬧着洪大的響響，在隔別了半年的耳朵裏，彷彿是老朋友唱着歡迎的歌曲。

我很熟悉地進走宿舍，生熟的同事都向我投着生疏的眼光。但我非常高興。

去年戰事發生後，老板哭喪着臉，向同人很誠懇的說：「這裏每人十元川資，你們回去吧。本來應該多給點，銀行裏提不到錢呀。將來廠開了，我會寫信叫你們的。」我們想要求多付點錢，老板在法租界借了房子，不回來了，廠裏又不開伙食，怎麼辦呢，只好回老家去。

現在回到上海，工開了，又有工作了，怎麼不開心呢！於是，我便去找去年存在這裏的衣物。但什麼都變樣了，搬的搬了，失的失了。後來一個同事悄悄的告訴我：

「前幾天，有二個日本人來捉人，說法租界捉到了游擊隊，有你的名字呢！」

我離開上海半年多了，這不是很滑稽的事嗎？我隨口問道：

「眞的嗎？」

「可也說不定呀，那次來了二個不三不四的人，給老板鬼混一陣，走了就沒再來。老板說是日本人來捉人，那還不是……哼！」

我的同事有點憤然。我一切明白了，我沒有把希望拋掉。吃飯時候，我和從前一樣隨着去吃飯。飯堂裏新貼了一張告白：

「非本廠僱定職員，不得留廠膳宿。」

我終於厚着臉在那裏吃飯，因爲我還沒有正式解僱呢。我還有許多熟悉的同事，我不能把希望拋掉呀！

吃過飯，我慢慢的去收拾失散的衣物，衣服是大部「不翼而飛」了。想來大概是老板以爲我們這批淪在戰區的夥計，大抵都眞的回了「老家」，永不會碰頭了。所以便「慷他人之慨」，把「遺物」恩賜給別人了。

這且不提，橫直在家鄉也要遭到一樣的遺損，可惜什麼呢！叫我痛心的，還是七年來節儉下幾個錢，買了三百來本心愛的書籍，這次也給老板在不知不覺中全部焚燬了。

我正在悲痛的時候，有二個先我來滬的「非僱定」舊同事，跑來約我了：「你來得正好，今晚一起去見老板吧！」

「好！」我很快的答應他們，他們便走了。
我又在廠裏吃了頓「非份」的晚餐。
夜裏，我們一起進了老板的總理室。他正嘴裏啣着雪茄，把豬一樣肥的身子圈在沙發裏悠慢地在想什麼；一看見我們進來頭要點不點的動一下，從眼鏡裏射出討厭的目光來。
「黃先生，請你原諒啦。」一坐下來我們就談正經：
「同人們現在家破人亡……」
「怎麼，你們的意思你們不在上海，叫我廠都不要開嗎？嘿，叫我把新職員辭了讓你們？」
他冷冷的搶着譏諷我們，把煙尾朝痰盂裏一丟。
「不是這樣說，現在廠裏很發達，日夜班幹貨都來不及，職員又比從前少，總要請你幫幫忙啦！」
「嘿，我不能保你們一世老實說，「復職」兩字談不到！」
一個字一個字像要把人朝井裏推，聽來不覺冒火。我憤憤地說：「那末你應該把我們的衣物書籍還我們！」
「哼，廠裏要你們的？自己去尋是了！你的書告訴你，燒了還是為你的好，否則，嘿嘿嘿！」
他冷笑起來，環境決定他那樣放肆，不顧人情。
我失業了，我還失去了心愛的書籍，我知道是誰奪去了牠們，我憤恨！
但憤恨有什麼用呢？我想，我應該把這筆賬一起上在民族敵人的血債上，求一個總的結算。（226）

如此生活（二十七·八·二·）

秋　獄

每天在報紙的分類廣告內打圈子，明明知道那是不會有甚麼希望的。
今天天氣不知道怎麼這樣悶熱，鴿子籠似的亭子間內委實留不住。更使人難過的是一張張愁苦的臉；慈母的臉，老父的臉。往外跑吧！不看見倒也罷，看了真難受。
早飯也沒有吃，因為吃下去了實在不能消化。昨晚嚥下的兩碗薄粥，還悶在心口。「報紙上的分類廣告或許會給你點希望。不是嗎？每天有上十來條聘請。」我想着越想越有把握有希望。
決定了去看報上圖書館裏去看報。雖則到那裏要枉跑許多腿，但是在老槍報販那裏揩油總得挨氣討厭你窮癟三弄皺了報，沒有主顧。況且昨天才去過，不是還受過他的嚕蘇。
本來，窮小子還要看什麼報，沒錢就配不上看的。
跑進圖書館，那裏的確恬靜得多。但是那些在座的總是些閒散的熟悉的臉，從圖書館開門坐到關門，昨天在今天在明天還會在。

這不知道是否象徵着太平時代。

第一份要看的是新聞報，第一欄要看的是分類廣告內的聘請欄。雖然這幾天前線打得很吃緊，後方游擊隊又很活躍，但是還是先讓我找到了職業飽了乾癟肚子再說。

新聞報有人在看，大概是同我一樣想找職業的人吧。

「先看看別的報紙看看時事吧！」自己這樣的想。但是那裏有心緒，一面看一面偷眼看着新聞報座上的人。

唉！那傢伙眞不識事務，在我接連看了幾份報紙以後，他還坐在那裏，屁股似乎給欖子膠住了。偷眼看過去，不錯，那鉛字排得最密的一頁上，他的眼珠子在那裏溜溜一遍又一遍，也是在找分類廣告內的希望呀。哈！同樣的是失業鬼。

肚子有點餓了，口也渴得要命。我眞要咒咀那同病相憐的傢伙爲什麼要獨佔。

肚子裏擬定計劃，他再不走，我準會上前去趕跑他，因爲時候已很匆促啦，看了廣告還要去應徵呢。遲了誰說得定不會給人捷足先登。

時鐘上的針正成一直線，九點一刻。

口渴了先去喝點水再說。這裏預備的是沙濾水，眞闊氣！

回來時，那失業鬼走了，急急的跑去看，同時想總要看他媽的一個仔細。

眞開心，我憧憬起來了。我已在那廣告欄內得到了希望。一張張中中交的鈔票飛進了袋子，潮湧那樣的。母親看見這情景笑了，父親看見也笑了。

沒有多閒功夫看戰事消息，急急的翻到聘請欄。但是他媽的不知是否那個失業鬼或別的王八蛋，竟將其中的一則聘請裁了去，留下了一個空白。眞該死！那混賬東西眞該絕子絕孫！看在腦袋裏就行啦，爲什麼還要吞進肚子裏去呢！來挖個空心讓你一人登金龍殿。

一則一則的聘請新聞這樣唸下去：

「……某時令物品極需推銷員，每月至少有五六十元至百元進益，但爲救濟失業起見，不限名額，錄取辦法簡便，實爲失業者之良機，有意者請……」

推銷員，這勞什子不行，既然出品無人要，爲什麼還要轉空念頭，美其名曰救濟失業，無非是要在失業鬼身上搾點油，騙上幾塊保證金。

第二則寫着：

「本洋行急需買辦一人，每月月薪五百元，但需有五千元押金者爲合格……」

嘿！五千元，數目倒眞不小，況且像我們這種窮小子決够不上作「江白渡」的。

過了第二則，第三則這樣寫着：

「……本店需賬席一位，但爲進出銀錢起見，需具相當現金保證……」

他媽的，雖然賬席倒可以幹一下，但是又要現金保證！銀錢出入，無非是騙人要騙錢直爽點說得啦！爲什麽還要活見鬼說怕我是壞東西要捲錢跑，我準會剖肚子給你看。跳過那個挖空了的一則，的確不錯：

「某大報館出版在即，欲召大批職員練習生及賬席二人，但賬席需有二百元保證金，職員五十，練習生練習期半年，半年後量才正式錄用，但練習期間每月津貼八元……」

眞好！好得使我直跳起來。挺一下腰，賬席需保證金，職員，亦需保證金。但是，嚇！練習生，不錯！自己埋怨着以前幾次應徵沒成功爲了希望太高。當練習生也眞不妨，自己年歲也沒多大，現在先混飽肚子再說。况且再有八元錢的津貼，住也準會住得舒適點，不要再在亭子間內打地舖。

讀了一遍又一遍，細細的幾乎每個字都能背誦了出來，那地址也記得怪牢的。那一則給挖了心的或許機會來得更好，但是管他娘。時間還祇有十點多，拔出腿來去應徵也不會遲。

別了圖書館，脚步眞輕快，走路時常會會心地笑起來了。八元錢多好，還有新聞記者的希望呢！那時爸爸媽媽一定笑了，用不着再苦愁着臉。家給鬼子燒了就燒了，老家也用不到回去啦！報館總是一個雄偉的建築吧？申報館，新聞報館多大，都是大洋房。立報館還是小型報呢，報館也不小。廣告上不是寫着大報館嗎？一定是洋房，士敏土的厚建築。做個練習生總不會沒資格，沒出息吧！

跑上那指定的路，不錯，大建築眞不少，於是依着門牌找着。

從路頭跑到路梢，但是沒見那報館的一點影子。心底委實有點着急，大報館大建築那裏會錯過，要不是沒生眼睛，準是記錯了路！見鬼！

打回頭，再找一次。格外的緻細，一個一個門牌依次地找着。來啦！×報。白奶色的玻璃窗上沖着的兩個黑字，眞是。看門牌，又不錯。但是爲什麽這樣的小，小得像一個理髮店。

住洋房的幻想破滅了。出入的人眞多，都是應聘的，位位漂亮，個個少爺樣，那裏看得出是掙扎在飢餓線上的呢？

別管這揩乾額上的汗珠，很謹愼地跑進去，裏面擠滿了黑壓壓的人頭，至少有上三四十，肚子裏在打草稿。現在祇有上午十時多呢，報紙也才剛出，老槍報販也還正在馬路上叫喊呢。到下午六時，準有幾千人來應徵。

進去後塡上了一張油印的履歷表。姓名，年齡，當然是一套老花頭，一項項都用正楷塡上了。但是最後一項，就是所謂保證金。眞難，許多人在那裏住了筆。但是，練習生，八元津貼，練習期半年，報上沒有提到保證金啊！留下一個空就是了。

填好了以後將紙送給一個中年人，一頭長頭髮，是一個記者，我想。我還估計是不會錯因爲這裏是報館呵！

等候着經理先生一個個的叫喚，叫進一間經理室去。

挨着挨着最後總算叫上了我的名字。

於是我就匆匆的跑了進去，一個穿着筆挺西裝的中年人站着。三十多歲，鼻下一簇短鬍子，眞有點經理的威嚴。

「×××是你嗎。」

「是！經理先生。」

於是他就提起了我填就了的一張履歷表看着：

「噢！你是來當練習生的。××學校畢業高中程度，不錯！××學校我也很知道，出來的學生不會錯。在我們這裏當練習生吧，也很有出路，先幫助寫點稿子，以後就在新聞界跑跑，撕混熟了，新聞記者是不會成問題的。」

他接着又在那紙上看下去，突然反變了面色：「怎麼？保證金怎樣沒填？」

於是我立即這樣分辯：「經理先生，在你的廣告上，練習生一項內，不是沒有保證金的嗎？」

「唉！是，」他微微的笑了一下，「保證金是沒有。不過練習生每月需貼膳費六元，半年六六三十六元，一次付清。你想想自己有沒有能力付清了那麼我可以替你留下一個位子。一來，看你先來，填上的幾個字又不錯。」

「經理先生，是要三十六元嗎？練習生每月不是有八元津貼的，那麼我祇要拿二元錢好了。」

他冷冷的笑了一下，「哼！那怎麼可以？我們的規矩是一次付清膳費，以後再支津貼，你怎麼可以任意改我的規矩，有沒有？現在到家裏去拿來也行，機會是很好的呢！不過我們的規矩是這樣的。」語句裏充分露出了馬脚，使盡了一面威脅一面利誘的手段。

眞像當頭傾下了一盆冷水，我當時清醒了過來。旁邊還有一個年歲相當老的，是來當賬席的，在苦苦哀求希望能夠寬限幾天付保證金，但是我恨不得大聲告訴他，這是一個怎樣的騙局。

跑了出來，在路上完全變了另一個我，我癡想爲什麼還要每天在分類廣告內鑽呢？類似的事件不是碰到過好幾次了嗎！

但是明天呢，我準還會如此的生活，這樣地幹。明明知道在分類廣告內是沒有什麼希望的，但是終究是誰叫我這樣的呢？不是因爲敵人毀了我的家，使我成了一個一無所有的流亡者，叫我天天在飢餓線上掙扎嗎？(343)

不是亡國奴（二十六・十一・十三・）

夏棄起

「姊姊！起來呀已經七點了，你忘了我昨晚對你說的事嗎？」在甜夢中被大弟高聲地叫着推着。雖則我的睡魔還未脫體，也只得張着二張曚矓的眼沒精打彩的披上晨衣起牀。時候很侷促，將要近七時半了，在短短的十分鐘內把「分數」的意義與種類約略地教給他。

「眞討厭，昨天不叫我教，人家要睡的時候偏來麻煩。」接着我不高興地說。

「都是媽不好，前幾天不讓我去上課，難道流彈這麼巧眞會飛到我身上嗎？害我算術也沒教到，不然誰要你教！」他撅起了小嘴邊說邊走了。

「快走！小鬼！」我狠狠的罵他！

「不！大姊你不該罵他，是媽不好，不肯讓他去上課，算寶貝他啦。」睡在被窩裏的小弟嫉忌似的說。

「也不能說媽不好，歸根結底還是日本鬼子害人啊……」不好說話的淑妹難得她說了這套怪有理的話。

我索性不再睡了，翻開報看了幾項大題目——

「昨日凄風苦雨中大上海全部淪陷，守衛南市的孤軍流最後一滴血，昨日傍晚作最壯烈戰鬥。」

「民國路上十萬難胞在敵軍刺刀下掙扎，風雨飢寒交迫中渴望着援手。」

「太原守城部隊全部殉國。」

雖則滿載着觸目驚心的消息，可是我並不因此而憂愁，悲哀，甚至灰心，相反的，更使我興奮，更使我仇恨。我理智的想着，在這神聖的民族解放戰爭的過程中，是免不掉時有得失的，同胞也免不掉要遭難與犧牲，更免不掉有前線戰士光榮的殉國。誰都不會否認，我們要獲最後的勝利，必須要經過一個持久的鬥爭。同時因爲這是整個民族的生死戰，所以這個鬥爭是十分艱苦的。每個國民處身於這個鬥爭的大時代中，應該用冷靜的頭腦來應付這偉大的環境，有錢的出錢，有力的出力！

「姊姊……姊姊……」大弟提着書包飛快地叫着進來！

咦？怎麼你一會兒又回來了？是不是肚子還痛？」我很驚奇地問着他！

「肚子痛倒好了，可是……」他皺緊了眉頭，後一句話還未說完，便放聲大哭起來。

「究竟爲了什麼？別哭！快說呀！」我要他告訴我聽。

「我很匆忙地一口氣跑到校門口，恐怕太遲了，所以就一直往裏面衝進去。誰知校門外的×國兵拿着鞭子抽了我兩下。當時我也不覺痛，只見裏面許許多多解去武裝的中國兵，同時有一部分在操場上被×國捕巡在檢查着香煙，毛巾，電光燈……等東西，都被×捕抄去了。有很多勇士爲着不願被他拿去，正被××巡捕狠狠地抽打呢。可憐我們的戰士都穿得單單的！他們臉上都現出憤怒而不服的神氣。」他氣喘喘地說了這麼一大篇。

「姊姊，我們到底是不是已經做了亡國奴了呢？為什麼×國巡捕這樣的看不起我們中國人？欺負我們的將士？」他憤憤的問我。

「不！我們決不會做亡國奴！最後勝利一定是我們的。我們應該勝不驕，敗不餒！上海今天是淪陷了，但是終究還會插上我們的軍旗。今後痛心的事實多着呢，我們要把這些血和淚的經驗深印在心裏，努力進行恢復大上海的工作。只要我們自己誓死不當亡國奴，我們就永遠不會是亡國奴！只怕我們自己不爭氣……」我哽咽起來。大弟的小眼睛也濕了。他瘋狂地喊：「中華民國萬歲！」

第六輯

蛆蟲樣的一羣

從早晨到晚上

自振

說是早晨太陽可已晒得竹簾子簌簌的發響，天空裏早已滿佈着爆炸的聲音，但是驀地裏一聲巨大的砲響，卻把趙先生從酣適的甜夢中驚醒過來。他伸一伸懶腰：

「呵……哈！」看一看表，十點四分。

四姨太太老早就煮好了一盅燕窩，瞧着他醒了，連忙端過來給他喝；她看一看老爺的面色今天又不大好，於是嬌媚而又帶着關心的說：

「你也太忙了！從早晨出去，一直就到晚上老晏的回來，外面流彈多着呢，我看你今天還是不要出去罷！」

「不要緊的，心肝！我今天的事多着呢，妳叫阿福去預備車子罷！」說着捏了一把四姨太太的腮膀，露着牙笑着，又對着鏡子打領結去了。

公司裏滿眼都是人；閘北分公司裏的，南市棧房裏的，黑壓壓的擠滿了整個的公司。

「是月底呢，不要今天就裁人罷？」

「照理說，公司裏去年賺了二百多萬，今年一上半年工夫，就賺了一百多萬。要是眞肯維持我們這麼一年半年的話，可眞算不了什麼一回事。何況這些錢都是我們幫着公司賺的呢！」

趙先生一踏進大門，嘈雜的空氣，就立刻突然的壓低了下來。他連正眼都不看一看的，一直跑進經理室。

案頭上有二封信，一封是天津廠裏來的報告戰事中受損的情形，現在已經整理就緒，大約損失三四萬光景。

「三四萬！還好還好！那不算是一個怎麼大的數目。只要市面平靜，做一票××貨的投機，不就可以撈回來了嗎？」他心裏這樣想。接着又拆開另外一封信來，那是××傷兵醫院籌備處的通知，約在今天下午四時開會。他輕輕的往旁邊一丢，心裏想着：

「開會，又得要錢！」但接着他的思緒又轉到三四萬的數目上去了：

「三四萬！在整個的公司基金和自己的財產上比例起來，那自然是一個很小的數目。但是要掙回來可也不容易啊！而且戰事到什麼時候結束，是誰都不能逆料的。交通阻礙了，商業停頓了，公司的開支是浩大的，職工的人數又那麼多。」他突然的提起筆來：

「裁員！裁員！」

下午通告牌上新添上了一張十八項頭的文稿紙，而緊跟着這一張文稿紙後面的小職員的命運，正像這一張新通告後面的舊通告一樣，悽慘地給罩上了一身的黑暗，生命被扼住了。

四點半鐘，趙先生出現在××傷兵醫院的籌備會裏，他首先是深致抱歉：

「啊！對不起來遲了一步。兄弟實在有些窮忙，剛從商會裏出來，同鄉會要辦收容所又打電話把我找了去。」

「啊！趙先生眞忙，眞熱心」於是全場都對他肅然的起敬。會議繼續着：

「……不過，經費少了是不行的！現在預定是五萬元，已經由兄弟和在座的幾位拚湊了一萬八千元光景，不足的數目想向外面去募捐。」主席汪先生整一整面前的捐簿。

「這裏是幾本募款的捐簿，憑着諸位在社會上的手面和熱心，我想不難一下子就湊足這個數目的。」

「主席，諸位！」微微地一躬。趙先生瞧着是自己的發話機會來了，於是站起來激昂地說：

「在敵人已經打到我們的面前來了的現在，還有人會吝惜自己的財產，而不去救救傷兵，幫幫難民的忙的話，那眞是一個守財奴……守財奴！」他本來想說：是漢奸的，可是覺着，覺着那總有些不那麼順口似的。在一陣哆囉之後，他再繼續的講下去：

「……像兄弟還樣外表上汽車保鑣，骨子裏滿身是債的人，也已經東幾千西幾千的捐了許多，總算對得起國家了！我想這一些數目，諸位一定能夠很熱心的去盡力經募的。」

於是捐款簿一本一本的擺在各人的面前，但是主席汪先生的心裏是明白的。

「東幾千，西幾千？屁！幾時看見你出過錢？」

散會了，闊人們一個個跨上了汽車，主席一把拉住了趙先生：

「老兄上一次籌備會老兄因爲忙沒有來，使我們不能聽見你那使人興奮的演講。我想老兄也是發起人之一，又是一個最熱心愛國的人，關於經費方面請老兄也隨便寫些吧。」這給予趙先生以一個本來就惴惴着的突然的襲擊。他心裏想着：

「倒霉！逃過了上次，這次可又給他拉住了！」他本來想連這次也不來的，但是在衆人面前，他當時曾作過慷慨激昂的論調，要是連還次也不來的話，會不會給人家罵冷血漢……漢什麼，他不敢再往下想了！他覺着主席是深知道他這會事的，但是提起錢，却又使他肉痛。不過趙先生畢竟不愧是一個老於外交的脚色，他立刻扮下笑臉：

「老汪，不瞞你老兄說，這二年我眞是外強中乾！雖然從前做

××貨賺了一些錢，但是天津廠裏損失得很多，生意不好做，自己虧空的也就很大！……這樣罷！我總盡力的去募捐，總要對得起國家，對得起自己！」

於是點一點頭：

「再見，再見！」

在一天的愛國工作中，趙先生是覺得太辛苦的疲勞了，因此他必須有一個舒適的地方給他消磨一個晚上，調劑一下枯燥的精神。於是他輕輕的對汽車夫阿福命令着說：

「××路……××舞廳！」（1416）

騙局

何斯基

「嗡胡……嗡胡……嗡胡……」

黯澹的店堂寂寥得似座死城，買客連搭訕的都沒個兒。滿臉灰塵的電扇在整天打旋之後，像要求停留似地喘息出工作的辛苦。

今天比往日更熱，馬路上的柏油還是今夏第一次溶化得沸滾似的翻着泡沫。雖然有撒沙噴水，可是柏油仍在溶化。一片片輪跡和足印划下了血汗之痕。臨窗我望着馬路上在奔波的人。啊！爲了金錢！我抹着從額角流到臉上的汗珠，在悶窒的心裏蕩漾着一種可厭惡的萎靡。

「獨……獨……獨……」沉重的步伐，使勁地打得地板抽搐似的震動，蘇主任走過我肩邊。

「丟那媽，電扇開得格麼子多！關掉幾個來！」蘇主任看到電扇多開了兩個，對我使氣的叱責。他臉上罩着一陣陰霾的恐怖，彷彿眼珠欲躍出眼鏡外來，一筆重墨抹成的闊眉，露着一股淫威。我想委實是生意太清淡了，否則我也不會做出氣管吧！

「生意格末子清，哼！去喊永增來。」蘇主任在部長室裏提高着喉嚨，叫着任何一個的學生——或叫練習生。永增被從裏面貨房間喊到部長室來。

「這喬其紗貨倉間裏還有不？」「大約還存有幾箱。」順手從玻璃窗中抽出一本寶×洋行的樣品給他，翻着一塊紅格漏空的喬其紗上面已漬上了模糊的許多汗斑，還剪掉了幾小塊——是給跑街做推銷樣品的。

「這……」猶豫了一下，彈着手指，「恐怕還有五箱吧！」永增說：

「五箱！」

「喔！××綢莊的一箱還沒取去，這只有四箱了。」

「四箱，……一箱有幾多疋數？」

「五十疋。一疋是三十碼。」

「唔！」蘇主任從西裝袋裏抽出塊手帕抹着汗。他說：「今天是星期五明天……」細心地轉身看一下日曆，「永增你把四箱統統開去作犧牲貨賣提一下生意經。」，「永增准明天賣！」「獨……獨……獨……」沉重的步伐打着地板部長室沒有人了。

喫過飯，下午，我們就開始做上午所指定的工作了。六七個練習生擁擠在湫隘的貨倉閒裏牆上是那麼陰溼呼吸到的空氣祇是霉氣和汗息。但慣常了的我們還不致作嘔。在貨倉閒裏等候了許多時候，才見永增大搖大擺的拿了取貨單緩緩地踱來驕矜奸刁，主任的寵愛把他養成的。

「開四箱嗎？」喘呼呼的金榮在開始搬動木箱。

「是的。六八四號不要開！」永增說。

五疋，十疋……直到三十疋，一箱箱的開着，在身旁地上已聳起了一堆堆的紗。不耐煩的口吻刺進了我們的耳膜。

「喂快些搬呀……搬呀……你們做什麼的！」聽到這話後，我就湊肩上去，這樣他就給我一放十五疋的壓上我的肩頭。

「永增！十五疋我吃不消。十疋吧！」我自量力不勝任。

「十五疋都搬不動？喫飯的氣力在那裏？眞有這麼沒用！」他神氣十足的回答我這麼幾句。我本想與他辯駁一下但想到他會用公報私仇的手段，我終於啞然無言了。

我在扶梯的轉灣處險地栽個跟斗。皮鞋是容易滑的，又是水泥的扶梯，沉重的脚步一踏空，把我旁邊一個女主顧嚇了一大跳。她憐憫似地說：「掮不動不要掮這麼多呀！嚇得我來！」我掙扎地對她苦笑。我的心比她跳得更厲害呢！假使萬一摔出血……摔折骨……甚至摔死……在公司的定章中亦只有少得可憐的五十元恤金。

「練習生眞不是人做的。」爽心直氣的瑞民在旁吼上一聲。

「要喫飯沒法呀！副經理不是講過嗎？就是被主顧打了耳光，也還得賠笑去道歉。這喪盡天良甘心作賊的奸商們，國家還要背叛，何況對我們職工的待遇呢！」

無力，脚輭，腰酸，……但是無論如何，總得搬光爲止，

星期六天氣比昨天少熱了一點。蘇主任露着猙獰的笑臉在我們旁邊踱來踱去。「票簽不要穿錯，當心點。機頭弗要忘記剪去。永增你留心察看察看他們！」於是他踱了出去。

本來機頭是他最關心的，因爲那上面都印着製造的地址與廠名。要是沒剪去機頭而拿了出去，那麼，蘇主任的把戲被戳穿了，我們也就得遭殃。所以我們不得不昧着心察看週到。

下午生意果然來得擁擠，廣告的效力畢竟是偉大的。進來的人們，都鬧着那隻犧牲貨櫃檯買喬其紗。幾乎鬧得水洩不通，像在櫃檯四周打上了一道道的人牆。「縱縮」的喧嘩，剔緻的減尺，匪

熙攘攘的往來，這些合奏的節拍，打進每個不願做奴隸的人們的心，是多麼慘痛呀！然而蘇主任的頭腦中却早給利欲的烟薰得僵黑了。他現在只是在打着圈兒，巡視着。檯上的紗一件件的稀少下去，捲貨的板，一塊塊的堆積起來。今天他臉上滿堆着笑，定還個喪盡天良的騙局！這裏只有價廉物美，便宜，賺錢，沒有良心，道德，沒有祖國！

擁擠，喧嚷，敲尺聲在合奏着傷心的節拍。在眼前的景物，我彷彿模糊了，在我腦中所展現的，只是同胞們的血一滴滴地流到侵略者的錢袋裏去！（1415）

金票

匀羊

氣候是這樣的熱悶，在辦公室內，眞是難受。電風扇雖然不停地在旋轉着，但是事實上並不因此而減少熱的程度。點點滴滴的汗珠，依然由皮膚的細毛孔中沁露出來。

午後，櫃台上忽然來了個中年的顧客，穿着畢挺的西裝，喜氣洋洋的踱着紳士式的步伐走將過來。「這裏是國外匯兌部嗎？這票子請你煩勞一下吧！」他從褲袋內摸出了一疊綠色的，狹而且長的紙鈔，一望而知道是美金票。厚厚的一疊，他很小心地，很整齊地，把牠疊在櫃上。但是當他銳利的目光，移轉到我們面上的時候，我們的回答却是：「這票子是美金票。對於外國紙幣的買賣，有幾家銀行是辦理的，但是大多數，爲了手續上的麻煩，以及種種的不便，大多是不做的。所以，對於先生的請求，我們祇得抱歉了。因爲對於牠本身的是眞是僞，我們也無從加以辨別，這是很對不起的。」他聽了這話之後，顯然是沉默了，但是他並不失望，得意的微笑，依然爬在他的臉上。當時我就有意無意地搭訕着：「你先生什麼時候從美國回來的？他們對於中日戰爭，作何感想？美國的人民，不是向來主張和平的嗎？但是他們的政府爲什麼要實施中立法案？這是美國的人民所樂意的嗎？」他聽了這話，搖搖頭，這樣回答我：「不是的。這是從四川路上的小錢莊裏買來的。在戰事初開始的時候，我早已料到法幣的必然跌價，因此我早已結成外匯。但是恐怕政府將來會沒收私人存款，所以我特地來把牠掉成金票。利息上雖然吃虧了一點，但這樣却可以高枕無憂了。」他依然帶着滿面得意的笑容，拖着他那輕快的脚步，走出了行門。

聽了他這席話後，這才明白他那微笑的由來。我眞佩服他那見解的「遠大」，思慮的「週到」，但是我不明白他是不是中國的人民？命錢固然是人生活命的唯一要素，但是要知道還有比它更重要的東西存在着。要是國亡之後，縱然你有百萬的家財，到那時候，試問你可還有什麼用呢？可還有誰來保護你的產業呢？說不定因此反把你的生命送掉！

匯價由一先令二辨士半，跌到八辨士，一般自以爲聰明的人，又自傲了，什麼國幣又在貶值了。雖然徐州是陷落了，九江是失守了，但是對於中國整個的金融可有什麼影響？根據四行準備庫的報告，法幣的準備金不是較前益發充足而有餘嗎？倫敦的金市不是還在七鎊？這跌落的由來實在是由於一般投機者的操縱，和一些非必需品的進口商行的極力扒進，這才造成了這種畸形的行市。

看到漢口獻金運動的活躍，使我感想到同是一個國家的國民，他們爲什麼願意把他們的所有積蓄、金銀、財產來獻給自己的國家呢？難道他們沒有「遠見」，「週慮」？他們是爲着國家民族，也就是爲着自己的前途，才願意把他們的財力供獻給政府，以盡有力的出力，有錢的出錢的責任。自作聰明的朋友們，可以醒醒了！可歌可泣的淞滬三月戰事，怒吼着的大砲聲，難道你們已忘掉了嗎？看看前方將士的浴血苦戰，看看後方同胞的積極工作，千萬人的死傷，千萬人的流離，他們爲的是什麼！（732）

拾來的一頁

慶

某一個夏夜，信步於××路，偶爾拾得日記一冊，內容殊堪尋味，惜大部已告殘缺，爰特選其中比較完整之一天，錄之於后：

七月八日　天晴

雖則昨天整整的打了一天牌，但是今天還是起身得比往日早，在十點鐘敲得沒多久，我已連早飯都咽下了。我總是奇怪，他們爲什麼這樣歡呀！才敲過七時就起身了，眞是有福不會享！

胡媽把報紙遞過來，我照例就立刻把本埠附刊打開，看那幾個去處將足够消磨我這一天。

跳舞場，戲院子，因爲天天去，我已經膩了。游泳池總沒有上年高橋的爽快，跑冰我根本不會。還是跑狗場比較得有點兒刺激，要是買得一張獨贏，就會有整千的鈔票向你口袋裏塞。

偶然翻翻第一張，昨天又有投炸彈案發生，我見到了覺得頭痛！心悸！

上午就這麼在無聊中過去。

今天飯太硬，

才放下碗，在「××局」近來得很意的知友×君來啦！我早就托他弄一件掛名的差使，今天他來，大概總已有了點眉目。我早就想好，假使報紙上把我的名字登了出來，那我只消來一下子「諒係傳聞失實，特此鄭重更正！」的啟事，就沒有事了。每個月的乾薪×百元卻現撈，嚇！果然×君眞够朋友！

「××酒樓離這裏沒多遠，我們走去吧！比較的少注目一點。」×君這樣的提議，我當然很恭敬的應了聲「是」！

走出門，我們儘檢着熱鬧的街道走，那些女人眞夠瞧，依着性，我準把她們從上至下狠狠的盯上這麼幾眼，才夠痛快！但是因爲×君在旁邊，必須放正經點兒，所以我只是從眼角邊偷偷的斜視着。

在××路上，我還遠遠望見一隊××憲兵正向我們對面走來，我覺得有點不自在，想躲一躲。於是立刻使用着我的聰明，推說對面的櫥窗前圍着一大堆人，我們去瞧瞧好嗎？否則要是對×君直說了，准會引起他極不好的印象的，現在他是我的上司啦！

當我面上掛着一絲得意的微笑，從酒樓中踱出來的時候，我又似乎自我的意識到我的運氣正太好啦，十元一張難民獎劵就在這意識下很有把握似的購到了手。

「先生！多購一張就多救一條命！」

「嚇！難民！他們都是命中注定了要吃苦的，又不是我害他們的，要是我做了難民，他們會來救我嗎？眞是！」我心中雖是這麼想，但是口中還樣的回答：「對不起！我力量不夠，這十元一張已是勉強了的。」

踏出彩票店，又突然想到袋中有着×百元鈔票，晚上跑狗場中還要靠他來做本呢？別給扒手扒了去。但是，幸而沒有。

一個乞丐老是跟着我，我因爲怕損了我的好運，所以終於用了最大的決心，把一個一分銅幣打發了他。同時告訴他：「這是一分頭的！」

回家洗了一個浴，同妻及兩個孩子湊成了一桌麻將。兩個孩子的打牌正同他們學習日文一般，天天的有着進步。臉上不禁露出了一絲微笑。

晚飯又相反的太爛了。

車夫撥動引擎，氣惱的事又來啦！儘撳着喇叭，前面的行人同黃包車眞如死了一般，總是緩緩的拖着步子，擠在前面，要是……，嚇！我早就把他們輾死幾個來洩洩胸中的悶氣了。

跑狗場人同潮水一般儘向內擠，未來的財翁眞太多啦！

幾個穿制服的人，牽着狗環場繞了三匝，關入了木籠。於是人們開始騷動啦！在那幾條狗身上，搜求着他們的對象——號目。一陣狂呼之後，就決定了各人的命運。從每一個人的臉部的表情上，很容易的能辨出誰是勝利？失敗？

當我踏上歸途的時候，袋裏已塞滿着沒有跑得的狗票。我早就意料到日間的乞丐會損害了我的好運的。唉！可殺的乞丐！

今天特別早上床，還只一點半呢！

妻沒有回來。（567）

依賴死人生活的一羣　綠霞

讀者也許要奇怪嗎？天下那有活人靠死人來維持自己生活

的道理？然而在中國各處很奇怪的都有他們的蹤跡。尤其在無奇不有的上海，他們這一羣人散佈在每一隻角落裏等候着死人。特別在今年，他們無不「笑顏逐開」在交着所謂「紅運」。這一羣人散居在醫院、棺材店、壽衣莊、殯儀館、祠堂、庵廟、寺院以及香燭錫箔店、冥器店等各處，還有道士吹打軍樂隊等無一定居處。他們在居民死亡率激增着的時候，莫不額手稱慶，讚嘆生財有道。活着要錢，生活死了要錢安放，羊毛出在羊身上，死人的錢當然由活人出。於是活人的痛苦勝過死者萬分，既遭家屬死亡之悲，又逢大量金錢流出之慘。靠死人生活的一羣，却在歡笑。筆者於七月三日遭慈母棄養之痛，親歷許多可悲痛的事，一日之間在他們這一羣裏轉了一個圈，茲特約略記下。

照例醫院中的規則，每晚十二時，護士必須替病人測量溫度，可是我們在的醫院却要趁護士們的高興。在七月三日二點鐘，護士先生高興了，或者說是睡醒了，到我們病房內來測量我母親的溫度。「體溫表」剛取出，我們急着問「幾度？」他沒有回答，大概他表示他的尊嚴吧。再問「幾度？」「稍微有一些熱，卅八度一」然而我們的眼光集中於慈母和藹的臉上時，發覺臉色有點紅潤，特別是一雙眼睛有點異樣。所以對於護士的回答有點懷疑。不得不再請他量一下。敵不過我們糾纏，他氣憤憤地量了，大聲道：「不是三十八度一嗎？」我們開始和母親談話，發覺他發音是多麼吃力。同時有點神志昏迷的模樣，於是請護士去叫醫生來，他又有點似願非願，大踏步走出去了。隔了良久，醫生來了，睡眼惺忪的把脈和量熱度，同時他把手指給母親數，數得一點不錯。於是他說：「病狀甚佳。」但當他再問母親時，母親却不開口了，眼睛在昏暗，牙齒在咬緊。「有點神志昏迷，給他打一針强心劑吧？」醫生露着慌亂的樣子說着，隨即匆匆的走出去。隔了一會，來注射了强心劑。但是母親漸漸地暴噪起來，脈息依舊那樣微弱，恐怕前途危險，請院長來罷。打了無數次的電話，院長來了，看看病人的變化，皺眉蹙額，一籌莫展，也不說什麼話，匆匆下去，在休息室中打轉想辦法，坐了立起來，立起來了又坐，隨即匆匆地帶了儀器奔到病房裏驗血壓。血壓表飛速地升上去，但他說血壓却不高。又打了强心針，匆匆下去又匆匆上來，實行人工呼吸法。可是牙齒愈咬愈緊，眼珠兒更昏沉暗淡下去，淚水像泉水般的從我們每個人的眼眶裏湧出。天亮了，戒嚴令取消了，家裏的人在驚慌中趕到，母親竭力還在和死神掙扎，睜大了瞳孔，向每個人望着，好像有許多話要說而說不出。多末難過啊！終於在鐘鳴六下時，經過一個鐘點令人斷腸的呻吟後，母親眼皮漸漸地合上了，面色慘白——凄慘的哭聲在病房中展開！

用去許多的錢，住了二十天的醫院，請了許多的醫生，誰不說病勢在逐漸減輕，然而這「輕病」却會致死，誰相信呢？死了，醫院一筆龐大的醫藥費却還必須付清。死人由中央殯儀館中派運柩車接去。我們收拾了一切，急速地離開「救世」的醫院，登上汽車，開到戈登路中央殯儀館去。屍首被移到化裝室去消毒整容。走進停屍處，母親緊閉着眼永遠地睡着了。哭聲又展開，在我的眼前世界成了一團黑漆。我坐在大廳上休息，沉思着過去一切。突然在隔壁又展開喪失慈母的「斷腸」的哭聲。大禮堂前面是小禮堂，小禮堂已有人家在殯殮。而大禮堂的價格是三百元，規定只租三天，小禮堂亦須一百元呢。別的還不算在內。這樣大的數目，可以養活一大羣活人了。殯儀館中哭聲震天，我想也許有的是在哭這些乘火打刼的剝削者。棺材店，壽衣店，莫不生意興旺，而且還新開了許多家。他們大家同心協意的提高價格，好在死人身上賺一票。錫箔臘燭店也在特殊地繁榮着。冥器店生意也不壞。在他們間奔跑着，眞使人有啼笑皆非之概。回到殯儀館，穿起了麻衣白鞋，戴起了白帽，拿了哭竹棒，跪在地上。等母親穿起壽衣，我們內心的痛苦忍不住流淚哭起來。接着母親被送進棺材。看他們在材中放了許多防腐劑，又看他們把材蓋上用漆封了。於是最後的遺容永不能再見。從此世界上不再有母親的足跡了！跟在材後登上送柩車，向瞿家祠堂進行。不一會，低而矮的木房子出現，就是所謂殯舍了。這木房子顯明的表示着建造得沒有多久，牠的出現表示「適應環境」及所謂「服務大衆」。寄材的價目甲種須一百八十元全年，普通亦須六元錢一月，先付半年，中途退出概不發還。比活人租屋還貴。然而每天進來的還至少有五六具材。已停放在裏面的已有數百具，大多是今年死亡的。他們半年的進益竟有一萬幾千元之鉅。誰想得到呢？他們還在加造木房子，更想多刮點哩。出瞿家祠堂，回到殯儀館——人生歸宿處，顯得冷靜死寂！登上汽車，請送殯的親友們至素月樓吃飯。素月樓中人山人海，擁擠着，嘈雜着，吵鬧着，樓上樓下都客滿。後來者像不要錢的樣子，搶着前客剛走的位置。我們總算搶到了幾只位子，漸漸地擴展成全桌。儘管菜是怎樣的佳美，但是如何吃得下呢？——回到家裏，疲乏地躺在床上，想想這一日所遇見的無數奇蹟，心裏不知是什麼滋味。世界上還有這樣的一羣人，專門在敲死人的竹槓，靠死人吃飯賺錢，甚至剝削死人藉以致富呵！（665）

人和牛

伊人

在上海，往往有許多人，終日不做一些事情，只是四個人聚在一堆打牌。尤其是淪陷了的上海，打牌的風氣竟蔓延到我們青年的隊伍裏來。為了要適應那畸形的環境，青年們也竟然會舉出許多似通非通的理由，堂皇地做起這風氣的沾染者來。呵！這種風氣如果一直讓他蔓延下去，我相信孤島是必定會沉沒到水底下去的。

——××：昨天看到了××君打牌的情形，今天就寫了封信去勸告他。

昨天我到你家來看你的時候，想不到你竟會在打牌。什麽「白板」啦什麽「東風」啦！看上去眞興奮極了。可是你那裏知道你的興奮就是我的心痛的根源呢！

你看見我來了，就端了一把椅子給我坐下，以後，又很熱切地只顧自己打牌去了。

我看見你把牌用手指一挪，那手指就似乎挪在我的心上，我的心就感覺到一陣劇痛。我看見您把牌向桌子一拍，我們所居住着的孤島似乎就沉下一寸。不！不是被您拍下了一寸。我再看看你的臉部，你正在表演着得意的神色。我奇怪，我萬分的奇怪，你平日視賭博如仇敵的，你現在也竟會鬧這一套玩意兒了。

坐在你右面的那一位指着自己的牌，對我說：「你看我這付牌好不好？」

「不懂！」我直率地搖着頭。

那時，你很就輕易地吐出了「對牛彈琴」四個字來。但是，——××，這四個字的意義，我却是懂得的呢！

我覺得十分幸運，因爲我能够從你們那裏得到了一個這樣新穎的「人」和「牛」的界說——人會打牌而牛却不懂得打牌。呵！——××，如果您這界說是正確的話，那末我要告訴你，在兩者之間，我情願做一條牛，一條不懂打牌的蠢牛！

當你們正在十分高興的當兒，我驀地從椅子裏站了起來，踱來踱去看看房間四週的陳設，又坐下椅子，緊閉着眼裝做不耐煩的神氣，滿望着你們可以歇手了，然而，你們是已被牌迷了腦子，一眼也不來看我。我只得從衣袋裏摸出了一本雜記簿來，颼颼地書寫着。

在這時候，你方才略略顯露着一些驚異的目光，向我一瞥，一方面仍舊履行你那做人的條件——雀戰。

我在雜記簿上，不停地俯首寫着。我寫出了我心的劇痛，我寫出了我對於你的忠實的勸告和期望。我熱情地流着眼淚，我把淚一半灑在紙上，一半吞到肚子裏。我足足寫了兩個鐘頭方才結束。剛想把我所書寫好的交到你的手裏，可是當我的目光接觸到你的面前桌上放着的高高的錢幣和你那得意的臉色的時候，我就憤然地站起來，把我所書寫的一齊撕毀，大踏步地走出了你的家。

經過了一夜的考慮，我後悔我昨天的孟浪。我想在昨天我爲什麽不明白地宛轉地勸告你呢！

呵！——××，現在我懇切地對你說，從此請你不要再玩那雀牌吧！至於雀戰的害處，你是個聰明的人，當然用不着我再來瑣瑣地告訴你了。

您想在現在這樣的大時代中，而且是在上海，你難道不可以做些較有意義的事嗎？除了終日打牌以外你難道沒有其他的事可以做了嗎？

自然在上海的一舉一動，每每會受嚴厲的注意或干涉的；自然，在這漫漫的長夏中很容易使人感覺到萬分的寂寞和枯燥的；但是這決不能算是可以打雀牌的充分理由。我們的年紀還靑，我們還有許多事情要做，我們不能終日以打牌來消磨我們的志氣和時間。我們應該利用我們的年靑來做幾件有意義的事情，至少我們不應該做出那些消磨志氣的事情來。

我還記得你從前曾經說過：「賭博是一件最無聊不過的事，在贏錢的人，把錢看做是他們的『外快，』荒淫無度地去揮霍，在輸錢的人，因爲輸的是自己的錢，所以窮凶極惡地想『翻本，』結果往往會發生出很多很多的煩惱來。」這句話你自己難道倒先就忘了嗎？

我希望你看了這封信以後，能够立刻醒悟起來，並且發誓永遠不再賭博。這樣，才是偉大的全面抗戰時期中的中國前進的青年所應有的精神呢！

我的話也許是說得太過火一些，但是，你如果能够細細地把他咀嚼一下，你終可以知道我對於你是完全出於一片極愛的誠意呢！盼望您能了解我。

親愛的朋友請您一想我們那受難着的祖國吧！

再會！

您的最忠實的友人。（354）

蟊蠹

小王

今天是入院後的第二天。早晨五點半起床，洗過臉看看窗外的風景：一片綠茵的草坪，高高的樹密密地圍成半圓形。太陽從薄雲裏透出柔軟的，溫和的微光，除有時看護小姐的白皮鞋壓着地板發出吱吱的聲音，和深綠色的樹葉被風吹得嘩啦嘩啦的音響外，四週鴉雀無聲。在這樣優美靜淸的環境中，吃吃睡睡，無所憂慮。假使不看報紙，那知道還有殘酷的戰爭在祖國的各處發生着，有多少同胞爲祖國的自由和獨立而戰鬥，而犧牲，還以爲世上正歌舞昇平呢！

從這一極端——冷靜——的生活，我便想起了舅父們的另一極端——熱鬧——的生活。他們每天五時以後，不是宴會，就是賭博，不然，便是看譚富英的定軍山，或喜彩蓮的馬寡婦開店。差不多忙得不可開交，晚上非到深夜不休息。自然早上老是到十時才姍姍地上辦公廳。又起麻雀來五元底還是馬馬虎虎，最過癮的是十元底以上。沒有麻雀又來玩撲克，牌九也還將就。因爲打仗家裏人數激增，於是乎脚色也增加不少，幾乎無日不賭了。並且三日一小宴，五日一大宴，或許今天高興就到晉隆吃大菜，大三元福祿壽吃點心。每天所計劃的是怎樣吃，怎樣玩。什麼「三十萬難胞急待救濟」滾他媽的！縱情歡樂就是了。只要開心，寫意，什麼「買×貨就等於買子彈打自己」都管不着！

他們也恨日本人，因爲南京的漂亮房子受過「皇軍」縱火的洗禮。在南京時候，日機害得他們搬地窖，後來又害得他們不斷的奔波，自南京而漢口而上海，吃了許多苦頭。現在安定了，自然得快樂一下子，糜爛的生活籠罩着整個家庭，年輕的表兄弟也都在做糊塗夢。

他們也關心時局，自然就得看報。勝利了，他們覺得愉快些，但又覺得總歸要失敗的，不過時間問題。若是失敗了，就罵聲飯桶，嘆一口氣：「怎麼辦呢？」這是他們苦惱的時候。對漢奸也很痛恨，漢奸被殺也說聲「活該，痛快！」對他們說節約，幾乎是白費口舌。苦口婆心地說了許多話，才肯每月出薪俸——三百餘元的薪俸，這數目在抗戰期內不可爲不多了——的千分之二做難民捐。

還有表姨夫拿了四百餘元的薪俸，坐了公家的汽車，無公可辦。日夜飲酒賦詩。且有孟嘗君之風，門下食客數千，中有「維新政府」之「新貴」的走狗很多。他常常用公家汽車接送走狗之徒。

舅父和表姨夫都是政府的高級官員，負有爲人表率的責任，竟然如此！他們雖然不是漢奸，直可說是國家的蠹蟲。看看領導抗戰的艱苦卓絕的蔣委員長，看他們將何以自容？（667）

誤會之後

馨

早上踢球回來，剛洗好澡，秋來了。我還記着昨夜的誤會，他很不安的說：

「怎麼，你這樣的不高興！」

「不沒有什麼。」我不願過分使他難堪，就笑着把話題拉到別地方。秋提議過一天狂歡的日子，二弟與我便也附和着一同出去。走了一刻，秋又想去吃大菜，闊開洋葷，可是又怕做洋盤。我便領了他到四馬路一家西菜社去大嚼了一頓。可是這一餐的代價，要是吃楊春麵，就够我們吃五天。秋還很高興的說着這樣好，那樣好。我索性順他的意思，領了他們到永安溜了一會冰，再去看電影。我隱約記得似乎在文匯報上登着一張漫畫，上面一個西裝少爺在溜着花式冰，旁邊一項標題：

「足下一夕溜，難民半月糧。」

等散戲出來，都有些疲倦了。秋近日正發着瘧疾，時發時愈。我也因爲多吃了幾杯冰結漣，肚子不大好。

臨別時，秋向我作了一個苦笑。我狠狠地瞪了他一眼。（431）

夜

孤星

夜——一個神祕美妙的夜！

孤島上，爆發了青春的火焰，麻痺了人們的意志，在爵士音樂的聲律裏，每個人都懷着一顆沒落的心。

高跟鞋和尖頭鞋在塗上一層蠟的地板上接觸着，隨着音律旋轉着。在尖頭鞋上支撐着二條直線的西褲，沒有一點兒歪曲，怪可自慰的！在高跟鞋的上面現着二條富有彈性的腿，薄紗緊裹着蛇一般的身體，呈現着每部分的曲線美，細的腰，肥的臀，在擺動着。他們和她們擁抱着，熱烈的低語着，樂台上奏着熱情的曲調，脚底下滑着輕飄飄的狐步。黯淡的燈光映着每一個帶有醉意的臉，柔情地微笑了。酒香、粉香、肉香，充滿了這整個的樂園。在這裏沒有大炮和飛機，有的是美酒和女人。聽不到悽傷的呻吟，聽到的是迷人的音樂。朋友，醉吧！醉在爵士音樂的旋律上，醉在嬌豔少女的胸懷裏，醉在紅燈綠酒的漩渦中！這裏是天堂！樂園！仙窟！

白色的檯布四角也在輕飄飄的伴舞着，中間安着一個摩登的花瓶，插上了一束鮮紅色的康納生。威士忌和啤酒瓶兒依着長短很有次序的排列着。高脚杯不住地在吻着紅唇，一杯又一杯，儘量沉醉，瘋狂地忘了自己，忘了整個世界。迷人的媚眼活躍着，織成一個粉紅色的夢。

青春的火在燃燒。熱灼灼的青年男女們繼續地舞着，瘋狂地舞着。

「親愛的，你舞累了吧？我們還是早一點兒出去，好嗎？」夾着一股强烈的酒味。

回答的只是如惱非惱的嬌笑，最媚人的！隨着她打開了粉匣，俏臉在鏡面上照了一照，又重重的敷了一層紅色的臉兒，黛色的眉兒，兩顆水銀似的眼珠，含着好迷人的情意啊！

午夜——十二點鐘！

正是街頭漸形寂靜的時候，正是偷兒爬牆的時候，賣淫婦焦灼地勾引對象的時候，也是雛兒担心明早挨打的時候。罪惡活躍在這繁榮的都市！

兩個影兒緊緊地走下石階，鑽進了一輛一九三八年最新式的汽車裏，還不住的哼着良宵曲。車夫敏捷地旋轉車舵在大旅館的門首停下。於是高跟鞋和尖頭鞋托托地走了進去，兩個影兒消失在這神祕的黑夜裏。

× × × ×

依舊是這個美妙神秘的夜。

一盞黯淡無情的燈光照在一個約莫二十多歲的少婦面上，憂鬱飛上了她的雙頰，淚珠在她面上舞着，抽泣代替了音樂點綴這寂靜的空間。她拿着半溼的手帕在紅紅的眼圈上拭揩了一下，黯然地望了望時鐘那短針已快移近三點了。牠似乎在對她說：「他不會來了，妳還不睡嗎？眞是一個癡子！」她又何嘗不知道呢？她早已知道是不會回來了。就是丈夫平日的形迹和一切，也未始不明白。她曾幾次問過車夫知道丈夫戀上了一個姓什麽的舞女，攪得火一般熱。丈夫在她身上已耗費了不少的錢，她幾次想去責問那個妖怪般的舞女，爲什麽侵佔人家的丈夫？破壞人家的幸福？可是她沒有這樣的勇氣，除了自嘆所適非人之外，她簡直沒有其他方法來解決這一個不可思議的難題。

眞的時候是不早了，她也不想睡，就是睡在床上也是睡不熟的。她緩緩地走近靠壁的寫字檯，從抽屜中抽出一束桃色的情書，一頁一頁的翻着，甜情密意在她眼前活躍着。她的心碎了。在轉椅上坐下，舒了一口氣，對着牆上掛的結婚照片，不勝感慨地望了一下，再翻那甜密密的情書。

「我心愛的×妹，請你信任我，我是永遠地愛着你。我絕不願有一刻離開你，我願永久的伏在你的懷裏，受你的撫慰，像一頭羔羊般地柔和。只要你愛我，那我什麽都樂於犧牲的！」

「眞的，你還用我說嗎？我的愛你眞比愛我自己的心還要眞切。決不爲像那般意志薄弱的青年一樣，我有一顆赤誠的心。我的確看不起那些紙醉金迷，沉醉在燈紅酒綠下的人們。我是決不會如此的，請你別多疑我吧！」

……………………

她一頁一頁的看那些桃色的情書，過去的一切，都在她腦膜上再現着，眼眶裏的淚珠一點點地滴在信箋上，濕透了每一句每一個字。

唉！欺人的情書啊！如今我是明白了，覺悟了。說什麽永久的愛着我，說什麽始終如一？那裏是柔和的羔羊，簡直是一頭凶猛的惡獸！男子在婚前是一頭羔羊，再馴和也沒有了。可是婚後呢？馴和的羔羊馬上會變成一頭猛虎，噬着女人的心靈。不是嗎？

她沒有勇氣再看下去了，恨恨的將那束信撕成片片，和衣地倒在床上，掩着被窩哭了。她的背是抽動得多厲害，冷淚滴了滿面，正像雨中的一朵憔悴了的梨花！

時鐘很有節奏的擺動着，好似在同情的泣訴着。

……………………

外面，勞動的人們起來了，車子的聲音，倒垃圾的聲音，推糞車的聲音……湊成了大都會晨間的交響樂——代替了這個神祕的，美妙的夜。（175）

狂歡者

達徵

七月的微風輕輕地拂過都市的末梢。雨不時地下着，却又並不大。天空總是板着一副陰霾的面孔，使人抬不起頭來。

禮拜堂晨禱的鐘聲響起來，雨也暫時停止了，法國公園又充滿了一些「常務園董」式的遊客。他們都很安靜。有的是老年人，孤獨地坐在一隅，似乎在懺悔；有的是病人，用一雙軟弱的眼睛去看這早晨的花木很自滿的樣子；而大多數還是青年。其實這些人與其說他們是青年，還不如說「未老先衰」的廢物，因爲他們底靈魂雖不見得汙濁，然已失去了它底本性，他們的神經雖不見得遲鈍，然已消失了牠底知覺——最多也不過是逃避現實的「羅亭型」的懦怯者。

「我昨天在麗都看戰地笙歌，麥唐納的歌喉和表情眞不錯呢！」一個穿西裝的青年走近來，在對他旁邊的友人說。

「哼！總比不上上次大光明開映的『羅賓漢』，哈佛蘭的臉架子多漂亮！票價漲到一元一角呢！」

「那當然！」說着，眼光却盯在一個漂亮的姑娘身上。

「這個怎樣？不很夠味嗎？去試試看！」一個提議道，意思裏竭力慫慂他去「搭。」

「OK」，西裝朋友打一句時髦的美國語答應着。

才想趕上去，天空中僅餘的一塊青天也被烏雲所吞沒，雨點無情地掉下來，似乎一時沒有還晴的希望了。他們便隨着大衆躱到大亭子裏去。而這時大多數的遊客都回去了，留下的起初還多，後來只剩了寥寥可數的幾個人，終於連西裝朋友也冒雨走了。

角隅裏是些中年人在談天，但結果總是歎氣，中間還常常搖頭。斜對面的兩個時髦女人滿口蘇州話，從猩紅的嘴唇裏漏了出來，眼睛老是向四周看。從裝束上看來，像是舞女；口里所講的却是學校裏的事情。我能不仔細地看她們一下嗎？身上是巴黎花樣的紗質旗袍，玉臂和粉腿都露出熱情的姿態……很是「好看。」不過中國人——現在的中國人不應如此。可是事實淸淸楚楚地告訴我：她們是中國人！

雨稍稍地小了，我舒了一口氣，似乎覺得很輕快。

突然西邊靠水池聚了一堆人，中間雜了幾個「羅宋」巡捕。漸漸地近來，却是一對青年男女，後面跟着許多閒漢們，指手劃脚地批評着。

「也太不識相，到這裏來幹這一套，眞是活該！」

「要睡女人，乾脆到旅館裏去。開不起房間，那末還是不睡。有啥狗必倒糟的到廁所裏去的！」

「太不要臉！假使我是法官老爺，一定叫他們脫得一絲不掛地去遊街，……眞是『白晝宣淫』比禽獸還不如！」

「眞勇敢！『新』青年打破羞恥觀念！」

「狗×的那雌兒倒是個狐精兒，——那怪迷人的一雙眼睛！假如……哈……」

我聽了他們的批評，已經明白是怎麽一囘事了。但是一種莫名的困惱襲擊着我，使我呆呆地站着，望這班可憐蟲，直到他們背影的消失。——我底心思像團理不清的麻，我想把它向火裏一擲讓它立刻消滅！空虛和厭惡佔領了我，我要喊，但是喊不出什麽來。

又是一片淡淡的陽光從雲隙裏漏了出來。

跑出公園去，在我身邊擦過好些南國情調的姑娘，有一個向我呆瞪一下，似乎說：「是一個癡子！」我不管，步子更放緊些，險些給長衫拌倒。當我聽見幾聲汽車聲，我才明白自己已在公園外了。

「嗚！」一輛運貨汽車突然一聲叫，似乎對於我這昏亂的人下了個警告，又似在問我：「你往何處去？」

我只管往前衝！法國兵，安南兵，在我底眼簾裏很快的飛過。

在爵士音樂的弦音中，我恍悟我經過了一家舞廳，門口停滿了車輛，還有幾個年輕而又漂亮的姑娘們安閑地望着路人。一些很有「知識」的中國人從車上跳下，用高貴的步子跑進這華貴的銷金窟。門口有幾個難民叫化子想從舞廳裏出來的紳士們得到些施捨，然而未開口已被巡捕老爺逐走，並且還得到了「豬玀」的稱號。

音樂又響了，「紳士」「淑女」們的茶舞在熱烈地進行。狂歡啊！

「九江失陷……堅決抗戰……不做亡國奴……」賣報童子沙破的喉嚨高喊着。

人們都驚覺了一下，但有「知識」的「紳士」「淑女」們却似毫無感覺，依舊去跳舞，——去狂歡！

這樣奇怪的中國人！當他們的祖國臨着一個最危險的關頭，他們却依舊在「死人不管」地狂歡！

這不是小說，這是實事，是在一九三八年七月的上海所發生——而且將一直繼續下去的實事！

親愛的祖國啊，把你的血潑在這般狂歡者的頭上吧！(512)

第七輯
苦悶・徬徨・覺醒

瘋語錄

顧旭初

一

人家都叫我瘋子。我睡在牀上想了三日三夜，却始終想不出其緣由來。

或許，我想，大概是被近來的緊張氣氛嚇壞了的，但是仔細想想也不見得對。第一，在好久以前，在背後就有人叫我瘋子；第二，在外面受到一些極小極小的驚嚇（譬如給巡捕抄了一下靶子），我就牢記在心上，回到家裏一定要招次魂的「魂呀，歸來，我要活下去！」

天那麽熱，腦又有點兒昏，還去想他幹麽？自討苦吃末，嘿，眞是！就做做瘋子吧，雖然聽起來好像總有點刺耳，但是瘋子至少還是個人，比對門終日嘻嘻哈哈的那羣豬要強得多。和隔壁「王八爺」家裏那隻不分日夜給主子牽着鼻子套着嘴套的叭兒狗比，那簡直不可同日而語。雖然那狗有牛肉吃。

二

夜半，門敲得「咚咚」響，不時還有一二聲狗吠。我急得出了一身冷汗，拚命地向最厚的那條棉被裏鑽。心裏想，一準是隔壁的那隻叭兒狗來領捉了，因爲我前天黃昏對它發了一陣瘋，而且還臭罵它狗東家一頓。但是再想想，呸，活見鬼！「怕火不眞金，」我就怕了你？

開了門，奇怪，進來的是一個衣冠楚楚的人。不，明明聽見它吠過，一定是狗精搖身變了人的。

「××，把門關起來，我有話跟你說！」他媽媽的，它居然還認識我。鬼鬼祟祟的！

面熟，倒的確有點面熟。哦，記起了，一起念過書的，而且還好過一番的。但是又記起了它已入了狗籍，我憤怒了起來！

「滾出去，你這狗！」

「不干你鳥事，替我滾！告訴你，我是人，我要活下去！」

「不××不……不要發火！我跟你說，你現在不是失業着嗎？」

我氣得週身發熱，像害了寒熱病一樣。

「但是沒有這個，」它從袋裏摸出一疊花紙：「你能活下去嗎？」

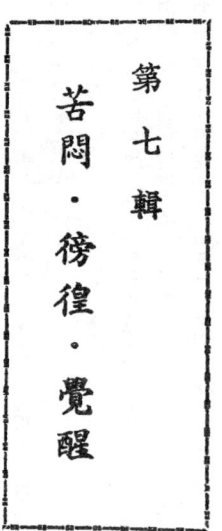

我揪住了它的耳朵，把它踢出門外。

「瘋子不識抬舉的瘋子！」他媽媽，還狗子也叫我瘋子起來。你自己才是瘋，而且還是隻狗！我是人！

睡下去，做了個惡夢！

三

我在想：瘋一定是神經失常。那末，假使我的神經麻木了，同對過的那羣豬一樣，一天到晚昏昏沉沉迷戀於聲色之間，摸摸女人的屁股，寫寫豔情黴爛來一下肉麻當有趣，或者自得其樂的吃吃豆腐，我一定不會變得這樣瘋瘋顛顛了。然而可恨就可恨在這一點，我偏偏有着一顆未泯的良心和一個清醒的腦子。

正在懊喪之際，來了個朋友邀我一起上火山去。我連忙跪下來，對他磕了三個響頭。他大吃一驚，問我幹什麼？我說：「我不去！」他聽了大笑起來說：「××，你眞有點神經病，怪不得人家都在議論你。」

他走後，我把這話細細咀嚼一番，似乎有點惱，但是一會兒又糊塗了。倒在牀上就睡。

四

發了個狠勁，我鬼鬼祟祟的溜出了家，像小偷似的斜着眼睛，向前後左右窺着。饅頭店的老司務當我有偷饅頭的嫌疑，監視着我。但是他錯了，我是想上火山去的。因爲這樣才可以免掉瘋子之譏。（昨天朋友的那句話，明明是暗示我。）我變得聰明了！

歇斯底里的爬到火山門口，鼓起跳黃浦自殺似的勇氣，想衝進門去。但是摸摸自己的血液還在流動，額角也沒有冰冷，於是我灰頹的退了回來。

註定的瘋子命，沒辦法。我跺着脚跟。

五

跑到××××公司去探望朋友。他們在那兒怪有勁的打牌，我跟×君招呼，他連忙站起來和我握手。他說：「××，你看我墮落了。」接着又說：「你來打，好不好？」

他明明說墮落了，而偏偏又拉我打。是什麼意思呢？回去得想想才好！我說：「沒有空，我還要打防疫針去！」

送我出來的是一片笑聲，大概又在罵我了！

六

回到家裏，就想。

「一定要活埋我，一準是的！」

不然，爲什麼在我四週都佈滿了恐怖和陷井呢？

愈想愈怕，心也愈痛，我大哭了一場。

七

月亮當空的時候，跳下了牀，孥着發了近一星期瘋勁寫成的標語和壁報，向外走去。因爲戒嚴，我不能到馬路上去，好在這裏有五條大街。一張又一張地在我手裏的紙是貼着在牆壁上了，一直到手有點酸眼有點花時才完工大吉。輕鬆的呼了口氣，踱到街口把頭探出去一望，不得了，給在外面巡查的巡捕一把抓住。我暗暗叫了聲苦：「完了完了，瘋子完了！」

「我不是恐怖份子，也不是激烈份子，我只是大中華民國的國民！不，不，不，我是瘋子……」

但是我終究被捉到了一間房子裏——不知道是不是瘋人院——裏面塞滿了人，大概也是瘋子。

一

謝天謝地，瘋救了我的命！

沒有成爲豬，更沒有淪爲狗。

以後大概我仍舊是瘋瘋顚顚的，或者要更瘋一點（因爲我的瘋病已根深蒂固）雖然我進過瘋人院。

無聊

兟兟

早晨醒來，十點已過，這幾天總是如此貪睡，要想早起總做不到。「字」幾天沒有寫，日記也空了一星期多。吃好一團漆飯，離吃午飯的時候只有一小時了。翻翻當天的報紙，觸目都是暗殺案，暗殺不到我的頭上，就不去仔細觀閱，國家大事的一版上，不用說一定是××大會戰……保衛大武漢……

父親出去了，伯父在教從弟讀「國無道，其默足以容，……既明且哲，以保其身……」隔壁的廂房裏傳出剛從鄉下逃來的表嫂尖銳的怪聲在憐惜昨天的一副清一色沒和出，無聊……無聊，……比沙漠還寂寞……這種生活……

攸來了一封信，他進了抗大，那裏的生活比上海苦上幾萬倍，但他很快樂，因爲在那裏得到了春天，美麗的春天，每天行軍爬山演習，在這自由的原野裏燃燒着解放民族的烽火，興奮……使人興奮的生活……這封信本使我興奮的，却帶給我無名的傷感。我想起了那天送攸上船的那天，我興奮的說，我一定步你的後塵，到內地去，那時候，你可給我有力的指導幫助，或者，我們在前線相會。可是我到今日依舊滯留在孤島，不能脫離這黑暗的窠圈。以前一起工作的同志——攸却在那裏悵望我的影子。

挨到吃午飯，母親又是一套菜貴肉漲，慣了，小菜場上買菜的人多了，我勉強的吃了一碗飯，想起從前受訓的時候，一碗菜湯也吃上四碗飯，眞不堪回憶……

下午，家人硬拉我打牌，我不打，後來，父親睡午覺，替他打了四圈。因爲打牌，學會了抽烟，手指上黃黃的。回憶從前同了攸組織「新生活糾察隊」，禁止路上抽烟，如今自己……眞矛盾……

表哥來了個電話，要請我去看譚富英張君秋臨別紀念的「汾河灣，不便推辭，只得答應下來下午的一半時間又過去了，眞無聊，……我的生活只有無聊敷衍，我已經受環境支配了。

書櫥中剩了些金玉緣古今奇觀點綴點綴，抗戰的書報烽火，抵抗，救亡日報和其他稍含有政治作用的書籍早已焚燒完了，他們要我燒就燒我一點不反抗像馴良的奴隸服從主人的命令什麼都跟着他們做。

我在五年前看過巴金的「激流」之一家我一心要做覺慧，不想這幻夢在今日打碎了，覺慧做不成反作了覺新，那時在看這本小說時，連夢都想不到。

隔壁人家的小少爺又在哼着：「楊延輝，坐宮院……我好比，籠中鳥有翅難展……困在沙灘……」這種聲音更使我的頭腦充滿了迷惘惆悵，我不能容納這樣的累贅……煩惱。這種都在摧折我弱小的心靈。

晚上，表哥又來電話催，我險些把他忘記，近來記憶力大不如前，蟄居在家中連記憶力也遲鈍了。再下去，要變成什麼了呢？……

到戲院裏面充滿着歌舞昇平的氣象樂聲、歌聲、喝聲，打成一片。他們叫好，我也跟他們喊直到我的頭腦要昏碎的時候，還是叫好，戲也停止了，藝員卸裝後，答謝來賓，我央着表哥走。出了來身體輕了一半，頭腦小了許多。我已脫離這牢籠，自由……

回家安睡，巳一小時蔽過，一天又過去了，無聊了一天，我像蟄居的青蛙，一隻聾耳的青蛙，聽不見蛩蟄留鳴，我永在黃土中，沒有人知道我，我是廢料……我是……

等待

蘭

雅弟：

謝謝你贈的照片。來信中滿露着友情的狂傾，不過我以爲太多了幾個「子乎者也」否則也許更加使人感動。

怎樣你生病了？骨肉的歡叙，青山綠水的幽雅，還不够使你開心嗎？

也許爲了上學期的學業成績的不滿意，而煩惱着吧？這未免太無謂了。對於這點，我有些意見，你不能說不用功，但我說你太死板了。讀書這東西覘易而實難，要是永遠只聽先生說一些就記一些，這非但太不够而先生有時也會教錯的。你應該多多讀課外的書，或者就把每晨的習字改作了看書。練字固然是好的，可是學好了，甚至於像刻板一樣的端正，也不過是把手做成一架打字機。反之，熟讀了社會科學的書，他就有一個靈活的頭腦，可以做任何的事，因此，我勸你把書活讀。

現在我來報告一些我家遷申後的情形。我們住的是二間中等房間。媽是全日服侍着爸。她高興的時候吃兩瓶啤酒，叫兩隻菜，偶然也至金城看看國產影片。小妹與小弟整日跟鄰舍小孩瞎鬧。母親雖然也帶他們出去，但要是費用在半元以上的可就沒有他們的份了，他們最起勁的事就是每天下午在下面皇后劇院看話劇。既不用化錢，又合胃口。三弟隔一星期來一次，也是看話劇，洗澡。我知道他常會忘記給你寫信的。二弟頂喜歡看電影。至於我呢？因爲身子的太弱，就發狠專攻體育。我們的小球隊已經以五對三，五對〇得了二次勝仗。心裏高興，練習也格外巴結。又學會了溜冰，像飛燕似的掠着時，確實有些得意。但結果出了半元錢買了一身臭汗，終覺得不合算。還有現在報上的副刊中常把溜冰同跳舞列在一起，這實在是一種恥辱以後我預備不去了。此外，又在學游泳，雖然這也是一種消費很奢的場所，但我爲了增進自己的技術與興趣，也就顧不得許多了。昨天還有一個新的心得，就是張了眼在水中泳，下面的景色眞美妙得很呀！要是叫昌兄到這裏一望，就够他肉感一輩子。

你也許以爲我很快樂吧？不！我比在鄉時煩悶得多了。有時索性拚命吃冰結漣。

假使這時在鄉下，也行。譬如每散晨一會步，看幾篇書，寫寫東西。午後打一會中覺，醒來時，划只船蕩到幽靜的江中，飄着高興時就跳入水中跟魚兒作伴，至興盡而歸。晚上納着涼談天說地，不是一樣的安樂瀟洒嗎？總之，一個人的心情是跟着環境走的，希望你善自體驗，早離苦海。

最後問一聲：宜姐從「幹部」回來，可曾作過什麼？希望在鄉的姊妹們在她啟示下，發生强大影響。內地是滿蓄着生氣，這裏就不行，動不動就把你當作恐怖份子，抓去完結。但在這時期中也不應該白白過去的。我在這裏多看一些東西，多知道一些事情，這是我在儲蓄着應具的力量。你不要以爲我平日的妥協就缺乏了勇氣，等待某一時期到臨時，大家都是有力的鬥士呀！祝

健！

闖上

永遠地埋葬吧

駿

睜開眼，耀目的陽光從中匯巨廈的玻璃上反射過來。看一下錶，時間還早，躺在牀上望着這高大的建築物，又開始一天莫名的煩燥。

× × × ×

穿長衫，在我好像是一種桎梏。我撩起下襟，踏着蔭涼的路。晨風淸醒了我的腦袋，我感到一種鬱快。在一個善堂前，我發現了一羣可憐的僅剩薄皮包着骸骨的難民。假如在荒野裏，我相信誰都會疑心，那是從枯樹上跌下來的焦枝。我感覺到，他們和收容所中的難民，也還有着天壤之別！

接到鶯遙從麗水碧鎭的來信和一幀雄壯的軍裝照相，她說：

× × × ×

「……最近我們少女團到麗水去演劇宣傳，夠興奮！但回來疲乏得生起病來。在流浪式的逃難求學裏寫下了逃難日記，下次想寄給你看。從這裏你可知道我們是多麼的苦！」

我的血，隨着那詞句的蒸發而沸騰起來了。我神往而又羞慚！從信望到照相，又從照相望到信；緊緊地握着，怕會失去了似的。我底眼前浮現出活生生的一幕幕：

——鶯在台上表演某一件瘋獸暴行的寫實。台下擠得滿滿的不怕炎熱的觀衆，恥辱和憤怒的火花在他們的心頭交迸。他們喊出發自心底深處的咀罵。他們在暴怒，他們一定要復仇！

——一隊雄健的將士，最前的一個就是鶯，她們在廣漠的原野裏行進。她們心頭沒有些微像敵軍的恐懼，怨恨，悲哀和頹唐。她們祇有興奮，憤激，快樂和歡笑。她們達到了久懷的爲民族犧牲的願望。她們爲了正義與和平，她們高唱着戰歌，聲音響澈雲霄。她們在前線視死如歸的肉搏；她們在被燬的堡壘缺陷上疊起肉的城牆；她們實踐了像故事中所寫的，用自己的屍體來塡塞河流，讓後來的伙伴渡過去。

我手中的信和相片鬆弛地跌落在地上；我沒有一點力。我感到無上的羞恥！我失掉了一切，沒有手足也沒有嘴！我一無所有！

記憶又落上我的腦裏：去年今日不正是和鼎等一羣，參加救護訓練，時事演講會，救亡歌咏隊……那轟轟烈烈的工作？聽着「傷兵怎樣救護，毒氣怎樣防備。」的急救法，唱着「起來！不願做奴隸的人們！……」「中華民族是鐵一般的集體，我們不能失去一寸土地……」的雄壯歌曲。回來我把這情形去告訴鶯，激勵她，鼓舞她，希望她成一個「中國的女兒」，不要做「金絲籠中的嬌鳥。」然而今年今日呢？却反是她來報告我這些實踐的生活記錄了。她已經從「金絲籠」中奔上了救國的前線，而我却仍踡縮在這「孤島」上，任那魔手來摧折！

一道熱的力通過我的全身，我緊握起筆寫下了覆鶯底信。

「鶯：我希望你的話不是向我訴苦，而是榮譽的誇耀！我就以這樣的心情讀你的來信，我自己感到了無限的羞恥，

「我感激你的信給予我『力量』，映出了我的錯誤，驚起我要重做一個像樣的，前進的青年。

「鶯，我希望你懂得『鋼鐵是怎樣煉成的！』在一個壯健活潑的嬰孩誕生前，產婦總得受難；在自由強盛的新中國產生前，我們四萬萬五千萬人民也得像產婦樣地受難！」

× × × ×

不快事，偏會一齊來。接到了一個親戚的勸誡而又帶威脅的來信：「你今後應該脚踏實地去做事，不要弄到沒飯吃。」唯恐我

誤解，還加上一句「這些話怕你不領悟。」其實我是不會誤解爲：「不要徒事口頭空論，要在『幹』的實際行動裏表現！」我知道那些話是另一個意思：「現在幸有安安穩穩的飯吃，國家事管他娘！漢奸讓他去，只要你不做。」然而這信對我是不會發生「動搖」的效力，祇有反堅强我的信念，使我更了解這「孤島」上有着多少的「危險思想」存在，——像暴風撲打燃燒的火堆一樣！因爲我的心沒有死去。

我決不以「小我」的幸運而滿足！我知道美麗的故鄉給誰燬壞？可愛的家給誰焚燒？父母爲什麽離散？親友爲什麽死亡？姊妹們爲誰姦淫？兄弟們爲誰殺戮？……只要一個人還有靈魂，還有正義的愛，必然會起而與其仇敵搏鬥！

× × × ×

爲了心頭感到窒息，向强那裏跑，想在談話裏發洩一點悶。可是夜的路景給了我更大的苦惱。蠕蠕蠢動的毒蛇似的霓虹燈光；連串的綢布莊，百貨店，雜貨鋪……充斥着吸血的敵貨，擠滿了購買的人羣；茶室，舞塲，酒吧間，咖啡館，溜冰塲，一羣出來了，一羣又進去；戲院門口掛上了「客滿」的牌子，失望的少爺小姐們，却還在門口拋着留戀而失悔的眼光。輕的紗，薄的綢，光亮的皮鞋，筆挺的西裝，殷紅的唇，赤裸的腿，狐步舞，香檳酒，柔蜜的笑，脂粉的香；……交織成了「歌舞昇平」的東方巴黎之夜的享樂網。誰相信這是一個存亡絕續的苦難國家的淪陷都市？誰相信這一伙伙是他們底祖國正在用血肉和黑暗鬥爭中的人民？我疑惑我自己在做夢。我把我的右手向我底左手臂上擰了一把，我還感到痛，我知道這並不是夢！我又疑心我的眼花了，看錯了人種。擦一擦眼睛，一點也沒花，還明明都是春風滿面的同胞！

我想起一個人對我說的話來：「你這傻子，憂憂憤憤做什麽？在孤島上落得快活呀！你不見我們的生命朝不保夕？」我恍然大悟，大概這一羣羣都是那個人的信徒吧？我眞不懂得他們對我的「憂憂憤憤」要發問「做什麽？」而不在「我們的生命朝不保夕」上加上一個「爲什麽」的問號，——爲什麽我們的生命朝不保夕？可憐的無靈魂的人們，你們想一想吧！

× × × ×

强興奮地給我轉述了一件浙東淪陷區的事實。據說：一個素來抱不抵抗主義的人，在他屈膝叩頭跪迎日兵下，老妻稚女被姦淫，房屋被火燒，仍免不了刺刀加上他的身。在臨死時，終於對他的兒子迸出了這樣的話來：「你加入游擊隊去吧！做順民祇有死，唯有抵抗纔能活！你不必管我，我的覺悟已是太遲了！」這故事很可給孤島上沈睡的人們以警惕！豺狼見了綿羊才敢吞，見了獵犬祇好逃跑！

× × × ×

歸來，夜已深。同事們都還沒睡，喝酒的，打牌的，看劍俠小說的也有大談舞經的。

隨手拿起一張日報，幾百位幽閑紳士、居士們所發起的重建××寺水陸法會的廣告很觸目，一篇大道理，我卻不忍看下去。

大地的他處戰士們正爲了他們祖國的生存在大量地流血，但大地的這一角呢？

也好吧！這一羣羣腐爛了肺腑失去了靈魂的人們，索興讓時代的篩子無情地濾下，墮落到泥坑中去永遠地埋葬吧！

陰晦

鴻

醒時尚早，溫暖的陽光剛自窗外射進。飯後，天又陰晦了，雖是下午，天空卻染上了暗灰色。

寒假來了。我心裏的憂悶，像雨後遠山一般，濃矇矇的又罩深了一層。

在紀念週上會聽校長這樣地說過：「凡下學期不能繳費的同學，就沒有書讀。」這句話，我聽得分外的清楚。它對我是一種悲哀的襲擊，深深的刺痛我的心。

「向人借去……」這種事情，我何嘗做過？但爲了要滿足我僅有的想繼續讀書的願望，所以不得不老着臉，硬着頭皮走進人家，不避一切，跟別的青年一樣，可是可是呵！結果失望，我憂鬱我懊恨了！

回來就往牀上一倒，人流的冲瀉騷音的嘈雜，全勾不起我的興奮和驚奇。

天空，愈覺陰黯了。濃重而潮濕的陰雲，好似一塊一塊的鉛，正在爬行着。時間過得很慢。一切的事物，彷彿都是寒冷的，黑暗的，惡意的！

吃過晚飯，沒精打彩的回到自己的房裏，無所事事。懶洋洋的推開窗戶向外望去，我看見了夜的面目。遠遠處有些燈光，它們都是從長方的窗口中射出，好像一個漫無邊際的黑色宇宙的破口。它們有的排列得很整齊，有的卻是凌亂的。那些整齊的，或許是在顯示大戶人家的闊綽和華貴，那些凌亂的，或許是在顯示窮人的緊縮和窘迫。

百無聊賴裏，抽出紋的作文簿來。在「憶故鄉」的那篇裏，我看到：「舉頭望明月，低頭思故鄉……」之句。她還寫着「明月皓潔的清夜，每會發生無限的感慨。可是在這四面楚歌的孤島上，就是白日的現在也够引起我對於故鄉的思念了！」她的每一句話，像是一個沉重的鐵錘，打在我的胸膛上。

阿呀！我的心情更不安寧，整個的心靈又陷入於愁慮的煩悶裏了。我不僅爲現在自己的命運悲戚，同時更爲一般環境跟我一樣也許比我再壞些的人們痛惜。

我這樣胡思亂想了一會不知怎麽，身體一橫，竟睡着了。電燈在什麽時候熄？他們又什麽時候睡？我完全不知道。

恍惚裏接到一封從家鄉寄來的信，一看見我的心頓時緊張起來。急忙拆開看非常惴惴然：

「鴻兒！我生活得很好，你不必掛念！我自認不是一個無志懦弱的婦人。在你離開時，我沒有牽着你的衣襟阻止過你。我並不因爲環境的惡劣日常生活的苦惱而掛上幅愁苦與啼哭的臉，來傷你遠遊者的心。……這樣的年辰，我怎敢望你回來？你在外面舒適麽？錢用完了沒有？告訴我，好替你寄來。……你爸爸眞可憐！他差不多快瘋了。每當他神志錯亂——不過分哀慟時，他總喊着你的名字，哭着被毁了的家！天哪！我得怎樣啊？……」

我捧着這封信，不禁積習地傷感起來，却又不自覺地在糢糊的記憶中沉溺下去，沉溺下去！

父親的臉，母親的影，時前時後地在我四圍忽隱或現。好幾個月了，沒有看到爸的倔强的性格，媽的溫和的笑容！我在惦念他們，也在譴責自己。我內心的痛苦一天天地在加深了。

眼睛盯着信上的幾句，一字一字地反覆着讀，心裏比嚥下了猪胆汁製的黃蓮還苦些。

正睡得朦朦朧朧的，急被人家的囈語聲驚醒。原來可在做夢。

抑鬱

強

天像發了瘋，一熱就是那麽久。

睡不熟，到洋台上去眺早晨的街景。

霞飛路鋪上張黃金色的地毯，街樹雖濃蔭倒映，還是火辣辣的。人不多，電車的輪聲却厭人。

看寒暑表，華氏九十二度。

吃早餐想添點菜，猛記起「節約」，省幾個銅板也好。

八點鐘，沒來電話，說湘姚新聞學科不開班。一團濃郁熱烈的火又在我心底熄下；我簡直有點惱。

很不滿環境，身子又乏力，索興告了假。

心緒不寧靜。躺在硬板鋪上看天才的努力，新華日報評論集，看不進苦悶，我全把牠們擲下床。

懶得要命，只拏了團扇亂揮。報也不想看。

去望天高高地沒有雲。我記起在江南烽火中的家，熱愛我的母親，姊妹和那些跟着我長成起來的一切，我不是狹小的個人主義者，但不能無「愛」

野風吹去了我額上的汗珠；却吹不散內心的抑鬱。

拾起辯證法講話來看，沒有別的：

「做人應該理智化，不能太重情感，因爲兒女般的情感作用往往會使你吃虧受苦而且會阻礙你的行動。凡事認爲應該爲此就勇敢的做去，千萬不要懦弱的進退彷徨須要造成堅强的意志有百折不撓的精神，在可能範圍內苦幹！」的確，我應該對人生「理智」一點，「情感」把我浪費了一個寶貴的童年。

眼前展開了一片模糊，我疑心自己在哭了。

健來看我，他總是那副老成持重的樣子。

「你這樣下去是不行的，」他劈頭就來了一個命令：「我曉得你又墮入在矛盾的包圍中了。親愛的孩子，安靜一點吧！國家固然很需要我們到內地去，身子終是要緊的。我看還是去住一下醫院再說。」

聽厭了的話，我把他岔斷了：

「老文章，勸人家忍耐，忍耐拋去了我寶貴的童年，毀滅了我應走的路。以往，我把我的『明天』寄托在『抗戰』的來到；而今，上海又變成了所謂「孤島」吸不着自由的氣息，你仍一味叫我把整個生命投降給畸形的社會，人類的敵人以友人面孔出現的小漢奸！」我瘋狂似地漫罵起來。

「朋友！」少息，他又說：「你得明白這對於你的身體是極大的損害。我曉得你在你的腦皮上展開着壯烈的戰鬥，在你的胸膛裏澎湃着鮮紅的熱血。然而我們還年青，還有很遠的路要趕。切莫被情感掩埋了有用的青春。」他的聲調變得非常柔和，我再不發一句話。

「到公園去走走吧，這兒空氣很壞！」健提議，我同意了。

在華龍路偏又做了次「暴動的嫌疑者」

在成都路一家小麵舖里吃完午餐就別了健走回來。

同時接到兩封信，一封是景自成都發的航空信：

「……信是被檢查去了。我們的血還熱着，我們寶貴的友誼仍保持着，決不能阻止我們青年應有的表示，更不能抑住我們的嘶喊和掙扎！

「……起初我就預備進川大繼續求學，後因文憑和與趣的關係，也就打銷了這個主意。以後就過起『馬浪蕩』的生活來，一天到晚蹓躂蹓躂，沒有一點事可做，連書都沒有心思去唸牠。我自己覺得這半年的光景是我個人的歷史中最痛心也最危險的一着。那時候曾一度淪落在酒缸裏，『借酒澆愁』却不知道眞的會『愁更愁』起來。於是，放棄了酒，又積極起來，鎮天價的看書。好在生活書店是認識的，看書不出錢，是最便宜不過的事。一天，忽然靈機一動，我想離開家，約了幾個友人到陝北進『抗大』去。可是在要想動身的那晚上給家裏的人阻止了，否則現在或許已在窰洞裏過着新穎的生活了。這是我思想上第一次劇變，然而沒有做成功!

「後來靠了朋友的『路』，走進通訊社，開始『報徒』的生活，因了興趣和內心需要的關係，對地位和報酬是一點也不計較。進社後的生活雖是勞苦一點，精神上却痛快得多了。

「……强友，我們將來一定要攜手同向前，等機會來的時候，我來叫你或你來喚我，定要幹番工作，不辜負了我們自己的期望!」

呵，我太激動了!

另一封是書從紹興發的單掛號:

「……七月×日晚來紹，即趕到紹中『戰事青年修習班』報告，×日攷試前檢驗體格，×日揭曉考取。我到紹的目的本預備考『婦女幹部訓練班』但時間和名額已不允許我進去了。

「不過在『修習班』一切都須自備，膳食，制服，雜用……

……現在已先付八塊錢。從×日起已開始訓練了。

「强!請你用熱情來鼓勵我。用『愛』去發掘人性吧!你來!我希望你能來!」

我不能不疑心這是一個夢:「小家碧玉」的書怎麼也幹起來啦?

呆坐着，讓慚愧和羞恥深深地抹過我的心。

夜，去看淩，淩礁着。

過愛多亞路，沿街躺的難民很多。在大世界，一個華麗新裝的肉感女人向我送秋波。

「到阿拉屋裏鄉去坐一息!」

紅錫包的霓紅燈不變換地在激跳，我帶着可怖的心境加速了步伐。

「我必須離開這孤島!」

回來想寫信，腦脹得難動筆。

心臟病患者的生活永遠是矛盾的。

救救朋友

陸　明

我最親愛的麗姊:

自八一三展開了偉大的抗戰，至今不覺已是恰足三月。在這三月中，經敵人砲火的摧毀，不知葬送了多少人的生命，犧牲了多多人的前程。可知你可憐的萃妹，也墮入了不幸的深淵，也竟成了悲劇中的一員?

學校的生活，我是無緣再得享受。你眞是一個幸運者，我眞羨慕你。但我不能以生動的文筆來祝福你，我祇能哭泣，祇可拿我不斷的淚珠，慶幸你不斷的無限的幸運！

長江因戰事的影響，已實行封鎖。父親所服務的輪船，竟因兵役而不能駛回上海。目前景況不明，音訊毫無。平日全賴父親所得以生存的我們，怎能永久的支持下去呢？房租的加價，物價的飛漲，更使我們生活感受到無限的苦痛，重大的威脅。

可憐我們要掙扎，要苟延，要圖生存，因此不得不典質，變賣，借貸，度此淒苦的歲月。可是人們是殘忍的，冷酷的！沒有什麼人情，更無所謂憐憫！連這樣的歲月，都不讓我們活下去！唉，人生也太够耐人尋味了。它有甜蜜，有苦痛，有種種莫測的憂煩。豈是人生不經苦痛，畢竟不是人生？

二房東的女兒，現在也收起她那和藹可親的臉，藉着她母親的餘威，變得猙獰可怕了。她向我母親逼索拖欠二月的房金，迫她遷移。一種冷酷殘忍的情景，使我感到無限的憤恨。她已忘了以往的友誼，完全暴露了她的狠毒。

從前我對父親的放浪，母親的嗜好，都曾諫阻，而終歸失敗。所以積蓄毫無，以至於目前的窘境。而現在母親早威逼着我去操賤業，式的「嚮導」來滿足她的嗜好。我屢思自盡，但目睹着母親與弟妹們的生活無着，又不得不忍痛犧牲，供人們玩弄，被人們嘲笑，任人們欺凌，以搏取我們生活的代價。

此短短的數月，浸沉在苦海的我，已嚐遍了人世間的凄涼，人生中的苦痛。而市儈般的母親，近更受着利誘，而將我出賣，使我永遠沉溺於苦海了。

我眞是砲火中的犧牲者！我沒有什麼快樂，沒有安慰，更無法使你感到愉快。我已失去天眞，清白及女子的寶貴的一切。我不復是在學校中的我，我已不能再和你一般高傲地站立着，而竟成被人踐踏的「路柳牆花」了。但我並不是自甘墮落，是暴日所造成，是環境所逼迫，使我這樣，使我無法掙扎，抵抗！

這是我的哀鳴！是我染着血淚的呼聲！但我終究是個無能爲力的弱女子。須你們去奮鬥，去獲取最後的勝利！最親愛的麗姊，努力吧！救我們的祖國，也就是救你的好友——我這個不幸的女人！

祝你成功！

你的墮落了的學友萃香泣上

× × × ×

接到以上這封信，我心裏非常難過。在這萬惡的孤島上，正不知有多少像萃香這樣的犧牲者呢！然而我恨我自已。我究竟在過着怎樣的生活。「昇平」的孤島，「昇平」的生活。我就這樣昇平下去嗎？！不，我要奮鬥，爲了祖國，爲了萃香，也爲了和萃香一樣的人。

怎麼辦呢

陳瑞寶

我懷着滿腔的悲憤，到何處去發洩呢？的確，人生是太乏味了！

從甜蜜中生活過來的我，到如今不免也感到苦悶了。我雖竭力的想避免這惡劣的環境，但它偏偏繞在我的四周，使我喘不過氣來。被它緊緊的壓迫着，我應當向它挑戰，可是沒用勇氣。雖然鞭撻驅策着我，情感利用着我，幾次想衝進幸福之門，都被我推了出來。因此，我只是徬徨終日，苦思終日，甚至煩悶終日。

我做過乞丐般老着面皮要錢的勾當，嘗到了失學失業的苦楚，幾次眼睛裏止不住要掉下淚來，但終於又給我的理智所壓制了。哭有什麼用呢？這是弱者的表現呀！我爲什麼要向人示弱？人們根本沒有同情之心，壓根兒沒想到窮人的苦況，只圖自已的享樂。

現在什麼都認清了，汚濁的孤島是洗不清我的清白，也可以說根本沒有清白的地方。我只羨慕那些在前線爲國犧牲的人們，他們含着光榮的笑死去了。我想自殺，但自殺是一種恥辱，尤其在抗戰的今天，然而這罪惡的孤島却正逼着人自殺呢！

那麼，怎麼辦呢？我怎麼辦呢？

不堪回首

柳展

是微雨的午後，灰雲籠罩着整個的大地。天綳緊着臉，似乎在爲誰悲苦。

時辰鐘敲過了三點，雨聲不會停息，反而一陣陣大了起來，淒凄咽咽像少婦哭他剛死去的丈夫。

本來預定好下午出去望一個朋友，因爲下雨只好打消了原意。坐在窗邊的一張椅子上看着窗外的雨點，無情地向着本來乾燥的馬路上像報復一樣的狂射着。同時在我腦海裏的幻象像電影般一幕一幕地現了出來：

「是去年『八一三』的第二天，店中的生意非常清淡。店堂內的職員們，都是議論紛紛，三五成羣。有的談着空話，有的縐着眉想心事。九點鐘後經理先生從外面跑了進來，一見他進來大家就有點恐懼，因爲平時他進來的時候，是一個很自然的臉面，今天却掛着一臉非常煩燥的樣子。

「果然在下午二時開始裁員了。全店一共裁去三十多個，我也是被裁的一個。既已被裁，只有回老家去了。這時候到家鄉的輪船航行已被阻，雖還有火車可通，但又受鐵鳥的威脅。我就疑惑不定起來，走呢？還是不走呢？

「失業了在上海怎麼活得下去，並且現在國家在抗戰期中，我也應當盡一份國民的力量。我雖不能上前線去殺敵，也應當在後方做一點救國工作，好容易受了許多折磨，我回到了闊別多年的故鄉。我和卅幾個舊時的同學組織了一個宣傳隊，常常出外去向民間作口頭宣傳及化裝表演。」

現在，誰又料到，一年後的我，受着家庭經濟的驅使，又回到這孤島上來仍舊做個小職員呢？回憶起過去的情景，只能暗自嘆息，只得向夢裏找尋舊跡了！看看孤島的醉生夢死，我覺得煩惱，痛苦，憤怒，悲哀……甚至自己也頹唐起來。真是不堪回首呀！

我要飛

鳳岐

太陽已完畢牠一天的路程而走下地平線去，只露着那血紅的餘照，好像猶在爲宇宙力爭最後一線的光明。晚霞正隨着微微的寒風在波蕩蔚藍色的天空，怪清楚的，襯着幾條戰區餘燼復燃的烏煙。這是一個初冬的傍晚，在被稱爲安全區域的租界的一角，住着爲砲火所迫而逃亡的一羣——我們全家。

兩間並不寬舒的屋子悠悠躺在靜僻的滬西，這便是我們的新家，裏面住了爸媽我和二個弟妹，一起五個人。

妹妹很懂事，她會幫媽燒煮。弟弟永遠是那樣的頑皮可愛，他每次散學回家便要着要錢，說什麼：「媽，學校裏先生說的爲救濟難民每人要捐五角錢」「媽，前線將士要衣裳，先生又要我們捐錢。」不但這樣，他還常說，別人都捐一元二元，我頂好更多捐些。如有一次不依他，他便會賭氣的悶睡在床上，不到校，不吃飯，母親只得順從他了事。

「岐，你年紀不小了，該懂點事。我們逃出已近二個半月了，店被毀了，家被焚了，生意不必說。這樣的時候到那裏去賺錢呢？現在你們兄弟二個還有機會讀書已是大幸了。」這晚媽停了她手裏的針線，向我忠告着說。

「你父親這二天東奔西走，無非爲了我們的生活。你看他自開戰至今還未安安心心的在家一天，老是勞苦忙碌。岐，你應該了解你父親的苦衷。」

「岐，一切都得馬虎點，要克勤克儉，不要還是那樣少爺脾氣，現在不是那個時候了！」

「岐，你……」悲哀刺入了她的心頭，傷感湧上她的臉，她哽咽了，她不再說什麼，她惟有悲憤飲泣。

夜，緩緩的爬行着。黑暗填滿了整個房間，屋子裏靜悄悄的。媽還是在流淚，我，除了俯首沉思外，找不出一句話去安慰她。

房門開了，進來一個蒼老的中年人——我底父親。那憔悴的面容，緊鎖的愁眉，似乎隱有無限的重憂。

「爸爸！」天真的弟弟衝破了孤寂，照常的這樣歡呼着。

近來父親很失意，但從未把痛苦現於形色。平時弟弟喚他，他總會微笑的應着他，溫柔地撫摩他。可是今天卻變了，他非但不睬，而且用眼睛狠狠的瞪他一下，檢着櫈重重的坐了下來。這可把我們嚇壞了，弟弟緊依在媽的懷裏，媽命妹妹去開燈。大家在慘淡的燈光下，默默無言，胡亂的吃了晚飯。

「你今天究有什麼不如意的事？還是身子不健？爲什麼這樣不言不語」飯後媽忍不住開口問父親了。

「唉！你們還不曉得，剛才的晚報上已刊了我們故鄉失陷的消息啦！並且聽說……」

「啊！眞的嗎？天哪，一個山明水秀，物產豐饒的故鄉，就此被敵人佔據去嗎？每一個人都如臨到晴天的霹靂，素愛胡鬧的弟弟，不知怎的，這時也會識相地呆呆的注視着父親。

「聽說敵軍紀律極壞，慘無人道。到處焚舍掠人，任所欲爲，……」父親繼續着說。

「那末家裏的祖父母怎樣了呢？」母親迫不及待的打斷了父親底話，極關切地問着。

「就爲這個！他倆年紀都很老了，家裏除了那個老媽子外，又沒有別人。怕不會發生什麼亂子？！唉！一旦……我們都在外埠，叫我如何是好呢？」

父親只是在歎息，母親又在哭泣，妹妹伴着弟弟坐在一角。多愁的我，悶依在一張臨時避入租界時帶着的行軍牀上，深深的憶着那風燭殘年的兩老。蒼白的頭髮，枯瘦的身材，縐紋密佈的面上顯着慈祥的笑容。每次我們回去看望他們，他倆總是欣喜萬分。尤其在他倆眼中的長孫的我，特別被關懷熱愛。每當臨別的前夜，他倆會拖着我在身邊千叮萬囑。甚至還問：爸爸待你可好？媽媽罵你嗎？你受了委屈，儘可寫信告訴我，我替你翻本，知道嗎？一切的一切，都盤旋在我的腦際。可是，現在，唉，不堪回首！我恨我不是孫行者，否則我化作千萬精兵，回家去同侵略者決鬥，把他們逐出家鄉！

「岐，時候不早了，進去睡吧。」像是母親的聲音，打斷了我的思潮。

父親仍坐在原地方，弟妹早已入了夢鄉，媽還在那裏補衣服。我不能抑制自己的眼淚，一溜煙的跑進了臥房。

夜還是繼續不斷的推進，幾顆燦爛的小星忽明忽暗地在閃爍，四周萬籟無聲，只有最後的一班電車駛過。我伏在牀上，悲憤塡塞了我的胸膛，熱淚充滿了我的兩眼。我不想睡，我要飛，飛出這牢籠似的孤島，飛向我那淪陷了的故鄉去。我不能夠活在這裏！

我依舊在徬徨

山流

風刮得厲害，玻璃窗迎着一陣陣的雨點，像一顆顆潔白無告的心兒，受着外界的打擊，不平地流出點點淚珠來。房裏又是那末靜寂和黝黑，的嗒的嗒的鐘聲，一刻也不肯留停地帶走了我們寶貴的青春。在這苦雨淒風中，怎不使棲身異地的我感覺到苦悶？斜躺在沙發上，也無心再看手上的書了，閉上眼睛，讓一幕幕的回憶，從腦海中掠過。回憶中的一切是很足令人興奮的，但一張開眼睛，一切就都消失了，的確最痛苦的事情，就是快樂的回憶。

鄭差把我的回憶打斷了。好久沒有接到家鄉友人的來信，看見內地來的信，快樂是難以言喻的。它能够報道我所關心的家鄉的一切。當我一看到朋友們活躍在內地的情形，看到他們一個個泳浴在時代的潮流裏，我就想到自己是個落伍者，是被時代所擯棄了。我想現在倘再不肯努力充實自己的學識，而每日只是不知所從地苟活着，再過了一兩年後，生怕會眼看着同學們一個個登堂入室，自己則依然故我地在十字街頭徘徊。我決不能以生病作掩飾，我要拚命地追趕時代的輪子，拉住牠，決不要輕易放鬆，即使不幸被碾在輪下，而成爲犧牲，我還不要放手！然而事實却不是這樣的。我還有種種的苦衷，暫時是不能脫離孤島。滿腔的憤怒和熱情，向誰申訴呢？是的，我要忍耐，我還有我的前途，只要我會保重身體，充實我的學識，更不改變我的志向，來日還長着哩！這是我常有的現象，當我在苦悶的當兒，就會自己來安慰自己。但我還覺得我自己太矛盾了，我的心理太會變卦了，恐怕一時的理智不能壓住激情，這是多末危險的現象！

定一定神，才記起手中還有一封信，拆開一看，又是一樁令人悲憤的事蹟：

「朋友：事實完全出乎我的意料之外，十二日晚接到你的來信，歡喜至極。那時我正忙于整理行裝，決定明天先到武漢去。次日晨七時卅分，我們沒有向學校當局告假，就走上征途。這時不幸的事情發生了。當我們各懷興奮的情緒向車窗外的朋友們告別時，幾個憲兵走上來將我們扣留。朋友！你想想看我們這時是多麼難過？一顆熱滾滾的心，像被一盆冷水澆下去的樣子，我們感到失望。此後由連部轉到營部，送入拘留所，禁閉了廿四小時，由學校担保才釋放出來。學校當局對我們如此不告而去的行爲大爲憤怒，要開除我們的學籍，追繳三年的學膳費。後來幸得同學們的聯合請求，減輕處罰，立悔過書，記兩大過，要我們非讀完師範不能他去。朋友！我們西北去的理想現在已被軍警和校方的威力所消滅了。唉！困難情形，嚴重到如此田地，眞使我悲憤之極。但是看看整個的民族的新興氣象，我也只有忍痛罷了。雖然我經過了此次的挫折，我決不灰心喪志，我也決不會被環境所屈服。我對於環境的奮鬥力只有加强而沒有減低。我的心更加溫暖，我的意志更加堅强。我認清了目標，我認清了責任，我的願望總有實現的一天。

「前線的戰事最近變化劇烈，暫時的失敗，我們絕對不應悲觀。但是也不要過於樂觀。光明快要到臨的時候，牠的過程必定是非常艱苦的。不是嗎？破曉前的一刹那，比任何時候都來得黑暗。我知道自由是需要爭取的，而不是等待賜予的。爲着爭取民族的自由和解放，我們要忍受人間最大的痛苦，才能得到光輝燦爛的明天。

慮此情景之下，我想極力充實自己的學識，決定潛心研究社會科學。朋友！我極希望你常常鼓勵我向上，我也祈望你努力！」

我一字字念下去，心中的熱情也隨着字句而起伏着。他雖然遇到此次阻礙，但一顆青年人活躍的心和前進的思想仍然是不會更改的。記得一月前他的來信云：「我擬最近期間內往西北去，不過此去路途遙遠，而且需費甚多，我兄能否助我以成此行……」不意未出一月之內，竟演出了如此悲憤的事蹟來。他是一個純粹生長在農村的青年，就學於鄉村師範。雖然年齡還未到廿歲，但已具有強健的體魄，堅韌的意志，有勇氣，有毅力，有能說能行的精神。他早就認清了歷史的動向，和青年人應有的責任。更從農村破產的痛苦生活中，鍛鍊出來，使他更認明了此後應走的途徑。

自從砲聲響後，我們各走其路。他仍能留居內地繼續奮鬥。我呢？留在孤島上在苦悶和嘆息中度日。但我好像是一個愛自由的鳥，並不因居留的地方是金籠子或銀籠子，而甘心自滿，因為我覺得這籠子裏的一切都是裝飾門面，滿佈着騙人的陷阱。我的同伴有的已經忘却了自己所處的是什麼地方，而被聲色迷住了，有的也在漩渦中不能自主的翻滾着，然而我不願意在此罪惡的環境中苟活下去！我不能這樣把生命無謂地浪費！但是有時我又有點徬徨。

今天見到他們的來信，又使我心中起了激動，我想我不該再留在孤島上了。

我恨許多青年人逃身到租界上來，即使他們有充份的理由為自己辯護。是的，租界上還有不少熱血青年在幹着有意義的工作，同時還有許多有意義的工作在等待着青年人去幹，但是誰能說，鑽在租界裏的人都在做着艱苦的鬥爭呢？

我們想想看，世界上那有這樣便宜的事情：讓他人拚着熱血和頭顱去爭取中華民族的自由和解放，而你們（我也在內）却舒舒服服地躲在外人的旗幟下，等待着他們把勝利奪到後，你們也就回去坐享其福？然而我，——哦，天哪！風依舊在刮，雨依舊在下，我依舊在徬徨！

月也號啕

黃漢民

靑靄沒了，月兒已經由東邊緩緩的升起。河邊的野草中和兩岸的草坪裏，不斷地發出秋蟲的悲鳴，路旁一帶只剩了枯枝的樹影，跟着月亮光而轉移。

用以殺人的銀鴿子——飛機，繼續不斷地在月亮的脚下飛過。馬達的聲音，轟轟的炸響，直要把她——月亮——的耳膜震破。她忍不住俯瞰她脚下的大地。

高大的建設悄悄地壁立在瑩澈的河流旁邊，在四週黑暗的包圍中，飄散着炫燿的燈光。只有人們的嘈雜聲，和着機械的轉動聲，去打破這凄寂的景象。

在工廠附近的一間破屋裏，晤淡的燈光下，她看見幾個枯瘦的臉，在發出一種饑餓的呻吟。

在瑰麗的大廈旁邊，她聽見迷人的音樂在奏弄着，芬芳的酒香在飛蕩着，一般男女隨着牠們旋轉旋轉，旋轉得迷惘了，麻醉了，忘記了自己忘記了國家。

她一轉眼，又看見到煙霧彌漫的戰區內：莊嚴宏偉的建築，已變成了東一堆西一堆的破瓦殘垣了。枕着抱着的愛國忠魂的屍首，俯着、仰着地點綴這陰森的荒郊。熱血的健兒們，出生入死，前仆後繼地向着他們的敵人進攻，喉中發出雄壯的吼聲，面上顯出勝利的微笑。

於是大地的一切，都被月亮深深地認識了。「呀！那不是擁有廣土衆民的中華民族嗎？那不是在歐洲人的租界內，荒淫無恥，不知死活地仍舊作着桃紅色的濃夢的中華民族的人民嗎？那在前線，爲着全民族的自由平等而浴血作戰的鐵血健兒，不也是黃帝的子孫嗎？！唉！在同一的受難着的祖國裏，竟會有這樣不同的兩羣人」

她哭了！她號啕地哭了！她那同情於人類的心，深深地感動了。

秋蟲仍舊不斷地悲鳴，一陣一陣的微風，微微地波動着窄狹的河流，水面起了許多的花紋，倒映在水上的平滑的月亮，現在也起了波紋，好像她正在皺眉！

威脅

鼓韡偈能

我們行裏的經理，雖則是個「商人」，却是一個「新式」的。當抗戰剛開始時，他對同人們常常講解此次抗戰的「偉大」並且勸導捐救國捐，難胞捐。他自已亦極熱心，每次如果同人們捐得四五十元，那末他便來湊成百元整數送交救亡機關。每逢紀念日，舉行儀式後，必定有一次捐款運動，由各人簽名。尤其雙十節那天，他召集全體同人十八九人，共聚一堂，在會中他說了許多慷慨激昂的辭句，過後當然又得認捐了。此次分慰勞傷兵，兵士棉背心，軍用急救藥包，以及救國公債四種。每人各種均得承認若干，並由於同人的互相激勵，不甘落後，（幾隻守財奴在外）總數倒也有一千多元。這成績還算不錯吧！其中我們的經理占了三分之一。同人們呢？大多超過了月薪數。最痛快的就是老司務，茶房，司閽等，亦均走來自動認捐。這給予我們多麽的愉快，安慰和興奮！

沒趣的事終於來了！那天，大約是國軍退至蘇州的時候吧？本來行中「生意」自從戰事一起，便一落千丈。起初大家一心注意國事，而現在砲聲沒有了，上海成爲「孤島」，於是我們的經理，亦重又注意到「生意」上來。從他的言語中，忽然我發現（大家都已發現了吧）他的心變了。他厭棄抗戰，甚至說：「現在若不講和弄到一敗塗地爲止。」這幾句話如箭般的直刺到我的心，我不信我自己的耳朵沒有「毛病」，一定一定神的確這是從那人嘴裏說出來的。那人正是我們的經理，以前對於國事的熱心者。我滿腔的怒火，想從眼光中射出，射到經理的身上，射到他的心靈，要看看他究竟怎樣。我想跳起來，可是我終於沒有說一句話，憤怒沖滿了胸懷。我想走，不願再在這惡劣的環境中斷送了我的青春。但我還是在，這自有我的苦衷。

再想起以前的情景，我苦惱。我們的經理，是個五分鐘的熱度者！是個沒有澈底醒悟的中國商人！同時我希望全上海，全中國，再沒有與他同樣一無恒心的人！在他講這話的時候，過去我們一向尊敬他，佩服他熱心國事的態度，現在却變成了蔑視，冷酷，常投以卑鄙的目光；這使他慌張，慚愧。因爲他的言語雖則沒有人出來責辯，在這沉靜嚴肅的空氣中，他同樣受到威脅，而且比有人責辯他還要難過呢。

也許是這威脅所收的效果，到了下午他便改了語氣，再不敢對抗戰稍有輕視，在我們同人面前。並且對於抗戰又抱着樂觀了。他說：「前途一定光明！」不知他是「眞心」還是「假意」？

總之，他的「眞心」或「假意」，我們暫不管他，當時我們心中的緊張確實是寬鬆了。

因爲我們認爲我們的經理業已醒悟，再不爲了自己的利益而放棄抗戰。我愉快欣慰，直到現在每逢紀念日我們還是自認「難胞捐」。

一件應做的事

秋漁

積壓多年的烏氣，隨時想發作出來。可是祇是積上去，不能發作。好容易這個「最後關頭」挨到啦，也就是揚眉吐氣的時候到了，這該是多麼大快人心呀！怪不得洪彤章明整天跳進跳出，飯也不想吃。最有趣的是阿興，糖攤也不擺了，跟他們一同去搬沙袋。搬到二點鐘，一身大汗，索性不想睡了。一邊坐着乘涼，一邊討論着加入保衛團還是加入公民訓練隊。決議是加入保衛團，理由是加入後就可以有新槍械發給。

洪彤更加興奮，嘴裏哼着義勇軍進行曲，腦海中不住展開一幕幕幻想：「看敵軍衝過來了！準備！放機關槍，步槍，軋軋軋軋！一齊迸發，一個，二個，三個……應聲而倒，其餘的就狼狽地逃了，於是大家互相慶祝勝利。」

但是在實現他們理想以前，因爲環境所迫，不得不向租界撤退逃難了。在法租界勞神父路租了一間很小的房間，代價却相當大上海成了孤島以後，他們的生活也像孤島樣頹廢下去；跟着大家喊苦悶。眼看着少數人以聲色犬馬爲解除苦悶的方法，更加苦悶了。

他們隔壁一家，也是南市逃出來的。夫婦倆約莫五十歲左右，有三個女兒兩個兒子。最大的女兒已幫助她媽做家中一切事務了。因爲小孩多，每天總不是打就是哭，鬧得烏煙瘴氣。

「倒霉！一天到晚，沒有安靜！」洪彤更加苦悶並且煩燥起來。小孩一安靜，大人又吵起來：

「床沒床，櫈沒櫈，白天沒有休息，晚上又不能伸手伸脚好好地睡一下。熱烘烘擠在一起，唉！這日子如何過得下？」

「斷命仗，打又打勿好，不曉得要打到幾時才肯齕結？早知道打不過東洋人，老早好勿打，斷命仗害得我好苦呀！」

「唉！×××眞是壞星宿，童先生說得一點不錯，這是因爲人心太壞，天上派這天殺星來收拾收拾的。否則×××不要打東洋人，如何會打到上海來呢！」

「唉！人實在太多了，要好好地死掉一大半，才會太平。那天三阿嬸說：某處捉住一隻白鴿很肥胖，想要稱一稱，看那白鴿忽然說起話來了：『稱稱三斤半，不稱也是三斤半；中國死一半，東洋人都死完。』這話要應驗了。×××眞是害人精。」

「眞討厭，嘮嘮叨叨地，眞沒有辦法！」洪彤覺得非常忿怒，想罵他們一頓；繼之又憐憫他們的無知。

「救亡圖存是我們每一個人應有的職責，決不會有不可克服的苦悶。要知道救國是多方面的，並不是定要在前線，祇要各自儘可能地做對於國家有利的事情。」洪彤記起在悶苦中體驗出的眞理，現在是把牠實踐起來了。

於是對鄰舍們說：「東洋人打中國，是老早計劃好的。我們從前不抵抗，一下子，東北幾千里地方都搶去了。接着搶華北，要是再不抵抗，全中國都要給東洋人搶去。你看我們現在打了一年，祇給東洋人搶去幾條鐵路線，並且時常還有游擊隊來破壞。所以祇要我們再忍耐吃一點苦，就可以把他們趕出。不然的話，假使給東洋人滅亡了，那就永遠沒有好日子過了。保衛國家是我們自己的事情，×××不過領導我們。童先生的話不大可靠，白鴿會說話，更不是事實。要是我們熱烈愛國，不久就可以有太平日子過了。」

洪彤微笑地喘息着，覺得做了一件應做的事情。

恢復了人形

張俊如

我揉了揉眼睛，伸一下懶腰，像是還沒睡醒，但却已吃驚樣的坐了起來。我以每天的經驗來觀察，確是不早了。匆匆披起了鵝黃色的睡衣，按一下電鈴，房門口便立刻探進一個頭來：「先生！起來了嗎？」於是便照例的有人捧進洗面水來。輕快的洗完了臉，梳光了髮，打好了領結，披起了上衣，照一下鏡子，已經是衣冠楚楚了。啊！今天還是星期六呢，小王昨天不是對我說有一個好玩的去處，要星期六才告訴我嗎？想到這裏不覺增加了些精神，興冲冲的轉入了辦公室，可不是嗎？已是九點鐘還差五分了，簽到簿上已列到最後的一個。

爲了明天放假，今天像是忙了一點，然而戰後的忙，還比不上戰前的空，仍是那樣優閒。抽一支烟，喝一口茶，以已前繁忙的經驗來處理這些，反感到怪輕鬆的。顧客們由十個……五個……二個一個，終於都滿足的出去了。營業室裏慢慢的由熱鬧而冷清，邊上方主任帶着懊喪的意味在對楊主任講話：「可惜少買進了些美金，否則不是穩穩的賺進幾千塊錢了嗎？這幾天又可爽快的玩一下了。」老樊和老周在談法租界找不到房子，蔬菜又貴了，等等，嘮嘮叨叨講個不休。這些我全不去注意，只輕輕的去問小王，今天到底是怎樣一會事？小王偏放刁，不肯告訴我，一定要晚飯後叫我跟他一塊兒跑。懷着個悶葫蘆，怪難受的。

今天的鐘似乎走得比平日特别慢，好容易等到吃過晚飯，我拉了小王便走。他帶我跑了許多我所認識的路，最後到了一個熟識的去所。不！還是戰前所熟識的處所。

一進門，便又重聆到别了十個月的爵士音樂聲，那隻 Good night my love，奏得多麼動聽啊！拘束了十個月的心弦，重又活躍了起來。忽然右角上來了一位怪面善的姑娘，不錯，我記起了，我是曾和她跳過的，雖然相隔了多少時日，但也還依稀記得。「先生！你怎麼也會請過來的，好久沒見了。」她是慣會媚人的說着，我是不自在的破戒了。我甜蜜蜜的陶醉了。還不止我呢，在這裏每一個青年，也都和我一樣失去了自制力，失去了靈魂。她又媚笑着說了：「你爲什麼好久不來這裏？」這時候良心驅使着我回答她：「在這時期，我不願跳舞。」「嗯，都像你這樣，我們不是都餓死了嗎？」她似乎有點怨恨似的說了這一句。我也只能報以苦笑。五分鐘後，全場回復了光明，汗流浹背的我，只回說有點不爽快，急急離開了她，離開了小王，離開了這動聽的搖擺樂隊，更離開了這標準的冷氣場。快步的走出了大門，我怕誰會從後面拉住我，罵我是亡國奴！罵我是冷了血的廢物！罵我是不自覺的漢奸，逃出了霓紅燈的光圈，身上像輕了點，更相反的感到比裏面涼爽。

回到宿舍，第一件看到的便是桌上有二封信。我迅速的拆去了第一封信的封口。原來是家裏寫來的，大概是因爲要檢查的緣故吧，寫得很含糊：

「我兒入目：此間自淪陷後，盜匪横行，家中一切，已蕩然不存……此後生活困難，……吾兒當每月寄下生活費……」唔！我心在忐忑了。我將怎樣節省呢？自古道「養兒防老，積穀防饑。」對！我當負起這責任來！以後我當節省了，我當另過着一種生活，一種節儉的生活。接着我又啟開這第二封信來。喔！這是我一個以前的好同學賢寄來的：

「親愛的同學：不！我當稱你同志：

「爲了民族的抗戰，我們的學校由杭州而遷到漢口，現在更又由漢口遷到這兒——昆明來了。我和你不見已足一年，然而在這一年中，變幻是多麼的大啊！我們的國家爲了爭自由而抗戰，不惜任何犧牲已近一年了。我們爲了民族更應擁護領袖，抱必勝的決心，抗戰到底！更以赤誠的心來愛護我們的國家！因此我們這兒，除了預備節約獻金外，同學們更努力學習軍事技術，以作將來獻身於國的準備。我想你們處於稱爲孤島的上海，直接感到民族被壓迫的痛苦，一定比我們更熱心於國事吧？……」

我愈看愈慚愧了。由慚愧而深深的痛恨，痛恨着自己的生活。腦海中充塞地盤旋着：「國！」「家！」「自己！」我深深明瞭有了國，才有家，才有我自己。我應該改變一種生活，爲祖國而生活的生活。想到這裏我深深的吐了一口氣，內心平安了許多。

當我脫去所謂衣冠楚楚的服裝，重又換上睡衣的時候，再照一下鏡子，我似乎發現自己重又恢復了人形。

× × × ×

× × × ×

這忍耐決不是長久的

序蔭

陽光從窗外斜射到牀上，露着的上身給曬得有點像螞蟻咬着一樣的痛。翻一個身，眼膜遇到那樣强烈的陽光，弄得連偷張一下的勇氣都沒有了。

遠處傳來了稀疏的槍聲。英勇的游擊隊戰士，該隱了去休息吧？想到他們退走時，曾給敵人以嚴重的打擊，我恍惚看見他們歸去時嘴角邊掛着的微笑。

眼皮終於張開了。目光射到那雪白的房頂上，我才抓住了自己，昨晚的一幕，像影片樣的又出映在含飽了淚珠的眼膜中。九個人躲在那靜靜的角落，無聲地喝着酒。我們望着泉和泰，從那兩副堅定的眼珠裏，我們發掘了他倆內在的信心。此去的目的，泉是入航校，泰則往機械化部隊工作。三年的友情，把這幾顆年輕的心，像溶化了的方塊糖樣給融成一片。這突然的別離，雖早在意料之中，但是誰又曾預想到在這種特殊環境下的別離呢？每個人的心中，堆了說不完的要說的話，可是比亂絲還要混雜的情緒，再也抽不出一句適當的話頭來。終於在沉重的、凝滯的目光交織中，泉和泰，鄭重的，挨序的握了每個人的手，頭也不回的，一直向東走了。七個人——剩下的——拖着疲倦的步伐，寂靜的各奔自己的歸途。

到了宜的家門口，闖進屋裏，他迅速的回過頭來，慢吞吞的說：「我……只想……哭！」我望着他消逝的背影。

客廳的鐘聲打斷了我的思潮。洗臉時，照着鏡子，我發現我眼睛已經紅了。

意外地在信箱裏發現了泉和泰的信，是昨天早上付郵的。裏面只短短的幾句話：「別了，朋友們！這裏的生活已沒有什麼值得我們留戀！這時代是我們的，我們要挺着脊背做一個新中國的主人！你們記得我們的家鄉麼？長白山下是我們的臥床，松花江畔是我們的搖籃！走了，朋友們！沒有悲愁，只有憤恨！沒有眼淚，只有沸血！到了漢口，能幹就住下；不成的話，上關外去找咱哥哥一塊打游擊去。今晚我們要碰面，但我們想到時決沒有話可說。等到明早你們看到這信時，我倆已出吳淞口了。別了，朋友們，我們將天天等候你們的降臨。」

吃過早飯，到宜家。跟着沛，宋，昆也來了。遞過去早晨收到的信，他們四個人圍在一起看。看完，沒有聲音。沛走到窗前，靜靜的望着天空；宜用手捧着臉；宋和昆定神地看住地板；我心中只有一種說不出的難受。突然，沛轉過身子，像一隻猛獸，衝到宜的面前，兩手握住了，抖顫的問：「為什麼我們不走？」沒有人回答。他握住椅背，懶懶的坐下去。我猜想他心中也想哭。他果真哭了，在抽噎中，他掙出一個字：「家！」

是的，是家阻住了我們。雖然我們誰都不是家庭的奴隸，但我們多少總有點受自己的家的束縛。

回來，吃飯，母親在家已等了半個鐘頭。

飯後給同學會擬了一份簡章。第一次常務委員會定後日開會，會刊打算在本月內出版。分散的學友們將怎樣的承望得到各人的生活報導啊！

榮哥來了一封信，已經五個多月沒有接到他的信了，他說他已畢業，大概派到漢口工作。信裏更提到杰，說他在上月已在前線「成仁」了。我在書箱裏找到他在蘇州軍訓時的照片：黧黑的臉，粗壯的臂，襯着矮矮的個子，格外顯出一種英武。我耳邊似乎還掛着他臨走的最後一句話：「你等着吧！不成功就成仁，決沒有第三條路！」杰，願你勝利的安息吧！

下午給榮哥寫回信，一直寫到天黑，還沒有寫完。窗外括起一陣微風，弄裏暗黃的燈光，射到那搖擺的樹上，好像移動着的人影。

父親從辦公處歸來了。整天的勞作，使父親更顯得瘦弱。失陷了的家鄉，久已沒有消息。父親惦記着年老的祖父祖母，這幾夜來，我曉得他沒有一夜曾合住眼安安靜靜的睡眠過。有時，我夜間突然的醒過來，聽到隔房的嘆息聲，心中就像刀割一樣難受。除了自已暗暗的陪着淌幾滴眼淚，我始終沒有勇氣去安慰他們。

晚飯後同父親談了一些時事。

民打電話來約我晚上去看電影，我說我信沒有寫完，回絕了他。眞奇怪，同樣的青年，而各人的生活會差得這樣遠。過去社會畸形的發展，造成了一個萬花筒樣的不同生活。

屠格涅夫在他的十五封信裏曾有這樣一句話：「各人造成他自己的命運，命運造成各個人。」我憧憬着我自己的未來。

繼續給榮哥寫信。也許近來周圍的變化太多了，我曾這樣的寫着：「……你知道，我從小就在熱情中生長的。年幼的時候，受着家庭的溫暖，到了最近年齡漸漸的長大，友誼又將我鼓舞起來。這幾年來我始終在朋友們的愛護中奮鬥學習。感謝他們，我因爲他們給我的同情鼓勵，使我們的生命更有活力，更求上進。抗戰像暴風雨樣的突然降臨，許多朋友都給拉走了。我常愛說這時代是該我們怒吼了！可是，當送一個一個走上征途的時候，我心裏自然地會起一種難受——這難受所含的成分，不僅是悲哀，還有慚愧和憤怒。我始終還沒有勇氣跟着他們一塊走，然而失去了他們，我將怎樣的苦痛啊！中國傳統社會遺留下的種種劣根性，雖仍在蔓延，但我還不敢做一個『叛徒。』我的環境是這樣的優美，我不忍因此去驚醒一些人的幻想，更不忍去使一些人爲失了我而苦痛。不過，這忍耐決不長久的！我還年青，我要生活！我的理智不會爲情感壓服的！告訴我的朋友們，我一定會逃到他們那一堆去！一定！我相信還時期不會遠的！……對他們說：黎明是不遠了，黑暗終會毀滅！……」

到九點鐘，信才寫完。

在牀上又看了幾頁「春。」我覺得我自己曾眞實地同他們生活在一起，因爲像高家那樣的家庭，覺新，覺民，覺慧，淑英，淑華，蕙枚，……那些不同典型的個性，不但自己過去曾看過不少，而目前却仍有不少在周圍出現着。

這社會！這世界！

遠處又傳來了槍聲。那稀疏的，想是步槍聲；那連續的，迅速而剛強，想是機關槍聲了。

窗外一片黑，月亮躲到屋的那邊去了。

倚在窗口，我望着遠方。

隔壁弄裏突然發出一陣淸晰的牌聲，接着是放縱的笑聲。

重復躺到牀上，我想我今天思想太多了。

以後，以後我睡着了。

我笑了

劉超岩

早晨，太陽還躲在地平線下面。濛濛的雲影籠罩着大地，使人們——尤其是使淪陷了的上海的人們感覺到異樣的恐怖。瘋狂狂地，呼呼地刮着更顯出老天的兇神惡煞相。

「這陰沉的天氣將要下雨了罷？！」

憑在窗格上我這麼傷心地想着，同時，口裏還低吟着「山雨欲來風滿樓」的句子。

風停止了吼號；外面是一片驚心的寂靜。

我又在想了。我想到戰爭的可怖和敵人的殘酷，不禁戰慄起來。突然間我的腦海裏浮現出一幅令人心悸的幽靈先施公司門前的慘劇。

先施公司被炸的那天，我是親眼見過這些模糊的血肉和殘廢的屍體的。他們縱橫地雜亂地躺在凍凝了的血泊中沒有半點聲息，像沉默在仇恨和報復裏。呵，他們不幸而犧牲了，並沒有換得絲毫的代價。這總該是件憾事罷？他們死不瞑目的！

太陽升起來了，牠睥睨世上的一切。牠衝破黃雲，放射出強烈的光彩來。

轔轔的車聲從外面傳來，隱約地，斷續地。

街上的行人也多了，來來往往，好像電影院散場的時候觀客的蜂擁。

我從窗口向街上凝望着，一聲不響，但一股奇異的感觸突然爬上我的心頭，使我不得不再揭起回憶的幕。

去年的夏天在新閘路上，一輛一輛的傷兵車從我眼前浮過，浮過，在紅十字醫院門前停住了。我急急地跑了過去。每一輛傷兵車上臥着八九個傷兵。他們枕在染了血的草墊上面，用手掩着創口，低聲地，堅決地呻吟着。他們沒有流半點痛苦的淚，只緘默地咬着牙，翻起雙目，在那想像着的勝利的陣地上沉迷了。不久，他們被童子軍舁進了醫院。我看不見他們了。「呵，英勇的戰士！你們以血肉築成堡壘，保衛我們的祖國。你們的舉動是何等的悲壯！何等的可佩！但你們受了傷了！不要緊！你們偉大地犧牲着，你們所最關懷的祖國卻得救了！」那時，我還這麼自語着，感動的眼淚已掛在我的面頰上了。

又是一幅回憶的圖畫：

在華曹鎮中正營受訓時候，我們的總隊長，王敬久將軍，在蘆溝橋事變發生的第二天，這樣地對我們訓話：「親愛的同學們！我們爭取解放的時候到了。我們要明白，為自衛，為民族自由的戰爭，是神聖的戰爭。以戰爭為侵略工具的戰爭，是野心家的醜行！……最後的勝利是屬於我們的！……同學們！起來！起來呀！」高聲喊着的總隊長是多麼興奮。嚴肅地諦聽着的同學們也高呼起口號來。

× × × ×

「哥哥！吃早飯去罷。」

可愛的小妹妹帶了驚異的眼光，這麼喊着我。她的喊聲使我嚇了一跳。我從默想的懷抱裏驚醒了。恢復了原來的知覺之後，我執住妹妹的手，隨着她那活潑的身子，離開了久憑的窗格。她忽而興奮地對我說：

「哥哥！你沒有看見麽？街上滿掛着青天白日滿地紅的國旗呢。剛才姊姊說今天是我們中國和日本打仗的週年紀念日，我們今天要紀念這次偉大的抗戰！」

「是的，妹妹，我們今天要紀念這次偉大的抗戰！」

我雖然這樣地回答着，心裏却充滿了異樣的慚愧。一個八九歲的女孩子尙且有這樣的愛國心，我是二十歲的青年，怎能忽視祖國的存亡而生起怕懼之心呢？

於是我們就閒步走下樓去了。

到了飯廳裏，妹妹就首先跑到姊姊面前，在姊姊耳朵旁邊不知道說些甚麽話。我也就在靠近姊姊左邊的椅子上坐了下來。姊姊忽然微笑地對我說道：「岩弟，你剛才在樓上想些甚麽？你要知道，在今日『萬方多難』的中國，爲國家工作還來不及，那有空餘的時間給你想那些私人的事？」我深深感動了。但我明白她的意思，她以爲我是在想我那死了的女友江眉心。她雖然是誤會了，但我仍然感謝她。因爲她所給與我的，不但是學識上的指示，而且是精神上的鼓勵。「姊姊！我很感謝你！不過，那死了的眉心，我早已不想了。請你不要誤會。」她只微笑着點了點頭。

我們在吃着早飯。

我們的女僕方媽，拿着一條竹竿跑進來，對我說：

「少爺！人家晒台上都掛着國旗呢。我們也要掛的。我們的國旗呢？在書櫥裏？」

「是的，在書櫥裏。方媽，讓我自己去拿。」

我說着，把筷子一擲，就急急地跑上樓去。

早飯後，我家的晒台上，高高地飄着青天白日滿地紅的國旗。

我又在想了。我想到「掛旗」的事，我就非常慚愧。一個沒有受過教育的女僕，尙且有這樣的愛國心，我是受過高等教育的青年學生，怎能坐視這危急的國難？「呵，你這幾乎像守着中立一般的小子！沒有人性的罪人！」我自責着，心裏稍爲覺得寬慰一點。

在中日戰爭中的中國國民，抱着中立態度的，是變相的漢奸！

× × × ×

下午三點鐘了，太陽仍舊在發着光輝，不過沒有正午那麽猛烈。

我和萍夷謨圍坐在一間設備簡單的書房裏的圓桌旁邊。我們在談笑着。

萍一開口就是這麽一大篇的牢騷：

「唉！成了孤島的上海，簡直是酣歌醉舞的迷宮！不知道有多少青年男女沉醉在這迷宮裏，他們在灼灼的燈光下面唱着，舞着，忘記了外面的世界。他們忘記了敵人的殘暴的侵略，前線將士們的英勇的犧牲，以及國民應有的責任！」

呷了一口開水，他又接着說下去：

「在另一方面呢，許多逃難的同胞是在過着非人的生活。他們美滿的家庭被敵人的砲火破壞了。父母失掉了兒女，妻子不見了丈夫。那是多麽悲慘！還有許多老的，幼的，因爲身體的衰弱和細小，死在擁擠的人叢裏，或者死在難以挨耐的饑餓中。他們和那些醉生夢死的人比較起來，眞有天壤之別，眞有所謂『朱門酒肉臭，路有凍死骨』的景象呢！」

「萍，昨天我還看見你家的女僕把一碗魚倒在垃圾桶裏……」夷滑稽地說着，哈哈地笑了起來。

大家也跟着笑了。

暫時的沉默。

「讓我報告你們一點消息：今天是『七七』紀念日，想大家都知道了。據說早上虹口發生了五六起暗殺案，被殺的大概都是日本崗警。」

謨自在的說話聲，打破了這沉寂的小世界。他是果斷的。他那端莊的臉和一雙神氣十足的眼，使人一望而知是一個勇敢的人物。

「啊，眞是人心未死！」又是萍的憾慨。

「我們只要看明天的報紙，就知道得更詳細了。」

我參加了這麽一句。夷沒有聲音，只恬靜地微笑着。

「可不是麽？不過我們所要知道的並不是『暗殺』這一回事，乃是利用『暗殺』這驚人的名詞去喚起民衆的團結，醉生夢死者的回頭。這工作該是……」

萍的話被夷打斷了。夷這樣說：

「不錯，對於沉迷者的勸化的工作是應該做的。但是，據我看來，用感歎詞和旁觀者的口吻來闡揚『暗殺』的作用，許是一件吃力不討好的事罷？」

「對的。我們不能够用這『消極』的辦法，我們要『積極』些。我們至少要用『筆墨』來『蠻幹』一下。我相信『筆墨』這東西是『無形的暗殺』——無形的感化工具。」

「我不信任『筆墨』，因爲牠只有局部的感化作用，沒有普遍性的。牠只會感化智識階級，但有時連智識階級都感化不來。我信任音樂，音樂的本身就有極大的感化力量。」

「那也不盡然，我個人就不喜歡音樂。」

萍和夷辯論了許久，還不曾得到正確的結論。最後謨從椅裏立起來結束了這未決的紛爭：

「儘感歎和爭辯是無益於救國工作的。你有救國的志念，你就得切實去幹。坐在客堂裏爭論着筆墨好還是音樂好，爭論完了卻什麽也不做，那簡直是一種罪惡！只要你眞去做，筆墨也好，音樂也好，說明並批判『暗殺』也好。」

夷一個人纏着護着踱到了窗口。他一面高吟着「從戎縱有願，其奈繼家何」的句子，一面搖着頭。這兩句詩是他自己作的題目是感懷，在他剛做好這詩的時候，曾叫我删改過，那時，我非常地同情他。現在却不然了。我厭棄他動搖和消極！

「只有青衫承苦淚，何來芳草向斜陽。」

這是我弔亡友江眉心女士詩中的兩句，消極極了。從前的我也就在這裏面陶醉着，消沉着，忘了其他的一切的。

從今天——「七七」紀念日——起，我的新生活要開始了。我決心拋棄過去的絢爛的美夢。因此，今天，對於我，是特別的有意義。我要尊敬牠，頌歌牠。

× × × ×

送客回來之後，我立在大門口，癡癡地在預想着將來的勝利。然而，在某一種情形下，我又聯想到酣歌醉舞的迷宮裏唱着，跳着的青年男女。他們沒有盡半點力，費半個錢，而想安享勝利的榮耀。這是不公平的。他們無論如何，應當受一番嚴重的懲戒。

是黃昏的時候，太陽還露出半個臉兒。

妹妹由屋內跑出來，拉住我的手，一面用手指着晒台上掛着的國旗，說道：

「哥哥，你看！多麼美麗的國旗！自由地，英武地在天空中飄揚着！」

我笑了。笑着今天是我新的生活開始的一天！

第八輯

炮火照射着每個角落

新的信念

金素琴

「八一三」的炮聲驚醒了上海一班過着無知無覺的生活的人們。我也是其中的一個。我是個伶人，一向是無知無覺地生活着的。這次抗戰一起來，我沒有法子再苟安下去了。因爲我是個中國人，我愛我的祖國！可是我能做點什麼呢？雖然我可以在舞臺上唱全本木蘭從軍，如果假戲眞做，我可辦不了，我使不出那勁兒。我既然是唱戲的，便唱點有意義的戲給大家看罷。於是，我接受了歐陽予倩先生新編的梁紅玉劇本，集合了幾位伶界同志，組織了一個中華劇團，趕排着梁紅玉。那時候，我軍還扼守在北新涇一帶，閘北燃起一片火光，大炮和炸彈成天轟隆轟隆的響。我們仍舊排好了上演。在南市失陷的那天，正是我們開演梁紅玉的第一天。當時有人警告似的向我說：「情形不對了，當心出岔子！」我說：「沒什麼大了不得，至多把我捉去，我不怕死！」眞的，我那時已橫了心，不知道什麼叫怕。當我在舞臺上演到金山擊鼓的一段，我咬着牙用盡氣力敲鼓。我的心正像南市的房子一樣同被焚燒着。我幾乎忘記了劇中人的身分，大聲的喊出口號來。從此以後，我的心裏起了一種重大的變化，我對我的職業發生了一種新的信念。我認爲梁紅玉的上演，是我頭腦轉變的開始，同時又是我軍退出上海的一天。我永遠記得，那是民國二十六年十一月十一日。

沒有人喝彩的工作

金素雯

「八一三」的炮聲怒吼了。人們除那些只重家不重國的，在忙着摯妻子搬家避難外，其他的人都負起抗戰時期國民應盡的責任來，如救護，慰勞，宣傳，運輸等，都很緊張地工作着。我一向是在舞臺上演悲歡離合的伶人，但也是熱血奔騰的國民一份子，當然也該負起救國的責任，再不願意演那與抗戰無關的戲劇了。

一個伶人，停止了粉墨登場的生活，去做別一件事，定要感到百分困難的。但我也顧不到那些了，在國難時期，誰也要嘗到些「難味」。你如果不嘗這種滋味，那末一定要被人責你是「商女不知亡國恨，隔江猶唱後庭花」的商女了。

但我是一個未經世故的女子，力量既不能荷鎗殺賊，學識又不夠組織民衆。那麽做什麽事呢？覺得還是辦那喚醒國魂籌募經費的事比較來得有把握些。於是我由一向走慣面積不滿十方丈的舞臺走出來，奔波於二百里遼闊的大上海。當然工作是煩重了不知好幾倍！

要達到喚醒國魂籌募經費的目的，非從聯絡、宣傳着手不可。因此天天奔走於同業的家中及工作所在地，希望他們也能負起這個責任來。因爲「杯水車薪」是無濟於事的，人愈多力量也愈大，事業也愈能見效。至於宣傳最好的工具，不用說當然是播音機了。爲了這事出入於戰區幾乎爲彈火所炸死，至今思之不免有些不寒而慄。

這樣出生入死，雖然危險，但成績却很使人欣慰。在一個月內，捐款達八九萬元。現在雖然這個會也早已解散了，經費也早已支配盡了，但回憶起來，好像剛吃過咖啡般，嘴裏還餘留着不少香味。

談到那時候的生活，眞是興奮極了。比在舞台上演戲和電台上播音時興奮得多。雖然辦這工作是無人喝彩的，但我覺得做對於民族解放有利的事，勝過人家對你喝彩的事千萬倍。因之我甘心情願地幹着，不怕難，不怕苦，也不怕死！然而現在呢？能否再過着當時那種激昂慷慨、愉快、光榮的生活？提起了，眞令人欲哭無淚！

現在這孤島上爭光榮求生存的炮聲已經聽不到了，却充滿着歌舞昇平的氣象。國家是不是已得救了呢？民族是不是已自由解放了呢？不，仍是度着十分危殆的日子！但那些只知「今朝有酒今朝醉」的人們，以爲炮聲遠了，可以安心盡情的享樂了。這班醉生夢死的人，我眞爲他們惋惜和痛心！

但我呢？我決不願意過那在棺材中跳舞，羅網裏游泳的生活。我要過那像國軍未離滬時的有意義的生活。雖然目下孤島上的環境變了，但總有地方可以使我發展的。漢口、長沙、廣州、桂林，這都是我將來工作的地方。有人問我：「你本是一位享慣都市生活的女子，何必定要自尋煩惱呢？」我的答覆只有一句話，就是「我良心上不允許我過苟且偷安的生活！」

守住這條戰線

藍蘭

親愛的：

你的信到我的手裏已經兩天了。我總是提不起筆來覆你。唉！你看這討厭的夏天，寒暑表總是繼續向上升，那條水銀好像要跑到木框子外面來了。眞的，這孤島悶的使人氣都透不過來，這怎麽生活下去呢？

朋友們說我變了，的確我也發現我自已變了！這些日子，我喜歡孤獨，我喜歡一個人關起門來登在樓上，有時候簡直是坐着發呆，有時候又會煩燥的走來走去。我像得了傳染病似的須要隔離。所以朋友們不來找我，我也不覺得寂寞，自已簡直不想出去。唔，我知道你看了我的信，一定又要担心我身心的健康了。可是請你放心，我是在想。是的，我是在想：

為甚麼我不能
飛到天空——
像一匹遒勁的鵜鷹，
制止敵人的瘋狂，
消滅殘酷的暴行？
為甚麼我沒有
犀利的武器——
做個英勇的戰鬥員，
踏着死者的血跡，
把祖國恥辱來湔雪？
為甚麼我不去——
騎着高俊的大馬，
戰死在疆場，
讓我沸騰的鮮血，
塗抹在民族解放的史冊上？

親愛的，寫到這裏我的手在抖，心在跳。請你告訴我，是否我無能，我怯懦呢？可是：

我不敢想：
我走後，
誰來——
侍奉爹娘？
誰來——
教育兒郎？
呵，熱情！
期望！
矛盾麼？
能雙全？
摯愛的爹娘的撫養，
國家的後代的成長，
這責任，
也得有人來担當。
我這樣想，
我是這樣想啊！

眞的，我痛苦，我煩惱！我像熱鍋上的螞蟻！看書看不進，吃飯吃不下，甚麼都不起勁！唔，現在好一點了，你的信給了我不少的安慰。你說的對，我再也不該徬徨了。

好！就讓我守着這孤島吧！
從今後我要更加地「瘋狂」——
瘋狂地去看護戰士們的爹娘，
瘋狂地把這些小英雄們來撫養，
將孤獨和寂寞趕出我的心房。
但是這不就是我的責任和事業，
這僅僅是我的責任和期望。
把舞臺作成崗位，
來發揮藝術武器的光芒，
要把我的名字伙伴的名字，
來鑄在藝術抗戰的豐碑上！
堅强地守住這條戰線，
戰鬥到出征的勇士們勝利了還鄉。
親愛的，這是我的夢吧？
可是我的確是這樣想地啊！

給一個在漢口的朋友

曉音

日：

廿八日航函已收到，謝謝！閱信後，我覺得心裏有許多感慨。我們將在這烽煙遍野裏含着血淚，懷着感奮的心來紀念「八一三」迴戰的週年祭。去年的今日，正是中國民族解放史揭幕的一天，那時候我們英勇的戰士，毅然負起捍衛國家的責任，予敵人以重大的打擊。同時中國四萬萬五千萬大衆鐵石般抗戰的决心，各黨各派共赴國難，堅定的團結，和軍政積弊的掃除形成了一座堅固無比的保衛中華民族的堡壘，它粉碎了敵人侵略的迷夢；消算了過去一切屈辱的血債；啟示了我們最後的澈底的勝利；奠定了獨立、自由、幸福的新中國的基石；燃起了全世界被壓迫民族和民衆反抗侵略者的一把輝煌的火炬！我們是爲祖國而戰，是爲全世界和平而戰。這一年來的經歷實無疑地是無限悲痛和辛酸，我們忍受了巨大的犧牲，努力地執行着歷史所授予的任務。這些都是歷史必經的階段，我們無法規避，只有更堅强我們革命鬥爭的信心，更充實我們的力量，來搗毀敵人的陣線，撲滅敵人的野心，加速法西斯必然命運的到來。這一年來，成千成萬同胞被慘絕人倫地姦淫殺戮，廣大的錦繡河山被摧殘蹂躪，文化經濟中心被肆意摧殘；最使人悲痛感奮的，是前線將士們的壯烈犧牲。但我要重復地說，我們是爲全人類執行着殲滅人類文明的公敵的反侵略的非凡艱巨的任務。

抗戰的形勢追隨着時代的進展，已進入第三期的階段。這一年中的犧牲和損失雖是令人椎心泣血，但是我們已獲得了最光榮最寶貴的代價——一年來的勝利。最後勝利的金冠正在光輝燦爛地期待着，加在爲世界和平而奮鬥的中國偉大的戰士的頭上。H，我們舉起和諧一致的步伐，切實地負起這大時代給予的責任，遵循着眞理的領導，來給黷武者以致命的鞭撻，給侵略的幻夢以無情的摧毀。讓我們來完成這歷史的最偉大的事業，創造中國的新生吧！

H，你說你從前老是把我當做小孩子看，可是現在却又以爲我是頂了解你頂能幫助你的人。是的，H，雖然從我們認識到現在祇有不足兩年的歲月，而惡意的毀謗常常阻梗着我們友誼的增進；但是我始終能了解你是一個勇敢有爲的青年。記得有一個時期，你頹廢沈湎的生活曾使我失去了爲你辨護的勇氣，可是我仍舊相信你是潔白無瑕的青年，你是不幸地受着現社會惡劣環境的播弄，你幾乎失足了，不過我深信「Killers are made not born」。而且我知道你是蘊蓄着充分的自拔的毅力，我對你仍懷着無限的熱望，我希望我們的脆弱的友誼對你會有些幫助。但是八一三的砲火把我們遼遠地隔離着，家庭的幾度聚散，生活的流離坎坷斬斷了我們音信的聯繫。不過我依然能夠想像到抗戰的砲聲驚醒了你的迷夢，帝國主義的強盜般的行爲刺痛了你的充滿着熱血的心。你是正在從生活的陷阱裏掙扎起來，投入社會的懷抱，用你的堅強的體魄，把握住你前進的理論基礎來負起責任，推進民族解放歷史必然的發展。謝謝你的信和照像，H，我幾乎不敢相信那馬背上全副戎裝英武的青年戰士就是從前耽溺在紙醉金迷的生活裏的你。我知道你正是在做着我理想中的工作，同時你的弟弟也已充分地發揮了他空中殲滅的威力，獲得了崇高的榮譽。啊，H，你知道我的心瘋狂似地鼓舞着，但是我總不能解脫溫馨的家庭感情的桎梏，我終於僅能偷偷地躲在這魔窟般的孤島上，時時感謝你的信息，它給帶來了無限的興奮和喜悅。

不久以前我得到你弟弟在「四二九」武漢空戰中壯烈殉國的消息。我知道你精神上是受了猛烈的刺激，你的哀心是在悲痛中煎熬着。但是，H，我也知道你明白假若你親愛的弟弟的仇人並不是敵機中的軍士而是全世界的法西斯主義者。漢口經過無數次殘酷的空襲，血肉橫飛的慘狀你是目睹得到的，它更將燃起你的報復的火焰，我更知道你明白你現在是該怎樣地負起雙重的責任，爲民族爭解放和繼承你的可敬的弟弟的遺志，以慰英魂於地下。

最近接讀你的來信之後，我感覺到異常的驚愕和憂慮，因爲你竟會感到常常被失望的空氣籠罩住。你認爲中國的政治機構彷彿是一部光澤着朽壞的木頭的牛車。對的，倘若在一年以前的話，我當然不能否認你的意見的正確性。但是自從「七七」全面抗戰發動以來，我們已努力於掃除朽木的工作，沒有李服膺，韓復渠等人的伏法，抗戰前途可能受到更大的阻梗，這是不難想像得到的。長期抗戰廣泛的工作中，政治的革新，動搖分子的肅清是非常重要的。我們知道本身有缺點，我們不能失望和灰心，徬徨，悲觀，祇是一個反革命唯心論者的可怖的歸宿。我們不能忽略對於客觀環境的反作用，我們應該努力來剋制它，克服它。同時我們更應該澈底檢討自己本身的缺點。H，倘使你祇是屈服於環境的支配之下，妥協地放鬆了你革命的使命，那末饒恕我啊，H，你自己也正是你所詛咒的朽木呢？我將感覺十分失望，不知該怎樣地担心你怎能忍受那「反革命」「漢奸」（廣義的）等可恥的名詞的凌辱。但是，H，我相信你終是忠於我們神聖的事業的青年，你的微小的失望的表示，僅是受了過度的刺激和奔走嶺簸的辛勞而吐出的暫時的嘆息。H，把自己充實起來，鼓起勇氣吧！從艱難困苦中奮鬥得來的結果才是眞善美的呢！

狂瘋和暴雨交響中的夜晚。週圍除了風雨之聲，剩下的祇是一陣死寂。我彷彿是怒濤澎湃的大海中的一葉孤舟。這時伴着我的，祇是案首的一盞孤燈和一個鉛塊般沈重的心。最近幾天，嚴重的空氣窒息着整個孤島上的居民，我更是時時留戀眷念着過去的砲火聲，我知道不久的將來，將又有更珍貴的砲聲來打破四週的岑寂，被人唾棄的孤島終有恢復昔日光榮的一天。我們正熱烈地期待着那衝破黑暗，振奮人心的悲劇的搬演，那正是孤島上三百萬同胞不屈不撓的光榮的表徵，用以紀念這歷史上沈痛燦爛的一頁。

末了，我希望你，H，澈底掃蕩我們所共有着的劣根性！不要失望，不要頹唐，不要徘徊！在我們前面的光明的路途，祇有一條抗戰到底的大道。對於令弟的戰死，不要老掛在心頭，人死不能復生，而且死，原是人生必然的歸宿。他已盡了國民的天責，死得異常的壯烈和光榮，博得全國同胞一致的景仰和紀念。而且他的遺骸已在那風景幽美的青山礁頭得了個永久的歸宿。痛惜的是在少年英俊壯志未酬時就已一坯黃土埋了他未來的更英勇偉大的事業！

SY

校魯迅先生遺著

將離

七月三日，晴，晨，校死魂靈十頁，有疑問三處，用筆勾出，預備往××坊時找先生手寫原稿一查。此書原本係文化生活社版，經先生校閱，錯字較少。全集初校也極仔細，總計十頁中可以明白勘定的錯字僅兩處。

又新來，為新文字研究會索稿。

君夷來，計劃××出版事，決定以間接的描寫，說服的方法，加強×工護×和抗戰的情緒。

接家書，接黎庵電。

午後赴××坊，請許先生將死魂靈原稿找出，其中一處確係文化生活社版誤排，餘兩處手寫稿皆如此，筆誤雖屬可能，但為存眞起見未予改動。

許先生對魯迅先生手寫稿極重視，倘有疑似之點，一概仍舊。而先生手寫各稿，確也精細絕倫，如漢文學史綱，嵇康集，古小說鈎沉等書，寫本裝訂古樸，字迹勁秀，自始至終無一敗筆，無一錯字，此等工力，以余所見，近世蓋無第二人。全集校對也很重視先生生前的意見，字的方面如於皆作于，預作豫，採作采，館作舘，這裏那裏的裏作里（裏面的裏仍作裏），塗途並用，讚賛則加以明晰的區別。此等處多至不勝枚舉。又先生文章，運用日本名詞及紹興土話頗多。

今日下午來校者，計任叔，斯噱，觀周，張蘭及余。任叔為言復社因全集版稅事，社員間略有爭執。按全集版稅，一至一千部為每部一元（二百分之一），一千另一至一千五百部為每部兩元（百分之一）此為初版。後以需要增多，又添印一千部，社員間有人顧念先生紀念委員會之進行紀念工作，主張將版稅提高一部份，則以復社因全集虧蝕頗巨，仍維持百分之一率，即每部兩元。

幼雄來編校處與任叔商談版稅事。

晚，將舊譯稿一篇加以整理。

兜售

穎

惺忪的眼睛，瞧着天花板。什麼時候了？人懶得不願意離開床。「噹……噹」的六響，時辰鐘忠實的在執行他的職務。「什麼？已經這麼遲了？」急忙的從床上跳了起來，用最高的速率洗漱完畢，委曲了「胃」先生，沒有讓他得到絲毫的食物，就挾着幾本書向電車站走去。

在卡爾登門口，看見兩邊人行道上，各有四五個穿短香雲紗衫褲的大漢在檢查行人。「八一三」週年紀念日將近了，上海的形勢緊張起來。天才微明，耳朵裏就傳來一陣隆隆的飛機聲，是某方的飛機在偵察。一切的人們都在談論「八一三」，每個人的腦裏都想像着那一天英勇志士的活躍，一般「新貴」們提心吊膽的當心着自己的生命。

到學校裏，先生已經在講書了，內心不住的不埋怨自己「睡得像一隻豬。」

休息的時候，翻閱今天的報，一個最惹人注意的漂亮同學走過來，「借給我看看好嗎？」沒有等我的回答就拿了過去。「『罪犯養成所』這一定是一張好片子，你們看名字多麼有意思。『風流丈夫』命名多滑稽……喂！」這位小姐把報一摺，疑惑的說：

「你們要知道什麼是托派嗎？這裏有一本小冊子，能明白的告訴你們。只三分錢一本。眞討厭一位朋友叫我買的，其實什麼是『托派』我自己也不明白。」我眞奇怪她這種兜售刊物的手法。很妙！

母親告訴我有一位先生，不知如何進了日本籍有六七年之久，這次假道僞滿返中國探望他的雙親。據他說日本國內情形實在很亂。有兩千多大學生因了組織「反戰運動會」被幽禁了。日本人都穿木屐，節省皮鞋的消費。他看到上海的情形，覺得很奇怪。眞的，我們的畸形的上海，娛樂的繁榮和生活的困難，矛盾的對立着。一部份的青年沈淪於「好花不常開……今有酒今日醉」的歌聲中，各人都在找尋片刻的快樂，忘了抗戰，忘了國家！

暑期內（廿六·二·八）　之一

放了暑假我還要上學，不是好笑嗎？其實這都是自己不好。誰叫自己上學期留下不及格的科目呢？雖然交了幾塊錢下學期一定可以升級，而形式上總要做作做作。

上學時路旁躺着一個死屍。這有什麼希奇，總又是顴骨高高，眼珠深入，一副包着汙泥皮的瘦骨頭。無論他的形狀是如何的可憐，總不能引起過路人的哀悼，因爲是司空見慣了。路人只是留心一點，不要臨跔，碰到那死屍的身上去——觸霉頭！

這年頭死掉一個人比在和平時死掉一條狗還不如。即如我在難民收容所服務的時候，每天死人，大概總有兩三個，小的尙不止呢。有一次我曾經看見一個善堂裏的人來收屍，一隻手提三個小孩子，另一隻手提一個，向那裝滿棺材的車上很隨便的一拋，便完工大吉！還記得大世界前面掉下一個炸彈，便送了六百多人的終。那麼路旁躺下一兩個有什麼大不了呢？

回到學校裏，差不多可以算定，一坐下便打鈴，再打鈴時便溜之大吉。坐在教室裏像坐牢似的，眞苦。同學們又沒有一個談得來的。

那些同學最奇怪的是什麼也不要理——除了自己的功課成績之外。即如最近自己學校在外面的名譽鬧得很壞，但是見不到一個同學的關心，也聽不到同學們互相詢問這些事情的說話。怪嗎？好像什麼也和他們不相關一樣。認眞的說起來又可以算希奇，根本他們平日不喜歡看報紙，連國家大事也只在高興時看看標題。說他們落伍得可憐嗎？却又不是，他們比別人「摩登」，什麼游泳，什麼溜冰，他們都會。

但，這只是上海青年的一部分吧了——又只有這一所學校裏才有這一種學生。我的許多朋友們現在正分頭努力在進行護校運動的工作。大上海的青年是奮鬥的，並不因爲幾個落伍者的黑暗而遮沒整個的光明光。明的前途是屬於青年們的啊！我們沒有忘却五四運動的光榮，一二九的壯烈的史跡！這回，讓我們來吧，來一次轟天動地的鬥爭！用我們新青年的熱血去創造獨立自由幸福的新中國！

放學回來才九時，又走過那條路，又見到那個死屍。不過，這回是多了一條蓆子蓋上了，但還露出兩隻黑瘦的脚。蒼蠅嗡嗡的在蓆子的縫口飛出飛進，像蜜蜂出入於蜂房一般。

上下還有幾個鐘頭不知做什麼事好。其實自己有許多事情沒有做，可是心裏怪悶悶的，運動一動手也不想。終於睡了一回覺。這幾日來太興奮了，晚上有時寫文章或寫日記總要到十一點多十二點才可以睡。早上六點鐘便非起來不可。近日差不多每天都東奔西走，身子很疲倦。這回是一躺在床上便呼呼的熟睡了。

吃過中飯便又游俠一般地到處走。

帶了好幾本書去借給張。這個青年非常努力，是八一三以後的新朋友，而我倆的交情却比得上許多老朋友呢。他做起事來很認眞。因爲努力工作的關係他需要一種更高深的學問來配合他的行動，所以求知慾是非常之强。他在校裏放了暑假之後還和許多同學組織了一個座談會和讀書會。

從張那裏出來時間還早，我便順道去看看珍妮。我已有許久沒有見到她了。

少女的力量眞是了不得——也可以說珍妮的力量了不得。只要見到她，我便感到滿足，感到快樂。

我們先是談談各人校內的情形，然後再談到上海學生界近來的事情，到後來，從意阿戰爭談到西班牙內戰，談到德奧合併……以至談到最近蘇日在張鼓峰所發生的事情與我國抗戰的關係。不管我的分析怎樣，她總很高興的聽，因而我也愈談愈高興了。

誰說戀愛會阻礙青年的上進呢！許多人都不了解戀愛的本意。我總以爲愛只要處理得好，它能誘導一個青年安心努力工作，能推動一個青年走上至善的道路。

帶着一顆無上愉快的心情回家。

晚飯時接到父親給我的警告書，他說八一三前後不要到處瞎鑽，否則被抓入捕房他不管，何況如今又有愛國犯提交敵人的危險呢。

對於這些話，我一向是置之不理。你知道，我的父親是非常「利害」的一位法西斯獨裁者。他便是我的希特勒或墨索里尼。其實他懂得的事很少，可是他却有父親的權力。假使我要和他辯釋的時候，有理也講不清。我以前也曾和他對中日的國力比較舌戰過幾次，到後來免不了總要自己低頭。原因不是我的見解不正確，而是因爲他是我的父親。到現在我學會了新的方法了，無論他說什麼我也不理也不答應，不要和他發生正面衝突。他不准我出去，我偷地去了回來再說，最多不過給他罵兩句罷了。只要我實際行動上對得起我的祖國，給他罵兩句有什麼關係。橫豎我的父親的任務彷彿就是罵兒子。

晚上去找雄在那裏見到流和强。青年們總是喜歡開玩笑的，見到總免不了要問問各人的「女朋友。」那些已經有老情人的總要像老前輩似的教訓我一番。這有什麼關係，大家笑笑總開心開心。

女朋友問題結束後，像平日開座談會一樣的提出一個中心題目來談。今晚談的是護校運動。因爲五個人彼此都很熟識，所以各人都不會像在正式座談會中那樣的拘束。這種小組討論的收獲，往往比在十多個人的座談會中來得大。我們的結論是：護校運動的最重要的是團結，是要校內同學的團結，師生的團結，各校五相間的團結以及和一切同情我們的人們取得一種聯絡。

强自己的消暑會辦了一份刊物，要在八一三出特輯，他要我們各人爲他寫一篇文章，我們都答應了。

假日

陳魚

今天是「八一三」了，學校、銀行和公司都放假一天。兩租界臨時戒嚴，到今天也有三四天了。商店關上了牌門，娛樂場所停了業，街上靜悄悄的，行人稀少得從來未有。然而在高空在兩旁飄揚着無數的滿地紅的國旗，卻也極空前之盛。

公司裏放了假，倒叫我沒法過這一天。眞的要叫我坐在家裏沉痛地紀念一天嗎？找娛樂場所以外的娛樂，又於心不忍。逛馬路，又怕遭無妄（吃流彈、炸彈、手溜彈……）。還是坐在家裏看一天書好。

我不想在這樣可紀念的一天裏看那些不關痛癢的小說書，於是就決計看完那本還沒有看完的政治經濟學。並且決定以後每天都要看點書。自己既不能直接爲國家犧牲，在這孤島上也不應再苟安下去。目前要多充實自己，以備將來之用。

下午去看方家祖母，相距只有兩三條馬路，順便在馬路上溜躂了一下。火毒的太陽下臥着赤裸的孩子，乾癟的乳頭塞在乾癟了小嘴裏，逃亡的媽媽插着草標出賣親生兒子。天空是飛機聲，地下是咀咒、恐懼和憤激聲。然而那黃包車上兩位少奶奶卻在說着：「明朝大光明的『小鳥依人』有兩支動聽的歌曲，應當去看一看。」

回到家裏，想想在這「八一三」週年紀念的時候，淪陷了的上海竟有這樣「一面是荒淫無恥，一面是莊嚴的工作」的現象，心裏有說不出的感想。

像我們這樣每天過着單調的職業生活的人，來一天這樣的假日，對我們的生活是有極大的影響的。

在銀行裏

李東吳

天氣顯得那麼陰沉，狹小而低矮的辦公室裏，似乎籠罩上一層輕霧。日曆上兩個很大的「七」字，却好像黑暗中瞪着燈籠眼的巨蟒，毫不放鬆的對每一個人射着熱辣辣的光芒。這使懦弱者受到了鼓勵，煩悶者受到了刺激。

每個人都沉默的簽了到，又沉默的捧起報紙，在黯黃的燈光下披閱。

「七七，啊，七月七日！」黃君自語着，突然立起身來，推了我一把，說道：「又是一年了！」

不錯，整整的又是一年。一年前我們坐在寬闊高大的辦公室裏，櫃台邊站滿了顧客，存款的數字天天往上爬，心中的愉快也跟着「忙」而增加。而黃君呢，在南翔有着自己的房產，妻兒都安適的住在那裏。

「喂，先生！」窗口外一個虛心而畏縮的聲音打斷了他的思潮。

「先生，這裏是一張到期的存單，數目不大，只有五百，並且已過期了幾天，可以通融些吧，我正有急用。」

「不行，財政部的安定金融辦法你知道吧？定存到期，在三百元以上的都得轉活期，每週祇可支取百分之五。現在給你利息和二十五元，其餘請你每週憑摺陸續來取。」我把幾月來常講的一番話又機械式的背了一遍。接着對賬，做傳票，出所得稅收據，一本正經的祇是低着頭。如果眼角一歪，我想那定是一副苦惱得像判決了的罪人的臉。憑我過去的經驗，越不敢對他望一望了。

「怎麼，利息只有……噯，還扣所得稅，你們繳到那裏去？」他憤然的質問，頸項裏都紅了起來。顯然的一元五角是不應該再扣了，是不是在這淪陷區域，在這中國政府遷移後的租界上。

這可眞沒法打發他走，像這種一錢如命的傢伙，可是他終於走了。同事楊却冷冷的道：「即使東洋人過來也要納稅的呢！」

又是一個顧客來了，一身青布衫褲，怪老成模樣的，一張支票拿了進來。

「只好付劃條。喂！劃條要嗎？」核對圖章之後，會計高聲的說。

「什麼劃條，我要鈔票，劃條劃來劃去有什麼用？」他開始焦急了，似懂非懂的申辯着。

「支票上沒有註明要付現鈔，况且出票人賬上根本全部匯劃。」記賬員翻了翻賬簿，一絲不苟的報告。

「那那怎麼辦呢？拿了劃條……」

「你可拿劃條去貼換現鈔。」

「貼給你們要吧！」

「我們小數目是不做的。」

他終於拿着劃條走了。

接着吃飯，飯桌就擺在辦公室裏。

「噢！這真不成樣。」老成若有所感，可是我們已經這樣捱了整整將近二年，差一點兒大小便沒撒在辦公室裏。

飯後天下雨了，有一搭沒一搭的，可是路面含濕了，可怕的沉靜繼續着。

張在熱心的看報紙，背兒都有些彎了。

陸似乎在打瞌睡，眼睛一閉一張，嘴拉開着。

黃在想心事，「南翔自家的房子呀，喇格納路的鴿棚呀……」

駱在用鋼筆速寫陸的睡態。

林癡癡的望着屋頂。

三點打過不久，交換所來了，大家似乎振足了一些。可是電話搖過來只有九張。以前每天二次交換，每次數十張，唉！不堪說起，不堪說起！

拉鐵門的時間到了，行役氣咻咻的把賬簿搬到庫裏去。出納黃在結現金，收付日記表，望過去祇短短的半截，給兩條紅線把空白處一劃，更顯得孤零的難看了。

「今天新開活存二個：王儀記、陳妍記，又結清定存二個：王儀記、陳妍記。」我在寫完存戶開結表後，不經意的讀着。

披上長衫，邊戴帽子邊走出鐵門，一個挨一個。

「陸先生去了，黃先生去了……」炳臣殷勤的問。

「嗯……嗯……嗯……」

「安分」的人

非心

早上還不到七點鐘就開了店堂門，刷灰、揩賬台，除了幾個老師兄外，其餘的小學生都忙着做起工作來。四眼圈的營業主任，在店堂裏踱來踱去，一付天生成的凸出的眼珠，襯在黑色的鏡框里，益顯得凶狠了。除了幾個老師兄，誰不見他怕，只要你的工作稍有停滯，或站着呆想，就一定免不了一頓臭罵。

今天仲明真够倒霉，因為稍微遲起了一點，就觸動了營業主任的雷霆，甚至將昨夜從他太太處受來的悶氣，一股腦兒都移到仲明的身上來。仲明是店裏最年幼而且是最近進來的新學生。因為他有一對近視到極度的眼睛，不但做起事來不方便，就是在二三尺內也會看不清人。遭四眼圈的臭罵，他可算是老手了。不但如此，就是遭老師兄們的打罵也成了他通常的日課一樣。

刷灰的仍管刷灰，揩賬台的仍是揩賬台，已經洩過了氣的營業主任，現在也不在店堂裏了。幾個老師兄在翻閱着報紙，哼着歌，只有仲明站在壁角裏暗泣。

一到七點半，剛從床上跳下來的幾個客師，都赤着背到店堂裏來賜貨。他們不是擦着剛蘇醒的眼皮，便是大談其昨夜在戲院裏碰着女人的事和三六九筒二五八萬的勝利等等。

八點鐘，正式的開了店堂門，一天十二小時的工作，就在這時候開始了。幸虧今年受了戰事的影響，生意清淡了許多，若在往年，這樣清涼的早晨，買客們都會源源地不絕而來。學生們就要辛苦了許多，遞煙倒茶以虛僞的殷勤，換老闆顧客的歡欣。今年還好，或者也是仲明的命運好，生意一清淡，當然的工作也不會和去年一樣的忙了。除了刷灰和整理貨物外，其餘的時候，都足以供給你閒站。不過你總得機警一點，否則一碰到四眼圈營業主任，就會像沒有照會的小販碰見外國「三道頭」一樣，叫你晦氣。

只要買客一步踏進店堂門，拖凳子，倒茶遞煙等等的事情，就會很自然的動作起來。不過，做這些事的大都是仲明獨個，師兄們只在那裏指導他。

老師兄的面孔，比營業主任更來得難看。俗話說得不錯：「閻王好見，小鬼難當」的確，仲明這時所遭遇的也正是這樣。他認爲四眼圈的話，或者有點爲了要他好，而師兄們的笑罵，却使他更憤恨。然而他始終沒有反抗的力量，有時只阿式Q的笑一笑作爲報復。

本來幾個年齡和仲明相彷，而且在差不多時候進來的學生，待遇是應該平等的，但實際上呢，不但不能說是平等，相反的正是相差得很遠。單拿四眼圈來做個例，他對其他幾個和對仲明講話時的態度，就顯然不同了。推其原因，是因爲仲明沒有拍馬的本領。

到了下午三四點鐘時，仲明的工作，是更加繁忙了，滿額流着豆粒般的汗珠，動作是更加呆笨了，因此更能作爲師兄們的笑料。

只要時辰一敲過八下，仲明的工作也就自此輕鬆了下來。看他日間呆板得沒有一點表情的臉上，此刻現露出一陣陣的微笑。他不但沒有厭恨生活的刻苦，反而感着像得到了勝利一樣的快慰。他不是甘心做奴隸，是被炮火毀了的家和時時在飢餓中掙扎的母親逼得他這樣「安分」的。

然而在更深夜靜，轉側難眠的時候，他也偶而會對自己的「安分」懷疑「我的一生，就這樣完了嗎？」

子夜

樂靜波

醒來，扭亮電燈是半夜。剛敲過十二點的鐘聲還在繚繞着，左臂仍在作痛，神志却比往日清醒得多。然而想起半月前的事，心又不禁跳躍起來。

一天中午，我站在店門口，等待着顧客的光臨。突然，在一陣響亮的爆炸聲中含着火藥氣味的煙塵和沙石，猛烈地撲射到我的身上來。我倒在地上，完全失去了知覺，任人們擺佈，醒來時我已躺在四圍全是灰色的病院裏。

「徵倖，徵倖……差點兒我這一條性命就糊里糊涂地送掉！」

可是，恐怖的回憶，仍在極度驚懼的心靈裏蠢動着，而且一點點的擴大開來。我彷彿看見白壁上有一點灰黑色的斑點，牠逐漸擴大擴大，終於變成三個黑色的輪廓：慈祥的老母和年輕的妻女，一塊兒蹲在地上，愁眉苦臉，處處顯出飢餓的傷痕……

悲哀佔滿了我的心。我想從床上掙起來。突然病房的門慢慢地開了，一個穿白色制服的女看護走到他的床邊，用輕柔的聲音對我說：

「王先生，一點多鐘了，爲什麼還不睡？別胡思亂想吧！過去的事，總算是徵倖的。我們希望你早日痊愈。但是你痊愈後，是否仍回到那間商店去服務呢？」

「唔，是……是的，我想回去。不過……否則，否則……」

「如果先生回去的話，我或許在這裏還要和你見幾次面。」

「……」我覺得自己臉上起了一陣痙攣，兩眼注望着看護，眼淚像斷珠一樣的下。

恐怖的思想，在我的腦海裏旋轉着，我憶起店裏滿堆着的私貨，上下午生意的忙碌，櫥窗裏陽着的都是漂亮的印花紡的確倘若仍舊回到店裏去，不但會發生許多次同樣的事情，而且說不定會失去了自己的生命，但要是不去，那有什麼辦法呢？

生命，失業，老母，妻子和小孩……侵佔了我整個的心，十二萬分的矛盾，我的內心有許多東西在相互咬嚙。

幻滅

文琴

早上四點鐘就醒了，追憶着昨晚和陳明的事，心中自然暢快起來。我不能夠死守這不體面的行業，給許多人認爲是不名譽的女人；各種雜亂的事不明不白地加到身上，遭受着四週無情的打擊。爲着母親，忍痛地過着這種生活。可是我不能讓青春隨便拋掉。陳明年紀輕，有錢，又忠實，願意拯救我。過了三月，他畢業了，就來娶我，將來住着高大的洋房，富麗的臥室，出入都是汽車……想得太甜蜜了，來一個內心的微笑。

「文琴，醒來呀！」

媽的聲音打斷我的思路，沒精打彩地道：

「唔，剛醒。」

「你要告訴客人不會喝酒，昨晚又醉了。」

「我知道。」

「你年紀不小了，不要受人家欺騙。客人不會眞正歡喜女招待的。」

「是，媽。」老太婆式的叮嚀使我笑起來，「媽眞不懂。」

× × × ×

下午一時，就上××酒店，林珠迎着我，哭訴着受丈夫的虐待，還要受客人的閒氣。在她黃臘色的臉上，佈滿了閃鑠的淚珠。我除了同情外有什麼辦法呢？就安慰她說：

「想開些吧！」

「不像你人家太可憐了。」

門簾一閃進來三個林珠的熟客，向她點點頭，她就跟進去了。

天很快地黑下來，上下的電燈都亮了，店內熱鬧起來，賬房忙碌地送客，堂倌高聲的叫喊，於是我就忙着上樓、下樓、報茶、絞手巾。

這時，昂然地走進一個人來，矮胖，小方臉孔，滿臉短髭。他接連來了三晚，據說是東洋人。

照例，我走過去招呼一會，陪着喝酒。忽然，一隻粗蠻的手伸到我的胸脯，另一隻手用力在我肩上一壓，我知道不好，趕忙掙脫；他又叫我去燃烟，劃了五根火柴才燃着。我怕得很，火柴每亮一次，總要看見灰黑色的掛着仁丹鬚的猙獰的臉。我反身想走，一隻手給捏住了。

「呀！」我痛得喊了出來。他用燃着的烟頭燙我的手背，燙起了泡。這男子却鬼似的笑了。

我忍受着，報復似的看他一眼，就離開房間。樓下遇着林珠，我顫聲地告訴她，憤恨和恐怖罩滿了我的心。現在是遭着地獄似的苦難，我眞不信以前日子是怎樣過？隔壁老鴉似的笑聲傳過來，我從板縫裏看，另一女招待露着胸膛，一只手在上下摸索着，痛苦又增加了。

「在這裏看西洋鏡，你那房間的客人叫你還不快去。」堂倌拉拉我說。

沒法，又跑到那裏，撳開門簾，畏懼地向裏一望。客人喝醉了酒，臉孔漲得紫紅，充滿着血的眼球閃鑠着色慾的光。

「來走近來。」含糊的聲音。

我又被捉了，粗魯地將我按在他腿上，手在我上下活動起來。一叢短髭刷子似的擦在我臉上。酒沫噴滿我一臉；難聞的大蒜味使我嘔吐，我掙扎着，一隻手又探進了我的褲子。我怒極了，望着那凶惡的臉，用勁地一掌打去。

——拍。

一隻惡狗跳起來了，拳頭猛烈地敲着桌子，盆碗都翻到了。

「嘿，你打我耳光！」

我嚇得不知如何是好，呆立在門口。忽然，一隻盆子，直打過來，我不及躲避，盆子的利口咬破我的臉，鮮血直冒出來。

堂倌賬房鬧聲趕來看熱鬧的顧客圍住我們，那惡魔愈瘋狂了，將桌子凳子都推倒。

賬房低聲下氣地賠罪後，那醉漢才踉踉蹌蹌踏着沉重的脚步走下樓去。於是大家目光都注視着我。

「好，你使性子，家裏去吧！所有損失在工資裏扣除。」賬房怒氣冲冲地說。

林珠替我包了受傷的臉，輕輕地對我說：

「文琴姊，找陳先生去，他很忠實。」

極大的希望在胸中成長了，今晚脫離了鬼的生活，就直往陳家。

「陳先生根本沒有這種相識的人。」僕人進入通報後，出來回答。

「你說文琴來看他。」我懇求着。

「是呀，我是這麼說。」

「謝謝你，領我自己去看他吧！」

「不可以，主人吩咐不准你進去。」

於是我明白了，我記起了媽的話：

「不要受人欺騙呀，闊客人不會眞歡喜女招待的。」

給新四軍一個戰士的信

曉鐘

××兄：

你在六月十一日從××店發來的信，直到今天我才收到，需要二十幾天功夫，眞是慢極了。大概因爲交通不便的原故吧？我每當接到你來信的時候，都翻開地圖來看，可以明瞭你的足跡到達了什麼地方。但是這一次在地圖上找了半天，沒有找到××店的名稱。因此我又翻開郵政局所彙編的來看，才知道××店離開××不遠。××早已失陷了，你和你的同志們現在正向那方面——敵人的後方發展吧？近幾天來，我在報上看到新四軍開到京滬沿線各地的消息，我就聯想到你。

民給你的信上說他自己失業了，並非事實。雖然他服務的書局，會經大裁員，但是他僥倖被留用了。他因感孤島生活無聊，情願放棄職業，而到後方去服務，所以他常對朋友說失業了，希望朋友能夠介紹他到內地去服務。他這個願望，果然實現了。在×月×日那一天，走上了征途，到浙江××縣做組織民衆的工作。他這一次離開上海很費周折，先辭了原有職務，後又說服他哥哥的阻撓，才能起身。最近他來信說：已有信給你了，但是不知何時得到你的回信？你向他建議：組織××團到戰區去，我已寫信告訴他了。

京滬戰區郵政，重要城市都已恢復了。我和你的父親常通音信。今天又收到他寄來一封信，裏面說：他和你的母親都很想念你，並且告訴我生活困苦情形。我每次總婉言勸慰他們，又代你關照他們好好教育你的弟弟。我因爲經濟不寬裕，不能多多幫助你的家庭。在這個月一號我託便人帶給你父親八元，並且把在和濟當的衣服也代贖出，託帶錢的人帶給你父親了。

在這抗戰時期各黨派要合作，我們勞資也要合作。但是我們店主反藉口營業不好，減低我們員工的薪水。其實營業比較戰前並不十分壞，不過店主要想省一點開支飽自己的私囊罷了。今日同事間傳說：店主因爲近來營業不振，本月份起減低薪水折扣，表示體諒同人。但是一二十元以內的小職員，還不免打折扣，不過折扣改小了。你想現在生活程度比戰前高了，小職員的薪水還能再打折扣麼？你以前也是小職員，苦衷不用多說，就會知道的。

你要我告訴您上海近況，我告訴你什麼好呢？上海租界，已經恢復了戰前的「繁榮」，並且人口比戰前加多。這因爲內地有許多有產者都來避難。漢奸很活躍，而我們愛國同胞，對他們無恥的勾當不斷地揭發，宣佈他們的罪狀。並且有許多大漢奸被擊斃了。至於近郊游擊隊活躍的情形，你已知道，用不着我再說。今天是「七七」抗戰週年紀念，上海表面上又緊張了，租界上巡捕包探都出動在要道口地方，還盤查行人。市民照政府命令，素食一天，將其所餘的錢來救濟難民。因爲環境關係，雖不能舉行獻金運動，但市民倡行的節約捐，已有相當成績。我們店中多數素食，可是節約捐沒有捐到多少。你在今天，一定用加緊鬥爭來紀念抗戰一週年，比我們在孤島上紀念的方式格外有意義啊！

章先生已到了重慶。他來信告訴我們，國家很需要青年人。並希望我們自己教育自己，不要過苟安生活。我眞慚愧，到現在還是動搖不定，所以特別苦悶。要是我有決心的話，我現在已在陝北，而不在上海。我太滑稽，當我看了陝北公學招生章程以後，因爲它要繳膳費關係，曾去信要求免除。那知道，等了多時，沒有回信。大概因爲郵信不便的原故吧？其實不必要求，說走就走，到了那邊，繳不出膳費，他們總不會把我餓死的，只要我眞有抗戰建國的熱忱。

不知不覺的亂寫了許多，又要您花費寶貴的時間來看，或者和上次一樣還要多點一刻燭火。因爲不知你現在到了什麼地方，而且你到的地方郵政也不會通，所以還封信仍寄到××請李先生轉上。謹致

民族革命敬禮！

舞女的信

文庵

銘功：

八一三的砲聲，把我們驅入了另一種生活。（十六日開始。）可說是我生活史上値得紀念的一段，現在讓我來慢慢地告訴你，請你耐心聽着。

詩、英、雪和我，大家說要去服務。許多人勸我們不要去，我們不聽他們。

先到寧波同鄉會去報名，冒充了寧波慈谿人。再到上海婦女補習學校去報名，加入救護訓練班。

報名的第一天，就派到第一收容所。（四明公所。）眞糟！他們有的在舞場中見過我們的，說我們出風頭去的。（銘，你可知道他們是什麼意思？）其實靑布短衫，黑布裙，那兒來風頭？四人同樣的打扮，沒擦一點點脂粉。不過我們在那兒確是沒有多麼大事幹，就是夜班也當個巡察員。

新辦第五收容所缺人，要我和雪去。四個人不願分開，一起去了。到了那面有事了。登記、人事、分麵包、巡察、都有份。因地方小，（在明星大戲院）難胞又少，沒滿七百人，倒不覺得忙。四人分日夜班。在夜班也不覺辛苦。我們能找到事做已很高興，盡責是當然的了。半個月收容所結束了。難胞有的送到寧波去，餘下一半送到十四收容所去。我們也跟着去。

在第五收容所結束前兩天，我們還去伴過兩天舞。你相信嗎？八月廿九卅日大新開幕，因原有的姊妹逃難走的很多，人少，非要我們去幫忙不可。在這時候，丟了那個忙，來幫這個忙，太不應該吧！好在丟了白天，還能值夜班就是了。你猜怎樣情形？玩的人比平時星期六還多。跟我舞的也有三四個。去玩的人，滿嘴說得很愛國，例如：「其實我們不應當跳舞。浦東、南市的火光，叫人看了眞慘。但也爲了你們，我們不出來玩，那末……。」話也算是對的。他們不化錢，我們那兒去賺？第三天不開了，不知是巡捕房，還是社會局禁止的。

到了十四收容所的第一天，我們向臨時主任陳君請假：「今天不能值夜班，因護訓班明天早晨要到膠州路一個傷兵院去。」誰知這位臨時主任先生，拿出一付上司對下屬的面孔說：「今天第一天應當要到齊，否則怎樣分配工作。雖則盡義務，貪懶就不行的。」雪差一些要下淚了。我想解釋，想想多講也無用的，我又不善講。就在簽到簿寫了個「退」字回家了。銘，對這樣的人，你有什麼感想？

到後來，我的脚太不爭氣，救護訓練班剛結束，（校中叫我們等着，有機會就出去）十四收容所還沒結束，濕氣發出來了。全在脚底下，路也不能走。一個不去，四個人就全不去了。閒在家中沒事幹，只能幫隔壁人家做綿馬夾。除了詩，我們三人是住在一起的。

整整的一個月，兩脚才全好。巧得很，舞場又復業了。雙十節前二天開的。爲了生活，我們又進去了。否則家中連秈米飯也吃不成了啊。去玩的人仍有「八一三」前那末多。銘，你可不要說他們沒心肝，到今天他們也「救濟」我們十個月了！

得了，上辦公室（舞場）的時候又到了。下次再談。

祝你

努力你的工作！

桃色圈裏（附）

瑪玉鳳仙

這悲痛凄惻的故事，先從我的母親說起罷。

遠在二十餘年以前，母親還是江南水鄉的種田姑娘，在那蘇州嵯峨的天平山麓，跟着外祖母度慘苦的生活。然而那時是自由的，母親永不會忘記這快樂的時日。有時閒着在田隴上哼些山歌；或者同鄰居的姊妹們一夥兒在田野間，在土邱上，採拾野果子吃；否則就到天平山上亂跑。可是這樣天眞活潑的生活，母親沒有能够享得很久。

隨着帝國主義侵略魔爪的深入農村，母親嫩綠色的生活片斷，也跟着整個農村的破產而破滅了。

外祖母有十二個孩子，在平時尚可艱苦地維持田家生活，現在可不行啦。外有帝國主義的侵略，內有軍閥的盤踞和內訌，眼見農村一天天崩潰下來，有十幾個口粮的人家，怎會不受影響呢？當然囉！最倒楣的還是女孩子，在種種原因下，母親就流入了都市。

那時母親剛剛十六歲，長得十分漂亮。起初在書寓裏充作女傭，後來經狎客們的慫恿，就正式做了長三里的姑娘。

在這不合理的社會制度底下，男子玩弄女子的方式，總是那麼一套。起初言騙利誘，講得天花亂墜，使你不能不相信他是一個知心的客人。可是直等你所有的秘密給他完全發掘以後，那末你的愛（？）你的一切就被宣告死刑。可憐啊！慈淑的母親就在這樣的場合下懷了孕。

我始終承認母親是一個有骨氣的女性。雖然她沒有讀過書，沒有了解男性壓迫女性的基本原因，但她却不願長久過這嬌嬖妖氣的頹廢生活。他更不願使她唯一的女兒也生活在這桃色的圈子裏。

人事的變遷眞難以臆斷。這也許是所謂「黃金時代」吧？我讀完了六年的完全小學，正像我母親一樣，我的天眞的生活，也是祇許一刹那的。母親是不會生產了，僅僅靠一點微細的積蓄，濟得什麼事？在幾年來貧病交迫的無形的鞭笞下，母親離着淚，放她的女兒也去跳進她跳進過的火坑。

我眞不懂男子的無恥卑鄙，竟有意想不到的天才的發揮。當他們也盡情縱歡的時候，早把他們的祖母、母親、妻女，也同樣是女性的思想，都拋擲到九霄雲外去了！

妓女的生活苦燥而刻板。人家說起來，長三裏的姑娘，總要比鹹肉莊裏、么二裏、花煙間裏好得多了。固然在表面上看來，似乎物質的享受比較好些，可是精神上的痛苦，却完全是一樣的。我們雖不能說是出賣肉體，但無疑是出賣了靈魂。

在一般的生活上說來眞可令人髮指。不論那一個嫖客，都非到一二點鐘是不肯走的。嬉皮笑臉地同你瞎纏。我們又不能不去湊奉他們，敷衍他們。等他們走了，還要把房間收拾清潔。這樣在睡覺時總蔽了三點鐘。於是明天的起身，就要在十一點左右。起身後胡亂的忙了一會就吃中飯。午後跟琴師吊嗓子。這裏有五個姊妹，一個個挨下去吊非要整個下半天不可。抽個空想捏一冊書本子，眞有登天之難。因爲頭腦已在悠揚而尖銳的長時間的京胡聲中昏沉了！

姊妹們都沒有讀過書，她們是不會了解這個社會中男性壓迫女性的原因的。因此她們大都拿「紅顏薄命」自嘆身世。她們祇有一個唯一的願望，就是嫁個「如意郎君」。可是「如意郎君」在何處呢？嫖客們眞會體恤這羣不幸的女性嗎？

我很明瞭，我並不是一個最不幸的女子。我還有唯一的母親，母親在花界還有一些地位，她的女兒所受的摧殘總比較好些。當銘心踏進這門檻時，我才覺得她是更不幸呢！

銘心是一個敏捷結實的美麗的姑娘，她有一付封建女兒雅逸的舉止。和其他姊妹「跳跳蹦蹦」的個性是截然不同的。也許是內心的痛楚壓制了她的行動吧？在深夜裏，秋蟲唱着淒涼的曲調，她告訴我流亡的一切，這使人髮指的一切。

當×軍攻陷蘇州時，炮彈炸彈在黑暗裏亂竄，人羣也在黑暗裏亂竄。在這混沌恐怖的狀態下就失去了可愛的雙親和獨一的胞弟。她昏沉地跟着鄉人亂跑在輾轉的逃亡線上，衝到上海。飯是要吃的，衣是要穿的，生活程度高到可以的銷金窟，那裏能長久住下去。在無可奈何之下，鄉人欲使其入肉莊，她抵死不肯。於是就間接地介紹到這裏來和我「同病相憐」的成了一對可憐蟲。

這並不是說我忽視了其他的姊妹們可憐的遭遇，我們姊妹淘是一樣的。因爲銘心也識字，也能閱讀，也有像我一樣的感想，古諺說：「物以類聚」自然比較更容易接近了。

我早想一吐內心的苦痛了，可是從何說起呢？三百六十五天，那天不是沉浮在糜爛的生活中？它是一樣的呆滯；一樣的懊恨；一樣的苦悶；一樣的被蹂躪！不過去年的「八一三」之夜，我得到了一個意外的快感。

人亂鬨鬨的擠滿了二個小小的房間，八月的天氣，還有如此酷熱，空氣裏沒有一絲風，二隻搖頭的電風格外顯出軟弱無力。不過在雪亮的電燈下，點綴而已。粉的氣息，酒的氣息，菜肴的氣息，夾着嫖客們的汗酸，把凝滯的空氣攪得更混濁，更窒息。

雖然窗外的賣報童子，震天價喊着×軍的挑釁和戰雲濃厚的新聞，可是這班沒靈魂的人羣的打牌聲比他更響。這羣東西祇知道一天到晚的花天酒地，玩女人，什末國家大事，壓根兒是全不理會的。

今天做花頭（請客）的是史大少，他的交遊非常廣闊，各方面的朋友都有。而玩女人的本領也是他最顯光最毒辣！

鄒大少是四十開外的上層買辦階級。他的酒量最宏。他自認是我的知心客。每次酒宴不論落雨下雪都有局票飛來（請起局票也是挺苦的事情，有時候已經睡了也要起來應局。）今天我也坐在他的身邊瞧他拇戰輸了就要你替他飲下。自然囉！「你有身體我有錢。」管你吃得下吃不下。在這樣的場合下，不勝酒力的姊妹們，每每即席嘔吐。可憐我們，有時竟二天不能起牀。

有時乘你一個冷不防，就來一下突吻。天喲！那酒氣不可嚮邇的嘴巴，實在使你哭笑不得。這類似的侮辱，差不多天天在搬演着。

在現階段的社會裏，男性壓迫女性，恐怕再沒有在妓院裏這樣具體的表現了。自然囉！那異族的魔鬼衝到我們祖國的時候，其慘無人道的侮辱，更不用說了。

當第二天的中午，我得到了一個快意的消息。這羣「不知亡國恨」的東西，他們不知租界已入戒嚴狀態，在走出去的時候他們被抓進捕房，整整坐了五小時的冷板凳。

花界的姊妹們！你們賦稟這醉生夢死的生活？誰使我們墮落到如此地步？一小半固是半封建的惡勢力所造成，而大部還是帝國主義的侵略所促成的！所以我們要自身解放，必先求民族能夠獨立，要民族獨立，首先要打倒日本帝國主義！

悟（附）

聖清

「……打回老家去！打走日本帝國主義！……」雄壯激昂的歌聲，自收音機中播出。緊張的空氣，充滿全室。這收音機也知道厄運將至了，但是在未被魔掌攫住之前，依舊繼續它的使命。

「……起來！把我們的血肉築成我們新的長城！中華民族到了……」歌聲更響了，收音機要爆炸開來似的。室內正中斜擺着一只方檯，四個人圍坐着雀戰，劈拍的聲音時時發出和歌聲混雜着，難聽極了！

這是一間廂房，鋪着軟皮的地毯，兩壁有彈簧的沙發，佈置得很雅緻高麗。門窗檯椅纖塵不染。本來是一間會客室，現在權作雀戰之場。

坐在左側的是T，他是一個聞名的實業家，這實業家的名譽是他半生的辛勞心血換來的。他二十年前創立××工廠於南市，營業非常發達，已擴充過三次。不料侵略者掀起「八一三」烽火，他閘北的第二廠先毀在火中了。第三廠和總廠都在南市，又使他晝夜杌隉不安。但是，不安有什麼用處呢？偉大的抗戰的烽火蔓延開來，已決戰於南市了。他在前天昨天，幾乎要發狂。唉！半生的心血，將要變成焦土，踐踏於鐵蹄之下了！留在租界上的僅這個發行所和一點浮財而已，叫他如何不傷心呢！

今天L和F來了，對他說：「你空自傷心什麼用呢？別急壞了身體。南市的財產靠你焦急也是保不住的。吉人自有天相，橫豎橫罷。我們三個月不叉麻雀了，今天來叉叉解悶。」他們不待T答應，已打電話去邀了H來。T既不贊成也不推辭，胡亂入座了。

T總覺得腦海中有什麼在作祟，始終不安定。叉了不久，他望着面前的一隻「九束」，眼睛漸漸模糊。咦！整整齊齊的九行排列着，不是南市的廠房嗎？上面還蓋着紅色的洋瓦。他發怔着。

「喂老T，打呀！」L有點忍不住催促他。

「喔！」他一驚，眼前的廠房消失了，依然是一隻「九束」——就順手一甩。

「咦！老T，你沒有取，怎麼先打了？」L驚奇地問他。

「唔！」他伸手去一取，拿來一看，討嫌的東西又來了！撲的一丢，檯中又增了一隻「九束」。

「哈哈！」H笑了：「老T叫你取，你又打了！」

「哈哈哈！」H也笑起來了。

只有H，他是T的同病者，知道T的心事，又引起他自己的心事，所以默不作聲。同時T已取了又一隻牌。

他們繼續叉下去，刺入他們耳膜的是轟轟的炮聲，劈拍的槍聲，和軋軋的飛機聲，雖然各人用力拍着牌，加以收音機在高歌着，但是，總掩不了外來的聲音。

槍炮聲愈近了，飛機聲更響了，而且又增加了許多嘈雜聲。T的心中像躲着一隻刺蝟，不時亂竄。牌已錯了好幾次，但還竭力想鎮定自己的神經。

「轟！」一個巨大的聲音，窗上的玻璃震動，空中冒起了一大堆黑烟。T呆了，他望過去，腦海中幻起了他的工廠正中了一個炸彈，立刻燃燒起來，火舌四伸，他的血，他的汗，都付於火焰中了。他狂跳起來，而轟轟的聲音不斷的叉傳來。他終於把牌一推，忽忽地跑到辦公室，用力一拉抽屜，捏着望遠鏡跑上曬台去了。

他再爬上屋頂，對着南方架上望遠鏡望去。

在他的眼簾中，清清楚楚看到日人的四處縱火，又看到任意殺戮逃跑的人，又看到他們的槍尖上刺着二個粉白的小孩子，他心坎起了無限的憤怒，他切齒痛恨。

「對面嘜格喇小學！」屋頂上發出尖厲的警號聲，似深夜的狼嗥，又像幽谷的鬼嘯，往耳鼓直鑽。他抬頭望去，三五架飛機在半空狂翔，他看到血腥的太陽徽，還看見猙獰的飛機師將一個個炸彈往下擲去。

炸彈落下的地方，屋坍，路毀，烟火瀰漫開來。他彷彿看到自己的廠房也正在熾燃着。（其實他望不見自己的工廠。）

砰！砰！砰！炸彈連串下降，烟霧也擴大起來，他眼中的景象更悽慘了。他憤憤地將手一揚——砰！又是一聲。這不是炸彈，屋上碎了一塊瓦，他的望遠鏡也同歸於盡。

「還看些什麼？錦繡山河也破碎了！我幾個工廠值得什麼？中華民國復興了！我H××也會復興的！」他鄭重自誓。

他當回轉頭，看見北面馬路上擠滿着流亡的人們，扶老攜幼，連哭帶嚷，絡繹不斷，慘絕人寰的「流民圖」展在他的眼前。

「記住罷！誰使你們流亡？誰毀我的事業？」他沒有一絲留戀，跑下屋頂，離開晒台。

第九輯　走上征途

新路（廿七・六・廿九・）

王煜（失業）

像寄生在人腸胃裏的蛔蟲似的，我在朋友辦的小學裏住了整個的月頭。

朋友對我的友情，確實是不能忘懷的。雖然，「噓寒問暖」這般的殷勤非我所敢受；可是當每餐粗飯淡菜擺滿了食桌的當兒，他總不無關心的喊：

「小王，吃飯啦！」

當然有了主人這句話，我才毫不靦顏的嚥下飯粒去。不過寄生蟲的生活在我總感到不甘。因爲，我知道朋友也許爲了我的厄運，而憐憫我吧。受人憐憫，是最可恥的事！

親愛的雪，我忍着不知千萬次，想不把這厄運告訴你，斲傷你的心，使憂鬱毁了你的身體。可是，祇有天知道，我又忍不住要向你說了。

是去年冬末的一天，太陽還沒落盡，讓餘霞蓋着山頂，山村的傍晚是美麗的。可是村上人都驚心肉跳着。女人悼恐得更不堪，把鍋底灰塗滿了的臉——帶着乾饅饅，太陽還沒起身，就躲進山上濃密的枇杷叢中，或是山溝裏——整天的不露面。村上少了女人，更死氣沉沉了。男人又有影無蹤的造些怕人的謠言。終究不是謠言！幾十個鬼子兵到了這逃難者視爲安樂村的山隅了，穿家闖戶的，像脫了窠的蜂羣。

開始，我的老年祖父驚恐得全身抖了。一枝圓柄的手槍，樣呀樣的，咕嚷着些互不相通的語言。

「沒有錢……你搜呀！」

祖父是飽經了兵災的痛苦，一下子就明白他們的用意的。可是，豺狼那裏肯讓羔羊脫網呢！他們粗暴地把祖父的袍子、襯衣都翻了個遍。結果，似乎還很失望地帶去了幾件絨繩衣。事情算是「和平」地過去了，我的祖父卻已跪在床前全身顫抖得很厲害了。等到鬼子兵的影子消失了許久之後，才用盡僅餘的一點老精力，站了起來：

「赤佬殺盡你們這些矮赤佬！」

你那裏能想像到在第二天的夜晚，老年人竟再不留下一句更强硬的話，而長逝了！

雪呀！你也不用爲我的祖父而悲傷而流淚，我要你也記住他的僅有的遺言：

「赤佬！殺盡你們這些矮赤佬！」

辦小學的朋友也爲我祖父流過淚，而且深切的同情我，憐憫我，給予我這般的盛情。但這那裏是我應走的路子呀？

我要找尋我的路子！

親愛的雪，就在今天，我幹了件趁心爽快的事。我尋着我的路子了！雖然還是滿佈荊棘的漫長的路，可是你應該鼓勵我！你早知道我的家是毀在强盜的一舉手之間，那一片瓦礫場你也早爲它洒過渴望復興的熱淚。現在，你又知道，我的祖父是怎樣的在山村間死去了。可憐那屍骨還寄寓在人家的坟園上呢！我已經什麼都完了，所留下的就祇有我還疲憊的肉體和苦惱的靈魂。假使，我再不決定走這新的路子，我的靈魂要背叛我了！只剩下一個肉體，還不是廢物，去和泥土一同腐爛嗎？

我不願意這樣腐爛，所以雖然朋友爲了我辭退一個教員，挪出一個空缺來，我却並沒接受他的好意。我另外去找了一個久別的同學。

在××大旅社的四層樓上，我這穿着土老兒式的長褂子的人，在走出電梯的時候，幾乎被侍役下逐客令。

是三年不見面了。我知道這個同學是暗無天日的過了三年的牢獄生活。可是，當我看見他的奕奕的眼神時，我就知道他是更堅定，更深沉了。他像塊鋼，鑄得這般堅硬！見了面，他也許有點疑惑我，把親熱的成分減低了許多，有意無意地唐塞我：

「哈哈！三年！你呀，你變了，發福了吧？」

太驚異了，其實我什麼都明白，他在幹着什麼工作。怎麼他還般圓滑起來了呢？

他爲我點了枝香煙，於是房間裏繚繞着濃煙。我倆只對濃煙沉默着，找不到一句話談。

「是三年前吧？我們在靈岩的雩台上唱過畢業歌？」他有些感舊的心情，打破了沉默：「可是現在那美麗的山呀！……不也丟了嗎？」

我好像湧起了一陣心酸。接着，我告訴他，我家怎樣毀了，我的老祖父怎樣送了命，我現在過的是什麼生活。

他用銳利的目光端相了我一番，站起身來，沉着地說：

「王，誰給你吃這苦？要報仇呀！」

「我知道，我什麼都知道！我要報仇！」

我迅速地回答着。他握住我的手：

「王，你什麼都沒變。事實增加了你的毅力和决心！」

我的手在他掌心中發燙，幾乎要沸騰了。

「我知道，新的路子正在前面等待我！」

於是他請我出去吃一餐夜飯。

在飯館裏他告訴我許多血腥的故事。例如：一個懦弱的丈夫，眼巴巴地看着他的嬌妻被姦，而自己祗跪在地下磕頭，到末了，成了瘋子。

也有爲了一張穿軍服的照片，活活地被埋在泥坑裏。

小學生們在牆壁上亂塗了幾個愛國的字樣，就像掐死個蒼蠅那樣的便當被吊打死了。那個無恥的校長對家長還理由尤足地說着「養不教父之過。」慈愛的媽就在當天晚上哭暈過去，跟着就追隨他的愛子於地下。

這些，他興奮地談講着。爽朗的談風，還是三年前的樣子。

「你爲祖國想一想，丟了個家，死了個祖父，還算得什麽？」他朗朗地笑了。

在返回旅館的道途中，他鄭重地說：

「在三天後，我得離開上海，在這裏再不能逗留了。我希望你跟我一起走，那兒有你的春天！不要爲家敗人亡而沮喪，沮喪是懦弱的！」

我握住了他的手，緊緊的道了別。雪，我真高興，爲了祖國，爲了毀了的家，爲了死了的祖父，我願意跟他走！

回到寄住的處所，朋友們正在打牌，我沒和他們搭一句話。雪，我滿懷着希望躺在床上。一閉目，又想起那一片瓦礫場和祖父垂死時的一張慘臉！

三天後，我將離開上海了——我在夢裏微笑了！

親愛的雪，慶祝我，慶祝我走上了新路！ (320)

贈送現錢(廿七·四·八·)

惟 紗(廿二·教育)

「在孤島上生活是太沒意思，太沉悶了！」

我從去年年底來到上海之後，就發生這種感想。老是想到內地去，好爲國家出力，呼吸一口新鮮空氣。

盛鴻祥，北方人，他的年紀比我還要輕，祗有十九歲，一見了我，就會發出不滿環境的共鳴。可惜各自爲了職務關係，不能多見面幾次，來一個澈底的解決辦法。

暮春天氣是怪舒服的，尤其是在傍晚，天地間充滿了暖洋洋的氣息。我獨個子在弄堂四週兜圈子。

忽然肩頭上被人一拍，掉轉頭來一看，唷，原來是張君正！呵！還是這麼一身半新舊的藍布工裝，黑蒼蒼的臉，眉毛生得特別濃，一看就知道他是一個健康的工人。我們點了點頭，正要問他盛鴻祥的事，盛鴻祥已經笑嘻嘻地迎面走來啦。他從前是個工人，現在已在幹義務教育的工作了，外穿青布長衫一件，是多麼文雅啊！

「我明天要到漢口去了！」他一見我，就告訴了我這麼一件事。滿臉堆着愉快和輕鬆的笑，他又繼續說下去：「張君正是跟我同去的。我們準備到內地去爲國家做一點工作。」

像受了一根巨棒的打擊，我心上頓時有一種苦楚的感覺。我羨慕他們！他們從明天開始，就可以得到國民的自由，從心底發出的口號也可以喊得響亮一點了。許多話擁塞在我的喉嚨裏，只能吞吞吐吐地說了半句話：

「你們一共幾個人？」

「這樣罷，我吃了晚飯後再來看你。」盛鴻祥性急匆匆，好似有很多的事情尚未辦妥。他們倆提着輕快的步子走遠了，我呆呆地望着他們的背影。他們才是偉大的青年！

回到自己的亭子間裏，床舖是沒有生氣的躺在一邊，灰塵遮滿了寫字檯，寂寞的氛圍籠罩住我的整個心田。我不再願看書和寫字，這些是青年人次要的工作。橫在我們面前的，更有個非常重大的責任！

腦海裏起了狂風，一波未平，一波又起。摸着自己袋底空的！送他們些什麼呢？覺得很有些對不起那兩個朋友。可是時勢不好，沒有辦法！也許是受了心裏不愉快的影響，今夜的電燈光顯得特別黯淡。

看看八點鐘已經打過了，前樓幾個活潑天眞的孩子，這時也都睡熟了。四周寂靜無聲。我只有得着期待着。果然，盛鴻祥腋下挾了個紙包走來了。他先打開紙包告訴我：

「我們本來就是一個小小的救亡集團，這些是我們團裏的油印刊物，從去年八一三後一直到今天，每半月一次，內容是很純正的。我不該從前不把這事情告訴你。現在我們爲了種種關係要到內地去了，且把這些刊物給你做個紀念品吧！」

「你們明天就動身嗎？」一時候實在想不出什麼問話，只得硬拉扯着敷衍了幾句。見了面而沒有話講，是最使朋友坐立不安的。還沒有坐滿十分鐘，一杯熱開水，差不多是不怕熱地硬灌下肚子去的，他立起身要走了。這時，我就鼓足了我的勇氣，一隻手先伸在袋子裏：

「盛，你一路上零用錢夠嗎？我本來想買一點東西送給你的。但是老實問你，如果錢不夠的話，那麼我就送兩塊錢給你罷。眞慚愧！實在是袋子裏沒有第三塊錢了！」

這時他的臉上表示出一種感激和希望，兩眼對我更親熱的看了看，躊躇了一回，才輕輕地說：

「我自己感覺到不好開口告訴你，我身邊只有兩塊八角錢，幸虧沿路膳宿都有人供給，不過要經過香港、廣州，路太遠了！」

我知道他的意思，就把兩塊錢交給他。在平常，我的錢是輕易不肯送給人家的，因爲得之非易。有個吃粉筆灰的同志說：「做教員得來的錢，是每個錢上有血的！」盛知道我的辛苦因之就再三地稱謝我。我當時很乾脆的對他說：

「接濟你並不是爲了你是我的朋友，因爲你是個愛國青年，幹抗戰工作的。多接濟愛國的人就是我自己多愛國去吧！努力爲國家奮鬥！」

從此他就踏上了長征之途。（602）

黯然（廿七・七・十四・）

水甫（十八・失學・）

「到內地去」的口號，刺進了每個青年的心窩。今天我那相交兩載的××君要和我暫別，乘澤生輪赴香港再轉往中國的心腹地成都去了。

上海到成都是一條多麼漫長的路程啊！××今天斷然地離了他孤獨而慈愛的老母，別了他親切的友人，毫不留戀的下了最大的決心，向這遼遠的成都找尋他青年的新生命。

以往成都在封建軍閥的盤踞下，她始終蒙着一層恐怖的黑霧，不知犧牲了多少思想前進的青年，不知阻擋了幾次新中國的進展。現今她在全面抗戰中已是後方唯一的重鎮；一切文化、建設、社會繁榮都在與日俱進。我期望這一位具有技術而熱血的××，一定能負起建設嶄新成都的一分子的責任。

午後，我陪伴他運行李至羅斯福碼頭送別，他住的是房艙，是一間長闊不及我臥室大的小間，裏面却要安置約十隻的雙層鐵牀，僅有三個圓形的窗透空氣。在這炎日高照的暑期，當然是相當的窒塞。可是三四天的航程船票却要三十餘元之鉅。統艙的待遇更不用提及。往內地是在艱苦中找求生長啊！憑我們的年青軀體，會忍不住這微微的不舒適嗎？

××是一個有思想而富於情感的青年；他的抱負很高，自決力極强。他痛恨一般度糜爛生活的青年，每當舞場的悠揚歌聲傳入他的耳中，就會引起他的憤恨。他說：「你聽！不知幾千幾萬的有作爲的青年給這種殺人不見血的毒素謀害了，我不能再忍居在這萬惡的孤島上，我要到內地去。」

不錯，上海現在是變了。以往的吼聲，以往的光明，都隨着西去的熱浪消彌了。大多數的青年在歌台、舞榭、滑冰、游泳……的生活中磨滅了意志，拋棄了抱負。它沒有給你發洩悲憤情緒的餘地，它是一所鍍金的城！

「那裏的生活一定寒苦得多，我正需要鍛鍊自身。」在船梢上他對我說。可異的是他今天的態度特別沉靜，沒有一些離別的憔悴！他已摒棄原有的舒適生活，向瀰漫着的抗戰烽火迎頭趕去。然而我還禁錮在孤島上！

「你要自己奮勉，不應該過分埋怨環境的惡劣。不能求學，就是自修也好。」他似乎很瞭解我的痛苦，安慰着說：「下次你的機會也多呢！」我只對他呆看。

「願兄乘長風破萬里浪。」我祝他：「再見！到了香港，就寫信告訴我沿途情形，說不定來日我也要追蹤你到內地。」最後我迸出了不願說的話。他的臉現出微微的笑容，點着頭。這時我幾乎流下盈滿眼眶中的淚水！

別了，我又和一個知己暫別了。往日我們間的情誼，在我腦中一一的追憶着。的確，二年來××對待我太親切太熱摯了！

江文通說過：「黯然消魂者，惟別而已。」我今天又嚐到了一種人們不可耐的滋味。(535)

飛鳥（廿七·廿三·七）

余羽

眨眨睡眼，天已經大亮了。

陽光把這狹小的亭子間照得通紅，大清早汗已從面上跌下來。

看看對床，弟弟已經不在了。

近幾天來，眞奇怪，他這麼大了，還整天出去游蕩。

記得故鄉燃起烽火的時候，年老的父親追着我們走：

「孩子，出去亡命吧，我老了，願留在這裏看管家園。希望你們和睦地生活，我想終會有那麼的一天，你們一同歸來了。」

想起這，我忍耐着這裏的一切。可是近來弟弟變了，常常跟人打鬪，有時還哭。……

懶懶地起了床，正想在破桌上拿襪，突然地發現了寫着潦草字跡的紙條：

「哥哥，我走了，我不會再回來了。

在這裏住久下去，我知道我的青春會被蠶食的。我還年青，我忍受不了痛苦與恥辱。

我到一個地方去了，那地方有很美麗的星光。

我決不是去自殺的，你一定知道，我不會幹這種蠢事情。

相反的，我要去找尋侵略我們祖國的仇人，我要爲祖國而生，爲祖國而死。

我需要的是急切的復仇。我不會再回來了，我是具着犧牲的決心而去的。

哥哥！你並沒有老，你不要慢性地殺害你自己！ 你的弟弟。」

這事情來得太突然，馬上穿好襪和鞋，預備出外尋找。

跑下樓，迎面碰着二房東，投給我一個鄙視的眼光。

素稱有忍耐性的我，終於在途中人叢裏滴下了我底眼淚。

我到處找尋弟弟的影子，可是沒有一些音訊。

是的，弟弟不會再回來了，像一隻飛鳥似地衝向遼闊的天際。

(341)

大哥走了（廿七・七・廿四：）

櫻　年（十八：學生）

從大世界旁邊一家小旅館出來，我和大哥帶着幾分醉態，步履欹斜地踏上了囘家的路途。陰鬱的天空厚厚地堆了灰墨色的雲層；疏疏的雨絲刮到臉上，打醒了幾分酒意。

早晨七點鐘了，但也許正是夜之都市裏的人們的午夜呢。垃圾汽車搖曳着發出一種像被壓迫者的呼聲，飛馳過去。街頭冷清清地散佈着幾輛黃包車，人行道上來往着一些勞動的羣衆。幾家大百貨公司的門裏正有幾個臉上滿露着倦容，眼睛還在半閉着的年輕的夥友無力地緩推着那鐵柵欄門。賣報童子勉强提高了嘶啞的嗓子，用乞憐的目光向顧客兜售昨天的晚報。遠遠的一陣「叮鈴」聲，送來了十多個乘着脚踏車的安南巡捕。

我和大哥默然轉進薩坡賽路，踏踏的脚步聲奏着很有節奏的音調。「嗚」的駛過一輛運煤卡車，衝破了沉默的空氣。

「媽的，這日子眞不是人過的！」大哥終於憤憤地講了，紅紅的臉上更泛起一層紫色：「好容易冒了危險從北平逃出來，一路上還受了不知多少悶氣，滿望着到了上海就能看到些新生的氣象，那知道仍舊和北平一樣。上海人是忘了自己，忘了祖國了！要不是因爲路過，我才不願意登在這兒呢。」

我似乎無聊地抬起頭來注視着牆角上的香烟廣告。

大哥今年二十六歲，有一個强健過人的體格，頭上散着蓬鬆的亂髮，長長的臉上堆着兩道濃眉，下面是一雙發光的眸子。他性情燥急，但平和時却溫煦如處子。好久以前，他就嚷着要考航空學校了，可是母親始終捨不得她的愛子去做一個她認爲危險的飛行員。而且父親去世後，她老人家認爲家裏唯一的希望就是大哥。因此飛將軍之志願終未能實現。八一三後，大哥在家中天天吵鬧，年老的母親怕他在北平生事，就暫時從權地允許他南下，獻身航空事業。在幾度商榷之下，她老人家自動地拋棄了辛苦經營了三十年的家庭，帶着我們和一個七歲的芸妹在兩月前來到這號稱孤島的上海。一路上受檢查的時候，大哥早就不耐煩了，可是母親接連地丢眼色，他才勉强抑住了怒火。

住了一個半月以上的旅館，嚐盡了人地生疏無親無友的客窗滋味，更跑酸了厚堆老繭的脚底板，才萬分困難地在昨天下午找到了一間比較便宜的客堂樓。物件已經搬去了，我和大哥還住在這個客棧裏過這最後一夜的宿店生活。晚間我們買了些酒來小酌，而大哥剛接到漢口友人報告航空學校招生的信，快志將酬，更放量作牛飲，直到今天早晨還覺得有幾分醉。

我們在芸妹的歡迎中，踏進我們的新居，母親剛在漱口，芸妹倚在大哥身上弄着自己的衣角，我漫不經意地瞧着室內的佈置。

雨停了，窗櫺裏晒進一方方的陽光，樓下二房東的掛鐘「鐺鐺」地敲了八下，窗外透進了賣早報的呼聲。我匆匆下樓買了一份華美晨刊，一翻轉，「抗戰週年紀念」幾個字映上我的眼簾。呀，又是七月七日了！我抬頭望望四週，依舊是平常情景。再匆匆上樓和大哥芸妹到晒台上去瞭望遠處。如果不是在高聳的洋樓中還偶然地露出兩三方國旗，我簡直疑惑今天不是七七呢。

「媽的！」大哥又感慨了：「上海怎麼住得下去呢？」

忽然芸妹嚷着看東洋飛機。抬頭望去太陽發出暖暖的光輝，幾架銀翼的飛機在團絮似的白雲中悠然旋轉，隱約地看見每個機翼上有一個圓圓的點子。

芸妹拖住大哥說：「大哥！你去學飛機，要把這些東洋飛機打下來啊！」大哥笑了，把小妹妹緊抱在肩頭。

回到房裏，大哥開始向母親說考航空學校的事。母親盡力地勸大哥不要去冒險，她用了最誠摯最慈和的口吻，叫大哥想想這燬了的家庭。她說：大哥現在應該設法恢復父親在日的榮譽。但是大哥的意志却非常堅決，他說：這時候他不能再遲延了。他是想恢復父親在日的榮譽，是想建設一個完善的家庭。可是，誰燬滅了我們的家？我們得先算清這筆賬！他又講算賬的唯一方法，便是不顧性命的去冒險。連父親在日也曾說過：「不入虎穴，焉得虎子？」的話呢。

他越說越響，在旁邊專心玩畫片的芸妹也怔住了。她翻着圓溜溜的眼珠望着大哥，在向我一瞥後，就轉到母親臉上，最後仍靜靜地注視着大哥。

涕淚滂沱的母親，當大哥說出不到漢口就得在上海做點事情的話以後，可沒法想了。她愛大哥，可是她更怕大哥在上海闖禍。於是在勸解不成之下，她無法地答應了大哥的要求。

午後，我同大哥出去打聽船期。在路上，我始終沉默着；大哥却興高采烈的談到將來的事。我偷偷地看了他一眼，紅紅的臉，濃眉下面炯炯的眸子，蓬鬆的髮，相聚了十七年的大哥，他是要別我們而去了。再見却不知在什麼時候，或許還是最後一次聚首吧？我又黯然地抬起頭來，預備再看他一眼，可是在發現他正望着我，於是我本能地低下頭來，看着已經汙滿了泥灰的皮鞋尖。

探詢到香港的船期是在後天。我和大哥順路到靜安寺路一家照相館合攝了一張照片。大哥又買了一隻玩具飛機，預備送給芸妹。路過大光明影戲院時，一羣羣青年們正魚貫地帶着傲然的態度走進去。大哥又憤慨了：「這兒真不能再住下去，上海人是忘了祖國，忘了自己了！」

歸來，母親聽得大哥能多耽擱一天，從無可奈何中露出了幾分愉快的樣子。她忙着替大哥整理衣服箱籠。芸妹則俯伏在樓板上玩弄着新得到的玩具。她目不轉睛地注視着飛機轉動時頭上發出的火花，似乎認為還是一樁奇蹟。

晚上的菜不怎麼豐盛，卻全是對大哥口味的。這是他在家末二次的晚餐了。

飯後大哥伏案作書，寄給遠在北平的友人，報告今後的行蹤。芸妹爬在桌子上露出狐疑的神態問大哥：

「大哥！眞的去了？將來學好了飛機一定要帶我去看看日本飛機，倒底是怎樣被打下來的！」大哥和我都笑了，連在旁邊收拾物件的母親也悽然地露出一絲微笑。

夜深了，母親老是催我去睡，我總遲延着。但四張眼皮卻不由自主的合攏來。一會兒我歪在桌上了。母親打醒了我好幾次，我終於撐不住地睡上牀去。幾分鐘後我和芸妹的鼾聲已在應和着，但我卻似乎聽見母親在和大哥叮嚀地講着話。

午夜，我彷彿看見大哥帶了芸妹，架着一隻飛機在追擊好幾架敵機，子彈在耳旁呼呼地穿過。不一刻，所有的敵機全給打落了，於是大哥開足馬力向東疾馳而去。飛機逐漸的小了，但我還能看見芸妹在向我招手。

我跪下來，舉起了手：

「願上帝降福大哥！」（1432）

× × × ×

送別（廿六·十七·十）

茄

今天意要走了，要走到他所願意去的地方。

他對於我的影響很大，他教我讀書的方法，他告訴我思想的方法，他更指導我做人的方法。我敬愛他，我需要他的熱情，我需要他的鼓舞，我需要他的指導，我需要他的幫助，我不能離開他。但是他要走了，走到老遠的地方！

我挽留過他，終於給他嚴正的回答打消了這個自私的念頭。我慚愧極了！不過眞的，我離不開他，我失去了他就像失去了一條手臂，我將陷入寂寞的深淵！同樣的，他也需要我，我知道，他也說過。可是這是自私的，可怕的！他不能單是我的，他還該是祖國的。現在祖國迫切地需要他，他就只有走到需要他的地方去，我只有讓他去，讓他去的一條路。

我也曾對他說過，我要跟他去，不管冒多少風險，不管吃怎樣的苦。這不是全為了他，也為了祖國。可是他說：現在沒有辦法，車錢不够。要我自己慢慢的想法弄了錢，再找他去。並且這兒還有許多需要我做的工作。我要什麼時候才做完這兒的工作呢？我要什麼時候才有一項那末大的款子呢？我現在只是倚賴着親戚的失業者啊！也許等到去找他的時候，我要踏着他的殷紅的血跡了！隨時隨地都可以死的現在，我怎麼能夠讓他單獨的出去呢？呵！不！我不該咒他，他一定會凱旋歸來的。他不能死！但是誰說得定呢？

我愛他，他愛我，可是我們更愛祖國。沒有了祖國，我們再能共同過平靜的夢想的日子嗎？不能的！我不能這樣的愚蠢，我不能屈服於情感！現在他正望着我，他那對大眼睛裏沒有一點陰霾，只有關切的鼓舞的光芒。他瞭解我的心情，他瞭解我的苦悶。我離不開他呵！

這是末一次的聚餐了，小洪、季、吳、金、英、珠和我七個特地爲要走的凡雄意三個人湊了錢給他們餞別的。我就把一件舊絨繩衫當了三塊錢，留下一塊錢零用。菜是相當豐盛的，而且還有酒。可是大家都很沉默，都輕輕的動筷，輕輕的嚼菜，輕輕的喝酒。我更只是對着酒呆着，一點也不想吃。

意的聲音沉重地激動着寂靜的空氣：

「喝啊！大家爽爽快快地樂一下吧！」

我抬起頭來望了他一下，他的眼睛裏有了薄薄的濕霧了，我的心更往下沉了。

「對啊！喝吧！我眞要悶死了！」

這是成天價嘻嘻哈哈的小洪響亮的聲音，他眞的很快地舉起了杯子把酒喝下去了。於是只聽見碰杯的聲音，我也勉強地跟着大家舉起了杯子。平日我很愛喝酒的，現在我却覺得苦而澀了，只一口就放下。不意跟珠的眼光碰着了，她的凡今天也要走了。淚水正在她的眼眶裏滾着，我連忙把頭低下了。

「我敬祝我們的壯士凱旋而回！」金沉重地說。他和意等各碰了一下杯。可是這聲音就像是錘打在我的心上，意一定要走了！我的心開始微痛了。那可詛咒的感情又苦擾着我，意眞能凱旋而回嗎？

「我們共同敬一杯，爲我們的壯士祝福，並賀我們民族的解放！」吳慢慢地一個字一個字地說。於是杯子跟杯子碰出了更大的聲音。

「謝謝各位的盛意，我們只願凱旋而回！」意和凡雄同聲地說。

我急遽地帶着柔弱的請求的眼光，望了他一眼。但是他的眼睛裏恢復了嚴正的堅決的光芒。我不敢再看他的眼睛了。我慚愧我羞極了！我太自私了！我該快活，眞的，我該快活！意是帶着神聖的偉大的責任走的，他是去爲民族求解放，爲全人類求和平！

「瑜！」珠推着我的臂膀。

我回過頭來看她，嬌嫩的臉上正閃着兩顆水晶一般的淚珠。我懂得她的心境，我也傷心了。可是我支持着，我戰顫着，我對她說：

「珠！別傷心呢！爲了求民族的解放，爲了求全人類的和平，他們離開了我們，這是我們的……光榮！我們只有……快活！……我們要支持……」我的話終於哽住了。

珠却更傷心地哭出了聲，她衰弱地把頭靠在我的肩上，凡顯出煩躁，我望着意意對我苦笑了一下，淚珠開始在我的眼眶裏打滾了。

「珠！這不是中國好女兒的行爲！勇敢起來，你不能動搖凡的決心！」還是沉默的英說的，可是她不瞭解我們的心呵！

「你不……知道……你……不懂得……」珠哽咽着。

「珠！我懂得你，別傷心……我們……要支持……」我輕輕的撫着她的頭髮，我的心要碎裂了！

「珠勇敢起來！」凡走過來了，他搖着珠的抽縮着的肩，安慰着：「不久我一定會想法寄錢來，我們一同工作不好嗎？珠，你要做一個勇敢的中國的女兒才對！」

終於把珠哄好了。

時鐘敲了十一下，苦楚的別宴算結束了。大家輕輕的站了起來。意意幫着我穿大衣，這是我們認識他到現在的第一次，他從來就不曉得這種殷勤，他並且罵過這是公子哥兒的媚勁，現在我懂得他爲什麽要這樣做，我底心痛得更厲害了！

走出了館子的門，在一個黑暗的角落裏，他熱情地握了我的手說：

「再會了，貓！保重自己！」

「我送你……上船吧！」我的聲音裏充滿了淚。

「不快到戒嚴時間了，讓小洪送我們吧！」意堅決地說。

送君千里終須別，沒有挽回的希望了！

「那麽……爲國保重……」

他點了一點頭，跟凡等迅速地消沒在黑暗中了。

忽然一陣疲乏襲擊着我，我睜大着無力的眼睛呆望着黑暗。

但是他走遠了，遠得看不見了！

「他們就這樣地離開我們了嗎？」珠突然搖着我的臂膀說。

「唔！」我感到臉頰上有些涼意了。

一片沉寂。

「呵！我們太軟弱了！我們要勇敢起來，我們要繼續他們留下的工作。他們是祖國的，我們也是祖國的！」我掙扎着！我戰勝了！

「是的！」凡說「勇敢起來！勇敢起來！」珠喊着。

我們對望着笑了。我們緊緊地挽着手，踏着堅實的脚步向前走去，輕哼着歌。一切憂愁和煩惱都走了。我們不再寂寞了，因爲我們有事業的安慰！(1431)

征前一吻

愛龍

仲冬的季節，一個飄着絲絲細雨的黃昏。

是在××路的中段，我剛從電車上下來，忽地看見我最摯愛的朋友——玲，她穿着一件布絨袍，蓬散着頭髮，興奮而不定的神情，沿着路邊走。

「玲！你到什麼地方去呀？」我追上一步去問。

「我，……」她似乎正在想着別的事情，被我一問，她側轉身來愕了一愕！

「我到一個朋友那裏去。」平淡地回答我。

在她那萎黃而沒有飾脂粉的面龐上，找不出一絲笑意；誰也不信這是摯友相逢。

「你的面色怎麼這樣？」

「噢？」她用手掠一掠髮鬟，接着說：

「這兩晚沒有好好地睡。」

「又是失眠了不是？」

「不是，因爲準備……」

「準備什麼？」我緊問了一句。

「和幾個朋友準備……離開上海。」

在刹那間，我驚奇，我慚愧，我又感傷！我不知從那裏繼續地問她才好。

從國軍退出滬郊以來，我已經陸續地送別了好多朋友，想不到今天，她也要離開我！

是的，她在上海是沒有了職業，也沒有了家。

她的意識在某一時期是覺醒的，也可說是前進的，而某一時期又給幻想着的幸福生活所動搖。她有一顆高傲的心，聰明的頭腦，可是她的心理缺乏健康！始終幻想着將來——那遙遠的將來，而不肯面對着現實。在重重矛盾之下，她是感到極度苦悶的。但她不願意消沉，她要「活」！然而她的唯一的「活」底方法，似乎是「發洩和逃避。」而今，她告訴我準備走，走向前方去！這使我萬分驚訝的。

蘆溝橋事變開始，我就多方面準備着離滬長征。沒想到滬戰爆發得那麼快。那時，因爲眼前工作緊張，就放棄了長征的計劃。她，本是我長征的伴侶之一，因我放棄了原先的計劃，而給她很大的失望。今天她準備與其他的朋友遠走，我衷心的慚愧，是不亞於她上次的失望的。

她本身所具有長征的條件，我是很瞭解的。在那嚴寒的冬天，我唯一的擔憂，擔憂她的身心經受不起折磨。萬一長征未遂而臥病中途，那時的苦痛，怕不是她所能對付。所以我不免感傷。

在「驚奇」「慚愧」「感傷」交織之下，眼前浮起一片模糊。側扇的寒風吹來一陣報販聲，纔喚回我的意識，回頭看看，已經陪她走了一程。

「你不要太難過，我們可以常常通信的。」她似乎是忍着辛酸來安慰我。

「玲！你可以從此獲得前程，然而……」氣哽住了我的咽喉。

四年來，我們的感情從未逾出友誼範圍之外，雖然大家有「說我們永遠」的想念，但是總存在着若干距離。

這時，這夜，在抗戰烽火瀰漫着而將驅使一對朋友離別的前夜，彼此蘊蓄着的熱情迸發了。談吐間流露出無限的眞意：

「我是等着你的！」她說，她誠摯地說。

「不！玲，我已經使你失望了。不過我現在担心的是你的身體……」

「不要緊的，我自已知道保重，况且，還有同去的朋友，你放心好了。」她緊握着我的手臂。

「不要傷心！哪在抗戰勝利之後，我們也就可以會而的。」淚珠潤濕了她的眼眶。

「玲！……」我凝視着她，像是有多少話要說。

「你對我還有什麼要求麼？」

「我願……」

她會意了，在凄風苦雨之下，興奮而又惶悚地開始我們的愛底交流，最初的也許是最後的一吻！（327）

× × × ×

× × × ×

最後一餐（廿七・七・五・）

子久（失學）

七月五日晨薄薄的陽光裏，柏油路褐色的膚體被十二條茁壯的腿踐踏着。幽閒的靜安寺路上揚起陣陣的灰沙，空氣污濁了。

我們一行六人，是同學，是有血性的青年：劉，王，龍，孫，邵和我。爲了要去送另一同學周君到香港，再到內地，我們以步行來顯示誠意；從大西路經靜安寺路到南京路的某食品公司去舉行一個歡送會。雖然這段路程是相當的長，但是想到橫在周君面前的生疏而遼遠的行程時，我們忘去了一切的辛苦和疲勞。

今天的確每人的心胸似乎愉悅暢快得多，不過驟然想到自己的依然故我，却馬上會跌進痛苦和慚愧的深淵裏了！眼看着一個同學滾進神聖的戰鬥中去負起那令人欽仰的使命，我們各人內心的歉仄漸形膨漲，蓋住了先前的欣喜。

然而六副面目仍是笑容可掬。

寬闊和沉重的步伐，結實有如鐵錘，身子向前方挺進。口中海闊天空地談論着。

早上七時許，已不能算早了，然而馬路裏的車輛和行人道上的絡繹者，都是出乎意料之外的稀少。

輕漾的微風，像一片軟絨似的擦過人的雙頰，舒適而靜穆。幾

個茶販在悠揚起叫賣着使人想起月夜的船歌

我們過了安凱弟商場北極閣那自誇不可一世，其實是被廣大愛國同胞所不齒的××游泳池出現了。早上游人非常之少，大概青年男女的夜生活太緊張了，因而忽略這美好的早晨。

過馬霍路、虞洽卿路，到了那預先約定的某食品公司了。

到了，嚕蘇在我們口裏的無謂的談話亦無形中停止了。一種嚴肅的心情烘遍我們全身。踏進那家食品公司時，壁上的時計正敲着八點。

侍役來招呼了。但當我們述明來意之際，周君已從××號餐室中出來，像一隻麻雀似的奔跳着。他說：

「你們來了，我等了你們好一刻了，快些進去，喲呀！」他看着我們發赤的面色和被汗浸透的襯衫，就說「你們走來的，沒有坐嗎？」

「當然呀！這才表示誠意呢！」我們說。

風扇喇喇地響，絲絲涼意鑽進了我們的心胸。我們走在甬道中，兩旁的罐頭食物和麵包一類的紙包擠得喘不出氣，蜜餞的糖果及冰淇淋的包匣緊軋得要想跳出來。

於是一種分辨不出的氣息，刺激着人的嗅覺。

光線不足，白天裏也祇能用電燈來維持這狹隘的環境。

我們的眼珠子有些發酸。

當一片潔白的顏色出現在我們目前，餐室裏已經有着三個人了。

「喲呀，你倆也在呀！」

我望着裏面三個中的二個熟識的面孔——孔和凌，說：「那位是誰呀！」

於是在一陣互相介紹之下，大家握着手。

另外一個姓閔，大學四年生。有着高大的身軀，一身筆挺的西裝，和光亮的頭髮，站起來握手，像一尊比薩的斜塔。

有的是新識，有的是舊交，但在這一瞬間已無法來區分這一條小小的鴻溝了。心與心之間互相為周君的壯行的激動所貫穿。

胡亂地渴着茶一杯一杯……

侍役是唯一的好耐性人。

一組一組的談話，雖然還顯示着部落式的色彩，不過要避免暫時的沉默，也不得不以此來解救。

初起談話的聲浪是相當的低微，嗣後由於感情的奔放和心情的豪邁，聲浪是逐漸嘹喨起來了。

茶和水菓的消耗非常快，早晨每個枵着的肚腹給填滿了。

噹噹唧唧的談話中突然雜有鐺鐺……

九時了。一小時的光陰在凌亂中寂寂地消逝。

這時各人的桌面上多了麵包之類的東西。

談話沉靜了。——一聲尖銳的汽車笛滑過，電車上的鈴聲不斷地響。

風扇也不斷地響：嗡嗡嗡……

大家注視一下，似無話可說的樣子。

劉晃了晃身體，望着周的臉說：

「小周，你到內地倒底有什麼工作呢？可否告訴我們一些？」接着掃了我們一眼。

我們感覺得也有這樣的需要，就附和着：「小周，請你告訴我們此行的任務，或者說是什麼工作，好嗎？」

「也無所謂任務也無所謂工作。」周放下了手裏的茶杯說：「不過要有任務，要有工作，到內地必定有相當的辦法。……」

這種令人跌進迷茫中去的話，打擊着我們每個人的熱心。終於劉和閔是耐不住了，同聲地搶着說：

「這不是等於去流浪麼？小周，你！」

「但是總有機會的。」周回答。

閔睜大了眼睛，搶着說：

「預先沒有目標，盲目地去瞎撞，這……」

周呵呵地笑了，然後說：「喲！呀你這傢伙，阿閔，難道那邊爲了我去，特地建造洋房來等我不成？」

於是，大家鬨然大笑。閔的面孔和麵包的皮包一樣了。他嚅嚅地說：

「話不錯，但是先前總得考慮一下，果眞去流浪也不是好的辦法。」

「不錯。」我切了一片麵包，說：「小周，閔君的話確是誠懇的，倘使萬一沒有成就，那不是浪費精力和浪費金錢嗎？這樣，還不如把這筆旅費捐助給難民，倒來得有用呢。」

「唔……，」周有恃無恐地呻吟了一聲。

視線永遠釘在周的臉上的邵，看見他在猶豫，以爲是內心動搖的象徵了，說：

「小周，子久的話不錯，內地不一定有辦法；何不暫緩動身呢？眞是，與其往返徒勞，到不如把旅費捐給難民來得值得。你看如何？」

這小小的浪花，越潑越大，本來祇有三四個人發言，後來竟一致的動員向小周這項弱點下總攻擊令，希望就內地任務的渺茫而來阻止他的行期。

「流浪生活固然是不好，但是內地軍事學校很多，總有一些辦法吧。」

周作着堅毅的總答覆：「上星期三，小李有信來說，內地航空學校在招生，第一次考試他考取了。因此，我到內地去，即使一時找不到工作，則什麼機械化訓練學校，航空學校也可以去考的。將來一旦能學成功，到反而有更多的技能來替國家服務了。你們以爲如何？」

我們沒有回答，祇有靜的緊張。

麵包、水菓、茶水已宣佈「停銷。」

靜靜的空氣裏只有周的音浪如春雷也似抖動我們的心房：

「上海，生活的享受固然精美，但是這懷柔的溫存，實足以促成志氣的隨落。在這時期，還有安閑的心情在沙發裏打滾嗎？上海——還『孤島』眞是太令人憂傷了。你們想吧，街頭巷尾在先的雄偉的歌聲那裏去了？

「生活是人爲的，但環境的勾引，經過一個長時間，難免不使人同流合汙。我到內地去的第一個目標，就是把一副呆滯了一些時的身心來振作一下。

「當然，我唯一的希望就是馬上能執槍桿上前線，爲祖國奮鬥！」

最後，周用了更嘹亮的嗓音：

「卽使中彈陣亡；也可以消耗了敵人一顆子彈呀！」

這時我們的心也同時的炸裂了。一種不可言宣的衝動，使我們的熱血沸騰，沸騰，恨不得能立刻上前線去。

又沉靜了一刻。

「濟南號是明天起程嗎？票買了沒有？」一

閱打破窒息的空氣。

周點了點頭，說道：「票還沒買，好在要下午上船，上船時買一樣的。」

「船在法大馬路外灘吧？」王第一次發言：「你下午什麼時候上船？我想去送你。」

「這倒不必。」周謙遜地：「我們大家都是知己的同學，何必客套！況且我上船的時刻又不能決定，大約起碼要在晚上。」

「旣如此，我們也就不送了，那末現在且儘量的暢敍吧。」

「希望你前程無量！」我們一齊說。

現在刀和叉紛亂地交錯着，各人的牙齒不斷地上下相迎，很快的麵包和水菓是殆盡了。但是由於衷心的暢快，食慾大大地增加。雖然我們都裝下了兩個小麵包和六七隻水菓，幾杯茶，胃裏還微覺空虛。

每人就再來一小碗麵。

空氣慢慢地熱起來，然而先前我們的溫暖的心都慢慢地隨着碗裏的麵湯而陰冷了。

歡迎會行將閉幕，在上海和周君的同桌而餐，也許是最後的一瞬了。雖然還有將來，但在眼前的別情怎能排遣，縱使周君此去是值得我們狂喜的。

在時鐘打十下的當口，我們走出了那食品公司的大門，內心的「悲」與「憤」交流着。我們除互道一聲珍重外，僅說了一句話來祝賀周君的前程：

「發揮你的雄圖吧！」

在深切的期望裏，我們的心都碎了，再也不能互相注視了。沉下了頭，心在想：

「周君走了！」

太陽光從頭頂上澆下，我幾乎昏過去。……（120）

忘了他（廿六・廿九・十一）

夢影

是最後一頁的日記了，至少是離滬前的最後一頁了。後天跟他們一同出發到內地去。被朋友們的熱情鼓舞着，使我有勇氣和決心來丟棄這相處了二十餘年的家，遠離這太過熟悉了的都市。在過去我是猶豫的，雖然常有一個願望，想為國家民族幹一點比較實際的工作，但是不過是想想而已。這次就不同了。八一三的炮火直接地打擊了我，打擊了我的家，打擊了我的朋友們。一個友人失踪了，一個被日本飛機的炸彈炸得粉碎。哦，我怎麼敢再去想呀！是怎樣使人震慄的慘象呀！每次想起了，憤怒的火就燃痛我的心。於是，我慢慢地不再是膽小者了。

不過更推動我下最後的決心的，還是今天那可笑的戀愛交涉。事情總算在今天晚上全弄明白了，原來華並不十分愛我。本來還可以把這件事在模糊裏延長些時間的，我既預備離開上海，就非把它澈底弄明白不可。我約了他在一家俄菜館裏會談一下。在七時一刻的時候，我們已坐在一間僻靜的餐室裏了。那地方很雅緻，有月光，有遠處傳來的音樂。我偷偷地看着華。他呢，只熱心地吃菜。他永遠是那麼靜止，好像從沒有什麼事情會擾亂過他。我問他索閱寫給我的回信，他給了我，都是個完全令我失望的內容！他沒有正面回答我的問題，只在離滬一點上，他算肯定的答復我。他說：他不想走了，因為天冷了。聰敏的華看出了我那帶有不快的面容，他說：「怎麼？你不滿意嗎？」他說話時的態度很有點傲慢，眞出乎我的意料之外。他後來又給我看一封他寫給另一女友的信。有着用意的吧？他們好像很知己呢！可是我知道他另外還有兩個相當好的女友。忽然一種潛在的力量支配着我，這種力量使我非常鎮定。大概我的突如其來的鎮靜給了他驚奇吧，他要再同我談幾句話。我的樣子很像一個臨刑的人，雖有着內心的失望和創痛，却表示出泰然自若。既然事情明白了，也就不必多談。然而也不妨再談談，因為我反正已決心離滬，沒有幾天和他做朋友了。於是我們隨便走着，我唇邊掛着笑，一面問他：「講什麼呀？」他反倒弄得為難起來，有點進退維谷的樣子。走到法國公園的後門了，他依在一顆大樹上，我殘忍起來，用堅定的眼光逼視他，我要看他將做些什麼。

他覺得站得並不合適，走去靠在園門的柵欄上，他招呼我，我就跟着走過去。立定在他的對面，把兩個手插在衣袋裏，顯得很優閒。他覺得這個方式還是不對，叫我也靠在木柵上。我知道他將有什麼舉動了，可是我一點高興也沒有。以前曾經在半夜醒來的時候也想吻他的，今晚却引不起我絲毫的愛感。他把我的愛情侮辱了！不過由於好奇，我終於把身子移近他，慢慢的，他一隻手擱上了我的肩，又將我的左手拿來握着，揉着。我聽得見他的心跳，我却不。說我的心死了，還比較確切些。他再吻我的手，我任着他。他才用了感歎驕矜的聲音說道：「唉！爲什麼我常常碰到這類情形，你難道不曉得愛情是不能讓第三者插進來的嗎？並且，我從來沒有向你表示過愛。」啊，他說得多輕鬆，大概以多情者自居了。我告訴了一些我對他態度的觀察，我提醒他我們曾在幽靜的馬斯南路上作過幾次快樂的散步，我們也曾一塊兒游泳，一塊兒照相，一塊兒寫文章。在那些個場合中，我們是多麼親蜜！

「不錯；你有着一位隨小姐，但是沒有一次你承認過你們的愛。我聽到的只是你對她的不滿。……」我不再接下去了。

「是的。」他說：「她有着不少缺點，但是她待我太好了，簡直沒法可想啊！現在我請你原諒我！不過我可以給你一半的愛，如果你要。」

漸漸地，他那隻擱在我肩上的手在摟緊我，又把頭低下來想吻我。我不願意，讓開他，却不走。「我們接個吻好嗎？表示我們是愛過的。你以後就做我的妹妹不好嗎？」他這樣說。眞可笑，叫我做他的妹妹，但是想吻我！憑我內在的自尊的力量，我拒絕了他。我走了，他無可奈何地跟着。

「影，你恨我嗎？你肯原諒我嗎？我是犯罪的嗎？」他癡假地問。恨他？他沒有價値！我請他放心，我不會去破壞他們。最後我把寫給他的信索回了。我說，我很快就會把這件事忘記的。我送到他弄口，用着很客氣的態度向他說再會。

華走了，我獨自走在霞飛路上。一陣孤寂之感突然來侵襲我，使我像失去一件心愛之物似的感到空洞。回到寄宿的地方去痛哭一下吧，可是那邊何嘗是一個方便處呢？剛才的鎭定，剛才的堅強，到那兒去了？我畢竟是個脆弱的女性喲！

走着走着，到了亞爾培路了。我記起了我最知己的朋友岱，我相信她能够安慰我。進去之後，岱給我的蒼白的臉色駭着了。她丟下了她的正在預備的功課，殷勤地問我是不是生病了，或是遭遇了什麼不幸。給她這麼一問，我的淚忍不住了。我沒有來得及回答她，我開始啜泣。我願眼淚能把我的悲傷冲走。岱當時怎樣呢？我不知道。我只記得她放了一隻手在我的頭上，她輕輕地撫摩着我的頭髮，沒說一句話。我記不淸我究竟哭了多久，大概我後來是疲乏了。我那受了損傷的心變成了麻木，我於是靜止了下來。

岱知道我要走了，她留我宿在她家裏。一直到睡在床上的時候，我才把事實全部的告訴她。「救我吧，岱！我不能不想念他呀！」末了，我發出求救的呼聲。她並不正面安慰我，她根本否定了這次的戀愛。他說：「華不過是個左右賣弄的男子。你看他多麼壞，刺了你的心不够，還想吻你！算了，忘記了這件事吧！現在很好，使你增加離滬的決心。好好地幹工作去吧！不要太女兒態！」

是的！是的！岱，我感謝你！我對自己說：「忘了他，忘了他呵！」

（583）

離別之夜

阿鶯（十七・女學生）

時間很快的到了六點半，倦懶了的太陽，已開始無力的向着地平線慢慢的爬下去，祇留下一片美麗的晚霞，佔着西半天，映照着繁華的霞飛路，和正在馳行着的電車。

電車照例的在呂班路口停了下來，照例的吐出了許多人，又吞進了許多人。在平日，當我回家時，我會習慣的跨下車來，但今天我並不，我仍留在電車中，讓它送到了亞爾培路。

目的地是在蒲石路的××邨×號，這裏我是常常來的，所以不經過任何麻煩，很熟習地跨進了後門。我一直跑上樓梯，接着我在門上輕輕的敲了二下。

「喂，那一位？」很清楚，這是沙的聲音。

「是我！」

「噢，鶯嗎？怎麼你這時才來？累我等得好焦急呀！」他好像要發怒似的，但音調仍是那樣溫和，像以前一樣的溫和。

「對不起！因爲是月底賬弄清楚，天已晚了。」我向着裏面說。

門開了，一雙熱的手緊緊的握着，當了面，我沒有平時那般自然，心裏只想要哭，但我沒有讓眼淚流出來。

「請坐吧！」一分鐘的靜默後，他開口了。接着他在書桌旁的一隻椅上坐下，拿了一枝墨水筆，又在紀念冊上繼續開始它的工作——畫圖。於是我也坐在旁邊的一隻椅子上，放下了手裏的幾本書。

書桌上堆滿了他的作品：木刻集，漫畫集，以及幾本木刻，漫畫的參考書，一旁又放着兩本紀念冊，我認得一本是我叫他畫的，一本是憶的。而他正在趕畫的是二哥的那本。

「沙，謝謝你替我畫得這麼好，眞不錯！」我翻看着自己的一本，覺得他的漫畫越發進步了。實在，我並沒有過分誇獎他。

「噢唷！想不到你也會這麼一套了。現在我眞不滿意我自己，將來我再來報答你的恭維吧。」

「眞的，在美麗的將來，你會使用這鐵的筆頭，來報答你友人的期望的，我相信。」

「謝謝你的好意！」手不停筆的沙一邊說邊畫下去。

「沙，你明天眞的就要走了嗎？」我忽而想到這位朋友今夜就要和我離別了，但我還希望從他口裏得到明天不走的消息。然而那是不可能的，因爲我已聽見他說了，他是那樣毫沒留戀：「是的，明天就要動身了。在這孤島上，我再也不能住下去……明天一早，我就要離開上海，離開這窒息的魔窟！」

「走！你走了，今天起我便又缺少了一位友人，知己的友人！」

「是的，離別是悲傷的！但有時候離別却是無上的愉快。現在我們這年青的一代，爲了祖國的生存，爲了要貢獻自己的一點藝術上的力量，我們需要離別！到那自由的場地去，找尋我們的安慰，不，找尋新的生命！」顯然他的話是非常激昂的。

我的喉頭好像有什麼東西塞住了似的，說不出話來。眼睫毛上濕潤潤的，我知道我要流淚了。這流淚不是悲哀，而是熱情的感動。我顫抖着說：「沙，對了，我們需要離別！好在凱旋的曙光就在目前閃耀着了。我們等着更愉快的重逢吧！」

時鐘已打了八下，我不覺得肚子餓，相反的我覺得肚裏像塞足了什麼東西。

可是沙一定要我早些回去吃飯，他把二本紀念册給了我，催着我走。

於是五分鐘後，我們的身影在蒲石路的短牆旁出現了。在一個月夜，月光送着我回去，身旁還有個年青的沙。

「去後別懶通信呀！一星期一次！」我要求着他。他含笑的點了下頭。

「驚呀！你看今夜月色多好！在富春江畔，我相信月色一定會更皎潔的。因爲那裏正有千萬顆心，懷着戰鬥的光輝。」

「對月色眞好。但願月色有一天會照到一個地方，那裏已沒有創傷，沒有敵人的展痕！」

說着，我們已到了霞飛路，我不要他再送了。我們的手，又緊緊地握了起來。

最後，我迸出了一句：

「再會吧，沙！珍重你的前途！爲苦難中的祖國努力吧！」

「驚，再見！……」下面的話被一陣煩囂的市聲沖碎了。(718)

憶孩子劇團

譚越蓀

去年秋天裏很寒冷的一天，窗外颳着挺大的風，無情的秋雨翻江倒海似的下個不停。噹噹噹的下課鈴響了，我站在樓上欣賞那雨天的美妙，或者那時有些雜念，纏繞着我的心。忽聽得有人喚我的名字：「越蓀！我們的朋友來了，快去招待。」這是哲蓀的聲音。

我急忙跑下樓去，看有六七位十多歲的小勇士赤着脚，捲着褲管，淋得滿身雨水,眞像落水的小麻雀一樣。他們的手中拿着各色的紙捲,和各種各樣的圖書,想來一定是到什麼地方去宣傳的標語和掛圖吧。後來他們說明來意,他們是剛工作完,順便來訪問我們的,並且還送給我們幾分宣傳品。他們立刻就告別了,爲怕就擱他們寶貴的光陰。好在我們都是同志,見面的機會多着呢。我看他們踏在地板上的脚印。這脚印子是含着無限壯烈的光芒,並且還含着無窮的沸騰着的熱血。我看着不覺呆住了,把送客的禮節都忘了。直到他們招呼我,我才甦醒回來,送他們出門。我立着看這隊年幼的戰士的背影,好一個值得留戀的背影呀!永遠不會使我忘記的。個個都抱着滿腔愛國熱忱,不怕風雪,挺神氣的勇往直前!我好像是個母親,送別她親愛的兒女上戰場,又喜又悲地站在雨中。

勇敢的戰士們,勇敢地前進吧!中華民族有了你們,前途是光明的,必能得到最後的勝利!我不知覺地跟着上課鈴回到教室。

這是「八一三」後上海的一羣流離失所的孤苦伶仃的災兒,所組織成的孩子劇團。他們的工作,我們不問而知的。他們深恨敵人把他們甜蜜的家庭炸毀了,父母兄弟失散了,快樂的學校生活斷送了。無數的同胞受盡敵人殘酷毒辣的搶掠姦淫,弄得家破人亡。這種種他們再也不能忍受了。他們就組織了這個團體,不惜犧牲一切去和敵人拚個你死我活。他們的志願是要求得中華民族的獨立自由和幸福,他們想到自己的父親和數百萬同胞斷肢裂腹的死在敵人殘忍的炮火下,不,不是想到,而是親眼看到的。他們並不覺得崎嶇的路難走,他們更不怕風雨,他們有的是神勇和機智,他們認爲來日方長,報仇的機會多着呢。

同胞們!我們不會成爲異族的奴隸的,可是空談又有何益呢?惟有我們吃苦奮鬥,在我們最高的領袖蔣委員長領導之下,各黨各派精神團結,有錢出錢,有力出力,同心合力地用我們的熱血築成我們新的長城,抗戰到底!

這些小勇士——孩子劇團——隨着上海的炮聲,跟着國軍退出了上海。今已赴漢,負起更偉大,更壯烈的救亡工作了。

我時常想到人家都能對國家有莫大的貢獻,我却沒有。人家整天在外奔走國事,而我却很悠閑的看看書報,就這樣的過了一年了!但是後來又自己解答的說:「別忙,別着急,抗戰時期長着呢!現在不過是抗戰的開始,今後工作還多着呢!你應該鍛鍊自己,準備獻身國家!」這是一種聲音,是小勇士們傳來的一種聲音。叫我鞭策自己,好像我平常鞭策學生一樣,叫我準備着做他們的後盾。是的,我是一定會遵命的!我要踏着你們的脚跡,努力到底,從敵人手中奪回祖國的生存!

窗外依然是風雨聲,然而這是九個月前的事。這隊小勇士何時何地再能相見呢?(846)

× × 〔×〕 ×

還鄉（廿七·三·八）

周師楚（十九·公司職員·公）

上海，冒險家的樂園，自從淪陷成爲「孤島」後，四方戰區內的飄泊者都在這裏暫時寄棲一下子。爲了活，是應該掙扎的。

青年炳亦因環境關係，毅然拋棄了家，帶了年老的母親和新婚一年的妻子瑛，在一個暴風雨的晚上，悄悄地離別多年的鄉土。到了上海，他們在英租界的一家親戚處暫居一下。上海正鬧着空前的「居住荒」，沒有法子啊。

年老的母親在住了半月之後，患了極大的思鄉病，整天在吵嚷着要回家鄉去。這在青年炳感到極大的痛苦，他也是愛自己的家鄉的。

「母親，家是萬萬不能回去的了，家鄉正在進行着游擊戰爭呢。」炳想安慰她老人家的焦燥。

「什麼游擊，管它呢！我要我的家！炳，你……」她感到心酸，頓時住了嘴，靜默地垂着頭沉思。

「炳，到幾時我們才可以去呢？」年老的母親又微抬起頭，用希望的眼光期待着愛兒的答覆。

炳正在出神地瞧着腹部挺起的瑛出神，暗思着不過四五個月吧，又有一副重担子會壓到肩上。他心似潮水般在澎湃着。母親的話打斷了他的思想，於是用着敷衍的口吻回答：

「放心吧，再過幾天！」

「是呀！我要是死在外面，也要屍骨還鄉的，和你父親……」提起父親兩字時，老淚像雨水般掛在面頰上，嗚咽得不能成聲。

× × × ×

過了幾天，炳的母親終因水土不服和營養不良而病倒在床上了。直到奄奄一息的時候，母親還喃喃着：

「炳，死在外面也要屍骨還鄉，和你父親……」

噓！一口痰從嘴裏溜了出來，闔上了眼，母親與世長辭了。

炳在沉痛中含着淚和瑛給母親收殮，寄放在一所同鄉會的會館裏。當他們離開會館的時候，炳打開了一個小紙包裏的家鄉的泥土，取了幾撮撒在老人家柩上，低語着：「放心吧！您總會有一天回到家鄉的。」

從此，炳每天對着窗外的馬路出神，想着父親，母親……

「什麼事？又流淚了？當心身體呀！」瑛挺着凸出的肚子，一搖一擺的走過來。

炳一瞧見瑛的肚子，就要苦笑。這苦笑裏却含着不可分析的成分。看看蘋果般的臉會憔悴到如此，真使人啼笑皆非。

「沒有什麼，瑛。」炳強笑着說。

「又要說謊了，打你！」瑛伸過手輕輕地在他身上敲了幾下。

「你這肚子可……」炳裝着說笑。

「唔」瑛開始全身痙攣起來由少女時期激轉到做母親的命運了。

「都是爲了你呀！」瑛忽然咽嗚。

「乖乖，不要哭！都是我的不是。」炳一面抱歉着，一面用手帕替瑛揩眼淚無情的熱淚却紛紛灑下。

× × × ×

炳默坐在窗子邊，馬路上的一切都使他難堪。憤懣在他心底上燃燒着，全身的血沸騰到最高度。

瞿瞿！一輛插着「太陽旗」的卡車耀武揚威的駛過，一種奇熱爬過了炳的胸口，心在加速地跳躍。

母親臨死時的遺言又在復活了：「屍骨也要還鄉。」

「這是恥辱呀不讓母親的願望達到。」炳自語着。

但同時他又想：「瑛的生活問題以後如何呢？還有肚中……」

唉！炳望着壁上的那張母親的遺容流淚。接着他打開了那插屜的一包家鄉的泥土來用鼻子嗅了一下，把頭伏在這上面。

「我要！我要！」他發狂地用頭擦着泥土。這泥土裏有着家園，親友，祖塋的氣息。

他彷彿看見家鄉正在鐵蹄下受着蹂躪；到處是刼掠，奸淫，殺戮，焚燒。同時，也正有許多同胞們在執行着神聖的職務——用血肉搶回自己的家鄉。

× × × ×

炳鎮靜地把自來水筆沙沙地在一張白紙上寫着，是和瑛永訣的信：

「……祖國的烽火在燃燒着，父親的不共戴天之仇未報，母親的願望未曾實現，我活在世上有什麼意義呢？你想，我怎麼能再就下去……」（679）

我救了一個人

沙洲（十九：失學）

我的朋友李君，他是一個中學生，家庭狀况很好，有力量給他讀大學。可是他爲了一個女友而失戀了。在他是非得到她不可，而他的父親又強迫他娶了一個鄉下的姑娘。但他沒有力量和他的父親反抗。後來他就抱着消極的態度，故意犧牲他自己。

他弄得平常的生活是那麼可怕；每天不是跳舞廳，就是溜冰場。在這短短的幾個月內他學會了跳舞，溜冰，飲酒，打麻將和其他一切墮落的遊戲。他消極了！他墮落了！他終不覺悟，他向着黑暗前進。

在今年「一二八」紀念日的時候，我特地到他家裏去看他，他恰巧在家，我就同他閒談起來。在我不斷的鼓勵下，他還是好像不覺悟的樣子，後來我又舉了好多的例子給他聽。我把我們的工作狀況很詳細的講給他聽，我又把目前的時局分析給他聽，還告訴他：等到我們得到最後勝利的時候，我們就是新中國的主人了。我幾次三翻地勸他，他是有點覺悟了。我就向他說：

「你仔細地想想，我所說的話對嗎？」

「當然對的，我自己也知道我的行爲不對，可是總沒有決心做好人。你這樣的勸我，當然對我有益的。」

「只要你知道對你有益就得了。」

「在上海總是不能够使得我振作起來。」

「只要你家庭許可，你儘可以到內地去。倘使你想要求點眞知實學的話，在陝北及內地有很多的好學校。」

「好的，讓我仔細考慮一下。」

「祝你能得到光明！你考慮定當之後，請通知我一聲，好嗎？」

「當然，當然，一定要通知你。」

我們就在這短短的談話後分別了。

大約隔了一星期吧，我在家裏收到他給我的信，告訴我他不日將離開上海了。雖然他沒有將目的地告訴我，可是我知道他將改變他消極的生活了。

在他約定的日子，我又到了他的家裏，只見他正在理東西呢。我就開始問他：

「你決定走了嗎？」

「是的。我的再生，完全是你鼓勵的。不知怎樣感謝你才好！」

「這是什麼話，我們是最要好的同學，應當如此的。」

我們沈默了一下，我又向他問：

「那麼你到什麼地方去呢？」

「我決定到陝北去！」

「嗅，眞的？」

「我預備到陝北公學去讀書。」

「再好也沒有了。我希望你一路順風的到達那裏！」

「我明天就要動身了！」

「那麼今天是我們暫時分別的時候了！」

「等到新中國誕生時，我們再握手吧！」我們倆同時說着這句話。

在最後一步離開他家的時候，我深深地吸了一口氣，我心裏在想：

「我救活了一個人，我做了一件有功於國家的事了！」(149)

大貓星

甯微

夜，是深夜了。

我雖是睡在床上，但心裏好像有許多說不出的煩惱的事情纏繞着，翻來覆去總是睡不着。

討厭，越是睡不着，蚊子和臭蟲越和我開玩笑，肌膚被它們咬得一塊塊發紅，異常的癢，兩手不停的東抓一把西抓一把，天氣又悶熱得可怕。

不知是月色，還是星光，從棚子外射了進來，很慈愛地輕撫着人們正在做夢的微笑的臉。夜風吹動着樹葉，發出瑟瑟的聲音，引誘我到外面去納涼。

外面的確很好，這麼明亮，這麼涼快，又是這麼清靜，這個幽閒的環境，平息了我那日間心中的煩亂。我就開始踱步，沿着棚子的竹壁，從第一棚到第七棚，從第七棚再踱到第一棚。

人們都睡着了，低低的棚子裏面透出微弱的燈光，發出呼呼的鼾聲。……

「哇哇！……寶寶睡覺啦！……」偶然的這個聲音傳到我的耳鼓，我知道這是孩子醒了，哭了，媽媽便拍着他唱催眠曲了。這裏也有一點溫暖的家庭的氣氛，雖然他們是可憐的難民。

踱着踱着太無聊了，還是席地坐下來吧。

呀！大貓星！一顆最明亮的星星首先映進我的眼簾。其實比它更亮的還是那半個月亮呢。那麼也許它在找我吧！因為——一星期前，朋友中的一個美雲到內地去了，她就是「大貓星」啊！

美雲是我一個很普通的朋友，在平時，講話的時候也很少，最近漸漸的熟識些了。為着我們幾個年紀相差不多的關係，所以比較「合得來」，常常在一塊談話，唱歌，吃東西，玩耍。

這比較融樂的生活剛開始，我們的美雲，要離開上海了，而且在一二天內就要走。這個消息給了我們很大的刺激。「美雲要走了，我們少了一個朋友了。」我這樣想。

當美雲和我們別離的前夕，我們曾作過一次最後的團聚。這次的團聚卻和平常不同，不如平常那樣快活，大家都默默的坐着，好像我是心事重重似的發着獃。沉寂的氣氛籠罩着我們，這是怪難受的。偶然的我們的視線射在一道，一會兒又低下頭來，各自盡想自己心裏的事了。月亮圓而且大的掛在天空，它的清光晒遍了我們的軀體，也照透我們的心。也許它也知道的，我們是為着「離別」而哀傷。只有樹上的秋蟬，彷彿奏着激昂的凱歌——「喳喳……」。

「為什麼不講話，你們？」美雲突然打破了沉默。

大家不過抬起頭來互相望一望，沒有一個人講話。

「我知道的。」美雲繼續說下去說：「你們為我要走是在難過吧？」停一息，她又說：「不要這樣。你們要知道，我這次到內地去，是為着國家民族的前途呀！」

「在上海，我們不是也做着救國工作麼？內地有內地的人在，我們守在自已的崗位上，努力做事，不是一樣的嗎？」我這樣說。

「話是對的。」她說「不過你要知道，上海人才倒底比內地多些。」她那炯炯的眼睛不停地轉動着：「而內地呢，做事的人少得多極了。爲要動員全國民衆參加抗戰內地工作，是何等迫切呢！」她的興奮的情緒表露在她憔悴的臉上。

又沉默了。「嗒嗒……」的蟬聲依然響着。

「你們好好的在這裏做事知道麼？小弟弟小妹妹！」她拍拍我們的肩。

「那麼你是一定要走的了？」小弟弟問。

「當然囉！」

「什麼時候回來呢？」我問。

「那很難說，」她蹙着眉頭，悽切地：「也許永遠不回來了！」她又注視了我們一下，面部的表情慢慢變了。「好，到反攻到上海的時候再回來再來看我的小弟弟小妹妹。」

酸溜溜的別離的滋味逼出了我的熱淚。

「天空這麼多的星，那一顆最亮呀！」小弟弟問。

「那顆最亮。」我就指給他看。

「這叫大貓星啊，你們認識嗎？」美雲說：「這樣的星有三顆，在太陽剛落的時候就昇起來的，叫大貓星，直到半夜才降落；接着昇起來的是二貓星；最後是三貓星。這三顆是天空中最明亮的星。」

「眞的麼？好像三兄弟。」小弟弟好奇地說。

「當然是眞的，我們就用它們來代表我們好了。」美雲對我說：「我是大貓星，你是二貓星，三貓星就代表小弟弟。」

「好，很好！」我們說。

「當我不能見到你們的時候我就看看二貓星和三貓星。」美雲說。

「當我們不能見到你的時候，就看看大貓星。」我說。

大家又和剛才一樣的沉默着了。

後來我們不知道是什麼時候了，看見二貓星已昇到我們的頭頂上。

今夜的月已是殘月了，大貓星還是這麼明亮的閃爍着光芒。

我祝遠方的美雲平安康健，希望他完成偉大的使命！（1439）

第十輯　在黑暗中爭取光明

爲了憎恨爲了愛（廿七・廿四・一）

易貝

「我不願停止道德的戰爭，
我底刺刀也不肯在我手裏安靜。」
——W・勃萊克

炮火一天比一天遠了，南京路上熱鬧得像一所大規模的展覽會場。（那天空中行着猛烈的戰鬥，南京路上店門緊閉，冷淸得像鬼市的日子已經過去了。）人們湧來湧去地擠熱鬧，心裏想着各自的想頭。

——今天是陰曆十二月二十三日，送過灶，轉眼就是新年了。

——再過四天又是「一二八」了！

（小街上成串憔悴的人們排着隊整天在每家米店門口等糯米。）

……………………

下午，在寒峭的風裏打南京路走到報館去，身上冷得有點打噤。三個星期以來，由於一位親戚的介紹，我每天得上一家報館去做六七小時的編譯工作。報館是「英商」，老板是個英國籍的錫蘭佛教徒，他底一個中國同道便當了「華人主筆」，和一切中國官僚所走的路一樣，那人在「北洋派」手裏打過幾年滾，當抖頭來落得一場空的時候，便在近六十的年紀上捧上「大乘」「小乘」，做起「居士」之流來了。

報館裏彌漫着的是寺院空氣，每餐開的飯食是淨素的，「社論」裏面是佛經上的辭彙，新聞欄裏是「印光大法師安然無恙」的消息，主筆先生對於在陷淪不久的南京舉行的「中日佛教徒聯合祈禱和平超度亡魂」的「盛舉」就感到不少的興趣。

對於一切宗教，我是一直抱着最大的憎惡的；但這一回却想不到混進這樣的一個圈子裏來了。當初把這個職業接受下來的時候，原是爲了失業下來已經有三個月，這一向妻子又一直病着，看來是非進醫院不可了，這在一個生活沒有把握的人可不是輕易對付得了的；再則便是那位親戚底好意使人一下子難以拒絕；但最後——也是最大——的原因則是爲了在試版的那天又加入了那位親戚底兒子，兩個年靑人碰在一起，便覺得不是沒有事情可做了。在一個到報館去的路上，我們商量了一番：不管他們是什麼「敎」，他們有「英商」的便利，我們要好好地利用我們要把報紙弄得對得住每個同胞，我們要給大家和自己底靈魂把舵。

於是拋掉了憎惡，一天天地幹下去。

但情形可着實有點古怪：「社論」裏主張有「國」無「際」；翻譯的稿子得愼重地「先自檢舉」，對於各地「維持會」的消息可特別感到興味，從「新申報」（註）上剪下大篇的稿子來轉載；我們給在偽機關及職位名稱上一一打了引號（「」），第二天印出來卻一個也沒有了。「檢查所」一次次來了「很客氣的」（？）電話，主筆先生一個個地斟酌字眼。「I have responsibilities on my shoulder!」（我在肩膀上是有責任的！）——他老是說那句洋話，他可着實懼怕那「責任」！

我那位親戚底兒子對我說：

「父親對於這報紙很……」

「很不滿意嗎？」我說出了自己底心思。

「豈但不滿意！簡直是懷疑哩。他要我同你說，如果看情形不對，我們便及早引退。」

「當然，我們得十分注意！」

過不了幾天，他便找到了另一個職業走了。留下我一個人在那裏，決定再過六七天混滿月，拿了薪水（妻已經躺在醫院裏了）也一樣的「潔身引退。」

………………

一月二十四，離月底僅有六天了。

晚上十點鐘過後，另一位職員發了三篇西班牙的稿子，「主筆」先生在標題上發現了「叛軍」兩字，頓時發起脾氣來，把那一位難堪而無理地「教訓」了一番，並且宣說此後凡關於西班牙的稿子，誰也不能用「叛軍」這字眼。而我這一向正讀着U・辛克萊底一本小說不許通過，那裏暴露着佛朗哥軍隊底獸行，使人深深地切齒——我們是切齒憎恨牠的！為了我們目前正身受着相同的殘暴！為什麼不是「叛軍」呢？國際間不是確認祇有現存的西班牙民主政府為合法的西班牙政府嗎？

我提出了異議，我沒有忘記「說服」，我說出那事實：即使在英文（或其他外國文）報紙上，依舊有用「Rebelists」（叛軍）這字的，正如在「"aachugeu"」前面的「" "」號一樣。「名正言順」（用老法話來說）這形式上的規範，我們是要尊重的！

但是，「說服」嗎？沒有！反而攪起主筆先生底無名火來了。起先是：「密斯脫×，我對你說，我們報上不許用『叛軍』之類的名辭！」

接着是——

「英文報你從英文報上找出了『Rebelists』和加Quotation（引號）的『Manchugon』來我給你叩頭笑話笑話！」

我馬上在一張英文大美晚報上找出了「Rebelists」這個字，又在另一張報上找出了加引號的「滿洲國」字樣。

我給他看了，他底回答是：「不用看！我不要同你多說，我們是『英商』（他說得特別響）國際有國際的禮貌，我辦過外交，我做過大學教授，配你說！」

「請你客氣一點！德國跟意大利硬把中國底東四省稱做『滿洲國』，請問他們底『國際禮貌』到什麼地方去了？」

「你——！」他嗥叫起來了，碰着桌子：「你這種half-educated（半教育）的傢伙！同我說話，你不配！」

憤怒的血在我全身沸了起來，我顧不得生活了。眼前是最大的侮辱和卑汚，我還要寬容些什麼呢！我想起了宗教跟法西斯的勾結，我想起漢奸的無恥，我想起那流毒的文字，我想起前些日子妻子病得垂死，我爲了生活不得不握筆譯那些指定的無聊文字的那些深夜……這是爲了什麼呢？我在生活份上，對於一切的卑汚妥協得太多了！而這一霎時我簡直有一種衝動要衝過去把那個[illegible]形漢奸扼死他……然而我沒有——至少我還得給我那位親戚留個餘地——我轉過身一直衝出報館，已經忘記了明天的生活和病在醫院裏的妻子了。我把飯碗獻給了自己底靈魂，爲了對於人類劊子手的最大的憎恨，也爲了對於爲世界的正義與人道流血的萬千人們（而今正包括了我們自己）的愛。……

——算了算了！

外面是一片漆黑，冷風像針一樣地吹。已經近戒嚴的時光了。南京路上冷落蕭條，三兩個日本浪人在東倒西歪地行走。

「今後的生活呢？妻底醫藥費呢？……」

我淒然跳上了最後一輛往西去的電車。（428）

亡命生活的一頁（一九三八・八・十・）

朝鮮白頭山民（朝鮮革命者）

朋友們爲了經濟的關係，三個兩個都住在亭子間裏。在這個年頭兒，有房子住，在我們總算是交了好運。但是像鴿子籠般大的亭子間內，多進去一兩個人，不但是禁不住酷熱，且可引起二房東的注目了。簡直痛痛快快地座談一次也不可能。朋友們所說的話，也不是北方話，也不是南方話，就說是福建廣東話也不會使人相信的。所以大家混坐在一小間屋內，你一句我一句，愈說愈會引起人家的疑心。

「八一三」快到了，外邊警備，空前森嚴，大上海的一切現象，都呈了「山雨欲來」的神氣。在這個時候，幾個光棍漢爲了謠話，祇有在旅館內開一個房間。但大家以爲這也不是妥當的辦法，因爲昨晨愛多亞路一帶的旅館都被搜查過了。大家默想半天，最後還是決定×晚八點鐘在××路××號H處會談，那兒的環境雖然不好，但是房子還能够容納這些人。

晚八點鐘，H和C夫婦都準時到，祇有兩三個朋友還沒有到。

我們一方面閒談，一方面等候還沒有到的朋友。房間是大些，租金可不便宜，但是在裏頭住的朋友們的行裝太不像樣了。一大間房子裏並排放着兩張單身漢的小鐵床，中間放着一個破舊的寫字檯，幾個櫈子，一隻空箱，怎樣看也不像是正經人家住的。我們自己看來是如此，在人家的眼中更不用說了。

樓下房東的鐘打了九下，很清晰地聽見樓梯上的踏板聲音特別轟響，繼而有一個×國巡捕率領着四個探員，一個繙譯，推進我們的房門，以尖銳的目光注視每個朋友的動作。×國巡捕首先問繙譯：「他們是不是中國人？」繙譯就轉問我：

「你是那兒的人？」

「我是××人。」

「做什麼事的？」

「我是××公司的會計」

管他明天查不查我的來歷，我祇得泰然自若地順口答出一套話來再說。這樣簡單地問我幾句以後，又向H君發問。H君爲了證明自己是好人起見，從懷裏趕緊拿出內地某學校教員的證明文件給他們看了。但是×國人也很聰明，就說是上海並沒有這個學校。於是H君用極不流利的普通話，勉强地回答，說是：「自從××人佔領××以後，學校關了門，所以逃難到上海來的。」

旁邊的一個探員又對我說：

「你們有手槍炸彈沒有？」

「沒有，儘管搜一搜好了。」我祇有這樣回答。

那個外國巡捕和一般探員，打開檯子的抽屜，翻開箱子，搜了約一二分鐘，什麼也沒有發現，才帶着一種失望的神氣走回去了。今天還好，他們沒有搜到我的身上來。H和C都穿了一件襯衫，一條褲，一望而知是沒有帶什麼東西。至於我呢，要緊的文件，放在西服的上身袋中。如果這些被發見了，結局如何，不堪設想了。

有兩個答應到的朋友直至九點鐘還沒有來，好像他們已有預知。這是多麼幸運的事。如果連他們也都到齊了，實在是有口難辯了。吃過晚飯，穿上衣服，預備赴約之際，我也曾有一種預感，好像今晚上會發生什麼事似的，所以把口袋裏的文件，取出來要放在秘密場所的。但是文件裏頭有些認不出的外國字，爲了順便問一問朋友起見，依然帶出來了。朋友們經過了一次搜查之後，心裏多少是戰慄了一下。

「心有躊躇，或感不快，妙在當機立斷，決定行止。」這是自從學習航空的時候起，在我十餘年的流浪生活中自以為遵守不渝的「行動的原則。」雖說是如此，好多次危險的遭遇却出乎預感之外。

他們走過之後，朋友們一個個都散開了。以後談起此事，有的朋友說是房東怕負責任，看了我們不像好人，就去密告的。有的說是弄口的「畢三」先生密告的。有的朋友說是：「穿的是西裝，住的是洋房，但沒有一件行李，祇剩些破桌子爛板櫈，我們的生活條件，與一般人太不配合了，怎會不引起人家的注意呢？況且在這個時候。」

這些推測，都有道理。誰不願意穿好的，住好的，吃好的。但我們究竟為什麼使人瞧不起我們？為了什麼，過這樣晝伏夜出的蝙蝠生活？為了「麵包與自由」麼？當然也可以這樣說，因為很少有吃飽了飯的人出來奔走革命。

但是人類也有人類的矛盾呀！亡命客的生活，命該窮困。並且需要這樣銀幕一樣的緊張的生活，否則談不到其他。有時連他們自己的人格也保不住。

唯有在奮鬥的生活中，才能發現眞正的革命行為。（1434）

雨（廿七・十二・八）

錢明

浴着滿身的黏汗，把最後一張稿紙寫完，時間已經是下午五點了。望一望窗外，毒熱的太陽在瘋狂地喘出臨終的一口氣來。一片沉重而窒塞的空氣緊壓着院子，使得它看起來格外孤寂。曾經在春風中搔首弄姿的嬌花弱草現在都垂頭喪氣了。只有那一列頑強的大樹，依然無異地挺立着，而且更見葱蘢。

七點鐘節約會舉行聚餐，席上將有各人一年來的「自省」。在××家的客廳裏，應當是安全的，雖然這幾天只要是中國人聚在一起，彷彿連吃飯都觸犯刑章似的。

赴會之前去看一看芳。時間還來得及。這倒並不是完全為「兒女情長」，我相信我可以把她從「臨時的牢獄」中拯救出來。「臨時的牢獄」，她這樣稱呼她的家庭。「八一三」一周年的前夕，孤島上將有無數的慈親用這種「牢獄」來撫愛他們的子女。然而在鬥爭中的子女們畢竟是新的一代，他們會用為祖國的服役來報答父母們的撫愛的。

「我不想同家裏鬧翻，那將會影響我們以後的工作的。老人們很喜歡你，你來幫我說服他們吧。」芳信上這麼說。假如不是為了那篇急待付排的稿子，我早就在同「老人們」周旋了。

從天的四邊疾擁上來的濃雲，像要齊心協力地撲滅那個殘陽，簡直就不讓它壽終正寢。濃重的雨意令人輕快，客堂間裏傳來清脆的歌聲：「夏天的驟雨打濕了枯萎的睡蓮，冲去了我心頭的煩悶。酷日你死去吧！煩悶也跟着死去！我聞到了新鮮的氣息，我看見了光明的希望！」

當王先生呆坐在鋼琴旁邊的時候，露絲小姐照例要唱歌的。她並不是爲了應酬這位帶來的客人，而是爲了再不願同對方說一句話，用唱歌來做逐客令。省得使王先生更加難堪，我打算不招呼屋子裏的人，低着頭一直走出門去。

「錢先生，今天還出門嗎？」露絲小姐每次看我穿過客堂，總要招呼我的。今天却似乎特別親切，我不得不站住了回過身來：

「是的，露絲小姐。唔，王先生，您在這裏？」

王先生鼻子裏哼了一聲，幾乎是滿含着敵意的。一個人追求愛侶不順手的時候，往往會遷怒到毫不相干的第三者。我雖然租了露絲家的房子將近半年，除了很愛她的「小弟弟」以外，同她家的任何人，就是連朋友都說不上的。最初我曉得露絲曾在學校裏參加過救亡運動，「八一三」以後還去傷兵醫院服務過，但是，上海一淪陷，我只聽見她在家裏唱歌。

逐客令式的唱歌，王先生未嘗不懂。然而他並不想走，一本正經地坐着，彷彿有一肚子的話還沒說完。他今天破天荒地改穿了中服，而且還帶着一副黑眼鏡。還使人一看就曉得他不像往常一樣來約露絲去游泳的。

「錢先生，『八一三』快到了，外面很緊張，你還是不要出去的好。」露絲小姐今天顯出驚人的關心，使我想起她每次向老娘姨打聽我的消息。我幾乎答不出話來，甚至懷疑她或許會危害我。自然這種懷疑是可笑的，因爲我早知道她對我的感情超過了我所應得的。

王先生突然活潑起來，他驕傲地對我說：「我已經改了裝了，抓了去不是玩的，驅逐出境，甚至會引渡！」

「其實你有什麼？」露絲小姐故意要傷他的心。

「我寫過幾首抗日的新詩。他們頂恨像我這樣的抗日文人！」

「你的詩不但不抗日，根本連詩都說不上！錢先生，我去拿來給你看，王先生寫給我的大作。」

無論怎樣可憐的人，忍耐總是有限度的。王先生終於堅決地站起身來，借「天要下雨了」爲由，大踏步地衝了出去。

我也正要走，露絲小姐用一種低微的聲息阻止我：「你不要走，我怕！」我倒眞怕起來了，怕的是她那含情脈脈的眼光。

「小弟弟」替我解了圍。他笑嘻嘻地跳進來：「錢先生，我已經積了一塊多錢了，到『八一三』你替我拿去捐給國家。」

「好孩子！」我撫摩他的頭髮。

「錢先生，姊姊說這幾天抓了許多愛國的人，眞的嗎？老娘姨也說的。咱們不怕！愛國就不怕死！你說對不對？」

我緊緊他擁抱他，默默地吻他。

「死但是你——」露絲小姐出神似地向我伸出手來。我不自覺地向前湊了一步。窗外突然發生激烈的噪聲——下雨了！

雨使我從剎那的魅惑中驚醒。我彷彿看見芳鴛在門口等我。順手把「小弟弟」遞給露絲，她擁抱他，吻他，然而那雙夢一般的眼睛却死盯着我。

後門口老娘姨拉住我的袖子，低聲向我叮嚀：「當心點呀！他們不管三七二十一濫抓人。像你們這樣的唸書人，礙他們什麼眞眞『嘡嘡嘡』的好漢他們倒沒辦法嘿嘿！……」

天氣涼爽了。葉子上閃着油亮的光，幾棵大樹矯健地挺立在風雨中怒吼。我握了握老娘姨的手，迎着風雨走去。

我沒有回頭，心裏只想着芳和節約會，身後傳來的却是露絲的悲壯的歌聲：「夏天的驟雨……酷日你死去吧……」(515)

古色古香的兩隻盆子（廿七·五·十八·）

陳　井

不知是什麼緣故，我沿着大新公司這一面向東走，誰都知道，在不到新新公司的中間有一家碗舖開着。這一次我不知怎的會生出「看看究竟有沒有別家出品」的念頭，我走進去了。

大大小小的碗，茶杯，茶壺，當然，每件都使人沉痛的。我不知怎的，在一堆中國式的古色古香的盆子上注視起來，終於又低下頭去。

我可記得在當時的腦子裏，始終沒有模糊過，清清爽爽這是日本貨。可是我會去挑選，一隻一隻在我手中選過，在我眼中看過，腦子裏湧起一陣又一陣的矛盾。唉唉！我終究被這古色古香的青花盆子騙上了。不是騙上，是我清清爽爽明明白白的選上它了！選上了十二隻，一陣矛盾，我丟了四隻，又一陣矛盾，我又丟了四隻。「包」「包」終於兩隻明明白白的盆子，買在我手中。

一跨出門，「噯呀！這八分錢不是又供給敵人了嗎？這八分錢不是又去添他們的軍費了嗎？」賣夜報的迎面奔來，他叫着廣州大炸的標題，我內心有說不出的滋味。

一路走，一路隱痛着，一路呆呆的想：「我是四萬萬五千萬中受過高等教育的一個。政府又是直接給我飯碗的人。不要說先人家去愛國，至少總該不做害自已國家的事。我該死！眞該死」低下頭，還兩隻明明白白的盆子，緊握在我手裏。

我糊亂的在人羣中走着，有時發呆，有時暈眩，有時劇烈的苦楚刺着我的心。

羞恥的踏上中國國貨公司的樓梯，在碗器部裏選了一筒飯碗和一筒茶碗。不是想借此消罪，還是我原來就想買的。臨走我請他把二隻盆子包在一起。他一面接過去，一面看盆子的花色。他懷疑起來，把盆子翻過來，底是光的，他指着中間一條藍字，向我一照：

「Made in Japan」！

在歸途中，我週身發着熱，腦子昏昏了。到家裏我老老實實的告訴老婆。她叫我懺悔懺悔。懺悔什麽呢？在當時我並沒有模糊而是明明白白清清爽爽的事？我不配懺悔，我只配殺。殺這一隻狗都不如的畜生——是我。

我告訴我所有認識的人我把我這不是人做的良心交給他們看。我願他們來罵我、來打我，來譏諷我，來藐視我，我都接受。我樂於接受！因爲這是我自己給我應該受的責罰。

我不能原諒我自己，我不願把「沒有看仔細」去欺騙人家、我不敢把「懺悔」來安慰我的良心。我要永遠保存着這在敵人屠殺得最最厲害的時期中買來的兩隻敵人的盆子。

一隻放在我時刻要喝開水的茶杯底下、一隻放在我最最心愛的花盆底下。我願跟它朝朝見面。一直等到這一隻狗都不如的畜生，變成一個很少人及得來的挺着脊背的戰士爲止。（271）

快意

楊公懷（廿七·教員）

西北風，在天空狂嘯着，漫天的白雪，鵝毛似的飄落，平坦的馬路上，高低不等的房屋上，已厚厚的蓋着雪花，恍如一個粉裝玉琢的世界。時鐘已敲七點，但靜靜的，窗外的馬路上連賣報童子的喊聲也聽不見。我接連轉側了二下，橫豎沒有事，又呼呼的睡去了。

「×——先生，有信！」房東太太把信從門縫中塞了進來，一面敲着門喊我。

我從睡夢中驚醒轉來，恍惚聽得「有信」兩個字，用目光向地上一掃，見一封長狹信封的信斜躺在門邊。我連忙揭開被跳下床去，因爲在兩星期前，發出了好幾封託親友介紹職業的信，說不定這信中有好消息帶來呢。興奮地拿起信、帶上近視眼鏡，把信口拆開，見一張便條箋上寫着：

「××兄：

明日上午十時，請至××校與×校長面洽，大概可不成問題。×校長處，已另函通知。

珠」

看罷，心頭一陣歡喜。因爲固有的職務，被炮火毀滅了，逃亡到孤島上，已三月有半，無所事事。一旦在失業的洪流裏，重能得業，誠是天大的喜事。向鐘上一看，已快八點半，連忙洗臉、刷牙、咬大餅、穿皮鞋、着大衣，化了半個鐘頭，才算結束定當。各種聲響，把同住的老王、老張也驚醒了，他們問我今天到什麽地方去，我把信遞給他們，沒有回答。

「恭祝我們的×大哥馬到成功！」當我踏着闊步跑出房門

老王老張齊聲的高喊着。

× × × × ×

冒大風雪，由電車而人力車，才抵學校。校舍還相當的寬大。進了教員室，見室內有一個帶着金絲邊眼鏡的小夥子，頭髮梳得光光的，正在進早餐。還有一個四十開外，臉兒黑黑，身穿青布棉袍的男子，坐在辦公桌上稽核帳目。看上去，大概是事務先生吧！我向他們打了一個招呼，頭髮光光的小夥子點了點頭，依舊吃粥。那個穿青布袍的總算站起來，請教我的貴幹。我把來意一說，他似乎不屑地道：

「校長現在正在會客，請你等一等。」

說罷，依舊去稽核他的帳目。

等着，等着，時間已快十二點了，肚裏餓得在發慌。窗外的雪花，依然漫天飛舞。

好容易校長先生延見的命令來了，匆匆跑上扶梯，進了一間精美的臥室。校長先生胖胖的臉上，已有幾根疏落的鬍鬚，略帶莊嚴地微動着。一個臃腫的軀體，裹在淡綠色的綢被內，倒怪舒適的。他見了我，略微欠了欠身，說：

「恕我頭痛，有失遠迎。請坐！請坐！」字面很客氣，但他的語調並不像字面那麼客氣。

接着，略談了幾句。他叫我填了張登記表，把我的文憑、服務證書、登記證看了又看，向床裏一放。然後，滔滔不絕的訓了一大篇。歸納起來，有下列各條：

一、教務上任兼高級級任，每週授課時間一千三百二十分，月薪念五元，五個月計算，膳宿自理。

二、文件存校，於解職時發還。聘書不發，僅由教員在學校聘約紙上簽名蓋章。

三、課外須協助辦理校務，雖瑣屑，也要做。

四、於到校之日起薪，中途如有事故，得把聘約停止效用。

五、在校內不准談論國事，尤其不許向學生宣傳抗日。

在微帶着失望的神情中，我跨出了校門。

× × × × ×

歸途，想到在該校服務的友人賢，順便去訪問一下，探探實情。賢告訴我，校中共有學生五百餘人，較戰前增加四分之一，教室卻仍是六間。教員待遇，由每學期六月算而減為五月算，標準由每人三十元減為廿五元。甚至教室裏的茶壺、水盂、雞毛帚等，也要級任教師掏腰包。計算起來，八個教員的全部收入，還抵不上校長先生的三分之一。

教員一天到晚，上課、改卷子、處理校務、解決學生間糾紛，每天要化上整整十二個鐘點以上，弄得目眩頭暈，還不能料理清楚。而校長先生呢？除了支配校務給教員做外，整天在走廊中蹓着，批評教員的教學。事實上，他的批評，多半是不中肯的，因爲他對教育根本是個門外漢。

還有學校商店內，整天出賣糖果、點心，雖飯後或課間的時候，也在賣着。因爲糖果、點心的銷路廣，獲利厚，所以校長先生經之營之，不遺餘力。至於學生的福利呢？根本談不到，連簡單的衛生設備也沒有。高級一教室坐了六十多個學生，課桌一直排到黑板邊，甚至課桌和課桌間的走路上也做了活動座位。生財有道，匠心獨運，眞可以嘆爲觀止。聽說一年級教室裏竟坐了一百二十個學生，夏天的汗臭蒸騰滿室，那個級任陸女士三天有兩天要發痧，所以她決計放棄念元一月的薪金，發誓雖討飯也不願蟬聯下去了。

最後，他告訴我：「校長先生是個法學家，現正執行着律師職務。不知這種設施是否有背法律？我想校長先生自己該知道得最清楚。然而他除了說學生在租界內救亡是犯法以外，沒談過法律。」

× × × × ×

回寓，已風停雪霽，老王老張都不在，只得悶悶地倒在床上。想到了學校裏的一切和那幾個可憎的臉，不禁倒抽了口冷氣。我不願爲區區生活費而去做殺害孩子的「學棍」的助手，更不願走進聞不見祖國氣息的牢籠去。終於起身寫了兩封信。一封是給介紹人的，謝謝他的厚意，並申述不願擔任的原由。一封是給校長先生的，請他另選賢能，把文件寄還末了，還祝他「辦學發財！順民萬歲！」

晚餐時，老王老張興匆匆的買了兩斤陳酒，一些牛肉和花生，預備來替我祝賀的。他們見我一臉的不高興，反怔住了。我卻轉憂爲喜道：

「買來了，不吃做甚？」

於是三人對酌起來。我把今天的遭遇告訴他們，老王對於我的辦法，非常贊成，老張要代我起草辭職書。我把寫好的信拿出來給二人看，老王拍着我的肩道：

「不愧是我們的大哥！」

窗外的雪花又飄進來了，我們都帶着薄醉，躺上床去，酣然入夢，彷彿是做了件很快意的事！（144）

誓不合作（二十七·一·四·）

水甫（十八，失業）

我的工作處是一個電訊機關。去年「七七」及「八一三」戰事發生時，全體同人都極興奮地爲前線戰士傳播捷音至全世界。在上諭「不得擅離職務」之下，我們只知有公，不知有私。很多同人在病中也支持着各人都盡自己的能竭自己的力，爲着傳播在炮火中爲祖國爭生存的戰士堅强抵抗的事實，使全世界人士都瞭解中國民衆是爲正義而戰。

戰事西移隨着我的工作處也發生了動搖。在數度日人覬覦，接收的旋渦中我們一致在上司的命令下，鎮靜應付依舊埋頭工作不顧周圍一切的嶮險環境，始終在「工作未受絲毫牽制時，我們繼續傳播敵人的黷武、屠殺、姦淫、劫掠」的原則下維持主權有三月之久。

殘存在孤島上的政府機關總不免引起野心者的垂涎。本年一月三日形勢驟然緊張，原因是當日一起來了有二十名左右的日本警捕及便衣者，都執有武器。便衣者似乎都很「親善」，其中有幾個會講中國話的找我們攀談，笑容可掬，語氣是異樣的溫和。要是顢頇者一定還被他們引得眯花眼笑呢。據說：這批便衣者還是由日本國內特地遣派來與我們「合作」的呢。

那批日本警捕顯然是傲慢異常，一副嚴肅而强暴的姿態，大有神聖不可侵犯之勢。他們不准許搬運公物，監視我們工作，還……

我們雖然手無寸鐵，不能與這些惡魔作一次光榮的搏鬥，可是誰都不會在他們的武器下寒慄！我們都抱有唯一的信念：爲堅持我堂堂中華民國的漢節，雖死不辭！

他們爲更使我們明瞭他們的善意起見，在辦公處四周牆壁上，遍貼了「親善」「合作」的佈告。寫着：「日政府軍事當局行將於×日接收交通部××電台，全體員工仍安心留台工作，待遇及保障一律依舊。」

明理者究竟不會陷入這種迷人的廣告。誰都發現到在他「親善」的背影中隱藏着張牙裂嘴的猙獰鬼臉，隨時隨地會把我們吞噬。

他們大概是窺破了我們的拒絕「合作」了。在次日早晨，我推開辦公處門戶的時候，迎面來了兩位較我矮的不速之客。我恍然領悟這裏已不再是我的工作處了。那兩個傢伙對我招着手，我搖頭拒絕。不料他們竟跑出來拉我。好險啊！要不是我當時狂奔出來，那就遭了！我眞不瞭解他們爲什麽要硬拉我們來「親善」「合作」呢？

我願粉身碎骨，可是我大中華民族的人格不可犯！我誓死不與敵人「合作」！（1438）

更生（廿七・一・八）

矢　輿（十八・學生）

已經十點多了。

我守在電話機前，想着這時候，這該報告我一個喜訊了。或者，道祇要說：「不再是幽靈似的我了，」我該如何歡欣！幾天來的努力不是無謂的，道也可以從此更生了。

幾分鐘過去，話機並沒把希望帶來。我在房裏慢慢地踱步，想想今天也許這是個奇蹟，平素沉迷在溫馨的小康家庭裏悠然自在，不問不聞的青年道不爲沉迷而氣餒，不爲溫馨而志滿，他在少年老成的姿態下，仍活躍着青春之火光。在今天我才眞切的認識他。我走近書桌旁，拿起他昨晨寫今晨才來的信——

「芹：我掩不了自己的熱情衝動，壓不下心花的怒放，我先這麼約定明天（一日）上午十時半給你電話。你以爲我唐突嗎？我不再緘默了，我要急迫地吶喊起來。明天，給你一個我的由衷的答復，向你表示我是青年，你所說的青年。……」

我想起那天對他說過，我的一位朋友不但有才學，有熱情，而且有魄力的時代青年。這位朋友現正獻身國家馳騁疆場。又說了：「我們的心不死，不怕……」等話。料不到對他起了這麼大的作用。我又想起當初他死心塌地預備做「良民」了，每天吃、睡、玩，書不讀，事也不做。他還說：「這是他的本分！」

「雖則，你看我已經沉迷了二十年，薰染了各色汚穢，但我的心是純潔的，前進的，頭腦是冷靜的，是識事的。我決不會痲木不仁，我決不至於死寂得沒有生氣。我跟你們是同時代的人呀！我是現代的活人……然而，我的覺悟較遲，理解力又薄弱，教育受的不多，訓練又不夠，在在使我進步得很慢，一切顯出我的落後。但是現在我醒了，懂了，努力用功了，不一樣可以趕上你們的行伍嗎？我知道這是我的需要，我的權利……」

一種教訓就可以使人轉變過來，它的力量多麼大，多麼駭人。同時它可以推動人，從穩健到激進，還可以把人在迷惑中弄得聰明過來。

又幾分鐘消逝了，不過離十時半還有十分鐘。我放下信，把它夾在信稿裏。信稿上有今晨寫給道的回信的底稿，我順便也讀了一遍——

「我不知怎樣爲你慶幸好，我也說不出我的快感。我祇覺着，我們現在是有力量的人了。……」

哈哈，哈哈，話機終於響了。

「喂，——道嗎？事情怎樣了？」

「哦！你已跟他們決鬥？結果呢。」

「他們起先就反對嗎？——那末用說服——哼！不服？」

「他們還說這些話。你就我的回信中的計劃第二步……

……」

「你說了以後怎樣？——他們開始攻擊嗎？你是馬上反攻！」

「結果你勝了不會？——勝了！——他們以不睬你了之？哈哈！現在你自己預備怎樣？」

「跟我在一塊，好極了！現在的工作，照我信上做去得了。

正午時你到這兒來，以後我給你預備定當生活上一切。」

「不打緊的，你原應脫離奴籍——我也原有幫助你的義務。」

「這不要留戀嗎？你，——不要臨陣而亂，——這是象徵你成功。」

「什麼都沒有問題，——這又是夢幻！——你毅然出來好了。」

「是的，我們這裏有充分的光明，有新的生命，專等待着你！——今天新生活的開始！今天，是你更生的日子！——正午這兒會。」

我擱上聽筒，爽快地呼了一口氣。

永久永久，我忘不了今天。我挽救了陷在絕境裏的道。他戰勝了敗類，開闢了一條新生之路。（351）

援助我

璧（十八·失學）

憶！秋：

真感謝你，在你工作很忙的時候，還路遠迢迢地給了我一封信。這使我如何的興奮和欣慰？但當我讀完後，我的慚愧勝過了喜悅。還記得吧？！秋！那是一個美麗的春天裏的一天，我們並肩坐在校園中東角的草地上。我不是說嗎？「做了一個中國人，必須要護他的祖國，不能直接去救國救民的話，至少也應該努力自己的事業，爲社會謀福利。」我還記得，我們握緊了手，互祝前途。但現在，我不願見你了，老實說，也不敢見你了。我是這樣的一個人，毫無毅力的人。秋！請你忘了我吧！永遠地忘了我吧！不過我很願意你知道我的一切以後再忘記我。

在都會一角的黃浦江邊，矗立着一幢三層樓的屋子，頂上還有一個曬台。在這裏有着明媚的春光，看着江邊的帆船；夏天人們都嚷着熱，這兒却沒有熱浪的襲擊；秋和冬，當然更各有妙趣。總之，這兒是一個福地，一個上海市上僅有的桃源。這不是我的家嗎？你當然知道的囉。但好景不常，當神聖的抗戰爆發後，我們八口子，倉皇地逃入租界，而那可愛的家被敵人摧毀了。還有什麼！我們可以向那瘋狂的野獸去索取賠償，更大的賠償！但生計却迫得緊，不幸的事情終於發生了。

還是十二月的一天，可痛的一天；爸爸哥哥和我幾個人，擠在一個統間中間——那是月租四十八元的小小的一間廂房。

「戰事還是延長下去，只有天天的消費，日子怎樣過下去，你們總也得動動腦呀！我有一個老友，他說「××××」在月底大概成立，向我說要介紹你進去。雖然這是丟臉的，但生計呢？你還是忍耐些兒吧！」在沉默了幾分鐘以後，爸到底開口了，忸怩地向哥哥說着。

「不，絕對不！」哥哥堅決地反對。他立起身來向外面跑了出去。

我用盡方式去向爸爸勸解，但他總是以生計爲重。甚至說：「那很好，你就去吧！離開家去盡你的天職吧！」可是我沒有自立的能力。

當我氣得到親戚家住了幾天囘來，哥哥已經含垢忍辱地去替人家當走狗了。但這並不使我悲觀，因爲我明瞭我的哥哥，他的愛國的熱誠正像蘊藏着的火燄有一天一定會爆發出來的。我引以爲憂着就是爸爸。他的思想顯然的受了毒化，像祝××、金××等人一般，任你說得天花亂墜，舌敝唇焦，他只是不悟，甚至還罵人打人。「家醜不可外揚，」這却叫我怎麼辦?!秋教教我吧！

現在爸爸自己竟也加入了××貿易公司。並且時常對我說：「這是做漢奸賺來的臭錢，你是大中華民國的好國民，你的靈魂是香的，然而你却靠這臭錢過日子，哈哈！」

我實在忍受不下去了，我要離開這個環境！

任何的壓迫和桎梏仍不能抑制我的熱忱。由於××的介紹，我加入了一個集會，那兒有勇敢熱情的青年同志，堅毅不拔的救亡戰士。於是我和他們共同奮鬥着。可是事機不密，終於被爸爸發覺，把我軟禁起來。連書報都不准看，何況同外界交接呢！他更握住了我的命脈——經濟。我要反抗！但是慚愧得很，我沒有這能力。不過我想，我是中國人的一份子，也就是一份的抗戰力量。難道人們會坐視着這一份國家的力量的消耗嗎?!秋援助我！我還兒熱切地等待着！（714）

出發

秋激仇

在一個狹小的亭子間裏，充滿了熱騰，每個人底臉上現出激憤的情容。這裏齊集着許多的青年，大家靜寂着，桌上的一隻玻璃座鐘在滴滴地走動。

「我們今天出發了！」智華欣然地說着。

「對了，我們一切早已預備好了。老王什麼時候出發?」李國敏堅決的問着。

「就在今天晚上，你們都各人預備好了。」智華說着，走到書桌上，拿了一份當天的報紙翻着。他偶而見到外埠消息，如「××鎭全被敵軍炸毀，死傷無數」等，便不覺嘆了口氣說：「唉！日本兵眞可惡，到處轟炸民房及平民！」

「碰」書桌上忽地響了一聲，這時憤怒了的青年張在打桌子：「她媽的！總算快了！我們今天出發了，來日到了前線，非把我們的敵人殺光不可！」張激憤地喊着。

「老張你又在發脾氣了。怎麼這樣忍不住氣呢？」另一個青年在批評他。就在這個時候，進來了一個人，身穿學生裝，踏着咯咯咯的皮鞋聲進了門。他略把各人的臉看了一看：「同志們都好？我們今天晚上要出發了！」上面的命令。」

他一面說着一面把自己的右手伸了出來，欲與每人握手示敬。他就是政治認識最高的老邵。

「你們預備好了嗎？」他很溫和地問。

「我們早已預備好了。」大家同聲囘答。

「老邵，我們來開個臨時會議吧。」就在這個時間裏，他們討論了許多關於工作方面的問題。

最後他們出發了，他們去爲祖國爭光榮了！（237）

爲了使命

斐琳

昨夜，在狂風暴雨裏給淋得像落湯鷄一樣的囘來了。我沒有資格去僱一輛汽車，我更沒有勇氣去浪費這一筆有錢人認爲極小數目的金錢。當拖着一身很濕的衣衫囘到親戚家的時候，我總是不能忘記着這時的馬路中，正不知道有多少同胞們在飽受着這無情的風雨的侵蝕呢？

爲了來滬後每天都在奔波中，所以過分的疲勞磨折着我的精神，上床後不久就睡着了。

今朝一覺醒來，新秋的風雨，仍是輕輕的敲着這靜寂的窗櫺。同室的原茜還正在繼續着他們的好夢，我一翻身又睡着了。

八時後雨止，淡淡的陽光射進了窗，我帶着昨夜的倦意，終於離開床鋪起來了。照例的讀過報，消息還是那樣的使人不快啊！

到大後天是『八一三』了，這沉痛的紀念日子，我可惜已不能在上海過一年了！這光榮的抗戰已使兇惡的敵人在這一年裏受到無數次的打擊。侵略者的末日就在眼前了！

三日後我便會重又見到故鄉的一班出賣靈魂的人們了。這些正在戰慄的担心着過『八一三』的人，叫人想到就會笑出聲來。

爲了私人的留戀，我正不願意捨了我的茜蒙就囘返到那淪陷了的孤寂的孔城去飽受着敵人的侮辱和漢奸們的歧視。然而這是情感支配着人的時候嗎？爲了我所負的使命，我沒有再留連的餘地了。是的，爲了我所負的使命，我要更堅定我的意志，加强我的認識。可愛的茜蒙，她怎麼也留不住我的了。

今天的夜報上載着駐滬的同志們已經有了大批的傳單散發。這不特使敵人們覺得有點寒心，就是連本地的當局也感到相當的威脅呢。

可惜我不能再在上海多逗留一天以上的時間了，否則，可以看到這盛大的紀念日一定會給全世界一個極大的震驚的。要知道中國是永遠以不屈的精神爭鬥着，他現在已不是一隻睡獅了！

窗外的風已經靜止，明天長江輪船的艙中，我一定要坐進去的了。

那一天再來上海呢？望着天邊皎潔的圓月，我恍然記起又是一個月圓的時節了。去年的秋天是幸福的，這短短的一年中我已是好幾次做了敵人手下的漏網者了。夜靜得像死了一樣，馬路上特別戒嚴，已阻止了夜行的車輛，想到明天後不知何時再可見到我的西家的時候，我一顆受盡了刺激的心又不禁矛盾起來了。

明天這時我大約已在另一個環境中了，那時將沒有這樣的感傷的調子，而換上了一種鐵一般的意志了。（1436）

鎗聲（廿七·七·十七·）

海鷗（學生）

是一個清靜的星期日的早晨，因為昨晚給功課累着，開了整晚的夜車，所以這一睡是舒服極了。夜間做了一場夢，醒來我拿起小提琴奏着 Traumere 追憶那夢境。

突然「トトト……」連珠似的聲音，隨着風從南窗透了進來，打亂了我的曲調，使我驚訝的停下演奏。

「什麼聲音呀？好像是從浦東那邊來的。」我自語着。

「トトト……」繼續的在響。

那是機關槍的聲音呀！是槍聲！經驗告訴我。哦！一定是我們的游擊隊有所動作了。

槍聲越來越響，它使我興奮起來，把琴扔下，嚴肅地站立着。

「雖然這是很單調トト的聲音，却是最有意義的聲音呀！」我默默地想。

那是最美麗的音色呢，是民族解放的號角！

「孤島上沉寂了九個月了，在這沉寂的氣氛下，人們失掉了自由。一片愛國心所激起的熱烈的情緒被抑制了。四面所包圍的，東一片焦土，北一堆瓦爍和敵人趾高氣揚的巡邏。每當跑到外白渡橋，或四川路橋，看見那過橋的人們脫帽、鞠躬的情形和那儼然有介事的站崗者，這簡直是一種莫大的恥辱！」一陣陣的思想如潮水般湧上心頭，增加了我的忿恨，可是這槍聲替我們報復了一切。

鎗聲沒有停過片刻，中間還夾着幾次爆炸的聲音。

我仰望着天，為我們那正在負着神聖任務的志士禱告：

「好男兒善戰的勇士們呀，我祝禱你們完成這神聖的工作！今天你們在這裏殺敵，為了祖國的生存和同胞的幸福，你們流血，甚至毀了自己的身體。可是國家民族却因此而永久的矗立着了。世界的正義也因你們犧牲了生命而被奪回來。你們是國家的棟樑，是世界的柱石，戰士們呀！抱緊你們的槍桿，對準人類的公敵，作最有價值的決鬥吧！」

「トトト……」這樣連續的響了三十多分鐘，驟然來了一陣更密更響的射擊和爆炸聲，隨後便寂靜下去了。

「也許是志士們完成任務後退出了。」我想：「好吧！志士們！向根據地開回去吧！讓我來奏一個曲子，和着你們的步伐。」「起來，不願做奴隸的人們……」我奏着。（311）

浦東歷險記

張志賢

浦東是我的誕生的地方，也是我世居的家鄉。八一三滬戰爆發，浦東亦爲我軍事重要防線之一，所以可愛的家鄉是敵機轟炸的目標了。在戰事發生後的第五天，我的房屋不幸即被敵機炸燬了。春假的第二天，我渡浦探望，竟遇了一次險。現在把我遇險和說險的經過略述一下。我走出東昌路時，即見一人身穿藍布長衫，我這時亦身穿藍布長衫。這人年約二十左右，形狀異常活潑。在這時適有一輛載僞市長蘇錫文的汽車開來，這人忽由袖中拿出兩顆炸彈，猛烈向這汽車拋去。但因用力過猛，適穿過車頂，頓時爆炸，聲震遐邇，一時影響非常嚴重，各處日軍立即宣布戒嚴，鐵甲車橫行街市，好像入戰事狀態。我在此時走入一肉舖店中暫避。日軍即在街上一家一家的檢查，正走入我避的肉店中。日軍即不管情由將我用繩縛起來。在這危急萬分的時候，恰好有一個大道市府警察走來，這人平時我和他很知己的，他一看是我，就對日軍說：「這人是一定不會的，因爲他一個呆子，一定不會做這樣的事。」於是日軍就解繩放我。我被放以後，家也不去，就慌慌回到上海。（522）

鬥爭

陳秀珍（難民收容所女職員）

微風從竹籬外吹過來，我正坐在草地上看團結週刊。忽然在我面前來一位童子軍，說有人找我。我跑到外面一看，原來是我的弟弟來了。我就問他來有什麼事？他說：「媽媽叫我來叫你回家去的」我詫異的問他：「爲什麼要我回家去呢？」他說：「媽媽和妹妹都在生病，有四五天了，醫生已經看過三次。」我聽到弟弟這樣說，心裏難過極了，禁不住嗚嗚咽咽的哭起來了，眼淚流個不停，一面對弟弟說：「你等一會兒，我馬上和你一同回家。」我急忽忽跑回棚裏，同幾位同學說，我母親妹妹都生了病，我立刻要回家去。有一位同學說：「我知道了，一定你在這裏生活太苦，過不來是嗎？」我說：「不是的！不是的！我的弟弟還在外面，你們可以問他去。」我也不管他們相信不相信，拿了幾件衣服就走，和弟弟坐了人力車回家。

到了家裏，就使我一怔。媽媽妹妹不是都好端端的坐在客堂裏嗎？而且正在吃點心。這時候，我才知道受騙了。媽媽見了我，冷冷的說：「你回來了嗎？」這時，我的臉變了色，好像雷打一般，一句話也說不出來。媽媽見我老是呆立着不響，她就大駡起來了：「一叫回來就這樣的心裏不好過！在收容所裏，家中的事可以不管了麽？」還說我到收容所去了以後，人變壞了。我再也忍不住了：「照媽媽這樣說，沒有人肯到收容所裏去做事，盡義務了。那麽國家眞個要亡了！我並不是忘掉了家和媽媽。况且家裏的事，有妹妹可以幫助做。不好讓我爲國家出些力嗎？你看難民是多麽痛苦啊！我在家裏祇爲幾個人從事，在收容所裏可以爲二千多難胞做事，你想那個重要呢？」這些話總算有點把媽媽說服了，她氣也消了一點。後來她說：「天氣熱了，那裏的空氣多少不清潔，不衞生，霍亂，傷寒染傳起來多麽危險！吃的是麩皮飯，睡的是地板，你在家裏有沒有吃過這樣的苦？而且現在租界裏也有日本人的勢力，他們很注意收容所裏的人。因爲你年紀小不懂事，所以叫你回家來的。一來可以幫助媽媽做點事，二來在家裏看看書，有時同弟弟妹妹看看電影，不是比收容所裏要快樂得多嗎？也免得担風險。你要知道媽媽是愛你呀！」我就說：「媽媽固然是非常愛女兒，可是像這樣的愛反而是害女兒了！在目前，我們每一個青年所應負的責任是多麽重大。日本强盜一步一步的加緊侵略我們，搶去我們許多土地，殺死我們無數同胞，尤其我們女子受到的壓迫和痛苦更多。我們從一個女子，在這個時候再不起來爲國家做點事，我們的自由解放永遠得不到了！」講到這裏，我的心頓時奮發堅决起來，不能爲媽媽和家庭而抛棄了民族解放的事業。這時我滿腔的熱血沸騰到極點，不顧一切的拿了原來的衣服往外就跑，跑到收容所裏，把這情由講給各位同學聽，他們都顯出快樂高興的面容，說：「想不到你有那樣的精神和勇氣，同家裏鬥爭，堅决的同我們來幹這艱苦的救亡工作。」（1433）

游擊戰士

何為（十七 學生）

徘徊在黑夜與黎明之間，我做了一連串的惡夢。當最後的晨星在灰色的暗蒼中隱沒以後，破曉時的閃光立即投到那扇木窗上。

又是一天了。

夏天的早晨，小市街完全浸在光輝的煦拂中。侵曉的風打從人面上溫柔的洗刷過去。在巷尾深處，浮動着淡淡的輕煙。但我們像是永遠不見新生的朝陽似的。我生活在陰暗的角落裏，在灰色的雲層下過慘澹的時光。無味的日子磨着人，人磨着無味的日子。

今天是什麽日子了？我不明白，明白了以後又怎樣呢？

再過不了幾天，已是一年了。一年了，每天喫每天喝，還有每天的睡覺，我究竟做了些什麼事情？我爲自己慶幸生長在這個大時代裏，一方面又警惕着自己不要作「拴在歷史的巨輪上的一名罪犯。」

外面的街道上蠕蠕的蠢動起來，正在開始一天的生活。市儈們以各種面型大小一一出現。「戴上面具却向人間舞一回，」他們的「戲」一幕一幕的在我們眼前出現。我恨毒他們入骨，但又不善於投擲七首與槍刺。

清早起來就呆着，但張弦的歌聲劃破了凝滯沉悶的室內空氣。他毫無羈束的唱着：「我們祖國多麼遼闊廣大，他有無數田野……」那位「先生」躺在對面的破籐椅上，翻閱俄國革命的故事，這冊書使他的精神振奮起來。他不再唧唧的哼：「今朝呀…」那種憂鬱、感傷，毫無意味的調子了。

張弦失業久了，閑居在擱樓裏，不知不覺地混過了再也數不清的日子。緊依在身邊的只是沖淡的茶，吸剩的煙頭。他老是在弄着「今後生活方針」一類的東西，和我沒有什麼兩樣。今天他不知從什麼地方得來了計劃的靈感。他有自信，有毅力，他對我說：

「如若沒有過去的，所謂有點罪惡的、黑暗的舊生活；那裏還有現在的、合理的、所謂幸福的光明的新生活？黑夜與光明永相對立，你明白嗎？而且——」他頓了一頓，再繼續的說下去：「黑暗的生活，在一個堅苦的鬥爭者是必需要經過的階段。理解什麼是罪惡的，才有奮鬥的決心。過去那種汚濁的生活，在我們應該是一個省悟和警惕。從今以後……」

我聽得有點不耐煩，而且有點厭惱。堂皇的言詞，初聽起來倒確像是一個有爲的革命者，可是他已經說了多少遍的「從今以後」了。他的計劃從來也沒有實行過，雖然每次都抱有絕大的決心的。

祇有一件事，他的決心開了一次花。

我們成天相對的那扇木窗，本是無裝飾的，有一次張弦特地在花店裏買了一盆不知名的花種，點綴在窗檻上。每天不斷的在乾枯的泥土裏灑上一小碗清水，微小的萌芽每天也接着觸從對面大牆上反射過來的落日。春天過後，開出一朶小花來，紅色的哩。張弦眞像個孩子，高興得什麼似的，他不再發揮那一大套宏論，彷彿一朶花——他的希望都滿足了。然而這朶紅色的小生命，在這陰暗的角落裏也已頗可驕傲的了。誰及得她那麼鮮豔？我們的生活原是連一點色采也沒有的。我可不能爲出她那欣欣向榮的樣子。

張弦蹓到街上去了。我暗暗覺得好笑，大約他在實行他那「生活方針」吧。但人不是沒有感覺的，對着漸漸腐霉的地方實在受不住，既到街上又莫名的覺得厭惱。

我想好好的念些書，今年夏天委實沒有看過什麼書。隨手在書架上抓來一本，一見書名就不想翻下去，更不用說看了。我不知道有些人像蛀蟲一樣的去鑽在紙裏究竟有什麼用處？

書是看不成的了。不知怎麼忽然又想寫稿子。剛才抬頭望天花板的時候，想着一個典型的小市民心理動搖，矛盾，多疑，煩悶，憂鬱，苟安。如果把他描摩在紙上，想來一定是很深刻的。還有寫「智識份子在這大時代的暴風雨下的畏縮、徬徨。」——這在抗戰以後也是一個極普遍的典型的個性。

兩個面影在我構思中異常地顯明，我將兩個典型的人物想馬上就速寫下來。捏緊了筆，將原稿紙攤平了，伏在桌上呆了半天。小市民與智識份子不知蹓到那兒去了。沒有題材的時候怪生活空虛；題材一到手就嫌經驗不夠，或是推托心緒不寧，生活不安，環境欠佳……怪來怪去，索性不寫了。

也許那兩個典型的人物就是我自己的寫照吧？

伏在木窗檻旁，對着撒滿着上午陽光的街道，想念着遠方。對面的窗口中，林藍的臉出現了。她向我招手，我回答她一個微笑。這種單調的生活大家心裏都明白。

林藍是上海千萬女人中的一個女人，幸而她不和「那種女人」同流，也決不甘心墮落。對於她，沒有什麼值得一提的事跡。雖則平凡，但她却頗想做點對國家民族有利的「小事情。」

不多久她過來了。她問我：

「活着是做什麼的？」

我答不出。這時我儘管有能力向她講一大套「什麼才是有意義的活」，「活着是做什麼的」，可是說出來以後誰會相信？我自己是第一個不相信的人。我自己會責備自己。天！我苦悶！我老實的回答她：

「只有懂得生活的人才知道怎樣去生活。可是，我連日子也糢糊了。——」

傾聽着小鬧鐘的搖擺，覺得有說不淸的迷茫。

在回憶裏找到甜蜜；人提到將來我就害怕。我不知道怎樣生活下去。抽煙，喝酒，不過一時的興奮，是短的一剎那，實在我感到了疲倦，對於生的疲倦。我軟得沒有一點力氣。我將這些話告訴林藍，慚愧我還不如一個女人。她一點不客氣的批判我說：「在小說裏，我讀到這些字眼：空虛，軟弱，無望，悲傷，頹唐，對於生的疲倦。但是這些詞類應該在小說中才有。現在早就被淘汰了。我說，還是好好的活下去罷！」

我沉默着。面孔熱了起來。夏天的火在燃燒，我的臉也在燃燒。

將近中午張弦回來了。帶來了兩本畫册：一本題名爲「西班牙的黎明」一本題名爲「西班牙的血。」林藍翻到那幅有生命的圖畫「一少女」的時候，大聲的叫了起來：

「假使我也能手執來福槍昂起頭成了一個英勇的鬥士……」

中午，蟬聲喧鬧着，人有點懶洋洋的。林藍回去了。直到下午才來。因爲在那個辰光，我們要討論一項工作，且聽辛可的話罷：

「蟄居在上海的人們是苦悶的，尤其是我們常喊着沒有工作可做。現在工作來了，我們爲什麼不去完成它？我們是學習文藝的一羣，常常在一個狹圈子內打轉兒，決不是一個好辦法。我們需要新的內容，新的形式——然而事情決不是這麼簡單，或是喊喊而已。我們應該有一樣有生命有靈魂的東西，使我們的『習作』有所寄托，並且能得以在批判中獲得學習的經驗，辦一個有血肉的『純創作』的刋物是我們應做的工作。」

爲了這事情，整整討論了已有一個季節了。辛可是寫詩的，所喊的有時往往不着實際。這事情一時被提起，一時被遺忘，後來竟是想也不敢再想它了。難道這樣永久延遲下去，就算是我們的工作了嗎？

今天下午討論的四個人，都是幾個逃避現實的傢伙。我憤恨自己一點不好好的作成一件事情，辦雜誌的意義，對於上海一般的青年，是有着很大影響的。計劃中的刋物是『新』而有『力』，態度嚴肅的。不過只會說說而已，說說而已。

站立漩渦的邊緣上永遠沒有休止的矛盾着，長此下去，前途眞是不堪設想。

有人叩門了。「請進來！」

原來是昌吉。我呆了半晌，才拉了他的手緊握了一下。久別重逢，露着無限欣喜的光彩。

昌吉以堅强的鬥士的姿態出現在眼前，這無論如何是可驚的。他的外表，「西班牙的黎明」中的「一個英雄」有着最深切的寫照：寬額、方顎、堅定的眼光，不屈不撓的精神。這是勇敢、智慧、毅力的表現。

「有點突然吧！」他向大家打招呼。

「講你的『經歷』吧，快一點，幾個月來，聽說你在外面過得怪有勁，我們想聽一聽。」

「我只能說一說大概，」他說：「一般的講，我們的工作是宣傳，鼓勵和組織。其實我們最主要的還是在於輔助新四軍進行廣泛的游擊戰爭。」

「新四軍？」

「是的。新四軍給我們的印象是太好了。你們當然明白新四軍是由紅軍改編而來的。這支强有力的軍隊是以堅苦與勇敢被人民所稱道、欽佩、愛戴的。有一次，我們和新四軍的帶領人項英與葉挺同在一桌上吃飯，談笑自若，一點沒有隔膜。」這時不難猜想到他的得意的面容了。

「我們一團裏共有××多人，是有系統有組織的。我們不會和新四軍離開過因此對於新四軍戰士的生活異常熟悉。在那邊我們已是最友愛的兄弟了。在那邊軍隊與老百姓融洽地打成了一片。」

「你們的生活一定非常有興趣的吧？」

「對呀。我眞不想提到上海。在那邊原野鄉村，任何一地都是值得留戀的。工作就是生活生活就是工作。我們還成立了一個小小的劇團在那裏出壁報進行組織民衆。英勇的新四軍的少年先鋒隊幫助我們一起執行。老百姓對我們感情非常的好。新四軍裏的弟兄們也是如此，因爲我們什麼都是和他們合作的。軍隊裏的政治水準異常的高。少年先鋒隊的隊員和你談起政治上的各種問題時，他們的口吻像一個素有訓練的政治家。我們和新四軍在一起，最低限度的生活便要做到集體化軍隊化。也只有這種生活才是眞正有價值有意義的。我們的服務團遲早要歸併到軍隊裏去。而現在，已經有二十幾個團員加入新四軍去作爲保衛國家的戰鬥了。」

「一個游擊戰士！」我們的呼聲。

「至於我自已，爲了職務上的關係——因爲我是一個副組長，暫時雖然不能這樣做，但以後是能夠的。在那四個月的中間我們足跡所至的地點足足有二千華里以上。雖然不能與二萬五千里長征相比擬，但在我個人的歷史上可算是重要的一頁了。」

以下是他的結論：「這次來上海，——就擱就是幾天，目的是買一萬加侖汽油。我不敢再住下去了，一個人如果在上海住得久了，是會麻木的，再也沒有勇氣掙脫這一方的小天地了。」

一個新的生命在招展着，一塊新的鋼鐵將在時代的熔爐中磨鍊出來！

「我去了。」他響亮的說：「我們再見！」

我對他說：「同志，祝你成功！」是費了很大的力氣才說出來的。

我被註定在角落裏，在灰色的雲層下生活似的。我有機會可以和他一起去的，但是我不會。大約「日子一久，是會麻木的」罷！

落日燒紅了天空，燒紅了屋背。黃昏來了，又一併把單調與枯寂，搬到室內。望着殷紅的夕陽出神，似乎神往着遼遠地方空曠的原野，神往着燎遠的烽火，神往着成千成萬偉大的行列在前進。

現在夜來了，仍舊恢復了暗黑的面孔，人都走了，只有張弦在渴望似的唱着：「我們祖國多麼遼闊廣大，他有無數田野……」那調子却也帶點兒暗啞。

窗外街道上的市聲漸漸的陷入休止狀態。我被隔膜起來，拿起筆，想寫一封信給「遠方的弟兄們……」

一團白紙劃上了一根火柴，一亮，吹熄了，又丟到地上。假使我慵倦的向牀上一倒，於是——

又是一天過去了。（1435）

小麻皮（二十七·八·三·）

挈　吾（廿三·教育界）

還是一個夏天的早上，離開「八一三」週年紀念，祇有整整的十天。

天際湧起幾團烏雲，太陽被黑紗層層地圍繞了。陽光似乎很溫柔；但是又很慘淡。

一道短短的竹籬，劃出了二個不同的世界。籬外靜躺着一條平坦的大道，偶然一輛汽車駛過來湊湊熱鬧。留在這裏的，祇有二個穿黃制服的動物在他們崗位的四周踱着方步。

短籬的裏面包蘊着一個一畝見方的工場。青磚、石子、木材、水泥袋……堆滿了各處，二十多個工人正忙着用泥刀調了泥塗在青磚上砌牆壁，四周的清水牆已經砌了有二丈多高了。

小麻皮挑了兩隻泥桶慢慢地走上那一條木架的天橋。一桶桶的黃泥倒在臨空的木台上，這是預備給他的師父們上來砌牆用的。

小金狗也挑着泥桶跟小麻皮走上來了。他是一個十三歲的鄉下孩子，比小麻皮短了一個頭。二個泥桶一顛一顛地老是磕在天橋的木板上。

這一個死寂的世界在小金狗看來是非常新鮮的。他細心地看那平坦的馬路，幾隻破碎的沙袋以及二個蠕動着的黃色動物。

「咦！這一個戴畚箕帽的傢伙不是中國人嗎？」小金狗好像這是意外的發現。

「中國人？不要臉的東西，漢奸！他是漢奸呀！」小麻皮高聲地叫起來了，粗黑的臉色變成紫紅的了，每一個麻點裏都鑲嵌了精亮的汗珠。

嚣聲激動了這靜穆的空氣，二個黃色動物注目地抬頭看了。戴鋼帽子的傢伙對這意外的聲音感到非常新奇，於是舉起那桿長槍向他們搖了幾搖。

鎗頭上的刺刀在幌動着。小金狗覺得這雪亮的刀尖馬上要臨到他的胸前來了。於是他慌忙地挑起兩隻空泥桶，一溜烟的滑下那座天橋。

「他媽的！這樣膽小。怕他們，就不是人養的！」小麻皮覺得小金狗這樣逃命似的狂奔，實在是丟盡中國人的臉。

師父大聲地在叫小麻皮，吩咐他們繼續的工作是搬運磚塊。

這命令對於小麻皮實在是一種重壓！雪亮的刀尖在腦際不斷地幌動，他感到心臟跳動得很快，滿身的熱氣都要從鼻管裏冒出來了。

暴日的毒焰燻遍了大地，但工場裏的工人們却在木架下層的陰地上睡午覺。他們各人直臥在一條狹長的木板上，橫七豎八的，像戰場上效命的英雄一樣。

小麻皮久待的機會到了。他像脫了繮索的怒馬，從下層直衝到天橋的頂上。二個黃色動物對這強烈的陽光似乎也感到一種威脅，所以躲到沙袋旁邊去了。

「喂！東洋鬼子！日本強盜！你這不要臉的東西！漢奸！」罵一聲，右脚蹬一下，右手機械地牽動一下，按着很正確的拍子。

四道暴戾的眼光向這邊射過來了。小麻皮覺得洩憤的時機到了，藏在心底的怒火立刻迸成震耳的吼聲。他大叫起來：

「哼！東洋鬼子！你以爲中國人都是好惹的嗎？總有一天，拿我的泥刀來砍斷你的頸頭！」這幾句話在他底腦窩裏轉了好幾個圈子，所以很流利地傾倒出來，並且他兩手舞動着，眞有演說家那種風度。

戴畚箕帽的在向戴銅帽子的說話了。他微曲着背，像一條大黃狗在主人面前搖頭擺尾地乞憐。

他的殷勤的獻媚在他們之間似乎不發生甚麼効力，於是他從褲袋裏摸出一本小冊子來，一枝小鉛筆就在白紙上飛舞起來。

「亡國奴！甘心做亡國奴的壞蛋！算你會寫幾個屁字，就敢在老子面前獻醜嗎？」小麻皮罵得格外有勁了。

戴銅帽子的似乎生氣了，鼓起嘴，背了長鎗，把腰間的皮帶向上抬一抬，銅帽子向後推一推，拖着二條短腿，就向這邊走過來了。他跑到短籬的下面，仔細地向小麻皮端詳了一會，就向後轉了。

小麻皮不禁大笑了：「好！東洋鬼子！有本領就爬上來呀！哈……！」

小麻皮覺得這是他一生中最痛快的一剎那，於是他得意地步下天橋。

× × × ×

「啪！」一個耳光，小麻皮從甜夢中驚醒了。四周打下了一座黃色的圍牆，他不知自己已到了甚麼地方。等到他看見他的師父們和小金狗都張了嘴站在那裏，他就也迅速地站了起來。

十幾個黑牙的巡捕用繩子把他們連繫成一串一串，大蟹似的慢慢地向前蠕動，後面還跟着三個碧眼黃髮的武裝同志。

小麻皮的身子像在雲霧中推進，他不明白目前的遭遇是夢境還是現實。等到他的手指抓住了短髮和不時有同樣的感覺，他才解答了這個疑問。

大隊的進行停止了。在一座巍峨的建築物下，又陰涼，又清潔。小麻皮抬頭想估計這座大廈的高度，仰臉却看見一面三色的旗幟，正在半空中飄揚。

一聲雜聽的吆喝，這個團在一起的隊伍，被推過二扇大鐵門了。很快的，又被塞到一間屋子裏去。

這裏是一間面積不到四百方公尺的屋子，靠東首擺了一隻長方形的辦公桌，後面安放着一隻靠背椅，其他甚麽也沒有了。

在黑牙巡捕們全把右手按在帽邊上的時候，門外走進一個身體魁梧的長官來。他的外貌和壓送這一串大蟹來的三個武裝同志長得差不多，不過似乎更神氣些。

接着一個穿洋服的中國人跟進來了，長官已很端莊地坐在那隻靠背椅上。

一陣嘰嘰咕咕，這一個緊擠的隊伍總算鬆動了。小麻皮不禁長長地吐了一口氣，但師父眼中的怒焰，却向小麻皮的臉上直噴過來。

「那一個不識事務的東西，竟敢在現在謾駡日本兵？」穿洋服的中國翻譯員在傳達他主人的命令，銳利的眼光向四周掃射了一下。

屋子裏的人幾乎都停止了呼吸，二十多個强壯的苦力都垂下了頭，如一羣無告的羔羊，等待人們去宰割。

小麻皮的心臟開始加速運動了。他覺得一時很偪促，用那一句話在這許多人面前回答呢？

「這是日本司令部來的報告，你們要抵賴是不成的！還是快一些供認了吧，免得大家吃苦！」翻譯員的話頭被一陣吼聲打斷了，陰沉的空氣，起了一個巨大的震盪：

「是我！是我駡他們的！」

滿屋子的眼光都集中在一個有麻點的臉上，有的是驚奇，有的是羡慕。

小麻皮覺得很輕快，身子似乎在慢慢地升高。他環視四周，覺得他們很渺小。就是他平日畏懼的師父，現在也給他的視線呆住了。

又是一陣嘰嘰咕咕，那個中國翻譯員溫和地問小麻皮：

「你姓甚麽，叫甚麽名字？」

「我姓張，認識我的人，都叫我小麻皮。」他說得很高興，右手的食指就在臉上畫了一個圈。

「不錯，這標記在他們的報告書裏是特別註明的。你是甚麽地方人？」

「浦東人。」

「今年幾歲了？」

「十七歲。」

「你沒有念過書吧？」

「……」小麻皮點了一下頭。

對於這個忠實的叛徒，翻譯員認爲無須再問了。於是那端坐在正中的長官就把左手舉起來牽動了一下。

「嘩!」一個黑牙警察的手裏的皮鞭子在顫抖小麻皮的背上立刻高起血紅的一條。

「嘩嘩嘩」小麻皮覺得兩條腿在搖動耳邊呼呼地在響着。他不知這突然的賞賜應該作怎樣的解釋。

「我已經供認了，爲甚麼還要挨打?」他睁圓了眼睛大叫着，但眼前的東西却慢慢地在糢糊中消失。他正待轉過身來執住那根皮鞭子，可是兩條手已被沉重的鐵銬架住了。

「你們爲甚麼把我當做强盗一樣看待?除非是躱在日本强盗脚下的漢奸那一個中國人不在痛駡日本强盗呢?」他想說這些話，但是喉頭已被一個硬核塞住了。

「現在你們可以回去了。但是你們要記住：小麻皮是一個傻子!從今天起你們不許再留在那個工場裏做工否則你們仍舊要捉到這裏來算你們是一羣『土匪!』」翻譯員的聲調像傳教士在那裏佈道二十幾個俘虜就被逐出這間恐怖的屋子。

小金狗懷着跳躍的心回頭向伏在地上的小麻皮看了一眼，眼眶裏充溢着熱淚。等到他跨出那兩扇大鐵門就嗚嗚地哭出聲來了。這是一隻迷途的羔羊在呼喊牠的同伴。

「哭什麼?小鬼!管他媽的!他自己要吃苦，還要去可憐他嗎?」現在是小麻皮的師父吐氣的時候了。

小麻皮以後怎樣呢?小金狗的腦袋裏被這個問題塞滿了。自然，這在他是不會得到甚麼結論的。(678)

最忙的一天(廿七·七·十)

諸葛青(洋行職員)

今天我眞忙得要命連現在寫的日記，還是省下了晚上的洗澡時間，這種苦衷又能向誰去訴說?

實在是因爲昨天晚上睡得太遲了，因此今天早上七點鐘才起身——平時在六點鐘就起身了——算算一共祇睡了六小時，這在一般人的生活習慣上我相信是不大容易做到的。

吃苦是每個好青年的一個信條，

起來之後不洗臉也不做旁的事就拿起列寧主義問題來細細的看，一口氣就看完了五十三頁，桌上的鐘正指在七時卅分上。有人說早上看書容易記牢因爲——我是不去計較這些的實際上因爲早晨是比較清靜些罷了。

到了七點三刻，妻子孩子都醒了，這時，我跑到樓下去買了三隻燒甜餅。你會奇怪我是「刮皮」嗎?不是的，我是實行節約運動——說起節約運動，我記起了昨天跟老王他們着實的爭了一回。因爲我說在現在時候，無論是買什麼用什麼，都要注意節約要知道少化一分錢就是替國家……哼老王沒等我說完就插上來說道：

「那末請問你究竟現在節下了好多錢?」這個問題眞正問得太特別了,可是我——我還是不響吧。過了一些時光,又在隨便談話之中,我對楊說預備去買一付太陽眼鏡,嗨,老王馬上就像諷刺似的說我爲什麼不節約了。我回答:

「只要不是東洋貨,那是沒有問題的。」

「總是你有道理,我們說不過你」老王跟人家爭論的結果,老是這句話,所以我不理他。

吃好了燒餅,又喝了一杯白開水,已經是八點鐘了。

記起今天八點半要去出席歌詠班,所以把早報的大標題,一五一十的看過一遍,把每天時事大概的分析了一下。

八點半還差五分就到了歌詠班——這眞是特別的湊巧,歌詠班今天恰在選舉新幹事,他們都選了我做幹事。我雖然以種種理由表示謝却,但他們再三的堅持,我還好意思推辭嗎?這樣我的事情又增多了。

大家選過了幹事,就討論起今後的工作來,首先是我站起來說:

「歌詠是民族解放的喇叭,牠能喚起全國不願做奴隸的民衆,牠能激起人民的熱血。歌詠班的確是偉大的,它能夠在解放運動中負起喚醒民衆的神聖任務!」

之後他們發表他們的工作計劃,討論他們執行計劃的辦法。

我是等不及了,我說還有旁的約會,就急急地跑出門外。

到了門外,呼了一口新鮮空氣,這時已經九點四十分了。

我趕到四馬路的書店裏去看看有沒有新書出版。然後到××收容所去出席一個難童的座談會。這些難童最大的只有十三歲,小的只有八歲,他們拖着鼻涕,有的孩子連眼屎還沒去掉就來開會。

這些孩子很聽話,我講的,他們都表示願意接受。

「我講的你們都了解嗎?」

「都了解。」

中午跑到家裏,吃兩碗飯,睡了半點鐘午覺。睡夢中我看見一本艾思奇的哲學講話被弟弟掉在痰盂裏,我是多麼的氣憤。我跑去打了弟弟兩記頭。我說:「你……怎麼……」弟弟說:「你要這本書有什麼用,你不是看過十二遍了嗎?」我一想倒不錯,不覺有些高興起來。隨手拿了隻椅子,像英雄舞劍似的舞起來。忽然弟弟說道:「哥哥你知道形而上學是什麼解釋?」這小子!我不管三七二十一,把椅子擲了過去,眞巧,剛碰在弟弟的頭頂上。噓!醒了,額角上有着不少汗,一看鐘,正報告着一點〇六分。

我記起在一點半鐘××週刊正要我去開編輯會議。因此我急急地揩了一把面,然後帶了幾本××週刊跑出門外,是三脚兩步地。

那裏編輯會議剛開始舉行。經過約莫三刻鐘的研究來稿，主筆先生要求我發表一些關於××週刊的意見。我說了一些希望更通俗化的話。

三點鐘去訪一位朋友，跟他談了一小時的時事，我們的意見，也沒有什麽大的不同。不過他有時有點固執罷了。我想這是可能把他克服過來的。後來我又對他的生活批評了一下。我覺得他的生活太不緊張了。在目前的環境下，誰能允許他獨自關在家裏看小說書？雖然他說有時也出去走走的，但我不大相信這話。好在規勸在我，聽不聽在他。

回到家裏已五時一刻，翻了一下昨天出的華美週報，看了兩篇通信，我很感興趣。到了六時就吃晚飯，沒有好的小菜，然而却吃了三碗，因於我記得「七七紀念歌」中有「我們犧牲奮鬥，我們吃苦耐勞」的兩句話。沒有小菜吃不下飯是一種驕生慣養的人的懷脾氣，也是我從前的脾氣，可是現在我改了。七點鐘出席××夜校的教務會議。雖然我不是××夜校的教員，但開辦時我是發起人之一，因此他們每次開教務會議，都叫我去出席的，好在我只是聽聽他們的意見罷了。八時半，我趕到丁的家裏參加辯論會。今天辯論的題目是「七七是國恥紀念還是國慶紀念。」討論了三刻鐘才告結束。回到家裏妻和孩子都睡了。我洗了面又趁這個靜寂的機會，把列寧主義問題看了三十頁。今天是最忙的一天，還有一星期的舊報紙等着我去剪貼呢，好吧，今天日記已寫得不少，就此帶住。（1437）

我們在進步着（八・二十七：）

亦　文

淑：

我們差不多有一年不曾通信了吧？我非常的思念你。這一年你做些什麽呢？要不是有一天我看到蓉從哈爾濱寄來的信，我怕還無從寄這信給你。虧得蓉有一個固定的住址，把我你又拉近了。

這一年一切都跟着大時代變動了，是一種可怕而又可喜的變動。去年十一月十三日南市失守了。可憐我們一家連一個茶杯都沒來得及搬出，就沒命的逃到租界上來。現在家用的東西全是新買起來的。一種多鉅大的損失呵！我們的房子也已經燒毀了，什麽都完了。淑！我多麽恨呀！可是我並不怨，我只想報復！

於是，我開始從私生活的圈子裏跑出來，我不再是小姐了。我投身到這個偉大的全面抗戰裏，預備為民族解放這一神聖的任務工作了。

幾月來的實際工作，幾月來的集體生活，對我，眞是一個偉大的學習。我懂得怎樣去接近羣衆和他們打成一片。羣衆工作的主要原則是不讓他們把你看成外界的，與他們隔離的。我起始向離民們工人們宣傳的時候，會感到相當困難。我不能使他們每個人都理解我的意思。後來我用了由淺入深的方法，從他們切身問題講起，再把從書本中得來的知識融會着灌輸進去。有時也用詼諧的口吻，使談話不太枯燥。於是他們滿意了，我也更高興了。

除了教育別人以外，我們也進行着集體的自我教育。只要不是漢奸，我們照例是一見如故的。大家的樣子挺熟，挺親蜜，沒一些兒虛偽，沒一些兒隱藏。感情的融洽更增加了工作的興趣。在狂濤般的時代裏，誰都知道自己一個人的力量是薄弱的。對家庭又常常發生不滿，為了避免自己的孤獨與被遺棄，我們都變成了好脾氣的人。這裏看不見少爺小姐式的人物。「不要太任性，否則羣衆會離開你！」現在懂得這句話的人確是很多了。

同志們都是年青的人。我們懂得快樂，懂得笑。我們覺得前途是光明的，我們有着堅強的信心。我們確信，我們一定可以得到最後的勝利。中國將從半殖民地的地位，變成一個獨立自由幸福的新中國！中國是正在為自己的新生和世界的和平而鬥爭呢！淑歎愉的日子不久就會來臨了！侵略者一定會崩潰的。

現在報告一點我們日常的生活吧。

在一個接近我們工作範圍的地方，我們合借了一個客堂，那是一個同志的親戚為了同情而借給我們的。生活很刻苦。每天只吃些素菜之類，有時煮了一大鍋的麵，就當作一餐。不過每頓我們總是吃得很愉快的。女同志們弄飯，男同志們買這樣買那樣，沒有一個想偷懶。我們都睡在地板上，即使在冬天的時候，溫暖還是跟着我們。

每週我們有個工作檢討和自我批判，那時我們是嚴正的。沒有一點小的錯誤被含糊過去。各人的缺點和弱點被指出了，又很快地改正了。大家都在進步着，緊緊地跟隨着時代。

但是淑，你怎樣呢？更强健了吧？蓉告訴我你在做農村的宣傳工作，這是很實際的工作呢。進行得還順利嗎？我們不少離滬的朋友們，一部分工作得很好，一部分却打回頭了。據說封建勢力還是强固地存留在某一帶的農村裏。你是勇敢的，你一定在作着堅決的鬥爭吧？那些單純得可愛的農民們，是不是消化了你們的宣傳呢？我急迫地等待着你的來信！我相信它會有一個極豐富的內容。」（608）

大上海的再生（廿七・一三・八）

馬　立（廿二 工人）

「是我們！是我們工人階級——保衛祖國最英勇最堅決的戰士！」主席老張激昂地結束了他的開會詞。我出神地望着他那鋼板一樣的臉。

工友們開始從過分緊張的心胸裏輕微地吐出一口氣來。有幾個想習慣地鼓掌被把守着大門的糾察隊員的警惕的目光阻止住了。坐在第一排的小黃牛高舉着兩條臂膀，站起來打算歡呼，老張用手往下一揮，示意他安靜些。小黃牛撅起嘴吧，氣憤憤地把腦袋伏在腿上。

屋子裏一陣嚴肅的沉寂。臨時掛在牆上的靑天白日滿地紅國旗，映着從窗口射進來的日光，發出煊爛奪目的光芒來。

一位年輕的工友霍地站起來，接着演說：

「……今天紀念『八一三』一周年，我們是在淪陷了的土地上，過着俘虜一樣的生活。在這個偉大的紀念會上，我們連鼓掌的自由都沒有呀！偷偷摸摸的，我們可憐得像一個賊！……弟兄們！大上海已經不是我們的了！我們已經做了臨時亡國奴！……」

「對呀！」小黃牛像一隻惡脾氣的野狗，被人從夢裏惹醒了，跳起來狂吼：「我們都是亡國奴！亡國奴！亡國奴！」他滿臉的肌肉錯綜地抽搐着。

一陣劇烈的心酸，我的眼睛濕了。從淚光中望老張，鋼板上像呵了一口熱氣，一層沉痛的薄霧，蒙在他的臉上。

「然而我們不要灰心！」那位年輕工友繼續着說下去：「把快要死去了的中國救活了的，是我們精誠團結的全國同胞！擊退法西斯的侵略，粉碎漢奸托派的陰謀，在苦難中創造獨立自由幸福的新中國的，是團結在民族統一戰士下的優秀的黃帝子孫們爭的火炬，會衝破一切黑暗。只要我們全上海的同胞，不甘心做奴隸，團結奮鬥，大上海是不久就會復活的！」

我想起了最近看過的一本「論持久戰」，插嘴說：「只要堅持持久戰，最後勝利必然是我們的！」

老張做結論似的說：「對了，只要增強最後勝利的信心，團結奮鬥，大上海一定會復活的！今天，小黃牛憤慨得眼睛裏冒火，明天，他會在勝利的旗幟下唱着革命鬥爭的凱歌！」

小黃牛大概是感動的忘其所以了，瘋狂地重新伸起兩臂，高唱：「起來！……」

老張跳過去掩住他的嘴。糾察隊員機械地用口哨發出警報。全場立刻陷入一種峭冷的氣氛裏。人們都擁着一顆熱烈的鬥爭的心。

我默默地自語着「最英勇最堅決的戰士是我們！」(1440)

祖國萬歲

浼　民

一陣澈骨的劇痛，我從朦朧中驚醒。看看燒焦了的左腿，鼻子邊飄過絲絲腥臭。自己厭惡自己的血肉，希望他早點埋到泥土裏去，在我還還是第一次。

身上覺得有點冷，想找一點東西蓋蓋。然而在這裏陰濕的地下室裏，除了舖在地上的稻草以外，還有什麼呢。已經被拉出去鎗決了的難友們留下他們的幾份稻草現在權且借來一用吧。然而這裏充滿了犧牲的血腥和光榮的氣息，我不敢動它。

僅有的同我一樣的後死者難友劉，一聲不響地在抖嗦，顯然他比我更經不起夜寒。他受的刑比我更重，身上有好幾處已經露出了骨頭。昨天在最殘酷的逼供下，他咬破了自已的舌頭。從此，敵人們再不要想從他嘴裏得到一字半句，可是我也失去了受難中唯一的安慰——劉和我的交談。

我敬愛他，像敬愛祖國的國魂！我咬緊互擊着的牙，把裹着自已身子的稻草分出一半，加在他的身上。一面猛烈地爆發內心的仇恨之火來同夜寒搏鬥。

想起三天前在馬路上被兩支手鎗押上汽車的情景，不再是恐怖，而是憤怒了。乘機脫去了的同行的伙伴趙，一定已經把我的噩耗報告了千千萬萬的同志們。他們正在咆哮，在準備着復仇——爲了我，爲了淪陷了的上海，爲了受難中的祖國！

劉在新的溫暖之下，似乎已經睡着了。因爲他那一直圓睜着的怒眼現在闔上了。

「啊——！」突然一聲慘叫，劉像一個死囚用力掙脫着枷鎖一樣，猛伸着他的兩手，壓在他身下的稻草嗶嗶地發出粉身碎骨的聲響來。

他是夢見他的爹娘，戰友，還是愛人？還是追憶着慘絕人寰的逼供？他是在夢裏扼死了他的仇人？

「同志！同志！安靜一點！」我安慰他。

鐵門外一把槍刺一挑，鋼盔下露出一張猙獰的笑臉。

劉惡狠狠地往鐵門外瞪了一眼，巡視遍滿身的重創，悠苦地嘆了口氣，眼皮又閉上了。

像一個晴天的霹靂，衝破了片刻的寧靜的是劉的瘋狂的震怒。眼睛裏閃着令人慘怖的凶光，他掙扎着撐起半身，把左腕凑到嘴上去，讓銳利的門牙咬斷自已的脈管。

鮮紅的熱血染紅了手腕，染紅了胸脯，染紅了稻草，染紅了陰濕的地下室，也染紅了我的心，染紅了淪陷了的上海，染紅了受難中的祖國！

在臨終的一刹那，劉用右手食指，醮着自已的血液，爬到牆脚下，在牆上寫下四個大字：

「祖國萬歲！」

忘記了悲痛，忘記了敬禮，忘記了鐵門外的槍刺，我看見了爲祖國犧牲的血同時也看見了獨立自由幸福的新中國的血紅的旗幟。悲痛與興奮交溶了的眼淚湧出來，我嗦嘵地喊：

「祖國萬歲！」（1479）

THE HWA MEI
Publishing Co.,Inc. in the
State of Delaware, U. S. A.
172 Avenue Edward VII
Tel. 13012-3 (2Lines)
Cable Address 3013
H. P. Mills, Publisher

上海一日

發行人 宓爾士 H. P. Mills
主編者 朱作同 梅益
編委會 林淡秋 梅益 戴平萬 殷揚
出版兼 美商華美出版公司
發行者 美商華美出版公司
地址 上海愛多亞路一七二號
電報掛號 三〇一三號

一九三八年三月十日初版一——一〇〇〇〇
精裝一冊實價國幣叁元五角

全國各地各大書局均代售

图书在版编目（CIP）数据

淞沪抗战史料丛书续编．Ⅱ．第十一辑 / 朱作同等主编．—上海：上海科学技术文献出版社，2017
（上海抗战与世界反法西斯战争系列丛书）
ISBN 978-7-5439-7524-8

Ⅰ．①淞…　Ⅱ．①朱…　Ⅲ．①一·二八事变—史料　Ⅳ．①K264.310.6

中国版本图书馆 CIP 数据核字 (2017) 第 189104 号

本书由上海市哲学社会科学规划课题、上海文化发展基金资助出版

责任编辑：张　树　王倍倍　李　莺
封面设计：周　婧

丛书名：上海抗战与世界反法西斯战争系列丛书
书　名：淞沪抗战史料丛书续编Ⅱ．第十一辑
朱作同　梅益　主编
出版发行：上海科学技术文献出版社
地　　址：上海市长乐路 746 号
邮政编码：200040
经　　销：全国新华书店
印　　刷：常熟市人民印刷有限公司
开　　本：889×1194　1/32
印　　张：30.125
版　　次：2017 年 9 月第 1 版　2017 年 9 月第 1 次印刷
书　　号：ISBN 978-7-5439-7524-8
定　　价：270.00 元（共三册）
http://www.sstlp.com